D1270338

Dat Ole un dat Nie Testament

in unse Moderspraak

Johannes Jessen

Neuauflage 1976

Vandenhoeck & Ruprecht in Göttingen

ISBN 3-525-60319-3

Druck: Omnitypie-Gesellschaft Nachf. Leopold Zechnall, Stuttgart

Dat Ole Testament

in unse Moderspraak

Vun dat Beste en goot Deel

Johannes Jessen

Vandenhoeck & Ruprecht in Göttingen

5. Auflage 1976

Wat in düt Book to lesen steit

As de Welt un de Minschen noch jung weren.

Gott maakt Himmel un Eer

1. Mose 1, 1—25.

Ganz in den Anfang hett Gott Himmel un Eer maakt.
Un up de Eer seeg dat wirr un wööst ut,
un över dat Water weer dat pickendüster.
Aver Gott sien Geist sweev över de Floot.

Do see Gott: „Dat schall hell warrn!"
Un mit enen Slag wörr dat hell.
Un Gott seeg, dat dat Licht goot weer.
Do maak Gott en Scheed twischen dat Licht un de Düsternis.
Un Gott nööm dat Licht „Dag",
un de Düsternis nööm he „Nacht".
So wörr dat Avend un Morgen: en eerste Dag.

Do see Gott: „Dar schall en faste Scheed warrn
mang all dat Water!"
Un dat wörr so.
Do maak Gott de Scheed as en faste Wand
twischen dat Water baven de Scheed
un dat Water ünner de Scheed.
Un Gott nööm de Scheed „Heven".
So wörr dat Avend un Morgen: en twete Dag.

Do see Gott:
„Dat Water ünner den Heven schall sik sammeln an een Stell,
dat dat dröge Land to seen is!"
Un dat wörr so.
Un Gott nööm dat dröge Land „Eer",
un dat Water, wat sik sammelt harr, nööm he de „See".
Un Gott seeg, dat dat goot weer.

Do see Gott:
„De Eer schall ut sik sülven rutbringen dat Gröne:
Kruut, wat Saat driven deit,
un Fruchtbööm, de Frucht dreegt up de Eer,
jedereen na sien Aart,
Frucht, de wedder Saat in sik hett!"
Un dat wörr so.
De Eer wörr mit enen Slag grön.
Do keem ut den Grund all dat saftige junge Kruut,

7

wat Saat ansetten deit,
un all de Bööm, de Frucht dregen doot
un in de Frucht den Karn.
Un Gott seeg, dat dat goot weer.
So wörr dat Avend un Morgen: en drütte Dag.

Do see Gott:

„Dar schüllt Lüüchten warrn an den fasten Heven!
De schüllt Dag un Nacht ut'n een holen
un Teken wesen för besunnere Tiden,
för Daag un Jaren.
Se schüllt an den Heven staan as Lichter,
dat dat hell ward up de Eer!"
Un dat wörr so.
Up düsse Wies maak Gott de beiden groten Lüüchten.
De grötere schull den Dag,
de lüttere schull de Nacht regeren.
Un Gott sett eer an den Heven.
Se schullen dat hell maken,
Dag un Nacht regeren
un Licht un Düsternis ut'n een holen.
Un Gott seeg, dat dat goot weer.
So wörr dat Avend un Morgen: en veerte Dag.

Do see Gott:

„Dat Water schall wimmeln un lebennig warrn,
un Vagels schüllt över de Eer flegen
up düsse Siet vun den Heven!"
So maak Gott de groten Deerten in dat Water
un wat dar sünst noch leven deit,
all de Tire,
de dar rumquabbelt un sik tummeln doot,
ok de all na eer Aart.
Un Gott seeg, dat dat goot weer.
Do segen Gott eer un see:
„Nu weest fruchtbar un breedt ju ut in dat Water,
un ok de Vcgels schüllt sik vermeren up de Eer!"
So wörr dat Avend un Morgen: en föfte Dag.

Do see Gott:

„De Eer schall ut sik rutbringen allens, wat lebennig is,
allens na sien Aart:
dat Kruuptüüch, wat krupen deit,
dat Vee un ok de willen Tire!"
Un dat wörr so.
Do maak Gott de willen Tire, all na eer Aart,

8

un all dat Vee na sien Aart
un all dat Kruuptüüch, wat up de Eer krupen deit,
allens na sien Aart.
Un Gott seeg, dat dat goot weer.

Na Gott sien Bild
1. Mose 1, 26—31.

Do see Gott:

„Laat uns Minschen maken na unse egen Bild!
Se schüllt uns ganz liek warrn.
Se schüllt de Herren warrn över de Fisch in de See
un över de Vagels ünner den Heven
un över dat Vee un dat Wild in dat wide Feld
un över dat Kruuptüüch, wat up de Eer krupen deit."
Un Gott maak den Minschen na sien Bild —
na Gott sien Bild hett he em maakt;
un he maak eer as Mann un Fru.
Un Gott segen eer un see:
„Nu weest fruchtbar un breedt ju ut;
denn de Eer schall vull vun Minschen warrn!
Un bringt allens in ju Gewalt un regeert
över de Fisch in de See un över de Vagels ünner den Heven
un över all de Tire, de up de Eer kruupt un sik tummeln doot!"

Un Gott see denn noch:

„Ik geev nu in ju Hannen all dat Kruut, wat Saat driven deit
up de ganze Eer, un all de Bööm, de Frucht bringt
un dar den Karn in. Dar schüllt ji vun leven!
Un för all dat Wild in dat wide Feld un för all de Vagels
ünner den Heven un för all dat Lebennige, wat up de Eer
krupen deit, is dat Kruut dar. Dat schüllt se to'n Leven hebben!"
Un Gott seeg allens an, wat he maakt harr, un he müß seggen:
dat weer heel goot!
So wörr dat Avend un Morgen: en sößte Dag.

De eerste grote Fierdag
1. Mose 2, 1—3.

So weren Himmel un Eer un allens, wat dar noch tohöört,
fardig. Un so weer Gott an den söövten Dag mit de Arbeit,
de he sik vörnamen harr, klaar. Un he maak Fieravend an den
söövten Dag un ru sik ut vun dat, wat he tostannbröcht harr.
Un Gott segen den söövten Dag un mak em to en hilligen Dag.
He harr ja an düssen Dag utruut vun allens dat, wat he
maakt harr.

9

De eersten Minschen in unse Herrgott sien Gaarn

1. Mose 2, 4—25.

So hett dat togaan, as Himmel un Eer maakt wörrn:

An den Dag, as Gott Himmel un Eer maken dee, do geev dat noch kenen Boom un kenen Busch up de Eer, un Gras un Kruut weren up dat Feld ok noch nich upgaan; denn Gott harr dat noch nich regen laten up de Eer, un dar weer noch keen Minsch, de dat Land torecht maken kunn..., un en Nevel steeg up vun de Eer un lee Fucht över dat Ackerland...

Do maak Gott den Minschen ut Stoff un Eer un blaas em sinen lebennigen Aten in de Nees, un so wörr de Minsch en lebennig Wesen.

Un Gott lee enen Gaarn an in Eden, na Osten hen, un sett dar den Minschen hen, den he maakt harr. Un Gott leet ut dat Ackerland allerhand Bööm upwassen. De segen herrlich ut, un dar weer goot von to eten, un besunners harr he dat affeen up den Lebensboom merrn in den Gaarn un up den Boom, dörch den een dat Gode un Lege künnig ward.

Un ut Eden keem en Stroom, de versorg den ganzen Gaarn mit Water, un düsse Stroom deel sik in veer Arms. De eerste heet Pison; dat is de Fluß, de üm dat ganze Land Havilla rumfleten deit, dar, wo dat Gold to finnen is. Un dat Gold ut düt Land is heel fien. Dar is dat Bdellion un de Schomasteen. De twete Fluß heet Gihon; dat is de, de üm dat Land Kuusch rümlopen deit. Un de drütte Fluß ward Hidekel nöömt; de löppt vun Assur ööstlich vörbi. Un den veerten Fluß nöömt se Eufrat.

Gott neem nu den Minschen un leet em in den Gaarn vun Eden wanen. He schull em plegen un in Stand holen. Un Gott bunn den Minschen dat up de Seel: „Vun all de Bööm in den Gaarn dörfst du eten, soveel as du magst. Blots vun den Boom, dörch den een dat Gode un dat Lege künnig ward, schallst du nich eten; denn an den Dag, wo du dar vun eten deist, mußt du starven!" Un Gott see: „Dat is nich goot, dat de Minsch alleen is. Ik will em een tohülp geven. De schall em to Siet staan un to Hannen gaan." Do maak Gott ut Stoff un Eer all de Tire in dat wide Feld un all de Vagels, de över den Heven fleegt, un he bröcht eer to den Minschen hen; denn he wull seen, wat he dar to seggen dee. Un sodennig, as de Minsch de lebennigen Tire nömen de, schullen se heten. Do geev de Minsch all dat Vee un all de Tire up dat Feld eren Namen; aver för den Minschen funn he kenen een, de em bistaan kunn un to em passen dee. Do leet Gott den Minschen in en depen Slaap fallen, dat he nicht so bald wedder upwaken dee. Un he neem em een vun sien Rippen rut un füll dat Lock wedder mit Fleesch ut. Aver ut de Ripp, de he den Minschen afnamen harr, bu he en Fru torecht un bröcht

10

eer to den Minschen hen. Do see de Minsch: „Dat is doch endlich mal Been vun mien Been un Fleesch vun mien Fleesch. Darum schall se „Mannsfru" heten; denn se stammt vun den Mann af. Darum ward de Mann vun Vader un Moder weggaan un sik to de Fru holen, un se ward tohoop een Liev warrn." Un de beiden, Mann un Fru, weren nakelt, aver se schaamten sik nich een vör den annern.

De eerste Sünn
1. Mose 3, 1—7.

Un de Slang weer listiger as all de Tire up dat Feld, de Gott maakt harr. Un se see to de Fru: „Segg mal! Is dat würklich so? Hett Gott seggt: ,Ji dörft nich vun all de Bööm in den Gaarn eten?'" Do see de Fru to de Slang: „Wiß dörft wi eten vun de Appeln, de an de Bööm in den Gaarn waßt. Blots vun de Appeln an den Boom, de merrn in den Gaarn steit — hett Gott seggt — ,dar schüllt ji nicht vun eten. De dörft ji ok nich anrögen; denn sünst blievt ji doot'".

Do see de Slang to de Fru: „Ach, snack doch nich! Wat schull he dat wull seggt hebben! Ji ward nich starven. Unse Herr Gott weet ganz goot: an den Dag, wo ji dar vun eten doot, maakt ji grote Ogen, un denn weet ji jüst so as Gott sülven, wat goot un wat leeg is."

Do seeg de Fru, wat för en herrliche Boom dat weer un dat de Appeln goot smecken wörrn; un se neem sik dar enen vun, leet sik em goot smecken un geev eren Mann en Stück af, un he prööv em ok.

Do maken de beiden grote Ogen, un se marken, dat se nakelt weren. Un se neiten sik Bleder vun den Figenboom tosamen un maakten sik jedereen en Schört.

Fluuch un Segen in een
1. Mose 3, 8—24.

Aver dat duur nich lang, do hören se Gott sien Stimm. He gung in den Gaarn spazeren, as dat kölig wörr. Un Adam versteek sik mit sien Fru vör den Herr Gott merrn mang de Bööm in den Gaarn. Aver Gott reep Adam un see to em: „Woneem stickst du?" Adam see: „Ik heff dien Stimm in den Gaarn höört un wörr bang; denn ik bün ja nakelt. Darum heff ik mi versteken."

Aver Gott see: „Wokeen hett di seggt, dat du nakelt büst? Du hest doch wull nich vun den Boom eten, den ik di ver- baden harr?" Adam see: „De Fru, de du mi an de Siet stellt

11

heft, de hett mi vun den Boom geven, un so heff ik dar vun pröövt."

Do see Gott to de Fru: „Warum heft du dat daan?"

De Fru see: De Slang hett mi verföört, un so heff ik eten."

Do see Gott to de Slang: „So, dat heft du daan? Denn schallst du verfluucht wesen mang all dat Vee un de Tire up dat Feld. Up dinen Liev schallst du krupen, un Stoff schallst du freten so lang, as du leven deist. Un Striet un Larm schall wesen twischen di un de Fru, twischen dien Nakamen un eer Nakamen. Se schüllt di up den Kopp pedden, un du schallst eer na de Hack snappen."

Un to de Fru see he: „Di will ik veel Mööcht un Wedaag maken. Mit Wedaag schallst du veel Kinner to Welt bringen, un doch schall dien Lengen na em gaan, aver he schall dien Herr wesen."

Un to den Mann see he: „Harr ik di nich verbaden, vun den Boom to eten? Aver du hest up dien Fru höört un dat doch daan? Darum schall dat Ackerland för di verfluucht wesen. Wenn du di dar vun neren wullt, schallst du di suur doon, solang as du leven deist. Döörns un Disteln schall he di dregen, un du schallst vun Saat un Kruut up dat Feld leven. Mit suren Sweet schallst du dien Broot eten, bit dat se di wedder to Eer bringt; denn ut Eer büst du maakt. Du büst Stoff, un du warrst wedder Stoff."

Do nööm de Minsch sien Fru Eva; denn se weer ja Moder vun all dat Lebennige worrn.

Gott aver maak för den Mann un sien Fru Kleder ut Fell un trock eer de an, un Gott see: „Sü mal an! De Minsch is jüst so een worrn as wi! He weet, wat goot un wat leeg is. Nu mööt wi uppassen, dat he nich ok de Hand utreckt un vun den Levensboom itt un ewig leven deit."

So wies Gott em ut den Gaarn vun Eden. He schull nu den Acker besorgen, wo he vun maakt weer, un so jaag Gott em rut. Un in den Osten vun den Gaarn Eden leet Gott de Keruben sik lagern un dat glönige Sweert, wat hen= un herzucken deit. Denn se schullen över den Weg waken, de na den Levensboom henfören deit.

De eersten Kinner up de Welt
1. Mose 4, 1—2.

Nu keem Adam mit sien Fru tohoop, un se schull Moder warrn un bröch Kain to Welt un see: „Ik heff enen Mann to Welt bröcht, un Gott hett mi bistaan."

Un dat duur sien Tiet, do bröch se Abel to Welt, wat sien Broder weer. Un Abel wörr Scheper; aver Kain wörr Buur.

12

Dat eerste Broderbloot

1. Mose 4, 3—26.

Eensdaags opfer Kain för Gott dat Beste vun dat, wat buten up dat Feld wussen weer. Un Abel maak dat jüst so mit dat eerste Jungvee; dat verbrenn he ok Gott to Eren.

Un Gott harr an Abel sien Opfer sien Freud; aver vun Kain sien Opfer wull he nix weten.

Dat paß Kain dörchut nich. Em leep de Gall över, un he leet den Kopp hangen.

Do see de Herr to em: „Segg mal, wat is mit di los? Du büst ja vertöörnt un lettst ja den Kopp hangen. Is dat nich so? Hest du wat Godes in den Sinn, denn kannst du frie ut de Ogen kiken; aver wenn du wat Leges vörhest, denn kiekst du vör di dal. Ik will di wat seggen: De Sünn luurt as en wille Tier vör dien Döör un will di to Kleed. Paß up, dat du över eer Herr warrst!“

Do see Kain to sinen Broder Abel: „Laat uns mal to Feld gaan!“ Un as se buten up dat Feld weren, kregen se Striet mit enanner, un Kain güng up sinen Broder Abel dal un bröch em an de Siet.

Do see de Herr to Kain: „Woneem is dien Broder Abel?“ He see: „Dat weet ik nich. Schull ik wull of noch up em passen?“ Do see Gott: „Wat hest du daan? Dien Broder sien Bloot schriet vun de Eer to mi rup na den Himmel. Darum schallst du verfluucht wesen vun den Acker, de dien Broder sien Bloot ut dien Hannen drunken hett. Wenn du dat Land bestellen wullt, so schall dat för di sien Kraft nich hergeven. Un du schallst up de Eer keen Rast un keen Ru finnen.“

Do see Kain to Gott: „Mien Sünn un Schuld is gröter, as dat ik eer dregen kann. Sü mal, hüüt jaagst du mi vun den Acker weg, un vör dien Ogen kann ik mi nich seen laten, kann mi narms bargen, heff keen Rast un keen Ru. Dar kümmt nix anners na: de mi findt, de sleit mi doot.“

Do see Gott to Kain: „Ne, so kümmt dat nich! De Kain dootsleit, de schall dat sövenmal betalen.“ Un Gott maak em en Teken, dat keen een, de em drapen wörr, em dootslaan dörf. Un Kain güng weg, dat Gott em nich meer seen schull, un he bu sik in de Gegend vun Nod, wat in den Osten vun Eden liggt.

De eerste Stammboom

1. Mose 4, 17—26.

Un Kain keem mit sien Fru tohoop. So schull se Moder warrn, un se bröch Henoch to Welt. Un denn bu he en Stadt un geev eer na sinen Söön Henoch den Namen.

Henoch wörr nu en Söön boren, de heet Jrad. Jrad wörr Vader to Metusael, un Metusael Vader to Lamech. Lamech neem sik twe Fruun. De ene heet Ada, de anner heet Zilla. Ada bröch Jabal to Welt. De wörr de Stammvader vun all de, de in Telten waant un vun dat Vewark leevt. Den sien Broder heet Jubal, un de wörr de Stammvader vun all de, de Muskanten sünd un up de Ziter un up de Fleut speelt. Ok Zilla bröch enen Söön to Welt. Dat weer Tubalkain, en Smitt, de ut Kupper un Isen allerhand Saken maken dee. Un Tubalkain sien Swester weer Naema. Un Lamech see to sien beide Fruun:

„Ada un Zilla, höört up mien Stimm!
Lamech sien Fruun, markt ju dat,
wat ik nu seggen do:
Den Mann, de mi blödig sleit,
bring ik um,
un mit den Jung, de mi haun deit,
maak ik dat jüst so.
Denn de sik an Kain vergripen deit,
de schall dat sövenmal betalen;
de sik aver an Lamech vergripen deit,
de schall dar söven un söövtig mal för liden."

Adam aver keem noch eenmal mit sien Fru tohoop, un se bröch enen Söön to Welt un nööm em Seet; denn se see: „Gott hett mi enen annern Söön schenkt för Abel, den Kain an de Siet bröcht hett.

Ok Seet wörr en Söön schenkt, un he nööm em Enos. Damals fungen se an un beden den Herrn an.

De Minschen ut Rand un Band
1. Mose 6, 1—4.

Nu fungen de Minschen an un breden sik ut över de ganze Eer, un se harrn ja ok Döchter. Do segen de Göttersööns de Minschendöchter sik an, un de steken eer in de Ogen; denn dat harrn se wull markt, dat se goot utsegen; se weren smucke Deerns. Un so nemen se sik vun all de, de eer gefallen deen, een to Fru.

Do see Gott: „Mien Geist schall doch nich för alle Tiden in düsse Minschen wanen un schändt warrn; denn se sünd en man Fleesch. Darum schüllt se blots 120 Jaren oolt warrn." Dat weer de Tiet, dat de Riesen up de Eer weren un nasten ok noch en Tietlang, as de Göttersööns sik mit de Minschendöchter afgeven un de denn eer Kinner to Welt bringen deen. Dat sünd de Helden ut ole Tiden, de Lüüd, de sik en groten Namen maken deen.

14

Gott maakt reinen Disch
1. Mose 6, 5—7, 24.

As Gott nu seeg, dat de Minschen up de Eer leger un leger wörrn un dat bi allens, wat se vörharrn un sik utdachten, nix Godes rutkeem, Dag üm Dag, do dee Gott dat leed, dat he de Minschen up de Eer maakt harr, un he harr dar veel Kummer un Hartleed över. Darum see Gott: „Ik will de Minschen un allens, wat ik maakt heff, wiet un siet up de Eer wedder an de Siet bringen, vun den Minschen an bit hen to dat Vee un de Wörms un de Vagels ünner den Heven; denn mi deit dat leed, dat ik eer maakt heff." Blots an Noa harr Gott noch sien Freud.

Un nu schall vun Noa vertellt warrn:

Noa weer en frame Mann, an den Gott sien Freud harr mang all de Minschen, de domals leven deen. He leev ganz ünner Gott sien Ogen un ganz in sien Hand. Aver de Eer weer in Gott sien Ogen ganz un gar verdarvt, un de Eer weer vull vun Sünn un Schann. As Gott nu seeg, dat de Eer ganz un gar verdarvt weer — denn dat ganze Minschengeslecht weer verdarvt un föör sik up de Eer leeg up — do see Gott to Noa: „Dat steit för mi fast, un ik ga dar nich wedder vun af: mit dat ganze Minschengeslecht is dat nu vörbi. Se sünd dar schuld an, dat de Eer vun Sünn un Schann vull is. Darum will ik eer vun de Eer an de Siet bringen. Bu di en Kasten ut Dannenholt! Deel em in, Kamer bi Kamer un Stall bi Stall, un denn smeer em vun binnen un vun buten mit Pick an. Un sodennig schallst du em anleggen: 150 Meter lang, 25 Meter breet un 15 Meter hooch. Un en Dack schallst du över den Kasten maken un dat baven na de Ell utmeten. Un de Döör to den Kasten schallst du an de Siet anbringen, un dree Stock schall de Kasten nerrn, in de Merr un baven hebben. Denn dat schallst du bedenken: ik bring de grote Waterfloot över de Eer; denn ik will all dat Fleesch ünner den Heven, wo Levensgeist in is, an de Siet bringen. Allens, wat up de Eer is, schall ümkamen. Aver mit di will ik enen Bund maken; du schallst in den Kasten gaan, du un dien Sööns un dien Fru un dien Sööns eer Fruun mit di tohoop. Un vun allens, wat dar leevt, vun all de Tiere schallst du twe bi twe vun eer all mit in den Kasten nemen, dat se mit di to-hoop an dat Leven blievt, Hingst un Stuut, Bull un Ko, Buck un Sipp. Un vun jeden Slag Vagels un jeden Slag Vee un vun all dat Kruuptüüch — vun allens schüllt twe bi twe to di henkamen, dat se mit di an dat Leven blievt, un du schallst di allerhand to'n Leven mitnemen, wo du sünst of vun leven deist; ok Foder för de Tire bring so veel, as se nödig hebbt," ünner Dack un Fack, dat du un de annern noog to leven hebbt." Un Noa dee dat un maak dat genau so, as Gott em dat upleggt harr.

15

Nu see Gott to Noa: „So, nu ga mit dien ganze Familie rin in den Kasten! Denn ik heff seen, dat du en frame Mann büst un sodennig ok ünner mien Ogen leevt hest mang all düsse Minschen. Bun all de reinen Tiere nimm jedesmal söven Paar, Hingst un Stuut, Bull un Ko, Sipp un Buck, un vun de unreinen Tiere lief sodennig jedesmal een Paar. Ok vun de Bagels ünner den Heven nimm jedesmal söven Paar, Haan un Heen, dat dar up de ganze Eer Nakamen vun blievt. Denn dat sünd blots noch söven Daag hen; denn laat ik dat up de Eer veertig Daag un veertig Nachten regen un will sodennig den ganzen Bestand vun dat, wat ik maakt heff, vun de ganze Eer an de Siet bringen. Un Noa maak dat genau so, als Gott em dat upleggt harr. Noa weer aver 600 Jaren oolt, as de grote Floot över de Eer keem.

Do güngen Noa un mit em sien Sööns un sien Fru un sien Sööns eer Fruun in den Kasten, dat se sik vör de Waterfloot bargen kunnen. Bun de reinen Tire un de unreinen Tire, vun de Bagels un all dat Kruuptüüch up de Eer kemen ümmer twe bi twe to Noa na den Kasten rin: Hingst un Stuut, Bull un Ko, Bock un Sipp, jüst so, as Gott em dat upleggt harr. Un as de söven Daag üm weren, do keem denn ok de grote Waterfloot över de Eer.

Dat weer in dat 600. Jaar vun Noa sien Levenstiet, an den 17. Dag in den 2. Maand. Un düssen Dag broken all de Borns deep ut de Eer rut, dar, wo de grote Floot ut ole Tiden noch weer, un de Finstern an den Heven güngen up. Un dat regen in een Tuur up de Eer veertig Daag un Nachten. Un düssen Dag also güng Noa mit sien Sööns Sem, Ham un Jafet un sien Fru un de dre Fruun vun sien Sööns mit em tohoop in den Kasten, un dar kemen noch to all de willen Tire, vun jeden Slag wat, un dat Bewark, vun jeden Slag wat, un all dat Kruuptüüch, wat up de Eer rumkrupen deit, ok vun jeden Slag wat. De kemen all to Noa na den Kasten rin, jedesmal een Paar vun all de Tire, in de Levensgeist waant. Un de, de dar rinkemen, weren ümmer een Paar, Buck un Sipp, Haan un Heen vun all de Tire, so as Gott em dat upleggt harr. Un denn maak Gott de Döör achter eer to.

Un nu keem de Floot veertig Daag un veertig Nachten över de Eer, un dat Water steeg bannig an un böör den Kasten hooch, dat he över de Eer swimmen kunn. Un ümmer meer Water keem, un dat steeg tolezt so hooch, dat de Kasten man so över de Eer fören dee. Ja, dat Water neem ümmer noch to, so bannig, dat vun all de Bargen, de ünner den ganzen Heven sünd, nix meer to seen weer. Söven un acht Meter hoch güng dat Water över eer hen, dat de Bargen eenfach verswunnen weren. Un all de Tire kemen um, de sik sünst up de Eer tummeln deen: de Bagels un dat Bee un de willen Tire un all dat,

16

wat sünst noch up de Eer rümtummeln un rümkrupen deit, un denn all de Minschen. Allens, wat Levensaten in de Nees harr, dat müß dar an glöven, allens, wat up dat Dröögland leven dee. So bröch Gott all de Wesen, de up de Eer weren, um, Minschen un Vee, bit hen to de Wörms un de Vagels ünner den Heven. Se wörrn all vun de Eer an de Siet bröcht. Blots Noa bleev över un dat, wat bi em in den Kasten weer. Un dat Water neem ümmer noch to, 150 Daag.

Aver toletzt kriggt de Gnaad de Böverhand

1. Mose 8.

Do dach Gott wedder an Noa un all de Tire un dat Vee, wat bi em in den Kasten weer, un Gott leet enen Wind över de Eer weien, dat dat Water wedder fallen kunn. Un de Vörns deep ünner de Eer, wo de grote Waterfloot ut ole Tiden liggt, un de Finstern an den Heven wörrn wedder toslaten, un de Regen vun den Heven heel up. Do güng dat Water vun de Eer lütt üm lütt torüch, un na hunnertunföftig Daag harr sik dat meist verlopen. Un na den söövteinten Dag vun den söövten Maand güng de Kasten wedder up den Barg Ararat dal. Un dat Water sack ümmer en beten wider af bit hen to den teinten Maand.

So wörrn an den eersten Dag vun den teinten Maand de Bargspitzen wedder to seen.

Na üm un bi söß Wuchen maak Noa dat Finster up, wat he maakt harr, un leet en Raav flegen, un de floog bald hierhen un bald darhen, bit dat dat Water up de Eer wegdröögt weer.

Nasten leet he en Duuv rutflegen; denn he wull seen, ob dat Water up de Eer wider affackt weer. Aver de Duuv kunn kenen Platz, wo se sik dalsetten kunn, un so keem se na den Kasten torüch; denn dat Water stunn noch up de ganze Eer. Un so reck he sien Hand ut un neem eer wedder in den Kasten rin.

Nu tööv he noch mal söven Daag. Denn leet he noch mal en Duuv rutflegen ut den Kasten. Un düsse Duuv keem vör Düsterwarrn to em torüch. Un wat harr se in den Snavel? En frisch Öölblatt. Do kunn Noa marken, dat dat Water up de Eer noch meer affackt weer.

Aver he tööv noch mal söven Daag, un denn leet he noch mal wedder en Duuv rutflegen, un de keem denn nich wedder to em torüch.

As Noa nu bald sößhunnert un een Jaren oolt weer, do weer an den eersten Dag in den eersten Maand dat Water up de Eer wegdröögt. Un nu maak Noa vun den Kasten dat Dack af un seeg, dat de Eer wedder ganz dröög weer. Un so weer de Eer wedder dröög an den sövenuntwintigsten Dag in den tweten Maand.

Do sprook Gott mit Noa un see to em:

„So, nu ga wedder ut den Kasten rut, du un dien Fru, dien Sööns un de eer Fruun, ji all tosamen.

Un all de Tire, de bi di sünd, vun allerhand Aart, Vagels un Vee un Wörms, de up de Eer kruupt — all schüllt se mit di rut kamen un sik rögen up de Eer un fruchtbar wesen un sik meren up de Eer.“

So güng Noa denn rut mit sien Sööns un sien Fru un sien Swigerdöchter. Un denn kemen de Tire: all de Wörms, all de Vagels un all dat anner, wat up de Eer krupen deit. Se kemen all ut den Kasten rut, un jede Aart för sik.

Noa aver bu en Altaar Gott to Eren un neem vun all de reinen Tiren un all de reinen Vagels un verbrenn eer up den Altaar to'n Opfer.

Un Gott rüük dat un harr dar sien Freud an un dacht bi sik sülven: „Ik will de Eer nu nich meer verfluchen, wenn de Minschen dat ok mal wedder verdeent harrn. Dar is nu mal nix bi to maken. Denn wat dat Minschenhart sik utdenkt un vörnemen deit, dat is leeg vun lütt af an. Un ik will ok nich meer toschannen maken, wat dar leevt un weevt, so as ik dat daan heff.

So lang as de Eer staan blivt, schall dat darbi bliven:

Se schüllt seien un meien,
dat gifft Küll un Hitten,
dat gifft Sommer un Winter,
dat gifft Dag un Nacht!“

En nie Welt up nien Grund

1. Mose 9, 1—17.

Do segen Gott Noa un sien Sööns un see to eer:

„Nu weest fruchtbar un breedt ju ut över de ganze Eer, dat se vull vun Minschen ward! Vör ju schüllt bang warrn un sik ver- feren all de Tire up de Eer un all de Vagels ünner den Heven. All dat, wat sik up de Eer rögen deit, un all de Fisch in de See — allens legg ik ju in Hannen! Vun allens, wat dar leevt un weevt, schüllt ji leven. Liek as dat gröne Kruut geev ik ju dat to eten. Blots dat Fleesch, wat noch sien Leven, dat will seggen: sien Bloot, in sik hett, schüllt ji nich eten. Un denn will ik ju egen Bloot torüchförrern. Vun jedes Tier will ik dat torüchverlangen, un en Minschen sien Leven will ik torüch- verlangen vun jeden Minschen; denn he is ja sien Broder. De

18

Minschenbloot vergeten deit, den sien Bloot schall vun Minschen wedder vergaten warrn. Denn Gott hett den Minschen na sien egen Bild maakt. So weest denn fruchtbar un breedt ju ut un röögt ju up de Eer, dat se vun Minschen vull ward!"

Un Gott see to Noa un sien Sööns, de bi em weren: "Höört noch mal to! Ik maak nu enen Bund mit ju un ju Nakamen un mit all de lebennigen Wesen, de bi ju leevt: mit de Vagels, dat Vee un all de Tire up de Eer, de bi ju leevt, un mit all de Tire up de Eer, de ut den Kasten wedder rutkamen sünd, mag dat nu wesen, wat dat will. Un dat schall mit ju afmaakt wesen: vun nu af an schall keen lebennig Wesen meer dörch de Waterfloot ümkamen. Vun nu af an schall överhaupt keen Waterfloot meer kamen un de Eer toschannen maken." Un denn see Gott noch: "Dat schall nu dat Teken wesen för den Bund, den ik nu maakt heff mit ju un all de lebennigen Wesen, de bi ju sünd, un dat för alle Tiden: minen Baag heff ik in de Wulken sett. De schall dat Teken wesen för den Bund, den ik mit de Eer maakt heff: wenn ik nu Wulken över den Heven driven do, denn ward sik de Baag in de Wulken wisen, un so will ik an den Bund denken, de twischen mi un ju un all de lebennigen Wesen, mit een Wort: mit all dat, wat Fleesch is, afmaakt is. Denn schall dat keen grote Floot meer geven, un keen Fleesch schall meer toschannen warrn. Ja, wiß, ik will de Baag, wenn he in de Wulken steit, ansehn un nich den ewigen Bund vergeten, den Gott mit all de lebennigen Wesen up de Eer, de Fleesch sünd, maakt hett."

Un so see Gott noch mal to Noa: "Dat is also dat Teken för den Bund, den ik twischen mi un allens up de Eer maakt heff, wat Fleesch is."

De Bööm waßt nich bit na den Heven rup

1. Mose 11, 1—9.

Nu harrn all de Minschen up de Eer een Spraak un brukten ok all de sülvigen Wöör.

As se nu na Osten wannern deen, do funnen se in dat Land Sinear en Stück Sietland un setten sik dar fast. Un se seen to enanner: "Los! Nu laat uns Tegelsteen striken un Muursteen brennen!" Sodennig harrn se Tegelsteen as Muursteen un Teer as Leem. Un se seen wider: "Los! Wi wüllt en Stadt buun un enen Torm, de mit de Spitz bit na den Heven reckt! Denn hebbt wi uns en Denkmaal sett un blievt tosamen un loopt nich ut'n een över de ganze Eer."

Aver nu keem Gott hendal un wull sik de Stadt un den Torm mal ansehn, den de Minschen sik buut harrn. Un Gott see: "Nu kiek mal an! Een Volk sünd se, un se hebbt ok all de sülvige Spraak! Aver dat is man de Anfang vun dat, wat se

2*

19

vörhebbt. Dar blivt dat nich bi. Dat duurt nich meer lang, denn sett se allens dörch, wat se sik in den Kopp sett hebbt. Goot! Laat eer! Aver denn wüllt wi wat anners doon. Denn föört wi nu hendal un bringt eer Spraak so in Tiß, dat een den annern överhaupt nich meer versteit." Un so dreev Gott eer vun dar würklich över de ganze Eer ut'n een, un se müssen allens liggen laten, un ut de Stadt wörr nix.

Darum nöömt se de Stadt Babel; denn dar hett Gott ja de Spraak vun all de Minschen in Tiß bröcht un vun dar ok eer all ut'n een dreven över de ganze Eer.

20

Herrgottskinner in ole Tiden

Gott sien Fründ

Abraham treckt na Kanaan

1. Mose 12, 1—9.

Gott see to Abraham: „Treck ut dien Vaderland un ut dien Sipp un ut dien Vaderhuus in dat Land, wat ik di wisen will! Un ik will di to en groot Volk maken un di segen, un du schallst en Segen för de annern warrn, un ik will di en hochen Namen geven. Ik will de segen, de di segent, un will de verfluchen, de di verfluchen doot. Un dörch di schall Segen kamen över all de Geslechter up de Eer."

Do trock Abraham ut, so as de Herr em dat seggt harr, un Lot güng mit em. Un Abraham weer fievunsöventig Jaren oolt, as he vun Haran weggüng. Un Abraham neem Sara, wat sien Fru weer, un Lot, wat sien Brodersöön weer, un allens, wat se achter sik bröcht harrn, un all sien Deensten, de se sik in Haran toleggt harrn, un denn güng dat up de Reis' na Kanaan.

Un se kemen würklich hen.

Do trock Abraham dörch dat Land bit hen to de Gegend vun Sichem, bit to dat Ekenholt. Dat weer en hillige Steed. Un de Herr maak sik Abraham künnig un see to em: „Düt Land will ik dien Nakamen geven." Do bu Abraham den Herrn enen Altaar, wieldat he sik em hier künnig maakt harr. Un denn güng dat wider rup in de Bargen, ööstlich vun Betel. Un se buten dar eer Telten up, Betel in den Westen un Ai in den Osten vun eer. Ok hier bu Abraham en Altaar un beed to Gott. Un denn güng dat wider up de Reis'. Abraham trock in dat Land, wat na Süden leeg.

Lögen hebbt man korte Been

1. Mose 12, 10—20.

Nu keem aver en ringe un lege Tiet för dat Land. Dar weer meist keen Koorn wussen, un dat Vee harr keen Deech. Minschen un Vee kunnen nich satt warrn. So bleev för Abraham blots een Deel över: he müß dal na Agypten trecken un seen, dat he dar eerst mal dörchkeem; denn dat steit fast: Foder un Koorn weren in dat Land würklich so knapp, dat dat nich meer uttoholen weer.

As se nu neger an Agypten rankamen deen, do see Abraham to sien Fru Sara: „Höör mal to! Ik will di wat seggen: Du büst ja en smucke Fru. Dat is mi ümmer klaar west. Aver dar is mi nu bang bi. Denn dat is mi ok klaar: wenn de

21

Agypters di to seen kriegt un sik seggt, dat du mien Fru büst, denn is dat Unglück al dar. Denn slaat se mi doot, un di laat se leven. Un dat weer doch so slimm, as dat man warrn kunn. Wat meenst du? Weer dat nich beter, du seggst, du büst mien Swester? Denn ward se sik waren, mi antofaten, un du büst an nix schuld. Denn laat se mi an dat Leven. Wat meenst du darto?"

Un richtig. As Abraham nu na Agypten keem, do maken de Agypters grote Ogen över de bannig smucke Fru. Un knapp harrn den Farao sien böverste Lüüd eer seen, denn vertellten se em dat al un seen dat ümmer wedder: so en smucke Fru harrn se lang nich seen. Un so bleev dat ok nich ut, dat düsse Fru hen to den Farao haalt wörr. Abraham aver kreeg dat goot, un dat bee de Farao de Fru to Leev. He kreeg Schaap un Ossen un Esels, Knechen un Deerns, Eselstuten un Kamele. Aver Glück harr de Farao dar nich mit; denn de Herr leet sware Plagen över em un sien Familie kamen, wieldat he dat mit Sara, de doch Abraham sien Fru weer, so maakt harr. Do leet de Farao Abraham herbringen un see to em: „Segg mal, wodennig kunnst du mi blots so wat andoon! Warum hest du mi dat nich gliek seggt, dat se dien Fru is? Warum hest du mi vörsnackt, dat se dien Swester weer? Sünst harr ik eer doch nich to mien Fru maakt! So, dar hest du dien Fru wedder. Nimm eer wedder mit un denn maak, dat du weg-kümmst!" Un denn leet de Farao welke vun sien Lüüd kamen, un de müssen darför sorgen, dat Abraham un sien Fru un allens, wat he harr, wedder över de Grenz kemen.

De Larm üm de Krüff
1. Mose 13.

So trock Abraham denn wedder ut Agypten af mit sien Fru un mit sinen ganzen Kraam na dat Süüdland, un Lot reis ok mit. Un Abraham weer en heel rike Mann; denn he harr bannig veel Vee un Sülwer un Gold darto. Un de Reis güng wider un wider vun dat Süüdland bit hen na Betel, bit hen na de Stell, wo he toeerst sien Telten upslaan harr, twischen Betel un Ai; dar harr he ok domals sinen Altaar up-buut. Un hier beed he to den Herrn.

Aver ok Lot, de mit em trecken dee, harr Schaap un Kö un Telten. Un dat Land kunn eer beide nich neren; denn eer Vermögen un Veewark un Kraam weer to groot. So kunnen se nich tohoop bliven.

Dat geev ok veel Striet un Larm mang Abraham un Lot sien Koharders. Do see eendaags Abraham to Lot: „Dar dörf doch keen Unenigkeit un Quarkerie mang uns beiden, mang dien un mien Koharders wesen; denn wi höört doch to een

22

Familie! Dat ganze Land steit di ja to. Dat is beter, wi gaat in Freden ut'n een. Geist du linkerhand, denn ga ik rechterhand; geist du rechterhand, denn ga ik linkerhand."

Do lee Lot de Hand över de Ogen un seeg, dat de ganze Jordangrund överall veel Water harr. Un so neem he för sik dat ganze Jordanland un maak sik na Osten hen up den Weg. So güngen de beiden in Freden ut'n een. Abraham bleev in Kanaan, un Lot waan in de Dörper an den Jordan bit na Sodom hen.

As Lot nu wegtrocken weer, see Gott to Abraham: „Legg mal de Hand över de Ogen un kiek vun de Stell, wo du nu steist, na Noorden un na Süden un na Osten un na Westen! Düt ganze Land, wat du nu seen deist, will ik di un dien Nakamen up ewig geven. Dien Nakamen schüllt so veel warrn as de Stoff up de Eer. Schull een den Stoff up de Eer tellen können, denn schüllt se ok dien Nakamen tellen können. Un nu maak di up den Weg un reis dörch dat Land wiet un siet; denn ik will di dat geven." Un Abraham waan dar in Telten un keem bi un bu sik an ünner de Eken vun Mamre, wat bi Hebron liggen deit, un he bu dar en Altaar Gott to Eren.

Abraham faat Tovertruun to Gott
1. Mose 15, 1—6.

Eensdaags nu maak Gott sik Abraham künnig un see: „Wees nich bang, Abraham! Ik hool mien Hand över di as enen Schild un heff di heel veel Godes todacht." Do see Abraham: „Ach, mien Herr un Gott! Wat kunnst du mi wull geven? Ik mutt ja aan Kinner mien Weg gaan, un minen ganzen Kraam heff ik darum Elieser ut Damaskus vermaakt." Un wider see Abraham: „Ach, du hest mi ja keen Kinner schenkt; darum fallt dat Arvdeel an een vun mien Knechen." Aver Gott see to em: „Ne, so ward dat nich! Nich en Knecht schall na di arven. Dat schall anners. Een, de vun di sülven afstammt, de schall dat wesen." Un denn leet he em na buten gaan un see to em: „Kiek doch mal na den Heven rup un versöök mal, de Steerns to tellen, wenn du dat kannst!" Un denn see he noch: „So veel schüllt dien Nakamen warrn." Do faat Abraham dat vulle Tovertruun to Gott, un dat reken Gott em as Gerechdigkeit an.

Gott börgt för sien Woort
1. Mose 15, 15—21.

Do see Gott to em: „Ik bün de Herr, de di ut Ur in Chaldäa wegföört hett; denn ik wull di düt Land geven."

Do see Abraham: „Mien Herr un Gott! Aver wodennig schall ik dat wies warrn, dat ik dat würklich hebben schall?"

23

Gott see to em: „Haal mi en drejerige Ko un en Zeeg vun dre Jaren un enen Buck vun dre Jaren un en Duuv un en ganz junge dar to!"

Un he haal em all düsse Tire un hau eer merrn dörch un lee eer vör em hen, hierhen dat ene Part un darhen dat anner. Blots de Vagels deel he nich.

Do fullen dar de groten Vagels över her; aver Abraham jaag eer wedder weg.

As de Sünn nu all dalsacken wull, do full Abraham in en depen Slaap, un he verfeer sik bannig; denn he harr en swaren Droom. Un Gott see to em: „If will di wat seggen, un dat mark di: dien Nakamen schüllt as frömde Lüüd in en Land to wanen kamen, wat eer nich tohören deit. Dar schüllt se as Slaven arbeiden, un de Lüüd dar ward eer veerhunnert Jaren ünner Kuusch holen. Aver if will Gericht holen över dat Volk, wo se sik för afrackern mööt. Un nasten schüllt se denn uttrecken, denn aver nich as arme Lüüd. Du aver schallst in Freden bi dien Vöröllern to Ru kamen un in en Oller to Eer bröcht warrn, wat di to günnen is. Un denn schüllt se in dat veerte Geslecht wedder herkamen; denn de Amoriters eer Maat an Sünn un Schann is noch nich vull."

As nu de Sünn ganz dalsackt un dat ganz düster weer, dar weer up eenmal mang de Fleeschstücken en Aben to seen, ut den Rook upstigen dee, un en Füürflamm sloog na beide Siden. Un düssen Dag maak Gott enen Bund mit Abraham un see: „Düt Land will if dien Nakamen geven vun dat Water in Agypten an bit hen to dat grote Water, bit hen to den Eufrat, also dat Land, wat de Keniters un de Kenisiters un de Kadmoniters un de Hetiters un de Feresiters un de Refaiters un de Amoriters un de Kanaaniters un de Girgasiters un de Jebusiters tohören deit.

Hagar an den Waterborn

1. Mose 16, 1—16.

Abraham sien Fru Sara schenk em keen Kinner. Se harr aver en Jungfer ut Agypten; de heet Hagar. Un so see se to Abraham: „Höör mal to! If krieg keen Kinner meer. Dat is nu mal Gott sien Will, un dar is nix gegen to maken. Aver wat meenst du dar to? Du kunnst dat ja mal mit mien Jungfer versöken. Veellicht verhelpt de uns to en Familie!" Abraham dee, wat Sara em vörslaan harr. Un so neem Abraham sien Fru Sara eer Jungfer Hagar, de ut Agypten stammen dee, un geev eer Abraham to Fru. Un dat weer üm de Tiet, dat se tein Jaren in dat Land Kanaan waant harrn. Un Abraham güng to Hagar, un se wörr Moder. As se aver wies wörr, dat se en Kind ünner dat Hart dregen dee, do harr se

24

eer Huusfru nich meer up de Reken. Do see Sara to Abraham: „Dat deit mi aver wee, un dar büst du schuld to. If sülven heff di mien Jungfer aflaten; aver nu, wo se marken deit, dat se Moder warrn schall, nu kiekt se mi över de Schuller an. Dat mag Gott twischen di un mi wedder in de Reeg bringen." Do see Abraham to Sara: „Dien Jungfer heft du ja sülven in de Hand. Do du mit eer, wat du wullt!" Do faat Sara eer scharp an, aver se rück ut.

Nu funn Gott sien Engel eer bi en Waterborn in de Stepp. Dat weer bi den Born an den Weg na Sur. Un he see to eer: „Hagar, du büst ja Sara eer Jungfer. Woneem kümmst du her un woneem wullt du hen?" Se see: „If bün vör mien Fru Sara utrückt." Do see den Herrn sien Engel to eer: „Ga wedder torüch to dien Huusfru un föög un böög di vör eer!" Un den Herrn sien Engel see wider to eer: „If sorg dar för, dat du heel veel Nakamen kriggst; keen een kann eer tellen." Un noch wat see den Herrn sien Engel to eer: „Du schallst Moder warrn un enen Söön to Welt bringen, un den schallst du Ismael nömen; denn Gott hett dien Elend seen un dien Beden höört. He ward en wille Mann warrn, de ümmer in Striet liggt mit de annern, sien Hand gegen de annern un de eer Hand gegen em. Sien ganze Familie ward he up den Nack sitten." Do nööm se Gott, de mit eer spraken harr: „Du büst en Gott, de seen kann"; denn se see: „Heff if hier of würklich den seen, de mi seen deit?" Darum nööm se den Born „den Lebennigen sien Born, de den tohöört, de mi seen deit." Un düsse Born liggt twischen Kades un Bared.

Un Hagar bröch för Abraham enen Söön to Welt; un Abraham nööm düssen Jung, den he mit Hagar harr: Ismael. Un Abraham weer sößunachtig Jaren oolt, as Hagar em den Ismael schenken dee.

En hoche Besöök
1. Mose 18, 1—15.

As Abraham noch in dat Ekenholt wanen dee, do keek eensdaags unse Herr Gott bi em in. Dat weer jüst in de Middagshitten. Abraham seet vör de Huusdöör un weer sik nix moden. Aver denn, as he mal upkiken dee, do maak he grote Ogen. Dar stunnen up eenmal dree Mannslüüd vör em. Un knapp harr he eer seen, do keem he in de Been, leep eer vun de Huusdöör in de Mööt un böög sik deep vör eer dal bit up de Eer. Un he see: „Mien leve Herren, wenn ji so bi mi vörleev nemen wüllt, denn gaat doch an ju Knecht sien Döör nich vörbi! Se schüllt ju en beten Water bringen, dat ji de Fööt waschen künnt. Leggt ju man eerst mal dal ünner den Boom! Un if will ju Broot halen, dat ji wat to eten kriggt. Verpuust ju en beten. Denn künnt ji widergaan. Ik denk, dat hebbt ji ok so vörhatt; ik wüß sünst nich, wat ji sünst bi mi Stackelsminsch harrn söken wullt." Un se seen: „Goot, do dat, wat du uns anbaden hest!"

Un Abraham leep na binnen, hen to Sara, un see: „Nimm gau dre Maat sien Meel un röög den Deeg an un back Koken!" Denn weer he al wedder buten un leep röver na dat Vewark. Un he söch en goot un zaart Kalv ut un see to den Knecht, he schull dat gau slachten un tohaun. Un denn haal he de dicke Melk un de söte Melk, un toletzt bröcht he dat Kalv, wat torechtmaakt weer, un sett dat Fleesch eer vör. Ja, he waar sülven ünner den Boom bi eer up, un se leten sik dat goot smecken.

Un se seen to em: „Woneem is dien Fru Sara?" — He see: „Binnen in dat Huus!" Do seen se to em: „Wenn wi üm en Jaarstiet wedder inkiken doot. denn is dien Fru Moder worrn." Sara aver stünn achter de Döör un luur sik dat af, wat se seen; denn se kunnen eer nich seen.

Abraham un Sara weren aver al oolt un hooch in de Jaren, un Sara harr dat nich meer so, as de Fruun dat sünst geit. Darum lach Sara lisen vör sik hen un see: „Dat schull ja snaaksch togaan! Nu bün ik oolt un schrumpelig, un nu schull ik noch Lust krigen, Moder to warrn? Un mien Mann is ok oolt un gries dar to?" Aver se seen to Abraham: „Segg mal, warum lach Sara egentlich un denkt: schull ik würklich noch in mien Oller Moder warrn? Is bi unsen Herr Gott wat nich mööglich? Dar kannst du di up verlaten: na en Jaarstiet kaamt wi wedder lang, un du schallst seen: Sara is würklich Moder worrn." Sara aver wull dat nich togeven, dat se lacht harr, un see: „Ik heff gar nich lacht!" Denn se weer bang. Se aver bleven dar bi: „Stell di man nich an, du hest doch lacht!"

Un denn stünnen se up un güngen wider.

Abraham beed üm Sodom
1. Mose 18, 16—33.

Abraham güng en Stück mit lang. Un dat duur nich lang, do leen se de Hand över de Ogen un keken na Sodom dal. Un Gott dacht bi sik sülven: „Kann ik Abraham verswigen, wat ik vörheff? Abraham schall doch noch en groot un stark Volk warrn un to en Segen warrn för all de Minschen up de ganze Eer. Denn ik heff em utweelt, un he schall dar bi sien Kinner un sien ganze Sipp up holen, dat se up unsen Herr Gott sinen Weg blievt un för Recht un Gerechtigkeit sorgt, dat he em dat toparten kann, wat he em tolöövt hett." Un Gott see: „Dat is ja heel dull, wat dar vun Sodom un Gomorra vertellt ward!

26

Un eer Sünn un Schann is bannig swaar. Wi wüllt doch mal lang gaan un seen, ob dat würklich ganz so stimmen deit, as uns dat todragen is, oder ob dat nich so is. Wi wüllt de Saak up den Grund kamen."

Darmit güngen de Mannslüd af un maken sik na Sodom up den Weg. Abraham aver bleev noch vör unsen Herr Gott staan un güng ganz neeg an em ran un see: „Wullt du würklich de Unschülligen mit de Schülligen verdarven? Dat gifft doch veellicht noch föftig Gerechte in de Stadt. Wullt du de würklich mit de annern ümbringen un nich lever de Stadt begnadigen vun wegen de föftig Unschülligen, de dar binnen wanen doot? Dat bringst du doch nich fardig, de Unschülligen mit de Schülligen in enen Pott to smiten, dat dat de Gerechten nich anners geit as de Ungerechten! Ne, Herr, dat bringst du nich över dien Hart! De över de ganze Eer dat Gericht höllt, de mutt doch gerecht bliven!" Do see de Herr: „Du hest recht! Schull ik in Sodom noch föftig Gerechte finnen, denn schall Gnaad vör Recht gaan." Un Abraham lee sik noch eenmal in dat Tüüch un see: „Ach, Herr, ik kann nich anners. Laat mi noch een Woort seggen, wenn ik ok man en Stackelsminsch bün, nich meer as Stoff hier up de Eer. Dat kunn ja wesen, dat nich föftig, aver doch fiefunveertig Gerechte dar weren. Wullt du wegen de fief, de dar felen doot, de ganze Stadt verdarven?" „Ik will dat nich doon, of wenn man fiefunveertig dar sünd." Do fung Abraham noch mal wedder an to hanneln: „Ja, wenn aver nu man veertig dar sünd, wat denn?" De Herr see: „Ok denn will ik dat nich doon." Do see Abraham: „Herr, du muß nicht dull warrn, wenn ik noch mal wat seggen do! Wodennig weer dat, wenn dat man dörtig weren?" Gott see: „Sünd dörtig dar, ok denn sta ik to mien Woort." Do see Abraham: „Herr, ik kann dat nich laten: Veellicht sünd dar man twintig. Wat ward denn mit de annern?" — „Ok denn geit noch Gnaad vör Recht!" — „Ach, Herr, laat mi noch een Woort seggen! Wees nich dull! Wenn dar aver man tein sünd?" — „Ok de tein sünd mi dar goot för; ik will de Lüüd nich verdarven."

Nu see Abraham nix meer, un unse Herr Gott güng sinen Weg, un Abraham güng nahuus.

De grote Sünn un Schann in Düstern

1. Mose 19, 1—14.

As dat al schummerig wörr, kemen de beiden Engels in Sodom an. Lot seet jüst buten bi dat Stadtdoor. Un as he eer wies wörr, stünn he up un güng eer in de Mööt. He böög sik deep vör eer dal un see: „Goden Avend, mien leve Herren! Wüllt ji nich bi mi inkiken un to Nacht bliven? Ik sorg dar för, dat ji de Fööt wuschen kriegt. Morgen künnt ji denn bitiets wedder upstaan un widerreisen. Wat meent ji dar to?" Aver se seen: „Velen Dank ok! Du meenst dat ja goot mit uns. Aver maak di keen Mööcht! Wi künnt ganz goot hier buten slapen." Lot aver leet nich locker, he nödig un nödig eer so lang, dat se doch nich goot ne seggen kunnen, un so güngen se toletzt mit rin na sien Huus. Un he sorg för Avendbroot. He leet gau Koken backen un sett ok en Kruuk mit Wien up den Disch, un se leten sik dat denn ok goot smecken.

Aver dat duur nich lang — se weren noch garnich inslapen — do geev dat groten Larm bi dat Huus. De Lüüd ut de Stadt, jung un oolt — wi künnt wull seggen: de ganze Stadt — de weren alltohoop up de Been un praalten Lot rut. Se seen: „Maak gau up! Segg mal, woneem sünd de Mannslüüd, de bi di to Nacht bleven sünd? Rut mit eer! De künnt wi goot bruken!" Un Lot stünn up un güng vör de Döör, mak eer aver gliex achter sik wedder to. Un denn see he: „Leve Lüüd! Nu maakt doch blots keen Geschichten! Ji wüllt ju doch wull nich an eer vergripen! Denn will ik ju doch lever mien beiden Döchter geven. De hebbt sik noch mit kenen Mann afgeven. De künnt ji mitnemen, wenn ji wüllt, un mit eer ok maken, wat ji wüllt. Aver düsse Lüüd hier binnen dörft ji nix andoon; de sünd nu mal bi mi to Gast." Aver se seen: „Waar di weg! Dat weer noch beter! Du waanst as de Eenzige bi uns to Hüür, un denn wullt du bi hier upspelen un uns regeren? Tööv! Wi wüllt di wull krigen. Di schall dat noch leger gaan as düsse Lüüd!" Un knapp harrn se dat seggt, do setten se em ok al leeg to. Se kregen em faat un wullen de Döör upbreken. Aver nu kemen de beiden Engels dar twischen un trocken Lot rin in dat Huus, un denn verrammeln se de Döör vun binnen. Un de Lüüd buten vör dat Huus — de kregen eer Deel vun eer. De kunnen nu up eenmal nich meer seen, lütt un groot, se söchten un söchten in Düstern rum, aver de Döör kunnen se nich meer finnen. Un denn seen de Engels to em: „Hest du hier sünst noch Swigersööns oder Sööns oder Döchter, denn sorg dar för, dat se hier in de Stadt nich blievt. Un dat hett sinen goden Grund. Wi wüllt di dat seggen. Wi schüllt düsse Stadt toschannen maken; denn de Herr hett lege Saken över eer to hören kregen. Darum hett de Herr uns hier herschickt, dat wi de Stadt toschannen maakt."

Nu güng Lot los un vertell dat sien Swigersööns, de sien Döchter heiraten wullen, un see: „Seet blots to, dat ji gau ut de Stadt rutkaamt; denn de Herr will eer toschannen maken! Dar blivt nix meer vun staan." Aver sien Swigersööns keken em groot an un wullen dat nich glöven. Se meenten, he maak man Spaaß mit eer.

28

Swevel un Füür över Sodom un Gomorra

1. Mose 19, 15—25.

As dat nu an den neegsten Morgen eben hell wörr, do weren de Engels al achter Lot ran un leten em keen Ru meer. Se seen: „Los! Los! Nimm dien Fru un dien beiden Döchter mit, de bi di hier in dat Huus fünd. Sünst geist du ok to Grunn; denn för de Stadt blivt niz anners över. De Lüüd drievt Sünn un Schann, un darum ward se straaft. Helpt allens niz." Aver Lot wüß noch ümmer nich recht, wat he doon schull. Do kregen de Engels em faat un sien Fru un sien Döchter dar to — de Herr wull eer doch niz andoon — un se bröchten eer buten vör de Stadt, un denn leten se eer eerst wedder los. Un as se eer so in Sekerheit bröcht harrn, do seen se: „So, un nu bring dien Leven in Sekerheit! Un kiek di jo nich üm, bliev narms staan, sowiet as du seen kannst! Redd di na de Bargen rup! Sünst geist du ok togrunn." Aver Lot see: „Mien leve Herr! Dat kann if nich. Dat mußt du doch verstaan! Wiß meenst du dat goot mit mi, ja, dien Gnaad weer so groot, dat du mien Leven redden wullt. Aver dar baven in de Bargen kann if mi nu nich meer in Sekerheit bringen. Dat is to laat. Dat Unglück kunn ünnerwegens al över mi kamen, un dat kunn mien Dood wesen. Kiek doch mal! Dar liggt ja noch en Dörp ganz neeg bi. Dar kunn if mi noch in Sekerheit bringen. Dat is ja blots en lütt Dörp. Dar will if mi bargen; un dat is ja blots en lütt Stück noch to lopen. Un denn hett dat för mi keen Noot meer." Do see he to em: „Goot, ok dar bün if mit inverstaan. Dat Dörp, wat du meenst, schall niz passeren. Aver nu los! Du hest keen Tiet meer to verleren, un if kann ja niz anfangen, eer dat du dar büst!" Darum nöömt se de Stad Soar, dat heet up düütsch: „Is ja man en Klenigkeit!"

Un even weer de Sünn upgaan, do weer Lot in Soar an= kamen. Sien Fru aver harr sif ünnerwegens ümkeken, un de Soltfloot harr eer faat kregen. Se kunn nich wider un bleev staan as en Soltfüül. Un de Herr leet Swevel un Füür vun den Heven hendalregen över Sodom un Gomorra. So wörrn düsse beiden Städte toschannen maakt un dat ganze Land dar to un all de Minschen, de dar wanen deen un allens, wat dar up dat Feld wassen dee.

De gruselige Brandsteed

1. Mose 19, 27—28.

Un Abraham? De maak sif al bitiets an düssen Morgen up den Weg nach de Steed, wo de Herr mit em spraken harr. Un he lee de Hand över de Ogen un keek röver na Sodom un

29

Gomorra un de ganze Gegend — un wat seeg he? Wiet in de Feern steeg Rook und Qualm vun de Eer hooch, as wenn dar en grote Smöltaben stünn un roken dee.

Abraham bi Abimelech

1. Mose 20, 1—18.

Vun dar trock Abraham na dat Süüdland un sett sik fast twischen Kades un Sur un waan in Gerar. Un Abraham geev sien Fru Sara wedder mal as sien Swester ut. So keem dat denn, dat Abimelech, wat de König vun Gezar weer, Lüüd schick, de Sara halen schullen. Aver dat duur nich lang, do keem Gott to Abimelech nachts in en Droom un see to em: „Du hest den Dood verdeent; denn de Fru, de du hest halen laten, is verheiraat." Abimelech harr sik aver noch garnich mit eer afgeven, un so see he: „Herr, du wullt doch wull nich unschüllige Lüüd ümbringen. He hett doch sülven to mi seggt: ‚Dat is mien Swester‘, un se hett doch ok seggt: ‚Dat is mien Broder!‘ Bi dat, wat ik daan heff, heff ik mi garnix wider dacht. Mien Hart un mien Geweten sünd rein, un an mien Hannen klevt keen Unrecht un keen Bloot." Do see Gott to em: „Du hest recht. Dat weet ik ok, du büst unschüllig un kannst dar nix bi doon. Ik heff di sülven dar vun afholen, dat du di nich an mi versünnigen schullst. Darum heff ik dat ok nich to- laten, dat du di an eer vergripen deest. Aver darum giff düssen Mann nu ok sien Fru wedder torüch; denn he is en Profeet. Denn schall he ok en goot Woort för di inleggen, un du warrst leven blieven. Giffst du eer aver nich wedder rut, denn verlaat di dar up: denn is de Dood di un dien ganze Familie seker." Do stünn Abimelech vör Dau un Daak up un reep all sien Lüüd tohoop un vertell eer allens, wat passeert weer un wat he bileevt harr, un düsse Lüüd kregen dat bannig mit de Angst. Un denn leet Abimelech Abraham kamen un see to em: Dar hest du wat Leges anrögt. Wat heff ik di denn andaan, dat du so en grote Sünn un Schann över mi un mien Riek bröcht hest? Du hest mi wat andaan, wat nümmer harr wesen schullt!" Un denn see Abimelech noch to Abraham: „Wat hest du di dar blots bi dacht, as du sowat anstellen deest?"

Do see Abraham to Abimelech: „Ja, ik weer bang, dat dat hier överhaupt keen Gottesfurcht geev un se mi denn wegen mien Fru dootslaan wörrn. Un wat it noch seggen wull: se is würklich mien Swester, allerdings blots vun minen Vader sien Siet her, nich vun mien Moder eer Siet, un so kunn ik eer ja ok ruhig heiraten. Un as Gott mi denn ut mien Heimat in de Frömd wannern leet, do heff ik to eer seggt: ‚Am allens, wat ik di beden wull, do mi dat Ene to Leev: segg överall, wo wi henkaamt: ‚Düt is mien Broder!‘" Do neem Abimelech

30

Schaap un Ossen un schenk eer Abraham, un ok sien Fru Sara geev he em wedder rut. Un denn see Abimelech to Abraham: „Mien Land steit för di apen. Laat di dal, wo di dat paßt!" Un to Sara see he: „So, un dinen Broder geev ik nu dusend Daler. Dar is denn de Saak twischen uns beide mit in dat Reine bröcht, un all dien Lüüd künnt di nix anhebben un hebbt nix to mekeln." Un Abraham beed to Gott, un Gott maak Abimelech un sien Fru un sien Deerns wedder gesund, un so kunnen se wedder Kinner krigen. Gott harr ja alle de Fruuns-lüüd in Abimelech sien Huus unfruchtbar maakt, wieldat dat mit Abraham sien Fru Sara passeert weer.

Gott lööst sien Wort in

1. Mose 21, 1—3.

Gott harr Sara nich vergeten, un so keem dat mit eer so, as he eer dat seggt harr: se bröch würklich enen Söön to Welt. Se schenk Abraham enen Söön, un dat in sien ole Daag. Un dat weer üm de Tiet, de Gott anseggt harr. Un Abraham nööm düssen Jungen, den he nu vun Sara kregen harr, Isaak.

Dat Steefkind is över, aver Gott höllt dar sien Hand över

1. Mose 21, 8—21.

Un de Jung maak sik goot rut un kreeg nasten ok keen Bost meer; un an düssen Dag, wo Isaak vun de Bost keem, maak Abraham en grote Festmaaltiet.

Nu seeg Sara Hagar eren Jungen — se weer ja ut Agypten un harr dat Kind vun Abraham — nu seeg Sara düssen Jungen mal vergnöögt lachen. Do see se to Abraham: „Jaag düsse Deern mit eren Jungen ut dat Huus! Ik will dat nich hebben, dat de Deern eer Jung tohoop mit minen Jung Isaak na uns arven schall." Dat kunn Abraham nu vunwegen sinen Jungen dörchut nich hebben. Aver Gott see to em: „Nimm di dat mit den Jungen un de Deern nich so neeg un reeg di nich up! Höör up allens, wat Sara seggt hett; denn blots de, de vun Isaak afstammt, schüllt dien richtige Nakamen wesen. Aver ok de Deern eer Söön schall en Volk as Nakamen hebben; denn de stammt ja ok vun di af!"

Do stünn Abraham an den annern Morgen al vör Dau un Daak up, pack Broot in un füll en Slauch mit Drinkwater un geev dat Hagar. Un de neem dat up de Schuller; un denn neem se eren Jungen an de Hand, un so leet Abraham eer gaan.

So güng se denn los un bister dörch de Stepp vun Beerseba. Un dat duur nich lang, do weer dat Water in den Slauch all,

31

un Hagar lee den Jungen ünner enen Busch un sett sik dar denn
en Stück vun af dal; denn se see: „Dat kann ik nich mit an-
seen, dat mien Kind so henstarven mutt." So seet se denn
dar un ween bitterlich. Un of dat Kind fung an to wenen.
Un dat höör Gott. Un Gott sien Engel reep vun den Himmel
hendal Hagar to: „Wees jo nich bang un maak di keen Sorg!
Gott hett dat Wenen vun dinen Jungen höört un weet wull
üm sien Noot. Kumm hooch un nimm dinen Jungen wedder
an de Hand; denn ik will em to en groot Volk maken." Un
denn wies Gott eer en Waterborn. Dar güng se denn up to
un füll den Slauch mit Water un geev den Jungen to drinken.
Un Gott heel sien Hand över den Jungen, un he wörr groot
un leev in de Stepp un wörr en düchtige Jägersmann. Un
he waan in de Stepp Paran, un sien Moder haal en Fru
för em ut Agypten.

De sure, düstere Weg un dat Enn vull Sünnenschien
1. Mose 22, 1—14, 18.

Abraham harr al veel dörchmaakt in sien Leven; aver unse
Herrgott stell em tolezt noch mal up de Proov. Un dat keem
so. Unse Herr Gott see to em: „Abraham!" Abraham see:
„Ja, Herr?" Do see de Herr: „Höör to! Nimm Isaak, dinen
eenzigen Sön, vun den du so bannig veel holen deist, un ga
mit em in dat Land Morija. Dar liggt en Barg, den ik di
noch wisen will. Up düsse Steed schallst du em hergeven för mi
to'n Opfer."
Den annern Morgen stünn Abraham vör Dau un Daak up,
kreeg en Esel ut den Stall un saddel em. Denn neem he twee
Knechen un sinen Sön Isaak, klööv dat Holt för dat Opfer-
füür — un as dat allens in de Reeg weer, do güng dat up
de Reis na de Steed, de unse Herr Gott em andüüdt harr.
As Abraham den drütten Dag de Hand över de Ogen lee,
seeg he de Steed ganz vun widen. Do see he to de Knechen:
„Blievt ji hier bi den Esel! Ik un mien Jung wüllt en Stoot
vorutgaan un dar günt beden. Nasten kaamt wi wedder to ju
torüch."
So neem Abraham dat Holt un lee dat sinen Sön up den
Rüch. He sülven neem dat Füürtüüch un dat Meß in de Hand.
So güngen de beiden still un swiegsaam mit enanner.
As se al en groten Stremel vun de Tuur achter sik harrn,
see Isaak to sinen Vader Abraham: „Vader!" He see: „Na,
mien Jung?" — „Vader, hier is wull dat Füür un dat Holt;
aver woneem is dat Schaap, wat du slachten wullt?" Abraham
verfeer sik: „Dat Schaap, mien Jung, dat Schaap — ja, dar
ward unse Herr Gott sülven för sorgen." Un se güngen still
eren Weg wider.

32

As se nun an de Steed ankemen, de unse Herr Gott anwiest harr, do sleep Abraham en paar Steens tohoop, bu en Altaar un schicht dat Holt up. Un denn — denn neem he sinen Sön, bunn em Hannen un Fööt un lee em baven up dat Holt. He neem dat Meß, reck den Arm ut un wull Hand an sinen leven Jungen leggen, Gott to Eren. Aver he kunn sien Hand nich rögen; denn in den sülvigen Ogenblick reep en Engelsstimm vun den Himmel dal: „Abraham, Abraham!" — „Ja, Herr? Wat wullt du vun mi?" — „Abraham, laat dien Hand af vun den Jungen un do em nix an; denn nu heff ik seen, dat du würklich fraam un gottesfürchtig büst. Du hest dinen eenzigen Sön nich för di beholen wullt." Abraham keek sik üm. Wat weer dat? Harr sik dar nich, ganz neeg bi, en Schaapbock mit de Höörns in enen Doornbusch verfungen? He güng hen, kreeg em saat un slacht em af, statt sinen Sön, Gott to Eren. Denn aver nööm he de Steed „Morija", dat heet: „Unse Herr Gott süüt!"; denn he see: „Up düssen Barg höllt unse Herr Gott de Wacht!"

Un Abraham keem to de Knechen torüch, un se güngen tohoop na Beerseba.

De Hannel üm de Graffsteed

1. Mose 23.

Sara wörr hunnertsöevenuntwintig Jaren oolt un storv in Kirjat-Arba, dat will seggen: in Hebron, in dat Land Kanaan. Un Abraham güng rin in dat Telt, wo se eer henleggt harrn. He wull noch mal de Liek seen un fung bitterlich an to wenen. Un denn keem he wedder hooch un see to de Hetiters: „Ik bün vör ju ja blots en frömde Mann un waan hier man to Hüür. So geevt mi doch en Graffstell bi ju, dat ik mien Fru hier to Eer bringen kann!" Do seen de Hetiters to Abraham: „Herr, laat uns en Woort seggen! Du waanst ja as en König bi uns. Bring dien Fru geern bi uns to Ru! Sök di ruhig dat beste Graff för dien Fru ut. Keen een vun uns ward di wat in den Weg leggen, wenn du dien Fru in sien Graffstell to Eer bringen wullt." Do stünn Abraham up un böög sik deep dal vör de Hetiters, de in düt Land wanen deen. Un denn see he to eer: „Wenn ji dar mit inverstaan sünd, dat ik mien Fru hier to Eer bringen do, denn doot mi den Gefallen un leggt för mi en goot Woort in bi Efron, de Zohar sien Sön is, dat he mi de Hööl Machpela lett. De höört em ja to un liggt buten an dat Enn vun sien Koppel. Will he mi de Hööl as Graffstell laten, dat se mi tohören lett, denn schall he dar goot för betaalt krigen." As he nu so mit de Hetiters verhanneln dee, seet Efron dar merrn mang. Un nu antwoort de Hetiter Efron Abraham, un all de Hetiters, de dar as frie Börgerslüüd bi weren, höörten dat. He see: „Ne, mien leve Herr, so is dat vun mi nich dacht. Wullt du dat vun mi annemen, denn schenk ik di de Koppel un de Hööl, de dar up liggt. Mien Landslüüd hier sünd dar Tügen för; ik schenk di eer. Bring du dien Fru getroost to Graff!" Do böög Abraham sik deep dal vör düsse Lüüd, de hier wanen deen, un antwoort Efron, un all de Lüüd, de hier wanen deen, höörten dat. He see: „So kann ik dat aver nich annemen. Ik will di dat Geld för de Koppel betalen. Dat mußt du vun mi annemen. Ik müch mien Fru doch geern to Graff bringen!" Do see Efron: „Mien leve Herr, wenn du dat denn dörchut nich anners wullt, denn giff mi dusend Mark. Dat speelt ja för di garkeen Rull! Un denn bring dien Fru hier to Eer." Na, dar weer Abraham denn ok mit inverstaan, un he betaal em dat Geld denn ok blank up den Disch, so as dat vör all de Lüüd afmaakt weer: dusend Mark in Sülver, so as dat bi den Hannel Mood weer, dusend Mark Kurant. So weer de Hannel denn maakt, un Abraham kreeg Efron sien Koppel un de Hööl Machpela dar to, güntsiets vun Mamre, un so höör em dat ganze Grundstück to un de Hööl un all de Bööm up de Koppel dar to. Un Tügen darbi weren all de Hetiters, de frie Börgers weren.

Un denn bröch Abraham sien Fru to Eer in de Hööl Machpela up de Koppel güntsiets vun Mamre, dat is Hebron, in dat Land Kanaan. Un so hören de Koppel un de Hööl Abraham to, so as he de vun de Hetiters kregen harr.

Up de Bruutsöök
1. Mose 24.

Abraham weer al oolt un hooch in de Jaren. Un Gott harr em up jede Aart un Wies segent. Do see Abraham to den öllsten Knecht in sien Huus, de sien Verwalter weer: „Legg dien Hand ünner mien Lennen. Du schallst mi bi unsen Herr Gott, de Himmel un Eer maakt hett, swören, dat för minen Söön keen Fru utsöken deist ünner de Fruunslüüd, mit de wi hier tohoop wanen doot. Ne, du schallst na mien Vaderland un to mien Verwandten reisen un dar en Fru för minen Söön Isaak nemen. Do see de Knecht to em: „Aver wenn de Fru nu nich mit mi lang folgen will in düt Land, wat denn? Schall ik denn dinen Söön wedder torüchbringen in dat Land, wo du uttrocken büst?" Da see Abraham to em: „Ne, um Himmels willen nich! De Herr, de Himmelsgott, de mi ut mien Vaderhuus un mien Heimatland weghaalt hett un to mi seggt un mi tolöövt hett: ‚Düt Land will ik dien Nakamen geven!' — de ward sinen Engel di vörutschicken, dat du för minen Söön dar en Fru besorgen deist. Schull de Fru aver nich mit di

34

gaan wüllen, denn büst du vun düssen Eid frie un ledig. Blots minen Söön dörfst du dar nich henfören." Do lee de Knecht sien Hand ünner sinen Herrn sien Lennen un lööv em dat to.

Un nu neem de Knecht tein vun sinen Herrn sien Kamele un dat Beste, wat sien Herr sünst noch harr, un maak sik up de Reis na Mesopotamien, na de Stadt, wo Nahor wanen dee.

As he dar nu ankeem, leet he de Kamele sik dalleggen buten vör de Stadt an den Soot. Dat weer jüst um de Avendstünn, as de Fruunslüüd Water halen deen. Un he see: "Ach Gott, du Herr vun minen Herrn Abraham, laat mi dat hüüt glücken, wat ik vörheff, un wees minen Herrn Abraham gnädig! Sü, ik heff mi dat so dacht: Ik stell mi an den Soot, wenn de jungen Deerns ut de Stadt rutkaamt un Water haalt. Un denn richt du dat so in: de eerste Deern, to de ik segg: "Lang mal de Kruuk her un laat mi drinken!" un de denn seggen deit: "Geern, drink, so veel as du magst, un dien Kamele will ik ok to drinken geven!" — de schall dat wesen; de hest du för dinen Knecht Isaak bestimmt. Dor will ik an marken, dat du minen Herrn gnädig büst."

Un he harr dat noch nich ganz seggt, do keem al Rebekka rut, de Dochter vun Milka un Nahor, wat Abraham sien Broder weer. Se harr de Kruuk up de Schuller. Junge, weer dat en smucke Deern, un Jungfru, de noch mit kenen jungen Keerl friegt harr! Un se güng de Treppen hendal na den Soot un maak eer Kruuk vull un keem wedder rup. Do leep de Knecht eer in de Mööt un see: "Ach, giff mi doch en lütten Sluck ut dien Kruuk!" Se see: "Geern, drink, wat du magst!" Un darmit heel se em de Kruuk hen un geev em to drinken. Un as he fardig weer, see se: "So, nu haal ik ok Water för dien Kamele; se schüllt so veel hebben, as se mögt. In gau goot se de Kruuk ut in den Trog un leep wedder dal na den Soot un haal so lang Water, bit dat de Kamele all noog harrn. De Mann aver stünn ganz still, keek eer to un wüßt nich, wat he darto seggen schull; he see keen Woort un luur sik blots af, ob unse Herr Gott Glück to sien Reis geven harr oder nich.

As de Kamele nu satt weren, do neem de Mann en gollen Ring un twe gollen Handspangen un see: "Wokeen sien Dochter büst du? Segg mi dat doch mal, lütt Deern! Kunnen wi wull bi ju to Nacht blieven, hebbt ji so veel Platz?" Do see se to em: "Ik bün Betuel sien Dochter, un mien Groot- öllern sünd Milka un Nahor." Un wider see se: "Stro un Foder is meer as noog dar, un to Nacht bliven künnt ji ok!"

Do full de Mann vör unsen Herr Gott up de Knee un fung an to beden un see: "Gott si Loff un Dank! Heff Dank, du Ewige, du büst ja minen Herrn Abraham sien Gott; du hest minen Herrn dien Gnaad un dien true Barmhartigkeit bewaart. Jüst to minen Herrn sinen Broder un sien Hus hett de Herr mi föört!"

De Deern aver leep weg to eer Moder un vertell, wat se bileevt harr. Un Rebekka harr enen Broder, de heet Laban. De harr natürlich keen Ru un leep gau rut na den Soot, wo de frömde Mann weer. Denn as he man den Ring un de Spangen an sien Swester eer Hannen seeg un hören de, wat de Mann to eer seggt harr, do weer he ok al buten bi den Mann, de noch mit de Kamele bi den Soot stünn. Un he see: „Kumm doch rin, unsen Herr Gott sien Segenskind! Wat wullt du buten staan, ik heff binnen al Platz maakt för dien Kamele!" Do keem de Mann rin. Un he halfter de Kamele af un geev eer Streu un Foder för de Kamele un Water, dat he un sien Lüüd sik de Fööt waschen kunnen.

Un denn güng dat to Disch, aver Elieser see: „Ik kann noch nich eten; eerst mutt ik seggen, wat ik up dat Hart heff." Un de anner see: „Denn man to!" Un nu fung he an to vertellen: „Ik bün Abraham sien Knecht. Un Gott hett minen Herrn bannig segent. He is en rike Mann worrn. He hett em Schaap un Ossen geven un Sülver un Gold un Knechten un Deerns un Kamele un Esels. Un Sara, wat minen Herrn sien Fru is, hett em, obschoons se all oolt weer, enen Söön schenkt, un em hett he nu allens geven, wat em tohören deit. Nu hett mien Herr mi swören laten: ,Nimm jo keen Fru för minen Söön vun de kanaaniitschen Deerns, mit de ik hier tosamen wanen do. Ne! Reis na minen Broder sien Huus un na mien Familie hen un haal vun dar en Fru för minen Söön." Do see ik to minen Herrn: „Aver watt schall ik maken, wenn de Fru nu nich mit mi reisen will?" Do see he to mi: „Gott, ünner den sien Ogen ik leven do, ward sinen Engel di mit up den Weg geven un di helpen, dat di allens glücken deit. Du warrst en Fru för minen Söön ut mien Familie un ut minen Broder sien Huus mitbringen. Un denn büst du nich meer bunnen an dat, wat du mi toswaren hest. Ganz wiß: Kümmst du to mien Familie un se wüllt di eer nich geven, denn büst du nich meer bunnen an dat, wat du mi toswaren hest. Un nu keem ik vundaag na den Soot un see: ,Herr, minen Herrn Abraham sien Gott, ach, wenn du doch Glück to mien Reis geven wullst, de ik nu maken do! Sü, ik stell mi nu hen an den Watersoot, un wenn dar nu en Deern kümmt un Water halen will, denn segg ik to eer: ,Giff mi doch ut dien Kruuk en beten Water to drinken!' Un wenn se denn to mi seggt: ,Geern, du schallst to drinken hebben, un ok dien Kamele will ik Water gewen', denn schall de dat wesen, de Gott för minen Herrn sinen Söön bestimmt hett. Un knapp harr ik dat bi mi seggt, do keem Rebekka mit de Kruuk up de Schuller, steeg dal na den Soot un haal Water. Do see ik to eer: ,Laat mi mal drinken!' Dat leet se sik nich twemal seggen. Foorts

36

neem se de Kruuk vun eer Schuller un see: ,Drink so veel, as du magst! Ok dien Kamele will ik to drinken geven.' So drunk ik, un ok de Kamele kregen Water, so veel, as se müchen. Un denn fraag ik eer: „Mien Deern, wokeen sien Dochter büst du?" Se see: „Ik bün Betuel, wat Nahor sien Söön is, sien Dochter, un mien Grotmoder heet Milka." Do lee ik eer den Ring an de Nees un de Spangen an de Arms, un denn böög ik mi dal vör den Herrn un full up de Knee un see Gott, de minen Herrn Abraham sien Gott is, dar Loff un Dank för, dat he mi up den rechten Weg föört harr un ik de Broder-Dochter vun minen Herrn as de Fru för sinen Söön finnen dörf. Un nu en Beed an ju: Wüllt ji minen Herrn Leev un Tru wisen, denn seggt mi dat. Wüllt ji dat nich, denn seggt mi dat ok. Denn weet ik, wo ik an bün."

Do seen Laban un Betuel: „Dat hett unse Herr Gott so föögt. Dar künnt wi nix to seggen, nich ja un nich ne. Rebekka steit vör di. Nimm eer mit up de Reis un laat eer de Fru vun dinen Herrn sinen Söön warrn, so as unse Herr Gott dat künnig maakt hett." As Abraham sien Knecht dat höört harr, full he dal up de Eer un beed to Gott. Un denn neem de Knecht Saken ut Gold un Sülver un Kleder ut sinen Reis-koffer un schenk eer Rebekka. Eer Broder un eer Moder kregen ok wat Fienes, wat veel Geld kost harr. Un denn setten se sik dal to'n Avendbroot, he un sien Lüüd, un se bleven dar ok to Nacht. Den annern Morgen aver, as he upstaan weer, see he: „So, nu laat mi reisen! Ik mutt na minen Herrn torüch!" Do seen eer Broder un eer Moder: „Ach, laat de Deern doch noch en paar Daag bi uns, am leevsten noch tein Daag; denn kann se reisen." Aver he see: „Nu dörft ji mi nich meer up-holen! De Herr hett Glück geven to mien Reis. Nu laat mi los, dat ik na minen Herrn torüchkaam!" Do seen se: „Wi wüllt de Deern ropen un eer sülven fragen." Un se repen Rebekka un seen to eer: „Wullt du mit düssen Mann reisen?" Se antwoort: „Ja". Do leten se eer Swester Rebekka reisen un ok eer Kinnerfru mit Abraham sinen Knecht un sien Lüüd. Un se segen Rebekka un seen:

> „Leev Swester! Gott geev di veel dusend Nakamen! Gott geev, dat dien Nakamen alltiets över eer Fienden Herr warrt!"

Un denn güng dat up de Reis. Rebekka un eer Deenstdeerns setten sik up de Kamele un reisten achter den Mann ran. Un de Knecht neem Rebekka up sien Kameel un reis af. Isaak weer jüst na de Stepp gaan, wo de Soot is, den se nöömt: „Soot för den Lebennigen, de mi ankiken deit"; denn he waan in dat Land, wat na Süden liggt. Isaak weer to Feld gaan, wieldat he beden wull; denn dat weer al schummerig. He lee de Hand över de Ogen. Wat weer dat? Kemen dar nich

37

Kamele? Rebekka lee ok de Hand över de Ogen un seeg nu Isaak. Do leet se sik dal vun dat Kameel un see to den Knecht: „Wokeen is de Mann dar, de dar liek över dat Feld uns in de Mööt kümmt?" De Knecht antwoort: „Dat is mien Herr." Do neem se eer Koppdook un heel sik dat för dat Gesicht. Un de Knecht vertell Isaak allens, wat he utricht harr. Do bröcht Isaak eer in dat Telt, wat sien Moder Sara tohöört harr, un he neem Rebekka, un se weer sien Fru. He heel bannig veel vun eer, un so trööst Isaak sik daröver, dat he keen Moder meer harr.

Mit de twete Fru up Olendeel
1. Mose 25, 1—6.

Nu neem Abraham sik noch mal en Fru. De heet Ketura. Un de schenk em söß Kinner: Simrom un Joksan, Medan un Midian, Josbak un Sua.

Joksan sien Kinner weren Efa, Efer, Henoch, Abida un Eldaa. Düsse stammt all vun Ketura af.

Un Abraham geev all sinen Kraam an Isaak af, un de Kinner, de he mit de annern Fruun sünst noch harr, schenk he allerhand to un leet eer denn, noch bi sien Levenstiet, reisen, na Osten hen, in dat Oostland; denn he wull nich, dat Isaak noch sien Last mit eer hebben schull.

Dood un Graff
1. Mose 25, 7—10.

So weer Abraham toletzt eenhunnertfievunsöventig Jaren oolt. He weer ja würklich hooch in de Jaren kamen, richtig oolt, un harr meist keen Lust meer to leven. Un so keem he wedder mit de tohoop, de vun sien Familie em al in den Dood vörangaan weren. Un sien beide Sööns Isaak un Ismael bröchen em na Machpela eer Hööl to Eer. De liggt up Efron sien Land, wat Sochar sien Söön weer, up de Koppel, de Abraham de Hetiters afköpen dee. Dar wörrn also Abraham un sien Fru Sara to Ru bröcht.

Gott sien Sorgenkind

Keen Kinner, aver Gott hett en Inseen mit eer
1. Mose 25, 19—23.

Isaak weer veertig Jaren oolt, as he Rebekka, de den Aramäer Betuel ut Mesopotamien sien Dochter un den Aramäer Laban sien Swester weer, heiraten dee. Un nu weer dat so:

38

Isaak sien Fru kreeg keen Kinner, un dat wörr nich anners. Do beed Isaak toleßt Gott, he müch doch en Inseen mit eer hebben. Un Gott geev dar sien Segen to, un so keem dat denn ok so, dat Rebekka Moder warrn schull. Ja twee Kinner droog se ünner dat Hart. Un de Kinner stötten sik, een dat anner, in eren Schoot. Un se see: „Wenn dat nu al so geit, wat kann ik nasten denn noch allens bileven?" Darum lee se Gott eer Noot an dat Hart. Un Gott see to eer:

„Twee Völker ruut in dinen Schoot,
un twee Stämm ward utenanner gaan,
wenn se to Welt kaamt.
Un een Volk ward över dat anner de Böverhand krigen,
un de öllste mutt sik vör den jungen fögen."

Isaak in Gerar
1. Mose 26, 1—11.

Un nu wörrn mal wedder dat Broot un dat Foder heel knapp för Minschen un Vee. Dat güng nich veel anners to as to Abraham sien Tiet. Dar hebbt wi ja al vun höört.

So maak Isaak sik denn up den Weg to Abimelech na Gerar. Dat weer ja de Filisterkönig. Aver Gott maak sik em künnig un see: „Treck jo nich na Agypten hendal! Bliev hier in düt Land wanen, so as ik di dat segg! Hier kannst du dien Telten upslaan. Ik will di bistaan un di segen; denn düt Land will ik ganz di un dien Nakamen geven, un ik sta to mien Woort, wat ik dinen Vader Abraham toswaren heff. Un dien Nakamen schüllt so veel warrn as de Steerns an den Heven. Keen een kann eer tellen. Un ik segg di dat noch mal: dien Nakamen schüllt düt ganze Land krigen, un dien Nakamen schüllt to en Segen för all de Völker up de Eer warrn. Un dat schall so kamen, wieldat Abraham up dat höört hett, wat ik em seggt harr, un wieldat he dat daan hett, wat ik em upleggt un vun em verlangt harr, mit een Woort: allens, wat ik anordent un bestimmt harr."

Un so bleev Isaak denn in Gerar.

As nu de Lüüd na sien Fru fragen deen, do see he: „Dat is mien Swester". Denn to seggen: „dat is mien Fru" — dar weer he bang vör. He dacht bi sik sülven: „kriegt de Lüüd dat klook, dat Rebekka mien Fru is, denn slaat se mi doot. Se is ja en heel smucke Fru."

As he nu all en Tietlang dar waant harr, do keek de Filisterkönig Abimelech eensdaags mal ut dat Finster rut un seeg, dat Isaak mit sien Fru en beten fickeln dee. Un glier leet Abimelech em kamen un see to em: „Dat is ja dien Fru! Wodennig kunnst du mi denn doch vörsnacken: ‚Se is mien Swester'?" Isaak see: „Ja, dat heff ik daan, un dat hett ok finen goden Grund. Ik müß mi fünft ja moden wefen, dat de Lüüd mi an de Siet bringen kunnen." Do fee Abimelech: „Dar harrft du uns wat Leges inbrocken kunnt! Denk mal an: dar harr ja meift nich veel feelt, dat een vun mien Lüüd dien Fru wat andaan harr. Un denn feten wi leeg to. Wi weren ja an di fchüllig worrn!" Un denn geev he fien Lüüd den Befeel: „De düffen Mann un fien Fru anrögen deit, de hett den Dood verdeent un mutt em liden!"

Dat Arvdeel för en Töller Linfenfupp

1. Mofe 25, 27—34.

As de beiden Jungens nu groot weren, do wörr Efau en düchtige Jäger un güng den ganzen Dag över Feld. Jakob weer meer en ruhige un finnige Mann un bleev lever bi dat Huus. Un nu weer dat fo: Ifaak heel meer vun Efau; denn he müch bannig geern Wildbraden eten. Rebekka eer Jung aver weer Jakob.

Eensdaags weer Jakob bi to kaken. Do keem Efau jüft vun dat Feld un weer mööd un hungrig. Un Efau fee: „Giff mi gau wat to eten vun dat Rode, vun dat Rode dar! Ik bün rein flau worrn." Jakob aver fee: „Eerft verlööp mi dien Arvdeel, wat du as öllfte Söön to verlangen heft!" Do fee Efau: „Ach, ik mutt ja doch mal ftarven. Wat fchall ik mit mien Arvdeel maken!" Jakob fee: „Ja, eerft mußt du mi dat tofwören!" Do fwöör he em dat to un verköff fo an Jakob fien Arvdeel, wat em as öllften Söön toftünn. Un nu geev Jakob em Broot un en Töller Linfenfupp, un he eet un drunk un güng wedder los. Up de Wies leet Efau fien Arvdeel fik ut de Hannen gaan.

De groote Bedrug

1. Mofe 27, 1—40.

As Ifaak nu oolt weer un knapp noch wat feen kunn, do leet he finen öllften Söön Efau mal kamen un fee to em: „Mien Jung!" Un de fee to em: „Ja? — Ik bün hier!" Do fee he to em: „Höör mal to! Ik bün nu oolt un weet nich, wanneer de Dod mi haalt. Nu nimm dinen Jagdkraam, dien Tafch un dinen Flitzbaag un ga to Feld un fcheet mi en Stück Wild, un denn maak mi en leckere Maaltiet. Du weetft ja, wodennig ik dat am leevften mag. Bring mi dat her, un denn will ik mi plegen un di minen Segen geven, eer dat ik ftarven mutt."

Dat harr nu Rebekka fik affluurt, as Ifaak dat to finen Söön Efau feggt harr, un as Efau nu to Feld güng un en Stück Wild jagen un mit nahuus bringen wull, do fee fe to

40

eren Söön Jakob: „Höör mal, mien Jung! Even heff it höört, dat dien Vader to dinen Broder Esau seggen dee: ‚Besorg mi en Stück Wild un maak mi en leckere Maaltiet! Denn will it mi plegen un di minen Segen geven vör Gott sien Ogen, eer dat it starven mutt'. Un nu höör noch mal to! Nimm dat vun mi an, wat it di nu an dat Hart leggen do! Ga gau mal na dat Bewark un bring dar vun twe gode Bucklamms vun de Zegen! De will it denn gau för dinen Vader torechtmaken, so as he dat am leevsten mag. Un denn bringst du eer Vader hen, dat he sik plegen deit un di denn sinen Segen gifft, eer dat he starven deit."

Do see Jakob to sien Moder Rebekka: „Ja, dat is allens ganz goot. Aver mien Broder Esau is doch so ruuch an sik, un mien Huut is doch ganz glatt. Dat kunn ja wesen, dat Vader mi befölen deit. Denn sta it ja vör em as een, de kenen netten Spaß mit em vör hett. Un wat heff it dar denn vun? Fluuch, un kenen Segen!" Aver sien Moder begöösch em: „Ne, mien Jung, dar sorg di man nich um! De Fluuch, de di tokamen kunn, de kümmt up mi! Dar wees man nich bang vör! Höör du man up mi un ga hen un bring mi, wat it seggt heff!" Un he güng hen un haal dat un bröch dat to sien Moder. Un sien Moder maak en leckere Maaltiet, so as sien Vader dat am leevsten much. Un denn haal Rebekka eren öllsten Söön Esau sien best Tüüch, wat he bi sik in dat Huus harr, un trock dat eren jüngsten Söön Jakob an. Un dat Fell vun de Bucklammer trock se em över de Hannen un bunn dat üm den Hals an de Stell, wo he keen Haar harr. Un denn geev se eren Söön Jakob de Maaltiet in de Hand un wat Broot dar to, wat se backt harr.

So keem he to sinen Vader un see: „Vader!" Un de see: „Na, mien Jung?" Do see Jakob to sinen Vader: „It bün Esau, dien Ollste. It heff dat so maakt, as du dat to mi seggt hest. Nu kumm up un sett di an den Disch un laat di dat Wild goot smecken un denn giff mi dinen Segen!" Do see Isaak to sinen Söön: „Wodennig geit dat to? Dar büst du ja bannig gau mit klaar worrn, mien Jung!" He see: „Ja, dat magst du wull seggen. Aver dat hett dien Herr Gott mi ot man so in de Hand speelt!" Do see Isaak to Jakob: „Ach, kumm mal en beten neger ran, dat it di befölen kann! It will mi dar doch vun övertügen, ob du würklich mien Söön Esau büst oder nich." Jakob keem nu neger an sinen Vader Isaak ran, un as de em beföölt harr, see he: „Ja, de Stimm is wull Jakob sien Stimm, aver de Hannen sünd Esau sien Hannen." So keem he dar nich achter, denn sien Hannen weren liek so ruuch as sinen Broder Esau sien Hannen, un he see: „Du büst doch mien Söön Esau." Un de anner see: „Dat bün it ot." Un denn see he: „So, nu lang mi dat eerst mal her, dat it

41

vun dat Wild eten do, un denn will if di segen." Do lang he em dat to, dat he eten kunn, un he bröch em Wien to drinken. Do see sien Vader Isaak to em: „So, mien Jung, nu kumm mal her un giff mi en Kuß!" Un he keem an em ran un geev em en Kuß. Un he rüük an sien Kleder un segen em un see:

„Sü, mien Söön rüükt liek so, as dat buten up dat Feld rüükt, wat de Herr segent hett. So müch Gott di geven vun den Dau, de vun den Heven fallt, un vun dat fette Land veel Koorn un Wien! Völker schüllt di denen, un Völker schüllt sik vör di bögen! De di verfluchen deit, de schall sülven verfluucht wesen, un de di segen deit, de schall sülven segent warrn!"

Un as Isaak Jakob eben segent harr un Jakob eben Isaak ut de Ogen weer, do keem sien Broder Esau vun sien Jagd torüch. Un he maak ok en Maaltiet torecht un bröch eer sinen Vader hen un see to sinen Vader: „So, Vader, nu kumm up un itt vun dinen Söön sien Wild un denn giff mi dinen Segen!" Do see sien Vader Isaak to em: „Wokeen büst du?" He see: „Ik bün doch dien öllste Söön Esau!" Do fung Isaak bannig an to bevern un see: „Ach, wokeen weer dat denn, de al en Stück Wild schaten hett un hett mi dat bröcht? Un if heff vun allens eten, eer dat du keemst, un ok heff if em al segent! He hett nu Gott sinen Segn weg!" As Esau dat höört harr, wat sien Vader dar see, do fung he luut un bitterlich an to schrien; dat güng dörch un dörch, un he see to sinen Vader: „Vader, giff mi doch ok dinen Segen!" Do see he: „Denn is dien Broder dat west, de to mi keem un mi anföört hett. De hett di üm den Segen bedragen, de di tohören dee." He see: „Dat is keen Wunner. He heet ja ok Jakob. He hett mi al twemal anföört. Eerst hett he mi dat Recht ut de Hand speelt, wat if as de öllste Söön heff, un nu hett he mi den Segen afnaamen, de mi tokümmt." Un denn see he: „Hest du denn nich noch enen Segen för mi över?" Do see Isaak to Esau: „Dat helpt nu mal nix. If heff em nu mal to den Herrn maakt över di, un all sien Bröder heff if em as Knechten vermaakt; ok mit Koorn un Wien heff if em versorgt. Wat kunn if nu wull noch för di doon, mien Jung?" Do see Esau to sinen Vader: „Hest du denn man düssen Segen, Vader? Ach, leve Vader, segen mi doch ok!" Un Esau fung bitterlich an to wenen. Do see sien Vader Isaak to em: „Ach, dar, wo du wanen deist, is dat Land nich fett, un Dau vun den Heven gifft dat ok nich. Vun dien Sweert mußt du leven, un dinen Broder schallst du denen. Aver wenn du nich locker lettst, denn schüddelst du de Klaav noch af vun dien Schullern."

42

He mutt vun't Huus

1. Mose 27, 41—45.

So weer Esau denn nich goot up Jakob to spreken vun wegen den Segen, den sien Vader em geven harr. Un Esau see bi sik sülven: Mit minen Vader is dat nu bald to Enn. Denn sla ik minen Broder Jakob doot." Dat kreeg Rebekka nu to hören, wat eer öllste Söön Esau in den Sinn harr. Darum leet se eren jüngsten Söön Jakob ropen un see to em: „Höör mal to! Dien Broder Esau hett dat up di afseen; he will di dootslan. Nu höör up mi, mien Jung! Pack dien Saken un bring di bi minen Broder Laban in Sekerheit! Dar kannst du denn eerst mal bliven, bit dat dien Broder to Ru kamen un nich meer dull up di is. Is he nich meer vertöörnt un hett he eerst mal wedder vergeten, wat du em andaan hest, denn schick ik di Bott un laat di wedder halen. Worum schull ik ju beide an enen Dag verleren?"

De letzte Segen mit up de Reis

1. Mose 27, 46. 28, 1—2.

Un denn see Rebekka to Isaak: Dat Leven mit düsse Hetiterfruun heff ik satt. Wenn Jakob sik nu ok noch en Fru vun düsse Hetiterdeerns nimmt, de hier to Lannen wannen doot, wat heff ik denn noch vun mien Leven?"

Do leet Isaak Jakob ropen un segen em un bunn em dat up de Seel: „Nimm di keen Fru vun de kanaanitschen Deerns! Ga up de Reis na Mesopotamien un besöök Betuel, wat dien Moder eren Vader is, un haal di dar en Fru vun Laban sien Döchter; he is ja dien Moder eer Broder!"

Moderselenalleen, un doch de Poort na den Himmel

1. Mose 28, 10—22.

So maak Jakob sik denn vun Beerseba up de Reis un wanner na Haran. Unnerwegens keem he na en Steed un bleev dar över Nacht; denn de Sünn weer al ünnergaan. Hier neem he sik nu enen Steen, den he an düsse Steed funnen harr, lee em ünner den Kopp un lee sik denn dal to slapen. Do seeg he in enen Droom en Ledder. De stünn up de Eer un reck mit dat anner Enn bit an den Heven. Un Gott sien Engels stegen dar up na baven un hendal. Un Gott sülven stünn vör em un see: „Ik bün de Herr, dinen Vader Abraham sien Gott un Isaak sien Gott. Dat Land, wo du up liggen deist, will ik di un dien Nakamen geven. Un dien Nakamen schüllt so veel warrn as de Stoff up de Eer, un du schallst di utbreden na Westen un

43

Often un Noorden un Süden, un in di schüllt segent warrn all de Geslechter up de Eer. Un if will di to Siet staan un mien Hand över di holen, wo du geist un steist, un will di of in düt Land wedder torüchbringen. If treck mien Hand nich vun di af; if bring dat allens to stannen, wat if di tolööbt heff." Do waaf Jakob up ut den Droom un see: „Ganz wiß! Hier an düsse Steed is de Herr, un if wüß dat nich!" Un he verfeer sif un see: „Wo grulich is düsse Steed! Hier waant Gott, un hier is de Poort na den Himmel!" Un nu vör Dau un Daak neem Jakob den Steen, den he as Koppküssen bruukt harr, un stell em hooch in Enn as en Denkmaal un goot dar Höl över ut. Un he nööm de Steed Betel; in ole Tiden aver heet de Stadt Luus. Un Jakob lööv Gott wat to un see: „Wenn de Herr Gott mit mi is un sien Hand över mi höllt up mien Reis un mi Broot to eten un Kleder üm un an gifft un if glücklich wedder nahuus kaam, denn schall de Herr mien Gott wesen, un düsse Steen, den if as Denkmaal upstellt heff, schall en Gotteshuus warrn, un allens, wat du mi gifffst, dar will if di tru den Teinten för geven."

Ünner frömde Lüd eren Disch

1. Mose 29, 1—22.

Nu maak Jakob sif wedder up den Weg un reis wider na Often to. Un he lee de Hand över de Ogen, un wat seeg he? Merrn in de Stepp leeg en Soot, un rundum harrn sif dree Schaapsharden lagert. Ut düssen Soot haalten se ümmer wedder dat Water för de Schaap. Un en grote Steen leeg vör dat Lock, wo se na den Soot hendörchkamen kunnen. Un wenn nu de Schaap all bi den Soot tosamendreven weren, denn wöltern se den Steen vun dat Lock af un halen Water för dat Vee. Un wenn se dar farbig mit weren, leen se den Steen wedder an sinen Platz vör dat Lock.

Do see Jakob to eer: „Mien leve Bröder! Woneem sünd ji tohuus?" Se seen: „Wi höört na Haran tohuus. Do see he to eer: „Seggt mal, kennt ji Laban, wat Nahor sien Söön is?" Se seen: „Jawull! Den kennt wi goot." Do fraag he eer: „Geit em dat goot?" Se seen: „Ja, he is goot to Weeg. Sü, dar kümmt jüst sien Dochter Rahel mit de Schaap!" Do see he: „Höört mal! Dat is ja noch helle Dag. Noch is dat doch nich Tiet, dat Vee tohoop to driven! Geevt eer wat to drinken, un denn drievt eer noch mal up de Weid!" Se seen: „Ne, dat geit nich. Wi möt töven, bit dat all dat Vee tohoop is. Denn ward de Steen vun dat Lock bi den Soot afwöltert, un denn geevt wi de Schaap all tohoop up eenmal Water."

As he nu noch mit eer so verhanneln dee, do keem Rahel mit eren Vader sien Schaap al ran; se harr ja up eer to passen.

44

As Jakob nu Rahel seeg, de Laban sien Dochter weer, wat wedder en Broder an sien Moder weer, un de Schaap, de Laban tohören deen, wat en Broder to sien Moder weer, do güng Jakob an den Soot ran un wölter den Steen vun dat Lock af un haal Water för de Schaap, de Laban tohören deen, wat ja en Broder vun sien Moder weer. Un denn geev he Rahel en Kuß un fung luut an to wenen. Un Jakob vertell eer, dat he mit eren Vader verwandt un Rebekka eren Sören weer. Un Rahel leep gau to eren Vader hen un vertell em dat. As Laban dat nu vun Jakob höör, dat he en Swesterföön vun em weer, do leep he em in de Mööt, full em üm den Hals un geev em en Kuß un nödig em rin in dat Huus. Un Jakob vertell Laban allens, wat he bileevt harr.

Do see Laban to em: „Goot, du hörst ja ganz to mien Familie." As he nu en Veerwekenstiet bi em west weer, do see Laban to em: „Du büst ja en Verwandte an mi; aver if see doch nich in, dat du ümsünst hier för mi arbeiden schullst. Segg mi rein rut, wat du verdenen wullt!"

Nu harr Laban twee Döchter; de öllste heet Lea, un de jüngste heet Rahel. Lea geev nich veel her; se harr keen Füür in de Ogen. Rahel aver weer en smucke Deern un harr en smuck Gesicht. Un Jakob harr sien Oog up Rahel smeten. He müch eer geern liden un harr veel för eer över. Darum see he: „Goot. If will söven Jaren dien Knecht wesen, wenn du mi dien jüngste Dochter Rahel geven wullt." Laban see: „Goot, du schallst eer hebben. Dat is beter, dat du eer kriggst, as dat if eer an en frömden Mann afgeev. Du kannst also hier blieven!" So deen Jakob söven Jaren för Rahel, un de Tiet wörr em dar nich lang bi; denn em weer doch allens üm Rahel to doon. As de Tiet üm weer, do see Jakob to Laban: „So, nu giff mi mien Fru; denn de Tiet is nu aflopen. Nu wüllt wi heiraten." Do leet Laban all de Nawersslüüd anseggen to de Hochtiet, un dat geev en grote Maaltiet.

Noch en Bedrug
1. Mose 30, 25—43.

As Rahel nu Josef to Welt bröcht harr, do see Jakob to Laban: „So, nu laat mi reisen! If will nu törüch na mien Heimat un mien Vaderland. Giff mi mien Fruun un mien Kinner — dar heff if so lang bi di för deent, un denn schall dat up de Reis gaan. Du weetst ja, wodennig if bi di deent heff!" Do see Laban to em: If versta dat; aver nimm dat nich för ungoot. If heff dat wull markt, dat Gott mi segent hett, un dat heff if di to verdanken." Un denn see he wider: „Segg ruhig, wat du verlangen deist, un if will di dat geven." Do see Jakob to em: „Du weetst sülven am besten, wat if allens för die daan heff un wo goot dien Vebestand worrn is in de Tiet, wo ik bi di west bün. Denn eer dat ik herkeem, kunnst du dar nich veel Staat mit maken; du harrst nich veel. Gott hett allens, wat ik anfaten dee, segent; nu aver ward dat Tiet, dat ik ok för mien Familie sorgen do." Laban see: „Na, wat verlangst du denn? Segg dat doch!" Jakob see: „Ik verlang gar nix. Blots een Deel schallst du ünnergaan; denn will ik noch wider dien Schaap passen, un dat so, dat du di wider mit mi tofreden büst. Un nu höör to! Ik ga vundaag mal dörch all dien Schaap hendörch, un denn haal ik mi dar de swartbunten Schaap un jedes Stück vun de swartbunten Lammer un jede swartbunte Zeeg mang rut. Dat will ik verdenen. Un dat ik dat eerlich menen do, dar kannst du di nasten vun övertügen. Mien Loon schüllt blots de swartbunten Zegen un de swartbunten Schaapslammer wesen. Finnst du dar sünst noch wat mang, wat dar nich to paßt, denn kannst du mientwegen seggen: ik heff dat stalen." Do see Laban: „Afmaakt! Dar bün ik mit inverstaan."

So güng he denn gliex bi un haal sik dar de swartbunten Zegenböck un all de swartbunten Zegen mang rut, un he neem jedes Stück, wo ok man en beten Wittes to seen weer, un jedes swartbunte Schaapslamm rut un geev eer an sien Sööns. Un denn leet he eer up en Tiet vun dree Daagreisen afdriven; denn se schullen vun Jakob sien Vee ut'n een holen warrn.

Nu aver haal Jakob sik en paar Stöck vun frische Pappeln un Hasseln un Kastangelbööm dal un trock de Vork af. So wörrn de Stöck ganz witt. Un denn lee he de Stöck, de afschellt weren, in de Watertröög un de Waterrönnen, wo dat Vee ut supen dee, liek vör de Schaap hen. Un denn, wenn de Schaap denn bi to drinken weren un rammeln deen un dar de Stöck bi ankeken, denn kemen nasten swartbunte un swartbrune Lammer to Welt. So neem Jakob de Lammer för sik . . . un bröch eer för sik sülven to en Hard tosamen, un de dee he denn nich mit Laban sien Schaap tosamen. Un wenn denn in dat Vörjaar oder in de Sommertiet de groten Schaap rammeln deen, denn lee he de Stöck liek vör de Schaap in de Watertröög, dat se trächdig wörrn, wenn se up de Stöck kiken deen. Blots bi de lütten Schaap maak he dat nich so. Un so kreeg Laban de lütten un Jakob de groten Schaap. Un so keem düsse Mann to en groten Besitz. He harr veel Schaap un Deerns un Knechen un Kamele un Esels.

Jakob treckt wedder na Kanaan

1. Mose 31.

Nu kreeg Jakob aver to hören, wat Laban sien Kinner seggt harrn; un de harrn sik över em upholen un seggt: „Dat is

46

doch to dull! Nu hett Jakob doch allens, wat unsen Vader to-hören dee, an sik bröcht; un dat em dat glückt hett, dat verdankt he doch ganz alleen unsen Vader sinen Kraam!" Un denn kunn Jakob dat ok Laban sien Gesicht affspören. Dat stünn twischen eer doch nich meer so as güstern oder eergüstern.

Do see Gott to Jakob: „Treck wedder na dien Vaderland un to dien Sipp torüch! Ik will di to Siet staan."

Do schick Jakob Bott hen to Rahel un Lea, se schullen to em up dat Feld kamen hen na de Schaap. Dar see he to eer: „Höört mal to! Ik heff dat markt, dat ju Vader nich meer so to mi steit as sünst. Aver mien Vader sien Gott hett mi doch bistaan un mi segent. Ji weet dat ok, dat ik för ju Vader allens daan heff, wat ik man jichtens kunn. Un doch hett he mi bedragen un teinmal wedder ümstött, wat afmaakt weer. Aver Gott hett dar för sorgt, dat mi dat kenen Schaden in-bröcht hett. Wenn he see: ,De Swartbunten schallst du as Loon hebben', denn geev dat blots swartbunte Lammer. Un wenn he see: ,De Swartbrunen schallst du hebben', denn geev dat blots swartbrune Lammer. Dar künnt ji seen: Gott hett ju Vader dat Vee ut de Hand namen un mi geven. Un noch wat: eenmal — dat weer in de Rammeltiet — do heff ik in den Droom seen, dat de Bück, de bi to decken weren, all swart-bunt un swartbruun weren. Un Gott sien Engel see to mi in den Droom: „Jakob!" Un ik see: „Ja, Herr, wat schall ik?" Do see he: „Kiek di dat mal genau an! Süüst du, dat de Bück, de bi to decken sünd, all swartbunt un swartbruun sünd? Ik heff dat wull allens seen, wat Laban di andaan hett. Ik bün de Godd vun Betel, wo du den Steen salvst un mi damals to-löövt hest. Nu ga up de Reis un treck ut düt Land torüch na dat Land, wo dien Sipp tohuus is!"

Do see Rahel to em, un Lea dee dat ok: „Wi hebbt ja doch keen Andeel un Arvdeel meer in unsen Vader sien Huus! Un wodennig hett he uns behannelt! As frömde Lüüd. Ver-schachert hett he uns, un dat Geld, wat he för uns utbetaalt kreeg, dat hett he hendörchbröcht. Darum hett Gott unsen Vader all sinen Kraam ut de Hand namen, un dat höört nu uns un unse Kinner. Darum do nu ruhig dat, wat Gott di seggt hett!"

So maak Jakob sik denn up de Reis un leet sien Fruun un Kinner up de Kamele riden un neem all sien Vee un sinen Kraam, wat he sik in Mesopotamien tolegt harr, mit; denn he wull nu torüch na sinen Vader Isaak, na dat Land Kanaan.

Wieldeß weer Laban nich bi dat Huus, denn he weer weg-gaan un wull sien Schaap scheren. Un so neem Rahel eren Vader dat Götzenbild weg, wat em tohören dee. Un Jakob föör den Aramäer Laban an; denn he see em nich Bischeed, dat he reisen wull. Un so maak he sik up de Reis mit dat, wat

47

he harr, un dat güng över den Eufrat, un denn trock he na de Bargen vun Gilead to.

Un den drütten Dag wörr Laban dat anseggt, dat Jakob utrückt weer. Do neem he sien Bröder mit un jaag achter em ran söven Daag lang un kreeg em toleßt faat in de Bargen vun Gilead. Aver Gott mell sik bi Laban nachts in en Droom un see to em: „See bloots to, dat du mit Jakob in Goden in dat Reine kümmst!"

So güng denn Laban to Jakob hen. Jakob harr sien Telt baven in de Bargen upslaan, un Laban maak dat mit sien Bröder jüst so, ok in de Bargen vun Gilead.

Un Laban see to Jakob: „Wodennig kunnst du mi doch so anfören! Un denn neemst du mien Döchter so eenfach mit, as wenn du eer in den Krieg faat kregen harrst! Warum büst du so utrückt, un keen een kreeg dat to weten? Un denn hest du mi noch wat stalen! Harrst du mi dat doch blots seggt! Denn harr if di mit Freuden, mit Sang un Klang un mit Pauken un Harfen up den Weg bröcht. Nich mal kunn if mien Enkelkinner un mien Döchter noch en Kuß geven. Dat hest du doch ganz dumm anstellt! Nu kunn if ju ja wull wat Leges andoon — dat steit bi mi. Aver ju Vader sien Gott hett güstern to mi seggt: See blots to, dat du mit Jakob in Goden ut'n een kümmst! Aver nu segg mi mal — wenn du denn nu mal up de Reis güngst un so bannig na de Heimaat lengen deest, warum hest du mi blots de Gößenbiller stalen?" Jakob see to Laban: „Dat will if di seggen. If weer bang, du kunst mi dien Döchter wedder afnemen. Aver dat will if di seggen: de, bi den du dien Gößenbiller finnst, de schall starven. Nimm unse Bröder mit un denn söök mang minen Kraam dat na, wat di tohören deit un nimm dat wedder mit!" Jakob aver wüß nich, dat Rahel dat daan harr.

Nu güng Laban rin na Jakob sien Telt un na Lea eer Telt un na de beiden Deerns eer Telt; aver he funn niß. Un denn güng he vun Lea eer Telt röver na Rahel eer Telt. Do neem Rahel de Gößenbiller un lee eer in de Kameelkutsch un sett sik dar up. So stell Laban in dat Telt allens up den Kopp, aver he funn eer nich. Un Rahel see to eren Vader: „Du mußt di dar niß bi denken, wenn if nich upstaan kann vör di; denn if heff dat nich goot in düsse Daag." So kunn he denn söken, so veel as he wull — finnen de he eer nich.

Nu wörr Jakob dull un maak Larm mit Laban, un Jakob see to em: „Segg mal, wat heff if egentlich verbraken un wo heff if mi mit schüllig maakt? Du büst ja bannig achter mi ranlopen! Du hest minen ganzen Kraam up den Kopp stellt! Hest du dar wat mang funnen vun dien egen Saken? Dat legg hier mal up den Disch! Denn schüllt mien un dien Brö-

48

der Tüüg wesen, un de künnt denn faststellen, wokeen vun uns beiden recht hett! Twintig Jaren bün ik nu bi di west. Dien Moderschaap un Zegen hebbt sik ümmer verfungen. De Bück vun dien Lüttvee heff ik nich verteert. Wat wille Tiere toschannen maakt harrn, dat heff ik nich bi di aflevert. Dat müß ik ut mien egen Tasch betalen. Du hest dat ümmer vun mi betaalt verlangt, eentdoont, ob dat bi Dag oder bi Nacht stalen weer. Den Dag kunn ik dat nich utholen vör Hitten, un nachts bever ik vör Küll, un an Slaap weer överhaupt nich to denken. Nu bün ik twintig Jaren in dien Huus as Knecht wesen, heff veertein Jaren üm dien Döchter un sößt Jaren üm dien Vee deent, un teinmal hest du dat wedder ümstött, wat afmaakt weer. Harr nich mien Vader sien Gott, de Gott, an den Abraham glöven un to den Isaak beden dee, mi bistaan, denn harrst du mi ruhig mit lerrige Hannen gaan laten. Gott hett mien Elend seen un all de Mööcht, de ik mi maakt heff, un he is verleden Nacht dien Richter west."

Do see Laban to em: „De Döchter sünd mien Döchter, un de Kinner sünd mien Kinner, un dat Vee is mien Vee, un allens, wat du hier süüst, dat is mien. Aver wat schall ik nu doon för mien Döchter un för de Kinner, de se to Welt bröcht hebbt? Kumm, laat uns beide mitenanner en Bund maken, un de schall Tüüg wesen twischen mi un di!"

Do neem Jakob enen Steen un sett em to en Denkmaal up, un denn see he to sien Bröder: „Nu sammelt ji Steen tohoop!" Un se deen dat un slepen en groten Dutt tosamen, un denn maken se up düssen Steenbarg en Maaltiet.

Un Laban nööm düssen Steenbarg Jegar-Sahaduta; Jakob aber nööm em Galed.

Do see Laban: „Düsse Steenbarg is hüüt Tüüg mang di un mi." Darum nööm se em Galed un „de Wacht", denn he see: „De Herr mag de Wacht holen twischen di un mi, wenn wi wiet utenanner sünd. Wenn du mien Döchter slecht behanneln deist oder to mien Döchter noch anner Fruun nimmst un wenn denn keen een bi uns is, denn denk dar an: Gott is Tüüg twischen mi un di!" Un denn see Laban wider to Jakob: „Kiek di den Steenbarg un dat Denkmaal noch mal an, wat ik twischen mi un di upsett heff! Düsse Steenbarg un düt Denkmaal schüllt dar Tüüg för wesen: ik will över düssen Barg nich to di rövergaan, un du deist dat ok nich to mi hen. Wi wüllt uns beide vun den annern kenen Schaden andoon. Abraham sien Gott un Nahor sien Gott schall Richter mang uns wesen." Un Jakob swöör em dat bi den Gott, to den sien Vader Isaak beden dee. Un Jakob maak up düssen Barg en Opfer un beed sien Bröder to de Maaltiet. Un as se eten harrn, bleven se up den Barg to Nacht.

Gott nimmt em noch mal in de Biecht

1. Mose 32, 1—32.

Jakob güng nu up de Reis. Do kemen Gott sien Engels in de Mööt. Un Jakob schick Lüüd vörut un lee eer up: „So schüllt ji to minen Herrn Esau seggen: dien Knecht Jakob lett di seggen: Bi Laban bün ik bitherto west, en lange, lange Tiet. Ik heff mi aver Ossen un Esels un Schaap un Knechten un Deenstdeerns verdeent. Nu schick ik minen Herrn Gott. Ik müch doch geern, dat he mit mi in Gelegenheit süüt!"

De Lüüd kemen nu wedder to Jakob torüch un mellen em: „Wi hebbt dinen Broder Esau ünnerwegens drapen. He wull al gegen di trecken, un dat mit veerhunnert Mann!"

Do verfeer Jakob sik bannig un kreeg dat mit de Angst. Un so deel he de Lüüd, de he bi sik harr, un de Schaap un de Ossen un de Kamele in twee Dele un see: „Wenn nu Esau över den enen Deel herfallt un em dalmaakt, denn kann doch de anner Deel sik noch redden." Un denn fung he an to beden un see: „Herr, du büst ja minen Vader Abraham un minen Vader Isaak sien Gott. Du hest ja to mi seggt: Treck nu wedder na dien Vaderland un to dien Sipp! Ik sorg dar för, dat di dat goot geit. — Ik heff dat waarraftig nich verdeent, dat du mi so veel Goodes daan un so tru över mi waakt un för mi sorgt hest. As ik hier över den Jordan damals güng, harr ik nix wider in de Hand as düssen Stock. Nu aver heff ik dat wiet bröcht; twe grote Tüög an Minschen un Vee heff ik mi verdeent. Nu mußt du mi aver ok bistaan, dat ik nich minen Broder Esau in de Hannen fall; denn ik bün bang, he kunn kamen un uns dalmaken, Moders un Kinner. Du hest ja seggt: Ik sorg dar för, dat di dat goot geit, un will di so veel Nakamen geven as de Sand an de Waterkant, also so veel, dat keen een eer tellen kann." Un he bleev dor to Nacht un deel vun dat, wat em tohören dee, enen Deel af; dat wull he sinen Broder Esau schenken. Un he see to den eersten vun sien Lüüd: „Wenn du minen Broder Esau bimöten deist un he di fraagt: „Wofeen sien Mann du büst un woneem du henwullt un wofeen düt allens tohöört, wat du dar hest, denn schallst du to em seggen: Dat all will dien Broder Jakob di schenken. Dat hett he för minen Herrn Esau afschickt. He sülven aver kümmt gliex achter uns ran." Un dat weer dar sin Afseen bi; he dacht: ik will seen, dat ik mit em wedder in dat Reine kaam un dat he nich meer vertöörnt is. Darum schenk ik em dat un schick dat vörut. Eerst denn kann ik sülven em ünner de Ogen kamen. Aver veellicht ward he mi denn wedder goot." So schick he denn dat Geschenk vörut, aver he bleev düsse Nacht noch in dat Lager. Un denn stünn he in düsse Nacht up un neem sien beide Fruun un sien beide Deenstdeerns un sien ölven Kinner un trock an

50

den Jabok, wo dat Water nich so deep weer. Un he bröcht eer dörch dat Water na de anner Siet un ok den ganzen Kraam, de em tohören dee.

He sülven aver bleev alleen torück.

Do stell sik em en Mann in den Weg un sett em leeg to, bit dat dat even hell wörr. Un as düsse Mann seeg, dat he em nich ünnerkrigen kunn, do geev he em enen Slag in de Siet, un Jakob wörr laam, as he noch mit em ringen dee. Do see de anner: „So, nu laat mi los; denn dat ward al even hell!" Jakob aver see: „Ne, if laat di nich los. Eerst mußt du mi dinen Segen geven!" Do see de anner: „Wodennig heetst du?" He see: „Jakob." Do see de anner: „Nu schallst du nich mehr Jakob heten. Nu heetst du Israel; denn du heft gegen Gott un Minschen dinen Mann staan un heft di nich ünnerkrigen laten!" Do frag Jakob em: „Nu segg du mi doch of, wodennig du heten deist!" He aver see: „Warum fraagst du mi na minen Namen?" Wider nix; awer denn geev he em sinen Segen.

Un Jakob nööm düsse Steed Pniel; denn he see: „If heff Gott seen, Oog gegen Oog, un doch bün if dar noch mit dat Leven vun af kamen." Un as he an Pniel vörbi weer, do güng jüst de Sünn up. Aver he weer noch laam in de Siet.

Tolext ward allens wedder goot
1. Mose 33, 1—15.

As Jakob de Hand över de Ogen lee, do seeg he, dat sien Broder mit en veerhunnert Mann up em tokeem. Un he verdeel de Kinner an Lea un Rahel un an de beiden Deenstdeerns. Un denn stell he eer up: toeerst kemen de Deerns mit eer Kinner un denn Lea mit eer Kinner un tolext Rahel mit Josef. He sülven stell sik an de Spitz un bög sik sövenmal deep dal, eer dat he an sinen Broder rankeem. Esau aver keem em al in de Mööt, breed sien Arms na em ut, full em üm den Hals un geev em enen Kuß. Un se fungen beide an to wenen. Un denn keek Esau sik üm, un as he de Fruunslüüd mit de Kinner seeg, do see he: „Wokeen sünd de, de du hier bi di heft?" He see: „Dat sünd mien Kinner, de Gott mi schenkt hett." Un denn kemen de Deerns ran mit eer Kinner un fullen vör em dal up de Knee, un Lea maak dat mit eer Kinner liek so. Un tolext kemen Rahel un Josef un fullen of vör em dal. Do see Esau: „Wat wullt du nu mit all den Kraam, den du al vörutschickt heft un den if bimöten dee? He see: „Ach, if wull seen, dat if mit di wedder in dat Reine keem." Do see Esau: „Dat laat man! If heff noog. Dat behool man ruhig, wat du dar heft!" Jakob aver see: „Dat kann doch nich angaan! Wenn du würklich nich meer vertöörnt büst, denn muß du düt Geschenk vun mi annemen. As if di anseen dee, do weer mi dat jüst so, as wenn if Gott in dat Oog seeg; so fründlich büst du up mi tokamen. Nimm doch dat Geschenk an, wat if di schickt heff! Dar liggt Gott sien Segen up, un if heff vullup vun allens." Un so holp dat ja nix; he leet em keen Ru, un so kunn he nich anners un neem dat denn of an. Da see Esau: „Nu aver laat uns widertrecken, if reis mit di." Aver Jakob see: „Du kannst dat ja sülven seen: mien Kinner sünd man sletig, un mang de Schaap un de Kö heff if noch welke, vun de de Lammer un Kalver noch nich affünd. Wenn if de man enen Dag lenger lopen laat, as se dat verdregen künnt, denn harr if bald keen Stück Vee meer na ... Darum meen if: dat Beste weer, wenn du vör mi vörut trecken deest. Denn kaam if so bi lütten achteran, so as dat Vee, wat if driven mutt, un de Kinner dat verdregen künnt. Denn bün if mit de Tiet of bi di in Seir." Do see Esau: „Goot! Dat magst du doon. Aver if laat doch to'n mindsten en paar vun mien Lüüd hier bi di torüch." Aver Jakob see: „Dat deit doch nich nödig! För mi is dat de Hauptsaak, dat if nu wedder mit di in dat Reine kamen bün!"

De Steesbroder

De verhevelte Jung
1. Mose 37, 3—11.

Israel heel vun Josef meer as vun all sien anner Kinner. Düsse Jung weer ja eerst to Welt kamen, as he al oolt weer. Un so maak he em denn en bunten Rock.

As nu sien Bröder segen, dat eer Vader meer vun em heel as vun all sien Bröder, kunnen se em nich utstaan un seen of keen fründlich Wort meer to em.

Darto keem noch wat anners. Josef harr mal enen Droom un vertell dar sien Bröder vun. Un so wörr de Haß noch gröter.

So harr he to eer seggt: „Höört mal to, wat if dröömt heff! Wi weren up dat Feld bi un bunnen Garven. Un nu denkt mal an! Up eenmal kümmt mien Garv hooch in Enn un blivt staan. Ju Garven aver stellt sik rund üm mien rum un böögt sik deep vör eer dal."

Do seen sien Bröder to em: „Du wullt doch wull nich König över uns warrn un över uns regeren?" Un so wörr de Haß bi eer noch gröter; denn dat, wat he dröömt un seggt harr, kunnen se dörchut nich hebben.

Un noch enen annern Droom harr he, un den vertell he of sien Bröder. He see: „Höört noch mal to! If heff noch enen Droom hatt. Denkt mal an! De Sünn un de Maand un ölven Steerns böögten sik all deep vör mi dal." Un as he dat sinen

52

Vader un sien Bröder vertellt harr, kreeg he vun sinen Vader Utschell. He see: „Wat is dat för en Droom, den du dar hatt hest? Bildst du di in, dat ik un dien Moder un dien Bröder kamen schüllt un uns vör di deep dalbögen?" So keem dat denn, dat sien Bröder em nich utstaan kunnen un em ok niks günnen deen.

Deep hendal
1. Mose 37, 12—36.

Sien Vader aver kunn düsse Saak nich vergeten.

Eensdaags weren nu sien Bröder losgaan un wullen eren Vader sien Vee up de Weid driven. Do see Israel to Josef: „Dien Bröder sünd up de Weid bi Sichem. Kumm mal her! Kannst mal na eer lang gaan!" Josef see to em: „Geern, Vader!" Nu see Jakob to em: „Ga mal lang un kiek di mal üm, wodennig dien Bröder dat geit un wodennig dat mit dat Vee steit, un denn bring mi Bischeed!" Un so schick he em denn los vun Hebron, wat in den Grund liggt, hen na Sichem. Aver he kunn sik buten up dat Feld nich torecht finnen, un as he so hen un her bistergüng, keem em en Mann in de Mööt. De fraag he: „Wat söchst du?" He see: „Mien Bröder söök ik. Kannst du mi seggen, wo se mit dat Vee up de Weid sünd?" De Mann see: „Vun hier sünd se wegtrocken. Ik heff höört, dat se seen: Laat uns nu na Dotan trecken!" Do güng Josef achter sien Bröder ran un funn eer ok bi Dotan.

As se em nu vun widen segen, do maken se, eer dat he neeg bi weer, mit enanner af, se wullen em an de Siet bringen. Een see to den annern: „Kiek blots mal an! Dar kümmt ja de Dröömbüdel! Dat paßt sik ja good. Wi wüllt em doot= slaan, em in en Soot smiten, un denn seggt wi eenfach: En willes Tier hett em upfreten. Un denn wüllt wi mal seen, wat bi sien Dröömbüdeln rutkümmt!" As Ruben dat hören dee, do weer he mit eer an, dat he em frie kreeg. He see: „Kinners, wi wüllt em nu doch nich jüst an de Siet bringen!" Un he see wider: „Hoolt ju Hannen frie vun Bloot! Ji künnt em ja hier in de Stepp in en Soot smiten! Aver doot em sünst nix an!" Un dat weer dar sien Afseen bi: he wull em eer ut de Hand speelen un em denn wedder to sinen Vader henbringen.

As Josef nu bi sien Bröder ankamen weer, do trocken se em den Rock, den bunten Rock, den he anharr, ut, kregen em saat un smeten em in en Soot. Aver de Soot weer lerrig; dar weer keen Water in. Un denn setten se sik dal to eten.

As se nu de Hand över de Ogen leen, segen se enen Togg Kamele ankamen, de höör ismaeliitsche Kooplüüd to. De kemen vun Gilead her. Un de Kamele harrn en sware Last to dregen: Gummi un Haarz, wat goot rüken dee. Dar wullen se mit na Agypten reisen. Do see Juda to sien Bröder: „Wat hebbt

53

wi darvun, wenn wi unsen Broder an de Siet bringt un denn so doot, as wenn dar nix passeert weer? Mi dünkt, wi schullen em an de Ismaeliten verköpen, aver uns nich sünst an em vergripen; he is doch unse Broder, unse egen Fleesch un Bloot!" Dar weren de Bröder denn ok mit inverstaan. As nu de Kooplüüd ut Midian bi eer langkemen, halen se Josef wedder ut den Soot rut un verköffen em för twintig Dalers an de Ismaeliten.

Nu aver keem Ruben na den Soot torüch. Josef aver weer dar nich meer in to finnen. Do reet he sien Kleder in Stücken, güng na sien Bröder torüch un see: "Denkt mal, de Jung is nich meer dar! Wat schall ik doch blots maken?" Do nemen se Josef sinen Rock, slachen en Zegenbuck af un düppten den Rock in dat Bloot. Denn schicken se den Rock hen un kemen to den Vader un seen to em: "Düt hebbt wi funnen. Kiek di dat doch mal genau an, ob dat dinen Söön sien is oder nich!" He bekeek sik dat gründlich un see denn: "Ja, dat is minen Jung sien. En willes Tier hett em upfreten! Ja, ja, en leges Tier hett em in Stücken reten!" Un as he dat seggt harr, reet he sien Kleder twei un bunn sik en Sack üm sien Lennen un truur lang üm sinen Söön. Un all sien Sööns un sien Döchter stellen allens up un wullen em tröſten, aver dat holp nix. He wull dar nix vun weten un see: "Ne, ik will in mien Truurkleed to minen Jung in dat Graff gaan!" So klaag un ween sien Vader üm em. Un de Lüüd ut Midian verköffen em na Agypten an Potifar, de weer an den Farao sinen Hoff anstellt un de Hauptmann vun de Lievgard.

He steit sinen Mann

1. Mose 39, 1—23.

Josef harrn se also na Agypten bröcht. Dar köff em en Agypter; de heet Potifar. Düsse Mann weer den Farao sien Huus- un Hoffmeister un de Hauptmann vun de Wach, de den Farao to schützen harr. Un he harr em de Ismaeliten afköfft, de em mitbröcht harrn.

Un Gott segen Josef, un he harr Glück bi allens, wat he anfaten dee. Josef leev ok in den Agypter sien Huus, de ja sien Herr weer. So seeg sien Herr dat ok, dat Gott em segen dee un em allens, wat he in de Hand neem, glücken leet. Un so maak sik dat so, dat he bi sinen Herrn goot anschreven weer un sien eerste Dener wörr. Ja, he maak em to'n Huusverwalter un lee allens, wat he harr, in sien Hannen. Un vun düsse Tiet af an, as he em to'n Huusverwalter maakt harr un to'n Upseer över all sinen Kraam, vun düsse Tiet af an segen Gott den Agypter sien ganze Familie — dat dee he Josef to leev — un

54

Gott segen allens, wat em in dat Huus un up dat Feld to-hören dee. Un so verstünn sik dat vun sülven, dat Potifar allens, wat em tohören dee, Josef anvertruun dee. Un he kümmer sik üm nix meer, un Josef harr frie Hand. Dat eenzige, wat Potifar noch dee, dat weer: eten un drinken.

Josef weer en stramme un smucke Keerl. Un dat duur gar nich lang, dor harr Potifar sien Fru en Oog up em smeten. Un so see se to em: „Kumm mit rin in mien Kamer!" He aver wull dat dörchut nich un see to sinen Herrn sien Fru: „Denk mal an! Mien Herr kümmert sik üm sinen ganzen Kraam nich un hett allens, wat em tohören deit, in mien Hand leggt. Ik heff hier in dat Huus över allens to seggen, blots över di nich. Du büst ja sien Fru. Wo kunn ik mi nu so swaar vergaan un mi an Gott versünnigen?" Un jeden Dag weer se dar wedder mit em an, aver he weer eer nich to Willen. He geev sik mit eer nich af. Eensdaags aver, as Josef in dat Huus keem un sinen Deenst maken wull — vun de Lüüd weer sünst keen een in dat Huus — do kreeg se em an den Rock faat un see to em: „So, nu kumm doch mit!" Aver he dee dat nich un leep lever nakelt ut dat Huus. As se nu so mit sinen Rock in de Hand darstünn un he weglopen weer, do maak se groten Larm un praal na de Lüüd un see to eer: „Dat feelt noch jüst! Nu hett he uns en Hebräer in dat Huus bröcht, un de kann nu mit uns anstellen, wat he will. Düsse Keerl keem to mi rin in de Kamer un wull mi wat andoon. Darum heff ik so praalt. Un eerst denn, as ik Larm maken dee, do leep he weg un kreeg in de Faart sinen Rock nich mal mit." Un denn lee se den Rock blang bi sik hen, bit dat sien Herr nahuus keem. Un denn vertell se em desülvige Geschicht noch mal: „Denk di mal! Dar kümmt de Hebräer, den du in dat Huus bröcht hest, to mi rin un verlangt, ik schall em to Willen wesen! Ik aver heff Larm maakt, un denn leep he weg, un in de Faart kreeg he den Rock nich mit! Dar liggt he!"

As de Herr dat hören dee, wat sien Fru em vertell, un dat se see: „So hett dien Knecht dat mit mi maakt!" do wörr he heel dull, un he keem bi un leet Josef in dat Lock steken, wo den König sien Lüüd ok sitten deen.

So seet Josef denn fungen, aver Gott heel ok hier sien Hand över em un sorg dar för, dat de annern wat för em över harrn. Besunners de Amtmann vun dat Gefängnis harr em geern. Un düsse Mann sett em över all de Lüüd, de hier fungen seten, un allens, wat hier maakt wörr, dat orden he an; denn de Amtmann kümmer sik rein üm gar nix. He leet em vulle, frie Hand, un Gott segen Josef, un allens, wat he anfaten dee, dat harr Schick un kreeg Deech.

55

He kümmt in dat Lock, aver find dar doch sien Glück

1. Mose 40, 1—23. 41, 1—40.

Dat duur gar nich lang, do harrn den König vun Ägypten sien Mundschenk un sien Bäcker sik gegen eren Herrn un König wat to Schulden kamen laten. Un de Farao wörr heel dull up de beiden Amtlüüd, de de Böversten weren över de Schenken un de Bäckers, un so leet he eer inschotten in den Hauptmann sien Huus, wo ok Josef sitten dee. Un düsse Hauptmann lee Josef dat up, he schull för eer sorgen un eer bedenen. Un so seten de beiden en Tietlang in dat Lock.

Do harrn se in een un de sülvige Nacht en Droom, jeder een harr sinen egen Droom, de Schenk un de Bäcker. Un jede Droom harr sien egen Bedüdung.

As Josef nu den neegsten Morgen to eer rinkeem un marken dee, dat se den Kopp hangen laten deen, do fraag he eer: „Warum laat ji doch blots den Kopp hangen?" Se seen to em: „Ja, dat magst du wull seggen. Wi hebbt en Droom hatt, un nüms kann uns seggen, wat he to bedüden hett." Do see Josef to eer: „En Droom utleggen kann Gott alleen. Aver vertellt mi em mal!" Do vertell eerst de böverste Mundschenk Josef sinen Droom. He see: „Mi hett dat dröömt, en Wienstock stünn vör mi. An düssen Wienstock weren dre Ranken, un dat duur gar nich lang, do sett he al Knuppen, un gliek fung he ok al an to blöön, un in korte Tiet weren de Druven mit all de Beren ok al riep. Un nu harr ik den Farao sinen Beker in de Hand un neem de Druven un drück eer in den Farao sinen Beker ut un geev denn den Farao sinen Beker in de Hand." Do see Josef to em: „Ik will di seggen, wat dat bedüden schall. Höör mal to! De dre Wienranken sünd dre Daag. Na dre Daag vun nu af an ward de Farao sik besinnen. Denn is he wedder goot up di to spreken un ward di wedder in dien Amt insetten. Denn warrst du em wedder leek so as sünst den Beker in de Hand geven un wedder sien Mundschenk wesen. Blots üm enen Deel müch ik di beden: Wenn di dat goot geit, denn denk mal wedder an mi un do mi dat to Leev, dat du den Farao vun mi vertellst. Bring mi blots wedder ut düt Huus rut! Se hebbt mi ut dat Hebräerland in Stillen stalen, un ok hier heff ik mi nix vergaan, obschoons se mi in dat Lock smeten hebbt."

As de böverste Bäcker nu seeg, dat Josef den Mundschenk sinen Droom to sinen Vordeel utdüüdt harr, see he to Josef: „Ik heff ok en Droom hatt. Ik harr dre Körv mit fine Koken up minen Kopp. In den böversten Korv weer allerhand Backwark för den Farao. Un nu kemen de Vagels un freten dat ut den Korv, de baven up minen Kopp weer." Do see Josef to em: „Ik will di ok seggen, wat düsse Droom to bedüden hett:

56

De dre Körv fünd dre Daag. In dre Daag vun hüüt af an ward de Farao dinen Kopp wat höger setten, dat will seggen: he ward di an enen Boom uphangen laten, un denn ward de Vagels dien Fleesch di vun baven wegfreten."

Na dre Daag harr de Farao Geburtsdag. Do maak he en grote Maaltiet för all sien Deners, un vör eer Ogen part he den böversten Mundschenk un den böversten Bäcker dat to, wat se verdeent harrn. Den böversten Mundschenk sett he wedder in sien Amt in; de harr den Farao wedder den Beker hentolangen. Den böversten Bäcker aver leet he uphangen, jüst so, as Josef em dat utdüüdt harr. Aver de böverste Mundschenk dacht nich meer an Josef; he vergeet em.

Nu güngen twe Jaren in dat Land. Do harr de Farao en Droom. He stünn an den Nil. Un wat seeg he? Do kemen ut den Nil up eenmal söven Kö rut. Dat weren staatsche Besten, rund un fett. De güngen in dat Gras up de Weid. Aver dat duur nich lang, do kemen ok söven anner Kö ut den Nil rut. De geven nich veel her un. harrn nich veel Fleesch up de Knaken. De grasen nu bi de fetten Kö an dat Över vun den Nil. Un düsse Kö, de nich veel hergeven un knapp Fleesch up de Knaken harrn, freten nu de Kö up, de staatsch un fett weren.

Nu wörr de Farao waken. Un dat duur nich lang, do drusel he wedder in, un he drööm noch mal wat. Un wat kreeg he to seen? Dar wussen söven Aren ut en enkelten Halm rut, de weren dick un bull un segen staatsch ut. Un achter eer ran kemen söven Aren rut, de weren dröög un vun den Ostenwind versoort. Un düsse söven drögen Aren freten de söven dicken un vullen Aren up.

Nu wörr de Farao wedder waken, un he weer vergnöögt, dat dat blots en Droom weer.

Aver as dat hell wörr, maak he sik doch allerhand Sorgen. Darum leet he de Waarseggers un sünst noch allerhand kloke Lüüd ut Agypten kamen. De vertell he, wat he dröömt harr; aver keen een kunn dat den Farao utleggen. Do neem de böverste Mundschenk dat Woort un see to den Farao: „Hüüt mutt ik an dat denken, wo ik mi damals mit vergaan heff. De Farao weer över sien Knechten vertöörnt un leet mi in dat Huus vun den böversten Scharprichter inschotten, un so maak he dat ok mit den böversten Bäcker. Un wi beide harrn in een un de sülvige Nacht en Droom, jedereen för sik. Un nu weer dar mit uns tohoop en Hebräer, en Jungkeerl, de weer as Slaav in den böversten Scharprichter sien Huus. Den vertellten wi, wat wi dröömt harrn, un de lee uns dat ut, wat wi dröömt harrn, jedeneen so, as wi dat in den Droom bileevt harrn. Un dat mutt ik seggen: allens is so indrapen, as he uns dat utdüüdt harr. Mi hett de Farao wedder in mien Amt insett, un den annern hett he uphangen laten."

Do schick de Farao hen un leet Josef kamen. Un se halen em gau ut dat Lock, un he leet sik de Haar sniden un trock anner Kleder an un güng to den Farao. Do see de Farao to em: „Höör mal to! Ik heff en Droom hatt, un keen een kann mi em utleggen. Nu heff ik vun di höört: een bruukt di bloots en Droom to vertellen, denn weetst du ok al, wat he bedüden deit." Do see Josef to den Farao: „Dat stimmt nu nich ganz. Up mi kümmt dat dar nich bi an. Aver Gott ward den Farao künnig maken, wat em Segen bringt." Do see de Farao to Josef: „Ja, ik will di vertellen, wat ik drööt heff. Ik stünn an dat Över vun den Nil. Un wat seeg ik? Söven staatsche Kö, de goot Schick harrn, kemen ut den Nil rut un güngen in dat Gras up de Weid. Achter düsse Kö seeg ik söven anner Kö rutkamen. Dar weer keen Staat mit to maken. De segen kümmerlich ut un harrn knapp Fleesch up de Knaken. In ganz Agypten heff ik so'n kümmerliche Deerten noch nümmer seen. Na, düsse legen Besten, de keen Fleesch up de Knaken harrn, freten de söven fetten Kö up. Aver markwürdig! As se eer upfreten harrn, weer eer dat nich antoseen. Se weren so mager as vörher. Un denn wörr ik waken. Aver ik heff noch wat seen. Dar weren söven Aren. De wussen all ut enen Halm rut, staatsch un vull. Un achter düsse kemen söven dröge un dünne Aren rut, de vun den Ostenwind versoort weren. Un düsse dünnen Aren freten de söven staatschen Aren up. De Waarseggers heff ik dat al vertellt, aver keen een kunn mi seggen, wat dat dar mit up sik hett."

Do see Josef to den Farao: „Wat de Farao drööt hett, is klaar. Dat hett blots enen Sinn: Gott hett den Farao anseggt, wat he vörhett. De söven staatschen Kö bedüüdt söven Jaren, un de söven staatschen Aren bedüüdt ok söven Jaren. Dat is man een Droom. Ok de söven Kö, de nix hergeevt un knapp Fleesch up de Knaken hebbt, un de ut den Nil rutkaamt, sünd söven Jaren, un de söven Aren, de lerrig un vun den Ostenwind versoort weren, ward söven Hungerjaren warrn. Sodennig heff ik dat meent, as ik den Farao even see: Gott hett den Farao künnig maakt, wat he vörhett. Eerst kaamt nu in dat ganze Land Agypten söven Jaren, wo dat allens in Hüll un Füll gifft. Aver denn kaamt söven Hungerjaren. Denn is vun Hüll un Füll nix meer to spören, un se denkt dar nich meer an. Un wenn düsse Hungersnoot dar is, denn sitt dat ganze Volk un Land leeg to. Denn markt se nix meer vun de Hüll un Füll, de se vörher in dat Land Agypten hatt hebbt; denn spöört se blots de Hungersnoot, de denn dar is. Un dat ward en heel sware Tiet warrn. Un wenn de Farao den Droom twemal bileevt hett, denn bedüüdt dat: Gott hett sik dat ganz fast vörnamen, un dar is nich an to rütteln. Un

58

ok dat will dat seggen: Gott lett dar nich lang meer mit luurn. Un nu müch ik enen goden Raat geven, de Farao schull sik nu enen kloken un düchtigen Mann söken, de den Kraam versteit un allens överseen kann. Den schull he över dat Land Agypten setten. Un denn schull de Farao dar för sorgen, dat düsse Mann süef Upsehers in dat Land insett un denn anordent, dat dat Land Agypten in de söven Jaren, wo dat en Aarnt in Hüll un Füll gifft, den föften Deel vun den ganzen Erdrag aslevert. In düsse söven Jaren mutt de ganze Aarnt sammelt warrn, un dat Koorn mutt as Vörraat in de Städte upspikert un upwaart warrn, un allens mutt in den Farao sien Hand bliven. Un wenn denn de söven Hungerjaren kaamt, denn hebbt wi noog för dat Land to eten un bruukt keen Noot to liden. Denn hett dat ganze Volk to leven un kümmt nich um."

Düsse Reed keem den Farao un all sien Lüüd to paß. Dar weren se ganz mit inverstaan. Un de Farao see to sien Lüüd: „Schullen wi wull enen Mann finnen, in den Gott sien Geist so tohuus is, as in düssen Mann?" Un denn see he to Josef: „Nu is dat ganz klaar. Gott hett di düt allens künnig maakt. Nu gifft dat kenen een, de so veel Insicht hett un so klook is, as du. Du schallst sülven över mien Huus to seggen hebben, un dat ganze Volk schall up di hören. Blots dat ik König bün, dat heff ik vör di vörut."

He warrt en grote Mann
1. Mose 41, 47—49, 54—57.

Un Josef weer dörtig Jaren, as he vör den Farao, den König vun Agypten, stünn. Un Josef güng vun Farao wedder weg un reis dörch dat ganze Land Agypten. Un dat Land harr in düsse söven Jaren allens in Hüll un Füll. Josef aver sammel den ganzen Erdrag vun de Aarnten, de düsse Jaren för Agypten bröchten, un spiker dat Koorn in de Städte up. Allens, wat up dat Feld in de Neegde vun jede Stadt wussen weer, bröcht he dar tosamen. So bröcht Josef dat Koorn up enen Dutt, un dat weer so rieklich as de Sand an de See, över de Maten veel. He geev dat Tellen na korte Tiet up, denn dar kunn keen een gegenan tellen.

As denn aver de söven Jaren mit dat vele Koorn in Agypten to Enn weren un de söven Jaren mit de Hungersnoot insetten deen, so as Josef dat vörutseggt harr, do wörr in all de Länner dat Koorn bannig knapp: aver in Agypten harrn se Broot. Blots tolezt kemen se ok in Agypten in de Kniep, un dat Volk güng to den Farao un verlang Broot. Do see de Farao to de Agypters: „Gaat hen to Josef, un denn doot dat, wat he ju seggt!" Düsse Hungersnoot güng över de ganze Eer. So maak Josef denn all de Spikers up un leet Koorn an de

59

Agypters verkopen. Aver doch wörr nu ok för Agypten dat Koorn knapp. De ganze Welt keem ja to Josef na Agypten un köff Koorn; denn up de ganze Eer weer knapp noch Koorn to krigen.

Gott hett sien Hand mit in dat Spill
1. Mose 42, 1—5.

As Jakob nu to hören kreeg, dat in Agypten Koorn to hebben weer, see he to sien Sööns: „Wat kiekt ji ju lang an? Weet ji kenen Raat? Ik heff höört, dat in Agypten Koorn to krigen is. Reist dar hen un koopt dar Koorn in! Denn hebbt wi wat to leven un bruukt nich to hungern.“

So reisten denn Josef sien Bröder, tein Mann hooch, na Agypten hendal, Koorn to kopen. Blots Benjamin, wat de rechte Broder vun Josef weer, leet Jakob nich mit sien Bröder reisen; denn he weer bang, dat em wat tostöten kunn.

Un so kemen denn Israel sien Sööns un köffen Koorn, jüst so as de annern Lüüd ok, de dar henreisen deen; denn ok in Kanaan weer dat Koorn heel knapp worrn.

De Sünn bringt allens an den Dag
1. Mose 42, 6—24.

Hier harr Josef ja nu to seggen över dat ganze Land, un he weer dat ok, de an all dat Volk dat Koorn verkopen dee.

Un Josef sien Bröder kemen un böögten sik vör em deep dal bit up de Eer.

As Josef sien Bröder seeg, wüß he gliek, dat se dat weren. Aver he dee so, as wenn he eer nich kennen dee. He ranz eer an un see to eer: „Woneem kaamt ji her?“ Se seen: „Ut dat Land Kanaan. Wi wüllt Koorn kopen.“ Also: Josef harr sien Bröder gliek wedder kennt, aver se kemen dar nich achter, dat he dat weer. Do müß Josef an de Drööms denken, de he över eer hatt harr. Un he see to eer: „Ji sünd Spioons! Ji sünd blots kamen un wüllt de Stell an de Grenz utspikeleren, wo ji licht rinkamen künnt.“ Se seen: „Ne, Herr, dat stimmt nich. Wi sünd blots herkamen un wüllt wat kopen, dat wi wat to leven hebbt. Wi Sööns hebbt alltohopen enen eenzigen Vader. Wi sünd eerlich Lüüd un nümmer Spioons west.“ He aver see: „Dat is doch so, as ik ju dat seggt heff: Ji sünd Spioons! Un nu schall düt de Proov wesen: So wiß as de Farao leven deit — ji kaamt vun hier nich erer weg, as bit ju jüngste Broder hier her kümmt! Ji künnt man enen vun ju Bröder henschicken, un de kann ju Broder halen! Aver ji annern blievt in mien Hand; denn ik will ju up de Proov stellen, ob ji dat mit de Waarheit eernst neemt oder nich. So wiß as

60

de Farao leven deit! Ji sünd doch Spioons!" As he dat seggt harr, leet he eer up dre Daag inschotten.

An den drütten Dag aver see Josef to eer: „Wüllt ji an dat Leven bliven, denn maakt dat so: Ik bün en gottesfürchtigen Mann. Wenn ji eerliche Lüüd sünd, denn schall blots een vun ju Bröder hier an ju Stell fungen bliven. De annern vun ju künnt afreisen un so veel Koorn mitnemen, as ji bruukt, dat ju Familie satt ward. Aver denn mööt ji ju jüngsten Broder mit herbringen. Doot ji dat, denn will ik ju toglöven, wat ji seggt hebbt, un ju Leven is ju seker." Un se maken dat so. Se seen aver een to den annern: „Ganz wiß! Dat hebbt wi dar nu för, dat wi uns an unsen Broder versünnigt hebbt! Wi hebbt doch sien Hartensangst bileevt, as he beddeln un beddeln dee, wi müchen em doch schonen. Aver höört hebbt wi up em nich. Darum hett uns düt Unglück nu drapen." Do see Ruben to eer: „Heff ik ju dat damals nich seggt: Versünnigt ju nich an den Jungen? Aver ji wullen nich up mi hören. Darum ward nu ok sien Bloot vun uns förrert." Se wüssen aver nich, dat Josef eer verstaan dee; denn he verhannel mit eer dörch enen Mittelsmann, de beide Spraken spreken kunn. Nu güng Josef rut un fung buten an to wenen. Nasten keem he wedder to eer torüch un sprook noch en Woort mit eer; denn aver leet he Simeon merrn mang eer rutgripen un vör eer Ogen in Keden leggen.

De düre Pries un dat sure Ja
1. Mose 42, 25—38. 43, 1—23.

Nu geev Josef den Befeel, se schullen de Sacks för eer mit Koorn füllen, un dat Geld schull för jedeneen wedder in sinen Sack leggt warrn, un denn schullen se eer ok noch wat to leven mitgeven för de Reis. As se dar nu mit klaar weren, leen se eer Koorn up eer Esels un trocken af. As nu aver een vun eer in de Harbarg sinen Sack upmaken dee un sinen Esel Foder geven wull, do maak he grote Ogen; denn he seeg, dat sien Geld in sinen Sack bavenup liggen dee. Do see he to sien Bröder: „Nu kiekt mal an! Een schull dat nich denken, aver dat is so: mien Geld hebbt se mi weddergeven! Dat liggt hier in minen Sack!" Do kregen se dat mit de Angst. Se verschraken sik, un een keek den annern verbaast an, un se repen: „Wat hett Gott uns nu blots andaan!"

As se nu to eren Vader Jakob na dat Land Kanaan torüchkemen, vertellten se em allens, wat se bileevt harrn. Se seen: „De Mann, de in dat Land de Böverste is, ranz uns bannig an un dee so, as wenn wi Lüüd weren, de dat Land utkundschaften wullen. Wi seen wull to em: ‚Wi sünd eerliche Lüüd. Wi sünd keen Kundschafters. Wi sünd twölf Bröder un hebbt

61

all den fülvigen Vader. Blots een vun uns is nich meer dar, un de jüngste is to Tiet bi unsen Vader in dat Land Kanaan.' Aver de Mann, de in dat Land de Böverste is, fee: ,Na, dat wüllt wi mal faststellen, dat ji eerliche Lüüd fünd: een vun ju Bröder schall bi mi bliven. Ji künnt denn so veel Koorn mitnemen, as ji för ju Familie to'n Leven nödig hebbt. Gaat up de Reis un bringt ju jüngsten Broder wedder mit. Dat schall mi wisen, dat ji keen Kundschafters fünd. Heff if denn feen, dat ji eerliche Lüüd fünd, denn will if ju of ju Broder torüchgeven, un denn künnt ji dörch dat ganze Land reisen, wo ji henwüllt'." Nu schüdden se de Sacks ut, un jedereen funn sinen Geldbüdel in sinen Sack. As se un eer Vader dat du segen, dat dat eer Büdels weren, verferen se fik bannig. Do fee eer Vader Jakob to eer: "Ji hebbt mi üm mien Kinner bröcht. Josef is nich meer, un Simeon is of nich meer, un nu schüllt ji Benjamin of noch halen! Over mi brickt doch of allens tosamen! Keen Hartleed blivt mi spaart." Do fee Ruben to sinen Vader: "Mien beide Sööns geev if di as Pand. De kannst du doot maken, wenn if Benjamin di nich torüchbring! Du kannst mi em ruhig anvertruun; if bring di em wedder torüch." Do fee Jakob: "De Jung schall nich mit ju reifen. Wat sien rechte Broder is, de is ja doot, un he is alleen överbleven. Wenn em nu of noch wat tostöten deit up den Weg, den ji maken schüllt, denn bringt ji mi mit graue Haar un Hartleed noch ünner de Eer."

De Hungersnot leeg swaar up dat Land. As se nu dat Koorn, wat se ut Agypten haalt harrn, ganz verteert harrn, fee eer Vader to eer: "So, nu gaat wedder up de Reis un fööpt för uns noch wat Koorn, dat wi noog to eten hebbt!" Do fee Juda to em: "De dare Mann hett uns up de Seel bunnen: Ji dörft mi nümmer wedder ünner de Ogen kamen, wenn ju Broder nich mitkümmt. Wullt du also unsen Broder mitgeven, denn wüllt wi hendalreisen un för di inföpen, wat to'n Leven nödig is. Dar is nich an to rippen un to rögen: de dare Mann hett nu mal to uns seggt: Ji dörft mi blots ünner de Ogen kamen, wenn ju Broder mit ju kümmt." Do fee Jakob: "Wo kunnst du mi dat blots andoon, dat du den Mann vertellen deest, dat ji noch enen Broder hebbt? Se seen: "De dare Mann hett uns na uns un unse Verwandschaap utfraagt, as he man jichtens kunn. He fee: ,Leevt ju Vader noch? Hebbt ji noch enen Broder?' So müssen wi em up sien Fragen doch klaren Bischeed geven. Wi kunnen doch nich weten, dat he seggen wörr: Bringt ju Broder her!"

Un denn see Juda wider to sinen Vader Jakob: "Laat den Jungen doch mit mi reisen! Denn wüllt wi uns up den Weg maken un henreisen, dat wi an dat Leven blievt un nich verhungern doot. Dat hannelt sik doch nich blots üm uns; dat geit dar bi doch of üm di un unse ganze Familie. If börg

62

för em. Bun mien Hand schallst du em torüchförrern. Wenn ik di em nich wedder bring un em di nich wedder vör de Ogen stell, denn will ik dar de Schuld för up mi nemen, solang as ik leven do. Harrn wi dat nich solang up de Bank schaven, denn weren wi nu all to'n minnsten twemal wedder torüch west." Do see eer Vader Jakob to eer: „Wenn dat denn gar nich anners to maken is, denn maakt dat so: neemt vun dat, wat unse Land bringt, wat in ju Sacks mit un schenkt dat düssen Mann. Ik denk dar bi an Salv un Honnig un allerhand Kruut un Myrr un Kastangeln un Manneln. Neemt ok noch anner Geld mit, un dat Geld, wat baven in ju Sacks wedder rinleggt weer, dat neemt ok jo wedder mit! Dat kunn ja wesen, dat se sik dar bi verseen hebbt. Un denn neemt ok ju Broder mit! So, un nu gaat los un reist wedder hen to düssen Mann! De allmächtige Gott geev dar Gnaad to, dat düsse Mann ju goot behannelt un ju ju annern Broder un Benjamin laten deit. För mi blivt nix anners över: mi ward all mien Kinner namen."

Nu nemen se düsse Geschenke un duppelt so veel Geld mit un Benjamin dar to un güngen up de Reis na Ägypten. Dar kemen se Josef wedder ünner de Ogen. As Josef nu seeg, dat Benjamin ok mit kamen weer, see he to sinen Huusmeister: „Bring düsse Lüüd na dat Huus rin, laat en Stück Vee slachten un maak allens för de Maaltiet paraat! Düsse Lüüd schüllt mit mi to Middag eten." Dat maak düsse Mann denn ok so, as Josef dat seggt harr. He neem de Lüüd mit rin na Josef sien Huus. De aver kregen dat mit de Angst, wieldat se in Josef sien Huus rinbröcht weren, un se seen een to den annern: „Nu hebbt wi de Geschicht. Vun wegen dat Geld, wat dat eerste Mal wedder in unse Sacks rinkamen is, ward wi hier rinföört. Nu wüllt se uns to Kleed un fallt över uns her un maakt uns to Slaven un neemt uns dar to ok noch unse Esels af." Darum maken se sik an Josef sinen Huusmeister ran un seen to em ünner de Döör: „Ach, mien leve Herr! Wi sünd al eenmal herkamen un wullen Koorn kopen. Aver denn is uns nasten ünnerwegens wat passeert: as wi nachts in de Harbarg weren un unse Sacks upmaken deen, da leeg jedeneen sien Geld in sinen Sack bavenup, un dar feel keen Penn an. Darum hebbt wi dat nu wedder mitbröcht. Wi hebbt ok noch anner Geld bi uns. Dar wüllt wi dat Koorn mit betalen. Wi künnt doch gar nich weten, wokeen uns unse Geld wedder in unse Sacks leggt hett." Da see düsse Mann: „Dar maakt ju man keen Sorgen üm! Ji bruukt nich bang to wesen. Ju Gott un ju Vader sien Gott hett ju ganz in Stillen dat Geld in ju Sacks rinleggt. Ju Geld heff ik richtig kregen." Un denn bröcht he Simeon to eer rut.

63

De Proov
1. Mose 43, 24—34. 44.

Nu bröch de Mann de Lüüd rin na Josef sien Huus un geev eer Water, dat se sik de Fööt waschen kunnen, un sorg dar för, dat eer Esels Foder kregen. Un denn leen se de Geschenke torecht un töövten bit to de Middagstünn, wo Josef kamen schull, denn se harrn höört, dat se mit em tohoop eten schullen.

An nu keem Josef in dat Huus, un se bröchten dat Geschenk, wat se mitharrn, em in sien Huus un fullen vör em dal up de Eer. Do see he eer fründlich „Goden Dag", un fraag eer: „Wodennig geit dat ju olen Vader, von den ji mi vertellt hebbt? Geit em dat goot? He leevt doch noch?" Un darbi böögten se sik ümmer wedder vör em dal. As he eer nu wedder ankiken dee un sinen rechten Broder Benjamin wies wörr, wat de twete Söön vun sien Moder weer, do see he: „Is dat ju jüngste Broder, vun den ji mi vertellt hebbt?" Un he sett noch hento: „Gott wees di gnädig, mien Jung!" Awer denn kunn he sik nich meer holen; dat mit sinen Broder güng em dörch un dörch, un so drei he sik um un müß sik eerst maal utwenen. Ja, he güng na sien Stuuv rin un fung bitterlich an to wenen. An denn? Denn wusch he sik dat Gesicht, keem wedder rin un neem sik tosamen un see: „So, nu bringt dat Eten up den Disch!" Un he kreeg sien Eten för sik, un se kregen dat ok; ebenso de Agypters; de kregen ok för sik wat to eten. Denn dat güng dörchut nich an, dat de Agypters mit de Hebräers an enen Disch un ut een Schöttel eten. Sünst weren se unrein worrn. Awer se seten liek över vör em, vun den Ollsten bit hen to den Jüngsten; dat güng genau na dat Oller. Un se keken sik verbaast an. Un denn dee Josef eer de Eer an, dat se ok noch wat vun sinen Disch afkregen, bloots dat Benjamin fiefmal so veel kreeg as all de annern. Un se drunken darto un weren heel vergnöögt mit em.

As se nu fardig weren, see Josef to sinen Huusverwalter: „So, nu laat de Lüüd eer Sacks vullmaken mit Koorn, soveel as dar ringeit, un denn leeg jedeneen sien Geld wedder bavenup in sinen Sack. Awer minen Beker — du weetst, minen sülvern Beker — den leggst du bavenup in den Jüngsten sinen Sack un sien Geld för dat Koorn darto." Un he dee dat so, as Josef em dat seggt harr.

An den neegsten Morgen, as dat hell wörr, leten se de Lüüd reisen, un eer Esels kregen se ok wedder mit. Awer se kemen nich wiet. Se harrn eben de Stadt achter sik, do see Josef to sinen Huusverwalter: „Gau achter de Lüüd ran, un hest du eer faat, denn segg to eer: ,Worum betaalt ji Godes mit Leges torüch? Worum hebbt ji den sülvern Beker stalen? Dat is doch de, ut den mien Herr ümmer drinken un mit den he sünst ok waarseggen deit. Ik mutt seggen, dat is nich nett vun ju'."

64

Un as he eer faat harr, do see he eer dat. Se seen to em: „Herr, wo kannst du blots so wat seggen? Wi denkt dar gar nich an, so wat to doon! Sü, dat Geld, wat wi bavenup in unse Sacks funnen harrn, hebbt wi di doch ut dat Land Kanaan wedder mitbröcht! Wodennig schullen wi dar nu wull to kamen, ut dinen Herrn sien Huus Gold oder Sülver to steelen? Bi wen vun dien Knechten de Beker funn ward, de schall starven, un wi annern wüllt dien Slaven warrn.“ Do see he: „Goot, mientwegen! Bi wen de Beker funnen ward, de schall mien Slav warrn. Ji annern künnt denn reisen.“ Gau bören se jedereen sinen Sack dal up de Eer, un jedereen maak sinen Sack up. Un nu güng dat Söken los! Bi den Ollsten fung he an, un bi den Jüngsten heel he up. Un wonéem funn he den Beker? Bi Benjamin in sinen Sack. Do reten se eer Kleder twei, un jedereen laad sien Koorn wedder up den Esel, un se güngen wedder na de Stadt torüch.

Un Juda keem mit sien Bröder na Josef sien Huus, un he weer noch dar. Do fullen se vör em dal up de Eer. Josef see: „Wat hebbt ji dar doch blots anstellt? Hebbt ji nich wüßt, dat en Mann, as ik dat bün, sik up Waarseggen un so wat versteit?“ Do see Juda: „Wat schüllt wi di, unsen Herrn, blots seggen? Wat schüllt wi blots vörbringen, dat wi uns rein-waschn? Gott is achter dat kamen, wat wi verschuld hebbt, un hett dat updeckt. Sü, wi all tohoop sünd nu in dien Hand, wi un ok de, bi den de Beker funnen is.“ Do see he: „Ne, jo nich! Blots de, bi den de Beker funnen is, schall as Slaav in mien Hand blieven. Ji annern künnt ruhig na ju Vader reisen.“

„Do keem Juda neger an em ran un see: „Ach, Herr, giff mi Verlööv, dat dien Knecht noch en Woort vörbringen kann. Aver du dörfst nich dull warrn, wenn du ok so veel to seggen hest as de Farao. Herr, du hest dien Knechten fraagt: ,Hebbt ji noch enen Vader oder enen Broder?‘ Un wi hebbt to di, Herr, seggt: ,Ja, wi hebbt noch enen olen Vader un ok noch enen jungen Broder, de em eerst in dat Oller boren is; un wat sien rechte Broder is, de is doot. So is de Jüngste as eenzig Kind vun sien Moder överbleven, un sien Vader höllt bannig veel vun em.‘ Un du seest to uns: ,Bringt em mit! Ik will em sülven seen.‘ Do seen wi to di: ,Dat kann nümmer angaan. De Jung mutt bi sinen Vader bliven. Geit he vun em, denn geit dat mit sinen Vader to Enn. Dat överleevt he nich.‘ Du seest aver to dien Knechten: ,Helpt nix! Kümmt ju jüngste Broder nich mit ju her, denn dörft ji mi nich wedder ünner de Ogen kamen.‘ As wi nu wedder to unsen Vader, de dien Knecht is, torüch-reisen deen un em seen, wat du uns up de Seel bunnen harrst, do see unse Vader: ,Gaat wedder up de Reis un seet to, dat wi noch wat Koorn kriegt!‘ Do hebbt wi to em seggt: ,Dat geit so nich. Blots, wenn unse jüngste Broder mitkümmt, künnt

wie reisen. Denn wi dörft düssen Mann nich wedder ünner
de Ogen kamen, wenn unse jüngste Broder nich mit is.' Do
see unse Vader, de dien Knecht is, to uns: Ji weet sülven,
dat mien Fru mi man twe Sööns boren hett, un de ene güng
vun mi, un ik heff nasten seggt: Seeker is dat so: en wille Tier
hett em toschannen maakt, un ik heff em ja ok bit herto nich
wedder to seen kregen. Un nu wüllt ji ok düssen mi weg-
nemen? Wenn em nu ok noch wat tostöten deit, denn bringt
ji mi mit Haartleed un graue Haar in dat Graff!' Un nu denk
di dat mal: Wenn ik nu to minen Vader, de dien Knecht is,
keem un wi harrn den Jungen nich mit, an den he so hangen
deit, un he wörr dat wies, dat de Jung nich dar is, he wörr
enen Slag krigen, un wi harrn unsen Vader, de dien Knecht is,
mit graue Haar un Haartleed in dat Graff bröcht. Denn ik
heff mi för den Jungen vör minen Vader verbörgt, un ik müß
em dat tolöven: Bring ik di em nich wedder mit, denn, Vader,
bliev ik alltiet in dien Schuld, un du kannst maken mit mi,
wat du wullt. Darum laat mi, Herr, statts den Jungen dien
Slaav wesen un hierblieven! Laat den Jungen mit sien Bröder
reisen! Wo kunn ik ok wull to minen Vader torüchkamen,
wenn ik den Jungen nich mit heff! Dar wörr ik nich överweg-
kamen, wenn ik dat Hartleed bileven müß, wat minen Vader
denn drapen wörr."

Dat Wedderseen
1. Mose 45.

Do kunn Josef sik nich meer holen vör all de Lüüd, de dar
bi weren. Darum reep he: „Jedereen schall rutgaan!" Un so
weer nüms meer bi em, as Josef sik sien Bröder künnig
maken dee. Aver he fung so luut an to wenen, dat de Agypters
dat hören deen un Farao sien Huus dat to weten kreeg.

Un Josef see to sien Bröder: „Ik bün Josef. Leevt mien
Vader noch?" Aver sien Bröder kunnen keen Woort rut-
bringen; sodennig bevern se vör em. Do see Josef to sien
Bröder: „Kaamt doch neger to mi her!" Do kemen se wider
ran, un he see: „Ja, wiß! Ik bün ju Broder Josef, den ji
na Agypten verföfft hebbt. Nu aver laat dat goot wesen!
Laat den Kopp nich hangen un smiet ju sülven dar nu nix
över vör, dat ji mi hier her verföfft hebbt! Gott hett dar
sien Hand bi in dat Spill hatt. He hett mi hier vör ju her-
kamen laten, denn he wull uns all dat Leven redden. Nu hebbt
wi eerst twe Jaren de Hungersnoot! Aver fief Jaren kaamt noch,
un in düsse Tiet gifft dat nix to plögen un to aarnten. Aver
Gott hett mi vör ju hier herkamen laten. He wull, dat ju Sipp
up de Eer Bestand hebben schull un dat en grote Barg för ju
an dat Leven blivt. Also markt ju dat: ji hebbt mi nich hier-

66

herbröcht. Dat hett Gott daan. Un he hett mi to'n Vader för den Farao un to'n Verwalter över sien ganzes Huus un to'n Herrn över dat ganze Land Ägypten maakt. So! Un maakt ju gau up de Reis to minen Vader un seggt em: So lett dien Söön Josef di seggen: Gott hett mi to'n Herrn över ganz Ägypten sett. Nu kumm her to mi un besinn di nich lang! Un du schallst wanen in dat Land Gosen un üm un bi mi wesen, un dien Sööns un Enkelkinner dar to; ok dien Schaap un dien Ossen un allens, wat di tohören deit. Ji künnt dat ja mit ju egen Ogen seen un mien Broder Benjamin ok, dat ik sülven to ju spreken do. Un nu vertellt minen Vader lang un breet, wat ji hier seen un bileevt hebbt, un denn bringt gau minen Vader her!" Un denn full he sinen Broder Benjamin üm den Hals un ween, un ok Benjamin harr em ümfaat un ween.

Un denn geev he all sien Bröder en Kuß un faat eer üm un ween. Un denn snacken sien Bröder ok liekto mit em.

Un de Farao un sien Hoffstaat kregen dat ok to weten: Josef sien Bröder sünd kamen! Un de Farao un sien Lüüd freuten sik. Do see de Farao to Josef: "So, nu segg to dien Bröder: ,Höört mal to! Laad nu up ju Esels allens, wat ji künnt, un reist na Kanaan! Un denn haalt ju Vader un ju Familien un kaamt her to mi! Denn ik will ju geven allens, wat Ägypten an gode Saken uptowisen hett. Ji schüllt vun dat Beste hebben, wat in dat Land wassen deit. So, nu neemt ju Wagens mit ut Ägypten för ju lütten Kinner un ju Fruun. Un denn schall ju Vader blots upstigen, un ji schüllt blots kamen. Um ju Kraam maakt ju keen Sorgen; denn wat dat in Ägypten geven deit an all dat Gode, dat schall ju ok tohören."

Dat deen denn ok Israel sien Sööns, un Josef geev eer Wagens mit, so as de Farao dat seggt harr, un ok noch wat to eten för de Reis. Ok kregen se jedereen vun em en nien Rock. Benjamin aver kreeg drehunnert Daler un fief fine Kleder. Un denn kregen se noch för sinen Vader tein Esels mit, de vull packt wörrn vun all de Saken, de in Ägypten wassen deen un maakt wörrn, un ok tein Eselstuten, de Koorn för den Vader hendregen schullen, överhaupt Broot un wat he sünst noch as Kost för de Reis bruken dee. Un denn see he sien Bröder Adüs, un se reisen af. Vörher harr he eer aver noch seggt: "Un nu vertöörnt ju ünnerwegens nich!"

So reisten se wedder vun Ägypten af un kemen ok glücklich na Kanaan to eren Vader torüch. Un se vertellten em: "Denk mal an! Josef leevt noch. Ja, he is de böverste Mann in Ägypten." Do maak he grote Ogen un keek stuur vör sik dal; denn he kunn dat nich glöven. Aver as se em allens vertellt harrn, wat Josef eer seggt harr, un as he de Wagens seeg, de Josef mit schickt harr, da keem de ole Vader Jakob in de

Been. Un he see: „Goot! Goot! Dat is noog för mi! Mien Söön Josef leevt noch! Nu will if hen un em seen, eer dat if starven mutt!"

De letzte Reis
1. Mose 46, 1—7, 28—34.

So maak Israel sik up de Reis mit allens, wat he harr, un keem na Verseba. Dar opfer he sinen Vader Isaak sinen Gott to Eren.

Un nachts harr he en Gesicht, un Gott see to em: „Jakob, Jakob!" Jakob see: „Ja, Herr, wat schall if?" He see: „If bün dinen Vader sien Gott. Wees nich bang! Treck ruhig dal na Agypten! Dar will if en groot Volk ut di maken. If will sülven mit di up de Reis na Agypten gaan un di of wedder herbringen. Un Josef schall di noch mal de Ogen todrücken."

Nu reis Jakob vun Verseba wider. Un de Kinner Israel setten eren Vader, ehr Kinner un Fruun up de Wagens, de de Farao egens schickt harr, dat se eer herbringen schullen.

Of eer Vee nemen se mit un all eren Kraam, den se sik in dat Land Kanaan toleggt harrn. So keem Jakob denn mit sien ganze Familie, mit sien Sööns un Döchter un all sien Enkelkinner na Agypten; överhaupt: all sien Nakamen bröch he mit.

Jakob harr wieldeß nu Juda to Josef vörutschickt. He wull ja geern, dat he em dat Land Gosen in'n vörut al anwisen schull. As se nu in dat Land Gosen ankamen weren, leet Josef sinen Wagen anspannen un föör sinen Vader Jakob na Gosen in de Mööt. Un as se neeg bi weren un he em seeg, do full he em in den Hals un weem sik eerst mal ut. Do see Israel to Josef: „Nu will if geern starven. Nu heff if sülven di noch mal seen un weet, dat du leevst." Josef see nu to sien Bröder un to sinen Vader sien Familie: „So, nu will if wedder torüch-fören un den Farao dat anseggen un em vertellen: „Mien Bröder un mien Vader sien Familie sünd to mi herkamen ut dat Land Kanaan. Se sünd Veharders. Se hebbt sik ümmer mit Vegräsen un Vetucht afgeven. Un all eer Zegen un Kö un Ossen un allens, wat se sünst hebbt, dat hebbt se mitbröcht. Un nu höört to! Wenn de Farao ju nu ropen lett un ju fraagt: ‚Wat för en Geschäft bedrievt ji?', denn schüllt ji seggen: ‚Wi sünd Lüüd, de vun Vegräsen un Vetucht leevt, un dat vun lütt af an bit hüüt hen. Liek so hebbt unse Vöröllern dat ok maakt.' Denn ward he ju wanen laten in dat Land Gosen." Mit Veharders wüllt de Agypters süns nix to doon hebben.

Up Olendeel
1. Mose 47, 1—12.

Do keem Josef un vertell dat den Farao. He see: „Mien Vader un mien Bröder sünd mit eer Zegen un Kö un Ossen

68

un eren ganzen Kraam ut dat Land Kanaan kamen un sitt
nu in dat Land Gosen." Un denn maak he sief vun sien Bröder,
de he utweelt harr, mit den Farao bekannt. Do see de Farao
to de Bröder: „Seggt mal: wat för en Geschäft bedrievt ji?"
Se seen to den Farao: „Dien Knechten sünd Harderslüüd, liek
so, as unse Vöröllern dat ok weren." Un denn vertellen se den
Farao wider: „Wi sünd hier herkamen un wullen geern en
beten in dat Land to Hüür wanen. Wi hebbt nix meer to freten
för unse Vee; denn in dat Land Kanaan is swаre Hungers=
noot. Darum giff uns doch Verlööv, dat wi in dat Land Gosen
eerstmal ünnerkaamt!"

Do see de Farao to Josef: „Also dien Vader un dien Bröder
sünd to di henkamen. Goot! Bring eer in ganz Ägypten
ünner, wo du wullt. Ik bün mit allens inverstaan. Giff eer
dat beste Flach Land. In Gosen künnt se ja wanen. Un sünd
mang eer Lüüd, de dar wat vun verstaat, denn laat eer ok
för mien Vewark sorgen!"

Nu haal Josef ok sinen Vader rin un maak em mit den
Farao bekannt. Un Jakob segen den Farao.

Do fraag de Farao Jakob: „Segg mal, wo oolt büst du?"
Jakob see to den Farao: „Mien Weg is bald to Enn. Ik bün
hunnertundörtig Jaren oolt. Wenn ik an mien Vöröllern den=
ken do, denn is mien Leven man kort, un dat hett mi mennich
sure Daag bröcht."

Un Jakob segen den Farao noch mal un güng denn wedder
rut. Josef aver sorg dar för, dat sien Vader un sien Bröder
ünnerkemen. Se kregen en egen Besitz in Ägypten un dat beste
Land anwiest, un dat in da Land Ramses, so as de Farao
dat anordnet harr. Un Josef sorg för sinen Vader un sien
Bröder un sinen Vader sien ganze Familie, dat se to leven
harrn, un he deel jedeneen dat to, wat he för sik un sien
Kinner nödig harr.

En letzt Woort un de Segen, den dat bringt

1. Mose 50, 15—22.

So weer denn eer Vader doot.

Aver as se nu to Ru kemen, do fung bi eer dat Besinnen an,
un eer güng so allerhand dörch den Kopp. Se seen: „Ja, wat
nu aver? Wat schüllt wi nu maken? Josef kunn uns ja scharp
anfaten un uns all dat Lege, wat wi em andaan hebbt, torüch=
betalen! Wat denn?"

So schicken se denn Bott na em hen un leten em seggen: „As
dien Vader noch leven dee, hett he uns dat up de Seel bunnen,
wi schullen nasten to di seggen: ‚Josef‘, so see he, ‚ach, see doch
mit dien Bröder in Gelegenheit! Wiß, se hebbt di wat Leges
andaan; aver vergiff eer Unrecht un eer Sünn! Ach, maak

69

doch enen Streek dörch dat Unrecht, wo wi uns mit versünnigt hebbt! Wi hoolt uns doch ok an den Gott, de dinen Vader sien Trost weer!"

Do kunn Josef sik nich meer holen un fung an to wenen. Dat weer em to hart, dat kunn he nich anhören.

Un denn güngen sien Bröder sülven na em hen un fullen dal up de Knee vör em un seen: „Hier fünd wi nu! Wi wüllt nix wider as dien Knechen wesen. Maak mit uns, wat du wullt!"

Do see Josef to eer: „Weest nich bang! Ik bün doch ok man en Minsch un sta doch ok ünner Gott! Wull hebbt ji gegen mi wat Leges vörhatt; aver Gott harr noch wat anners mit mi vör un hett dat goot maakt. He harr dar dat Affseen bi — dat is ja nu wull klaar — he wull dar för sorgen, dat en groot Volk an dat Leven blivt. Darum weest nich bang! Ik will för ju un ju Kinner sorgen!"

So trööst he eer un sprook heel fründlich mit eer.

Un he bleev mit sinen Vader sien ganze Familie in Agypten wanen, un he wörr hunnert un tein Jaren oolt.

Gott sien Volk un Gott sien Hülpsmann

Volk in Not

2. Mose 1, 8—22.

Nu keem en nie König in Agypten, un de wüß vun Josef nix af. De see to sien Lüüd: „Dat ward rein dull. Düt Volk Israel breed sik ümmer meer ut, un wi künnt knapp meer gegen eer ankamen. Wi mööt wat gegen eer anstellen, dat dat nich so widergeit. Kunn ja angaan, wenn dat mal för uns to en Krieg kümmt, dat se sik denn to unse Fienden slaat un gegen uns to Feld treckt oder ut dat Land gaat."

Darum sett he över eer Vöögt. De schullen eer möör maken dörch allerhand sware Arbeit. Un so müssen se för den Farao de beiden Städte Pitom un Ramses buun, wo dat Koorn tohoop bröcht worr. Aver dat holp allens nix. Se kunnen mit eer anstellen, wat se wullen, eer drücken un quelen — een Kind keem na dat anner, un dat kreeg keen Enn. So kregen se vör de Israeliten bald dat Gruseln. Nu maken de Agypters eer rein to Slaven, un dat mit ruche Hand. Se müssen sik bannig suur doon bi all de Arbeit un kregen düt Leven bald satt. Se müssen Leem graven un Tegel striken un allerhand Feldarbeit doon. So güng dat mit all de Arbeit, de se eer mit Gewalt upleggen deen. Aver dat nütz ok nix.

Do geev de König vun Agypten de Wemoders, de de Hebräerfruun in eer sware Stünn to Siet stünnen — de ene heet Sifra un de aner Pua — den Befeel: „Wenn ji de Hebräerfruun in eer sware Stünn bistaat, denn laat dar keen Oog vun af, wenn de Kinner to Welt kaamt! Is dat en Jung, denn bringt em an de Siet. Is dat en Deern, denn kann se leven bliven." Aver de Wemoders weren gottesfürchtige Fruun un deen dat nich, wat de König vun Agypten eer uplegget harr. Se leten ok de Jungens an dat Leben.

Do leet de König vun Agypten de Wemoders noch mal vör sik kamen un see to eer: „Wodennig kaamt ji dar to, dat ji de Jungens nich an de Siet bringt?" De Wemoders seen: „Ja, bi de Hebräerfruun geit dat nich so as bi de Agypterfruun. Dar is dat Kind al dar, eer dat de Wemoder kümmt." Un Gott sorg dar för, dat de Wemoders dat goot güng. Un dat Volk breed sik wider ut. Jaar för Jaar kemen meer Kinner to Welt. Un wieldat de Wemoders gottesfürchtig weren, kemen se ok nich to kort. Ok eer schenk Gott groten Kinnersegen.

Nu aver geev de Farao den Befeel an dat ganze Volk: „All de Hebräerjungens, de to Welt kaamt, smiet in den Nil! Blots de Deerns schüllt leven bliven."

71

Gott höllt ok över de Noot sien Hannen utbreedt

2. Mose 2, 1—10.

Nu weer dar en Mann ut den Stamm Levi. De heiraat en Deern ut den Stamm Levi. Un düsse Fru schull Moder warrn un bröch nasten en Jung to Welt. Un se keek em sik lang an un harr eer Freud an dat Kind, denn dat weer so en lütte smucke Jung. So versteek se em en Dremaandstiet. Aver denn güng dat nich so wider. Se kunn em nich meer verbargen. Darum maak se för em en lütten Kasten ut Reet un maak em dicht mit Pick un Haarz. Un denn lee se dar den Jungen rin un sett den Kasten merrn mang dat Reet an dat Över vun den Nil.

Sien Swester stünn dar nu nich wiet vun af un luur sik dat af, wat nu wull mit em passeren wörr. Dat duur gar nich lang, do keem den Farao sien Dochter dal an den Nil un wull baden. Un as wieldeß eer Jungfern an dat Över up un dal güngen, do wörr se up eenmaal den Kasten merrn mang dat Reet wies un schick nu een vun de Deerns hen un leet em halen. Un as se den Kasten upmaken dee, do leeg dar en lütte Jung in, de wenen dee. Ach, do wörr eer dat Hart doch groot, un se see: „Dat is seker en lütte Hebräerjung!" Un knapp harr se dat seggt, do keem ok sien Swester al ran un see to den Farao sien Dochter: „Schall ik ok losgaan un di en Hebräerfru halen, dat se dat Kind de Bost gifft?" Do see den Farao sien Dochter: „Goot! Dat kannst du doon!" Un de Deern güng af un haal den Jungen sien Moder. Un as de keem, see den Farao sien Dochter to eer: „So, nu nimm den Jung un giff em de Bost! Du schallst dar goot för betaalt krigen." Do neem de Fru den Jungen un maak em satt. As de Jung aver gröter wörr, do bröch se em hen to den Farao sien Dochter. Un de neem em an as eer egen Kind un nööm em Mose; denn se see: „Ik heff em ja ut dat Water trocken."

Mose steit to sien Bröder

2. Mose 2, 11—15.

As Mose nu en Mann worrn weer, do güng he eensdaags mal över Feld un wull sik mal anseen, wo hart sien Bröder sik afrackern müssen. Un do wörr he wies, wodennig en Ägypter up en Hebräer, also up enen vun sien Bröder, losgüng. Un wat dee he? Eerst keek he sik na alle Siden um, un as he seeg, dat dar nüms sünst bi weer, do sloog he em doot un buddel em in den Sand in.

Den neegsten Dag güng he wedder över Feld. Un he bimött twe Hebräers, de sik vertöörnt harrn. Do see he to den, de de

72

Schuld harr: „Minsch, warum heſt du dinen Broder ſlaan?"
De aver weer nich bang un ſee to em: Wokeen hett di to'n
Böverſten un Richter över uns maakt? Enen heſt du ja al an
de Siet bröcht. Wullt du dat nu jüſt ſo mit mi maken as
güſtern mit den Agypter?" Do kreeg Moſe dat mit de Angſt
un dacht bi ſik ſülben: „Denn hett ſik dat alſo doch rümſnackt!"
Un ok den Farao wörr dat vertellt, un de ſett dar nu allens an,
dat he em faat kreeg un an de Siet bringen kunn.

To Hüür bi frömde Lüüd
2. Moſe 2, 15—25.

So bleev för Moſe denn nix wider över: he müß ſik vör den
Farao in Sekerheit bringen, un ſo güng he in dat Land
Midian, un dar ſett he ſik eerſt mal an enen Soot dal.

Nu harr de Preſter vun Midian ſöven Döchter, un de kemen
nu jüſt an un halen Water ut den Soot un goten dat in de
Tröög, dat eren Vader ſien Schaap wat to drinken kregen.
Aver dat duur nich lang, do kemen ok de Harders an un wullen
eer wegdrengen. Do ſtünn Moſe up un keem eer to Hülp un
ſorg dar för, dat eer Schaap ok wat to drinken kregen.

As ſe nu to eren Vader Reguel torüchkemen, do fraag he
eer: „Seggt mal! Ji ſünd vundaag ja frö to gangen! Wo-
dennig kümmt dat?" Se ſeen: „En Mann ut Agypten keem
uns gegen de Harders to Hülp. Ja, noch meer: he ſleep ok
all dat Water för de Schaap ran." Do ſee he to ſien Döchter:
„Woneem is he denn nu? Warum hebbt ji den Mann doch
blots dar buten laten? Nödigt em doch mit rin! He kann doch
goot mit uns eten!" Dat deen ſe denn ok, un Moſe leet ſik
nich lang nödigen. Ja, he wörr ſik mit Reguel enig, dat he
bi em bliven wull. Un de geev em denn naſten ſien Dochter
Zippora to Fru. Un de ſchenk em enen Söön. Den nööm he
Gerſon; denn he ſee: „Ik waan nu to Hüür bi frömde Lüüd."

Un nu güngen ſo allerhand Jaren in dat Land. Do ſtorv de
Farao. Un de Kinner Iſrael güng dat noch jüſt ſo as fröher.
Dat Süüfzen un Stönen neem keen Enn. Toletz klaagten ſe
denn eer Noot Gott. Un Gott höör up eer Stönen un dacht
wedder an den Bund, den he mit Abraham un Iſaak un Jakob
maakt harr. Un Gott ſeeg ſik dat allens noch mal an un neem
ſik eer an.

De Doornbuſch in Flammen un de wunnerbare Stimm
2. Moſe 3, 1—5.

Moſe weer eensdaags mal wedder togangen un hödt de
Schaap, de Jetro tohören deen. Düſſe Mann weer ja ſien
Swigervader un de böverſte Preſter in Midian. Un as he de

73

Schaap denn so över de Heid driven dee, do keem he an den Gottesbarg Horeb. Un hier maak Gott sien Engel sik em künnig in en Füürflamm, de ut enen Doornbusch rutkeem. Un he keek sik dat Spillwark lang an. Dat weer ja snaaksch: de Doornbusch stünn in Füür un Flammen, aver upbrennen dee he nich. Do dacht Mose bi sik sülven: Dar will ik doch mal neger rangaan un de Saak up den Grund kamen. Dat is ja en wunnerlichen Kraam. Wodennig schull dat wull togaan, dat de Busch nich dalbrennt?

As Gott nu seeg, dat he nischirig weer un darum negerkeem, do reep he em ut den Busch to: „Mose, Mose!" De see: „Ja, Herr?" Do see Gott to em: „Kumm jo nich neger ran! Treck dien Scho af vun dien Fööt! Denn dat Flach, wo du up steist, is hillig Land!"

Gott sien Hülpsmann

2. Mose 3, 6—14. 4, 1—17.

Nu see Gott: „Ik bün dinen Vader sien Gott, Abraham sinen Gott un Isaak sinen Gott un Jakob sinen Gott!" Da trock Mose sinen Mantel vör dat Gesicht; denn he weer bang, Gott in de Ogen to sehn. Do see Gott to em: „Ik heff mien Volk sien Noot in Agypten wull seen un eer Schrien över eer Vöögt wull höört. Ja ik weet goot, wat se allens to liden hebbt. Darum bün ik nu hendal kamen. Ik will eer ut de Agypters eer Hand redden un ut düt Land rutbringen in en smuck un wiet Land, wo dat Melk un Honnig in Hüll un Füll gifft ... Un nu will ik di to den Farao henschicken, un du schallst mien Volk, de Kinner Israel, ut Agypten rutfören." Do see Mose to Gott: „Dar bün ik doch nich de Mann to! Ik schall to den Farao gaan un de Kinner Israel ut Agypten rutfören? Ne, dat geit waaraftig nich!" Do see Gott: „Dat hett nix to seggen. Ik sta di bi, un düt schall dar nu dat Teken för wesen, dat ik di schicken do: Wenn du dat Volk ut Agypten rutbringst, denn schüllt ji Gott an düssen Barg denen un de Eer geven." Nu see Mose to Gott: „Wenn ik nu aver to de Kinner Israel henkaam un de em denn fraagt: ‚wo heet he denn?‘ — wat schall ik denn seggen?" Do see Gott to Mose: „Ik bün, de ik bün, un dat blief ik ok! Un denn see he noch: So schallst du to de Kinner Israel seggen: ‚Ik bün — de hett mi to ju schickt‘." ... Aver dat weer Mose nich noog. Darum see he: „Ja, aver wenn se mi dat nich toglöövt un nich up mi hören doot; wenn se seggt: ‚Snack doch nich so wat! De Herr hett sik di ja gar nich künnig maakt!‘ — wat denn?" Do see Gott to em: „Wat hest du dar in de Hand?" He see: „In de Hand? Dat is en Stock." Gott see: „Goot! Smiet em dal up de Eer!" Un as he em up de Eer smeten harr, do weer dat up eenmal

74

en Slang worrn, un Mose waar fik vör eer weg. Do fee Gott to Mofe: „So, nu reck bien Hand ut un faat eer bi den Steert an!" Un he reck fien Hand ut un faat eer an, un foorts harr he wedder enen Stock in de Hand. „Na wat meenft du? Schullen fe nu wull glöven, dat Gott fik di künnig maak hett, eer Vöröllern eren Gott, de Abraham un Ifaak un Jakob eren Gott is?" Un denn fee Gott wider to em: „So, nu fteek bien Hand mal in binen Mantel rin!" Un he fteek fien Hand in finen Mantel rin, un benn? Us he eer wedder ruttrock, do weer fien Hand vull vun Utfatz un fo witt as de Snee. Do fee Gott: „So, nu ftick bien Hand mal wedder in binen Mantel rin!" Un he fteek fien Hand noch mal in finen Mantel rin! Un as he eer wedder ruttrecken de, do weer fe wedder gefund un feeg fo ut as dat anner Fleefch. „Wenn fe di dat nich toglöven wüllt un dat eerfte Teken kenen Inbruck up eer maakt, denn ward fe doch wull glöven, wenn du eer dat twete Teken wifen deift! Schullen fe fik aver ok vun düffe beiden Teken nix bedüden laten un nich up di hören, denn nimm en beten Nil- water un geet dat up de dröge Er ut, denn ward ut dat Nil- water up de dröge Eer Bloot warrn." Do fee Mofe to Gott: „Herr, mußt nich vertöörnt warrn! If bün keen Mann, de reden kann. Dat bün if nümmer weft, un dat bün if hüüt ok noch nich! Dar magft du nu feggen, wat du wullt. If kaam mit minen Mund un mit mien Tung nich to gangen." Do fee Gott to em: „Segg mal! Wokeen hett den Minfchen den Mund maakt un wokeen maakt ftumm ober doov ober laam ober blind? Do if dat nich, de Herr? Ga ruhig los! If will binen Mund biftaan un di leren, wat du feggen fchallft!" Mofe fee: „Herr, nimm dat nich för ungoot! Schick lever en annern as mi! Schick, wen du wullt!" Do wörr Gott vertöörnt up Mofe un fee: „Nu höört aver doch allens up! Du heft doch binen Brober Aaron, den Levit! If weet: de kann waarrafbig fien Wöör maken. De fteit finen Mann! Un wat if fünft noch feggen wull: He is jüft ünnerwegens un will di bimöten, un he ward fik vun Harten freun, wenn he di wedder to feen kriggt. Denn kannft du ja allens mit em affnacken un en benn de Wöör in den Mund leggen! If will di un em biftaan un ju leren, wat ji feggen fchüllt. Un fo fchall he benn för di to dat Volk fpreken, un fo is he för di de Mund, un du büft denn för Gott de Mund. Un denn nimm ok ben Stock mit un do be Wunner mit em."

Dat Bloot över de Huusböör

2. Mofe 12, 1—13, 28—33.

Nu fee Gott to Mofe un Aaron in Agypten: „Düffe Maand fchall för ju de eerfte Maand in dat Jaar wefen. Vun em an fchüllt ja dat Jaar reken. Nu feggt to dat

75

ganze Volk Israel: „An den teinten Dag vun düssen Maand schall jede Huusvader en Lamm nemen, een Lamm för jede Familie. Is aver de Familie to lütt, dat se dar nich över Herr warrn künnt, denn schall de Huusvader sik mit den neegsten Naver tohoop doon un mit em tosamen en Lamm slachten. Dat schall allens so berekent warrn, dat een Lamm ümmer för so veel Lüüd slacht ward, as se tohoop verteren künnt. Un so en Lamm dörf kenen Feler hebben, un en Bucklamm vun een Jaar schall dat wesen. Neemt eer ruhig vun de Schaap un de Zegen. Düt Lamm schüllt ji denn bit to den veerteinten Dag in düssen Maand in den Stall beholen; denn aver schall dat mit de annern Lammer för dat ganze Volk slacht warrn, wenn dat schummerig ward. Un denn schüllt se wat vun dat Bloot nemen un dat över de Döörbalken an beide Siden un baven över striken bi jedes Huus, wo de Maaltiet holen ward. In düsse Nacht schüllt se dat Fleesch eten, wat över dat Füür braadt worrn is, un Söötbroot dar to. Ok bitter Kruut höört dar to. Aver dat segg ik noch mal: Dat Fleesch schall braadt warrn. Ji dörft dat nich frisch oder in Water kaakt eten. Un Kopp un Been un dat Mittelstück schüllt tosamen bliven. Spaart ju ok nix för den annern Morgen up! Allens mutt gliek verteert warrn. Schull aver doch noch wat överbliven, denn schüllt ji dat den neegsten Morgen verbrennen. Un bi de Maaltiet schüllt ji dat so maken: Bindt ju de Kleder up un treckt ju Scho an un neemt den Stock in de Hand! Eet de Maaltiet so gau, as ji dat sichtens künnt; denn Gott will vörbigaan. Ik will in düsse Nacht dörch ganz Agypten gaan, un all de öllsten Kinner in Agypten, de to jede Familie höört, laat ik starven. Jüst so maak ik dat bi dat Vee mit de öllsten Kalver un Lammer. Ik will en Gericht anstellen över all de Gödder in Agypten. Ik do dat wiß; denn ik bün de Herr.

Dar schüllt ji ja ok dat Bloot för an de Hüser anstriken. Dat schall en Teken wesen, wat ju schützen deit. Overall, wo ik dat Bloot see, dar hool ik mien Hand torüch un ga so vörbi. Ji all schüllt dar heel vun afkamen, wenn ik de Agypters nu anfaten un verdarven do."

So güngen de Israeliten denn los un maken dat so, as Gott Mose un Aaron dat upleggt harr. Ja, so wörr dat maakt.

Un merrn in de Nacht leet Gott nu all de eersten Kinner in Agypten starven. Keen een wörr schoont. De öllste Söön vun den Farao up den Troon keem ebenso goot an de Reeg as de eerste Söön vun den Slaav, de in dat Lock seet, un mit de öllsten Kalver un Lammer güng dat jüst so.

Do keem in düsse Nacht de Farao in de Been un all sien Lüüd un överhaupt all de Agypters. Un överall geev dat en Klagen un Wenen; denn dat geev keen Huus, wo keen Dode to finnen weer. Un de Farao leet noch in düsse Nacht Mose un Aaron kamen un see: „Maakt blots, dat ji wegkaamt! Treckt

76

rut ut mien Volk! Ji un all de Israeliten! Blots los! Un
denn geevt den Herrn de Ehr, as ji dat ja al seggt hebbt! Ok
neemt ju Zegen un Schaap un Ossen mit, as ji dat seggt hebbt!
Gaat blots los, un denn beed ok för mi!" Un de Agypters
weren achter dat Volk ran, dat se blots so gau, as se sichtens
kunnen, aftrocken; denn se dachten: Sünst blievt wi noch all
doot.

Frie!
2. Mose 13, 17—22.

As de Farao dat Volk nu harr uttrecken laten, do leet Gott
eer den Weg gaan, de liek to up dat Filisterland fören dee.
Dat weer wull de neegste Weg; aver Gott dacht, de Israeliten
kunnen doch mal annern Sinns warrn, wenn se nu marken
deen, dat dat aan Krieg för eer nich afgaan wörr, un denn
kunn dat licht so kamen, dat se wedder na Agypten ümkeren
wullen. So geev Gott denn den Befeel, dat Volk schull siet-
warts trecken na de Wööst un na de Rode See hen. Un so
trock dat Volk denn ut Agypten rut, un allens, wat se to den
Krieg nödig harrn, harrn se bi sik. Ok Josef sien Liek neem
Mose mit; denn Josef harr dat de Kinner Israel up dat Ge-
weten leggt, un se harrn em dat tosworen müßt. He harr
seggt: „Wenn Gott ju nasten Gnaad gifft, denn neemt mien
Liek vun hier mit!"

So setten se sik denn vun Suffot ut in Gang un lagern sik
bi Etam, wat ganz neeg bi de Wööst liggt. Un Gott trock vör
eer her, den Dag över in en grote Wulk, dat se den Weg
finnen kunnen, un de Nacht över in en Füürsüül, dat se nich
bister güngen, un so kunnen se bi Dag un bi Nacht wannern.
Un so bleev bi Dag de Wulk un bi Nacht de Füürsüül bi dat
Volk an de Spitz.

De Weg dörch de See
2. Book Mose 14, 5—31.

As nu de König vun Agypten to weten kreeg, dat dat Volk
utrückt weer, do wörrn de Farao un sien Lüüd up eenmal
annern Sinns un seen: „Dar hebbt wi uns wat Dummes an-
röögt! Wo kunnen wi doch blots de Kinner Israel ut de Sla-
verie frilaten!" So leet he denn de Kriegswagens anspannen
un neem sien Kriegslüüd mit. Sößhunnert vun de besten
Wagens neem he mit un all de Wagens, de he sünst noch up-
driven kunn, un up de Wagens sett he de besten Lüüd . . .

As Farao eer nu up de Hacken keem, do maken de Kinner
Israel grote Ogen, un se verferen sik bannig, as se eer segen,
dat se eer folgen deen. Un de Kinner Israel fungen an un

77

schriten to Gott un seen to Mose: „Dat harr ja nu jüst nich nödig daan, dat du uns hier mit rutnamen hest. Starven harrn wi ok in Ägypten kunnt. Dar weren Graffstellen noog! Wi hebbt di dat doch klipp un klaar in Ägypten seggt: Laat uns in Ru! Wi blievt bi de Ägypters in Deenst. Dat is doch beter för uns, wenn wi bi de Ägypters Slaven sünd, as wenn wi in de Wööst starven mööt!" Mose see aver to dat Volk: „Man jo keen Angst! Kopp hooch! Hoolt den Nack stief! Denn kriegt ji dat hüüt noch to spören, dat Gott ju helpen deit! So as ji de Ägypters hüüt to seen kriegt, kriegt ji eer nümmer wedder to seen. Gott ward sik för ju insetten un ju schützen. Ji schüllt blots ruhig un still bliven."

Un nu see Gott to Mose: „Segg mal, warum schriest du so to mi? Giff de Kinner Israel den Befeel, dat se sik nu up den Weg maken schüllt! Du aver böör dinen Stock hooch un reck dien Hand ut över de See un klööv dat Water ut'n een, dat de Kinner Israel merrn dörch de See eren Weg up drögen Sand maken künnt! Ik aver will de Ägypters eer Hart hart maken, dat se achter eer rantreckt, un will an den Farao un all sien Lüüd, an sien Wagens un sien Riders wisen, dat ik mit eer klaar warrn kann. Un de Ägypters schüllt dat wies warrn, dat ik de Herr bün, wenn ik mit den Farao un sien Wagens un sien Riders farbig bün." Un nu neem Gott sien Engel an en anner Stell sinen Platz in: eerst weer he an de Spitz west, nu aver keem he achteran. Un so güng ok de Wulk nich meer an de Spitz, se trock nu ok achter eer ran. Un so keem se merrn mang de Ägypters un de Kinner Israel eer Lüüd to staan. So maak se up düsse Siet allens düster, un up de anner Siet maak se de Nacht hell. Un sodennig keem dat, dat keen een den annern in de ganze Nacht to neeg keem.

As Mose nu sien Hand över de See utrecken dee, do leet Gott de ganze Nacht enen scharpen Oostwind weien, un de dreev dat Water wiet torüch, un so wörr de See utdröögt. Dat Water deel sik in twe Dele, un so trocken de Kinner Israel merrn dörch de See un maken sik dar nich mal de Fööt bi natt. Dat Water stünn an de Siet as en starke Muur, rechter Hand un linker Hand.

Nu aver kemen de Ägypters achter eer ran un jagen achter eer her, all de Peer un de Wagens un de Riders, de de Farao harr, merrn dörch de See. As dat aver eben hell warrn wull, do seeg Gott ut de Wulken — un ut de Füürsüül up de Ägypters dal, un all de Ägypters eer Suldaten wörrn verbistert un lepen dörch enanner un de Wagenrööd bleven steken, un so kemen se man knapp noch vöran. Do repen de Ägypters: Blots torüch un weg vun de Kinner Israel! Denn Gott steit eer gegen de Ägypters bi, un dar is nich gegen antokamen."

Nu see Gott to Mose: „Reck dien Hand wedder över de See ut! Denn schall dat Water över de Ägypters un eer Wagens

78

un eer Riders torüchlopen. Un Mose reck sien Hand wedder över de See, un as dat eben hell wörr, do güng de See wedder in eer oolt Bett torüch, un de Agypters lepen dat Water liek in de Mööt, un so dreev Gott de Agypters liek in de See rin. Un as dat Water wedder ankamen dee, do deck dat all de Lüüd vun den Farao un de Wagens un de Riders to, de achter eer ran in de See gaan weren, un keen een keem dar mit dat Leven vun. Blots de Kinner Israel weren dröög dörch de See gaan, wiedeß dat Water as en Muur an beide Siden, rechter un linker Hand, staan bleev.

So redd Gott an düssen Dag de Kinner Israel ut de Agypters eer Hannen, un de Kinner Israel segen de Agypters doot an dat Over vun de See liggen. As de Kinner Israel aver dat grote Wunner segen, wat Gott an de Agypters daan harr, do geven se Gott de Ehr un bögen sik vör em un glöövten nu an Gott un an sinen Knecht Mose.

Nu dankt den leven Gott
2. Mose 15, 1—18.

Damals hebbt Mose un de Kinner Israel Gott to Eren düt Leed sungen:
„Gott to Eren will ik singen.
He is groot un herrlich över de Maten.
Peer un Riders hett he in de See rinstött.
Gott gifft mi de Kraft. Dar segg ik em Loff un Dank för.
He hett mi holpen un reddt.
He is mien Gott. Em lööv ik un em dank ik.
Mien Vader sien Gott — vun em will ik Grotes vertellen.
Gott is en Held in den Krieg. Herr — dat is sien Naam.
Den Farao sien Lüüd alltosamen un all de Wagens —
de hett he in de See rinstött.
Sien besten Suldaten fünd dalsackt in de Rode See.
All dat Water is över eer hengaan.
Liek as de Steens fünd se deep up den Grund sackt.

Herr, dien rechte Hand is herrlich; denn se is stark.
Gott, dien rechte Hand maakt den Fiend toschannen.
Dinen Gegenpart sleist du tosamen;
denn du büst alleen groot un heer.
Brennt dien Torn as dat Füür,
denn fünd se verteert as dat Kaff.
As dien Torn dar mang blasen dee,
do törm sik dat Water hooch.
Dat stünn piel in Enn as en Wall.
De Bülgen merrn in de See bleven staan un rögen sik nich.
Do dacht de Fiend: Los! ik jaag achteran un haal eer in.

79

Ik neem eer af, wat se hebbt. Dar will ik mi düchtig an plegen.
Ik treck mien Sweert ut de Scheed.
Mien Hand bringt eer licht an de Siet.
Do leetst du den Wind weien, un de See deck eer to.
As Blie — so sacken se dal deep up den Grund in de gruliche See.

Wokeen mang de Götter kann sik meten mit di, Herr?
Wokeen is di liek? Du büst hooch un herrlich;
Du bringst wat tostann, dat de Minschen sik verfeert
un grote Ogen maakt. Du deist Wunner över Wunner!
Du reckst dien rechte Hand ut,
do dee de Eer sik up un trock eer all mit hendal.
Mit Gnaad hest du dien Volk den Weg gaan laten,
du hest dat ja reddt!
Mit Macht hest du dat henföört na de hillige Steed,
wo du tohuus büst.
De Völker hebbt dat höört un hebbt bevert.
Angst un Bangen keem över de Filisterlüüd.
De böversten Herren vun Edom verschraken sik,
un Moab sien Herren fungen an to bevern.
All de Lüüd, de in Kanaan waant, hebbt den Moot verlaren.
Se kregen enen Schreck un bevern vör Angst.
Se kregen dinen starken Arm to fölen un wörrn stumm as en
        Steen.
So trock nu dien Volk in, Herr,
so trock nu dien Volk in, wat du di sülven toleggt hest.
Du sülven hest eer rinbröcht un inplannt
up de Bargen, de di tohören deen,
na de Steed, de du as dien Huus anleggt hest,
na dat Hilligdoom, wat dien Hannen sülven maakt hebbt.
Gott de Herr is König nu un in alle Ewigkeit!"

Ok mang Sand un Steen is Broot to finnen
2. Mose 16, 2—21.

Nu aver geev dat groten Larm. Dat ganze Volk vun de
Kinner Israel wull in de Wööst vun Mose un Aaron nix meer
weten. Nüms weer tofreden. Een wigel den annern gegen
eer up. Se seen: „Dat weer beter west, Gott harr uns in
Ägypten starven laten. Dar seten wi doch an den vullen Disch,
harrn Fleesch un Broot in Hüll un Füll! Nu aver sitt wi
dar vör. Ji hebbt uns hier na de Wööst rutföört, un wat is
nu dat Enn? Nu künnt wi hier vör Hunger starven!"

Do see Gott to Mose: „Maak di keen Sorg! Ik will för ju
Broot vun den Heven hendal regen laten. Denn kann dat
Volk losgaan un sik Dag för Dag dat sammeln, wat dat nödig
hett. Un so will ik eer up de Proov stellen un seen, ob se up

80

mi hören wüllt oder nich. Un an den sößden Dag, wenn se dat, wat se sik sammelt hebbt, kaakt hebbt, denn schall dat duppelt so veel wesen as dat, wat se sünst tohoop bringt."

Nu seen Mose un Aaron to all de Kinner Israel: „Töövt dat mal af, bit dat düster ward! Denn ward ji dat wies warrn, dat Gott ju ut Agypten rutföört hett. Un morgen, wenn dat hell ward, denn kriegt ji Gott sien Herrlikeit to seen. Dar verlaat ju up; denn he hett dat höört, dat ji gegen em gnurrt un murrt hebbt. Dat ji ju gegen uns upbögen doot, dat speelt keen Rull."

Un Mose see noch wat: „Dar ward ji dat an künnig warrn: avends ward Gott ju Fleesch to eten geven un morgens Broot in Süll un Füll. Ja, wiß, he hett ju Gnurren un Murren höört, all dat, wat ji gegen em seggt hebbt. Dar speelt wi keen Rull bi. Nich gegen uns hebbt ji gnurrt un murrt. Gegen Gott hebbt ji ju upböögt un nix anners!"

Un denn see Mose to Aaron: „So, nu segg du dat ganze Volk noch mal: „Kaamt ran an dat Silligdoom! Stellt ju ünner Gott sien Ogen! Denn he hett ju Gnurren un Murren höört."

Un as Aaron sodennig to dat ganze Volk Israel spreken dee, do drein se sik all na de Wööst hen. Un wat kregen se to seen? Den Herrn sien Herrlichkeit wies sik in de Wulken. Un de Herr see to Mose: „Ik heff de Kinner Israel eer Gnurren un Murren höört. Eer dat düster ward, schüllt ji Fleesch to eten krigen, un morgens, wenn dat hell ward, denn schüllt ji ju an Broot satt eten. So schüllt ji wies warrn, dat ik ju Herr un Gott bün."

Un richtig! Dat wörr so. As dat schummrig wörr, do keem en grote Swarm Drusseln an un leet sik dal up den ganzen Lagerplatz, un morgens, as dat hell wörr, lee sik Dau un Daak rund um dat Lager. Un as de Daak hoochgüng, do leeg dar up de Eer överall so wat Lüttes un Fines, so rund un zaart, as wenn dat nachts up de Eer riept harr.

As de Kinner Israel dat nu segen, do seen se een to den annern: „Man hu?" dat heet up düütsch: „Wat is dat?" Denn se wüssen nich, wat dat weer. Do see Mose to eer: „Dat is dat Broot, wat Gott ju to eten gifft. Un nu verlangt Gott vun ju: Jedereen schall sik dar so veel vun sammeln, as he nödig hett, enen Ammer vull för jedeneen, de to dat enkelte Telt höört!" Un dar deen de Kinner Israel denn ok. De een sammel veel, un de anner sammel wenig. Un nu keem dat tolezt so: Wenn se dat, wat se sammelt harrn, na den Ammer meten deen, denn weer dar liker veel in. De veel sammelt harr, harr nix över; un de wenig sammelt harr, keem nich to kort. Jedereen harr jüst so veel, as he nödig harr un verteren kunn. Un Mose see to eer: „Kenn een schall sik dar wat vun upwaren bit morgen!" Aver se hören nich up Mose, un welke vun eer leen sik dat för den annern Morgen torüch. Aver se harrn sik verrekent; den annern Morgen weren blots Wörms to seen, un dat stunk allens. Do wörr Mose dull up eer.

Na. Se sammeln denn wider, Morgen för Morgen, un jedereen dat, wat he nödig harr. Aver dat heel sik nich lang. Wenn de Sünn hoochkeem, denn smöllt dat as Botter.

De Waterborn in Dröögt un Hitten
2. Mose 17, 1—6.

Un dat ganze Volk Israel trock nu vun de Wööst Sin wider, jeden Dag enen Stremel, so as Gott eer dat upleggt harr. Un denn setten se sik eerst mal wedder fast in Rafidim. Aver nu geev dat wedder Larm; denn dar weer keen Water to krigen. Un wedder güng dat Gnurren un Murren gegen Mose los. Se seen: „Geevt uns Water to drinken!" Aver Mose see to eer: „Warum maakt ji Larm mit mi? Warum wüllt ji Gott up de Proov stellen?" Aver dar weer nix bi to maken; denn dat Volk harr nu mal keen Water un kunn dat nich utholen vör Dörst. Un nu güng dat wedder los: „Warum hest du uns egentlich ut Ägypten rutföört? Wullt du uns un unse Kinner un unse Vee vör Dörst ümkamen laten?" Do reep Mose luuthals to Gott un see: „Wat schall ik blots mit düt Volk anfangen? Dar feelt nich veel an, denn neemt se Steens un smiet mi doot!" Do see Gott to em: „Stell di an de Spitz vun dat Volk un denn nimm en paar Ollerlüüd vun de Israeliten mit un nimm ok dinen Stock in de Hand, wo du mit up den Nil slaan hest, un denn ga los!" Un wenn du up den Horeb büst, denn will ik dar vör di staan up den Fels. Un denn hau up den Steen! Denn schall dar Water rutkamen, un dat Volk schall to drinken hebben." Un Mose neem de Ollerlüüd vun Israel mit un maak dat so, un dat vör eer Ogen.

Utbreedte Arms
2. Mose 17, 8—13. 15.

Nu kemen de Amalekiters ran un wullen mit de Israeliten in Rafidim Striet maken. Do see Mose to Josua: „Söök di Lüüd ut un denn ga los un nimm dat mit de Amalekiters up! Ik stell mi denn baven up den Barg hen mit den Gottesstock in de Hand."

Un Josua maak dat so, as Mose em dat seggt harr, un trock gegen de Amalekiters to Feld. Mose aver un Aaron güngen baven up den Barg rup. Un solang as Mose sien Hannen utbreden dee, harr Israel de Böverhand. Leet he aver sien Hannen sacken, denn weren de Amalekiters vöran.

Tolezt kunn Mose sien Arms nich meer holen; he wör mööd.

82

Do nemen se enen Steen un leen em so hen, dat he sik dar up dalsetten kunn. Un Aaron un Hur stütten em sien Arms, de ene up düsse Siet un de anner up de anner Siet. Un so bleven denn de Arms utreckt, as dat wesen schull, bit dat dat düster wörr. Un so keem dat denn ok, dat Josua de Amalekiters scharp tosetten un de Böverhand beholen dee.

Un Mose bu Gott to Eren en Altar un he nööm em: Bi Gott steit mien Hülp! He help mi hendörch!"

De hillige Gottesbarg
2. Mose 19, 1—25.

As de Kinner Israel nu al över twe Maand ünnerwegens weren, kemen se na de Wööst Sinai. Se weren vun Rafidim wider wannert un so in de Wööst Sinai kamen. Hier setten se sik denn eerst mal in de Wööst fast un lagern sik an de Güntsiet vun den Barg. Un nu steeg Mose to Gott rup, un Gott reep em vun den Barg düsse Wöör to: „Sodennig schallst du to dat Huus Jakob spreken, un düt schallst du de Kinner Israel künnig maken: ‚Ji hebbt sülven bileevt, wat if de Agypters andann heff un wodennig if ju dragen heff as en Aadler up sien Flünk un ju hier herbröcht heff to mi. Wenn ji nu up dat höört, wat if ju upleggen do un wenn ji dat hoolt, wat if ju vörschriven do, denn schüllt ji mang all de Völker mi besunners tohören; denn mi höört de ganze Eer to. Un ji schüllt för mi en Presterkönigriek un en hillig Volk wesen.' Dat sünd de Wöör, de du de Kinner Israel künnig maken schallst."

Do güng Mose hen un reep de Ollerlüüd ut dat Volk tohoop un vertell eer all düsse Wöör, de Gott em upleggt harr. Un dat ganze Volk see liek as een Mann:

„Allens, wat Gott uns upleggt hett, wüllt wi doon."

Nu see Mose Gott dat, wat dat Volk seggt harr. Do see Gott to Mose: „Dütmal will if in en dicke Wulk to di kamen. Dat Volk schall dat hören, wenn if mit di spreken do, un di för alle Tiet vertruun."

Un Mose vertell Gott noch mal, wat dat Volk seggt harr, un denn see Gott wider to Mose: „So, nu ga wedder to dat Volk torüch un sorg dar för, dat se sik hüüt un morgen hillig maakt un eer Kleder wascht; denn övermorgen schüllt se parat wesen. Övermorgen ward Gott up den Barg Sinai hendalkamen, un dat ganze Volk schall dat to seen krigen. Un denn reck för dat Volk rund um den Barg en Stück af un segg to eer: „Unnerstaat ju nich, dat ji up den Barg rupstiegt! Ji dörft em nerrn nich mal anrögen. Jedereen, de den Barg anröögt, mutt starven. De em mit de Hand anröögt, den schüllt ji mit Steen dootslaan oder dootscheten. Keen Tier un ok keen Minsch, de so wat deit, dörf an dat Leven bliven!" Nu steeg Mose vun den Barg wedder to dat Volk hendal un sorg dar för, dat dat Volk sik hillig maken dee, un se wuschen eer Kleder. Un he see to dat Volk: „Hoolt ju för övermorgen parat! Bit to düsse Tiet schall nüms sik mit sien Fru tohoop doon!"

As dat an den drütten Dag eben hell wörr, do fung dat an to dunnern un to blitzen. En sware Wulk leeg up den Barg, un en grote Basuun weer to hören. Un all dat Volk, wat in dat Lager weer, kreeg dat mit de Angst un fung an to bevern. Nu föör Mose dat Volk ut dat Lager rut, dat dat Gott bimöten dee. Un se stellen sik nerrn bi den Barg up. Bun den Barg weer knapp wat to seen. En dicke Rookwulk harr sik um em rumleggt; denn Gott weer in dat Füür up em hendalkamen. Un de Rook steeg vun den Barg na baven, as wenn dat Rook ut en Smöltaben weer. Un dat ganze Volk bever an Hannen un Fööt. Un de Basuun wörr ümmer duller blaast: Mose see wat to Gott, un Gott geev em dörch den Dunner sien Antwoort. As Gott nu ganz baven up den Barg Sinai hendalföört weer, do reep he Mose to sik baven up den Barg rup, un Mose steeg rup. Do see Gott to Mose: „Nu stieg hendal un waarschu dat Volk! Se schüllt sik jo nich nischirig bit to Gott ranwagen, dat se em to seen kriggt. Doot se dat doch, denn ward en ganze Barg vun eer starven. Ok de Presters, de sünst vör Gott kamen dörft, schüllt sik hillig maken; denn sünst geit Gott up eer los." Do see Mose to Gott: „Dat Volk kann ja gar nich up den Barg Sinai rupstigen. Du hest uns ja sülven waarschuut un mi dat upleggt, ik schull en Stück rund um den Barg afrecken un de Lüüd künnig maken, dat keeneen neger ran kamen dörf!" Do see Gott to em: „Nu stieg wedder hendal un bring den Aaron wedder mit rup! Aver de Presters un dat Volk schüllt sik jo nich wider ranwagen un jo nich to Gott rupstigen! Sünst geit he gegen eer all los." Un nu steeg Mose wedder to dat Volk hendal un vertell eer dat.

De hilligen tein Gebade
2. Mose 20, 2—17.

Ik bün de Herr, dien Gott. Ik heff di ut Agypten, ut dat Slavenhuus wegbröcht. Du schallst keen anner Götter hebben as mi alleen. Du schallst di keen Gottesbild maken, ok keen anner Bild, mag dat nu wat wesen, wat baven in den Himmel oder hier nerrn up de Eer oder in dat Water ünner de Eer is. Du schallst vör so'n Saken nich up de Knee fallen un eer ok nich anbeden. Ik, de Herr, dien Gott, bün en Gott, de nix vun anner Götter weten will. Ik will de Minschen eer Leev mit keen een delen. Ik waak över mien Ehr un straaf de Vöröllern eer Schuld an de Kinner un Enkelkinner un noch widerrut, an all de eer Nakamen, de mi haßt un nix vun mi weten

84

wüllt. Aver mien Gnaad schenk ik bit in dat dusendste Litt all be, de mi leev hebbt un dat doot, wat mien Gebade verlangt.

Du schallst den Herrn, dinen Gott, sinen Namen blots in hillige Saken bruken. De em sünst noch bruukt, den is mien Straaf seker.

Denk dar an, dat du den Sabbat hillig höllst! Söß Daag dörfst du arbeiten un allens beschicken, wat du to doon hest. Aver de söövte Dag is en Dag, wo du ruun schallst un Gott de Ehr geven. Denn schallst du keen Arbeit anrögen, du sülven nich, ok dien Söön oder dien Dochter nich, ok dien Knecht oder dien Deern nich, ok dien Vee nich un ok de frömden Lüüd sünst noch, de up dien Hoffsteed sünd. In söß Daag hett de Herr Gott den Himmel un de Eer un de See un allens, wat dar in leevt un weevt, maakt. Denn aver, an den söövten Dag, hett he ruut un fiert. Darum hett de Herr den Sabbatdag segent un hillig spraken.

Hool dinen Vader un dien Moder in Eren! Denn leevst du noch lang up dat Flach, wat dien Herr un Gott die geven ward.

Du schallst kenen dootslaan.

Du schallst de Eh nich breken.

Du schallst nich stelen.

Du schallst gegen dinen Naver nix utseggen, wat nich waar is.

Du schallst dat nich asseen up dinen Naver sien Huus.

Du schallst dat nich asseen up dinen Naver sien Fru, sinen Knecht, sien Deern oder up dat, wat em sünst noch allens tohöört.

De Danz üm dat gollen Kalv

2. Mose 32, 1—28. 30—35.

As dat Volk dat nu wies wörr, dat Mose ümmer noch nich wedder vun den Barg hendalkamen weer, do kemen se all bi Aaron an un seen: „Nu maak uns enen Gott, dat de vör uns rantreckt! Mose, de dare Mann, de uns ut Agypten rutföört hett — — vun em weet wi ja nich, wat em tostött is.“ Do see Aaron to eer: „Goot, riet de Oorringen af, de ju Fruun un ju Döchter an de Oren dreegt, un denn bringt eer to mi her! Do reten sik all de Lüüd eer gollen Ringen af, de se an de Oren harrn, un bröchen eer to Aaron hen. Un he neem eer de af un teken sik en Bild un goot denn en gollen Kalv. Do repen se: „Dat is dien Gott, Israel, de di ut Agypten rutföört hett!“ As Aaron dat seeg, do bu he dar vör enen Altar up un leet utropen: „Morgen is den Herrn sien Fest!“ Un an den annern Morgen ganz frö opfer he Brandopfer un Dankopfer, un dat ganze Volk sett sik dal to eten un to drinken; un denn stünnen se wedder up un fungen an to danzen un weren heel vergnöögt.

85

Do see de Herr to Mose: „So, nu ga wedder hendal! Dat Volk, wat du ut Agypten rutföört heft, is up den verkeerten Weg. Se fünd bannig gau vun den Weg afgaan, den ik eer vörschreven harr. Se hebbt sik en gollen Kalv maakt un hebbt dat anbeed un em to Eren opfert un seggt: Dat is dien Gott, Israel, de di ut Agypten rutföört hett." Un Gott see wider to Mose: „Ik see nu, wat ik mi vun düt Volk moden wesen kann. Dat is en balstürig Volk! Un nu hool mi nich up! Mien Torn schall eer grimmig drapen. Ik will eer toschannen maken. Di aver will ik to en groot Volk maken."

Aver Mose dee, wat he kunn, dat he Gott blots begöschen dee, un see: „Ach, Herr, warum wullt du so vertöörnt wesen up dien Volk? Du heft eer doch ut Agypten rutföört mit dinen starken Arm un in grote Kraft! Schüllt de Agypters denn nu seggen: He hett doch nix Godes mit eer vörhatt, as he eer wegfören dee. He wull eer in de Bargen ümbringen un vun de Eer wegdoon. Ach, giff dinen Torn un Grimm doch wedder up, see mit dien Volk in Gelegenheit un do dat nich, wat du di vörnamen harrst! Denk doch an Abraham un Isaak un Israel, de dien Deners weren un de du dat sülven toswaren heft: ik will ju so veel Nakamen geven, as dar Steerns an den Heven fünd, un ik will düt Land, as ik seggt heff, ganz ju Nakamen geven. Dat schall eer in ewige Tiden tohören!" Do seeg Gott mit eer in Gelegenheit un leet dat Unglück nich indrapen, wat he eer andraut harr.

Nu maak Mose sik up den Weg un güng vun den Barg hendal un harr de beiden Tafeln mit dat Gesetz in de Hand. Dar weer up beide Siden wat upschreven, vörn un achtern. Un Gott harr eer sülven maakt, un de Bookstaven harr Gott dar sülven indrückt. As Josua nu den groten Larm bi dat Volk hören dee un wies worr, dat se so vergnöögt weren, see he to Mose: „Dat geit in dat Lager ja meist so to, as wenn dar Striet weer!" He aver see: „Ne, dat is keen Larm, as wenn dar Krieg is, un se all schriet, de dar de Böverhand hebbt un de verlaren hebbt. Ne, dar geit dat hooch her. Se singt un danzt dar to!" As he denn nu neeg an dat Lager rankeem un dat Kalv un dat Danzen seeg, do wörr he ganz vertöörnt un dull, smeet de Tafeln weg, dat se nerrn an den Barg in en Dutt fullen. Un denn neem he dat Kalv, wat se maakt harrn, un stött dat in dat Füür, dat dat smölten dee un as Stoff ut'n een güng. Un denn streu he dat över dat Water un leet dar dat Volk vun drinken.

Un denn see he to Aaron: „Segg doch blots mal! Wat hett dat Volk di daan, dat du en so sware Sünn över eer bröcht heft?" Aaron see: Ach, Herr, mußt nich dull wesen! Du weetst doch sülven, dat mit düt Volk nix los is. Dat is doch leeg un nix weert! Se seen to mi: ‚Maak uns doch enen Gott, de vör uns rantrecken deit! Düsse Mann dar, de Mose, de uns

86

ut Ägypten wegföört hett — wi weet ja nich, wat em tostött is.' Un do see ik to eer: ‚De Gold an sik bummeln hett, de schall dat afriten!' Dat hebbt se denn ok daan un mi geven. Un denn smeet ik dat in dat Füür, un so keem en Kalv rut."

As Mose nu seeg, dat dat Volk ut Rand un Band weer — Aaron harr ja dat Lei slipen laten, un eer Fienden höögten sik — do stell sik Mose merrn in de Lagerpoort hen un reep: „De to den Herrn sik höllt, de schall hier herkamen!" Do kemen all de Leviten bi em an. Un he see to eer: „So seggt de Herr, Israel sien Gott: Bind ju all en Sweert üm de Lennen un denn gaat in dat Lager rum vun een Door to dat anner un slaat ok den egen Broder, Fründ oder Naver doot!" Un de Leviten maken dat sodennig, as Mose eer dat upleggt harr, un so kemen an düssen Dag dredusend Mann vun dat Volk um.

Den annern Morgen see Mose nu to dat Volk: „Dat is en grote Sünn, wat ju dar anstellt hebbt. Darum will ik nu wedder den Barg rupstigen un mit Gott spreken. Will mal seen, ob he mit ju noch mal in Gelegenheit süüt." So güng Mose denn wedder to Gott hen un see: „Ach, düt Volk hett en grote Sünn daan un sik ut Gold enen Gott maakt! So vergiff eer düsse Sünn! Wullt du dat nich, den striek du mi ut dat Book, wat du schreven hest!" Do see de Herr to Mose: „Di? Ne, ik striek de ut dat Book, de sik gegen mi versünnigt. Aver nu ga wedder hendal un föör dar dat Volk hen, wo ik di dat seggt heff. Verlaat di dar up, mien Engel geit di vöran. Wenn mien Tiet dar för dar is, dat ik strafen do, denn kriegt se dat, wat se för eer Sünn verdeent hebbt."

Gott seen — da bringt den Dood
2. Mose 33, 12—23. 34, 1—10, 28—35.

Mose see to Gott: „Ja, dat is licht seggt: föör düt Volk rup! Du hest mi aver nich seggt, wen du mit mi schicken wullt. Un du hest doch seggt: ik kenn di mit dinen Namen, un du hest vör mien Ogen Gnaad funnen. Darum: wenn ik würklich Gnaad vör dien Ogen funnen heff, denn wies mi dat ok, dat ik Gnaad vör dien Ogen funnen heff. Denn laat mi dat künnig warrn, wat du vörhest un sodennig marken, wokeen du büst! Bedenk dat doch: düsse Lüüd sünd doch dien Volk!" Do see Gott: „Schall ik sülven mitgaan un di henbringen?" Mose see to Gott: „Wullt du sülven nich mit uns gaan, denn laat uns lever hier bliven. Wo schüllt wi denn sünst an künnig warrn, dat ik un dien Volk würklich Gnaad vör dien Ogen funnen hebbt? Dat wiest sik doch dar blots an, dat du sülven mit uns geist un dat wi, ik und dien Volk, hooch dar staat mang all de Völker up de ganze Welt." Do see Gott to Mose: „Ok dat, wat du nu seggt hest, will ik doon. Du hest Gnaad vör mien

Ogen funnen, un ik kenn dinen Namen." Mose see: „Ach, so laat mi doch dien Herrlichkeit seen!" Do see Gott: „Mien ganze Herrlichkeit schall an di vörbigaan un Gott sinen Namen vör di utropen. So schall dat künnig warrn, dat ik gnedig bün, wen ik will, un ok barmhardig bün, wen ik will." Un wider see he to em: „Mi sülven kannst du nich seen; denn de mi süüt, de mutt starven." Un noch wat see he: „Hier is noch Platz bi mi. Stell di dar up den Fels! Un wenn denn mien Herrlichkeit an di vörbigeit, denn schallst du in de Felskluft staan bliven, un ik will mien Hand över di holen, bit dat ik vörbi bün. Un denn neem ik mien Hand wedder torüch, un du süüst mi vun achtern na; aver mi sülven kannst du nich seen." Un denn see Gott noch wat to em: „Hau di nu twe Steentafeln torecht, so as de eersten dat weren! Denn will ik up düsse Tafeln noch mal de Wöör schriven, de up de annern stünnen, de du tweislaan hest. Un denn maak di morgen paraat un stieg al ganz frö up den Barg Sinai rup. Dar schallst du denn baven up de Spitz vör mi staan. Aver keen een dörf mit di rupgaan; ja, wiet un siet up den ganzen Barg schall sik nüms blicken laten. Nich mal de Schaap un de Ossen schüllt nerrn an düssen Barg up de Weid gaan." Do maak Mose sik an de Arbeit un hau sik twe Steentafeln torecht, jüst so as de eersten dat weren. Un Mose maak sik al ganz frö up den Weg un steeg up den Barg Sinai rup, so as Gott em dat upleggt harr, un he neem de beiden Steentafeln mit. Un nu keem Gott in en Wulk to em hendal, un Mose keem to em hen un reep den Herrn sinen Namen an. Un nu trock de Herr an em vörbi un reep: „Herr, Herr — en barmhartige un gnädige Gott, riek an Geduld un Gnaad un Tru! He höllt an sien Gnaad gegen dusend un noch mal dusend fast. He vergifft Sünn un Schann un Schuld. Aver he süüt doch nich allens dörch de Fingers. Wat de Vöröllern sik vergaan hebbt, dat betaalt he torüch an de Kinner un Kindskinner bit in dat drütte un veerte Litt!"

Do full Mose gau dal up de Eer in sien Knee un see: „Wenn ik würklich Gnaad vör dien Ogen funnen heff, Herr, denn bliev doch, Herr, bi uns un ga ok mit uns; denn dat is en balstürig Volk. Aver vergiff uns unse Sünn un Schuld un laat uns dien Kinner wesen!" Do see Gott: „Goot! Ik segg düt nu fast to: Dien ganzes Volk schall dat bileven, dat ik Wunner do, so as dat up de ganze Eer un bi all de annern Völker keen geven hett. Ja, dat ganze Volk, wo du in leven deist, schall dat bileven, wat de Herr deit. Wunnerbar schall dat wesen, wat ik an di doon will."

Mose weer nu dar baven bi den Herrn veertig Daag un veertig Nachen, un in all de Tiet eet he keen Broot un drunk he keen Water. Un he schreev up de Tafeln de Wöör vun dat Gesetz, de tein Gebade.

88

As Mose denn vun den Barg Sinai wedder hendalsteeg — he harr dar de beiden Tafeln mit dat Gesetz bi in de Hand — do wüß Mose dat nich, dat up sien Gesicht en helle Schien liggen dee, de vun dat Reden keem. As nu Aaron un all de Kinner Israel dat wies wörrn, dat up sien Gesicht de helle Glanz leeg, do weren se eerst bang, un kemen nich neeg an em ran. Aver Mose reep eer wat to. Do dreien Aaron un all de Böversten in de Gemeen sik em wedder to, un Mose sprook mit eer. Un denn kemen all de Kinner Israel an em ran, un he maak eer all de Gebade künnig, de de Herr em baven up den Barg Sinai seggt harr. Un as he denn dar fardig mit weer, lee he sik en Dook vör dat Gesicht. Wenn he denn aver wedder sik vör Gott wisen dee, denn neem he de Deek wedder af, bit dat he wedder rutgüng. Un wenn he denn wedder buten weer, vertell he de Kinner Israel, wat em updragen weer. So kregen de Kinner Israel denn wedder Mose sien Gesicht to seen un wörrn dat wies, dat dar wedder en helle Glanz över liggen dee. Un denn neem Mose de Deek wedder vun sien Gesicht af un güng wedder hen un sprook mit Gott.

Dat gröttste Geboot
3. Mose 19, 1—5, 9—18.

De Herr see to Mose: „Sprick mit de Kinner Israel, un so schallst du to eer seggen:

Ik bün ju Herr un Gott. Ji schüllt hillig wesen; denn ik bün hillig.

Ji schüllt jedereen sien Moder un sinen Vader in Eren holen! Hoolt ok mien Fierdaag; denn ik bün ju Herr un Gott.

Ji schüllt nich to de Götzen gaan un ju ok keen Götzenbiller geten; denn ik bün ju Herr un Gott.

Un wenn ji Gott to Eren en Dankopfer slacht, denn schüllt ji dat sodennig opfern, dat Gott sien Freud an ju hett. Un den Dag, wo ji dat opfert, un an den neegsten Dag schall dat upeten warrn. Wat aver bit to den drütten Dag noch över= bleven is, dat schall verbrennt warrn.

Wenn du vun dien Land de Aarnt inbringen deist, denn schallst du dien Koppel nich bit an de buterste Kant afmeien, un is de Aarnt vörbi, denn schall de Hungerhark nich noch mal över de Koppel sleept warrn. Ok dinen Wienbarg schallst du nich to'n tweten Mal afaarnten, ok de Wienberen, de liggen bleven sünd, schallst du nich nasöken. De schallst du de armen un frömden Lüüd nalaten. Ik bün ja ju Herr un Gott.

Ji schüllt nich stelen un nich legen un den annern nich över dat Oor haun.

89

Ji schüllt bi minen Namen kenen Meineid swören; denn so-
dennig maakst du dinen Gott sinen Namen toschannen. Ik bün
de Herr.

Du schallst dinen Naver nich över dat Oor haun un em ok
nix mit Gewalt ut de Hand bringen. Wat dien Daglöner ver-
deent hett, dat schallst du em gliex utbetalen.

En doven Minschen schallst du nich fluchen, un en blinnen
Minschen keen Been stellen. Waar di dar vör, dat du dinen
Gott nich vertöörnst! Ik bün de Herr.

Ji schüllt keen Unrecht doon, wenn ji in dat Gericht dat Recht
spreken schüllt. Den lütten Mann schüllt ji nich vörtrecken, un
de Groten keen Eer andoon. Du schallst dinen Naver dat to-
spreken, wat he verlangen kann oder wat he verdeent hett.

Du schallst keen lege Snackerie ünner dien egen Lüüd brin-
gen, schallst in dat Gericht ok nich dinen Naver sinen Kopp
verlangen.

Du schallst gegen dinen Broder kenen Haß in dien Hart hegen;
aver segg dinen Naver liek up den Kopp to, wat du gegen
em hest. Sünst driggst du dar de Schuld an, wenn he sik nich
besinnen deit.

Du schallst dat nich torüchbetalen, wenn een vun dien Volk
di wat andaan hett, schallst em dat ok nich ümmer wedder ünner
de Ogen holen, wo he di mit vertöörnt hett. Du schallst dinen
Naver so leev hebben as di sülven. Ik bün de Herr.

De Segen
4. Mose 6, 24—26.

De Herr segen di un hool sien Hand över di!
De Herr see di fründlich an un wees di gnädig!
De Herr laat sien Ogen in Leev up di ruun
un schenk di Freden!

De isern Slang
4. Mose 21, 4—9.

Nu trocken se vun den Barg Hor wider up den Weg na
de Rode See; denn se wullen um dat Land Edom rumgaan.
Aver ünnerwegens sloog dar bi dat Volk de Verdruß to. Un
dat Volk sett sik up gegen Gott un gegen Mose. Se seen:
„Warum hebbt se uns blots ut Agypten wegföört? Schüllt wi
in de Wööst hier eenfach togrunn gaan? Hier gifft dat ja keen
Broot un keen Water. Un gegen dat, wat wi hier noch as
Kost find, künnt wi nich meer an!" Do leet Gott över dat
Volk Slangen kamen. De beten de Lüüd, un veel Minschen
vun dat Volk müssen starven. Nu kemen se denn wedder to
Mose hen un seen: „Wi hebbt uns gegen di un Gott upsett.

90

Dat weer en Sünn un en Schann. So legg doch en goot Woort bi Gott för uns in, dat he uns vun de Slangen wedder fri maakt!" Do beed Mose för dat Volk to Gott, he müch doch wedder gnädig wesen. Un Gott see to Mose: „Maak di en isern Slang un hang eer an en Stang up! Up de schall denn jedereen, de vun en Slang beten ward, kiken; denn blivt he an dat Leven." Un nu maak Mose en isern Slang un hung eer an en Stang up. Wenn denn de Slangen en Minschen biten deen, denn keek he na de isern Slang rup, un he bleev leven.

Bileam

4. Mose 22, 1—41. 23, 1—30. 24, 1—19.

Nu trocken de Kinner Israel wider un lagern sik in de Stepp vun Moab, güntsiets vun den Jordan, bi Jericho.

Un Zippor sien Söön Balak seeg allens, wat de Amoriters eer andaan harrn, un de Moabiters kregen dat bannig mit de Angst vör dat Volk; denn dat ·weer heel groot. Un de Moabiters wörrn grulich vör dat Volk. Do seen se to de Midianiters eer Ollerlüüd: „Na, dat kann en lege Geschicht warrn. Nu ward düsse Barg Lüüd rund um uns her allens upfreten, as de Ossen dat Gröne up dat Feld afweiden doot." Düsse Balak, de Zippor sien Söön weer, weer to düsse Tiet König över de Moabiters. De schick nu Bott an Bileam, de Beor sien Söön weer, na Petor, wat an den Eufrat liggt, in dat Land, wo sien Volksbröder wanen. De schullen em to Hülp ropen un em seggen: „Denk doch, en Volk is ut Agypten ruttrocken; dat hett wiet un siet dat ganze Land överswemmt un hett sik nu mi lief över fastsett. So kumm nu her un verfluuch mi düt Volk — ik warr mit eer nich klaar! Veellicht künnt wi denn över eer Herr warrn un eer ut dat Land rutsmiten. Dat weet ik ja, wen du segenst, de is segent, un wen du verfluuchst, de is verfluucht."

Do güngen de Ollerlüüd vun de Moabiters un de Ollerlüüd vun de Midianiters los, un se harrn dat Geld bi sik in de Tasch, wat dat Waarseggen wull kosten wörr. Un se kemen to Bileam un vertellen em, wat Balak seggt harr. De see: „Blievt hier to Nacht; denn will ik ju seggen, wat Gott mi künnig maakt." Un de Böversten vun de Moabiters deen dat. Un nu keem Gott to Bileam un see: „Wat sünd dat för Lüüd, de dar bi di sünd?" Bileam see to Gott: „Zippor sien Söön Balak, de Moabiterkönig, hett mi seggen laten: ‚Dar is en Volk; dat is ut Agypten uttrocken, un dat hett dat ganze Land wiet un siet överswemmt. So kumm her un verfluuch dat för mi! Kunn wesen, dat ik dat denn mit eer upnemen kann un de Böverhand krieg un eer ut dat Land jagen kann‘." Do see Gott to Bileam: „Du dörfst nich mit eer gaan un düt Volk verfluchen, denn dat is segent!" So geev Bileam denn an den annern Morgen Balak sien böversten Lüüd den Bischeed: „Gaat wedder nahuus! Gott hett mi keen Verlööv geven, dat ik mit ju ga." Do maken sik de Böversten vun de Moabiters wedder up de Reis, un as se bi Balak ankemen, do vertellen se em: „Bileam wull nich mitkamen." Do schick Balak noch mal welke vun de Böversten af, un dat weren noch meer un ok Lüüd, de noch meer to bedüden harrn. As de nu bi Bileam ankemen, seen se to em: „So lett Balak, Zippor sien Söön, di seggen: Maak doch blots keen Geschichen! Du kunnst doch geern to mi herkamen. Dat schall di nich verdreten. Verlang, wat du wullt; dat schall di warrn. So kumm doch un verfluuch mi düt Volk!"

Bileam aver see to Balak sien Lüüd: „Balak kann mi geern Sülver un Gold schenken — he hett dar ja en ganzen Barg vun — dat helpt em nix; denn ik kann mit den besten Willen nix doon, wat mien Gott un Herr nich will, eendoont, ob sik dat um en grote oder en lütte Saak hanneln deit. Aber blievt ji hier ok to Nacht; denn will ik ju seggen, wat Gott mi wider künnig maakt." Un Gott keem in de Nacht to Bileam un see to em: „Wenn düsse Lüüd kamen sünd un di halen wüllt, so do dat un ga mit! Aver du dörfst blots dat doon, wat ik di upleggen do." Un an den annern Morgen maak Bileam sik paraat un sattel sien Eselstuut un güng mit de Böversten vun de Midianiters.

Aver Gott sien Torn brenn as Füür; denn em paß dat doch nich, dat he mit eer güng, un Gott sien Engel stell sik em in den Weg un wull em nich wider reisen laten. He aver reis up sien Eselstuut ruhig wider un twe Deners an sien Siet mit em. As nu de Eselstuut Gott sinen Engel merrn up den Weg seeg un dat blote Sweert in sien Hand, do böög se vun den Weg af un güng merrn up dat Feld. Do geev Bileam eer wat mit de Pietsch; denn se schull wedder in den Weg inbegen. Nu stell Gott sien Engel sik merrn up den Weg, de twischen twe Wienbargen leeg un up beide Siden mit en Muur afkleed weer. As de Eselstuut nu Gott sinen Engel wedder to seen kreeg, do drück se sik an de Muur ran un drück Bileam sinen Foot an de Wand. Do geev he eer to'n tweten Mal wat mit de Pietsch. Nu güng Gott sien Engel noch en Stoot wider na vörn un stell sik an en ganz smalle Stell up, wo en na beide Siden nich utwiken kunn. Un as de Eselstuut Gott sinen Engel nu noch mal wedder to seen kreeg, do lee se sik dal, aver smeet Bileam nich af. Do wörr Bileam dull un geev eer wat mit den Stock. Gott aver geev de Eselstuut de Spraak, un se see to Bileam: „Dreemal hest du mi al slaan. Wat heff ik denn blots verbraken?" Bileam see to de Eselstuut: „Wat du verbraken hest? — Du hest mi ja för en Grisen holen un mi

92

narrt! Tööv man mal! Wenn ik blots en Sweert to Hand harr, denn harr ik di al lang an de Siet bröcht!" Do see de Eselstuut to Bileam: „Ik bün doch wull dien Eselstuut. Hest du nich al jümmer up mi reden bit to düssen Dag? Is dat sünst wull bi mi vörkamen, dat ik so balstürig weer?" He see: „Ne, dat hest du allerdings nich daan." Do maak Gott Bileam de Ogen up un he seeg Gott sinen Engel up den Weg staan mit dat blote Sweert in de Hand. Un he böög sik deep dal un smeet sik dal up de Eer. Do see Gott sien Engel to em: „Warum hest du dien Eselstuut doch blots dremal slaan? Ik heff dar de Schuld to. Ik heff mi di in den Weg stellt; denn du geist verkeert. Aver de Eselstuut hett mi seen un is nu al dremal för mi ut den Weg gaan. Harr se dat aver nich daan, denn harr ik di al lang an de Siet bröcht un aver dat Leven laten." Do see Bileam to Gott sinen Engel: „Ja, ik heff schuld. Ik wüß aver nich, dat du di mi in den Weg stellt harrst. Nu aver, wenn du dat nich hebben wullt, denn will ik wedder ümkeren." De Engel aver see to Bileam: „Ga mit de Lüüd lang. Aver segg keen Woort, wat ik nich to di seggen do!" Do güng Bileam mit Balak sien böversten Lüüd.

As Balak nu hören de, dat Bileam keem, do güng he em in de Mööt bit na de Moabiterstadt, de an de Grenz bi den Arnon liggt, an de buterste Kant. Un Balak see to Bileam: „Segg mal, heff ik di nich beden laten, so as dat sik höört? Warum büst du doch nich to mi kamen? Ik bün doch wull de Mann, de allens un goot betalen kann!" Do see Bileam to Balak: „Nu reeg di man nich up! Ik bün ja nu dar! Aver schull ik nu ok würklich wat seggen künnen? Wat anners as dat Woort, wat Gott mi in den Mund leggt, warr ik nich seggen!"

Un nu güng Bileam mit Balak na Kirjat Chuzot. Dar opfer Balak Ossen un Schaap un schick dar wat vun to Bileam un de böversten Lüüd, de bi em weren. Un an den annern Morgen neem Balak Bileam mit un bröch em mit rup na Bamot Baal; dar kunn he blots en lütt Deel vun dat Volk överseen.

Un Bileam see to Balak: „So, hier bu mi nu söven Altaars up un maak mi hier söven junge Ossen un söven junge Schaap-böck paraat!" Un Balak maak dat so, as Bileam dat verlangen dee, un Balak un Bileam opfern beide, jedereen för sik, en Oß un en Schaapbuck. Un denn see Bileam to Balak: „Nu bliev du hier bi dien Brandopfer staan. Wieldeß ga ik hen un see to, ob Gott sik mi nu künnig maakt. Wat he mi denn seggt, dat vertell ik di denn." Un denn güng he af. Un dat duur nich lang, do maak Gott sik Bileam künnig, un he see to em: „Düsse söven Altaars heff ik paraat maakt un up jeden Altaar en jungen Oß un en Schaapbuck opfert." Do lee Gott Bileam en Woort in den Mund un see: „So, nu ga

93

wedder to Balak torüch un segg em düt un dat an. Un denn güng he wedder torüch. Balak stünn noch ümmer bi sien Brandopfer mit all de böversten Lüüd vun de Moabiters. Un nu see Bileam sinen Spruch, un he heet so:

Ut Aram leet mi Balak halen, de Moabiterkönig.
He leet mi halen ut de Bargen günt in den Osten.
He see: Kumm her, verfluuch mi Jakob!
Kumm her, verfluuch mi Israel!
Aver wo kunn ik de fluchen, de Gott nich fluucht?
Wo kunn ik schellen up de, de Gott nich schellt?
Ja, ik see eer wull hier baven up de Felsen,
ok vun de lütten Bargen warr ik eer wies.
Dat is en Volk, wat ganz för sik waant
un sik nich to de Heiden reken deit.
Wokeen kann tellen den Stoff vun Jakob?
Wokeen tellt ok vun Israel blots den veerten Deel?
Ach, müch ik starven as de framen Lüüd,
müch mien Dood wesen liek as eer Dood!

Nu see Balak to Bileam: „Aver nu segg blots mal! Wat hest du mi nu andaan? Ik heff di halen laten, dat du mien Fienden fluuchst, un wat maakst du? Du hest eer segent!?" Do see he: „Mutt ik nich an dat holen, wat Gott mi in den Mund leggen deit?"

Do see Balak to em: „Kumm mal mit mi na en anner Stell! Dar kannst du dat blots deelwies seen, blots en lütt Stück, un denn fluuch mal!" Un se neem he em mit baven up den Pisga-barg, wo en Utkiek weer. Dar maak he ok wedder söven Al-taars un opfer dar en jungen Oß un en Schaapbuck. Un denn see he to Balak: „So, nu bliev du hier bi dien Brandopfer staan. Ik ga dar nu hen un see to, ob mi wat künnig maakt ward." Do maak Gott sik Bileam künnig un lee em en Woort in den Mund un see: Nu ga wedder hen to Balak un segg em so un so!" Un as he wedder to em henkeem, stünn he noch bi sien Brandopfer, un de Böversten vun de Midianiters weren noch bi em. Un Balak see to em: „Wat hett Gott seggt?" Do dee he sinen Spruch un see:

„Balak, höör to un mark di dat! Zippor sien Söön, höör to!
Gott is nich en Minsch de legen deit,
un nich en Minschenkind, dat he sik wedder besinnt.
Schull he wat seggen un dat denn nich ok doon?
Schull he wat toseggen un denn nich to sien Woort staan?
Sü, segen schall ik hier. Darum segen ik ok un neem dar nix
    vun torüch.
In Jakob is keen Unheil to seen un keen Unglück in Israel.
Sien Herr un Gott steit em bi, un in em jubelt un singt se.
Ja, över Jakob liggt keen Bann, un keen Fluch liggt över Israel.

94

Nu mutt een seggen vun Jakob un Israel: „Wat hett Gott
doch daan!"
Düt Volk! As en Lööv steit dat up un kümmt hooch!
Dat leggt sik nich dal, eer dat dat sien Maaltiet verteert hett un
eer dat dat Bloot vun de drunken hett, de vun em doot-
slaan sünd."

Do see Balak to Bileam: „Kannst du nich fluchen, denn
bruukst du doch to'n mindsten nich to segen!" Bileam aver see
to Balak: „Heff ik di nich klipp un klaar seggt: wat Gott mi
seggt, dat warr ik allens doon?" Balak see to Bileam: „Kumm
noch mal mit! Ik will di na en anner Stell mitnemen! Veel-
licht is Gott dar mit inverstaan, dat du vun dar ut fluchen
deist." Un so neem Balak Bileam mit up den Pisgarbarg na
de Steed, de na de Wööst hen liggt. Un Bileam see to Balak:
„Denn bu mi hier ok söven Altaars up un maak mi hier söven
junge Ossen un söven Schaapbück paraat!" Balak dee dat, wat
Bileam verlangen dee, un opfer up jeden Altaar en jungen Oß
un en Schaapbuck. Aver Bileam mark dat, dat Gott dat wull,
dat he Israel segen schull. Darum weer em dat dar nu nich
üm to doon, dat he so as fröher en Bannspruch kreeg. He keek
na de Wööst hen. As Bileam nu de Hand över de Ogen lee
un seeg, dat Israel na de Stämm sik lagert harr, do keem Gott
sien Geist över em, un he dee sinen Spruch un see:

„So seggt Beor sien Sö̈n Bileam, den sien Ogen apen sünd;
so seggt de. de Gott sien Wöör höört un den Hö̈chsten sien
Gedanken kennt,
de dar süüt, wat de Allmächtige em künnig maakt,
wenn he up de Knee liggt un sien Oog klaar is:
Wo smuck sünd dien Telten, Jakob, un dien Wanungen, Israel!
Liek as de Grund sünd se, wo de Beken hendörchloopt,
liek as de Gaarns, de an enen Stroom liggt,
liek as de Eekbö̈m, de Gott plannt hett,
as Zedern, de an dat Over staat.
Ut sien Ammers löppt Water, un sien Saat hett rieklich to
drinken.
Vör Agag kann sik sien König goot weren,
un sien Riek breedt sik ut.
Ut Agypten hett Gott dat rutfö̈rt.
Dat fritt de Völker up, de sien Fienden sünd,
dat brickt eer Knaken twei un maakt eer Lennen toschannen.
Dat reckt sik un streckt sik liek as en Lööv,
liek as en Lövenko. Wokeen kann 'em ut de Ru bringen?
De di segent, schall segent wesen,
un de di fluucht, schall verpfluucht wesen."

Do wörr Balak dull up Bileam un sloog de Hannen över
den Kopp tosamen. Un denn see Balak to Bileam: „Ik heff
di doch ropen, dat du mien Fienden fluchen schullst! Du aver

95

heſt eer gründlich ſegent, un dat nu al dremal! Los, ſee to, dat du gau wedder nahuus kümmſt! Ik wull di allens goot betalen, aver Gott ſülven hett di üm dinen Loon bröcht." Bileam ſee to Balak: „Ik heff dat doch klipp un klaar al to dien Lüüd ſeggt, de du to mi ſchickt harrſt: ‚Wörr mi Balak ok all ſien Gold un Sülver ſchenken, wat he in Hüll un Füll hett — ik kann doch Gott ſinen Befeel nir towedder doon.‘ Ik kann doch up egen Hand nir doon, mag dat nu goot oder leeg weſen! Ik ſegg blots dat, wat Gott ſeggen deit. Na, denn is dat goot. Ik ga wedder to mien Volk. Aver ik will di doch noch ſeggen, wat düt Volk dien Volk naſten noch andoon ward." Un ſo ſee he noch eenmal ſinen Spruch. He ſee:

„So ſeggt Beor ſien Söön Bileam,
ſo ſeggt de Mann, den ſien Ogen apen ſünd.
So ſeggt de, de Gott ſien Wöör höört
un de den Hööchſten ſien Gedanken kennt,
de dar ſüüt, wat de Allmächtige em künnig maakt,
wenn he up de Knee liggt un ſien Ogen klaar ſünd:
En Steern geit ut Jakob up,
un en Königsſtaff kümmt ut Jſrael hooch.
De ſleit Moab den Kopp in un al de Kinner Set de Steern.
He bringt Edom in anner Hannen, un jüſt ſo geit dat Seir . . .
Jſrael ward grote Saken maken.
vun Jakob ward de König kamen
un de toſchann maken,
de ſik ut de Städte noch redd hebbt."

Dat eerſte Geboot

5. Moſe 6, 4—13.

Jſrael, höör to un mark di dat!
De Herr is unſe Gott, de Herr ganz alleen.
Un den Herrn, dinen Gott, ſchallſt du vun Harten leev hebben,
dien Seel ſchall för em brennen,
un mit all dien Kraft ſchallſt du em denen.

Düſſe Wöör, de ik di hüüt upleggen do, ſchallſt du ganz to Harten nemen. Ok dien Kinner ſchallſt du eer up de Seel binnen un dar vun ſpreken, wenn du tohuus oder up de Reis büſt, wenn du to Bett geiſt un wenn du wedder upſteiſt. Du ſchallſt eer as Teken an de Hand binnen un eer as en Denkmaal up de Steern dregen. Du ſchallſt eer an den rechten Balk vun dien Huusdöör un an dien Poorten ſchriven.

Wenn nu de Herr, dien Gott, di in dat Land bringt, wat he dien Vöröllern Abraham un Jſaak un Jakob tosworen hett un di nu geven will, mit grote un lütte Städte, de du nich buut heſt, un mit Hüſer, de aan dien Todoon vull vun allens

Gode fünd, mit Borns, de du nich graavt heft, mit Wien-
un Öölgaarns, de du nich plannt heft, un wenn du denn satt
to eten heft un di plegen kannst — denn waar di, dat du den
Herrn nich vergittst, de dien Gott is, de di ut Agypten rutföört
hett, wo du as Slaav leevt heft! Den Herrn, dinen Gott,
schallst du de Ehr geven, em jo nich vertöörn un em denen,
un bi sinen Namen schallst du swören!

Bloot höört to Bloot
5. Mose 7, 1—10.

Wenn dien Herr un Gott di in dat Land bröcht hett, wo
du na ünnerwegens büst un wat du in dien Hand bringen
schallst, un wenn du denn vele Völker: de Hetiters un de Gir-
gasiters un de Amoriters un de Kanaaniters un de Feresiters
un de Heviters un de Jebusiters — söven Völker, de gröter
un mächtiger sünd as du — wenn du de vör di herdreven heft
un dien Herr un Gott eer di in de Hannen levert hett un du
över eer de Böverhand kregen heft, denn schallst du eer bannen.
Du schallst mit eer kenen Verdrag maken un mit eer nich in
Gelegenheit seen un eer in keen Deel schonen. Ik will dar of
nix vun weten, dat ji ju frigen doot. Du dörfst dien Döchter
nich an eer Sööns as Fruun afgeven un ok dien Sööns nich
mit eer Döchter verheiraten. Se wörrn sünst dien Sööns vun
mi afbringen, un de wörrn denn anner Götter denen, un denn?
Denn wörr Gott up ju heel vertöörnt warrn un ju an de Siet
bringen. Ji schüllt dat mit eer anners maken. Eer Altaars
schüllt ji dalriten un eer Opfersteens in Dutt slaan un eer
Götzenbööm afhaun un eer Götzenbiller mit Füür verbrennen.
Du büst ja en hillig Volk, wat dinen Herrn un Gott tohöört.
Di hett dien Herr un Gott ut all de Völker, de up de Eer leevt,
utweelt. Du schallst em tohören. Un dat hett he nich dar um
daan, wiel dat ji veel meer sünd as all de annern Völker, jo
nich. Ji sünd ja dat lüttste vun all de Völker. He hett ju ut-
söcht un utweelt, wieldat he ju leev hett un dat holen wull,
wat he ju Vöröllern toswaren harr. Darum hett he ju mit
starke Hand rutföört un ju ut dat Slavenhuus, ut den
Agypterkönig Farao sien Hand, redd. Nu aver see dat ok in,
dat dien Herr un Gott de Gott is, de alleen düssen Namen
verdeent un ok tru is, de sinen Bund höllt un sien Gnaad bit
up dusend Litten de wiest, de em leev hebbt un dat doot, wat
he vun eer verlangen deit. Aver de, de em haßt, betaalt he
dat an eer sülven forüch.

Wat een bi de Aarnt nich vergeten schall
5. Mose 24, 14—15, 17—22.

En Daglöner, de keen Kaat un keen Ko hett, den schallst du
den Dagloon utbetalen, eendoont, ob he en Minsch is, de to

dien Volk höört, oder ob he en Mann is, den du ut de Frömd blots anhüürt hest.

Genau up den Dag schallst du em sinen Loon utbetalen, un dat noch för den Fieravend. He is doch en arme Mann un lengt dar na. Deist du dat nich, denn kunn dat so kamen, dat he di bi Gott verklagt, un denn hest du di versünnigt un schüllig maakt.

De in dat Land blots as frömde Mann to Hüür waant oder keen Vader un Moder meer hett, den sien Recht schallst du nich toschannen maken. Du schallst nich vergeten: du büst in Agypten ok mal en Slaav west, un wenn du domols frikamen büst, denn hest du dat blots unsen Herr Gott to verdanken. Ok en Weetfru schallst du er Kleed nich as Pand wegnemen. — Darum legg ik di dat up.

Wenn du vun dien Koppel dat Koorn inföhren deist un dar blivt noch en Klapp Aren liggen, denn schallst du nich ümkeren un eer halen; de schüllt de Frömden un Waisen un Weetfruen tokamen. Sünst kann dien Herr Gott di nich segen bi allens, wat dien Hannen maakt.

Wenn du dien Ölbööm schütteln deist, denn schallst du nasten nich de Tilgen dörchsöken. Wat dar denn noch ansitt, dat schall överbliven för de Frömden un Waisen un Weetfruun. Un wenn du dinen Wienbarg aflesen deist, denn schallst du em nasten nich noch mal dörchplöcken. Wat dar över is, dat schall för de Frömden un Waisen un Weetfruun bliven.

Mose starvt
5. Mose 34, 1—12.

Nu güng Mose ut de Stepp, wo de Midianiters waant, rup up den Nebobarg; dat is de hööchste Spitz vun de Pisgabargen, un de liggt liek över vun Jericho. Un Gott wies em dat ganze Land Gilead bit hen na Dan un ganz Naftali un Efraim un Manasse, dat ganze Land Juda bit an de See in den Westen un dat Land in den Süden un dat Jordanland in den Grund, dat Sietland vun Jericho, wo de Palmbööm waßt bit hen na Zoar.

Un denn see Gott to em: „Düt is dat Land, wat ik Abraham un Isaak tosworen heff, as ik see: dien Nakamen will ik dat geven. Ik heff di dat nu wiest, un du hest dat mit dien egen Ogen seen. Aver rinkamen deist du dar nich!"

So storv Mose, Gott sien Knecht, in dat Moabiterland, so as Gott dat seggt harr. Un Gott bröch em sülven to Eer in den Grund, de to dat Moabiterland hören deit, liek över vun Bet-Peor. Un keen een hett sien Graff funnen bit up düssen Dag.

98

Un Mose weer hunnertuntwintig Jaren oolt, as he storv, un he keek noch so hell ut de Ogen, un een kunn em dat nich anmarken, dat he al so oolt weer; denn he weer goot to Weeg un noch ümmer in de Röög.

Un de Kinner Israel truurten üm em in de Midianiterstepp en gode Veerwuchenstiet, bit dat de Truurtiet aflopen weer.

Josua aver, Nun sien Söön, harr Weisheit in Hüll un Füll; denn Mose harr em de Hannen upleggt. Un de Kinner Israel hören up em un maken dat so, as Gott Mose dat upleggt harr.

Nasten aver hett dat kenen Profet meer in Israel geven, mit den Gott ünner veer Ogen so ümgaan dee as mit Mose. Keen een kann sik mit em meten. Wi bruukt blots to denken an de Teken un Wunner, de Gott em in sinen Namen doon leet in Agypten an den Farao un all sien Lüüd un dat ganze Land, un an de grote Kraft un de gruliche Macht, de Mose vör de Ogen vun dat ganze Volk Israel upwiest hett.

De nie Mann

Gott röppt den Josua

Josua 1, 1—9.

As Gott sien Knecht Mose nu doot weer, do see Gott to Josua, de Nun sien Söön un Mose sien Dener weer: „Mien Knecht Mose is ja nu doot. Nu maak du di up den Weg un treck dar över den Jordan, du un düt ganze Volk un bring eer in dat Land, wat ik eer geven will! Jeden Foot breet vun dat Land, wat ji innemen doot, will ik ju geven, so as ik Mose seggt heff. Vun de Wööst un den Libanon an bit hen to den groten Stroom, den Eufratstroom, dat ganze Hittiterland, bit hen to dat grote Water in den Westen, — dat schall allens ju tohören. Nüms schall di över wesen, solang as du leven deist. So as ik Mose to Siet staan heff, so will ik di ok bistaan. Ik laat mien Hand nich vun di af un laat di nich in Stich. Sta stramm dinen Mann un ga dar forsch up los! Du schallst düt Volk dat Land toparten, wat ik eer Vöröllern tosworen heff un nu ok geven will. Du schallst blots fastbliven un up dien Stück staan un dar up holen, dat allens dat daan ward, wat dat Gesetz verlangt un wat mien Knecht Mose di upleggt hett. Ga dar nich vun af, nich na de ene un nich na de anner Siet. Denn geist du klook vör bi allens, wat du anfaten deist. Wat du ok seggen deist — düt Gesetzbook schall dar den Utslag bi geven. Dag un Nacht laat di dat dörch den Kopp gaan. Dar schallst du up holen, dat allens so maakt ward, as dat dar schreven steit. Denn hest du Glück bi allens, wat du deist, un stellst allens klook an. Vergitt aver nich! Dat heff ik di upleggt: Bliev stramm up dien Stück un griep fast to! Laat di nich verferen un nich bangmaken! Dien Herr un Gott steit di to Siet bi allens, wat du deist!"

De Weg na de nie Heimat

Josua 3, 5—16. 4, 19—24.

Do see Josua to dat Volk: „Nu maakt ju hillig. Gott will morgen merrn mang ju en Wunner doon." Un to de Presters see Josua: „Neemt de Laad mit dat Gesetz un sett ju dar mit an de Spitz vun dat Volk!" Un se nemen de Laad mit dat Gesetz un güngen mit eer an de Spitz. Do see Gott to Josua: „Hüüt will ik anfangen un di in ganz Israel sien Ogen groot maken. Se schüllt dat wies warrn, dat ik di jüst so to Siet staan will, as ik dat bi Mose daan heff. Un nu giff de Presters, de de Laad mit dat Gesetz dreegt, düssen Befeel: ‚Wenn ji nu an dat Över vun den Jordan kaamt, denn hoolt eerst mal still!'" Un Josua see to de Kinner Israel: „Kaamt mal ran

100

un höört all mal to, wat ju Gott un Herr ju seggen will!" Un denn see Josua: „Dar schüllt ji nu an wies warrn, dat en lebennige Gott merrn mang ju is un dat he vör ju de Kanaaniters un de Hetiters un de Heviters un de Feresiters un de Girgasiters un de Amoriters un de Jebusiters wegdriven will. Nu ward de Laad mit dat Gesetz, de den Herrn över de ganze Welt tohören deit, vör ju her dörch den Jordan gaan. Un nu weelt ju twölf Mann ut de Stämm vun Israel ut, ümmer enen ut jeden Stamm! In den Ogenblick nu, wo de Presters mit de Laad, de Gott, den Herrn över de ganze Welt, tohöört, eer Föt up dat Jordanwater setten doot, denn ward dat Jordanwater, wat vun baven herkümmt, verswinnen, un dat ward faststaan as en Muur." As nu dat Volk sien Telten afbreken dee un losgüng un dörch den Jordan trecken wull un de Presters mit de Laad un dat Gesetz up de Schullern an de Spitz marscheren un an den Jordan rankemen — in den Ogenblick wo de Presters, de de Laad mit dat Gesetz dregen deen, man eben an dat Over eer Föt up dat Water setten deen, un dat bi hohen Waterstand, as de Jordan dat ümmer in de Aarnttiet hett, do bleev dat Water up enen Slag staan, un dat Water, wat vun baven keem, stünn as en faste Wall . . . Un dat Water, wat na den Soltsee dallopen dee, dat leep ut'n een un verswunn ganz. So güng denn dat Volk hendörch, un dat weer up de Güntsiet vun Jericho.

So keem denn dat Volk an den teinten Dag vun den eersten Maand över dat Water an de anner Siet vun den Jordan, un se lagern sik in Gilgal, wat in den Osten vun Jericho liggt.

Un de twölf Steens, de se ut den Jordan mitnamen harrn, leet Josua upschichten in Gilgal, un so see he to de Kinner Israel: „Wenn nu de Kinner nasten mal eer Vaders fraagt un seggt: ,Wat schüllt düsse Steens bedüden?' — denn schüllt ji ju Kinner seggen laten: ,Hier hebbt de Kinner Israel eren Weg dörch den Jordan maakt, aan dat dar ok man de Föt bi natt wörrn. Ju Herr un Gott leet dat Water vun den Jordan so lang verdrögen, bit dat ji all hendörch weren. So hett ju Herr un Gott dat ja ok mit de Rode See maakt. Dat hett he ok dröög maakt, bit dat wi all hendörch weren. Un so sünd all de Völker up de ganze Eer dat wies worrn, dat Gott sien Hand stark is, un dat is dar ja ok sien Afseen bi: se schüllt ja alltiet in Gottesfurcht leven.'"

De eersten Muurn fallt
Josua 5, 12—15. 6, 1—16. 20.

As Josua nu bi Jericho stünn un de Hand över de Ogen lee, do wörr he wies, dat en Mann nich wiet vun em affstünn. De harr en Sweert in de Hand; dat harr he ut de Scheed

101

trocken. Un Josua güng up em to un see to em: „Segg mal, höörst du to uns oder to unse Fienden?" „Ne", see he, „ik bün de Böverste vun Gott sien Kriegslüüd un bün just even kamen." Do full Josua up de Eer dal un wull em de Ehr geven un see to em: „Wat will minen Herrn sien Knecht seggen?" Do see de Böverste vun Gott sien Kriegslüüd: „Josua, treck dien Scho af vun dien Fööt. De Stell, up de du hier steist, is hillig!" Un Josua dee dat.

Jericho harrn se nu bannig verrammelt, un de Kinner Israel kunnen nix maken. Keen een keem rut, un keen een keem rin. Do see Gott to Josua: „So, nu geev ik Jericho in dien Hannen, sinen König un sien Kriegslüüd dar to. De Kriegslüüd schüllt nu alltosamen rund um de Stadt rumgaan, eenmal rund um de Stadt. Un dat schüllt se söß Daag lang so maken. Un söven Presters schüllt vör söven Schaapbuckbasunen vör de Laad herdregen. Aver an den söövten Dag schüllt ji sövenmal rund um de Stadt trecken, un de Presters schüllt de Basunen blasen. Un wenn denn de Schaapbuckbasuun blaast ward un ji dat Blasen höört, denn schall dat ganze Volk Hurra ropen. Denn ward de Stadtmuur in en Dutt fallen, un denn künnt de Lüüd rinstigen, jedereen dar, wo he just geit un steit." Do reep Josua, Nun sien Söön, de Presters tohoop un see to eer: „Nu neemt de Laad mit dat Gesetz up de Schuller, un söven Presters schüllt söven Schaapbuckbasunen vör de Laad herdregen." Un denn see he to dat Volk: „Treckt ji nu rund um de Stadt rum. De Suldaten schüllt vör Gott sien Laad an de Spitz marscheren." Un dat wörr denn ok so maakt, as Josua dat Volk dat upleggt harr. De söven Presters, de de söven Schaapbuckbasunen vör de Laad vörandregen deen, kemen toeerst un blasen de Basunen. Denn keem achter eer de Laad mit Gott sien Gesetz. De Suldaten güngen aver noch vör de Presters, de de Basunen blasen deen. All de annern aver kemen achter de Laad un blasen de Basunen. Un Josua lee dat Volk up: „Ji dörft nich Hurra ropen, kenen Toon vun ju hören laten un keen Woort seggen bit hen to den Dag, wo ik to ju segg: So, nu maakt Larm, nu roopt Hurra!" Un denn leet he Gott sien Laad eenmal rund um de Stadt gaan. Nasten güngen se wedder in dat Lager torüch un bleven de Nacht över in dat Lager. Den annern Morgen weer Josua al frö to gangen, un de Presters nemen Gott sien Laad up de Schuller, un de söven Presters, de de söven Schaapbuckbasunen vör de Gotteslaad dregen deen, setten sik in Gang un blasen in een Tuur de Basunen, un de Suldaten güngen vöran un all de annern folgten achter de Laad ran, un ok de blasen in een Tuur de Basunen. So güngen se den tweten Dag eenmal rund um de Stadt un kemen denn ok wedder in dat Lager torüch. So maken se dat söß Daag lang. Aver an den söövten Dag weren se al ganz frö togangen — de Sünn weer noch gar nich upgaan — un se trocken nu

102

jüst as sünst, aver sövenmal, rund um de Stadt, blots an
düssen Dag sövenmal. Un bi dat söövte Mal, as de Presters
de Basunen blasen deen, reep Josua de Lüüd to: „So, nu roopt
Hurra! Gott hett de Stadt in ju Hannen geven." Do repen
se alltosamen Hurra, un se blasen de Basunen. Un as de Lüüd
de Basunen hören deen, do repen se noch duller Hurra. Do
full de Muur in en Dutt, un de Lüüd stegen in de Stadt rin,
jedereen dar, wo he jüst güng un stünn. So keem also de Stadt
in eer Gewalt.

Dat söövte Geboot

Josua 7, 16—26.

Nu leet Josua an den neegsten Morgen dat Volk sik up-
stellen, Stamm bi Stamm. Un utloost wörr de Stamm Juda.
As he nu den Stamm Juda vörneem, do wörr de Serahiter-
sipp utloost. Un as denn nu de Serahitersipp an de Reeg keem,
Huus bi Huus, do wör Sabdi utloost. Un denn leet he düssen
Mann sien Lüüd kamen, enen bi den annern. Un nu full dat
Loos up Achan. Dat weer Karmi sien Sön, un de weer wedder
Sabdi sien Sön, un de wedder Sera sien Sön, all ut den
Stamm Juda.

Un Josua see to Achan: „Mien Sön, giff Israel sinen Gott
un Herrn de Ehr un segg em Lov un Dank! Un denn segg
mi mal: Wat hest du egentlich maakt? Hool dar jo nich mit
achter den Barg!" Do see Achan to Josua: „Du hest recht:
ik heff mi an Israel sinen Gott un Herrn versünnigt. Dat
un dat heff ik daan. Ik seeg mang all den Kraam, de uns in
de Hannen fullen is, en finen babyloonschen Mantel un twe-
hunnert Dalers un en golden Stang, de goot twedusend Mark
weert is. Düsse Saken steken mi in de Ogen, un so neem ik
eer mit. Ik heff eer in mien Telt in de Eer graavt, un dat
Gold liggt to ünnerst. Do schick Josua Lüüd af, un de lepen
in dat Telt rin. Un richtig! De Mantel weer in sien Telt
ünnergraavt, un dat Gold leeg dar ünner. Un se nemen de
Saken mit ut dat Telt un bröchen eer to Josua hen un to de
Ollerlüüd in Israel un leen dat vör Gott dal.

Nu neem Josua un dat ganze Volk Israel mit em Achan,
Serach sinen Sön, un de Dalers un den Mantel un de gollen
Stang, sien Sööns un sien Döchter, sien Ossen, sien Esels un
sien Schaap, sien Telt un wat he sünst noch harr un bröch
eer rut na den Grund Achor. Un Josua see: „Warum hest
du uns in dat Unglück bröcht? Dar bringt Gott di nu för
in dat Unglück." Un all de Kinner Israel smeten em mit Steens
doot un se brennen eer up! Un as se eer mit Steens doot-
maakt harrn, bröchten se de Steens up een Dutt, de noch hüüt
dar is. Un Gott sien grimmige Torn neem af.

De lange Dag
Josua 10, 5—14.

Eensdaags trocken de fief Amoriterkönige: de König vun Jerusalem un de König vun Hebron un de König vun Jarmut un de König vun Lachis un de König vun Eglon — mit all eer Kriegslüüd to Feld un lagern sik vör Gibeon un fungen den Krieg an. Do schicken de Lüüd vun Gibeon Bott hen to Josua in dat Lager na Gilgal un leten em seggen: „Laat dien Knechen nich in Stich! Kumm gau to uns rup un redd uns un helb uns! All de Amoriterkönige, de up de Bargen waant, hebbt sik gegen uns tosamen daan."

Do trock Josua mit all sien Kriegslüüd vun Gilgal rup, dat weren all tappere Keerls. Do see Gott to Josua: „Wees jo nich bang vör eer! Ik heff eer al in dien Hannen geben. Keen een vun eer kann dat mit di upnemen." So keem Josua över eer her, aan dat se dat moden weren; denn de ganze Nacht weer he vun Gilgal al ünnerwegens. Un Gott leet en grote Angst vör de Kinner Israel över eer kamen, un de setten eer leeg to, dat se utneien müssen. As se nu sik vör de Kinner Israel to bargen söchen un an den Barg Bet Choron hendal kemen, do leet Gott grote Steens vun den Heven up eer dalfallen, un se kemen dar bi um. Un de, de vun den Hagel ümkemen, weren meer as de, de de Kinner Israel mit dat Sweert an de Siet bröcht harrn. Do see Josua to Gott an den Dag, as he de Amoriters de Kinner Israel in de Hannen geev, un dat ganze Volk Israel höör dat:

„Sünn, sta still bi Gibeon,
Maand hool an in den Grund vun Ajjalon!"

Do stünnen de Sünn un de Maand still, bit dat dat Volk sien Fienden torüchbetaalt harr, wo se sik an eer mit versünnigt harrn.

So steit dat ja schreven in dat Heldenbook. De Sünn bleev merrn an den Heven staan un leet sik ruhig Tiet mit dat Unnergaan, un dat meist en ganzen Dag hendörch. Un keen Dag is düssen liek west, nich vörher un nich achterna, wo Gott so up en Minsch sien Stimm höört hett. Gott sett sik ganz för Israel in.

Josua maakt Testament
Josua 24, 1—2, 14—17, 29—31.

Josua reep all de Stämm vun Israel na Sichem tohoop un leet all de Ellerlüüd vun Israel kamen un de Böversten un de Richters un de Amtlüüd. Un as se vör Gott stünnen, da see he to dat ganze Volk: „So geevt nu Gott de Ehr un böögt ju vör em! Deent em uprichtig un tru! Weg mit de Götter, de ju Vöröllern güntsiets vun den Stroom un in Ägypten

104

deent hebbt! Deent den Herrn! Paßt ji dat aver nich, un wüllt ji Gott nich denen, denn seggt hüüt klipp un klaar, wokeen ji denen wüllt: de Götter, de ju Vöröllern güntsieds vun den Stroom deent hebbt, oder de Amoritergötter, in de eer Land ji nu waant! Ik aver un mien Huus — wi wüllt den Herrn denen!"

Do see dat Volk: „Dat fallt uns doch nich in, dat wi vun den Herrn afgaat un anner Götter deent! Dar is nich an to denken. De Herr is unse Gott, un dar blivt dat bi!"

Un dat duur nich lang, do storv Josua, Nun sien Söön un Gott sien Knecht, un he weer hunnertuntein Jaren oolt. Un se bröchten em to Eer up sien egen Grundstück to Timnat Serach up de Bargen vun Efraim, in den Noorden vun den Barg Gaas.

Un de Kinner Israel deenten Gott so lang, as Josua leven dee, un de Ollerlüüd, de noch en lange Tiet na Josua leevten un de allens dat kennen deen, wat Gott för Israel daan harr.

105

Ut de Richtertiet

Dat balstürige Volk

Richter 2, 10—23.

As all de Minschen, de to Josua sien Tiet leevt harrn, nu doot weren un bi eer Vöröllern eer letzte Ru funnen harrn, do wuß na eer en ganz anner Slag up. Dat wüß vun Gott un vun dat, wat he an Israel daan harr, nix meer af. Un so keem dat ganz vun sülben, dat de Kinner Israel so leevten, dat Gott an eer keen Freud hebben kunn. Se helen dat mit de Baals un wullen vun den Herrn, de eer Vöröllern eren Gott west weer un eer ut Ägypten rutbröcht harr, nix weten. Un so lepen se achter de Gödder ran, to de de Navervölker sik holen deen. To eer beden se, aver Gott vertöörnten se dar mit.

So bleev dat denn nich ut, dat Gott ümmer wedder över eer vertöörnt wörr, un he geev eer Rövers in de Hand. De plünnern eer ut un verköffen eer an eer Fienden, de in de Naverschaap wanen deen. Un so kunnen se dat nich meer mit eer Fienden upnemen. Wat se ok vörharrn — överall lee Gott sien sware Hand up eer. Se harrn nix as Unglück, jüst so, as Gott eer dat seggt un tosworen harr. Noot över Noot harra se to liden, dat dat knapp uttoholen weer.

Nu sett Gott Richters över eer, un de maken eer denn eerst mal wedder vun de Rövers fri. Aver dat weer ok nich vun Duur; denn up de Richters höörten se ok nich. Ümmer wedder lepen se achter anner Gödder ran un beden to eer. So kemen se ümmer wedder vun den Weg af, den eer Vöröllern gaan weren. De harrn up Gott sien Gebade höört; aver se deen dat nich meer. Un doch — wenn Gott eer Richters geev, denn stünn he den Richter of bi un redd eer ut de Fienden eer Hand, so lang as de Richter leven dee. Gott kunn dat doch nich mit ansehn, wenn se klagen un wenen deen över de, de eer drengen un drücken deen. Denn wörr em dat Hart wedder week.

Weer aver de Richter doot, denn weer dat wedder de ole Geschicht. Se maken dat noch leger as eer Vöröllern.

Ümmer wedder lepen se achter anner Gödder ran un beden to eer un helen dat mit eer. Se bleven balstürig un leten vun dat lege Leven nich af.

Un denn weer Gott wedder över de Kinner Israel vertöörnt un see to eer: „So! Düt Volk will dat nu mal nich anners. Se hoolt den Bund nich meer un doot nich meer, wat ik eer Vöröllern upleggt heff. Se höört nich meer up dat, wat ik vun eer verlang. Goot! Nu woor ik ok keen een vun de Völker, de bi Josua sinen Dood noch över weren, meer vun eer af. Denn künnt se dar mit to helpen, Israel up de Proov to stellen. So künnt se ja mal wisen, ob sie sik an Gott sinen

106

Weg holen un dat doon wüllt, wat eer Vöröllern deen, oder nich." So leet Gott düsse Völker ümmer noch frie Hand un leet sik dar Tiet mit, eer to verdriven. He geev eer noch nich in de Kinner Israel eer Hand.

Gideon ward Richter

Richter 6, 11—24.

Eens Daags keem Gott sien Engel un sett sik ünner den Eekboom, de bi Ofra steit un den Abjesriter Joas tohören dee. Den sien Söön Gideon weer jüst up de Lodeel bi un dösch Weten; denn he wull em vör de Midianiters in Sekerheit bringen. Düssen Mann maak Gott sien Engel sik künnig un see to em: „Gott sta di bi! Du büst ja en Keerl, de sinen Mann steit!" Do see Gideon to em: „Mien leve Mann! Wenn dat waar weer, dat Gott uns bistaan dee, denn weer dat anners kamen. Denn seten wi nich so leeg to. Dat kannst du mi toglöven! Woneem sünd denn all de Wunner bleven, vun de unse Vöröllern vertellt hebbt? Se hebbt doch ümmer wedder seggt: „Gott hett uns ut Agypten ruthaalt." Hüüttobaags is aver allens anners worrn, to'n Bangwarrn anners. Nu hett Gott uns vun sik stött un uns de Midianiters in de Hand geven. He will nix meer vun uns weten."

Do drei sik de Herr na em um un see: „Wees jo nich bang! Du büst en starke Keerl. Ga so, as du büst, hen un redd Israel ut de Midianiters eer Hannen! Ik sta dar för in; denn dar schick ik di to af!" Gideon see to em: „Ach, mien leve Mann! Wodennig kann ik Israel wull redden! Mien Sipp is de ringste in Manasse, un ik bün de jüngste in mien Familie!" Do see de Herr to em: „Maak di keen Sorg! Ik sta di bi, un denn warrst du mit de Midianiters klaar. Du kriggst över eer de Böverhand, as wenn du blots mit enen Mann to doon harrst." Do see Gideon to em: „Ja, wenn du dat würklich gnädig mit mi menen deist, denn mußt du mi dar aver ok en Teken för geven, dat du to dien Woort steist. Bliev hier noch en beten sitten. Ik kaam gliex wedder un bring di wat mit, dat du wat to eten kriggst." He see: „Goot! Do du dat! Ik tööv hier noch so lang, bit dat du wedder kümmst."

Nu güng Gideon in dat Huus rin un maak en lütten Zegenbuck torecht un back söte Koken vun enen Schepel Meel. Dat Fleesch lee he in enen Korv, de Supp dee he in enen Putt, un so bröch he em dat rut ünner den Eekboom. Do see Gott sien Engel to em: „So, nu nimm dat Fleesch un de Koken un legg eer up düssen Steen, un denn geet dar de Supp över!" He dee dat. Do reck Gott sien Engel den Stock, den he in de Hand harr, wiet in Enn un hau mit de Spitz to. Un ut den Steen keem Füür rut, un dat verteer dat Fleesch un de Koken. In

den sülvigen Ogenblick aver weer Gott sien Engel ok al ver-
swunnen. He seeg em nich meer. Un nu keem Gideon dar
achter, dat Gott sien Engel dat west weer. Un he see: „Ach,
leve Herr Gott, wat fang ik doch blots an! Ik heff ja Gott
sinen Engel Oog in Oog seen!" Do see Gott to em: „Man jo
keen Angst! Dar sorg di man nich um! Du warrst nich
starven!" Do bu Gideon Gott to Eren enen Altaar an düsse Stell
un nööm em: „Gott helpt un reddt." He steit noch hüüt-
todaags in Ofra, wo de Abjesriters waant.

Gott ward up de Proov stellt

Richter 6, 33—40.

As nu all de Midianiters un Amalekiters un de Lüüd vun
den Osten tohop weren un över den Jordan gaan weren un sik
in den Grund vun Jesreel lagert harrn, do keem Gott sien
Geist över Gideon. He blaas de Basuun, un gliek weren de
Abjesriters to Stell. Un denn schick he Lüüd ut dörch ganz
Manasse. De schullen hier de Lüüd tohoop bringen. Un ok düsse
Stamm mell sik to Stell. Jüst so maak he dat mit Asser, Se-
bulon un Naftali, un ok düsse Stämm kemen em to Hülp.
Do see Gideon to Gott: „Is di dat dar würklich eernst mit,
dat du Israel dörch mien Hand redden wullt — du hest dat
ja toseggt — denn legg ik en Fell up de Lodeel. Un denn luur
ik mi dat af. Ward blots dat Fell natt vun den Dau un
blivt de ganze Deel sünst dröög, denn weet ik Bischeed, dat
du Israel würklich dörch mien Hand redden wullt, so as du
dat toseggt hest." Un dat wörr so. As he den annern Morgen
dat Fell utwringen dee, do kreeg he en ganze Schaal vull
vun Water. Un Gideon see to Gott: „Ach, warr nich dull,
wenn ik noch mal wat seggen do! Blots dütt ene Maal müch
ik noch mal mit dat Fell en Proov maken. Nu schall dat Fell
dröög bliven, sünst aver schall up de ganze Deel Dau liggen."
Un Gott maak dat so in düsse Nacht. Dat Fell bleev dröög,
un up de ganze Deel sünst leeg Dau.

To veel Lüüd . . .

Richter 7, 1—8.

Morgens ganz frö güng Jerubbaal — dat is Gideon — mit
all sien Lüüd, de he bi sik harr, los, un se maken sik eer Lager
bi den Harod-Born. De Midianiters eer Lager leeg wider na
den Grund to, in den Noorden vun den lütten Barg More.
Do see Gott to Gideon: „Du hest veel to veel Lüüd bi di.
So kann ik de Midianiters nich in eer Hand geven. Dat geit
nich. Sünst kunnen de Israeliten tolezt gegen mi den Kopp in
den Nack setten un seggen: Dar sünd wi mal goot alleen mit

108

klaar worrn un hebbt uns bi nüms to bedanken!" Darum maak dat bi all de Lüüd bekannt, dat se dat all höört: „De dar bang is un keen Murr in de Knaken hett, de kann wedder nahuus gaan!" So bröch Gideon sien Lüüd gründlich över de Stoffmööl: tweuntwintig dusend güngen af, un man teindusend bleven dar. Do see Gott to Gideon: „Du hest noch ümmer toveel Lüüd. Laat eer na dat Water hendal gaan! Dar will ik noch mal wedder en Proov maken. Wenn ik denn vun een segg: De kann mit di gaan! de schall dat denn doon; un segg ik: ,Ne', denn schall he dat nalaten." Nu leet he de Lüüd an dat Water gaan. Un Gott see to Gideon: „Jedeneen, de dat Water so mit de Tung lickt, as de Hunnen dat doot, stell up enen Platz för sik; un jedeneen, de sik eerst up de Knee leggt, stell ok up enen Platz för sik!" Un wat keem dar bi rut? De mit de Tung lickt harrn, dat weren bi drehunnert Mann. All de annern aver harrn sik up de Knee leggt un wullen dat Water ut de Hand drinken. Do see Gott to Gideon: „Mit düsse drehunnert Mann, de dat Water man so licken deen, will ik ju redden un de Midianiters in dien Hand geven. All de annern Lüüd künnt ruhig nahuus gaan. Do neem he de Lüüd eer Kruken un eer Basunen af, un denn leet he all de Israeliten nahuus gaan, jedeneen na sien Heimat. Bloots de drehunnert bleven torüch.

De depe Fall

Richter 8, 22—27.

Do seen de Kinner Israel to Gideon: „Warr du nu unse König! Un dat schall ok vun dinen Söön un dinen Enkel gellen. Du hest uns doch vun de Midianiters frimaakt." Aver Gideon see to eer: „Ik will nich ju König warrn, un mien Söön schall ok nich över ju regeren. De Herr schall ju König wesen." Un denn see he noch: „Aver een Deel wull ik mi vun ju utbeden: jedereen mag mi de gollen Ringen geven, de he de Fienden afnamen hett." De harrn so'n Ringen; denn se weren ja Ismaeliters. Do seen se: „Wiß, de schallst du geern hebben." Un denn breden se enen Mantel ut, un jedereen smeet dar de Ringen hen, de he roovt harr. Un düsse Ringen, de he geern hebben wull, wogen um un bi söveunföftig Pund Gold. Un dar kemen denn noch to de Spangen un Oorbummels un de Purpurkleder, de de midianiitschen Könige dragen harrn, un de Halsbänner, de de Kamele umharrn. Un Gideon leet sik ut all düsse Saken en Götzenbild maken un stell dat in sien Vaderstadt Ofra up. Un dat ganze Volk Israel dreev dar Götzendeenst mit, un dar kemen denn ok Gideon un sien Familie över to Fall.

109

De Bööm wullen sik en König welen

Richter 9, 1—21.

Jerubbaal sien Söön Abimelech güng na Sichem, hen to
sien Moder eer Bröder un to sien Moder eer ganze Sipp un
Familie. Un he see to eer un to all de, de to de Familie vun
sien Moder eer Siet hören deen: „Fraagt doch de Börgers-
lüüd vun Sichem mal: Wat is beter? Dat söövtig Mann över
ju to seggen hebbt — dat sünd Jerubbaal sien Sööns — oder
dat ji man enen Herrn över ju hebbt? Un denn denkt dar an:
ik bün doch en Stück vun ju egen Fleesch un Bloot!" Un de
Bröder vun sien Moder stellen düt allens de Börgerslüüd
vun Sichem vör; denn se wullen em den Gefallen doon. Un
richtig: de Lüüd weren för Abimelech to hebben; denn se seen:
he höört ja to unse Sipp un Bloot. Un se geven em söövtig
Dalers ut de Tempelkaß, de den Baal tohören dee. Un mit
düt Geld güng Abimelech denn los un hüür sik Lüüd an, de
lichtfardig un nix weert weren. Un de güngen nu mit em. Un
denn güng he na sien Familie in Ofra un slacht sien Bröder,
Jerubbaal sien söövtig Sööns, een na den annern af. Blots
Jerubbaal sien jüngste Söön bleev an dat Leven, denn he harr
sik versteken.

Nu kemen all de Börgers vun Sichem un de Lüüd vun de
Borg tohoop un maken Abimelech to'n König. Un dat weer
bi den Goddeseekboom in de Neegde vun Sichem.

As düt nu Jotam vertellt wörr, do güng he hen, stell sik
baven up den Barg Garizim un reep eer luuthals to:

„Höört mal to, ji Börgers vun Sichem!
Sünst höört Gott nich up ju.
Eens Daags wullen de Bööm sik enen König salven.

Un se seen to den Sölboom:

‚Wees du unse König!'
Aver de Sölboom wull dat nich. He see to eer:
‚Ik will mi wull waren. Ik laat nich af vun mien Fett.
Dat löövt ja Gödder un Minschen an mi.
Un denn schull ik losgaan un hooch in de Luft
över de Bööm sweven? Ik will mi wull waren!'

Do seen se to den Figenboom:

‚Los! Du kannst ja unse König warrn!'

Aver de Figenboom see to eer:

‚Ik will mi wull waren. Ik schull vun minen söten Saft
un mien herrliche Figen aflaten un denn losgaan
un hooch över de Bööm in de Luft sweven?
Ik will mi wull waren!'

Do seen de Bööm to den Wienstock:

110

‚Goot! denn kunnst du ja unse König warrn!‘

Aver de Wienstock see to eer:

‚If will mi wull waren. If schull vun minen Most aflaten,
wo Gödder un Minschen eer Freud an hebbt?
Un denn schull if hengaan
un in de Luft över de Bööm sweven?
If will mi wull waren!‘

Do seen all de Bööm to den Doornbusch:

‚Ja, wenn dat denn gar nich anners wesen kann,
denn kumm du un wees unse König!‘

Do see de Doornbusch to de Bööm:

‚Is dat ju dar würklich eernst mit, dat ju mi to'n König salven
wüllt, denn kaamt her un bargt ju ünner minen Schatten!
Sünst geit Füür vun den Doornbusch ut un verteert de Zedern
vun den Libanon!‘“

So, un nu will if ju wat fragen. Höört mal to!
Överleggt ju dat mal!

Hebbt ji dat tru un eerlich meent, as ji Abimelech to'n König
maken deen, un hebbt ji dat goot meent mit Jerubbaal un sien
Familie un hebbt ji ju dankbar an em wiest för dat, wat he
an ju daan hett — —
Mien Vader hett sif doch för ju insett un sien Leven för ju
up dat Spill sett un ju ut de Midianiters eer Hand reddt,
ji aver hebbt ju hüüt gegen minen Vader sien Familie upsett
un sien Sööns dootslaan, un dat söövtig Mann, un all tohoop
up eenmal, un denn hebbt ji Abimelech, den sien Vader mit
de Deern harr, to'n König maakt över de Börgers vun Sichem
un dat blots dar um, wieldat he to ju Sipp höört — if segg
dat noch mal: hebbt ji also hüüt würklich tru un eerlich an
Jerubbaal un sien Familie hannelt, denn man to! Denn
wünsch if, dat ji Freud an Abimelech hebbt un he an ju!
Sünst aver wünsch if, dat Füür vun Abimelech utgeit un de
Börgers vun Sichem un de Lüüd up de Borg verteert un dat
Füür vun de Börgers in Sichem un de Borglüüd utgeit un
Abimelech verteert!“

Als he dat seggt harr, maak Jotam sif gau up den Weg un
keem glücklich in Beer an. Un dar bleev he wanen; denn hier
weer he seker vör sinen Broder Abimelech.

Vun Frigen un Hochtietmaken
Richter 14, 1—20.

Simson güng eensdaags na Timnat hendal. Dar wörr he
bekannt mit en Deern ut Timnat; de höör to de Filisters. As
he nu wedder tohuus weer, do vertell he dat sinen Vader un

111

sien Moder un see: „Ik heff dar in Timnat en Filisterdeern kennen leert; dat is en Fru för mi. De müch if heiraten. Geevt mi dar Verlööv un Geld to!"

Do seen sien Vader un sien Moder to em: „Segg mal, gifft dat denn keen Deern ut dien egen Sipp un in unse ganze Volk, de di as Fru to paß wesen kunn? Wullt du di würklich en Fru vun de Filisters dar buten halen, de nich besneden sünd?" Do see Simson to sinen Vader: „Ne, blots düsse Deern kann un schall dat wesen un keen anner. De gefallt mi nu mal." Nu wüssen allerdings sien Vader un sien Moder nich, dat Gott dar sien Hand mit in dat Spill harr; denn he luur dar blots up, dat he de Filisters wat andoon kunn. Domals weren ja de Filisters de Herren över Israel.

Eensdaags maak Simson sik nu mit sinen Vader un sien Moder up den Weg na Timnat hendal. As se nu to de Wienbargen vun Timnat kemen, do keem eer en junge Lööv in de Mööt, de grulich brüllen dee. Un nu keem den Herrn sien Geist över em, un he faat den Lööv an un reet em in Stücken, so as se dat sünst mit en jungen Zegenbuck maakt; denn he harr nix wider in de Hand. Sinen Vader un sien Moder vertell he aver nich, wat he maakt harr. Un denn güng he gau in de Stadt un besnack sik mit de Deern; denn he müch eer bannig geern liden.

As he nu nasten wedder hengüng un eer frigen wull, do böög he eerst mal vun den Weg af; denn he wull mal seen, wat ut den doden Lööv worrn weer. Un wat kreeg he to seen? En Immenswarm harr sik dar fastsett. Un Honnig weer ok al dar. Do maak he den Swarm los un neem em in sien Hannen un prööv ünnerwegens vun den Honnig. Un as he wedder tohuus weer, do geev he sinen Vader un sien Moder ok wat af. Aver he vertell jo nich, dat he sik den Honnig ut den doden Lööv ruthaalt harr. Un denn güng he wedder to de Deern hen.

As de Lüüd em nu to seen kregen, do geven se em dörtig Bruutgesellen to Siet, de schullen bi em wesen. Un denn wörr Hochtiet fiert. So maken dat domals de jungen Lüüd. Un Simson see to eer: „Ik will ju mal en Radel upgeven. Wenn ji dat in düsse söven Daag, wo wi fiern doot, rutkriegt, denn geev ik ju dörtig Hemden un dörtig fine Kleder. Kriegt ji dat aver nich rut, denn schüllt ji mi dörtig Hemden un dörtig fine Kleder geven!" Do seen se: „Afmaakt! Segg uns dat Radel an! Laat mal hören!" Do see he to eer: „De Freter gifft wat to eten, un wat Sötes kümmt vun den Starken."

Aver dree Daag weren se bi to raden, un doch kemen se dar nich achter. An den veerten Dag steken se sik denn achter Simson sien Fru: „Besnack dinen Mann, dat he dat verraden deit! Sünst steekt wi dinen Vader sien Huus in Brand un verbrennt di darto. Ji hebbt uns ja blots to Hochtiet beden, wieldat ji uns arm maken wullen!" Do ween Simson sien Fru

112

em wat vör un see: „Ach, du wullt ja doch nix vun mi weten. Du kannst mi nich utstaan. Du hest nix för mi över un höllst nix vun mi. Mien Landslüüd hest du dat Radel upgeven, aber mi hest du nich seggt, wat dat bedüden deit!" Do see he to eer: „Dat heff ik doch ok minen Vader un mien Moder nich verraden. Wodennig kunn ik di dat denn seggen?" So ween se em denn söven Daag wat vör, solang as de Hochtiet duurn dee. Aver an den söövten Dag see he eer denn, wat dat Radel bedüden dee; denn se leet em keen Ru meer. Un denn vertell se dat wider an eer Landslüüd.

Do seen de Mannslüüd in de Stadt an den söövten Dag to em, eer dat düster worr: „Wat is söter as de Honnig? Wokeen hett meer Kraft as de Lööv?" He see to eer: „Dat is ja allens ganz goot. Aver harrn ji mien Kalv nich vör den Ploog hatt, denn harrn ji dat nich rutkregen!"

Un nu keem Gott sien Geist wedder över em, un he güng hendal na Askalon un bröch dar dörtig Mann an de Siet. De neem he denn dat af, wat se üm un an harrn, un geev dat de, de dat Radel rutkregen harrn. Un denn wörr he dull un güng wedder nahuus.

Aver Simson sien Fru kreeg een vun sien Gesellen, de he sik toleggt harr.

Allerhand Kneep

Richter 15, 1—19.

Dat duur nich lang, do keem Simson — dat weer in de Wetenaarnt — to sien Fru to Besöök un harr en Bucklamm mitbröch. He harr sik vörnamen, se wullen nu as Mann un Fru tohoop leven. Aver eer Vader wull dar nix vun weten. He see: „Ik dach, du heelst nix meer vun eer. Darum heff ik eer an dinen Gesell geven, de eer ok geern liden much un eer ok to Fru hebben wull. Aver se hett ja noch en Swester, de is noch jünger as se un ok noch smucker. De kannst du noch krigen. Wat meenst du dar to?" Do see Simson to eer: „Dütmal heff ik nu keen Schuld, wenn ik de Filisters wat ando."

Un denn güng he los un fung drehunnert Föß, un denn neem he Fackeln, bunn jedesmal twe Steerten tosamen, un lee ümmer en Fackel mang de beiden Steerten. Un denn steek he de Fackeln in Brand un leet de Föß lopen, un so kemen se up de Filisters eer Koppeln, wo de Weten noch stünn, un allens fung Füür, de Hocken, de Halms un ok de Wienbargen un de Öölbööm.

As nu de Filisters dat naspören deen, wokeen dat wull maakt harr, do seen de Lüüd: „Dat hett keen anner daan as Simson, den Timniter sien Swigersöön; denn de harr em ja de Fru wedder wegnamen un an sinen Gegenpart afgeven." Do kemen de Filisters un steken eren Vader sien Huus an, un se sülven keem dar ok bi mit um. Un nu see Simson to de Lüüd: „Wenn ji so wat doot, denn laat ik ju keen Ru meer. Ji kriegt dat örndlich torüchbetaalt!" Un denn güng he Hals över Kopp up eer dal un sloog allens kort un lütt. Un denn güng he af un waan in de Steenhööl vun Etam.

Nu aver trocken de Filisters in den Krieg un leen en Lager in Juda an un breden sik över Lechi ut. Un de Judäers frogen em: „Worum treckt ji gegen uns to Fell?" Do seen se: „Wi sünd achter Simson ran. Den wüllt wi faatkriegen. Wi wüllt em torüchbetalen, wat he uns andaan hett."

Un nu güngen dredusend Mann na de Steenhööl vun Etam un seen to Simson: „Du weetst doch, dat de Filisters unse Herren sünd. Wo kunnst du uns doch sowat andoon?" He see to eer: „Wat se mi andaan hebbt, dat heff ik eer wedder andaan!" Do seen se to em „Eendoont! Wi sünd nu herkamen un wüllt di fastnemen un denn an de Filisters utlevern." Simson see: „Denn swöört mi to, dat ji mi nich dootslaan wüllt." Se seen: „Dat wüllt wi ok nich. Wi wüllt di blots fastnemen un di an eer utlevern. Wider nix." Un denn kregen se em faat un bunnen em de Hannen mit twee nie Tauen un güngen mit em af ut de Steenhööl rut. Un se weren eerst eben bi Lechi ankamen, un de Filisters maken vör Freud al groten Larm, do keem den Herrn sien Geist över em. Un denn? Denn weren de Tauen an sien Hannen up eenmal twei, as wenn dat Tweernsfadens weren, de verbrennt weren, un de Tauen fullen man so vun sien Hannen af.

Un denn funn he en frischen Eselsbackenknaak. Un he lang em sik her un neem em in de Hand un sloog dar dusend Mann mit doot. Un Simson see:

„Mit düssen Knaken heff ik eer örndlich den Baart afnamen.
Mit düssen Knaken heff ik dusend Mann dootslaan."

Un as he dat seggt harr, smeet he den Knaken weg.

Un denn keem de Dörst över em, un he beed to Gott un see: „Du hest dinen Knecht sien Hand so herrlich de Böverhand geven, un nu schall ik vör Dörst starven un de Heiden in de Hand fallen?"

Do klööv Gott den Backenknaken ut'n een — de weer al holl — un so keem dar Water rut. Un as Simson drunken harr, keem he wedder to sik un kreeg wedder sien ole Kraft.

De swacke Stell

Richter 16, 4—21.

Nu keem dat so, dat Simson sik in en Deern verleevt harr. De waan in den Grund vun Sorek un heet Delila. To eer güngen nu de Filisterkönige un seen to eer: „Snack en goot Woort mit em un see to, dat du to weten kriggst, wo he sien

114

grote Kraft herhett un wodennig wi över em de Böverhand kriegt, dat wi em binnen un dar för sorgen künnt, dat he keen dumme Töög meer maken kann. Denn schallst du dusend Daler in Sülver hebben." Do see Delila to Simson: „Segg mi doch mal, wo du dien grote Kraft herhest. Wat mutt if anstellen, wenn if di mal fastbinnen wull, dat du nix meer maken kannst?" He see: „Dat will if di seggen. Wenn se mi mit söven frische Darmsiden, de noch nich dröög sünd, fastbindt, denn kann if nix meer maken. Denn is mien Kraft weg, un if heff nich meer Knööf as en anner Minsch." Do bröchen de Könige eer söven frische Darmsiden, de noch nich dröög weren, un se bunn em dar mit fast, wiedeß de Lüüd, de em an dat Kleed wullen, bi eer in de Slaapstuuv weren. As se em nu toropen see: „Simson! De Filisters sünd dar un wüllt di to Kleed!" do reet he mit enen Slag de Darmsiden twei, as wenn en Tweerns- faden riten deit, wenn he Füür fungen hett; aver dar kemen se nich achter, wo he sien Kraft herharr.

Do see Delila to Simson: „Dütmal hest du mi wat vör- maakt un wat upbunnen. Nu segg mi doch mal, wodennig een di würklich fastbinnen kann." He see to eer: „Wenn se söven nie Taun neemt, de noch nümmer bruukt sünd, denn kann if nix meer maken. Denn heff if nich meer Knööf as en anner Minsch." Do neem Delila söven nie Taun un bunn em dar fast mit. Denn reep se em to: „Simson, de Filisters sünd dar un wüllt di to Kleed!" — un binnen in eer Slaapstuuv weren de Lüüd, de em faten wullen — do reet he de Tauen af vun sien Arms, as wenn dat Tweernsfadens weren.

Do see Delila to Simson: „Ok dütmal hest du mi wat vör- snackt un wat vörlagen. Nu segg mi doch mal, wodennig if di anbinnen kann." He see to eer: „Weev de söven Locken up minen Kopp mit en Stück Tüüg tosamen un denn maak dat mit enen Pinn an den Weevstool fast, denn kann if nix meer maken. Denn heff if keen Knööf meer as en anner Minsch." Do leet se em inslapen un weev de söven Locken vun sinen Kopp mit en Stück Tüüg tosamen un maak dat mit enen Pinn fast. As se em denn toropen see: „Simson, de Filisters sünd dar un wüllt di to Kleed!" un he upwaken dee, do reet he dat Tüüg un ok den Pinn mit rut.

Do see se to em: „Wodennig kannst du blots seggen, du hest mi leev! Dien Hart hört mi ja doch nich to. Dreemal hest du mi nu al anföört, un du hest mi nich verraden, wo du dien Kraft herhest!" So sett se em Dag för Dag ümmer wedder to un leet em keen Ru. Toletz harr he keen Lust meer to leven, un so pack he vör eer mal allens ut, wat he up'n Harten harr, un see: „Bitherto is noch keen Scheermeß an minen Kopp kamen; denn if bün vun den eersten Dag an Gott tolöövt un för em hillig maakt. Snied ji mi de Haar af, denn bün if levert. Denn hef if keen Knööf meer as en anner Minsch."

8*

115

As Delila nu marken dee, dat he eer de reine Waarheit
seggt harr, do leet se de Filisterkönige ropen un see to eer:
„So, nu kaamt her! Nu hett he würklich reinen Disch maakt
un mi allens anvertruut, wat he up'n Harten hett." Un nu
kemen de Könige denn an un harrn gliex dat Geld ok mit-
bröcht. Nu leet se em up eren Schoot inslapen, un denn reep
se enen Mann ran, de de söven Locken vun sinen Kopp affsniden
schull. Do güng de Kraft meer un meer vun em af, un toletzt
harr he garkeen Knööf meer. As se denn ropen dee: „Simson,
de Filisters sünd dar un wüllt di to Kleed!" un he denn up-
waken dee, do dacht he bi sik sülven: „Na, ik maak mi ok düt-
mal frie un kaam dar wedder glücklich vun af!" Aver he wüß
ja nich, dat de Herr nu nich meer bi em weer. Un nu kregen
de Filisters en faat un steken em beide Ogen ut, un denn
bröchten se em dal na Gaza. Hier leen se em in isern Keden,
un he müß in dat Lock de Handmööl dreien.

Sien egen Kulengräver
Richer 16, 22—31.

Mit de Tiet wuß nu bi Simson dat Haar wedder, wat em
affsneden weer. Nu kemen eensdaags de Filisterkönige tohoop.
Se wullen eren Gott Dagon to Eren en groot Fest fiern, un
dar schull dat hooch bi togaan. Se seen: „Unse Gott hett uns
doch unsen Fiend in de Hannen geven, de uns de Koppeln to-
schannen maakt un veel vun unse Lüüd dootslaan hett!" Un
as se nu vull in Gang un heel vergnöögt weren, do seen se:
„So, nu bringt Simson mal her! De kann uns en beten up-
spelen." Un so leten se Simson ut dat Lock kamen, un he müß
eer wat vörspelen. Se stellen em mang de beiden Höövtdregers.
Do see Simson to den Dener, de em bi de Hand faat harr:
„Ach, laat mi doch mal los. Ik much doch geern de Höövt-
dregers mal anfölen, up de dat Hus steit. Denn kann ik dar
mi an stütten." Nu weer dat Huus vull vun Mannslüüd un
Fruunslüüd. Ok de Filisterkönige weren dar merrn mang, un
baven up dat Dack stünnen noch en dredusend Mannslüüd un
Fruunslüüd, de keken to, as Simson spelen dee. Un nu beed
Simson to den Herrn un see: „Mien Herr un Gott! Denk
doch an mi un giff mi doch blots dütmal Kraft, dat ik de Filisters
doch wat torüchbetalen kann to'n mindsten för een vun mien
Ogen! Gott, do dat doch!" Un denn faat Simson de beiden
Höövtdregers um, up de dat Huus stünn, den enen mit de
rechte Hand un den annern mit de linke, un denn stemm he
sik dar gegen. Un denn reep he: „Nu will ik mit de Filisters
tohoop starven!" un he böög sik vörn över mit all sien Kraft.
Un wat passeer? Mit eenmaal full dat Huus in en Dutt, un
de Könige un all de Lüüd, kunnen sik nich meer redden. Un

116

so geev dat bi sien Starven meer Dode, as he bi sien Levens-tiet doot maakt harr.

Un denn kemen all sien Verwandten un de ganze Sipp hen-dal un haalten de Liek. Un se bröchten eer rup un to Eer twischen Zora un Esthaol in sinen Vader Manoa sien Graff.

Truu bit an den Dood
Ruut 1—4.

In de Tiet, as noch de Richters regeren deen, weer mal en Hungersnoot in dat Land. Do wanner en Mann ut Betlehem, wat in Juda liggt, ut mit sien Fru un sien beide Sööns. Se wullen versöken, en Tietlang in dat Moabiterland dörchto-kamen. De Mann heet Elimelech, sien Fru Naemi, un de beiden Sööns heten Machlon un Kiljon. Se weren Lüüd ut dat Land Efrat un stammen vun Betlehem, wat in Juda liggt. Un se kemen ok glücklich in dat Moabiterland un bleven dar. Aver dat duur nich lang, do storv Elimelech, Naemi eer Mann, un nu seet se dar alleen mit de beiden Sööns. De heiraten nu Fruun ut dat Moabiterland. Orfa heet de ene, un de anner heet Ruut. Un so leven se dar tohop bi'n tein Jaren. Aver do storven ok de beiden Sööns, Machlon un Kiljon. Un so weer de Fru wedder alleen, harr keen Kinner un kenen Mann meer. Do maak se sik mit eer Swigerdöchter up de Reis un wull ut dat Moabiterland wedder torüch na de Heimaat. Se harr in dat Moabiterland höört, dat Gott sik över sien Volk wedder barmt un eer wedder Broot geven harr.

So reis se denn af vun de Stell, wo se bitherto waant harr, un eer beiden Swigerdöchter güngen mit. Aver ünnerwegens, as se nu na dat Land Juda trocken, do see Naemi to eer Swigerdöchter: „So, nu keert um, gaat beide nahuus, jede een na eer Moder. Gott segen ju de Leev, de ji an de Doden un an mi daan hebbt! Gott geev, dat ji beide wedder en Stell find, wo ji tohuus sünd, jede een bi eren Mann!" Un se geev eer en Kuß. Aver do fungen de beiden luut an to wenen un seen to eer: „Ne, dar ward nix vun! Wi gaat mit di dar hen, wo du tohuus büst!" Do see se noch eenmal: „Ach, mien leve Kinner, worum wüllt ji nich gaan? Ik kann doch keen Kinner meer to Welt bringen, de ji heiraten künnt. Ne, mien leve Deerns, keert wedder um! Nu gaat! Ik bün nu oolt un kann nich noch mal heiraten. Ja, sülvst wenn ik Utsicht harr, noch düsse Nacht enen Mann to krigen un noch mal Moder to warrn — ji künnt doch nich so lang töven, bit dat se groot sünd. Wüllt ji würklich so lang ledig bliven? Ne, mien leve Kinner, dar kann nix vun warrn! Um ju deit mi dat so bannig leed, dat Gott sien Hand mi so swaar drapen hett!" Aver dat holp nix. Se fungen wedder luut an to wenen. Orfa geev eer Swiger-

117

moder en Kuß, aver Ruut wull nich vun eer aflaten. Do see se: „Sü, dien Swigerin geit nu torüch to eer Moder un to eren Gott, nu keer ok du üm un maak dat jüst so!" Aver Ruut see: „Wees nich so hart mit mi, mußt nich ümmer wedder seggen, dat ik di verlaten un ümkeren schall un nich mit di gaan dörf. Ne, wo du hengeist, dar ga ik ok hen, un wo du bliven deist, dar bliev ik ok. Dien Volk is mien Volk, un dien Gott is mien Gott. Wo du starvst, dar starv ik ok, dar will ik ok to Eer bröcht warrn. Gott mag mi düt oder dat andoon, blots de Dood kann uns ut enanner bringen." As se nu seeg, dat mit eer nix uptostellen weer un dat se dörchut mit eer gaan wull, do sett se eer nich wider to.

Un nu güngen de beiden wider na Betlehem to. As se nu in Betlehem ankemen, do keem de ganze Stadt över eer in Gang. Un se seen: „Is dat nich Naemi?" Do see se to eer: „Seggt nich Naemi to mi; nöömt mi Mara, denn de Allmächtige hett mi veel Bitteres andaan. Mit vulle Hannen bün ik uttrocken, aver mit lerrige Hannen hett Gott mi wedder nahuus kamen laten. Worum nöömt ji mi doch Naemi? Gott is gegen mi west, un de Allmächtige hett mi wat to leed daan." So keem Naemi mit eer Swiegerdochter Ruut ut dat Moabiterland torüch, un se kemen in Betlehem jüst an, as de Gasten riep weer.

Naemi weer vun eren Mann sien Siet verwandt mit enen Mann, de veel Vermögen harr. De stamm vun Elimelech sien Sipp af un heet Boas. — Eens Daags see Ruut, de Moabiterin, to Naemi: „Ik mutt man mal to Feld gaan un Aren sammeln dar, wo ik dar Verlööv to krieg." Se see: „Goot, mien Deern, do du dat!" Un se güng un keem up en Feld un lees Aren up, wo se al meit harrn. Un dat maak sik jüst so, dat se up Boas sien Koppel to gang weer, de to Elimelech sien Sipp höört. Do keem Boas jüst vun Betlehem, un he see to de Lüüd, de bi to meien weren: „Gott help!" Un se seen: „Gott segen di!" Un Boas fraag sinen Knecht, de de Vörarbeiter bi de Meihers weer: „Segg mal, wokeen sien Deern is dat?" De Knecht, de bi de Meihers de Vörarbeiter weer, see: „Dat is en Moabiterdeern. De is mit Naemi ut dat Moabiterland kamen. Se hett mi beden: „Laat mi doch en paar Aren lesen! Ik sammel eer dar, wo al meit is." Un so is se kamen un hett utholen vun den fröhen Morgen bit nu un hett sik nich enen Ogenblick verpuust." Do see Boas to Ruut: „Höör mal to, mien Deern! Du bruukst nich up en anner Koppel to gaan, wenn du Aren sammeln wullt. Bliev ruhig hier un hool di an mien Deerns! Behool dat Flag in dat Oog, wo se meien doot, un ga achteran! Ik heff de Knechten seggt, se schüllt di nich to neeg kamen. Warrst du dörstig, so ga hen un drink ut de Kruken, in de de Knechen dat Water haalt!"

118

Do sack se up de Knee vör em un see: „Wodennig is dat doch blots mööglich, dat du so fründlich gegen mi büst un di üm mi kümmern deist? Ik bün hier ja nich mal tohuus!" Do see Boas to eer: „Ik weet ganz genau Bischeed üm dat, wat du an dien Swigermoder daan hest na dinen Mann sinen Dood; dat du dinen Vader un dien Moder un dien Heimat upgeven hest un to en Volk wannert büst, wat du fröher nich kennen deest. Müch Gott di vergelln, wat du daan hest! Müch de Herr di allens vullup lonen, he, de Gott vun Israel, ünner den sien Flünk du di bargen wullt!" Do see se: „Mien Herr, wo büst du goot gegen mi! Du hest mi trööst un so fründlich mit mi spraken, un darbi bün ik nich mal een vun dien Deensten!" Un üm de Vespertiet see Boas to eer: „Kumm neger un itt vun dat Broot un stipp dien Stück in den Wienetig!" Do sett se sik bi de Meihers hen, un he lang eer Koorn, dat röst weer, un se eet sik satt un beheel noch wat över. Un denn stünn se wedder up un wull widersammeln, un Boas geev de Knechen den Beseel: „Ok twischen de Garven dörf se sammeln. Doot eer nix an. Ja, treckt eer ok af un to en paar Aren ut de Klappen rut un laat eer liggen, dat se eer upsammeln kann, un kaamt eer nich to neeg!" Do sammel se up dat Feld bit hen to den Avend. Un as se dat, wat se sammelt harr, ut- döschen dee, do weren dat bi 36 Liter Gasten. De neem se up den Nack, un as se to Stadt keem, wies se eer Swigermoder, wat se sammelt harr. Un se schörr dat ut un geev eer vun dat, wat se vun dat Eten över harr, af. Do see er Swigermoder: „Segg doch mal! Woneem hest du hüüt sammelt? Un woneem hest du arbeidt? Gott segen den, de sik üm di kümmert hett!" Un se vertell nu eer Swigermoder, bi wen se arbeidt harr, un see: „De Mann, bi den ik hüüt arbeidt heff, de heet Boas." Do see Naemi to eer Swigerdochter: „Gott segen em! He lett sien Gnaad noch ümmer nich uphören gegen de Lebennigen un de Doden." „Un wat ik noch seggen wull", see Naemi to eer: „de Mann is mit uns verwandt. He höört to unse Lösers." Do see de Moabiterin Ruut: „Ja, he see ok to mi: Hol di to mien Lüüd, bit dat se mit de ganze Arbeit fardig sünd!" Do see Naemi to eer Swigerdochter: „Goot, mien Deern, gaa du getroost wedder mit sien Deerns to Feld. So kann di up en anner Koppel nüms wat to leed doon!" Un se heel sik to Boas sien Deerns bi dat Sammeln, bit dat de Gasten- un Wetenarnt vörbi weer. Un denn keem se wedder to eer Swiger- moder torüch.

Do see eer Swigermoder Naemi to eer: „Mien leve Dochter! Ik mutt doch seen, dat du seker en Stell ünnerkümmst, wo du goot versorgt büst. Un nu höör mal to! Boas, mit den sien Deerns du tohoop west büst, höört to unse Familie. De döscht jüst düsse Nacht Gasten up sien Lodeel. Nu wasch di un salv di, treck dien beste Kleder an un ga na de Lodeel hendal; see di aver vör, dat düsse Mann di eerst künnig ward, wenn he mit dat Eten un Drinken fardig is. Wenn he sik denn to slapen henleggt, denn mark di den Platz, wo he sik henleggt. Un denn ga hen, nimm de Deek up, de bi sien Fööt liggen deit, un legg di dar hen. He ward di denn al seggen, wat du doon schallst." Do see se: „Goot, ik do dat sodennig, as du dat seggt hest." So güng se denn to de Lodeel hendal un maak dat genau sodennig, as eer Swigermoder eer dat seggt harr. As nu Boas eten un drunken harr un goot upleggt weer, lee he sik achter den Koorndutt hen to slapen. Un nu keem se lisen ran, neem de Deek bi sien Fööt hooch un lee sik dar dal.

Um Middernacht wörr nu de Mann up eenmal waken, un as he munter weer un sik besunnen harr, böög he sik vör un seeg up eenmal en Fru to sien Fööt liggen. As he eer nu fragen dee: „Wokeen büst du?", do see se: „Ik bün dien Deern Rut. Du kannst ruhig en Stück vun dien Deek över mi ut- breden; denn du büst Löser för mi." Do see he to eer: „Gott segen di, mien Dochter! Du hest al fröher wiest, dat dien Leev rein is, aver nu hest du dat noch beter maakt: denn du büst nich achter de jungen Keerls ranlopen, nich achter de riken un nich achter de armen. Un nu, mien Dochter, wees nich bang! Allens, wat du hebben wullt, will ik för di doon. All de Lüüd in unse Dörp weet dat ja, dat du en Fru büst, de sik rein höllt. Du hest recht: ik bün Löser för di; aver dar is noch en anner Löser, de mit di noch neger verwandt is as ik. Blieb düsse Nacht hier liggen. Dat anner find sik denn morgen. Wenn he di lösen will, goot, denn mag he dat doon. Hett he dar aver keen Lust to, denn will ik di lösen, so waar as de Herr leven deit! So blieb nu hier liggen, bit dat dat hell ward!

So bleev se denn bi sien Fööt liggen, bit dat dat eben hell wörr. Denn stünn se up, aver keen Minsch wörr eer wies. Un so weer dat ok goot; denn Boas harr bi sik sülven dacht: „Dat dörf sik jo nich rümsnacken, dat düsse Fru up de Lodeel kamen is". Darum see he: „Lang mi de Deek mal her, de du över di leggt harrst, un hool eer fast!" As se de em nu hen- holen dee, do schörr he eer dar twintig Liter Gasten in un holp eer dat up de Schuller. Un so güng se to Stadt. As se nu bi eer Swigermoder ankeem, do fraag düsse eer: „Na, mien Deern, wodennig hett di dat gaan?" Do vertell se eer allens, wodennig de Mann dat mit eer maakt harr. Un toletzt see se: „Düsse twintig Liter Gasten hett he mi mitgeven, un he see: de nimm man mit; denn du dörfst nich mit lerrige Hannen to dien Swigermoder torüchkamen." Do see Naemi: „Dat is ja nett vun em: un nu, mien Deern, blieb hier, bit dat du höörst, wodennig de Saak wider geit. Düsse Mann ward jo allens dar bi doon, dat he de Saak hüüt noch torecht kriggt."

120

Boas weer wieldeß to Stadt gaan un harr sik bi dat Stadt-door dal sett. Nu keem jüst de Löser vörbi, vun den he al spraken harr, un so see he to em: „Kumm mal her un sett di bi mi hen! Ik wull wat mit di affsnacken. De Saak liggt so un so." Un denn vertell he em, wat he up'n Harten harr. As se nu dar so sitten deen, haal Boas tein vun de Ollerlüüd ut de Stadt un see to eer: „Sett ju mal hier her!" Se deen dat, un denn see he to den Löser: „Dat Stück Land, wat Elimelech — he is ja mit uns verwandt — tohören deit, dat will Naemi verköpen. Se is ja wedder ut dat Moabiterland hier herkamen. Un nu heff ik mi de Saak so torechtleggt: Ik wull di vörslagen, dat du düt Land köpen deist, un de Ollerlüüd vun mien Volk un wi all tohoop fünd dar för Tügen. — Wullt du Löser wesen, denn do dat. Wullt du dat nich, denn segg mi dat rein rut! Denn weet ik ja Bischeed. Wenn ik vun di affeen do, denn bün ik de eenzige Löser, aver du kümmst toeerst un heft de Vörhand." Do see de anner: „Ja, ik will Löser wesen." Do see Boas wider: „Wenn du aver dat Stück Land vun Naemi köpen deist, denn köffst du mit dat Sülvige ok de Moabiterfru Ruut, de de Weetfru vun Naemi eren doden Söön is, un du hest dar ok för to sorgen, dat he dörch di up sien Hoffstell Kinner kriggt." Do see de Löser: „Wenn dat so is, denn kann ik nich Löser wesen; denn sünst wörr mien egen Besitz Schaden liden. Denn is dat beter, du warst de Löser an mien Stell. Deit mi leed, aver ik kann nich anners!" Nu weer dat damals in Israel so Mood — eendoont ob een wat lösen oder tuschen dee — wenn sik twe Lüüd bi en Hannel enig warrn wullen, denn trock de ene sinen Scho af un geev den ben annern. Denn weer de Saak fast afmaakt. Un nu see Boas to de Ollerlüüd un to de annern, de dar bi stünnen: „Ji fünd hüüt dar Tügen för, dat ik allens, wat Ebimelech, un allens, wat Kiljon un Machlon tohören deit, vun Naemi köfft heff. Ok de Moabiter-fru Ruut, de Machlon sien Weetfru is, heff ik as mien Fru mitköfft; denn den Doden sien Naam schall bi sien Verwandten un bi de Börgers vun sien Heimaatstadt nich verswinnen. Dat künnt ji hüüt betügen." Do seen all de Lüüd, de bi dat Stadt-door weren, un de Ollerlüüd: „Ja, dat künnt wi betügen. Gott geev, dat de Fru, de nu in dien Huus intrecken schall, jüst so en Fru ward, as Rahel un Lea, de beide dat Huus Israel upbuut hebbt! Müchst du glücklich warrn in Efrata, un müchst du goot anschreven wesen in Betlehem! Müch dien Huus dat so gaan as Perez sien Huus, den Tamar Juda schenkt hett! Müch de Herr di dörch düsse junge Fru veel Kinner schenken!"

Boas neem nu Ruut to Fru, un Gott geev dar Gnaad to, dat se Moder wörr. So bröcht se enen Söön to Welt. Do seen de Fruun to Naemi: „Gott si Lov un Dank! He hett dar doch för sorgt, dat du nich aan Arven blivst. Gott geev, dat sien Naam in Israel hooch anschreven steit! He ward för di

121

en Troost un in ole Daag dien Stütt wesen; denn dien Swiger-
dochter, de so veel vun di holen deit un de di meer weert is
as söven Sööns, de hett em ja to Welt bröcht. Do neem
Naemi dat Kind un lee dat up eren Schoot un waar dat up.
Un eer Naverschen geven em enen Namen un seen: „Naemi hett
en lütten Jungen kregen!" Un se nömen em Obed. De is denn
de Vader to Isai worrn un Isai wedder to David.

Hanna beed üm en Jung
1. Samuel 1.

Dar weer mal en Mann, de höör to de Börgerslüüd vun
Rama. He weer egentlich tohuus in de Gegend vun Zuf, baven
in de Bargen vun Efraim. Düsse Mann heet Elkana un weer
en Söön vun Jeroham. Sien Grootvader weer Elihu, un sien
Urgrootvader heet Tohu, un den sien Vader heet Zuf un stamm
ut Efraim. He harr twe Fruun. De ene heet Hanna, un de
anner heet Peninna. Peninna harr Kinner, aver Hanna nich.
Na, düsse Mann reis Jaar för Jaar vun de Stadt, wo he
wanen dee, na Silo. Dar wull he to den Herrn Zebaot beden
un för em opfern. Dar weren nu Eli sien beide Sööns Hofni
un Pinehas sien Presters. Un an den Dag, wo Elkana opfern
dee, plegg he sien Fru Peninna un all eer Sööns un Döchter
jedeneen en Part vun de Maaltiet to geven; blots Hanna
kreeg duppelt so veel. Denn vun Hanna heel he noch meer,
obschoons Gott eer keen Kinner schenkt harr. Dat kunn natür-
lich de anner Fru nich hebben. Se günn eer dat nich un fung
an to sticheln, wieldat se keen Kinner harr. So güng dat Jaar
för Jaar. Jedes Maal, wenn se na Gott sien Huus reisen
deen, kunn de dare Fru den Mund nich holen un sett eer to.
Un so keem dat: se fung an to wenen un kunn nix eten. Un
eer Mann frag eer: „Hanna, segg doch mal, worum weenst
du un worum ittst du nix? Worum büst du so trurig? Bün ik
di nich meer weert as tein Sööns?"
As se nu mal wedder in Silo eten un drunken harrn, do
stünn Hanna up un beed to Gott to de Tiet, as de Prester
Eli jüst in den Leenstool an de Döör vun den Herrn sinen
Tempel seet. Un se weer so trurig un fung an to beden to Gott
un ween so bitterlich. Un se lööv Gott to: „Ach, Herr Zebaot!
Wenn du dien Deern eer Not süüst un an mi denken un dien
Deern nich vergeten un dien Deern enen Söön schenken wullt,
denn will ik em den Herrn schenken för sien ganze Levenstiet,
un keen Scheer schall an sinen Kopp kamen." So bleev se
noch lang bi to beden vör Gott, un Eli leet eer nich ut de
Ogen un geev Acht up eren Mund — denn Hanna sprook
ganz lisen; blots de Lippen rögen sik, aver eer Stimm weer
nich to hören — do wörr Eli sik moden, dat se duun wesen

122

kunn. Un Eli see to eer: „Wolang schall dat noch duurn, dat du duun büst? Wees vernünftig, dat du nüchtern warrst!" Hanna aver see: „Ne, Herr, ik bün en unglückliche Fru. Wien un wat enen sünst noch duun maken kann, heff ik nich drunken. Ik heff blots vör Gott mien Not mal utpackt. Denk doch nich, dat ik en leeg Wiev bün! Blots wieldat ik soveel Noot un Kummer up dat Hart harr, heff ik so lang beed." Do see Eli to eer: „Man ruhig! Ga man! Israel sien Gott ward di geven, wat du di vun em utbeden hest." Un se antwoort: „Müch dien Deern Gnaad finnen in dien Ogen!" Denn güng de Fru eren Weg un fung wedder an to eten, un eer weer nix meer antomarken.

Den neegsten Morgen beden se noch mal vör Gott, un denn maken se sik wedder up de Reis un kemen nahuus na Rama. Un dat duur nich lang. Bi en Jaarstiet bröch Hanna en Jungen to Welt, un se nööm em Samuel, dat will seggen: ik heff mi em utbeden vun Gott.

As denn eer Mann Elkana mit sien ganze Familie dat neegste Maal henreisen dee, wieldat he opfern wull — so as dat jedes Jaar makt wörr — un wat he sünst noch Gott to-löövt harr, do bleev Hanna tohuus un see to eren Mann: „Eerst mutt dat Kind vun de Bost af wesen; denn aver will ik em sülven henbringen, un denn schall de Gott vörwiest warrn un ganz dar bliven." Do see eer Mann Elkana to eer: „Do, wat du för richtig höllst! Bliev ruhig hier, bit dat he vun de Bost af is! Müch Gott denn blots gewen, dat dat waar ward, wat du seggt hest!" So bleev de Fru denn tohuus un geev em de Bost, bit dat he dar vun af weer. As dat aver so wiet weer, do neem se em mit un en Stück Jungvee vun dre Jaren un en Schepel Meel un Wien in en Slauch. So bröch se den Jungen, so lütt as he weer, na Gott sien Huus na Silo. Un se slachen dat Tier, un denn bröchen se den lütten Jung to Eli. Un se see: „Herr, nix för ungoot! So wiß as du leven deist, Herr: ik bün de Fru, de damals hier bi di stünn un to Gott beden dee. Düssen Jungen heff ik mi utbeden, un Gott hett mi geven, wat ik mi damals wünschen dee. Un nu schall de Gott tohören; solang as he leevt, schall dat gellen." Un denn beden se dar tohop to Gott.

Samuel ward Profeet
1. Samuel 3, 1—21.

Damals, as de lütte Samuel bi Eli in de Leer weer un Gott denen dee, leet Gott nich veel vun sik hören, ok maak he sik sünst knapp künnig, in en Droom oder up en anner Aart un Wies. Un nu keem en Dag.

Eli harr sik so as gewöönlich in sien Stuuv henleggt to slapen. Sien Ogen wullen nich meer. He kunn knapp noch

123

seen. De Gotteslamp weer noch nich utgaan, un Samuel weer in den Herrn sinen Tempel, wo de Gotteslaad stünn. Do reep Gott: „Samuel!" Un Samuel sä: „Ja — wat schall ik?" Darmit leep he hen to Eli un see: „Hier bün ik. Du hest mi ropen?" He aver see: „Ne, dat heff ik nich daan. Gaa ruhig wedder hen un legg di hen to slapen!" Dat dee he denn ok. Aver dat duur nich lang, do reep Gott wedder: „Samuel!" Do güng Samuel wedder hen to Eli un see: „Hier bün ik. Du hest mi ja ropen." He aver see: „Ne, dat heff ik nich daan, mien Jung. Ga hen un legg di getroost wedder hen to slapen!" Samuel kenn Gott noch nich, un Gott sien Woort weer em noch nich künnig worrn. Do reep Gott Samuel to'n drütten Maal. Un wedder stünn he up, güng hen to Eli un see: „Hier bün ik. Du hest mi ja ropen." Do wörr Eli dat klaar, dat Gott den Jungen ropen harr. Un Eli see to Samuel: „Gaa hen un slaap! Schull he di noch mal ropen, denn segg: Sprick, Herr, dien Knecht höört to!" So güng Samuel wedder hen un lee sik dal up sinen Platz. Do keem Gott un stell sik hen un reep so as de letzten beiden Mal: „Samuel! Samuel!" Samuel see: „Sprick, Herr, dien Knecht höört to!" Do see Gott to Samuel: „Ik heff in Israel wat vör, un de dat hören deit, den schüllt dar beide Oren vun brummen. An düssen Dag schall allens dat an Eli indrapen, wat ik över sien Huus seggt heff, allens vun Anfang an bit to dat Enn hen. Un du schallst em mellen, dat ik sien Familie för ewige Tiden wegen eer Sünn strafen will. He wüß ganz goot, dat sien Sööns Gott lästern doot, un he hett dar nix gegen daan. Darum heff ik Eli sien Familie sworen: Ganz wiß, de Schuld vun Eli sien Familie schall för alle Tieden nich todeckt warrn. Opfer an Vee un Koorn ward dar nix bi utdoon!"

Samuel bleev nu liggen, bit dat dat hell wörr. Denn maak he de Dören to Gott sinen Tempel up. Aver he kunn dat nich över dat Hart bringen, Eli dat to vertellen, wat he in den Droom bileevt harr. Do reep Eli Samuel un see: „Samuel, min Jung!" He see: „Ja! Wat schall ik?" Eli see: „Wat hett he to di seggt? Verswieg mi dat jo nich! Du kriggst dat mit Gott to doon, wenn du nich allens dat seggst, wat he di seggt hett!" Nu kunn Samuel denn ja nich anners. He müß em allens vertellen un heel mit nix meer achter den Barg. Do see Eli: „Gott will dat so. He mag doon, wat em goot dünkt!"

Samuel aver wuß ran un wörr groot, un Gott leet nix vun dat, wat he seggt harr, ünner den Disch fallen. Un dat ganze Volk Israel vun Beerseba bit Dan wörr dat bald wies, dat Samuel en Gottesprofeet weer, up den een sik verlaten kunn. Un Gott wies sik ok widerhen in Silo un maak sik Samuel künnig.

124

Ut de Königstiet

De eerste König

Dat Volk will en König hebben

1. Samuel 8, 1—22.

As Samuel nu oolt weer, do sett he sien Sööns as Richters över Israel in. De öllste vun de beiden heet Joel un sien twete Söön heet Abia. Un de waanten as Richters in Beerseba. Aver sien Sööns bleven nich in den Vader sien Spoor; se weren up eren egen Vordeel ut, leten sik bestefen un stellen dat Recht up den Kopp. Darum kemen all de Ollerlüüd ut Israel tohoop un güngen to Samuel na Rama un stellen em dat vör. Se seen to em: „Du büst nu oolt worrn, un dien Sööns gaat nich in dien Spoor. Darum sett nu enen König över uns in, de uns regeren deit; so is dat ja bi all de Völker." Dat paß Samuel nu allerdings gar nich, dat se vun em verlangen deen, he schull enen König över eer insetten, de eer regeren schull. Aver as he to Gott beden dee, do see Gott to em: „Wees dat Volk to Willen in allens, wat se vun di verlangt; denn dat geit nich üm di. Dat geit üm mi. Vun mi wüllt se nix meer weten. Ik schall nich länger König över eer wesen. Se maakt dat nu jüst so mit di, as se dat mit mi maakt hebbt vun de Tiet af an, as ik eer ut Agypten rutbringen dee, bit hen to düssen Dag. Se sünd vun mi affullen un hebbt anner Götter deent. Darum do dat, wat se verlangt; aver segg eer de Waarheit un waarschu eer un segg eer, wat de König, de över eer sett ward, vun eer verlangen kann."

Do see Samuel allens, wat Gott em seggt harr, an dat Volk wider, wat en König vun em verlangen dee. He see: „Düt schall nu den König, de över ju regeren ward, sien Recht wesen: Ju Sööns ward he intrecken un eer bi sien Peer un sien Kriegswagens bruken. Se schüllt vör em herlopen. Se schüllt Hauptlüüd warrn över dusend un hunnert Mann, sien Land plögen, em dat Koorn inbringen un dat maken, wat se to den Krieg un för de Wagens bruukt. Ok ju Döchter ward he för sik verlangen. De schüllt Salv maken un kaken un backen. Dat beste Land, de besten Wienbargen un Ölböömgaarns schüllt em tohören, un de gifft he denn an sien Knechen af. Un vun ju Koppeln un Wienbargen nimmt he den Teinten, un den gifft he denn an sien Lüüd af. Ju Knechen un Deerns, ju beste Ossen un Esels nimmt he ju af un ward eer in sien egen Huusholen bruken. Un ok vun ju Lüttvee kriggt he den teinten Deel af. Un ji sülven hebbt em Slavendeenst to maken. Wenn ji ju denn aver över den König, den ji ju sülven weelt hebbt, bi Gott beklagen wüllt, denn ward he ju nich hören."

125

Aver de Lüüd wullen up dat, wat Samuel eer vörstellen dee, nich hören. Mit eer weer nix antofangen. Se seen: „Helpt allens nix! Wi wüllt nu mal enen König hebben. De schall uns regeren! Wi wüllt dat jüst so hebben as de annern Völker. Unse König schall dat Recht spreken un an de Spitz marscheren un uns in den Krieg vörangaan." So bleev för Samuel nix anners över, as sik dat allens antohören un dat Gott to seggen. Un as he dat daan harr, do see Gott to em: „Do dat, wat se verlangt, un giff eer enen König!" Do see Samuel to dat Volk: „So, nu gaat wedder nahuus!"

Een, de Esels söcht un en Königskroon finnen deit
1. Samuel 9, 1—20. 25—26.

Dor weer en Mann in Benjamin, de heet Kis. Düsse Mann harr veel Geld, un he harr enen Söön, de heet Saul. Dat weer en staatsche Keerl. Keen een in Israel weer so smuck as he, un he weer en ganzen Kopp grötter as all de annern.

Nu weren Kis, wat Saul sien Vader weer, mal en paar Esel- stuten verlaren gaan, un Kis see to sinen Söön Saul: „Nimm enen vun de Knechen mit un gaa los, dat ji de Esels wedder to faten kriegt!"

Do streufen de beiden dörch de Bargen vun Efrain un dörch dat Land vun Salisa. Aver se funnen eer nich. Un wider güng dat dörch dat Land vun Saalim; aver dar harrn se ok keen Glück. In dat Land Benjamin güng eer dat jüst so. Keen Spoor weer to seen. Toletz kemen se in de Gegend vun Zuf. Do see Saul to den Knecht; den he bi sik harr: „Kumm, wi wüllt ümkeren! Sünst kunn mien Vader sik statts üm de Esels üm uns noch Sorg maken." De aver see: „Höör mal to! Dar waant en Gottesmann in düsse Stadt; up den geevt se wiet un siet grote Stücken. Wat he seggt, dat dröppt of seker in. Laat uns doch mal hengaan! Veellicht kann he uns Bischeed geven över dat, wat wi vörhebbt." Do see Saul to den Knecht: „Goot, laat uns hengaan! Aver wat schüllt wi em mitbringen? Broot hebbt wi nich meer in de Tasch un sünst en Geschenk ok nich, wat wi den Gottesmann bringen kunnen. Wat hebbt wi uptowisen?" Aver de Knecht leet nich locker, un so see he noch mal to Saul: „Höör mal to! Ik heff noch en Sülverstück bi mi. Dat kannst du den Gottesmann geven. Denn gifft he uns wull Bischeed över dat, wat wi vörhebbt." Do see Saul to sinen Knecht: „Du magst recht hebben. Wi wüllt hengaan." Un se güngen rin na de Stadt, wo de Gottesmann wanen dee. Un as se de Trepp na de Stadt rupgüngen, kemen eer Deerns in de Mööt. De wullen Water halen. De fragen se: „Waant hier de Profet?" Se seen: „Ja. He geit liek vör ju. He is jüst even to Stadt kamen. Dat Volk fiert hüüt en Opferfest

126

baven up den Barg. Wenn ji na de Stadt rinkaamt, denn ward ji em jüst noch drapen, eer dat he na den Barg rupgeit to de Opfermaaltiet. Dat Volk fangt eerst an to eten, wenn he dar is; denn he segent eerst dat Opfer, un denn fangt de Lüüd, de laden fünd, an to eten. Darum gaat nu man foorts rup; denn nu jüst ward ji em drapen!" Do güngen se rup na de Stadt. Un knapp weren se dörch de Poort, do keem Samuel eer al in de Mööt; un he wull rupgaan na den Opferbarg.

Un dat keem so. Gott harr enen Dag, eer dat Saul keem, Samuel wat in dat Oor seggt. He see: „Morgen üm düsse Tiet schick ik di enen Mann ut Benjamin. Den schallst du to'n König över mien Volk Israel salven. He schall mien Volk ut de Filisters eer Hannen redden; denn ik heff mien Volk sien Elend seen, un sien Schrien is mi to Oren kamen." Un as Samuel Saul nu seen dee, do harr Gott em seggt: „Sü, dat is de Mann, vun den ik di seggt heff: de schall över mien Volk de Herr wesen." Do keem Saul in de Poort neger an Samuel ran un see: „Segg mi doch, woneem is den Profet sien Huus?" Samuel see to Saul: „Ik bün de Profet. Gaa vör mi ran den Barg rup, wo opfert ward. Ji schüllt hüüt mit mi eten. Morgen kannst du denn widerreisen, un ik geev di Bischeed över allens, wat du up'n Harten hest. Un de Esels, de di vör dre Daag verlaren güngt fünd? — Över de maak di keen Sorg. De hebbt sik ok wedder anfunnen." —

So seet Saul an düssen Dag bi Samuel to Disch. As se denn vun de Opfersteed na de Stadt wedder dalstegen weren, do wisen se em enen Platz up dat Dack för de Nacht an. Un he lee sik dal to slapen.

Saul ward to'n König salvt

1. Samuel 9, 26—10, 12.

As dat an den neegsten Morgen nu even hell wörr, do reep Samuel na dat Dack rup un see to Saul: „Sta up! Ik ga en Stück mit di lang." So stünn Saul up, un se güngen beide, he un Samuel, rut up de Straat. Un as se buten vör de Stadt ankemen, see Samuel to Saul: „Laat den Knecht en beten vörutgaan!" — un he dee dat — „du sülven aver schallst nu hier staan bliven. Ik will di en Gotteswoort segen." Un denn neem Samuel de Sölbuddel un goot eer över sinen Kopp ut, geev em en Kuß un see: „So, nu hett Gott di to'n König över sien Volk Israel salvt. Wenn du nu vun mi geist, warrst du twe Mann in de Mööt kamen bi Rahel eer Graff, an de Grenz vun Benjamin, in Zelza, un de ward to di seggen: ,De Eselstuten, de du söken deest, hebbt sik wedder anfunnen. Dien Vader hett de Saak mit de Esels wedder vergeten, aver he sorgt sik üm ju un seggt: Wat fang ik blots an, dat ik minen

127

Söön wedder an dat Huus krieg?' Wenn du vun dar denn widergeist un na de Eck Tabor kümmst, denn kümmst du dar dre Mann in de Mööt. De wüllt na Betel rup, na dat Gotteshuus. De ene hett dre lütte Bucklamms up de Schuller, de anner dre Brööd ünner den Arm un de drütte enen Slauch mit Wien. De ward di goden Dag seggen un di twe Brööd anbeden. Un de nimm ruhig vun eer an. Un denn kümmst du to de Gottessteed Gibea, wo de Filistersüül steit. Un wenn du na de Stadt rinkümmst, denn kümmt di en Swarm vun Profeten in de Mööt. De kaamt baven vun den Barg hendal, Harf un Trummel un Fleut un Figelien vöran. De sünd ganz ut de Tüüt. Un denn kümmt Gott sien Geist över di, un du fangst ok an to rasen un warrst en ganz anner Minsch, dat keen een di wedder kennt. Un wenn du düsse Teken spöörst, denn do, wat di jüst infallt; denn Gott is mit di!"

As Samuel sik nu ümdreien dee un Saul Adüüs seggt harr, do harr Gott em en nie Hart schenkt, un all de Teken, de he em andüüdt harr, drepen an düssen Dag in. Knapp weren se in Gibea, do keem eer of al en Profetenswarm in de Mööt. Un mit eenmal keem Gott sien Geist över em, un he weer merrn mang eer to gangen un raas mit. As aver all de, de em vun fröher her kennen deen, segen, dat he mit de Profeten so togangen weer, do seen de Lüüd een to den annern: „Wat is doch blots mit Kis sinen Söön los? Höört Saul ok to de Profeten?" Dar kümmt de Snack vun her, den se ok hüüt noch maakt: „Höört Saul ok to de Profeten?"

De eerste König un sien Volk
1. Samuel 10, 17—27.

Nu reep Samuel dat Volk tohoop in Mizpa bi de Gottessteed. Un so see he to de Kinner Israel: „So hett de Herr, Israel sien Gott, seggt: Ik heff Israel ut Agypten rutbröcht un ju reddt ut de Agypters eer Hannen un ut de Gewalt vun all de Völker, de ju drengen deen. Ji hebbt nu aver ju Gott affett, de ju ut all ju Noot un Liden reddt hett. Un ji hebbt seggt: ‚Ne, du schallst enen König över uns setten!' Goot, dat künnt ji hebben! So stellt ju nu up ünner Gott sien Ogen, Stamm för Stamm, Dusend för Dusend!" So leet Samuel all de Stämm vun Israel sik upstellen. Un denn full dat Loos up Benjamin. Un as denn de Stamm Benjamin mit all sien Sippen upstellt weer, do full dat Loos up de Matriters. Toletzt wörr de Matritersipp up stellt, un nu full dat Loos up Kis sinen Söön Saul. Aver as se em nasöken deen, kunnen se em nich finnen. Do leten se Gott noch mal fragen: „Is de Mann denn överhaupt hier?" Gott leet eer seggen: „Ja, he is hier. He hett sik bi dat Foorwark versteken." Do lepen se hen

128

un halen em. Un as he merrn mang de Lüüd stünn, do weer he en ganzen Kopp gröter as all de annern. Do see Samuel to dat ganze Volk: „Künnt ji nu seen, wokeen de Herr sik utweelt hett? Keen een mang dat ganze Volk kann sik mit em meten." Do maken se vör Freud groten Larm un repen luuthals: „De König schall leven!" Un nu maak Samuel dat Volk künnig, wat för Recht de König hebben schull, un he schreev dat in en Book un lee dat ünner Gott sien Ogen dal. Denn aver leet Samuel dat ganze Volk wedder nahuus gaan, jeden een na sien Heimat. So güng ok Saul nahuus na Gibea, un allerhand Kriegslüüd, de Gott dat Hart warm maakt harr, güngen mit em. Blots en paar Lüüd, de sik över allens upholen doot, seen: „Na, dat schall uns verlangen, ob de uns helpen kann!" De harrn em nich up de Reken un wullen nix vun em weten, un so bröchen se em ok keen Geschenke.

De König in Ungnaad

1. Samuel 15, 1—35.

Samuel see to Saul: „Mi hett Gott schickt, dat ik di to'n König över sien Volk Israel salven schull. So höör nu up dat, wat Gott di upleggen deit. So seggt Gott Zebaot: Ik will de Amalekiters dat Unrecht trüchbetalen, wat se an Israel daan hebbt. Se hebbt eer ja den Weg versparrt, as se ut Ägypten utbreken deen. So ga nu los gegen de Amalekiters un maak eer dal. Du schallst eer bannen un allens dar to, wat eer tohören deit. See nich mit eer in Gelegenheit. Allens schall starven: Mannslüüd un Fruunslüüd, Kinner un Bostkinner, Ossen un Schaap, Kamele un Esels!"

Do bröch Saul dat Volk tohoop un leet de Lüüd upstellen in Telam. Dat weren bi twehunnertdusend Mann to Foot un teindusend Mann ut Juda. As Saul denn an de Amalekiters eer Hauptstadt rankeem, sett he sik fast deep in den Grund. Aver de Keniters leet he seggen: „Los! Rückt vun hier af un blievt nich merrn mang de Amalekiters! Sünst mutt ik ju mit toschannen maken. Un dat wull ik nich geern; denn ji sünd goot wesen gegen all de Israeliten, as se ut Ägypten uttrecken deen." Do maken de Keniters, dat se ut dat Amalekiterland wegkemen. Un nu güng Saul up de Amalekiters los vun Havila bit Sur, wat in den Osten vun Ägypten liggt. Den Amalekiterkönig neem he lebennig fungen, dat Volk aver leet he doot maken. Blots Agag deen Saul un sien Lüüd nix an, ok de besten Stücken vun de Schaap un de Ossen bleven leven. Dat Bee, wat fett un mastt weer, överhaupt allens, wat veel weert weer, dar leten se de Hand vun af. Blots dat, wat ring weer un kenen Weert harr, dat wörr bannt.

Nu aver keem Gotts Woort an Samuel: „Dat deit mi doch leed, dat if Saul to'n König maakt heff. He kümmert sik nich üm mi un hett dat nich daan, wat if em upleggt harr." Dat güng Samuel an de Neren, un he kunn de Nacht nich slapen un beed ümmerto to Gott. Un an den annern Morgen, as dat eben hell wörr, güng Samuel Saul in de Mööt. Un do wörr em meld: Saul is na Karmel gaan un hett sik dar en Denkmaal sett. Denn aver is he ümkeert un na Gilgal daltrocken.

Як Samuel nu to Saul keem, see Saul to em: „Müch Gott di segen! Ik heff dat so maakt, as Gott dat mi upleggt harr." Do see Samuel: So? Aver wat schall if denn hier vun denken? Ik höör Schaap blarren un Kö bölken? Do see Saul: „De hebbt de Lüüd vun de Amalekiters mitbröcht. De besten Stücken vun de Schaap un de Ossen hebbt wi an dat Leven laten. De wullen wi dinen Herrgott to Eren afflachten. All dat anner aver hebbt wi bannt." Do see Samuel to Saul: „Nu aver hool up! Nu will if di seggen, wat Gott in düsse Nacht to mi seggt hett. He see: „Dat schall mi verlangen." Samuel see: „Du mußt doch togeven: of wenn du man ring vun di sülven denken deist, so steist du doch an de Spitz vun all de Stämm in Israel. Gott hett di nu mal to'n König över Israel maakt. Un nu hett Gott di in den Krieg schickt un di upleggt: ‚Los! Bring den Bann över de Amalekiters; denn dat fünd lege Keerls! Un laat nich erer vun eer af, as bit du eer an de Siet bröcht hest! Nu segg doch blots mal, wodennig kümmt dat? Worum hest du dat nich daan, wat di upleggt weer? Worum hest du den Hand up de Saken leggt un dat daan, wat Gott nich hebben wull?" Do see Saul to Samuel: „If heff nich uphöört? If bün doch losgaan un heff den Krieg föört, den Gott mi upleggt harr, heff den Amalekiterkönig mitbröcht un över de Amalekiters den Bann daan! Blots de Lüüd hebbt vun eren Kraam Schaap un Ossen namen, dat Beste, wat bannt warrn schull; denn dat wullen se in Gilgal dinen Herrgott to Eren afflachten." Do see Samuel:

„Hett Gott an Brandopfer un Slachtopfer liek so veel Freud as dar an, dat ji up em höört? Dat is beter, ji höört up em, as dat ji em to Eren wat slacht. De em geern uphören deit, de is em lever as en, de em to Eren dat Fett vun en Schaapbuck verbrennt. De sik gegen em upsett, de versünnigt sik liek sodennig as de, de sik mit Toverie afgifft. De up em nich hören will, drifft liek sodennig Sünn un Schann, as de, de sik mit Götzendeenst afgifft. Du hest di nich üm Gott sien Woort kümmert, darum will he nu of nix vun di weten. Du schallst nich meer König över Israel wesen."

Do see Saul to Samuel: „Du hest recht. Ik heff mi versünnigt. If heff dat nich daan, wat Gott mi upleggt un wat du mi seggt harrst. If weer ja bang vör de Lüüd un leet eer eren Willen. So vergiff mi nu mien Sünn un keer mit mi um.

130

Ik will to Gott beden." Aver Samuel see to Saul: „Ne, dat do ik nich. Du hest di nich um Gott sien Woort kümmert, darum will Gott nu ok nix meer vun di weten. Du kannst nu nich meer König över Israel wesen!" Un denn drei Samuel sik üm un wull gaan. Do aver kreeg Saul en Eck vun sinen Mantel faat, un de reet af. Samuel see: „Jüst so hett Gott vun di de Königskroon vun Israel afreten un hett eer an en annern afgeven, de beter is as du! Un dat will ik di seggen. De Held vun Israel lüggt nümmer, un wat he seggt, dat steit dörch. He besinnt sik nich; denn he is ja keen Minsch, den wat mal wedder leed doon kann." Do see he: „Ja, ik heff mi versünnigt. Dat geev ik to. Lett sik nix meer ännern, denn wies mi doch vör de Öllsten in mien Volk un vör Israel de Ehr: keer mit mi üm! Ik will noch to dinen Herrgott beden."

Do güng Samuel mit Saul un beed mit em to Gott.

Denn aver see Samuel: „Bringt mi den Agag, den Amalekiterkönig, mal her!" De bever an Hannen un Fööt, as he rankeem, un see: „Verlaat di dar up! De Dood deit mi nix meer an; dar bün ik mit klaar!" Samuel see: „Dien Sweert hett de Fruun eer Kinner roovt, so schall nu ok dien Moder eer Kinner verleren." Un in den sülvigen Ogenblick sloog Samuel Agag in Stücken, un dat in Gilgal ünner Gott sien Ogen.

Samuel güng nu na Rama, Saul aver trock na Gibea, wo he tohuus weer. Un Samuel kreeg Saul nich wedder to seen, bit dat he doot weer, un Samuel keem dar nich wedder över weg, dat Gott dat leed dee, dat he Saul to'n König över Israel maakt harr.

De König na Gott sien Hart

Gott lett David to'n König salven

1. Samuel 16, 1—13.

Do see Gott to Samuel: „Wolang wullt du nu noch den Kopp hangen laten över Saul? Dar is nix meer bi to maken. Ik will nix meer vun em weten. He schall nich König över Israel bliven. Nu geet Öl in dien Hoorn un maak di up den Weg! Du schallst för mi to Isai na Bethlehem gaan; denn ik heff mi enen vun sien Sööns as König utsöcht." Samuel see: „Dat geit mien Daag nich! Wenn Saul dat to hören kriggt, denn lett he mi ümbringen." Do see Gott: „Nimm en Stück Jungvee mit! Un denn segg man ruhig: ik kaam un will Gott to Eren opfern. Du kannst ja Isai to de Maaltiet inladen. Ik will di wull wisen, wat du doon schallst. Du schallst för mi den salven, den ik di nömen do." Do maak Samuel dat sodennig, as Gott dat seggt harr.

As he nu na Betlehem keem, do kemen de Böversten ut de Stadt em in de Mööt. Se bevern an Hannen un Fööt un frogen: „Hett dat wat Godes to bedüden, dat du kümmst?" He see: „Ja, wat Godes. Jk bün kamen un will för Gott opfern. Maakt ju torecht, as sik dat höört, un kaamt mit! Wi wüllt opfern." Do maak Samuel Jsai un sien Sööns torecht un laad eer in to de Maaltiet. As se nu ankemen un he Elia to seen kreeg, do dach he: dat is seker de, den Gott sik utsöcht hett un den if salven schall. Aver Gott see: „Kiek dar nich na, ob he vun buten wat hergifft, ok dar nich na, dat he en staatsche Keerl is! He is nich mien Mann; denn Gott süüt nich up dat, wat Minschen seen künnt. De Minsch süüt blots, wat vör Ogen liggt, Gott aver süüt up dat Hart." Do reep Jsai den Abinadab ran un leet em an Samuel vörbigaan. De aver see: „Ok vun em will Gott nix weten." Do leet Jsai Samuel vörbi-gaan. Samuel aver see: „Ok mit em hett Gott nix vör." Do leet Jsai sien söven Sööns vör Samuel vörbigaan. Aver Sa-muel see: „Ne, Gott kann eer all nich bruken!"

Toletzt keem Samuel to Jsai hen un see: „Segg mal, sünd dat dien Sööns all? He see: „Ne, de lüttste is nich dar mang. De hött de Schaap. Do see Samuel to Jsai: „Schick mal enen lang un laat em halen. Wi sett uns eerst to Disch, wenn he dar is." Do schick he Gott un leet em halen. Un he keem. He harr brune Farv un weer en Jungkeerl mit hübsche Ogen un weer staatsch antoseen. Un Gott see: „So! Den schallst du salven. Dat is de Mann." Do neem Samuel sien Hoorn, dat vull vun Söl weer, un salv em merrn mang sien Bröder. Un nu keem Gott sien Geist över David, vun düssen Dag an un ok achterna. Samuel aver maak sik wedder up de Reis na Rama.

David un de Ries Goliath
1. Samuel 17, 3—51.

De Filisters harrn sik up de ene Siet vun den Barg upstellt un de Jsraeliten up de Güntsiet.

Do keem ut dat Filisterlager der Hauptbaas rut. Dat weer Goliat ut Gat. De weer söß Ellen un een Handbreed lang. He harr en isern Helm up den Kopp un en Schuppenpanzer an, de weer hunnertunsößtig Pund swaar. Ok an de Been harr he en isern Beslag, un up de Schullern harr he en isern Stang mit en scharpe Spitz. De Stang weer so groot as en Wever-boom, un de Spitz alleen woog bi sein Pund. Em vörut güng en Suldat, de för em den Schild dregen müß. So stünn he dar un praal na de Jsraeliten eer Lager röver: „Worum treckt ji rut un maakt klaar to den Krieg? Bün if nich de Filister, un ji sünd doch Saul sien Lüüd! Weelt ju enen ut!

132

De kann ja denn to mi hendalkamen. Is he mi över un sleit he mi dal, denn geevt wi uns. Aver bün ik em över un krieg ik em ünner de Fööt, denn kuuscht ji ju wör uns, un wi hebbt över ju to seggen." Un denn see he noch: „Hüüt heff ik mi över de Israeliten eer Lager lustig maakt. Nu geevt mi enen Keerl! Denn wüllt wi uns mal meten!" Un as Saul un sien Lüüd düsse Wöör hören deen, verferen se sik bannig un kregen dat mit de Angst.

Nu weer David en Söön vun en efraitische Mann. De stamm ut Betlehem, wat in Juda liggen deit, un de heet Isai. De harr acht Sööns un weer to Saul sien Tiet al en ole Mann un stünn hooch in de Jaren. Isai sien dre öllste Sööns weren ünner Saul mit in den Krieg trocken. Un vun düsse dre Sööns, de in dat Feld stünnen, heet de öllste Eliab, de twete Abinadab un de drütte Samma.

David güng nu af un an vun Saul sinen Hoff nahuus un hött sinen Vader sien Schaap in Betlehem. Wieldeß keem de Filister morgens un avends rut un stell sik breetbenig hen. Un so güng dat en Sößwuchenstiet.

Eensdaags see Isai to sinen Söön David: „Nimm för dien Bröder mal achtein Kannen Brandkoorn un düsse tein Brööd mit un bring eer dat so gau, as du kannst, röver in dat Lager. Un denn sünd hier noch tein frische Kees. De bringst du för den Hauptmann mit. Un denn kiek di mal na dien Bröder um, wodennig eer dat geit, un bring vun eer wat mit, dat ik seen kann, dat eer dat goot geit.

Do stünn David bitiets up un geev de Schaap an enen Knecht af un neem de Saken un güng los, so as Isai em dat seggt harr. Un as he na dat Lager keem, rücken de Suldaten jüst ut to'n Kamp, Mann bi Mann, mit en groten Hallo.

Israel un de Filisters stünnen beide parat, un so kunn dat jeden Ogenblick losgaan. Do leet David Sack un Pack liggen un geev dat an den Wachposten af un leep to de Suldaten hen un see sien Bröder goden Dag. Un as he mit eer noch snacken dee, do keem wedder de Hauptbaas — dat weer de Filister Goliat ut Gat — ut dat Lager rut un praal jüst so as sünst. Un David höör sik dat an.

Jedereen vun de Israeliten leep weg, wenn he düssen Keerl seen dee; denn bang weren se all.

Do see David to de Lüüd, de bi em stünnen: „Wat kriggt de, de düssen Filister ünnerkriggt un Israel vun düsse Sünn un Schann frimaakt? Wokeen is düsse Keerl, de sik rutnümmt, sik över den lebennigen Gott sien Suldaten so lustig to maken?" Do seen de Lüb: „So un so ward em dat gaan."

Dat höör sien öllste Broder Eliab, dat he so mit de Lüüd snacken dee, un he wörr dull över David un see: „Worum büst du hier herkamen? Kümmer du di doch üm dien paar lumpige Schaap up de Weid! Du büst en neeskloke un freche Gesell!

133

Wullt ja blots di den Krieg mal anseen. Wat anners heft du ja nich vör!" David see: „Wat heff ik denn daan? Ik dörf doch wull noch en Woort seggen!" Un denn drei he em den Rüch to un snack mit enen annern evenso, as he dat vörher ok maakt harr. Un de Lüüd geven em dat sülvige to Antwoort.

As se dat nu höört harrn, wat David seggt harr, sorgten se dar för, dat Saul dat to weten kreeg, un de leet em vör sik kamen. Do see David to Saul: „Man jo keen Angst üm düssen Keerl! Dien Knecht geit hen un ward sik mit düssen Filister meten." Saul aver see to em: „Du kannst dat doch nich! Du büst em doch nich över! Du büst ja meist noch en Jung, he aver is en Kriegsmann, un dat vun sien Jungenstiet her!" Do see David to Saul: „Dien Knecht is man en Scheper un steit in sinen Vader sinen Deenst. Aver minen Mann heff ik doch staan. Keem dar mal en Lööv oder en Baar un haal sik en Stück Jungvee weg vun de Hard, denn bün ik achteran lopen, un ik heff em enen henhaut un em dat Tier ut dat Muul reten. Un wenn he sik to Weer setten dee, denn kreeg ik em faat bi den Baart un sloog em doot. Ja, Löven un Baren hett dien Knecht doot maakt. Un düssen herlopen Filister ward dat jüst so gaan as eer; denn he hett sik över den lebennigen Gott sien Suldaten lustig maakt." Un denn see David noch: „Gott hett mi reddt ut de Krallen vun Lööv un Baar, he reddt mi ok ut de Hand vun düssen Filister." Do see Saul to David: „Denn gaa los! Gott sta di bi!"

Un denn lee Saul David sien Kriegstüüch an, sett em en isern Helm up den Kopp un trock em en Panzer an. Ok bunn David sik Saul sien Sweert üm, un denn versöch he, ut de Stell to kamen; denn utpröövt harr he sowat noch nich. Dat duer aver nich lang, do see David to Saul: „Ne, so kann ik nich to gangen kamen. Dat heff ik noch nümmer pröövt!" Un he trock allens wedder ut. Un denn neem he sinen Stock in de Hand un söch sik in den Beek fief glatte Steens un steek eer in de Tasch, de he ümmer för Sleudersteens bi sik harr. Un denn neem he de Sleuder in de Hand un güng up den Filister los.

De Filister keem ümmer neger an David ran. Em vöran güng de Mann, de em sinen Schild dregen dee. As de Filister nu David wies wörr un em sik ankiken dee, do fung he meist an to lachen. So 'n junge Keerl! Root brennt vun de Sünn! Wiß! En smucke Jung! Un denn? Denn reep de Filister David to: „Bün ik wull en Hund? Du kümmst ja mit en Stock up mi los!" Un de Filister fluuch David bi sinen Gott un reep em to: „Kumm man mal ran! Ik will dien Fleesch de Vagels ünner den Heven un de Tieren up dat Feld to freten geven!" Do see David to em: „Du kümmst mi in de Mööt mit Sweert un Lanz un Speer; ik aver kaam in Gott sinen Namen, de dar baven de Herr is, un de is ok de Herr över

134

Israel sien Suldaten, över de du di lustig maakt hest. Hüüt lett Gott di in mien Hand fallen, un ik maak di doot un hau di den Kopp af! An de Liken vun de Filistersuldaten geev ik hüüt noch de Vagels ünner den Heven un de willen Tieren up dat Feld to freten. Denn ward de ganze Welt marken, dat Israel enen Gott hett. An all de Lüüd, de hier tohoop sünd, schüllt inseen, dat Gott nich Sweert un Lanz bruukt, wenn he sik dörchsetten will; denn vun Gott alleen hangt dat af, wokeen de Böverhand kriggt, un he ward ju in unse Hand geven."

As nu de Filister in Gang keem un up David losgüng, do leep David gau up dat Lager to un keem den Filister in de Mööt. An denn lang David gau in de Tasch, neem enen Steen rut, schoot em mit de Sleuder af un dreep den Filister an de Steern. An de Steen güng in den Kopp rin, un de Filister full up de Nees.

So wörr David Herr över den Filister mit Sleuder un Steen un sloog den Filister doot, un dar harr he keen Sweert bi in de Hand. He leep eenfach hen un maak sik an den Filister ran, neem sien Sweert, trock dat ut de Scheed, hau em den Kopp af, un doot weer he.

Twe true Frünnen
1. Samuel 18, 3—5, 19, 1—7.

Jonatan un David wörrn goot Fründ mit enanner un maken enen Bund mitenanner; denn Jonatan heel so veel vun em as vun sik sülven. So trock Jonatan denn sinen Rock ut, den he anharr, un schenk em David, ok sinen Suldatenmantel kreeg he vun em un sien Sweert un sinen Flitzbaag un sinen Görtel. An wenn David denn mal in den Krieg güng, harr he överall Glück, wo Saul em ok henschicken dee. An so stell Saul em denn an de Spitz vun all sien Kriegslüüd. An dat duur nich lang, do weer he bi dat ganze Volk bileevt un ok bi Saul sien egen Lüüd.

Saul leet sik gegen sinen Söön un gegen sien Lüüd nu wat darvun marken, dat he David an de Siet bringen wull. Saul sien Söön Jonatan aver heel bannig veel vun David. Darum vertell Jonatan David dat un see: "Mien Vader Saul hett sik dat vörnamen un in den Kopp sett, he will die an de Siet bringen. Darum laat di goot raden: see di morgen frö vör un versteek di goot. Aver ik will denn rutgaan un up dat Feld, wo du büst, mi blang bi minen Vader henstellen un mit minen Vader över di snacken un seen, wodennig de Sak steit, un denn kriggst du vun mi wider Bischeed."

An so wörr dat. Jonatan lee för David bi sinen Vader en goot Woort in un see: "De König schull sik doch jo nich an sinen Knecht David versünnigen. He hett sik gegen di doch niz

135

to Schulden kamen laten. He hett doch blots Godes för di daan. He hett doch sien Leven up dat Spill sett un den Filister doot maakt. Un so hett Gott doch dat ganze Volk Israel bannig bistaan. Du hest dat doch sülven bileevt un di freut! Worum wullt du di nu an unschüllig Bloot versünnigen un David an de Siet bringen. Du hest dar doch würklich kenen Grund to!" Do höör Saul up Jonatan; he müß em recht geven. Un so swöör he: „So waar as Gott leven deit, he schall nich starven!" Do leet Jonatan David ropen un vertell em allens, wat he to sinen Vader un wat de to em seggt harr. Un denn bröch Jonatan em wedder hen to Saul, un he bleev in sien Neegde jüst so, as he dat sünst west weer.

Sware Gedanken in en düster Hart
1. Samuel 19, 8—17. 20, 1—17.

Nu geev dat mal wedder Krieg. Un David trock gegen de Filisters to Feld. Un de kregen bannig wat up dat Fell un rücken vör em ut. Nu aver keem Gott sien lege Geist över Saul. De seet binnen in dat Huus un harr enen Speer in de Hand, wiledeß David up de Harf spelen dee. Un he neem sik vör, David mit den Speer an de Wand to spießen. De aver sprung noch even vörher to Siet, un de Speer güng noch so even an em vörbi in de Wand. So kunn David sik in Sekerheit bringen un keem dar noch mit dat Leven vun.

Aver noch in de sülvige Nacht schick Saul Lüüd na David sien Huus. De schullen up em passen, un denn wull he an den neegsten Morgen em an de Siet bringen. Aver David sien Fru Michal vertell em dat un see: „Bringst du düsse Nacht dien Leven nich in Sekerheit, denn is dat morgen mit di vörbi." Un darmit maak Michal dat Finster up un leet em buten dal, un he rück ut un harr dar Glück mit. Un denn neem Michal en Gözenbild un lee dat in dat Bedd un breed dat Flegennett, wat ut Zegenhaar maakt weer, över dat Koppenn ut un deck dat Gözenbild mit en Deek to.

Nu schick Saul sien Lüüd. De schullen David halen. Aver se see: „He is krank." Do schick Saul noch mal sien Lüüd. Se schullen sik na David ümseen. Un so harr he seggt: „Eendoont! Ji bringt mi em her! Un wenn he in dat Bedd liggt. Ik will em an de Siet bringen!" As se nu kemen, do funnen se dat Gözenbild in dat Bedd un dat Flegennett ut Zegenhaar an dat Koppenn. Do see Saul to Michal: „Worum hest du mi so anföört un minen Fiend utrücken laten?" Michal see to Saul: „Wat schull ik anners maken? He see to mi: „Laat mi gaan oder ik sla di doot!"

136

Nu keem David, aan dat een dar wat vun marken dee, to Jonatan un see: „Segg mal, wat heff ik nu egentlich daan? Wat heff ik verbraken un wo heff ik mi mit an dinen Vader versünnigt? He will mi ja up jeden Fall an de Siet bringen!" He see to em: „Maak di keen Sorg! Du warrst nich starven. Höör mal to! Du weetst doch, mien Vader snackt allens mit mi af. Worum schull he mi nu jüst düt verbargen? Ne, dat hett nix to bedüden." Do see David to em: „Dien Vader weet ganz goot, dat du veel vun mi holen deist. Dorum hett he sik seggt: hier schall Jonatan nix vun weten; denn dat kann he nich verdregen. Aver so wiß as Gott in den Himmel is un du sülven leven deist: twischen mi un den Dood is man een Schritt." Do see Jonatan to David: „Ik do allens, wat du wullt." David see to Jonatan: „Höör mal to! Morgen hebbt wi den Nimaandsdag. Denn müß ik egentlich mit den König to Disch sitten. Aver laat mi gaan! Ik verbarg mi buten up dat Feld bit an den drütten Avend. Un schull dien Vader na mi fragen, denn segg man: David hett sik Verlööv vun mi haalt. He wull geern gau na Betlehem dallopen, wo he ja tohuus is. Denn dar fiert se hüüt liek as jedes Jaar dat Opferfest för de ganze Sipp. Schull he nu seggen: „Goot", denn hett dat för mi keen Noot. Ward he aver dull, denn weetst du Bischeed; denn steit dat leeg för mi. Do mi also düssen enen Gefallen. Unse Fründschaap is hillig un steit ünner Gott sien Ogen. Un heff ik mi wat verseen, denn sla du mi doot. Warum wullt du mi eerst to dinen Vader bringen?" Jonatan see: „Gott bewaar mi! Wenn ik würklich to weten kreeg, dat mien Vader wat Leges gegen di för hett un dar nich vun aftokrigen is, denn versteit sik dat vun sülven, dat ik di dat seggen do." Do see David to Jonatan: „Wenn mi denn blots een dar wat vun seggen wull, ob dien Vader di hart anfaat hett!" Do see Jonatan: „Kumm, laat uns up dat Feld gaan!"

As se dar nu beide buten stünnen, see Jonatan to David: „Gott schall dar Tüüg för wesen! Wenn ik morgen oder övermorgen rutkrieg, dat mien Vader goot up di to spreken is, denn kriggst du Bott vun mi. Sünst schall Gott dat nu un nasten an mi strafen. Un hett mien Vader wat Leges mit di för, denn kriggst du ok Bischeed. Denn kannst du gaan un di in Sekerheit bringen. Denn ward Gott di bistaan, so as he minen Vader ok bistaan hett. Schull ik noch an dat Leven bliven, denn sta tru to mi, so as Gott ok tru is! Schull ik aver ümkamen, denn sta tru to mien Familie, ok denn, wenn Gott David sien Fienden Mann för Mann an de Siet bringt!" Do swöör Jonatan dat David noch eenmal to, dat he bannig veel vun em holen dee; denn he harr em so leev as sien egen Leven.

137

En sure Stünn
1. Samuel 20, 24—43.

Nu versteek David sik up dat Feld. Un as de Nimaandsdag dar weer, do sett sik de König to Disch un wull eten. Un he sett sik up sinen olen Platz an de Wand. Jonatan sett sik liek vör em över, un Abner sett sik blang bi Saul hen. Blots David sien Platz bleev lerrig. Un an düssen Dag see Saul nix; denn he dach bi sik: he is waarschienlich nich rein. So mag dat wull kamen, dat he nich dar is; seker is he nich rein. As aver ok den Dag na den Nimaand David sien Platz lerrig bleev, do see Saul to sinen Söön Jonatan: „Segg mal, wat hett dat up sik? Isai sien Söön is güstern, aver ok hüüt nich to Disch kamen. Wodennig geit dat to?" Jonatan see to Saul: „He wull so geern mal na Betlehem röver un hett sik vun mi dar to Verlööv beden. He see: ,Laat mi doch gaan, denn unse Familie fiert en Opferfest in de Stadt. Mien Broder hett dar sülven mi to beden. So wies mi doch de Leev un giff dar Verlööv to, dat ik mien Familie besöken kann!' Also dat is de Grund, dat he nich to Disch kamen is." Do wörr Saul heel dull up Jonatan un see to em: „Du maakst dien Moder Ehr; denn se is en Fru, de ganz ut de Aart slaan un heel balstürig is. Ik weet wull, dat Isai sien Söön dien beste Fründ is. Ji sünd ja nich ut'n een to bringen. Aver dat is en Schann för di un för dien Moder! Un so lang as Isai sien Söön in dat Land is, warrst du nich bestaan un ok dien Königriek nich. So schick denn nu hen un laat em herhalen! De Dood is em seker; dar is nix an to ännern." Do see Jonatan to sinen Vader Saul: „Worum schall he denn an de Siet bröcht warrn? Wat hett he denn verbraken?" Nu aver stött Saul mit den Speer na em un wull em dar mit drapen. As Jonatan nu marken dee, dat sien Vader dar ganz up verstüürt weer un David up jeden Fall an de Siet bringen wull, do wörr he grimmig un dull un stünn up vun den Disch un röög an düssen tweten Nimaandsdag keen Eten meer an. Dat güng em doch to dull an de Neren, dat sien Vader em so'n Schimp un Schann andaan harr.

An den annern Morgen güng Jonatan nu mit en jungen Keerl to Feld to de Tiet, de he mit David afmaakt harr. Un to düssen jungen Keerl se he: „Ik scheet nu enen Piel af. Loop nu los un söök em!" As de denn sik nu in Gang setten dee, schoot Jonatan den Piel so af, dat he noch vör em to liggen keem. As de Jungkirl denn aver an de Stell weer, wo Jonatan sinen Piel liggen dee, do reep Jonatan: „De Piel liggt wider na vörn!". Nu neem Jonatan sien Jungkeerl den Piel up un keem to sinen Herrn torüch; aver he harr nix markt. Blots Jonatan un David wüssen üm de Saak. Un denn geev Jonatan den Jungkeerl den Flitzbaag un see: „So, nu bring den gau to Stadt!"

138

As de nu weggaan weer, keem David achter den Steendutt rut, full dal up de Eer un bôôg sik dremal dal. Un denn füllen se sik üm den Hals un küßten sik. Ja, se weenten bitterlich. As David denn wedder ruhig weer, do see Jonatan to em: „So, nu maak ruhig dinen Weg! Wat wi beide in Gotts Namen uns toswaren hebbt, dar ward Gott twischen di un mi un twischen dien un mien Familie de Tüüg för wesen." Un denn güng David wedder weg, un Jonatan güng na de Stadt torüch.

Glönige Kööl up den Gegenpart sinen Kopp

1. Samuel 24.

David harr sik baven up de Bargen vun Engedi fastsett. As Saul nu ut den Krieg mit de Filisters torüchkeem, wörr em meldt: „David is in de Wööst vun Engedi!" Do neem Saul dredusend Mann — dat weren de besten Keerls ut ganz Israel — un güng up de Söök na David un sien Lüüd up düsse Siet vun de Steenbuckfelsen. So kemen se an de Stell vörbi, wo de Schaap inschott weren. Un dicht dar bi leeg en Hööl. Dar güng Saul rin; denn he müß mal affsiets gaan. Aver David un sien Lüüd seten wider rin na de Hööl. Do seen de Lüüd to David: „Dat hett doch so wesen schullt. Hüüt is de Dag, wo Gott di vun seggt hett: Ganz wiß! Ik laat dinen Fiend noch mal in dien Hannen kamen, un denn kannst du mit em maken, wat du wullt!" Do stünn David up un snee en Eck vun Saul sinen Mantel af, aan dat de dar üm wies worr. Nasten aver sloog em dat Geweten, dat he en Eck vun Saul sinen Mantel affsneden harr, un he see to sien Lüüd: „Gott bewaar mi dar vör, dat ik minen Herrn, den Gott salvt hett, so wat ando un Hand an em legg; Gott hett em doch sülven salvt!" Un David ranz sien Lüüd bannig an un verbaad eer, se schullen Saul jo nix andoon.

As Saul nu wedder ut de Hööl rut weer, do reep David achter em ran: „Unse König un Herr!" Saul keek sik um. Do full David dal up de Eer un dee em so veel Eer an, as he verlangen kunn. Un David see to Saul: „Worum höörst du up de Lüüd eer Snackerie? De seggt ja: David will di an dat Kleed. Sü, hüüt heft du dat doch wull mit Hannen gripen kunnt, dat Gott di dar binnen in de Hööl in mien Hand geven harr. Un se hebbt mi tosett, ik schull di ümbringen. Aver ik wull mi wull waren, minen Herr wat antodoon; denn Gott sülven hett di salvt. Un nu kiek mal, mien Vader! Ja, kiek mal! Süüst du de Eck vun dinen Mantel in mien Hand? De heff ik vun dinen Mantel affsneden un di doch nix andaan! Markst du nu, dat ik nix Leges gegen di vörheff un de Lüüd gegen di nich upwigeln do? Ik heff mi gegen di nich versünnigt. Du aver büst achter mi ran un wullt mi an dat Leven.

139

Hebbt se nich al in ole Tiden dat Woort seggt: ‚Dat Lege kümmt vun de Legen, aver mien Hand schall sik nich an di vergripen?‘ Segg mal, achter wen treckt de König vun Israel denn egentlich ran? Wokenen verfolgst du? En doden Hund, en enkelte Fleeg! Laat Gott de Richter wesen twischen uns beide! He mag dat letzte Woort segen! He mag toseen un för mi instaan un mi Recht geven vör dien Ogen!"

As David dat to Saul seggt harr, do see Saul: „Is dat nich dien Stimm, mien Söön David?" Un denn fung he luut an to wenen un see to David: „Du büst gerechter as ik, denn du hest mi Godes daan, un ik harr blots wat Leges mit di in'n Sinn. Un hüüt hest du all dat Gode de Kroon upsett: du hest mi nich ümbröcht, obschoons Gott mi di in de Hand geven harr. Wenn sünst en Minsch sinen Fiend bimöten deit, denn lett he em waarafdig nich in Ru! Gott loon di dat Gode, wat du hüüt an mi daan hest! Un denn will ik di noch wat seggen: Mi is dat ganz klaar, dat du noch mal König warrst, un dörch di ward dat Königdoom in Israel Bestand hebben. Un nu swöör mi ünner Gott sien Ogen dat to, dat du mien Nakamen nich an de Siet bringen un minen Namen ut mien Vaderhuus nich utlöschen wullt!" Dat dee David denn ok. Un Saul güng nahuus. David aver trock sik mit sien Lüüd wedder torüch na de Bargen.

Bi de Toversche

1. Samuel 28, 4—25.

Nu kemen de Filisters tohoop un fullen in dat Land un lagern sik in Sunem. Do bröch Saul ganz Israel tohoop un sett sik up den Gilboa fast. As Saul nu de Filisters eer Lager to seen kreeg, verfeer he sik bannig un kreeg dat mit de Angst. Do fraag he bi Gott vör, wat he nu maken schull; aver Gott geev em keen Antwoort. He harr kenen Droom, un ok de Prester maak em nix künnig. Do geev Saul sien Knechen den Befeel: „Seet ju mi na en Fru, de Dode beswören kann! Denn will ik to eer hengaan un eer fragen." Sien Knechen seen: „In Endor gifft dat so en Fru, de dar sik up versteit."

Do trock Saul anner Kleder an, dat nüms em wedder kennen kunn, un maak sik mit twe Mann up den Weg. Nachts kemen se bi eer an, un Saul see to eer: „Du schallst mi waarseggen un enen Doden beswören! Un nu bring mi mal den Geist, den sinen Namen ik di nu seggen do!" Do see de Fru to em: „Ik schall mi wull waren. Du weetst doch, dat Saul all de, de waarseggt un Dode beswöört, in dat ganze Land an de Siet bröcht hett. Worum stellst du mi nu en Fall, dat ik ok mien Leven up dat Spill sett?" Do swöör Saul eer bi Gott dat to

140

un see: „So wiß as Gott leevt, in düsse Saak maakst du di nich schüllig." Do see de Fru to em: „Wokeen schall ik di wisen?" He see: „Wies mi Samuel!" As de Fru nu Samuel seeg, fung se luut an to schrien un see: „Worum hest du mi doch bedragen? Du büst ja Saul!" Do see de König to eer: „Man jo keen Angst! Aver segg mi eerst mal, wat du seen deist!" De Fru see to em: „En göttlichen Geist see ik ut de Eer rutstigen." De König see: „Un wodennig süüt he ut?" Se see: „En ole Mann stiggt rut, un de is in enen Mantel hüllt." Do wörr Saul dat wies, dat Samuel dat weer, un he böög sik to Eer un full up de Knee. Do see Samuel to Saul: „Worum lettst du mi nich in Ru? Wat schall ik?" Saul see to em: „Ach, ik bün in grote Noot. De Filisters maakt Krieg gegen mi, aver Gott will nix vun mi weten un gifft mi keen Antwoort. De Profeten seggt nix, un Drööm heff ik ok nich. Darum heff ik di ropen laten. Du schullst mi doch geern seggen, wat ik doon schall." Samuel see: „Denn bruukst du mi doch nich to fragen, wenn Gott vun di nix weten will un dien Fiend worrn is! Gott hett dat mit di doch blots so maakt, as he di dat dörch mi künnig maakt hett. Gott hett di de Königskroon wegnamen un an en annern, dat is ja David, afgeven. Du hest dat nich daan, wat he di upleggt harr, un du weetst doch, dat he so dull up de Amalekiters weer, un so harrst du eer dat andoon schullt, wat Gott verlangen dee. Nu wunner di nich, dat du nu so leeg tositten deist! Un so ward Gott di un ok de Israeliten de Filisters in de Hand geven. Morgen büst du mit dien Sööns dar, wo ik nu al bün. Un Israel sien Lager ward Gott ganz in de Filisters eer Hannen geven."

Do full Saul, so lang as he weer, dal up de Eer. He verfeer sik bannig över dat, wat Samuel seggt harr. He harr ok sünst keen Kraft meer, denn he harr den ganzen Dag un de ganze Nacht nix eten. As denn de Fru wedder to em rinkeem un seeg, dat he ganz den Kopp verlaren harr, do see se to em: „Sü, ik heff nu daan, wat du vun mi verlangen deest un heff mien Leven up dat Spill sett. Nu höör aver ok mal up mi un giff mi Verlööv, dat ik di nu ok en beten to eten geven dörf; denn du dörfst doch nich flau warrn, wenn du nu wedder torüchgeist." Dar wull he aver nix vun weten un see: „Ne, ik kann un mag ok nix eten!" Aver sien Lüüd un de Fru setten em wider to, un so stünn he denn doch vun de Eer up un sett sik up dat Bedd. Un de Fru neem en Mastkalv, wat se jüst in dat Huus harr, un slach dat to. Un denn neem se Meel un maak dar enen Deeg ut un back Koken. Dat sett se denn Saul un sien Lüüd vör. Un as se satt weren, maken se sik noch in de sülvige Nacht up den Weg.

141

En Graffleed up Saul
2. Samuel 1, 1—4. 17—27.

So weer Saul doot. David harr över de Amalekiters de
Böverhand kregen un weer na Ziglak torüch kamen un weer
al twe Daag dar. An den drütten Dag keem nu ut Saul sien
Lager en Mann an. Den sien Kleder weren tweireten un he
harr Asch up den Kopp. As de nu vör David stünn, full he
vör em dal up de Eer un geev em so de Ehr. Do see David
to em: „Woneem kümmst du her?" He see: „Ik heff Glück
hatt un kaam ut dat Israelitenlager. Ik heff mi noch mit
knappe Noot redden kunnt." Do see David to em: „Wat is
denn los? Vertell mal!" He see: „Ja, dat Heer kunn sik nich
holen un is utrückt. Veel Lüüd sünd fullen un dootmaakt. Ok
Saul un sien Söön Jonatan sünd doot."

Do reet David sien Kleder twei, un all de Lüüd, de bi em
weren, deen dat ok. An denn fung David an un sung en Graff-
leed up Saul un den sinen Söön Jonatan. Dat steit ja in dat
Heldenbook un heet so:

Israel! De Besten sünd hen!
Se liggt doot up de Bargen!
Wo kann dat doch blots angaan!
Dien Helden sünd fullen!

Ach, vertellt dat jo nich in Gat,
laat dat blots nich künnig warrn
in de Straten vun Jerusalem!
Sünst freut sik de Filisters eer Fruun,
un jubeln doot de Heiden eer Döchter!

Ji Bargen vun Gilboa!
Keen Dau un keen Regen schull meer dalfallen up ju!
Denn wiet un siet güng de Dood bi ju üm!
De Helden eren Schild is dar bleven —
ach, dat is en Sünn un en Schann!
Ja, ok Saul sien Schild is dar bleven,
un nüms ward em salven mit Öl.

Jonatan sien Flitzbaag keem nümmer torüch
aan Bloot vun de, de dar fullen weren,
aan Fett vun de Helden.
Un Saul sien Sweert güng dat jüst so;
dat hett alltiets sien Schülligkeit daan.

Saul un Jonatan — jedereen weer eer goot;
ach, wi helen all so veel vun eer —
Leven un Dood hebbt eer nich ut'n een bröcht.
Se weren so flink as de Aadlers
un harrn meer Kraft as de Löven.

142

Ach, ji Fruun un Deerns in Israel!
Weent över Saul!
Em hebbt ji dat ja to danken,
dat ji smuck in Purpur kleedt sünd.
He hett dar för sorgt,
dat ji Goldsaken an ju Tüüch dreegt.
Ach, mi deit dat so leed üm di,
mien Broder Jonatan!
Ik harr di so leev!
Dien Leven güng mi över allens,
weer mi meer weert as Fruunsleev.

Ach, wo sünd se doch fullen, de Helden,
to Grunn gaan dörch Dootslag un Moord!

Dat Hart up den rechten Plack
2. Samuel 9, 1—11.

David see eensdaags: „Is noch een överbleven vun Saul sien Familie, denn will ik wat för em doon; denn ik kann Jonatan nümmer vergeten." Nu weer in Saul sien Huus en Dener; de heet Ziba, un den leet David to sik kamen. Un de König see to em: „Segg mal, büst du Ziba?" He see: „Ja, dat bün ik." „Goot, denn segg mi mal: Is dar noch een vun Saul sien Familie över, för den ik wat doon kann in Gotts Namen?" Ziba see to den König: „Ja, dar is noch een Söön vun Jonatan; de is laam an de Fööt." Do see de König to em: „Woneem is he?" Ziba see to den König: „He is in Machir sien Huus, un de is Ammiel sien Söön un waant in Lodabar." Do schick König David hen un leet em ut Machir, de Ammiel sien Söön is, sien Huus ut Lodabar halen.

As nu Mefiboset, Jonatan sien Söön und Saul sien Enkel, to David henkeem, böög he sik deep vör em dal un full up de Knee. David aver see: „Mien leve Mefiboset!" De see: „Ja, dat bün ik. Un wat schall ik?" David see to em: „Wees nich bang! Ik meen dat goot mit di un will geern wat för di doon, un dat do ik dinen Vader Jonatan to Leev. Ik will di allens torüchgeven, wat dien Grootvader Saul tohören dee. Du sülven aver schallst alltiets bi mi an den Disch eten." Do böög de sik deep vör em dal un see: „Dat is ja knapp to glöven! Ik bün doch man en dode Hund, un üm den wullt du di kümmern?"

Un denn leet David Ziba, Saul sinen Dener, kamen un see to em: „Allens, wat Saul un sien Familie tohöört hett, heff ik an dinen Herrn sinen Söön torüchgeven. Du schallst nu mit dien Sööns un dien Knechten em sien Land bestellen un de Aarnt ünner Dack un Fack bringen, dat dinen Herrn sien

143

Söön to leven hett. Mefiboset aver, de dinen Herrn sien Söön is, schall alltiets an minen Disch eten." Ziba harr föftein Sööns un twintig Knechen. Un he see to den König: „Goot! dat ward allens so maakt, as mien Herr un König dat anordent hett."

So keem dat denn ok, dat Mefiboset an den König sinen Disch eten dee jüst so, as wenn he en Prinz weer.

David fallt in sware Sünn
2. Samuel 11, 2—27.

Eens Daags harr David sik in de Middagshitten henleggt to slapen. As dat schummerig wörr un he wedder upstaan weer, do güng he noch en beten up dat Dack vun sien Huus up un dal. Do seeg he vun düt Dack ut en Fru; de weer jüst bi un wusch sik. Dat weer en heel smucke Fru. Un glier schick he Bott röver un leet fragen, wat dat för en Fru weer. As em nu seggt wörr: „Dat is Batseba, Elim sien Dochter un Uria sien Fru", do leet he eer halen. Un se keem to em röver, un he keem mit eer tohoop, un dat weer even na de Tiet, wo se dat nich so goot hatt harr. Un denn güng se wedder nahuus.

Un dat duur gar nich lang, do wörr eer dat klaar, dat se Moder warrn schull. Do schick se David Bott un leet em seggen: „Ik schall nu Moder warrn." Un David leet Joab seggen: „Schick mi den Uria mal her!" Un Joab schick Uria to David hen. As Uria nu bi em weer, fraag David em: „Wodennig geit dat Joab un sien Lüüd? Wodennig steit dat mit den Krieg?" Un denn see he wider to em: „So, nu ga nahuus un wasch di de Fööt!" As Uria nu wedder ut den König sien Huus rutgüng, wörr achter em en Maaltiet herbröcht; de keem ut den König sien Köök un weer em to Eren fardig maakt. Aver Uria sett sik vör den Königspalast dal bi all de annern Knechen vun sinen Herrn. He wull nich wedder nahuus. Dat wörr nu den König vertellt, un David see to em: „Du kümmst doch vun de Reis! Un du wullt nich nahuus gaan? Wodennig geit dat to?" Uria see to David: „De Laad un Israel un Juda liggt buten in dat Lager un waant in Telten. Mien Herr Joab un all sien Lüüd liggt fri ünner den Heven; denn kann ik doch nich in mien Huus gaan to mien Fru un bi eer eten un drinken un slapen! Ne! So waar as Gott leevt un du leven deist — dat do un do ik nich!" Do see David to Uria: „Du kannst hütt noch hier bliven. Morgen schick ik di wedder los." So bleev Uria denn düssen Dag noch in Jerusalem. Den annern Dag aver leet David em seggen, he müch doch mit em eten un drinken, un so maak he em duun. Aver dat nütz nix. Avends güng Uria wedder na den olen Platz un lee sik bi sinen Herrn sien Knechen dal to slapen. Aver na sien egen Huus güng he nich hendal.

144

Den neegsten Dag schreev David enen Breef an Joab un geev em Uria mit. In düssen Breef harr he schreven: „Stell Uria in de vöörste Reeg, wo dat hitt un hart hergeit! Un denn laat em alleen up den Placken. Denn slaat se em doot."

Als Joab nu de Stadt störmen dee, do stell he ok Uria an enen Platz, wo he vun wüß, dat dar stramme un handfaste Keerls stünnen. Un as denn de Lüüd ut de Stadt rutkemen un mit Joab anbunnen, do kemen dar denn ok richtig en paar vun David sien Lüüd bi um, un so funn denn ok de Hetiter Uria richtig den Dood.

Nu schick Joab Bott an David un leet em vertellen, wodennig allens togaan weer. Un he see to den Mann, de dat mellen schull: „Vertell nu allens, wat du to mellen hest, un denn, wenn du fardig büst, kunn dat so kamen, dat de König dull ward un di noch wat fraagt. Denn paß up dien Wöör! Wenn he also fraagt: ‚Worum sünd ji so neeg an de Stadt ranstörmt? Dat müssen ji doch weten, dat se vun de Muur hendal scheten wörrn! Wokeen hett Jerubbaal sinen Söön Abimelech dootslaan? Hett nich en Fruunsminsch in Tebez enen Möölsteen vun de Muur up em dalsmeten un so em dootmaakt? Segg doch blots mal, worum sünd ji so neeg an de Muur ranstörmt?' Denn kannst du man eenfach seggen: „Ok de Hetiter Uria, de dien Knecht is, is doot."

So güng de Mann denn af un mell David allens genau so, as Joab em dat upleggt harr, un he vertell em, wodennig allens togaan weer. He see to David: „De annern harrn gegen uns de Böverhand, harrn uns up dat frie Feld torüchdrengt. So müssen wi eer bit na dat Stadtdoor torüchdriven. Uns bleev nix anners över. Un denn schoten even de Schütten vun de Stadtmuur up dien Lüüd hendal, un so bleven en paar vun dien Lüüd doot liggen. Un so keem denn dar ok de Hetiter Uria bi üm." Do see David to den Mann: „Segg to Joab: Maak di dar keen Sorg över! Dat is nu mal nich anners. Dat Sweert fritt nu mal hier enen un dar enen. Ga ruhig wider up de Stadt to un sla eer in Dutt! Spric em goot to! He schall stramm un stuur bliven!"

Als Uria sien Fru nu vertellt wörr, dat eer Mann fullen weer, do lee se en Truurkleed an, so as sik dat hören deit. Als aver de Tiet üm weer, leet David eer na sien Huus halen, un se wörr sien Fru un schenk em enen Söön.

De Biecht ünner veer Ogen

2. Samuel 12, 1—14.

Nu schick Gott den Profeet Natan to David hen. Un as he dar weer, see he to em: „Höör mal to! In en Stadt waanten twe Mann. De ene weer riek, un de anner weer arm. De rike

Mann harr Schaap un Ossen; de weren knapp to tellen. Aver de arme Mann harr man een lütt Lamm, wider nix. Dat harr he sik köfft un tohoop mit sien Kinner groot maakt. Un düt lütt Lamm kreeg vun jeden Mundvull wat af un drunk ut sinen Beker un sleep up sinen Schoot, un he heel dat, as wenn dat sien Dochter weer. Nu kreeg de rike Mann eens Daags Besöök. Un em full dat nich in, nu vun sien egen Schaap un Ossen en to slachten un för den Besöök up den Disch to bringen. Jo nich! Un wat dee he? He neem eenfach den armen Mann sien Lamm weg un sett dat för den Besöök up den Disch." Do wörr David dull up düssen Mann un see to Natan: „So wiß as Gott leven deit! De Keerl, de dat maakt hett, hett den Dood verdeent! Un dat Lamm schall he veermal torüchlevern. Dat schall dar de Straaf för wesen, dat he dat so maakt hett un keen Hart för den lütten Mann harr."

Do see Natan to David: „Düsse Mann büst du! De Herr, Israel sien Gott, hett seggt: Ik heff di to'n König över Israel salvt un di ut Saul sien Hannen reddt un heff di dinen Herrn sien Huus un sien Fruun an dat Hart leggt, un ik heff di dat Huus Israel un Juda anvertruut, un wenn dat noch nich noog wesen schull, denn wörr ik di noch düt un dat toleggen. Aver wo kunnst du doch dat in den Wind slaan, wat Gott di upleggt harr, un wat doon, wo he dörchut nix vun weten will! Den Hetiter Uria hest du dörch dat Sweert doot maken laten un denn sien Fru to dien Fru maakt. Ne, so wat! Dörch de Ammoniters hest du em ümbringen laten! So schall denn dat Sweert ok nich ut dien Huus wiken. Dat schall dar de Straaf för wesen, dat du mien Woort in den Wind slaan un den Hetiter sien Fru heiraat hest. So seggt de Herr: Wunner di nich! Ik will ut dien egen Huus Unglück över di bringen un dien Fruun ünner dien Ogen di wegnemen un eer an en annern geven, un de schall ünner düsse Sünn bi eer slapen. Du hest dat ganz in Stillen maakt, ik will düt aver ünner ganz Israel un de Sünn eer Ogen doon, so as ik di dat andraut heff."

Do see David: „Ja, ik heff mi gegen Gott versünnigt." Do see Natan to em: „Goot, denn hett ok Gott di dien Sünn vergeven. Du schallst nich starven. Aver wieldat du dörch dien Sünn Gott vör de Heiden eer Ogen lästert hest, so schall de Söön, de di schenkt is, starven."

Gott sien sware Hand
2. Samuel 12, 15—25.

Nu güng Natan nahuus. Aver denn lee sik Gott sien sware Hand up dat Kind, wat Uria sien Fru David schenkt harr, un dat wörr dootkrank. Un David beed to Gott för den Jung, un he eet nich un drunk nich un leeg de ganze Nacht up de Eer.

146

Un nu kemen sien böverste Hofflüüd un setten em to, he schull doch wedder bun de Eer upstaan; aver he wull dörchut nich un eet ok nich mit eer tohoop. An den sööbten Dag storv denn dat Kind. David sien Lüüd aver bröchten dat nich över dat Hart, em dat to vertellen; denn se seen: „Solang as dat Kind noch leven dee, kunnen wi seggen, wat wi wullen; he höör doch nich up uns. Un nu? wo schullen wi em nu seggen, dat dat Kind doot is? He kunn sik ja wat andoon!" As David denn aver seeg, dat sien Lüüd lisen de Köpp tohoop steken deen, do wörr em dat klaar, dat dat Kind doch wull doot weer, un so see he to sien Hofflüüd: „Ach, is dat Kind doot?" Se seen: „Ja, dat is doot." Do stünn David wedder vun de Eer up, wusch un salv sik un lee sien Truurkleder af. Un denn güng he in Gott sien Huus un beed dar. Nasten aver keem he nahuus torüch un leet sik wat to eten geven. Un se setten em wat vör, un he lang wedder to. Un nu seen sien Hofflüüd to em: „Wat schüllt wi blots vun di denken? Solang as dat Kind noch leven dee, hest du nix eten un drunken un ümmerto weent; denn if dach: wo- keen weet, ob Gott nich Gnaad gifft un mi dat Kind laten deit. Nu aver, wo dat Kind doot is, hett dat ja kenen Sinn meer. If haal mi dat nich wedder torüch. Wenn mien Tiet üm is, denn kaam if to em, aver dat kümmt nich wedder to mi torüch."

Un denn trööst David sien Fru Batseba un keem wedder mit eer tohoop, un se bröcht enen Söön to Welt. Den nööm he Salomo, un Gott harr em leev. Un David geev em in den Profeet Natan sien Hand, un de nööm em Jedidja, dat heet up düütsch: „Gott sien Leevling", un dat dee he Gott to Eren.

De Revoluutschoon
2. Samuel 15, 1—12.

Nasten lee Absolom sik Peer un Wagens to. Ok neem he föftig Mann in Deenst. De weren sowat as Vööriders, wenn he utfören dee oder up de Reis güng.

Un jeden Morgen stünn he bi dat Stadtdoor. Un wenn denn en keem, de bi dat Gericht wat to doon harr un den König sien Saak vörleggen wull, denn sprook he em an un see: „At wat för en Stadt büst du?" Un wenn en denn see: „If höör to den un den Stamm vun Israel", denn see Absolom to em: „Wat du dar seggst, dat is richtig un goot. Dar is nix gegen to seggen. Aver bi den König finnst du kenen een, de di recht gifft!" Oder Absolom see: „Dat is doch en Sünn un Schann! Harrn se mi doch to'n Richter in Israel maakt! Denn weer dat en annern Kraam. Denn kunn jedereen mit sien Saak to mi henkamen, un if wörr jeden een to sien Recht helpen." Un wenn denn en neger rankeem un sif deep vör em dalbögen wull, denn reck Absalom sien Hand ut un faat em um un geev em en Kuß. So maak Absalom dat mit all de Israeliten, de to den König kemen un em eer Saak vörleggen wullen, un so kreeg he all de Lüüd up sien Siet un streu eer Sand in de Ogen.

Na en Veerjarenstiet see Absalom to den König: „If müch nu na Hebron gaan un mien Woort inlösen, wat if Gott tolöövt heff. If heff ja, as if bi de Aramäers in Gesur weer, tolöövt: ‚Bringt Gott mi würklich na Jerusalem torüch, denn will if em to Eren en Dankopfer bringen.'" Do see de König to em: „Goot, do du dat! If heff dar nix gegen." So maak Absalom sif denn up den Weg un güng na Hebron. Aver ganz in Stillen harr he ok Lüüd to all de Stämm in Israel vörutschickt, un de schullen bekannt maken: „Wenn ji de Basunen höört, denn schüllt ji all tosamen ropen: Absalom is in Hebron König worrn!" Mit Absalom güngen nu twehunnert Mann ut Jerusalem na Hebron. De weren mit beden to de Opfermaaltiet un weren sif nix wider moden. Un denn leet Absalom, as dat Opferfest al in Gang weer, den Giloniter Ahitofel ut Gilon halen, wo he wanen bee. De weer David sien rechte Hand, un mit em snack he allens dörch. So wörr de Uproor ümmer gröter, un ümmer meer Lüüd deen sif mit Absalom tohoop un spelen mit em ünner een Deek.

Dat geit Hals över Kopp ut de Stadt

2. Samuel 15, 13—23.

As nu David sien Lüüd ankemen un em vertellen deen: „De Lüüd vun Israel hett Absalom den Kopp verdreit. Se hoolt dat nu mit em!" do see David to all sien Lüüd, de he in Jerusalem bi sif harr: „Dar helpt allens nix. Wi mööt seen, dat wi gau wegkaamt. Sünst künnt wi uns vör Absalom nich redden. Los! Rut ut de Stadt! Sünst fallt he över uns her, aan dat wi uns dat moden sünd, un dat Unglück is dar. Denn geit dat dull in de Stadt to, un mennich een ward an de Siet bröcht." Do seen de Knechen to den König: „Anse König un Herr! Wat du verlangst, dat ward maakt. Wi staat tru to di!" So trock de König denn af, un sien ganze Hoffstaat güng mit em. Blots sien Fruunslüüd neem de König nich mit; de schullen dat Huus upwaren. Sünst aver güngen all de Lüüd mit. Bi dat letzte Huus vör de Stadt helen se noch mal still. Blang bi den König stünnen sien Lüüd, un de Kreti un Pleti — dat weren den Itai ut Gat sien sößhunnert Mann, de ut Gat mit em kamen weren — de marscheren an den König vörbi. Un de König see to Itai ut Gat: „Worum wullt du ok mit uns gaan? Ga du torüch un bliev bi den König! Du

148

höörst ja nich to uns un — — di hebbt se ja ut de Heimat utwiest! Güstern büst du eerst kamen, un hüüt schall if di al mit up de Reis nemen un weet nich mal, wo dat hengeit? Ga torüch un nimm dien Lüüd wedder mit! Gott sien Gnaad is di seker. He ward di tru an de Siet bliven." Do see Itai to den König: „Mien König un Herr! Wo du bliven deist, dar is ok mien Platz. In Leven un Dood bliv't wi tosamen." Do see David: „Goot, denn treck du ok vörbi!" Un so trock ok Itai ut Gat vörbi mit all sien Lüüd un all de Fruun un de Kinner, de bi em weren. Un wieldeß dat Volk vörbitrecken dee, fungen se all luut an to wenen.

Mit Schimp un Schann andaan un doch en König

2. Samuel 16, 5—14.

As David nu bit na Bahurim kamen weer, do keem up eenmal ut dat Dörp en Mann rut. De höör to Saul sien Familie. He weer Gera sien Söön un heet Simei. Düsse Mann fung an to fluchen, un dat Fluchen wull keen Enn nemen. He smeet mit Steens na David un all sien Lüüd, un darbi güngen dat ganze Volk un de Suldaten up beide Siden vun den König. Aver he weer nich bang un fluuch ümmer wider un see: „Weg mit di! Weg mit di! Du büst en Bloothund un en Verbreker! Gott lett all de Blootschuld, de di an Saul sien Familie schüllig maakt hett, nu, wo du König büst, up di torüchfallen un hett nu de Königskroon an dinen Söön Absalom afgeven. Du büst even en Bloothund. Darum hett di nu dat Unglück drapen!" Do see Abisai, Zeruja eer Söön, to den König: „Wat fallt düssen doden Hund in? He fluuch den König? Laat mi gaan! If will em den Kopp afhaun!" Aver de König see: „Ji Sööns vun Zeruja! Wo künnt ji sowat vun mi verlangen? Laat em doch fluchen! Dar hett Gott sien Hand seker mit in dat Spill. Un wenn he dat so will, wokeen hett denn dat Recht to fragen, worum he so wat deit?" Un denn see David wider to Abisai un sien Lüüd: „Wenn mien egen Söön, de vun mi afstammt, mi an dat Leven will, denn bruuk if mi doch nich to wunnern, wenn düsse Benjaminiter dat deit! Laat em fluchen! Gott hett em dat upleggt. Kunn ja wesen, dat Gott mit mien Elend un Inseen hett un mi dat goot schrivt, dat if hüüt den Fluuch up mi nemen mutt." So güng David denn mit sien Lüüd wider. Simei aver bleev, as dat den Barg hendal güng, an sien Siet un fluuch un fluuch ümmerto un smeet mit Steens un Sand un Schiet na em. Toletzt keem de König denn mööd mit all sien Lüüd an den Jordan an un verpuuß sik.

Untru fleit eren egen Herrn
2. Samuel 18, 1—17.

Nu leet David de Kriegslüüd, de he bi sik harr, upstellen un sett Hauptlüüd över eer, över dusend un över hunnert Mann. Un denn deel he sien Suldaten in dree Dele; en Drüddel deel he Joab to, en Drüddel kreeg Abisai, Zeruja eer Söön, un dat lette Drüddel keem ünner Itai ut Gat sien Kummando. Un darbi see David to sien Lüüd: „Ik treck mit ju." Aver de Lüüd seen: „Ne, dat dörfst du nich doon! Up kenen Fall! Denn wenn wi uns nich holen künnt un torüchgaan mööt, denn kümmert se sik um uns nich. Un wenn ok de halven Lüüd vun uns fallt — se kümmert sik nich um uns. Aver du büst för eer so veel weert as teindusend vun uns. Dat is överhaupt beter, wenn du uns ut de Stadt to Hülp kamen kannst." Do see de König: „Goot! Ik see dat in. Ik do, wat ji wüllt." Un denn stell de König sik bi dat Door up un leet dat Kriegsvolk bi hunnert un dusend vörbitrecken. Aver to Joab see he: „Schoont mi aver den Jung, den Absalom! Faat em nich hart an!" Un dat ganze Kriegsvolk höör dat, wat de König de Hauptlüüd över Absalom up de Seel bunn.

So trock dat Kriegsvolk gegen de Israeliten to Feld. In dat Holt vun Efraim stötten se tohoop, un de Israeliten kunnen sik gegen David sien Lüüd nich holen. De annern kregen de Böverhand, un de Israeliten verlaren bi twintigdusend Mann. Un de Krieg breed sik över de ganze Gegend ut, un dat Holt hett an düssen Dag meer Lüüd upfreten as dat Sweert.

Nu keem Absalom to David sien Lüüd. He seet up enen Esel. Un nu keem dat Tier enen Eekboom to neeg, den sien Tilgen deep na de Eer dalhangen deen. So bleev Absalom mit sinen Kopp mang de Tilgen hangen un sweev twischen Himmel un Eer, wieldeß de Esel ünner em affusen dee. As dat nu en Mann seeg, do mell he dat glicx an Joab: „Ik heff even seen, dat Absalom an enen Eekboom hangen deit." Do see Joab to düssen Mann, de dat meld harr: „Wat? Hest du dat seen, un denn hest du em nich glicx doot maakt? Dar harrst du di tein Dalers un enen Görtel verdenen kunnt."

De Mann aver see to Joab: „Un wenn ik dusend Dalers in de Hand kregen harr — an den König sinen Söön harr ik mi nich vergrepen! Wi hebbt dat mit unse egen Oren höört, dat de König di un Abisai un Itai dat up de Seel binnen dee: ‚Gaat sinnig mit den Jung, den Absalom, um!' Harr ik em nu aver wat andaan un de König harr dat to weten kregen, denn harrst du seker för mi kenen Finger röögt." Do see Joab: „Ik heff keen Tiet meer to verleren." Un denn neem he dree Lanzen in de Hand un stött eer Absalom in dat Hart. Un as he noch mang de Tilgen hangen dee, kemen tein junge Lüüd,

150

de Joab sien Waffen dregen deen, hento un slogen Absalom ganz doot.

Un nu leet Joab de Basuun blasen, un David sien Lüüd maken Hoolt un leten de Israeliten lopen. Joab harr dat ja so anordent. Un denn nemen se Absalom, smeten em in dat Holt in en groot Lock rin un maken dat mit en Barg Steens to. De Israeliten aver güngen af, un jedereen güng nahuus.

David weent üm Absalom

2. Samuel 18, 19—32. 19, 1.

David seet jüst mang de beiden Poorten un keek vör sik hen. Un de Wachmann weer jüst baven up dat Dack an de Muur stegen. As he nu Utkiek holen dee, do seeg he en enkelten Mann, de anlopen keem. Un he reep dat to den König hendal. De König see: „Kümmt he alleen, denn hett he wat Godes to mellen.“ As düsse Mann nu neger un neger keem, seeg de Wachmann, dat noch en Mann ranlopen keem, un he reep dat hendal: „Ik see noch en tweten Mann rankamen!“ Do see de König: „Ok de hett wat to mellen.“ Do see de Wachmann: „Mi dünkt, de eerste kunn Ahimaaz, Zadok sien Söön, wesen; denn he hett ganz sinen Gang.“ De König see: „Dat is en gode Mann; de bringt ok seker wat Godes.“ Ahimaaz reep den König to: „Heil!“ Un denn full he vör den König dal un see: „Dinen Herrn un Gott si Lov un Dank! He hett de Lüüd, de sik gegen di upsett hebbt, in dien Hand geven.“ Do fraag de König: „Geit dat den Jungen Absalom goot?“ Ahimaaz see: „As dien Knecht Joab mi afschicken dee, weer de Slacht noch in vullen Gang, un ik kreeg nich to weten, wat vörfullen weer.“ Do see de König: „Goot! Du kannst gaan. Stell di hier an de Siet hen!“ Un he dee dat. Denn aver weer ok al de Neger dar, un de see: „Mien Herr un König! Laat di mellen, dat Gott di hüüt över all de Lüüd de Böverhand geven hett, de sik gegen di upsett harrn.“ Do fraag de König den Neger: „Geit dat den Jungen Absalom goot?“ De Neger see: „Müch dat all de Lüüd so gaan, de sik gegen di upsetten doot, as den Jungen!“

Do güng dat den König dörch un dörch, un he güng rup up dat Dack un fung bitterlich an to wenen. Un he weer noch nich baven, do reep he al: „Mien Söön Absalom! Mien Söön! Mien Söön Absalom! Ach, harr de Dood doch mi, statts di, drapen! O Absalom! Mien leve, leve Söön!“

Dat Testament an den Söön

1. Könige 2, 1—4. 10—12.

Un denn keem de Tiet, dat David starven müß. Un he lee sinen Söön Salomo dat Letzte an dat Hart un see: „So, mien

Tiet is to Enn, un if mutt den Weg maken, den se all gaat. Nu wees nich bang un sta dinen Mann! Hool di an all dat, wat dien Herr un Gott vun di verlangt! Leev so, as he dat verlangt, un hool di an sien Vörschriften un Gebade, an dat, wat he anordent un upleggt hett, so as dat bi Mose schreven steit. Denn hest du Glück bi allens, wat du di vörnimmst un wo du up tostüürst. Denn ward Gott ok dat indrapen laten, wat he mi tosegt hett, as he see: ‚wenn dien Kinner sik up eren Weg vörseet, dat se ünner mien Ogen tru leeevt un dat vun Harten doot un sik ganz för dat Gode insett, denn schall di dat nümmer an Nakamen up Israel sinen Troon felen!‘"

Un denn weer dat ok bald mit David to Enn, un he funn sien Rusteed bi sien Vöröllern un wörr in de Davidsstadt to Eer bröcht. Veertig Jaren weer he König över Israel west, dat will seggen: söven Jaren harr he in Hebron un dreundörtig Jaren in Jerusalem regeert. Denn keem Salomo up sinen Vader David sinen Troon, un he keem meer un meer to Anseen un Macht.

De kloke König

En recht Königsgebedd
1. Könige 3, 5—15.

Dat weer in Gibeon. Dar maak Gott sik Salomo nachts in enen Droom künnig. Un Gott see: „Beed di ut vun mi, wat ik di geven schall!" Salomo see: „Du hest an minen Vader David, de dien Knecht weer, veel Gnaad wiest. He hett ja ok tru un fraam un uprichtig ünner dien Ogen leevt. Un du büst em alltiets gnädig bleven un hest em enen Söön schenkt, de nu up sinen Troon sitten deit. Un nu hest du mi — ik bün ja ok dien Knecht — an minen Vader sien Stell to'n König maakt. Ik bün ja noch jung un kann mi sülven nich helpen. Un ik sta as dien Knecht merrn mang dat Volk, wat du di utweelt hest, un dat is en groot Volk, so groot, dat en dat nich tellen un bereken kann. Darum beed ik di: giff dinen Knecht en Hart vull Verstand, dat ik dien Volk goot regeren un mang dat Gode un Lege dat Richtige drapen kann. Sünst kann doch keen een so en groot Volk regeren."

Dar harr Gott sien grote Freud an, dat he sik düt utbeden dee, un so see Gott to em: „Dar hest du recht an daan, dat du di düt utbeden hest un nich en lang Leven oder veel Geld un Goot, ok nich dien Fienden eren Dood. Verstand hest du di utbeden un Insichten, dat du dat Richtige drapen deist. Darum will ik di dat geven, wat du di utbeden hest. Ik will di en Hart schenken, wat kloof is un Insichten hett. Un keen een, de vör di west is un de na di kümmt, schall dat mit di

152

upnemen. Aver ok dat, wat du di nich utbeden hest, will ik di geven: Geld un Goot un Eer so veel, dat keen anner König sik mit di meten kann. Un wenn du ünner mien Ogen leevst un dat deist, wat ik vun di verlang un förrern do, so as dien Vader David dat daan hett, denn geev ik di dar ok noch en lang Leven to."

As Salomo nu upwaken dee, do keem he dar achter, dat he dröömt harr, un as he nu wedder in Jerusalem weer, stell he sik bi de Bundeslaad hen un opfer Brandopfer un Slacht-opfer, un maak en groot Fest mit en Maaltiet för all sien Lüüd.

De kloke Richter
1. Könige 3, 16—28.

Eensdaags kemen to den König twe Fruunslüüd. De weren dar för bekannt, dat se sik mit allerhand Mannslüüd abgeven deen. De wullen em geern spreken.

De ene Fru see: "Unse König un Herr! Höör mi doch an! Ik un düsse Fru — wi waant tohoop in een Huus. Un nu keem ik to liggen un bröch en Kind to Welt. Se hett dat sülven mit bileevt. Un knapp harr ik dat achter mi — dat weer an den drütten Dag — do keem se ok to liggen un bröch en Kind to Welt. Wi weren ganz alleen in dat Huus. Dar wörr keen een üm wies. Ja, ganz alleen weren wi in dat Huus. Un denn duur dat nich lang, do storv düsse Fru eren lütt Jung. Un dat keem so: se harr em nachts in den Slaap doot drückt. Un denn stünn se merrn in de Nacht up un neem minen Jung, de blang bi mi liggen dee, un lee em bi sik hen, un denn lee se eer dodes Kind bi mi hen. As ik nu morgens upstünn un mien Kind de Bost geven wull, do harr ik en dodes Kind in den Arm. As dat nu hell weer, seeg ik mi dat Kind noch mal gründlich an, un wat wörr ik wies? Dat weer gar nich mien Jung, den ik to Welt bröcht harr. Aver de anner Fru bleev dar bi; se see: Ne, dat is doch dien Kind! Mien Jung leevt, un dien Jung is doot."

Un se kunnen sik ok vör den König nich enig warrn.

Do see de König: "Ja, wat is dar bi to maken? De ene seggt: ‚Mien Jung leev, un dien Jung is doot!' un de anner seggt: ‚Dat stimmt nich. Dien Jung is doot, un mien Jung leevt!'" Un denn see de König: "Denn bringt mi mal en Sweert!" Un as em dat bröcht wörr, se de König: "So, nu deelt den Jungen, de noch leven deit, in twe Dele, un denn geevt enen Deel an düsse Fru un enen Deel an de anner!" Do aver see de Fru, de de Moder to den Jungen weer — eer blött rein dat Hart, denn se harr dat Kind ja so leev —: "Ach, unse König un Herr! Denn giff dat Kind, wat leven deit, lever de anner Fru! Laat dat blots nich doot maken!"

153

Aver de anner see: „Ne, denn schall dat mi un ok di nich tohören. Denn laat dat delen!" Do see de König: „So, nu is de Saak klaar! De dar seggt hett: ‚Geevt eer dat Kind! Maakt dat blots nich doot!' — de is de Moder."

Düt Ordeel, wat de König utspraken harr, güng in dat ganze Volk Israel vun Mund to Mund. Un de Lüüd kregen dat mit de Angst vör den König; denn se segen, dat he göttliche Wiesheit harr un dat he darum en gerecht Gericht holen kunn.

154

Ut de Profetenkiet

De Füürkopp

Unsen Herrgott sien Kostgänger un Handlanger

1. Könige 17.

Do see Elia, de Tisbiter — he weer ut Tisbe, wat in Gilead liggen deit — to Ahab: „So wiß as de Herr, de Israel sien Gott is un den sien Dener ik bün, leven deit, du kannst di dar up verlaten: In düsse Jaren schall keen Dau un keen Regen fallen, eer dat ik dat segg!"

Un den Herrn sien Woort keem to em: „Du kannst hier nich bliven. Maak di up den Weg un ga na Osten to! Versteek di an den Krit! Dat is ja dat lütt Water ööstlich vun den Jordan. Ut en Beek schallst du drinken, un de Krein hebbt den Befeel, se schüllt di dar versorgen." Un he güng hen un maak dat so, as de Herr em dat seggt harr. He güng hen un bleev an den Krit, wat dat lütt Water ööstlich vun den Jordan weer. Un de Krein bröchen em Broot un Fleesch morgens un Broot un Fleesch avends, un ut den Beek drunk he Water.

Un dat duur gar nich lang, do dröög de Beek ut, denn in dat Land weer keen Regen fulln. Do keem den Herrn sien Woort wedder to em: „Sta up un ga na Sarepta, wat to Sidon höört! Dar schallst du eerst mal bliven. Ik heff en Weetfru, de dar waanen deit, den Befeel geven, dat se di versorgen deit."

Un he maak sik up den Weg un güng na Sarepta. Un as he neeg bi dat Stadtdoor weer, do weer dar jüst en Weetfru bi un sammel sik Holt tohoop. Un he fung an un snack mit eer un see to eer: „Haal mi doch en beten Water in en Kruuk, ik müch geern mal drinken!" Un se güng hen un haal Water. Do reep he noch achteran: „Bring doch ok glieks en Stück Broot mit!" Aver se see: „Du kannst mi dat glöven, so wiß as de Herr, dien Gott, leven deit — ik heff niks to backen. Dar is blots noch en Handvull Meel in den Pott un en beten Öl in de Kruuk. Du kannst dat ja sülven seen: ik sammel blots noch en beten Holt, un denn will ik nahuus gaan un allens torecht maken för mi un minen Söön, un denn wüllt wi noch mal eten un starven." Do see Elia to eer: „Du bruukst nich bang to wesen. Ga ruhi hen un maak dat so, as du dat seggt hest. Aver back dar för mi eerst en lütten Pannkook vun un bring mi em rut. Un denn kannst du för di un dinen Söön sorgen. Denn so hett de Herr, de Israel sien Gott is, seggt:

155

„De Meelpott schall nich lerrig warrn,
un dat Öl in de Kruuk schall nich all warrn
bit hen to den Dag, dat de Herr
wedder Regen schickt för dat Land."

Un se güng hen un maak dat so, as Elia eer dat seggt harr,
un se harrn to eten, se un he un eer Söön, Dag för Dag. De
Meelpott wörr nich lerrig, un dat Öl in de Kruuk wörr
nich all, jüst so as de Herr dat dörch Elia seggt harr.

Na enige Tiet wörr de Söön vun de Weetfru, de dat Huus
tohöörn dee, krank. Un de Süük wörr so slimm, dat keen Leven
meer in em weer. Do see se to Elia: „Wat is doch blots los?
— Ik will mit di niy meer to doon hebben, du Gottesmann!
Büst wull blots to mi kamen, dat mien Schuld an den Dag
kümmt un mien Söön starven schall!" Aver he see to eer:
„Giff dinen Söön mi mal her!" Un he neem em eer vun den
Schoot un droog em na den Böden rup, wo he sien Stuuv
harr, un lee em up sien Bedd. Un denn beed he to den Herrn
un see: „Ach, Herr, mien Gott, wat hest du blots maakt?
Nu hest du sogar de Weetfru, bi de ik to Gast bün, so wat
Leges andaan, dat eer Söön starven schall?" Un he lee sik
so lang, as he weer, dremal över den Jungen un beed to den
Herrn: „Herr, mien Gott, laat doch dat Leven to den Jungen
wedder torüchkamen!" Un Gott höör up Elia sien Beed, un
de Jung keem wedder to sik sülven un weer wedder lebenni.
Do neem Elia den Jung un böör em vun baben wedder hen-
dal un geev em sien Moder wedder torüch. Un Elia see: „Süüst
du? Nu is dien Söön wedder lebenni!" Do see de Fru to
Elia: „Nu weet ik wiß, dat du en Gottesmann büst un dat
den Herrn sien Woort, wat du verkünnen deist, Waarheit is."

De Unglücksvagel

1. Könige 18, 1—20.

Na lange Tiet keem den Herrn sien Woort wedder to Elia
— dat weer in dat drütte Jaar —: „Ga hen un wies di
vör Ahab; ik will Regen schicken up de Eer."

Un Elia güng hen un wies sik Ahab.

Un de Hungersnoot weer heel groot in Samaria. Un Ahab
leet Obadja kamen, de sien Huusverwalter weer. —

Obadja weer en heel frame Mann, de en fasten Gloven an
Gott harr. He harr ok, as Isebel de Gottesprofeten doot-
maken leet, hunnert Profeten bisiet namen un eer to föftig
Mann in en Hööl versteken, ok eer mit Broot un Water ver-
sorgt. — Un Ahab see to Obadja: „Höör mal! Wi wüllt mal
över Land reisen na all de Waterborns un all de Beken.
Veellicht find wi Gras, dat wi de Peer un Esels leven laten
künnt un vun dat Veewark niy afftoslachen bruukt." Un se

156

deeln sik in dat Land, wat se bereisen wulln. Ahab reis för sik alleen hierhen un Obadja för sik alleen darhen.

As nu Obadja ünnerwegens weer, do keem em up eenmal Elia in de Mööt. Un as he seeg, dat he dat weer, do full he vör em dal up de Knee un see: „Büst du dat wirklich, mien Herr Elia?" He see to em: „Allerdings, dat bün ik! Ga hen un segg dien Herrn an: Elia is dar!" Do see Obadja: „Segg mal, wat heff ik doch blots verbraken? Du wullt mi wull in Ahab sien Hannen geven un ümbringen laten. Du kannst di darup verlaten, so wiß as dien Herrgott leven deit: Dat gifft keen Volk un Land, in dat mien Herr mi nich schickt hett, dat ik di söken schull. Un wenn de Lüüd denn seen: „He is nich hier!", denn leet he Land un Volk swöörn, dat keen een di funnen harr. Un nu seggst du: Ga hen un segg dinen Herrn an: Elia is dar!? — Denk doch mal an, wat darbi rutkamen kunn! Wenn ik nu losgaan wull un Gott sien Geist föör di weg, ik weet nich wohen, un ik wörr dat nu melden bi Ahab un he kreeg di nich faat — he wörr mi ja ümbringen! Un du weetst, ik bün fraam west vun mien junge Jaren an. Hest du nich ok höört, wat ik daan heff, as Isebel de Gottes- profeten an de Siet bringen wull? Heff ik dar nich hunnert Mann föftig bi föftig in en Hööl versteken un eer ok noch mit Broot un Water versorgt? Un nu verlangst du vun mi: Ga hen un segg Ahab an: Elia is dar? He lett mi ja ümbringen!" Do see Elia: „So wiß, as Gott Zebaoth leven deit, den sien Dener ik bün — du kannst glöven: ik kaam em hüüt noch ünner de Ogen!"

Do güng Obadja af, dat he Ahab bimöten dee. He wull em melden, wat he bileevt harr. Un dat duur nich lang, do keem Ahab Elia in de Mööt. Un as Ahab Elia seeg, see Ahab to em: „Also, dar büst du wedder, du Unglücksvagel in Israel!" He aver see: „Ne, i k verdarv Israel nich. Dat deist du sülven un dien Familie; denn ji hebbt ju vun Gott sien Gesetze los- maakt, un ji sünd achter de Baals ranlopen! Nu laat mal ganz Israel bi mi up den Karmel tohopkamen un de veer- hunnertföftig Baalsprofeten darto un ok noch de veerhunnert- föftig Ascheraprofeten, de sik an Isebel eern Disch sattfreten doot!" Do schick Ahab dat ganze Volk Israel Bott un leet all de Profeten up den Barg tohoopkamen.

De Füürproov
1. Könige 18, 21—40.

Nu güng Elia an all dat Volk neeg ran un see: „Wolang wüllt ji egentli noch up beide Been hinken? Is de Herr de ware Gott, denn folgt em doch! Is Baal dat, denn hoolt ju an em!" Aver de Lüüd seen keen Woort. Do see Elia to dat Volk: „Ik bün nu de eenzige Profet, de vun den Herrn sien Profeten överbleven is. Aver de Baalsprofeten sünd noch veerhunnertföstig Mann stark. Geevt uns mal twee junge Ossen her! Dar künnt se sik een vun utsöken, em utslachen un de Stücken up dat Holt leggen. Bloots dörft se keen Füür anböten. Un denn will ik dat jüst so maken mit den annern Ossen, em ok tohaun un up dat Holt leggen, aver ok keen Füür anmaken. Un denn — denn roopt ji den Namen vun ju Gott an, un ik roop den Herrn sinen Namen an, un de Gott, de mit Füür antworten deit, de is denn de ware Gott." Do see dat Volk: „Goot, so schall dat maakt warrn." Un nu see Elia to de Baalsprofeten: „Nu söökt den enen Ossen ut un maakt ju eerst an de Arbeit; denn ji sünd de meersten. Un denn roopt ju Gott sinen Namen an! Blots dörft ji keen Füür anböten." Un se nemen den Ossen, de eer geven wörr, un haun em to un repen Baal sinen Namen an. So güng dat vun morgens bit hen to den Middag. Se repen eenmal över dat anner: „Baal, höör up uns!" Aver dar keem keen Stimm un keen Antwoort. Un se hinken üm den Altar rum, den se buut harrn. Un as dat nu Middag wörr, do maak Elia sik lusti över eer un fung ok an to hinken un see: „Roopt doch luuthals; he is ja en Gott. Kunn ja wesen, dat he jüst in Gedanken is, oder he hett sünst wat to doon, oder he is up de Reis. Veellicht slöppt he jüst un mutt eerst weckt warrn. Dat kann een ja all nich weten!" Do fungen se an un praalten luuthals un sneden sik in dat Fleesch mit Messen un steken sik mit Lanzen, as se dat of sünst deen, dat dat Bloot man so an eer dallopen dee. Un as de Middag vörbi weer, do fungen se an to rasen bit hen to de Tiet, wo dat Avendopfer spend ward. Aver dat holp allens nix. Dar keem keen Stimm un keen Antwoort. Up eer wörr nich höört.

Do see Elia to dat Volk: „So, nu kaamt mal neger an mi ran!" Un all de Lüüd deen dat. Do buu he den Herrn sien Altar, de all dalreten weer, wedder up. Denn neem he twölf Steens — jüst so veel as dat Stämm gifft bi de Kinner Israel — un he sett de Steens up to enen Altaar in Gotts Namen. Un denn smeet he en Graav ut üm den Altar rum; de weer so breed as en Stück Land för twee Schepel Saatkoorn, un denn schich he dat Holt up, hau den Ossen to un lee em up dat Holt. As dat nu fardi weer, do see he: „So, nu maakt veer Ammers vull mit Water un geet dat ut över dat Brandopfer un över dat Holt!" Un denn see he: „Maakt dat noch mal so!" Un se deen dat ok to'n drütten Maal. So leep dat Water rund üm den Altar, un ok de Graav wörr dar vull vun.

As nu de Tiet dar weer, wo dat Avendopfer spend wörr, do keem de Profet Elia ganz dicht ran un see: „Herr, du büst Abraham un Isaak un Jakob eern Gott. Laat de Lüüd hüüt marken, dat du Gott in Israel büst un dat ik dien Knecht bün,

158

un dat ik düt allns daan heff up dien Woort! Höör mi doch, Herr, höör mi doch, dat düt Volk spöörn deit, dat du, Herr, de ware Gott büst un dat du eer Hart up den richtigen Weg bröcht heſt!" Do full Gott ſien Füür hendal un freet dat Brandopfer up un dat Holt, de Steens un de Eer, un dat Water in den Graav leck dat Füür ok weg. As dat ganze Volk dat ſeeg, do fulln ſe daal up de Knee un ſeen: „De Herr is de ware Gott, de Herr is de ware Gott!" Elia aver ſee to eer: „So, nu kriegt de Baalsprofeten faat! Keen een ſchall verſchoont warrn." Un ſe kregen eer faat. Un Elia leet eer hendaal bringen na den Beek Krith un ſlach eer af.

De Regenwulk

1. Könige 18, 41—46.

Do ſee Elia to Ahab: „So, nu gaa hen un eet un drink; denn ik kann dat al höörn, dat gifft Regen!"

So güng Ahab af un wull eten un drinken. Wieldeß ſteeg Elia na de Spitz vun den Karmel rup, ſett ſik dar hen un lee ſinen Kopp up de Knee. Un denn ſee he to den Jung, den he bi ſik harr: „Ga du mal hen un kiek up de See rut!" De dee dat denn ok, lee de Hand över de Ogen un keek un keek, aver denn keem he torüch un meld: „Dar is nix to ſeen." Do ſee Elia: „Gaa noch ſöbenmal hen!" Un he dee dat. As he nu dat föfte Mal torüchkeem, ſee he: „Nu kümmt en lütt Wulk över de See hooch, de is ſo groot as en Mann ſien Hand." Do ſee Elia: „Meld Ahab: Laat anſpannen un föör nahuus, dat du vör den Regen noch ünner Dack kümmſt!" Un in en Hand=ümdrein weer de Heven pickenswart vun Wulken, un de Storm keem hooch, un dat goot man ſo vun den Heven hendal. Un Ahab föör in'n Draff loos un keem noch eben na Jeſreel. Gott ſien Hand aver keem över Elia. He bunn ſinen Mantel hooch un leep vör Ahab her na Jeſreel.

Keen Luſt meer to leven

1. Könige 19, 3—8.

As Elia nu na Beerſeba, wat in Juda liggt, keem, do leet he dar den Jung torüch. He ſülven güng dörch de Stepp, en Dagreis wiet. Un denn ſett he ſik dal ünner en Braambuſch. He müch nich meer leven un wünſch ſik den Dood. Un ſo ſee he: „Nu is dat noog, Herr, nu heff ik dat ſatt. Nu nimm du mien Seel; ik bün nich beter as mien Vöröllern." Un denn lee he ſik dal to ſlapen ünner den Braambuſch. Aver he weer man eben indruſelt, do ſtünn al en Engel neeg bi em un ſee to em: „Staa up un eet wat!" Un as he de Ogen upmaken dee, do leeg bi ſinen Kopp en backt Broot, un ok en Kruuk mit Water

159

stünn darbi. Aver he röög dat nich an un lee sik up de anner
Siet un sleep wider. Do keem den Herrn sien Engel to'n
tweten Maal, maak em waken un see to em: „Kumm hooch
un eet wat, sünst ward di de Weg to lang!" Do stünn he up,
eet un drunk, un wanner na düsse Maaltiet veertig Daag un
veertig Nachen bit na den Gottesbarg Horeb.

Unsen Herrgott sien Stimm
1. Könige 19, 9—13.

Hier güng he rin na en Hööl un bleev dar de Nacht över.
Un dat duur nich lang, do keem Gotts Woort to em: „Wat
wullt du hier, Elia?" Do see he: „Ik heff ivert för Gott sien
Saak; denn de Kinner Israel hebbt sik vun dinen Bund los-
seggt. Se hebbt dien Altaars toschann maakt, un dien Profeten
hebbt se mit dat Sweert daalmaakt. Nu bün ik alleen noch
över, un nu wüllt se mi an dat Leven." Do see Gott: „Gaa
weg un stell di up den Barg vör den Herrn!" Un up eenmal
keem de Herr vörbi. Em vörut keem en grote, sware Storm.
De Bargen fulln ut'n een, un de Felsen kregen en Knacks.
Aver de Herr weer nich in den Storm. Un achter den Storm
keem en Eerbeven, aver ok in dat Eerbeven weer de Herr nich.
Un achter dat Eerbeven keem Füür, aver ok in dat Füür weer
de Herr nich. Aver as dat Füür vörbi weer, do wörr dat meist
ganz still, blots de Wind sung noch ganz lisen sien Leed.
As Elia dat höörn dee, do trock he sinen Mantel vör dat Ge-
sicht, güng rut un stell sik vör de Hööl.

De Gloov lett sik nich dootmaken
1. Könige 19, 13—18.

Nu keem en Stimm to em un see: „Wat hest du hier vör,
Elia?" He see: „Ik heff ivert för Gott sien Saak; denn de
Kinner Israel hebbt sik vun dinen Bund losseggt. Se hebbt
dien Altaars toschann maakt, un dien Profeten hebbt se mit
dat Sweert daalmaakt. Nu bün ik alleen noch över, un nu
wüllt se mi an dat Leven." Aver de Herr see to em: „Nu gaa
den sülvigen Weg wedder torüüch na de Stepp vun Damas-
kus, gaa na de Stadt rin un salv Hasael ton König över
Syrien. Un Jehu, wat Nimsis sien Söön is, den schallst du
to'n König över Israel salven, un Elisa, de Safat sien Söön
is un in Abel-Mehola tohuus is, den schallst du an dien Stell
to'n Profet salven. De denn vör Hasael sien Sweert sik in
Sekerheit bringt, den ward Jehu dootmaken, un de sik vör
Jehu sien Sweert in Sekerheit bringt, den ward Elisa an de
Siet bringen. Aver in Israel will ik söbendusend Mann över
laten. Dat sünd all de, de för Baal nich in de Knee fulln sünd,
un all de, de eern Mund em nich küßt hebbt."

160

De Himmelfaart
2. Könige 2, 1—12.

As Gott nu Elia in den Storm na den Himmel nemen wull, do güngen Elia un Elisa ut Gilgal weg. Un Elia see to Elisa: „Bliev doch hier; denn Gott hett mi bit hen na Betel schickt." Elisa see: „So wiß as Gott leevt un so wiß as du leevst — ik bliev bi di!" So güngen de beiden na Betel dal. Un nu kemen de Profetenjüngers ut Betel to Elisa un seen: „Weetst du dat al, dat hüüt Gott dinen Herrn över dinen Kopp na baven nemen will?" He see: „Ja, ja! Ik weet dat ok, aver swiegt blots still!"

Un Elia see noch mal to em: „Bliev doch hier, Elisa! Denn Gott hett mi na Jericho schickt." Do see he: „So wiß as Gott leevt un so wiß as du leevst — ik bliev bi di!" Un so kemen se denn na Jericho. Do kemen de Profetenjüngers ut Jericho an Elisa ran un seen to em: „Weetst du, dat Gott hüüt dinen Herrn över dinen Kopp na baven nemen will?" He see: „Ja, ja! Ik weet dat ok; aver swiegt blots still!"

Un noch een Mal see Elia to Elisa: „Bliev doch hier! Denn Gott hett mi an den Jordan schickt." Elisa see: „So wiß as Gott leevt un so wiß as du leevst — ik bliev bi di!" Un so güngen de beiden denn wider. Ok föftig Profetenjüngers güngen mit eer lang, bleven aver en Stück affiets staan, as de beiden an den Jordan kemen.

Nu neem Elia sinen Mantel un rull em tosamen un sloog dar mit up dat Water. Do deel dat sik up eenmal in twe Dele, un se beide kunnen mit dröge Fööt dar dörchgaan.

As se nu up de Güntsiet ankamen weren, see Elia to Elisa: „So, nu beed di wat vun mi ut, eer dat ik vun dien Siet namen warr!" Elisa see: „Müchen mi doch twe Drüttel vun dinen Geist schenkt warrn!" Do see Elia: „Dat ward swaar holen, dat di dat schenkt ward. Wenn du dat aver seen warrst, wodennig ik vun dien Siet wegnamen warr, denn ward di dat schenkt; sünst nich."

Un se güngen mit enanner wider un snacken noch tohoop. Do keem up eenmal en fürige Waag mit fürige Peer. So wörrn se ut'n een bröcht, un Elia föör in den Storm na den Himmel rup. As Elisa dat aver seeg, do schrie he: „Mien Vader! Mien Vader! Israel sien Wagen un sien Riders!" Un denn neem he sien Kleder un reet eer twei.

De Mann mit den starken Gloven
En lütten Rest
Jesaja 1, 2—9.

Himmel un Eer! Ji schüllt mien Tügen wesen! Hoolt still un swiegt! Höört to!

De Herr hett en Woort spraken.
„Kinner heff ik groot maakt un to Eren bröcht,
aver se wullen nix vun mi weten un sünd mi untru worrn.
En Oß kennt sinen Herrn
un en Esel weet, wokeen em dat Foder in de Krüff leggen deit.
Aver Israel föölt un spöört dat nich.
Mien Volk will dat nich inseen."
Is dat nich to'n Bangwarrn? Seet ju dat mal an!
Lüüd, de sik versünnigt hebbt!
En Volk, wat Schuld as en sware Last to slepen hett!
Verbrekerbrott!
Kinner, de ut de Aart slaan sünd,
an de nix meer to betern is!
Den Herrn hebbt se den Rüüch tobreit.
Vun den Hilligen in Israel wüllt se nix weten.

Se hebbt sik vun em losseggt.
Schall ik eer noch wider slaan?
Dat nützt nix meer. Hören doot se nich.
Se gaat noch wider vun em af.
An denn? — Woneem is noch en Stell,
de noch kenen Slag kregen hett?
An eer is allens krank. De Kopp is süük;
dat Hart — dat will nich meer.
Vun Kopp to Fööt — nix is meer heel.
Wunnen un Striems, Slag över Slag —
allens is noch root un blödig.
Keen Wunn is utdrückt, keen verbunnen;
ok Salv, de helen schall, is nümmer bruukt.

Ju Land liggt wööst, ju Städte sünd mit Füür verbrennt.
Ju Koppeln — den Erdrag verteert de frömben Lüüd.
Ji künnt blots toseen; wider blivt ju nix.
Allens is wööst un allens toschannen.
Ju hett dat jüst so gaan as Sodom vör lang verlopen Tiet.
Lütt Zion, büst alleen noch överbleven,
ganz moderselenalleen,
as en lütt Schuur in den Wienbarg,
as en lütt Telt mank all de Gurken up de Koppel,
wo sik de Wächter bargt bi Nacht in Storm un Regen;
Ja, du büst as en Stadt, üm de vun alle Siden
de Fiend sik lagert hett.
Wenn nich de Herr, de Himmelskönig,
uns noch en lütten Rest harr överlaten,
denn harr uns dat so gaan as Sodom,
denn harrn wi dat bileevt jüst as Gomorra.

162

Fraam un doch Gott towedder
Jesaja 1, 10—17.

Höört Gotts Woort! Ji Richters vun Sodom!
Mark di, wat Gott vun di verlangt,
du Volk vun Gomorra!
Ji slacht to'n Opfer Vee in Hüll un Füll,
wat aver schall dat allens? — seggt de Herr.
Ik will dar nix vun weten.
Un Bück un fette Kalver, de ji masten doot —
de heff ik satt, mag dar nix meer vun seen.
Ok an de Starken, Lammer un de Bück heff ik keen Freud.
Un wenn ji gaat to Kark — seggt:
Wokeen hett vun ju verlangt, dat ji vör mien Döör kaamt?
Vun all ju Opfer will ik nix meer weten.
Ji rökert mi to Eren — ik aver kann dat nich utstaan.
Ji fiert den Nimaandsdag, den Sabbat,
kaamt ok sünst tohoop —
dat allens is mi towedder, dat haßt mien Seel.
Dat is för mi en grote Last, un ik bün mööd;
ik will dat nich meer dregen.
Breed ji ju Hannen to'n Beden ut —
ik will dat nich seen; dar maak ik de Ogen vör to;
denn an ju Hannen kleevt Bloot!
Wascht ju eerst mal un maakt ju rein!
Weg mit dat lege Leven ut mien Ogen!
Lat ju Hannen vun dat Lege af!
Leert dat Gode doon!
Sorgt dar för, dat dat Recht dörchsteit!
De anner Lüüd den Foot up den Nack setten wüllt,
de drievt dat ut, dat se dar de Hannen vun aflaat!
De in de Welt alleen aan Vader un Moder staat,
för de sett ju in,
un weet en Weetfru vör Gericht sik nich to helpen,
denn stellt ju an eer Siet un neemt eer Saak
sülven in de Hand.

De Weg, mit Gott in dat Reine to kamen
Jesaja 1, 18—20.

Kaamt her! Wi künnt ja mal verhanneln,
as stünnen wi vör Gericht, — so seggt de Herr.
Sünd ju Sünnen so root as Bloot —
denn schüllt se witt warrn as de Snee.
Un sünd se düsterroot,
denn schüllt se slowitt warrn as de Wull.
Hebbt ji den goden Willen un höört ji up mi,

11*

163

denn schüllt ji leven vun dat Gode,
wat ju dat Land inbringen deit.
Wüllt ji ju aver nich fögen un sett ji ju to Keer,
denn schall dat Sweert ju freten.
Ja, dat is wiß, ganz wiß!
De Herr hett dat sülven seggt.

Aan reinen Disch geit dat nich af

Jesaja 1, 21—31.

Ach, ach! Is dat to glöven?
To en Hurenwiev is worrn de true Stadt!
Vör Tiden weer dat Recht dar ganz tohuus,
Gerechtigkeit waan dar — doch nu?
Nu hüüst dar Lüüd, för de dat Minschenleven
nich meer hillig is.
Wat Sülwer bi di weer,
dar sünd blots Slacken noch vun över.
Dien Wien — de smeckt nich meer un hett keen Kraft;
den hebbt se Water tosett.
De Böversten bi di hoolt kenen Freden.
Se sett sik up un wigelt anner Lüüd up.
För en Drinkgeld kann en allens bi eer hebben.
Se stellt allens dar up to,
dat se sik sülven de Taschen füllt.
De in de Welt alleen steit un keen Ollern hett,
de kümmt bi eer nich to sien Recht.
Ok för en arme Weetfru sett se sik nich in.
Darum seggt Gott, de Herr,
de Himmelsherr, de grote Held in Israel:
„Verlaat ju dar up! Ji schüllt dat bileven!
De gegen mi staat, de kaamt dar nich mit dörch.
Ik betaal eer torüch, wat se mi andaan hebbt.
Mien Fienden schüllt dat spören,
ik laat mi nix gefallen. Ik reken mit eer af.
Mien Hand schall swaar up eer to liggen kamen.
Dien Blie will ik smölten un rein maken,
un all dien Slacken schüllt verswinnen.
Richters will ik över di setten as in ole Tiden,
un Raatsherren, as du eer toeerst al harrst.
Denn schüllt se to di seggen:
Stadt, wo Gerechtigkeit waant! Du true Stadt!
Zion schall dörch Gericht looskööfft warrn,
un de sik dar bekeert, de schüllt frie warrn
dörch Gerechtigkeit.
Doch de Verbrekers un de Sünners —
de maakt he all toschann.

164

De Gott den Rüüch todreit, de mööt verdarven.
Schaamt ju wat! An de Bööm hebbt ji Freud?
Root schullen ji warrn över de Gaarns, de ji utweelt hebbt!
Ji sülven schüllt warrn as en Eekboom,
den sien Bleder versoort as en Gaarn, de keen Water hett.
De starke Keerl schall dröög warrn as de Flaß,
un wat he maakt, geit up in Füür un Flamm.
Se beide, Mann un Wark, ward brennen,
un keen een maakt dat Füür ut.

De höchste Barg,
un wat he för de Welt bedüden deit
Jesaja 2, 1—5.

In de allerlehte Tiet schall Gott sien Tempelbarg
fast staan merrn mang all de Bargen.
So hooch as keen anner schall he warrn,
un de lütten Bargen künnt sik eerst recht nich mit em meten.
Denn ward de Völker to em kamen in en groten Swarm,
un all de Stämm fünd nich to tellen,
de sik in Gang sett un dar hen wannern doot.
Se ward seggen:
Los! Los! Wi wüllt up den Herrn sinen Barg gaan,
na den Tempel, de Jakob sinen Gott tohöört!
De schall uns wisen den Weg, den he vun uns verlangt;
denn gaat wi ok den Weg, den he uns upleggt hett.
Denn dat Gesetz kümmt vun Zion
un Gotts Woort vun Jerusalem.
He ward mang de Völker Richter wesen
un veele Völker dat todelen, wat se verdeent.
Se ward dat Sweert ümsmeden to en Ploogisen
un de Spitz vun de Lanz to en Meß,
as de Wienbuur dat bruukt.
Keen Volk ward up dat anner losgaan mit dat Sweert.
Krieg un Suldatspelen gifft dat denn nich meer.
Jakob sien Huus! Laat uns den Weg doch gaan,
de in Gott sien Licht steit!

Wat dat Volk verdarvt
Jesaja 2, 6—10.

Dien Volk, wat Jakob sien Huus is,
dat heft du vun di stött;
denn se hebbt sik allerhand annamen
vun de Lüüd, de in den Osten waant.
Ja, dar fünd se vull vun.

165

Se geevt sik af mit Toverie un swarte Kunst,
jüst so as de Filisters.
Se gaat mit all de Frömden Hand in Hand.
Eer Land kreeg Sülver un Gold in Hüll un Füll.
Geldbütel un Geldschapp sünd vull bit baven hen.
Ok Peer gifft dat in dat Land in Hüll un Füll,
un Kriegswagens — de sünd knapp to tellen.
Ok Götzen hett dat Land in Hüll un Füll.
Se fallt up de Knee un beed dat an,
wat eer Hannen maakt hebbt un wat eer Fingers tostann bringt.
Doch de Tiet kümmt, denn smiet se eer Götzen weg;
denn gaat se in de Felslöcker un bargt sik in de Eer,
sünd heel un deel verfeert un kriegt dat Gruseln.
vör Gott sien Macht un Herrlichkeit,
wenn he denn kümmt un Angst un Bangen bringt
över de ganze Eer.

Wenn de Storm brusen deit

Jesaja 2, 11—22.

Wenn düsse Dag mal kümmt, is allens vörbi.
Denn laat de Minschen, de sünst den Kopp hooch in Enn sett,
em wedder sacken up de Bost;
denn hebbt se Mannslüüd, de sik groot wat inbillen doot,
nix meer to mellen.
Denn is blots Gott de Herr noch hooch un heer.
Denn Gott, de Himmelskönig, schickt enen Dag för allens,
wat hooch un stolt is un wo sik sünst nix mit meten kann,
för all de Zedern up den Libanon un all de Basanseekbööm,
för all de hochen Bargen un de lütten, de to seen sünd
un sik seen laten künnt,
för jeden hochen Torm un jede Muur, de piel in Enn steit,
för all de Scheep, de hen na Tarsis seilt,
för allens, wat Minschenhand so fien buut hett.
Denn böögt sik de Minsch, de sünst den Kopp hooch in Enn reckt.
Denn hebbt de stolten Mannslüüd nix to mellen.
An düssen Dag is groot un herrlich blots de Herr.
Mit all de Götzen is dat denn up eenmal ut.
De Minschen aver bargt sik in de Felsenhölen,
verkruupt sik in de Eer, sünd heel un deel verfeert
un kriegt dat Gruseln vör Gott sien Macht un Herrlichkeit,
wenn he denn kümmt un Angst un Bangen bringt
över de ganze Eer.
Ja wiß, ganz wiß! An düssen Dag —
denn smit de Minsch foorts all sien Götzen weg,
de he sik maakt harr fien ut Gold un Sülver
un de he anbeden wull.

166

De kaamt dar hen, wo de Muulworp un de Fledbermuus
      hüsen doot.
Un he — he bringt sik gau in Sekerheit
in Felsenhölen un Löcker mang de Steens,
in Sekerheit vör Gott sien Macht un Herrlichkeit,
wenn he denn kümmt un Angst un Bangen bringt
över de ganze Eer.
So laat ju doch waarschuun: geevt ju doch nich af
mit Minschen, de eer Leven blots en Aten is!
Is dat nich so? Wat is he denn wull weert?

Revoluutschoon
Jesaja 3, 1—7.

Markt ju dat un verlaat ju dar up:
De Herr Zebaot lett ut Juda un Jerusalem
Stütt un Stock verswinnen, un dat will seggen:
dat Nödigste, wat ji to dat Leven bruukt: Broot un Water.
Darto: Rittersmann un Landsknecht,

    Richter un Ollermann,
    Profeet un Waarsegger,
    Hauptmann un Hoffmann,
    Raatmann un Meister
    un de sik up de swarte Kunst verstaat.

Ik will eer junge Bengels as Amtlüüd geven.
Lüüd schüllt eer regeren, de sik nix ut dat maakt,
wat Recht is.
In dat Volk geit een up den annern los,
Fründ gegen Fründ.
De Jung bind mit den olen Mann an,
de Lump mit den Erenmann.
Denn kriggt de een den annern an den Rock faat
in sien Ollernhuus un seggt:
„Minsch, du hest ja noch enen Mantel,
du schallst de Böverste wesen. Düt allens,
wat hier up'n Dutt liggen deit, dat schall di tohören.
Aver de anner seggt: Ik will mi wull waren!
Ik will hier nich Dokter spelen.
In mien Huus is keen Broot un keen Mantel.
Maakt mi jo nich to'n Böversten in dat Volk!

Schann över de Fruunslüüd
Jesaja 3, 16—4, 1.

Un de Herr hett noch wat seggt:
De Fruenslüüd vun Zion dreegt den Kopp bannig hooch.
Se reckt sik hooch in Enn, pliert mit de Ogen,

167

sett Foot för Foot, as wenn se danzen wullen,
un klappert mit de lütten Keden,
de se sik an de Fööt bunnen hebbt.
Darum lett de Herr de Fruunslüüd vun Zion de Haar utgaan
un wat en Fru ut Anstand un ut Schaam sünst to verbargen
        söcht;
todecken kann se't nich; denn se mut nakelt gaan.
An düssen Dag is allens hen, wo se sik sünst mit smuck maakt
        hett:
Footspangen un Steernband un de lütten golden Maands,
Parlen in dat Oor, Armbands un Sleier;
Koppdöker, Footspangen un Görtel,
lütt Buddeln to'n Rüken un Bummeln an Keden,
Ringen för Fingers un Nees',
witte Kleder un Mantels, Umslagdöker un Taschen,
en siden Unnerrock un Hemd,
un Mützen un Floor as Hüll.
Denn gifft dat kenen söten Duft meer,
denn rüükt dat allens na den Dood;
denn gifft dat keen Görtels meer,
denn ward en Strick ümbunnen.
Denn gifft dat keen Locken meer,
de Kopp is kaal, de Haar verswind.
Denn gifft dat keen Staatskleed meer,
ut Sackdook maakt se Kleder.
Keen Schönheit meer; en Brandmaal is de eenzige Smuck.
Dien Suldaten fallt dörch dat Sweert,
dien Helden blievt in den Krieg un kaamt nich wedder nahuus.
De Poorten an dat Stadtdoor staat apen,
se jammert un klaagt,
un du sülven sittst in Schann up de Eer
un weetst di nich to tröſten.
Denn hangt sik söven Fruunslüüd an enen Mann
un beed un beddelt: Nimm uns af de Schann!
För Kost un Kleder sorgt wi sülven.
Dinen Namen blots wüllt wi dregen, wider nix.

De Wienbarg
Jesaja 5, 1—7.

Ik will singen vun minen Fründ,
minen Fründ sien Leed över sinen Wienbarg.
Enen Wienbarg harr mien Fründ
hooch baven up enen Barg. Dat Land weer fett.
He weer dar flitig mit de Hack togangen.
un haal de Steens deep ut den Grund.
Un denn plannt he dar Reven rin.
De schullen em beste, rote Druven bringen.

168

Ok bu he in de Merr enen Torm
un leet en depen Trogg utmuurn.
Un denn luur he dar up, dat he schull Druven bringen;
doch as de Aarnt weer dar, do weren de Druven suur.

Wat seggt ji dar to, ji Lüüd vun Jerusalem
un ji Mannslüüd vun Juda?
Ji schüllt dat letzte Woort nu spreken
un faststellen, wokeen dar schuld an is,
mien Wienbarg oder ik.
Wat harr ik an em sünst wull noch doon kunnt?
Heff ik nich allens daan, wat ik man jichtens kunn?
Wodennig ist dat blots kamen?
Up söte Druven heff ik luurt,
doch as se riep weren, do weren se suur.

Ji seggt noch nix? Denn will ik ju dat seggen,
wat ik nu mit minen Wienbarg vörhebben do.
Den Tuun — den neem ik weg;
denn kann dat Vee dar grasen.
De Muur — de riet ik dal —
denn künnt de Kö dat dalpedden.
Ik will em ganz un gar toschannen maken;
keen Meß un Hack schall nasten an em kamen.
Blots Döörns un Disteln schüllt dar wassen,
un de Wulken geev ik den Befeel,
se schüllt kenen Drüppen Regen up em fallen laten.
Gott Zebaot sien Wienbarg is dat Huus Israel,
un de Lüüd vun Juda sünd sien Gaarn,
wo he sien ganze Freud an harr.
He wull, se schullen dat Recht spreken,
aver wat deen se? Dat Recht breken.
He verlang Gerechtigkeit,
awer wat kreeg he to hören?
Jammern un Klagen.

De Grundstückspikelanten
Jesaja 5, 8—10.

Gott trööst de, de een Huus na dat anner an sik bringt
un een Koppel na de anner to eren egen Hoff noch tokööpt!
So wüllt ji dat; denn is keen Platz meer för de annern,
denn sitt ji ganz alleen in dat wide Land.
Gott hett mi wat in dat Oor seggt, dat heet so:
Tein Tunn vun dat Wienbargsland ward blots en lütt Fatt
vull bringen,

169

een Schepel Weten bringt den teinten Deel.
Veel Hüser schüllt aan Minschen wesen,
grote un fine, aan dat ok blots een Minsch dar wanen deit.

De sik mit Wien den Kopp hitt maakt

Jesaja 5, 11—17.

Gott trööst de, de al an den fröhen Morgen togangen sünd
un achter dat Beer herlopen doot!
Gott trööst de, de noch laat sitt un sik mit Wien den Kopp
hitt maakt!
Ziter un Harf, Pauk un Fleut — dat is eer Vergnögen;
aver wat Gott maakt, dar hebbt se keen Oog för,
un wat Gott deit, dat ward se nich wies.
Darum mutt mien Volk in de Verbannung gaan,
denn se hebbt keen Insichten.
De Hööchsten un Besten vun eer mööt hungern,
un dat Volk mutt verdörsten in grote Quaal.
Darum hett de Höll eren Slund wiet upmaakt
un eer Muul so wiet, as se kann.
Hendal mutt Adel un Volk,
wat dar Larm maakt un vergnöögt is.
Un de Minsch ward lütt, un de Mann ward ring,
un de den Kopp hoochdreegt, mööt eer Ogen dalslaan.
Doch hooch in dat Gericht steit Gott Zebaot dar.
De hillige Gott wiest sik hillig in Gerechtigkeit.
Un de Lammer ward dar up de Weid gaan
as weer dat eer Wisch,
un Zegen freet sik satt,
wo Minschen un Hüser toschannen gaan sünd.

De legen Lüüd, de Gott sien Woort in den Wind slaat

Jesaja 5, 18—24.

Gott trööst de, de achter sik sleept de Schuld
as de Ossen de Last an de Streng,
de achter sik sleept de Sünn
as dat Kalv den Wagen an dat Seil.
Darbi seggt se noch: Man to!
He schall sik nich lang mit dat upholen,
wat he doon will! Dat wüllt wi doch seen!
Laat man kamen, man ran mit dat,
wat de Hillige vun Israel vörhett!
Wi wüllt em doch kennen leren!

Gott trööst de, de dat Lege goot un dat Gode leeg nöömt,
de Düsternis to Licht un Licht to Düsternis maakt,

170

ut sööt bitter un ut bitter sööt!
Gott trööst de, de sik sülven för klook hoolt
un de in eer egen Ogen Verstand hebbt!

Gott trööst de, de Baaskeerls in dat Wiendrinken sünd
un de eren Mann staat, wenn dat Beer mischt warrn schall!
De en legen Keerl frispreekt,
wenn he eer wat in de Hand stickt,
un de den Unschülligen üm sien gerechte Saak bringt!

Darum: so as dat Füür mit gläunige Tung dat Stro fritt
un as dat Heu in en Dutt tosaamsackt, wenn dat lichterlo
        brennt,
so schall eer Wuttel rott warrn
un eer Frucht as Stoff hoochstigen,
wenn de Wind em up de Straat hoochküseln deit.
Denn vun Gott Zebaot sien Leer wullen se nix weten,
un den Hilligen vun Israel sien Woort hebbt se in den Wind
        slaan.

Wenn Gott sien Torn brennt
Jesaja 5, 25—30.

Darum brennt Gott sien Torn gegen sien Volk;
he reckt sien Hand ut un lett eer dalsusen.
Denn fangt de Bargen an to bevern,
un de Liken liggt bi eer as Unraat up de Straat.
Un bi all dat keem sien Torn nich to Ru,
un sien Hand bleev utreckt.

Un nu gifft he en Teken för dat Volk,
dat wiet weg is,
un he fleut eer ran vun de buterste Kant vun de Eer.
Un gau ward dat kamen. Se hoolt sik nich up,
un keen een ward bi eer mööd, un keen een kümmt to Fall.
Keen een slöppt, un keen een druselt in.
De Görtel üm de Lennen ward nich los,
un an de Scho ritt keen Reem af.
Sien Pilen sünd scharp,
un all sien Flitzbagens sünd spannt.
De Peer eer Hofen sünd hart as Steen,
un de Rööd an sien Wagens dreit sik flink as de Wind.
Se maakt Larm, as wenn de Lööv brüllt,
ja, dat brüllt as en junge Lööv un knurrt ok so.
Wat dat faat kriggt, dat höllt dat ok fast
un bringt dat in Sekerheit,
un keen een jaagt em dat wedder af.
Un dat brüllt över em an düssen Dag,
as wenn de See brüllen deit.

171

Kiekt he de Eer blots an,
denn ward dat grulich düster.
Dat hüllt sik allens in Düsternis.

Vör Gott sinen Troon

Jesaja 6, 1—13.

Dat weer in dat Jaar, as König Uzzia starven dee. Do
kreeg ik den Herrn to seen.

He seet up en hochen Troon un weer wiet hen to seeen. Sien
Kleed breedt sik ut mit de Slepen över den ganzen Tempel.
Achter em sweven hooch baven Serafen. Jedereen vun eer harr
söß Flünken. Twe heel he sik vör dat Gesicht. Twe breedt
he över sien Fööt, un de letzten twe bruuk he to'n Flegen.
Düsse Serafen repen een den annern wat to. Se seen:

"Hillig, hillig, hillig is Gott Zebaot!
De ganze wide Welt is vull vun sien Herrlichkeit!"
Ja, eer Stimm weer so stark, dat de Döörswellen anfungen
to bevern. Un dat Huus weer vull vun Rook. Do see ik:
"Ik arme Minsch, nu bün ik verlaren! Mien Lippen sünd
unrein, un ik waan ünner en Volk, wat unreine Lippen hett!
Ik heff ja den König un Herrn Zebaot mit mien Ogen seen!"
Do floog een vun de Serafen hen to mi. In de Hand harr
he en glönigen Steen. Den harr he mit en Tang vun den
Altaar namen. Un dar röög he minen Mund mit an un see:
"So, düsse Steen hett nu dien Lippen anröögt. Nu is dien
Schuld vun di namen, un över dien Sünn is en Streek maakt!"
Un denn höör ik den Herrn sien Stimm, dee see: "Wokeen
schall ik nu schicken? Un wokeen will för uns gaan?" Do see
ik: "Laat mi gaan!" Un he see: "Goot, ga du hen un segg to
düt Volk:

"Sparrt de Oren up! Aver verstaan schüllt ji dat nich!
Riet de Ogen up! Aver ji schüllt dar nich achter kamen!
Se schüllt mit eer Ogen nix seen un mit eer Oren nix hören.
Eer Hart schall dat nich verstaan un nich gesund warrn."
Do see ik: "Herr, wolang schall dat duern?"
He see: "Bit dat de Städte toschannen sünd
    un keen een dar meer waant,
    bit dat de Hüser in'n Dutt fallt
    un keen Minsch dar meer to finnen is,
    bit dat de Koppeln nich meer bestellt ward
    un allens in Unkruut liggt.
Un de Herr ward de Minschen ut dat Land jagen. In de
Frömd schüllt se leven. Dat Land schall grulich toliggen, aan
Minschen un Vee. Un schull noch de teinte Deel dar över-
bliven, denn schall dat noch mal afgraast warrn, jüst so as dat
de Terebint un den Eekboom geit, wenn Kroon un Stamm af-
saagt sünd. Blots en Stump blivt as hillige Saat över."

172

Glöövt ji nich, denn hebbt ji ok kenen fasten Grund

Jesaja 7, 1—9.

Dat weer to de Tiet, wo Ahas König vun Juda weer. Do dee sik Rezin, de König vun Aram weer, mit Pekach, de König vun Israel weer, tohoop un trock gegen Jerusalem to Feld.

Nu wörr dat David sien Lüüd meldt: „Aram hett sik in Efraim fastsett!" Do fung em dat Hart an to bevern, un ok sien Volk bever dat Hart, jüst so as de Bööm in dat Holt anfangt to bevern, wenn de Storm eer schütteln un rütteln deit.

Do see Gott to Jesaja: „Ga Ahas in de Mööt un nimm dinen Sön Schearjaschub mit. Baven an dat buterste Enn vun de Waterrören, an den böversten Diek, wo de Straat över dat Garverfeld geit — dar warrst du em drapen. Un so schallst du to em seggen: „See di vör un bliev ruhig! Wees nich bang un laat den Kopp nich hangen! De dare beiden Fackelstummeln — de sweelt un qualmt blots. De künnt di nix andoon! Laat ruhig Rezin un Aram un Remalja sinen Sön vör Wuut snuven un to Keer gaan! Mag Aram wat Leges gegen di in den Sinn hebben, un möögt Efraim un Remalja sien Sön seggen: ‚Los! Up Juda dal! Wi wüllt eer in Schock jagen un bi eer dörchbreken un bi eer Tabel sinen Sön to'n König maken!' Dat helpt eer doch allens nix; denn de Herr seggt:

„Dat steit nich dörch un kümmt ok nich so wiet!
Denn Aram sien Höövt is Damaskus,
un Damaskus sien Höövt is Rezin!
Efraim sien Höövt is Samaria,
un Samaria sien Höövt is Remalja sien Sön!
Laat noch mal söß Jaren in dat Land gaan, ja, man fief —
denn kriggt Efraim dat Bevern vör dat Volk!
Glöövt ji nich, denn hebbt ji ok kenen fasten Grund ünner
    de Fööt!"

Vör Gott sien Winachsdöör

Jesaja 9, 1—6.

De Weg is so düster.
Dat Volk süüt keen Handbreet vör Ogen —
un doch ward de Nacht so hell as de Dag.
Se seet en groot Licht.

In dat Land hüüst de Dood,
Un de Dood maakt dat Leven so düster.
Un doch is dat nich düster; hell is dat worrn.
Hell straalt an den Heven en Licht.

173

Ja, du lettst eer jubeln,
maakst groot eer de Freud.
Se freut sik ünner dien Ogen
jüst so, as wenn Aarntfest fiert ward.
Se singt un jubelt vun Harten
jüst so, as wenn utdeelt warrn schall.

Swaar weer de Last up de Schullern.
De Klaav up den Nack hett bannig eer drückt.
De Pietsch hebbt se föölt as de Ossen vör den Ploog.
Doch allens hest du tweimakt, jüst
as damals in den Krieg mit Midian.

Woneem sünd bleven de Steveln,
de de Kriegsmann sleep an de Fööt?
Woneem sünd bleven de Kleder,
de farvt weren mit unschüllig Bloot?
In dat Füür sünd se smeten,
de Flammen hebbt eer freten.
Denn en Kind is för uns to Welt kamen,
en Söön is uns schenkt.
De schall de Herr warrn.
Up sien Schullern schall ruun grote Macht.
Un sien Naam? — So schall he heten:
„Wunnerbar hett sik dat föögt!“,
„Gottesheld“,
„Vader up ewig“,
„König, de Freden bringt“.

Sien Riek ward sik utbreden,
wiet över de Eer,
un Freden schall bliven
för alle Tiet,
solang as David sien Troon un sien Riek bestaan ward.
He ward fast maken den Troon,
he ward stütten de Macht
dörch Recht un Gerechtigkeit
nu un in alle Ewikeit.

Dat ward nich düster bliven bi de, de in Angst sünd.

Jesaja 9, 21.

Wenn de Völker sik upspeelt

Jesaja 10, 13—19.

Na dat, wat de Völker sik upstapelt hebbt an Geld un Goot,
hett mien Hand grepen as na en Vagelnest.
So as een Eier sammeln deit,

174

wenn keen Vagel meer in dat Nest heckt,
so heff ik de ganze Eer insackt,
un keen een hett de Flünken röögt un den Snavel upsparrt
un to pipen waagt.
Dat müch ik wull weten:
Speelt sik de Art up gegen den, de mit eer hauen deit?
Sett de Saag sik up gegen den, de eer trecken deit?
Dat weer ja jüst so,
as wull de Stock den dörch de Luft susen laten,
de em in de Hand hett,
as wull de Stang den upbören, de nich ut Holt is.
Darum ward Gott, de Himmelskönig, in dat Fettland de
        Swindsucht schicken,
un ünner all sien Herrlichkeit schall dat swelen un lichterlo
        brennen.
Un Israel sien Licht ward brennen as Füür,
un sien Hillige ward en Flamm warrn,
de sien Döörns un Disteln in enen Dag in Brand sett un ver-
        teert.
Un dat herrliche Holt un de Boomgaarns roodt he ut mit
        Stump un Stööl.
Dat ward so wesen, as wenn en kranke Minsch so hensüükt
        un starvt.
Denn künnt de Bööm in dat Holt licht tellt warrn;
al en Jung kann eer to Book bringen.

De nie Mann un de nie Tiet

Jesaja 11, 1—9.

Isai sien Boomstump ward frisch utslaan,
un ut sien Wuttel waßt en junge Twieg.
Gott sien Geist ward up em ruun:
de Geist, de klook maakt un de Insicht schenkt,
de Geist, de helpt, dat Richtige to finnen,
un de de Kraft gifft, dat een sik ok dörchsetten kann;
de Geist, de Minschen leert, Gott to verstaan
un sik vör em to bögen, dat wi em nich vertöörnt.
Ja, an de Gottesfurcht hett he sien Freud.
Höllt he Gericht, denn geit he nich na dat, wat sien Ogen seet,
un sprickt he Recht, denn gifft dat nich den Utslag,
wat sien Oren höört.
De lütten Lüüd — de findt bi em eer Recht.
He geit liek dörch, wenn sik dat üm de ringen Lüüd eer Saken
        hannelt.
De aver anner Lüüd den Foot up den Nack sett,
de dröppt sien Woort, as weer dat en Sweert,
un de Gottlosen bringt he um, wenn he sinen Mund blots röögt.

175

Gerechtigkeit ward sien Smuck wesen as en Görtel, den he
    umhett,
un Tru ward he umleggen as enen Gort um sien Lennen.

De Wulf kümmt to Gast bi dat Lamm,
un de Pardel ward blang bi den lütten Buck in de Sünn liggen.
Dat Kalv un de Junglööv gaat tohoop up de Weid,
un en lütt Jung ward eer höden.
Ko un Baar ward gode Frünnen wesen,
un eer Jungen ward up een Flach lagern.
De Lööv ward Hackels freten jüst as de Oß.
Dat Bostkind speelt an dat Lock, wo de Adder in waant.
De lütt Jung reckt sien Hand ut na dat blanke Oog vun de
    Giftslang.
De Minschen stellt nix Leges meer an un maakt nix meer to-
    schannen.
In dat ganze Land ward se Gott kennen un sik vör em bögen.
De Gottesfurcht ward sik utbreden as dat Water wiet in See.

Gott Lov un Dank
Jesaja 12, 1—6.

Herr Gott, ik segg di Lov un Dank.
Du weerst up mi vertöörnt;
doch nu süüst du mi wedder fründlich an.
Nu is dien Torn vörbi.
Nu straakst du mi de Backen,
nu büst du wedder goot.

Ja, wiß, bi Gott kann ik mi bargen.
Dat hett keen Noot.
Ik maak mi keen Sorg un ga seker minen Weg.
Ik bün nich bang. De Herr gifft mi Kraft.
Ik bün vuller Gottlov un sing em to Eren.
He reddt mi ut all mien Noot.

Ji ward ju freun un Water drinken ut Borns,
de ju dat Heil bringen doot.
An düssen Dag ward ji seggen:
Seggt Gott Lov un Dank! Roopt sinen Namen an!
Vertellt mang de Völker, wat he daan hett!
Maakt künnig, dat sien Naam groot un herrlich is!
Jubelt Gott to! He hett wat Grotes tostann bröcht!
Dat schüllt se up de ganze Eer to weten krigen.
Ji Lüüd vun Zion! Singt un jubelt!
Denn mang ju is groot de Hillige vun Israel.

176

Wenn dat morgens hell ward, is allens vörbi

Jesaja 17, 12—14.

O ha! Een kunn bang warrn! Laat ju vertellen!
De Völker — un dat fünd en ganzen Barg —
de Völker fünd rein ut Rand un Band,
jüst so as de See, wenn dar de Storm över henfeegt.
Wo de Völker togangen fünd, dar fuust un bruust dat,
as wenn vun See her de Bülgen mit Dunner an dat Over flaat.
Ja, de Völker, de störmt un bruust,
as wenn buten in See de Bülgen huushooch gaat. —
Aver he draut blots — denn neit de Storm ut;
he is man so wegfeegt, jüst so as dat Kaff,
wat de Wind vun de Bargen ut'n een weit,
jüst so as de Stoff, den de Stormwind hochküselt,
eer dat dat Unwebber vun den Heven hendalföört.
Steit de Nacht vör de Döör, denn is dat to'n Bangwarrn,
ward dat morgens aver hell, denn is allens verswunnen
un allens vörbi.
So geit dat mit de, de uns utplünnert, mit de,
de uns, wenn se künnt, dat Fell över de Oren treckt.

Gott lett fik nich ut de Ru bringen

Jesaja 18, 4.

Ik kiek mi hier vun baven allens ruhig an.
Ik swieg, kann töven un verleer nich de Geduld.
Ik maak dat as de Sünn, de prall vun den Heven straalt,
un as de witte Wulk, de avends still den Dau fallen lett
up dat dröge Land, wenn up de Bargen
de Wien fik farvt un riep warrn will.

Seker borgen

Jesaja 25, 1 u. 4.

Herr, du büst mien Gott! Di segg ik Lov un Dank.
Dinen Namen geev ik de Eer.
Wunner is allens, wat du vörhest un deist.
Al lang, al lang hest du allens bedacht.
Ja, du büst altiets tru un steist fast to dien Woort.

Bi di bargt fik de ringen Lüüd,
un arme Stackels haalt fik bi di Kraft un Troost,
wenn se in Sorg un Noot fünd.
Laat dat dunnern un blitzen över uns,
laat de Sünn mit eer Hitten prall up uns dalfallen —
du breedst dien Hannen över uns ut,
dat uns nix wat schaden kann.

Keen Dood meer!

Jesaja 25, 8. 26, 19.

He ward den Dood heel un deel toschannen maken.
Un Gott, de Himmelskönig, ward eer all de Tranen afwischen.
He ward sien Volk de Schann afnemen in de ganze wide Welt,
de Schann, de se hebbt dregen müßt —
ganz wiß; de Herr hett dat ja sülven seggt.

Dien Doden — de schüllt wedder lebennig warrn,
dien Liken wedder upstaan vun de Doden.
De ünner de Eer nu slapen doot — waakt up,
freut ju un jubelt!
Denn dien Dau kümmt vun baven
un maakt de Eer vull Grön un vull Kraft,
so as de Sünn dat Leven bringt up Wisch un Koppel.
Dat Land, wo nu de Doden waant, dat ward toschann.

Wi mööt to Krüüz krupen

Jesaja 26, 16.

Herr, wenn wi ganz in de Kniep sünd
un uns sülven nich meer helpen künnt,
denn kaamt wi vör dien Döör.
Wenn du uns scharp anfaten deist,
denn beddelt wi üm Gnaad.

De eenzige Hülp

Jesaja 30, 15.

Keert um! Ju Weg is verkeert! Besinnt ju!
Hoolt still un leggt de Hand över de Ogen!
Hoolt dat Tovertruun fast!
Dar liggt för ju de Kraft.
Blots sodennig staat ji ju Mann.
Aver dat wüllt un wüllt ji ja nich.

An de Fruunslüüd, de so in den Dag rinleevt

Jesaja 32, 9—14.

Ach, ji Fruun! Ji leevt in den Dag rin un maakt ju keen Sorg!
Aver kaamt hooch un höört, wat ik ju segg!
Ach, ji Deerns! Ji leevt, as kunn ju keen Unglück drapen!
Aver höört to, ik heff ju wat to mellen.
Över Jaar un Dag süüt dat anners för ju ut.
Noch röögt sik keen Sorg bi ju.

178

Aver denn — denn kümmt de Unru, dat Bevern!
Denn gifft dat keen Wiendruven to plöcken, keen Appeln un
    Beren.
Bevert! De sorglose Tiet is to Enn!
Nu geit dat dörch Hangen un Bangen! Leevt nich meer so
    in den Dag rin!
Treckt ju naßelt ut un leggt dat Truurkleed üm de Lenden!
Fangt an to klagen un slaat an ju Bost!
Wat schüllt noch de Koppeln mit Koorn un mit Blomen un
    Gröön!
Wat schüllt noch de Wienstöck mit eer söten Druven!
Mien Volk sien Acker — de is vull vun Döörns un vun Disteln!
Wat schüllt noch de Hüser, wo dat lustig togeit!
Wat schall noch de Stadt, wo de Lüüd so vergnöögt weren!
De staatschen Hüser — nu staat se lerrig dar!
De Stadt is musenstill worrn!
De Barg mit de Borg, de Torm mit den Utkiek —
keen Minsch is meer to seen!
Dar hüüst nu de willen Esels, dar weidt nu dat Vee!

De Geist vun baven

Jesaja 32, 15—17.

Aver toletzt kümmt doch de Geist vun baven up uns dal as de
    Regen.
Denn ward ut de Stepp en Fruchtgaarn,
un de Fruchtgaarn ward so groot as dat Holt.
Denn is dat Recht in de Stepp tohuus,
un Gerechtigkeit waant in den Fruchtgaarn.
De Gerechtigkeit bringt den Freden as Frucht,
un wo dat Recht dörchsteit, dar is Ru un Sekerheit.

Morgengebedd

Jesaja 33, 2.

Herr, laat uns Gnaad finnen in dien Ogen!
Du ganz alleen büst unse Hülp un Troost!
Wi luurt un lengt na di.
Breed du dien starke Arms ut över uns,
ach, do dat Morgen för Morgen!
Ja, sta uns tru to Siet, help uns hendörch
in all unse Sorg un Noot!

Gott sien Herrlichkeit

Jesaja 35, 1—10.

Jubeln schüllt de Wööst un de Heid,
un singen vör Freud schall de Stepp!
As en Wisch schüllt se smuck warrn.

12*   179

Osterblööm schüllt dar blöön, Bloom bi Bloom,
jüst as in de Vörjaarstiet!
So singt doch un jubelt un lacht doch vör Freud!
Den Libanon sien Herrlichkeit ward eer schenkt,
den Karmel sien Pracht un wat den Grund vun Saron smuck
    maakt!
Den Herrn sien Herrlichkeit schüllt se seen, unsen Gott sien
    Pracht.
De Hannen, de keen Kraft meer hebbt, maakt stark!
De Knee, de sik nich meer holen künnt, maakt fast!
Maakt ju Ogen up! Dar is ju Gott!
He maakt wedder goot, wat de Minschen an ju verseen!
He betaalt eer torüch eer Sünnen!
Denn doot sik de Blinnen eer Ogen wedder up.
Denn künnt de Doven hören!
Denn springt de Lame as en Hirsch,
un de Stumme fangt an to jubeln.
Denn in de Wööst breekt Borns ut,
un dörch de Stepp loopt de Beken.
Ut dat utdröögte Land ward en Diek,
un ut dat Land, wat verdörsten dee, kaamt Waterborns.
Dar, wo de Wülf waant un eer Lager hatt hebbt,
waßt un Reet un Roor.
Dar ward dat en reine Straat geven;
de hillige Weg ward se nöömt.
Keen unreine Minsch ward dar up gaan,
un Narren künnt dar nich bistergaan.
Dar gifft dat keen Löven, un wille Tiere kaamt dar nich ran.
Dar maakt de Minschen, de Gott frie un los maakt hett vun
Slavenkeden, eren Weg. De frie maakt sünd dörch Gott sien Hülp,
de kaamt nahuus torüch. Se kaamt na Zion un jubelt.
Ewige Freud straalt üm eer Hövt.
Glück un Freud luurt up eer, un Klaag un Hartleed sünd weg.
De gifft dat nich meer.

Dat Gebedd in de Krankenstuuv

Jesaja 38, 9—20.

Ik dach: ik schull merrn up den Weg över de Eer
to de Doden gaan un harr keen Tiet meer to leven.
Do see ik: Nümmer krieg ik Gott wedder to seen
in dat Land, wo de Lebennigen waant.
Kenen Minschen warr ik dar seen, wo de Doden eer Huus hebbt.
Mien Huus is afbraken un wannert vun mi weg
as en Telt, wo de Harders in waant.
Jüst as de Wever heff ik mien Leven uprullt,
as weer dat en Dook. He snitt mi af vun de Rull;

180

eer dat noch ut den Dag de Avendstünn ward,
maakst du dat mit mi ut.
Ik heff jammert un schriet bit hen an den Morgen;
aver he hett jüst as en Lööv mien Knaken tweidrückt.
Jüst as en Swulk klaag ik mien Noot,
jüst as en Duuv heff ik jammert.
Mien Ogen keken vull Lengen na baven:
Ach, Gott! Mi is so bang üm dat Hart!
So kumm doch un help mi!

Wat schall ik nu seggen? Nu hett Gott dat daan,
wat he mi tolöövt hett.
So lang as ik leev, will ik mi vör em bögen;
denn mien Seel weer in Noot.
O Herr, dar leevt wi vun, dar schall ok mien Geist vun leven.
Du maakst mi wedder gesund un giffst mi de Kraft to'n Leven.
Wiß, ganz wiß! Dat Hartleed is mi to'n Segen worrn.
Du hest mi mien Leven schützt, dat ik nich in dat Graff müß.
Mien Sünnen hest du achter mi smeten, all mien Sünnen.
De nerrn bi de Doden waant, de künnt di nich löven.
Ok de Dood gifft di nich de Ehr.
De to Graff gaan sünd, de hööpt nich meer, dat du tru blivst.
Blots de Lebennige, de, de noch leevt —
de seggt di Lov un Dank, un so maak ik dat hüüt.
So höört sik dat ok: de Vadder schall sien Kinner künnig maken,
dat du tru büst.
Gott, help mi! So wüllt wi spelen un singen,
so lang as wi leevt bi dinen Tempel, Herr!

De grote Unbekannte

Trööst mien Volk

Jesaja 40, 1—2.

„Trööst doch, ach, trööst doch mien Volk!"
— so seggt ju Gott —
„Leggt dat doch Jerusalem an dat Hart,

181

so warm as ji dat künnt,
un seggt to eer:
Dat Maat is nu vull.
De Krieg un de Noot — de fünd nu to Enn!
De Schuld is betaalt;
denn duppelt hett se liden müßt
för all eer Sünnen.
Swaar hett se Gott sien Hand to spören kregen."

De Stimm in de Wööst

Jesaja 40, 3—5.

Höört ji dat nich?
Dar röppt en Stimm:
Maakt Platz för den Herrn
wiet buten in de Wööst, mang Dünen un Sand,
frie Baan in de Stepp för Gott,
wenn he kümmt!
Füllt den depen Grund ut,
dreegt de Bargen af!
Wat hooch liggt, dat schall dalleggt warrn;
wat up enen Dutt liggt, dat smiet ut'n een!
Gott sien Herrlichkeit schall an den Dag kamen!
Un jedereen schall dat bileven —
denn he sülven hett dat seggt.

Gotts Woort hett Bestand

Jesaja 40, 6—8.

Höört noch mal hen! Dar röppt en Stimm:
Doo dinen Mund up!
Un ik see: „Wat schall ik seggen?" —
„Dat schallst du seggen, un all schüllt se dat hören:
De Minsch is as dat Gras,
un wat em smuck maakt, hett keen Duur.
Liek as de Bloom up dat Feld mutt allens vergaan.
Dat Gras versoort, un de Bloom ward dröög,
wenn Gott sien Wind weit, de de Hitten bringt.
Dat Gras versoort, un de Bloom ward dröög —
awer Gott sien Woort blivt ewig bestaan.

De gode, true Harder

Jesaja 40, 9—11.

Zion, stieg up en hogen Barg!
Segg an de grote Freud!
Jerusalem, roop dat luut över dat Land
un wees nich bang!

182

In Juda schüllt se dat hören,
in jede Stadt schall dat künnig warrn!
Maakt Hart un Ogen up!
Ju Gott — de kümmt!
He kümmt, de Herr, he kümmt mit grote Kraft!
Sien Arm bringt allens in sien Gewalt!
Loon deelt he ut, un ok de Straaf feelt nich.
He höllt eer all tosamen as de Harder sien Schaap.
Up sinen Arm nümmt he de lütten Lammer
un driggt eer vör sik hen.
Ok up de Schaap hett he sien Oog
un geit eer tru vöran.

Wokeen kann sik mit den Herr Gott meten?

Jesaja 40, 12—25.

Wokeen kann all dat Water in de wite Welt
wull meten mit de holle Hand?
Wokeen weer dat, de den Heven upbuun dee
blots mit de Hand?
Wokeen weer dat, de mit en Schepelmaat
den Stoff hett bargen kunnt,
den Stoff hier up de ganze Eer?
Wokeen kunn de Bargen wull up en Waagschaal wegen
un lütte Bargen up en Waag?
Wokeen hett Gott sinen Geist den Weg wiest?
Wokeen weer sien Hülpsmann,
de em leren un raden dee?
Mit wen sett he sik wull tohoop,
dat he em wat klaar un künnig maakt,
dat he em leren schall,
wat recht un billig is,
dat he em Weisheit bibringen schall
un leren, wodennig en to Insicht kamen kann?
Maakt doch de Ogen up!
De Völker sünd as Waterdrüppen an en Ammer.
Se gelt nix wider as de Stoff,
de up de Waagschaal liggt.
Seet doch de Inseln an!
Se weegt in sien Hand nich meer as en Sandkoorn.
De Libanon langt nich to Brennholt,
un sien Wild langt nich to en Brandopfer.
All de Völker — se hebbt nix to bedüden in sien Ogen;
se gelt bi em nix; se sünd Nullen, nifs wider,
sünd nix meer weert as Nööt aan Karn.
Mit wen wüllt ji Gott denn verliken?
Wat för en Bild kunn wull to em passen?

183

En Götzenbild? — Wat meent ji?
So en Bild, dat gütt eerst de Meister,
un denn vergoldt dat de Goldsmitt,
un mit sülvern Keden maakt he dat fast.
De nich veel geven kann,
de nümmt dar dat Holt to,
wat hart is un nich möör ward.
De söcht sik enen düchtigen Bildhauer ut,
de en Bild maakt, wat nich wackeln deit.

Weet ji dat nich, wüllt ji dat nich hören?
Is ju dat nich seggt al vun ole Tiden an?
Is ju dat nich klaar worrn,
siet dat de Welt al steit?
He sitt up sinen Troon wiet över de Eer,
un de Minschen, de dar waant, seet so lütt ut,
as wenn dat Grashüppers weren.
He breedt den Heven ut,
as weer dat en Dook,
un spannt em stramm,
as weer dat en Telt, wo een in wanen deit.
He saat de groten Herren an,
dat niy vun eer överblivt.
De Richters up de Eer sünd för em Luft.
Se sünd as dat Gras un de Bloom:
se sünd knapp plannt, se sünd knapp seit,
noch sitt de Wuttel in de Eer nich fast —
denn blaast he eer all an, un se ward dröög;
un kümmt de Storm, denn küselt he eer
hooch in de Luft, as weer dat Kaff.
Un mit wen wüllt ji mi nu vergliken?
Wokeen kunn ik liek wesen?, seggt de Herr.

Wokeen hett de Steerns dar baven maakt?

Jesaja 40, 26—31.

Kiekt doch na baven! Seet ju dat an!
Wokeen hett denn de Steerns dar baven maakt?
Drivt nich unse Herrgott eer Avend för Avend
över den Heven as en Harder sien Schaap?
He kennt eer all un röppt eer bi Namen.
Sien Macht is so groot,
dat keen een vun eer bistergaan kann.
Un du wullt nu seggen, Israel, un du, Jakob, seggst:
De Herr süüt mien Elend nich un kümmert sik
dar nich um, wat mien Recht is —?
Weetst du nich, hest du nich höört?
Unse Herr Gott is ewig.

184

He hett doch de ganze Welt maakt!
He ward nich mööd un nich matt.
Wokeen kümmt achter dat, wat he sik vörnamen hett!
De mööd is, den gifft he Kraft,
un de nich wider kann,
den maakt he över de Maten stark.
Kinner künnt mööd warrn,
un Jungkeerls künnt dalsacken —
aver de den Herrn sien Hand fasthöllt,
de kriggt nie Kraft.
Den watt de Flünk as bi den Aadler.
De loopt eren Weg to Enn un ward nich mööd,
de gaat mit fasten Schritt un sackt nich dal.

Gott hett överall sien Hand mit in dat Spill

Jesaja 41, 1—7.

Ji Inseln höört niep to,
swiegt still!
Ik heff ju wat to seggen.
Laat de Völker sik in de Bost smiten!
Laat eer rankamen un seggen,
wat se to mellen hebbt!
Wi wüllt tohoop verhanneln
un seen, wokeen recht behöllt!
Wokeen is dat west, de vun Osten her
den Mann in Gang sett hett,
de enen Sieg na den annern winnt,
wo he ok geit un steit?
Wokeen gifft de Völker in sien Hannen
un bringt de Könige ünner de Fööt?
Wo sien Sweert hendröppt,
dar ward allens to Stoff.
Wenn he sinen Flitzbaag bruukt,
jaagt he eer ut'n een, as weren se Kaff.
He folgt un blivt eer up de Hacken.
He maakt sinen Weg, un nüms deit em wat an,
un wo he geit un steit, dor flüggt he man so hen.
Wokeen hett dat anstellt un tostann bröcht?
Wokeen hett vun Anfang an de Minschen ropen,
dat een Geslecht dat anner folgen dee?
Ik, Gott, ik bün dat west.
Ik bün de Eerste, un bi de Letzten bün ik ok.
De Inseln hebbt dat bileevt un sik verfeert.
De Eer, de bevert vun dat ene Enn
bit na dat anner hen.
Se kaamt all neger ran un kaamt tohoop.

185

De ene helpt den annern
un seggt to em: „Wees blots nich bang!"
De Bildhauer maakt den Goldsmitt Moot.
De Mann, de mit den Hamer glatt slaan deit,
maakt dat jüst so mit den Mann,
de mit den lütten Hamer kloppen deit.
To dat, wat he tosaamlööt hett, seggt he:
„Is goot so! Dat hett Schick!"
Un denn maakt he dat Bild fast mit den Hamer,
dat dat nich wackeln deit.

Gott sien Lüüd bruukt nich bang to wesen

Jesaja 41, 8—13.

Du aver, Israel, büst mien Knecht.
Jakob, di heff ik mi utsöcht.
Du stammst vun Abraham af;
dat weer mien Fründ.
Di heff ik mi haalt vun de buterste Kant up de Eer.
Di heff ik ropen ut de letzte Eck.
To di heff ik seggt: „Du büst mien Knecht."
Di heff ik mi utsöcht, un mi leeg veel an di.
So wees nich bang! Ik staa di bi!
Kiek di nich um vull Angst un Bangen!
Ik bün doch dien Gott.
Ik geev di de Kraft, de du bruukst.
Ik help di hendörch,
ick hool mien Hand över di,
dat di nix schaden kann.
Du kannst di dar up verlaten:
De dar up brennt, di wat antodoon,
de schall root warrn un sik bannig schamen.
De mit di anbinnen will,
de schall marken, dat he nix is,
de geit to Grunn.
Kiek di üm un söök na de,
de mit di anbinnen wüllt —
du findst eer nich.
De gegen di to Feld treckt,
de is nix wider as en Null
un hett nix to bedüden.
Denn ik, de Herr, dien Gott —
ik hool dien Hand ganz fast.
Ik segg ja doch to di: „Man jo keen Angst!"
Ik bün dat, de di helpen deit.

186

Man lütt un doch vull Kraft

Jesaja 41, 14—16.

Mien Jakob, büst ja blots en ganz lütt Worm,
doch wees nich bang!
Mien Israel, lütt Küken, bever nich!
„Ik bün dat, de di helpen deit!"
seggt Gott, „un de di frie maakt,
dat is de Hillige vun Israel!"
Sü, ik maak di to en Slerr,
wo een mit döschen kann;
un düsse Slerr is scharp un nie
un hett veel Tacken.
De Bargen warst du döschen,
dat se in en Dutt gaat.
De lütten Bargen maakst du twei,
as wenn se to Kaff wörrn.
Du smittst eer mit de Schüffel hooch;
de Wind, de driggt eer weg,
un wenn de Storm eerst kümmt,
denn gaat se ut'n een as Stoff.
Du awer warst jubeln över Gott,
du kannst di vör Freud nich laten.

De wunnerbare Weg dörch de Stepp

Jesaja 41, 17—20.

De armen Stackelslüüd söökt na Water un findt nix;
eer Tung is verdröögt, un se lengt na Water.
Goot! Ik, de Herr, ik höör up eer Beden;
ik, Israel sien Gott, ik laat eer nich sitten
in eer Noot.
Up de Bargen, wo keen Boom waßt,
dar schall Water kamen in Hüll un Füll.
Un deep in den Grund — dar maak ik Waterborns.
Ik maak de Wööst to enen See, dat dröge Land to enen Soot.
In dat Sandland — dar schüllt Zedern wassen
un Eschen un Myrten un Sölbööm.
Ik plannt in de Stepp den Ilex,
Buxboom un Dannen tohoop.
Se schüllt doch seen un wies warrn,
schüllt marken un dar achter kamen,
dat Gott düt allens so maakt hett,
dat dat de Hillige vun Israel is,
de dat allens tostann bröcht hett.

187

Gott sien Knecht

Jesaja 42, 1—10a.

Maakt ju Ogen mal up!
If will ju minen Knecht wiesen!
An em hool if faſt;
em heff if mi utſöcht;
an em heff if mien Freud.
Minen Geiſt heff if up em leggt.
De Waarheit ſchall he de Völker bringen.
He ſchriet nich un maakt of kenen Larm.
Sien Stimm lett he nich hören up de Straat.
En Roor, dat inknickt is, dat brickt he nich twei.
En Lamp, de noch glööſt, de puuſt he nich ut.
Tru bringt he dat Recht to de Völker.
He ſülven ward nich mööd
un brickt nich toſamen.
He höllt dörch; denn de Waarheit
ſchall ſik dörchſetten in de Welt.
De Inſeln luurt up ſien Geſetz.
An nu höört unſen Herr Gott ſien Woort!
He hett ja den Heven maakt
un em utbreedt as en Telt.
He hett ja faſtſtampt de Eer
un allens, wat dar up waſſen deit.
De Minſchen, de up eer waant,
de gifft he dat Leven,
un de över eer den Weg maakt,
de ſchenkt he den Geiſt.

He ſeggt:
If bün Gott.
If heff di ropen ut Gnaden,
di bi de Hand namen,
mien Hand över di holen.
If heff di maakt;
du ſchullſt dat Volk wiſen,
wat Waarheit is,
ſchullſt en Licht för de Heiden weſen.
De Blinnen ſchullſt du dat Ogenlicht geven.
De Lüüd, de dar fungen ſitt,
in dat Lock ſitt un in Düſternis leevt,
de ſchallſt du de Friheit bringen.
If, Gott — dat is ja mien Naam —
mien Herrlichkeit laat if an kenen annern af,
un mien Eer geev if nich an de Götzen af.
Wat if fröher ſeggt heff,
dat is indrapen.

188

Wat noch kamen schall, dat maak ik nu künnig.
Un eer dat tostannkümmt, laat ik ju dat hören.
Singt Gott den Herrn to Eren
en nie Leed!
Bringt em to Eren Lov un Dank,
dat se dat höört up de ganze Eer!

Gott maakt enen Streek
Jesaja 43, 24—25.

Wull heff ik an dien Sünnen swaar to dregen hatt.
Suur is mi dat worrn.
Dien Sünn un dien Schann weren en Last un en Plaag för mi.
Aver ik maak ut frie Stücken enen Streek dörch dat,
wo du di mit vergaan hest.
Ik will an dien Sünn nich meer denken.

Water up dröges Land
Jesaja 44, 1—5.

Jakob, mien Knecht, nu höör to,
un Israel, den ik mi utweelt heff!
So seggt Gott, de di dat Leven geev,
de to dien Leven den Grund lee ünner dien Moder eer Hart,
de di helpen deit:
Mien Knecht Jakob, wees nich bang,
un Jeschurun, den ik mi utweelt heff!
Ik will Water up dat döstige un Regen up dat dröge Land geten.
Ik will minen Geist utgeten up dien Volk
un minen Segen up dien Nakamen.
Denn schüllt se wassen as dat Gras merrn mang de Beken,
as de Wicheln an de Au.
Düsse ward seggen: ik höör den Herrn to,
un de nöömt sik mit den Namen Jakob.
En anner wedder schrivt sik in de Hand: „ik höör den Herrn to",
un leggt sik den Namen Israel as Erennamen to.

Frie un los dörch Gnaad
Jesaja 44, 21—23.

Jakob, denk dar an, un Israel, vergitt dat nich!
Du büst ja mien Knecht, ik heff di dar ja sülven to maakt,
du schullst ja mien Knecht wesen.
Du, Israel, warrst mi doch nich vergeten!
Wat du verkeert maakt hest,
dat wisch ik ut, laat ik vergaan,
as weer dat en lütt Wulk an den Heven.

189

Un all dien Sünnen — de schüllt so verswinnen
as Dau un Daak in de Morgensünn.
Kumm doch torüch to mi! Ik maak di frie.
Jubelt ji Himmel! Gott is an dat Wark.
Freut ju un lacht, wat deep ünner de Eer liggt!
Fangt an to singen, ji Bargen,
dat Holt un all de Bööm!
Denn Gott hett Jakob frie un los maakt,
un ok an Israel ward sik sien Herrlichkeit wisen.

Gott buut wedder up — he ganz alleen
Jesaja 44, 24—28.

So seggt Gott, de di frie un los maakt hett,
de dien lütt Leven weven dee ünner dien Moder eer Hart:
Ik, Gott, maak allens ganz alleen.
Alleen breed ik den Heven ut, stamp fast de Eer.
De Teken düden doot, fallt dar mit rin — dar sorg ik för.
De waarseggen doot, maak ik to schannen.
De kloken Lüüd künnt nich bestaan; ik bring eer in de Kniep.
Dat, wat se künnt, maak ik to Narrenkraam.
Dat, wat mien Knechten seggt, dat dröppt ok in.
Wat ik mi vörnamen heff, dat kümmt tostann.
Dar börg ik för.
Vun Jerusalem segg ik: dar schüllt nu wedder Minschen wanen,
un vun de Städte in Juda segg ik: se schüllt wedder upbuut
    warrn.
Dat, wat in Dutt liggt, bring ik wedder hooch in Enn.
Ik segg to dat Water: du schallst verdrögen;
dien Floot — de schall in den Grund versacken.
To Kyrus segg ik: Du büst mien Harder!
He schall tostann bringen, wat ik will.

Gott sien Hülpsmann sett sik dörch
Jesaja 45, 1—8.

So seggt Gott to den, den he salvt hett, Kyrus:
Ik heff di bi de rechte Hand namen.
Du schullst Völker vör mi up de Knee dwingen
un Könige dat Sweert afriten.
Ik heff för di de Dören upmaakt.
Keen Poort schull för di tosparrt bliven.
Ik ga vör di ran.
De Bargen, piel in Enn, ward dalleggt.
De isern Poorten breekt tosamen,
de isern Schotten gaat toschannen.
Dat Geld un Goot, wat ganz in Düstern liggt —
dat geev ik in dien Hand, un Gold un Sülver —

190

dat haal ik för di rut ut Schapp un Kamer.
Du schallst dat spören un wies warrn, dat ik Gott bün,
de di bi dinen Namen ropen deit, Israel sien Gott.
Minen Knecht Jakob to Leev un för Israel, wat ik mi utweelt
heff,
heff ik di bi dinen Namen ropen.
Ik geev di Erennamen, as du mi noch nich kennen deest.
Ik bün Gott un keen een sünst.
Dat gifft kenen annern Gott as mi.
Ik geev di Kraft, as du mi noch nich kennen deest;
denn in de ganze wite Welt, in Oost un West,
schüllt se dat wies warrn: Ik bün Gott un keen een sünst.
Dat gifft kenen annern Gott as mi.
Ik heff dat Licht maakt un de Düsternis.
Ik sorg för Glück un Deech;
ut mien Hand kümmt ok all dat Unglück —
allens, allens kümmt vun mi her.
Ji Himmels, laat vun baven regen!
Ji Wulken, laat dat Recht in lütte Drüppen fallen!
Eer, do di up, laat waffen dat Heil
un upkamen un riep warrn de Gerechtigkeit.
Ik Gott, heff allens maakt.

Mit Babel is dat ut!
Jesaja 47, 1—4.

Jungfer Babel! Stieg dal vun dinen Troon!
Rünner mit di in den Stoff!
Chaldäerdeern! Hier up de Eer is dien Platz!
Enen Troon gifft dat nich meer för di!
Du warrst nich meer nöömt: Du fine zaarte Fru!
De Tiet is hen.
Nimm de Mööl to Hand un maal dat Koorn!
Weg mit den Sleuer! Nimm de Sleep hooch!
Maak dien Been fri! Dat geit dörch deep Water!
Dien Schaam schall updeckt warrn;
seen schüllt se all dien Schann!
Ik will eer allens torüch betalen, wat se sik verseen hebbt.
Un aan Erbarmen ga ik gegen all de Minschen vör.
So seggt de, de uns frimaakt hett: Himmelskönig is sien Naam,
de Hillige in Israel.

Dat Volk verstött dörch sien egen Schuld
Jesaja 50, 1—3.

Heff ik dat mit ju Moder so maakt
as en Mann, de sik vun sien Fru scheden deit?
Wiest mi den Breef, de dat künnig maakt!

191

Heff ik mit ju dat so maakt
as en Vader, de in de Noot sien Kinner verköpen deit?
Wiest mi den Mann, de den Hannel maakt hett!
Ji sülven sünd dar schuld to, dat ji nich meer frie sünd.
Ji hebbt ju versünnigt; darum is ju Moder verstött.
As ik keem, do weer nüms dar;
as ik ropen dee, do geev nüms Antwoort.
Wo hett dat an legen? Seggt mi dat mal!
Is mien Hand würklich to kort, dat ik ju nich frimaken kann?
Is mien Kraft nich groot noog, dat ik ju redden kann?
Ji weet doch: ik heff schellt un draut;
do weer in de See dat Water utdrögt,
do weer ut den Waterstroom en Sandwööst worrn.
De Fisch kunnen nich leven; se müssen verdarven;
se harrn keen Water meer, darüm müssen se starven för Dörst.
De Heven ward düster un swart — dat bring ik tostann —
sinen smucken, bunten Mantel — den maak ik to en Truurkleed.

Gott sien Gericht

Jesaja 51, 6.

Kiekt na baven, na den Heven!
Seet ju hier nerrn de Eer mal an!
De Heven ward ut'n een gaan as de Rook in den Wind,
un de Eer ward vergaan as en Kleed, wenn dat oolt is.
De Minschen, de up eer waant,
ward starven as de Flegen.
Aver mien Hülp blivt ewig bestaan,
un mien Heil schall nümmer uphören.

De Hülp steit vör de Döör

Jesaja 51, 9—11.

Du Gottesarm! Waak up! Waak up!
Reck di wiet in Enn vull Kraft!
Waak up! Maak dat so as in ole, ole Tiden!
Du hest doch dat Undeert in twe Dele haut,
du hest den Draak doch de Lanz in dat Hart stött!
Du hest doch de See utdrögen laten, dat grote Water,
du hest doch dörch de depe See den Weg frimaakt.
So kunnen de hendörch gaan, de du vun Slavenkeden lösen deest.
De Gott frie un los maakt hett — de kaamt torüch,
kaamt na Zion un künnt sik vör Jubel nich bargen.
Ewige Freud ward lüüchten up eer Höövt as en Kroon.
Jubel un Freud blievt eer an de Siet.
Süüfzen un Klagen — dat is nu to Enn!

192

Gott will di trösten
Jesaja 51, 12—16.

If, if bün dat. If will di trösten!
An du wullt bang wesen vör Minschen, för de de Dood seker is,
vör Minschenkinner, de vergaan ward as dat Gras?
An du harrst Gott vergeten, de di dat Leven geev,
de den Heven utspannt un to de Eer den Grund leggt hett?
Du beverst alltiets, Dag för Dag, büst bang vör den,
de di drückt un queelt, wieldat he vertöörnt is,
wieldat he dar up ut weer, di an de Siet to bringen?
Woneem is denn nu den sien Grimm, de di drücken un quelen dee?
Dat duurt nich lang, denn is de losmaakt, den he fastbunnen
harr.
Den leggt se noch nich doot in dat Graff. He kriggt of noog
to leven.
If aver bün de Herr, dien Gott.
If bring de See in Gang un wööl eer up, dat eer Bülgen bruust.
Gott, de Himmelskönig — dat is mien Naam.
If heff mien Woort in dinen Mund leggt.
Mien Hand heff if över di utbreedt, dat di nix schaden kunn.
If breed den Heven ut un lee to de Eer den Grund.
If see to Israel: Mien Volk büst du!

Gott is König worrn
Jesaja 52, 7—12.

Is dat nich herrlich?
Dar kümmt över de Bargen en Mann, de dat Glück bringt!
He seggt den Freden an, bringt Godes, maakt dat Heil künnig,
He seggt to Zion: „Dien Gott is König worrn!"
Hork mal hen! Dien Wächters roopt dat wiet in dat Land
un jubelt alltosamen! Se seet mit eer egen Ogen:
Gott kümmt na Zion torüch.
Jerusalem, noch liggst du in Dutt! Aver sing un jubel!
Denn Gott hett sik barmt över sien Volk, hett Jerusalem fri-
maakt.
Gott hett sinen hilligen Arm upkrempt. All de Völker hebbt
dat seen.
An all de Minschen bit an dat buterste Enn vun de Eer —
se ward Gott sien Heil seen.
Staat up! Los! Los! Treckt ut! Faat jo nix Unreines an!
Treckt ut vun eer! Maakt ju rein! Ji hebbt ja Gott sien hillige
Saken to dregen!
Laat ju Tiet! Gaat Schritt vör Schritt! Aan Angst un Bangen!
Ji schüllt ruhig wannern, aver nich lopen,
as schullen ji ju in Sekerheit bringen!
Gott geit ja vöran. He is an de Spitz un folgt of an dat Enn;
Israel sien Gott.

Gott sien Knecht mutt liden

Jesaja 53.

Wokeen hett dat glöövt, wat wi to hören kregen?
Un Gott sinen starken Arm — wokeen hett em spöört?
He is ja upwussen as en lütt Bostkind ünner sien Ogen,
as en lütt Wuttel up en Stück Land, wat keen Kraft hett.
Sien Gestalt geev nix her, un smuck weer he ok nich.
Wi hebbt em nich anseen, un an em weer ok nix to seen,
wat uns gefallen dee.
Veracht' hebbt em de Minschen; se güngen em ut den Weg.
Unner Wedaag harr he to liden; he wüß, wat Krankheit is.
Jüst as en Minsch, den keen een anseen mag, weer he veracht'.
Wi harrn em nich up de Reken.
Un doch! Unse Krankheit hett he up sik namen,
un unse Wedaag hett he dragen.
Un wi? Wi menen, Gott harr em straaft, em slaan un plaagt.
Un doch is he verblött för unse Sünnen,
toschannen slaan is he dörch unse Schuld.
De Straaf, de he hett liden müßt, hett uns den Freden bröcht,
un dörch sien Wunnen sünd wi heel worrn.
Wi all weren bistergaan, jüst as de Schaap,
un jedereen güng sinen egen Weg.
Do lee Gott up sien Schullern all unse Schuld.
Rumstött hebbt se mit em, un he böög sik nich up,
he see keen Woort.
Jüst as en Lamm, wat slacht warrn schall;
jüst as en Schaap, wat se de Wull afscheren wüllt —
so still heel he un dee sinen Mund nich up.
Ut Drangsaal un Gericht is he nu wegnamen;
doch wokeen ut sien Geslecht mag wull bedenken,
dat he ut de Lebennigen eer Land utstött worrn is,
dat wegen de Welt eer Sünnen de Dood em drapen hett?
Bi gottlose Minschen hebbt se em to Eer bröcht
un bi Verbrekers enen Platz geven, as he doot weer.
Un doch harr he keen Unrecht daan,
un keen Woort keem över sien Lippen, wat nich de Waarheit
weer.
Gott hett dat so wullt, he hett em slaan mit Krankheit.
Wenn he sik sülven to'n Opfer bringen wull
för arme Lüüd eer Schuld,
so schull he veel Nakamen noch bleven,
un nümmer schullen sien Daag to Enn kamen,
un wat de Herr sik vörnamen hett,
dat bringt sien Hand tostann.
Wieldat he sik so suur daan hett,
darum schall he ok Frucht seen un satt warrn.
Wieldat he so still sik föögt hett,

194

darum ward mien Knecht veel Minschen gerecht maken;
denn up sien Schullern ward he eer Sünnen nemen.
Darum schüllt veel Minschen sien Arvdeel warrn,
un de Starken schüllt em tofallen as Loon;
denn sien Leven hett he in den Dood geven,
un to de Sünner hett he sik tellen laten,
obschoons he för veel Minschen eer Sünnen dragen
un för de Verbrekers noch beden hett.

Blots en Ogenblick verstickt sik de Sünn

Jesaja 54, 7—10.

„En lütten Ogenblick wull ik nix vun di weten
un leet di sitten in dien Noot;
aver nu is mien Hart wedder week un warm för di.
Nu neem ik di wedder up as en Moder eer Kind.
Wull weer ik vertöörnt över di, un en lütten Ogenblick
lee ik de Hannen vör mien Ogen un wull nix vun di seen;
aver nu höört mien Hart di wedder to, alltiets blivt di mien
      Gnaad.“
so seggt Gott, de di frie un los maakt hett.
„Denn dar bliev ik bi. Dat schall so gaan as mit de grote Floot
to Noa sien Tiet.
Ik heff damals sworen: Noa sien Floot schall nich wedder över
de ganze Eer gaan.
So swöör ik ok hüüt: Ik will nich länger vertöörnt wesen
över di un di nich meer draun.
De groten Bargen künnt wull toschannen gaan,
un de lütten künnt bevern,
aver mien Gnaad steit fast un blivt di to Siet.
Mien Fredensbund blivt bestaan un brickt nich tosamen.“
Dat seggt de Herr, de sik över di barmt.

Gott is to finnen

Jesaja 55, 6—11.

Söökt Gott! Noch is he to finnen.
Roopt em an! Noch steit he vör de Döör.
De gottlos is, schall ümkeren up sinen Weg.
De Sünn un Schann vörhett, schall sik dat ut den Kopp slaan.
He schall sik to Gott bekeren,
denn barmt he sik över em;
he schall sik bekeren to unsen Gott,
denn vergifft he em geern un över de Maten.
Ji schüllt nich vergeten:
Ik denk ganz anners över ju as ji över mi,
un wat ji maakt, hett nix to doon mit dat,
wat ik mi vörnamen heff — seggt de Herr.

Hangt nich de Heven hooch baven över de Eer?
So geit mien Weg of so, dat ji em nich verstaat,
un wat if vörheff, dar kaamt ji nich achter.
De Regen un de Snee — de fallt vun den Heven dal
un kaamt nich erer torüch,
as bit se de Eer de Fucht bröcht hebbt,
dat allens wassen kann un dat dat Gröön upkümmt
un so de Buur de Saat kriggt un sien Broot dar to.
So geit dat mit mien Woort, wat ut minen Mund kümmt:
dat kümmt nich so torüch to mi,
dat streut sienen Segen ut
un sett minen Willen dörch,
un bringt so dat tostann,
wat dar mien Affeen bi weer.

Dat Heil steit vör de Döör
Jesaja 56, 1.

Mien Heil steit al vör de Döör.
Wat if tolöövt heff, dat dröppt in.
Mien Gerechtigkeit schall künnig warrn.

Gott böögt sik dal to vertaagte Minschen
Jesaja 57, 15—16a.

So segt de, de hooch baven in den Himmel sinen Troon hett,
wiet över de Eer. In alle Ewigkeit is dat sien Steed,
un „de Hillige" — dat is sien Naam.
Mien Platz is hooch baven in den Himmel in dat Hilligdoom;
aver if bün likers tohuus ok bi de,
de ganz den Moot verlaren hebbt un de sik vör mi böögt.
Nien Moot un nie Kraft will if de schenken, de sik vör mi böögt,
un vermuntern will if de, de nich mit sik sülven in dat Reine
    kaamt.
If will doch nich in Ewigkeit dull un nich alltiets vertöörnt
    wesen.

Freden!
Jesaja 57, 19.

If sorg dar för, dat se singen un jubeln künnt.
Freden lööv if to — seggt de Herr —
Freden för de, de in de wide Welt waant,
un för de, de ganz neeg bi sünd.
If will eer heel maken.

196

Buußdag
Jesaja 59, 1—12.

Wiß, ganz wiß! Gott sien Arm is nich to kort. He kann helpen.
Sien Ohr is nich stump worrn. He kann wull hören.
An em liggt dat nich; dat hett en annern Grund.
Ju Sünnen sünd dat; de scheedt ju vun ju Gott.
Ju Schuld hett sik as en Dook vör sien Ogen leggt.
Darum höört he ok nich.
An ju Hannen kleevt Bloot, an ju Fingers kleevt Schuld.
Over ju Lippen kaamt Lögen un Wind.
Ju Tung bringt Sünn un Schann an den Dag.

Darum kriegt wi keen Hülp, darum gifft dat kenen Utweg för
    uns.
Wi lengt so na Licht, aver dat blivt ümmer düster.
Wi luurt dar up, dat dat hell ward, aver unse Weg geit dörch
    Nacht.
Wi föölt uns den Weg lang as de Blinnen an de Wand;
wi tappt hen un her, as harrn wi keen Ogen.
Wi kaamt merrn an den Middag to Fall
jüst so as sünst in de Schummerstünn.
Wi sitt in Düstern jüst so as de Doden.
Wi brummt as de Baren un jammert as de Duven,
un dat Lengen nimmt keen Enn.
Wi lengt dar na, dat Gott uns helpt,
wi luurt dar up, dat wi reddt ward;
aver de Hülp blivt ut.
Ach, unse Sünnen sünd swaar in dien Ogen.
Wat wi verseen hebbt, dat klaagt uns nu an.
Unse Sünnen künnt wi nich vergeten,
unse Schuld steit uns ümmer vör Ogen.

Dat Morgenroot
Jesaja 60, 1—2, 19—20.

Waak up! Waak up! Wisch den Slaap ut de Ogen!
De Nacht is to Enn, un de Sünn geit al up!
Kiek na baven! Denn jüst as de Sünn an den Heven
so herrlich straalt Gott sien Licht över di!

Still slöppt noch de Eer, un pickswart is de Nacht.
Over Minschen un Volk breedt sik Düsternis ut —
doch dien Licht is Gott sülven. Du sittst nich in Düstern.
Over di is dat hell, un nix süüt dien Oog
as blots den Herrn sien Herrlichkeit.

197

Denn bruukst du de Sünn nich meer as Licht för den Dag,
ok den Maand hest du nich nödig as Lüücht för de Nacht.
Gott sülven is denn dien ewig Licht,
dien Gott ward dien herrliche Smuck.
Denn geit dien Sünn nich meer ünner,
un dien Maand verleert sinen Schien nich.
Gott sülven is denn dien ewig Licht,
un Truur un Hartleed gifft dat nich meer.

Den Herrn sien Gnadenjaar

Jesaja 61, 1—2.

Den Herrn sien Geist ruut up mi; denn he hett mi salvt.
He hett mi schickt. Ik schall arme Stackelsminschen
Glück un Freud anseggen. Ik schall Minschen verbinnen,
de dat Hart blöden deit un de den Moot verlaren hebbt.
De dar fungen sitt, de schall ik de Friheit mellen,
un de in Keden bunnen fünd, de schall ik seggen, dat se
los un lebig fünd. Utropen schall ik den Herrn sien Gnadenjaar
un den Dag, wo Gott Gericht höllt un torüchbetaalt,
wo de Minschen sik mit verseen hebbt. Dat schall en Troost
för all de wesen, de Truur un Hartleed hebbt.

Erlöser vun Ewigkeit her

Jesaja 63, 15—17; 64, 1, 5—8.

Ach kiek doch mal dal vun den Himmel!
See di dat doch an dar baven vun dinen hilligen un herrlichen
    Troon!
Wo is doch dien Iver un dien Wunnermacht bleven?
Di weer dat Hart doch so vull vun Erbarmen!
Ach, laat dien Hand doch nich vun mi af!
Du büst doch unse Vader!
Abraham weet nix vun uns, un Israel will nix vun uns weten.
Du Gott, büst doch unse Vader! „Erlöser vun Ewigkeit her" —
dat is doch dien Naam.
Herr, warum leetst du uns bister gaan,
dat wi nich up dinen Weg bliven deen?
Warum hest du unse Hart hart maakt gegen di,
dat wi nich up di höört un uns nich vör di böögt?
Ach, kumm doch wedder to uns torüch!
Wi fünd doch dien Knechen!
Do dat dien Stämm doch to leev, de di tohören doot!

Ach, deel doch de Wulken ut'n een un kumm doch hendal!
Ja, du weerst vertöörnt, un wi harrn uns vergaan,
weren untru west un weren vun di affullen.

198

Wi all tosamen sünd de Unreinen liek worrn;
all unse Gerechtigkeit is nich beter as en Kleed vull Placken!
Wi alltosamen sünd versoort as de Bleder;
unse Sünnen hebbt uns wegweit as de Wind.
Keen een hett to di beedt, keen een wull mit di noch wat to
    doon hebben!
Du harrst de Ogen vör uns tomaakt, du wullst uns nich seen.
Du leetst uns sitten mit unse Schuld, un wi müssen vergaan.
Un doch, Herr, du büst unse Vader!
Wi sünd de Leem, un du büst de Pütter.
Wi sünd alltosamen ut dien Hand kamen.
Ach, wees doch nich so dull vertöörnt!
Denk doch nich ümmer an unse Schuld!
Ach, kiek doch mal her! Wi sünd doch alltosamen dien Volk!

De Geduld is to Enn

Jesaja 65, 1—7.

Mien Hart stünn apen för de, de nix vun mi wullen.
Ik weer to finnen för de, de mi nich söken deen.
Ik see: „Hier bün ik!" un dat to en Volk,
wat nich to mi beden dee.
Den ganzen Dag heff ik mien Arms utbreedt na en Volk,
wat balstürig weer un sik gegen mi upsetten dee,
wat sinen egen Weg güng, de nich goot weer,
wat mit sinen Kopp dörch de Wand wull.
Düsse Lüüd weren blots dar up ut, mi to argern,
un dat liek in dat Gesicht.
In de Gaarns hebbt se opfert un up Tegelsteen rökert.
Se sitt in de Graffstellen un drievt sik nachts in Hölen rum.
Se eet Swienfleesch un hebbt Supp vun unreine Saken in eer
    Schötteln.
Se seggt: Bliev mi vun den Liev un röög mi nich an!
Sünst kunn ik di „hillig" maken.
So'n Lüüd sünd Rook in mien Nees, as en Füür, wat den
    ganzen Dag brennt.
Dat will ik ju seggen, un dat markt ju:
Swart up witt liggt dat vör mi, un ik ru nich erer,
as bit ik eer allens torüchbetaalt heff.
Ja, ik betaal dat torüch. Ik laat up eren Kopp torüchfallen,
wat se sülven verseen hebbt un wo sik eer Vöröllern mit ver-
    sünnigt hebbt.
Se hebbt up de Bargen rökert un up de lütten Bargen
mien Ehr toschann maakt.
Ja, wiß! Ik sta to mien Woort.
Ik betaal eer dat torüch. Se kriegt den Loon, den se verdeent
    hebbt!

Gott bruukt kenen Tempel

Jesaja 66, 1—2.

So seggt de Herr:
De Heven is mien Troon, un de Eer is mien Footbank.
Wat för en Huus kunnen ji mi wull buun?
An wat för en Steed kunn ik denn wull wanen?
Düt hier hett doch allens mien Hand maakt!
Dat hett doch allens dörch mi sinen Bestand!
So seggt de Herr:
Ik see up de, de sik vör mi böögt
un ganz den Moot verlaren hebbt,
de dar bevert, wenn se an mien Woort denken doot.

Dat Moderhart

Jesaja 66, 12—13.

Ik will eer Glück un Freden bringen, so veel,
as wenn en Waterstroom dörch dat Land geit.
Wat de Völker in Hüll un Füll hebbt,
dat schüllt se hebben so rieklich,
as wenn en Waterau an eer Land spöölt.
As Bostkinner schall ju dat gaan:
se schüllt ju up den Arm dregen
un up de Knee wegen un hegen.
Ik will ju tröften,
as wenn en Moder eer Kind de Backen straakt.

De Mann mit de warme Leev

To'n Profeet bestimmt

Jeremia 1, 4—10.

Gotts Woort keem to mi; un so wörr mi seggt:
„Al lang eer dat du ruun deest ünner dien Moder eer Hart,
harr ik di in den Sinn.
Al lang eer dat du to Welt keemst,
harr ik mit di wat vör.
To'n Profeet för de Völker heff ik di bestimmt."
Do see ik:
„Blots dat nich, Herr Gott!
To dat Reden döög ik nich.
Ik bün doch meist nich meer as en Jung!"
Do see Gott to mi:
„Segg jo nich: ik bün noch to jung!
Du geist dar hen, wo ik di henschicken do!
Un du seggst, wat ik di upleggen do!

200

Bruukst nich bang to wesen vör eer;
denn ik sta di bi!
Dat is Gotts Woort an di!"
    Un Gott reck sien Hand ut un röög minen Mund an
    un see to mi:
„Sü, ik legg mien Wöör in dinen Mund.
Kopp hooch!
Hüüt sett ik di över Völker un Königrike.
Du schallst utraden un dalriten,
toschannen maken un in en Dutt haun,
awer ok wedder upbuun un planten!"

Wodennig Gott sien Woort künnig maakt

Jeremia 1, 11—19.

En anner Mal keem Gotts Woort to mi; un so wörr mi seggt:
„Wat süüst du, Jeremia?"
Ik see:
„Enen Mandelboom see ik. De maakt jüst even na den Winter-
        slaap sien Ogen up."
Do see Gott to mi:
„Du hest dat ganz richtig klook kregen. Un nu mark di dat:
Jüst so waak ik över mien Woort, dat dat dörchsteit."
Un noch mal keem Gotts Woort to mi, un so wörr mi seggt:
„Wat süüst du, Jeremia?"
Ik see:
„Ik see enen Ketel. De hangt över dat Füür un kaakt.
De Piep kiekt vun Noorden up mi to."
Do see Gott to mi:
„Vun Noorden kaakt dat Lege över
un ward utgaten över all de,
de up de Eer waant.
Paß up! Ik roop all de Königrike ut Noorden" —
dat is Gotts Woort.
De schüllt kamen un eren Troon upstellen
buten vör de Poorten vun Jerusalem
un gegen all eer Muurn un all de Städte vun Juda.
Un denn will ik Gericht holen över eer
wegen all dat Lege;
denn se hebbt mi den Rüch todreit.
Se hebbt rökert för frömde Götter.
Se sünd up de Knee dalfullen vör dat,
wat eer Hannen maakt hebbt.
Un nu binn dien Kleed up un ga
un segg eer allens, wat ik di upleggen do!
Wees nich bang vör eer!
Sünst kunn ik di noch bang maken vör eer.
Ik maak di — dar verlaat di up — hüüt to en faste Borg,

201

to en isern Muur för dat ganze Land,
gegen de Könige vun Juda un sien böverste Lüüd,
gegen eer Preesters un dat ganze Volk!
Se ward sik gegen di to Weer setten,
aver se kriegt di nich ünner de Fööt;
denn ik sta di bi!
Dat is Gotts Woort för di!"

En duppelte Sünn hett mien Volk daan

Jeremia 2, 1—13.

Gotts Woort keem to mi, un so wörr to mi seggt:
"Ga hen un praal Jerusalem dat in de Oren,
wat ik nu seggen do:
So seggt de Herr:
Ik denk noch an de Tiet, wo du jung weerst —
do heelst du so veel vun mi.
Do weerst du as en Bruut — so leev harrst du mi.
Tru büst du folgt in de Stepp,
in dat Land, wo nix seit warrn kann.
Do höörst du Gott to, weerst em hillig
as de eerste Föör in de Aarnt.
Over den keem dat düür to staan.
Over den keem dat Lege — so seggt Gotts Woort.
Höört Gotts Woort, Hus Jakob,
all de Geslechter vun dat Huus Israel!
So seggt de Herr:
Wat hebbt ju Vöröllern denn an mi funnen,
wat nich recht weer?
Se hebbt mi ja den Rüch todreit!
Se lepen achter dat ran, wat doch nix is,
un kemen to nix un wörrn toschannen.
Un se hebbt nich seggt: Woneem is Gott?
He hett uns doch ut dat Land Agypten rutbröcht.
He hett uns doch dörch de Sandwööst föört,
dörch dat Land, wat dröög un düster is,
dörch dat Land, wo sik sünst keen Minsch rin waagt
un ok keen Minsch waant.
Un denn heff ik ju bröcht in en Land,
dat weer as en Appelgaarn,
un ji dörfen eten sien Frucht un ju plegen
an dat Gode, wat dar to finnen weer.
Aver ji sünd kamen un hebbt mien Land unrein maakt,
un dat, wat mi tohören dee, is to Sünn un Schann worrn.
De Preesters hebbt nich fraagt: Woneem is Gott?
Un de dat Gesetz anvertruut weer, hebbt mi nich kennt.
De dar Harders wesen schullen över de Lüüd,
hebbt sik vun mi losseggt.

202

De Profeten helen dat mit Baal un lepen achter de ran,
de nich helpen künnt.
Darum mutt ik noch Gericht holen — so seggt Gott —
Gericht mit ju un ju Kindskinner.
Gaat doch mal röver to de Kittäers eer Inseln
un seet ju dat an!
Schickt Bott na Kedar un kiekt mal gründlich na!
Ja, maakt de Ogen man up!
Is so wat sünst al dar west?
Hett en Volk wull sinen Gott al vertuuscht?
Un dat sünd ja nich mal Götter!
Blots mien Volk hett sinen Gott, de so herrlich is,
ümtuuscht gegen enen, de nich helpen kann.
Verfeert ju, ji Himmel, dar över,
verschraakt ju över de Maten — so seggt Gott.
En duppelte Sünn hett mien Volk daan:
Mi hebbt se verlaten, den Born,
de frisch Water gifft,
un dar hebbt se sik enen Soot för graavt,
enen Soot, de kenen Borm hett
un de dat Water nich holen kann."

Kaamt doch torüch!

Jeremia 3, 12—13.

Ji hebbt nix vun mi weten wullt
un hebbt ju vun mi losseggt.
So kaamt doch wedder her to mi!
Ik see ju wedder fründlich an;
mien Gnaad hett ümmer noch keen Enn —
so seggt de Herr.
Mien Torn — de schall nich ewig duurn.
Aber du mußt inseen, dat du di schüllig maakt hest.
Du hest di an Gott versünnigt
un büst anner Götter nalopen;
ji hebbt ja nich up mien Stimm hören wullt.

Fraam spelen un fraam leven

Jeremia 7, 1—11.

Do see Gott to Jeremia:
„Stell di hen bi Gott sien Tempelpoort, un denn roop so luut,
as du kannst, wat ik di nu seggen do:
Lüüd ut Juda! Höört Gotts Woort! Höört all tohoop to!
Ji sünd ja doch dörch düsse Poort kamen un wüllt Gott an-
beden.

203

So hett de Herr, de Himmelskönig, de doch Israel sien Gott is, seggt:

Ju Leven mutt beter warrn — allens, wat ji vörhebbt un doot! Denn dörft ji hier an düsse Stell wanen bliven. Sett blots ju Vertruun nich up Wöör, de Lögen un Wind sünd!

Snackt dar blots nich so veel vun: „Düt is Gott sien Tempel! Gott sien Tempel! Gott sien Tempel!"

Allens kümmt dar up an, dat ji ju vun Grund ut betern doot in Leven un Wannel.

Ji schüllt dat Recht överall bavenan stellen, wenn ji wat mit Nawerslüüd hebbt.

Ji dörft frömde Lüüd un Waisenkinner un Weetfruun nich drücken un keen unschüllig Bloot an düsse Stell vergeten un achter anner Götter nich ranlopen — dat kunn ju düür to staan kamen — sünst laat ik ju nich hier wanen. Dat is doch dat Land, wat ik ju Vöröllern tolöövt heff för ümmer un ewig.

Aver is dat nich so? Ji verlaat ju up Lögen un Wind, un dar kümmt nix bi rut. Stelen un dootslaan, ehbreken un Meineid swören, den Baal wat opfern un achter anner Götter ranlopen — dat künnt ji, un denn kaamt ji mi hier ünner de Ogen in düt Huus, wat na minen Namen nöömt is, un seggt: „Dat maakt nix, wenn wi so'n Schann drievt. Meent ji denn: düt Huus, wat na minen Namen nöömt is, is en Mördergroov? — so seggt de Herr.

Se gaan verkeert
Jeremia 8, 4—7.

Gifft dat wull Lüüd, de mal to Fall kaamt
un nich wedder upstaat?
Kümmt dat wull vör, dat een weggeit
un nich wedder torüchkümmt?
Wodennig geit dat denn blots to,
dat mien Volk mi den Rüch todreit
un mi alltiets ut den Weg geit?

Se wüllt nich inseen, dat se verkeert gaat,
se hebbt sik dat in den Kopp sett,
se wüllt sik nich bekeren.
Ik heff mi up de Luur leggt un horkt,
un wat kreeg ik to hören?
Wat se seggt, dat is allens nich waar.
Dar is ok keen een, den dat Lege leed deit,
wat he daan hett,
keen een, de dar seggt: Wat heff ik blots maakt?
Jedereen jaagt dar hen, he kennt keen Verpusten,
jüst so as en Peerd sik nich holen lett,

204

wenn dat losgeit in den Krieg.
De Adebaar, de hooch baven in de Luft flüggt,
de weet doch, wenn sien Tiet kamen is,
dat he afreisen schall.
Ok de Duuv un de Swulk —
up den Dag kaamt se wedder torüch.
Blots mien Volk — dat weet nich,
wat Gott vun em verlangt.

Dodenklaag

Jeremia 9, 16—21.

Laat de Fruunslüüd doch kamen, de dat Klagen verstaat!
Schickt doch Bott na de kloken Wiver!
Gau schüllt se kamen un en Truurleed singen,
dat uns de Tranen över de Backen loopt
un de Ogenwimpern vull Waterdrüppen sitt!
Weest man still!
Höört ji nich dat Jammern un Klagen,
wat vun Zion luut to uns röver klingt?
„Ach, wat hebbt se uns andaan!
Wi künnt uns nich rögen!
Wat för en Schann hett uns drapen!
Wi mööt rut ut unse egen Land,
unse Hüser un unsen Besitz hebbt se to Grunn richt!

Ja, höört doch ji Fruunslüüd, den Herrn sien Woort!
Neemt doch to Harten, wat sien Mund uns seggt!
Leert ju Döchter düt Jammerleed,
un een Fru schall de anner de Dodenklaag leren:
„De Dood is to uns dörch dat Finster rinstegen.
He hett ok Slott un Palast nich schoont.
He haalt sik de lütten Kinner vun de Straat
un dat Jungvolk vun den Marktplatz.

De Minschen eer Liken liggt henstreut
jüst so as de Düng up dat Feld,
jüst so as de Halms achter den Meiher,
un keen een sammelt eer up.

De Fraag an Gott

Jeremia 12, 1—4.

Herr, di is ja nich bitokamen,
wenn ik mi ok över di beklagen wull.
Du behöllst doch recht.
Un doch kann ik dat nich laten.
Ik mutt di dat seggen:

205

Wodennig kümmt dat, dat de Gottlosen ümmer Glück hebbt?
Warum bruukt de sik keen Sorgen to maken, de nich tru sünd?
Du hest eer doch sülven plannt, un se hebbt Wuttel faat.
Se waßt un hebbt Deech un bringt ok Frucht.
Dat versta ik nich; denn se neemt wull den Mund vull
un spreekt vun di; aver eer Hart will doch nix vun di weten!
Mi aver kennst du, Herr, un süüst mi un pröövst mi
up Hart un Neren, wullt weten, wodennig ik to di sta.
Riet eer doch rut as de Schaap ut de Hard!
Maak eer hillig för den Dag, wo se slacht warrn schüllt!
Wolang schall dat Land noch truurn
un dat Kruut up dat ganze Feld versoren?
De Lüüd, de hier waant, sünd dar schuld an,
dat Tire un Vagels toschann gaat!

De Görtel un de Kruuk
Jeremia 13, 1—14.

So hett de Herr to mi seggt:
"Ga hen un koop di enen Görtel ut Linnentüüch un legg
em üm dien Lennen, aver laat em jo nich natt warrn!"

Do köff ik den Görtel, so as Gott mi dat seggt harr, un
bunn em üm mien Lennen. Un nu keem Gotts Woort to'n
tweten Mal to mi un see: "Nu nimm den Görtel, den du
köfft un üm de Lennen leggt hest, un ga los un maak di up
den Weg na den Eufrat un versteek em dar in en Steenritz!"
Un ik dee dat un versteek em an den Eufrat, so as de Herr mi
dat upleggt harr.

Un denn duur dat wedder en Tiet, do see Gott to mi: "So,
nu ga mal wedder an den Eufrat un haal dar den Görtel
wedder, wo ik di vun seggt harr, du schullst em dar versteken."
Un ik güng hen na den Eufrat un maak en Lock un haal den
Görtel wedder rut, wo ik em versteken harr, un wat müß ik
bileven? De Görtel weer toschannen un döcht nix meer.

Do keem Gotts Woort to mi, un so wörr mi seggt: "Jüst so"
— seggt de Herr — "will ik Juda sinen Stolt, Jerusalem
sinen ganzen Stolt toschannen maken. Düsse legen Minschen,
de mien Woort nich hören wüllt, de stuur na eren egen Kopp
leevt un achter anner Götter ran loopt, up eer höört un to eer
beden doot — eer schall dat jüst so gaan as düssen Görtel, de
nix meer döcht. Denn jüst so, as düsse Görtel sik üm enen
Mann sien Lennen leggt, jüst so heff ik dat ganze Huus Israel
un dat ganze Huus Juda an mi rantrocken, dat se mien Volk
wesen schullen un för mi Ehr inleggen, dat ik stolt up eer wesen
un mi mit eer seen laten kunn — aver se wullen dat ja nich.
Un nu segg eer düt Woort:

'So hett de Herr, Israel sien Gott, seggt: Jede Kruuk ward
mit Wien vullmaakt!' Un wenn se denn to di seggt: 'Dat

206

bruukst du uns nich eerst to seggen; dat weet wi sülven' —
denn segg du to eer: ‚So hett de Herr seggt: Witz, ganz witz!
Ik will all de Lüüd, de in düt Land waant, de Könige, de up
David sinen Troon sitt, un de Preesters un de Profeten un
all de Lüüd in Jerusalem vull maken, dat se duun sünd, un
denn schall de ene an den annern to schannen gaan, de Vaders
un de Sööns een mit den annern. Dat is Gott sien Woort,
un dar blivt dat bi. Ik schoon kenen een, ik see mit kenen een
in Gelegenheit un heff ok mit kenen een Erbarmen. Se gaat
to Grunn.

Eer dat düster ward ...
Jeremia 13, 16.

Geevt Gott den Herrn de Ehr,
eer dat düster ward!
Sünst stööt ji ju Fööt an de Bargen
in de Schummerstünn.
Denn lengt ji na Licht;
he aver maakt dat so düster,
dat ji keen Hand breet vör Ogen seet.
Pickenswart ward de Nacht.

De grote Dröögt un Hitten
Jeremia 14, 1—6.

Wat Gott to Jeremia see över de dröge Tiet:
Juda hett Truur, un Stadt un Land sitt ganz in Drögen.
Se sitt up de Eer un jammert un klaagt.
De Groten schick eer Lüüd ut na Water.
De kaamt an den Soot, aver findt keen Water.
Se kaamt torüch, aver eer Ammers sünd lerrig.
Se schaamt sik un sünd ganz verfeert
un hoolt de Hannen vör dat Gesicht.
Ach, dat Land liggt leeg to, denn dat hett kenen Regen geven!
Darum laat de Buurn den Kopp hangen un hoolt de Hannen
    vör de Ogen.
Ja, sogar de Hirschko, de en Kalv smeten hett,
lett dat liggen up dat Feld un kümmert sik dar nich üm,
denn dat hett nix to freten.
De willen Esels staat up de Bargen, wo keen Foder is,
un snappt na Luft jüst as de Wülf.
Ach, se kiekt sik de Ogen ut, un de fallt eer meist to;
denn se hebbt keen Foder meer!

De Profet up de Knee vör Gott
Jeremia 14, 7—9.

Ach, Herr, unse Sünnen verklaagt uns vör di!
Aver see mit uns in Gelegenheit un heff Erbarmen mit uns!

207

Dar börgst du doch mit dinen Namen för.
Wi hebbt uns ja mennichmal gegen di vergaan;
versünnigt hebbt wi uns gegen di.
Up di alleen steit Israel sien Höpen!
Du büst alleen sien Heiland in de Noot!
Warum deist du so, as wenn du hier nich tohuus weerst,
as weerst du en frömde Mann, de hier blots to Nacht blivt?
Warum stellst du di so as en Held,
de vertaagt is un den Moot verlaren hett,
as en Ries, de nich helpen kann?
Du büst doch merrn mang uns,
un wi sünd doch na dinen Namen nöömt!
Ach, treck doch nich dien Hand vun uns af!

Gott blivt bi sien Draun
Jeremia 14, 10—18.

So seggt de Herr to düt Volk:
Se weren ümmer togangen, mal hier un mal dar.
Eer Fööt hebbt se nümmer schoont.
De Herr aver will nix meer vun eer weten.
He denkt an eer Schuld un straaft nu eer Sünnen.
Darum hett de Herr to mi seggt:
Dat Beden för düt Volk kannst du di sparen;
se findt keen Gnaad bi mi.
Se künnt geern fasten; aver up eer Beden höör ik nich.
Se künnt geern rökern oder opfern, dat röögt mi nich dat Hart.
Dörch Sweert un Hunger un Süük will ik eer verdarven.
Do see ik: Ach, Herr un Gott, eer Profeten seggt eer:
Ji kriegt keen Sweert to seen, un Hungersnoot ward ji nich
        bileven.
Ik sorg för en sekern Freden hier.

Do see Gott to mi: Wat de Profeten vörutseggt, is Lögen
un Wind. Ik heff eer nich schickt un eer nix updragen. Ik heff
ok nix to eer seggt. Wat se ju waarseggt, dat is lagen: Se
spreekt vun Gesichten, de se seen hebbt, aver se leegt. Se seggt
waar, aver dar is nix achter, se maakt ju wat vör, aver se
hebbt sik dat sülven utdacht. Darum seggt de Herr: Ik will
nu wat seggen över de Profeten, de in minen Namen waar-
seggt un de, obschoons ik eer nich schickt heff, dar bi blivt, dat
keen Sweert un keen Hungersnoot düt Land drapen schall —
ik segg: dörch Sweert un Hungersnoot schüllt düsse Profeten
to Grunn gaan! Un dat Volk, wat se waarseggt — de schüllt
up de Straten vun Jerusalem rumliggen, wieldat dat Sweert
un de Hungersnoot eer drapen hett, un keen een ward eer
to Eer bringen. Dat schall eer sülven un eer Fruuns un eer
Sööns un eer Döchter drapen, un eer leeg Leven will ik över
eer utschütten. Un dütt Woort schallst du eer seggen: Mien

Ogen schüllt utlopen vör Tranen bi Dag un bi Nacht. De schüllt keen Enn finnen; denn de Jungfer, mien Volk sien Dochter, is heel un deel toschannen worrn; se hett dull wat up den Kopp kregen.

Ga ik to Feld — överall Dode, de dat Sweert dalmaakt hett! Kaam ik to Stadt — överall Lüüd, de vör Hunger nich sik bargen künnt!
Denn Profet un Prester treckt beide in en Land, wat se nich kennt.

Profetenklaag
Jeremia 15, 10—11. 15—18.

Ach, mien arme Moder! Dat du mi to Welt bröcht hest! Ik ligg ja mit de ganze Welt in Striet un Larm! Ik heff keen Geld utdaan un ok keen Geld borgt, bün kenen een wat schüllig — un doch fluucht se mi all!

De Herr hett seggt: Verlaat di dar up! Ik maak di fri för dat Gode. Ik sorg dar för, wenn dat Unglück un de Noot dar sünd, denn schall dien Fiend vör di up de Knee fallen. — Herr, du weetst dat! Denk doch an mi un laat mi nich sitten! Kumm mi to Hülp un betaal de, de mi verfolgt, dat torüch, wat se sik an mi verseen hebbt! Du hest ja veel Geduld mit eer, aver laat mi doch nich to Grunn gaan! Bedenk dat doch: för di mutt ik de Schann dregen! Seest du wat to mi, denn wörr dat mien Kost, wo ik vun leven dee. Over dien Woort weer ik vuller Gottlov. Dien Naam is ja över mi nöömt worrn, Gott, du Himmelskönig! Ik heff nich bi de Lüüd seten, de vergnöögt un lustig weren. Ik weer moderselenalleen; denn dien Hand harr mi faat; denn du harrst mien Hart mit Grinm füllt. Warum schall mien Kummer nümmer upholen? Warum schall de Wunn wider blöden un nümmer heel warrn?

Moderseelnalleen
Jeremia 16, 1—9.

Un Gott den Herrn sien Woort keem to mi, un so wörr mi seggt:
Du schallst di keen Fru hier nemen
un ok keen Sööns un Döchter hebben.
Denn dat hett Gott seggt
över de Sööns un Döchter, de hier to Welt kaamt;
över de Moders, de eer to Welt bringt
un över de, de to eer Vader worrn sünd:
Se schüllt veel Quaal to liden hebben,
un denn schüllt se starven.

Se ward eer keen Truurleed singen
un eer nich to Eer bringen.
As Düng ward se buten up dat Feld to liggen kamen.
Dörch Sweert un Hunger schüllt se to Grunn gaan.
Eer Liken schüllt Foder warrn för de Vagels,
un de Tire up dat Feld schüllt eer freten.
    Un denn see de Herr noch wat:
„Ga nich in dat Truurhuus un maak keen Dodenklaag mit!
Giff kenen Minsch de Hand un beduur em ok nich!
Denn ik heff vun düt Volk minen Freden torüchnamen."
Dat seggt de Herr. „Ja, mien Gnaad un mien Erbarmen."
So schüllt se in düt Land starven, groot un lütt.
Keen een bringt eer to Eer; keen een ward üm eer truurn.
Keen een ward üm eer blöden, keen een sik de Haar affsniden.
Ok schickt se kenen een Broot in dat Huus,
üm em in de Truur to trösten,
se schickt ok kenen Troostbeker,
wenn een üm sinen Vader oder sien Moder truurn deit.
Ok schallst du nich in en Huus gaan,
wo se en Maaltiet fiert,
un schallst di nich mit an den Disch setten
un mit eer eten un drinken.
Denn so hett de Himmelskönig, Israel sien Gott, seggt:
Wiß, wiß! Verlaat ju dar up! Ik sorg dar för.
Ik laat vör ju Ogen un in ju Daag
all den Jubel un all de Freud verswinnen,
all de Freud för Brüdigam un Bruut.

Gott is de Kraft un de Borg

Jeremia 16, 19—20.

O Herr! Du büst mien Kraft un mien Borg,
wo ik mi bargen kann in Sorg un Noot!
To di ward de Völker kamen ut de ganze Welt,
un se ward seggen:
Blots Lögen hebbt unse Vöröllern arvt,
Götzen, nix wider, un holpen hebbt se nich.
En Minsch kann sik doch keen Götter maken;
ne, Götter sünd dat nich!

Verfluucht de Minsch, de sik up Minschen verlaten deit!

Jeremia 17, 5—8.

Verfluucht de Minsch, de sik up Minschen verlett
un meent, dat sien Kraft in em sülven liggt,
den sien Hart aver vun Gott nix weten will!
De is liek as en Boom in de Stepp, de knapp Bleder hett;
de hett ok kenen Schick un kenen Deech.

210

De mutt leven in de Stepp, wo keen Water is,
up de Heid, wo nix waßt un veel Solt in dat Land is.
Veel Segen ruut aver up enen Minschen,
de up Gott sien Tovertruun sett un sik bi em bargen deit!
De is as en Boom, de an de Au plannt is,
den sien Wutteln sik recht na den Beek.
De bruukt nich bang to wesen, wenn de Hitten kümmt;
sien Bleder blievt grön.
He maakt sik keen Sorg, wenn dröge Tiden kaamt;
he bringt sien Frucht Jaar för Jaar.

Dat Minschenhart
Jeremia 17, 9—10.

Dat Minschenhart is nich to truun;
dat is so falsch as sünst nix in de Welt;
un beter ward dat nich, is heel un deel toschannen.
Wokeen kümmt dar achter?
Ik, de Herr, bün dat alleen,
de Minschen pröövt up Hart un Neren.
Ik part ok jeden een dat to, wat he verdeent hett.
De Minsch schall meien, wat he seit hett.

Dat Rebheen
Jeremia 17, 11.

Jüst as en Rebheen, wat över frömde Eier bröden deit,
geit dat en Minschen, de sik veel Geld tosamenscharrt,
dar aver nich eerlich bikeem.
Dat duurt gar nich lang, he is noch lang nich oolt —
denn fallt em allens wedder ut de Hannen, un —
to allerletzt steit he dar as en Narr.

Profetennoot
Jeremia 17, 14—18.

Herr! Bi di steit alleen Israel sien Höpen!
All de, de di verlaten doot, ward toschannen.
De vun di affullen sünd, mit de is dat hier up de Eer vörbi.
Denn se wüllt nix meer vun Gott weten,
un he is doch de eenzige Born, wo lebennig Water ut kümmt.
Herr, maak mi heel, denn warr ik richtig heel!
Help mi, denn is mi würklich holpen!
Di segg ik Lov un Dank.
Denk doch; se seggt to mi:

14*

211

Wat is dat mit Gott sien Woort? Laat dat doch indrapen!
Ik heff mi doch dar nich um drückt, as dien Harder dinen Weg
    to gaan!
Ik heff dar doch nich na lengt, dat de Unglücksdag kamen schull!
Dat weetst du doch!
Allens, wat över mien Lippen kümmt, dat blivt ünner dien
    Ogen.
Maak mi nich toschann!
Wenn de Unglücksdag kümmt, denn kann ik mi doch blots bi di
    bargen.
Laat de toschannen warrn, de mi verfolgt! Laat eer sik ver-
    feren! Nich aver mi!
Laat över eer den Unglücksdag kamen! Sla eer in Dutt,
    un dat twemal!

In de Pütterwarksteed
Jeremia 18, 1—12.

Nu keem den Herrn sien Woort to Jeremia, un dat see:
Maak di up den Weg un ga hendal na dat Pütterhuus! Dar
will ik di künnig maken, wat ik di seggen will. Un ik güng
hendal in dat Pütterhuus. Un wat seeg ik? He weer dar jüst
bi un arbeit an de Pütterschiev. Un wenn de Putt nich so
wörr, as he dat wesen schull — dat kümmt bi enen Pütter ja
ümmer mal vör, wenn he wat ünner de Hannen hett — denn
maak he ut den Leem en annern Putt, so as em dat passen dee.

Do keem Gott sien Woort to mi un see:
„Kann ik dat nich jüst so mit ju ut dat Huus Israel maken,
as düsse Pütter dat mit sinen Putt maakt?“ So seggt de Herr.
„Markt ju dat! Ji sünd ok nix wider in mien Hand as de
Leemklump in den Pütter sien Hand. Dat ene Mal drau ik en
Volk oder en Riek dat an, dat ik dat utrotten un toschannen
maken un verdarven will. Bekeert sik aver düt Volk, wat ik
sowat andraun müß, vun sien leeg Leven, denn besinn ik mi
wedder un laat dat Unglück nich indrapen, wat ik eer todacht
harr. En anner Mal segg ik en Volk oder en Riek to, ik will
dat upbuun un planten. Deit dat denn aver, wat mi nich
gefallt, un will dat nich up mi hören, denn besinn ik mi ok
wedder un laat dat Gode nich indrapen, wat ik eer todacht
harr. Darum segg nu to de Lüüd vun Juda un to de, de
in Jerusalem waant: So hett de Herr seggt: Markt ju dat!
Ik heff en lege Saak gegen ju in de Rüüg un wat Slimmes
mit ju in den Sinn. Keert doch üm! Laat doch jedereen dat
lege Leven! Betert ju Leven un allens, wat ji doot! Aver
du warrst dat bileven; se seggt: Dat kannst du di geern sparen!
Wi doot, wat uns paßt, un blievt stuur bi dat, wat unse leeg
Hart uns ingifft.

212

Ut depe Noot

Jeremia 20, 7—18.

Herr, du heft mi narrt, un if heff mi narren laten!
Du heft de Böverhand kregen, un if müß lütt bigeven!
Dag för Dag lacht se mi ut. Jedereen maakt sif över mi lustig.
Ach, if mag seggen, wat if will — ümmer mutt if schrien
un över Unrecht un Gewalt klagen!
Ach, Gotts Woort hett mi den ganzen Dag Spott un Schann
inbröcht!
Aver wenn if denn dacht: nu höllst du den Mund,
nu seggst du keen Woort meer in sinen Namen —
denn brenn dat in mien Hart as Füür, deep binnen.
Aver nu heff if dat satt; if heff mi noog plaagt,
doch if kann dat nich meer dregen.
Denn veel Lüüd maakt legen Snack över mi —
dat is grulich! — se seggt: Dat mutt meldt warrn! Ja, wi
meldt dat!
All mien gode Frünnen luurt dar up, dat if to Fall kaam:
„Veellicht kümmt he doch mal dumm togang,
dat wi em faat kriegt un em dat torüchbetaalt.'
Aver Gott steit mi bi as en starke Held.
Darum kaamt de to Fall, de mi verfolgt, un künnt nix maken.
Dat ward en bannig grote Schann för eer;
denn se hebbt dar keen Glück mit.
Eer Schann ward nümmer vergeten.
Herr, Himmelskönig, du stellst den Gerechten up de Proov,
du pröövst uns up Hart un Neren.
So laat mi dat bileven, dat du eer allens torüchbetaalst;
denn di heff if dat anvertruut, wat twischen uns steit.
Singt Gott to Eren, seggt em Lov un Dank!
He reddt ja den armen Stackel ut de eer Hannen,
de em wat Leges andoot.

Verfluucht de Dag, wo if to Welt kamen bün!
Keen Segen schall up den Dag ruun,
wo mien Moder mi as Kind ünner eer Hart dregen dee!
Verfluucht de Mann, de minen Vader mit Freuden anseggen
dee:
En Kind, ja, een Jung is to Welt kamen!
Un he freu sif över de Maten.
Düssen Mann mag dat gaan as de Städte,
de Gott aan Erbarmen up den Kopp stellt hett!
Laat em Klagen un Jammern hören al morgens frö
un Kriegslarm üm de Middagstiet!
Harr he mi doch glief doot maakt,
weer if doch glief doot bleven ünner mien Moder eer Hart!
Denn weer doch nümmer en Kind vun eer to Welt kamen!

213

Warum müß ik doch to Welt kamen?
Nix as Mööcht un Hartleed heff ik to seen kregen,
un mien Daag sünd in Schann so vergaan.

Gegen de Lögenprofeten
Jeremia 23, 23—29.

Bün ik denn blots en Gott neeg bi an en enkelte Stell,
de nich wider süüt as Minschen? — seggt de Herr.
Bün ik nich ok en Gott wiet af un hooch baven över de Min-
schen, de allens in dat Oog behöllt?
Oder kann sik een ok vör mi versteken in en Eck oder en Lock,
dat ik em nich see? — seggt de Herr. Ik will em wull finnen.
In den Himmel un up de Eer — överall bün ik tohuus.
Ik heff wull höört, wat de Profeten seggt —
se waarseggt ja in minen Namen — Un wat seggt se?
Mi hett wat dröömt! Mi hett wat dröömt!
Wolang schall dat noch duurn?
Düsse Lögenprofeten, de blots seggt, wat se sik sülven utdacht
hebbt —
hebbt se in den Sinn, dat mien Volk minen Namen vergeten
schall
dörch de Drööm, de se sik een den annern vertellt?
So hebbt ja eer Vöröllern minen Namen vergeten över Baal.
De drömen deit, de mag sinen Droom vertellen.
Aver de, den mien Woort künnig maakt is,
de schall mien Woort so seggen, as dat is.
Wat hett dat Stro mit dat Koorn to doon? — seggt de Herr.
Is mien Woort nich as Füür un as en Hamer,
de Felsen in'n Dutt sleit? — seggt de Herr.

Wat Gott uns todacht hett
Jeremia 29, 11—14. 31, 3.

Ik heff mi dat wull överleggt,
wat ik mit ju vörheff — seggt de Herr.
Dat heff ik vör:
Freden heff ik ju todacht
un keen Hartleed.
Ik will ju nasten dat geven,
wo ji na lengt un wo ji up tostüürn doot.
Roopt ji to mi, denn will ik Antwoort geven.
Bidd ji un beed ji to mi, denn will ik ju hören.
Söökt ji mi, denn schüllt ji mi finnen.
Ja, wenn ju Lengen deep ut dat Hart kümmt,
denn will ik mi vun ju finnen laten. Dat seggt de Herr.
Ganz vun widen hett de Herr sik mi künnig maakt:

214

Ik heff di alltiets so leev hatt.
Darum heff ik ok nich mien Hand vun di aftrocken.
Mien Gnaad is di bleven bit up düssen Dag.

De Stadt ünner Gott sien Gericht

Ut Jeremia sien Klaagleder 1, 1—13.

Ach, wo liggt de Stadt doch blots to!
Vör Tiden waanten Minschen Huus bi Huus, se weren knapp
    to tellen.
Nu is bald keen meer dar. Still is dat worrn, to'n Bangwarrn
    still!
Vör Tiden stünn se groot un mächtig dar mang all de Völker.
Nu sitt se as en Weetfru dar, ganz moderselenalleen.
Vör Tiden weer se Königin un harr dat Regiment in dat ganze
    Land.
Nu is se Slaav bi frömde Lüüd un mutt vun Dagloon leven.
Bi Nacht weent se sik in den Slaap.
De Tranen loopt eer man so lang de Backen dal.
Keen een is dar, de trösten kann — keen een vun de,
de doch vör Tiden eer Dag för Dag den Hoff maakt hebbt.
Eer Frünnen sünd eer untru worrn, wüllt nix meer vun eer
    weten.
Ja, se staat gegen eer as Finden.
Juda is gaan to frömde Lüüd un hett keen Heimaat meer.
So hart hebbt se eer tosett, den Foot eer up den Nack sett,
dat se sik nich meer rippen un rögen kunnen.
Juda sitt nu bi frömde Lüüd un findt keen Rast un Ru.
De eer verfolgt, de drengt vun alle Siden un hoolt eer fast.
De Straten vun Jerusalem liggt trurig to,
denn to dat Fest kümmt keen een meer.
De Poorten sünd toschannen, de Presters süüfzt un klaagt.
De jungen Deerns sünd trurig un laat den Kopp meist hangen,
un se, de Stadt? Eer is dat Hart so groot.
De eer ünner Kuusch hoolt — de sünd nu baven up.
Eer Fienden sorgt sik nich. Se weet sik seker borgen.
Eer Kinner hebbt utwannern müßt.
De eer in eer Gewalt kregen harrn, hebbt eer as Slaven vör sik
    dreven.
De arme Dochter Zion — vun all eer Herrlichkeit is nix meer na.
Eer Fürsten geit dat nich beter, as dat de Hirschen hebbt,
de nix to freten find in Holt un Feld.
Se kunnen sik vör den Gegenpart nich bargen.
Mööd un möör slepen se sik hen.
Nu sitt Jerusalem dar un denkt in düsse Tiet
an all de Angst un Noot, de se hett dörchmaken müßt,
wo goot se dat doch harr in all eer Herrlichkeit
in lang verlopen Tiet.

215

Nu is eer Volk de Fienden in de Hannen fullen,
un nüms keem eer to Hülp.
De Fienden keken to un höögten sik,
dat dat nu mit eer ut weer.
Jerusalem hett sik swaar versünnigt.
Keen een will wat mit eer to doon hebben.
Se maakt de Ogen vör eer to.
De sünst mit eer rümsicheln deen,
de wüllt nix vun eer weten un gaat eer ut den Weg;
denn se hebbt ja eer Schaam un Schann to seen kregen.
Un se, se sülven? Se sitt nu dar un süüfzt.
Se kann vör kenen een meer de Ogen upslaan.
Eer Sleep is vull vun Dreck — se hett ja nümmer dacht,
dat dat mit eer noch mal so en Enn nemen kunn.
Se is wiet rünnerkamen, so wiet, dat een dat Gruseln kriggt.
Un trösten deit keen een.
Ach, Herr, see doch mien Elend an!
De Fiend speelt sik bannig up.
De eer in sien Gewalt bröcht hett, de langt mit beide Hannen
nu na dat hen, wat eer veel weert un hillig weer.
Ja, se müß tokiken un bileven, dat de Fiend in eer Hilligdoom
keem.
All eer Lüüd de sitt nu dar un süüfzt un söökt na Broot.
Allens, wat se hebbt an Gold un Edelsteen,
dat geevt se hen för Broot, wenn se blots satt warrn künnt.
Ach, Herr, see mi doch an! So sitt ik to!
Darum segg ik dat to all de Minschen, de hier vörbikaamt:
Seet un kiekt doch to!
Wokeen hett dat wull leger drapen as mi?
Kann dat wull legere Wedaag geven as de, de ik nu liden mutt?
Wo hart un scharp hett Gott mi doch anfaat an den Dag,
wo he so bannig vertöörnt weer!
Füür hett he vun baven dalschickt, un dat brennt so dull in
minen Liev.
He hett mi en Fall stellt un mien Fööt fastholen.
He reet mi torüch.
Nu sitt ik dar, bün moderselenalleen un krank dar to!

Gott sien Gnaad steit ümmer noch fast

Ut Jeremia sien Klaagleder 3, 22—24.

Gott sien Gnaad steit ümmer noch fast.
Sünst weer dat ut mit uns.
Sien Barmhartigkeit hett noch keen Enn.
Morgen för Morgen sünd se wat Nies.
Ja, du büst tru över de Maten.
De Herr höört mi to — so seggt mien Seel —
darum sett ik mien Höpen up di.

216

Legg allens in Gott sien Hannen

Ut Jeremia sien Klaagleder 3, 25—33.

Gott deit vun Harten Godes an de,
de sien Hand fast hoolt un em bi dat Woort neemt.
Gott liggt de Minsch an dat Hart,
de vör sien Döör kümmt.
Wees sien gedüllig, laat dat Klagen
un legg still allens in Gott sien Hannen,
dat he di helpen deit!
Denn blivt för di de Segen nich ut.
En Minsch hett dar Segen vun,
wenn he in junge Jaren leert hett,
sien Last to dregen.
Un wenn keen Minsch sik üm di kümmern deit
un du moderselenalleen steist,
swieg still, wenn Gott di dat so todacht hett!
Böög deep di in den Stoff, hool still!
Veellicht ward doch noch Raat för di.
Wenn een di sleit, denn hool getroost de Back em hen!
Laat di dat allens gefallen,
ok wenn dat Maat vun Schann dar vull vun ward!
Gott treckt sien Hand nich vun uns af för alle Tiet.
He bringt wull Truur un Hartleed över uns,
doch lang duurt dat meist nich bi em;
denn is he wedder goot un barmt sik över uns.
Dat maakt em doch keen Freud,
dat ward em bannig suur,
wenn he de Minschenkinner plaagt un trurig maakt.

Hannen un Hart na baven schicken

Ut Jeremia sien Klaagleder 3, 39—44. 56—58.

Ik kann doch de Minschen nich verstaan.
Wat hebbt se doch blots to gnurren un to murren,
so lang as se leevt?
Laat jedeneen fegen vör sien egen Döör
un klagen över dat, wo he sik gegen Gott mit vergaan hett.
Dat steit uns beter an,
wenn wi mal scharp mit uns to Keer gaat,
uns överleggt, wat wi verkeert maakt hebbt,
un denn vör Gott sien Döör gaat
un mit sien Hülp un Gnaad noch eenmaal anfangt.
De Hannen un dat Hart laat uns na baven schicken
to Gott in den Himmel!
Wat wi daan hebbt, weer Sünn un Schann,
wi hebbt nich up di höört,

217

un du heft uns dat nich vergeven.
Du weerst vertöörnt un grimmig,
weerst ümmer achter uns ran un leetst uns keen Ru;
du heft den Dood uns schickt un kenen een heft du schoont.
De Heven is swart vun Wulken,
keen Sünnenstraal kümmt dörch,
un all unse Beden hett nix nützt.
Dat keem nich to di rup.
Dien Dor bleev doov, dien Hart hett sik nich röögt.
Aver nu heft du mi höört, as ik reep:
Ach, maak doch dien Dor nich to;
ach, kumm mi to Hülp!
Ik kann mi nich helpen un süüfz un schrie!
Nu büst du bi mi.
As ik ropen dee, seest du to mi:
Ach, wees doch nich bang!
Du heft mien Saak in de Hand namen,
du heft mi dat Leven reddt.

Hesekiel

Gott will nich de Gottlosen eren Dood
Hesekiel 33, 11.

So wiß as ik leven do — seggt de Herr —
ik heff dar keen Freud an, dat de Gottlosen starvt.
Ik müch nix lever,
as dat de Gottlosen mit sik to Keer gaat,
en anner Leven anfangt un so an dat Leven blievt.

De Harder un sien Schaap
Hesekiel 34, 1—16.

Un Gotts Woort keem to mi, un so wörr mi seggt:
„Du Minschenkind!
Segg vörut över de Harders vun Israel,
wat kamen schall!
Segg vörut! So schallst du to eer spreken:
So seggt de Herr Gott:
Gott trööst de Harders in Israel!
Se weidt ja sik sülven.
Aver schüllt de Harders nich de Schaap weiden?
De Melk drinkt ji, un mit de Wull kleedt ji ju;
wat ji mast hebbt, dat slacht ji för ju,
awer de Schaap weidt ji nich!
Wat krank is, dat maakt ji nich gesund,
un wat swack is, dat maakt ji nich stark.

218

Wat blöden deit, dat verbindt ji nich;
wat to Schaden kümmt, dat haalt ji nich torüch,
un wat bister geit, dat söökt ji nich —
ne, hart hebbt ji eer anfaat un eer ünner Kuusch holen.
So sünd mien Schaap ut'n een kamen;
se harrn ja kenen Harder.
De willen Deerten up dat Feld hebbt eer upfreten;
denn se weren ja ut'n een.
Up all de Bargen, hooch un siet,
güngen mien Schaap bister.
Öber dat ganze Land weren mien Schaap verstreit;
aver nüms hett sik üm eer kümmert,
nüms hett eer söcht.
Darum, ji Harders, höört Gotts Woort!
So wiß, as if leven do, seggt de Herr Gott,
mien Schaap sünd verlaren gaan,
un de willen Deerten up dat Feld hebbt mien Schaap freten —
se harrn ja kenen Harder,
un de Harders hebbt sik üm mien Schaap nich kümmert,
de Harders hebbt sik sülven weidt.
Aver mien Schaap hebbt se nich weidt.
Dorum, ji Harders, höört Gotts Woort!
So seggt de Herr Gott:
So, nu ga if de Harders to Kleed
un verlang mien Schaap ut eer Hannen torüch;
dat Harderspelen hett nu en Enn.
De Harders schüllt sik nich meer sülven weiden.
If will mien Schaap eer ut dat Muul riten,
un se schüllt eer nich meer upfreten.
Denn so seggt de Herr Gott:
Nu kaam if sülven un will mi üm mien Schaap kümmern
un för eer sorgen.
Jüst so, as de Harder sik üm sien Schaap kümmert,
solang as he bi de Schaap is, de sik verlopen hebbt,
so will if mi üm mien Schaap kümmern
un eer redden överall,
wo se sik verlopen hebbt,
as de swarten Wulken sik törmen deen
un de Heven düster wörr.
If will eer halen ut alle Völker
un ut alle Länner tohoopbringen,
un se schüllt wedder nahuus kamen.
If will eer weiden up de Bargen vun Israel
un överall in den Grund
un up de Wischen dar, wo Minschen waant.
If will eer weiden, wo dat Land goot is.
Un up de Bargen vun Israel schall eer Foderplatz wesen.
Dar schüllt se sik lagern, dat dat en Lust is.

219

In dat fette Gras schüllt se liggen — up de Bargen vun Israel.
Ik will sülven mien Schaap weiden,
un ik will sülven eer den Foderplatz söken —
seggt de Herr Gott.
Wat bistergaan is, dat will ik söken;
wat sik verlopen hett, dat will ik torüchhalen.
Wat blöden deit, dat will ik verbinnen,
wat krank is, dat maak ik gesund.
Wat fett un stark is, dar will ik mien Hand över holen.
Ik will eer weiden, so as dat recht is.

Gott sien Herrlichkeit buten up dat Feld

Hesekiel 37, 1—14.

De Herr lee sien Hand up mi, un Gott föör mi in den Geist rut up dat Feld un wies mi enen Platz merrn in den Grund an. Dar leeg dat vull vun Dodenknaken. Un he leet mi dar överall vörbigaan in de Runn. Kinners, leeg dat dar vull in den ganzen Grund! Un all de Knaken weren witt un dröög. Un he see to mi: „Du Minschenkind! Wat meenst du? Künnt düsse Knaken wull wedder lebennig warrn?" Ik see: „Herr Gott, dat kannst du blots weten." Do see ho to mi: „Goot, nu segg du in minen Namen to düsse Knaken: „Ji drögen Knaken, höört Gotts Woort! So seggt de Herr Gott to düsse Knaken: ‚Ji drögen Knaken! Geist will ik in ju kamen laten, un ji schüllt wedder lebennig warrn. Mit Senen schüllt ji wedder verbunnen warrn, un Fleesch schall wedder över ju wassen, un nie Huut will ik dar över trecken, un Geist schall in ju wanen. So schüllt ji lebennig warrn un dat wies warrn, dat ik de Herr bün'."

So sprook ik denn in Gotts Namen, as he mi dat upleggt harr. Un as ik spreken dee, do fung dat an to susen un to brusen, un de Knaken funnen sik tohoop, een bi den annern. Un as ik mi dat so anseen dee, do weren Senen an de Knaken, un Fleesch wuß dar över, un Huut lee sik dar över. Blots de Geist weer dar noch nich mang. Do see Gott to mi: „So, nu sprick in minen Namen to den Geist, ja, sprick in minen Namen, du Minschensöön, un segg to den Geist: ‚So seggt de Herr Gott: Geist, nu kumm vun all de veer Winnen un blaas düsse an, de dootslaan weren! Se schüllt wedder lebennig warrn!" Un as ik nu so in Gotts Namen spreken dee, as he mi dat upleggt harr, do keem de Geist in eer, un se wörrn lebennig un kemen in de Been — en ganze, ganze Barg!

Un nu see he to mi: „Du Minschenkind! All düsse Knaken sünd dat ganze Huus Israel. Höörst du wull? Se seggt: Unse Knaken sünd verdröögt, un wi hebbt nix meer to höpen. Dat is ut mit uns. Darum sprick in Gotts Namen to eer un segg:

220

So seggt de Herr: Höört to un markt ju dat! Ik will ju Graff-
stellen upmaken un ju, mien Volk, dar wedder ruthalen un
ju in dat Land Israel torüchbringen. Denn schüllt ji wies
warrn, dat ik de Herr bün, wenn ik ju Graffstellen upmaak
un ju, mien Volk, wedder ruthalen do. Un denn will ik minen
Geist up ju kamen laten, un so schüllt ji wedder lebennig
warrn, un ik will ju wedder in ju Land bringen, un ji schüllt
wies warrn, dat ik de Herr bün. Ik heff dat seggt un ok to-
stannbröcht — dat is Gotts Woort.

De Mann mit dat weke Hart un de faste Hand

Wat snaaksche Kinnernamen künnig makt

Hosea 1.

Gotts Woort, wat to Hosea, Beeri sinen Söön, keem.

Dat weer to de Tiet, as Ussia, Jotan, Ahas un Hiskia König
in Juda weren un Joas sien Söön Jerobeam König in Israel.

So fung Gott an un see to Hosea:

„Ga hen un nimm di en Hurenwiev, dat du mit eer Huren-
kinner krigen deist. Huren deit ja dat Land un will vun Gott
nix meer weten!"

Do güng he hen un heiraat Gomer, de Diblajim sien Dochter
weer. Un de wörr Moder un schenk em enen Söön.

Do see Gott to em: „Nööm em Jesreel! Dat duurt nich lang
meer, denn straaf ik Israel sien Blootschuld an Jehu un sien
Huus, un denn is dat ut mit dat Huus Israel un sien Riek.
Denn breek ik Israel sinen Baag twei in dat Sietland vun
Jesreel."

Un se wörr wedder Moder un bröcht en Dochter to Welt.

Do see Gott to eer: „Sodennig schallst du eer nömen: Dar
höllt een nix vun!" Ik heff dat satt, vun dat Huus Israel
noch wat to holen. Hassen kann ik eer blots. Aver dat Huus
Juda — dat will ik leev hebben. Eer will ik helpen dörch den
Herrn, de eer Gott is. Aver ik do dat nich dörch Baag, Sweert
un Krieg, ok nich dörch Peer un Riders."

As se nu „Dar höllt een nix vun" nich meer an de Bost harr,
do wörr se noch mal wedder Moder un kreeg noch enen Söön.
Do see he: „Nööm em: ‚Nich mien Volk‘; denn ji sünd nich
mien Volk, un ik bün nich ju Gott."

Eer Leev hett keen Duur

Hosea 5, 15—6, 6.

Ik treck mi nu torüch un hool mi wiet af.
Se schüllt sik wull verferen un mi denn ünner de Ogen kamen.
Sünd se in de Kniep, denn kümmt dat Lengen:
„Kaamt! laat uns to Gott torüch gaan!

221

He hett uns in Stücken reten; he mutt uns wedder heel maken.
He hett uns slaan; he mutt uns wedder verbinnen.
Twee Daag — un he hett uns wedder lebennig maakt!
Un an den drütten Dag bringt he uns wedder up de Been;
denn leevt wi wedder ünner sien Ogen.
Laat uns blots seen, dat wi beter vör em bestaan künnt!
Ja, laat uns dar achter ranwesen, dat wi mit em up een Stück
kaamt!
Denn kümmt he wedder so seker, as mit dat Morgenroot dat
Licht kümmt;
he kümmt as de Regen, de laat kümmt un för dat Land de
Fucht bringt!"
Wat schall if di andoon, Efraim?
Wat schall if mit di anstellen, Juda?
Ju Leev hett keen Duur. Se is liek as en Morgenwulk,
liek as de Dau, de al glier wedder weg is!
Darum heff if dar twischenhaut dörch de Profeten,
un darum heff if eer dootslaan dörch mien Woort, wat if see.
Mien Gericht is kamen liek as dat Morgenlicht.
An Leev heff if mien Freud, aver nich an Slachtopfer.
Ji schüllt richtig to mi staan; dat ji rökert, hett kenen Weert.

Noch is dat Tiet

Hosea 10, 12—15.

Bringt Saat in dat Land, de vör Gott bestaan kann;
dat is Gerechtigkeit.
Un wenn ji aarnten doot, denn denkt of an de annern;
dat is de Leev.
Breekt ju Koppeln um, dat wat Nies wassen kann!
Noch künnt ji Gott sösen; noch is dat Tiet.
Denn kümmt he of un lett Heil över ju regen.
Bit her to hebbt ji Sünn un Schann plöögt.
Un wat hebbt ji aarnt? Legen Kraam.
Wat hebbt ji för'n Frucht eten? Lögen un Wind.
Un wodennig keem dat?
Du harrst dien Tovertruun up dien Kriegswagens sett,
up all dien faste Keerls.
So keem de Kriegslarm bi dien Völker,
un all dien faste Borgen ward toschannen maakt,
so as Salman Bet Arbel toschannen maken dee,
an den Dag, wo de Slacht weer.
Do wörr de Moder dalmaakt över eer Sööns.
Jüst so warr if dat mit ju maken, Huus Israel;
denn ji hebbt bannig wat Leges anstellt.
Wenn dat even hell ward, denn is dat ut mit den König
vun Israel.

222

Dat gode Enn

Hosea 14, 2—9.

Israel, keer um un kumm wedder torüch to dinen Herrn un Gott!
Denn över dien Sünn un Schann büst du to Fall kamen.
Neemt mit, wat ji seggen wüllt, un kaamt torüch
to Gott den Herrn!
Seggt all tosamen to em: „Vergiff de Schuld!
Wees wedder goot un do uns Godes an!
Denn wüllt wi di as Opfer bringen Beden, Lov un Dank.
Assur schall uns nich meer helpen.
Up Peer wüllt wi nich riden, un wat unse Hannen maakt hebbt,
dar seggt wi nich meer to: „Unse Gott!"
Denn bi di findt de Erbarmen, de sik nich helpen künnt.
Wull sünd se vun mi affullen, aver ik bring dat wedder torecht.
Ut frie Stücken will ik eer leev hebben; denn ik bün nu nich
    meer vertöörnt.
Ik will för Israel wesen, wat de Dau för de Blomen is.
He schall blöön as de Osterbloom,
sien Wuddeln utbreden as de Pappel.
Sien Tilgen schüllt wassen.
He schall so smuck warrn as de Hölboom
un so herrlich rüken as de Libanon.
Se schüllt wedder kamen un in sinen Schatten sitten,
schüllt Koorn buun un blöön as en Wienstock,
den sien Wien se löövt liek as den Wien vun den Libanon.
Wat hett Efraim noch mit de Götzen to doon?
Ik heff en höört, un mien Oog ruut up em.
Ik bün as en gröne Dannenboom.
An düssen Boom schall dien Frucht wassen.

Gericht un Buußdag

De Heuschreck

Joel 1, 2—12.

Höört to, ji Ollerlüüd!
All, de in dat Land waant, schüllt de Oren spitzen!
Hebbt ji oder ju Vöröllern al mal sowat bileevt?
Dar schüllt ji ju Kinner vun vertellen!
Un de schüllt dat wider geven an eer Kinner
un de wedder an eer Nakamen.
Wat de Freter noch sitten laten dee,
dat hett de Heuschreck verteert.
Wat de Heuschreck nich upfreten dee,
dar maak sik de Grashüpper över her.

223

Wat na den Grashüpper noch över weer,
dat hett denn de Biter noch upfreten.
Maakt de Oogen up! Ji sünd ja bedrunken.
Ja, fangt an to wenen! Fangt an to hulen, ji Wiensüpers!
Söten Wien gifft dat nich meer.
Dar kriggt ju Mund niх meer vun to pröven.
Denn en Volk hett mien Land överswemmt,
dat is stark un nich to tellen.
Sien Tenen sünd so stark as de Löven eer Tenen,
dat hett Kusen so groot as de Lövenmoder eer Kusen.
Minen Wienstock hebbt se toschannen maakt
un minen Figenboom tweibraken.
De Bork rundum hebbt se afschellt un hensmeten
un de Ranken witt maakt.
Fang an to klagen as en junge Deern,
de en Truurkleed antrocken hett,
wieldat se eren Brüdigam verlaren hett!
Eten un Drinken warrt nich meer opfert in den Herrn sien
        Huus.
De Presters, de den Herrn sien Deners sünd, truurt.
Dat Feld liggt leeg to; de Koppeln seet trurig ut.
Dat Koorn is toschannen, de Wien is versoort,
un Öl gifft dat ok nich.
De Buurn verleert den Kopp. De Wienbuurn fangt an to
        hulen.
Weet un Gast sünd toschannen; de Aarnt up dat Feld is hen.
De Wienstock is verdröögt, un de Fiegenboom is versoort.
Granaat un Dattelpalm un Appelboom,
all de Bööm buten up dat Feld sünd verdröögt.
Ut is dat mit de Freud för all de Minschenkinner.

De eerste Buußpredigt

Joel 1, 13—20.

Treckt en Truurkleed an, ji Presters, un fangt an to klagen!
Fangt an to jammern, de dar an den Altaar eren Deenst hebbt!
Gott sien Deners, leggt ju nachts in Sackdook hen to slapen;
denn in Gott sien Huus bringt se keen Eten un Drinken meer
as Opfer!
Roopt enen Buußdag ut! Laat all de Lüüd tohoopkamen!
Laat de Ollerlüüd tohoopkamen in ju Gott sien Huus un all de
Minschen in dat Land wiet un siet! Un denn schriet to Gott:

        Gott tröst! De Dag is dar, de jüngste Dag! Gott sien Ge-
richtsdag steit vör de Döör! He kümmt vun den Allmächtigen
her un maakt allens toschannen. Eten un Drinken is hen, dar
kriegt wi niх meer vun to seen. Freud un Jubel gifft dat in
unsen Gott sien Huus nich meer. De Saat is verdröögt in de

224

Eer, de Spikers fünd lerrig, de Schüüns fünd in Dutt fullen; denn de Weet is toschannen gaan. De Ossen un Kö fünd ut Rand un Band; denn se hebbt keen Gras. Dat Vee stöönt den ganzen Dag up de Weid. Ok de Schaap un de Zegen find knapp wat to freten. To di, Herr, roop ik; denn de glönige Sünn hett de Weid in de Stepp verbrennt, un Füür hett all de Bleder up de Vööm in dat wide Feld verteert. Ok de willen Tire dar buten fünd an dat Verdörsten un lengt na di; denn de Waterbeken fünd utdröögt, un Füür verteert de Weiden in de Stepp.

De Noot warrt noch gröter

Joel 2, 1—11.

Blaast de Basuun up Zion, maakt Larm up minen hilligen
    Barg!
All de Minschen up de Eer schüllt sik verferen!
Denn Gott sien Dag kümmt, ja, he steit al vör de Döör!
Dat is en düstere un pickswarte Dag, en Dag mit düstere
    Wulken,
wo keen Sünn meer dörchkümmt.
Jüst as dat Morgenroot över den Heven geit,
so breedt sik över de Bargen en Volk, groot un stark;
so wat hett dat bitherto nich geven,
un sowat gifft dat ok nasten nich wedder,
solang as dat Minschen up de Eer geven ward.
Füür geit em vöran un fritt allens up.
Un achter dat Volk kümmt de Lo, de allens verteert.
Eer dat dat keem, leeg dat Land dar as de Gaarn Eden;
is dat vörbi trocken, denn is allens lerrig un wööst.
Un niz, aver of gar niz laat se över.
As Peer seet se ut, un as Peer gaat se los.
Se maakt Larm as de Kriegswagens
un hüppt man so hooch baven över de Bargen.
Dat knackt un knistert jüst as de Flamm, de dat Stro fritt.
En groot un grulich Volk! En Volk, dat to'n Krieg paraat steit.
Wo se henkaamt, dar fangt de Völker an to bevern,
dar warrt de Gesichter witt as de Wand.
Jüst as de Kriegshelden störmt se vöran;
jüst as de Suldaten kladdert se up de Muur.
Jedereen geit sinen egen Weg un kümmt den annern nich in
    de Queer.
Keen een stött den annern, jedereen geit sinen Weg.
Se gaat dörch Lanzen un Pilen hendörch
un fallt de annern in den Rüch un laat sik nich upholen.
In de Stadt krabbelt se rum un loopt up de Muur.

Se gaat in de Hüser un stiegt dörch dat Finster,
as wenn se Spitzboven weren.
Eer dat se kaamt, bevert de Eer un wackelt de Heven.
De Sünn un de Maand warrt heel düster,
un de Steerns lüücht nich meer.

Un de Herr lett vör sien Suldaten den Dunner vörut gaan.
De Togg vun dat Kriegsvolk is nich aftoseen, hett keen Enn.
Nich sünd se to tellen, de dat utfören schüllt, wat he will.
Ja, groot is den Herrn sien Dag un grulich; een mutt sik ver-
        feren.
Wokeen kann em utholen?

Kaamt wedder torüch . . .

Joel 2, 12—17.

Aver ok nu is dat noch Tiet! — so seggt de Herr.
Kaamt wedder to mi torüch! Blots vun Harten mööt ji dat
        doon!
Laat dat Eten un Drinken, weent un klaagt!
Riet ju Harten twei un nich blots ju Kleder!
Dat hett garkenen Weert! Un denn kaamt to ju Herrn un
        Gott torüch!
He is doch vull Gnaad un Erbarmen;
dat duurt lang, eer dat he de Geduld verleert;
he blivt lang fründlich un goot un besinnt sik ok wedder.
He süüt ümmer noch mal in Gelegenheit.
Veellicht besinnt he sik nu ok noch wedder
un lett nasten doch noch enen Segen in sien Footsporen torüch!
Bringt Eten un Drinken as Opfer Gott den Herrn to Eren!
Blaast de Basuun up Zion! Sett enen Buußdag an!
Roop dat ganze Volk tohoop! Laat dat Volk tohoopkamen!
Maakt de ganze Gemeen hillig! Roopt de Olen tohoop!
Bringt de Kinner un de ganz Lütten tosamen!
De Brüdigam schall ut sien Stuuv kamen un de Bruut ut eer
        Kamer.
Twischen de Vördeel un den Altaar schüllt de Presters, den
Herrn sien Deners, wenen un klagen! Un so schüllt se beden:
Herr, heff Erbarmen mit dien Volk un schoon eer!
Giff dat nich to, dat de, de dien Arvdeel sünd, in Schann fallt
un de Heiden sik över eer lustig maakt!
Warum schüllt se mang de Völker seggen: Woneem is denn nu
        eer Gott?

226

Gott sett sik in för sien Volk
Joel 2, 18—27.

Nu aver heel Gott dat nich meer ut. Nu sett he sik in för sien Volk. So kunn he dat nich meer mit anseen. He seeg mit em in Gelegenheit. He see to sin Volk:

Weest nich bang! Ik geev ju den Weten un den Most un dat Öl. Ji schüllt wedder satt warrn, un keen Schimp un Schann schall meer up ju liggen bi de Völker. De vun Noorden kümmt, den bring ik vun ju weg; den driev ik in en dröög un wööst Land. Sien Vörriders kaamt an de See in den Osten un de letzten an de See in den Westen. Se schüllt to Grunn gaan. Dat schall vun eer stinken wiet un siet — en grulich Likengeruch, wieldat se sowat anstellt hebbt. Du Ackerland, wees nich bang! Jubel un freu di! Denn de Herr hett wat Grotes daan. Weest nich bang, ji Tire up dat Feld! De Weiden in de Stepp schüllt wedder gröön warrn. De Bööm schüllt eer Frucht dregen, de Figenboom un de Wienstock bringt wedder eren vullen Erdrag. Un ji Kinner vun Zion jubelt un freut ju över Gott den Herrn! He gifft ju den Regen in den Harvst, den eersten un letzten. De Lodelen schüllt vull warrn vun dat Koorn, un de Tunnen schüllt överlopen vun Most un vun Öl. Un ik will wedder goot maken, wat de Heuschrecken in düsse Jaren toschannen maakt hebbt, de Hüppers un Freters un Affsniders, dat grote Heer, wat ik över ju bröcht heff. Ji schüllt vullup to eten hebben un satt warrn un den Herrn, de ju Gott is, Lov un Dank seggen, de so en Wunner an ju daan hett. Mien Volk schall nümmer wedder toschannen warrn. Un ji schüllt dat to spören krigen, dat ik merrn mang ju wanen do, un ik, de Herr, bün ju Gott un keen een sünst. Mien Volk schall nümmer wedder toschannen warrn.

Pingsten för dat Volk
Joel 3, 1—5.

Dat duurt nich lang, denn will ik minen Geist utgeten över all de Minschen. Ju Sööns un Döchter schüllt waarseggen. De Olen bi ju schüllt Drööm bileven, un dat Jungvolk schall Gesichten seen. Ok över de Knechten un Deenstdeerns will ik in düsse Daag minen Geist utgeten. Wunnerteken schüllt to seen wesen an den Heven un up de Eer: Bloot un Füür un Qualm. De Sünn schall ganz düster warrn un de Maand root as Bloot, eer dat Gott sien Dag kümmt, de grote un gruliche Dag. Un denn kümmt dat so: jedereen, de den Herrn sinen Namen anropen deit, de schall reddt warrn; denn up den Barg Zion un in Jerusalem schall dat Lüüd geven, de dat Unglück nich drapen hett — so hett Gott dat ja seggt — un to düssen Rest, de noch överbleven is, höört denn de, de de Herr ropen deit.

De Scheper as Profet

Dat Gericht över de Völker

Amos 1—2.

Wenn de Herr vun Zion her brüllt
un vun Jerusalem her sien Stimm hören lett,
denn laat de Schepers eer Wischen trurig de Köpp hangen,
un de Spitz vun den Karmel ward dröög.

Dremal, ja, veermal hett Damaskus Sünn un Schann utöövt —
ik kann mien Woort nich wedder torüchnemen.
Se hebbt Gilead afdöscht mit Döschsledens,
de mit Isen beslaan weren.
Ik smiet Füür in Hasael sien Huus,
dat schall Benhadad sien Borgen upfreten.
Ik breek twei de Doorbalkens vun Damaskus
un bring an de Siet de Lüüd, de in Bikat-Awen waant,
un de, de in Bet-Eden up den Troon sitt,
un dat Volk vun Aram ward verbannt na Kir.

Dremal, ja, veermal hett Gaza Sünn un Schann utöövt —
ik kann mien Woort nich wedder torüchnemen.
Se hebbt ganze Dörper överfullen un wegsleept
un wullen eer an Edom verschachern.
Ik smiet Füür up de Muurn vun Gaza,
dat schall upfreten sien Borgen.
Ik bring an de Siet de Lüüd, de in Asdod waant,
un de, de in Askalon up den Troon sitt.
Ik legg mien Hand up Ekron un will eer strafen,
un de Rest vun de Filisters schall to Grunn gaan!

Dremal, ja, veermal hett Tyrus Sünn un Schann utöövt —
Ik kann mien Woort nich wedder torüchnemen.
Ganze Dörper hebbt se an Edom utlevert
un nich dacht an den Broderbund.
Ik smiet Füür up de Muurn vun Tyrus,
dat schall upfreten eer Borgen!

Dremal, ja, veermal hett Edom Sünn un Schann utöövt —
Ik kann mien Woort nich wedder torüchnemen.
He hett mit dat Sweert sinen Broder verfolgt
un sien Mitgefööl dootslaan.
He is ewig vertöörnt bleven
un leet ümmer wedder sinen Grimm överkaken.
Ik smiet Füür up Teman,
dat schall upfreten Bosra sien Borgen.

Dremal, ja, veermal hebbt de Ammoniters Sünn un Schann
        utöövt —
Ik kann mien Woort nich wedder torüchnemen.

228

Se hebbt de Fruun in Gilead, de in anner Ümstänn weren,
dat Leev upsneden
un wullen sodennig eer Land vergrötern.
Ik smiet Füür up de Muurn vun Rabba,
dat schall upfreten eer Borgen
mit Hurra, wenn de Krieg losgeit,
in den Storm, wenn dat Unwedder utbrickt.
Un eer König mutt in de Verbannung gaan,
he un sien Hauptlüüd tohoop!

Dremal, ja veermal, hett Moab Sünn un Schann utöövt —
Ik kann mien Woort nich wedder torüchnemen.
He hett de Liek vun den Edomiterkönig to Kalk verbrennt.
Ik smiet Füür up Moab,
dat schall upfreten de Borgen vun Kerijoth,
un Moab schall starven, wenn se up enanner losgaat,
mit Hurra, wenn de Basuun blaast ward.
Ik bring an de Siet den König, den se hebbt,
un all sien Hauptlüüd laat ik umbringen!

Dremal, ja, veermal hett Juda Sünn un Schann utöövt —
ik kann mien Woort nich wedder torüchnemen.
Se hebbt sik losseggt vun Gott sien Gesetz
un sik nich kümmert üm dat, wat he eer upleggt harr.
Se hebbt sik verfören laten vun de Lögengötzen,
achter de al eer Vöröllern ranlopen sünd.
Ik smiet Füür dal up Juda;
dat schall upfreten de Borgen vun Jerusalem.

Dremal, ja, veermal hett Israel Sünn un Schann utöövt —
ik kann mien Woort nich wedder torüchnemen.
Se verköopt eerliche Lüüd för Geld un arme Lüüd för en Paar
    Scho.
Se pedd den lütten Mann up den Kopp
un bringt en armen Stackel üm sien Recht.
Vader un Söön gaat to dat Hurenwiev
un bringt Schann över minen hilligen Namen.
Se liggt up Kleder, de pandt sünd, an jeden Altaar,
un se drinkt in dat Gotteshuus den Wien,
den anner Lüüd as Straaf hebbt aflevern müßt.
Un doch bün ik dat west, de de Amoriters för ju ümbröcht hett,
de so groot weren meist as en Zeder un stark as en Eekboom.
Heff ik nich baven eer Frucht un nerrn eer Wuttel toschannen
    maakt?
Heff ik ju nich rutbröcht ut Ägypten
un ju rümföört dörch de Wööst veertig Jaren,
dat ji denn dat Amoriterland innehmen kunnen?
Heff ik nich vun ju Kinner Profeten upstaan laten
un vun dat Jungvolk Lüüd, de sik Nasiräers nöömt?
Is dat nich de reine Waarheit, ji Kinner Israel?

Aver ji hebbt de Nasiräers Wien to drinken geven,
un de Profeten hebbt ji dat verbaden, se schullen nix seggen.
Nu wunnert ju nich! Nu laat ik dat knacken ünner ju Fööt,
jüst so as de Waag knackt, wenn he en groot Föder Koorn
        uphett.
Denn kann ok de sik nich bargen, de flinke Fööt hett,
denn helpt ok den starken Keerl sien Kraft nix.
Ok de Ries kann sien Leven nich redden,
un de Schütt mit sien Flitzbaag höllt ok nich stand.
De düchtig lopen kann, de reddt nich sien Leven,
un de hooch to Peerd sitt, kümmt ok nich hendörch.
Ja, de wat gellen dee ünner de Riesen —
nakelt mutt he dar vun lopen an düssen Dag!

Hett allens sinen Grund

Amos 3.

Nu höört düt Woort, wat de Herr över ju seggt,
ji Kinner Israel, över dat ganze Geslecht,
wat ik ut Agypten rutföört heff:
Blots ju heff ik utsöcht ut all de Geslechter up de Eer.
Darum will ik ju strafen för all ju Sünnen.
Gaat twee wull tohoop, wenn se sik nich bimöten deen?
Brüllt de Lööv wull in dat Holt, wenn he nix fungen hett?
Lett sik de Junglööv wull wat marken in sien Hööl,
wenn he nix roovt hett?
Fallt wull en Vagel to Eer, wenn em keen Steen drapen hett?
Snappt wull en Fall to, eer dat dar wat in is?
Ward in de Stadt wull blaast, aan dat de Lüüd sik verfeert?
Fallt in de Stadt wull en Unglück för, aan dat de Herr dat
        maakt?
Ne, unse Herr Gott deit nix, eer dat he sien Knechen,
wat de Profeten sünd, dat hett weten laten,
wat he vörhett.
Nu hett de Lööv brüllt —
schull nich jedereen sik verferen?
Nu hett unse Herr Gott spraken —
wokeen wull dar nich predigen?
Maakt dat bekannt up de Borgen vun Asdod
un up de Borgen vun Agypten un seggt:
Kaamt tohoop up de Bargen vun Samaria
un seet ju binnen den Larm mal an
un de Lüüd, de dar binnen ünner Kuusch holen warrt!
Se weet nich, wat recht is — seggt de Herr —
de dare Lüüd, de Gewalt un Drangsaal ümmer meer
ansammeln dot in eer Borgen.
Darum seggt de Herr:
De Fiend is överall an de Grenz.

230

He ritt dien Bollwark dal,
un dien Borgen ward plünnert.
So seggt de Herr:
Jüst so, as wenn de Scheper ut den Lööv sien Muul
noch even twee Been oder enen Oorlapp redden deit,
so ward de Kinner Israel reddt warrn,
de in Samaria waant,
in en Eck vun en Bedd un mit Deken ut Sammt.
Höör dat un betüüg dat in Jakob sien Huus —
seggt de Herr, de Gott, de de Herr is över de Kriegslüüd.
Wenn ik Israel sien Sünnen an em strafen do,
denn do ik dat bi de Altaars in Betel,
denn ward de Höörns vun den Altaar afhaut,
un se fallt to Eer.
Ik sla in en Dutt de Winterhüser un de Sommerhüser;
ok de Elfenbeenhüser gaat to Schann,
un överhaupt veel Hüser ward verswinnen — seggt de Herr.

Gegen de Fruunslüüd
Amos 4, 1—3.

Ji Basanskö up den Barg vun Samaria!
Ji hoolt de Armen ünner Kuusch,
ji doot de lütten Lüüd Gewalt an;
ji seggt to ju Mannslüüd:
Bringt wat up den Disch!
Wi wüllt mal örndlich enen drinken!
Höört düt Woort!
De Herr Gott hett dat swaren, so wiß as he hillig is:
Verlaat ju dar up! Dar kaamt Tiden över ju;
denn haalt se ju mit enen Kanthaken rut,
un wat noch över is, mit enen Angelhaken!
Un wenn allens in'n Dutt gaan is,
denn treckt se ju rut, jede een för sik
un drievt ju enkelt na den Hermon hen —
seggt de Herr.

De frame Schien
Amos 4, 4—5.

Treckt man na Betel rup un drievt Sünn un Schann,
gaat man na Gilgal un stellt Sünn un Schann up den Kopp!
Bringt morgens ju Opfer,
an den drütten Dagg vun allens den teinten Deel!
Verbrennt dat Suurbroot to'n Dank,
un hangt dat an de grote Klock,
wat ji ut frie Stücken noch dar togeevt!
So hoolt ji dat ja geern, ji Kinner Israel! —
seggt de Herr Gott.

231

Gott straaft — aver bekeert hebbt se sik nich
Amos 4, 6—10.

Wat heff ik nich allens mit ju anstellt!
Ik heff dar för sorgt, dat ji nix to biten
un to breken harrn in all ju Städte.
Dat Broot leet ik heel knapp warrn överall, wo ji waant —
aver bekeert hebbt ji ju nich to mi — seggt de Herr.

Ik leet dat regen över en Stadt,
un de anner kreeg nix af.
Een Koppel kreeg Fucht,
un de anner bleev dröög.
Aver bekeert hebbt ji ju nich to mi — seggt de Herr.

Ik heel den Regen torüch dree Maand vör de Aarnt.
Ut twee un dree Städte slepen se sik hen to de anner
un kunnen sik knapp up de Been holen.
Blots Water wullen se drinken, aver se kregen nich satt —
aver bekeert hebbt ji ju nich to mi — seggt de Herr.

Ik heff dat Koorn brannig un geel maakt.
Ik heff ju Gaarns un Wienbargen toschannen maakt.
Ju Figen- un Öölbööm hett de Heuschreck freten —
aver bekeert hebbt ji ju nich to mi — seggt de Herr.

Ik heff en Süük över ju bröcht, jüst so as damols in Agypten,
Ik heff ju Jungvolk dootmaakt mit dat Sweert,
un de staatschen Peer — dor güng de Fiend mit af.
Den Gestank ut dat Lager leet ik ju in de Nees stigen —
aver bekeert hebbt ji ju nich to mi — seggt de Herr.

Ik heff allens bi ju up den Kopp stellt,
jüst so as in Sodom un Gomorra allens in Dutt güng
dörch Gott sien Hand.
Dat keem mit ju so wiet, ji weren nich meer
as en Stück Holt, wat even noch ut dat Füür reddt is.
Aver bekeert hebbt ji ju nich to mi — seggt de Herr.

De Dodenklaag över dat Volk
Amos 5, 1—3.

Huus Israel, höör to! Nu kümmt de Dodenklaag.
Ik will eer anstimmen över ju:
Ach, de Jungfru Israel!
Henfullen is se un steit nich wedder up!
Doot liggt se dar up eer Land un blivt liggen —
keen een böört eer up.
Denn so seggt de Herr Gott:
Sünd dusend ut een Stadt uttrocken in dat Feld,
denn kaamt blots hunnert wedder torüch.
Sünd hunnert ut een Stadt uttrocken in dat Feld,
denn blivt dar blots tein vun över.

232

De Gott, bi den alleen en Volk fik bargen kann

Amos 5, 4—6.

So seggt de Herr to dat Huus Israel:
Hoolt ju an mi! denn ward ji leven.
Aver loopt nich na Betel
un gaat nich na Gilgal
un treckt nich röver na Beerseba!
Denn Gilgal ward an den Galgen kamen,
un Betel ward de Düvel halen.
Hoolt ju an Gott! Sünst künnt ji nich leven.
Sünst lett he Füür kamen över Josef sien Huus.
Dat fritt un fritt denn üm sik,
un keen een kümmt to Hülp
un löscht dat Füür för Betel.

Eer Sünnen sünd knapp to tellen

Amos 5, 7. 10—12.

Gott trööst de, de dat Recht up den Kopp stellt
un de, de Gerechtigkeit ünner de Fööt peddt.
Se haßt den, de sik vör Gericht för dat Recht insett,
un künnt den nich utstaan, de de Waarheit seggt.
Darum is dat mien Will:
den lütten Mann peddt ji ünner ju Fööt,
un ji neemt em de Koornstüür af —
goot! Buut ju Hüser ut Feldsteen;
aver ji kaamt dar nich in to wanen.
Leggt ju Wienbargen an, wo ji ju Freud an hebbt;
aver den Wien schüllt ji dar nich vun drinken.
Denn ik weet, wat ji ju verseen hebbt, is en Barg,
un ju Sünnen sünd knapp to tellen.
Den Gerechten drückt ji,
ji neemt Geld an, dat ji blots swigen doot,
un ji sorgt dar för, dat de arme Mann vör Gericht
nich to sien Recht kümmt.

Gott sien Allmacht is schrecklich

Amos 5, 8. 9. 14. 15.

De de söven Steerns un den Orion maakt hett
un de de pickswarte Nacht in en hellen Morgen utgaan lett,
de ut den hellen Dag en düstere Nacht maakt,
de de Water buten in See ranropen deit
un över de ganze Eer lopen lett —
dat is Gott, un Herr is sien Naam.
He maakt Borgen gründlich toschannen,

233

un faste Städte stellt he ganz up den Kopp.
Dorum hoolt ju an dat Gode un nich an dat Lege!
Sünst künnt ji nich an dat Leven bliven.
Denn ward Gott, de Himmelskönig, up ju Siet staan,
so as ji dat ümmer seggt.
Haßt dat Lege un behoolt dat Gode leev
un sorgt dar för, dat in dat Gericht dat Recht dörchsteit!
Denn kunn dat wesen, dat Gott, de Himmelskönig,
den Rest vun Josef noch gnädig blivt.

De grote Süük

Amos 5, 16—17.

Darum hett Gott, de Himmelskönig, so seggt:
Up jeden Marktplatz gifft dat Klagen un Jammern,
up alle Straten schriet se: Ach, o wee!
Den Buur roopt se vun dat Feld to Likenfier,
De klagen un wenen kann, de ward bestellt to wenen.
In all de Wienbargen klaagt un weent se,
wenn ik minen Weg maak merrn dörch di hendörch —
seggt de Herr.

Wenn Gott sien Dag kümmt

Amos 5, 18—20.

Gott trööst de, de na Gott sinen Dag lengt!
Wat schull den Herrn sien Dag ju wull bringen?
De is pickdüster un bringt kenen Sünnenstraal.
De em bileevt, den geit dat as enen Mann,
de vör den Lööv sik bargt,
denn aver enen Baar bimöten deit;
un kümmt he glücklich an dat Huus
un stütt sik en beten an de Wand,
denn bitt em de Slang.
Ja, den Herrn sien Dag is pickdüster
un bringt kenen Sünnenstraal;
he is swart as de Nacht
un bringt kenen hellen Schien.

Vun Festen un Opfer will Gott nix weten

Amos 5, 21—27.

Ik will vun ju Festen nix weten;
ik haß eer, ik kann ju Fiern nich rüken.
Vun dat, wat ji to'n Opfer slachten un verbrennen doot,
will ik nix weten,

234

un wat ji an Ossen opfern doot, dat kann ik nich utstaan.
Weg mit ju Leder! Ik kann dat Blarren nich anhören.
Un wenn ji up de Harfen speelt, denn is mi dat grulich.
Dat is beter, wenn dat Recht sik dörchsett as en Waterborn
un de Gerechtigkeit as en Beek, de nich dröög warrt.
Hebbt ji denn Bee un wat anners för mi opfert
in de veertig Jaren, as ji in de Wööst weren?
Dat seggt mi mal, Huus Israel!
Ji hebbt Sakkuth as ju König mit ju sleept
un den Steern Kewan as ju Gott sien Götzenbild,
wat ji ju maakt harrn.
Darum will ik ju verbannen över Damaskus rut —
seggt de Herr, un Gott, „de Himmelskönig" is sien Naam.

Gott sien Geduld is to Enn

Amos 7, 1—9. 8, 1—3.

Düt leet de Herr Gott mi seen:
Heuschrecken kreeg ik to seen.
He leet eer utkrupen,
as dat Sommerkoorn uplopen dee,
de Königsmaad weer jüst to Enn.
De schullen all dat Gröne up dat Feld affreten.
Do see ik: „Herr Gott! Nimm nix vör ungoot!
Wodennig schull Jakob wull bestaan?
He is doch man so lütt."
Do dee dat Gott leed.
„Dar schall nix vun warrn!" see de Herr.

Düt leet de Herr Gott mi seen:
Füür leet he kamen — dat kreeg ik to seen —
dat schull weglecken de See un upfreten Gott sien Land.
Do see ik: „Herr Gott, laat dat doch bliven!
Wodennig schull Jakob wull bestaan?
He is doch man so lütt!"
Do dee dat Gott leed.
„Ok düt schall nich indrapen." So see de Herr.

Düt leet mi de Herr Gott sehen:
He stünn up en Muur un harr en Lott in de Hand.
Do sä de Herr to mi: „Wat süüst du, Amos?"
Ik see: „Ik see en Lott."
Do see Herr: „Süü, en Lott legg ik an mien Volk Israel,
ganz in de Merr. Nasten see ik nich meer mit em in Ge-
        legenheit.
Israel sien Bargen schüllt toschannen warrn,
un vun Israel sien hillige Steden schall nix överbliven,
un gegen Jerobeam sien Huus ga ik mit dat Sweert los."

Düt leet mi de Herr Gott seen:

235

Enen Korv mit ripe Appeln un Beren kreeg ik to seen.
Do see he to mi: „Wat süüst du, Amos?"
Ik see: „Enen Korv mit ripe Appeln un Beren."
Do see de Herr to mi: „Dat Enn is kamen för mien Volk.
Ik will nu nich meer mit em in Gelegenheit seen.
De Tempeldeerns, de sünst singen doot, schüllt hulen.
Rasten see ick em nich meer dörch de Fingers."

Profet un Preester

Amos 7, 10—17.

Do schick de Prester vun Betel, Amasja, den König vun
Israel, Jerobeam, Bott un leet em seggen: „Amos wigelt de
Lüüd in dat Huus Israel gegen di up. Dat kann dat Land
eenfach nich meer utholen, all dat, wat he seggt. Denn so hett
Amos seggt: „Dörch dat Sweert ward Jerobeam starven, un
dat Volk Israel mutt ut sien Heimat in de Verbannung
wannern."

Do see Amasja to Amos: „Mann, du weetst um dat Bischeed,
wat kamen schall, see to, dat du nahuus kümmst na dat Land
Juda! Itt dar dien Broot! Dar kannst du ja de Lüüd ver-
tellen, wat du över de Tokunst weetst. Hier in Betel dörfst
du nich blieven un Profet wesen. Düt is den König sien
Hilligdoom un en Huus wat den König tohören deit."

Do see Amos to Amasja: „Wat denkst du di egentlich? Ik
bün doch keen Profet un bün ok bi kenen Profet in de Leer
gaan. Ik bün en Scheper un treck Muulbeerfigenbööm up.
Aver de Herr hett mi vun mien Schaap wegnamen un see
to mi: „So, nu ga los un segg an, wat ik gegen mien Volk
Israel vörheff. An nu höör Gotts Woort! Du seggst: ,segg
nix an gegen Israel, un segg nix vörut gegen Isaak sien Huus'
— darum seggt de Herr so:

Dien Fru schall in de Stadt Hurenkraam driven;
dien Sööns un dien Döchter schüllt dörch dat Sweert ümkamen.
Över dien Koppeln ward se en Tau trecken un dat Land updelen.
Un du sülven schallst starven in en Land, wat unrein is,
un Israel mutt ut sien Heimat in de Verbannung gaan."

Gegen de Koornspikelanten

Amos 8, 4—8.

Höört düt ju mal an!
Ji peddt ja de armen Lüüd ünner ju Fööt
un bringt de Stackelsminschen, de in Noot sünd,
ünner Kuusch.

236

Ji seggt: Wanneer is de Nimaand vörbi,
dat wi mit Koorn hanneln künnt?
Wanneer is de Sabbat vörbi,
dat wi den Spiker upmaken künnt
un dat Koorn utdoon un dat Maat lütter maken
un dat Gewicht hooch driven
un de Waag verdrein un meer Geld rutslaan?
So wiß as Jakob stolt up mi is — so hett de Herr swaren —
Nümmer vergeet ik, wat ji utöövt hebbt!
Darum schall de Eer bevern,
un sik verferen schüllt de Minschen,
de up eer waant.
Ja, se schall bevern ganz un gar,
jüst so as de Nil hoochstigen deit
un denn wedder dalsackt.

Unsen Herr Gott sien gruliche Dag

Amos 8, 9—14.

Un so warrt dat kamen — so hett de Herr Gott seggt —
ik laat de Sünn ünnergaan an den hellen Middag
un breed Düsternis ut över de Eer an den hellen Dag.
Wenn dat bi ju hooch hergeit,
denn laat ik Truur kamen,
un wenn ji singen doot, denn schall dat to en Dodenklaag warrn.
Sacklinnen schüllt ji üm de Lennen binnen,
un dat Haar up den Kopp mutt af.
Dat schall en Truur warrn, as wenn de eenzige Söön doot
        weer,
un dat Enn ward so kamen, as weer dat en lege Dag.
Ji künnt dat seker glöven, so seggt de Herr Gott,
de Daag ward kamen,
denn bring ik Hunger in dat Land,
nich Hunger na Broot un nich Dörst na Water,
ne, Hunger dar na, Gotts Woort to hören.
Denn warrt se sik slepen vun de ene Waterkant
na de anner un wackeln un bevern vun Noorden na Süden.
Se warrt na Gotts Woort söken,
awer finnen doot se dat nich.
Wenn de dare Dag kümmt,
denn ward de Dörst so groot,
dat de smucken Deerns un de starken Jungkeerls sik beswöögt.
Se sackt dal, de nu bi den Sünnenpaal vun Samaria swöört
un seggt: ‚so waar as dien Gott leevt, Dan!‘
un: ‚so waar as dien Schutzgott leevt, Beerseba!‘
Ja, se sackt dal un staat nich wedder up.

237

De gruliche Dood

Amos 9, 1—7.

Den Herrn seeg ik an den Altar staan,
un he leet den Hamer susen hooch baven up dat Dack,
dat de groten Balken bevern, un he see:
„Dat schall allens up eren Kopp fallen, dat se in Dutt gaat,
un wat denn noch över is, dat sla ik doot mit dat Sweert.
Keen een vun eer warrt dar goot vun kamen,
keen een ward sik redden.
Schull een sik ünner de Eer verkrupen, wo de Doden waant,
mien Hand ward em vun dar torüchhalen.
Schull een na den Heven rupstigen,
ok dar stööt ik em wedder hendal.
Schull een sik hoochbaven up den Karmel versteken,
ik spöör em ok dar up un krieg em faat.
Un bargt se sik nerrn up den Grund vun de See,
dat se meent, ik wörr eer nich wies,
denn bitt eer de Slang up minen Befeel.
Un mööt se in de Verbannung wannern
un de Fiend is achter eer ran,
een Wort vun mi, un dat Sweert bringt eer um.
Mien Oog blivt up eer ruun,
un dat bedüüdt Unglück un keen Glück.
So hett Gott spraken, de Himmelskönig.
He röögt blots de Eer an, denn bevert se,
un all de Minschen, de dar up waant,
de fangt an to truurn.
Un de Eer fangt an to stigen ganz un gar
un fallt ok wedder jüst so as de Nil in Agypten.
Gott hett in den Heven sin Wanung buut
un dat Dack över de Eer utbreedt.
He röppt blots dat Water wiet vun buten in See,
un dat löppt man so över de ganze Eer.
De Herr is sien Naam; un so hett he seggt:
Ji sünd in mien Ogen nich meer un nich ringer
as de Kuschiten, ji Kinner Israel! — seggt de Herr.
Heff ik Israel nich ut Agypten rutföört
un de Filisters ut Kaftor un Aram ut Kir?

De herrliche Tiet

Amos 9, 8—15.

Vergeet dat nich: den Herr Gott sien Ogen
seet hen up dat sünnige Königriek.
Ik bring dat weg vun de Eer,
dat dar nix meer vun över blivt.

238

Doch schall dat Huus Jakob nich ganz vergaan — seggt de Herr.
Sü, ik geev den Befeel,
ünner all de Völker dat Huus Israel to schütteln,
liek as een en Seev schüttelt.
un keen Koorn fallt to Eer.
Dörch dat Sweert schüllt all de Sünner in mien Volk starven,
de dar seggt: Uns warrt dat Unglück nich drapen,
uns kümmt dat nich to neech.
An düssen Dag bring ik David sien Huus,
wat nu infullen is, wedder hooch.
Ik beter de Muurn wedder ut.
Wo en Lock is, dar füll ik dat wedder mit Steens ut.
Se schüllt upbuut warrn as in ole Tiden.
Wat vun Edom noch över is, schüllt se krigen
un ok all de Völker, de mi mal tohöört hebbt.
Dat seggt Gott, un he warrt dat ok doon.
Vergeet dat nich: Dar kaamt Daag;
denn folgt de Maier den Plöger up den Foot,
denn kümmt gliek achter den Saier de Mann,
de de Wiendruven utpressen deit.
Denn sünd de Wienbargen vull vun Druvensaft,
un up de lütten Bargen gifft dat Wien in Hüll un Füll.
Denn steit dat mit mien Volk anners,
denn is de Noot vörbi.
Denn buut se de Städte, de in Dutt liggt, wedder up
un künnt dar wedder waanen.
Denn leggt se wedder Wienbargen an un drinkt den Wien.
Denn leggt se Gaarns sik an un pleegt sik an de Frucht.
Denn plannt ik eer sülven in eer Land,
un ut dat Land, wat ik eer geven heff,
ritt keen een eer Wutteln wedder rut.
Dat seggt dien Herr un Gott.

De lütte Minsch un de grote Gott

Jona rückt vör Gott ut

Jona 1.

Eens Daags keem Gotts Woort to Jona, de Amitai sien
Söön weer, un so wörr em seggt: „Pack dinen Kraam tohoop
un maak di up den Weg na de grote Stadt Ninive und segg
eer an, dat dat lege Leven, wat se fören doot, mi to Oren
kamen is!" Aver Jona paß dat nich. Darum güng he up
de Reis na Tarsis. He wull dörchut Gott ut de Ogen kamen.
Un so güng he dal na Joppe. Un as he en Schipp funnen
harr, wat na Tarsis in See steken wull, betaal he de Reis in

vörut un güng an Bord. He harr sik dat nu mal in den Kopp sett: he wull sik dörchut gau vör Gott in Sekerheit bringen.

Aver Gott smeet enen scharpen Wind up de See, un dat geev enen grulichen Storm up See. Dar feel nich veel, denn weer dat Schipp mit Mann un Muus versackt. De Seelüüd kregen dat rein mit de Angst un fungen luut an to schrien, un jedereen beed to sinen Herrgott. Se smeten allens över Boord, wat an Deck weer. De Last kunn nich so groot bliven, sünst harr sik dat Schipp nich holen kunnt. Jona aver weer ünner Deck gaan un harr sik in de Kajüüt henleggt un sleep fast. Do keem de Koptein an em ran un see to em: "Du slöppst? Wat fallt di in? Maak, dat du in de Been kümmst un beed to dinen Herrgott! Dat kunn doch wesen, dat he sik üm uns kümmern deit. Sünst is dat ut mit uns!" Un de Matrosen seen en to den annern: "Laat uns losen, dat wi rutkriegt, wokeen an düt Unglück schuld is!" Un se fungen an to losen. Un dat Loos full up Jona. Do seen se to em: "Nu mal rut mit de Waarheit! Segg du uns, warum düt Unglück uns drapen deit! Wat för en Geschäft hest du leert? Wat för en Landsmann büst du? Woneem büst du tohuus? Ut wat för en Volk stammst du?

He sä to eer: "En Hebräer bün ik, un ik glööv an den Herrn, de de Himmelsgott is, de de See un ok dat Fastland maakt hett." Do verferen sik de Lüüd bannig un seen to em: "Minsch, wo kunnst du doch blots so wat doon!" Denn dat harrn se al rut, dat he vör Gott utrückt weer. Un se seen to em: "Wat fangt wi nu blots mit di an? Wi mööt doch toseen, dat de See still warrt un uns in Ruu lett!" Denn de See güng noch hooch, un de Storm wööl eer up. Do see he to eer: "Goot, faat mi an un smiet mi över Boord, denn ward de See ju in Ruu laten. Dat is mi klaar: ik bün dar schuld an, dat düsse Storm ju drapen hett." Aver eerst smeten de Lüüd sik in de Reems. So wullen seen, dat se dat Land faatkregen. Aver dat glück eer nich, denn de See güng hooch, un de Storm leet nich na. Toletzt repen se den Herrn an un beden: "Ach, Herr, laat uns doch nich ünnergaan blots wegen düssen Mann sien Leven un reken uns dat unschüllig Leven un Bloot nich an! Du, Herr, magst doon, wat di goot dünkt!" Denn aver bören se Jona över de Reling un smeten em över Boord. Do wörr de See up eenmal ruhig, un de Storm lee sik. Un se verferen sik bannig vör Gott un slachen en Stück Vee af, Gott to Eren un löövten em wat to.

De Lüüd vun Ninive keren üm

Jona 3.

Un to'n tweten Mal keem Gotts Woort to Jona; un so wörr em seggt: "Pack dinen Kraam tohop un maak di up

240

den Weg na de grote Stadt Ninive un hool de Predigt, de ik di ingeven do!" Un Jona maak sik up de Reis un güng na Ninive, so as Gott dat seggt harr. Un Ninive weer en heel grote Stadt in Gott sien Ogen. En müß vun een Enn bit to dat anner dree Dag gaan. So fung Jona an un güng dörch de Stadt eerst mal enen Dag un reep ünner de Lüüd: „Noch veertig Daag, un Ninive is in en Dutt fullen!" Do faten de Lüüd vun Ninive sik vör den Kopp. Se güngen mit sik to Raat un fungen an, an Gott to glöven. Se maken bekannt, all de Lüüd schullen nu fasten, un se trocken Kleder ut Sacklinnen an, Groot un Lütt. Ok de König vun Ninive kreeg dat to weten, un he stünn up vun sinen Troon, trock sik sinen Mantel af, lee sik en sacklinnen Laken üm un sett sik in de Asch. Un denn leet he luut utropen in Ninive: „Up Befeel vun den König un sien grote Hülpslüüd warrt anordent: Minschen un Vee, Ossen un Schaap schüllt keen Spies anrögen; dat Vee dörf nich up de Weid gaan, se dörft ok keen Water drinken. Minschen un Vee schüllt in Sacklinnen gaan un Gott anropen so hartlich, as se dat künnt, un jedereen schall ümkeren vun sinen legen Weg un vun dat Unrecht aflaten, wat an eer Hannen kleven deit. Dat kunn doch wesen, dat Gott sik besinnt, dat em dat leed deit un dat he nich meer so vertöörnt blivt un dat wi sodennig doch noch nich togrunn gaat."

As Gott nu seeg, wat se maken deen, dat se ümkeren deen vun eren legen Weg, do dee em dat würklich leed üm dat Unglück, wat he eer andraut harr, un he leet dar nix na kamen.

Jona paß dat nich — aver Gott wiest em torecht

Jona 4.

Dat aver paß Jona ganz un gar nich, un he wörr dull. Un he beed to Gott: „Harr ik mi dat nich dacht, as ik noch tohuus weer? Darum bün ik ja jüst dat eerste Mal na Tarsis weglopen. Ik wüß ja ganz genau: Du büst en gnädige un barmhartige Gott. Dat duurt lang, eer dat du dull warrst, un dien Gootheit is groot. Di deit dat Lege, wat du vörhest, doch wedder leed! Un nu, Herr, nimm mien Leven vun mi! Dat is beter, dat ik starven do, as dat ik noch wider leev." Aver Gott see: „Segg mal, is dat würklich recht, dat du so vertöörnt büst?"

Do güng Jona buten de Stadt un waan butenvör ööstlich vun de Stadt. He maak sik en lütt Schuur un seet dar ünner in den Schatten un luur sik dat af, wat nu wull mit de Stadt passeren wörr. Do leet Gott enen Rizinusboom wassen. De keem in de Hööcht un wörr so groot, dat he Jona över den Kopp Schatten geven kunn un so em vun sien lege Luun afbringen dee. Un Jona freu sik bannig över den Rizinus.

As dat aver an den neegsten Morgen even hell wörr, leet Gott enen Worm kamen. De freet den Rizinus an, un he dröög ut. Un as de Sünn upgüng, leet Gott enen glönigen Oostwind weien; un de Sünn steek Jona baven up den Kopp, dat he sik beswögen dee. Do harr he dat satt un leng na den Dood. He see: „Beter dootbliven as noch wider leeven!" Gott aver see: „Is dat wirklich recht, dat du so vertöörnt büst, un dat wegen den Rizinus?" Do see he: „Dat is doch wull klaar! Ik heff dar allen Grund to, dat ik up den Dood vertöörnt bün." Gott see: „Du jammerst üm den Rizinus, wo du keen Hand för röögt hest, un uptrocken hest du em ok nich. In een Nacht is he worrn un in een Nacht vergaan. Un ik schull keen Er- barmen hebben mit de grote Stadt Ninive, wo över hunnert- untwintig Dusend Minschen leevt, de rechts un links nich ut'n een holen künnt, un all dat leve Bee?"

En nie Mann buut wedder up

De Mundschenk

Nehemia 1, 1—11.

Düt hett Nehemia, de Chakalja sien Söön is, vertellt. Dat weer in dat Jaar veerhunnertfiefunveertig, so üm de Wintertiet. If harr jüst in Susa in dat Königsschlott to doon. Do keem Chanani, de een vun mien Bröder is, bi mi to Besöök un harr ok noch en paar Juden mitbröcht. Wi harrn uns veel to vertellen, un so kemen wi ok up de Juden to spreken, de vun de Verbannung fribleven weren un düsse Tiet överleevt harrn. An if fraag eer, wodennig düsse Lüüd dat gaan dee un wodennig dat mit Jerusalem stünn. Do seen se: „De Rest vun de Lüüd, de dar in dat Land torüchbleven sünd un de Verbannung överleevt hebbt, de sitt dar leeg to. Dat is en Sünn un en Schann. De Muur vun Jerusalem liggt noch ümmer so to un is nich wedder upbuut, un de Poorten sünd mit Füür verbrennt."

As if dat hören dee, sett if mi dal up de Eer un fung an to wenen. Un en lange Tiet kunn if dar gar nich över wegkamen; denn dat dee mi so leed üm eer. If eet nix un drunk nix, un mien eenzige Troost weer de Himmelsgott. To den heff if ümmerto beed. If see: „Ach, Herr, du Himmelsgott! Du büst ja de grote Gott, un jedereen mutt sif vör di verferen. Aver du höllst dat, wat du toseggt hest, un dien Gnaad blivt bestaan för de, de di leev hebbt un dat doot, wat du vun eer verlangst. Ach, so höör doch to un wenn dien Ogen nich vun mi af! Höör doch up dat, wat dien Knecht up dat Hart hett! If ligg ja Dag un Nacht vör di up de Knee un beed för de Kinner Jsrael, de doch vun dien Knechen sünd. If segg dat frie rut: de Kinner Jsrael hebbt sif versünnigt. Ja, wi hebbt uns verseen un vergaan gegen di. Ok if sülven un mien Sipp künnt uns dar nich vun frispreken. Wat wi daan hebbt, dat weer Sünn un Schann. Wi wullen vun dat Gesetz un de Gebade un vun dat, wat du sünst fastsett hest, nix weten un hebbt uns an dat, wat du dinen Knecht Mose upleggt hest, nich keert. Dat is wiß. Aver vergitt doch nich dat Woort, wat du Mose up de Seel bunnen hest. Du hest ja seggt: „Wenn ji ju versünnigen doot, denn will if ju ünner de Völker verstreuen; aver wenn ji ju wedder to mi bekeren doot un an min Gebade fasthoolt, denn will if de, de vun ju verbannt sünd, wedder tohoopbringen, un wenn se an de buterste Kant vun de Eer wanen schullen; un if will eer an en Steed bringen, de if mi utsöcht heff un wo mien Naam tohuus wesen schall." Se sünd nu doch mal dien Knechten un dien Volk, wat du dörch dien grote Kraft un dien starke Hand erlööst hest. Ach,

16*

243

Herr, höör doch to, wenn dien Knecht un dien Knechten to di beden doot! Dat is doch eer Freud, dat se dinen Namen de Eer geevt. Help mi dar doch to, dat mi dat hüüt glücken deit, dat ik vör düssen Mann sien Ogen Gnaad finnen do!" — Ik weer ja över den König sien Köök un sinen Wienkeller sett.

De Verlööv to de Reis

Nehemia 2, 1—10.

Un nu keem de Vörjaarstiet. Dat weer in dat twintigste Jaar, wo Artaxerxes König weer. He seet jüst to Disch, un de Wien stünn vör em. Do schenk ik em en Glas in un lang em dat hen. Ik weer sünst ümmer vergnöögt, wenn ik minen Deenst maken dee. Nu aver mark de König, dat wat mit mi los weer, un so see he to mi: „Segg mal, wat heft du egentlich? Du büst ja so trurig! Krank büst du nich. De Saak sitt deper bi di. Nu sprick di mal ut! Wat maakt di denn dat Hart so swaar?" Do verfeer ik mi bannig; aver ik neem mi doch en Hart un geev den König Bischeed. Ik see: „Mien Herr un König! Ik wünsch di allens Gode. Müchst du noch lang leven! Dat is ja keen Wunner, dat mi dat Hart swaar is. De Stadt, wo mien Vöröllern to Eer bröcht sünd, liggt noch ümmer in Dutt, un eer Poorten sünd vun dat Füür verbrennt." Do see de König to mi: „Na, un wat wullt du nu vun mi?" Ik süüfz för mi to den Himmelsgott. Un denn see ik to den König: „Wenn de König dar nix gegen hett un ik mi wat utbeden dörf, denn müch ik Verlööv hebben, dat ik na Juda reisen kann, na de Stadt, wo mien Vöröllern to Eer bröcht sünd; ik müch düsse Stadt geern wedder upbuun." Do plink de Königin eren Mann to, un de König see to mi: „Wolang schall de Reis denn duurn, un wanneer wullt du wedder torüchkamen?" As ik nu seeg, dat de König mit de Reis inverstaan weer, geev ik em genau de Tiet an, de ik bruken wörr. Un denn see ik noch to den König: „Dörf ik mi noch enen Deel utbeden? Denn müch ik geern en paar Brewe mit hebben an de Stattholers, de günstiets vun den Eufrat to seggen hebbt, dat ik frie Dörchreis heff un goot na Judäa kaam. Ok harr ick geern en Breef mit an Asaf, de över dat königliche Holt to seggen hett. De kunn mi denn gliex Bööm gewen, dat ik Balken heff to de Poorten för dat Slott, wat to den Tempel höört, un för de Stadtmuur un för dat Huus, wat ik mi buun will." Ok dar weer de König mit inverstaan; denn de leve Gott harr ok hier sien gode Hand mit in dat Spill.

So keem ik denn ok to de Stattholers günstiets vun den Eufrat un geev eer den König sien Brewe. De König harr mi aver ok noch Hauptlüüd un Riders mitgeven, de mi goot henbringen schullen.

244

As dat aver Sanballat ut Beth-Horon un Tobia, de fröer en Slaav ut den Ammoniterstamm west weer, to hören kregen, do argern se sik bannig; denn se kunnen dat dörchut nich hebben, dat nu en Mann keem, de dat goot mit de Kinner Israel meen un eer wat to goot doon wull.

Dat Heimaatbild bi Nacht

Nehemia 2, 11—20.

As if nu dre Daag dar west weer, do güng if nachts mal los un neem en paar vun mien Lüüd mit. Aver if vertell jo kenen een, wat mien Gott mi in dat Hart geven harr un wat if för Jerusalem doon schull. Un keen Tier harr if mit, blots dat Peerd, wo if up riden dee.

So güng dat denn nachts los dörch dat Door in den Grund hen na den Drakenborn un na de Mißpoort, un if keek mi de Muurn vun Jerusalem mal an. De legen noch ümmer in Dutt, un de Stadtdoren weren vun dat Füür verbrennt.

Un denn güng dat wider na dat Borndoor un na den Königs-diek. Un as mien Peerd kenen Platz meer harr un narrms mit mi dörchkamen kunn, do müß if merrn in den Grund af-stigen un to Foot in Düstern den Barg rupstigen. So kreeg if de Muur denn ganz to seen.

De Ollerlüüd aver weren dat nich wies worrn, wo if hen-gaan wer un wat if överhaupt vör harr. Dat harr if de Juden bitherto noch nich vertellt. Dar wüssen of de Presters un de Eddellüüd un de Ollerlüüd un de, de bi den Bu mit arbeiden schullen, nix vun af. Aver nu see if to eer: „Höört mal to! Ji seet nu ja sülven dat ganze Elend, wo wi in sitt. Jerusalem liggt in Dutt, un sien Doren sünd vun dat Füür verbrennt. Los! Wi wüllt Jerusalem sien Muurn wedder upbuun! Sünst nimmt de Spott un Hoon keen Enn.“

Un denn vertell if eer, wodennig de Herr sien gnädige Hand över mi holen harr un wat de König to mi seggt harr. Do seen se: „Goot! Denn man los! Denn wüllt wi buun!“ Un so güngen se an de Arbeit, un jedereen maak dar den annern Lust to.

As dat aver Sanballat ut Bet-Horon un de Ammoniter Tobia, de ok en Posten harr, un de Araber Gesem hören deen, do fungen se an to lachen un maken sik lustig över em. Se seen: „Wat stellt ji hier egentlich an? Ji wüllt wull gegen den König Revoluutschoon maken!“ Aver he see to eer: „De Himmelskönig ward dar sinen Segen to geven. He sorgt dar för, dat uns dat glücken deit. Un sien Knechten sünd wi. Darum gaat wi ran un fangt an to buun. Ji aver kriegt dar kenen Verlööv to, ok wenn ji dat wullen. An ju ward ok keen een in Jerusalem meer denken.“

245

De Muur ward buut

Nehemia 3, 38. 4, 15—17.

So güngen wi denn an de Arbeit un buun ok ruhig wider. Un as de Muur denn man halv in de Hööcht weer, do kregen de Lüüd Moot un Lust to de Arbeit.

So güng denn de Arbeit ümmer wider. Aver dat güng doch blots so, dat jede twete Mann de Lanz in de Hand beholen müß, un dat vun morgens frö bit to de Tiet, wo de Steerns upkemen.

Damals geev ik ok för dat Volk den Befeel: Jedereen schall mit sinen Topleger de Nacht över in Jerusalem bliven. Se schüllt uns nachts de Wacht holen un den Dag över bi de Arbeit helpen."

Un dat keem so, dat keen een vun uns all — ik nich un mien Bröder nich un ok de Toplegers un de Wachtpostens nich, de ik bi mi harr, — dat keen een meer ut de Kleder keem. Un wenn en afschickt wöör un Water halen schull, denn neem he ok hier sien Lanz mit.

De lütten un de armen Lüüd maken Larm

Nehemia 5, 1—5.

Nu maak dat Volk aver groten Larm gegen de Juden, de doch ok to dat Volk hören deen. To Hauptsaak weren dat de lütten Lüüd un de eer Fruunslüüd.

Welke seen: „Wie hebbt veel, veel Kinner in unse Familie. Wi bruukt Koorn, dat wi all satt ward un leven künnt."

Anner wedder seen: „Wi mööt unse Koppeln un Wienbargen al in Pand geven, dat wi blots Koorn in de Hungersnoot kriegt."

Noch anner Lüüd seen: „Wi hebbt Geld up unse Koppeln un Wienbargen upnemen müßt, dat wi blots den König de Stüürn betalen kunnen." Wi sünd doch wull nich ringer as all de annern in unse Volk, un unse Kinner sünd doch wull jüst so goot as de annern Kinner. Un doch mööt wi unse Sööns un Döchter an anner Lüüd as Slaven afgeven. Ja, welke vun unse Döchter sün al Slaven worrn, un wi künnt dar nix gegen maken; denn unse Koppeln un Wienbargen höört all anner Lüüd to.

De nie Mann maakt dörch de Schulden enen Streek

Nehemia 5, 6—13.

As ik dat hören dee, wat se seen un wo se sik över beklagen deen, do wörr ik heel dull. Ik leet mi dat allens mal dörch den Kopp gaan, un denn neem ik mi mal de Eddellüüd un de

246

Allerlüüd vör. Ik heel eer dat vör un see: „Ji fünd ja Blootfugers! Een treckt den annern dat Fell över de Ogen." Un denn reep ik en grote Versammlung tohoop un see to eer: „Wi hebbt de Juden bi uns, de an de Heiden verföfft weren, loosköfft, wenn wi dat jichtens kunnen. Un nu wüllt ji ju egen Lüüd verköpen, dat se sik an uns verköpen mööt?"

Do kregen se dat Stillswigen un wüssen nich, wat se seggen schullen. Un denn see ik noch:

„Wat ji dar maakt, is en Sünn un en Schann. Ji schullen doch wull in Gottesfurcht leven, dat de Heiden, de unse Fienden fünd, sik nich ümmer wedder över uns lustig maakt. Ik un mien Bröder un mien Hülpslüüd hebbt eer al Geld un Koorn vörschaten. Laat uns doch dörch düsse Schuld en Streek maken! Geevt eer up de Stell eer Koppeln un eer Wiengaarns un eer Öölgaarns wedder un ok eer Hüser torüch, un wat ji vun eer noch to förrern hebbt an Geld un Koorn oder Most un Öl, dar maakt ji en Streek dörch!"

Do seen se: „Goot! Du hest recht. Wi geevt dat torüch, un wi verlangt nix vun eer. Wi fünd quitt. Wi wüllt dat so maken, as du dat seggt hest."

Un denn reep ik de Presters tohoop un leet eer swören, dat se dat so maken wullen.

Un denn maak ik mien Kleed an de Bost up un schüddel dat ut un see: „Jüst so schall Gott dat mit den maken, de nich deit, wat he verspraken hett. Müch he em sien Huus un sinen ganzen Kraam so utschütten! So schall dat em gaan: mit lerrige Hannen schall he dar staan as en, den se utplünnert hebbt!"

Un all de Lüüd seen: „Ja, wiß, ganz wiß! so schall dat wesen!" Un se seen Gott Lov un Dank, un dat Volk stünn to sien Woort.

Dat weer noch mal en Stattholer!

Nehemia 5, 14—19.

Nehemia see: „Vun den Dag an, as ik in dat Land Juda Stattholer wörr — un dat fünd nu twölf Jaren her — heff ik kenen Penn vun dat namen, wat mi as Stattholer tostünn. Ik heff ganz up mien egen Kosten leevt. Denn de Stattholers, de vör mi hier weren, de weren dat Volk bannig to Last fullen. Se harrn sik vun eer för Eten un Drinken jeden Dag hunnert Mark in Sülver betalen laten. Un ok eer Lüüd harrn dat Volk scharp anfaat. Ik aver dee dat nich; denn ik weet, wat Gott vun mi verlangt.

Ok heff ik mit an de Muur arbeidt. Ik harr dat nich nödig,

247

denn ik harr kenen Grundbesitz. Un ok mien Lüüd hebbt bi de Arbeit stramm de Hannen röögt.

Ja, noch meer heff ik daan:

Hunnertföftig Juden un Ollerlüüd heff ik jeden Dag an minen Disch hatt un ok sünst noch Lüüd, de ut dat Heidenland rundum to uns herkamen sünd.

Darför hebbt wi jeden Dag en Oß un söß vun de besten Schaap un Höner un Enten un Göös bruukt. Un dat heff ik allens ut mien egen Tasch betaalt, un denn noch en ganzen Barg Wien.

Un doch heff ik kenen roden Penn verlangt vun dat, wat mi as Stattholer tostünn; denn de Lüüd harrn so al Lasten noog.

O Gott! Giff dinen Segen to allens dat, wat ik för düt Volk daan heff, un laat dat ok för mi to'n Segen warrn!

En Stackelsminsch

Gott sien Fründ un doch sien Steefkind

Hiob 1.

Dor weer mal en Mann, de waan in dat Land Uz, un Hiob weer sien Naam. Dat weer en reelle un uprechte Mann. He weer fraam un harr mit dat Lege nix in den Sinn. Söven Jungen un dree Deerns wörrn em baren. He harr sövendusend Schaap, dreedusend Kamele, fiefhunnert Spann Ossen un fiefhunnert Esels un heel veel Lüüd. So weer he de riekste Mann in den ganzen Osten.

Un nu weer dat so Mood, dat de Sööns ümsichtig tohoop kemen in eer Hüser un en Fest fiern deen, so as dat bi jedeneen passen dee. Un se seen dar eer dree Swestern to an un laden eer in, mit eer to eten un to drinken. Aver wenn de Fierdaag to Enn weren, denn schick Hiob Gott un leet eer seggen, se schullen sik hilligen. Un denn stünn he den annern Morgen frö up un rüst en Brandopfer to, för jeden vun eer een; denn so see he: „Dat kunn doch wesen, dat mien Kinner sik versünnigt un Gott lestert hebbt." So maak Hiob dat jeden Dag.

Eens Daags kemen nu de Gottessööns vör Gott sinen Troon tosamen, un ok Satan weer dar bi. Un Gott see to Satan: „Woneem kümmst du her?" Un Satan geev Gott to Antwoort: „Ik bün up de Eer rümstreuft, hierhen un darhen." Un Gott see to Satan: „Hest du di ok mal ümsehen na minen Knecht Hiob? Dat gifft kenen tweten Mann up de Eer so as Hiob, so reell un uprecht, so fraam un so assinns vun dat Lege." Do see Satan to Gott: „Is dat en Wunner? Hiob is doch waarraftig nich ümsünst so fraam! Hest du nich em sülven un sien Huus un allens, wat he hett, in dinen Schutz namen, ganz un gar? Wat sien Hannen anfaat, dat segenst du, un sien Besitz ward in dat Land ümmer gröter. Aver faat em mal fast an un kumm dat, wat em tohöört, mal to neeg — ik will wedden, denn is he mit di fardig!"

Do see Gott to Satan: „Goot! Mit allens, wat he hett, kannst du doon, wat du wullt! Blots em sülven dörfst du nix andoon!" Do güng de Satan af.

As nu eens Daags Hiob sien Sööns un Döchter to Disch seten un Wien drunken in den öllsten Broder sien Huus, do keem en Mann to Hiob un mell em: „De Ossen weren jüst bi to plögen, un de Esels weren blangbi up de Weid — do fullen de Sabäers över eer her un güngen mit eer af. De Knechten hebbt se mit dat Sweert dalmaakt. Blots ik kunn mi alleen noch redden, üm di dat antoseggen." Un knapp harr he dat seggt, do keem al en anner un mell: „En Gottesfüür full vun den Heven daal un hett de Zegen un de Knechen up-

249

freten! Blots if kunn mi alleen noch bargen, üm di dat anto-
seggen."

Un knapp harr he dat seggt, do keem al de drütte un see:
„De Chaldäers sünd kamen — dremal weer dat en Swarm —
de fullen över de Kamele her un nemen eer mit. Un de Knechen
maken se dal mit dat Sweert. Blots if kunn mi alleen noch
bargen, üm die dat antoseggen."

Un knapp harr he dat seggt, do keem noch een in'n Draff
un see: „Dien Sööns un dien Döchter seten to Disch un eten
un drunken Wien in dat Huus vun eren öllsten Broder. Un
up eenmal bruus en bannige Storm över de Stepp un stött
an de veer Ecken vun dat Huus. Un dat Huus störrt tosamen
över de jungen Lüüd, un nu sünd se doot. Blots if kunn alleen
mi noch redden, üm di dat antoseggen."

Do stünn Hiob up un reet sien Kleed twei un sneed sif dat
Haar af, smeet sif dal up de Eer un fung an to beden un see:

> Nakelt bün if ut mien Moder eren Schoot kamen,
> un nakelt mutt if wedder to Eer.
> Gott hett dat geven, Gott hett dat namen,
> Gott sinen Namen will if löven!"

Un bi düt allens versünnig sif Hiob nich un lee Gott dar nix
över to Last.

Gott sien Steefkind un doch sien Fründ

Hiob 2.

Eens Daags kemen nu wedder de Gottessööns vör Gott sinen
Troon tohoop, un Satan weer dar ok wedder mang un wull
sif bi Gott mellen. Un Gott see to Satan: „Woneem kümmst
du her?" Satan geev Gott to Antwoort: „If bün up de Eer
rümstreuft, hierhen un darhen." Do see Gott to Satan: „Hest
du di ok ümseen na minen Knecht Hiob? Dat gifft kenen
Tweten up de Eer as he, so enen reellen un uprechten Mann,
so fraam un afsinns vun dat Lege. Noch ümmer höllt he fast
an sinen Gloven, un du hest mi tosett, if schull em unschüllig
verdarven." Do antwoort Satan Gott: „Ja, dat hett allens
sinen goden Grund. Allens geit na dat Woort: ‚Fell gegen
Fell!' För dat Leven gifft de Minsch allens her, wat he hett.
Aver faat em noch eenmal gründlich an un kumm sien egen
Fleesch un Knaken to neeg — if will wedden, denn is he mit
di fardig!" Do see Gott to Satan: „Goot! Maak mit em,
wat du wullt! Blots sien Leven — dat schallst du schonen!"
Un Satan güng af un slöög Hiob mit enen slimmen Utsatz
vun den Kopp bit hendal na de Fööt. Do neem Hiob en
Pottschörr, dat he sif schüürn kunn, un he seet merrn in den
Aschpaal. Do see sien Fru to em: „Na, du höllst noch an dienen

250

Gloven faft? Giff Gott den Looppaß un ftarv!" Aver he fee
to eer: „Du fnackft jüft fo as een vun de dummen Fruuns-
lüüd. Dat Gode laat wi uns vun Gott gefallen; aver dat Lege
fchüllt wi nich ut fien Hand nemen?" Un bi allens düt ver-
fünnig fik Hiob nich mit fien Lippen.

Nu kregen Hiob fien dree Frünnen vun all düt Unglück to
hören, wat över em kamen weer, un fe kemen, jedereen vun
fien Dörp: Elifas vun Teman, Bildad vun Sua un Sofar
vun Naama. Un fe maken mit enanner af, fe wullen hengaan
un em bedüurn un tröften. As fe nu wider rankemen, leen fe
de Hand över de Ogen, aver fe kennen em nich wedder. Do
fungen fe luut an to wenen, un jedereen reet fien Tüüch twei,
un fe ftreuten in de Luft Afch, de wedder up eren Kopp dal-
fallen dee. Un fe fetten fik bi em dal up de Eer, föven Daag
un föven Nachten, un keen een müch en Woort feggen; denn
fe fegen, dat de Wedaag bannig groot weren.

Verfluucht de Dag, wo ik to Welt kamen bün!
Hiob 3, 3—5. ·

Verfluucht de Dag — ik will nix vun em weten —
verfluucht de Dag, wo ik to Welt bün kamen!
Verfluucht de Nacht — ik will nix vun eer weten —
verfluucht de Nacht, de damals fee:
„En Jung is ünnerwegens!"
Müch Düfternis up düffen Dag fik leggen!
Müch Gott fik nümmer an em keren!
Müch dat doch nümmer hell warrn över em!
Pickfwarte Nacht un Düfternis,
verlangt em geern torüch!
Swaar fchüllt de Wulken över em fik lagern.
De Dag fchall düfter warrn, dat he fik heel verfeert.

Verfluucht de Nacht, de damals fee: en Jung is ünnerwegens!
Hiob 3, 6—10.

Un düffe Nacht?
De Düfternis fchall eer freten!
Nich fchall fe bliven mang de Daag in't ganze Jaar!
Nich fchall fe tellt warrn mang de Maanden,
de jedes Jaar uns bringt!
In düffe Nacht fchall keen Fru Moder warrn,
fchüllt Minfchen nümmer jubeln un fik freun,
wieldat en Kind to Welt is kamen!
Verfluchen möögt eer de,
de fünft den Dag to enen Unglücksdag verfluucht,
de dat verftaat, den Himmelsdraak in Wuut to bringen.

251

Eer Morgensteerns schüllt düster bliven.
Se künnt geern luurn un lengen na dat Licht —
dat schall nich kamen;
un vun dat Morgenroot un vun sien Stralen —
dar kriegt se nix meer vun to seen.
Denn bi mien Moder hett se nich den Schoot verslaten
un hett dar nich vör sorgt,
dat mien Ogen vun Hartleed frie bleven sünd.

Warum bleev ik nich al vör de Tiet doot?

Hiob 3, 11—19.

Warum bleev ik nich doot, as mi mien Moder
still ünner dat Hart noch dregen dee?
Warum weer dat mit mi nich gliex vörbi,
as ik to Welt bün kamen?
Warum müß dat doch wesen, dat mien Vader
mi up de Knee noch hegen dee?
Warum müß dat doch wesen, dat mien Moder
mi an de Bost noch drinken leet?
Weer't nich so kamen, leeg ik nu in Freden,
kunn slapen un harr ewig Ru,
denn weer ik nu tohoop mit Könige un Raatsherrn up de Eer,
de al vör lange Tiet sik Pyramiden buen deen,
oder of sünst mit hoge Herren,
de Gold harrn, Gold in Hüll un Füll,
un de eer Hüser vull vun Sülver weren.
Ja, denn weer ik veellicht liek as en Kind,
wat vör de Tiet to Welt keem un in't Graff leggt wörr,
liek as en Kind, wat nümmer an dat Licht is kamen.
Dar hett en Enn de Larm un Striet, den Minschen maakt,
de sik nich bargen künnt vör lege Luun.
Dar kaamt to Ru de Minschen, de keen Kraft meer hebbt.
Dar leevt in Freden all tohoop de Minschen, de dar sungen sitt,
un bruukt nich meer de Stimm to hören vun de Lüüd,
de sünst eer plagen deen.
Dar is keen Unnerscheed mang Groot un Lütt;
dar is de Knecht ganz frie;
sien Herr hett över em nix meer to seggen.

De sure Levensdag

Hiob 3, 20—26.

Warum lett he dat Licht noch schinen för de,
de sik suur doon un afrackern mööt?
Wat hett dat för enen Sinn, dat de Minschen noch leevt,
de nix anners as Quaal un Trurigkeit kennt?

252

Se luurt up den Dood, aver he lett sik nich blicken;
se lengt na dat Starven; se maakt dat as Minschen,
de in de Eer ümmer buddelt un graavt,
as weer dar Gold un Sülver to finnen.
Se wörrn sik freun un över de Maten jubeln,
wenn se blots eerst dat Graff funnen harrn.
Warum schall dat doch en Mann dörchmaken,
de nich weet, wo he henschall,
den Gott up alle Siden den Weg verbuut hett?
Dat Süüfzen höört to mien Leven as mien däglich Broot.
Dat Klagen un Jammern kriggt nümmer en Enn,
leip so as dat Water, wat ut den Born lopen deit.
Kümmt de Angst över mi, denn is dat Unglück al dar,
un gruut mi vör wat, denn dröppt dat seker ok in.
Dat gifft keen Verpusten, un ik finn keen Ru.
Keen Rast gifft dat för mi; gliek kaamt anner Sorgen.

Fang bi di sülven an!
Hiob 4, 2—5.

Kannst du dat wull verdregen, wenn ik nu ok wat seggen do?
Hier still to swigen fallt mi bannig swaar.
Höör to! Du hest ja sülven sünst veel Lüüd vermaant.
Wenn een nich wider kunn —
hest du denn nich al mennichmal em holpen un nien Moot em
Un wenn een keem to Fall —   [maakt?
bröchst du em denn nich wedder up de Been?
Kunn een sik nich meer holen un bevern em de Knee —
du geevst em nie Kraft. Dat giff man ruhig to!
Doch nu, wo di dat drapen deit, lettst du de Oren hangen;
wo di dat sülven an dat Kleed geit, büst du ganz verfeert?

Dat hett allens sinen Grund
Hiob 4, 6—11.

Mi dünkt, dien Gottesfurcht — de kunn di helpen.
Du leevst doch ünner Gott sien Ogen; is dat keen Troost?
Besinn di mal! Hest du dat al bileevt,
dat een togrunn gaan is, wenn he nich sülven
sik schüllig maakt un sik dat inbrockt harr?
Un en gerechte Mann — waneer keem de toschannen?
Ik heff dat ene blots bileevt:
de Unrecht plöögt un Leges seit, de meit dat ok.
Wenn Gott sien Aten weit, denn is dat ut mit eer;
is he vertöörnt, denn kaamt se um.
De Lööv mag luuthals brüllen, dat helpt em nix.
Den jungen Löven helpt sien Tenen nix — utbraken warrt se em.
De Lööv kümmt um, he findt sien Kost nich meer,
un wat warrt ut sien Kinner? De loopt in alle Winnen ut'neen.

En Stimm bi Nachtenstiet

Hiob 4, 12—21.

En Woort — dat keem to mi ganz lisen, ganz in Stillen.
Keen Minsch wörr't wies,
in't Oor wörr't lisen to mi seggt.
Ik höör't in'n Droom,
wenn de Gedanken wild dörch enanner gaat,
bi Nachtenstiet,
wenn sware Slaap sik up de Minschen leggt.
Mi keem dat Gruseln an, fung an to bevern.
Dat Bevern güng dörch Mark un Been.
Dat wei ganz lisen över mien Gesicht.
Mi stünnen de Haar to Barg.
En Bild stünn vör mien Ogen —
wat't egentlich weer, dat wörr 't nich wies —
un lisen see en Stimm to mi:
„Is ok man een Minsch dar, gerecht in Gott sien Ogen,
een Mann ganz rein vör den, de em dat Leven geev?
Bedenk, nich mal sien Deners truut he ganz,
vulkamen sünd nich mal sien Engels.
Wodennig schull dat denn wull mit uns Minschen gaan?
Wi waant doch in en Huus, wat blots ut Leem buut is,
sünd wider niz as Stoff!
Uns geit dat as de Mott; sodennig warrt wi tweidrückt,
eer noch de Morgen hen is un dat Avend ward.
Keen een warrt't wies, för ümmer sünd wi hen.
So is dat. Is de Levensfaden twei,
denn starvt wi hen un weet nich mal,
wodennig dat togaan deit.

De Minsch hett sülven Schuld

Hiob 5, 1—7.

Ja, roop man to, so veel as du wullt!
Wokeen schull up di wull hören?
Wokeen vun de Hilligen schull di wull to Hülp kamen?
De Narr warrt toschannen vun sinen egen Verdruß.
Den Dööskopp bringt dat hitte Bloot den Dood.
Ik heff wull mal en Narren seen.
He harr wull Wuttel slaan, liek as en Bloom;
doch duur dat gar nich lang, denn heff ik de Steed fluucht,
wo he sik anbuut harr.
Sien Kinner hebbt keen Glück; se weet sik nich to helpen.
Geit dat vör dat Gericht, denn bringt de annern
eer ünner eer Fööt, un keen een reddt eer ut eer Not.
Hett he sien Koorn ünner Dack un Fack bröcht,

254

denn maakt sik dar de Minschen över her, de Hunger hebbt,
un hett he Huus un Hoff mit Döörns versekert,
dat nützt em nix; ok dar breekt se hendörch.
Sien Geld un Goot sünd em nich seker,
de Lüüd, de Hunger hebbt, de snappt dar na.
Dat helpt em allens nix.
Dat Unglück waßt nich ut de Eer rut;
Dat Elend kiemt nich up de Koppel.
De Minsch bringt ut sik sülven dat Hartleed rut,
liek as de Funken ut de Füürsteed hoochfleegt
na den Heven rup.

De eenzige Troost blivt Gott

Hiob 5, 8—16.

Weetst du, wat ik an dien Stell doon wörr?
If wörr mi vör Gott sien Döör bargen,
em allens seggen un allens in sien Hannen laten.
He bringt wat Grotes tostann,
dar kaamt de Minschen nich achter.
He deit ja Wunner, aver nüms kann eer tellen un utdenken.
He schickt den Regen up de Eer.
He sorgt för Water, dat de Wischen
un ok de Koppeln eer Fucht kriegt.
De lütte Mann kümmt hooch.
De Truur hett, findt sien Glück.
Dar sorgt he för: wat lege Lüüd in Stillen
sik vörnamen hebbt, dar kümmt nix na.
Eer Hannen hebbt keen Glück.
He maakt dat so, dat all de kloken Lüüd sik sülven fangen doot
in dat Nett, wat se för anner Lüüd utleggt hebbt.
De anner Minschen över dat Oor haun will, warrt sülven be-
An den hellen Dag gaat se in Düstern,   [dragen.
um Middag gaat se bister liek as um Middernacht.
De keen Kraft meer hebbt, de reddt he vör eer Sweert,
de reddt he vör dat grote Muul, wat allens verslingen deit.
De armen Stackels — över de höllt he sien Hand;
denn künnt eer de nix andoon, de Gewalt över eer hebbt.
So fangt de lütten Lüüd wedder an to höpen;
dat Lege aver hett nix meer to seggen.

In Gott sien School

Hiob 5, 17—27.

O selig de Mann, den Gott in sien School nümmt!
Sla dat nich in den Wind, wenn de Herr di mal vörkriegt!
Wenn he togrippt, denn deit dat wee;

255

aver he verbindt ok de Wunnen.
He sleit veel twei, aver he maakt ok wedder heel.

Kümmst du sößmal in Noot, he lett di nich sacken,
un dat söövte Mal kümmt di keen Unglück to neech.

In Hungersnoot höllt he den Dood vun dien Döör,
un in den Krieg dörf keen Sweert di wat doon.

Bringt de Tung Klatscherie över di,
se kann di nix andoon.

Du bruukst nich bang to wesen, wenn veel koppöver geit.
Kümmt Verdarven un Krieg över di,

denn kannst du getroost lachen.
Vör wille Tire bruukst du di nich to verferen.

De Steen up dien Koppel leggt di nix in den Weg,
un de willen Tire hoolt dat in Goden mit di.

Du warst dat bileven: dien Huus steit seker,
geit dien Oog över Huus un Hoff — di feelt dat an nix.

Du warst dat bileven: dien Kinner sünd rieklich,
dien Nakamen waßt up as dat Gras up dat Feld.

Hooch in de Jaren schallst du to Graff kamen,
liek as de Garven inföört warrt,
wenn eer Tiet kamen is.

Sü, so hebbt wi dat naspöört, un so hebbt wi dat funnen.
So is dat. Nu laat di dat seggen un nimm dat to Harten.

Dat is denn doch to veel!
Hiob 6, 2—7.

Ach, kunn ik doch minen Kummer up de Waagschaal leggen,
un weer mien Hartleed dar bi dat Gewicht!
Dat wiggt noch swarer as de Sand ant Över vun de See —
Darum is dat keen Wunner, dat ik bistersnacken do.
Gott hett sien Pilen paraat leggt un afschaten up mi;
se güngen dörch un dörch. Mien Seel is vull vun Gift.
Dat brennt un brennt.
Dar kann Gott mi doch blots mit heel un deel verferen;
denn allens steit nu gegen mi un maakt mi Angst un Bangen.
Wat meenst du? Fangt en Esel an to schrien,
wenn he noch in dat fulle Gras staan deit?
Wat dünkt di? Fangt de Oß wol an to brüllen,
wenn he de Krüff noch vull vun Foder hett?
Kann een wull nüchtern Kalvsleesch eten,
wenn dar keen Solt tokamen is?
Un geit uns dat nich liek so mit en Ei?
Dar kann ik nümmer gegen an. Ik müß mi breken.
Dat is so grulich as dat Broot, wat schimmeln deit.

256

Denn lever doot!

Hiob 6, 8—10.

Ach, harr Gott doch en Inseen mit mi!
Wull he doch doon, wo ik um beden heff!
Wull he mi doch in dusend Stücken slaan!
Wull he doch blots den Faden mit sien Hand affsniden!
Denn kunn ik doch noch danzen,
ok wenn de Wedaag noch se quelen deen.
Dat weer mi doch en Troost:
ik harr mi denn doch nich vergaan
gegen den Hilligen sien Woort.

Fieravend, aver keen Avendfreden

Hiob 7, 1—16.

Mutt nich de Minsch up de Eer ümmer in Krieg leven?
Gaat nich sien Daag so hen, as wenn he en Daglöner weer?
Liek so as en Knecht in de Hitten na den Schatten lengt,
liek so as de Arbeider up den Loon luurt,
sodennig heff ik Maanden hendörch an Qualen mien Deel hatt,
un Nachten vull Kummer un Wedaag weren mien Loos.
Lee ik mi daal, denn dacht ik:
wanneer kümmt de Morgen, dat ik upstaan kann?
De Avend warrt so lang, un dat rulose Rümliggen —
dat heff ik satt.
An minen Liev freet de Worms, un över de Stellen
leggt sik denn wat, wat utsüüt as Eer.
De Wunn heelt wedder to. Aver dat duurt nich lang,
denn brickt se wedder up.
Mien Daag loopt gauer hen as dat Schipp an den Weevstool.
Se sünd to Enn, un niz keem dar bi rut.
Ach, denk dar doch an, dat mien Leven blots en Aten is,
Mien Oog kriggt niz Godes meer to seen.
Un dat Oog, wat över mi waakt, süüt mi nich meer.
Dien Ogen söökt mi, aver mit mi is dat ut.
Liek as de Wulken kaamt un gaat,
so kümmt nümmer torüch, de to de Doden gaan is.
He kümmt nich nahuus,
un sien Platz kennt em nich meer.
So hool ik dat nich ut un kann minen Mund nich holen.
Dat mutt allens rut, wat mi drücken deit.
Ik mutt los warrn, wat mien Seel so lang al queelt.
Bün ik en Undeert as de See, dat up mi paßt warrn mutt,
as wenn ik utbreken kunn?
Denk ik: mien Lager kann mi trösten,
mien Bett kunn mi wull helpen,

dat if noch klaar warr mit mien Last —
denn schickst du mi en swaren Droom,
dat if mi heel un deel verferen do;
denn lettst du mi wat seen, dat mi angst un bang warrt.
Veel lever weer mi dat, wenn if harr sticken müßt,
veel lever doot as düsse Qualen liden!
If heff dat gründlich satt,
müch nich för ümmer leven.
Laat doch dien Hannen vun mi af! Mien Daag sünd doch nix
wider, as wenn de Wind över dat Land weien deit!

De swöörste Last

Hiob 7, 17—21.

Wat sünd wi Minschen doch för arme Stackels!
Warum hest du den Minschen so groot maakt,
warum behöllst du em so fast in dat Oog?
Dar geit keen Morgen hen — du süüst em up de Fingers,
un jeden Ogenblick stellst du em up de Proov.
Wolang schall dat noch duurn?
Wanneer lettst du mi endlich mal in Ru
un günnst mi Tiet, dat if mi eenmal blots verpusten kann?
Heff if mi versünnigt — wat kunn if dar di wull mit andoon?
Du höllst ja över alle Minschen alltiet de Wacht!
Warum hest du jüst mi up dat Koorn namen,
dat if mi sülven to Last fallen mutt?
Warum vergiffst du mi denn nich mien Sünn?
Warum maakst du dörch all mien Schuld denn kenen Streek?
Ligg if eerst in dat Graff, denn is dat to laat,
denn kannst du mi lang söken,
denn bün if nich meer dar.

Böög di vör Gott

Hiob 8, 1—7.

Wullt du noch lang so wider reden?
Wolang schall brusen as en Storm,
wat du so seggst?
Stellt Gott dat Recht denn würklich up den Kopp?
Sett Gott sik doch nich in för en gerechte Saak?
Denk doch mal na! Wodennig hett he dat maakt,
wenn sik dien Kinner versünnigt harrn?
Leet he eer denn nich in Unglück lopen? — —
Wenn di dat mit Gott eernst is un du denn vör sien Döör geist
un em vun Harten beedst, dat he de Gnaad vör Recht gaan lett,

258

wenn du em rein ünner de Ogen kamen kannst,
dat he an di nix uttosetten findt,
denn sett he sik vör di in Gang un sorgt dar för,
dat in dien Huus wedder Glück un Segen waant.
Denn hest du dat, wat du bitherto harrst, nich up de Reken
un fraagst nich meer na dat, wat nasten dien Deel is.

Lege Minschen gaat to Grunn

Hiob 8, 8—19.

Fraag doch de Minschen, de vör uns leevt hebbt,
ga wider torüch un överlegg di mal,
wat de eer Vaders bileevt hebbt!
Wi sülven sünd ja blots vun güstern her un hebbt nix dörch-
Unse Leven geit liek as en Schatten över de Eer.   [maakt.
Se warrt di Bescheed geven un di dat seggen.
Se maakt di dat klaar, as se dat verstaat.
Dat Reet waßt doch blots dar, wo rieklich Water steit.
Dat Reigras kümmt blots dar hooch, wo dat morig is.
Noch steit dat in sien vulle Kraft, is frisch un gröön,
noch warrt de Lee nich ansett, dat dat meit warrn schall —
un doch is dat al hen, warrt geel un dröög,
lang eer dat Gras an de Reeg kümmt.
So geit dat mit all de Minschen to Enn,
de Gott vergeet un de nix vun em weten wüllt.
Wo lege Lüüd eer Höpen up sett, dat geit to Grunn.
Wo lege eer Tovertruun up sett,
dat hett nich meer Bestand as dünne Sommerfadens.
Wo lege Minschen sik up verlaten doot,
dat is vun korte Duur, liek as dat Nett,
wat sik de Spinnen maakt.
So en Minsch rekent mit Huus un Hoff
un doch — de blievt nich ümmer staan.
He höllt eer fast mit beide Hannen,
un doch — se hoolt nich ut, hebbt kenen Bestand.
Ok in de Hitten blivt he frisch un gröön.
Sien Ranken breedt sik ut, gaat över den ganzen Gaarn.
Sien Wuttteln sett sik fast an Muur un Steen;
un is en Muur ut Felsen buut, he findt sinen Weg.
Wenn Gott em aver vun sien Stell verstöten deit,
denn will se nix meer vun em weten, un se seggt:
"Den heff ik nümmer kennt!"
Nu markst du wull: dat is en glücklich Leven!
Is dat nich so? Un doch — de Dummen warrt nich all.
Is een eerst weg, gliex steit en anner an sien Stell!

17*

259

Dat Minschenleven hett kenen Bestand

Hiob 14, 1—12.

De Minsch, de ut den Moderschoot is kamen,
de leevt nich lang, un kenen Ogenblick
kümmt he to Ru.
He waßt up as en Bloom, un he warrt soor un dröög.
He huscht dar hen liek as en Schatten un hett keen Duur.
Un jüst up em hest du dat afseen.
Em hest du fast in dat Oog un stellst em vör Gericht?
Sünd se all unrein —
woneem schull denn wull een Reine noch herkamen?
Nich en eenzige Reine is ünner eer to finnen.
Sünd em sien Daag genau un knapp tometen,
hest du em sülven de Maanden, de he leevt, bestimmt,
is em de Scheed fastsett, dat he nich wider kann —
denn laat em doch in Ru un kumm em nich to neech,
dat he sik ok mal freun un sik verpusten kann
liek as en Daglöner!
För enen Boom blivt ümmer noch dat Höpen,
dat he noch widerleven deit, ok wenn he afhaut is,
dat frische Tilgen ut den Stump noch wedder wassen doot.
Warrt ok sien Wuttel oolt un möör deep in den Grund,
mutt ok sien Stemmel starven in de Eer —
de Waterduft sorgt dar doch för, dat he noch utslaan kann
un Tilgen kriggt, as weer he eerst frisch plannt.
Blots wenn en Minsch doot blivt, denn is dat mit em ut.
Nix helpt em wat; he liggt dar stuur un stiev.
Leevt he nich meer — woneem schüllt wi em söken?
So as toletzt dat Water in de See verdunsten deit,
liek as de Stroom bit up den Rest verdrögen deit,
so leggt de Minsch sik dal un steit nich wedder up.
Un kunn de Heven vergaan — he waakt nich wedder up,
he slöppt un slöppt, un nümms bringt em in Gang.

He leevt

Hiob 19, 25—27 a.

Un doch is mi dat seker. Ik glööv dat ganz, ganz wiß:
De mi noch lösen un frimaken kann, de leevt,
un ganz toletzt warrt he sik wisen up de Eer.
Is Huut un Fleesch vergaan, keen Spoor dar vun to finnen,
denn krieg ik Gott to seen.
Ik warr em seen un spören, dat he mi gnädig is.
Mien Ogen warrt em seen as Fründ un nich as Fiend.

260

De goden olen Tiden

Hiob 29, 2—14.

Ach, stünn dat doch mit mi noch as in ole Tiden,
as Gott sien true Hand över mi heel,
as Sünnenschien sik över minen Weg breden dee
un he mi lüüchten dee ok in de Düsternis!
Ach, weer dat doch noch so as damals,
as ik in vulle Kraft noch stünn!
Ja, damals, as Gott noch so fründlich waken dee
över mien Huus un minen Hoff,
as de Allmächtige mi to Siet stünn
un ik mien Jungens noch all so glücklich bi mi harr!
Ja, damals, as ik noch in Raam un Melk mien Fööt mi waschen
as ut de Felsen Böl rut leep in Hüll un Füll!   [kunn,
Güng ik to Stadt un sett mi up den Marktplatz hen
un wörrn de jungen Lüüd mi wies,
gliex maken se mi Platz,
un ok de olen Lüüd, de stünnen up un bleven staan.
Vörneme Lüüd seen keen Woort meer un leen sik de Hand vör
De Eddellüüd harrn ok nix meer to mellen;   [den Mund.
de Tung, de bleev eer meist in den Mund backen.
Denn wenn en blots mi hören dee, wünsch he mi allens Gode,
un wenn en mi blots ankeek, denn weer dat to spören,
dat he för mi wat över harr.
Ik holp doch jeden Stackelsminschen,
de in sien Noot sik an mien Huusdöör mellen dee.
Ik harr en Hart för de, de nich meer Vader un Moder harrn,
un greep de ünner de Arms, de sik nich meer to helpen wüssen.
Wo mennicheen, de ant Versacken weer, hett nasten mi noch
un mennich Weetfru bröch ik Sünnenschien int Huus.   [segent,
Gerechtigkeit — dat weer mien Kleed, mien beste Rock.
Dar leev ik na, un dat maak mi so smuck,
as weer dat en siden Koppdook un en nies Kleed.

Dat gode Enn

Hiob 42, 10—13, 15—17.

Nasten aver meen Gott dat wedder goot mit Hiob un geev
em duppelt so veel, as he vörher hatt harr. Un sien Bröder
un Swestern kemen wedder to em, un all sien ole Bekannten
un Frünnen keken wedder bi em in, seten mit em an enen
Disch, snacken noch mal allens mit em döröch un trösten em
över all dat Sware, wat he dörchmaakt harr ünner Gott sien
harte Hand, un jedereen schenk em en blanken Daler un en
golden Ring.

261

Un Gott schenk em nu noch meer Glück, as he dat vörher jichtenshatt harr. He bröch dat up sinen Besitz up veerteindusend Schaap, sößdusend Kamele, dusend Spann Ossen un dusend Eselstuten. Un he kreeg noch mal söven Jungens un dree Deerns. De weren de smuckſten Fruun in dat ganze Land, un eer Vader geev eer liek so goot en Arvdeel as eer Bröder.

So müß Hiob also veel dörchmaken, aver likers leev he nasten noch hunnertunveertig Jaren un harr sien Freud an Kinner un Kindskinner. Un toletzt storv he volt un levenssatt.

262

Ut dat öllste Gesangbook

De en Weg un de anner Weg

Psalm 1.

Wo glücklich is doch de Minsch,
de sik nich mit de Gottlosen afgifft,
de nix mit de Sünners to doon hebben will,
de de Minschen, de sik över Gott lustig maakt,
wiet ut den Weg geit!
De hett an Gotts Woort sien ganze Freud;
bi Dag un bi Nacht lett sien Woort em keen Ru.
De is as en Boom, de dar waßt an de Au,
de sien Frucht bringen deit,
wenn sien Tiet för em kümmt,
den sien Bleder nich soor ward —
un allens, wat he anfaat,
dat kriggt Schick un hett Deech.

Ganz anners de Gottlosen!
De glückt dat nich so.
De sünd as dat Kaff,
wat de Wind ut'n een weit.
Darum künnt de Gottlosen in dat Gericht nich bestaan
un de Sünners nich bliven, wo de Gerechten tohoopkaamt;
denn de Gerechten eren Weg liggt den Herrn an dat Hart,
aver de Gottlosen eren Weg is Dood un Verdarven.

Unse Herr Gott behöllt de Böverhand

Psalm 2.

Wo kann dat doch blots angaan?
Wat schall dat bedüden?
De Heiden sünd unklook
un reegt sik bannig up.
Un de Völker?
Ganz in'n Stillen kaamt se tohoop
un heckt wat ut,
wat doch nümmer tostann kümmt.
De Könige up de Eer — de doot sik tosamen,
un de wat to seggen hebbt, maakt ünner sik af,
wat se doon wüllt gegen Gott un den,
den he to'n König salvt hett.
Se seggt: „Laat uns tweibreken sien Keden,
vun uns affschüdden sien Strengen!"
De in den Himmel up den Troon sitt, de lacht,
maakt sik gar nix ut eer;

263

he höögt sik un spott.
Tööf man, dat duurt gar nich lang,
denn sprickt he mit eer mal en Woort
un lett nich mit sik spaßen;
denn is he vertöörnt,
un sien Grimm maakt eer bang:
„Doot, wat ji wüllt!
dat ward ju nix nützen.
If heff doch minen König fast insett
up minen hilligen Barg Zion!"
Un nu laat mi vertellen,
wat de Herr sik vörnamen hett!
He hett to mi seggt:
„Mien Söön büst du!
If sülven heff di dar hüüt to maakt.
Völker will if di geven to'n Arvdeel.
Over de ganze Eer schall dien Königriek gaan.
Mit en isern Küül schallst du eer dalhaun,
schallst eer as enen Pott in luter Stücken slaan."

So, ji Könige, nu weest mal vernünftig!
Laat ju waarschuun, ji Richters, up de Eer!
Böögt ju vör den Herrn un geevt em de Ehr!
Un jubelt em to, wenn dat Hart ok bevert!
Küßt em de Fööt, dat he nich vertöörnt ward!
Sünst kunnen ji ünnerwegens noch ümkamen.
Dat duurt seker nich lang;
denn brennt sien Grimm as Füür!
Glücklich all de, de bi em sik bargen doot!

Kopp hooch!

Psalm 3.

Ach, Herr, woveel Fienden luurt doch up mi!
If kann eer nich tellen,
de all gegen mi staat.
Un veele seggt vun mi:
„Dat gifft för em keen Hülp bi Gott!"
Un doch büst du, Gott, de Schild, de mi deckt,
mien Stolt — du sorgst dar ok för,
dat if den Kopp nich hangen laat.
Luuthals reep if to Gott,
un he höör up mien Ropen
vun sinen hilligen Barg.

Ganz ruhig lee if mi dal un sleep in;
if bün ok wedder upwaakt;
denn Gott is mien Schutz.

264

Ik bün ok nich bang,
wenn teindusend dar fünd,
de an alle Siden mi upluurn doot.

Sett du di in Gang, Herr,
ach, kumm mi to Hülp, mien Gott!
Du hest ja all mien Fienden al up de Backen slaan
un de Gottlosen de Tenen ut den Mund stött.
Bi den Herrn steit de Hülp!
Ach, giff dien Volk doch dinen Segen!

Avendfreden

Psalm 4.

Wenn ik ropen do,
so giff mi doch Antwoort!
Du büst doch mien Gott,
de tru to mi steit.

Weer ik in Noot
un kunn mi nich rögen —
du keemst mi to Hülp
un hest dar för sorgt,
dat mien Hannen wedder fri wörrn
un ik wedder to Aten keem.
Wees mi doch gnädig un höör up mien Beden!

Lüüd, up ju geevt doch de Minschen wat!
Wat hebbt ji dar vun,
dat mien Ehr ümmer noch schändt ward?
Warum geevt ji ju af mit Saken,
de doch nümmer wat weert fünd,
un mit Lögen un Wind?
Wat kann ju dat nützen?
Maakt ju doch klaar:
de vun Harten fraam is,
över den höllt Gott ümmer sien Hand.
So höört he ok nu,
wenn ik roop un to em beden do.

Reegt ju up,
wenn dat nich anners wesen kann,
aver versünnigt ju nich!
Överleggt dat allens bi ju sülven,
eer dat ji inslapen doot,
un denn hoolt eerst mal den Mund!
Geevt Gott dat, wat sik höört,
un hebbt Tovertruun to em!

Dar seggt wull mennich een:
„Wokeen lett uns denn wat Godes bileven?"

265

So denk ik aver nich;
ik hool dat mit dat Beden:
„Herr, laat dien Oog up uns ruun
un kiek uns fründlich an!
Du hest mi al ümmer meer Freud geven
in dat Hart, as sünst de Lüüd hebbt,
wenn de Aarnt Koorn un Wien
in Hüll un Füll bringen dee."

So legg ik mi ganz ruhig dal
un warr ok goot slapen;
denn wenn ik ok moderselenalleen bün,
du, Herr, höllst seker de Hand över mi,
dat mi nix Leges tostöten kann.

De sik up Gott verlaten doot
Psalm 5.

Herr, höör mi doch an!
Ik heff wat up dat Hart.
Ach, nimm doch to Harten,
mien Süüfzen un Klagen!
Mien König un mien Gott!
Schrien mutt ik luuthals;
ik kann mi nich helpen,
so höör doch!

Ach, Herr, gliex morgens frö
höör doch mien Stimm!
Vör Dau un Daak bün ik al togangen
un stell di dat vör, wat mi queelt,
un kiek vull Lengen na baven.

Du büst doch keen Gott,
de an dat Lege sien Freud hett.
Bi di dörf keen lege Minsch sik bargen.
De den Kopp hooch driggt un pralen deit,
de dörf nich ünner dien Ogen kamen.
Du kannst eer nich utstaan,
all de, de wat utöövt.
De mit Lögen ümgeit,
den lettst du to Grunn gaan.
De Moord un Dootslag up dat Geweten hett
un de bedregen deit —
vun den wullt du nix weten,
de is di en Doorn in dat Oog.
Aver ik — ik dörf in dien Huus kamen;
dien Gnaad is ja so groot.
Ik dörf vör dinen hilligen Tempel
up de Knee fallen un di de Ehr geven.

266

Herr, laat mi den richtigen Weg gaan!
Du büst ja gerecht, darum laat de sik nich högen,
de mi upluurn doot!
Ach, sorg dar doch för,
dat ik up minen Weg nich to Fall kaam!
Denn up dat, wat se seggt,
is gar keen Verlaat,
un wat se in den Sinn hebbt,
dat bringt blots Verdarven.
Eer Keel is jüst as en Graff,
wat se utsmeten hebbt;
aver eer Tung is glatt
un smilig eer Woort.

Laat eer utbaden, Herr wat se verseen hebbt!
Lat eer to Fall kamen an de Stricken,
de se anner Lüüd dreit hebbt!
Se hebbt ja so veel al verseen,
darum drei eer den Rüch to!
Se hebbt sik ja gegen di upsett.
Denn warrt de sik freun,
de sik up di verlaten doot,
un ümmer warrt se jubeln;
denn du höllst dien Hand över eer.
Un vör Freud künnt se sik nich laten,
wieldat du dat büst —
se all, de vun dinen Namen veel holen doot.
Denn du, Herr, segenst den Gerechten,
Dien Gnaad is de Schild, de em deckt.

Mien Seel hett ganz den Moot verlaren

Psalm 6.

Herr, büst du vertöörnt, so straaf mi doch nich!
Ach, laat mi dat nich fölen, wenn du grimmig büst!
Herr, heff doch Erbarmen mit mi;
ik hool dat nich ut, ik kann nich meer!
Ach, maak mi gesund! Mien Angst is so groot,
dat geit mi dörch un dörch!

Mien Seel hett ganz den Moot verlaren!
Blots du, Gott, büst noch mien Troost!
Ach, segg doch: wolang schall dat noch duurn?
Herr, laat mi nich fallen, ach, redd doch mien Seel!
Help mi! Dien Gnaad is doch so groot!

Sünd wi eerst doot, denn denkt keen een meer an di!
Dar nerrn ünner de Eer —
wokeen schull di dar wull noch löven?

267

Ik bün so mööd un möör vun dat Süüfzen.
De ganze Nacht ward mien Bett nich dröög
vun de Tranen.
Ik mutt ümmer wenen, un vun de Tranen
warrt mien Lager rein överswemmt.

Mien Oog is rein utlopen;
so heff ik mi dat to Harten namen;
ja, dat is oolt worrn,
wieldat se all mi so tosetten doot.

Weg mit ju all, de mi wat Leges andoot!
Denn de Herr hett dat höört,
dat ik weent heff.
Ja, de Herr hett dat höört,
dat ik vull Bangen beden dee.
De Herr ward mien Gebedd vun mi annemen.

Toschannen warrt se bannig, all mien Fienden,
un se warrt sik verferen.
Ja, in enen Ogenblick hebbt se verspeelt
un künnt sik blots schamen.

Ik bün so in Noot

Psalm 7.

Herr, mien Gott, ik barg mi bi di!
Help du mi un redd mi!
Ik bün so in Noot;
denn se all sett mi to un laat mi keen Ru.
Sünst fallt se över mi her as en Lööv
un riet mi in Stücken un sleept mi weg,
blots wieldat keen een mi to Hülp kümmt.

Ach, Herr, mien Gott!
Heeff ik mi würklich so verseen?
Kleevt Unrecht an mien Hannen?
Heff ik wat Leges daan den,
de in Ru un Freden mit mi leven dee?
Heff ik utplünnert de,
de mi drengen un tosetten deen
un dar doch kenen Grund to harrn?
Denn mag de Fiend mi verfolgen,
mi inhalen un mi den Foot up den Nack setten,
dat de Dood mi seker is!
Denn mag he de Ehr mi nemen
un dar Schimp un Schann ut maken.

Herr Gott, nu faat sülven mit an
un laat spören dinen Torn!
Sett du di to Weer gegen de,
de mi drengt un de wild gegen mi dalgaat!

268

Waak up un kumm mi to Hülp!
Dat Gericht holen ward,
dat is doch dien egen Will.

Wo herrlich heſt du di künnig maakt ...
Pſalm 8.

Herr Gott! Du büſt unſe Herr.
Wo herrlich heſt du di künnig maakt
in de ganze wide Welt!

Kiekt wi na baven —
an den Heven liggt utbreedt
dien Herrlichkeit.

Un hier nerrn up de Eer?
Dar ſünd dat de Lütten un de Boſtkinner,
de dien Herrlichkeit löövt.
De ſtaat as en faſte Muur gegen de,
de nix vun di weten wüllt.
Mit eer Leder ſtoppt ſe den Mund
dien Fienden un de,
de ſik gegen di upſetten doot.

De Heven — den hebbt dien Fingers maakt,
un Maand un Steerns —
de ſünd ok ut dien Hand kamen.

Wenn ik mi düt allens ſo anſeen do,
denn warr ik ganz lütt un mutt ſeggen:
Wat is doch de Minſch!
Un doch heſt du em nümmer vergeten.
Wat is doch de Minſch!
Un doch liggt ſien Sorg un ſien Noot
di an dat Hart.
Dar feelt nich veel an,
denn weer he ſo groot as du un dien Engels.
Ehr un Herrlichkeit heſt du em ſchenkt
as en Kroon.
Du heſt em to'n Herrn ſett över dat,
wat dien Hannen maakt hebbt .
Allens heſt du ünner ſien Fööt leggt:
Schaap un Oſſen alltoſamen,
ok de Tire, de dar leevt buten up dat Feld;
de Vagels ünner den Heven
un de Fiſch buten in See,
un wat dar ſünſt noch ſinen Weg maakt
deep dörch dat Water.

Herr Gott! Du büſt unſe Herr!
Wo herrlich heſt du di künnig maakt
in de ganze wide Welt!

269

Bi Gott barg if mi

Pfalm 11.

Bi Gott barg if mi.
Wo künnt se denn to mi seggen:
,Bring di up de Bargen in Sekerheit,
as de lütten Vagels dat doot!' —?
Denn de Gottlofen hebbt den Flitzbaag al spannt,
un eer Pilen hebbt se al torecht leggt up de Sneer.
Se wüllt ja in Düftern scheten up de,
de dat eerlich meent.
Fallt de Grundmuurn um,
wat kann denn de Gerechte noch maken?

Gott waant noch in finen hilligen Tempel
un hett noch in den Himmel finen Troon!
Sien Ogen hett he noch överall.
Mit sien Wimpern liggt he noch ümmer up de Luur
un ftellt de Minschen up de Proov.
Gott ftellt den Gerechten up de Proov
un den Gottlofen.

De dat mit de Gewalt höllt,
den kann fien Seel nich utftaan.
Regen lett he up de Gottlofen
glönige Kööl un Swevel,
un en glönige Wind is eer Deel;
denn gerecht is Gott.
He hett Gerechtigkeit leev.
Vlots de dat eerlich meent —
de dörf em ünner de Ogen kamen.

Gott fteit to fien Woort

Pfalm 12.

Ach, help doch, Herr!
Frame Lüüd gifft dat knapp meer,
un mang de Minschenkinner
is keen een meer to finnen,
wo noch Verlaat up is.

Wat en mit den annern affnackt,
dat is Lögen un Wind.
Eer Lippen fünd glatt,
un wat se feggt,
is ümmer man half waar.

Ach, wenn Gott doch toschannen maken wull
all de glatten Lippen,
de Tung, de dat Pralen nich laten kann,

270

de Lüüd, de dar seggt:
Mit unse Tung sünd wi Baaskeerls;
unse Lippen staat uns fast to Siet!
Wokeen schull uns wull ünnerkrigen?

De lütten Lüüd sünd in Noot,
un de armen Stackels künnt sik vör Angst nich bargen.
,Darum sett ik mi nu in Gang' — seggt de Herr —
,de dar na lengt, de will ik redden.'

Wat de Herr seggt, dar is Verlaat up,
dat is klaar as dat Sülver,
wat sövenmal över dat Füür weer.
Herr, du steist to dien Woort,
du höllst dien Hand över uns
alltiet gegen de, de nu leevt.
Laat de Gottlosen ruhig sik upspelen.
De Minschen maakt sik ja överall breet
mit Saken, de Sünn un Schann sünd.

Wo lang schall dat noch duurn?

Psalm 13.

Ach, Herr, wolang schall dat noch duurn?
Du hest mi ja ganz un gar vergeten!
Wo lang hest du dat noch vör,
dat du di nich üm mi kümmern wullt?

Wo lang schall mien Seel sik noch quelen mit Sorgen
un plagen mit Kummer bi Dag un bi Nacht?
Wo lang schall mien Fiend sik dar noch wat mit to goot
dat he groot pralen kann gegen mi?   [doon,

Ach, Herr, kiek doch her un antwoort mi,
o Herr, mien Gott!
Maak mien Ogen hell un sorg dar för,
dat de Dood mi nich haalt,
wenn ik inslapen do!
Sünst seggt mien Fiend:
,Ik heff em doch noch ünner de Fööt kregen!'
Un de gegen mi sünd,
de fangt an un jubelt dar över,
dat ik mi nich meer holen kunn.

Aver ik hool mi an dien Gnaad,
un mien Hart ward noch jubeln över dien Hülp.
Ja, singen will ik Gott to Eren dar för,
dat he sik för mi insett hett.

271

„Dat gifft kenen Gott"

Pfalm 14.

De Narren seggt bi sik sülven:
„Dat gifft kenen Gott!"
Düsse Lüüd maakt allens toschannen.
Ja, grulich is dat, wat se maakt.
Dar is ok keen een mang,
de Godes deit.

De Herr süüt vun den Himmel hendal up de Minschen:
Schull dar wull een mang wesen,
de noch so vernünftig is,
dat he na Gott fragen deit?
Aver ne, se sünd all vun em afgaan,
sünd all nix meer weert.
Dar is ok keen een mang, de Godes deit,
keen een.

Hebbt se dat noch ümmer nich markt,
de legen Lüüd, de mien Volk upfreten doot?
Broot eten — dat künnt se.
Aver Gott anropen — dat fallt eer nich in.
Damals kregen se dat noch mit de Angst,
do hebbt se noch bevert;
denn Gott heel sik doch to dat gerechte Geslecht.
Mit dat, wat se vörharrn mit de armen Stackels —
dar hebbt se keen Glück mit hatt;
denn Gott heel sien Hand över eer.

Ach, müch doch ut Zion de Hülp för Israel kamen!
Wenn Gott eerst mal allens wedder torecht kriggt,
denn ward Jakob jubeln un Israel sik freun.

Wokeen dörf Gott ünner de Ogen kamen?

Pfalm 15.

Gott, wokeen dörf to Gast wesen in dien Telt?
Wokeen dörf wanen up dinen hilligen Barg?

De so leevt, dat an em nix uttosetten is,
un deit, wat vör Gott bestaan kann.
De de Waarheit seggt un sik sülven nix vörmaakt.
De mit sien Tung kenen legen Snack ünner de Lüüd bringt.
De sinen Naver nix Leges andeit
un vun sinen Fründ nix Leges vertellt,
de nix to doon hebben will mit den,
de sik wegsmiten deit,
aver den de Ehr gifft, de sik to Gott höllt.
De swören deit un dar nix vun torüch nemen deit,

272

ok wenn dat sien Schaden is.
De för sien Geld keen Zinsen nümmt
un sik keen Geld tosteken lett,
wenn sik dat um unschüllige Lüüd handelt.
De so leven deit, kümmt nich toschannen.

Gott, nix geit över di!
Psalm 16.

Gott, hool doch dien Hand över mi!
Bi di kann ik mi ja bargen.
Ik see to Gott: Mien Gott büst du!
Wat dat an Godes ok för mi geven kann —
nix geit över di!
Un to de Hilligen, de in dat Land leevt, segg ik:
De sünd herrlich. Eer all mag ik liden!

Bannig Wedaag hebbt doch to liden de Minschen,
de achter anner Götter ranlopen doot.
Dat Bloot, wat se för eer hergeven doot — dat geet ik nich ut.
Eren Namen bring ik nich över de Lippen.

Gott is dat beste Deel, wat ik heff, he is mien Beker;
du büst mi dar seker för, dat ik minen Andeel behool.
Mien Besitz liggt dar, wo dat Land goot un schöön is.
Ja, mien Arvdeel, dat mi tofull, is sien!

Darum lööv ik den Herrn, de mit Raat mi to Siet stünn;
dar maant mi ok nachts mien Geweten to.
Ik hool mi Gott alltiet vör Ogen.
Steit he mi to Siet, denn kaam ik nich to Fall.
Darum freut sik mien Hart un jubelt mien Seel.
Ja, ok för minen Liev ward dat keen Not hebben;
denn du lettst dat nich to,
dat mien Seel ünner de Eer kümmt.
Du giffst dat nich to, dat dien Frame dat Graff süüt.
Du maakst mi künnig den Levensweg.
Dar, wo du büst, is Freud in Hüll un in Füll.
In dien rechte Hand is Godes un Schönes alltiet.

Herr, ik heff di so leev!
Psalm 18.

Ach, Herr, ik heff di so leev! Du giffst mi ja Kraft!
De Herr is mien Fels, mien Borg un de, de mi reddt,
mien Gott, wo ik mi bi bargen kann.
Up em sett ik mien Tovertruun; he is mien Schild.
He is dat Hoorn, wo ik mi bi in Sekerheit bring,
mien faste Torm.

Ik segg: Den Herrn si Loov un Dank!
Denn finn ik Hülp gegen minen Fiend.

Bülgen güngen över mi hen un harrn mi faat;
de Dood — de luur up mi as de Sneer up den Vagel.

In mien Angst reep ik na den Herrn
un fung an to schrien, mien Gott müch mi to Hülp kamen.
Un de höör mi ropen baven in sinen Palast;
ja, mien Schrien keem em to Oren.
Do bever de Eer un fung an to wanken,
jüst so güng dat de Bargen bit deep up den Grund;
se kunnen sik nich holen; denn groot weer sien Grimm.
Rook keem ut sien Nees,
un ut sinen Mund keem Füür, wat allens upfreten deit.
Glönige Kööl güngen vun em ut,
un de Heven sack na de Eer hendal,
So keem he hendal.
Düstere Wulken sweevten ünner sien Fööt.
De Cherub weer sien Wagen.
He floog dar man so hen.
He sweev in de Luft, as wenn de Winnen sien Flünk weren.
Düsternis lee he sik üm as enen Mantel,
ut düstere Wulken un Nevel un Regen bu he en Telt.
Füür güng em vörut un jaag de Wulken vöran,
de Wulken mit Hagel un glönige Kööl.
Un denn leet de Herr dat dunnern in den Himmel,
de Hööchste maak künnig sien Stimm.
He schoot sien Pilen af un leet jeden een sinen Weg gaan.
He smeet sien Blitzen hendal un verfeer eer.
Do güngen de Water ut'n een,
un de Grund vun de See keem na baven;
De Grund vun de Eer weer to seen.
Dat keem vun dien Schellen, Herr,
du weerst ja so dull un vertöörnt.

He reck sien Hand vun baven raf un kreeg mi faat;
he trock mi rut ut all dat Water.
He reet mi den Fiend ut de Hannen
un de, de mi haßt;
denn se weren mi doch över.
Se fullen över mi her an minen Unglücksdag,
aver de Herr stünn mi bi.
He bröcht mi rut up den widen Plaan
un reet mi rut; denn he heel wat vun mi.

De Herr hett mi mien Unschuld loont,
mien Hannen weren rein — dar hett he sik an holen.
Ik heff mi holen up den Herrn sinen Weg
un mi nich gegen minen Gott versünnigt.
Denn allens, wat he mi upleggt, dat steit mi vör Ogen,

274

un an sien Gebade heff ik alltiet mi keert.
So stünn ik rein vör em dar
un waar mi, dat ik keen Sünn dee.
Ik weer unschüllig; darum reken de Herr mi dat an.
Mien Hannen weren ja rein in sien Ogen.
De dat goot meent, gegen den büst du ok goot;
wo de Minschen nix an uttosetten hebbt,
mit den höllst du dat ok so.
De rein is, den behannelst du ok so;
aver de falsch is, de kümmt bi di nich up sien Reken.
De armen Stackelslüüd helpst du,
aver de, de anner Lüüd över de Schuller kiekt,
de dükerst du.
Du helpst dar to, dat mien Lüücht schinen deit.
Mien Gott un Herr maakt mien Düsternis hell.
Steist du mi to Siet — denn ga ik up mien Fienden los;
mit minen Gott spring ik över de Muur.
Gott — an sinen Weg is nix to mekeln.
Gotts Woort is hell un rein.
As enen Schild breedt he sin Hannen ut över all de,
de up em eer Tovertruun sett.

Wokeen is denn wull Gott, wenn de Herr dat nich is?
Bi wen kunnen wi uns wull bargen,
wenn nich bi unsen Gott?
He is de Gott, de mi Kraft gifft
as enen Görtel um mien Lennen.
He sorgt dar för, dat mi up minen Weg nix Leges tostöten deit.
He geev mi Been, so flink as den Hirsch sien Been sünd,
he stellt mi hooch baven up den Barg.
He hett mi dat leert, dat ik mit mien Hannen mi to Weer setten
dat mien Arm den isern Baag spannen kann.   [kann,
Du hest dien Hannen över mi breedt as enen Schild;
dien Hand sorg dar för, dat ik fast bleev.
Du hest di to mi dalböögt; dat hett mi groot maakt.
Du hest mi Platz maakt, dat ik mit mien Been wiet uthalen
un mien Knaken bleven fast.   [kunn;
Ik weer achter mien Fienden ran un kreeg eer faat,
un ik keem eerst wedder torüch, as ik eer toschannen maakt harr.
Ik heff eer in Dutt slaan, un se kemen nich wedder hooch.
So kreeg ik eer unner de Fööt.

Ja, du hest mi Kraft schenkt as enen Görtel;
so kunn ik dat mit eer upnemen.
Du hest dar för sorgt, dat ik mien Fienden
den Foot up den Nack setten kunn.
Di heff ik dat to danken, dat mien Fienden vör mi weglopen
All de, de mi haßt, de bröch ik an de Siet.   [been.
Se fungen an to schrien, aver nüms keem eer to Hülp.

18*

275

To den Herrn hebbt se schriet, aver he höör nich up eer.
If maak eer to Stoff, den de Wind hoochküseln deit;
as Schiet up de Straat bröch if eer an de Siet.

Du hest mi frie maakt, dat mien Volk nich in den Krieg müß.
Du hest mi to'n Böversten ünner de Heiden maakt.
Volk, wat if nich kenn, dat mutt mi denen.
Se kennt mi nich, hebbt blots vun mi höört,
un doch höört se up mi.
De hier nich tohuus sünd, böögt sif vör mi.
De hier nich tohuus sünd, hebbt Kopp un Moot verlaren;
se kemen mit Bevern vun eer Vorgen hendal.

De Herr leevt! Lov un Dank segg if Gott, de mien Fels is.
Ja, Gott, de mi reddt — hooch will if em löven.
He is de Gott, de mi helpen dee,
dat if mien Fienden allens torüch betalen kunn,
wat se mi andaan hebbt.
He bringt de Völker ünner mien Fööt.
Ut mien Fienden eer Hannen maakst du mi frie.
Du giffst mi de Böverhand över de,
de mi wat andoon wüllt. [Kleed will.
Du reddst mi ut den sien Hand, de mit Gewalt mi an dat

Darum will if di löven, Herr, ünner de Heiden
un dinen Namen to Eren singen.
Du hest dinen König bistaan un em en groot Heil schenkt
un Gnaad wiest an den, den du salvt hest,
ja David un sien Huus för alle Tiet.

. . . Vertellt vun Gott sien Herrlichkeit . . .

Psalm 19, 1—7.

De Himmel vertellt vun Gott sien Herrlichkeit,
un wat sien Hannen maakt hebbt, dat maakt künnig de Heven.
En Dag seggt dat to den annern, kann knapp an sif holen,
en Nacht gifft dat wider an de anner.
Ganz lisen geit dat to, keen Woort ward seggt,
keen Stimm lett sif hören vun eer.
Un doch geit eer Klang över de ganze Eer;
wat se seggt, dat is an dat buterste Enn to hören.
Dar hett he en Telt buut för de Sünn.
As en Brüdigam, de ut sien Kamer kümmt,
so freut se sif as en Held, to lopen eren Weg.
An dat ene Enn vun den Heven geit dat los,
un in enen widen Baag löppt se na dat anner hen.
Un nix blivt verborgen, wo se henlüchten deit.

276

Warum hest du mi doch verlaten

Psalm 22.

Mien Gott! Mien Gott! Warum hest du mi doch verlaten?
Ik schrie doch luuthals, warum kümmst du mi nich to Hülp?
Ik roop den ganzen Dag — aver du giffst keen Antwoort,
ok nachts ward dat nich still, aver Ru finn ik nich.

Un doch büst du hillig! Israel sien Leder sweevt um dinen Troon.
Up di hebbt unse Vöröllern vertruut, up di sik verlaten,
un du hest eer ok reddt.

To di hebbt se schriet, un se kemen ok frie;
up di hebbt se vertruut, un se wörrn nich toschannen.

Aver ik bün en Worm, waarraftig keen Minsch meer.
De Minschen maakt sik över mi lustig,
veracht' bün ik bi dat Volk.

All, de mi seet, de lacht mi ut, riet dat Muul up
un schüttelt den Kopp:
„Hool di an Gott! — He ward em wull helpen.
Laat em doch em redden! He höllt ja veel vun em!"

Ja, du büst dat west; du hest mi dat Leven geven,
hest dar för sorgt, dat ik vull Tovertruun
still liggen dee an mien Moder eer Bost.
Solang as ik leev, bün ik anwiest up di;
siet dat mien Moder mi baren hett, büst du mien Gott.
Darum hool di doch to mi! De Noot steit vör de Döör.
Ik weet mi sünst nich to helpen!

Wo ik ok henseen mag — as wille Ossen, so gluupt se mi an.
Vun alle Siden luurt se up mi, as wenn dat Starken weren ut
Se sparrt dat Muul up gegen mi liek as en Lööv,   [Basan.
de up mi dal will un luuthals brüllen deit.

As Water, wat utschütt ward, so ligg ik dar;
as weren mien Knaken toschannen slaan, so is mi tomoot.
Mien Hart is week worrn as Waß, is smöllt in mien Bost.
So dröög as en Pottschörr — so dröög is mien Kraft,
un mien Tung — de is in minen Mund fast kleevt.
Du lettst mi wedder to Stoff warrn,
de Dood is mi seker.

Ach, Hunnen staat um mi rum an alle Siden.
En Barg vun lege Lüüd luurt överall up mi.
Mien Hannen un mien Fööt hebbt se dörchsteken.

All mien Knaken kann ik tellen.
Se kiekt mi an un höögt sik över mi.
Mien Kleder deelt se ünner sik
un losen doot se üm minen Rock.

So treck doch, Herr, dien Hand nich vun mi af!
Blots du kannst de Kraft mi geven, so kumm mi gau to Hülp!

277

Redd doch mien Seel, sünst dröppt mi noch dat Sweert!
Laat eer — se is dat Eenzige, wat ik heff —
Laat doch mien Seel nich vör de Hunnen gaan!
Ach, help mi doch! De Lööv hett mi all faat.
Du hest mi doch höört, as mi de Büffels stöten wullen,
jedereen mit sien Hoorn.

Denn will ik mien Bröder vertellen, wokeen du büst,
denn will ik di löven in de Gemeen.
De sik vör den Herrn bögen deit, de schall em löven,
de to Jakob höört, de schall em eren.
Ja, vör em schüllt bevern all de, de to Israel höört.
Denn de in Noot un Elend is, den hett he up de Reken
un keert sik nümmer vun em af.
He heel sik nich de Hand vör dat Gesicht, wenn he em seeg;
he höör dat, wenn he to em schrien dee.
Di will ik löven mang all de Lüüd, de fraam sünd.
Wat ik di tolöövt heff, will ik betalen.
Dat schüllt de betügen, de sik vör di noch bögen doot.
De veel to dregen hebbt, schüllt satt warrn.
De na Gott fraagt, de schüllt em löven.
Ju Hart schall leven ümmer un ewig!

Wenn se dar an denken doot, denn ward se sik to Gott bekeren,
all de, de up de ganze Eer nu wanen doot.
Vör em ward up de Knee fallen all de Geslechter,
de to de Heiden höört.
Denn Gott höört dat Riek to, he is Herr över de Völker.
Vör em schüllt sik bögen all de, de noch in dat Vulle sitt;
em schüllt de Eer geven, de al ünner de Eer liggt,
un de, de nich eer Seel noch bargen künnt.

De achter uns kaamt, de schüllt em denen.
Vun Gott ward se vertellen de Minschen, de noch eerst kamen
Sien Gerechtigkeit ward se künnig maken de Minschen, [schüllt.
de noch nich to Welt kamen sünd;
eer ward se dat vertellen, wat he maakt hett.

De true Harder

Psalm 23.

De Herr is mien Harder.
För mi hett dat keen Noot.
Up gröne Wischen gifft he mi Weid.
An dat stille Water lett he mi ruun.
So kümmt mien Seel to sik sülven
un findt nie Kraft.
He geit vör mi ran up minen Weg,
dat ik nich bister ga.
Dar börgt mi sien Naam för.

278

Un geit dat ok deep hendal
un ward dat ok pickendüster um mi —
if maak mi keen Sorg un keen Bangen;
denn du büst ja bi mi.
Dien Stock un dien Stütt —
de fünd mien Troost.
Du deckst mi den Disch,
un mien Fiend kriggt nix af.
Du salvst minen Kopp mit Öl,
un mien Beker blivt vull bit baven hen.

Blots Godes un Gnaad ward mi folgen,
solang as if leev;
un bliven warr if in den Herrn fien Huus
noch mennich Dag.

De Erenkönig will intrecken
Pfalm 24.

Den Herrn höört de Eer to
un wat dar up leven deit,
de Eerball un wat dar up waant;
denn he hett to de Eer in dat Water den Grund leggt,
un up de Floot hett he eer fast upbuut.
Wokeen dörf up Gott finen Barg rupstigen?
Wokeen dörf an fien hillige Steed staan?
De, den fien Hannen rein fünd
un den fien Hart keen Placken hett,
de nix Leges in den Sinn hett
un de nich legen deit.
De dörf den Herrn finen Segen mit nahuus nemen
un Gerechtigkeit vun den Gott, de em helpt.
So is dat Geslecht, wat na di fraagt un dar na lengt,
di ünner de Ogen to kamen — Jakob fien Gott!

Böört den Kopp hooch, ji Poorten!
Ji olen Dore, reckt ju hooch in Enn!
Denn de Erenkönig will intrecken.

Wokeen is denn de Erenkönig?

Dat is de Herr, en starke Held,
de Herr, en Held in den Krieg.

Böört den Kopp hooch, ji Poorten!
Ji olen Dore, reckt ju hooch in Enn!
Denn de Erenkönig will intreken!

Wokeen is denn de Erenkönig?

Dat is de Herr, de Himmelskönig.
De is de Erenkönig.

Gott is mien Kraft un mien Schild
Psalm 28.

Gott, to di roop ik.
Du büst ja mien Fels;
dar kann ik mi bargen.

Ach, swieg dar doch nich to,
as wenn du nix vun mi weten wullt!
Denn wenn du swigen deist,
denn geit mi dat so as de,
de eren Platz ünner de Eeer hebbt.

Ach, höör doch! Mien Angst is groot,
un mi bevert dat Hart!
Ja, hör doch, ik roop luthals to di!
Mien Hannen fünd utreckt na di!
Ik sta ja vör dien Hilligdoom,
ja, vör dat Allerhilligste!

Ach, laat mi dar doch nich so hengaan
mit de gottlosen un legen Minschen!
Se snackt wull heel fründlich mit eer Navers,
aver deep binnen in dat Hart
hebbt se nix Godes in den Sinn.

Giff eer eer Deel na dat, wat se doot,
na dat Lege, wat se tostann bringt!
Wat eer Hannen utöövt, dar giff eer eer Deel na!
Betaal er na dat, wat se daan hebbt!

Denn vun dat, wat Gott deit,
wüllt se nix weten.
Se hebbt keen Oog för dat,
wat sien Hannen maakt hebbt.
Darum ritt he eer dal
un buut eer nich wedder up.

Gott si Lov un Dank!
Denn he höört, wenn ik roop un süüfzen do.
Gott is mien Kraft un mien Schild;
up em heff ik ganz mien Tovertruun sett,
un so wörr mi ok holpen.
Mien Hart wüß sik vör Freud nich to laten,
un ik heff em en Dankleed sungen.

Gott is de Kraft för sien Volk,
de Hülp für den, den he salvt hett.

Help doch dien Volk un segen de,
de du dien Arvdeel tofeggt hest!
Ga du eer vöran as de true Harder
un brigg eer up dinen Arm
as de Harder sien Lammer
in alle Ewigkeit!

280

Mit Gott in dat Reine
Psalm 32.

Wo glücklich is doch de Minsch,
de bi Gott Gnaad funnen hett för sien Sünn,
den Gott enen Strek maakt hett över dat,
wat Sünn weer un Schann!

Wo glücklich is doch de Minsch,
den Gott de Sünn nich anreken deit
un de sik sülven niz vörmaakt!

Mit Swigen heff ik dat lang noog versöcht;
awer helpen dee dat nich.
Ik bröch mi üm de letzte Kraft.
Den ganzen Dag keem ik nich ut dat Stönen rut.
Is ok keen Wunner; denn Dag un Nacht
harr dien Hand sik swaar up mi leggt.
Min Levenssaft wörr dröög,
leek as wenn de Sünn em wegbrennt harr.

Do keem ik rut mit mien Sünn
un heel mit mien Schuld nich meer achter den Barg.
Ik see: Frie rut will ik instaan
vör den Herrn, wat mi schüllig makt hett!
Un denn? Ja, denn hest du mi vergeven,
wat Sünn un Schann weer.

Dorum will ik dat jeden een raden,
de fraam is: to di schall he beden,
solang as to di de Döör noch apensteit.
Denn künnt de Water geern bannig ranstörmen;
em laat se in Ru, em künnt se niz anhebben.
Du höllst dien Hand öwer mi,
du helpst mi in Noot.
Min Hart ward jubeln vör Freud,
dat du mi reddt hest.
Ik will di dat klaar maken
un di den Weg wisen, den du maken schallst.
Ik geev di goden Raat
un laat di nich ut de Ogen.
Maak dat nich so as dat Peerd un de Esel!
De hebbt kenen Verstand.
De kannst du blots haltern mit Toom un Halfter,
sünst kaamt se nich an di ran.
De Gottlose mutt heel veel utholen;
aver de sien Tovertruun up den Herrn sett,
de bileevt sien Gnaad in Hüll un Füll.
Freut ju över den Herrn un jubelt,
ji Gerechten!
De dat uprichtig meent,
de schall sik vun Harten freuen un singen!

281

Gott sien Gnaad un Tru

Psalm 36.

De Sünn, de maakt sik an den Minschen ran,
de Gott den Rüch todreit un nix meer vun em weten will.
Vör Gott verfeert sien Oog sik nich.
So kümmt de Sünn. De weet mit em Bischeed.
Se faat em smilig an, snackt em wat vör. Un denn?
Denn is he al so wiet, drivt Sünn un Schann,
un wat he föölt un denkt, is Gift un Gall.
Sünn un Bedrugg is dat, wat so'n Minsch seggt.
Ob, wat he deit, vernünftig is un Schick un Deech kriggt,
dar is em nich meer üm to doon.
Leggt he sik dal, gliex geit em nix as Sünn un Schann
    dörch sinen Kopp.
Wo he ok geit un steit — wat Godes hett he nümmer in den
    Sinn.
Dat Lege maakt em nümmer Noot. Dar denkt he sik nix bi.

Herr, dien Gnaad reckt bit an den Heven
un dien Tru so wiet, as de Wulken gaat.
Dien Gerechtigkeit steit so fast as de Gottesbargen;
dar is nich an to rütteln.
Un höllst du Gericht — verstaan künnt wi dat nich.
Sien Sinn is noch deper as de See.
Herr, un doch helpst du Minschen un Vee.

Gott, dien Gnaad is so groot; se is nich mit Geld to betalen.
Darum bargt sik de Lüüd ünner dien Flünk,
un nix kann eer schaden.
In dien Huus is allens to finnen in Hüll un in Füll.
Se pleegt dar sik an un ward satt.
Freud över Freud un Glück över Glück
dörft se drinken ut dinen Stroom.
Bi di is de Levensborn, un in dien Licht seet wi dat Licht.
Laat dien Gnaad bliven bi de, de di kennt,
un dien Gerechtigkeit bi de, de dat uprichtig meent!
Laat mi nich to Fall kamen,
dat de Övermoot nich över mi Herr ward!
Help, dat de Gottlosen eer Hand mi nich vun Huus un Hoff
    bringt!
De Tiet, de kümmt: denn fallt de legen Minschen hen,
denn ward se henstött, un se kaamt nich wedder hooch.

Legg allens in Gott sien Hand!

Psalm 37, 1—7a.

Över de legen Minschen reeg di nich up!
Arger di nich över de, de Sünn un Schann drivt!

282

Liek as dat Gras ward se afmeit — dat duurt nich lang —
liek as dat gröne Kruut up de Wiesch versoort se.

Sett up Gott dien Tovertruun un do ümmer wat Godes!
Bliev up de Stell, wo Gott di hensett hett!
Wies di alltiet as en eerlichen un uprechten Mann!
Laat Gott dien Freud wesen; denn ward he di geven,
wat dien Hart sik wünschen deit.
Legg dat in Gott sien Hand,
wat för enen Weg he di gaan lett!
Sett dien Tovertruun up em!
He bringt dat allens torecht.
He bringt an den Dag dien Gerechtigkeit
liek as de Morgensünn
un dien Recht liek as dat helle Licht in de Middagsstünn.
Hool still, wenn Gott di an de Hand nimmt,
un tööv dat ruhig af, wat he mit di vörhett!

Laat, Herr, mi doch weten, wenn mien Tiet um is!

Psalm 39.

Ik harr mi dat vörnamen: ik will mi in Acht nemen
bi allens, wat ik do, dat ik mi nich versünnig mit de Tung.
Ik will minen Mund enen Toom anleggen,
solang as de Gottlose vör mi steit.
So heel ik minen Mund, see keen Woort un sweeg still;
Aver de Wedaag fungen wild an to wölen,
dat Hart wörr mi hitt in de Bost.
Fung ik an to gruveln, denn brenn dat as Füür,
un ik leet den Mund lopen un see:
„Laat, Herr, mi doch weten, wenn mien Tiet um is
un tooveel Daag mi noch tometen sünd!   [kann!
Laat mi doch künnig warrn, wo gau dat mit mi to Enn wesen
Sü, blots as en Handbreet — so lang sünd mien Daag,
un mien Levenstiet is nix in dien Ogen.
Ja, blots en Aten — so steit de Minsch dar!
Ach, wiß, blots as en Schatten geit de Minsch sinen Weg!
Veel Larm ward um nix maakt.
He spikert sik allens up, aver he weet nich,
wokeen dar tolezt mit afgeit.

Un nu? Ja, Herr, wo schall ik noch up höpen?
Mien Höpen steit alleen bi di.
Ach, redd mi vun all mien Sünnen!
Ach, laat mi nich för de Narren to'n Spott warrn!
Ik heff doch den Mund holen, keen Starvenswoort seggt;
denn du hest dat ja so föögt.
Ach, sla nich meer to!
Dien Hand hett mi so leeg tosett.

283

Dat is bald ut mit mi!
Wenn du en Minschen vörnimmst un straafst för sien Schuld,
denn is dat Beste vun em hen.
As en Mott is de Minsch, as en Aten,
meer is de Minsch denn nich.
So höör mien Gebedd, Herr,
un mien Schrien nimm to Harten!
Ach, swieg doch nich to mien Tranen!
Ik bün bi di doch blots to Gast,
en Hüürsmann, liek as mien Vöröllern dat weren.
Maak dien Ogen to vör mi!
Eenmal müch ik mi doch geern noch mal freun,
eer dat ik dar vun mutt un nich meer bün!

Dat grote Lengen
Psalm 42.

Liek as en Hirsch in Dröögt un Sommerhitten
na't frische Water in de Beken lengen deit,
so lengt mien Seel, o Gott, na di!
Ja, nich bargen kann sik mien Seel vör Dörst
na Gott, de in Waarheit lebennig is.
Wanneer kümmt de Stünn wull för mi,
dat ik Gott in dat Oog seen dörf?

Mien Tranen sünd mien Kost bi Dag un bi Nacht.
Den ganzen Dag laat se mi nich in Ru, de Lüüd.
Se praalt mi dat in dat Oor un seggt:
„Wat seggst du nu? Woneem is denn dien Gott?"
Maakt nix. Ik weet enen Troost.
Nu will ik denken an de olen Tiden;
vun dat Hart will ik dat los warrn bi mi sülven:
„Ach, weer dat schöön, as ik in den groten Swarm
noch wannern dee un ingaan dörf in Gott sien Huus,
mit Sang un Klang, mit Lov un Dank,
mit all dat Volk, dat fiern wull dat grote Fest! —
Mien Seel, wat hest du blots?
Warum lettst du den Kopp hangen
un lettst mi nich in Ru?
Hool di an Gott! Ik warr em dar noch mal för danken,
dat he mi to Hülp keem un mien Gott is."
Mien Seel is ganz vertaagt!
Darum denk ik an di hier, wo ik an den Jordan sitt,
hooch baven up de Hermonsbargen un den Mizarbarg.
Een Floot bruust mit de anner üm de Wett.
Dat dunnert, wenn dat Water hendal störrt.
All dien Bülgen un Wellen,
de sünd hooch över mi hengaan!

284

Den Dag över kiek ik ut na den Herrn,
un nachts luur un leng ik na sien Gnaad.
Ik sing lisen un beed to Gott,
de mien Leven beschützt.
Ik segg to Gott, de mien Fels is:
Warum hest du mi vergeten?
Warum mutt ik so trurig minen Weg gaan,
wenn de Fiend mi dat Leven so swaar maakt?
As weren mi de Knaken toschannen slaan,
so is mi tomoot, wenn de Lüüd spotten doot;
se laat mi nich in Ru, seggt Dag för Dag to mi:
„Wat seggst du nu? Woneem is denn dien Gott?"
Mien Seel! Wat hest du blots?
Warum lettst du den Kopp hangen
un lettst mi nich in Ru?
Hool di an Gott! Ik warr em dar noch mal för danken,
dat he mi to Hülp keem un mien Gott is!

En faste Borg is unse Gott

Psalm 46.

Bi Gott künnt wi uns bargen. He is unse Schutz.
In Noot is he unse Hülp. Wo öft stünn he uns bi!
Darum sünd wi nich bang, ok wenn de Eer schull wanken,
ok wenn deep dal in de See de Bargen schullen versacken.
Laat brusen, hoochsprütten sien Bülgen,
laat bevern de Bargen vun sien Luun —
Gott, unse Himmelskönig, is mit uns!
Unse Schutz is Jakob sien Gott!

En Stroom is dar. Sien Water maakt Freud de Gottesstadt.
De Herr deit eer beschützen, hett hillig maakt sien Huus.
Gott waant ja bi eer binnen. To bevern is keen Grund.
Laat man den Morgen kamen; denn is sien Hülp ok dar!
Veel Larm hebbt maakt de Völker. Keen Königriek heel Stand.
Sogar de Eer müß bevern, as he sien Stimm leet hören.
Gott, unse Himmelskönig, is mit uns!
Unse Hülp is Jakob sien Gott!

So kaamt doch her un seet mal,
wat Gott nu anricht hett!
De Eer is heel verfeert.
To Enn is nu de Krieg wiet över de ganze Welt!
Den Flitzbaag brook he twei. De Lanzen maak he stump!
De Wagens, de dar weren, hett he mit Füür verbrennt!
Nu höört doch endlich up un seet dat gründlich in,
dat ik alleen Gott bün, hooch över Volk un Eer!

Gott, unse Himmelskönig, is mit uns!
Unse Schutz is Jakob sien Gott!

Wo hett Gott sien Freud an?

Psalm 50.

De Herr hett spraken,
un mit em künnt keen Götter sik meten.
He röppt de Eer up,
sowiet as de Sünn eren Weg maakt.
Bun Zion lett Gott sinen Glanz utgaan,
vun Zion — keen Barg is so smuck;
he is de Kroon vun eer all.
Unse Herr Gott — de kümmt un kann nich swigen!

Füür geit em vörut un fritt allens toschannen,
un up sinen Weg folgt mit lang en gruliche Storm.
Den Heven dar baven reep he as Tüüg un de Eer.
He will ja Gericht holen över sien Volk.

Bringt mi de Framen tohoop, de sik to mi hoolt!
De mi to Eren opfert un mit mi enen Bund maakt!
De maakt de Heven sien Gerechtigkeit künnig;
denn he is en Gott, de gerecht richten deit.

Höör to, mien Volk! Ik will ju wat seggen.
Höör to, Israel! Ik will di waarschuun.
De Herr, dien Gott, bün ik.

Du slachst dat Vee mi to Eren —
ik segg dar nix to un will di dat nich vörholen.
Dien Brandopfers staat mi alltiet vör Ogen.
Aver den Oß in dien Huus un de Bück in dinen Stall —
de heff ik nich nödig.

Denn mi höört allens to, wat dar leevt un weevt in dat
de Tire up de Bargen, dusend un meer.   [Holt,
Ik kenn jeden Vagel baven up de Bargen,
un wat in dat wiete Feld togangen is,
dat höört mi to.

Harr ik Hunger — ik wörr di dat nich seggen;
denn mi höört de Eer un allens to,
wat dar leevt in Hüll und Füll.
Eet ik denn dat Fleesch vun de Kalver
un drink dat Bloot vun de Lammer?

Segg den Herrn Lov un Dank!
Dat schall dien Opfer wesen.
Denn betaalst du den Hööchsten,
wat du em tolöövt hest!
Roop mi an, wenn du in Noot büst!
Denn will ik di redden,
un du warst mi de Ehr geven!
Aver to den Gottlosen seggt de Herr:
Wat fallt di in?

286

Du tellst de Gebade mi vör?
Un wat if fastsett heff,
dar snackst du vun?
Aver vun Tucht wullt du nix weten,
un wat if di segg, dat sleist du in den Wind!
Süüst du enen Spitzboven, denn geist du mit em lang.
Brickt en de Eh, denn is he dien Fründ.
Dinen Mund lettst du lopen,
un wat du seggst, is legen Kraam.
Un dien Tung — dar stellst du nix anners mit an
as Bedrugg.
Du sittst un snackst över dinen Naver,
ja, dinen egen Broder slickst du wat an dat Tüüch.
Ja, so heft du dat maakt.
Wull if dar swigen to, denn bildst du di in,
if weer lief so as du.
Dat smiet if di vör un hool di dat vör Ogen.

Dat markt ju, ji Minschen, de Gott sünst vergeet!
Sünst kunn dat so kamen, dat if ju toschannen maak
un keen een dat wedder goot maken kann.
De mi Lov un Dank seggt, de gifft mi de Ehr,
un de up den goden Weg blivt,
de kriggt mien Heil to seen.

De grote Biecht

Psalm 51.

Gott, see mi gnädig an — if weet, dien Gnaad is groot —
un reken mi dat nich an, wat if verkeert maakt heff,
groot is doch dien Erbarmen!
Wasch af vun mi all dat, wo if mi mit vergaan,
un vun mien Sünn maak du mi rein!
Denn if see in: if bün dat nich,
wat if harr wesen schullt.
Mien Sünn, de queelt mi Dag un Nacht.
Du büst dat ganz alleen — ja, blots an di
heff if versünnigt mi un daan,
wat in dien Ogen is Sünn un Schann.
Ach, Schuld heff if al mitbröcht up de Welt.
In Sünnen hett mien Moder mi dat Leven geven.
Bit an de Neren schall uns över allens de Waarheit gaan —
so wullt du dat hebben.
Denn mußt du aver ok deep binnen in dat Hart uns wisen.
wodennig wi den Weg to düsse Waarheit findt.

Wasch mi mien Sünn mit Psop af; denn warr if rein!
Ach, wasch mi rein; denn warr if witter noch as Snee!
Ach, schenk mi Freud un Jubel, help, dat if glücklich warr!

287

Den Lieb, den hest du slaan. Laat em sik wedder freun!
Ach, maak de Ogen to un see nich an mien Sünn!
Maak doch enen Streek dörch all mien Sünn un Schann!
Gott, maak mien Hart vun Grund ut rein,
maak nie den Geist in mi, dat he nich wanken deit!
Verstööt mi nich vun di, laat mi nich fallen,
un laat dinen hilligen Geist noch bi mi wanen!
Laat mi noch mal mi freun, dat du mi helpen deist,
un sta mi bi, dat ik vun Harten geern nu up di hören do!
Denn will ik lege Lüüd, wat du verlangst, ok leren;
denn schüllt de Sünner sik to di bekeren.

Gott, bi di steit mien Heil; so maak mi frie
vun Bloot un Blootschuld!
De kleevt mi noch an Hand un Seel.
Denn ward mien Seel noch jubeln un di löven,
wiel dat dien Gnaad un Tru keen Enn hebbt.
Herr, do du minen Mund up,
dat he dien Lov un dien Ehr vertellt!
An Opfers, de wi slacht, hest du keen Freud;
un de, de wi verbrennt för di — vun de wullt du nix weten.
De Opfers, de du hebben wullt, sünd ganz wat anners.
Dat is en Geist, de sik nich meer to raden un to helpen weet.
En Hart, wat mööd un möör is un sik sülven verdammt,
dat wiest du nümmer vun dien Döör.
Dat nimmst du an in Gnaden.

Do Zion allens Gode! Dien Gnaad is doch so groot.
Bu wedder up de Muurn vun Jerusalem!
Denn hest du ok dien Freud an Opfers,
so as du eer verlangst,
an Slacht- un Brandopfers.
Denn leggt se Ossen up dinen Altaar hen.

Wenn se di an dat Leven wüllt
Psalm 54.

Gott, help mi doch! Ik hool mi an dinen Namen!
Verhelp mi to mien Recht! Du hest dar de Macht to!
Gott, höör doch, wenn ik beden to!
Ach, nimm dat doch to Harten, wat ik di seggen do!
Lüüd, de den Kopp hoochdreegt, de staat ja gegen mi,
Un Lüüd, de mit Gewalt allens fardig bringt,
de wüllt mi an dat Leven!
Se rekent ja nich mit di un keert sik nich an di!
Aver bang bün ik nich. Gott steit mi to Siet.
De Herr höllt sien Hand över mien Leven.
Dat Lege fallt up de torüch, de mi upluurn doot.
Herr, du büst ja tru. So bring du eer an de Siet!

288

Denn will ik di vun Harten geven, wat du vun mi verlangst,
di löven, danken un frie rut dat jeden een seggen,
dat dien Naam de allerbeste is.
Ut all mien Noot hett he mi reddt,
un ik kunn mi dar nich satt an seen,
dat mien Fienden sik so verrekent harrn.

Still!

Psalm 62.

Ja, dat is wiß! Ik hool mi an Gott.
Denn ward mien Seel ganz still.
He kümmt mi to Hülp.
He is mien Fels un mien Hülp un mien Borg.
So heff ik fasten Grund ünner de Fööt
un kaam nich to Fall.

Wolang wüllt ji gegen enen enkelten Mann anstörmen,
all tohoop gegen em anlopen,
liek as Suldaten gegen en Stadtmuur,
de al scheef steit,
oder gegen en Wand, de al wackelt?

Ja, se hebbt dat vör:
hooch vun baven hendal wüllt se em dalstöten!
An Lögen un Wind hebbt se eer Freud.
Maakt se den Mund up, denn segent un segent se;
aver deep in dat Hart — dar fluucht se.
Ja, wiß! Ik hool mi an Gott.
Denn ward mien Seel ganz still!
He börgt mi dar för, dat Raat för mi ward.
He is mien Fels un mien Hülp un mien Borg.
So heff ik fasten Grund ünner de Fööt
un kaam nich to Fall.

Bi Gott barg ik mi. He is de starke Fels,
de mi schützen deit.
He alleen reddt mi un waakt över mien Ehr.
Up em sett alltiet ju Tovertruun, leven Lüüd!
Seggt em getroost allens, wat ju dat Hart swaar maakt!
Bi Gott künnt wi uns bargen.
Denn hett dat för uns keen Noot.
Wat sünd denn de Minschen? Nich meer as en Aten.
Un de groten Lüüd? Se weegt nich meer as Lögen un
Liggt se up de Waagschaal, glier gaat se hooch, [Wind.
se all tosamen sünd lichter as Luft.
Sett ju Tovertruun nich up unrecht Goot,
un wat een roovt hett, dat bringt em nix in.
Dat künnt ji mi glöven.

Sett ju Sinn dar nich up,
dat ji veel Geld up enen Dutt bringt!
Een Deel hett Gott seggt;
ja, twe Dele heff ik höört:
Gott, di höört de Macht to,
un bi di steit de Gnaad.
Du betaalst ok jeden een na dat,
wat he daan hett.

Morgengebedd

Psalm 63.

Herr Gott, du büst mien Gott! Di söök ik.
Na di dörst mien Seel; ja, mien Liev lengt na di,
liek as dat dröge Land na Regen lengt.
Sodennig heff ik luurt un lengt in dat Hilligdoom.
Ik wull doch so geern dien Macht un dien Herrlichkeit seen.
Dien Gnaad is meer weert as dat Leven.
Dar will ik di Lov un Dank för seggen.

So lang as ik leev, will ik dar di för danken.
Up dinen Namen beroop ik mi,
wenn ik mien Hannen to'n Beden utrecken do.
As wenn ik vullup to eten harr, so satt is mien Seel.
Mien Mund schall di to Eren singen un jubeln.
Legg ik mi dal to slapen, denn denk ik an di.
Stünn um Stünn geit hen in de Nacht.
Ik kann dat nich laten: mien Hart is bi di
un kümmt nich vun di los.
Du büst mien Helper worrn.
Barg ik mi ünner dien Flünk,
denn mutt ik singen un jubeln.

Mien Seel hangt fast an di, un dien Hand höllt mi fast.
De mi aver an dat Leven wüllt,
de sackt deep ünner de Eer.
De fallt dat Sweert in de Hand,
an de ward de Föß sik goot plegen.
De König hett in Gott sien Freud.
De bi Gott swöört, is glücklich un freut dar sik över.
So ward de Lögenminschen de Mund stoppt.

Du hest dat Land rieklich segent

Psalm 65.

Herr Gott, du waanst in Zion.
Di schüllt wi löven un di danken; so höört sik dat.

290

Wi schüllt di betalen, wat wi di tolöövt hebbt.
Du höörst uns, wenn wi beden doot,
un wat wi bidden doot, dat schenkst du uns in Gnaden.
Darum kümmt allens, wat dar leevt un weevt,
ok vör dien Döör.
Hebbt wi uns versünnigt, sünd wi to Fall kamen —
du, Herr, heft uns de Sünnen vergeven.
Glücklich de Minschen, de du dar Verlööv to giffst,
dat se ganz neech bi di wanen dörft
vör dien Huus!
Vun dat Gode, wat dien Huus in sik bargt,
wüllt wi satt warrn,
wüllt leven vun dinen hilligen Tempel.

Gott, unse Heil, du höörst, wat wi bidd un beed.
Dat is grulich, wat du allens tostann bringst.
Bi di bargt se sik all,
an de buterste Kant up de Eer un wiet buten in See.
Du maakst de Bargen fast dörch dien Kraft.
Macht is dien Görtel.
Wenn de See bruust, bringst du eer to Ru.
Eer Bülgen — de leggt sik,
un ganz still ward dat över de See.
Un sünd de Völker in Uproor,
du maakst dat wedder still up de Eer.
Wenn du di wisen deist, denn verfeert sik de Minschen
in de ganze wide Welt.
In Oost un West lettst du eer singen un jubeln.
Du hest dat Land rieklich segent.
Regen över Regen hest du em schenkt.
Gott sien Born weer vull, to'n Överlopen vull.
De Saat hest du heegt un pleegt.
Ja, sodennig hest du för allens sorgt.
Wo de Ploog de Fören trock, dar hest du Fucht inleggt.
Dat plöögte Land hest du week maakt
De Eer wörr locker dörch de Regenschuurn.
Un wat dar wassen dee, dat hest du segent.

De Kroon vun dat ganze Jaar — dat weer dien Gnaad
un wat se schenken dee.
Dien Foot- un Wagenspoor leet nix as Segen torüch.
De Wischen in de Stepp weren vull vun Gras.
De lütten Bargen danzt vör Freud.
De Bargen hebbt en Fierkleed anleggt, sünd vull vun Schaap.
Deep in den Grund steit hooch un dicht dat Koorn —
Allens singt un jubelt um de Wett.

Aarndankfest

Psalm 67.

Gott, schenk uns Gnaad un Segen!
See fründlich up uns dal!
Denn ward eer up de Eer dat künnig warrn,
wat du all vörheft un tostannen bringst.
Denn spöört ok all de Heiden dien Heil!

Gott, löven ward di de Völker,
löven ward di de Völker alltosamen.
De Völker ward jubeln un singen;
denn du regeerst de Völker gerecht;
du geist lief dörch un treckst kenen vör.
Du lettst up de Eer de Völker den Weg gaan,
den du eer todacht hest.
Gott, löven ward di de Völker,
löven ward di de Völker alltosamen.

Dat Land hett en gode Aarnt bröcht.
Gott segent uns, unse Gott.
Gott müch uns ok widerhen segen!
Vör em schüllt sik bögen
all de Minschen up de Eer.

Bi Gott büst du seker borgen

Psalm 73.

Gott hett mit Israel doch blots wat Godes in den Sinn.
De uprichtig is, mit den meent he dat würklich goot.
Dar feel sünst nich veel — denn weer ik to Fall kamen,
ik kunn mi man knapp up de Been holen.
Is dat en Wunner? — Ik kann de Praalhansen nich utstaan,
nich mit anseen, dat de Gottlosen dat ümmer so goot geit.
Se bruukt ok bi dat Starven keen Wedaag to liden.
Se hebbt alltiet goden Schick.
Wo anner Lüüd sik mit plagen mööt, dar weet se nix vun af.
Vun dat Unglück, wat anner Lüüd dröppt, blievt se verschoont.
Darum künnt se den Kopp nich hooch noog dregen.
Dat Pralen steit eer goot as en Keed üm den Hals.
Mit Gewalt maakt se allens; dat höört dar mit to
as de Rock to den Liev.
Ut dat vulle runde Gesicht kiekt gluupsch eer de Ogen,
un wat se deep binnen in dat Hart bi sik denkt,
dat künnt se nich bi sik beholen.
Se künnt nix anners as spotten,
un seggt se en Woort, denn is dat schändlich un leeg.
Se spreekt so vun baven hendal;
Gewalt — dar wüllt se up rut.

292

Dat Muul riet se wiet up bit baven na den Heven,
un mit eer Tung maakt se sik breet up de Eer.
Darum loopt de Lüüd achter eer ran
un künnt nich noog krigen vun dat,
wat se eer vörsnacken doot.
Se seggt: Wat weet dar unse Herrgott vun af?
Is dat seker, dat Gott överhaupt wat weten deit?
Sü, so sünd de Gottlosen.
Se maakt sik keen Geweten,
un in Selenru schraapt se sik en Vermögen tosamen.

Aver mi geit dat anners. Hett dat wat nützt,
dat ik mien Hart rein heel
un in Anschuld mien Hannen waschen kunn? — —
Ik mutt mi plagen Dag för Dag,
un jeden Morgen dröppt mi wedder Gott sien Hand.
Harr ik seggt: Ik will jüst so spreken —
denn weer ik dien Kinner eer Geslecht untru worrn.
So sett ik mi hen un gruvel un gruvel,
dat ik dar doch blots achter kamen müch.
Doch so suur ik mi dee, ik kunn dat nich begripen.
Eerst ganz tolezt, do wörr mi dat klaar,
as ik Gott sien Geheemnisse upspören dee
un — — seeg up dat Enn vun all düsse Lüüd.
Du stellst eer darhen, wo se utrutschen doot,
du lettst eer to Fall kamen, un se gaat ut'n een.
In enen Ogenblick sünd se toschannen worrn.
Se sünd hen un to Enn; dat is schrecklich to seen.
Liek as en Droom sünd se, wenn een upwaken deit —
so wullt du, Herr, nix meer vun eer weten,
wenn du eerst togangen kümmst.

So mutt ik denn seggen: bün ik mal verdreetlich worrn
un güng mi dat an de Neren —

so weer ik dumm, wüß nich, wat ik see.
So dumm as dat Vee stell ik mi gegen di.

Un doch hool ik mi alltiet an di.
Du höllst mi ja fast mit dien rechte Hand.
As di dat goot dünkt, so lettst du mi gaan.
Un tolezt nimmst du mi in Eren an.
Wokeen harr ik denn sünst wull in den Himmel?
Weerst du nich dar — wo schull ik mi an freun up de Eer?
Mag de Liev mi vergaan, mag dat Hart still staan —
Gott blivt doch alltiets mien Fels.
Em lett mien Hart sik nich nemen.

Dat is ganz wiß:
Blots de, de vun di nix weten wüllt,
de gaat to Grunn.

293

De di untru ward, den lettst du vergaan.
If freu mi vun Harten, dat Gott mi so neech is.
If barg mi bi Gott den Herrn.
Ja, Herr, allens, wat du deist, dat will if vertellen.

Hett sien Gnaad würklich en Enn?
Psalm 77.

Ropen will if to Gott so luut, as if kann,
schrien will if to em.
Ropen will if to Gott so luut, as if kann.
He mutt mi doch hören!

Bün if in Noot un kann mi nich raden un helpen,
denn kaam if vör sien Döör.
De ganze Nacht reck if mien Hannen ut na baven
un warr nich mööd. Mien Seel, de findt und findt keen Ru.
Denk if an Gott, denn mutt if süüfzen un stönen.
Kaam if eerst in dat Gruveln rin,
denn bün if of al vertaagt un heff den Moot verlaren.

Du jaagst den Slaap weg vun mien Bett.
If rangel un wölter mi vun een Siet up de anner
un segg keen Woort.
If denk an de olen Tiden, an de Jaren,
de nu al lang achter mi liggt.
If denk nachts an de Stünnen,
wo if mien Harf in de Hand harr un singen dee.
So geit mi veel dörch den Kopp,
un mien Geist fangt an to gruveln un fraagt:
Schull Gott denn würklich för alle Tiden
nix vun mi weten wüllen
un sien Gnaad vun mi aftrecken?
Hett sien Gnaad würklich en Enn?
Schall würklich för ümmer nich meer dat gellen,
wat he uns toseggt hett?
Hett Gott dat ganz vergeten, dat he gnädig wesen will?
Is he denn so vertöörnt,
dat nu sien Hart för uns gar nich meer apen steit?
If dacht: dat is ja mien Kummer.
Gott hett sif besunnen un geit nu enen annern Weg.
Aver if weet mi to trösten.
If will denken an dat, wat Gott daan hett vör Jaren,
denken an dien Wunner in ganz ole Tiden.
If will nadenken över allens, wat du deist,
will mi dörch den Kopp gaan laten
allens, wat du maakst un tostann bringst.

294

Gott, dien Weg is en hoche un hillige Weg.
Woneem is en Gott, de so groot is as du?
Du büst de Gott, de Wunner deit.
Du hest mang de Völker dien Kraft künnig maakt.
Du hest dien Volk frimaakt mit dinen starken Arm,
Jakob un Josef sien Kinner.

De Water hebbt di seen, Gott, de Water hebbt di seen,
un se hebbt bevert. Ja, de See fung an to bevern.
De Wulken goten den Regen man so över dat Land.
De Heven weer swart, un dat dunner grulich.
Een Blitz na den annern güng hendal up de Eer.
Dörch de Luft güng en Krachen,
as wenn ünner en swaren Wagen de Rööd knarren doot.
Blitz över Blitz güng över den Heven
un maak de Düsternis hell.
De Eer fung an to bevern un kunn sik knapp holen.
Dörch de See güng dien Weg un dien Steg dörch veel
Aver nüms seeg dien Footsporen.   [Water.

Du geist vör dien Volk her
as en Harder vör sien Schaap,
leek as Mose un Aaron dat deen.

Gott sien Huus
Psalm 84.

Wo goot lett sik dat dar wanen, wo du tohuus büst,
Herr Gott, de in den Himmel regeert!
All lang hett mien Seel dar na lengt,
ja, se heel dat nich meer ut,
lengt hett mien Seel na den Vörhoff,
de vör Gott sien Huus liggt.
Mien Seel un mien Liev — nu jubelt se Gott to,
den Gott, de in Warheit lebennig is.
Nu hett doch de Vagel en Huus funnen
un de Swulk eer Nest, wo se eer Jungen in hegen deit,
dinen Altaar, Herr Gott, de in den Himmel regeert,
mien König un mien Gott!

Wo glücklich sünd de, de dar waant in dien Huus!
Garnich noog künnt se dar för di löven.
Wo glücklich is doch de Minsch, de in di sien Kraft findt!
Wo glücklich sünd de Lüüd, de dar eren Sinn up sett hebbt,
hier her to wannern!
Wull geit eer Weg dörch dat Sietland,
wo dat Water so knapp is —
un doch findt se Borns, dat se drinken künnt;
denn de Regen in den Harvst gütt sinen Segen över dat Land.
Se gaat eren Weg un kriegt Kraft över Kraft
un kriegt den Gott to seen, de Herr is noch över de annern.

295

Herr Gott, de in den Himmel regeert,
ach, höör doch mien Beden,
höör doch to, du büst doch Jakob sien Gott!
Du büst doch unse Schild, Gott, so kiek doch
un see den in dat Oog, den du salvt heft!
Ach, een Dag in dien Vörhööf is beter as dusend anner!
Ik will lever blots buten vör dien Huusdöör staan, Gott,
as wanen in Telten, wo dat Lege tohuus is.
Denn Sünn un Schild is de Herr.
He gifft Gnaad un Ehr un lett nich mit Godes to kort kamen
de Minschen, de sik nix to Schulden kamen laat.

Gott, de in den Himmel regeert!
Wo glücklich is doch de Minsch,
de up di sien Tovertruun sett!

Gott, denk an ole Tiden!

Pfalm 85.

Gott, denk an ole Tiden!
Do heft du in Gnaden di barmt över dien Land.
Do heft du vun Jakob sien Kinner de frimaakt,
de fungen weren.
Do heft du dien Volk sien Schuld vergeven
un över all sien Sünn enen Streek maakt.
Dien Grimm weer wull groot,
aver du leetst em nich hoochkamen.
Dien Torn weer vör dat Overkaken,
aver du heft em begööscht,

Ach, Gott, bi di steit de Hülp.
So maak uns doch wedder heel!
Du büst nich goot up uns to spreken.
Ach, heff doch en Inseen mit uns!
Wullt du denn ümmerto över uns vertöörnt wesen?
Schüllt dat ok Kind un Kinneskind to fölen krigen?

Ach, Gott, giff du uns Moot un Kraft!
Ach, laat dien Volk sik wedder freun, freun över di!
Gott, wies uns doch dien Gnaad!
Herr, help uns doch!

Ik will hören, wat de Herr seggen deit.
Wiß, wiß! He sprickt vun Freden to sien Volk,
to all de Lüüd, de gottesfürchtig fünd,
un ok to de, de wedder vör sien Döör kaamt.
Ja, sien Hülp steit ganz neech vör de Döör bi de,
de up em hören doot.
Un denn is ok de Herrlichkeit wedder bi uns tohuus.
Denn ward de Leev un de Tru sik wedder bimöten.

296

Denn fallt sik de Gerechtigkeit un de Freed in den Arm
un geevt sik enen Kuß.
Denn waßt de Tru ut de Eer rut,
un de Gerechtigkeit süüt vun den Himmel hendal.
Denn gifft de leve Gott ok wedder Deech un Segen,
denn schenkt he unse Land ok wedder en gode Aarnt.
Denn geit de Gnaad em vöran, un Heil folgt in sien
[Footsporen.

Tiet un Ewigkeit
Psalm 90.

O Herr, bi di hebbt wi uns alltiet bargen kunnt.
Wo oolt sünd al de Bargen! Eer Jaren sünd nich to tellen.
Un wo lang is dat al her, dat du den Grund leggt hest to
        Welt un Eer?
Doch du, Gott, sülven büst vun Ewigkeit her wesen
un blivst ok noch in alle Ewigkeit.

De Minschen lettst du wedder warrn to Stoff
un sprickst: „Kaamt torüch, ji Minschenkinner!"
Denn dusend Jaren sünd in dien Ogen nich mal meer
as blots de Dag, de güstern weer un nu is al vörbi,
ja, nich so veel as de paar Stünnen,
wenn en up Nachtwaak steit.

Du swemmst eer weg. Se döögt nix meer as de,
de an den hellen Morgen noch druseln doot.
Se sünd liek as dat Gras, so frisch un gröön:
dat blööt un waßt wull in de Morgenstünn,
doch eer de Avend kümmt, ward't meit un dröögt.

Denn wenn du dull warrst, is dat ut mit uns,
büst du vertöörnt — woneem schüllt wi uns bargen?
Unse Sünnen staat di vör Ogen alle Tiet.
Ok wat wi heemlich doot, blivt nich verborgen
vör't helle Licht, wat ut dien Ogen straalt.
Ja, all unse Levensdaag sünd bald to Enn,
wieldat du grimmig büst;
wi laat de Jaren vergaan liek as enen Süüfzer.
Unse Levenstiet löppt hen up söövtig Jaren,
Veellicht, wenn't hooch kümmt, sünd dat achtig Jaren —
un dat, wo wi uns wat up inbillen doot,
is Mööcht un Hartleed;
denn se is hen in en Nu, wi fleegt dar man so vun.
Ach, wokeen süüt dat in, wo dull du büst,
wokeen verfeert sik, wenn du büst vertöörnt? —
So leer uns doch, dat wi unse Dage tellt,
dat wi vun Harten klook noch warrt!

297

Ach, kumm doch wedder to uns torüch!
Wolang schall dat noch duurn?
Heff mit dien Knechten doch noch mal Erbarmen!
Laat uns glier morgens satt warrn vun dien Gnaad,
dat wi uns freun un jubeln künnt all unse Daag!
Giff so veel Freud uns, as wi sünst hebbt liden müßt,
so lange Jaren, as wi hebbt Unglück seen!
Laat seen dien Knechten dat, wat du hest daan,
un laat eer Kinner seen dien Herrlichkeit!

Un, Herr, dien Fründlichkeit laat över uns nu bliven
un giff Bestand to dat, wat unse Hannen maken schüllt;
ja, wat unse Hannen anfaten doot,
dat wullst du bringen to en godes Enn!

De Herr is König
Psalm 93.

De Herr is König, un smuck is sien Kleed,
ja, mit Macht hett de Herr sik andaan,
as weer dat sien Görtel.
De Eer is buut up fasten Grund;
se ward sik nich rippen un rögen.
Fast steit dien Troon siet ole Dagen,
du sülven büst ja ewig!

De Water — de sünd wull hoochgaan, Herr,
de Water hebbt brandt und bruust.
Un de Water ward hooch gaan un an dat Over dunnern,
as wullen se sik all tohoop doon;
aver starker as dat Dunnern vun veel Bülgen
un starker as de Wellen, de sik an dat Over breekt —
starker is baven in de Hööcht de Herr!

Wat du betügen deist, dar kann een sik fast up verlaten.
Hilligkeit is de Smuck vun dien Huus, Herr,
un so ward dat ok bliven.

Lööv den Herrn, mien Seel!
Psalm 103.

Lööv den Herrn, mien Seel,
Ja, vun Hartensgrund lööv doch sinen hilligen Namen!
Lööv den Herrn, mien Seel,
un vergitt nich dat Gode,
wat he an di daan hett!
He vergifft di doch all dien Sünnen.
Büst du krank — he maakt di gesund.
In dat Graff lett he nich bliven dien Leven,

298

Erbarmen un Gnaad blievt dien Kroon.
Ja, satt ward dien Seel vun veel Godes.
As den Aadler sien Kleed wedder nie ward,
so blivst ok du jung bit an dat Enn.

Gerechtigkeit lett he dörchstaan, de Herr.
He schafft Recht för de, de sik nich helpen künnt.
Wat he vörharr, dat hett Mose to seen kregen,
un wat he dörchsett, dat hebbt de Kinner Israel seen.

Vull Erbarmen un Gnaad is de Herr,
över de Maten gedüllig un fründlich.
Nich för ewige Tiet is he vertöörnt.
Nich ümmer driggt he uns wat na.
He lett uns de Sünnen nich all utbaden,
un de sik versüüt, den straaft he nich gliex.

So hooch as de Heven över de Eer is,
so stark is sien Gnaad för de Framen.
So wiet as de Avend vun den Morgen sik scheedt,
so wiet staat in sien Ogen unse Sünnen vun uns af.
Liek as en Vader deep fölen deit mit sien Kinner,
sodennig liggt de Framen den Herrn an dat Hart,
sodennig föölt he mit de, de sik vör em bögen doot.
Denn he weet, wat för'n Stackels wi sünd,
he vergitt nich, dat wi blots Stoff sünd.
Ach, de Minsch! Sien Daag sünd liek as dat Gras.
Liek as en Feldbloom — so blööt he.
Aver feegt de Wind mal dar över hen,
denn is he nich meer,
un sien Platz weet nix meer vun em.
Aver den Herrn sien Gnaad waart vun Ewigkeit to Ewigkeit
bi de, de sik an sinen Bund hoolt un doot, wat he verlangt.

De Herr hett sinen Troon upricht in den Himmel,
un he regeert över de ganze Welt.
Löövt den Herrn, ji Engels,
ji starken Helden, wo he dörch regeert,
löövt em un folgt sien Stimm, wenn he spreken deit!
Löövt den Herrn, all sien Mannen,
sien Deners, de doot, wat em gefallt!
Löövt den Herrn, ji all, de he maakt hett,
överall dar, wo he regeert!
Lööv den Herrn, mien Seel!
Ok du schallst em löven!

Herr, mien Gott, du büst groot över de Maten!
Psalm 104.

Mien Seel, so lööv doch den Herrn!
Herr, mien Gott, du büst groot över de Maten!

299

Vull Glanz un Pracht is dat Kleed, wat du anhest!
Du hüllst di in Licht, as wenn dat dien Mantel weer!
Du spannst den Heven ut över de Eer,
as wenn dat en Telt weer.
Du buust merrn in dat Water den böversten Stock.
Du maakst Wulken to'n Wagen för di,
un up den Wind sien Flünk sweevst du darhen.
Hest du wat för, denn schickst du den Wind,
dat he dat utrichten deit,
un Füür un Lo sünd sien Deners.

He hett de Eer up heel fasten Grund buut.
Se rippt un röögt sik nich, ümmer un ewig.
De Floot hest du över eer utbreedt as en Kleed.
Dat Water güng bit över de Bargen.
Eerst as du anfungst to draun,
do lepen se ut'n een.
As du anfungst to dunnern,
do kregen se dat mit de Angst
un maken sik dar vun.
Do recken de Bargen sik in de Hööcht.
Do keem ok de depe Grund to'n Vörschien,
un allens kreeg sinen Platz, den du bestimmt harrst.
De Scheed hest du fastleggt, wider dörft se nich gaan,
se schüllt nich noch eenmal de Eer wedder bedecken.
Du lettst Borns dallopen in den Grund.
Mang de Bargen hendörch maakt se eren Weg.
Allens, wat dar leevt un weevt in dat wide Feld,
hett to drinken.
Ok de Wildesels künnt eren Dörst löschen.
An dat Over hüüst de Vagels, de ünner den Heven leevt,
un up de Tilgen singt se eer Leed.
Du giffst de Bargen to drinken vun baven,
un vun dat, wat du maakt hest,
ward de Eer ümmer satt.
Du lettst Gras wassen för dat Vee
un Kruut, wat de Minschen anbuun schüllt,
dat Broot wassen deit up de Eer.
Ok den Wien hest du de Minschen geven to Freud,
dat se mit Öl eer Gesicht blank maken künnt;
un dat Broot schall dat Minschenhart stark maken.
Ok Gott sien Bööm ward satt,
de Zedern up den Libanon, de he plannt hett.
Dar hebbt de Vagels eer Nester.
Ok de Adebaar is up de Zypressen tohuus.
De höchsten Bargen höört den Steenbock to.
Up de Felsen is de Klippdachs togangen,
dat em nüms wat andoon kann.

300

He hett ok den Maand maakt,
dat wi in de Tiet uns torecht findt.
Un de Sünn weet genau, wanneer se ünnergaan schall.
Lettst du dat düster warrn, denn is de Nacht dar,
un de Tiere in dat Holt kaamt in Gang.
De jungen Löven fangt an to brülln,
se liggt up de Luur un wüllt wat fangen,
un se verlangt vun Gott eer Maaltiet.
Aver is de Sünn wedder dar,
denn sliekt se torüch
un leggt sik dal in eren Bu.
Un denn geit de Minsch an sien Arbeit
un röögt sien Hannen bit to dat Düsterwarrn.

Wat hest du doch allens maakt, Herr!
Mit Klookheit un Insicht hest du allens tostann bröcht.
De Eer is vull vun dat, wat di tohöört.
Dar is de See, so groot un so wiet,
wo een ok henseen mag.
Wat dar wimmelt, dat künnt wi nich tellen,
lebennige Tiere, groot un lütt.
Schreckliche Deerten sünd dar togangen,
so de Liwjatan, den du maakt hest,
dat he sik dar tummeln un rümspelen kann.

Ja, se all luurt up di,
dat du eer de Kost giffst, wenn dat Tiet is.
Wenn du eer dat giffst, denn neemt se dat hen.
Deist du dien Hand up, denn ward se satt vun dat Gode.
Treckst du vun eer dien Hand torüch,
dat se di nich meer wies ward,
denn verfeert se sik bannig.
Lettst du eer den Aten utgaan,
denn leevt se nich meer un ward wedder to Stoff.
Doch wenn dien Aten weit, denn ward allens lebennig,
un de Eer kriggt en nie Gesicht.

Den Herrn sien Ehr hett ewig Bestand.
He hett sien Freud an dat, wat he maakt hett.
Kiekt he de Eer blots an, denn kriggt se dat Bevern;
röögt he de Bargen an, denn staat se all in Rook.
Singen will ik den Herrn to Eren, solang as ik leev,
will em löven, solang as mien Hart noch puckern deit.
Much he sien Freud hebben an dat, wat ik segg!
Ik freu mi över em.
Weg mit de Sünner up de Eer,
weg mit de Gottlosen!
Lööv, mien Seel, doch den Herrn!

301

Seggt Gott Lov un Dank!

Psalm 105, 1—8.

Seggt Gott Lov un Dank un roopt sinen Namen an!
Maakt ünner de Völker künnig, wat he daan hett!
Singt un speelt em to Eren,
vertellt vun all sien Wunner!
Geevt sinen hilligen Namen de Ehr!
De dat üm den Herrn to doon is,
de schüllt sik freun!
Kümmert ju üm den Herrn un üm sien Macht,
leevt alltiet ünner sien Ogen!
Denkt an de Wunner, de he daan hett,
un an de Teken un an dat,
wat he as Richter seggt hett!
Ji sünd ja Abraham sien Nakamen,
Un he weer ja sien Knecht;
ji sünd ja Jakob sien Kinner,
de he utweelt hett!
He is ja de Herr un unse Gott,
un över de ganze Eer gaat sien Gerichten!
Up ewig denkt he an den Bund,
den he maakt hett,
un an dat Woort, wat he uns upleggt hett
för dusend Geslechter,
un an den Bund, den he mit Abraham maakt hett,
un an dat, wat he Isaak toswaren harr;
dat hett he doch för Jakob fastsett
un för Israel to enen Bund maakt,
as he see: Di will ik dat Land Kanaan geven;
dat schall dat Arvdeel wesen, wat ik ju tometen heff.

Alleen Gott in de Hööcht si Ehr!

Psalm 115.

Nich för uns legg Ehr in, nich för uns, Herr,
aver för dinen Namen!
Du büst ja so fründlich un tru!
Warum schüllt denn de Heiden seggen:
Woneem is denn eer Gott?
Unse Gott is doch in den Himmel;
he deit, wat he will.
Eer Götzen sünd Sülver un Gold;
Minschenhannen hebbt eer maakt.
Se hebbt enen Mund un spreekt doch nich,
se hebbt Ogen, aver seet doch nich.
Se hebbt Oren un höört doch nich.

302

Se hebbt en Nees, aver rüken künnt se nich.
Se hebbt Hannen, aver fölen doot se nix.
Se hebbt Fööt, aver gaan künnt se nich.
Ut eer Keel kümmt keen Woort un keen Luut.
Jüst so as se fünd de, de eer maakt hebbt,
all de, de up eer eer Vertruun sett.

Israel, sett du dien Vertruun up den Herrn!
He helpt eer un breedt sien Hannen över eer ut
as enen Schild.
De to Aaron sien Huus höört — sett ju Vertruun
up den Herrn!
He helpt eer un breedt sien Hannen över eer ut
as enen Schild.
Ji all, de ji gottesfürchtig fünd,
sett ju Vertruun up den Herrn!
He helpt eer un breedt sien Hannen över eer ut
as enen Schild!
De Herr denkt an uns un segent uns.
He ward dat Huus Israel segen,
segen dat Huus Aaron.
He ward segen de, de sik vör den Herrn in Gottesfurcht
de Lütten un de Groten.   [böögt,
Gott geev, dat ji ju utbreedt un meer ward,
ji un ju Kinner!
Den Herrn sien Segen ruut up ju;
he hett ja Himmel un Eer maakt!
De Himmel is Gott sien Himmel,
aver de Eer hett he de Minschen geven.
Nich de Doden seggt Gott Lov un Dank
un keen een, de in dat stille Land gaan is.
Wi aver wüllt den Herrn löven
vun nu an bit in Ewigkeit!
Lööv doch den Herrn!

Oftern

Pfalm 118, 14—24.

Gott is mien Kraft, he maakt mi stark;
em segg ik Lov un Dank.
Mien Leder sing ik em to Eren;
he hett mi reddt ut all mien Noot.
Dat singt un klingt vun Jubel un vun Sieg
in de Gerechten eer Telten.
Gott sien Hand bringt Grotes tostann!
Gott sien Hand lett uns nich sacken;
he bringt uns wedder hooch.
Ja, Gott sien Hand bringt Grotes to stann!

De Dood deit mi nix an; ik blief an dat Leven.
Ik will vertellen, wat Gott daan hett.
Wull hett Gott mi scharp anfaat,
aver den Dood hett he mi nich in de Hand geven.
Maakt mi de Döör up, dat ik dat Heil finnen do!
Dar will ik ringaan un Gott löven.
Ja, hier is Gott sien Döör.
Hier dörft de Gerechten ringaan.
Heff dar Lov un Dank för, dat du mi höört hest!
Du hest mi reddt.
De Steen, den de Muurlüüd wegsmeten hebbt,
de is de Ecksteen worrn.
Dat hett de Herr daan,
un en Wunner is dat vör unse Ogen.
Düt is de Dag, den de Herr maakt hett.
Nu wüllt wi jubeln un uns freun!

Dien Woort is en Lüücht för mien Fööt

Psalm 119.

Glücklich sünd de Minschen, de eer Leven kenen Placken hett,
de sodennig leevt, as Gott dat vun eer verlangt!
Glücklich sünd de Minschen, de dat mit sien Gebade genau neemt,
de dat dar vun Harten um to doon is, dat sien Will eer klaar
        ward,
de nix Leges un keen Unrecht doot un na sinen Willen leevt!
Du sülven hest ja dien Gebade geven, dat wi eer eernst neemt.
Ach, harr ik doch fasten Grund ünner de Fööt!
Wenn ik dien Gebade doch eernst nemen wull!
Hool ik mi an all dien Gebade, vergeet ik eer nich,
denn warr ik nümmer toschannen un bruuk mi nich to schamen.
Ik will di uprichtig danken un leren, wat du verlangst;
denn wat du verlangst, dat is gerecht.
Dien Gebade will ik holen. Help du mi dar to
un bliev an mien Siet!

Wodennig schall en junge Minsch dat maken,
dat sien Leven rein blivt?
Wenn he up dien Woort Acht gifft un dar sik an höllt.
Vun Harten is mi dat dar üm to doon, dat ik ünner dien
Help mi, dat ik vun dien Gebade nich afgaa!   [Ogen leev.
Deep binnen in mien Hart barg ik dien Woort;
ik müch mi doch nich gegen di versünnigen.
Gott, die höört Lov un Dank to!
Leer du mi dien Gebade!
Luut segg ik vör mi her all dien Gebade,
de du uns geven hest.
Ik freu mi över den Weg, den dien Gebade mit wiest;

304

de fünd mi meer weert as veel Geld un Goot.
Dien Gebade will if mi dörch den Kopp gaan laten.
If will den Weg in dat Oog beholen, den du mi wifen deift.
An dien Gefetz will if mien Freud hebben
un dien Woort nich vergeten.

If bün ja dien Knecht. So giff mi de Gnaad, dat if leven dörf!
Denn will if of doon, wat du feggft.
Maak du mi de Ogen hell un klaar,
dat if achter de depen Gedanken kaam,
de fo wunnerbar in dien Gefetz verborgen liggt!
If bün hier up de Eer blots to Gaft un waan hier man to Hüür;
darum giff mi Bifcheed över dat, wat du vun mi verlangft!
Mien Seel lengt un lengt na dien Gebade un kann aan eer nich
        leven.
De fik vör Övermoot nich bargen künnt, de heft du draut.
Verfluucht fünd de, de vun dien Gebade nix weten wüllt!
Nimm de Laft vun mien Schullern, wenn de Minfchen
mi wat up den Stock doot un nix vun mi weten wüllt!
If heff ja daan, wat du vun mi verlangft.
Laat de groten Lüüd fik tohoop doon un gegen mi wat afmaken —
if bliev dien Knecht un laat mi dien Gefetz ümmer wedder
dörch den Kopp gaan. Ja, an dien Gebade heff if mien helle
Se geevt mi goden Raat un ftaat mi alltiet bi.   [Freud.

Mien Seel hett heel un deel den Moot verlaren,
eer is to'n Starven to Moot.
Giff du mi nien Levensmoot un nie Levenskraft dörch dien
        Woort!
If heff di al mennichmal vertellt, wat mi allens drückt,
un du heft mi höört. Leer du mi, wat du mit mi vörheft!
Help du mi, dat if dat verftaa, wat du vun mi verlangft;
denn will if dien Wunner mi dörch den Kopp gaan laten.
Mien Seel mutt wenen un wenen; de Tranen ward nich all;
denn mien Kummer is groot.
So fchenk mi nien Moot dörch dien Woort!
Wenn if wat feggen fchall, denn help dar to,
dat denn nich de Waarheit feelt, de dien Woort uns gifft!
If luur dar up, dat du Gericht holen deift.
Alltiet will if dat doon, wat dien Geboot verlangt,
ümmer un ewig will if dat doon.
Denn bün if en frie Mann un heff frie Baan;
if heff mi ja ümmer an dien Gebade holen.
Of vör Könige will if frank un frie vun dien Gefetz reden.
If heff ja an dien Gebade mien Freud; if heff eer fo leev.
Vör dien Gebade fool if mien Hannen. If hool ja fo veel
        vun eer.
Dien Gefetz laat if mi ümmer wedder dörch den Kopp gaan.

6311 Dat Ole Teftament 20

Sta to dat Woort, wat du to dinen Knecht seggt heft!
Du heft ja verlangt, dat he sik dar an holen schull.
Dat is mien Troost in mien Elend,
dat dien Woort mi de Levenskraft schenkt.
De frechen Lüüd lacht un spott över mi;
aver vun dien Gesetz bün ik kenen Footbreet afgaan.
Ik denk an dat, wat du in ole Tiden anordent heft,
un denn, Herr, heff ik minen Troost.
Wenn ik an de Gottlosen denk, denn stiggt mi dat Bloot to Kopp;
denn kunn de Torn bi mi överlopen. Se wüllt ja nix weten
        vun dien Gesetz.
Ik bün hier ja man to Gast un waan hier to Hüür;
aver dien Gesetz höör un sing ik so geern as en Leed.
Ok bi Nacht denk ik, Gott, an dinen Namen
un hool dien Gesetz. Dat heft du mi sülven schenkt,
dat ik do, wat du vun mi verlangst.

Ja, Herr, so mutt ik dat seggen, dat is mi upleggt,
dat ik dat do, wat du seggst.
Vun Harten söök ik dien Gnaad.
Help du mi ok, dat ik nich legen do, wies mi den Weg dörch
        dien Geboot!
För de Waarheit will ik leven; wat du vun mi verlangst,
dar hett mien Hart dat up afseen.
Herr, ik hang an dien Gebade, laat mi nich toschannen warrn!
Ik will den Weg lopen, den dien Gebade mi wiest;
du maakst mi dat Hart wiet un den Moot groot.
Herr, leer mi, wat dien Gebade vun mi verlangt!
Denn glückt mi ok allens, wat ik mi vörnemen do.
Giff mi Verstand un Insicht, dat ik mi an dien Gesetz hool
un vun Harten geern do, wat dat vun mi verlangt!
Laat tru mi den Weg gaan, den dien Geboot verlangt!
An em heff ik mien Freud.
Help doch dar to, dat mien Hart sik höllt an dien Geboot
un nich an Geld un Goot sik hangen deit!
Ach, sorg dar för, dat ik mien Ogen nich up Saken smiet,
de kenen Weert un kenen Bestand hebbt!
Vermunter mi dörch dien Woort!
Ik bün ja dien Knecht; so sta to dien Woort!
Dat is dar doch dien Will bi, dat wi uns vör di böögt.
Wat hebbt se mi allens up den Stock daan!
Dar gruut mi vör. Ach, nimm de Schann doch vun mi af!
Denn wat du anorden deist, dat is goot.
Wiß, ganz wiß! Ik leng na dien Gebade.
So schenk mi doch nie Kraft dörch dien Gerechtigkeit!

Gott, schenk mi all dien Gnaad un all dien Hülp,
as du dat toseggt heft!
Sünst heff ik keen Woort frie gegen de Minschen,

306

de över mi läftern doot.
Dien Wort is mien Troost; dar fett if mien Tovertruun up.
Wees mi gnädig! Du heft dat ja feggt.
If överdenk mien Leven. If mutt feggen:
If heff minen Weg maakt, so as du dat verlangft.
If laat mi keen Tiet un fett dar allens an,
dat if dien Gebade holen do.
Lege Lüüd hebbt mi mennichmal en Fall un en Been ftellt,
aver dien Gefetz heff if nich vergeten.
Merrn in de Nacht fta if up un fegg di Lov un Dank,
dat du en gerecht Gericht höllft.
En Fründ bün if vun all de, de fif vör di böögt
un de dien Gebade hoolt.
Herr, du meenft dat fo goot mit uns.
Dar kann de ganze Eer wat vun vertellen.
Leer du mi doch, wat du vun mi verlangft!

Veel Godes heft du an dinen Knecht daan.
So heft du dat of tolööft.
Giff mi de rechte Inficht un den rechten Verftand;
denn if fett mien Tovertruun up dien Gebade.
Eer dat if in Noot un Hartleed keem,
bün if biftergaan. Nu aver hool if dien Woort faft.
Du meenft dat fo goot mit mi un deift mi veel Godes.
Ach, leer mi dien Gebade!
De frechen Lüüd hebbt mi wat nafeggt, wat Lögen un Wind is.
Maakt nix. Vun Harten geern do if, wat du verlangft.
Eer Hart is fo ftump un hart as dat Fett.
If aver heff mien Freud an dien Gefetz.
Dat hett mi goot daan, dat dat mit mi deep hendal güng;
fünft harr if dien Gebade nich leert.
Dat Gefetz, wat du mi upleggft, is mi lever
as dufend Goldftücken un Dalers ut Sülver.

Ut dien Hannen bün if kamen; de hebbt mi maakt.
So giff mi denn of de Inficht un den Verftand,
dat if dien Gebade leren do!
De fif vör di böögt, de ward mi feen un fif freun;
denn if heff mi up dien Woort verlaten.
Herr, if weet: dien Gericht is gerecht.
Du heft mi wull in dat Elend bröcht,
aver tru heft du dat doch mit mi meent.
So laat dien Gnaad mi doch tröften!
Du heft dinen Knecht dat ja tofeggt.
Ach, barm di doch över mi, dat if wedder Kraft un Moot
to'n Leven krieg; denn dien Gefetz is doch mien Freud!
Laat de frechen Lüüd doch tofchannen warrn!
Se fett mi den Foot up den Nack, hebbt dar aver kenen
    Grund to.

20*   307

Ik aver överlegg mi dat, wat du vun mi verlangst.
Laat de doch to mi kamen, de sik vör di böögt,
all de, de dien Gebade kennt!
Help du mi doch, dat mien Hart tru to dien Gebade steit
un sik nix to schulden kamen lett!

Denn kaam ik nich to Schaden un warr ok nich toschannen.
Mien Seel lengt un luurt na dien Heil,
un ik hool mi an dien Woort.
Mien Ogen kiekt vull Lengen ut na dien Woort,
dat dat indrapen schall.
Ik dacht bi mi sülven: Wanneer warrst du mi trösten?
Ik bün wull as en Slauch, de in den Rook hangt is,
aver doch heff ik dien Gebade nich vergeten.
Wolang hett dien Knecht noch to leven,
wanneer is sien Tiet um?
Wanneer wullt du dat de torüchbetalen, de mi nich in Ru laat?
Freche Lüüd hebbt mi en Groov na de anner graavt,
un düsse Lüüd hebbt dien Gesetz doch nich up de Reken!
All dien Gebade sünd de vulle Waarheit.
Mit Lögen sünd se achter mi ran. Herr, help mi!
Dar harr nich veel feelt, denn harrn se mi up de Eer an de
aver ik heff dien Gebade fastholen.   [Siet bröcht;
Ach, wies mi dien Gnaad un schenk mi nie Levenskraft!
Denn hool ik mi an dat, wat dien Woort betüügt.

Herr, för ewige Tiden steit dien Woort fast in den Himmel.
Vun Geslecht to Geslecht waart dien Tru.
Du hest de Eer up eren Platz stellt, un dar steit se fast.
Se all staat hüüt noch; denn so hest du dat anordent.
Allens steit in dinen Deenst.
Harr ik an dien Gesetz nich mien helle Freud,
denn weer ik in mien Elend togrunn gaan.
Solang as ik leev, will ik dien Gebade nich vergeten;
denn dörch eer hest du mi nie Levenskraft schenkt.
Help mi doch! Ik höör di ja to egen.
Wat du vun mi verlangst, dar müch ik geern achter kamen.
De legen Lüüd luurt up mi; se wüllt mi an de Siet bringen.
Aver wat du seggt hest, dat hool ik fast.
Allens, wat vullkamen is, nimmt mal sien Enn. Dat heff ik
Aver dien Gesetz steit överall un alltiet dörch.   [bileevt.

An dien Gesetz hangt mien Hart; ik heff dat so leev.
Den ganzen Dag geit mi dat dörch den Kopp.
Dien Gebade maakt mi klöker, as mien Fienden dat sünd.
Se höört mi up ewig to.
Ik heff meer Insichten as all mien Lerers;
denn up dien Gebade heff ik minen Sinn sett.
Ik heff meer Verstand as ole Lüüd; denn ik hool dat,
wat du anordent hest.

308

Ik waar mien Fööt, dat se up kenen legen Weg gaat.
Allens is mi dar um to doon, dat ik do, wat dien Woort ver-
     langt.
Vun dat, wat du anordent hest, bün ik kenen Footbreet afgaan;
Denn du hest mi dat leert.
Wat du seggst, dat is so sööt för mi, as wenn dat Honnig weer.
Dien Gebade helpt mi to Verstand;
darum kann ik de Lögen nich utstaan un will nix vun eer weten.

Dien Woort is en Lüücht för mien Fööt un en Licht up minen
Ik heff dat tosworen un will dat ok holen;   [Weg.
dat Recht, wat dien Gerechtigkeit fastsett hett,
blivt mien Geboot.
Ik sitt bannig in Noot. Herr, giff mi nie Levenskraft,
so as du dat seggt hest!
Nimm dat in Gnaden an, wenn ik to di beden do un di Lov
un Dank segg, un leer mi dien Gebade!
Mien Leven is mi nümmer seker; dat hett för mi nich veel
aver dien Gesetz vergeet ik nich.   [Weert;
Lege Lüüd hebbt mi en Sneer leggt, dat ik to Fall kamen schall;
aver dien Gebade sorgt dar för, dat ik nich bistergaa.
Wat du seggst, dar laat ik nümmer vun af, denn dar hett mien
     Hart sien Freud an.
Ik maak mien Hart Lust dar to, dat dat deit, wat du verlangst,
un dat glückt mi ok ümmerto.

De nich weet, wat se wüllt un wat se schüllt, de kann ik nich ut-
aver dien Gesetz heff ik leev.   [staan;
Du breedst dien Hannen över mi as enen Schild; ik luur up
     dien Woort.
Ji legen Lüüd, laat ju Hannen vun mi af!
Ik hool minen Gott sien Gebade fast.
Hool mi fast, as du dat seggt hest; denn kann ik leven.
Ik hööp up di. Laat mi dar nich mit toschannen warrn!
Hool mi fast; denn warr ik reddt un freu mi alltiet an dien
     Gebade.
Du maakst de toschannen, de vun dien Gebade bistergaan sünd.
Wat se doot, is Bedrugg. Se leegt ümmerto.
Du smittst all de Gottlosen weg up de Eer
as de Asch ut den Smöltaben.
Darum hool ik so veel vun dien Gebade.
Denk ik an di, denn löppt mi dat koolt över den Rüch.
Mi gruut vör di, un ik bün bang vör dien Gericht.

Ik heff daan, wat recht is un wat du verlangst;
ach, laat mi doch de nich in de Hannen fallen,
de mi ünner Kuusch hoolt!
Kumm dinen Knecht to Hülp un sett di för em in,
dat he nich toschannen warrt!
Mien Ogen kiekt vull Lengen ut na dien Hülp

309

un na de Gerechtigkeit, de du tolöövt hest.
Wees goot to dinen Knecht
un leer mi dien Gebade!
Ik bün ja dien Knecht; giff mi Insicht,
dat mi klaar warrt, wat du vun mi verlangst!
Dat warrt Tiet, dat Gott Eernst maakt;
denn vun dien Gesetz wüllt se nix weten!
Darum hool ik so veel vun dien Gebade;
se sünd för mi meer weert as Gold, ja, as dat fine Gold.
Darum maak ik minen Weg liek ut, as du dat verlangst.
Enen Weg, wo dat Lögen up to gangen is, kann ik nich utstaan.

Dien Gebade sünd wunnerbar;
darum höllt mien Seel eer fast.
Dörch dien Woort kiekt wi rin liek as dörch en Door,
wo dat helle Licht achter schient.
Dat wiest de Minschen den Weg, de sik sünst nich torecht findt.
Ik sparr den Mund wiet up vör Dörst;
denn ik leng na dien Gesetz.
See mi doch wedder gnädig an!
Dat künnt doch de verlangen, de dinen Namen leev hebbt.
Help doch, dat ik seker un fast minen Weg ga!
Dar segen dien Woort to!
Help doch, dat dat Lege nich över mi Herr warrt!
Maak mi frie vun de Minschen, de mi Gewalt andoot;
denn will mi holen an dat, wat du vun mi verlangst.
Laat dien Ogen fründlich up mi ruun
un leer mi, wat du vun mi förrerst.
Mi loopt de Tranen man so över de Backen;
denn dien Gesetz hebbt se nich up de Reken.

Gott, du büst gerecht,
un wat du verlangst, dat is gerecht.
In Gerechtigkeit hest du dien Gebade fastsett.
Wat se verlangt, dat is depe Waarheit.
Dat brennt as Füür in mien Hart; ik kann dat nich utstaan,
dat mien Fienden dien Wöör vergeten hebbt.
Dien Woort is hell un klaar;
un dien Knecht hett dat leev.
Ik bün man en lütte Mann, un se hebbt mi nich up de Reken;
aver wat du verlangst, dat vergeet ik nich.
Dien Gerechtigkeit is ümmer gerecht,
un dien Gesetz is de Waarheit.
Drangsal un Noot hebbt mi drapen;
aver an dien Gebade heff ik mien helle Freud.
Dien Gebade hebbt ümmer recht.
Leer mi eer; denn bliev ik an dat Leven.

Ik roop vun Harten, so goot as ik kann:
Gott, höör mi doch!

310

Ik will mi an dien Gebade holen.
Ik roop di. So help mi doch!
Denn will ik doon, wat du vun mi verlangst.
Wenn dat eerst even hell ward, denn fang ik al an to schrien.
Ik leng dar na, dat du to dien Woort steist.
Mien Ogen sünd al waken un hell, eer dat de Tiet dar is,
wo ik de Waak anfangen schall.
Ik mutt doch dien Woort mi dörch den Kopp gaan laten.
Ach, Gott, wees mi gnädig un höör up mien Stimm!
Du hest dat ja so ordent; so laat mi doch leven!
An mi maakt sik ran, de wat gegen mi vörhebbt
un de vun dien Gesetz nix weten wüllt.
Gott, du büst neech bi, un all dien Gebade sünd Waarheit.
Al lang weet ik ut dien Gebade, dat du eer för ümmer be-
stimmt hest.

See mien Elend an un redd mi;
denn ik heff dien Gesetz nich vergeten.
Nimm du sülven mien Saak in de Hand un maak mi frie!
Giff mi dat Leven, as du dat toseggt hest!
De Gottlosen findt keen Hülp;
denn eer is dat um dien Gebade nich to doon.
Gott, dien Erbarmen is groot.
Laat mi leven, as du dat fastsett hest!
De mi verfolgt un mi drengt, dat sünd en ganzen Barg;
aver vun dien Gebade ga ik nich af.
Ik heff Lüüd noog seen, de nich tru sünd.
Ik kunn eer nich utstaan un kunn eer nich seen.
Se wullen ja vun dien Woort nix weten.
Gott, mark di dat doch, dat ik dien Gebade leev heff!
Du meenst dat ja goot; darum laat mi leven!
Allens, wat du seggst, is Waarheit,
un wenn du Gericht höllst, denn is dien Ordeel ümmer gerecht.
Fürsten sünd achter mi ran un wüllt mi wat andoon,
aver se hebbt dar kenen Grund to.
Blots vör dien Woort warrt mi angst un bang.
Ik freu mi över dien Woort, as en, de en groten Schatz funnen
hett.
Lögen kann ik nich utstaan, will ok nix vun eer weten;
aver dien Gesetz heff ik leev.
Dag för Dag segg ik di sövenmal Lov un Dank;
denn dien Gericht is gerecht.
De dien Gesetz leev hebbt, de hebbt veel Freden.
De kaamt ok nümmer to Fall.
Ik hööp dar up, dat du mi redden deist, Gott;
denn dien Gebade heff ik holen.
Mien Seel hett sik ümmer an dien Gebade holen,
un ik heff eer heel leev.

Wat du verlangst un anorden deist, dar geev ik up acht;
denn dien Oog süüt allens, wat ik denk un maken do.
Gott, laat mien Klagen vör di kamen!
Laat mi leven, as du dat toseggt hest!
Höör up mien Beden! Redd mi doch!
Du hest dat doch tolöövt!
Mien Lippen schüllt di Lov un Dank seggen;
denn du leerst mi dien Gebade.
Mien Tung schall vertellen, wat du seggt hest;
se schall jubeln; denn all dien Gebade sünd gerecht.
Hool dien Hand mit in dat Spill un help mi;
denn an all dien Befele hool ik mi.
Gott, ik luur un leng dar na, dat du mi helpen deist,
un an dien Gesetz heff ik mien helle Freud.
Laat mien Seel doch leven; denn seggt se di Lov un Dank!
Laat dien Gericht mi to Hülp kamen!
Ik bün bistergaan as en Schaap, wat sik verlopen hett.
Söök doch dienen Knecht! Dien Geboot heff ik nich vergeten.

Vull Sorgen kiekt mien Ogen ...

Psalm 121.

Vull Sorgen kiekt mien Ogen na de Bargen.
Ik fraag: Woneem schull för mi de Hülp wull herkamen?
De Hülp? — Mien Hülp kümmt her vun den Herrn,
de Himmel un Eer hett warrn laten.
He lett dat nich to, dat dien Foot sik stött;
he slöppt nich, he waakt över di.
De över Israel waken deit,
de slöppt un slummert nich.
De Herr höllt sien Hand över di,
de Herr breedt den Schatten över dien rechte Hand.
Bi Dag ward de Sünn di nich steken,
un nachts ward de Maand di nix doon.
De Herr ward di schützen vör all dat Lege,
he ward dien Seel bewaren.
De Herr ward schützen dinen Utgang un Ingang
hüüt un alle Dag.

De hillige Stadt

Psalm 122.

Wo heff ik mi freut, as de Lüüd to mi seen:
„Nu geit dat up de Reis na Gott sien Huus! Kumm mit!"
Un nu sünd wi dar, nu staat wi mit beide Fööt
achter dien Stadtmuurn, Jerusalem!

312

Jerusalem, nu büst du webber upbuut as en Stadt,
de eer Muurn keen Lock meer hebbt
un de dar staat as en faste Wand.
Hier wannert de Volksstämm hen, den Herrn sien Lüüd.
In Israel höört sik dat ja so,
dat wi den Herrn sinen Namen Lov un Dank bringt.
Dar stünnen ja de Stööl för dat Gericht,
de Stööl för David sien Huus.

Beed doch üm Freden för Jerusalem
un wünscht eer:
Müch dat goot gaan de Lüüd, de di leev hebbt!
Müch Freden wesen in dien Muurn
un Sekerheit in dien Borgen!

Wegen mien Bröder un Frünnen will if wünschen:
Müchst du in Freden leven!
Den Herrn, unsen Gott, to Leev will if allens doon,
wat för di goot is!

Up di kiekt mien Ogen

Psalm 123.

Up di kiekt mien Ogen.
Du hest ja in den Himmel dinen Troon.
So as de Knechten eren Herrn up de Hannen kiekt
un de Deenstdeerns eer Huusfru,
so kiekt mien Ogen up unsen Herr Gott,
bit dat he sik över uns barmt.

Ach, wees doch gnädig, Herr,
wees uns doch gnädig!
Wi hebbt dat nu satt,
dat de Lüüd uns över de Schullern kiekt!
Satt, ja, gründlich satt hett unse Seel,
dat de, de dat Leven up de lichte Schuller neemt,
sik över uns lustig maakt,
un de, de den Kopp hoochdreegt,
uns nich up de Reken hebbt.

Harr de Herr sik nich för uns insett ...

Psalm 124.

Harr de Herr sik nich för uns insett —
so schall Israel seggen —
harr de Herr sik nich för uns insett,
as de Minschen uns an dat Kleed wullen,
denn harrn se uns lebennig översluckt mit Huut un Haar,
as eer Grimm gegen uns mit eer dörchgüng;

313

denn weren de Water man so över uns weggaan,
un as en Bargstroom weer dat över uns henbruust;
denn harrn se uns wegswemmt, de Water,
de sik wild överstörten deen.

Gott si Lov un Dank! He hett dat nich tolaten,
dat se uns mang de Tenen kregen un mit uns afgüngen.
Unse Seel is reddt, liek as en Vagel
noch even sinen Kopp ut de Sneer treckt,
de de Jäger utleggt harr.
Dat Klappnett is twei — un wi sünd frie utgaan!
Unse Hülp steit bi den Herrn sinen Namen,
de Himmel un Eer maakt hett.

De up den Herrn sien Vertruun sett ...

Psalm 125.

De up den Herrn sien Vertruun sett,
den geit dat as den Barg Zion;
de rippt un röögt sik nich,
un ümmer un ewig hett he Bestand.
Jüst as de Bargen rund um Jerusalem liggt,
so höllt de Herr sien Hand över sien Volk
vun alle Siden, nu un in Ewigkeit.

De Gottlosen eer Zepter ward nich bliven
över dat, wat de Gerechten tohören deit.
Dar is al för sorgt, dat de Gerechten
sik nich vergriept an dat, wat nich wesen schall.
Laat dat goot gaan de Goden, Herr,
un de, de liek dörchgaat un keen Flausen maakt!
Aver de, de Sidensprüng maakt un nich up den Streek [blievt,
de mag de Herr vun sik afwisen!
Freden mag över Israel ruun!

De mit Tranen mööt seien ...

Psalm 126.

As Gott uns lösen dee vun Slaverie un Keden,
do weer dat för uns as en Droom.
Do weer dat Hart so vull vun Freud,
do hebbt wi lacht un jubelt
un en Dankleed sungen.
Do hebbt se in de wide Welt dat instaan müßt:
„De Herr hett Grotes an eer daan!"
Ja, wiß: de Herr hett Grotes an uns daan!
Darum weer uns dat Hart so vull.

314

Ach, Herr, so laat ok nu uns Gnaad finnen in dien Ogen!
Bring uns ok dütmal wedder torecht,
so as du Water gifft de Beken,
de in den Süden sünd verdröögt!

De mit Tranen mööt seien,
schüllt mit Freuden meien.
Se gaat wull still eren Weg,
un mennich Traan fallt up de Saat,
doch wenn de Aarnt is riep,
denn kaamt se torüch mit Freuden
un bargt eer Koorn
in hoche Föder ünner Dack un Fack.

Wenn de Herr nich dat Huus buut ...
Psalm 127.

Wenn de Herr nich dat Huus buut,
denn versleit dat nix,
dat de Bulüüd sik afrackern doot.
Wenn de Herr över en Stadt nich de Wacht höllt,
denn nützt ok de Nachtwächters nix.

Ji künnt geern frö up de Been wesen
un ok noch laat bi de Arbeit sitten,
ji künnt ok geern eten dat Broot,
wat ji suur ju verdeent hebbt —
dat helpt doch allens nix.
Gott gifft dat sien Frünnen so in den Slaap.

Sü, Kinner sünd en Arvdeel,
wat de Herr uns vermaakt hett.
De Kinner hett, de kriggt eer as Loon.
Wat de Pilen bedüüdt in den Kriegsmann sien Hand,
dat bedüüdt de Kinner för junge Lüüd.
Glücklich de Mann, de dar sien Tasch vun vull hett!
So'n Lüüd kaamt nümmer to kort,
wenn se up dat Raathuus to doon hebbt
mit eer Fienden.

Glücklich is jedereen, de Gott de Ehr gifft
Psalm 128.

Glücklich is jedereen, de Gott de Ehr gifft
un den Weg geit, den he vun uns verlangt.
Wat dien Hannen verdeent hebbt,
dar dörfst du vun leven.
Wo glücklich büst du!
Du hest dat goot drapen.

315

Dien Fru is lief as en Wienstock, de Druwen hett,
binnen in dien Huus.
Un dien Kinner staat as junge Böölbööm
rund um dinen Disch.

Sü, so is dat waarraftig,
so warrt segent de Mann,
de Gott de Ehr gifft.

Müch Gott di segen ut Zion,
müchst du to seen krigen dat Glück,
wat Jerusalem hett,
un di dar an freun, solang as du leevst!
Müchst du dat bileven, dat dien Kinner
ok Nakamen hebbt!
Freden mag öwer Israel ruun!

Hart anfaat in junge Jaren
Psalm 129.

Hart hebbt se mi anfaat al in junge Jaren —
so schall Israel seggen —
hart hebbt se mi anfaat al in junge Jaren,
aver ünnerkregen hebbt se mi nich.
Up minen Rüch hebbt de Plögers plöögt,
un se hebbt de Föör heel lang trocken;
aver Gott is gerecht,
he hett de Gottlosen eer Strengen dörchhaut.

Se ward all toschannen un künnt sik nich holen,
de Zion hassen doot.
Eer ward dat so gaan as dat Gras
hooch baven up dat Dack.
Eer dat dat ruttrocken ward, is dat al dröög.
Dar is nich so veel vun bleven,
dat de Meier dar sien Hand vun vull kriggt
un de, de de Garven tosamen bindt, sien Schört;
un de dar bi langkümmt, ward nich seggen:
Gott geev ju dar sinen Segen to!

Wi aver wünscht ju vun Harten Gott sinen Segen!

An dat Versacken
Psalm 130.

Gott, ik bün an dat Versacken, ik kann nich meer.
Luuthals roop ik to di, so höör doch, Herr!
Böög di doch to mi dal un höör niep to,
wenn ik nu all mien Noot luut vör di bringen do!

316

Ach, Gott, ik weet ja wull; wullt Sünnen anreken du,
Herr, denn is dar keen een, de vör di kann bestaan.
Un doch büst du de Mann, de geern vergeven deit;
denn dat is ja dien Will: wi schüllt uns vör di bögen.

So hööp ik denn up di. Mien Seel, Herr, hööpt up di,
un an dien Woort — dar hool ik mi ganz fast.
Utkiken deit mien Seel vull Lengen na den Herrn,
meer noch as na den Morgen de Wächters lengen doot.

Ach, Israel, so hööp doch, hööp du ok up den Herrn!
Denn bi den Herrn is Gnaad, Erlösung veel to finnen.
Ok Israel ward he lösen ganz witß vun all sien Sünnen.

Still worrn
Psalm 131.

Ach, Herr, ik dreeg waarraftig den Kopp nich hooch,
un ik bün keen „Kiek in de Welt".
Ik dreeg keen Saken in mien Gedanken mit mi rum,
de för mi to hooch un to groot sünd.
Ach ne, ik heff mien Hart ruhig un still maakt.
Liek as en Kind, wat de Bost nich meer kriggt,
an de Moder eer Bost liggt un niß meer verlangt,
so geit mi dat mit mien Seel.

Israel, hööp du up den Herrn
un hool di an em,
nu un alle Tiet!

Wenn Bröder in Freden mit enanner langkaamt
Psalm 133.

Kiek mal, wo nett dat doch is,
wenn Bröder tosamen fast up een Stück staat
un in Freden mit enanner lang kaamt!
Dat is so veel weert as dat Söl,
wat so fien rüken deit,
wat up den Kopp dalleckt in den Baart,
up Aaron sinen Baart,
de em dalfull bit nerrn an de Kleder.
Dat is so veel weert as de Dau vun den Hermon,
de up Zion sien Bargen dalfallt;
denn dar hett Gott sinen Segen för bestimmt,
Leven in Ewigkeit.

In dat frömde Land
Psalm 137.

In Babel — weet ji noch? — in Babel weer dat.
Dar hebbt wi an dat Water seten un weent.

317

De Wicheln stünnen swiegsaam an dat Over;
an eer Tilgen hungen swiegsam unse Harfen.
Singen schullen wi — dat verlangten vun uns,
de uns ünner Kusch helen;
Vergnöögt schullen wi wesen — dat wullen de Lüüd,
de uns utplünnern deen.
Se seen: Nu singt uns doch en Stück vör,
en Leed vun Zion!

Aver, wo kunnen wi wull Gott sien Leed singen
in dat frömbe Land?
Jerusalem, if kann di nümmer vergeten!
Sünst schall sif mien Hand nich meer rögen!
Sünst schall mi de Tung in den Mund backen bliven,
wenn if an di nich meer denken wull,
wenn Jerusalem mi nich över allens güng,
wo if mien Freud an heff!

Herr, vergitt Edom sien Sööns nich
den Dag vun Jerusalem, as se seen:
Rein weg mit eer, rein weg!
Slaat eer dal bit deep in den Grund!

Dochter Babel! Du hest allens toschannen maakt!
Gott segen den, de di allens torüch betaalt,
wat du uns andaan hest!
Gott segen den, de dien lütten Kinner nümmt
un an en groten Steen smitt,
dat se up de Stell doot sünd!

Dien Ogen, dien Gedanken ...
Psalm 139.

Herr, di kann keen Minsch wat vörmaken.
Du kennst mi vun buten un binnen.
Mag if sitten oder upstaan — du weetst dat,
un wat if vörheff, dat markst du vun widen.
Mag if gaan oder mi dallegen — du behöllst mi in dat Oog.
Um all mien Weeg weetst du ümmer Bischeed.
Keen Woort kümmt över mien Lippen — du wüßt dat al
Vun achtern un vörn hölst du mi in Schock;   [lang.
if kann mi knapp rögen, denn dien Hand hett mi faat.
If kann mi blots wunnern, verstaan do if dat nich.
To hooch is dat för mi, if kaam dar nich achter.

Woneem schull if wull hengaan, wenn dien Geist mi söcht?
Woneem kunn if mi wull bargen, wenn if fööl dinen Blick?
Wull if na den Heven rupstigen — du büst ja darbaven,
un ganz deep ünner de Eer — of dar büst du to finnen.

318

Kunn ik flegen mit dat Morgenroot wiet buten över See —
ok dar wörr dien Hand mi faatkrigen,
ok dar wörr dien Rechte mi fastholen.

Un wull ik seggn: Müch doch Düsternis sik över mi breden
un dat Licht um mi her pickswart warrn as Nacht —
ok de Düsternis wörr vör dien Ogen keen Düsternis wesen,
un de Nacht wörr hell wesen liek as de Dag.
Düsternis is hell as dat Licht.

Denn du hest mien Neren maakt,
hest weevt minen Liev as en Kleed ünner mien Moder eer
Ik lööv di, dat du mi so wunnerbar maakt hest.   [Hart.
Wunner is allens, wat du deist;
mien Seel weet dat wull.
Minen lütten Liev hest du seen mit dien Ogen,
as min Leven eerst even anfungen weer,
as dar de Grund to leggt wörr deep binnen
in dien hillige Warksteed.
Dien Ogen hebbt mi seen, as ik nix weer as en Kiem.
Un in dien Book stünnen all mien Levensdaag,
de du mi bestimmt harrst,
lang eer ok man een dar vun dar weer.

Ach, ik kann dat nich faten, wat du di vörnamen hest,
Gott, dien Gedanken sünd so groot un swaar.
Neemt wi eer tohoop, keen Minsch kann seggen,
woveel dat sünd.
Wull ik eer tellen — se sünd so veel
as de Sand an de Waterkant.
Ik bün waken un bün noch ümmer bi di.
Ach, bring doch de legen Minschen an de Siet!
De Bloot an sien Hannen hett — weg vun mi!
Se spreekt vun di, aver se meent dat nich so,
se speelt blots Komedie.
Seggt se wat, denn kümmt dat nich vun Harten.
Se maakt blots wat vör. So sünd dien Fienden!
Gott, ik kann doch nich anners.
Ik mutt doch de hassen, de di haßt.
De gegen di is, den kann ik nich utstaan.
In mien Hart is nix bleven as Haß.
Rein to Fienden sünd se mi worrn.
Gott, prööv du mien Hart, övertüüg di!

          Prööv mi up Hart un Neren!
          Wat ik vörheff un denken do,
          dat bring du an den Dag!
          Ja, kiek doch mal to,
          ob mien Weg verkeert geit,
          un ga mi vöran up den Weg,
          de ewig Bestand hett.

Gott, du büst König up ewig!

Pfalm 145.

Ik will di löven, mien Gott, denn du büst König;
ik will dinen Namen prisen ümmer un ewig.
Dag för Dag will ik di en Lovleed singen
un will dinen Namen löven ümmer un ewig.

Groot is Gott. Wi künnt em nich hooch noog löven.
He is so groot, dat keen een sik dat utmalen kann.
Wat du deist, dat schall een Geslecht bi dat anner löven
un vertellen, wat dien starke Hand farbig bröcht hett.
Ik will künnig maken dien Pracht, dat se herrlich un smuck is,
un will de Wunner besingen, de du deist.
Dat du stark büst un mächdig, dat schüllt se vertellen,
un dat du wat Grotes tostann bringst, dar sta ik för in.
Se schüllt dar för sorgen, dat nümmer vergeten ward,
wo goot du büst,
un jubeln un singen schüllt se vun dien Gerechtigkeit.

Vull Gnaad un Erbarmen is Gott,
över de Maten gedüllig un fründlich,
goot meent he dat mit uns all,
un sien Erbarmen gellt för allens, wat he maakt hett.

Gott, wat du maakt hest, dat schall sik bi di bedanken,
un de Framen schüllt di prisen, de sik to di hoolt;
se schüllt vertellen, dat du so herrlich regeerst,
un schüllt künnig maken dien starke Macht,
dat de Minschenkinner wat markt vun dien Macht
un spöört, dat du en König büst, herrlich un smuck.
Du büst König up ewig, un dien Riek hett Bestand,
un du regeerst över all de Geslechter.
Gott steit to sien Woort; he mag seggen, wat he will,
un is gnädig in allens, wat he deit.
Gott grippt ünner de Arms all de, de dar fallt;
he gifft wedder Moot all de, de den Kopp hangen laat.
Alle Ogen seet up di,
un du giffst eer to eten to rechter Tiet;
du maakst dien Hand up,
un allens, wat dar leevt, maakst du satt,
dat se vull tofreden sünd.

Gott is gerecht in all sien Weeg
un gnädig in allens, wat he deit.
Gott is ganz neeg bi all de, de em anroopt,
bi all de, de dat dar eernst mit is.
He deit geern, wat de sik wünschen doot,
de sik vör em böögt.
He höört, wenn se schriet, un kümmt eer to Hülp.

320

Gott höllt sien Hand över de, de em leev hebbt.
Blots de Gottlosen all, de maakt he toschannen.

Gott sien Lov schall mien Mund vertellen,
un de ganze Welt schall sinen hilligen Namen prisen
ümmer un ewig!

Lööbt doch den Herrn!

Pfalm 150.

Seggt Lov un Dank
Gott in sien Hilligdoom!
Lööbt em darbaven
över Wulken un Steerns!
Lööbt em!
Wat hett doch sien Macht
allens tostann bröcht!
Lööbt em!
Denn he is so groot,
dat müms dat utdenken kann!
Lööbt em mit Fidel un Harfen!
Lööbt em mit Pauken un danzt em to Eren!
Lööbt em mit Ziter un Fleut!
Lööbt em to Eren,
dat dat singt un klingt!
Allens, wat dar leevt un weevt,
schall Gott löven!
Ja, lööbt doch den Herrn!
Lööbt em un blaast de Basunen mit Macht!

De Prediger

Dat hett allens kenen Sinn ...

Prediger 1, 1—11.

Dat hett allens kenen Sinn!
Dat hett allens kenen Weert!
Un allens ward toschannen!
Wat hett de Minsch vun all sien Mööcht?
Wat bringt dat denn in, un wat hett dat för enen Sinn,
dat he sik plaagt un afrackert ünner de Sünn?
De Minschen kaamt, de Minschen gaan,
un blots de Eer blivt ümmer staan.

De Sünn geit up, de Sünn geit dal,
se hett keen Ru un lengt dar na,
dat se den Weg gliex maakt noch mal ...
De Wind geit na Süden, de Wind dreit na Noorden,
he dreit sik un dreit sik un küselt rund um ...
De Water, se loopt hendal na de See,
doch de See löppt dar nich vun över.
De Water kaamt torüch na dat ole Bett,
loopt den sülvigen Weg ümmer noch mal ...
Allens rackert sik af — dat gifft keen Verpusten —
un de Minschen blivt dar rein de Aten bi staan.
Nich satt süüt dat Oog sik, hett ümmer to doon,
un ümmer wat Nies höört dat Oor ..

Wat west is, kümmt ümmer mal wedder,
wat daan is, ward ümmer noch mal maakt.
Dat gifft gar nix Nies hier ünner de Sünn.
Un kümmt mal wat vör, wat de Minschen nich kennt,
un se seggt: Dat is ganz wat Nies! So kiekt doch blots an! —
Al lang hett't dat geven, lang, lang vör unse Tiet!
Se ward blots vergeten, de vör uns sünd wesen,
un de achter uns kümmt, den ward dat jüst so gaan
bi de, de achter em kaamt ...

Wat hett dat Leven för enen Sinn?

Prediger 1, 12—18.

Ik dacht un sunn, ik sunn un dacht:
Wat hett dat allens för enen Sinn,
wat sik hier todregen deit ünner de Sünn?
Dat is en lege Saak, de Gott de Minschen upleggt hett,
dat se dar sik mit plagen mööt.
Ik lee mi up de Luur un seeg mi dat an,

322

wat de Arbeit för enen Sinn hett hier ünner de Sünn.
Kenen Sinn un kenen Wert — so müß ik mi seggen.
Kannst jüst so goot di henstellen un versöken,
ob du nich mit dien Hannen den Wind infangen un fastholen
Ik dach bi mi sülven: [kannst.
Ik bün doch wull en kloke Mann — ganz seker —
heff doch meer seen un leert as all de annern — —
Un Klookheit un Insicht hett mien Hart in Hüll un Füll.
Wat ik seeg un wat ik bileven de,
wat ik klook kreeg un mi fien torecht leggen de
dat is doch allerhand!
Un doch — as ik allens up den Grund kamen wull — — —
do seet ik fast.
Un denn wörr mi dat klaar, un ik müß seggen:
Kannst jüst so goot di henstellen un versöken,
ob du nich mit dien Hannen den Wind infangen un fastholen
       kannst.
Denn wo veel Klookheit un Insicht is, dar is ok veel Verdruß.
Leerst du wat to, denn steist du gliex vör enen gröteren Knütt,
un mit de Freud is dat ut.

Tüüg bi enen goden Dag!

Prediger 2, 1—2.

So see ik to mi sülven:
Kaam ik sodennig nich torecht, denn ga ik enen annern Weg.
Goot! Denn versöök ik dat mit Freud un mit en lustig Leven.
Ik maak mi enen goden Dag. Dat is ok wat weert.
Doch dat duur nich lang, denn keem ik dar achter,
un ik kreeg dat gründlich to spören:
Dar is ok nix bi to warrn!
Dat hett allens kenen Sinn, dat hett allens kenen Weert!
Ik kreeg dat Lachen; aver denn weer dat ok vörbi.
Ik dacht: du büst wull narrsch!
Ik freu mi enen Ogenblick; denn aver harr ik dat satt.
Ik dacht: Wat hett dat för enen Sinn un för enen Weert?

Versöök dien Glück mit Wien un Arbeit un mit Geld!

Prediger 2, 3—23.

So full mi denn wat anners in.
Ik dacht: versöök dat mit den Wien! De deit ok goot.
Blots do dat sinnig, maak dat mit Verstand!
De Kopp mutt dar alltiet bi klaar bliven!
Un denn versöök dat mal mit Narrenkraam!

Denn kriggst du dat wull klook,
wat för den Minschen dat Beste is,
so lang as he hier ünner den Heven noch leven dörf.
So neem ik mi denn veel un Grotes vör.
Ik bu mi een Huus na dat anner.
Ik lee mi Wienbargen an.
Ik plannt mi enen groten Gaarn, un een keem na den annern;
Toletzt keem dar en lütt Holt mit allerhand Bööm noch to.
Un denn leet if en depen Diek upsmiten, ja, meer as enen.
Sodennig harr if Water för de Bööm in dat Holt,
dat se ok wassen kunnen.
Ik neem mi Deensten an, veel Deerns un Knechen,
harr Lüüd, de an den Hoff hören deen vun Kind af an,
harr Ossen, Kö un Schaap in Füll un Füll,
veel meer as all de annern,
de in Jerusalem wanen deen lang vör mien Tiet.
Ok Gold un Sülver bröch if up en hogen Dutt,
so allerhand Kraam, wat sünst blots de Könige harrn
un wat wiet her ut frömde Länner keem.
Ik harr ok Manns- un Fruunslüüd, de lustig singen kunnen,
un denn noch Fruuns un Deerns, aan de dat nu mal nich geit,
wenn Minschen vun dat Leven nu mal wat hebben wüllt;
denn dat is doch vun allens de Kroon.
Sodennig weer if ümmer un överall de eerste Mann,
un keen een weer mi över, keen een vun de,
de vör mi in Jerusalem wanen deen.
Un dat mutt if ok seggen:
An Klookheit un Insicht keem if nich to kort.
Allens, wat mien Ogen goot gefallen dee, dat wörr gliex köfft,
un dat, wo mien Hart na verlangen un lengen dee,
dat lee if mi gliex to.
Denn dat weer doch bi allens mien Affseen west:
mien Hart — dat schull bi all de Mööcht sik freun.
Harr if mi suur daan, denn wull if ok
minen Andeel hebben an dat Vergnögen.
Doch dat — dat weer denn ok allens.
Denn as if mi nu gründlich anseen dee,
wat if mit beide Hannen tostannen bröcht harr,
un as if all de Mööcht bedenken dee,
wo if mi mit suur daan harr —
do müß if seggen:
Dat hett allens kenen Sinn un allens kenen Weert!
Du kannst jüst so goot di henstellen un versöken,
ob du nich mit dien Hannen den Wind infangen un fastholen
Wat warrt de Minsch wull doon,   [kannst.
de up den Troon kümmt, wenn de König nich meer is?
He maakt dat gar nich anners!
He geit ganz in de ole Spoor.

324

Un denn versöch if dat up anner Aart un Wies.
If stell blang bi de Klookheit un de Insicht
den Narrenkraam un den Unverstand.
Un denn bedacht if bi mi fülven,
wofeen vun de veer wull de beste wesen müch.
Un wat keem dar bi rut? If seeg:
De Klookheit un de Insicht harrn den Vordeel vör den Narren-
    kraam,
liek as dat Licht of veel vörut hett vör de Düsternis.
De Minsch, de Klookheit un Insicht hett,
de hett doch in sinen Kopp twee Ogen,
wo he mit seen kann. Aver den Narren geit dat anners.
De sitt in Düstern un mutt bistergaan.
Un doch kunn if mi nich freun; denn gliek wörr mi dat klaar:
de ene hett nix vör den annern vörut.
Tolehzt gaat se tohoop doch beide den sülvigen Weg.
Do dacht if bi mi fülven:
Wenn mi dat doch jüst sodennig as den Narren geit,
denn harr if mi dat sparen kunnt, mi dar mit aftoquelen,
na Klookheit un Insicht up de Luur to liggen.

Do müß if seggen:
Of dat hett allens kenen Sinn un allens kenen Weert!
Denn hier gifft dat kenen Unnerscheed:
ob de Minsch klook un insichtig is oder en Narr —
dat is eendoont. Up ewig denkt keen een an em.
In de tokamen Tiet is doch allens lang vergeten.
Ach ja! De Dood luurt up den kloken un den narrschen Minschen.
Un as if dat nu klook harr,
kunn if dat Leven nich utstaan, nu harr if dat satt;
denn allens, wat ünner de Sünn sik todregen deit,
dat will mi nich gefallen, dar gruut mi vör.
Dat hett allens kenen Sinn un allens kenen Weert!
Du kannst jüst so goot di henstellen un versöken,
ob du nich mit dien Hannen den Wind infangen un fastholen
    kannst.
Nu kunn if allens, wo if mi hier um suur daan harr,
hier ünner de Sünn, nich utstaan.
Düt allens fallt doch blots den Mann in den Schoot,
de up den Troon sitt, wenn if nich meer bün.
Un keen een weet, ob he dat richtig oder narrsch anfaat hett.
Un he kann dat denn mit allens so maken, as he dat will,
mit allens, wat if mit Mööcht un Klookheit tosamenbröcht harr
hier ünner de Sünn.
Of dat hett allens kenen Sinn un allens kenen Weert!

So keem dat denn tolehzt so wiet;
if leet den Kopp hangen un verlaar den Moot.
Wat schull denn all de Mööcht, de if mi maakt harr?

325

Warum harr if mi so suur daan ünner de Sünn?
Denn dat kümmt meer as eenmal vör:
de ene plaagt fik af, he överleggt un leert,
versteit sien Saak — un denn?
Denn kümmt en anner an sien Stell, de fik nich suur daan hett,
Un denn fallt allens em man so in den Schoot.
Em fallt dat Arvdeel to.
Of dat hett allens kenen Sinn un allens kenen Weert!
Wat hett denn de Minsch vun all sien Mööcht?
Wat bringt em dat in, wenn he deit, wat he kann?
Wat hett he dar vun, dat he fik afplaagt ünner de Sünn?
Denn all sinen Leevdag hett he veel to liden,
un Kummer un Hartleed — de blievt vör sien Döör,
nich mal to Nacht findt he sien Ru.
Of dat hett allens kenen Sinn un allens kenen Weert!

Is Gott sien Hand mit in dat Spill — denn warrt allens klaar
Prediger 2, 24—26.

So weet if denn kenen Raat meer.
Blots een Deel Godes blivt uns Minschen:
Eten un Drinken! — Un denn bi all de Mööcht
den Kopp hoochholen un fik keen Sorgen maken!
Un doch, of dat hett enen Haken!
Dat see if in:
Gott mutt of hier dat Lette un dat Beste doon.
Denn Eten un Drinken hett de Minsch blots denn,
wenn he em dat schenkt un segen deit.
Hett he an enen Minschen sien Freud, denn maakt he em kloof
          un insichtig.
De weet fik to helpen, un Freud kriggt he to.
Aver wenn Gott enen Minschen nich ufstaan kann,
de mutt denn wull — un dat is en lege Saak —
de mutt wull sammeln un tosamenschrapen;
denn aver is dat of ut. Afgeven mutt he dat an den,
de Gott gefallen deit.
Of dat hett allens kenen Sinn un allens kenen Weert!
Du kannst jüst so goot di henstellen un versöken,
ob du nich mit dien Hannen den Wind infangen un fastholen
          kannst.

Allens hett sien Tiet
Prediger 3, 1—15.

Allens hett sien Tiet,
allens wat du di vörnemen deist ünner den Hewen,
allens hett sien Stünn:

326

To Welt kamen — dat hett sien Tiet,
un Starven — dat hett sien Tiet.
Dat Planten hett sien Tiet,
un dat Utroden hett sien Tiet.
Dat Dootslaan hett sien Tiet,
un dat Heelmaken hett sien Tiet.
Dat Dalriten hett sien Tiet,
un dat Upbuun hett sien Tiet.
Dat Wenen hett sien Tiet,
un dat Lachen hett sien Tiet.
Dat Klagen hett sien Tiet,
un dat Danzen hett sien Tiet.
Dat Steensmiten hett sien Tiet,
un dat Steensammeln hett sien Tiet.
Dat Ficheln hett sien Tiet,
un dat Mulen hett sien Tiet.
Dat Söken hett sien Tiet,
un dat Verleren hett sien Tiet.
Dat Upwaren hett sien Tiet,
un dat Wegsmiten hett sien Tiet.
Dat Tweiriten hett sien Tiet,
un dat Neien hett sien Tiet.
Dat Swigen hett sien Tiet,
un dat Snacken hett sien Tiet,
Dat Leevhebben hett sien Tiet,
un dat Hassen hett sien Tiet.
De Krieg hett sien Tiet,
Un de Freden hett sien Tiet.

Wenn een wat deit — wat hett he vun sien Mööcht?

Ik heff de Noot wull seen, de Gott de Minschenkinner upleggt
dat se sik dar mit afrackern mööt. [hett,
Gott deit sien allens to sien Tiet.
He hett de Minschen ok de Ewigkeit in dat Hart leggt.
Blots de Minsch kümmt dar nich achter,
wat Gott vun Anfang an bit to dat Enn hen maakt.
Dat wörr mi klaar:
De Minsch kann nix beteres doon,
as vergnöögt wesen un enen goden Dag leven.
Aver dat ene vergitt nich:
wo ümmer de Minsch to eten un to drinken hett
un för all sien Mööcht wat vun dat Leven hett,
dar hett Gott em dat schenkt!
Un dat weet ik ok:
allens, wat Gott deit, dar is nich an to rütteln.

En kann dar nix todoon un nix afdoon.

Dat hett Gott so inricht't un hett dat ok gründlich bedacht.
Wi schüllt uns vör em bögen.

327

Wat dar is, dat is al ümmer so wesen;
wat dar kümmt, dat hett dat al geven.
Blots dat, wat al vergeten weer,
dat bringt Gott wedder an den Dag.

Recht un Unrecht, Minsch un Vee

Prediger 3, 16—22.

Un noch wat heff ik seen un klook kregen ünner de Sünn:
Wo Recht wesen schull, dar is Unrecht,
un wo Gerechtigkeit eren Platz hebben schull,
dar hett de Ungerechtigkeit dat Woort.
Do dacht ik bi mi sülven:
Gott warrt över beide Gericht holen,
ob gerecht oder gottlos — jedereen kriggt sinen Loon.
He hett de Tiet fastsett för allens,
wat en sik vörnimmt oder deit.
Ik dacht bi mi sülven:
dat hett sienen goden Grund.
Dat deit he blots för all sien Minschenkinner.
He stellt eer up de Proov, un se schüllt marken,
se sünd doch egentlich nich anners as dat Vee;
denn Minsch un Vee, se gaat den liken Weg.
Dat Vee mutt starven un de Minschen ok.
Dat Leven hebbt se ok aan Unnerscheed.
De Minsch hett vör dat Vee gar nix vörut,
denn allens hett kenen Sinn un allens kenen Weert!
Allens maakt den sülvigen Weg.
Up allens luurt dat Graff.
Allens is maakt ut Stoff, un allens ward wedder to Stoff.
Un de Minschenkinner eer Leven?
Geit dat na baven rup?
Un dat Vee sien Leven?
Sackt dat dal ünner de Eer?
Wokeen will dat seggen?
Dat heff ik klook kregen:
dat beste för den Minschen is, dat he sik freut in all sien Arbeit,
denn dat is dat, wat Gott em todacht hett.
Wokeen kunn em wull dar to bringen,
dat he dat künnig warrt, wat kamen deit,
wenn he mal nich meer is?

Wat is beter: Leven oder Dood?

Prediger 4, 1—3.

Aver ik seeg ok all dat Unrecht,
wat de Minschen ünner de Sünn deep daldrücken deit:
De Tranen vun de, de sik duken mööt, un keen een gifft eer Troost.

328

De Macht hebbt de Lüüd, de eer den Foot up den Nack sett,
un keen een kann eer tröften.
Do müß ik feggen:
Wo goot hebbt dat doch de Doden,
de al lang ünner de Eer liggt!
De fünd glücklicher as de Lebennigen, de nu noch leven doot.
Un noch glücklicher as beide is de,
de noch gar nich to Welt keem un dat Lege nich füüt,
wat fik ünner die Sünn todregen deit.

Is de Arbeit en Segen?

Prediger 4, 4—6.

Un noch wat heff ik seen:
warum gifft en fik Mööcht, warum sorgt he dar för,
dat fien Arbeit Schick un Deech kriggt?
Een günnt den annern dat nich,
dat he Glück hett un em vörutkümmt.
Ok dat hett allens kenen Sinn un allens kenen Weert.
Du kannst jüst so goot versöken,
mit de Hannen den Wind to fangen un fast to holen.
De Narr leggt de Hannen tosamen un fritt fik fülven up.
Dat is beter, du hest en Handvull Ru as beide Hannen vull
    Mööcht
un versöchst denn den Wind to fangen un fast to holen.

Tosamenstaan maakt stark

Prediger 4, 7—12.

Un noch wat heff ik seen ünner de Sünn.
Dat hett ok kenen Sinn un kenen Weert.
Dar is en Mann, de steit ganz alleen.
He hett kenen Söön un kenen Broder,
un doch fünd fien Hannen ümmer in de Röög,
un fien Ogen künnt fik nich fatt feen
an all fien Geld un Goot.
De müß fik doch feggen:
För wen plaag ik mi af
un spaar mi allens vun den Mund af?
Ok dat hett kenen Sinn un kenen Weert.
Dat is en lege Saak un bringt nix in.
So is dat beter, dat twee tohoop leevt;
denn hebbt se doch goot vun eer Arbeit.
Un kümmt denn een vun eer to Fall,
denn helpt fien Gesell em wedder up de Been.
Aver Gott trööst, wenn een ganz alleen steit!

329

Kümmt he to Fall, denn grippt keen een em ünner de Arms.
Of dat is to bedenken:
Slaapt twee tohoop, denn warmt een den annern.
En enkelte Minsch höllt sik sülven nich warm.
Un wenn een alleen sik nich weren kann,
twee Mann, de laat sik nich ünnerkrigen.
En Faden, de dreduppelt dreit is,
de ritt nich so gau ut'n een.

De arme Jung un de ole König
Prediger 4, 13—16.

En arme Jung, de klook is un Insicht hett,
is beter as en ole König, de narrsch is un sik nich waarschuun
He keem ut dat Lock un wörr doch König,   [lett.
un doch keem he as en arme Stackel to Welt,
as de anner noch König weer.
So segg ik:
All de Minschen, de dar leevt un weevt ünner de Sünn,
de helen dat mit den tweten, den Jungen,
de an den annern sien Stell keem.
Een kunn de nich tellen,
wo he över to seggen harr, of de nich,
de achter em ranfolgen deen.
Un doch harrn de, de na em leven deen,
keen Freud meer an em.
Of düt hett kenen Sinn un kenen Weert.
Du kunnst jüst so goot versöken,
mit dien Hannen den Wind to fangen un fast to holen.

De fraam wesen will, schall sik vörseen
Prediger 4, 17—5, 6.

Giff Acht up dinen Foot, wenn du na Gott sien Huus geist!
Dar kümmt allens up an, dat du hören deist.
Dat is beter, as wenn en Narr en Opfer bringt.
Se weet narms wat vun af, darum doot se dat Lege.

Överlegg di teinmal, wat du seggst,
wees sinnig un snack dar nich so up los!
Un liggt bi di wat baven up,
denn behool dat för di, segg Gott dar keen Woort vun!
He is ja baven in den Himmel,
un du büst nerrn up de Eer!
Darum kannst du di veel Wöör geern sparen.
Wenn een veel üm de Hand un veele Isen in dat Füür hett,
denn find he of nachts keen Slaap un dröömt dar veel vun,
un wo veel snackt ward, dar gifft dat nix wider as Narren-
        kraam.

330

Hest du Gott wat tolööbt, denn tööb nich lang
un hool dat ok; denn an Narren hett he keen Freud.
Wat du tolööbt hest, dat schallst du ok holen.
Dat is beter, du lööbst nix to,
as wenn du eerst wat tolööbst un denn dien Woort nich höllst.

Laat jo dinen Mund nich lopen;
sünst kümmst du sülben heel un deel bi Gott in de Schuld.
Waar di dar vör, dat du to den Prester seggst:
Ach, dat weer en Verseen; if harr mi dat nich överleggt!
Dat is doch nich goot, wenn Gott vertöörnt ward
över dat, wat du seggt hest, un denn keen Schick un Deech gifft
to dat, wat du vörhest.

Denn dat is wiß:
Wo veel dröömt ward, dar gifft dat ok veel Wöör,
de kenen Sinn un kenen Weert hebbt.
Böög di vör Gott un höör up em!

Wenn de König sülben achter den Ploog geit
Prediger 5, 7—8.

Süüst du, dat se den armen Mann den Foot up den Nack sett
un dat Recht un Gerechtigkeit in dat Land dalreten warrt,
denn wunner di nich un reeg di nich up!
Denn vergitt nich:
över den, de to seggen hett, steit een,
de noch gröttere Macht hett,
un de kiekt em up de Hannen.
Un so geit dat rup bit to de Böversten hen.
En groten Vordeel aver hett alltiet en Land,
den sien König sülben achter den Ploog geit.

Nümmer noog un nümmer satt
Prediger 5, 9—16.

De sien Hart an dat Geld hangt, kann nümmer noog dar vun
    krigen.
De en groten Geldbütel heegt un pleegt, verdeent nümmer noog.
Ok dat hett kenen Sinn un kenen Weert.
Kümmt veel Geld up enen Dutt, denn gifft dat ok veel Freters.
Un wat hett dar de rieke Mann vun? He kann dat blots anseen.
De tru sien Arbeit deit, kann ruhig slapen;
eendoont, ob he wenig oder veel eten deit;
aver de rieke Mann, de meer hett un bruukt, as he nödig hett,
de findt nümmer den Slaap.
En lege Saak heff if seen ünner de Sünn:
En rieke Mann höllt all sien Geld to Raat,
un doch sleit em dat to'n Schaden ut.

331

Dat Geld geit em verlaaren, aan dat he sik dat moden weer;
un wat warrt ut den Söön, den he noch kriegen dee?
De hett denn gar nix meer in de Hand.
Nakelt is he ut sien Moder eer Schoot kamen,
nakelt, as he kamen is, mutt he wedder gaan.
He hett nix vun all sien Mööcht un kann nix mitnemen.
Nix blivt meer in sien Hand.
Ja, dat is wiß en lege Saak: liek as he kamen is,
so mutt he gaan. Wat hett he vun all sien Mööcht?
Dat is allens in den Wind gaan. Ja, noch meer:
he verleevt all sien Daag in Truur un Düsternis.
Verdruß un Hartleed un veel Upregung — dat is sien Deel.

Do dien Arbeit un wees vergnöögt!

Prediger 5, 17—19.

Un nu will ik di seggen, wat ik as goot un schöön utpröövt heff:
De Minsch schall eten un drinken un en goden Dag leven
bi all sien Mööcht, wo he sik all sien Levensdaag mit afrackern
      deit
hier ünner de Sünn, all sien Levensdaag, de Gott em schenkt hett.
So will Gott dat hebben.
Ja, dat is en Gnaad vun Gott, wenn he enen Minschen veel
Geld un Goot schenkt hett un sodennig dat Glück, dat he dar
      sien Freud an hett,
un dar sien Deel an hett bi all sien Mööcht.
So en Minsch denkt nich veel an sien Levensdaag;
denn wenn sien Hart sik freut, denn freut Gott sik ok.

Veel Geld, aver keen Freud

Prediger 6, 1—6.

En lege Saak heff ik seen ünner de Sünn,
en grote Last för de Minschen:
Gott gifft en Minschen veel Geld un Goot un Ehr
un allens, wat sien Hart sik wünscht.
He hett allens in Süll un Füll.
Un doch: he hett dar nix vun; he dörf dat nich bruken.
En annern, en frömden Minschen fallt dat in den Schoot.
Dat is en Jammer un maakt veel Verdruß.
Wenn een Vader vun hunnert Kinner weer
un veel Jaren leven wörr bit hen in dat hohe Oller,
aver doch vun sien Leven nix harr, keen Freud un keen Glück,
un wenn he nich mit Eren to Graff keem,
denn müß ik seggen: beter as he hett dat en Minsch,
de to frö to Welt kümmt un nich leven kann.

332

So en Minsch kümmt as nix up de Welt
un verswindt ok in Düstern gliek wedder.
Sinen Namen höört un kennt keen Minsch,
de blivt ganz in Düstern.

De Sünn kriggt he nich to seen, un he weet vun eer nix af;
aver he hett sien Ru, un dat hett de anner nich.

Ja, wenn en ok twedusend Jaren oolt wörr,
aver keen Freud an dat Leven hett, denn is dat doch allens nix:
Allens geit doch tolezt den sülvigen Weg
un kümmt an de sülvige Stell.

Dar blivt en Dörst ...
Prediger 6, 7—9.

De Minsch mag sik noch so suur doon —
dat geit allens in den Mund rin, un he kriggt nümmer noog.
He ward nümmer satt.
Hier hett de kloke Mann nix vör den Narrn vörut.
Hier hett ok kenen Vordeel de arme Mann,
mag he dat ok verstaan, sik goot dat Leven intorichten.
Dat is beter, du lettst dien Ogen dörch de Welt gaan,
as dat de Lust di faat kriggt un dörch de Welt jaagt.
Ok dat hett allens kenen Sinn un kenen Weert.
Kannst jüst so goot versöken,
den Wind mit de Hannen to gripen un em fast to holen.

Allens is in'n Vörrut bestimmt
Prediger 6, 10—12.

Dat gifft nix in de wide Welt,
wat nich al lang vörher bestimmt is.
Wat ut enen Minschen mal warrn schall,
dat stünn al ümmer fast.
Dar mööt wi uns in fögen.
Wi hebbt keen Recht, uns bi den to beklagen,
de starker is as wi.
Du kannst seggen, wat du wullt, kannst den Mund vull nemen,
dat nüzt di nix. Dat hett allens kenen Sinn un allens kenen
        Weert.
Wokeen weet denn, wat för enen Minschen goot is in sien Leven,
för de paar Daag, de nix un gar nix sünd
un de för em vergaat liek as en Schatten?
Wokeen kann den Minschen denn wisen,
wat achter em noch kümmt hier ünner de Sünn?

333

Allens hett mal en Enn

Prediger 7, 1—9.

Steist du bi de Minschen goot anschreven,
dat se vun di wat hoolt, denn is dat beter för di,
as wenn du di insmeerst mit Salv, de goot rüken deit.
De Dag, wo en to Welt kümmt, is beter as de Dag,
wo he in dat Graff mutt.
Dat is beter, du geist in en Truurhuus as in den Kroog;
denn dar leerst du düütlich,
wat jeden een tolett drapen deit.
Allens hett mal en Enn! Aver de noch leven deit,
de markt sik dat un treckt sik dat ok to.
Dat is beter, du hest mal Kummer,
as dat du ümmer lachen kannst;
denn bi en trurig Gesicht kann dat Hart sik betern.
De kloog un insichtig leevt, den sien Hart waant in dat Truur-
 huus.
Aver en Narr is dar tohuus, wo dat in Suus un Bruus togeit.
Dat is beter, du stickst dat in, wenn en insichtige Mann di ut-
as wenn du dat anhöörst, wat en Narr di vörsingt.   [schellt,
Liek so as dat Sprockholt ünner den Ketel kaakt un knistern deit,
so höört sik dat an, wenn en Narr lachen deit.
Ok dat hett kenen Sinn un kenen Weert.
De Insicht is hen, un de Minsch warrt narrsch,
de dörch Draun den annern sien Geld afplöckt.
De denn annern mit Geld besteken deit,
den sien Hart verdarvt in Sünn un Schann.
Dat is beter, en Saak löppt goot af,
as wenn se blots goot anfangt.
Beter is en Minsch, de Geduld hett un töven kann,
as en Minsch, de den Kopp in den Nack smitt.

Dar waar di vör, dat dien Arger nich mit di dörchgeit;
denn de Arger is in den Narren sien Bost tohuus.

Wees nich neesklook!

Prediger 7, 10—14.

Fraag nich: wodennig dat kümmt,
dat dat in ole Tiden beter weer as hüüttodaags.
Dat is nich klook, wenn du so fragen deist.
Klookheit un Insicht sünd goot as en Arvdeel
un bringt de wat in, de an de Sünnensiet leevt.
De sik bi de Klookheit un Insicht bargen deit,
is evenso goot borgen as bi den Geldbütel.
De sik an de Klookheit un Insicht höllt, hett den Vordeel,
dat se den, de eer hett, dat Leven bewaart.

334

Kiek di dat an, wat Gott maakt hett!
Wokeen kann dat liek in Enn bringen, wat krumm is?
Geit di dat goot, denn maak di keen Sorg un klaag ok nich!
Aver enen legen Dag nimm ok mit in den Koop!
Denn överlegg di mal:
de kümmt jüst so ut Gott sien Hand as de gode.
Dat is nu mal sien Will.
De Minsch schall dar nich achter kamen,
wat em nasten noch drapen schall.

Beides heff ik seen ...
Prediger 7, 15—20.

Beides heff ik seen in mien ring Leven:
Gerechte Lüüd gaat an eer Gerechtigkeit togrunn,
un lege Lüüd kaamt mit dat Lege dörch un leevt noch lang.
Wees nich all to gerecht un överdriev dat nich mit dien Kloot-
sünst kunnst du dar stuur un stief in warrn; [heit;
aver wees ok nich all to gottlos un narrsch.
Warum wullt du denn vör de Tiet starven.
Dat beste is, du höllst dat ene fast,
aver wees ok nich all to gottlos un narrsch.
De gottesfürchtig is, de geit dörch de Merr
un blivt an keen Siet hangen.
Klookheit un Insicht geevt de Minschen meer Kraft,
as tein grote Herren eer hebbt,
de in de Stadt bavenan staat.
Keen Minsch up de Eer is so gerecht, dat he blots Godes deit
un nich ok mal över de Sünn to Fall kümmt.
Höör nich up allens, wat de Lüüd seggt,
un nimm di dat ok nich allens to Harten!
Höör ok dar nich up, wenn dien Knecht di fluchen deit!
Du weetst ja, du hest dat mennichmal bi anner Lüüd liek so
maakt.

Du kümmst nich achter allens
Prediger 7, 23—29.

Düt allens bün ik nagaan, denn ik wull de Klookheit un de
Insicht finnen.
Ik see: mi is dat heel eernst um de Waarheit to doon.
Un doch bleev se wiet vun mi af; ik kreeg eer nich faat.
Wat all de Saken togrunn liggt, wat se to bedüden hebbt,
dar kaamt wi nich achter; dat liggt wiet, wiet vun uns af.
Dat liggt vör unse Ogen deep, deep verborgen.
Wokeen schull dat wull finnen?

335

Toletzt dee ik noch wat. Mien Hart leet mi keen Ru.
Ik wull doch to Enn kamen mit all mien Gruveln
un Naspören un Söken na Klookheit.
Ik wull dar klaar över warrn:
Is Gottlosigkeit Narrenkraam un is Narrenkraam Unverstand?
Un wat funn ik?
Slimmer as de Dood is en Fru, de Minschen infangen deit.
Eer Hart is en Sneer, un eer Hannen sünd Strengen.
De Gott gefallen deit, de blivt nich hangen,
aver de Sünner gaat bi eer in dat Gaarn.
Sü, dat weer mi klaar, seggt de Prediger,
as ik allens Stück för Stück noch mal vörneem
un överleggen dee:
Blots een Deel hett mien Seel bi dat Söken nich klaar kregen:
mang dusend heff ik enen Mann funnen;
aver mang eer all keen Fru.
De heff ik nich funnen.
Blots dat ene is mi klaar worrn:
Gott hett den Minschen as uprichtigen Minschen up de Eer sett,
aver se bruukt allerhand Kneep, de nich goot sünd.

Wat en König bedüden deit un wat he verlangen kann

Prediger 8, 1—5.

Wokeen kann dat mit en kloken un insichtigen König upnemen?
Wokeen kann uns seggen, wat dat allens för enen Sinn hett?
Klookheit un Insicht leggt sik as en Sünnenstraal över enen
  Minschen sien Gesicht;
wat ruuch un hart is, verswindt.
Ik segg:
Hool den König sien Gebaad in Eren;
denn dat hest du Gott toswaren.
Överlegg di dat gründlich, eer dat du vun sien Siet geist,
un laat dien Hand vun en Saak,
bi de en nix Godes in den Sinn hett!
Wat he will, dat steit dörch; dar is nich an to rütteln;
denn en Königswoort hett dar de Macht to.
Un — wokeen dörf to em seggen: „Wat maakst du dar?"
De dat Gebaad höllt, de ward nix Leges bileven.
Wull aver weet en Hart, wat klook is un Insicht hett.
wanneer de Tiet is un ob dat recht is.

De Minsch weet kenen Raat

Prediger 8, 6—8.

För alle Saken gellt en ganz bestimmte Tiet
un ok en ganz bestimmte Weg, den Minschen gaan schüllt.

336

Dat Lege leggt sik bi den Minschen swaar up Hart un Geweten.
Keen een weet, wat kümmt, un keen kann em seggen,
wat nasten warrn schall.
Keen Minsch is Herr över den Wind;
keen een kann em upholen.
Keen een hett över den Dag to seggen,
wenn de Dood bi em an de Döör kloppt.
In den Krieg gifft dat kenen Verlööv, nahuus to reisen,
un bi de Gottlosigkeit gifft dat keen Hülp för den,
de sik to eer höllt.

Dat Enn gifft den Utslag, nich de Butensiet

Prediger 8, 9—17.

Düt allens heff ik seen, as ik mi up de Luur leggen dee
un dar achter kamen wull, wat dat egentlich för enen Sinn hett,
wat sik hier todregen deit ünner de Sünn to en Tiet,
wo een Minsch över de annern Gewalt hett
un eer in dat Unglück stöten kann.
Un dar wörr ik bi wies:
Gottlose Lüüd wörrn to Graff bröcht un kemen to Ru
an en hillige Steed, un dar wörr veel ut eer maakt.
Aver Lüüd, de dar fraam un aan Placken weren,
de wörrn nix rekent, müssen weg vun de hillige Steed
un weren in de Stadt bald vergeten.
Ok dat hett kenen Sinn un kenen Weert.
Dat is nu mal so: dat Lege, wat wi doot,
kümmt nich glier vör den Richter.
Darum blaast sik bi de Minschen de Kamm up,
un se doot dat Lege;
denn de Gottlose kann hunnertmal sünnigen,
un doch geit em dat nich an dat Leven. He leevt noch lang.
Aver dat weet ik ok:
De gottesfürchtig is un ünner Gott sien Ogen leevt,
den geit dat goot.
Un dar is ok keen Twivel an:
De gottlos is, kriggt tolezt sien Deel.
De ünner Gott sien Ogen nich leven deit,
de leevt nich lang;
sien Leven is nix wider as en Schatten.
Dar hett so veel kenen Sinn hier up de Eer.
Gerechte Lüüd kann dat so gaan, as harrn se gottlos leevt.
Gottlose Lüüd kann dat so gaan, as weer Gott mit eer nich ganz
tofreden.
Do müß ik mi seggen:
Ok dat hett kenen Sinn.
Dar lööv ik mi de Freud.

Dat gifft ja för den Minschen nix beteres ünner de Sünn
as eten un drinken un vergnöögt wesen.
Dat kann denn mit em gaan bi all sien Mööcht,
solang as Gott em leven lett hier ünner de Sünn.
Denn as ik minen Sinn dar up sett harr, dat ik de Klookheit
un de Insicht naspören un allens mi anseen wull,
wat sik todregen deit ünner de Sünn.
do wörr mi dat klaar:
Dat is nu mal so bi allens, wat Gott maakt.
De Minsch findt sik nich dörch un kriggt dat nich klook,
wat sik todregen deit ünner de Sünn,
He mag sik plagen un afrackern, soveel as he will —
he kriggt dat nich klaar.
Un wenn he bi Dag un bi Nacht kenen Slaap kriggt
un wenn ok de kloke Mann sik upspeelt, as wüß he Bischeed,
he kümmt dar nich achter.

Dar is keen Ünnerscheed

Prediger 9, 1—10.

Up all düt harr ik minen Sinn sett
un wull all düsse Saken up den letzten Grund kamen;
dat schull mi klaar warrn:
Gerechte un kloke Lüüd sünd in Gott sien Hand
mit allens, wat se doot.
En Minsch weet nich mal, ob sien Leev em dröppt
oder sien Haß.
Allens, wat em drapen deit, blivt em verborgen.

Dat is ja ok so:
Een un dat sülvige dröppt eer all;
dar is keen Ünnerscheed.
Dat dröppt den Gerechten un den Gottlosen,
den goden un den legen Minschen,
den Reinen un den Unreinen,
den, de opfert, un den, de dat nich deit,
den Goden un den Sünner,
den, de dar swöört, un den, de dat nich fardig bringt.
Dat is dat Unglück un de Noot bi allens,
wat sik todregen deit ünner de Sünn:
een un dat sülvige dröppt eer all aan Ünnerscheed.
Darum is ok dat Minschenhart vull vun dat Lege.
Narrenkraam un Unverstand is dar tohuus, solang as he leevt.
Un denn? — Nasten geit dat to de Doden.
Höört een noch to de Lebennigen,
denn hett he noch wat to höpen.
Beter is doch en lebennige Hund as en dode Lööv.

338

De Lebennigen weet doch, dat se starven mööt,
aver de Doden weet nix.
Se kriegt kenen Loon meer, warrt nich meer bedacht.
keen een denkt meer an eer; se sünd vergeten.
Eer Leev un Haß un Iversucht sünd lang verswunnen.
Se hebbt för alle Tiden kenen Andeel meer an allens,
wat sik hier ünner de Sünn so todregen deit.
Se kriegt dar nix vun af.
Darum eet du dien Broot mit Freuden
un laat di den Wien ok goot smecken.
Dar hett Gott sien Freud an;
sodennig hett he dat ümmer al wullt.
Treck alltiet witte Kleder an
un spaar nich mit de Salv för dien Gesicht un dien Haar!
Hest du en Fru, de du leev hest,
denn freu di mit eer an dat Leven,
nütz de Daag ut vun dien lütt Leven,
wat an sik doch nich veel Weert hett!
Freu di, solang Gott di noch leven lett ünner de Sünn!
Dat is ja de Andeel, den du an dat Leven hest,
dat is ja de Loon för de Mööcht,
wo du di mit suur deist un afrackerst ünner de Sünn.
Allens, wat di vör de Hand kümmt,
allens, wat in dien Kraft steit, dat do!
Denn deep ünner de Eer, wo du ok mal dinen Platz finnst,
gifft dat keen Arbeit meer,
dar nimmt sik keen een meer wat vör.
Dar weet se vun nix wat af,
dar gifft dat ok keen Klookheit un keen Insicht meer.
Un noch wat heff ik seen ünner de Sünn.
Nich de gau loopt, kaamt toeerst an dat Enn,
un nich de Helden winnt den Krieg.
Nich de kloken Lüüd kaamt toeerst to Broot,
un nich de kloken Minschen to Geld un Vermögen,
un de Insichten hebbt, staat nich bavenan.
Dat kümmt allens up de Tiet an. Dar höört Glück to.
De Minsch kennt ja nich sien Tiet.
De Minschen geit dat as de Vagels,
de fungen warrt in en Sneer.
Eer geit dat as de Fisch, de in dat Nett gaat,
wat eer Unglück bringt —
se loopt sik fast an den Unglücksdag
un kaamt nicht wedder los,
un dat kümmt in en Handumdreien,
knapp ward se dar um wies.
Ok düt heff ik bileevt ünner de Sünn,
en Stück vun Klookheit un Insicht,
wat to denken gifft:

22*

339

Dar weer mal en lütte Stadt.
Veel Mannslüüd geev dat hier nich.
Un gegen düsse Stadt trock enes Daags to Feld en grote König.
Vun alle Siden rück he ran un smeet ok grote Schanzen up.
Un doch harr he keen Glück, un dat harr goden Grund.
Denn in de lütte Stadt waan en arme Mann,
de kloof weer un ok Insicht harr.
Un düsse Mann, de hett de Stadt denn reddt,
reddt dörch sien Kloofheit un sien Insicht.
Doch dat duur nich lang, do weer de arme Mann vergeten
mit sien Kloofheit un sien Insicht.
Do see if mi:
Kloofheit un Insicht sünd beter as Kraft,
sünd beter as Flinten un Kanonen.
Aver de armen Lüüd eer Kloofheit warrt nix rekent,
dar höört se nich up.
Un doch is dat beter, up kloke Lüüd in Stillen to hören
as up enen Narrenkönig, de veel Larm un Radau maakt.

Wat en Fleeg vertellt

Prediger 10, 1.

En dode Fleeg verdarvt dat Söl.
De Salv, de dar vun maakt warrt,
warrt ranzig un is nich to bruken. —
En enkelte Slüngel kann veel Godes verdarven;
En lütt beten Narrenkraam gifft meer her
as Kloofheit un Ehr.

De Narr

Prediger 10, 2—3.

De kloke un insichtige Mann hett sinen Verstand rechterhand.
De Narr, de driggt em linkerhand.
So maakt de Narr dat överall, ok up de Straat.
Wo he ok geit un steit —
Verstand is narms bi em to finnen.
Un doch, he seggt dat jeden een in dat Gesicht:
„Du büst en Narr!"

De verkeerte Welt

Prediger 10, 4—7.

Is de König up di vertöörnt,
denn sta stramm un ga nich vun den Placken.
Do ganz so, as wenn dar nix los weer, un reeg di nich up.

340

Dee sik nich in Schock jagen lett, hett wunnen Spill,
un hett he sik vergaan, warrt em dat nich anrekent.

Ik heff wat seen ünner de Sünn;
dat is en Unglück:
Dar denk ik an, wenn grote Herren sik mal verseet.
Ik meen dat so:
En Narr sitt bavenan un speelt de eerste Figelien,
aver sien Lüüd mööt up de letzte Bank sitten.
Knechen seeg ik hooch to Peer,
un Fürsten müssen to Foot gaan as en Knecht.

See di vör, wat du deist!

Prediger 10, 8—10.

De enen Graven upsmitt, kann sülven licht rinfallen.
De en Gaarnmuur dal riten deit, den bitt licht de Slang.
De Steen tweihaut,
sleit sik licht sülven up de Fingers.
De Holt klöövt,
maakt sik dar licht sülven wat bi toschannen.
Is de Art eerst stump un ward se nich sliept,
denn kost enen dat meer Kraft.
Dat kümmt allens dar up an, dat du dat klook anstellst;
denn hest du dar ok Vordeel vun.
Bitt enen de Slang, eer dat se bännigt is,
denn helpt em dat ok nix, wenn he ok Meister weer
un mit Slangen ümgaan kann.

Sluderkraam

Prediger 10, 12—15a.

Wat en kloke un insichtige Mann seggt,
dat maakt dat Hart warm;
aver den Narren sien Lippen maakt eren egen Herren to-
Fangt he an, denn is dat Narrenkraam,   [schannen.
un dat letzte Woort is dulle Unverstand.
De Narr maakt veel Wöör, un doch weet de Minsch nich,
wat kümmt un wat achter em kamen deit —
wokeen will em dat seggen?
De Narr gifft sik veel Mööcht.
He deit sik suur, aver dat maakt em ok mööd.

Allerhand Klookheit

Prediger 10, 16—19.

Gott trööst dat Land, wo sien König noch en Kind is,
wat noch nich mal leert hett to Stadt to gaan,

341

wo sien Fürsten al morgens an den vullen Disch sitt!
Glücklich dat Land, wo sien König ut en gode Sipp stammt,
wo sien Fürsten to rechter Tiet to Middag sitt,
de sik upföört as faste Keerls un nich as Lüüd,
de sik vull eet un vull drinkt!
Dar, wo en sik up de fule Siet leggt, ward de Balken möör,
un wo en de Hannen in den Schoot leggt,
dar geit de Regen dörch dat Dack.
Will en vergnöögt wesen,
denn kümmt wat Godes up den Disch.
En Glas Wien maakt dat Hart licht un frie,
un för Geld is allens to hebben.

Swigen is Gold

Prediger 10, 20.

Fluuch ok ganz im Stillen nich den König,
un liggst du nachts in dien Kamer, ganz alleen,
ok denn fluuch nich den groten Mann!
De Vagels ünner den Heven kunnen dat wider vertellen,
wat du seggst,
un de sünst noch Flünken hett, kunn di verraden.

Frisch an dat Wark!

Prediger 11, 1—6.

Laat dien Broot över See gaan!
Dat duurt wull sien Tiet,
aber denn kümmt dat torüch.
Giff dat in Dele af, an söven oder acht!
Denn du weetst nich, wat för en Unglück noch över de Eer
kümmt.
Sünd de Wulken vull Water, denn geet se Regen up de Eer.
Fallt en Boom um — eendoont ob na Süden oder na Noor-
wo he hen fallt, dar blivt he liggen.   [den —
De ümmer na den Wind kiekt, kümmt nümmer to'n Seien.
De ümmer na de Wulken süüt, kümmt nümmer to'n Meien.
Weetst du, woneem de Wind herkümmt un hengeit?
Weetst du Bischeed, wodennig en Kind ünner sien Moder eer
Hart waßt?
Goot! Denn bild di ok nich in, dat du Gott up de Spoor kümmst
bi allens, wat he vörhett un maakt.
Morgens smiet dien Koorn in dat Land!
Legg ok an den Fieravend dien Hannen nich in den Schoot!
Denn du weetst nich, wat di glücken deit, düt oder dat,
oder ob beides Schick un Deech kriggt.

342

Sööt is dat Licht

Prediger 11, 7—8.

Sööt is dat Licht!
Dat deit de Ogen goot, wenn se de Sünn seet.
Darum freu di an allens, wenn du noch lang leven dörfst,
un vergitt nich de düstern Daag, de seker noch kaamt!
Ok dar gifft dat meer vun, as du di eer moden büst.
Allens, wat dar kümmt, hett kenen Weert un keen Duur.

Wat för dat Jungvolk

Prediger 11, 9—10.

Mien Jung, freu di so lang, as du noch jung büst!
Maak di keen Sorg, bliev vergnöögt as Jungkeerl!
Maak vergnöögt dinen Weg, wenn dien Hart di dar to drivt
un wenn dien Ogen dat verlangt.
Aver dat ene vergitt nich:
Gott verlangt vun di, dat du mit em afreken deist.
Sla di den Verdruß ut den Sinn,
un hool di dat Lege vun den Liev!
Swarte un witte Ogen sünd beide bald hen.

Wenn de Mööl toletzt möör ward un still steit

Prediger 12, 1—8.

Denk an den Herr Gott, de di dat Leven geev!
Vergitt em nich, solang as du noch jung büst!
Nasten kaamt de Daag, wo du vun seggst: De gefallt mi nich.
Dar kümmt noch en Dag, wo de Sünn sik verstickt,
wo Maand un Steerns denn düster ward
un Wulken över den Heven treckt,
wenn dat even eerst regent hett.
Dar kümmt en Dag; denn bevert de Lüüd,
de över dat Huus waakt.
Denn böögt sik de Helden vör Angst.
De Fruun an de Mööl mööt fiern.
Se künnt mit de Arbeit nich klaar warrn.
De Fruun, de ümmer an dat Finster sitt, ward dat düster [vör Ogen.
De Döör an de Straat is to,
de Mööl geit lisen eren Gang.
Se staat up, wenn de Haan kreit,
un nix is to hören vun Sang un Klang.
Geit de Weg en beten piel bargan, denn schuut se em all.
Overall an den Weg sünd se sik wat Gruliches moden.
De Mandelboom blööt.

343

De Heuschreck sleept sik kümmerlich wider,
un de Kaperkarn hett nix meer in sik.
Denn de Minsch geit in sien letzt Huus,
wo he ewig bliven schall,
un de Klaagwiver staat up de Straat rum.
Denn ritt de sülvern Faden twei;
denn springt de gollen Schaal.
Denn geit de Kruuk an den Born in Stücken,
un dat Waterrad fallt twei in den Soot.
Denn geit de Stoff wedder torüch un warrt to Eer,
warrt wedder, wat he west is.
Un de Geist? de geit torüch to Gott,
wo he vun utgaan is.

Dat hett allens kenen Sinn un allens kenen Weert!
Dat is allens nix! So seggt de Prediger.

En Woort achteran
Prediger 12, 9—14.

De Prediger weer wiß en kloke Mann; aver he leer ok dat
Volk noch allerhand Insichten. He hett över allens sik depe
Gedanken maakt un hett allens naspöört. Sodennig hett he
mennich goot Woort seggt. He weer dar up ut un geev sik
veel Mööcht, allens sodennig to seggen, dat dat henpassen deit,
un he hett upschreven, wat de Minsch sik marken schall. Un
allens, wat he seggt, is de Waarheit.

Allens, wat de kloken un insichtigen Lüüd seggt, is liek so-
dennig, as wenn en Buur mit de Pietsch achter sien Peer
ran is. De enkelten Sprüch sünd liek as Nagels, de an de
Wand fast inslaan sünd, dat se sik nich meer rögen künnt. Un
se stammt all vun enen Harder af.

Un wat if sünst noch seggen wull, mien Sösn: Dat Böker-
schriven will keen Enn nemen, und dat veele Studeren maakt
den Liev mööd.

If segg dat noch eenmal kort un bünnig, wat if di an dat
Hart leggen wull: Böög di vör Gott un vertöörn em nich!
Hool sien Gebade! Denn he höllt noch mal Gericht över allens,
ok över dat, wat keen Minsch süüt un wo keen een um wies
ward. Un denn kriegt wi vun em för allens betaalt, mag dat
nu goot oder leeg wesen.

344

So is dat Leven

De Familie

In Gotts Woort tohuus

Jesus Sirach 14, 22—27.

Dat is en glückliche Minsch,
de in Gottes Woort tohuus is,
de dat versteit un dat utleggen kann,
de sik von Harten överleggt, wat dat verlangt,
un de sik ok över dat Gedanken maakt,
wat nich bavenup liggt.
Spöör de Klookheit un Insicht na un legg di up de Luur,
wo se ok hengaat.
Kiek bi eer in dat Finster rin
un hork an eer Döör.
Kiek bi eer in un bliev bi eer wanen.
Wand an Wand mit eer sett di dar fast.
Bu di ganz in eer Neegde en Telt up
un bu dien Nest dar, wo se eer Bestes tohoop hebbt.
Denn bringst du dien Kinner goot ünner Dack
un waanst seker ünner eer Tilgen.
Denn finnst du Schatten bi eer in de Hitten
un hest dar en herrliche Hüsing.

Wees tofreden ...

Jesus Sirach 29, 28—34.

Wees tofreden, wenn du Water un Broot hest,
Tüüch över den Liev un en Dack över den Kopp!
Dat is noog, wenn de Lüüd dat nich wies ward,
dat du en arme Stackel büst.
Dat leevt sik beter as en arme Mann in de egen Kaat,
as wenn en bi frömde Lüüd an den vullen Disch sitten mutt.
Wees tofreden un dankbar — eendoont,
ob du dat knapp oder rieklich hest!
Dat is en leeg Leven, wenn en vun Huus to Huus gaan mutt.
Wo en keen Huusrecht hett, dar hett he keen Woort frie.
Denn mußt du ünner frömde Lüüd eren Disch dien Fööt setten;
du mußt mit anner Lüüd ut een Glas drinken,
un dat warrt di veellicht noch nich mal günnt!
Ja, to dütt allens doot se di ok noch wat up dat Botterbroot,
wat för di as Gift un Gall smecken deit.
So seggt se denn: „Ach, du büst hier ja nich tohuus,
so faat mit an! Deck du den Disch
un denn giff mi wat af, wenn du wat hest!"

345

Dat kann ok anners kamen. Se seggt veellicht:
„Ach, du büst hier ja doch blots leden; so maak nu Platz.
Ik krieg nu finen Besöök. Mien Broder kümmt.
Ik bruuk de Stuuv nu ganz för em!"
Dat is en hart Stück för enen Minschen,
de wat up fik höllt un weet, wat fik höört un fik schicken deit.
De höllt so wat nich ut. Dat kann he nich verdregen,
wenn se em marken laat, dat he as Gaft blots leden is,
un wenn se em dat vörhoolt, dat he eer wat schüllig is.

Ollern un Kinner

De Olen eer Kroon fünd de Kinner vun Söön un Dochter,
de Kinner eer Eer aver fünd Vader un Moder.

Spruchbook 17, 6.

Jesus Sirach 30, 1—13.

De finen Jung leev hett, de gifft em ok wat mit den Stock;
denn hett he nasten an em ok fien Freud.
De finen Jung stramm höllt, de hett nasten vun em ok Nutzen;
un fitt he mit vörneme Lüüd mal tohoop,
denn kann he fik up em wat to goot doon.
De finen Jung goot toleert un anholen deit,
den günnt de Fiend nich fien Freud,
un vör fien Frünnen kann he fik up em wat inbillen.
Un wenn de Vader starvt, denn is he doch egentlich nich doot;
he lett ja enen torüch, de fien Evenbild is.
So lang as he leevt, hett he an em fien Freud,
un wenn he starven mutt, denn is de Jung fien Troost.
Hee lett ja enen torüch, de vör em infteit
un de de Frünnen wat Godes deit.
De weekmödig gegen finen Jung is, de verhevelt em;
ok de deit dat, de dat nich anseen kann,
wenn he mal liden un klagen mutt.
Mit en Peerd, wat nich kort in den Toom holen warrt,
dar is keen Umgaan mit.
En Jung, den du nich kort holen deist,
de maakt Dummtüüch un sleit achterut.
Fichel rum mit dinen Jung, denn warrst du wat bileven
un kriggst dien leve Noot mit em.
Lachst un speelst du blots mit em rum,
denn hest du Kummer un Hartleed.
Laat em nich doon, wat he will, solang as he noch jung is,
un maakt he wat verkeert, denn see em dat nich dörch de Fingers.
Solang as he jung is, böög em den Nack,
solang as he lütt is, garv em dat Fell;

346

sünst ward he en Dickkopp un sett sik up,
un du heft dar dat Hartleed vun.
Hol dinen Jung stramm in Tucht un do di Mööcht mit em;
sünst kunn he in sien Unverstand di noch vör den Kopp stöten.

Dat veerte Geboot
Jesus Sirach 3, 1—17.

Kinner, höört mal to! Vader will ju wat seggen.
Doot dat, wat ik ju segg, denn warrt ju dat goot gaan.
De Herr will dat so, dat Kinner up den Vader hören schüllt.
He verlangt ok, dat de Moder över eer to seggen hett.
De sinen Vader in Eren höllt, den warrt dat nich anrekent,
wat hee sik to schulden kamen leet.
De up sien Moder wat holen deit, de sammelt sik enen Schatz.
De sinen Vader in Eren höllt,
de ward an sien egen Kinner sien Freud hebben;
un wenn he Gott üm wat beden deit, denn kriggt he dat.
De up sinen Vader wat höllt, de hett en lang Leven vör sik;
un de vör Gott sik böögt, de maakt sien Moder keen Sorgen.
De steit sien Öllern tru to Sied;
se hebbt ja över em to seggen.
In allens, wat du deist un seggst, hool dinen Vader in Eren!
Denn kümmt sien Segen över di.
Den Vader sien Segen buut de Kinner dat Huus,
aver de Moder eren Fluuch maakt allens toschannen.
Hang dinen Vader sien Schann nich an de grote Klock!
Dinen Vader sien Schann is noch lang nich dien Ehr!
Mien Kind, wenn dien Vader oolt is, denn heeg un pleeg em;
solang as du leevst, do em jo keen Hartleed an!
Ward he wietlöftig in sien Gedanken
un kann he nich allens meer dörchseen,
denn ga sinnig mit em üm!
Laat em jo nich marken, dat du noch dien vulle Kraft hest!
De gegen sinen Vader goot is, den warrt dat nich vergeten;
dar ward em veel för to goot holen, wenn he sik sülven wat ver-
kümmst du mal in Noot, denn ward di dat goot schreven. [süüt.
As dat Ies vör de Sünn smölten deit,
so sünd dien Sünnen vergeten.

> De sinen Vader un sien Moder fluucht,
> den feelt nasten dat Licht,
> wenn dat vör em düster ward.

Spruchbook 20, 20.

> Mien Jung, vergitt nich, wat ik vun di verlang,
> un hool fast in dien Hart mien Gebade!
> Deist du dat, denn bringt di dat veel gode Daag in,
> en lang Leven un veel Glück dar to!

Spruchbook 3, 1—2.

347

En goot Woort up den Weg
Ut Tobia 4.

Mien leve Jung!

Wenn ik doot bün, denn sorg dar för, dat ik goot ünner de Eer kaam, so as sik dat höört. Un denn hool dien leve Moder in Eren un ga nich vun eer, solang as du leevst. Maak eer mit allens, wat du deist, blots Freud un do eer keen Hartleed an!

Mien leve Jung! Vergitt ok nich, wat se allens üm di utstaan müß, as se di ünner dat Hart dregen de! Un wenn se doot is, denn laat er an mien Siet in een Graff ruun.

Mien leve Jung! All dien Daag vergitt unsen Herr Gott nich! Hool dien Hannen rein vun Sünn un Schann un sla dat nich in den Wind, wat he vun uns verlangt. Do, wat in sien Ogen goot un recht is, so lang as du leevst, un giff di nich mit Minschen af, de Unrecht doot. Höllst du di an de Waarheit, denn do wat du wullt — dat Glück is up dien Siet. All de, de dar doot, wat goot un recht is, de giff wat af vun dat, wat du hest.

Deist du wat Godes, denn schall dien Oog dar nich suur to kiken.

Kloppt en arme Stackel an dien Döör, denn drei em nich den Rüch to un wies em nich de kole Schuller. Denn wendt unse Herr Gott sik ok nich vun di af.

Giff af un help so veel, as du kannst.

Hest du rieklich, denn giff mit vulle Hannen.

Hest du dat knapp, denn schaam di ok nich, wenn du man wenig geven kannst.

Denn sammelst du di enen goden Vörrat för de Tiet, wo du sülven in Noot büst.

De de armen Lüüd wat gifft, den kann de Dood nix anhebben, un för den warrt dat nich düster. So'n Lüüd hebbt bi unsen Herr Gott enen Steen in dat Brett.

Mien leve Jung! Giff di nich mit Hurenkraam af. Wullt du mal heiraten, denn nimm di en Fru vun dinen Vadder sien Sipp. De den Kopp hooch dregen deit, de löppt in sien Verdarven un hett keen Rast un keen Ruu.

De bi di arbeiden deit, den hool sinen Loon nich torüch. Betaal em up de Stell!

Wat du sülven nich utstaan kannst, dat do du ok anner Lüüd nich an!

Deel dien Broot mit den, de Hunger hett, un giff dien Kleder af an de, de nix üm un nix an hebbt.

348

Allens, wat du rieklich heft, dat giff af an de, de dat nödig hebbt.

Wenn du wat för de Armen giffft, denn schall dien Dog dar nich suur to seen.

Haal di goden Raat bi de vernünftigen Lüüd.

Un denn vergitt dat Danken nich.

To jeder Tiet segg unsen Herr Gott Dank, un beed em, dat du ümmer up den rechten Weg blivst un dat du, wo du geist un steist un wat du di ok vörnimmst, ümmer Glück heft.

Un denn toletzt: Wi sünd wull arme Lüüd un hebbt nich veel. Aver wees nich bang! Di blivt noch veel, wenn du Gott ümmer de Eer giffst un up em höörst. Hool blots dien Hannen rein vun Sünn un Schann un do dat, wat vör Gott sien Ogen bestaan kann.

Mien Jung, wees vernünftig;
denn maakst du mi Freud.
Mien Hart kann sik nich laten vör Freud,
wenn du alltiet dat seggst,
wat goot un recht is.
Lat dien Hart nich Füür un Flamm wesen
för dat, wat Sünn un Schann is.
Dag för Dag sorg dar för, dat du so leevst,
as du dar vör Gott sien Ogen mit bestaan kannst.
Dar kümmt noch mal en anner Tiet,
un denn büst du nich mit dat bedragen,
wat du di dar för wünschen deist.

Mien Jung, höör to un wees vernünftig!
Ga du dinen Weg liekut!
Giff di nich af mit Lüüd,
de supen doot un sik den Magen vullstoppt.
So'n Lüüd — de eet un drinkt sich noch vun Huus un
se slaapt un slaapt un verdröömt de Tiet,   [Hoff,
bit dat de Lumpen eer an den Liev dalhangt.

En klole Mann
Spruchbook 24, 1—6.

Günn de legen Lüüd, wat se hebbt,
un leng dar nich na, mit eer ünner een Deek to spelen!
Wat se in den Sinn hebb', dat is nix weert;
wat se seggt, bringt blots Unglück.
Mit Klookheit warrt en Huus buut,
un Insicht un Vernunft — de sünd en faste Grund.
Dörch Klookheit ward de Schüüns vull

349

vun allerhand Saken, de wat hergeevt un veel Geld kost.
En kloke Mann is stark,
un en vernünftige Mann hett veel Kraft.
Stellst du dat klook an,
denn warrst du klaar mit den Krieg.
Staat veel kloke Lüüd di to Siet,
denn kriggst du de Böverhand.

De beste Fru
Jesus Sirach 26, 16—21.

An en smucke Fru hett de Mann sien Freud;
aver is se ok noch klook dar to,
denn bringt se em ok noch wat in.

De en Fru hett, de swigen kann,
den hett Gott duppelt segent;
un en Fru, de goot tagen un toleert is,
de is nich mit Geld to betalen.

En Fru, de dar weet, wat sik höört,
un de wat up sik höllt, de is de smuckste vun eer all.
Dar geit nix över en Fru, de sik ganz in Gewalt hett.
Se is as de Sünn, de an Gott sinen Heven upgeit —
so smuck is en gode Fru in eer egen Huus.

De Huusfru
Spruchbook 31, 10—31.

En düchtige Fru, de dat Hart up den richtigen Plack hett,
de is nich mit Geld to betalen; dar slaat ok Parlen nix an.
De eer funnen hett, de hett in den Glückspott langt.

Ganz getroost kann de Mann up eer sik verlaten.
Wat se anfaten deit, dat hett Schick un kriggt Deech.
Blots wat Godes hett se in den Sinn bi allens, wat se vörhett.
Um allens in de Welt müch se em doch keen Hartleed andoon,
so lang, as se leevt.

Se sorgt för Wull un för Flaß, dat jedereen wat üm un an hett,
un de Arbeit geit eer flott vun de Hand;
dar sleit keen Verdruß to — ut de Ogen lacht eer alltiet dat
        Glück.
Liek as en Koopmann sien Scheep —
so bringt se vun wiet her an dat Huus,
wat Mann un Kinner to'n Leven nödig hebbt.

Al lang, eer dat hell ward, is se togangen,
gifft ut de Spieskamer rut, wat up den Disch höört.
Ok de Deensten kriegt, wat eer tokamen deit.

350

Nimmt se sik vör, en Stück Land totoköpen,
gliek is de Hannel al maakt.
Ja, dat langt ok noch to enen Wienbarg;
un allens betaalt se mit dat,
wat in Stillen de flitigen Hannen överspaart hebbt.

Rock un Schört hett se alltiet sik hoochbunnen,
un de Arms blievt den ganzen Dag in de Röög.

Se markt: nu geit allens vöran,
un de Lamp brennt de ganze Nacht nich dal.

Ok dat Spinnrad nimmt se to Hand,
un flink gaat de flitigen Fingers üm mit de Spinnel.

De in Noot is, den füllt se de Hand,
un den armen Mann stött se nich vun de Döör.

De Snee kann eer Lüüd nix anhebben —
dar is se nich bang vör —
eer ganze Familie kleedt se in Wull.

Footdeken maakt se sik — groot un swaar —
darto Kleder ut Linnen un Purpur.

Fines Unnertüüch maakt un verföfft se,
un Gördels verhökert se bi den Koopmann.

Eer Mann is goot anschreven up dat Raathuus.
Sien Woort gelt wat, wenn de Groten tohoop sitt.

Se is stark un höllt wat up sik;
darum gifft se wat her.

Wat de neegste Dag bringt, dat maakt eer nich bang.
Kümmt en Sorg, gliek lacht se eer ut.

Seggt se en Woort, denn hett se dat örndlich vörher bedacht;
ordent se wat an, denn deit se dat fründlich un nett.

Se kümmert sik üm allens, wat in dat Huus togeit un maakt
Nümmer leggt se sik up de fule Siet.   [warrt.

Eer Kinner staat up un vertellt, wo glücklich se is,
un eer Mann weet nich noog, eer to löven.

He seggt:
Wiß gifft dat Fruun meer as noog, de düchtig un goot sünd;
aver mit di neemt se dat nich up; du büst de Kroon vun eer all.

Wat vun buten gefallt, kann in dat Hart binnen bedregen,
un en smuck Gesicht is bald hen; dat kann vergaan in en Nu.

Ik lööv mi en Fru, de fraam un gottesfürchtig is.
Laat eer sik freun an dat, wat eer Hannen maakt hebbt.
Wat se fardig bröcht hett, schüllt se up de Straat an eer löven.

351

En kloke Fru

En kloke Fru buut dat Huus up.
En narrsche Fru ritt dat wedder dal
mit allens, wat se anfaten deit.

Spruchbook 14, 1.

Deensten un Huuslüüd

Hest du enen Knecht, de tru sien Arbeit deit,
denn faat em sinnig an un do em wat to goot!
Jüst so hool dat mit den, de blots in Dagloon bi di steit,
wenn he sien ganze Kraft för di insetten deit!

Jesus Sirach 7, 22—23.

En Knecht, de kloot un vernünftig is,
den hool, as weer he dien egen Kind,
un legg em jo nix in den Weg,
wenn he geern fri warrn will.

Jesus Sirach 29, 17.

Bi enen Knecht kannst du veel Wöörd geern sparen;
denn so kriggst du em nich torecht;
verstaan deit he dat wull, wat du em seggst,
doch hören deit he nich up di.

Spruchbook 29, 19.

En Herr, de mit Lögen un Wind ümgeit,
den sien Deners sünd gottlose Lüüd.

Spruchbook 29, 12.

De Minsch un sien Naverslüüd

Rike un arme Lüüd

Hest du för arme Lüüd en warm Hart
un helpst du eer in de Noot,
denn hest du bi Gott wat to goot.
He betaalt di dat rieklich torüch.

Spruchbook 19, 17.

De en Hart för anner Lüüd hett,
de gifft vun sien Broot an arme Lüüd af,
un dar warrt Gott em för segen.

Spruchbook 22, 10.

352

Du kannst en armen Pracher den Foot up den Nack setten —
aver dat kümmt em doch to goot un bringt em wat in.
Aver giffst du den riken Mann noch wat to,
denn helpst du em dar blots to,
dat he noch mal arm ward.

Spruchbook 22, 16.

Rike un arme Lüüd waant Huus bi Huus
un schüllt een den annern to Siet staan.
So will dat de Herr;
denn he hett eer beide dat Leven geven.

Spruchbook 22, 3.

En Barg Geld is bald hen,
wenn du dat up de Straat smittst.
Aver wat du tohoophöllst,
dat slickt sik tohoop as dat Land in dat Watt.

Spruchbook 13, 10.

De rike Mann blivt Herr över den armen Pracher.
De sik wat borgt, de blivt den sien Slaav,
de em wat leent hett.

Spruchbook 22, 7.

Wees nich achter dat Geld ran!
Büst du klook, denn laat dar dien Hannen vun af!
Knapp hest du dar dien Oog up smeten,
denn is dat ok al wedder verswunnen,
flüggt as en Aadler hooch baven in de Luft.

Spruchbook 23, 4—5.

De satt is, de hett den Honnig nich up de Reken;
he peddt em ruhig ünner de Fööt.
De aver hungrig is, de langt mit beide Hannen to;
den smeckt ok dat sööt, wat för anner Lüüd bitter is.

Spruchbook 27, 7.

De sik lustig maakt över enen Minschen,
de nix to biten un to breken hett
un ok nix üm un an hett,
de maakt sik lustig över Gott,
de doch ok düssen Minschen dat Leven geev.
Un de sik över enen annern sien Unglück freut,
den warrt dat vun Gott seker vull torüchbetaalt.

Spruchbook 17, 5.

6311 Dat Ole Testament 23

353

De de lütten Lüüd den Foot up den Nack sett,
de böögt sik up gegen den, de eer dat Leven geev.
De aver en armen Stackel ünner de Arms gripen deit,
de gifft Gott de Eer.

Spruchbook 14, 31.

Mennich een is en arme Pracher,
wenn he ok in dat Bulle sitt.
An mennich een is en rike Mann,
wenn he ok nix in de Melk to krömen hett.

Spruchbook 13, 7.

Up den armen Mann sien Koppel
waßt Broot ut jede Föör;
aver de Unrecht deit, den is nich to helpen,
de kümmt toschannen.

Spruchbook 13, 23.

Larm un Striet

Dat is beter för di,
du hest ünner dat Dack en lütte Eck för di frie,
as wenn du in dat Huus mit en Fru tohoop leven mußt,
de keen Ru un kenen Freden höllt.

Spruchbook 21, 9.

De sik över anner Lüüd un Gott lustig maakt,
den wies de Döör!
Denn büst du den Striet ok los ut dien Huus,
un Schimp un Schann hebbt eer Enn.

Spruchbook 22, 10.

De Striet un Larm anfangt, de maakt dat jüst so as de,
de an de See den Diek dörchsteken doot.
Denn gifft dat för dat Water keen Holen meer.
Laat de Hannen vun Striet un Larm,
eer dat du dar merrn mang büst.

Spruchbook 17, 14.

En sinnig un fründlich Woort deit Wunner.
Dat is liek so, as wenn du den annern de Backen straakst.
Dar kümmt keen Torn gegen an.
Aver en hart Woort — dar waar di vör!
Dar ward de Grimm noch gröter vun.

Spruchbook 15, 1.

354

En fründlich Gesicht maakt anner Lüüd Freud.
Bun en goot Woort hett de ganze Minsch goot.

Spruchbook 14, 30.

Büst du dull, kaakt de Torn bi di över —
wiß, wiß is dat slimm.
Aver hett de Iversüük di saat,
denn büst du nich meer to holen;
de geit mit di dörch.

Spruchbook 27, 4.

Wat sik nich schickt

Loop dinen Naver nich ümmer de Döör in!
Dat kunn em sünst över warrn, un dat Enn is:
he kann di nich utstaan.

Spruchbook 25, 17.

De nich weet, wat sik höört,
de kloppt nich eerst an;
de fallt gliex mit de Döör in dat Huus rin.
De aver weet, wat sik schickt,
de töövt vör de Döör so lang,
bit dat he rinnödigt warrt.

Spruchbook 21, 24.

De nich weet, wat sik höört,
de stickt nischirig bi den Naver de Nees dörch dat Finster.
De aver weet, wat sik schickt,
de höllt sik torüch un schaamt sik dar vör.

Spruchbook 21, 25.

Dat schickt sik nich, dat en Minsch vör de Döör
sik up de Luur leggt un horken deit.
De dar weet, wat sik höört,
de bringt dat nich fardig,
dat is Sünn un Schann in sien Ogen.

Spruchbook 21, 26.

Büst du bi fine Lüüd mal to Disch nödigt,
denn sparr nich gliex den Mund wiet up,
as wenn du nümmer noog krigen kunnst!
Denk ok nich: hier kannst du mal örndlich tolangen;
denn hier hebbt se vun allens vullup!
Vergitt nich: en Oog, wat den annern nix günnt,
kunn di drapen, un dar kümmt nümmer wat Godes bi rut.

23*

355

Lang jo nich na dat, wo en anner sik al up spitzt hett!
Lang ok nich mit em tohoop in de Schöttel!
Hool dat mit dinen Naver sodennig, as du dat vun em ver-
Un överlegg di ok örndlich, wat du deist!   [langst!
Eet as en Mann, wat di vör de Hand kümmt,
un freet di nich satt;
Sünst kunnen se di noch up den Streek krigen!
Hool du toeerst up; denn ward doch jedereen wies,
dat du weetst, wat sik höört un wat sik schicken deit!
Sla di den Liev nich vull;
dat schickt sik nich för fine Lüüd!
Un wenn du ok mang veel Lüüd dinen Platz hest,
lang nich toeerst in de Schöttel!

Jesus Sirach 34, 12—18.

Hebbt fine Lüüd di to 'n Eten nödigt
un sittst du bi eer an den Disch,
denn vergitt nich, wokeen du vör di hest.
Hool di en Meß an de Keel,
wenn di dat goot smeckt un du di plegen müchst.
Sett dinen Sinn nich up eren Leckerkraam;
dat wiest wull wat her, maakt aver nich satt.

Spruchbook 23, 1—3.

Sett di nich an den Disch bi de Lüüd,
de de annern nix günnen doot!
Eren Leckerkraam sla di ut den Sinn!
Se seggt wull: Lang to un laat di dat goot smecken!
Aver in Stillen denkt se anners;
se günnt di dat nich.
Du kannst blots een Deel doon:
Spütt dat wedder ut, wat du eten hest!
Aver dien fründliche Wöör harrst du sparen kunnt
un den Dank dar to.

Spruchbook 23, 6—8.

Dat Swigen

De swigen kann, de gelt as kloke Mann.
De den Mund to vull nimmt, den kann keen een utstaan.
Mennich een höllt blots den Mund, wieldat he nix to seggen
        weet,
aver mennich een seggt blots nix, wieldat he de rechte Tiet af-
        töövt.

356

En kloke Mann deit eerst den Mund up, wenn dat Tiet is;
blots de Dööskopp verpaßt den Ogenblick.
Mit en groten Snackfatt will nüms wat to doon hebben;
de bratschen un prachern deit, denn kann keen een utstaan.

Jesus Sirach 20, 5—8.

Verbrenn di den Mund nich!

Dood un Leven hangt vun de Tung af.
De up eer passen deit, hett dar sinen Vordeel vun.

Spruchbook 18, 21.

Um Huus un Hoff plannst du enen Tuun;
legg ok vör dinen Mund en Slott un schott em af!
Dien Gold un dien Sülver slüttst du in,
legg ok dien Wöör up de Waagschaal un prööv, wat se weegt!

Jesus Sirach 28, 24—25.

Dumme Lüüd dreegt eer Hart up de Tung,
de klook is, de driggt sinen Mund in sien Hart.

Jesus Sirach 21, 26.

Wo veel snackt ward, dar fallt ok Spöön,
un du seggst mennich Woort, wat vör Gott nich bestaan kann.

Spruchbook 10, 19.

Glück un Unglück

Büst du mit wenig tofreden,
denn is en dröög Stück Broot för di meer weert
as en grote Spieskamer vull Fleesch un Speck
för enen Minschen, de gnurrsch un verdreetlich is..

Spruchbook 17, 1.

Gott sien Segen — de füllt alleen de Hannen.
Du sülven kannst di noch so in dat Tüüch leggen,
aan em bringst du nix mit hento.

Spruchbook 10, 22.

De weltplietsch un klook is,
de süüt dat Unglück al vun widen kamen
un bringt sik in Sekerheit.
Aver Lüüd, de dat Leven nich kennt,
de gaat ruhig wider un kaamt to Schaden.

Spruchbook 22, 3.

357

Du kannst wull de Peer paraat maken,
wenn de Krieg losgeit;
aver in Gott sien Hand liggt dat,
ob du de Böverhand kriggst un beholen deist.

Spruchbook 21, 31.

Hest du Kummer un Hartleed —
behool dat för di un laat di dar nix vun marken.
Hest du en Freud —
ok dar vertell nix vun, dat geit de annern ok nix an!

Spruchbook 14, 10.

Dat Lachen kann alltiet bedregen.
Deep binnen in dat Hart künnt Truur un Hartleed
Un de Freud — de is nich vun ewige Duur. [wanen.
Bischuurns folgt eer dat Hartleed up de Spoor.

Spruchbook 14, 13.

Is dien Hart vuller Gottlov, denn kiekt di de Freud ut de Ogen;
Aver hest du Kummer in dat Hart, denn lettst du den Kopp
hangen.

Spruchbook 15, 13.

De Minsch, de sik sware Gedanken un Sorgen maakt,
den warrt jede Dag to en Plaag;
de aver den Kopp hooch höllt un frisch an de Arbeit geit,
de hett jeden Dag Sünnenschien in dat Huus.

Spruchbook 14, 15.

En Handvull Gröönkraam up den Disch, wat mit Leev kaakt is,
smeckt beter as en Oß, de mit Haß fett maakt is.

Spruchbook 14, 17.

Wo keen Ossen in dat Huus sünd,
dar blivt de Krüff rein.
Aver wo de Oß vör den Ploog geit,
dar warrt nümmer dat Geld knapp.
Dar lett sik dat goot leven.

Spruchbook 14, 2.

358

Vun Namiddagsbuurn un anner Lüüd, de sik mit de Arbeit nich verdregen künnt

Ik keem an en Koppel lang;
de höör enen Namiddagsbuurn to.
Of güng ik an enen Wienbarg vörbi;
de höör enen Mann to, de vun sinen Kraam nix verstünn.
Un wat kreeg ik to seen?
Allens weer vull vun Döörns un Disteln.
Överall wuß blots Köök un Queek.
De Steenmuur weer infullen.
Ik keek mi dat an un dacht mi mien Deel.
Ik seeg mi dat an un dacht bi mi sülven:
Dar waar ik mi vör. Dat maak ik anners!

Spruchbook 24, 31.

De Fuulpelz seggt:
En Lööv is buten vör de Döör.
Ik will mi wull waren. Ik ga nich ut dat Huus;
denn he kunn mi ja up de Straat upfreten.

Spruchbook 22, 13.

Den de Arbeit flott vun de Hand geit,
de bringt dat to'n Meister.
De sik up de fule Siet leggt,
de sitt bald fast un kümmt nich ut de Kniep.

Spruchbook 12, 24.

Wenn de Harvst to Enn geit,
denn mag de Fuulpelz nich plögen.
Is de Aarnt aver vör de Döör
un will he sien Koorn bargen,
denn is nix dar.

Spruchbook 20, 4.

Waar di vör den Slaap;
sünst hest du bald nix meer
to biten un to breken!
Hool dien Ogen apen,
denn hest du alltiet to'n Leven noog.

Spruchbook 20, 13.

De in den Sommer al för den Winter sorgt,
de is en vernünftige Mann.
De aver in de Aarnt de Tiet verslöppt,

359

de schall sik wat schamen.
Dat is en Sünn un Schann.

Spruchbook 10, 5.

De sien Hannen in den Schoot leggt,
de blivt sien Daag en arme Mann;
de aver flitig sien Hannen röögt,
de bringt bald wat up de hoche Kant.

Spruchbook 10, 4.

Paß eerst buten dinen Kraam, ga to Feld,
legg dien Hand an Ploog un Lee —
denn magst du frigen un sülven Buur spelen.

Spruchbook 24, 27.

Slaap nich to lang un nich to veel!
Sünst maakst du di arm.
Hool dien Ogen up un wees up den Placken;
denn hest du alltiet dien Broot
un ok sünst to'n Leven noog.

Spruchbook 17, 13.

Liek as de Döör sik in de Angel dreit,
sodennig dreit sik de Fuulpelz in sien Bett rum.
Se kaamt beide nich vun den Placken.

Spruchbook 26, 14.

Stickt en Fuulpelz sien Hand in en Schöttel rin,
denn ward em dat suur, eer wedder na den Mund hoochtobören.

Spruchbook 26, 15.

Den Fuulpelz in dat Stammbook

Du Fuulpelz, ga bi de Baarlemmer in de School!
Kiek eer dat af, wodennig se dat maakt,
un denn mark di dat! Denn warrst du klook.
Keen König regeert eer, keen Wächter paßt up.
Keen Vaagt is mit de Pietsch achter eer ran.
Un doch bringt se in den Sommer eren Vörraat to Böön
un maakt sik de Spieskamer vull för den Winter,
wenn de Aarnt riep is.
Du Fuulpelz, wolang wullt du liggen bliven?
Wanneer wullt du upstaan vun den Slaap?

360

Du seggst:

Ach, laat mi noch enen Ogenblick slapen,
noch en lütt beten druseln,
noch enen Ogenblick de Hannen in den Schoot leggen un ruun!
Aver denn, denn wunner di nich!
Denn steit up eenmal de Armoot vör dien Döör
un de Noot as en Kriegsmann!

Spruchbook 6, 6—11.

Narren un Narrenkraam

En Baar to bimöten,
den se de Jungen weghaalt hebbt —
dat is seker keen Spaaß.
Aver waar di noch meer vör en Narren,
de sik wat in den Kopp sett hett!

Spruchbook 17, 12.

Wenn du en Narren bimöten deist,
denn spaar dien Wöör!
Dat hett kenen Sinn, dat du em de Waarheit seggst;
he sleit dat doch blots in den Wind.

Spruchbook 23, 9.

Hest du mit en vernünftigen Minschen to doon,
denn kannst du em utschellen; he warrt sik dat marken.
Aver bi en Narren sleit dat nix an,
un wenn du em hunnert Sleeg övertellst.

Spruchbook 17, 10.

En Narr, de ümmer dat sülvige Dummtüüch snackt,
is liek as en Hund, de noch eenmal verteert,
wat he al utbraken hett.

Spruchbook 26, 11.

En Pietsch höört to dat Peerd
un en Toom för den Esel.
Jüst so höört en Ro to en Narren;
de mutt wat lang dat Fell hebben.

Spruchbook 26, 3.

361

De Narr hangt glieg finen Arger an de grote Klock,
de klofe Mann lett fik nig marken,
wenn een em wat up den Stock deit.

Spruchbook 12, 16.

Waar di vör den Wien!

Spruchbook 23, 29—35.

Woneem gifft dat Wedaag?
Woneem gifft dat Süüfzen?
Woneem gifft dat Striet un Larm un Klagen?
Woneem gifft dat blödige Köpp,
aan dat dat enen Sinn hett?
Wokeen kann knapp ut de Ogen kiken? —
Dar, wo fe noch laat bi den Wien fitt.
Dar, wo fe kaamt un den Wien prööbt,
de to Kopp ftigen deit.
Kiek em nich an, wenn de Wien fo root blinken deit,
wenn he in dat Glas funkelt un parlt!
He geit wull glatt hendal;
aver naften bitt he as en Slang un ftickt as en Adder.
Dien Ogen feet fnaakfche Saken,
un du fnackft allerhand Dummtüüch.
Du fchüttft hierhen un darhen liek as en Minfch,
de merrn up de See fwimmt oder baven in den Maftkorv
„Se hebbt mi haut, aver dat de nich wee;   [fitt.
fe hebbt mi prügelt, aver dat heff ik nich fpöört!
Laat mi man eerft mal munter warrn;
denn geit dat noch mal wedder los;
denn maak ik dat noch mal wedder fo!"

Ga nich vör de Tiet up dat Olendeel!

Jefus Sirach 30, 28—32.

Hool di dien Hannen frie, fo lang as du leevft!
An Söön un Fru, an Broder un Fründ —
an kenen een lever di ut vör de Tiet!
Giff dinen Kraam an kenen annern af!
Sünft kunn di dat noch mal leed doon,
du kunnft fülven up de Straat fitten un bi anner Lüüd beddeln
So lang as du leevft un dien Hart noch puckern deit, [gaan.
vertuufch dinen Platz mit kenen annern!
Dat is beter, wenn dien Kinner di üm wat beedt,

362

as wenn du dien Kinner in de Hannen kiken mußt.
Wat du ok deist — behool in allens de Böverhand,
un geit di dat an dien Ehr, denn laat nix up di sitten.
Eerst denn, wenn dien Levenstiet aflopen is,
wenn de Dood an de Swell steit,
denn giff dinen Kraam af an de annern!

De Dood

Jesus Sirach 41, 1—7.

O Dood, an di to denken, dat is hart,
wenn een noch in dat Vulle sitt
un noch keen Sorgen kennt!
Hart för en Minschen,
de sik noch rögen un rippen kann,
den allens glücken deit,
wat he sik vörnamen hett,
un den de Kost noch smeckt.

O Dood, wo goot geit dat en Minschen,
wenn du em halen deist!
Dat is en Gnaad för den,
de nix to biten un to breken hett,
de swack un krank is
un keen Hand meer rögen kann,
de vör sien Sorg un Noot
den Slaap nich findt
un de den Moot un de Geduld verlaren hett.

Ach, wees nich bang vör den Dood,
wenn he di halen deit!
Denk blots an de, de vör di weren un de na di kaamt!
De Dood is för uns all bestimmt,
för allens, wat dar leevt un weevt in düsse Welt.
Dat is nu mal den hööchsten Herrn sien Will —
Un gegen em wullt du di upbögen?
Ob du tein oder hunnert oder dusend Jaren leevst —
dar, wo de Doden sünd, dar fraagt se dar nich na!

363

Wat in düt Book to lesen steit un wo dat to finnen is.

364

366

Dat Nie Testament in unse Moderspraak

Dat Nie Testament

in unse Moderspraak

Johannes Jessen

Vandenhoeck & Ruprecht in Göttingen

7. Auflage 1976

Wat in düt Book to lesen steit

Dat Evangelium
as Matthäus dat vertellt hett.

Dat 1. Kapitel.

¹ Hier schall vun Jesus Christus vertellt warn: sin Lewen vun Anfang an bit to Enn.

*

Toirst sin Stammboom. He wörr ja all David un Abraham as Nakam toseggt.
² Abraham wär Isaak sin Vader.
Isaak wär Jakob sin Vader.
Jakob wär Juda un den sin Bröder ehrn Vader.
³ Juda wär Perez un Zara ehrn Vader, un ehr Moder wär Thamar.
Perez wär Hezron sin Vader.
Hezron wär Aram sin Vader.
⁴ Aram wär Aminadab sin Vader,
Aminadab wär Nahesson sin Vader.
Nahesson wär Salmon sin Vader.
⁵ Salmon wär Boas sin Vader, un Rahab wär sin Moder.
Boas wär Jobed sin Vader, un Ruth wär sin Moder.
Jobed wär Isai sin Vader.
⁶ Isai wär den König David sin Vader.
David wär Salomo sin Vader, un Uria sin Fru wär sin Moder.

*

⁷ Salomo wär Rehabeam sin Vader.
Rehabeam wär Abia sin Vader.
Abia wär Asa sin Vader.
⁸ Asa wär Josaphat sin Vader.
Josaphat wär Joram sin Vader.
Joram wär Ussia sin Vader.
⁹ Ussia wär Jotham sin Vader.
Jotham wär Ahas sin Vader.
Ahas wär Hiskia sin Vader.
¹⁰ Hiskia wär Manasse sin Vader.
Manasse wär Amos sin Vader.
Amos wär Josia sin Vader.
¹¹ Josia wär Jechonja un den sin Bröder ehrn Vader.
Dat wär domals, as se in Babylon in de Verbannung seeten.

*

¹² Na de Verbannung in Babylon wörr
Jechonja Sealthiel sin Vader.

7

Sealthiel wär Serubabel sin Vader.
13 Serubabel wär Abihud sin Vader.
Abihud wär Eljakim sin Vader.
Eljakim wär Asor sin Vader.
14 Asor wär Sadok sin Vader.
Sadok wär Achim sin Vader.
Achim wär Eliud sin Vader.
15 Eliud wär Eleasar sin Vader.
Eleasar wär Matthan sin Vader.
Matthan wär Jakob sin Vader.
16 Jakob wär Joseph sin Vader.
De wär Maria ehr Mann,
un vun ehr wörr Jesus born,
de nu Christus heeten deit.

*

17 So sünd dat vun Abraham bit hen to David in ganzen
veertein Geslechter un vun David bit hen to de Verbannung
in Babylon wedder veertein Geslechter un vun de Verbannung
an bit hen to Christus noch mal veertein Geslechter.

*

18 Mit Jesus Christus sin Geburd güng dat nu so to:
Sin Moder Maria wär mit Josef verspraken, un se lewten
noch gornich tohop. Do wies sick dat up eenmal, dat se Moder
warn schull. Un dat käm dörch den hilligen Geist.
19 Josef nu, wat ehr Mann wär, nähm dat ut Godd sin
Hand; denn he wär fram un gerecht. Dorum wull he dörchut
nich, dat düsse Sak an de grote Klock kamen schull. Un so harr
he sick dat vörnahmen, he wull sick gans ünner de Hand vun
ehr scheeden laten. 20 Awer eh'r dat he mit sick doröwer gans
in't Reine wär, do meld' sick den Herrn sin Engel bi em in'n
Droom, un de sä to em: „Josef, du büst ja David sin Nakam.
Du brukst nich bang to wesen. Nümm ruhi din Fru Maria
to di in din Hus; denn dat Kind, dat se ünner dat Hart driggt,
is ehr schenkt vun den hilligen Geist. 21 Se ward en Söhn to
Welt bringn, un du schallst em Jesus nömen; denn he is dat,
de sin Volk vun ehr Sünn'n redden ward. 22 Un düt allns is
so kamen, wieldat dat Word, dat de Herr mal dörch den Pro-
fet seggt hett, nu indrapen schull:
23 „Paßt up! De Jungfru schall Moder warn
un en Söhn to Welt bringn;
un se schüllt em den Nam ‚Immanuel‘ gewen,
dat heet in unse Sprak: ‚Godd is up unse Siet!‘.“
24 As nu Josef upwaken dä ut'n Droom, do mak he dat so,
as den Herrn sin Engel em dat updragen harr. Un he nähm
sin Fru to sick int Hus. 25 Awer se lewten erst richdi as Mann

8

un Fru, as se den Söhn to Welt bröcht harr. Un he gew em den Namen Jesus.

Dat 2. Kapitel.

[1] As Jesus nu in Bethlehem, dat in Juda liggt, born wär — domals wär Herodes noch König — denkt mal an, do kämen Sternkiekers wiet vun Osten her na Jerusalem un sän: [2] „Wonem is de Judenkönig, de vör korte Tied to Welt kamen is? Wi hebbt sin Stern in'n Osten sehn un sünd nu herkamen un wüllt em de Ehr gewen." [3] As dat Herodes to hörn kreeg, verschrak he sick un gans Jerusalem dorto. [4] Un he leet all' de Hochenpreesters un de Schriftgelehrten ut dat Volk tosamropen un versöcht, ehr doröwer uttofragen, wo de Messias born warn schull. [5] Un de sän to em: „In Bethlehem, dat in Juda liggt; denn so steit dat schrewen dörch den Profet:

[6] „Un du, Bethlehem, Land Juda,
büst dörchut nich de ringste ünner de Städte in Juda,
de ünner en Herzog staht;
denn ut di schall noch mal en Herzog kamen,
de min Volk Israel anföhrn schall."

[7] Do leet Herodes gans ünner de Hand de Sternkiekers ropen un frag ehr gans genau doröwer ut, to wat förn Tied se den Stern toirst sehn harrn. [8] Un denn schick he ehr na Bethlehem un sä: „Nu gaht hen un seht ju heel genau na dat Kind um! Un wenn ji dat funn'n hebbt, denn lat mi dat weten; denn will ick ock henkamen un em de Ehr gewen." [9] As se dat vun den König hört harrn, do maken se sick up de Reis. Un man mutt sick wunnern: de Stern, den se in'n Osten sehn harrn, de güng ehr vöran, bit dat he stahn blew dor, wo dat Kind wär. [10] Un as se den Stern wedder seegn, do freuten se sick öwer de Maten. [11] Un se güngn in dat Hus rin un kreegn dat Kind mit sin Moder Maria to sehn un fulln vör em dal up de Knee un beden em an. Un denn maken se ehr Reis'taschen up un gewen em, wat se em mitbröcht harrn: Gold un Weihrook un Myrrh'. [12] Denn awer kreegn se in'n Droom vun Godd den Befehl, se schulln nich wedder bi Herodes vörkamen, un so reisten se up en annern Weg na ehr Heimat torüg.

[13] As se nu affreist wärn, do mak den Herrn sin Engel sick Joseph künni in'n Droom un sä: „Stah up, nümm dat Kind un sin Moder mit un reis so gau, as du jichtens kannst, na Ägypten! Dor schallst du bliewen, bit dat ick di en annern Bischeed gew. Denn Herodes sett allns doran, dat he dat Kind in de Handn kriggt un an de Siet bringt." [14] Do stünn he up un nähm bi Nacht un Newel dat Kind un sin Moder mit un mak sick up de Reis na Ägypten. [15] Un dor blewen se so lang, bit dat Herodes dot wär. Un so müß dat Word indrapen, dat

de Herr dörch den Profet seggt harr: „Ut Agypten heff ick min Söhn ropen."

16 As Herodes nu marken dä, dat de Sternkiekers em narrt harrn, do wörr he heel fünsch un schick Lüd na Bethlehem, de schulln in Bethlehem un wiet un siet dorvun all' de Jungs dotmaken, de twee Johr un dorünner old wärn. Dat schull rek'nt warn na de Tied, de de Sternkiekers angewen harrn. 17 So dreep dat Word in, dat de Profet Jeremia mal seggt hett: 18„In Rama is dat luut to hörn, en Weenen un Klagen. Rahel weent üm ehr Kinner un will sick nich tröften laten; denn se sünd nich mehr."

19 Denn awer storw Herodes. Un na sin Dod käm den Herrn sin Engel in'n Droom to Josef in Agypten 20 un sä: „So! Nu stah up un nümm dat Kind un sin Moder wedder mit un mak di up de Reis na dat Land Israel! Denn nu sünd se dot, de dat Kind ant Lewen wulln." 21 Do stünn he up un nähm dat Kind un sin Moder mit un reif na dat Land Israel. 22 Awer he kreeg to hörn, dat Archelaus an sin Vader Herodes sin Stell König vun Judäa worrn wär. Dorum harr he doch Bedenken, dorhen to reisen. Un he kreeg in'n Droom den Befehl un reif na dat Land Galiläa. 23 Un dor käm he to wahnen in en Stadt, de heet Nazareth. So wörr ock dat Wohrheit, wat dörch de Profeten mal seggt is: „He schall Nazaräer heeten."

Dat 3. Kapitel.

1 Um düsse Tied kümmt de Döper Johannes up'n Plan un predigt in de Stepp vun Judäa. 2 He seggt: „Ji möt annere Minschen warn! Denn dat Himmelriek steit vör de Dör." — 3 Düt is de Mann, den de Profet Jesaja int Og harr, as he sä:

„Hört! Dor röpt een in de Stepp:

Makt Bahn för den Herrn,

makt eben sin Weg!" —

4 Düsse Johannes also harr en Kleed ut Kamelhoor un en Görtel ut Ledder üm sin Lenden. Un sin Kost wärn Heuschrecken un wille Honnig. 5 Do wanner to em rut Jerusalem un gans Judäa un allns, wat dor wahnt üm den Jordan rum. 6 Un se leeten sick in'n Jordan vun em döpen un biechten ehr Sünn'n.

7 Un as he nu seeg, dat Veele vun de Pharisäers un Sadduzäers to de Döp kämen, do sä he to ehr: „Ji Slangenbrott! Wer hett ju dat in'n Kopp sett, dat ji frie utgahn schüllt, wenn Godd sin Zorn sick nu wiesen deit? 8 Seht to, dat en goode Frucht dorbi rutkümmt, wenn ju dat würkli irnst is! 9 Bild ju jo nich in, dat dat wat nützen deit, wenn ji seggt: Wi hebbt ja Abraham to 'n Stammvader! Denn dat will ick ju seggn: Godd kann ut düsse Steen hier Abraham Kinner upwecken.

10

10 De Axt is de Böm all an de Wuddel leggt, un jede Boom, de keen goode Frucht bringt, de ward affhaut un int Füer smeten. 11 Ick döp ju man mit Water, dat ji annere Minschen ward. Awer achter mi kümmt noch en Annere, un de is starker as ick. Den bün ick nich mal good genog, dat ick em sin Schoh uttreck un wegdrägen do. De ward ju mit hilligen Geist un Füer döpen. 12 He hett all de Schüffel in de Hand, un he ward sin Lohdeel gründli reinmaken, un sin Weet ward he to Böd'n bringn, awer dat Kaff ward he verbrenn'n mit Füer, dat nich utgeit."

13 Nu kümmt Jesus vun Galiläa an den Jordan to Johannes un will vun em döfft warn. 14 De awer wull niks dorvun weten un wull em dorvun affbringn. He sä: "Ick schull doch eegentli vun di döfft warn, un du kümmst to mi?" 15 Do sä Jesus to em: "Lat dat man düt Mal so gahn! Denn so hört sick dat för uns beide. Allns mutt so makt warn, dat dat vör Godd sin Ogen bestahn kann." Do leet Johannes em sin Willn. 16 Un na de Döp käm Jesus glieks ut dat Water rut. Un denn? Een schull dat knapp för mögli holn. Do deelten sick de Wulken ut'neen, un he seeg Godd sin Geist grad so as en Duw hendalkamen, liek up em to. Un noch mehr bilew he. 17 Ock en Stimm ut 'n Himmel leet sick hörn. De sä: "Dat is min lewe Söhn! Un em heff ick min ganse Freud!"

Dat 4. Kapitel.

1 Un denn wörr Jesus vun den Geist höcher rupföhrt na de Stepp; denn he schull vun den Düwel up de Prow stellt warn. 2 Un as he veerdi Dag' un veerdi Nachtn hendör knapp wat eten un drunken harr, do wär he tolezt ant Verhungern.

3 Un nu mak sick de Versöker an em ran un sä to em: "Wenn du Godd sin Söhn büst, denn segg doch eenfach: Düsse Steen schüllt Brod warn!" 4 Awer Jesus sä to em: "In de Biwel steit: ,Nich blots vun Brod lewt de Minsch; nä, vun allns, wat ut Godd sin Mund kümmt.'"

5 Do nümmt de Düwel em mit na de hillige Stadt. Un he stell em baben up de Tempelmuer. 6 Un denn seggt he to em: "Wenn du Godd sin Söhn büst, denn spring hier hendal! In de Biwel steit doch: ,He ward sin Engels öwer di waken laten, un se ward di up de Handn drägen, dat du jo nich din Foot an en Steen stöttst.'" 7 Do sä Jesus to em: "In de Biwel steit ock: ,Du schallst din Herrgodd nich up de Prow stelln!'"

8 Un noch mal nümmt de Düwel em mit, dütmal up en banni hochen Barg. Un he wies em all' de Königrieke in de Welt un ehr Herrlikeit, 9 un denn seggt he to em: "Düt all will ick di gewen, wenn du up de Knee fallst un mi anbeden deist."

11

¹⁰ Do feggt Jefus to em: „Mak, dat du weg kümmft, Satan! Denn in de Biwel fteit: ‚Du fchallft din Herrgodd anbeden un em alleen deenen‘!"

¹¹ Do leet de Düwel em in Ruh, un nu kämen de Engels to em un forgten för em.

¹² As em nu to Ohrn käm, dat Johannes in dat Lock kamen wär, do trock he fick na Galiläa torüg. ¹³ Awer he blew nich in Nazareth. He wahn nu in Kapernaum, dat an den See liggn deit, in de Gegend vun Sebulon un Naphthali. ¹⁴ So fchull dat Word indrapen, dat dörch Jefaja feggt is: ¹⁵ „Dat Land Sebulon un dat Land Naphthali, dat na'n See to liggn deit, dat Land günt vun'n Jordan, dat Land Galiläa mit all' de Heiden, ¹⁶ dat Volk, dat in Düftern fitt, — dat hett en grotes Licht fehn, un öwer de, de in en Land wahnt un in Düfternis lewt, wo de Dod tohus is — öwer ehr is dat hell worrn."

¹⁷ Bun dor aff an fung Jefus an to predigen un fä: „Ji möt annere Minfchen warn! Denn dat Himmelriek fteit vör de Dör!"

¹⁸ As he nu mal an'n See vun Galiläa lang güng, do feeg he twee Bröder, dat wärn Simon, den fe ock Petrus nömt, un den fin Broder Andreas. De wärn grad dorbi un bröchten en Nett to Water; denn fe wärn Fifchers. ¹⁹ Un he fä to ehr: „Kamt mit mi; denn fchüllt ji Minfchen fangn!" ²⁰ Un fe befunn'n fick nich lang un leeten de Netten liggn un güngn mit em.

²¹ Un en Stück wieder lang feeg he en anner Bröderpoor. Dat wärn Zebedäus fin Söhn Jakobus un den fin Broder Johannes. De feeten mit ehr'n Bader Zebedäus int Boot un makten de Netten wedder in de Reeg. De reep he ock ran. ²² Un glieks leeten fe dat Boot un ehrn Bader in Stich un güngn ock mit em.

²³ Un he wanner in gans Galiläa rum un lehr in ehr Kapelln un predig dat Evangelium vun dat Riek un heel jede Krankheit un Sük in dat Volk.

²⁴ Un dat fnack fick vun em rum na gans Syrien hen. Un fe bröchten em all' de, de ünner allerhand Krankheiten to lieden un Qualn uttoftahn harrn, ock fo'n Lüd, de vun'n Düwel plagt wörrn, un Maandfükige un Lüd, de lahm wärn, un he mak ehr all' gefund. ²⁵ Un en ganfe Barg Lüd folgten mit em vun Galiläa un Dekapolis un Jerufalem un Judäa un vun Güntfiets an'n Jordan.

Dat 5. Kapitel.

¹ As Jefus all' de Lüd feeg, do güng he rup up 'n Barg. Un as he fick dalfett harr, do kämen fin Jüngers to em. ² Un he dä den Mund up un fung an un lehr ehr. He fä:

12

[3] „Selig sünd de Minschen,
de as beddelarme Lüd vör Godd sin Dör kamt
un weet, dat se vör em niks uptowiesen hebbt —
ehr hört dat Himmelriek to!

[4] Selig sünd de Minschen,
de Truer un Hartleed hebbt —
se schüllt tröst warn!

[5] Selig sünd de Minschen,
de fründli un sinni mit de Annern ümgaht —
se sett sick totetz dörch in de Welt!

[6] Selig sünd de Minschen,
de Hunger un Dörst dorna hebbt,
dat se mit Godd int Reine kamt —
se schüllt satt warn!

[7] Selig sünd de Minschen,
de barmhardi sünd gegen de Annern —
öwer ehr ward Godd sick ock erbarmen!

[8] Selig sünd de Minschen,
de ehr Hart gans klor un rein is,
de man int Hart sehn kann bit up den Grund —
se kriegt Godd to sehn!

[9] Selig sünd de Minschen,
de Freden holt un Freden makt —
se ward Godd sin Kinner nömt warn!

[10] Selig sünd de Minschen,
wenn de Lüd ehr nich in Ruh lat un ehr wat andot,
wieldat se fram sünd —
ehr hört dat Himmelriek to!

Selig sünd ji,
wenn de Lüd ju wat up 'n Stock dot un ju verfolgt,
blots dorum, dat ji to mi holt,
un wenn se allerhand leegen Snack öwer ju makt,
wat doch blots Lögen un Wind is!
[12] Freut ju un jubelt! — Dat makt niks;
denn dat makt ju in'n Himmel riekli betalt!
So hebbt se dat ja ock mit de Profeten maakt.
de vör ju lewen dän. De hebbt se ock verfolgt.

[13] Wat dat Solt bedüd up de Eer, dat bedüd ji för de Min-
schen. Dögt dat Solt awer niks mehr, womit schall man dat
denn wedder solten, dat dat sin olle Kraft kriggt? Dor is niks
mehr mit to maken. Hett blots noch Wert, dat man't ut de
Dör smitt un de Lüd dat ünner de Föt pedd'.

13

14 Wat de Sünn för de Welt bedüd, dat bedüd ji för de Minschen. En Stadt, de hoch baben up 'n Barg liggt, de kann sick doch nich verkrupen! De bliwt ümmer to sehn.

15 Un en Licht — dat steekt se doch nich an un stellt dat denn ünnern Tunn! Nä, up en Lüchter stellt se dat, un denn is dat hell för alle Huslüd. 16 Grad so schall ock ju Licht hell lüchten, dat de Lüd dorum wies' ward. Se schüllt dat Goode sehn, dat ji dot, un ju ehrn Vader in'n Himmel dorför löwen.

17 Glöwt jo nich, dat ick herkamen bün un dat nu dat Gesetz un de Profeten niks mehr gelt'n schüllt. Jo nich! Ick bün nich dorto kamen, wat uptolösen. Nä, nu schall dat erst richdi dat warn, wat Godd dormit vör harr. 18 Ji künnt ju fast dorup verlaten, dat kümmt so, as ick ju dat nu seggn do: Eh'r ward Himmel un Eer vergahn, as dat ock man de lüttste Bookstaw vun dat Gesetz oder ock man en lütt Streek dorvun verlorn geit. Erst mutt allns to sin Recht kamen. 19 Wen dat nu infalln schull, ock man een vun düsse Gebode — un wär't dat ringste — uptohewen un de Lüd dorto to bringn, dat se sick nich doran holn dot, de ward de ringste nömt warn int Himmelriek. Wer awer dorna lewt un ock de Lüd dorto anholn deit, de ward grot nömt warn int Himmelriek. 20 Denn dat will ick ju seggn: Steit dat bi ju mit de Gerechdikeit nich beter as bi de Schrift- gelehrten un Pharisäers, denn kamt ji nich int Himmelriek.

21 Ji hebbt hört, dat to de Vöröllern seggt is: „Du schallst keen dotslan! Un wer dat liekers deit, de kümmt vör dat Gericht."

22 Ick awer segg ju:
„Wer up sin Broder fünsch is, de hört all vör dat Gericht.
Un wer to sin Broder seggt: „Verdreite Kirl!" —
de hört vör den Hochen Rat.
Un wer nu erst seggt: „Verfluchte Hund!"
de hört int Höllnfüer.

23 Wenn du mit din Opfergaw to 'n Altar geist
un di fallt in, dat din Broder wat gegen di hett,
24 denn lat din Gaw erstmal vör den Altar liggn
un verdräg di mit din Broder,
un denn gah hen un bring din Gaw Godd to Ehrn!

25 Versök mit den, de wat gegen di hett,
good ut'n een to kamen!
Un besinn di nich lang,
so lang as du noch mit em ünnerwegens büst!
Sünst kunn din Gegenpart di vör den Richder slepen,
un de kunn di an den Wachtmeister utlewern
un inschotten laten.
26 Un denn? — Du kannst di fast dorup verlaten:

14

denn kümmst du nich eh'r wedder rut,
as bit dat du den letzten Penn betalt hest.

27 Ji hebbt hört, dat dor seggt is:
„Du schallst de Eh' nich breken!"
28 Ick awer segg ju:
So wiet schall dat öwerhaupt nich kamen.
Dat is all slimm genog, wenn een mal en Fru süht un ehr
denn glieks gern lieben mag! Un wenn dat denn so wiet
kümmt, dat de böse Lust em fatkriggt un em den Kopp verdreit
— denn hett he in sin Hart all de Eh' mit ehr braken.
29 Wenn also din Og di to Fall bringn kunn, denn riet dat
lewer ut un smiet dat weg!
Dat is beter för di, wenn di man een Litt vun'n Liew ver-
lorn geit, as wenn dat Ganse in de Höll smeten ward!
30 Un wenn din rechde Hand di to Fall bringn kunn, denn
hau ehr aff un smiet ehr weg!
Dat is beter för di, wenn di man een Litt vun'n Liew ver-
lorn geit, as wenn dat Ganse in de Höll kümmt.

31 Un denn is dor noch wat seggt:
„Wer vun sien Fru aff will, de schall ehr dat swart up witt
doröwer gewen, dat he ehr friegewen deit."
32 Ick awer segg ju:
„Jedereen, de sin Fru gahn lett — dat schull denn all wesen,
dat se em untru is — de driwt ehr up de Wies grad to'n Eh'-
bruch. Un wer en Fru friegen deit, de de Mann hett gahn
laten, de brickt ock de Eh'."

33 Un wieder hebbt ji hört, dat to de Vöröllern seggt is:
„Du schallst niks beswörn, wat nich wohr is! Wat du den
Herrn tosworn hest, dat schallst du ock holn!"
34 Ick awer segg ju:
„Ji schüllt öwerhaupt nich swörn. Nich „bi'n Hewen",
denn de is Godd sin Tron. 35 Ock nich „bi de Eer", denn se
is Godd sin Footbank. Ock nich „bi Jerusalem", denn se is
den groten König sin Stadt. 36 Ock nich bi din eegen Kopp
schallst du swörn; denn du kannst nich mal en enkeltes Hoor
witt oder swart maken. 37 Seggt ji „ja", denn schall dat dorbi
bliewen; un seggt ji „nä", denn mutt dat ock dörchstahn. Wat
ji dor sünst noch tosetten dot, dat is vun'n Düwel.

38 Ji hebbt hört, dat dor seggt is:
„Og gegen Og!" und „Tähn gegen Tähn!"
39 Ick awer segg ju:
Will een ju wat Böses andon,
denn wehrt ju nich!
Nä ji schüllt dat gans anners maken!

15

Sleit di een up de rechde Back,
denn hol em ock de annere noch hen!

[40] Is dor een, de di vunwegen din Hemd verklagen will,
den lat ock noch din Rock aff!

[41] Un kümmt een to di un will gern, dat du mit em
een Miel langgeist, denn legg noch een Miel to!

[42] Wer di üm wat beden deit, den giff wat,
un wer vun di wat borgen will, den wies nich de Dör!

[43] Ji hebbt ock hört, dat dor seggt is:
„Du schallst din Nawer lew hebbn un din Fiend hassen!“

[44] Ick awer segg ju:
Ji schüllt lew hebbn ju Fiendn un beden för de,
de ju verfolg'n dot!

[45] Blots sodenni künnt ji bewiesen, dat ji ju ehr'n Vader
in'n Himmel sin Kinner sünd.
Denn he lett sin Sünn upgahn öwer Böse un Goode
un lett reg'n öwer Gerechde un Ungerechde.
Denkt doch mal na!

[46] Wat hebbt ji vör de Annern vörut, wenn ji blots
de lew hebbt, de ju lew hebbt?
Dat makt genau so de Minschen an'n Toll.

[47] Un wenn ji blots ju Bröder en gooden Dag wünscht,
wat hebbt ji denn vör de Annern vörut?
Makt dat nich grad so de Heiden?

[48] Nä, ji schüllt vullkamen wesen, so as ju Vader
in'n Himmel vullkamen is!

Dat 6. Kapitel.

[1] Nehmt ju in acht!
De Lüd brukt dat nich wies to warn,
dat ji fram sünd.
Wat baben up sitt, hett keen Wert.
Dor is dat Beste all vun aff,
un bi ju Vader in'n Himmel
hebbt ji niks to good.

Nä, so schüllt ji dat holn:

[2] Giffst du wat för de Armen,
denn hang dat nich glieks
an de grote Klock!
So makt dat blots de Lüd,
de sick as fram gern upspeeln dot
in de Kark un up de Straat,
se wüllt blots, dat de Lüd
vör ehr den Hoot affnehmen schüllt.
Dat will ick ju seggn,

16

un dat is wohr:
De hebbt ehrn Lohn all weg!

3 Giffst du wat för de Armen,
denn schall din linke Hand nich weten,
wat de rechde deit.

4 Nüms schall dat wies warn,
wat du Goodes deist.
Denn ward din Vader di't vergelln;
he süht ock dat, wat du in Stilln deist.

5 Un wenn ji beden dot,
denn makt dat jo nich so as de,
de sick en annern Anstreek gewen dot,
as wat se würkli sünd!
De stellt sick gern hen
in de Kark un an de Straateneck
un bed, dat blots de Lüd dat ock to sehn kriegt.
Dat will ick ju seggn,
un dat is wohr:
De hebbt ehrn Lohn all weg!

Du schallst dat anners maken:

6 Wullt du mal beden,
denn gah du in din Kamer rin
un slüt ock achter di de Dör good aff!
Un denn fang an to beden to din Vader,
de di ock hörn deit,
wenn nüms di süht.
Din Vader ward dat wies
un ward di dat vergelln
in Stilln.

7 Un wenn ji beden dot,
denn rappelt nich so los,
as dat de Heiden makt!
De bild sick in, se ward erhört,
wenn se veel Wörd man makt.

8 So schüllt ji dat nich maken.
Ju Vader weet gans good,
wat ji wull nödi hebbt;
he weet dat all,
eh'r ji em beden dot.

9 So schüllt ji beden; hört mal to!
Anse Vader in'n Himmel!
Mak din Nam herrli un hillig ock bi uns!

10 Help du uns ock dorto, dat du gans unse Herr warst!
Din Will schall dörchstahn bi uns up de Eer
grad so as bi di in'n Himmel!

11 Giff uns vundag dat Brod, dat wi hüt nöbi hebbt!
12 Un denn vergiff uns unse Schulden,
    grad so as wi vergewen hebbt de Minschen,
    de uns wat schülli sünd.
13 Un help dorto, dat wi nich to Fall kamt!
    Ja, mak uns frie un redd uns vun dat Böse!
    Denn din is dat Riek un de Kraft un de Herrlikeit
    in Ewikeit. Amen!

14 Wenn ji de Minschen dat vergewen dot,
    wat se sick hebbt versehn,
    denn ward ju Vader in'n Himmel ju ock vergewen.
15 Wenn ji de Minschen awer nich vergewen dot,
    denn ward ju Vader ju ock nich vergewen,
    wat ji ju hebbt versehn.

16 Un wenn ji fasten dot,
    denn makt dat nich so as de Lüd,
    de blots Komedie speelt!
    Kiekt in de Welt nich mit en suer Gesicht!
    De Annern gaht herum mit en Gesicht,
    as harrn se gans den Kopp verlorn.
    De Lüd, de schüllt doch marken,
    dat se fasten dot.
    Dat will ick ju seggn,
    un dat is wohr:
    De hebbt ehrn Lohn all weg!

    So schüllt ji dat nich maken, nä:
17 Wenn du mal fasten wullt,
    denn salw din Kopp un wasch di dat Gesicht;
18 de Lüd brukt nich to marken,
    dat du fasten deist.
    Wes' du dormit tofreden, dat din Vader
    dat gans in Stilln süht!
    Din Vader, de dat süht, wenn ock keen Minsch dat markt —
    de ward di dat vergelln.

19 Schrapt ju keen Vermögen tosam hier up de Eer!
    Dat freet blots de Mott un de Rost up,
    un de Spitzbowen wöhlt dormang rum un nehmt dat mit.
20 Nä, sammelt ju en Vermögen in'n Himmel tohop!
    Dat freet de Mott un de Rost nich up,
    un de Spitzbowen wöhlt dat nich dörch un nehmt dat
    ock nich mit.
21 Denn wo din Vermögen is, dor is ock din Hart.
22 Dat Licht för den Liew is dat Og.
    Is din Og gesund un klor,
    denn steit ock din Liew gans un gor int Licht.

18

²³ Is din Og awer krank, denn steit ock din Liew gans un
   gor in Düstern.
   Un nu erst dat annere:
   Wenn dat Licht binnen in di nich mehr brennt,
   wo groot mag denn erst de Düsternis wesen!

²⁴ Nüms kann twee Herrn deenen.
   Nümmt he dat würkli irnst dormit, denn kann he blots
   een Deel don:
   he mutt all den Eenen hassen und den Annern lew hebbn,
   oder he mutt sick all an den Eenen gans holn un vun den
   Annern gans los maken. Ji künnt nich beides don:
   Godd un den Mammon deenen.

²⁵ Dorum segg ick ju:
   Quält ju nich mit Sorgen üm ju Lewen,
   wat ji wull eten schüllt,
   ock nich mit Sorgen üm den Liew,
   wat ji wull antrecken schüllt!

²⁶ Kiekt ju doch mal de Vagels an,
   de an'n Hewen fleegen dot!
   De sait nich un arnt nich,
   se sammelt sick ock keen Vörrat in de Schüüns.
   Un doch makt ju himmlische Vader ehr satt.
   Ji sünd doch gans wat anneres as se!

²⁷ Un wer vun ju kunn wull mit all' sin Sorgen
   sin Lewenstied ock man een Dag noch toleggen?

²⁸ Un wat sorgt ji ju üm dat, wat ji antrecken schüllt?
   Seht ju doch mal de Lilien up dat Feld an,
   wodenni se wassen dot!
   Se rackert sick nich aff,
   un spinnen dot se ock nich.

²⁹ Awer dat will ick ju seggn:
   Nich mal Salomo wär in all' sin Herrlikeit
   so smuck kleed as een vun ehr.

³⁰ Wenn nu Godd all dat Gras up de Wieschen,
   dat hüt wull noch wassen deit,
   awer morgn all in'n Backab'n to'n Böten rinsmeten ward —
   ick segg, wenn Godd dat all so smuck kleeden deit,
   schull he dat denn nich noch veelmehr so mit ju maken?
   Ach, dat ji so weni Tovertruun hebbt!

³¹ Nä, nu lat doch dat Sorgen!
   Ji schüllt nich fragen:
   Wat schüllt wi eten?
   Wat schüllt wi drinken?
   oder: Wat schüllt wi antrecken?

³² Denn up all' so wat hebbt de Heiden dat affsehn.

2*   19

Ju himmlische Vader weet doch,
dat ji düt all' nödi hebbt.
Bi ju schall dat anners wesen:
33 Ju Sorg schall to allererst wesen,
dat Godd gans de Herr ward,
un dat ji dat dot, wat he verlangn deit;
denn fallt ju düt anere all' so mit in den Schoot.
Ick segg dat noch eenmal:
34 Ji schüllt ju nich quäln un sorgen
üm dat, wat morgn kümmt!
De neegste Dag ward all för sick sülbn sorgen.
Dat is genog, dat jede Dag sin eegen Plag hett.

Dat 7. Kapitel.

1 Speelt ju nich as Richder up öwer de Annern!
Dat kunn sünst mal kamen,
dat se dat grad so mit ju makt.
2 Denn so as ji nu richden dot,
so springt se nahsten mit ju üm.
Mit dat Mat, dat ji brukt,
ward ju sülbn tometen warn.

3 Worum sühst du den Splint,
den din Broder int Og hett,
awer du markst nich,
dat di sülbn en Balk int Og sitten deit?
4 Oder: Wodenni kannst du blots to din Broder seggn:
„Töw, hol still, ick will di den Splint ut din Og trecken!"
un dorbi hest du en Balk in din eegen Og!
5 Speel di nich up!
Erst treck mal ut din eegen Og den Balk,
un denn seh mal to,
dat du den Splint ut din Broder sin Og rutkriggst!

6 Smiet dat Hillige nich de Hunn'n hen to freten,
un smiet de Parl'n nich för de Swien in'n Trog!
Sünst kunn dat so kamen,
dat se ehr mit de Föt tweipedd'
un denn up ju losgaht
un ju in dusend Stücken rief'.
7 Bed üm wat, un ji kriegt wat!
Sökt, un ji find wat!
Kloppt an, un ju ward de Dör upmakt!
Denn so is dat doch int Lewen:
8 Wer üm wat beden deit, de kriggt wat,
un wer söken deit, de find wat,
un wer ankloppen deit, den makt se de Dör up.

20

9 Oder schull dor wull een mang ju wesen,
de sin Söhn, wenn he em üm Brod beden deit,
en Steen gifft?
10 Oder, wenn he em üm en Fisch beden deit,
em en Slang gifft?
11 Wenn dat nu awer all so is,
dat ji doch wohrraffdi niks Goodes upwiesen künnt
un doch dorför sorgt, dat ju Kinner blots wat Goodes
woveel mehr ward ju Vader in'n Himmel   [kriegt —
de wat Goodes gewen.
de em beden dot! — Is't nich so?

12 Allns dat nu, wat ji vun de Minschen verlangt,
dat lat ji de Minschen ock tokamen!
Dat is allns, wat dat Gesetz un de Profeten
verlangn dot.

13 Gaht dörch de enge Port!
Denn wiet is de Port un breed is de Weg,
de in dat Verdarwen rinföhrt,
un dat gifft Veele, de düssen Weg gaht.
14 Awer eng is de Port, un smal is de Weg,
de int Lewen rinföhrt,
un dat sünd man en poor, de em find'.

15 Nehmt ju in Acht vör de Lögenprofeten!
Se makt sick an ju ran in'n Schaapspelz,
awer vun binnen ansehn sünd se Wülf,
de de Minschen in Stücken rieten dot.

16 An ehr Frucht schüllt ji wies warn,
wat för'n Lüd se sünd.
Plöckt man Wiendruwen vun'n Dornbusch
un Fiegen vun de Dießeln?
17 Grad so is dat ock mit jeden Boom.
Is he good, denn gifft he ock goode Frucht;
is he niks wert, denn bringt he ock Frucht,
de niks dögen deit.
18 Is gor nich anners mögli:
En goode Boom kann keen slechte Frucht drägen,
un en Boom, de niks dögt, kann keen goode Frucht bringn.
19 Jede Boom, de keen goode Frucht bringt,
de ward affhaut un int Füer smeten.
Is dat nich so? Also:
20 An ehr Frucht schüllt ji marken,
wat se för Lüd sünd.

21 Nich jedereen, de to mi „Herr!" seggt,
ward in dat Himmelriek kamen. Dörchut nich!

21

Nä, blots de, de ock deit,
wat min Vader in'n Himmel will.
22 Veele ward to mi seggn an'n „jüngsten Dag":
„Herr, Herr! Hebbt wi in din Nam nich wohrseggt,
in din Nam nich Düwels verjagt
un in din Nam nich veele Wunner dan?"
23 Stimmt! Un doch warr ick ehr seggn:
„Nümmer heff ick ju kennt!
Weg mit ju! Ji dot nich dat, wat Godd verlangt."

24 Jedereen, de nu düsse Wörd hört un deit,
wat se verlangt,
de kümmt mi vör as en vernünfdige Mann,
de sin Hus up Felsengrund buun dä.
25 Un denn käm de Regen,
un dat Land wör öwerswemmt,
un de Storm bruus
un full öwer dat Hus her —
awer dat full nich um;
denn de Grundmuern staht up'n Fels.
26 Un jedereen, de düsse Wörd vun mi hört
un deit nich, wat se verlangt,
de kümmt mi vör as en dösige Mann.
De buu sin Hus up Sand.
27 Un denn käm de Regen,
un dat Land stünn ünner Water,
un de Storm bruus
un full öwer dat Hus her —
un dat Hus full tosam
un allns wär in Dutt gahn.

28 As Jesus nu mit düsse Reden to Enn wär, do verschraken
sick de Lüd öwer sin Lehr; 29 denn he lehr as een, de dat Tüg
un de Vullmacht dorto harr, gans anners as de Schrift-
gelehrten.

Dat 8. Kapitel.

1 As he vun'n Barg nu wedder dalkäm, do folgten veele Lüd
mit em lang.
2 Un denn? — Süh, dor käm en Utsätzige up em to, full vör
em dal up de Knee un sä: „Herr, wenn du dat wullt, denn
kannst du mi rein maken." 3 Do reck he de Hand ut, röhr em
an un sä: „Ick will dat, du büst rein!" Un knapp harr he dat
seggt, do wär den Mann sin Utsatz weg. 4 Un Jesus sä to em:
„Seh di vör, dat du keen een dat vertellst; awer gah hen un
meld' di bi'n Preester un opfer de Gaw, de Mose vörschrewen
hett; de Lüd schüllt doch dorum wies warn, dat du rein büst!"

22

5 As he nu wedder na Kapernaum torügkäm, do käm en Hauptmann up em to un sprook em an 6 un sä: „Herr, min Deener liggt tohus bös to. He is stief un kann sick nich röhrn un hett ock dulle Wehdag'." 7 Do seggt Jesus to em: „Good, ick kam lang un will em gesund maken." 8 De Hauptmann sä: „Herr, ick bün keen Mann dorna, dat du ünner min Dack kümmst. Segg man blots een Word, denn ward min Deener all gesund! 9 Ick bün ja ock man en Minsch, de noch annere öwer sick hett. Gewiß, ick heff ock Suldaten ünner mi. Ick bruk blots to düssen to seggn: ‚Gah!', denn deit he dat, un to den: ‚Kumm!', un he is dor, un to min Deener: ‚Do düt!', un he deit dat. 10 As Jesus dat hörn dä, do wunner he sick un sä to de Lüd, de mit em lang folgen dän: „Dat is eenerlei, dat mutt ick ju seggn: Bi keen een heff ick so'n starken Glowen funn'n, nich mal in Israel! 11 Un dat will ick ju ock noch seggn: Dor ward veele vun Osten un Westen kamen un mit Abraham un Isaak un Jakob int Himmelriek to Disch sitten; 12 awer de Kinner vun dat Königriek, de dor eegentli henhört, de ward butenvör bliewen in de Düsternis. Un dor gifft dat Jammern un Tänklappen." 13 Un to den Hauptmann sä Jesus: „Nu kannst du ruhi tohus gahn. So as du dat glöwt hest, ward di dat gahn!" Un sin Deener wörr noch to düsse Stünn gesund.

14 As Jesus nu in Petrus sin Hus käm, do seeg he, dat den sin Swiegermoder to Bedd leeg un dat Fewer harr. 15 Do röhr he ehr Hand an, un dat Fewer güng hendal. So kunn se wedder upstahn, un dat duer nich lang, denn harr se den Disch updeckt un sett ehr wat to eten vör.

16 As dat nu schummeri wörr, do bröchten se Veele to em hen, de nich gans bi Trost wärn, denn se wörn vun böse Geister plagt. Un he sä man een Word, denn wärn de Geister all weg, un he mak all' de gesund, de ünner de Sük to lieden harrn. 17 So is dat indrapen, wat all dörch den Profet Jesaja seggt is: „He hett unse Krankheiten wegnahmen un unse Süken up sin eegen Schullern leggt."

18 As Jesus nu seeg, dat noch ümmer en Barg Lüd üm em rumstünn'n, do gew he den Befehl, se schulln ant anner Ower föhrn.

19 Do käm en Schriftgelehrte up em to un sä to em: „Meister, ick will mit di gahn, eenerlei, wo du ock hengeist." 20 Jesus sä to em: „De Föß hebbt ehrn Buu, un de Vagels ünnern Hewen hebbt ehr Nester; awer de Minschensöhn hett keen Städ, wo he sin Kopp dalleggn kann." 21 Do sä en annere vun sin Jüngers: „Herr, giff mi Verlöw, dat ick erst noch hengah un min Vader to Eer bring!" 22 Awer Jesus sä to em: „Nä, kumm du mit mi! Lat de Doden sülbn ehr Doden to Eer bringn!"

23

²³ Un nu güng he int Boot, un sin Jüngers föhrn mit. ²⁴ Un
dat duer gornich lang, do käm en bannige Storm hoch un wöhl
de See up, un de Bülgen slogen man so int Boot rin. He awer
leeg ruhi un sleep. ²⁵ Do maken se sick an em ran, maken em
waken un sän: „Herr, help uns doch, sünst sünd wi verlorn!"
²⁶ Do sä he to ehr: „Worum sünd ji bang? Hebbt ji awer man
en beten Tovertruen!" Un denn käm he hoch un schull up de
Bülgen un den Wind, un dat wörr gans still. ²⁷ Un wat dän
nahsten de Lüd? Se maken grote Ogen un sän: „Dat is noch
mal en Mann! Up den hört ja sogar de Windn un de See!"

²⁸ Als he nu ant anner Öwer käm, in de Gegend, wo de Ga-
darener wahnen dot, do kämen em twee Lüd in de Möt, de
harrn dat nich richdi in'n Kopp, denn se harrn ünner böse
Geister to lieden. Se kämen ut de Graffstäden un wärn gans
gefährliche Minschen. Keen een kunn sick up düssen Weg dor
lang wagen. ²⁹ Un knapp harrn se em sehn, do fungn se an to
schrien: „Du büst ja Godd sin Söhn! Wat wullt du vun uns?
Büst wull blots hierher kamen un wullt uns all vör de Tied
quäln?" —

³⁰ Nu güng tämli wiet aff en Hard vun veele Swien up de
Weid. ³¹ Do wärn de bösen Geister mit em an un sän: „Jagst
du uns rut, denn lat uns doch up de Swienshard los!" ³² He
sä to ehr: „Good! Dat künnt ji hebbn! Denn man to!" Do
güngn se aff un fulln öwer de Swien her. Un denn? Ja, nu
jag de ganse Hard den Barg hendal in'n See rin, un se ver-
sopen int Water. ³³ Un de Harders rückten ut. Un as se to
Stadt kämen, vertelln se allns un ock, wat se mit de Verrückten
bilewt harrn. ³⁴ Do güng de ganse Stadt rut un wull Jesus
bimöten, un as se em sehn harrn, do beden se em, he müch doch
ut ehr Gegend weggahn.

Dat 9. Kapitel.

¹ Nu güng he wedder int Schipp un föhr wedder röwer un
käm na sin Stadt. ² Do bröchten se to em en Mann, de läg
up'n Bett, denn he wär stief un kunn sick nich röhrn. Un as
Jesus ehr Vertruen marken dä, sä he to den Kranken: „Kopp
hoch, min Söhn, din Sünn'n sünd vergewen!" ³ Un knapp harr
he dat seggt, do dachten welke vun de Schriftgelehrten in
Stilln: „De lästert ja Godd!" ⁴ Awer Jesus seeg ehr dat all
an, wat se dachten, un sä: „Worum hebbt ji so böse Gedanken?
⁵ Wat is denn lichter to don? To seggn: ‚din Sünn'n sünd
vergewen!' oder to seggn: ‚stah up un gah los!' —? ⁶ Un nu
will ick ju wiesen, dat de Minschensöhn würkli de Vullmacht
hett, up de Eer Sünn'n to vergewen." Un dormit sä he to den
Kranken: „Stah up, nümm din Bedd up'n Nack un gah tohus!"

24

7 Un he stünn up un güng tohus. 8 As de Lüd dat seegn, maken se grote Ogen, un se löwten Godd, de so'n Vullmacht de Minschen in de Hand gewen harr.

9 As Jesus nu vun dor wiedergüng, do seeg he en Mann vör dat Tollhus sitten. De heet Matthäus. Un he sä to em: „Kumm mit mi!" Un he stünn up un güng mit.

10 As Jesus nu bi em to Gast wär, do stelln sick ock veele Lüd vun'n Toll un allerhand Sünner in un seeten mit Jesus un sin Jüngers to Disch. 11 As dat de Pharisäers wies wörrn, sän se to sin Jüngers: „Wodenni geit dat eegentli to, dat ju Meister mit de Lüd vun'n Toll un de Sünner tohop eten deit?" 12 Jesus hör dat un sä: „Wer gesund is, de brukt keen Dokder; den hebbt blots de Kranken nödi. 13 Awer gaht ji erst mal hen un lehrt dat, wat dat Word seggn will:

‚Ick will Barmhardikeit un keen Opfer!‘

Ick bün nich kamen, dat ick gerechde Lüd laden schall, wull awer ungerechde."

14 Nu kämen to em Johannes sin Jüngers un sän: „Wodenni kümmt dat, dat wi un de Pharisäers fasten dot, awer din Jüngers dot dat nich?" 15 Do sä Jesus to ehr: „Künnt wull de Hochtiedslüd fasten, so lang as de Brüdigam noch bi ehr is? De Dag' ward all kamen, wo de Brüdigam ehr wegnahmen ward, un denn hebbt se Tied genog to fasten. 16 Keen Minsch sett doch en Flick up en olles Kleed. Denn ritt dat Stück, dat insett is, an en anner Stell wedder los vun dat Kleed, un dat Lock ward noch gröter. 17 Un nüms gütt frischen Wien in olle Släuch. Sünst gaht de Släuch intwei, un de Wien ward utschütt, un de Släuch sünd nich mehr to bruken. Nä, frischen Wien gütt man in nie Släuch; denn holt se sick beide."

18 As he noch so to ehr spreken dä, do käm en Mann up em to, de in de Gemeen babenan stünn. De full vör em dal up de Knee un sä: „Min Dochder is eben storwen. Awer kumm un legg ehr din Hand up, denn ward se wedder lebenni!" 19 Do stünn Jesus up un güng mit em lang, un ock sin Jüngers folgten mit.

20 Nu wär dor en Fru, de harr all twölf Johr ünner dat Blot to lieden. De röhr liesen vun achtern den Klunker vun sin Mantel an; 21 denn se dacht in Stilln: ‚Wenn ick ock man sin Mantel anröhrn do, denn wär mi all holpen.‘ 22 Jesus dreih sick üm, un as he ehr seeg, sä he: „Kopp hoch, min Dochder, din Glow hett di redd!" Un upstunns wär düsse Fru gesund.

23 As Jesus nu in dat Hus vun den Mann käm, de in de Gemeen babenan stünn, un de Mus'kanten seeg un all' de Lüd, de keen Ruh holn kunn'n, 24 sä he: „Gaht rut! De lütt Deern is nich dot, se slöpt." Do lachen se em ut. 25 As nu de Lüd rutdrängt wärn, güng he rin, fat ehr bi de Hand, un de lütt

25

Deern stünn wedder up. [26] Un düsse Geschichte snack sick in de ganse Gegend rum.

[27] Us Jesus nu vun dor wiedergüng, folgten twee Blinde achter em ran. De schrieten un sän: „Erbarm di öwer uns, du büst ja David sin Söhn!" [28] Un as he tohus ankamen wär, kämen de Blinden to em rin. Do sä Jesus to ehr: „Glöwt ji, dat ick düt maken kann?" Se sän: „Ja, Herr!" [29] Do röhr he liesen ehr Ogen an un sä: „Good, na ju Glowen schall ju dat warn!" [30] Do kunn'n se sehn. Un Jesus bunn ehr dat up de Seel: „Seht ju vör, dat keen een dat to weten kriggt!" [31] Awer se wärn erst eben ut de Dör rut, do vertelln se dat vun em wiet un siet.

[32] Un knapp wärn se buten, do bröchten se en Minsch to em, de wär stumm, denn en böse Geist harr em in Gewalt. [33] Un as de Geist utdrewen wär, kunn de Stumme spreken. Un de Lüd wunnerten sick un sän: „Nümmer noch hett man so wat in Israel bilewt!" [34] Awer de Pharisäers sän: „In den Böwersten vun de Düwels sin Kraft drifft he de Geister ut."

[35] Un Jesus mak en Reis' dörch all' de Städte un Dörper, un he lehr de Lüd in ehr Kapelln un predig dat Evangelium vun Godd sin Riek un mak jedeneen gesund, eenerlei, wat förn Sük un Schaden he harr.

[36] Un as he nu all' de Lüd ansehn harr, do kramp sick em dat Hart tosam. Se dän em so leed, denn se wärn affschunn'n un affrackert as Schaap, de keen Harder hebbt. [37] Do sä he to sin Jüngers: „De Arnt is grot, dat fehlt blots an Arbeiders. [38] Dorüm bed doch den Herrn, den de Arnt tohörn deit, dat he Arbeidslüd up sin Koppel schickt!"

Dat 10. Kapitel.

[1] Un he reep sin twölf Jüngers to sick un gew ehr Vullmacht öwer unreine Geister. Se schulln ehr utdriewen un jede Krankheit un jede Sük heelen.

[2] Un düt sünd nu de twölf Apostels ehr Namen:
Simon, de nu Petrus heet, toirst — un den sin Broder Andreas,
Jakobus, wat Zebedäus sin Söhn is, un den sin Broder Johannes,
[3] Philippus un Bartholomäus,
Thomas un Matthäus, de an'n Toll wär,
Jakobus, wat Alphäus sin Söhn is, un Lebbäus,
[4] Simon vun Kana un Judas ut Karioth,
de em nahsten verraden dä.

[5] Düsse Twölf schick Jesus nu ut, un he lä ehr ant Hart: „Gaht nich to de Heiden, ock nich in en samaritsche Stadt! [6] Nä,

gaht to de Schaap, de vun dat Hus Israel biestergahn un verlorn fünd! [7] Un up de Reis' schüllt ji predigen: ‚Dat Himmelriek steit vör de Dör!' [8] Makt Kranke gesund un weckt Dode wedder up, makt Utsätzige rein un driewt de Düwels ut! Umsünst hebbt ji dat kreegn, ümsünst schüllt ji dat gewen! [9] Nehmt keen Gold un Sülwer un ock keen Penns mit up de Reis', [10] ock keen Tasch un ock keen twee Kleeder, keen Schoh un keen Stock; denn man at richdige Arbeidsmann is, de verdeent sick sin Kost. [11] Kamt ji rin in en Stadt oder in en Dörp, denn seht ju dorna üm, wen sin Hus wull am besten för ju passen deit, un denn bliewt dor so lang wahnen, bit dat ji affreisen dot. [12] Kamt ji in dat Hus, denn wünscht em Freden. [13] Is dat Hus dat wert, so kümmt de Freden, den ji em wünschen dot, öwer em. Sünst fallt de Freden, den ji wünscht hebbt, wedder up ju torüg. [14] Wenn ju awer een nich upnümmt un ock nich hörn will, wat ji seggn dot, denn gaht ut so'n Hus oder ut so'n Stadt glieks wedder rut un kloppt ju den Stoff vun de Föt. [15] Verlat ju dorup, wat ick seggn do: Sodom un Gomorrha ward an den Gerichtsdag beter wegkamen as so'n Stadt.

[16] Seht mal! Ick schick ju as Lammer merrn mang de Wülf. Dorum west klook as de Slangen un ohn Arg as de Duwen! [17] Nehmt ju in Acht vör de Minschen! Se ward ju vör dat Gericht slepen, un in ehr Kapelln ward se ju prügeln. [18] Ock vör Stattholer un Könige ward ji bröcht warn, wieldat ji to mi hörn dot, un dor schüllt ji vör ehr un de Heiden tügen. [19] Wenn se ju awer vör dat Gericht stellt, denn schüllt ji ju nich dorum sorgen, wodenni un wat ji reden schüllt. Dat ward ju in de Stünn ingewen, wat ji seggn schüllt; [20] denn ji sünd dat nich, de dor reden dot, dat is ju Vader sin Geist, de dörch ju reden deit.

[21] Een Broder ward den annern Broder an den Dod utlewern, un en Vader den Söhn, un Kinner ward upstahn gegen de Ollern un ehr to Dod bringn.

[22] Ji ward haßt warn vun ehr all' wegen min Nam. Awer wer bit tolezt uthölt, de ward redd warn. [23] Wenn se ju in de eene Stadt verfolgt, denn bringt ju na de anner in Seekerheit; denn dat will ick ju seggn, un dat is wohr: ji sünd noch nich gans in de Städte vun Israel rum, denn kümmt all de Minschensöhn. [24] De Jünger steit nich öwer sin Meister un de Knecht nich öwer sin Herrn. [25] För den Jünger is dat genog, wenn em dat so geit as sin Meister, un grad so steit dat mit den Knecht un sin Herrn. Hebbt se den Husherrn Beelzebub nömt, worum schulln se dat nich noch veel mehr bi de Huslüd so maken?

[26] Dorum west nich bang! Denn dor bliwt niks todeckt, dat kümmt allns an den Dag; un niks bliwt verborgen, dat ward

noch mal bekannt. ²⁷ Wat ick ju seggn do in Düstern, dat schüllt ji seggn an'n hellen Dag; un wat ju int Ohr seggt ward, dat schüllt ji predigen baben up dat Dack. ²⁸ Un west nich bang vör de Lüd! Den Liew künnt se wull dotmaken, awer de Seel künnt se nich dotslan. Nä, west bang veel mehr vör den, de Seel un Liew toschann maken kann in de Höll! ²⁹ Ward twee Spatzen nich för een Penn verköfft? Un doch fallt vun ehr keen een up de Eer, ohn' dat ju Vader dat will. ³⁰ Bi ju awer sünd sogor de Hoor up'n Kopp all' tellt. ³¹ Dorum west nich bang! Ji sünd doch noch veel mehr wert as de Spatzen. ³² Jedereen nu, de sick vör de Minschen up min Siet stellt, up den sin Siet stell ick mi ock vör min Vader in'n Himmel. ³³ Wer vun mi awer vör de Minschen niks weten will, för den sett ick mi ock nich in vör min Vader in'n Himmel.

³⁴ Glöwt jo nich, dat ick dorto kamen bün, dat ick Freden bringn schall up de Eer! Nä, ick bün nich dorto kamen, Freden to bringn, wull awer dat Swert. ³⁵ Ick bün dorto kamen, en Minsch mit sin Vader un en Dochder mit ehr Moder un en Brut mit ehr Swiegermoder ut'n een to bringn, ³⁶ un den Minschen sin Fiendn ward sin eegen Huslüd wesen. ³⁷ Wer Vader oder Moder mehr lew hett as mi, den kann ick nich bruken. ³⁸ Un wer sin Krüz nich up de Schuller nümmt un mit mi geit, den kann ick ock nich bruken. ³⁹ Wer sin Seel funn'n hett, de ward ehr verleern, un wer sin Seel verlorn hett, wieldat he mi lew hett, de ward ehr find'n. ⁴⁰ Wer ju upnehmen deit, de nümmt mi up, un wer mi upnehmen deit, de nümmt den up, de mi schickt hett. ⁴¹ Wer en Profet up en Profet sin Nam upnehmen deit, de ward en Profet sin Lohn dorför kriegn; un wer en Gerechden up en Gerechden sin Nam upnehmen deiht, de ward en Gerechden sin Lohn dorför kriegn. ⁴² Un wer een vun düsse Lütten en Beeker koles Water to drinken giwt up en Jünger sin Nam, den ward — ick segg ju dat, un verlat ju dorup — den ward sin Lohn nich verlorn gahn."

Dat 11. Kapitel.

¹ As Jesus nu sin twölf Jüngers dat ant Hart leggt un up de Seel bunn'n harr un dormit fardi wär, do güng he vun hier weg; denn he wull in ehr Städte noch lehrn un predigen. ² As Johannes nu in dat Lock seet un to hörn kreeg, wat Christus all' maken dä, do schick he dörch sin Jüngers Bott ³ un leet em fragen: „Segg mal, büst du nu de Mann, de dor kamen schall, oder möt wi afftöwen, dat noch en annere kümmt?" ⁴ Do sä Jesus to ehr: „Gaht hen un vertellt Johannes, wat ji hörn un sehn dot: ⁵ Blinde Lüd künnt wedder

sehn, lahme Lüd künnt wedder gahn, wer Utsatz hett, ward rein, wer dow is, kann wedder hörn, un Dode staht up, un arme Lüd ward dat Evangelium predigt. [6] Un glückli is de, de mi so nehmen deit, as ick bün!"

[7] As de nu affgüngn, fung Jesus an un sprook to all' de Lüd öwer Johannes. He sä: „Ji sünd hier buten na de Stepp rutkamen. Wat wulln ji sehn? En Rohr, dat vun'n Wind henun herweiht ward? Dat glöw ick nich. [8] Awer wat wulln ji denn sehn? En Mann in fine, weeke Kleeder? Dat kann ick mi ock nich denken. Düsse Slag Lüd, de fine, weeke Kleeder anhebbt, de künnt ji dor bekieken, wo de Könige ehrn Hoffholn hebbt. [9] Ja, worüm sünd ji denn rutkamen? Wulln ji en Profet sehn — ja, ick will ju dat seggn: düsse Mann is noch mehr as en Profet. [10] He is dat, vun den in de Biwel schrewen steit:

,Seht! Ick schick min Bad' di vörut.
De schall di den Weg friemaken!'

[11] Un dat will ick ju seggn: Mang de, de vun Fruen to Welt bröcht sünd, is keen een upstahn, de gröter is as Johannes. Un doch is de lüttste Mann int Himmelriek gröter as he. [12] Awer vun Johannes sin Tied an bit nu loopt se Storm gegen dat Himmelriek. Un de Lüd, de dor vörwarts störmen dot, riet dat an sick. [13] All' de Profeten un dat Gesetz hebbt de Wohrheit vörut seggt bit hen to Johannes. [14] Wenn ji dat gelt'n laten wüllt, denn künnt wi ock seggn: he is de Elias, de noch mal wedderkamen schall. [15] Wer Ohrn hett, de schall ehr upmaken!

[16] Mit wen schall ick de Lüd vun hüttodags verglieken? Se makt dat grad so as de Kinner, de up'n Marktplatz sitten dot. [17] De roopt vun de eene Siet na de annere röwer to de, de mit ehr speeln dot:

,Wi hebbt ju upspeelt, awer ji hebbt nich danzt;
wi hebbt en Graffleed sungn,
awer ji hebbt nich klagt un jammert!'

[18] Is dat nich so? Erst käm Johannes. He eet un drunk nich — do sän se: ,He hett den Düwel!' [19] Un nu käm de Minschensöhn, eet un drunk — un nu seggt se: ,Nu kiekt düssen Mann mal an! Dat is ja en Freter un Suupbütt! He hölt dat mit Tollüd un Sünner!'

Un doch hett de Weisheit sick dörchsett dörch dat, wat se tostann bröcht hett."

[20] Un denn fung he an un schull up de Städte, wo he de mehrsten Wunner dan harr; denn se harrn sick nich bekehrt. He sä:

[21]„Godd tröst di, Chorazin! Godd tröst di, Bethsaida! Harrn se in Tyrus un Sidon de Wunner bilewt, de bi ju

29

passeert sünd, denn harrn se all lang in Sack un Asch sick bekehrt! ²² Awer dat will ick ju seggn: Tyrus un Sidon ward an den Gerichtsdag beter wegkamen as ji!

²³ Un du, Kapernaum! Büst du nich bit na'n Himmel hochböhrt? Du warst dalsacken bit na de Höll! Harrn se in Sodom de Wunner bilewt, de bi di passeert sünd, denn wörr dat noch hüttodags up sin Stell stahn! ²⁴ Awer dat will ick ju seggn: Dat Land Sodom ward an den Gerichtsdag beter wegkamen as du!"

²⁵ Um düsse Tied sä Jesus:

„Vader, du büst ja de Herr öwer Himmel un Eer! Di segg ick Low un Dank dorför, dat du düt vör de kloken un vernünfdigen Lüd verborgn un dat de Lüd künni makt hest, de eegentli noch unmünnige Kinner sünd! ²⁶ Ja, Vader, so is dat din Will west!

²⁷ Allns hett min Vader in min Hand leggt.
Un keen een versteit den Söhn as blots de Vader,
un keen een versteit den Vader as blots de Söhn,
un wen de Söhn dat künni maken will.
²⁸ Kamt all' her to mi!
Wer sick affrackern mutt un en swore Last to slepen hett,
den will ick helpen, dat he sick verpusten kann.
²⁹ Nehmt min Dragt up de Schuller un lehrt vun mi,
denn ick bün sachtmödig un hol mi gern to de,
de niks gelt'n dot.
Denn kümmt ju Hart to Ruh!
³⁰ Denn min Dragt drückt nich up de Schullern,
un min Last lett sick utholn."

Dat 12. Kapitel.

¹ Domals güng Jesus an'n Sabbat öwer Feld. Un sin Jüngers harrn Hunger un fungn an, Ahrn afftorieten un dat Korn to eten. ² As de Pharisäers dat seegn, sän se to em: „Kiek mal an! Din Jüngers dot wat an'n Sabbat, wat an'n Sabbat doch verbaden is!" ³ Do sä he to ehr: „Hebbt ji nich lest, wat David dä, as he un sin Lüd hungri wärn? ⁴ Güng he do nich eenfach in Godd sin Hus, un eten se dat Brod nich up, dat up'n Altar utleggt wär? Un dorto harr he doch keen Verlöw un ock sin Lüd nich. Dat stünn doch blots de Preesters frie! ⁵ Oder hebbt ji nich lest int Gesetz, dat an'n Sabbat de Preesters in'n Tempel den Sabbat schänd' un doch sick dormit niks to Schulden kamen lat? ⁶ Ick will ju noch mehr seggn: Hier is noch wat Gröteres as de Tempel. ⁷ Wenn ji man erst dorachter kamen wärn, wat dat bedüden schall: ,Barmhardikeit will ick

hebbn un keen Opfer', denn harrn ji de Unschülligen nich ver-
dammt. [8] Denn: Herr öwer den Sabbat is de Minschensöhn."
[9] As he vun dor wieder güng, käm he in ehr Kapell.
[10] Un süh! Dor wär en Minsch, den sin Hand affstorwen
wär. Do fragten se em: „Steit dat frie, an'n Sabbat en
Minsch to heeln?" Se wulln em ja gern verklagen. [11] Do sä
he to ehr: „Schull dor wull een mang ju wesen, de en Schaap
hett un dat fallt an'n Sabbat in en Grow, de dat denn nich
wedder ruttreckt un up de Been bringt? [12] Hett en Minsch
nich veel mehr Wert as en Schaap? Seht ji wull? So steit
dat frie, an'n Sabbat Goodes to don." [13] Un nu sä he to den
Minschen: „Reck din Hand ut!" Un he dä dat, un de Hand
wär wedder torecht un grad so gesund as de anner. [14] Do
güngn de Pharisäers aff un besnacken sick öwer em; denn se
wulln em an de Siet bringn.
[15] As Jesus dat marken dä, güng he vun dor wieder. Un
veele Lüd güngn mit em, un he mak ehr all' gesund. [16] Un he
bunn ehr dat up de Seel, se schulln em nich ünner de Lüd
bringn. [17] So schull dat wohr warn, wat all dörch den Profet
Jesaja seggt is:

[18] „Süh, dat is min Knecht, den ick utwählt heff,
   den ick lew heff un an den min Seel Gefalln hett.
   Ick gew min Geist up em,
   un he schall de Völker seggn, wat recht is.
[19] He ward keen Striet un Larm maken,
   un sin Stimm ward se nich hörn up de Straaten.
[20] En Rohr, dat inknickt is, ward he nich gans tweibreken,
   un en Lamp, de noch glösen deit, ward he nich utpusten.
   Erst schall he dat so wiet bringn,
   dat dat Recht den Sieg winnt.
[21] Un up sin Nam ward de Völker ehr Höpen setten."

[22] Do wörr een to em bröcht, de wär nich gans bi Trost,
denn he wörr vun en bösen Geist plagt, un blind un stumm wär
he ock noch. Un he mak em gesund, dat de Stumme spreken un
sehn kunn. [23] Do maken all' de Lüd grote Ogen un wüssen nich,
wat se seggn schulln, un sän tolezt: „Is dat nich David sin
Söhn?" [24] As dat de Pharisäers hört harrn, sän se: „De driwt
de Düwels blots dörch Beelzebub, wat de Böwerste vun de
Düwels is, ut." [25] Awer Jesus wüß all, wat se dachten, un
sä to ehr: „Jedes Riek, dat in sick sülbn nich eeni is, geit to
Grunn. Un jede Stadt un jedes Hus, de in sick sülbn nich eeni
sünd, hebbt keen Bestand. [26] Un wenn de Satan den Satan
utdriewen deit, denn is he mit sick sülbn nich eeni. Wodenni
schull denn wull sin Riek bestahn? [27] Un wenn ick dörch Beelze-
bub de Düwels utdriewen do, dörch wen driwt denn wull ju

31

Lüd ehr ut? Dorum ward se ju Richder wesen. [28] Wenn ick awer dörch Godd sin Geist de Düwels utdriewen do, denn is dat doch klor, dat Godd sin Riek all öwer ju kamen is. [29] Oder: wodenni kann een in den starken Mann sin Hus rinkamen un sin Kram weghaln, wenn he den starken Mann nich erst anbunn hett? Denn kann he erst sin Hus utplünnern. [30] Wer nich up min Siet steit, de is gegen mi, un wer nich mit mi sammeln deit, de driwt ut'n een. [31] Dorum segg ick ju: allns, womit en Minsch sick versünnigt un lästert hett, dat ward de Minschen vergewen; aber wenn een den Geist lästert hett, denn ward em dat nich vergewen. [32] Un wenn een wat gegen den Minschensöhn seggt hett, denn ward em dat vergewen; wer awer gegen den hilligen Geist wat seggt hett, den ward dat nich vergewen, in düsse Welt nich un ock nich in de Welt, de noch kamen schall.

[33] Een Deel is blots mögli: makt den Boom good, denn is ock sin Frucht good; oder makt den Boom krank, denn is ock sin Frucht krank. Denn an de Frucht kennt man den Boom. [34] Ji Slangenbrott! Wodenni künnt ji wat Goodes seggn, wenn ji leege Minschen sünd? Denn wat int Hart babenup sitt, dat seggt de Mund. [35] De goode Minsch bringt ut de goode Schatzkamer Goodes rut, un de leege Minsch bringt ut de leege Schatzkamer wat Leeges rut. [36] Ick segg ju awer: Swer jedes leege Word, dat de Minschen seggt — öwer düt Word ward se an'n Gerichtsdag sick utwiesen un dorför instahn möten. [37] Denn ut dat, wat du seggt hest, warst du gerecht makt, un ut dat, wat du seggt hest, warst du verdammt."

[38] Do sän welke un de Schriftgelehrten un Pharisäers to em: „Meister, wi wulln gern en Wunnerteken vun di sehn." [39] Do sä he to ehr: „Dat müchen ji wull! En leeges Geslecht, dat de Eh' breken deit, verlangt en Wunnerteken! Awer dat kriggt man een Teken to sehn, un dat is den Profet Jona sin Teken. [40] Denn so as Jona in dat Deert sin Buuk dree Dag' un dree Nachtn wär, so ward de Minschensöhn deep in de Eer dree Dag' un dree Nachtn wesen. [41] De Lüd ut Ninive ward bi dat Gericht mit düt Geslecht tohop upstahn, un düt Geslecht ward vun ehr richt' warn. Denn de Lüd domals bekehrten sick, as Jona ehr predigen dä, un hier is veel mehr noch as Jona. [42] De Königin vun'n Süden ward bi dat Gericht mit düt Geslecht tohop upstahn, un se ward dat richten; den se käm vun de buterste Kant up de Eer un wull Salomon sin Wisheit hörn. Un hier is noch veel mehr as Salomo. [43] Wenn de unreine Geist vun den Minschen afflaten deit, denn geit he dörch en Land, wo keen Water is, un söcht Ruh, awer he find ehr nich. [44] Denn seggt he: ,Ick will wedder na min Hus torüggahn, vun dat ick weggahn bün.' Un wenn he denn kümmt, denn süht he, dat dat lerri is un rein- un feinmakt is. [45] Un

32

denn geit he hen un halt sick söbn annere Geister, de noch leeger
sünd as he, un denn geit he rin un sett sick dor fast. Un dat
Enn, dat so'n Minsch bilewen deit, is noch slimmer as de erste
Tied. So ward dat ock mit düt leege Geslecht gahn."
⁴⁶ As he noch to de Lüd spreken dä, do stünn'n sin Moder un
sin Bröder butenvör un wulln em spreken. ⁴⁷ Un een sä to
em: „Kiek mal, din Moder un din Bröder staht buten un wüllt
di spreken." ⁴⁸ Do sä he to den, de em dat seggt harr: „Wer
is min Moder, un wer sünd min Bröder?" ⁴⁹ Un denn reck he
de Hand öwer sin Jüngers ut un sä: „Süh, dat sünd min
Moder un min Bröder! ⁵⁰ Denn wer min Vader in'n Himmel
sin Willn deit, de is min Broder un min Swester un min
Moder!"

Dat 13. Kapitel.

¹ Un düssen Dag güng Jesus wedder ut dat Hus un sett sick
ant Öwer vun den See. ² Do sammeln sick wedder en ganse
Barg Lüd üm em, un em blew niks anners öwer, as in en Boot
to gahn un sick dor hentosetten. Dat Volk blew denn an'n
Strand stahn.
³ Un nu sä he allerhand to ehr dörch Biller un Geschichten.
So sung he an:
„Hört mal to! Dor wär mal'n Buer. De güng up dat Feld
un wull sain. ⁴ Un as he bi wär to sain, do full wat dorvun
an'n Weg lang, un de Vagels kämen ran un picken dat up.
⁵ Wat anneres full up'n steenigen Grund, wo't nich deep
Wuddel faten kunn. Un dat duer gornich lang, denn käm de
Saat all up un stünn in Halm, denn de Modereer läg man en
beten babenup. ⁶ Awer as de Sünn upgüng un höcher käm,
do wörr't verbrennt; dat harr ja keen Wuddel, un so wär't ock
bald drög. ⁷ Un noch wat anneres full mang de Dießeln, awer
as de Dießeln hochkämen, do müß dat sticken. ⁸ Un toletz full
noch wat up dat goode Land un bröcht Frucht. Hier wuß dat
hunnertste Korn, dor dat sößdigste un dor dat dördigste. —
⁹ Wer Ohrn hett, de mark sick dat!"
¹⁰ Do kämen de Jüngers to em un sä to em: „Wat hest du
dorut, dat du in Biller un Geschichten to ehr spreken deist?"
¹¹ Do antword he ehr: „Ji künnt de Geheemnisse öwer dat
Himmelriek so verstahn; de Annern künnt dat awer nich, ¹² denn
wer all wat hett, bi den kümmt wat to, dat he't in Hüll un Füll
hett. Awer wer niks hett, den ward ock dat noch affnahmen,
wat he hett. ¹³ Dorum spreek ick to ehr in Biller un Geschichten,
dat se seht un doch nich seht un hört un doch nich hört un nich
dorachter kamt. ¹⁴ So ward dat wohr, wat Jesaja all vörut-
seggt hett, wenn dat in de Biwel heeten deit:

„Hörn schüllt ji un doch nich verstahn,
sehn schüllt ji un doch nich dorachter kamen;
[15] denn düt Volk sin Hart is affstumpt,
un mit de Ohrn hört se nich good mehr,
un ehr Ogen hebbt se tomakt.
Se wüllt nich mehr sehn mit de Ogen
un wüllt nich mehr hörn mit de Ohrn,
un mit ehr Harten wüllt se niks mehr marken
un sick nich mehr bekehrn,
un so kann ick ehr nich mehr heeln."

[16] Wo glückli sünd ji, dat ju Ogen noch sehn un ju Ohrn noch hörn künnt. [17] Ick will ju wat seggn, verlat ju dorup: veele Profeten un Gerechde hebbt dorna lengt, to sehn, wat ji seht, un se kreegn dat doch nich to sehn, un to hörn, wat ji hört, un kreegn dat doch nich to hörn. [18] Un nu hört mal to, wat ick mit de Geschicht vun den Saier seggn wull:

[19] Wenn dor een dat Word vun dat Königriek hört un dat nich versteit, denn kümmt de Düwel un ritt dat wedder ut, wat in sin Hart sait wär. Vun den gelt dat Word: „Wat wär an'n Weg lang sait." [20] Un dat Word: „Wat wörr up steenigen Grund sait" — dat geit up den, de dat Word hört un't ock glieks mit Freuden upnümmt. [21] Awer dat sett keen Wuddel bi em un is nich vun Duer, un so kümmt dat gans vun sülbn so: Mutt he allerhand Not un Verfolgung utstahn, wieldat he dat Word upnehmen dä, denn fallt he um. [22] Un dat Word: „Wat wörr ünner de Dießeln sait" — dat geit up den, de dat Word wull hört, awer de Sorg un de weltlichen Saken un dat leege Geld, dat uns doch blots bedreegen deit, de bringt dat Word to'n Sticken, un dor kümmt niks na. [23] Un nu toletzt dat Word: „Wat wörr up dat goode Land sait" — dat geit up den, de dat Word hört un versteit. De driggt denn Frucht un bringt dat hunnertste Korn oder dat sößdigste oder dat dördigste."

[24] Un en anner Geschicht lä he ehr vör. He sä:
„Mit dat Himmelriek geit dat so to as mit en Minsch, de goode Saat up sin Koppel sain dä. [25] As de Lüd nu slapen dän, do käm sin Fiend, un de sai nu Unkrut mang den Weet, un denn güng he wedder aff. [26] Un as denn de Saat wassen un Korn ansetten dä, do wär ock dat Unkrut dor. [27] Do kämen de Knecht'n to'n Husherrn un sän to em: „Herr, du hest doch goode Saat up din Koppel sait. Wonem kümmt nu up eenmal dat Unkrut her?" [28] He sä to ehr: „Dat hett en Fiend dan." Do sän de Knecht'n to em: „Wat meenst du? Wär't nich dat Beste, wi gaht hen un wü't dat ut?" [29] He sä: „Jo nich! Sünst wü't ji blots mit dat Unkrut ock den Weet ut! [30] Nä, lat Beides man ruhi tohop wieder wassen bit hen to de Arnt. Un wenn't

34

so wiet is, denn segg ick to de Maihers: ‚So, nu maiht erst dat Unkrut un bind’ dat tosam, dat’t upbrennt ward, un denn bringt ock den Weet to Böd’n!‘ “

[31] Un noch en anner Bild lä he ehr vör. He sä:

„Mit dat Himmelriek geit dat so to as mit en Sempkorn, dat en Minsch nähm un in sin Land sain dä. [32] Dat is dat lüttste ünner all’ de Samenkörns, wenn’t awer erst utwussen is, denn is’t gröter as de annern Gornplanten un ward sogor en Boom, un de Vagels, de ünnern Hewen lewt, kamt un hüst in sin Tilgen.“

[33] Un denn vertell he ehr noch en Geschichte:

„Mit dat Himmelriek geit dat so to as mit en Suerdeeg. Den nähm en Fru un meng em so lang mit dree Schepel Weetenmehl, bit dat de Suerdeeg gans dörchtrocken wär.“

[34] Düt all’ sä Jesus dörch Biller un Geschichten to de Lüd, un ohn’ dat sä he niks to ehr. [35] So schull dat indrapen, wat dörch den Profet seggt is:

„Ick will min Mund updon un in Biller un Geschichten un künni maken, wat verborgn west is, [spreken solang de Welt steit.“

[36] Denn leet he de Lüd gahn un güng tohus. Un nu kämen sin Jüngers to em un sän: „Nu legg uns de Geschicht vun’t Unkrut up de Koppel mal ut!“ [37] Do sä he to ehr: „Ick meen dat so. De de goode Saat sain deit, dat is de Minschensöhn. [38] De Koppel is de Welt. De goode Saat — dat sünd de Kinner vun’t Königriek. Dat Unkrut — dat sünd den Düwel sin Kinner. [39] De Fiend, de dat sait — dat is de Düwel. De Arnt — dat is dat Enn vun de Welttied, un de Maihers sünd de Engels. [40] Un grad so, as nu dat Unkrut sammelt un mit Füer verbrennt ward, so ward’t ock togahn, wenn düsse Welttied to Enn is. [41] Denn schickt de Minschensöhn sin Engels, un de ward ut sin Königriek all’ de Halunken un Dögeniks sammeln [42] un ehr in’n Füerab’n smieten. Un dor ward dat Weenen un Tähnklappen gewen. [43] Denn ward de Gerechden so hell as de Sünn lüchten in ehrn Vader sin Riek. — Wer Ohrn hett, schall upmarken!

[44] Mit dat Himmelriek geit dat ock so to as mit en Goldklump. De wär up’n Koppel deep ingrawt, dat nüms dorvun wat affwüß. Den funn en Minsch un mak gau dat Lock wedder to, un denn güng he in sin Freud los un verköff allns, wat he harr, un köff düsse Koppel.

[45] Un noch wat. Mit dat Himmelriek geit dat ock so to as mit en Handelsmann, de na feine Parlen spikeleern dä. [46] De funn en Parl, de knapp to betaln wär, un güng aff, mak allns, wat he harr, to Geld un köfft ehr.

3*   35

[47] Mit dat Himmelriek geit dat ock so to as mit en Sleepnett, dat se int Meer smiet un mit dat se denn allerhand Fisch fangn dot. [48] Wenn dat nu vull is, denn treckt se dat an Land. Un denn sett se sick dal un sammelt de Fisch ut, un de gooden kamt in Körw, de slechten awer smiet se weg. [49] So ward dat ock togahn, wenn de Welttied to Enn is. Denn treckt de Engels ut un scheed de Bösen vun de Gerechden un smiet ehr in'n Füerab'n. Un dor gifft dat denn Weenen un Tähnklappen. [51] Hebbt ji dat nu all' verstahn?" — Se sän to em: „Ja." [52] Do sä he to ehr: „Dorum geit dat mit jeden Schriftgelehrten, de int Himmelriek to School gahn is, so as mit en Husherr, de ut sin Vörrat Nies un Olles utdeelt."

[53] As Jesus nu mit düsse Biller un Geschichten fardi wär, güng he vun dor wieder. [54] Un as he in sin Heimatstadt käm, lehr he ehr in ehr Kapell, un dat käm so wiet, dat se Mund un Oogen upsparrn dän un sän: „Wonem hett de Mann blots sin Weisheit un sin Wunnerkraft her? [55] Dat is doch den Tümmermann sin Söhn! Sin Moder heet doch Maria, un Jakobus un Josef un Simon un Judas sünd doch sin Bröder! [56] Ock sin Swestern wahnt doch all' bi uns! Wonem hett he doch blots düt all' her?" [57] Un se kunn'n dörchut nich öwer em torechtkamen. Do sä Jesus to ehr: „Narms hebbt se en Profet weniger up de Rek'n as in sin Heimatstadt un in sin eegen Familie." [58] So käm dat denn ock, dat he dor nich veele Wunner dä, denn se harrn keen Glowen.

Dat 14. Kapitel.

[1] In düsse Tied kreeg de König Herodes to hörn, wat öwer Jesus vertellt wörr. [2] Do sä he to sin Hofflüd: „Dat is de Döper Johannes! De is upstahn vun de Doden. Dat is de Grund dorför, dat de Wunnerkraft vun em utgeit."

[3] Herodes harr ja Johannes fastnahmen un in Keden leggt un achter de Tralln sett vunwegen Herodia, wat sin Broder Philippus sin Fru wär. [4] Denn Johannes harr to em seggt: „Du kannst ehr unmögli as Fru hebbn. Dat is nich recht!" [5] Un so käm dat, dat he em gor to gern an de Siet bringn wull. Awer he wär bang vör dat Volk, denn se heeln em för en Profet. [6] Do wörr sin Geburtsdag mal fiert, un Herodias ehr Dochder danz in'n Saal. Dat gefull Herodes so banni, [7] dat he ehr dat toswörn dä, he wull ehr gewen, eenerlei wat se sick ock utbeden wörr. [8] Dat leet se sick nich tweemal seggn, un wieldat ehr Moder ehr dat all in den Kopp sett harr, sä se: „Denn schall dat hier up de Stell up en Schöttel den Döper Johannes sin Kopp wesen!" [9] Dat käm Herodes nu gornich to paß, awer dat holp niks. He harr ehr dat tosworn, un all' de

Lüd, de inlad' wärn, harrn dat hört, un so gew he den Befehl, dat schull so makt warn. [10] He schick Bott un leet Johannes int Gefängnis den Kopp affhaun. [11] Un so wörr denn sin Kopp up'n Schöttel herbröcht un an de Deern utlewert, un se gew em denn an ehr Moder wieder. [12] Un sin Jüngers kämen un haln de Liek un bröchten ehr to Graff. Un denn güngn se hen un vertellten Jesus dat.

[13] As Jesus dat hörn dä, reis' he wieder un föhr in en Boot na'n eensame Stäb; denn he wull gans alleen wesen.

Awer as de Lüd dat hörn dän, güngn se to Foot ut de Städte em na. [14] Un as he sick wedder wiesen dä un de veelen Lüd seeg, do dä em dat leed üm ehr, un he mak ehr Kranken gesund.

[15] As dat nu schummeri wörr, do kämen de Jüngers to em hen un sän: „Hier is wiet un siet keen Hus, un dat is all lat worrn. Dat is beter, du lettst de Lüd nu gahn, dat se to Dörp gaht un sick wat to eten köpt!" [16] Do sä Jesus to ehr: „Dat is nich nödi. Ji künnt ehr ja man wat to eten gewen!" [17] Se sän to em: „Wi hebbt hier man blots fief Bröd un twee Fisch!" [18] Do sä he: „Denn bringt ehr mi mal her!" [19] Un denn gew he den Befehl, de Lüd schulln sick int Gras dalleggn, un he nähm de fief Bröd un twee Fisch, keek na'n Himmel rup un sprook dat Dankgebed, un denn brook he dat Brod in Stücken un gew dat an de Jüngers wieder, un de deelten dat ut an de Lüd. [20] Un all' kreegn se to eten un wörrn satt. Un denn sammelten se dat, wat vun de Stücken öwerblewen wär, tohop. Dat gew noch twölf Körw vull. [21] Un woveel harrn miteten? Um un bi fiefdusend Mann! Un dorbi sünd de Fruen un Kinner noch nich mal mitrek'nt!

[22] Glieks dorna sett he de Jüngers to, se schulln int Boot gahn un na de Güntsiet vörutföhrn. He wull denn erst mal de Lüd wegstüern. [23] Un as he de Lüd los wär, güng he up'n Barg, gans alleen; denn he wull beden. Un as dat düster wörr, wär he dor alleen.

[24] Dat Boot wär all en groten Stremel vunt Land aff un harr banni ünner de Bülgen to lieden; denn se harrn den Wind gegenan. [25] Do käm nachts üm de Klock dree Jesus to ehr un güng dorbi so öwer dat Water.

[26] As de Jüngers em so öwer dat Water gahn seegn, do verfehrn se sick un sän: „Dat is en Spök!", un se schrieten luthals, denn se wärn bang. [27] Awer he sä glieks luut to ehr: „Kopp hoch! Ick bün dat. West doch nich bang!" [28] Do sä Petrus to em: „Herr, wenn du dat büst, denn segg doch, dat ick to di henkamen schall öwer dat Water!" [29] He sä: „Kumm her!" Un Petrus kladder ut dat Boot, güng ock richdi öwer dat Water un käm hen to Jesus. [30] Awer as he den scharpen Wind spörn dä, do wörr he bang. Un as he denn int Water

37

sacken dä, do schrie he luuthals un sä: „Herr, redd mi!" ³¹ Un glieks reck Jesus de Hand ut un kreeg em fat. Un denn sä he to em: „Du hest nich veel Vertruen! Worum hest du doch twiewelt?"
³² Un denn güngn se beide int Schipp. Do lä sick de Wind.
³³ Un de Annern, de mit int Boot wärn, fulln vör em dal in de Knee un sän: „Du büst wohrrafdi Godd sin Söhn!"
³⁴ As se nu na de Güntsiet kamen wärn, do güngn se in dat Land vun Genezaret. ³⁵ Un as de Lüd dor em wies' worrn, schickten se Bott in de ganse Umgegend, un se bröchten all' de Kranken to em hen. ³⁶ Un se wärn mit em an, dat se man blots den Klunker vun sin Mantel anfaten dörbn. Un wer dat dä, de wörr gesund.

Dat 15. Kapitel.

¹ Nu kämen to Jesus vun Jerusalem Pharisäers un Schriftgelehrte un sän: ²„Wodenni kümmt dat, dat din Jüngers sick nich üm de Vörschriften kümmern dot, de wi vun de Olln all kreegn hebbt? Se wascht sick ja nich de Handn, wenn se Brod eten wüllt!" ³ Do sä he to ehr: „Worüm kümmert ji ju denn nich üm Godd sin Gebod, blots dorum, wieldat ji ju olle Vörschriften sünst noch hebbt? ⁴ Godd hett doch seggt: ‚Du schallst din Vader un Moder in Ehrn holn' Un ock düt hett he seggt: ‚Wer Vader un Moder verfluchen deit, de schall starwen!' ⁵ Awer ji seggt: ‚Wenn een to Vader oder Moder seggt: Dat schall en Opfergaw wesen, wat du vun mi as Schüllikeit verlangn kannst! — denn brukt he Vader un Moder nich in Ehrn to holn.' ⁶ Up de Wies' hebbt ji Godds Word eenfach bi Siet sett, blots, wieldat ji ju Vörschriften höcher stellt. ⁷ Ji speelt ja Komedie! Fein hett Jesaja dat doch seggt, as he öwer ju dat vörutseggn dä:

⁸ ‚Düt Volk gifft mi de Ehr mit sin Lippen,
    awer ehr Harten sünd wiet vun mi aff.
⁹ Dat nützt niks, dat se mi anbeden dot,
    denn wat se lehrn dot, sünd Vörschriften,
    de Minschen makt hebbt'."

¹⁰ Un nu reep he de Lüd to sick ran un sä to ehr:

„Hört mal to un markt ju dat: ¹¹ Nich dat, wat na'n Mund ringeit, makt den Minschen unrein; nä, awer dat, wat ut den Mund rutkümmt, dat makt den Minschen unrein." ¹² Do kämen de Jüngers ran un sän to em: „Weetst du, dat de Pharisäers sick öwer dat Word, wat se hört hebbt, argert hebbt?" ¹³ Do sä he: „Jede Plant, de min himmlische Vader nich plant hett, ward utreten. ¹⁴ Lat ehr man! Se wüllt blinde Lüd den Weg

38

wiesen? Se fünd fülbn blind! Wenn een blinde Minsch den
annern den Weg wiesen will, denn fallt se beide in'n Growen."
15 Do sä Petrus to em: „Legg uns dat Bild mal ut!" 16 He
sä: „Verstaht ji dat ümmer noch nich? 17 Begriept ji dat nich,
dat allns, wat in den Mund ringeit, in den Magen kümmt un
denn in den Darm un ward toletz wedder utscheed? 18 Awer
dat, wat ut'n Mund kümmt, dat stammt ut dat Hart. Un dat
makt den Minschen unrein. 19 Denn ut dat Hart kamt leege
Gedanken: Mord, Eh'bruch, Hurenkram, Spitzbowerie, böse
Klatscherie un Lästerkram. 20 Dat is dat, wat den Minschen
unrein makt. Awer wenn een sin Handn vör't Eten mal nich
wuschen hett — dat makt den Minschen nich unrein."
21 Bun dor mak Jesus sick up den Weg un reis' na dat Land
üm un bi Thyrus un Sidon. Un he wär noch nich öwer de
Grens — 22 do käm em all en kananitsche Fru in de Möt, de
in düsse Gegend tohus wär. De reep em all vun wieden to:
„Herr, du Davidssohn, heff Erbarmen mit mi! Min Dochder
hett banni ünnern bösen Geist to lieden." 23 Awer he sä gor-
niks dorto. Do kämen sin Jüngers an em ran un beden em:
„Seh to, dat du ehr los warst; se prahlt blots achter uns ran!"
24 Do sä Jesus: „Ick bün blots dor för de Schaap ut dat Hus
Israel, de sick verlopen hebbt un to Grunn gaht." 25 Awer dor-
mit stünn de Fru all vör em, full vör em dal un sä: „Ach,
Herr, so help mi doch!" 26 He antword ehr: „Dat hört sick doch
nich, dat man de Kinner dat Brod wegnümmt un dat de lütten
Hunn'n hensmieten deit!" 27 Do meen se: „Gans gewiß nich,
Herr! Awer dat is ock gornich nödi, denn de lütten Hunn'n
sünd all tofreden mit de Krömels, de vun ehr Herrn ehrn Disch
bitofalln dot!" 28 Do sä Jesus to ehr: „Min lewe Fru! Du hest
en starken Glowen! Din Wunsch schall erfüllt warn!" Un
richdi, dat wörr so. To desülwige Stünn wär ehr Dochder
wedder gesund.
29 Bun dor güng de Reis' wieder, un Jesus käm in de Neegde
vun den galiläischen See. Hier güng he up den Barg rup un
blew dor en Tiedlang. 30 Do kämen en Barg Lüd to em. De
harrn Lahme, Blinde, Stumme un Kröpels mitbröcht un noch
veele annere un län ehr dal to sin Föt. Un he mak ehr gesund!
31 De Lüd wunnern sick banni öwer dat, wat se to sehn kreegn!
De Stummen kunn'n spreken, de Kröpels wörrn gesund, de
Lahmen kunn'n lopen un de Blinden sehn. Un se gewen Israel
sin Godd de Ehr.
32 Do reep Jesus sin Jüngers to sick un sä: „Mi deit dat
doch leed üm de Lüd. Dree Dag' sünd se nu all bi mi un
hebbt niks to eten. Ick kann ehr doch nich hungri wedder gahn
laten. Dat will ick ock nich. Se kunn'n ünnerwegens ja meist
flau warn." 33 Do sän de Jüngers to em: „Ja, dat is allns

gans good. Awer wonem kriegt wi hier, wo wiet un siet keen
Lüd wahnt, soveel Brod her, dat wi so'n Barg Minschen satt
makt?" 34 Jesus sä: „Woveel Bröd hebbt ji?" Se sän: „Söbn,
un denn noch en poor Fisch." 35 Do sä he to all' de Lüd, se
schulln sick all' int Gras leggn. 36 Un denn nähm he de söbn
Bröd un de Fisch, sprook dat Dankgebed, deel allns in Stücken
un gew dat wieder an de Jüngers, un de deelten dat denn
wieder ut an de Lüd. 37 Un se kreegn all' wat to eten un wörrn
ock satt. Un wat noch öwer wär un noch rümliggn dä, dat
sammeln se up, un söbn Körw worrn vull. — 38 Dat wärn bi
veerdusend Mann, de to eten kregn harrn, un dorbi sünd noch
nich mal de Fruen un Kinner mitrek'nt. 39 Un denn leet he
de Lüd gahn un güng in en Boot un käm in de Gegend vun
Magadan.

Dat 16. Kapitel.

1 Do kämen de Pharisäers un Sadduzäers to em un wulln
em in Verlegenheit bringn. Se beden em, he schull ehr doch
mal en Wunnerteken vun'n Himmel her wiesen. 2 Do sä he
to ehr: „Abends seggt ji: dat Wedder ward good; denn de
Himmel is füerrod. 3 Un morgens seggt ji: hüt giwt dat Regen,
denn de Himmel is düsterrod, un de Sünn kümmt nich dörch.
Wat förn Wedder dat gifft, dat künnt ji an'n Hewen sehn,
awer wat de Tieden bedüden dot, dor kamt ji nich achter. 4 En
Geslecht, dat leeg is un vu Gobb niks weten will, dat will en
Teken sehn? Awer düt Geslecht kriggt keen anneres to sehn as
Jona sin Teken." Un denn dreih he sick üm un güng weg.

5 Us de Jüngers nu güntsiets ant Ower kämen, harrn se ver-
geten, Brod mittonehmen. Do sä Jesus to ehr: „Seht ju vör
un nehmt ju in Acht vör de Pharisäers un Sadduzäers ehrn
Suerdeeg!" 7 Do dachten se in Stilln un sän dat ock rein herut:
„Dat seggt he blots dorum, wieldat wi keen Brod mitnahmen
hebbt!" 8 Jesus mark dat wull un sä: „Ach, ji hebbt doch man en
lütten Glowen! Ji makt ju Gedanken doröwer, dat ji keen Brod
mitnahmen hebbt! 9 Sünd ji noch ümmer nich kloof worrn, un
hebbt ji gans vergeten de fief Bröd för de Fiefdusend, un wo-
veel Körw vull ji mitnahmen hebbt? 10 Un denkt ji nich mehr an
de söbn Bröd für de Veerdusend, un woveel lütte Körw vull ji
do mitnahmen hebbt? 11 Wodenni is dat doch blots mögli, dat
ji nu nich dorachter kamt, dat ick eben nich an dat Brod dacht
heff! Ji schüllt ju in Acht nehmen vör de Pharisäers un
Sadduzäers ehrn Suerdeeg!" 12 Do wörr ehr dat erst klor, dar
he nich meent harr: se schulln sick vör den Suerdeeg öwerhaupt
in Acht nehmen; nä, vör de Pharisäers un Sadduzäers ehr
Lehr — so wär dat meent.

40

13 As Jesus nu in de Gegend vun Käsarea Philippi käm, do frag he sin Jüngers: „För wen holt de Minschen den Minschensöhn?" 14 Do sän se: „Eenige Lüd holt em för den Döper Johannes, annere för Elia un noch annere för Jeremia oder sünst een vun de Profeten." 15 Do sä he to ehr: „Un ji? — För wen holt ji mi?" 16 Do sä Simon Petrus: „Du büst de Messias, den lebennigen Godd sin Söhn!" 17 Jesus sä to em: „Selig büst du, Simon, Jona sin Söhn; denn Fleesch un Blot hebbt di düt nich künni makt, dat hett min Vader in'n Himmel dan. 18 Un nu segg ock ick di: Du büst Petrus, un up düssen Fels will ick min Gemeen upbuun, un de Porten vun de Höll schüllt ehr nich ünnerkriegn. 19 Di will ick de Slötel för dat Himmelriek gewen, un wat du up de Eer fastmaken deist, dat schall in'n Himmel fastmakt bliewen, un wat du up de Eer uplösen deist, dat schall in'n Himmel uplöst bliewen." 20 Denn awer bunn he de Jüngers dat up de Seel, se schulln jo keen een wat dorvun seggn, dat he de Messias is.

21 Vun düsse Tied an fung Jesus Christus an, sin Jüngers to wiesen, dat he müß na Jerusalem gahn un veel lieden vun de Ollerlüd un de Hochenpreesters un Schriftgelehrten un starwen un an den drüdden Dag wedder upstahn. 22 Do nähm Petrus em bi Siet un sett em to un sä: „Herr, Godd bewohr di dorför! Blots dat nich!" 23 Do dreih Jesus sick üm un sä to Petrus: „Weg mit di, Satan! Torüg mit di! Du wullt mi to Fall bringn; denn du denkst nich so, as Godd dat hebbn will, nä, du denkst so, as Minschen dat dot." 24 Un denn sä Jesus to sin Jüngers: „Wer mit mi gahn will, de schall allns upgewen un gornich mehr an sick sülbn denken un denn sin Krüz up de Schuller nehmen un mit mi gahn. 25 Wer sin Lewen reddn will, de schall dat verleern; wer sin Lewen för mi insett un verleert, de ward dat find'n. 26 Denn wat harr wull de Minsch dorvun, wenn he de ganse Welt winn'n dä, awer dorbi mit sin Seel to Schaden kümmt? Oder wat kunn he wull dorför utgewen, dat he man blots sin Seel wedderkriggt? 27 Denn de Minschensöhn ward in sin Vader sin Herrlikeit tohop mit sin Engels kamen, un denn ward he jedeneen vergelln na dat, wat he dan hett. 28 Ji künnt ju up dat verlaten, wat ick nu seggn do: dor sünd eenige mang de, de nu hier staht, de ward den Dod nich eh'r to smecken kriegn, as bit dat se den Minschensöhn kamen seht as König in sin Herrlikeit."

Dat 17. Kapitel.

1 Na söß Dag' nähm Jesus Petrus un Jakobus un Johannes, wat Jakobus sin Broder wär, mit rup na'n hochen Barg, wo se gans alleen wärn. 2 Un he wörr vör ehr Ogen verwandelt.

41

Sin Gesicht lücht' so hell as de Sünn, un sin Kleeder wärn
so witt, as wenn dat Licht dorup schienen deit. [3] Un denn?
Een schull dat nich för mögli holn: do wärn up eenmal Mose
un Elia to sehn, de sproken mit em. [4] Do sä Petrus to Jesus:
„Herr, dat is good, dat wi hier sünd. Wenn du dat wullt,
denn buu ick hier dree Telten, een för di un een för Mose un
een för Elia." [5] Awer knapp harr he dat seggt, do lä sick en
helle Wulk öwer ehr as en Schatten. Un denn? Denn leet sick
en Stimm ut de Wulk hörn, de sä: „Düt is min lewe Söhn,
an den ick min ganse Freud heff. Hört up em!" [6] As de
Jüngers dat hört harrn, do fulln se up de Knee un kreegn dat
banni mit de Angst. [7] Do käm Jesus to ehr hen un stött ehr
liesen an un sä: „So, nu staht up, un west nich bang!" [8] Un
as se den Kopp in de Höch nähmen un üm sick kieken dän, do
seegen se nüms mehr as Jesus alleen.

[9] As se nu vun den Barg wedder dalsteegen, do bunn Jesus
ehr dat up de Seel: „Seggt to keen een vun dat, wat ji bilewt
hebbt, ehr de Minschensöhn vun de Doden upstahn is!" [10] Do
fragten sin Jüngers em: „Wodenni künnt nu de Schrift-
gelehrten seggn, dat Elia erst noch kamen mutt?" [11] He sä:
„Gewiß, Elia kümmt un ward allns in de Reeg bringn. [12] Ja,
ick will ju noch wat seggn: Elia is all kamen, awer se sünd
em nich wies worrn un hebbt mit em makt, wat se wulln. So
ward ock de Minschensöhn vun ehr to lieden kriegn." [13] Do
kämen de Jüngers dorachter, dat he mit dat, wat he to ehr
seggn dä, den Döper Johannes meenen dä.

[14] As se nu to dat Volk torügkämen, do käm en Mann up
em to, full vör em dal up de Knee [15] un sä: „Herr, erbarm di
öwer min Söhn! De is maandsüki, un dat makt em ümmer
veel Not; denn männimal fallt he int Füer, männimal ock
int Water. [16] Ick heff em all to din Jüngers henbröcht, awer
de kunn'n mit em niks anfangn un em nich gesund maken."
[17] Do sä Jesus: „O, düt verdreite Geslecht, dat keen Glowen
hett! Wo lang schall ick noch bi ju wesen? Wo lang schall
ick mi noch mit ju affquäln? Bringt mi em hierher!" [18] Un nu
drauh Jesus em. Do leet de böse Geist em in Ruh. Un de
Jung wär vun düsse Stünn an gesund. [19] Do kämen de Jüngers
to Jesus, as he för sick alleen wär, un sän: „Wodenni kümmt
dat eegentli, dat wi den Geist nich utdriewen kunn'n?" [20] He
sä to ehr: „Ji hebbt ja so weni Tovertruen! Denn gans gewiß
— dat will ick ju seggn —: wenn ji Glowen hebbt, so grot as
en Sempkorn, denn seggt ji to düssen Barg: Gah vun hier
dor hen!, un he deit dat, un niks ward för ju unmögli wesen."

[22] As se denn tohop in Galiläa rümwannern dän, sä Jesus
to ehr: „De Minschensöhn mutt in Minschenhandn utlewert

42

warn, ²³ un se ward em dotmaken, un an den drüdden Dag
ward he wedder upweckt warn." Do wörrn se heel truri.
²⁴ As se nu wedder na Kapernaum kämen, do maken sick de
Lüd, de de Tempelstüer insammeln dän, an Petrus ran un sän:
„Segg mal, betalt ju Meister eegentli keen Tempelstüer?" ²⁵ He
sä: „Ja, dat deit he." As he nu in sin Hus käm, sä Jesus
glieks to em: „Simon, wat meenst du? Bun wen nehmt de
Könige up de Eer Toll oder Stüern? Bun ehr eegen Lüd oder
vun de Frömden?" ²⁶ Un as Petrus sä: „Bun de Frömden",
do sä Jesus to em: „denn sünd de eegen Lüd stüerfrie. ²⁷ Awer
wi wüllt ehr nich argern. Dorum gah an dat Water, smiet
en Angel ut un treck den ersten besten Fisch, de dor anbieten
deit, hoch! Un wenn du em dat Mul upmaken deist, denn warst
du en Geldstück find'n. Dat nümm denn un giff ehr dat för
mi un för di!"

Dat 18. Kapitel.

¹ Um düsse Stünn kämen de Jüngers to Jesus un sän: „Wer
mag wull de Gröttste wesen int Himmelriek?" ² Do reep he
en Kind to sick ran, stell dat merrn mang ehr hen ³ un sä:
„Gans gewiß, ick segg ju dat: Wenn ji nich ümkehrt un so as
de Kinner ward, denn kamt ji nich int Himmelriek rin. ⁴ Wer
nu so ring vun sick holn deit as düt Kind, de is de Gröttste
int Himmelriek. ⁵ Un wer een so'n Kind bi sick upnümmt in
min Nam, de nümmt mi sülbn up. ⁶ Wer awer een vun düsse
ringen Lüd, de an mi glöwen dot, to Fall bringt, de hett dat
verdeent, dat em en grote Möhlsteen üm den Hals leggt ward
un he wiet buten int Meer versacken deit. Godd tröst de Welt
vunwegen dat Böse, dat se anrichten deit! ⁷ Gewiß: böse Saken
möt ja kamen. Dat is nu mal so. Awer Godd tröst den
Minschen, dörch den so wat anrörrt ward! ⁸ Kann din Hand
oder din Fot di to Fall bringn, denn hau ehr aff un smiet ehr
weg! Dat is beter för di, wenn du lahm int Lewen ringeist
oder as Kröpel, as wenn du mit beide Handn oder beide Föt
int ewige Füer smeten warst. ⁹ Un wenn din Og di to Fall
bringn kann, denn riet dat ut un smiet dat weg! Dat is beter
för di, dat du man mit een Og int Lewen ringeist as wenn du
mit twee Ogen in de Füerhöll smeten warst. ¹⁰ Seht to, dat
ji nich een vun düsse Lütten öwer de Schullern ansehn dot!
Denn dat segg ick ju: ehr Engels in'n Himmel seht alltieds
min Vader in Himmel int Og. — ¹² Wat dünkt ju? Wenn en
Mann hunnert Schaap tohörn dot un em een dorvun weg-
kümmt, lett he de negn un negndi denn nich in de Bargen

43

ruhi wiederlopen un geit hen un föcht dat, wat sick verlopen
hett? [13] Un wenn he dat denn glückli funn'n hett — ganz gewiß,
ick segg ju dat — denn freut he sick mehr öwer düt eene
as öwer de negn un negndi, de sick nich verlopen harrn. [14] So is
dat ock nich ju Vader in'n Himmel sin Will, dat een vun düsse
Lütten verlorn geit.

[15] Wenn din Broder sick versünnigen deit, denn gah hen un
hol em dat ünner veer Ogen vör. Hört he up di, denn hest
du din Broder sin Hart wunn'n. [16] Hört he awer nich up di,
denn nümm noch een oder twee mit; denn jede Sak steit erst
ganz fast, wenn twee oder dree Tügen dorbi west fünd. [17] Hört
he ock nich up de, denn bring dat in de Gemeen vör. Hört he
ock nich up de Gemeen, denn schall he för di niks wieder be-
düden as de Heid un de Mann vun'n Toll.

[18] Gans gewiß, ick segg ju dat: wat ji up de Eer fastmakt,
dat schall fastbliewen in'n Himmel, un wat ji up de Eer uplösen
dot, dat schall in'n Himmel uplöst bliewen.

[19] Un noch wat will ick ju seggn: Wenn twee vun ju sick
up de Eer üm en Sak, üm de se beden wüllt, eeni ward, denn
ward ehr dat vun min Vader in'n Himmel schenkt warn.
[20] Denn wo twee oder dree in min Nam tohop fünd, dor bün
ick merrn mang."

[21] Do käm Petrus to em un sä: „Herr, wenn min Broder
sick gegen mi versünnigt, woveel Mal mutt ick em denn ver-
gewen? Is söbn Mal genog?" [22] Jesus sä to em: „Söbn Mal?
Nä, ick will di dat seggn: nich söbn Mal, awer söbndi mal
söbn Mal! [23] Dorum geit dat int Himmelriek so to as bi en
König, de mit sin Lüd affrek'n wull. [24] Us he nu anfung un
affrek'n dä, do wörr em een vörföhrt, de wär em söbndi Milli-
onen Mark schülli. [25] Awer he kunn nich betaln. Dorum leet de
Herr em verköpen un sin Fru un sin Kinner un sin gansen
Kram, denn he wull to sin Geld kamen. [26] Awer do full de
Knecht vör em dal vör sin Föt un sä: „Ach, heff Geduld mit
mi, ick will di allns betaln!" [27] Dat güng denn Herrn dörch
un dörch, un he harr Erbarmen mit sin Knecht. He leet em
frie un schenk em sin Schuld dorto. [28] Us düsse Knecht nu
rutkäm, do käm em een vun de annern Knecht'n in de Möt,
de wär em söbndi Mark schülli. Up den güng he dal, greep
em an'n Hals un sä: „Betal mi up de Stell, wat du mi schülli
büst!" [29] Do full de Knecht, de mit em tohop deenen dä, vör
em dal un sä: „Ach, heff Geduld mit mi, ick will di dat betaln!"
[30] He awer wull dat nich, un he güng aff un leet em insparrn,
bit dat he sin Schuld betalt harr. [31] Us dat nu de annern
Knecht'n seeg'n, do dä ehr dat banni leed, un se güngn to ehrn
Herrn un vertellten em de Geschichte. [32] Do leet sin Herr em

44

kamen un sä: „Du büst ja en gans leegen Kirl! Din ganse
Schuld heff ick di schenkt, wieldat du so beden däst. ³³ Harrst
ou di nu nich ock erbarmen müßt öwer den annern Knecht,
grad so as ick dat mit di makt heff?" ³⁴ Un sin Herr wörr dull
un leet em insparrn in de Fulterkamer, bit dat he allns be-
talt harr.
³⁵ Grad so ward min himmlische Vader dat mit ju maken,
wenn ji nich jedereen sin Broder vun Harten vergewen dot."

Dat 19. Kapitel.

¹ Als Jesus nu mit düsse Reden fardi wär, mak he sick vun
Galiläa wedder up de Reis' un käm in dat Land vun Judäa,
dat güntsiets vun'n Jordan liggt. ²Un en ganse Barg Lüd
folgten mit em lang, un he mak ehr dor gesund.
³ Nu kämen Pharisäers to em, de wulln em up de Prow
stelln un sän: „Steit dat frie, dat een sin Fru up jeden Fall
gahn laten dörf? ⁴ Do sä he: „Hebbt ji nich lest, dat de, de,
allns makt hett, vun Anfang an de Minschen as Mann un Fru
makt hett? ⁵ Un hett he nich seggt: „Dorum ward de Minsch
vun Vader un Moder affgahn un sick mit sin Fru tohop don,
un se ward beide een Liew un een Seel warn'? ⁶ So sünd
de Beiden nich mehr twee, nä, nu sünd se man een Liew.
Dorüm schall de Minsch nich scheeden, wat Godd tosamfögt
hett." ⁷ Do sän se to em: „Worum hett Mose denn awer an-
ord'nt, dat een en Breef up Scheedung schriewen un denn sin
Fru gahn laten schall?" ⁸ Do sä he to ehr: „Dat is doch klor:
Mose hett ju blots Verlöw gewen, ju Fru gahn to laten, wiel-
dat ju Harten hart sünd as Steen. Awer vun Anfang an is
dat nich so west. ⁹ Un dat will ick ju seggn: wer sin Fru gahn
lett, un dat handelt sick nich üm Hurenkram, un denn en anner
Fru heiraten deit, de brickt de Eh". ¹⁰ Do sän de Jüngers
to em: „Wenn dat so steit mit Mann un Fru, denn is dat
Heiraten niks wert." ¹¹ Do sä he to ehr: „Nich all' künnt se
düt Word faten, dat mutt een all schenkt warn. ¹² Denn dat
gifft Minschen, de vun Natur ehr Mannskraft nich hebbt;
so sünd se all to Welt kamen. Un dat gifft Lüd, de hebbt ehr
Mannskraft nich mehr, wieldat ehr de Kraft vun Minschen
affnahmen is, un dat gifft Minschen, de hebbt ehr Manns-
kraft nich mehr, wieldat se vunwegen dat Himmelriek sick sülbn
so makt hebbt. Wer dat faten kann, de mag dat don!"
¹³ Nu bröchten se lütte Kinner to em hen. He schull ehr gern
de Handn upleggn un för ehr beden. Awer de Jüngers schulln
up ehr. ¹⁴ Do sä Jesus: „Lat doch de Kinner in Ruh un holt
ehr nich torüg! Lat ehr herkamen! Denn düsse Slag hört dat

45

Himmelriek to." [15] Un denn lä he ehr de Handn up un reis' wieder.

[16] Nu käm een up em to un sä: „Meister, wat mutt ick Goodes don, dat ick ewiges Lewen krieg?" [17] He sä to em: „Worum fragst du mi na dat Goode? Een is blots good. Wenn du to dat Lewen ingahn wullt, denn hol de Gebode!" [18] Do sä he to em: „Wat för welke?" Jesus sä: „Du schallst nich dotslan, du schallst de Eh' nich breken, du schallst nich stehln, du schallst öwern annern niks seggn, wat nich wohr is, [19] du schallst din Vader un din Moder in Ehrn holn un: du schallst din Nawer grad so lew hebbn as di sülbn!" [20] Do sä de junge Mann to em: „Dat heff ick all' holn! Ick wüß nich, wat mi noch fehln schull." [21] Do sä Jesus to em: „Wullt du vullkamen wesen, denn gah nu hen un verköp, wat du hest, un giff dat an de armen Lüd, denn warst du en Schatz in'n Himmel hebbn, un denn kumm mit mi!" [22] As de junge Mann dat awer hört harr, do güng he aff un wär heel truri; denn he harr veel, veel Geld. [23] Nu sä Jesus to sin Jüngers: „Gans gewiß, ick segg ju dat: Dat hölt doch swor, dat en rieke Mann int Himmel= riek rinkümmt. [24] Un ick segg ju noch mal: En Kamel kümmt noch lichter dörch en Nadelöhr, as dat en rieke Mann int Himmelriek kümmt." [25] As de Jüngers dat hörn dän, do ver= schraken se sick banni un sän: „Ja, wer kann denn redd warn?" [26] Do keek Jesus ehr irnst an un sä to ehr: „Bi Minschen is dat nich mögli, awer bi Godd is allns mögli." [27] Do sä Petrus to em: „Hör mal to! Wi hebbt allns upgewen un sünd mit di gahn. Wat kriegt wi nu dorför?" [28] Do sä Jesus to ehr: „Ver= lat ju dorup, wat ick ju seggn do: Gewiß, ji sünd mit mi gahn, un ji ward denn, wenn allns nie ward un wenn de Minschen= söhn up sin herrlichen Tron sitten deit, ock sülbn up twölf Tronen sitten un öwer de twölf Stämm vun Israel Gericht holn. [29] Un jedereen, de Hus oder Bröder oder Swestern oder Vader oder Moder oder Kinner oder Hoff un Koppeln wegen min Nam upgewen hett, de ward't riekli betalt kriegn un ewiges Lewen as Arwdeel dorto. [30] Awer Veele, de de Ersten sünd, ward Letzte warn, un de, de Letzte sünd, ward Erste warn.

Dat 20. Kapitel.

[1] Schall ick ju seggn, wat dat mit dat Himmelriek up sick hett? — Hört mal to!

Dor wär mal en Mann, de harr Hus un Hof. De güng eens Morgns all fröh los un wull sick Arbeitslüd för sin Wien= barg annehmen. [2] Un dat duer ock gor nich lang, do wär he mit de Arbeiders eeni. Jedereen schull een Daler as Daglohn hebbn. Un he schick ehr na'n Wienbarg. [3] So hen to de Klock

negn wär he wedder to gangn, un he seeg annere Lüd up'n
Marktplatz stahn, de harrn ock keen Arbeid. 4 Do sä he to ehr:
„Ji künnt ock na'n Wienbarg gahn. Ji schüllt örb'ntli betalt
kriegn." 5 Un se güngn aff. Un denn güng he noch mal los,
so üm Middag un hen to de Klock dree, un mak dat grad so.
6 As he nu ock noch üm de Klock fief mal lang güng, do funn
he noch wedder welke, de ock so rumstünn'n un niks to don
harrn. Un he sä to ehr: „Worüm staht ji hier den ganßen Dag
denn so rüm un röhrt keen Handn un Föt?" 7 Se sän: „Nüms
hett uns annahmen." „Good," sä he, „denn künnt ji ock na'n
Wienbarg gahn."

8 As dat nu Fierabend wörr, do sä de Herr vun'n Wienbarg
to sin Verwalter: „So, nu lat mal de Arbeiders rankamen
un betal den Lohn ut. Fang bi de Letzten an un hol bi de
Ersten up. 9 So kämen denn ock richdi toirst de an de Reeg,
de to de Klock fief anfungn harrn, un jedereen kreeg een Daler.
10 Nu spitzten sick de toirst kamen wärn, dorup, dat se mehr
kriegn wörrn. Awer nä, se kreegn ock man een Daler. 11 Un
as se dat Geld insteken harrn, do fungn se an to knurrn öwer
den Arbeidsherrn 12 un sän: „Dat kann doch nich angahn! Düsse
Lüd sünd erst ganß toletz kamen un hebbt man een Stünn wat
dan, un de behandelst du grad so as uns!? Wi hebbt uns
doch den ganßen Dag suer dahn un in de Hitten uns affrackern
müßt!" 13 Do sä he to een vun ehr: „Min goode Mann, ick
do di doch keen Unrecht! Heft du nich en Daler mit mi aff-
makt? 14 Nümm din Geld un gah aff! Düt is doch ganß un
gor min goode Will. Düsse letzte Mann schall nu mal dat-
sülwige hebbn as du! 15 Steit mi dat nich frie? Ick kann doch
wull mit dat, wat mi tohörn deit, maken, wat ick will? Oder
kannst du dat nich ansehn, dat ick dat good meenen do? 16 So
is dat: de Letzten ward toirst kamen un de Ersten toletz. Un
dorbi bliwt dat!"

17 As Jesus nu na Jerusalem reisen wull, nähm he de Twölf
bi Siet un sä to ehr ünnerwegens: 18 „Seht, wi gaht nu na
Jerusalem, un de Minschensöhn ward an de Hochenpreesters
un Schriftgelehrten utlewert, un se ward em to'n Starwen ver-
ordeeln 19 un em an de Heiden utlewern, dat se em verspott'
un prügelt un ant Krüz slat, un an'n drüdden Dag ward he
wedder upweckt warn.

20 Nu käm to em de Moder vun Zebedäus sin Söhns mit ehr
Söhns, full vör em dal up de Knee un bed wat vun em. 21 Do
sä he to ehr: „Wat wullt du vun mi?" Se sä: „Segg doch,
dat düsse beiden, de min Söhns sünd, een an din rechde un een
an din linke Siet in din Riek ehrn Platz hebbn schüllt!" 22 Do
sä Jesus: „Ji weet gornich, worüm ji mi beden dot. Künnt
ji den Kelch drinken, den ick drinken mutt?" Se sän to em:

47

„Ja, dat künnt wi!" [23] Do seggt he to ehr: „Min Kelch schüllt ji allerdings drinken, awer den Platz to min rechde un linke Hand antowiesen, is nich min Sak, dat hebbt de to don, de min Vader dorto bestimmt hett." [24] Als de Twölf dat hört harrn, do wärn se up de beiden Bröder nich good to spreken. [25] Nu reep Jesus ehr to sick un sä: „Ji weet, dat de, de öwer de Heiden de Herrn sünd, ehr ünner Kusch holt un dat de Groten mit ehr dot, wat se wüllt. [26] So schall dat bi ju nich wesen. Nä, wer ünner ju groot wesen will, de schall ju Deener wesen, [27] un wer ünner ju de Erste wesen will, de schall ju Knecht wesen. [28] Grad so is ja ock de Minschensöhn nich dorto kamen, dat he sick bedeenen laten schall, nä, he schall deenen un mit sin Lewen veele losköpen."

[29] Als se nu vun Jericho wiederreisen dän, folgten en ganse Barg Lüd mit lang. [30] Un nu kiek mal! Twee Blinde seeten an'n Weg. Als de nu hörn dän: „Jesus geit vörbi!", do fungn se an to schrien un sän: „Herr, du büst ja David sin Söhn, heff doch Erbarmen mit uns!" [31] Awer de Lüd drauhten ehr, se schulln doch swiegen. Se awer schrieten noch luuter: „Herr, du büst ja David sin Söhn, heff doch Erbarmen mit uns!" [32] Do blew Jesus stahn, reep ehr to sick un sä: „Wat hebbt ji denn up dat Hart? Wat schall ick denn mit ju anstelln?" [33] Do sän se: „Herr, sorg doch dorför, dat wi sehn künnt!" [34] Dat güng Jesus dörch un dörch, un he röhr ehr Ogen an, un glieks kunn'n se sehn. Un se folgten ock mit em lang.

Dat 21. Kapitel.

[1] Als se nu neeg bi Jerusalem wärn un bi Bethphage an den Ölbarg kämen, do schick Jesus twee Jüngers vörut [2] un sä to ehr: „So, nu gaht in dat Dörp, dat ji vör ju liggn seht! Dor find't ji up'n ersten Blick en Esel. De steit anbunn'n un dat Fahl dorto. De schüllt ji losmaken un herbringn. [3] Un schull ju een wat seggn, denn seggt man to em: ‚De Herr will ehr bruken.' Denn is dat so good."

[4] Düt müß ja so kamen; denn dat Word, dat de Profet seggt hett, schull indrapen. Un dat heet:

[5] „Seggt doch de Dochder Zion an:
Süh, din König kümmt to di;
sanftmödi is he,
un up'n Esel deit he rieden.
Ja, up en junges Fahl sitt he!"

[6] Do güngn de Jüngers los un makten dat so, as Jesus ehr dat seggt harr. [7] Un so kämen se denn mit den Esel un dat

Fahl an. Un denn län se ehr Tüg babenup, un he sett sick dorup. [8] Un veele Lüd breeden ehr Kleeder ut öwer'n Weg. Annere halten Tilgen vun de Böm dal un streuten dat Gröne öwer de Straat. [9] Un all' de Lüd, de vörut güngn un mit em lang folgten, de reepen luut:

> „Heil, dat is ja David sin Söhn!
> Godd seg'n den Mann,
> de in den Herrn sin Nam kümmt!
> Heil bit na'n Himmel rup!"

[10] Un as he nu na Jerusalem rinrieden dä, do käm de ganse Stadt in de Been, un se sän: „Wer is dat?" [11] De Lüd awer sän all: „Dat is de Profet Jesus ut Nazareth in Galiläa."

[12] Un nu käm Jesus na'n Tempel rin un jag all' de Kooplüd un de, de wat köpen wulln in'n Tempel, rut; un de Dischen vun de Lüd, de dat Geld wesseln dän, stött he üm un ock de Stöhl vun de Lüd, de de Duwen verköpen dot, [13] un he sä to em: „In de Biwel steit: Min Hus schall en Bedhus nömt warrn, ji awer makt dat to'n Räuwerhöhl!"

[14] Un nu kämen to em in'n Tempel Blinde un Lahme, un he mak em gesund. [15] As nu de Hochepreesters un de Schrift-gelehrten de Wunner seegen, de he dä, un de Kinner, de in'n Tempel ropen dän: „Heil för David sin Söhn!", do wörrn se ärgerli [16] un sän to em: „Hörst du, wat de seggt?" Do sä Jesus to ehr: „Ja, hebbt ji nich in de Biwel lest: ,Du hest dorför sorgt, dat de lütten Kinner un de Unmünnigen di löwen dot!' —?" [17] Un denn leet he ehr stahn un güng buten de Stadt na Bethanien un blew dor to Nacht.

[18] Gans fröh güng he denn wedder to Stadt, un he harr Hunger. [19] Do seeg he an'n Weg en Fiegenboom un güng up em to. Awer he funn an em niks wieder as Bläder. Do sä he to den Boom: „Nümmermehr schall an di in alle Ewigkeit en Frucht wassen!" Un up de Stell drög de Fiegenboom ut. [20] As de Jüngers dat seegen, wunnerten se sick un sän: „Wo-denni is dat mögli, dat de Fiegenboom up de Stell verdrögt is?" [21] Do sä Jesus to ehr: „Gans gewiß, ick segg ju dat: Wenn ji Glowen hebbt un nich twieweln dot, denn stellt ji nich blots so wat mit den Fiegenboom up, nä, denn seggt ji ock to düssen Barg: ,Kam hoch un smiet di int Meer!' un dat kümmt so. [22] Un wenn ji mit Tovertruen beden dot, denn kriegt ji allns, worüm ji beden dot."

[23] As he nu na'n Tempel rinkäm un lehrn dä, kämen de Hochepreesters un de Ollerlüd ut dat Volk to em hen un sän: „In wat för'n Vullmacht deist du dat? Un wer hett di düsse Vullmacht gewen?" [24] Do sä Jesus to ehr: „Nu will ick ju erst mal wat fragen, man een Deel. Un wenn ji mi dat seggn dot,

denn segg ick ju ock, ut wat för'n Bullmacht ick düt do. ²⁵ Seggt mal: Wonem käm Johannes sin Döp her? Ut'n Himmel oder vun Minschen?" Do dachten se in Stilln: „Wenn wi seggt: ‚ut'n Himmel‘, denn seggt he to uns: ‚Worum hebbt ji em denn nich glöwt?‘ ²⁶ Seggt wi: ‚vun Minschen‘, denn kriegt wi dat mit de Lüd to don; denn se holt Johannes all' för'n Profet." ²⁷ Dorum sän se to Jesus: „Wi weet dat nich." Do sä he to ehr: „Denn segg ick ju ock nich, in wat för'n Bullmacht ick düt do. ²⁸ Un nu will ick ju wat vertelln. Wat dünkt ju dorto? En Mann harr twee Söhns. He güng to den ersten hen un sä: „Min Jung, gah hen un arbeid hüt in'n Wienbarg!" ²⁹ De sä: „Ja, Herr, dat ward makt!" Awer he güng nich hen. ³⁰ Do güng de Bader to den annern hen un sä datsülwige to em. De sä: „Nä! Dat paßt mi nich!" Nahsten awer dä em dat leed, un he güng doch hen. — ³¹ Wer vun de beiden hett nu dan, wat de Bader verlangt harr?" Do sän se: „De tweete." Do sä Jesus to ehr: „Verlat ju dorup, wat ick nu seggn do: De Lüd vun'n Toll un de Hurenwiewer kamt eh'r in Godd sin Riek as ji. ³² Denn Johannes käm to ju up den Weg, bi den sick dat üm de Gerechdikeit handelt, un em hebbt ji nich glöwt. Awer de Lüd vun'n Toll un de Hurenwiewer, de hebbt em glöwt. Awer ju hett dat, as ji dat seegn, nahsten nich leed dan, un ji hebbt em ock denn nich glöwt. ³³ Un nu will ick ju noch en annere Geschichte vertelln. Hört mal to! Dor wär mal en Mann, de harr Hus un Hoff. De plant en Wienbarg an un mak en Tuun dorum un leet dorin en Kuhl utmuern un buu en Torm dorto. An denn gew he em an Buern aff un güng up de Reis'. ³⁴ As nu de Wiendruwenarnt vör de Dör stünn, do schick he sin Knecht'n to de Buern hen, de schulln de Wiendruwen haln, de em tohörn dän. ³⁵ Awer do kreegn de Buern sin Knecht'n fat; de eene kreeg en Dracht Prügel, den annern maken se dot, un den drüdden smeten se dot mit Steen. ³⁶ Do schick he noch mal anner Knecht'n, un dat wärn mehr as dat erste Mal, awer mit ehr maken se dat grad so. ³⁷ Toletz schick he to ehr sin Söhn hen; denn he dacht': ‚Vör min Söhn ward se sick doch wull in Acht nehmen.‘ ³⁸ Awer as de Buern den Söhn seegn, do sän se bi sick sülbn: Dat is de Arw. Töw! Den wüllt wi dotmaken; denn kriegt wi sin Arwdeel! ³⁹ Un se kreegn em fat un smeten em ut den Wienbarg rut un maken em dot. — ⁴⁰ Wat meent ji nu? Wat ward nu de Herr vun'n Wienbarg wull mit de dore Buern maken, wenn he vun de Reis' torügkümmt?" ⁴¹ Do sän se to em: „Dat sünd ja leege Kirls! De ward he up desülwige leege Wies' ümbringn, un den Wienbarg ward he an anner Buern utdon, de em de Wiendruwen afflewern dot, wenn de Tied dor is." ⁴² Do sä Jesus to ehr: „Hebbt ji nich in de Biwel lest:

50

„De Steen, den de Buulüd wegsmeten hebbt,
de is to'n Ecksteen worrn.
Dat hett de Herr so makt,
un dat is en Wunner vör unse Ogen." —?

43 Dorum segg ick ju: Godd sin Riek ward ju affnahmen un
ward an en Volk gewen, dat de Frucht bringt, as sick dat hörn
deit. 44 Un wer up düssen Steen falln deit, de ward in'n Dutt
slan; de awer, up den de Steen falln deit, de ward to Gruus
un Muus." 45 Us de Hochenpreesters un Pharisäers sin Ge-
schichten hört harrn, do wärn se dorachter kamen, dat he dat
dormit up ehr affsehn harr. 46 Un nu setten se allns doran, dat
se em fatkreegn, awer se harrn doch Angst vör all' de Lüd;
denn se heeln em för en Profet.

Dat 22. Kapitel.

1 Un Jesus vertell ehr noch mehr Geschichten. He sä: 2 „Mit
dat Himmelriek geit dat so to as dat ünner Minschen mit'n
König togüng, de för sin Söhn en Hochtiedsmahltied gewen
wull. 3 De schick sin Knecht'n ut un leet dörch ehr de Lüd Bott
anseggn, de dorto inlad' wärn. Awer se wulln nich kamen.
4 Do schick he noch eenmal anner Knecht'n aff un sä to ehr:
„Bestellt bi de, de dor inlad' sünd: Min Mahltied is parat,
min Ossen un dat Mastveeh sünd slacht', un allns luert up ju;
so kamt doch to Hochtied!" 5 De awer kümmern sick nich dorüm
un güngn ehrn Weg, de een na sin Koppel, de anner up sin
Handel. 6 Un de, de sünst noch inlad' wärn, de kreegn de
Knecht'n tofaten, maken sick lusti öwer ehr, un den maken se
ehr dot. 7 Do wörr de König fünsch, un he schick sin Suldaten
ut un leet düsse Mörders ümbringn un ehr Stadt in Brand
steken. 8 Un denn sä he to sin Knecht'n: „För de Hochtied is
allns in de Reeg bröcht, awer de Lüd, de inlad' wärn, harrn
dat nich verdeent. 9 So gaht nu in de Straaten, wo de lütten
Lüd wahnt, un lad' all' de to de Hochtied in, de ju öwern Weg
lopt. 10 Do güngn düsse Knecht'n los up de Straat un bröchten
all' de tohop, de ehr grad öwern Weg leepen, leege un goode
Minschen, un de Hochtiedssaal wörr brek'n vull, un an de
Dischen wär keen Platz mehr frie. 11 As nu de König rinkäm
un sick sin Gäst' mal ansehn wull, do seeg he dor en Minsch, de
harr keen Hochtiedskleed an. 12 Do sä he to em: „Min lewe
Fründ, wodenni büst du hier rinkamen, du hest ja keen Hoch-
tiedskleed an?" Do wörr de Mann gans verlegen un sä keen
Word. 13 Nu sä awer de König to sin Deeners: „Bind' em
sin Föt un Handn tosam un smiet em rut un bringt em dorhen,

4*   51

wo dat pickendüster is. Dor gifft dat Huuln un Tähnklappern.
14 Denn Veele sünd inlad', awer man Wenige sünd utwählt."

15 Do kämen de Pharisäers tohop un öwerlän sick, wodenni
se em en Fall stelln kunn'n. 16 Un se schickten to em ehr Jün-
gers tohop mit Herodes sin Lüd un sän: „Meister, wi weet,
dat du dat mit de Wohrheit genau nümmst un Godd sin Weg
in Wohrheit lehrn deist, un di is dat eenerlei, mit wen du to
don hest. Denn de Butensiet bi de Minschen speelt bi di keen
Rull. 17 Nu segg uns mal, wat dünkt di dorto? Dörft wi an
den Kaisern Stüern betaln oder nich?" 18 Jesus wär awer
glieks dorachter kamen, dat se niks Goodes in'n Sinn harrn,
un so sä he: „Ji speelt ja Komedie! Ji wüllt mi ja blots in
en Fall locken! 19 Wiest mi mal den Stüergroschen!" Do
bröchten se em en Daler, 20 un he sä to ehr: „Wen sin Bild
un Nam steit dorup?" 21 Se sän: „Dat is den Kaiser sin."
Do sä he to ehr: „Denn gewt also den Kaiser, wat den Kaiser
tohört, un Godd, wat Godd tohört!" 22 Un as se dat hört
harrn, maken se grote Ogen, un denn leeten se em stahn un
güngn aff.

23 Un densülwigen Dag kämen de Sadduzäers to em hen;
dat sünd de Lüd, de dor seggt, dat de Doden nich upstaht. Un
de fragten em 24 un sän: „Mose hett seggt: Wenn een keen
Kinner hett un denn starwen deit, denn schall sin Broder as
Swager de Fru heiraten un dorför sorgen, dat sin Broder nich
ohn Nakamen bliwt. 25 Un nu hör mal to! Bi uns gew dat
söbn Bröder. Un de erste heirat un storw. Nu harr he awer
keen Kinner, un so müß sin Broder de Fru heiraten. 26 Grad
so güng dat mit den tweeten un mit den drüdden Broder; ja,
toletz kämen alle söbn an de Reeg. 27 Un toletz vun ehr all' storw
denn ock de Fru. 28 Wenn de Doden nu upstaht, wen vun de
söbn hört denn de Fru to? Se wärn ja all' mit ehr verheirat
west!" 29 Do sä Jesus to ehr: „Dor sünd ji up'n Holtweg! Ji
weet in de Biwel nich Bischeed. Ji kennt ock Godd sin Macht
nich. 30 Denn wenn de Doden upstaht, denn heirat se nich un
lat sick ock nich heiraten. Nä, denn sünd se as Engels in'n
Himmel. 31 Un nu will ick ju noch wat seggn öwer dat Upstahn
vun de Doden. Hebbt ji nich lest dat Word, dat Godd to ju
seggt: 32 Jck bün Abraham sin Godd un Isaak sin Godd un
Jakob sin Godd.' He is nich de Doden ehr Godd, he is de
Lebennigen ehr Godd." 33 Un as all' de Lüd dat hört harrn,
do wüssen se nich, wat se to düsse Lehr seggn schulln; se kreegen
gans dat Stillswiegen.

34 Als nu de Pharisäers hörn dän, dat he de Sadduzäers dat
Mul stoppt harr, do kämen se tohop, 35 un en Schriftgelehrte,
de to ehr hörn dä, frag em wat; denn he wull em in Verlegen-
heit bringn. He sä: 36 „Meister, wat för'n Gebod is dat wich-

digste in dat Gesetz?" [37] He sä to em: „Du schallst din Herrgodd lew hebbn; din ganse Hart schall em tohörn un din ganse Seel un allns, wat du denken un föhln deist! [38] Düt is dat wichdigste un erste Gebod. [39] Un grad so steit dat mit dat annere Gebod: Du schallst din Nawer grad so lew hebbn as di sülbn. [40] Um düsse beiden Gebode dreit sick dat ganse Gesetz un de Profeten."

[41] As de Pharisäers mal wedder tohop wärn, frag Jesus ehr [42] un sä: „Wat denkt ji öwer den Messias? Wen sin Söhn is he?" Do sän se to em: „He is David sin Söhn." [43] Do sä he to ehr: „Ja, wodenni kann David in'n Geist em denn awer „Herr" nömen? He seggt ja:

[44] ‚De Herr sä to min Herr: Sett di an min rechde Siet, bit dat ick din Fiendn to din Föt dalleggt heff!' —

[45] Wenn David em also „Herr" nömen deit, wodenni kann he denn sin Söhn wesen?" [46] Dorup kunn em keen een en Word seggn, un vun düssen Dag an wag keen een mehr, em wat to fragn.

Dat 23. Kapitel.

[1] Do sä Jesus to all' de Lüd un ock to sin Jüngers: [2] „Up Mose sin Stohl hebbt sick de Schriftgelehrten un de Pharisäers sett. [3] Allns, wat se ju seggt, dat un holt ju doran! Awer dat, wat se dot, dat dot jo nich! Denn se hebbt dat blots mit den Mund, awer sülbn dot se dat nich. [4] Se bind' swore Lasten tosam un leggt ehr de Minschen up de Schullern, awer sülbn wüllt se ehr ock nich mit den lütten Finger anröhrn. [5] Bi allns, wat se dot, hebbt se dat blots dorup affsehn, dat de Minschen dat seht. Dorum bind' se sick, wenn se beden dot, breede Reems üm den Kopp un lat de Quasten lang dalhangn. [6] Bi de Mahltieden sitt se gern up den ersten Platz un in de Kapelln up de erste Bank, [7] un se seht dat gern, dat de Lüd up'n Markt vör ehr den Hoot affnehmt un to ehr „Rabbi" seggt. [8] Awer ji schüllt ju nich „Rabbi" nömen laten; denn blots een is ju Meister, ji all' awer sünd Bröder. [9] Dorum nömt ock keen een vun ju up de Eer „Vader"; denn blots een is ju Vader, un de is in'n Himmel! [10] Lat ju ock nich „Anföhrer" nömen; denn ju Anföhrer is de Messias! [11] Awer de, de vun ju de Grötste is, de schall ju Deener wesen. [12] Wer sick sülbn babenan stellt, de ward dükert warn, un wer sick nerrn ansett, de kümmt na baben.

[13] Godd tröst ju, ji Schriftgelehrten un Pharisäers! Ji speelt ja Komedie. Ji stüt dat Himmelriek to, dat de Minschen nich rinkamt; denn ji kamt sülbn nich rin un holt ock de dorvun aff, de dor rinwüllt.

¹⁴ Godd tröst ju, ji Schriftgelehrten un Pharisäers! Ji speelt ja Komedie! Ji freet de Wetfruen ehr Hüser up un dot so, as wenn ji lang för ehr beden dot. Dorum kamt ji ock in dat Gericht veel leeger weg!

¹⁵ Godd tröst ju, ji Schriftgelehrten un Pharisäers! Ji speelt ja Komedie. Ji föhrt öwer Meer un Land, wenn ji man blots een Bilöper up ju Siet bringt, un hebbt ji em dorto kregn, denn makt ji em to'n Düwelskind, un dat duppelt so veel, as ji dat sülbn sünd!

¹⁶ Godd tröst ju! Ji sünd ja sülbn blind un wüllt doch anner Lüd den Weg wiesen! Ji seggt: Wenn een bi'n Tempel swörn deit, denn hett dat niks up sick. Awer, wenn een bi dat Tempelgold swörn deit, denn is he doran bunn'n. ¹⁷ Ji sünd narrsch un blind; denn wat hett mehr to bedüden, dat Gold oder de Tempel, de dat Gold hillig makt? ¹⁸ Un denn seggt ji: Wenn een bi'n Altar swörn deit, denn hett dat niks up sick. Wenn awer een bi de Opfergaw swörn deit, de dorup liggn deit, denn is he doran bunn'n. — ¹⁹ Ji sünd ja blind! Denn wat bedüd mehr, de Gaw oder de Altar, de de Gaw hillig makt? ²⁰ Wer also bi'n Altar swörn deit, de swört bi em un bi all' dat, wat up em liggn deit. ²¹ Un wer bi'n Tempel swörn deit, de swört bi em un bi den, de in em wahnen deit. ²² Un wer bi'n Himmel swörn deit, de swört bi Godd sin Tron un bi den, de up em sitten deit!

²³ Godd tröst ju, ji Schriftgelehrten un Pharisäers! Ji speelt ja Komedie! Ji gewt wull den Teinten vun Minz un Dill un Köm, awer dat, wat na dat Gesetz sworer is, dat lat ji butenvör, un dat is dat Recht, de Barmhardikeit un de Truu. Awer dat Eene schull man don un dat Anner nich laten. ²⁴ Ji sünd blind, un ji wüllt anner Lüd den Weg wiesen? Ji geet den Wien dörch en Säw, wenn dor ock man een Mück in is, awer en Kamel sluckt ji dal.

²⁵ Godd tröst ju, ji Schriftgelehrten un Pharisäers! Ji speelt ja Komedie! Wat buten an den Beeker un an de Schöttel sitt, dat wischt ji fein aff, awer wat binnen in is, dat is vull vun Row un Lewen in Suus un Bruus. ²⁶ Du Pharisäer, du büst ja blind! Mak erst dat mal rein, wat binnen in'n Beeker sitt, denn ward dat, wat buten sitt, vun sülbn ock rein.

²⁷ Godd tröst ju, ji Schriftgelehrten un Pharisäers! Ji speelt ja Komedie. Dat steit mit ju grad so as mit de Graffstäden, de witt anstreken sünd. Vun buten seht se fein ut, awer binnen in sünd se vull vun Dodenknaken un allerhand unreine Saken. ²⁸ Grad so steit dat ock mit ju. Wenn de Minschen ju vun buten ansehn dot, denn seht ji ut, as wenn ji gerechde Lüd sünd, awer binnen in süht dat bi ju anners ut: dor speelt ji Komedie un kümmert ju nich üm dat Gesetz.

29 Godd tröst ju, ji Schriftgelehrten un Pharisäers! Ji speelt ja Komedie! Ji buut Graffstelln för de Profeten un holt de Denkmals för de Gerechden good instann, dat se ümmer fein utseht, 30 un denn seggt ji: ‚Harrn wi domals lewt, as unse Böröllern noch lewen dän, denn harrn wi uns an de Profeten ehr Bloot nich schülli makt.' 31 So betügt ji för ju sülbn, dat ji de ehr Kinner sünd, de de Profeten dotmakt hebbt, 32 un ji makt ju Böröllern ehr Maat vull. 33 Ji Slangn- un Addernbrott! Wodenni wüllt ji dat Gericht in de Höll ut'n Weg gahn? 34 Hört to! Dorum schick ick to ju Profeten un klooke Lüd un Schriftgelehrte. Welke vun ehr ward ji dotmaken, un welke vun ehr ward ji in ju Kapelln prügeln un vun Stadt to Stadt verfolgen. 35 So kümmt denn up ju all' dat gerechde Bloot, dat up de Eer utgaten is, vun den gerechden Abel sin Bloot an bit hen to Zacharias sin Bloot, wat Barachja sin Söhn wär, den ji twischen den Altar un den Tempel dotmakt hebbt. 36 Gans gewiß, ick segg ju dat: Düt all' ward öwer düt Geslecht kamen.

37 Jerusalem, Jerusalem! Du makst de Profeten dot un smittst de mit Steen, de to di schickt sünd. Wo männimal wull ick din Kinner tohopbringn, grad so as en Kluk ehr Küken ünner ehr Flünker sammeln deit, awer ji hebbt dat nich wullt! 38 Denkt doran: Ju Hus ward lerri warn. 39 Denn dat segg ick ju: Ji ward mi nich ehr weddersehn, as bit dat ji seggt: ‚Godd seg'n den, de in den Herrn sin Nam kümmt!‘ "

Dat 24. Kapitel.

1 As Jesus nu ut'n Tempel rutgüng, do kämen sin Jüngers to em un wulln em den Tempelbuu wiesen. 2 Do sä he to ehr: „Seht ji dat wull all'? Verlat ju dorup, wat ick seggn do: Hier ward keen Steen up den annern bliewen; se ward all' in'n Dutt falln."

3 As he nu mal up den Ölbarg seet, do kämen sin Jüngers alleen to em hen un sän: „Nu segg uns mal, wannehr düt indrapen schall un an wat för en Teken dat künni ward, dat du wedderkümmst un de Welt ünnergeit?" 4 Do sä Jesus to ehr: „Seht ju vör, dat nüms ju biesterföhrt! 5 Denn dor ward Veele kamen un sick up min Nam beropen un seggn: ‚Ick bün de Messias!', un se ward Veele biesterföhrn. 6 Ji ward ock vun Krieg un Kriegslarm hörn; dorum seht to, dat ji dat nich mit de Angst kriegt! 7 Denn dat mutt kamen, awer dat Enn is dat noch nich. Een Volk ward gegen dat annere upstahn un een Königriek gegen dat anner; un Hungersnot ward kamen un hier un dor ock Eerbewen. 8 Awer all' düsse Saken sünd Vör-

löper; se kamt so, as wenn de Wehdag' öwern Fru kamt, de en Kind to Welt bringn schall. 9 Denn ward se Drangsal öwer ju bringn un ju dotmaken, un ji ward haßt warn vun all' de Völker, wieldat ji to min Nam staht. 10 Un denn ward Veele den Kopp verleern un een den Annern utlewern un een den Annern hassen. 11 Un veele Lögenprofeten ward upstahn, un se ward Veele biesterföhrn. 12 Un mehr un mehr ward sick de Lüd vun dat Gesetz losseggn, un dorum ward bi de meisten de Leew affköhln. 13 Aver de, de bit an't Enn dörchhöllt, de ward redd'. 14 Un düt Evangelium vun dat Königriek ward in de ganse Welt to'n Tügnis för alle Völker predigt warn, un denn ward dat Enn kamen.

15 Wenn ji nu dat Undeert seht, dat een gruseln makt un de Minschen wegdriewen deit un an de hillige Städ steit — de Profet Daniel hett all dorvun spraken, un wer düt lesen deit, de mag sick dat wieder torechtleggn, wat ick meenen do —, 16 denn schüllt sick de Lüd in Judäa up de Bargen in Seekerheit bringn. 17 Wer up dat Dack steit, de schall nich erst int Hus dalstiegen. He schall nich erst in de Stuw gahn un noch wat ut dat Hus ruthaln. 18 Un wer buten up de Koppel is, de schall nich erst törüggahn un sin Mantel haln. 19 Godd tröst de Fruen, de Moder warn schüllt un ehr Kinner an de Bost hebbt, wenn düsse Dag' kamt! 20 Bed dorum, dat ji nich to flüchten brukt in'n Winter un ock nich an'n Sabbat! 21 Denn to düsse Tied ward en grote Drangsal kamen, as se noch nich west is, so lang as de Welt steit, bit hen to düsse Tied, un as se ock nich mehr kamen ward. 22 Un wenn düsse Dag' nich affkört wärn, wörr keen Minsch redd warn. Aver wegen de Utwählten ward düsse Dag' affkört. 23 Un wenn denn een to ju seggt: ,Süh, hier is de Messias!' oder: ,Dor is he!', denn glöwt dat jo nich! 24 Denn dor ward sick Lüd meld'n as Lögenmessiasse un as Lögenprofeten, un se ward grote Wunner un Teken don, un so ward se versöken, dat se ock de Utwählten vun den rechden Weg affbringt. 25 Markt ju dat! Ick heff ju dat vörutseggt. 26 Wenn se nu to ju seggt: ,Seht, he is in de Stepp!', denn gaht dor nich rut! Oder wenn se seggt: ,Seht, he is binnen int Hus!' Denn glöwt dat jo nich! 27 Denn grad so as de Blitz vun Osten kümmt un den Hewen bit na Westen hell makt, so ward dat ock wesen, wenn de Minschensöhn dor is: 28 Wo en Liek is, dor kamt de Adlers tohop.

29 Un glieks na de Drangsal in düsse Dag' ward de Sünn sick verdüstern un de Maand sin Licht verleern, un de Sterns ward vun'n Hewen dalfalln, un wat de Welt dorbaben tosamholn deit, dat brickt tosam. 30 Un denn ward se an'n Hewen den Minschensöhn sin Teken to sehn kriegn, un all' de Stämm

56

up de Eer ward klagen un jammern, un se ward den Minschen-
söhn sehn. De kümmt in de Wulken vun'n Himmel mit veel
Macht un Herrlikeit. [31] Un denn ward he sin Engels ut-
schicken mit en grote Basun, un se ward sin Utwählten vun
Osten un Westen un Süden un Norden tosambringn, vun een
Enn an'n Hewen bit to dat annere.

[32] Un nu will ick en Bild bruken. Ji künnt wat lehrn vun'n
Fiegenboom. Wenn de Saft wedder dörch den Boom geit un
de Tilgen nie Bläder sett, denn markt ji, dat de Sommer vör
de Dör steit. [33] So makt dat ock, wenn ji düt nu bilewt; denn
hebbt ji en Teken dorför, dat de Messias vör de Dör is. [34] Gans
gewiß, ick segg ju dat: Düt Geslecht geit nich eh'r to Graff, as
bit dat düt all' indrapen is. [35] De Himmel un de Eer ward
ünnergahn, awer min Wörd staht dörch. [36] Awer öwer düssen
Dag un düsse Stünn weet nüms Bischeed, ock nich de Engels
in'n Himmel un ock nich de Söhn; dat weet de Vader alleen.
[37] Grad so as domals to Noah sin Tied ward sick dat aff-
speeln, wenn de Minschensöhn kümmt. [38] Denn grad so as de
Minschen domals vör de grote Floot eeten un drunken, hei-
raten un frieten bit hen to den Dag, wo Noah in den Kasten
güng, [39] un nich dorachter kämen, bit dat de Floot käm un ehr
all' mit wegrieten dä, so ward dat ock gahn, wenn de Minschen-
söhn kümmt. [40] Denn ward twee up'n Koppel wesen un de
eene ward good dorvun kamen, un de anner mutt dorbliewen.
[41] Twee ward an de Möhl sitten un mahln, un de eene ward
good dorvunkamen, un de anner mut dorbliewen. [42] Dorum
bliewt waken, denn ji weet nich, an wat för'n Dag ju Herr
kümmt. [43] Dat künnt ji ja insehn: Wenn de Husherr wüß, to
wat för'n Stünn in de Nacht de Spitzbow kümmt, denn wörr
he waken bliewen un dorför sorgen, dat he nich in sin Hus in-
breken deit. [44] Dorum bliewt ock ji parat, denn de Minschen-
söhn kümmt to'n Stünn, wo ji dat nich moden sünd. [45] Un nu
seggt mi mal: wer is nu wull de true un klooke Knecht, den
de Herr öwer sin Lüd setten kann, dat he em to rechder Tied
de Mahltied bringt? [46] Selig is de Knecht, den de Herr, wenn
he kümmt, so andrapen deit, dat he dat so makt! [47] Gans ge-
wiß, ick segg ju dat: he ward em öwer sin gansen Kram setten.
[48] Wenn awer de leege Knecht bi sick sülbn denkt: ‚Ach, min
Herr kümmt noch nich!‘, [49] un denn anfangt un de Knecht'n, de
mit em tohop sünd, prügelt un mit duune Lüd eten un drinken
deit, [50] denn ward düssen Knecht sin Herr an den Dag kamen,
wo he sick dat nich moden is, un to'n Stünn, de he nich kennt,
[51] un he ward em mit dat Swert in twee Deele haun, un he
ward sin Platz kriegn bi de Lüd, de Komedie speelt. Dor awer
gifft dat blots Huuln un Tähnklappern.

57

Dat 25. Kapitel.

¹ Denn geit dat mit dat Himmelriek so to, as ick dat nu ver-
telln will. Hört to!

Dor wärn mal tein Jungfruen. De nähmen ehr Lampen in
de Hand un güngn den Brüdigam in de Möt. ² Un vun düsse
Jungfruen wärn fief dumm un fief klook. ³ De fief Dummen
harrn wull de Lampen bi sick, awer se harrn keen Öl mit-
nahmen. ⁴ De Klooken dorgegen harrn to ehr Lampen ock Öl
in de Kruken mitnahmen. ⁵ As nu de Brüdigam lang up sick
töwen leet, do druseln se all' in un sleepen fast. ⁶ Awer merrn
in de Nacht, so üm de Klock twölf, do wörr up eenmal ropen:
„De Brüdigam is dor! Nu gaht em in de Möt!" ⁷ Do wörrn
all' düsse Jungfruen mit'n Mal waken un makten ehr Lampen
in de Reeg. ⁸ Un nu sän de Dummen to de Klooken: „Gewt
uns doch en beten vun ju Öl; denn uns' Lampen gaht ut!"
⁹ Awer de Klooken sän: „Nä, jo nich! För uns un för ju tohop
langt dat nich. Ji möt lewer na'n Höker gahn un ju wat
köpen." ¹⁰ Un as se eben losgahn wärn un wat köpen wulln,
do käm de Brüdigam. Un de, de allns in de Reeg harrn, de
kämen mit em rin to de Hochtied. Un denn wörr de Dör to-
slaten. ¹¹ As nu nahsten noch de annern Jungfruen kämen un
sän: „Herr, Herr, mak doch up för uns!", ¹² do sä he: „Gans
gewiß, dat mutt ick ju seggn: Mit ju heff ick niks to don!"
¹³ So, un nu west wachsam! Denn ji kennt nich Dag un
Stünn!

¹⁴ Dat ward so kamen mit dat Himmelriek. Hört noch
mal to!

Dor wär mal en Mann, de harr en wiede Reis vör. Un
eh'r dat losgüng, leet he sin Knecht'n kamen un gew ehr sin
Vermögen in Verwohrung. ¹⁵ De een kreeg veerdidusend Mark,
de annere föfteindusend un de drüdde söbndusend. Jedereen
kreeg so veel, as he wull verwalten kunn. Un denn reis' he
aff. ¹⁶ Un glieks as he weg wär, do nähm de Mann mit de
veerdidusend sin Geld un lä dat good an un verdeen noch
veerdidusend dorto. ¹⁷ Grad so mak dat de Mann mit de
föfteindusend — de verdeen ock föfteindusend dorto. ¹⁸ Blots de
mit de söbndusend, de mak dat anners. He güng ock los, awer
he mak en Lock in de Eer un versteek dor sin Herrn sin Geld.

¹⁹ Na lang verlopen Tied käm nu düsse Knecht'n ehrn Herr
wedder tohus un rek'n mit ehr aff. ²⁰ Do käm toirst de to em
hen, de veerdidusend kreegn harr. De bröch noch veerdi-
dusend mehr mit un sä: „Herr, veerdidusend harrst du mi
gewen. Süh, ick heff noch veerdidusend toverdeent." ²¹ Do
sä sin Herr to em: „Dat hest du good makt! Du büst en goode
Knecht, up di kann man sick verlaten! Ower wenig büst du tru

58

west, ick will di öwer veel setten. Gah rin na din Herrn sin Freudensaal!" ²² Un denn käm de Knecht, de föfteindusend kreegn harr, un sä: „Herr, föfteindusend harrst du mi gewen. Süh, ick heff noch föfteindusend toverdeent." ²³ Do sä de Herr to em: „Du hest din Sak good makt! Du büst en goode Knecht; up di kann man sick verlaten. Du büst öwer wenig tru west, ick will di öwer veel setten. Gah rin na din Herrn sin Freudensaal!" ²⁴ Un toletz käm denn ock de, de man söbndusend kregn harr, un sä: „Herr, ick wüß ja, du büst en harte Mann. Du wullt maihn, wo du nich sait hest, un du wullt arnten, wo du niks int Land bröcht hest. ²⁵ Dorüm wär ick bang dorbi un güng los un versteek din Geld ünner de Eer. Süh, dor hest du dat wedder!" ²⁶ Do sä sin Herr to em: „Du büst en leege un fule Kirl! Du wüßt dat good, dat ick dor maihn will, wo ick nich sait heff, un dat ick arnten will, wo ick niks int Land bröcht heff? ²⁷ Denn harrst du min Geld wenigstens up de Bank leggn müßt. Denn harr ick nu, wo ick torügkam, min Geld mit Zinsen wedderkreegn. — ²⁸ So, un nu nehmt em de söbndusend aff un gewt se den, de veerdidusend Mark hett. ²⁹ Denn jedereen, de wat hett, kriggt soveel to, dat he mehr as genog hett. Awer den, de niks uptowiesen hett, den ward ock dat noch nahmen, wat he hett. ³⁰ Un nu smiet den Knecht, de to niks to bruken is, rut, dorhen, wo dat gans düster is. Dor gifft dat blots Weenen un Tähnklappern.

³¹ Wenn de Minschensöhn nu in sin Herrlikeit kümmt un all de Engels mit em, denn ward he sick up sin herrlichen Tron setten, ³² un all' de Völker ward sick vör em versammeln, un he ward ehr ut'neen don, grad so as de Harder Schaap un Böck scheeden deit, ³³ un de Schaap stellt he rechderhand un de Böck linkerhand. ³⁴ Un denn ward de König to de, de rechderhand staht, seggn: „Ju all min Vader seg'nt; kamt her! Nu kriegt ji as Arwdeel dat Königriek, dat för ju all' parat liggt, so lang as de Welt steit. ³⁵ Denn: ick bünn hungri west, un ji hebbt mi to eten gewen; ick bün dörsti west, un ji hebbt mi to drinken gewen; ick bün up de Landstraat west, un ji hebbt mi fründli upnahmen int Hus; ³⁶ ick harr niks üm- un antotrecken, un ji hebbt mi kleed'; ick bün krank west, un ji hebbt mi besöcht. Ick heff int Lock seten, un ji hebbt bi mi inkiekt." ³⁷ Denn ward de Gerechden to em seggn: „Herr, wannehr hebbt wi di hungri sehn un di wat to eten gewen, oder dörsti un di wat to drinken gewen? ³⁸ Wannehr hebbt wi di up de Landstraat sehn un int Hus nahmen oder nakelt un di kleed'? ³⁹ Wannehr hebbt wi di krank oder int Lock sehn un di besöcht?" ⁴⁰ Un de König ward to ehr seggn: „Verlat ju dorup: Wat ji an een vun düsse Lüd dan hebbt, de min ringste Bröder sünd, dat hebbt ji an mi dan!" ⁴¹ Un denn ward he to de up de linke Siet seggn:

„Makt, dat ji wegkamt, ji verfluchte Minschen! Gaht in dat ewige Füer, dat parat is för den Düwel un sin Engels! [42] Denn ick bün hungri west, un ji hebbt mi nich to eten gewen, ick bün dörsti west, un ji hebt mi nich to drinken gewen; [43] ick bün up de Landstraat west, un ji hebbt mi nich int Hus nahmen; ick heff niks üm un an hatt, un ji hebbt mi nich kleed'; ick bün krank west un heff int Lock seten, un ji hebbt mi nich besöcht." [44] Denn ward se ock so to em seggn: „Herr, wannehr hebbt wi di hungri un dörsti sehn oder up de Landstraat oder nakelt oder krank oder int Lock un hebbt di nich deent?" [45] Awer denn ward he to ehr seggn: „Verlat ju dorup: Wat ji nich dan hebbt an düsse Stackelslüd, dat hebbt ji ock nich an mi dan!" [46] Un düsse ward hengahn un ewige Straf kriegn; awer de Gerechden kamt int ewige Lewen."

Dat 26. Kapitel.

[1] As Jesus mit all' düsse Reden nu fardi wär, do sä he to sin Jüngers: [2] „Ji weet, öwermorgen is dat Osterfest. Denn ward de Minschensöhn hengewen un an dat Krüz slan."

[3] Do kämen de Hochepreesters un de Ollerlüd vun dat Volk tosam in den Hochenpreester sin Palast — Kaiphas heet düsse Mann — [4] un se verhandeln doröwer, wodenni se up en slaue Art un Wies' Jesus in de Handn kriegn un an de Siet bringn kunn'n. [5] Awer doröwer wärn se sick klor: „So nich bi dat Fest! Denn dat kunn ünner dat Volk veel Larm gewen."

[6] As Jesus nu in Bethanien wär, in Simon, den Utsätzigen, sin Hus, [7] do käm en Fru to em hen mit en Glas vull Öl in de Hand; dat wär banni düer. Un se goot em dat up den Kopp, wieldeß he to Disch sitten dä. [8] As dat de Jüngers seegn, paß ehr dat dörchut nich, un se sän: „Wat schall dat doch blots! Dat is ja rein wegsmeten! [9] Dor harr man veel Geld ut maken kunnt un dat ünner de Armen verdeeln!" [10] Jesus mark dat wull, awer he sä to ehr: „Lat doch de Fru tofreden! Se hett wat Goodes an mi dan. [11] Arme Lüd hebbt ji alltieds bi ju, awer mi hebbt ji nich alltieds. [12] Se hett düt Öl up min Liew utgaten, un dat hett se dan, wieldat se mi in vörut salwen wull för min Gräffnis. [13] Un dat will ick ju seggn, dat is gans gewiß: Owerall, wo düt Evangelium in de ganse Welt predigt ward, dor ward ock vertellt warn vun dat, wat se an mi dan hett. Dat ward ehr nich vergeten."

[14] Do güng een vun de Twölf — se nömt em Judas ut Karioth — to de Hochepreesters [15] un sä: „Wat wüllt ji mi gewen, wenn ick em ju in de Handn lewer?" Se län forts dörti Daler up'n Disch. [16] Un siet düsse Stünn söch' he na'n passende Gelegenheit, dat he em verraden dä.

17 An den ersten Dag, wo se dat söte Brod eten dän, kämen de Jüngers hen to Jesus un sän: „Wonem schüllt wi för di de Ostermahltied torichden?" 18 He sä: „Gaht to Stadt to den un den un seggt em: De Meister lett di seggn: Min Tied is neeg. Bi di will ick dat Osterlamm eten mit min Jüngers!" 19 An de Jüngers makten dat so, as Jesus ehr dat seggt harr, un richden dat Ostermahl to.

20 An as dat düster wörr, do sett Jesus sick mit de twölf Jüngers dal to eten. 21 An as se bi to eten wärn, do sä he: „Ick will ju wat seggn, un ji künt ju dorup verlaten: Een vun ju ward mi verraden." 22 Do wörrn se heel truri, un se fungn an, een na den annern, un sän to em: „Mi meenst du doch wull nich, Herr!" 23 He sä to ehr: „De dor eben mit mi in de Schöttel langt hett, de ward mi verraden. 24 De Minschen-söhn geit up jeden Fall sin Weg, grad so as dat all vun em schrewen steit. Awer Godd tröst den Minschen, dörch den he verraden ward! För em wär't dat Beste, wenn he öwerhaupt nich born wär." 25 Do sä Judas, de em denn ock verraden dä: „Mi meenst du doch wull nich, Herr?" He sä to em: „Du hest dat all seggt." 26 An as se noch bi wärn to eten, do nähm Jesus dat Brod, sprook dat Dankgebed un deel dat Brod in Stücken un gew dat sin Jüngers un sä: „Nehmt dat un et' dat! Dat is min Liew." 27 An denn nähm he en Kelch, sprook dat Dankgebed un lang em rum un sä: „Drinkt all' dorut! 28 Dat is min Bloot, dat Bloot, dat to den nien Bund hört un dat för veele vergaten ward, dat ehr de Sünn'n vergewen ward. 29 An dat will ick ju seggn: ick warr vun nu an nich mehr vun de Frucht vun düssen Wienstock drinken bit hen to den Dag, dat ick ehr nie drinken do mit ju tohup in min Vader sin Riek." 30 An se sungn noch en Dankleed, un denn güngn se rut na den Ölbarg.

31 Do sä Jesus to ehr ünnerwegens: „Düsse Nacht ward ji ju alltosam an mi argern; denn ji ward mi nich begriepen. Dat steit ja in de Biwel: „Ick will den Harder slan, un de Schaap vun de Hard ward ut'neen jagt warn. 32 Wenn ick awer wedder upstahn bün, denn warr ick vör ju hergahn na Galiläa." 33 Do sä Petrus to em: „Wenn se ock all' sick an di argern dot, ick warr dat min Dag' nich don!" 34 Do sä Jesus to em: „Verlat di dorup: In düsse Nacht noch, wenn de Hahn noch nich kraiht hett, denn hest du di vun mi all dreemal losseggt!" Do meen Petrus: „Nä, un wenn ick mit di starwen schull, vun di los-seggn do ick mi nich!" Un grad so sän dat ock all' de annern Jüngers.

36 So käm denn Jesus mittlerwiel mit ehr na en Hofffstäd, de heet Gethsemane. Do sä he to sin Jüngers: „So, nu sett ju hier dal! Ick will hengahn un dorgünt beden." 37 An he

61

nähm Petrus un Zebedäus sin beide Söhns mit. Un denn
fung dat an mit em: he wörr so truri, un de Angst käm öwer
em. [38] Do sä he to ehr: „Deep truri is min Seel; to'n Starwen
bang is mi üm dat Hart! Bliewt doch hier un wakt mit mi!"
[39] Un denn güng he en lütt Stoot wieder un full up de Eer un
bed: „Min Vader! Wenn dat mögli is, denn lat doch düssen
Kelch an mi vörbi gahn! Awer dat schall jo nich na min
Willn gahn; nä, dat schall kamen, so as du dat bestimmen
deist!" [40] Un denn käm he wedder to ehr hen, un wat müß he
sehn? Se wärn inslapen. Do sä he to Petrus: „Wat? Nich
mal een Stünn künnt ji mit mi waken? [41] Bliewt doch waken un
bed, dat ji nich in Versökung fallt! De Geist hett wull den
gooden Willn, awer dat Fleesch is man swak!" [42] Un denn
güng he wedder — to'n tweeten Mal — weg un bed: „Min
Vader! Kann't nich angahn, dat düsse Kelch an mi vörbigeit,
mutt ick em utdrinken — denn schall din Will dörchstahn!"
[43] Un as he wedder torügkäm, do müß he dat wedder bilewen:
se wärn wedder inslapen; ehr wärn de Ogen man so tofulln.
[44] Do leet he ehr slapen un güng wedder weg, un he bed to'n
drüdden Mal, grad so as vörher. [45] Denn awer käm he to de
Jüngers hen un sä to ehr: „Wo künnt ji nu blots liggn un
slapen! Süh, nu is de Stünn glieks dor; un denn ward de
Minschensöhn in de Sünner ehr Handn utlewert. [46] So, un
nu staht up! Wi wüllt gahn! De mi verraden deit, de is nich
wiet mehr aff!"

[47] Un knapp harr he dat seggt, do käm Judas, een vun de
Twölf, all an, un mit em folgten en Barg Lüd mit Swerter un
Knüppels. De harrn de Hochepreesters un Ollerlüd ut dat
Volk em mitgewen. [48] Un de, de em verraden dä, de harr mit
ehr affmakt, he wull ehr en Teken gewen. Un so harr he seggt:
„De, den ick en Kuß gew, de is dat! Den kriegt man to faten!"
[49] Un glieks güng he up Jesus to un sä: „Min lewe Meister!",
un dormit gew he em en Kuß. [50] Do sä Jesus to em: „Fründ,
wat du vörhest, dat — — —." He harr dat noch nich gans
seggt kreegn, do län se all Hand an Jesus un heeln em fast.
[51] Awer nu! Do reck een vun sin Frünn'n de Hand ut un trock
sin Swert rut. Un he lang dormit den Hochenpreester sin
Deener een hen un hau em sin Ohr aff. [52] Do sä Jesus to em:
„Stick forts din Swert wedder weg! Denn, wer dat Swert in
de Hand nümmt, de schall dörch dat Swert ümkamen. [53] Oder
meenst du, ick kunn min Vader nich beden un he wörr mi nich
up de Stell mehr as twölf Dusend Engels to Hülp gewen?
[54] Awer dat geit nich. Sünst wörr dat ja nich indrapen, wat
in de Biwel steit: ‚Dat mutt so gahn!‘ "

[55] Un in densülwigen Ogenblick sä Jesus to all' de Lüd:
„Grad as wenn ick en Räuwer wär, so sünd ji mit Swerter

un Knüppels rutkamen un wulln mi fatkriegn. Un dorbi heff ick Dag för Dag in'n Tempel seten un lehrt. Dor hebbt ji mi nich anröhrt. [56] Awer düt is all' so kamen, wieldat indrapen schull, wat bi de Profeten all schrewen steit. Do leeten em sin Jüngers in Stich un seegn to, dat se wegkämen.

[57] De Lüd, de em gefangn nahmen harrn, de bröchten em nu to den Hochenpreester Kaiphas, bi den sick de Schriftgelehrten un Ollerlüd versammelt harrn. [58] Un Petrus folg em gans vun wieden bit hen to den Hochenpreester sin Hoffplatz. Un denn güng he rin un sett sick bi de Knecht'n dal; denn he wull doch sehn, wodenni dat afflopen wörr.

[59] De Hochepreesters un de ganse Hohe Rat söchten nu na Lüd, de gegen Jesus wat utseggn schulln dörch Lögen; denn dotmaken wulln se em, dat stünn fast. [60] Awer se funn'n keen Grund dorto, obschons veele Tügen sick meld'n un gegen de Wohrheit wat utseggn dän. Toletz kämen noch twee [61] un sän: „Düsse Mann hett seggt: ‚Ick kann Godd sin Tempel dalrieten un in dree Dag' wedder upbuun'." [62] Do stünn de Hochepreester up un sä to em: „Un dorto seggst du keen Word, wat düsse Lüd gegen di vörbringn dot?" [63] Jesus sweeg gans still. Do sä de Hochepreester to em: „Bi den lebennigen Godd! Segg uns sülbn: Büst du de Messias, Godd sin Söhn?" [64] Jesus sä to em: „Dat stimmt. Awer dat will ick ju seggn: dat duert nich lang mehr; denn ward ji den Minschensöhn sitten sehn an de rechde Siet vun de Macht un kamen sehn up de Wulken an'n Hewen!" [65] Do reet de Hochepreester sin Kleeder twei un sä: „He hett Godd lästert! Dor brukt wi keen Tügen mehr! Ji hebbt ja sülbn de Goddeslästerung hört! [66] Wat meent ji dorto?" Se sän: „He hett den Dod verdeent!" [67] Un denn spütten se em int Gesicht un güngn up em dal. Eenige slogen em an den Kopp [68] un sän: „Messias, nu wies mal, dat du en Profet büst! Wer wär dat, de di slan hett?" — —

[69] Petrus seet noch ümmer buten up'n Hof. Do käm een vun de Deenstdeerns up em to un sä: „Du hörst ock to Jesus vun Nazareth!" [70] Awer he streed dat aff vör all' de Annern un sä: „Ick weet gor nich, wat du eegentli wullt!" [71] As he denn na de Port ringüng, do seeg em en annere Deern un sä to de Lüd dor: „De hört ock to Jesus vun Nazareth!" [72] Un to'n tweeten Mal streed he dat aff un swör dorbi: „Ick kenn den Mann öwerhaupt nich!" [73] Un dat duer gornich lang, do kämen wedder welke ran, de dor rumstünn'n, un sän to Petrus: „Gans gewiß, du hörst ock dorto! Du kannst uns niks vörmaken. Din Utsprak seggt dat dütli." [74] Do fung he an, sick to verfluchen un to swörn: „Ick kenn den Mann wohrrafdi nich!" Un in densülwigen Ogenblick kraih de Hahn. [75] Do müß

63

Petrus an dat Word denken, dat Jesus seggt harr: „Eh'r de
Hahn kraiht hett, hest du di all dreemal vun mi losseggt!“
Un he güng rut un fung bitterli an to weenen.

Dat 27. Kapitel.

[1] Den annern Morgn, as dat eben hell wörr, do wörrn sick
all' de Hochepreesters un de Ollerlüd vun dat Volk doröwer
eeni, wat se mit Jesus maken wulln, üm em an de Siet to
bringn. [2] Un se bunn'n em de Handn tosam un nähmen em
mit un lewern em bi den Stattholer Pilatus aff.

[3] As nu Judas, de em verraden harr, seeg, dat Jesus aff-
ordeelt wär, do bä em dat leed, un he bröch de dörti Dalers
wedder hen na de Hochepreesters un de Ollerlüd [4] un sä: „Dat
wär Sünn un Schann vun mi! Ick heff unschülli Bloot ver-
raden!“ [5] De awer wulln niks dorvun weten. Se sän: „Wat
geit uns dat an? Dat is din Sak!“ Do smeet he de Dalers
in den Tempel rin un güng hen un hung sick up. [6] Un de
Hochepreesters nähmen dat Geld un sän: „Dat geit nich an,
dat wi dat in de Armenkass' dot; denn dor klewt Bloot an.“
[7] Un as se sick doröwer eeni wärn, do köfften se vun dat Geld
de Pütterwurt. De wulln se bruken as Karkhoff för de Fröm-
den. [8] Dorum ward düsse Wurt Blootwurt nömt, un dat is
hüt noch so. [9] So is dat indrapen, wat all dörch den Profet
Jeremia seggt is:

„Un ick nähm de dörti Dalers —
den Pries för den, den se so inschätzt harrn —
vun de Kinner Israel [10] un gew ehr hen für de Pütterwurt,
so as de Herr mi dat upleggt harr.“

[11] So käm Jesus vör den Stattholer. Un de Stattholer frag
em: „Büst du de Juden ehr König?“ Jesus sä: „Dat is so,
as du seggst!“ [12] Un as he vun de Hochepreesters un de Oller-
lüd verklagt wörr, do sä he keen Word. [13] Do sä Pilatus
to em: „Hörst du gornich, wat se dor all' gegen di vörbringn
dot?“ [14] Un he antword em niks, up keen Frag', dat de Statt-
holer sick banni wunnern dä.

[15] Nu wär dat so, dat de Stattholer to dat Fest Johr för
Johr dat Volk to Gefalln een ut dat Gefängnis frielaten dä.
Se kunn'n seggn, wen se hebbn wulln. [16] Un domals harrn se
grad een int Gefängnis, mit den keen een gern to don hebbn
wull, un de heet Barrabas. [17] Un as se nu tohop wärn, do sä
Pilatus to ehr: „Wokeen schall ick ju frielaten? Barrabas
oder Jesus, den se Messias nömt?“ [18] He wüß ja, dat se em
ut Neid utlewert harrn.

[19] Wieldeß he nu up sin Richderstohl sitten dä, schick sin Fru

64

em en Bad' un leet em seggn: „Giff di jo nich mit düssen
gerechden Mann aff! Ick heff hüt all veel wegen em in'n
Droom to lieden hatt."

20 De Hochepreesters un de Ollerlüd setten nu de Lüd to, dat
se Barrabas friebeden schulln un för Jesus den Dod förrern.
21 As denn Pilatus to ehr noch mal seggn dä: „Wokeen vun
de beiden schall ick ju nu frielaten?", do sän se: „Barrabas!"
22 Nu sä Pilatus to ehr: „Wat schall ick denn awer mit Jesus
maken, den se Messias nömt?" Do sän se all': „Ant Krüz
mit em!" 23 He sä: „Wat hett he denn verbraken?" Do schrieen
se noch mehr: „Ant Krüz mit em!" 24 As Pilatus nu seeg,
dat dat nits nützen dä, dat in Gegendeel de Larm noch veel
slimmer wörr, do leet he sick Water bringn, wusch sick vör all'
de Lüd de Handn un sä: „Ick bün unschülli an düssen Mann
sin Bloot. Dor seht ji to!" 25 Un dat ganse Volk reep: „Sin
Bloot mag ruhi up uns un up unse Kinner kamen!"

26 Do leet he ehr Barrabas frie; Jesus awer leet he prügeln,
un denn gew he em hen, dat he ant Krüz slan wörr.

27 Nu bröchten den Stattholer sin Suldaten em wedder na'n
Palast rin un reepen de gansen Lüd tohop üm em rum. 28 Un
denn trocken se em ut, län em en roden Suldatenmantel üm
29 un bunn'n en Krans ut Dörns un setten em dat up'n Kopp
un gewen em en Stock in de rechde Hand. Un se fulln vör em
dal up de Knee un maken sick lusti öwer em un sän: „Gooden
Dag ock, Judenkönig!" 30 Un se spütten em int Gesicht un
nähmen den Stock un slogen em öwer'n Kopp. 31 Un as se so
mit ehrn Narrnkram to Enn wärn, do trocken se em den Sul-
datenmantel wedder ut un län em sin eegen Kleeder wedder
öwer un güngn mit em aff, dat he ant Krüz slan wörr.

32 Un as se ut de Stadt rutmarscheern dän, do greepen se en
Mann ut Kyrene up, de heet Simon. Vun den verlang'n se,
dat he Jesus dat Krüz affnehmen dä, un he müß dat don.

33 So kämen se na'n Platz, de wörr Golgatha nömt, dat heet:
Dodenkopp-Platz. 34 Un se gewen em Wien to drinken, de mit
Gall vermischt wär. Awer as he dat smecken dä, wull he nich
drinken.

35 As se em nu ant Krüz slan harrn, verdeeln se sin Kleeder
ünner sick dörch dat Los. 36 Un denn setten se sick dal un heeln
dor de Wach bi em. 37 Baben öwer sin Kopp harrn se wat hen-
schrewen. Dat schull andüden, worum he hier hangn dä. Un
dat heet so: „Düt is Jesus, de Juden ehrn König!" 38 Ock twee
Räuwers wärn dor mit em tohop ant Krüz slan, een an sin
rechde Siet un een an sin linke.

39 Un de Lüd, de vörbigüngn, de lästern em, schüddeln den
Kopp 40 un sän: „Du wullst ja den Tempel dalrieten un in dree
Dag' wedder upbuun. Nu wies', wat du kannst! Nu help di

sülbn, wenn du Godd sin Söhn büst! Stieg dal vunt Krüz!"
⁴¹ Ebenso makten dat de Hochepreesters un de Schriftgelehrten un
de Ullerlüd dorto. Ock se fungn an to spotten un sän: ⁴²„Anner
Lüd hett he holpen, blots sick sülbn kann he nich helpen. He
will ja de König vun Israel wesen! Good, denn mag he dal-
stiegen vunt Krüz! Denn wüllt wi an em glöwen. ⁴³ He hett
ja up Godd vertruut. De mag em nu reddn, wenn he dat will!
He hett ja seggt: ‚Ick bün Godd sin Söhn!' " ⁴⁴ In de sülwige
Art un Wies' schimpten ock de Räuwers öwer em, de mit em
tohop ant Krüz slan wärn.

⁴⁵ Vun de Klock twölf an wär dat nu heel düster öwer dat
ganse Land, un dat duer bit hen to de Klock dree. ⁴⁶ Un üm de
Klock dree reep Jesus mit luute Stimm: „Eli, Eli, lama asab-
thani!" Dat heet up dütsch: „Min Godd, min Godd, worum
hest du mi verlaten!" ⁴⁷ Eenige vun de, de dorbi stünn'n, hörten
dat un sän: „De röpt na Elia." ⁴⁸ Un gliek leep een vun ehr
hen un nähm en Swamm, füll em mit Etig, sett em up'n Stang
un wull em to drinken gewen. ⁴⁹ Do sän de Annern: „Lat
doch! Wi wüllt doch mal sehn, üm Elia würkli kümmt un em
helpen deit!" ⁵⁰ Un Jesus schrie noch eenmal luut up, un denn
wär he dot. ⁵¹ Un markwürdi! De Vörhang in'n Tempel reet
vun baben bit nerrn hendal twei, in twee Stücken, ⁵² un de Eer
fung an to bewern, un de Felsen brooken ut'n een, un de Graff-
städen wärn apen, un veele Lieken vun de Hilligen, de all lang
ruhn dän, wörrn wedder upweckt. ⁵³ De kämen rut ut ehr
Graff, un as he upstahn wär vun de Doden, güngn se na de
Stadt rin, un Veele hebbt ehr to sehn kreegn.

⁵⁴ Us nu de Hauptmann un sin Lüd, de bi Jesus de Wach
holn dän, dat Eerbewen un dat, wat sünst noch passeern dä,
seegn, do verfehrn se sick banni un sän: „Gans gewiß, düsse
Mann is Godd sin Söhn west!"

⁵⁵ Ock wärn dor veele Fruen, de seegen sick dat vun wieden
an. De wärn vun Galiläa mit Jesus herkamen un sorgten för
em. ⁵⁶ Dorto hörn Maria ut Magdala un Maria, wat Jakobus
un Joses ehr Moder wär, un de Moder vun Zebedäus sin
Söhns.

⁵⁷ Us dat nu düster wörr, do käm en rieke Mann, de ut Ari-
mathia stammen dä — Josef heet he — un de ock Jesus sin
Jünger worrn wär. ⁵⁸ De güng hen to Pilatus un bed em üm
Jesus sin Liek. Un Pilatus gew den Befehl, se schulln ehr em
laten. ⁵⁹ Un Josef nähm de Liek un wickel ehr in wittes Linnen
⁶⁰ un lä ehr in sin Graff, dat noch nich brukt wär. Dat harr
he sick in de Felswand rinhaun laten. Un denn leet he en groten
Steen vör de Graffdör wöltern un güng weg. ⁶¹ Blots Maria
ut Magdala un de anner Maria blewen dor un setten sick up
de anner Siet vunt Graff.

62 An'n neegsten Morgn — dat wär de Sünnabend — güngn
de Hochepreesters un de Pharisäers tohop na Pilatus 63 un
sän: „Herr, uns is infulln, dat düsse Bedreeger, as he noch
lewen dä, seggt hett: ‚Na dree Dag' stah ick wedder up!' 64 Nu
giff doch den Befehl, dat dat Graff bit to'n drüdden Dag be-
wacht ward, sünst kunn'n de Jüngers bikamen un em weghaln
un nahsten de Lüd vertelln: ‚He is upstahn vun de Doden!', un
denn is de letze Bedrug noch leeger as de erste." 65 Do sä
Pilatus to ehr: „Good! Ji schüllt en Wach hebbn! Un denn
gaht los un bewacht dat Graff so good, as ji künnt!" 66 Un se
güngn un sorgten dorför, dat dat Graff seeker wär: se leeten
en Siegel up den Steen setten un stelln rundum en Wach up.

Dat 28. Kapitel.

1 De Sabbat güng to Enn, un dat wörr all hell an den ersten
Wuchendag.   Do maken Maria ut Magdala un de annere
Maria sick up den Weg, denn se wulln na dat Graff sehn. 2 Un
se wärn erst eben ünnerwegens — da füng up eenmal de Eer
an to bewern; denn een vun den Herrn sin Engels wär vun'n
Himmel dalkamen na't Graff, harr den Steen affwöltert un sick
dorup sett. 3 He seeg ut as en helle Blitz, un sin Kleed wär so
witt as de Snee. 4 As de Wächters em seegn, kreegn se dat
mit de Angst; se fungn an to bewern un lägen dor, as wenn
se dot wärn. 5 Do sä de Engel to de Fruen: „Ji brukt nich
bang to wesen! Ick weet, ji wüllt na Jesus sehn, den se ant
Krüz slan hebbt. 6 Awer he is nich hier; denn he is upstahn
vun de Doden, so as he dat ja all vörutseggt harr. Kamt doch
neeger ran! Süh, dor hett he legen. 7 Un nu gaht gau hen un
vertellt dat sin Jüngers, dat he upstahn is vun de Doden, un
dat schüllt ji weten: he geit ju vörut na Galiläa. Dor kriegt ji
em to sehn. Verlat ju dorup. Ick stah dorför in!" 8 Do güngn
se gau vun dat Graff weg.   De Schreck un de Freud wärn
lieker grot. Un se spooden sick, dat se dat sin Jüngers vertelln
kunn'n. 9 Un dat duer gornich lang, do käm up eenmal Jesus
ehr in de Möt un sä: „Freut ju!" Do güngn se up em to un
faten sin Föt um un fulln vör em dal. 10 Do sä Jesus to ehr:
„West man nich bang! Gaht hen un vertellt dat min Bröder:
se schüllt na Galiläa gahn.   Dor kriegt se mi to sehn!"

11 As se nu wiedergüngn, do kämen en poor Lüd vun de Wach
na de Stadt rin un meld'ten de Hochepreesters allns, wat dor
passeert wär. 12 Un de kämen mit de Ollerlüd tohop, üm sick mit
ehr to bespreken; un as se sick klor wärn doröwer, wat se maken
wulln, do nähmen se en goode Handvull Dalers un verdeeln
de an de Suldaten 13 un sän dorbi: „Ji künnt man seggn: ‚Sin
Jüngers sünd nachts kamen un hebbt em stahln, as wi grad

inslapen wärn.' ¹⁴ Un schull de Stattholer dat to hörn kriegn, denn wüllt wi dat wull mit em in de Reeg bringn. Doröwer schüllt ji keen Nackensläg kriegn!" ¹⁵ Un se steeken dat Geld in un maken dat so, as ehr dat anwiest wär. Un so ward dat noch ümmer bi de Juden vertellt, ock hüttodags noch.

¹⁶ De ölbn Jüngers güngn nu na Galiläa up den Barg, wo Jesus ehr henbestellt harr. ¹⁷ Un as se em seegn, do fulln se vör em dal, eenige awer wulln nich recht glöwen, dat he dat wär. ¹⁸ Do käm Jesus gans neeg an ehr ran un sä to ehr: „Ick heff nu allns in min Gewalt in'n Himmel un up de Eer. ¹⁹ Un nu gaht hen un makt all' de Völker to Jüngers un döpt ehr dorbi in den Vader un den Söhn un den hilligen Geist sin Nam, ²⁰ un lehrt ehr, all' dat to holn, wat ick ju upleggt heff. Un verlat ju dorup: ick bün bi ju alle Dag', bit dat de Welt ünnergeit!"

68

Dat Evangelium
as Markus dat vertellt hett.

Dat 1. Kapitel.

[1] Bun Jesus Christus will ick vertelln. He is ja Godd sin Söhn. Un wat ick nu vertell, dat nömt wi Evangelium. Ick fang dormit vun vörn an.

[2] Grad so as dat in den Profet Jesaja sin Book schrewen steit:

„Süh, ick schick di en Mann vörut!
De schall di anmeldn
un för di de Bahn friemaken!" — —

[3] „Dor is en Stimm in de Stepp to hörn,
de röpt:
Makt Bahn för den Herrn!
Makt eben sin Weg!" — —

[4] grad so mak dat de Döper Johannes.
He stünn in de Stepp un predig: de Lüd schulln sick bekehrn un sick döpen laten; denn wörrn ehr ock de Sünn'n vergewen.

[5] Do käm to em rut dat ganse Land Judäa un all' de Lüd vun Jerusalem. Un se leeten sick vun em döpen in'n Jordan un biechten dorbi ehr Sünn'n.

[6] Un Johannes harr en Kleed an, dat wär ut Kamelhoor makt. Um de Lend'n harr he sick en Reem ut Ledder bunn'n, un sin Kost wärn Heuschrecken un wille Honnig.

[7] Un düt wär sin Predigt:
„Achter mi kümmt de Mann, de mehr kann as ick. In den sin Hand hett Godd sin Macht leggt. För den bün ick nich good genog, dat ick mi vör em dalbög un em ock blots sin Schohreems upmaken do. [8] Ick heff ju blots mit Water döfft; awer he ward ju mit hilligen Geist döpen."

[9] Dat duer gornich lang, do käm Jesus vun Nazaret, wat in Galiläa liggt, un leet sick in'n Jordan vun Johannes döpen.

[10] Un knapp wär he wedder ut dat Water rutkamen, do seeg he, dat de Wulken sick deeln un dat de Geist grad as en Duw up em hendalkäm. [11] Un en Stimm ut'n Himmel leet sick hörn. De sä: „Du büst min lewe Söhn. An di heff ick min ganse Freud!"

[12] Un glieks dorna leet de Geist em nich in Ruh. He drew em mit Gewalt rut na de Stepp. [13] Un he wär dorbuten veerdi Dag', un dat moderseelnalleen, un wörr vun den Satan up de Prow stellt. Un he lew dor mang de willen Tiere, un de Engels sorgten för em.

69

[14] Wieldeß harrn se nu Johannes in dat Lock bröcht. Do käm Jesus na Galiläa un predig Godd sin Evangelium. [15] Un so sä he:

„Nu is de Tied afflopen, de Godd sick vörnahmen hett. Godd sin Riek steit nu vör de Dör. He will nu gans de Herr warn. Dorum gaht gründli mit ju to Kehr un sett ju Vertruun gans up dat Evangelium!"

[16] Eensdags güng he nu mal an'n See vun Galiläa lang. Do seeg he Simon un den sin Broder Andreas. De wärn grad dorbi un bröchten ehr Netten to Water; denn se wärn Fischers. [17] Un Jesus sä to ehr: „Kamt mit mi; denn schüllt ji Minschen fangen!" [18] Un se besunn'n sick nich lang, leeten ehr Netten liggn un güngn mit em.

[19] Un en Stück wieder lang — do seeg Jesus Jakobus, wat Zebedäus sin Söhn wär, un den sin Broder Johannes. De seeten ock in't Boot un wärn dorbi un maken de Netten wedder in de Reeg. Un glieks reep he ehr ran, [20] un se leeten ehrn Vader Zebedäus mit de Knecht'n torüg un güngn ock mit em.

[21] Nu güngn se na Kapernaum rin.

Un glieks an'n neegsten Sabbat güng he na de Kapell un fung an to lehrn. [22] Un se wüssen rein gornich, wat se dorto seggn schulln. Se kreegn gans dat Swiegen. Sowat harrn se noch nich hört! Awer dat mutt een ock seggn: Wat he sä, dat harr allns Hand un Foot, gans anners as bi de Schriftgelehrten, un he wär en Mann, den Godd eegens dorto Vullmacht gewen harr.

[23] Un nu mak sick dat grad so, dat in ehr Kapell en Minsch wär, de en unreinen Geist harr. He wär nich gans bi Trost. De fung up eenmal an to schrien [24] un sä: „Jesus vun Nazaret! Wat hebbt wi mit di to kriegen? Wat wullt du vun uns? Lat uns doch in Ruh! Wi kennt di wull un weet gans genau, wer du büst! Du büst Godd sin hillige Mann!" [25] Do drauh Jesus den Geist un sä: „Swieg still un lat vun em aff!" [26] Un de unreine Geist rüttel un schüttel em hen un her, un mit groten Larm leet he em denn frie.

[27] Do verfehrn se sick banni, un se maken all' grote Ogen un besnacken sick doröwer. Se sän: „Wat hett dat to bedüden? Dat is ja en gans nie Lehr! Dor stickt Kraft un Vullmacht achter! Ock öwer de unreinen Geister hett he to seggn, un se hört up em!" [28] Un glieks dorna snack sick dat vun em rum, öwerall in gans Galiläa.

[29] Un glieks, as se ut de Kapell kamen wärn, güngen se na Petrus un Andreas ehr Hus. [30] Un dat mak sick grad so, dat Simon sin Swiegermoder to Bedd läg; denn se harr Fewer. Un glieks vertelln se em vun ehr. [31] Do güng he to ehr rin un fat ehr bi de Hand, un se käm hoch. Un dat duer nich lang,

70

denn wär dat Fewer ock all weg, un se stünn up un deck den
Disch un bröcht ehr wat to eten.
[32] As dat nu schummeri wörr un de Sünn all ünnergahn
wär, do bröchten se em all' de Kranken un de, de ünnern Düwel
to lieden harrn. [33] De ganse Stadt wär meist up de Been un
vör de Dör tosamenlopen. [34] Un he mak veele Kranke gesund
vun allerhand Süken, un veele Düwels drew he ut. Awer he
leet de Düwels nich to Word kamen; denn se kennen em.

[35] Un morgens vör Dau un Dak stünn he all wedder up. Un
he mak sick liesen dorvun un güng an en eensame Städ; denn
he wull beden. [36] Awer Simon un sin Frünn'n güngn bald
achteran. [37] Un as se em funn'n harrn, sän se to em: „All' sökt
se di!" [38] Do sä he to ehr: „Ja, dat is ja allns gans good;
awer ick kann dat nich helpen. Wi wüllt erst mal na de Nawer-
dörper un de Städte hengahn. Dor mutt ick doch ock predigen.
Dat is för mi de Hauptsak; denn dorto hett Godd mi schickt!"
Un dorbi blew dat. [39] Un he predig in ehr Kapelln un drew
de Düwels ut.

[40] Un dor käm en Mann to em, de harr den Utsatz. De bed
em un full dorbi up de Knee un sä: „Wenn du dat wullt, denn
kannst du mi reinmaken!" [41] Dat güng Jesus dörch un dörch.
Un he reck sin Hand ut un röhr em an un sä to em: „Good, ick
will dat. Du büst rein!" [42] Un knapp harr he dat seggt, do
wär de Utsatz ock all weg, un he wär rein. [43] Denn awer kunn
he nich mehr an sick holn, un he fat em scharp an. He sett
allns doran, dat he em loswörr, [44] un he sä to em: „So, nu
seh di vör, dat du keen een wat vertellst! Awer gah forts hen
un wies di bi'n Preester un opfer dorför, dat du rein worrn
büst, wat Mose vörschrewen hett! Se schüllt doch marken, dat
du würkli rein büst."

[45] Awer he wär eben erst buten, do fung he all an un vertell
veel dorvun, un so bröcht he dat, wat he bilewt harr, doch ünner
de Lüd. Ja, dat käm so wied, dat Jesus sick rein nich mehr
sehn laten kunn, he müß dat denn all heemli don, un so bleew
he denn butenvör, wo sünst keen Lüd henkämen. Awer ock dat
holp niks. Se kämen vun alle Sieden doch to em hen.

Dat 2. Kapitel.

[1] As he nu na welke Dag' wedder na Kapernaum käm, do
snack sick dat gau rum, dat he wedder dor wär. [2] Un gliefs
leepen veele Lüd tohop, dat de Vörplatz vör de Dör nich mehr
langn dä. Un he predig ehr dat Word.
[3] Do kamt Lüd un bringt en Mann to em. De harr de Zicht
un kunn sick nich röhrn. Veer Mann müssen em drägen. [4] Awer

71

se kunn'n nich mit em dörchkamen. So veel Lüd wärn dor.
Dorum güngn se bi un decken dat Dack an de Stell aff, wo he
grad ünnerstünn. Un denn maken se en Lock un leeten vun
baben dat Bedd hendal, up dat de Kranke liggn dä. [5]As
Jesus nu ehr Glowen seeg, do sä he to den Kranken: „Min
Söhn, din Sünn'n ward di vergewen!"

[6]Nu seeten dor awer ock welke vun de Schriftgelehrten, un
de dachten in Stilln: [7]„Wodenni kann düsse Mann sick dat rut-
nehmen un sowat seggn? He lästert ja! Wer kann denn wull
Sünn'n vergewen? Dat steit doch blots Godd alleen to!"
[8]Awer Jesus wär dat glieks klor, dat se sowat in Stilln
dachten. Dorum sä he to ehr: „Wodenni kümmt dat, dat ji
sowat in Stilln denken dot? [9]Wat is lichter to don? To den
Kranken to seggn: ‚De Sünn'n ward di vergewen!' oder: ‚Stah
up un nümm din Bedd un gah din Weg!' — — Na, wat meent
ji? — — — [10]Un nu will ick ju wiesen, dat de Minschensöhn dat
in de Hand hett un Sünn'n vergewen kann up de Eer" — un
dorbi dreih he sick na den Kranken um un sä: [11]„So, di segg ick
nu: Stah up, nümm din Bedd un gah tohus!"

[12]Un he stünn würkli up, un glieks nähm he dat Bedd up de
Nack un güng weg. Un so kreegn se dat all' to sehn. Do maken
se grote Ogen un kreegn dat Stillswiegen. Un se wörrn vuller
Goddlow un sän: „Nä, sowat hebbt wi noch nich bilewt!"

[13]Denn güng he wedder rut an'n See, un all' dat Volk käm
to em hen, un he predig ehr.

[14]In'n Vörbigahn seeg he Levi, wat Alphäus sin Söhn is,
vör dat Tollhus sitten. Do seggt he to em: „Kumm mit!" Un
he stünn up un güng mit.

[15]As Jesus nu in sin Hus to Disch seet, do wärn ock veele
Lüd vun'n Toll un Sünner mit Jesus un sin Jüngers bi de
Mahltied tohop. Dor wärn ja so veele, de em all' to güngn.

[16]As nu de Schriftgelehrten, de to de Pharisäers hörn dän,
seegn, dat he mit de Sünner un de Lüd vun'n Toll an een
Disch eten dä, do sän se to sin Jüngers: „De sitt mit de Sünner
un de Lüd vun'n Toll an een Disch?" [17]Jesus hör dat un sä
to ehr: „De gesunnen Lüd hebbt den Dokder nich nödig, wull
awer de Kranken! Ick schall nich de Gerechden inladen, wull
awer de Sünner!"

[18]Johannes sin Jüngers un de Pharisäers wärn mal bi to
fasten. Do kämen welke to em un sän: „Wodenni kümmt dat
eegentli: Johannes sin Jüngers un de Pharisäers sünd bi to
fasten, awer din Jüngers, de dot dat nich?" [19]Jesus sä to ehr:
„De Hochtiedslüd künnt doch nich good fasten, wenn de Brü-
digam noch bi ehr is! Nä, solang as se em noch bi sick hebbt,
kann dat doch nich angahn! [20]De Dag' kamt awer noch. Denn

ward de Brüdigam vun ehr wegnahmen, un denn hebbt se noch Tied un Grund genog dorto. Denn ward se ock fasten. — [21] Nüms nait nies Tüg as en Flick up en ollen Mantel. Sünst ritt dat Stück, dat dorup sett is, an en annere Stell wedder wat vun dat olle Tüg twei, un dat Lock ward noch gröter. [22] Un nüms gütt frischen Wien in olle Släuch. Sünst riet de Släuch vun den Wien twei, un denn is de Wien hen un de Släuch dorto. Frische Wien hört in nie Släuch!"

[23] Eensdags güng he an'n Sabbat öwer de Koppeln, wo dat Korn all in'n Halm stünn un riep wär. Un ünnerwegens fungn sin Jüngers an un reeten de Ahrn aff. [24] Do sän de Pharisäers to em: „Nu kiek doch blots mal an! Dat kann doch nich angahn! Dat is doch Sabbat! Un an'n Sabbat dörf dat doch nich wesen!" [25] He sä to ehr: „Ji kennt doch de Biwel! Na, wat mak David denn, as he niks to eten harr un so hungri wär un sin Lüd ock? Weet ji wull? Do besunn he sick nich lang. [26] He güng eenfach rin na Godd sin Hus — Abjathar wär ja domals Hochepreester — un eet vun dat Brod, dat up'n Altar utleggt wär. Dat wär doch sünst blots für de Preesters bestimmt! Ja, un he gew sin Lüd noch wat dorvun aff! Wat seggt ji nu? — —" [27] Un denn sä he noch: „De Sabbat is för den Minschen dor un nich de Minsch för den Sabbat. [28] Dorum is de Minschensöhn ock Herr öwer den Sabbat!"

Dat 3. Kapitel.

[1] As he mal wedder na de Kapell käm, do wär dor en Minsch, den sin Hand wär affstorwen. [2] Un se luern sick dat aff mit em, üm he em wull an'n Sabbat gesund maken wörr. Denn wulln se em verklagen. [3] Do sä he to den Minschen mit de lahme Hand: „Stah mal up un stell di hier hen in de Merr!" [4] Un denn sä he to ehr: „So, nu seggt mi mal: Wat steit uns an'n Sabbat eegentli frie? Dörft wi Goodes oder Böses don? Dörft wi en Lewen redden oder ümbringn? Nu kamt mal rut mit de Wohrheit!" Do sän se keen Starwensword. [5] Un he? He keek sick na alle Sieden um un seeg jeden scharp an; denn he wär truri doröwer, dat ehr Harten hart as en Steen wärn. Un denn sä he to den Minschen: „Reck din Hand mal ut!" Un denn? Wohrrafdi, he dä dat! Un sin Hand wär wedder torecht. [6] Do güngn de Pharisäers aff un besnacken sick forts mit Herodes sin Frünn'n öwer em; denn se wulln em dörchut an de Siet bringn.

[7] Nu güng Jesus mit sin Jüngers an'n See. Un en ganse Barg Lüd ut Galiläa un Judäa güngn mit. [8] Ock ut Jerusalem un ut Idumäa un güntsiets vun'n Jordan un ut de Gegend

73

vun Tyrus un Sidon kämen Lüd in'n groten Swarm to em. [9] Do sä he to sin Jüngers: se schulln en Boot för em klor maken wegen de Lüd, dat se sick nich so an em randrängeln dän. [10] He mak ja veele Lüd gesund, un so blew dat nich ut, dat he sick männimal gornich vör ehr bargen kunn. Denn all de, de mit Wehdag plagt wärn, de wulln em doch wenigstens gern mal anröhrn. [11] Ock mit de unreinen Geister wörr he klor. Wenn se em blots anseegn, denn fulln se all vör em dal un fungn an to schrien: „Du büst Godd sin Söhn!" [12] Un he drauh ehr ümmer wedder, se schulln em jo nich künni maken.

[13] Un denn güng he rup up'n Barg un reep allerhand Lüd to sick ran, grad so as he ehr hebbn wull un bruken kunn, un de kämen denn ock to em hen. [14] Un twölf söcht he sick ut. De schulln ümmer bi em wesen, un de wull he ock utschicken to predigen, [15] un se schulln ock Vullmacht hebbn un de Düwels utdriewen. [16] De söcht he sick also ut, un dat wärn: Simon, den he Petrus nöm, [17] un Jakobus, wat Zebedäus sin Söhn wär, un Johannes, wat Jakobus sin Broder wär — de beiden gew he den Namen Boanerges, dat heet up düütsch Dunnerkirls — [18] un Andreas un Philippus un Bartholomäus un Matthäus un Thomas un Jakobus, wat Alphäus sin Söhn wär, un Thaddäus un Simon vun Kana [19] un Judas ut Karioth, de em nahsten verraden dä.

[20] As he nu wedder tohus käm, leepen de Lüd wedder in'n Swarm tohop. Dat güng so wiet, dat se nich mal'n Mundvull Brod eten kunn'n. [21] As dat nu sin Verwandten hörn dän, do harrn se keen Ruh mehr, un se maken sick up'n Weg un wulln sehn, dat se em mitkreegn; denn se sän: „He is ja nich bi Trost!" [22] Un de Schriftgelehrten, de vun Jerusalem hendalkamen wären, sän: „Den hett Beelzebub in sin Gewalt!" un: „De driwt de Düwels mit den Böwersten vun de Düwels ut!"

[23] Do reep he ehr to sick ran un sä to ehr — un dorbi bruuk he allerhand Biller —: „Wodenni schull dat wull angahn, dat de Satan de Düwels utdriewen deit? [24] Wenn en Königriek in sick sülbn nich eeni is — so'n Königriek kann nich bestahn. [25] Un grad so geit dat mit en Hus. Is dat in sick sülbn nich eeni, denn kann so'n Hus ock nich bestahn. [26] Un wenn de Satan gegen sick sülbn angeit un mit sick sülbn nich eeni is, denn kann he nich bestahn, denn is dat ut mit em.

[27] Nüms kann in en starken Mann sin Hus rinkamen un sin Kram wegslepen, wenn he den starken Mann nich erst fastbinn'n deit. Erst denn kann he dat don.

[28] Dat will ick ju seggn: Verlat ju dorup! Alle Sünn'n ward de Minschenkinner vergewen, ock wat se lästert hebbt. [29] Blots wenn een gegen den hilligen Geist lästert hett, dat ward em in Ewigkeit nich vergewen. Düsse Sünn bliwt ümmer an em

hangen." [30] Se harrn ja to em seggt: „He hett en unreinen Geist!"

[31] Un nu kämen sin Moder un sin Bröder. Se blewen awer buten vör de Dör stahn un schickten welke rin, de schulln em ruthaln. [32] Um em rum seeten en Barg Lüd. Do wörr em seggt: „Din Moder un din Bröder un Swestern staht buten un wüllt wat vun di!" [33] Do sä he to ehr: „Wer is min Moder un wer sünd min Bröder?" [34] Un denn keek he sick rundum un seeg de an, de rund üm em rümstünn'n, un sä: „Düt sünd min Moder un min Bröder! [35] Wer Godd sin Willn deit, de is min Broder un Swester un Moder!"

Dat 4. Kapitel.

[1] Un he fung wedder an un lehr an'n See. Un de Lüd leepen in'n groten Swarm bi em tohop. Ja, em blew toletz nits anners öwer: he müß in en Boot stiegen un vun't Land affstöten; un denn sett he sick dal. Un de Lüd blewen an Land un seeten an't Öwer. [2] Un denn lehr he veeles dörch allerhand Biller un Geschichten.

So sä he to ehr in sin Lehr:

[3] „Hört mal to! Ick will ju wat vertelln.

Dor wär mal en Buer up dat Feld gahn un wär bi to sain. [4] Un bi dat Sain mak sick dat so: Wat vun de Saat full up den Weg an de Kant, un de Vagels kämen un picken dat up. [5] En anner Deel full up den steenigen Grund, wo de Modereer nich deep güng. Un bald käm de Saat all up; denn de Eer läg man babenup. [6] Un as de Sünn upgahn wär, full de Hitten dorin, un wieldat de Saat keen Wuddel harr, müß se verdrögen. [7] Un denn full wat mang de Dießeln. Un de Dießeln kämen hoch, un de Saat müß sticken, un mit de Arnt wörr dat niks. [8] Toletz full noch wat up dat goode Land. Un hier leep de Saat fein up un stünn bald in'n Halm un sett Korn an un bröch bit hen to dördi un ock sößdi un hunnert Korn."

[9] Un denn sä he noch: „Wer Ohrn hett un hörn kann, de schall sick dat marken!"

[10] Un as he nahsten alleen wär, do frägten em de, de he üm sick harr, un ock de Twölf, worup he dat bi de Biller un Geschichten eegentli affsehn harr. [11] Do sä he to ehr: „Ji hebbt dat Glück, ji künnt so dorachter kamen, wat dat mit Godd sin Riek up sick hett. Awer de Annern, de noch butenvör staht, de verstaht dat allns blots, wenn een ehr dat dörch Biller un Geschichten klormakt. [12] Dat is nu mal so; de Biwel schall recht beholn mit dat, wat se seggt:

,Se hebbt Ogen un seht dormit, un doch ward se nich klook dorut.

Se hebbt Ohrn un hört dormit, un doch kamt se nich dorachter.

Un dat is dorum so inricht', se schüllt sick nich bekehrn, ehr schall nich vergewen warn'."

13 Un denn sä he: „Ji verstaht also düt Bild nich? Wodenni schull ju dat denn wull mit de Biller un Geschichten öwerhaupt gahn? — 14 Na, denn will ick ju dat seggn. De Buer, de dor sait, de sait dat Word. 15 Mit de Körns awer, de an'n Weg liggn bliewen dot, verhölt sick dat so: Dor ward dat Word utsait. Awer wenn de Lüd dat denn hört hebbt, denn kümmt forts de Düwel un halt dat Word wedder rut, dat in ehr Hart rinsait is. 16 Un grad so is dat mit de Körns, de up den steenigen Grund sait ward. Hebbt de Minschen dat Word hört, denn nehmt se dat mit Freuden up, 17 awer se hebbt keen Wuddel in sick. Se lewt blots för den Ogenblick, un wenn de Not kümmt un se verfolgt ward, wiedat se sick to dat Word holt, denn künnt se mit ehrn Glowen niks mehr anfangen. — 18 Un denn sünd dor noch de Körns, de mang de Dießeln sait ward. Dormit verhölt sick dat so: Hebbt de Lüd dat Word hört, 19 denn sliekt sick de Weltsorgen un dat leege Geld, dat uns doch blots bedregen deit, un wat dat sünst noch för Saken gifft, na de uns de Kopp steit — de sliekt sick denn in't Hart rin un bringt dat Word denn to'n Sticken. Un wat is dat Enn? Dor sett keen Frucht an. — 20 Un tolez denn de Körns, de up dat goode Land fallt. Dorbi denk ick an de Minschen, de dat Word hört un annehmt un dat dördigste un sößdigste un hunnertste Korn bringt."

21 Un wieder sä he to ehr: „Ward wull en Licht in de Stuw bröcht un denn ünnern Tunn oder ünner't Bedd stellt? Ick denk, dat schall up'n Lüchter stellt warn.

22 Dor bliwt niks verborgen, 't is dorför sorgt, dat't an't Licht kümmt, un wat gans in'n Stilln passeert, is doch dorto bestimmt, dat't mal an'n Dag kümmt.

23 Wer Ohrn hett un hörn kann, de schall sick dat marken!"

24 Un denn sä he to ehr: „Gewt Acht up dat, wat ji hört! Mit datsülwige Maat, mit dat ji meten dot, ward ju sülbn tometen warn. Ja, ju ward noch wat togewen warn; 25 denn wer wat hett, de kriggt wat to; un wer niks hett, den ward ock noch dat Beten nahmen, wat he hett."

26 Un he sä:

„Mit Godd sin Riek geit dat grad so as mit den Mann, de dat Saatgood up sin Land smieten deit. Is he dormit klor, 27 denn leggt he sick dal un slöpt un steit wedder up, un so geit dat Dag un Nacht. Un de Saat fangt an to wassen un löpt up un schütt hoch in'n Halm — wodenni dat togeit, dat weet he nich. 28 Gans vun sülbn bringt de Eer de Frucht: erst

76

kümmt de Halm un denn de Wupp un denn dat Korn in de
Wupp. 29 Un is de Frucht denn riep, denn sett se de Lee an;
denn de Arnt steit vör de Dör."
30 Un denn sä he noch: „Wodenni schüllt wi uns dat mit
Godd sin Riek klormaken? Oder ick kann ock seggn: Mit wat
förn Bild schüllt wi seggn, wodenni wi uns dat denken dot? —
31 Dat is dormit so as mit dat Sempkorn. Wenn dat in't
Land sait ward, denn is dat lütter as all de annern Saat-
körns, de dat up de Eer gifft. 32 Is dat awer erst mal sait,
denn waßt dat hoch un ward gröter as all de Gornplanten un
makt grote Tilgen. Un de Vagels, de ünnern Hewen lewt,
künnt in sin Schatten wahnen."
33 So predig he ehr in allerhand Biller un Geschichten dat
Word, un ümmer so, as se dat verstahn kunn'n. 34 Ohn düsse
Biller un Geschichten sprook he öwerhaupt nich to ehr. Blots
wenn he mit sin Jüngers alleen wär, denn lä he ehr allns ut.
35 Un as dat an düssen Dag Abend wörr, do sä he to ehr:
„Lat uns röwerföhrn an dat anner Öwer!" 36 Un se leeten de
Lüd gahn un nähmen em so, as he wär, in't Boot mit. Ock
anner Schäp föhrn mit em tohop rut. 37 Do gew dat en
bannigen Storm, un de Bülgen slogen in't Boot, un dat Boot
nähm all Water. 38 He sülbn awer harr sick achtern henleggt
un sleep up dat Küssen. Do maken se em waken un sän:
„Meister, kümmert di dat gornich, dat wi ünnergaht?" 39 Do
käm he hoch in Enn un drauh den Wind un sä to'n See:
„Swieg un wes' still!" Do lä sick de Wind, un dat wörr gans
still! 40 Un he sä to ehr: „Worum sünd ji doch so bang? Wat
schall ick dorvun denken? Hebbt ji denn gorkeen Tovertruun?"
41 Do verfehrn se sick banni un sän een to'n annern: „Dat is
eenerlei! Dat is en Mann! Wind un See hört up em!"

Dat 5. Kapitel.

1 Un se kämen up de Güntsiet vun'n See in de Gegend, wo
de Gerasener wahnt. 2 Un as he man eben ut dat Boot an
Land kamen wär, do käm glieks vun'n Karkhoff en Minsch em
in de Möt, de harr en unreinen Geist. 3 He hüs dor in de
Graffhöhln, un keen een harr dat fardi bröcht, em antobinn'n,
nich mal mit en Ked wär dat glückt. 4 Se harrn em all männi-
mal an Handn un Föt mit isern Keden fastbunn'n; awer de
Keden an de Handn reet he twei, un de Keden an de Föt schüer
he so lang an enanner, bit dat se dörchsleten wärn, un so kunn
keen een em haltern. 5 Un ümmer, bi Dag un bi Nacht, wär he
in de Graffhöhln un in de Bargen togang un larm dor rüm
un hau sick sülbn mit Steen.

77

6 As he nu Jesus vun wieden seeg, do leep he up em to un full vör em dal un schrie luthals: 7 „Jesus, wat wullt du vun mi? Du büst ja den höchsten Godd sin Söhn! Ick beswör di bi Godd: quäl mi doch nich!" 8 Un dorbi wull Jesus grad to em seggn: „Du unreine Geist, lat aff vun düssen Minschen!" 9 Do sä Jesus to em: „Wodenni heetst du?" He sä to em: „Veel-dusend! — dat is min Nam; denn wi sünd en ganse Barg." 10 Un denn bed he em un beddel: he schull ehr doch nich ut dat Land jagen.

11 Nu wär dor an'n Barg en grote Swienshard up de Weid. 12 Do beden de Geister em: „Jag uns doch up de Swien los! Lat uns in de rinföhrn!" 13 Dorto gew he ehr denn ock Verlöw. Un so trocken de unreinen Geister ut un fohrten up de Swien los. Un de Swienshard störm den Barg hendal — dat wärn bi tweedusend Stück — un se müssen int Water versupen. 14 Un de Harders? De rückten ut un vertellten, wat se bilewt harrn, in de Stadt un buten up de Höf.

Do kämen de Lüd un wulln sehn, wat dor passeert wär. 15 Un so kämen se to Jesus un seegn den Mann, de doch sünst ver-rückt wär, örndli in sin Tüg un gans vernünfti bi Jesus sitten, düssen Mann, de veel Dusend Geister in sick hatt harr. Un se verfehrn sick un maken grote Ogen. 16 Do vertellten em de, dorbi west wärn, wat mit de Verrückte passeert wär, un ock de Geschichte mit de Swien. 17 Denn awer wärn se mit em an, he schull ut de Gegend weggahn.

18 As he denn bald int Boot güng, do bed de Kranke em, he müch em doch mitnehmen. 19 Awer dat wull Jesus nich. Dorum sä he to em: „Gah tohus to din Familie un vertell ehr, wat de Herr Grotes an di dan hett un wodenni he sick öwer di er-barmt hett!"

20 Do güng he aff. Awer he kunn dat nich laten, he mak in de ganse Gegend vun de „Twölf Städte" dat bekannt, wat Jesus an em dan harr. Un de Lüd wunnerten sick.

21 As Jesus nu in dat Boot wedder na de Güntsiet röwersett wär, do leepen all wedder de Lüd in'n groten Swarm bi em tohop, un dat all, as he noch ant Öwer wär.

22 Do käm een vun de Öllerlüd — he heet Jairus — un as he em seeg, do full he dal vör sin Föt 23 un bed em, un he wüß gornich, wat he all' seggn schull: „Min Dochder liggt up't Letzte. So kumm doch un legg ehr de Handn up! Denn ward se doch wedder gesund un kann lewen!"

24 Do güng he mit em lang. Un veele Lüd folgten achteran. Un se drängten em vun achtern.

25 Nu wär dor en Fru. De harr all twölf Johr veel ünner dat Bloot to lieden. 26 Se harr all veele Dokders brukt un veel dorbi dörchmakt. Dat ganse Vermögen harr se dorför her-

gewen; awer nützt harr ehr dat all' niks. Nä, dat wär noch veel ringer mit ehr worrn.

²⁷ Düsse Fru harr nu vun Jesus hört, un so käm se nu merrn mang de Lüd an em ran un röhr vun achtern sin Kleed an; ²⁸ denn se dacht in Stilln: wenn ick man sin Kleeder anröhrn do, denn warr ick all gesund. ²⁹ Un glieks wär dat Bloot still, un se kunn dat an sick sülbn spörn, dat se de Qual loswär.

³⁰ In densülwigen Ogenblick awer mark Jesus an sick, dat de Kraft vun em utgüng, un forts dreih he sick üm mang de Lüd un sä: „Wer hett mi anröhrt?" Do sän sin Jüngers: „Du sühst doch, dat dat Volk sick üm di drängeln deit, un du fragst: Wer hett mi anröhrt? Mit Willn hett dat seeker keen een dan!"

³² Nu keek he sick üm un wull sehn, wer dat dan harr. ³³ Do kreeg de Fru dat mit de Angst un fung an to bewern; denn se wüß ja, wat mit ehr passeert wär. Un so käm se ran un full vör em dal up de Knee un sä de vulle Wohrheit. ³⁴ Do sä he to ehr: „Min Deern, din Glow hett di redd! Gah in Freden din Weg un freu di, dat du din Qual losbüst!"

³⁵ Un knapp harr he dat seggt, do kämen welke vun den Ollermann sin Lüd un meldn: „Din Dochder is dot. De Meister kann sick den Weg un de Möhgd sporn!" ³⁶ Awer Jesus harr so nebenbi hört, wat se seggt harrn, un so sä he to den Ollermann: „Wes' nich bang! Du schallst blots glöwen!" ³⁷ Un denn nähm he blots Petrus un Jakobus un Johannes, wat Jakobus sin Broder wär, noch wieder mit; sünst awer keen een mehr. ³⁸ Un so kämen se an den Ollermann sin Hus ran. Un he seeg den Tummelum un dat de Lüd veel weenen un huuln dän. ³⁹ Un as he rinkäm, sä he to ehr: „Wat schall de Larm un dat Weenen? Dat Kind is nich dot, dat slöpt!" Do lachen se em ut. ⁴⁰ Awer he jag ehr all rut. Un denn nähm he dat Kind sin Vader un Moder bi de Hand un nähm ock sin Jüngers mit rin na de Stuw, wo dat Kind liggn dä.. ⁴¹ Un denn fat he dat Kind bi de Hand un sä to ehr: „Talitha kumi!" Dat heet up dütsch: „Lütt Deern, stah up!" ⁴² Un in densülwigen Ogenblick stünn dat Mäten up un leep glieks in de Stuw rüm. Se wär ja all twölf Johr old. Do kreegen se all' dat Stillswiegen un wüssen nich, wat se seggn schulln; so reg' ehr dat up. ⁴³ Un he bunn ehr dat up de Seel, dat nüms wat dorvun to weten kriegn schull, un denn sä he noch, se schulln ehr wat to eten gewen.

Dat 6. Kapitel.

¹ Un vun dor reis' he wieder un käm na sin Heimat, un sin Jüngers folgten mit em lang.

² Un an'n Sabbat fung he an un lehr in de Kapell. Un all' de Lüd, de em tohörten, wunnerten sick banni un sän: „Wonem

hett de dat her? He is ja banni klook un good lehrt! Wodenni
is he dorbi kamen? Un so'n Wunner bringt sin Handn to-
stann! Ach, den schulln wi nich kenn'n? [3] Dat is ja doch de
Tümmermann un Maria ehr Söhn un Jakobus un Joses un
Judas un Simon ehrn Broder! Ja, natürli is he dat! Un sin
Swestern wahnt doch hier bi uns! Un dat sünd doch ock blots
gans gewöhnliche Lüd!" — Un se argern sick öwer em. [4] Do
sä Jesus to ehr: „Ja, dat is nu mal so! En Profet hebbt se
narms so weni up de Rekn as in sin Heimat!" [5] Un he wär
nich instann, dor ock man een Wunner to don. Blots en poor
Kranke lä he de Handn up un mak ehr so gesund. [6] Un he kunn
sick gornich genog doröwer wunnern, dat se nich glöwen dän.
   Un denn mak he en Rundreis' dörch de Dörper un lehr. [7] Un
he reep de Twölf to sick ran un fung an un schick ehr twee bi
twee ut un gew ehr Gewalt öwer de unreinen Geister. [8] Un he
verlang vun ehr, se schulln niks anners as blots en Stock mit-
nehmen up de Reis'; keen Brod un keen Reis'tasch un ock keen
Büdel mit Reis'geld. [9] He sä dat kort un bünni: „Blots de
Schoh schüllt ji antrecken, awer nehmt ock jo nich twee Röck
mit!" [10] Un denn sä he: „Kiekt ji in en Hus in un se nehmt ju
fründli up, denn bliewt dor ock wahnen, bit dat ji wiederreist!
[11] Un wenn ji en Städ henkamt un de Lüd niks vun ju weten
wüllt, denn gaht wieder un slat ju den Stoff vun de Föt!
Denn bliwt dat an ehr hangn."
   [12] Un se güngn los un predigten, de Lüd schulln sick bekehrn.
[13] Un se drewen veele Geister ut un salwten veele Kranke un
maken ehr gesund.
   [14] Dat kreeg nu de König Herodes to weten; denn sin Nam
wörr bekannt. Un de Lüd sän: „De Döper Johannes is up-
stahn vun de Doden! Dorum is de Wunnerkraft in em lebenni."
[15] Annre Lüd sän: „Dat is Elia!" Annere sän wedder: „He
is en Profet! He is grad so een as de olln Profeten dat ock
wärn!" [16] Awer Herodes sä, as he dat hörn dä: „Nä, denn is
dat Johannes, den ick den Kopp affhaun leet. De is nu wedder
upstahn vun de Doden!"
   [17] Un wat en Wunner, dat he sick dat inbildn dä! Herodes
harr ja sin Lüd utschickt, de den Johannes gefangn nehmen
schulln, un as he em fat harr, do harr he em inschotten laten.
Un dat harr he dan Herodias to Lew. De wär ja eegentli
Philippus sin Fru, awer he harr ehr doch to sin Fru makt.
[18] Un nu harr Johannes to Herodes seggt: „Dat geit nich an!
Du dörfst doch din Broder sin Fru nich hebbn!" [19] Dorum wär
nu Herodias lang nich good up em to spreken un harr sick dat
in den Kopp sett, se wull em an de Siet bringn. Awer se kunn
dat doch nich dörchsetten; [20] denn Herodes harr för Johannes
wat öwer. He käm nich vun em los. He wüß, dat he en ge-

80

rechde un frame Mann wär, un he heel sin Hand öwer em, un veeles, wat he vun em hörn dä, dat nähm he ock vun em an un dä dat. Öwerhaupt, he hör em gern to.

[21] Un nu käm en Dag, de Herodias wull passen kunn. Herodes harr Geburdsdag un gew en grote Mahltied för sin böwerste Lüd un sin Hauptlüd un de vörnehmen Lüd ut Galiläa. [22] Bi düsse Gelegenheit käm düsse Herodias ehr Dochder na'n Saal rin un danz', un dat gefull Herodes un de Lüd, de mit to Disch seeten. Un de König sä to de Deern: „Du dörfst di wünschen, wat du wullt. Ick will di dat schenken." [23] Ja, he swör ehr to: „Wat du di utbeden deist, dat will ick di gewen, un wär dat min halwes Königriek!" [24] Do güng se rut un sä to ehr Moder: „Um wat schall ick beden?" De sä: „Um den Döper Johannes sin Kopp!" [25] Un forts güng se wedder rin — un se harr dat hild dormit — un bed Herodes un sä: „So, dat müch ick: Giff mi up de Stell den Döper Johannes sin Kopp up'n Schöttel!" [26] Do wörr de König heel truri; awer he harr dat nu mal tosworn, un de Lüd wärn all' dorbi west, un so kunn he ehr dat nich affslan. [27] So schick he denn glieks een vun de Wach mit den Befehl los, he schull Johannes sin Kopp bringn. Un de güng denn ock hen un hau em int Gefängnis den Kopp aff. [28] Un he bröch sin Kopp up'n Schöttel un gew em de Deern, un de Deern gew em ehr Moder.

[29] As dat sin Jüngers to weten kreegen, kämen se un halten sin Liek un län ehr int Graff.

[30] Un de Apostels kämen bi Jesus tohop un vertelln em allns, wat se dan un lehrt harrn. [31] Do sä he to ehr: „Kamt ji alleen mit mi an en eensame Städ un ruht un beten ut!" Denn de Lüd leepen so veel aff un to, dat se nich mal Tied funn'n un wat eten kunn'n. [32] Un se föhrn alleen mit 'n Boot an en eensame Stell. [33] Awer de Lüd wörrn ehr wies, as se afföhrn dän, un Veele kämen dorachter, dat se dat wärn. Un so leepen de Lüd to Foot ut all' de Städte dor tosamen un kämen noch vör ehr dor an.

[34] Un as he an Land käm, seeg he all' de Lüd, un se duern em banni, denn se wärn as de Schaap, de keen Harder hebbt. Un he fung an un lehr ehr veel.

[35] Un as dat all banni lat wär, do kämen sin Jüngers to em hen un sän: „Hier is wied un sied keen Hus, un dat is all banni lat. [36] Lat ehr gahn, dat se noch bitieds na de Höf' un Dörper kamt un sick wat to eten köpen künnt!" [37] Awer he sä to ehr: „Ji künnt ehr ja man wat to eten gewen!" Do sän se to em: „Schüllt wi hengahn un för tweehunnert Mark Brod köpen un ehr to eten gewen?" [38] He sä to ehr: „Woveel Bröd hebbt ji? Gaht mal hen un seht na!" Un as se dat nasehn harrn, do sän se: „Fief un denn noch twee Fisch." [39] Do gew

he ehr den Befehl, se schulln sick all' int gröne Gras lagern, een Dutt bin'n annern. [40] Un se lagern sick, hopenwies hunnert bi hunnert un föfdi bi föfdi. [41] Un denn nähm he de fief Bröd un de twee Fisch, keek na'n Himmel rup, sprook en Dankgebed un brook ehr twei un gew ehr wieder an sin Jüngers, dat se ehr an de Lüd utdeeln schulln. Ock de Fisch deel he an alle ut. [42] Un se eeten sick all' satt. [43] Un wat dor öwerwär, dat sammeln se all' up. Dat gew twölf Körw vull, un denn käm dorto noch dat, wat vun de Fisch öwerblewen wär. [44] Un de, de vun de Bröd eten harrn, dat wärn fiefdusend Mann.

[45] Un glieks dorna leet he sin Jüngers keen Ruh un sä: se schulln int Boot gahn un vörutföhrn na Bethsaida. Wieldeß wull he sick denn vun de Lüd losmaken. [46] Un as he ehr loswär, güng he up den Barg; denn he wull beden. [47] Un as dat düster wär, wär dat Boot merrn up'n See un he alleen an Land. [48] As he nu seeg, dat se up de Fohrt banni in de Kniep kämen — denn se harrn den Wind gegen sick — do käm he morgens so hen to de Klock fief up ehr to un güng so öwer dat Water [49] un dä so, as wenn he an ehr so vörbi wull. Un as se em so öwer dat Water gahn seegn, meenten se, dat wär en Spök, un schrieten lut up; [50] denn se seegn em all un verfehrn sick. Awer glieks fung he an un sprook mit ehr un sä to ehr: „Kopp hoch! Ick bün dat. Weet nich bang!" [51] Un denn kladder he rin to ehr in dat Boot, un de Storm lä sick. Un se wunnerten sick in Stilln öwer de Maten; [52] denn achter de Sak mit dat Brod wärn se ock nich gans kamen. Ehr Hart wär ja stump un hart as en Steen.

[53] Un nu föhrn se an Land un kämen na Gennesar un maken dor fast. [54] Un as se ut dat Boot kämen, wörrn de Lüd em forts wies. [55] Un se leepen glieks dörch de ganse Gegend un bröchden de Kranken up ehr Betten her, eenerlei, wer dat ock wär un wo se ehr funn'n harrn. [56] Un wo he sick blots sehn leet, in de Stadt, int Dörp oder buten up de Höf', öwerall län se de Kranken up'n Markt oder up de Straat oder an'n Weg hen un beden em, he müch ehr doch Verlöw gewen, dat se den Klunker an sin Kleed anröhrn dän. Un wer dat denn dä, de wörr ock gesund.

Dat 7. Kapitel.

[1] Nu kamt bi em de Pharisäers tohop un welke vun de Schriftgelehrten. De wärn vun Jerusalem kamen. [2] Un de wörrn nu wies, dat welke vun sin Jüngers ehr Mahltied vertehrn dän mit „unreine" Handn, dat will seggn: se harrn sick de Handn nich vörher wuschen. Dat ehr dat upfalln dä, is ja

keen Wunner; [3] denn wi möt bedenken, dat de Pharisäers
un de Juden öwerhaupt keen Mundvull eten dot, ehr se sick
mit'n Handvull Water de Handn affspölt hebbt. So stramm
holt se sick an dat, wat se lehrt hebbt vun de Vöröllern. [4] Kamt
se vun'n Markt, denn wascht se sick erst, ehr se eten dot. Dat
gifft ock sünst noch allerhand, wat se lehrt hebbt un fastholn
dot. Wi bruukt blots dat Affspöln vun Beker un Kruken un
Pütt to nehmen — na, eenerlei: [5] de Pharisäers un Schrift-
gelehrten fragten em nu: „Wodenni kümmt dat eegentli, dat
din Jüngers sick nich an dat holt, wat wi vun de Vöröllern
lehrt hebbt? Se et ja ehr Mahltied mit unreine Handn!“ [6] Do
sä he to ehr: „Ji mögt wull so fragen! Ji sünd de richdigen
Lüd dorto! Jesaja hett dat ja mal fein vörut seggt öwer ju.
Ji speelt ja Komedie! Ja, dat steit in de Biwel:

,Düt Volk gifft mi mit sin Lippen de Ehr,
   awer sin Hart is wiet vun mi aff.
[7] Se künnt don, wat se wüllt,
   ehr'n dot se mi nich.
Denn wat se lehrt, dat sünd doch blots Minschengebode.
[8] Ji kehrt ju an Godd sin Gebode nich.
   Awer wat Minschen anordnt hebbt, dat holt ji‘!“

[9] Un denn sä he to ehr: „Ji weet dat fein antostelln! Godd
sin Will schall bi ju niks gelten, dorför sorgt ji. Awer wat j i
so lehrn dot, dat holt ji fast. [10] Mose hett doch seggt: ,Du
schallst din Vader un Moder in Ehrn holn‘ un: ,Wer sin
Vader oder Moder fluchen deit, de hett den Dod verdeent un
schall starwen!‘ [11] Ji awer seggt: ,Wenn en Minsch to sin
Vader oder Moder seggt „Korban!“, dat heet: ,Wat du sünst
vun mi verlangn kannst, dor ward nich an röhrt; denn dat
hört nu Godd to!‘ — [12] Awer wat kümmt dörch ju Schuld
dorbi rut? So'n Minsch deit niks mehr för sin Vader un
Moder. [13] Un so bringt ji dat dorhen, dat Godds Word dörch
dat, wat ji an sin Stell sett hebbt dörch ju Lehr, niks mehr
gelten deit. Ach, dat gifft noch mehr so'n Saken, de ick ju
vörholn kunn.“

[14] Un denn reep he mal wedder de Lüd tohop un sä: „Hört
mal to un lat ju dat mal dörch den Kopp gahn! [15] Wat vun
buten in den Minschen rinkümmt, makt em nich unrein. Awer
wat ut em rutkümmt, dat makt em unrein. [16] Wenn een Ohrn
hett un hörn kann, denn schall he sick dat marken!“

[17] As he nu in en Hus käm un de Lüd buten blewen, do
fragten sin Jüngers em öwer düt Bild, dat he bruukt harr.
[18] Do sä he to ehr: „Dat verstaht ji nich? Allns, wat vun buten
in'n Minschen rinkümmt, dat kann em nich unrein maken. Denkt

6* 83

mal na! [19] Dat kümmt ja nich rin in sin Hart. Dat geit ja rin in'n Buuk un ward toletz wedder utscheed." Up de Wies sprok Jesus alle Spiesen rein. [20] He sä awer: „Wat ut'n Minschen rutkümmt, dat makt den Minschen unrein. [21] Denn vun binnen, ut dat Minschenhart, kamt de leegen Gedanken: Hurenkram, Spitzbowerie, Mord un Dotslag, [22] dat een den Annern öwert Ohr haut, dat Eh'breken, Sünn un Schann, Bedrug, Lewen in Suus un Bruus, dat een den Annern niks günnen deit, Lästern, dat een sick upspeeln deit, un Unverstand. [23] All düsse leegen Saken kamt vun binnen rut un makt den Minschen gemeen."

[24] Un denn stünn he up un güng von dor weg na de Gegend vun Tyrus un Sidon. Un he güng in en Hus un wull gern, dat nüms dat to weten kreeg. Awer dat snack sick doch rum. Un dat käm so. [25] En Fru, de ehr Dochder en unreinen Geist harr, de harr vun em hört, un de käm rin un full vör em dal up de Knee. [26] Düsse Fru wär en Heid un stamm ut dat syr'sche Phönizien. Un se bed em, he müch doch den Geist ut ehr Dochder utdriewen. [27] Awer he sä to ehr: „Lat erst mal de Kinner satt warrn! Dat is doch nich nett, wenn man de Kinner dat Brod wegnehmen un de Hunn'n dat hensmieten deit!" [28] Doch se leet sick nich bang maken. Se sä: „Herr, dor hest du gans recht! Awer ock de Hunn'n ünnern Disch kriegt doch ehr Deel aff un ward satt vun de Krömels, de de Kinner öwerlat." [29] Do sä he to ehr: „Dat hest du fein seggt. Dorum gah getrost tohus! De Geist plagt din Dochder nich mehr. He is verswunn'n." [30] Un as se tohus ankäm, do funn se ehr Kind gesund int Bett, un de Geist wär verswunn'n.

[31] Un denn reis' he ut de Gegend vun Tyrus wedder aff un käm dörch Sidon na den galiläischen See, merrn dörch de Gegend vun de „twölf Städte". [32] Do bringt se em en Minsch, de wär dow un kunn ock nich spreken. Un se beden em, he schull em sin Hand upleggn. [33] Do güng he mit em afsiets vun de Lüd un nähm em ünner veer Ogen vör. He lä sin Finger in sin Ohrn un spütt dorup un röhr sin Tung an. [34] Un denn keek he na'n Hewen rup un fung an to süfzen, un denn sä he to em: „Hephata!" Dat heet up dütsch: Do di up! [35] Un knapp harr he dat seggt, do kunn de Mann hörn, un dat Band vun de Tung wär los, un he kunn richdi spreken. [36] Un he bunn ehr dat up de Seel, se schulln keen een wat dorvun seggn; awer dat holp niks. He kunn seggn, wat he wull, se bröchten dat liekers noch mehr ünner de Lüd. [37] Un de Lüd verfehrn sick öwer de Maten un sän: „He hett allns wedder good makt! He bringt dat tostann, dat de dowen Lüd hörn un de stummen Lüd spreken künnt!"

Dat 8. Kapitel.

[1] In düsse Dag' wärn wedder veele Lüd tohop, un se harrn niks to eten. Do reep he sin Jüngers to sick ran un sä to ehr: [2] „Dat deit mi banni leed üm de Lüd. All dree Dag' sünd se nu bi mi un hebbt niks to eten! [3] Wenn ick ehr nu so tohus gahn lat un se vörher niks mehr to eten kriegt, denn ward se ünnerwegens flau; welke vun ehr sünd doch vun wied herkamen." [4] Do sän sin Jüngers to em: „Wonem schull een dat wull hernehmen, wenn he düsse hier merrn in de Stepp mit Brod satt maken wull? Dat is gans un gornich mögli!" [5] Do frag he ehr: „Woveel Bröd hebbt ji?" Se sän: „Söbn." [6] Do leet he dat Volk sick lagern up de Eer. Un he nähm de söbn Bröd, sprook dat Dankgebed, deel ehr in Stücken un gew dat Brod an de Jüngers wieder. De schulln dat denn utdeeln ünner dat Volk. Un se dän dat ock. [7] Un nu harrn se noch en poor Fisch. De nähm he ock, sprook dat Dankgebed öwer ehr un sä, se schulln de ock noch utdeeln. [8] Un se kreegn all' to eten un wörrn ock all' satt. Un se sammeln dat noch up, wat öwerblewen wär; un söbn Körw wörrn vull. [9] Dat wärn awer üm un bi veerdusend Mann. Un denn leet he ehr gahn. [10] Un glieks dorna güng he mit sin Jüngers wedder int Schipp un käm in de Gegend vun Dalmanutha.

[11] Un nu kämen de Parisäers to em rut un fungn mit em an un wulln em utfragn. Se wulln em dorto kriegn, dat he en Teeken vun'n Himmel gewen schull; denn se wulln em up de Prow stelln. [12] Do käm en deepe Süfzer ut sin Bost, un he sä: „Wat wüllt düsse Lüd mit 'n Teeken? Dat is wohrrafdi so. Verlat ju up dat, wat ick ju segg: Nümmer ward düt Geslecht en Teeken to sehn kriegn!"

[13] Denn leet he ehr stahn, güng wedder int Boot un föhr röwer na de Günfsiet. [14] Nu harrn se vergeten, sick Brod mittonehmen. Blots een Brot harrn se bi sick int Boot. [15] Do sä he heel irnst to ehr: „Seht ju vör! Nehmt ju in Acht vör de Parisäers ehrn Suerdeeg un vör Herodes sin Lüd ehrn Suerdeeg ock!" [16] Do güng ehr dat een bi'n annern dörch 'n Kopp: wi hebbt keen Brod. [17] Jesus mark dat wull un sä to ehr: „Wat mak ji ju Gedanken doröwer, dat ji keen Brod hebbt? Kriegt ji dat noch nich klook, un kamt ji noch nich dorachter? Is ju Hart so hart as en Steen worn? [18] Hebbt ji Ogen un seht nich un Ohrn un hört nich? Un hebbt ji vergeten, [19] dat ick de fief Bröd an de fief Dusend utdeelen dä? Woveel Körw vull hebbt ji do sammelt vun dat, wat dor öwer wär?" Se sän: „Twölf". — [20] Un as ick de söbn ünner de Veerdusend utdeeln dä? Woveel hebbt ji do sammelt vun dat, wat dor öwer wär?" Se sän: „Söbn." [21] Do sä he to ehr: „Na, kamt ji noch ümmer nich dorachter?"

85

22 Un nu kamt se na Bethsaida. Do bringt se en Blinden to em un bed' em, he müch em anröhrn. 23 Un he nähm den Blinden bi de Hand un güng mit em buten Dörp. Un denn spütt he em in de Ogen, lä em de Handn up un frag em: „Sühst du wat?" 24 Do keek he up un sä: „Ick seh de Minschen. Grad so, as wenn dat Böm wärn, so seh ick ehr gahn!" 25 Nu lä he noch een Mal de Handn up sin Ogen. Do kunn he dütli sehn un wär wedder gesund un kunn klor ock dat sehn, wat wieder weg wär. 26 Denn awer schick he em tohus un sä, he schull jo nich erst to Dörp gahn.

27 Un Jesus un sin Jüngers güngen wedder up de Reis' na de Dörper vun Käsarea Philippi. Un ünnerwegens frag he sin Jüngers un sä: „För wen holt de Lüd mi?" 28 Do sän se to em: „För den Döper Johannes. Annere meent, du büst Elia, un wedder annere, du büst een vun de Profeten." 29 Do frag he ehr: „Un för wen holt ji mi?" Do sä Petrus to em: „Du büst de Messias!" 30 Do drauh he ehr un verlang, se schulln jo keen een wat ower em seggn. 31 Un nu fung he an un mak ehr klor: De Minschensöhn mutt veel lieden. De Hochepreesters un de Ollsten un de Schriftgelehrten wüllt niks vun em weten, un se ward em dotmaken; awer na dree Dag ward he wedder upstahn. 32 Un dat sä he rein un frie herut. Do nähm Petrus em an de Siet un wull em dörchut dorvun affbringn. 33 Awer he dreih sick üm un keek sin Jüngers scharp an un ranz Petrus an un sä: „Weg, du Satan! Achter mi ran! Wat du dor denkst, dat is nich Godd sin Will, dat sünd rein minschliche Gedanken."

34 Do reep he de Lüd ran un sin Jüngers dorto un sä to ehr: „Wenn een mit mi gahn will, denn dörf he nich mehr an sick sülbn denken; denn mutt he allns hergewn, un denn schall he mit mi gahn. 35 Denn wenn een sin Lewen redden will, denn ward he dat grad verleern, un wenn een sin Lewen verleern deit, wieldat he sick to mi holn deit, denn ward he dat redden. 36 Wat nützt dat wull en Minsch, wenn he ock de ganse Welt winnt, awer sin Lewen dorbi tosetten mutt? 37 Denn womit kann en Minsch sick frieköpen, wenn sin Lewen up't Spill steit? 38 Denn wer sick för mi un min Wörd schamen deit mang düsse Lüd, de vun Godd niks weten wüllt un in Sünn un Schann lewt, för den ward de Minschensöhn sick ock mal schamen, wenn he in sin Vader sin Herrlikeit mit all' de hilligen Engels kümmt."

Dat 9. Kapitel.

1 Un denn sä he noch wat to ehr: „Verlat ju up dat, wat ick ju nu seggn do: Hier staht welke, de ward vun den Dod niks to spörn kriegn, ehr dat se Godd sin Riek kamen seht in Macht."

² Un na söß Dag' nümmt Jesus Petrus un Jakobus un Johannes mit rup na 'n hochen Barg, ehr gans alleen. Do wörr he vör ehr Ogen verwandelt. ³ Un sin Kleeder wörrn slowitt, as wenn de Sünn ehr bleekt harr. Keen Bleeker up de ganse Eer harr dat beter maken kunnt. ⁴ Un denn kreegn se up eenmal Elia un Mose to sehn. De sproken mit Jesus. ⁵ Do seggt Petrus to Jesus: „Meister, dat is doch good, dat wi hier sünd. Wi kunn'n good dree Telten upbuun, för di een, un för Mose een un för Elia een." ⁶ He wüß ja nich, wat he sä, denn se wärn gans verbiestert. ⁷ Un nu käm en Wulk, de lä sick üm ehr rum un mak dat düster, un ut de Wulk käm en Stimm: „Dat is min leewe Söhn! Hört up em!" ⁸ Un up een Mal, as se sick ümkieken dän, seegen se blots noch Jesus bi ehr stahn.

⁹ As se nu vun den Barg wedder dalkämen, verlang he vun ehr, se schulln keen een wat darvun vertelln, wat se bilewt harrn; dorto schulln se erst Verlöw hebbn, wenn de Minschen-söhn vun de Doden upstahn wörr, ¹⁰ un se heeln sick an düt Word, blots güng ehr dat ümmer wedder dörch den Kopp, wat he wull dormit meent harr, as he sä: „Wenn he vun de Doden upstahn is." ¹¹ Un se fragten em un sän: „Wat meent de Schriftgelehrten dormit, wenn se seggt, dat Elia erst kamen mutt?" ¹² Do sä he to ehr: „Allerdings kümmt Elia erst un makt allns in de Reeg. Awer wodenni is dat denn to ver-stahn, dat de Biwel vun den Minschensöhn seggt: He mutt veel lieden un veracht't warn? ¹³ Ja, dat eene will ick ju seggn: Elia is all kamen, un se hebbt em andahn, wat se wulln. So steit dat ja ock in de Biwel."

¹⁴ As he nu to sin annere Jüngers torügkäm, seeg he en Barg Lüd. De stünn'n üm ehr rum un ock Schriftgelehrte, de mit ehr wat afssnacken dän. ¹⁵ Un glieks as de Lüd em künni wörrn, makten se grote Ogen un leepen up em to un jubeln em to.

¹⁶ Do sä he to ehr: „Seggt mal, wat is hier los? Wat hebbt ji mit ehr vör?"

¹⁷ Do sä to em een vun de Lüd: „Meister, ick heff min Jung mitbröcht; den schullst du di gern mal ansehn. De arme Jung kann nich spreken. He hett ünnern bösen Geist to lieden. ¹⁸ Wenn de em anfaten deit, denn rüttelt un schüttelt he em. De Schuum steit em vörn Mund, un de Tähn bitt he tosamen, un toletz kann he sick nich mehr rippen un röhrn. Denn is he gans fardi mit de Welt. Un nu heff ick din Jüngers beden, se schulln den Geist utdriewen, awer se künnt niks mit em anfangen."

¹⁹ Do sä he to ehr: „Minschenkinner, hebbt ji denn gorkeen

87

Glowen? Wolang schall ick denn noch bi ju bliewen? Wolang schall ick mi nu noch mit ju affquälen? — Bringt em mal her!"

20 Do bröchten se em to em hen. Un glieks, as de Geist em seeg, do güng he up den Jungen dal, dat he ümfull un sick up de Eer wöltern dä, un de Schuum stünn em vörn Mund. 21 Do sä Jesus to den Jung sin Vader: „Segg mal, wolang hett he dat all?" He sä: „Dat hett he all vun lütt aff an. 22 Un männi mal hett de Geist em all int Füer un int Water stött; denn he wull em dörchut ümbringn. Awer wenn du wat dorbi don kannst, denn help uns doch! Ach, heff Erbarmen mit uns!"

23 Do sä Jesus to em: „,Wenn du wat don kannst' — seggst du to mi? Wer glöwen deit, de kann allns!"

24 Un knapp harr he dat seggt, do reep den Jung sin Vader: „Ick glöw! Ach help mi doch, dat ick würkli glöwen kann!"

25 Do seeg Jesus, dat dat Volk sick wedder randrängeln dä, un glieks drauh he den unreinen Geist un sä to em: „Du Geist, de den Minschen stumm un dow makt! Ick segg di: Rut mit di! Un dat du di nich ünnersteist un wedder torügkümmst!"

26 Do fung he luut an to schrien un rüttel un schüttel den Jung noch mal, as he man jichtens kunn, un denn wär he weg. Un de Jung leeg dor, as wenn he dot wär. Un de Lüd sän em ock all dot. 27 Do fat Jesus em bi de Hand un kreeg em hoch, un würkli: he stünn up.

28 As Jesus nu tohus wär, do sän de Jüngers to em ünner veer Ogen: „Segg mal, wodenni kümmt dat, dat wi nich klor dormit worrn sünd?" 29 Do sä he to ehr: „Dat will ick ju seggn. Gegen so'n Slag helpt blots een Deel: Beden un Fasten. Anners ward wi ehr nich los!"

30 Un vun dor güngn se wieder un maken en lütte Reis', blots dörch Galiläa. He wull nich, dat de Lüd em wies wörrn. Denn nu gew he sick blots mit sin Jüngers aff. 31 He lehr ehr un sä to ehr: „De Minschensöhn ward in de Minschen ehr Handn utlewert, un se ward em dotmaken, un na dree Dag' ward he wedder upstahn vun de Doden." 32 Awer se kämen nich dorachter, wat he seggn dä, un se wärn ock bang, em doröwer to fragen.

33 Nu kämen se na Kapernaum. Un as se wedder tohus wärn, frag he ehr: „Seggt mal, wat hebbt ji ünnerwegens affsnackt?" 24 Do sän se keen Word, un dat harr ock sin gooden Grund. Denn se harrn ünnerwegens doröwer snackt, wer wull de Grötste vun ehr wär.

35 Do sett Jesus sick dal un reep de Twölf ran un sä to ehr: „Wenn een de Erste wesen will, denn schall he de Allerringste un de Deener för all' de Annern wesen." 36 Un he nähm en

88

Kind bi de Hand un stell dat merrn mang ehr hen un sä to ehr: [37] „Wer een vun düsse Lütten in min Nam bi sick upnümmt, de nümmt mi up, un wer mi upnehmen deit, de nümmt nich blots mi up, nä, de nümmt den bi sick up, de mi schickt hett."

[38] Do sä Johannes to em: „Meister, wie hebbt sehn, dat een in din Nam Düwels utdriewen dä, un de hört nich to uns. Dorum hebbt wi em sin Handwark leggt." [39] Awer Jesus sä: „Lat em doch! Denn dat bringt keen een fardi, dat he erst in min Nam en Wunner deit un denn glieks mi verflucht. [40] Wer nich gegen uns steit, de steit mit för uns in. [41] Un ick will ju noch wat seggn: wenn een ju en Beker mit Water to drinken gifft, wieldat ji to'n Messias hört un staht, denn künnt ji ju dorup verlaten, em ward Godd wat dorför togood don.

[42] Wenn een een vun düsse Lütten, de glöwen dot, to Fall bringt, denn is dat beter för em, dat he en Möhlsteen üm sin Hals kriggt un int Water smeten ward, dat he versupen mutt. [43] Wenn din Hand di to Fall bringn kann, denn hau ehr aff! Dat is beter för di, dat du as en Kröpel int ewige Lewen rinkümmst, as dat du mit twee heele Handn na de Höll kümmst, [44] wo dat Füer nich utgeit. [45] Un wenn din Foot di to Fall bringn kann, denn hau em aff! Dat is beter för di, dat du lahm in dat Lewen rinkümmst, as dat du mit twee heele Föt in de Höll smeten warrst. [47] Un wenn din Og di to Fall bringn kann, denn riet dat ut! Dat is beter för di, dat du man mit een Og na Godd sin Riek rinkümmst, as wenn du beide Ogen behölst, awer dorför in de Höll smeten warst. [48] Dat is de Städ, vun de de Biwel seggt: „Dor starwt ehr Worm nich, un dat Füer geit nich ut."

[49] Denn jedereen mutt solt' warn, dat will seggn: he mutt dörch un dörch de Füerprow bestahn. [50] Dat Solt is wat Goodes. Wenn awer dat Solt keen Solt mehr is, dat will seggn: wenn dat sin Kraft verlorn hett — womit schall man dat denn wedder to Solt maken? Dorum sorgt dorför, dat ji „Solt" bi ju hebbt (dat will seggn: in ju Hart), un holt Freden mang ju!"

Dat 10. Kapitel.

[1] Un vun dor makt he sick up'n Weg un kümmt in de Gegend vun Judäa un güntsiets vun'n Jordan, un wedder kamt veele Lüd bi em tohop, un he lehr ehr, as he dat ock sünst dä.

[2] Do kämen Pharisäers an un fragten em: „Steit dat en Mann frie, dat he sick vun sin Fru scheeden deit?" Dat sän se, wieldat se em en Fall stelln wulln. [3] Do sä he to ehr: „Wat hett Mose ju vörschrewen?" [4] Se sän: „Mose hett Verlöw dorto gewen, dat een en Breef up Scheedung utstelln deit; denn kann

89

he sin Fru gahn laten." [5] Do sä Jesus to ehr: „Ju Hart is hart as en Steen; dorum hett he ju düt Gebod gewen. [6] Awer so lang as de Welt steit, hett Godd de Minschen as Mann un Fru to Welt kamen laten. [7] Dorum is dat so, dat en Minsch Vader un Moder verlaten deit un sick to sin Fru hölt, [8] un denn sünd de Beiden gans un gor een Liew un een Seel. Se sünd nich mehr twee Minschen, nä, denn waßt se gans tohop. [9] Wat Godd nu awer so tosamenbunn'n hett, dat schall de Minsch nich wedder uk'neen bringn."

[10] As he nu wedder tohus wär, do fragten em de Jüngers noch mal öwer düsse Sak. [11] Un he sä to ehr: „Wer sick vun sin Fru scheed un en annere dorför heiraten deit, de brickt gegen ehr de Eh', [12] un wenn en Fru sick vun ehrn Mann scheed un en annern dorför heiraten deit, denn brickt se ok de Eh'."

[13] Un se bröchten lütte Kinner hen to em. He schull ehr gern blots mal anröhrn. Awer de Jüngers ranzten de an, de mit ehr ankämen. [14] As Jesus dat awer wies wörr, do wörr he argerli un sat ehr scharp an un sä to ehr: „Wodenni künnt ji blots sowat don? Lat de Kinner doch to mi herkamen un wiest ehr nich aff! Grad düsse Slag hört Godd sin Riek to. [15] Verlat ju dorup! Ick segg ju dat: Wenn een Godd sin Riek nich an-nehmen deit grad as en Kind, denn kümmt he dor öwerhaupt nich rin." [16] Un denn drück he ehr an sin Bost un lä ehr de Handn up un seg'n ehr.

[17] As he nu wiederreisen dä, do leep em een in de Möt un full dal för sin Föt un frag em: „Goode Meister! Wat mutt ick don, dat ick Andeel krieg an dat ewige Lewen?" [18] Jesus sä to em: „Wodenni kümmst du dorto un nömst mi goode Meister? Good is blots een — un dat is Godd. [19] Du kennst ja de Gebode: „Du schallst nich dotslan!" — „Du schallst nich de Eh' breken!" — „Du schallst bi de Wohrheit bliewen, wenn du wat utseggn deist!" — „Du schallst nich stehlen!" — „Du schallst Vader un Moder in Ehrn holn!" — — — —

[20] Do sä he to em: „Meister, dat allns heff ick all holn vun lütt aff an." [21] Do keek Jesus em irnst an, un een kunn marken, dat he wat vun em holn dä. Un denn sä he to em: „Denn fehlt di noch een Deel: Nu gah noch hen un verköp allns, wat du hest, un giff dat de armen Lüd; denn hest du en Schatz in'n Himmel, un denn kumm mit mi!" [22] Düt Word wär em awer toveel. Dat verdroot em un arger em ock, un so güng he weg, so suer as em dat ock wörr; denn he harr en grotes Vermögen.

[23] Do keek Jesus sick rund um un seeg jedeneen vun sin Jün-gers irnst an un sä: „Wo swor is dat doch för de Lüd, de veel Geld hebbt, dat se in Godd sin Riek kamt!" [24] As de Jüngers düt Word hörn dän, wüssen se nich, wat se seggn schulln, so verfehrn se sick. Dorum sä Jesus dat noch mal to ehr: „Ja,

90

Kinner, wo swor is dat doch, dat een in Godd sin Riek rinkümmt! 25 Dat geit eh'r noch an, dat en Kamel dörch en Nadelöhr kümmt, as dat en rieke Mann in Godd sin Riek rinkümmt!" 26 Do verschraken se sick noch mehr, un een sä to den Annern: „Ja, wer kann denn öwerhaupt redd' warn!" 27 Do keek Jesus ehr an un sä: „Ja, bi Minschen is dat nich mögli, awer wull bi Godd; denn bi Godd is allns mögli."

28 Un nu nähm Petrus dat Word un sä: „Nu segg mal! Wi hebbt nu allns upgewen un sünd mit di gahn!" 29 Do sä Jesus: „Verlat ju dorup! Keen een gifft Hus un Hof oder Bröder un Swestern oder Moder oder Vader oder Kinner oder sin Land man so up för mi un för dat Evangelium. 30 He kriggt dat hunnert Mal wedder: nu, so lang as he lewt, Hus un Hof un Bröder un Swestern un Moder un Kinner un Land — wenn he ock ünner Verfolgung lieden mutt — un in de annere Welt, de nu kümmt, dat ewige Lewen. 31 Awer Veele, de nu de erste Rull speelt, ward denn toletz kamen. un Veele, de nu achteran staht, ward denn toirst kamen."

32 As se nu ünnerwegens na Jerusalem wärn, do güng Jesus alleen vöran. De Jüngers awer wunnern sick banni, dat he so ruhi sin Weg güng, un de Annern, de sünst noch mit lang folgten, wärn vull Bang un Sorg. Do nähm he wedder de Twölf an de Siet un fung an un verklor ehr, wat he nu dörchmaken schull. 33 „Denkt doran" — so sä he — „wi gaht nu rup na Jerusalem, un de Minschensöhn ward de Hochepreesters un de Schriftgelehrten in de Handn lewert, un se ward Gericht öwer em holn un sick eenig warn, dat he dotmakt warn schall, un denn ward se em an de Heiden utlewern. 34 Lin se ward em verspotten un em int Gesicht spütten un em slan un em dotslan, un na dree Dag' ward he wedder upstahn vun de Doden."

35 Nu kamt to em Jakobus un Johannes, wat Zebedäus sin Söhns sünd, un seggt to em: „Meister, wi hebbt wat up't Hart un wulln gern, dat du uns to Willn wärst bi dat, wat wi up dat Hart hebbt." 36 Do sä he to ehr: „Un dat wär?" 37 Se sän: „Ach, wi wulln so gern blang bi di sitten, de eene rechderhand, de annere linkerhand vun di, in din Herrlikeit!" 38 Do sä Jesus to ehr: „Ji weet gornich, wat ji ju dormit utbeden dot! Owerleggt ju erst mal: Künnt ji den Kelch utdrinken, den ick drinken mutt? Un de Döp, üm de ick nich rumkam — künnt ji de dörchholn?" 39 Se sän: „Ja, dat künnt wi." Do sä Jesus to ehr: „Ja, den Kelch, den ick utdrinken mutt, den schüllt ji ock utdrinken, un üm de Döp, de mi upleggt is, kamt ji ock nich rum; dat is seeker. 40 Awer de beiden Plätz rechderhand un linkerhand vun mi heff ick nich to verdeeln, dat kümmt de to, de Godd dorto bestimmt hett."

41 As dat de tein Annern hörn dän, do wärn se up Jakobus

91

un Johannes nich good to spreken. [42] Un Jesus reep ehr to sick
un sä to ehr: „Ji weet, de Lüd, de — as man so seggn deit —
sick as Herrn öwer de Völker upspeeln dot, de holt ehr ünner
Kusch, un de Böwersten mang ehr, de dot mit ehr Lüd, wat se
wüllt. [43] So schall dat awer nich bi ju wesen. Nä, wer mang
ju würkli groot wesen will, de schall ju Deener wesen. [44] Un
wer mang ju de Erste wesen will, de schall de Slav vun ju all'
wesen. [45] De Minschensöhn is doch ock nich dorto kamen, dat
he sick bedeenen laten schall. Nä, he schall deenen un de Schuld
för veele Minschen mit sin Lewen betahln."
[46] So kamt se denn up ehrn Weg na Jericho.

Un as he ut Jericho wiederreisen dä mit sin Jüngers un aller-
hand Lüd sünst noch, do seet Bartimäus, wat Timäus sin Söhn
is, buten an de Landstraat. De lew vun dat, wat he tosamen-
beddeln dä, denn he wär blind. [47] Als de nu hörn dä: „Jesus
vun Nazareth kümmt vörbi!", do reep he luthals: „Jesus, du
büst ja David sin Söhn, so erbarm di doch öwer mi!" [48] Do
drauhn em Veele: „Swieg doch still!" Awer he leet sick nich
bang maken; he schrie noch veel mehr: „Du büst ja David sin
Söhn, so heff doch Erbarmen mit mi!" [49] Do blew Jesus stahn
un sä: „Roopt em mal her!" Do roopt se em un seggt: „Man
to! Kumm hoch! He röpt di!" [50] Do smeet he sin Rock
aff, käm in de Been un güng up Jesus to. [51] Un Jesus sä to
em: „Wat wullt du denn vun mi?" De Blinde sä to em:
„Herr, wenn ick doch blots sehn kunn'n!" [52] Do sä Jesus to
em: „Du kannst getrost wedder gahn. Din Glow hett di
holpen." Un knapp harr he dat seggt, do kunn he sehn, un he
güng ock mit em lang.

Dat 11. Kapitel.

[1] Als se nu neeg bi Jerusalem wärn un bi Bethanien an den
Ölbarg rankämen, do schickt he twee vun sin Jüngers weg [2] un
sä to ehr: „Seht ji dorgünt dat Dörp? Dor gaht mal hen!
Un glieks, wenn ji dor rinkamt, denn ward ji en Fahl finn'n.
Dat is anbunn'n. Dorup hett noch nümmer en Minsch reden.
Dat schüllt ji losbinn'n un herbringn. [3] Un schull dor een to
ju seggn: ‚Wat makt ji dor?', denn künnt ji man seggn: ‚De
Herr will dat bruken, he schickt dat ock glieks wedder torüg.' "
[4] So güngn se denn los, un dat wär so, as he dat seggt harr.
Se funn'n richdi dat Fahl. Dat wär anbunn'n bi de Dör,
buten an de Straat. Un dat bunn'n se nu los. [5] Un richdi:
welke Lüd stünn'n in de Neegde un sän to ehr: „Ji bind' dat
Fahl los? Wat wüllt ji dormit?" [6] Do sän se to ehr grad so,
as Jesus ehr dat seggt harr. Un dormit wär dat good; se leeten
ehr ruhi gahn.

⁷ So kamt se denn mit dat Fahl bi Jesus an, un denn leggt
se ehr Kleeder babenup, un denn sett he sick up dat Tier. ⁸ Un
veele Lüd breeden ehr Kleeder ut up'n Weg, annere wedder
nähmen Tilgen, de se ut'n Knick sneden harrn. ⁹ Un de Lüd,
de vörangüngn un achterna folgen dän, de reepen luthals:
„Godd help! Godd segn den Mann, de in den Herrn sin Nam
kümmt! ¹⁰ Godd segn unsen Vader David sin Riek! Nu kümmt
dat! Godd help dorbaben!"

¹¹ So käm he denn rin na Jerusalem un güng in den Tempel
un seeg sick allns an. Awer dat wär all lat worn, un so güng
he wedder rut na Bethanien un nähm sin Jüngers mit.

¹² As se nu den neegsten Dag vun Bethanien wedder weg-
güngn, do harr he Hunger. ¹³ Un he seeg vun wieden en Fiegen-
boom, de wär all grön. Do güng he an em ran un wull mal
sehn, üm he all Fiegen harr, de he affplöcken kunn. Awer as
he gans neeg bi wär, do funn he ock nich mal een. De Boom
harr blots Bläder; denn de Tied för de Fiegen wär noch nich
dor. ¹⁴ Do sä he to em: „In Ewigkeit schall vun di keeneen en
Fieg eten!" Un sin Jüngers hörten dat.

¹⁵ Un nu kamt se na Jerusalem. As he nu in den Tempel
käm, do fung he an un jag de Kooplüd un de, de wat koopen
wulln in'n Tempel, rut, un de Dischen, wo de Banklüd sitten
dän, un de Bänk, wo de Handelslüd ehr Duwen verkoopen dän
— de stött he um, ¹⁶ un he leed dat nich, dat een mit Putt oder
Pann dörch den Tempel güng. ¹⁷ Un denn lehr he ehr un sä:
„Steit dat nich in de Biwel: ,Min Hus schall en Hus nömt
warn, wo alle Völker beden künnt! Ji hebbt awer en Röwer-
höhl dorut makt.'?"

¹⁸ As dat de Hochepreesters un de Schriftgelehrten hörn dän,
do spikeleern se doröwer, wodenni se em na de Siet bringn
kunn'n. Un doch harrn se Angst vör em; denn all' de Lüd wärn
vull vun sin Lehr. ¹⁹ Awer as dat nu düster wörr, güng he
wedder buten de Stadt.

²⁰ As se nu an'n neegsten Morgen wedder bitieds an den
Fiegenboom vörbikämen, seegen se, dat he vun de Wuddeln
ut gans un gor verdrögt wär. ²¹ Do müß Petrus an dat Word
denken, dat Jesus seggt harr, un he sä to em: „Meister, kiek
doch mal den Fiegenboom an, den du verflucht hest. De is nu
gans verdrögt!" ²² Do sä Jesus to ehr: „Ji möt fastes To-
vertruun to Godd hebbn! ²³ Verlat ju up dat, wat ick ju nu
seggn do: Seggt een to düssen Barg: ,Gah un smiet di int
Meer!' — un he twiewelt nich in sin Hart, sunnern hett dat
faste Tovertruuen, dat dat, wat he seggt, ock indrapen deit,
denn ward dat so. ²⁴ Dorum segg ick ju: Ji mögt beden un
Godd üm wat angahn, wat ji wüllt — holt den Glowen fast,
dat ji dat kriegt, denn kümmt dat so! ²⁵ Un wenn ji staht un

93

bed', denn vergewt, wenn ji wat gegen een hebbt! Denn ver-
gifft ju Vader in'n Himmel ju ock, wat ji ju versehn hebbt!"
[27] Un se kämen noch mal na Jerusalem. As he nu grad in'n
Tempel rümgeit, do kamt to em de Hochepreesters un de Schrift-
gelehrten un de Ollerlüd. [28] De sän to em: „Segg mal, in wat
för'n Vullmacht deist du dat? Oder wer hett di düsse Vull-
macht gewen, dat du dat deist?" [29] Do sä Jesus to ehr: „Ick
will ju erst mal wat fragen, blots een Deel. Dat seggt mi erst
mal! Denn will ick ju ock seggn, in wat för'n Vullmacht ick düt
do. [30] Ick denk an Johannes sin Döp. Un nu seggt mi: Wär
de „vun'n Himmel" oder wär dat blots Minschenwark? Dat
seggt mi mal!" [31] Do kämen se in de Kniep. Denn dat kunn'n
se sick sülbn seggn: Seggt wi: „Ut'n Himmel", denn seggt he:
„Ja, worum hebbt ji em denn nich glöwt?" [32] Seggt wi awer:
„Dat is Minschenwark" — dat kunn ock nich angahn, denn se
wärn bang vör dat Volk. Dat ganse Volk wär ja fast dorvun
öwertügt, dat Johannes en richdige Profet wär. So blew ehr
niks anners öwer, se müssen lütt bigewen. [33] Un so seggt se to
Jesus: „Wi weet dat nich." Do seggt Jesus to ehr: „Ja, denn
segg ick ju ock nich, in wat för'n Vullmacht ick dat do."

Dat 12. Kapitel.

[1] Un nu fung he an un sprook to ehr in allerhand Biller un
Geschichten. He sä:
Dor wär mal en Minsch, de lä sick en Wienbarg an. Un he
mak en Tuun dorum un leet en Kuhl utmuern un en Wacht-
torm buun, un den verpacht he em an Buern un güng up de
Reis'. [2] Un as de Tied üm wär, dat se de Pacht betaln schulln,
do schick he to de Buern en Knecht hen, de schull vun dat, wat
se bi de Wiendruwen verdeent harrn, dat haln, wat affmakt
wär. [3] Awer dor käm he slicht an. De kreegn em eenfach fat
un gewen em en Dracht Prügel un leeten em mit lerrige Handn
wedder lopen. [4] Awer noch mal schick he to ehr en Knecht hen,
dütmal en annern. Doch den güng dat nich beter. Den smee-
ten se Steen an'n Kopp un lachen em ut. [5] Un denn schick he
noch en drüdden Mann. Awer den slogen se dot. Un noch en
Barg Annere kämen. Un mit de maken se dat grad so: denn
gewen se ehr mal Prügel, un denn mal slogen se ehr dot.
[6] Nu harr he blots noch een lewen Söhn, den he schicken
kunn. Den schick he denn ock noch to ehr hen. Dat wär de aller-
letzte. Un he dacht: ‚Vör min Söhn ward se sick ja wull doch in
Acht nehmen.' [7] Awer düsse Buern sän een to'n annern: „De
schall dat all' arwen. Töw! Den bringt wi an de Siet! Denn

fallt dat Armdeel uns so in de Hand!" [8] An richdi; se kreegn em fat un slogen em dot un smeeten em ut'n Wienbarg rut. — [9] So, un nu seggt mi mal: Wat ward de Herr vun'n Wienbarg nu don? — — Ick will ju dat seggn: He ward kamen un ehr ümbringn un den Wienbarg an annere Lüd utdon. — — [10] Hebbt ji nich ock dat Word in de Biwel lest? Dor steit: „De Steen, denn de Buulüd wegsmeten hebbt, grad de is to'n Ecksteen worn. [11] Dat hett de Herr so makt, un dat is en Wunner vör unse Ogen.' " [12] Do setten se ehrn Kopp dorup, dat se em fatkreegn. Awer se wärn doch bang vör dat Volk. Denn dat harrn se wull rutmarkt: mit düsse Geschicht harr he keen Annere meent as ehr sülbn. An so leeten se em stahn un güngn aff.

[13] An nu schicken se welke vun de Pharisäers un vun Herodes sin Lüd. De schulln em bi't Word faten un em in en Fall locken. [14] As de nu kämen, do fungn se an un fragten em so achterum allerhand. Se sän: „Meister, wi weet, du büst en uprichdige Mann. Du kümmerst di üm keen een. Di is dat gans eenerlei, wen du vör di hest. Du süßt nich up dat, wat en Minsch vun buten hergewen deit. Di kümmt dat blots up de Wohrheit an, wenn du Godd sin Word lehrn deist. Nu segg mal: Geit dat an, dat wi de Koppstüer an den Kaiser betalt? Schüllt wi dat don oder nich?" [15] He awer wär glieks dorachter kamen, dat se Komedie speeln, un so sä he to ehr: „Ji wüllt mi ja blots en Fall stelln! Bringt mi mal en Daler her! Denn wüllt wi mal sehn." [16] Se dän dat. Do sä he to ehr: „Wen sin Bild is dat un wat steit dor up?" Se sän: „Dat is den Kaiser sin Bild un Nam!" [17] Do sä Jesus to ehr: „Denn gewt den Kaiser, wat den Kaiser tokümmt, un wat Godd tokümmt, dat gewt Godd! Nu weet ji Bischeed!" Do kreegen se dat Stillswiegen; denn dat wärn se sick vun em nich moden west.

[18] An dor kämen ock Sadduzäers to em. Dat sünd de Lüd, de niks dorvun weeten wüllt, dat de Doden wedder upstaht. An se fragten em: [19] „Meister, Moses hett uns vörschrewen: wenn een sin Broder starwt un sin Fru alleen nalett ohn en Kind, denn schall düsse Broder de Fru heiraten un so dorför sorgen, dat sin Broder Nakamen kriggt. [20] An nu hör mal to! Dor wärn söbn Bröder. De erste nähm en Fru, awer as he storw, harr he keen Kinner. [21] Nu heirat de tweete de Fru, un as he storw, harr he ock keen Kinner mit ehr. De drüdde mak dat grad so, un em güng dat ock grad so. [22] So käm dat tolezt so, dat all' de söbn keen Kinner harrn. An gans tolezt storw ock de Fru. [23] An nu segg mal: Wenn de Doden nu würkli upstaht — wi wüllt dat mal so annehmen — wen vun ehr hört denn de Fru to? Denn düsse Söbn wärn ja all' mit düsse sülwige Fru verheirat' west." [24] Do sä Jesus to ehr: „Markt ji

95

gornich, dat ji up'n Holtweg fünd? Ji verstaht niks vun dat,
wat in de Biwel steit un ock niks vun Godd sin Macht! [25] Denn,
wenn de Doden upstaht, denn heirat se nich wedder un lat sick
ock nich mehr heiraten, nä, denn lewt se so as de Engels in'n
Himmel. [26] Un wat dat nu mit de Doden up sick hett, ick meen:
dat se würkli upstaht, dor will ick ju noch wat fragen: Hebbt
ji nich in dat Book Mose de Geschicht' vun den Dornbusch
lest? Wat sä Godd domals to Mose? Sä he nich: „Ick bün
Abraham sin Godd un Isaak sin Godd un Jakob sin Godd?"
[27] Dorum segg ick: Godd is nich de Doden ehrn Godd, nä, he
is de Lebennigen ehrn Godd. — — Ji fünd doch banni up'n
Holtweg."

[28] Un nu käm een vun de Schriftgelehrten to em, de dat mit
anhört harr, wat se besnacken dän. As he nu seeg, dat he ehr
so up'n Draff bröcht harr, do frag he em: „Wat för'n Gesetz
is dat allerböwerste?" [29] Jesus sä to em: „Dat böwerste heet
so: ‚Hör, Israel! De Herr, wat unse Godd is, is gans alleen
de Herr. [30] Un du schallst din Herrgodd lew hebbn, un din
Hart un din Seel un din Verstand mutt gans dorbi wesen, un
din ganse Kraft muß du dorbi insetten.' [31] Dat tweete heet so:
‚Du schallst din Nawer grad so lew hebbn as di sülbn.' Gröter
as düsse beiden is keen anneres Gebod!" [32] Do sä de Schrift-
gelehrte to em: „Dat hest du fein seggt, Meister! Dat is de
Wohrheit vull un gans: dat gifft man een Godd un sünst
keen een mehr, [33] un wer em lew hett un sin ganses Hart un
sin gansen Verstand un sin ganse Kraft dorför hengifft un denn
noch sin Nawer so lew hett as sick sülbn, de deit mehr, as all
de Brandopfer un all' de annern Opfer sünst fardi bringt."
[34] Un Jesus seeg, dat he em richdi verstahn harr, un so sä he to
em: „Du steist nich wied aff vun Godd sin Riek." Un keen een
wag dat, em noch wieder wat to fragen.

[35] Un denn sä Jesus, as he noch in'n Tempel lehrn dä: „Wo-
denni künnt de Schriftgelehrten seggn: De Messias is David
sin Söhn? [36] David seggt doch sülbn, — un dat hett de hillige
Geist em ingewen — he seggt doch: ‚De Herr hett to min Herr
seggt: Sett di an min rechde Siet, bit dat ick din Fiendn gans
ünner din Föt bröcht heff!' [37] Also David nömt em „Herr"—
wodenni is dat denn mögli, dat he sin Söhn is?" — — —
Un all' de Lüd hörten em gern to.

[38] Un in sin Lehr sä he ock: „Nehmt ju in Acht vör de Schrift-
gelehrten! De wiest sick gern up de Straat in lange Kleeder
un hebbt dat gern, wenn de Lüd up'n Marktplatz vör ehr den
Hoot affnehmt. [39] In de Kapell sitt se up de erste Bank, un bi
de Mahltied sökt se sick den besten Platz ut. [40] Se frät de Wet-
fruen ehr Hüser up. Se bed wull lang för ehr, awer se dot
man so, denn tolezt hebbt se doch man ehrn eegen Vordeel int

Og. Awer dorum kamt düsse Lüd in dat Gericht ock veel leeger weg."

[41] Un Jesus sett sick nich wiet aff vun'n Goddeskasten un keek still to, un luer sick dat dorbi aff, wodenni de Lüd Geld in den Kasten dän. Un veele Lüd steeken veel rin. [42] So käm ock en arme Wetfru dor lang. De gew twee Geldstücken dorto, de wärn tosam grad een Penn wert. [43] Do reep Jesus sin Jüngers ran un sä to ehr: „Dat will ick ju seggn: Düsse arme Wetfru hett mehr gewen as all' de Annern, de Geld in den Kasten dot. Denn all' de Annern hebbt gewen vun dat, wat se öwerhebbt; awer düsse Fru is beddelarm, un doch hett se allns hergewen, wat se harr. Se sport sick dat rein vun'n Mund aff."

Dat 13. Kapitel.

[1] As he denn ut'n Tempel rutgüng, do sä een vun sin Jüngers to em: „Meister, kiek doch mal: wat för Steen un wat för'n Buu!" [2] Do sä Jesus to em: „Du wunnerst di öwer düssen banni groten Buu? — — Keen Steen ward hier up den annern bliewen. Se ward all' dalreten!"

[3] Un denn seet he mal up'n Ölbarg, un de Tempel läg güntsiets liek vör em. Do fragten em, as he gans alleen wär, Petrus un Jakobus un Johannes un Andreas: [4]„Segg uns doch mal, wannehr passeert düt, un an wat för'n Teeken schall een dat wies warn, wenn düt all' mal indrapen schall?" [5] Do fung Jesus an un sä to ehr: „Seht ju vör, dat nüms ju wat vörmaken deit! [6] Dor ward Veele kamen un sick up min Nam beropen. De seggt denn: Ick bün dat! un se ward veele Lüd anföhrn. [7] Ji ward ock hörn vun Krieg, un dat dor Krieg warn schall, awer dormit lat ju nich bang maken! Denn dat mutt so kamen. Awer dat bedüd noch nich, dat dat letzte Enn all dor is. [8] Denn dat kümmt so: een Volk ward gegen dat annere upstahn un een Königriek gegen dat annere. Dat gifft hier un dor Eerbewen, un dat Korn un dat Brod ward heel knapp warn, dat de Lüd meist niks to eten hebbt. So meld sick dat an as bi'n Fru, de Moder warn schall.

[9] Nä, nehmt ju vör ju sülbn in Acht!

Se ward ju an dat Gericht utlewern, un in de Kapelln ward se ju prügeln, un vör Stattholer un Könige ward se ju slepen, wieldat ji to mi holn dot. Un wenn ji ju so insetten dot, denn schall ehr dat togood kamen. [10] Un bi all' de Völker mutt noch erst dat Evangelium predigt warn. [11] Un wenn se ju nu henbringen un utlewern dot, denn makt ju keen Gedanken doröwer, wat ji denn seggn schüllt. Dat, wat ju in so'n Stünn ingewen ward, dat schüllt ji seggn. Ji sünd dat gornich, de dor reden dot, nä, dat deit de hillige Geist. [12] Un dat kümmt so, dat een

Broder den annern utlewern deit, dat he starwen mutt, un en
Vader sin Kind. Kinner ward upstahn gegen ehr Öllern un
ehr dotmaken. 13 All' de Lüd ward ju hassen, wieldat ji to mi
holn dot. Awer wer bit toletz utholn deit, de ward redd'.

14 Wenn ji awer dat Undeert seht, dat een gruseln makt un
dat de Minschen wegdriewen deit un dat dor steit, wo't nich
stahn schall — wer düt lesen deit, de mag sick dat wieder to-
rechtleggn, wat ick meenen do — denn schüllt sick de Lüd in
Judäa up de Bargen in Seekerheit bringn. 15 Wer up dat
Dack steit, de schall nich erst int Hus dalstiegen. He schall nich
erst ringahn na de Stuw un noch wat ruthaln. 16 Un wer
buten up de Koppel is, de schall nich erst torüggahn un sin
Mantel haln. 17 Godd tröst de Fruen, de Moder warn schüllt
un ehr Kinner an de Bost hebbt, wenn düsse Dag' kamt! 18 Bed
dorum, dat sowat nich in'n Winter passeert! 19 Denn düsse
Dag' bringt en Drangsal, as se noch nich west is, solang as de
Welt steit, de Godd makt hett, un ock nich wedderkamen ward.
20 Un wenn de Herr de Dag' nich noch affkört harr, denn wörr
keen een redd' warn. Awer wegen de Utwählten, de he sülbn
utwählt hett, hett he de Dag' affkört. 21 Un wenn denn een to
ju seggt: „Süh, hier is de Messias, dor is he!" denn glöwt dat
jo nich! 22 Denn dor ward Lüd sick meldn, de gewt sick as
Messias un as Profeten ut un sünd dat nich, un se ward Teeken
un Wunner don un so versöken, dat se de Utwählten vun den
rechden Weg affbringt. 23 Denn awer makt de Ogen up un
seht ju vör! Ick heff ju nu allns vörutseggt.

24 Awer in düsse Dag', wenn de Drangsal vöröwer is, denn
ward sick de Sünn verdüstern, un de Maand ward keen Licht
mehr gewen, 25 un de Sterns ward vun Hewen hendalfalln, un
wat de Welt dorbaben tosamenholn deit, dat brickt tosamen.
26 Un denn ward se den Minschensöhn sehn. De kümmt denn in
de Wulken mit veel Macht un Herrlikeit. 27 Un denn ward he
de Engels utschicken un de Utwählten vun Osten un Westen un
Süden un Norden tosamenbringn, vun de buterste Kant vun
de Eer bit na de buterste Kant vun'n Hewen.

28 Un nu bruuk ick wedder en Bild. De Fiegenboom schall ju
wat lehrn. Wenn de Saft wedder dörch den Boom geit un de
Tilgen niee Bläder sett, denn markt ji, dat de Sommer kümmt.
29 So makt dat ock, wenn ji düt nu bilewt, denn hebbt ji en
Teeken dorför, dat de Messias vör de Dör is.

30 Verlat ju up dat, wat ick ju nu seggn do: Düt Geslecht
ward nich eh'r to Graff kamen, as bit düt all' indrapen is.
31 Hewen un Eer ward unnergahn, awer dat, wat ick seggt heff,
dat steit dörch. 32 Awer öwer den Dag un de Stünn weet keen
een Bischeed, ock de Engels in'n Hewen nich un ock de Söhn
nich; dat weet alleen de Vader.

98

33 So seht ju vör un holt ju waken! Denn ji weet nich, wannehr de Tied dor is. 34 Dat kümmt grad so, as wenn en Minsch up de Reis' geit un sin Hus sin Knecht'n anvertruut. Jedereen hett up den Kram to passen, un jedereen hett sin Posten, un de, de up de Dör to passen hett, de hett dorför to sorgen, dat allns in de Reeg bliwt. 35 Dorum bliwt waken! Denn ji weet nich, wannehr de Husherr kümmt. Dat kann abends, nachts Klock twölf, awer ock erst morgens Klock dree oder Klock sös wesen. 36 Paßt up, dat he nich kümmt, wenn ji em nich moden sünd, un dat he ju denn nich in deepen Slap find'! 37 Un wat ick ju segg, dat gelt för ju all: Holt ju waken!"

Dat 14. Kapitel.

1 Dat wär noch twee Dag' hen bit to dat Oster- un dat Sötbrodsfest. Un de Hochepreesters un de Schriftgelehrten spikeleern doröwer, wodenni se em achterum fatkriegn un an de Siet bringn kunn'n. 2 Denn se sän: „Jo nich in de Festdag'! Denn sünst kunn dat Volk sick upregen."

3 Un as he nu in Bethanien in Simon, den se den „Utsätzigen" nömt, sin Hus to Gast wär un to Disch sitten dä, do käm en Fru. De harr en lütte Buddel ut Alabaster, un dor wär en Salw in, de wär ut reines Nardenöl makt un harr veel Geld kost. Un se mak de lütte Buddel twei un goot de Salw ut öwer sin Kopp. 4 Awer welke paß dat nich, un se fungn an to knurrn, een bi'n annern, un sän: „Wat schall dat bedüden? Worum schall de Salw so verswend't warn? 5 Düsse Salw harr good verköfft warn kunnt. Dat harr mehr as tweehunnert Mark bröcht. Un de harrn denn de Armen togood kamen kunnt!" Un se brummten ehr an. 6 Awer Jesus sä: „Lat ehr doch tofreden! Verdarwt ehr doch nich de Freud! Wat wüllt ji up ehr rumhacken? Wat se eben makt hett, dat hett mi gooddan. 7 Arme Lüd hebbt ji ümmer bi ju, un wenn ji dat wüllt, denn künnt ji ehr alltieds wat Goodes don. Mi awer hebbt ji nich ümmer bi ju. 8 Se hett dan, wat se jichtens kunn. So hett se in vörut min Liew salwt, ehr ick dot bün un to Graff bröcht warr. 9 Un dat will ick ju seggn: wo ock in de ganse wiede Welt dat Evangelium predigt ward, dor ward ock dat vertellt warn, wat se dan hett. Dat bliwt nich vergeten." 10 Un Judas ut Karioth — dat wär ja een vun de Twölf — güng rut un mak sick up'n Weg na de Hochenpreesters. He wull em verraden. 11 Un as se dat hörn dän, do freuten se sick un löwten em Geld to. Un nu sett he sin Kopp dorup un spikeleer doröwer, wodenni he em bi en goode Gelegenheit ehr in de Handn speeln kunn.

7*

99

[12] Un an den ersten Dag vun dat Sötbrodfest, an den se dat Osterlamm slachten dän, sän sin Jüngers to em: „Wat meenst du? Wonem schüllt wi hengahn un allns in de Reeg maken, dat du de Ostermahltied eten kannst?“ [13] Do schick he twee vun sin Jüngers aff un sä to ehr: „Gaht to Stadt! Denn ward ju en Mann in de Möt kamen, de hett en Kruk mit Water up'n Kopp. Achter den gaht ran! [14] Un wo he in't Hus ringeit, dor seggt to den Husvader: ‚De Meister lett fragen, üm de Stuw för em parat is, un lett di seggn: Ick will hier mit min Jüngers eten.‘ [15] Denn ward he ju baben up'n Böd'n en groten Saal wiesen. De is mit Küssens utleggt un all gans parat. Un dor makt de Mahltied fardi!“ [16] Un de Jüngers güngn los un kämen in de Stadt, un dat güng ehr genau so, as he ehr dat seggt harr, un se maken de Mahltied torecht.

[17] Un as dat düster wörr, do käm he mit de Twölf an. [18] Un se setten sick dal un fungn an to eten. Do sä Jesus: „Gans gewiß, ji künnt ju dorup verlaten: Een vun ju ward mi verraden, un de sitt hier mit an'n Disch to eten.“ [19] Do wörrn se heel truri, un een sä na'n annern to em: „Ick bün dat doch nich?“ [20] Do sä he to ehr: „Dat is een vun de Twölf, een, de mit mi in een Schöttel langt! [21] Dat helpt nu mal niks. De Minschensöhn mutt den Weg gahn, de em na Godds Word todacht is. Awer Godd tröst den Minschen, dörch den de Minschensöhn verraden ward! För den wär dat beter, dat he öwerhaupt nich to Welt kamen wär!“

[22] Un as se noch bi to eten wärn, nähm Jesus en Brod, sprook dat Dankgebed, brook dat Brod in Stücken un deel dat ut un sä to ehr: „Nehmt dat, dat is min Liew!“ [23] Un denn nähm he den Kelch, sprook noch mal dat Dankgebed un lang em rum, un se drunken all' dorut. [24] Un he sä: „Düt is min Bloot. Un düt Bloot, dat för veele utgaten ward, bringt den niegen Bund tostann. [25] Gans gewiß, verlat ju dorup! Ick warr erst wedder den Saft vun den Wienstock drinken an den Dag, wo ick em nie drinken do in Godd sin Riek.“

[26] Un as se denn dat Dankleed sungn harrn, güngn se rut na'n Ölbarg. [27] Do sä Jesus to ehr: „Ji ward ju all' an mi argern; denn in de Biwel steit: Ick will den Harder slan, un de Schaap ward ut'neen lopen. [28] Awer wenn ick upweckt bün vun de Doden, denn warr ick vör ju vörutgahn na Galiläa.“

[29] Do sä Petrus to em: „Lat ehr sick all' an di argern, ick do dat nich!“

[30] Do sä Jesus to em: „Gans gewiß, verlat di dorup! Grad du warst di hüt noch in düsse Nacht dreemal vun mi losseggn; un dat kümmt so, ehr de Hahn tweemal kreiht hett!“ [31] Awer Petrus nähm den Mund banni vull un sä: „Un wenn ick mit

di starwen schull, losseggn vun di do ick mi nich!" Un grad so
sän se dat all'.

^{32} Nu kamt se na en Hofstäd, de heet Gethsemane. Do seggt
he to sin Jüngers: „So, nu sett ju hier dal, ick will nu beden."
^{33} Un he nümmt Petrus un Jakobus un Johannes mit. Un
denn fung he an to bangen un to bewern ^{34} un sä to ehr: „Heel
truri is min Seel. To'n Starwen bang is mi dat üm dat
Hart! Bliewt doch hier un wakt mit mi!"

^{35} Un denn güng he en lütten Stremel wieder un full dal up
de Eer un beb': wenn dat mögli wär, denn müch doch de Stünn
an em vörbigahn. ^{36} Un he sä: „Min lewe Vader! Allns is
di mögli! Lat düssen Kelch an mi vörbigahn! Awer dat schall
jo nich na min Willn gahn! Ick will mi fögen in dat, wat du
mi upleggn deist!"

^{37} Un denn kümmt he wedder torüg. Awer wat mutt he bi-
lewen? Se sünd inslapen. Un nu seggt he to Petrus: „Simon,
du slöpst? Kunnst du nich mal een Stünn waken bliewen?
^{38} Bliewt doch munter un beb', dat ji nich in Versökung fallt!
De Geist hett wull den gooden Willn, awer dat Fleesch is man
swak."

^{39} Un denn güng he wedder weg un beb', un he sä datsülwige
noch mal. ^{40} Un as he nu wedder torügkäm, do wärn se wedder
inslapen. De Ogen wärn ehr man so wedder tofulln, un se
wüssen nich, wat se to em seggn schulln.

^{41} Un to'n drübben Mal kümmt he un seggt to ehr: „Na, denn
slapt man wieder un ruht ju ut! Nu bruk ick ju nich mehr. De
Stünn is dor! Nu ward de Minschensöhn in de Sünner ehr
Handn utlewert. ^{42} So, un nu staht up! Wi wüllt gahn. De
mi verraden deit, de is glieks dor!"

^{43} Un knapp harr he dat seggt, do is Judas, de een vun de
Twölf wär, ock all dor, un mit em kamt Lüd mit Säbels un
Knüppeln. De harrn em de Hochepreesters un Schriftgelehrten
un Ollerlüd mitgewen. ^{44} Un de, de em verraden dä, harr mit
ehr en Teeken affmakt un seggt: „De, den ick en Kuß gew, de is
dat! Den kriegt fat, un denn nehmt em so mit, dat he ju nich
utrücken kann!" ^{45} Un richdi, as he dor is, kümmt he an em
ran un seggt: „Lewe Meister!", un he gew em denn ock den
Kuß. ^{46} Un denn kreegn se em fat un heeln em fast. ^{47} Een
awer, de dorbi stünn, trock den Säbel ut de Scheed un slog
dormit up den Hochenpreester sin Knecht los un hau em dat
Ohr aff. ^{48} Un Jesus sä to ehr: „Ji dot ja grad so, as wenn ick
en Räuwer wär! Mit Säbels un Knüppeln sünd ji kamen un
wüllt mi nu fatkriegn! ^{49} Ick wär doch jeden Dag bi ju un heff
un'n Tempel lehrt! Awer do hebbt ji ju nich an mi ranwagt!
Awer eenerlei! Dat mutt un schall ja indrapen, wat in de
Biwel steit!"

[50] Do leeten se em all' in Stich un rückten ut. [51] Blots en junge Mann, de niks wieder as en Linnendook öwerharr, de güng achter em ran, un den kreegn se fat. [52] Awer he leet dat Laken falln un leep nakelt weg.

[53] Nu bröchten se Jesus to'n Hochenpreester. Un all' de Hochenpreesters un de Ollerlüd un de Schriftgelehrten kämen dor tohop. [54] Un Petrus folg vun wieden mit lang achter em ran, un so käm he bit an den Hochenpreester sin Hofftäd. Un dor sett he sick denn mit de Kriegsknecht'n dal un warm sick an't Füer.

[55] De Hochepreesters un de ganse Hoche Rat harrn dat nu bild dormit, dat se gegen Jesus wat vörbringn un em up düsse Wies' an de Siet bringn kunn'n. Awer dat glück ehr nich; [56] denn dor wärn wull veele Tügen, awer de sän nich de Wohrheit, un wat se sän, dat wull nich tohop stimmen un passen. [57] Un denn stünn'n dor welke up, de sän ock nich de Wohrheit öwer em, un de vertelln: [58] „Wi hebbt em seggn hört: Ick will düssen Tempel, de mit Minschenhandn but is, affbreeken un in dree Dag' en annern dorför upbuun, den Minschen nich makt hebbt." [59] Awer ock so wull dat nich stimmen, wat se vörbringn dän.

[60] Do stünn de Hochepreester up un stell sick merrn mang ehr hen un sä to Jesus: „Du seggst ja gorniks to dat, wat düsse Lüd gegen di vörbringt!" [61] Jesus awer heel noch ümmer den Mund un sä keen Word. Do frag de Hochepreester em noch eenmal un sä to em: „Büst du würkli de Messias un Godd sin Söhn?" [62] Jesus sä: „Ja, dat bün ick! Un ji ward dat bilewen, dat de Minschensöhn an Godd sin rechde Siet sitt un in de Wulken vun'n Hewen hendalkümmt!" [63] Awer dat wär denn doch toveel. Do reet de Hochepreester sin Kleeder twei un sä: „Na, mi dünkt, dat is genog! Wi brukt keen anner Tügen mehr! [64] He hett Godd läsiert! Ji hebbt dat ja sülbn hört! Nu seggt, wat ji dorto meent!" Un se? Se wärn sick all' eeni un sän: „Dorup steit de Dod! Den hett he verdeent!"

[65] Un nu fungn welke an un spütten em int Gesicht, bunn'n em en Dook vör de Ogen un slogen em an'n Kopp un sän: „So, nu wies mal, wat du kannst! Nu kannst du ja mal Profet speeln!" Un as de Kriegsknecht'n em wedder in de Hand harrn, do slogen se ock up em los.

[66] As Petrus nu buten up'n Hof sitt, do kümmt een vun den Hochenpreester sin Deenstdeerns, [67] un as se wies ward, dat Petrus sick warmen deit, do kiek se em fast an un seggt to em: „Na, du wärst ja ock mit bi düssen Jesus vun Nazareth!" [68] Awer dorvun wull he niks weten. He sä: „Ick weet un verstah öwerhaupt nich, wat du dor seggn deist!" Un denn güng he weg un stell sick wieder butenvör hen. [69] Awer de Deern

102

keek noch mal wedder to em hen un fung noch mal wedder dor-
vun an un sä to de, de bi ehr stünn'n: „Dat is doch so, he hört
to ehr!" ⁷⁰ Awer he streed dat wedder aff. Doch dat duer nich
lang, do sän de, de dorbi stünn'n, noch mal to Petrus: „Nu
mak man keen Geschichten, du hörst doch to ehr! Wi künnt dat
ja hörn an din Utspraf! Du büst en Galiläer!" ⁷¹ Awer nu
fung he an un verfluch sick un swör dorto: „Ick kenn düssen
Minschen nich, vun den ji dor snackt!" ⁷² Do kraih de Hahn
to'n tweeten Mal. Un nu full Petrus dat Word wedder in,
dat Jesus to em seggt harr: „Ehr de Hahn twee Mal kraiht
hett, warst du di dree Mal vun mi losseggn!" Do kunn he sick
nich mehr holn, un he fung bitterli an to weenen.

Dat 15. Kapitel.

¹ Un glieks, as dat hell wörr, setten de Hochepreesters un de
Schriftgelehrten un de ganse Hoche Rat en Protokoll up un
leeten Jesus de Handn tosamenbinn'n un em afföhrn un lewern
em an Pilatus ut.
² Pilatus sä to em: „Du büst de Juden ehrn König?" Jesus
sä to em: „Du seggst dat ja!"
³ Un nu güng dat Verklagen los! De Hochepreesters bröchten
so allerhand gegen em vör.
⁴ Un nu frag Pilatus em noch eenmal un sä: „Hest du gor-
niks dorgegen to seggn? Mi dünkt doch, se klagt di bös an!"
⁵ Awer Jesus sä ümmer noch niks, dat Pilatus sick wunnern dä.
⁶ Nu bröcht dat Fest dat so mit sick, dat he ehr jedes Mal en
Gefangenen frielaten dä, eenerlei, wer dat ock wär. Se kunn'n
sick den Mann wünschen. ⁷ Un nu wär dor en Mann, de heet
Barabbas. De seet tosamen fungn mit de Rebellen, de bi'n
Upstand een dotslan harrn. ⁸ Do güng dat Volk rup na den
Statthoter sin Palast un bröcht de Bed vör, so as se dat sünst
ock dän un so as he dat sünst ock to don pleg. ⁹ Un Pilatus sä
to ehr: „Schall ick den Judenkönig frielaten?" ¹⁰ He wär ja
glieks dorachter kamen, dat de Hochepreesters em blots dorum
an em utlewert harrn, wieldat se up em neidisch wärn. ¹¹ Awer
de Hochepreesters wiegeln dat Volk up, se schulln Pilatus beden,
dat he ehr doch lewer Barabbas frielaten müch. ¹² Do sä Pi-
latus noch mal to ehr: „Awer wat schall ick denn mit den
maken, den ji den Judenkönig nömen dot?" ¹³ Awer do reepen
se noch mal luthals: „Ant Krüz mit em!" ¹⁴ Pilatus sä: „Awer
nu seggt doch blots mal: wat hett he denn eegentli verbraken?"
Awer dat holp niks mehr. Se güngn blots noch duller to Kehr
un schrieen: „Ant Krüz mit em!" ¹⁵ Nu wüß Pilatus nich
mehr, wat he maken schull, denn he wull dat ja nich mit dat

Volk verdarwen. So leet he ehr denn Barabbas frie. Jesus awer leet he wat mit de Pietsch gewen, un denn gew he em in de Suldaten ehr Handn, dat se em ant Krüz slan schulln.

[16] Nu nähmen de Suldaten em mit rin na'n Binnenhof vun den Palast — den nömt se dat Prätorium — un reepen de ganse Kumpanie tosamen. [17] Un denn trocken se em en ollen roden Suldatenmantel an un bunn'n en Kranz ut Dörns un setten em den up'n Kopp. [18] Un denn fungn se an un maken sick ehrn Spaß mit em. Se stunn'n vör em stramm un sän: „Goden Dag! Judenkönig!" [19] Un denn hauten se em öwern Kopp un spütten em an un fulln vör em dal up de Knee, as wenn se em en grote Ehr andon wulln. [20] As se nu so ehrn Spott mit em hatt harrn, trocken se em den Mantel wedder ut un län em sin eegen Kleeder wedder üm, un denn nähmen se em mit, üm em ant Krüz to slan.

[21] Lang awer kunn he sin Krüz nich slepen. Dorum heeln se ünnerwegens en Mann an. De heet Simon un wär ut Kyrene. He wär ock de Vader vun Alexander un Rufus. Düsse Mann käm grad vunt Feld, un de müß nu dat Krüz drägen.

[22] So kämen se denn mit em na den Platz Golgatha — dat heet up dütsch: „Dodenkopp-Platz". [23] Un nu gewen se em erst Wien to drinken, de wär mit Myrrh vermischt. Awer he wull niks dorvun hebbn. [24] Un denn slogen se em ant Krüz. Un se deeln sick sin Kleeder un losten Stück, wer dat enkelte Stück hebbn schull. [25] Dat wär üm de Klock negn, as se em ant Krüz slogen. [26] Un baben ant Krüz harrn se en Brett fastmakt. Dor stünn upschrewen, worum se em ant Krüz slan harrn. Un wat stünn dor to lesen? „De Judenkönig."

[27] Mit em tohop hangt se nu noch twee Räuwers up, een rechderhand un een linkerhand vun em.

[29] De Lüd nu, de ant Krüz vörbigüngn, maken sick lusti öwer em. Se koppschütten un sän: „Haha! du büst en Baas! Du wullt ja den Tempel affbreken un denn in dree Dag' wedder upbuun! [30] Na, denn stieg ock mal sülbn vunt Krüz hendal un redd' di sülbn!" [31] Ebenso harrn de Hochepreesters ehrn Spott mit em, un de Schriftgelehrten wärn ock mit dormang. Se sän een to'n annern: „Junge, wat'n Kirl! Anner Lüd hett he holpen, awer sick sülbn kann he nich helpen! [32] Dat is en Messias un König vun Israel! Nu stieg mal vunt Krüz hendal! Nu wies mal, wat du kannst! Dat wüllt wi erstmal bilewen! Denn glöwt wi veellicht ock noch an di!" Ja, dat käm so wiet, dat de, de mit em ant Krüz hungn, sick ock noch öwer em lusti maken.

[33] Um de Middagstied lä sick Düsternis öwer dat ganse Land. Un dat duer bit hen to de Klock dree. [34] Un üm de Klock dree

104

reep Jesus luthals: „Eli, Eli, lama asabthani!", dat heet up
dütsch: „Min Godd, min Godd, worum hest du mi verlaten!"
[35] Eenige Lüd, de dorbi stünn'n, sän: „Nu hört blots mal an!
He röpt na Elia!" [36] Do käm een anlopen, füll en Swamm
mit Wienetig, mak em fast an en Stang un lang em den hen,
dat he sin Lippen un sin Tung dormit köhlen kunn. Un denn
sä he: „So, nu schall mi verlangn, üm Elia kümmt un em
losmaken deit!" [37] Awer Jesus reep noch mal luthals. Un
denn? Denn wär he ock all dot. [38] Un de Vörhang in'n Tem-
pel reet merrn twei, vun baben bit nerrn. [39] As nu de Haupt-
mann, de bi em de Wacht holn dä, seeg, dat he so starwen dä,
do sä he: „Gans gewiß! Düsse Minsch is Godd sin Söhn
west!"
[40] Nu wärn ock noch en poor Fruen dor. De seegen sick dat
vun wieden an. To ehr hörten ock Maria ut Magdala un
Maria, de den jungen Jakobus un den Joses ehr Moder wär,
un Salome. [41] De wärn all in Galiläa mit em folgt un harrn
för em sorgt. Un ock noch veele annere Fruen wärn dorbi,
de mit em na Jerusalem rupwannert wärn.
[42] As dat nu schummeri wörr — dat wär ja de Rüstdag, den
se „Vörsabbat" nömt — [43] do fat sick Josef ut Arimathia en
Hart un güng to Pilatus un bed sick Jesus sin Liek ut. Düsse
Josef wär en Ratmann un int Volk heel good anschrewen,
ja, he luer ock sülbn up Godd sin Riek. [44] Awer Pilatus wunner
sick banni un frag, üm Jesus denn würkli all dot wär. Un
denn leet he den Hauptmann kamen un frag em, üm dat
all wat her wär, dat he storwen wär. [45] Awer as he vun den
Hauptmann denn to weten kreeg, dat dat sin Richdikeit harr,
do gew he de Liek an Josef frie, [46] un de köff nu en Lieken-
dook un leet em vunt Krüz affnehmen un wickel em in dat
Linnendook un lä em in en Graff. Düt wär in en Fels rin-
haut. Un denn leet he en groten Steen vör de Graffdör up-
stelln. [47] Un Maria ut Magdala un Maria, wat Joses sin
Moder wär, de keeken to un markten sick de Stell, wo he hen-
leggt wär.

Dat 16. Kapitel.

[1] Un as de Sabbat vörbi wär, do köfften Maria ut Magdala
un Maria, wat Jakobus sin Moder wär, un Salome aller-
hand Kruut un Salw; denn se wulln hengahn un em salwen.
[2] Un an'n ersten Wuchendag güngn se denn ock hen na dat
Graff. Dat wull eben erst hell warn. [3] Un ünnerwegens sän
se to enanner: „Wodenni schall dat blots warn? Wer helpt
uns dorbi, dat wi den Steen an de Siet kriegt, de vör de
Graffdör liggn deit?" [4] Un as se buten ankamt bi dat Graff

105

un henkieken dot, do ward se wies, dat de Steen all affwöltert is, un se müssen sick rein wunnern, denn dat wär en banni grote Steen. [5] Un nu güngn se rin na dat Graff, un wat bilewten se? Dor seet rechderhand en junge Mann, de harr en langes, wittes Kleed an. Do verschraken se sick banni. [6] Awer he sä to ehr: „Verfehrt ju man nich! Sökt ji Jesus vun Nazareth? De is wedder upstahn vun de Doden! De is nich mehr hier! Seht ju de Stell doch mal an, wo se em henleggt harrn! [7] Awer nu gaht wedder tohus un vertellt dat sin Jüngers, un Petrus to allererst, dat he ju vörutgeit na Galiläa. Dor kriegt ji em to sehn. He hett dat ja ock sülbn seggt." [8] Do güngn se gau wedder ut dat Graff rut, denn se bewern an Handn un Föt. Dat wär rein toveel, so harrn se sick verfehrt. Un se vertelln keen een wat, nich en Word; ehr wär angst un bang dorbi.

[9] So wär Jesus also an'n ersten Wuchendag vör Dau un Dak vun de Doden upstahn. Un he wies sick toerst Maria ut Magdala. Bi de harr he söbn Geister utdrewen. [10] De güng denn hen to sin Frünn'n, de noch ümmer weenen un klagen dän. [11] Un as de nu hörten, dat he lewen dä un dat se em sehn harr, do wulln se dat nich glöwen.

[12] Un denn wies he sick twee vun ehr, as de en lütte Tur öwer Land maken dän. Awer he seeg doch anners ut as sünst. [13] Un as de nu tohus kämen, do vertellten se de Annern dat. Awer de nähmen ehr dat nich aff.

[14] Un denn wies he sick noch mal de Ölbn, as se bi dat Abndbrod wärn. Un he schull ehr ut, dat se nich glöwen dän, un dat ehr Hart so stump un hart wär un dat se de, de em sehn harrn, dat nich as wohr affnehmen wulln, dat he upstahn wär. [15] Un denn sä he to ehr: „Nu gaht los in de ganse wiede Welt un predigt alle Minschen dat Evangelium! [16] Wer glöwen deit un sick döpen lett, de ward redd, awer wer nich glöwen deit, de ward verdammt. [17] Un de, de glöwen dot, de ward allerhand Wunner bilewen: in min Nam ward se Düwels utdriewen un en Sprak reden, de nüms bitherto kennt. [18] Se ward Slangen mit de Hand griepen, un ehr passeert niks, un wenn se wat drinken schulln, wat ehr sünst den Dod bringn kunn, denn schall ehr dat nich schaden. Kranke ward se de Handn upleggn, un de ward gesund warn."

[19] So sä de Herr Jesus to ehr. Un denn wörr he upnahmen na'n Himmel, un he sett sick an Godd sin rechde Siet.

[20] Un de Ölbn? De güngn nu up de Reis' un predigen öwerall dat Evangelium. Un de Herr stünn ehr to Siet un holp ehr; un dat Word, dat se predigen dän, sett sick dörch; denn Word un Wunner güngn mitenanner Hand in Hand.

106

Dat Evangelium
as Lukas dat vertellt hett.

Dat 1. Kapitel.

[1] Min lewe Theophilus!

Dor hett sick all männigeen hensett un de Geschichten up-schrewen, de bi uns passeert sünd. [2] Un se hebbt sick dorbi an de Lüd holn, de uns dat vertellt hebbt. De sünd ja vun Anfang an sülbn mit dorbi west un hebbt dat Evangelium predigt. [3] So heff ick mi dat ock vörnahmen, dat för di upto-schrewen, un vun Anfang an heff ick allns gründli naspört un ock allns na de Reeg an sin Platz bröcht. [4] Ick wull doch gern, du schullst di vull un gans dorvun öwertügen, dat dat, wat du lehrt hest, ock stimmen deit. Un nu lat di vertelln!

[5] As Herodes noch König vun Judäa wär, do lew en Pree-ster, de heet Zacharias un hör to Abia sin Klass'. Düsse Mann harr sick en Fru nahmen ut Aaron sin Sipp, un düsse Fru heet Elisabeth. [6] De Beiden wärn bi unsen Herrgodd good anschrewen un nähmen dat mit sin Gesetz heel genau, un keen een kunn ehr dat Ringste naseggn. [7] Se harrn blots keen Kinner; denn Elisabeth wär unfruchtbor, un nu wärn se dorto noch beide all old un gries.

[8] Eensdags wär Zacharias nu an de Reeg un schull vör unsen Herrgodd den Preesterdeenst maken. [9] Do wörr he utlost un müß in den Herrn sin Tempel gahn un dor rökern. [10] Un all' dat Volk stünn buten un bed üm de Tied, wo dat Füer up'n Rökeraltar brennen dä.

[11] Do stünn up eenmal den Herrn sin Engel vör em, rechder-hand vun den Rökeraltar. [12] Un as Zacharias em künni wörr, verfehr he sick un kreeg dat mit de Angst. [13] Awer de Engel sä to em: „Wes' nich bang, Zacharias! Din Gebed is erhört. Elisabeth, wat din Fru is, ward di en Söhn schenken, un du schallst em Johannes nömen. [14] Ja, dat ward di banni veel Freud bringn, un veele Lüd ward sick mitfreun, wenn he erst dor is. [15] Denn he ward groot wesen in unsen Herrgodd sin Ogen — he hett veel mit em vör — un Wien un annere scharpe Saken ward he nich drinken; awer all ehr he to Welt kümmt, schall he mit hilligen Geist utrüst warn, [16] un Veele vun Kinner Israel ward he to ehrn Herrgodd torügbringn. [17] He ward vör em hengahn in Elia sin Kraft un Geist un schall so de Ollern ehr Harten an de Kinner wiesen un de, de nich uphörn wüllt, to Besinnung bringn, so as sick dat för Gerechde hörn deit. Un so schall he för den Herrn en Volk torüsten,

107

dat he bruken kann." [18] Do sä Zacharias to den Engel: „Woran
schall ick dat wies warn? Ick bün doch old, un ock min Fru is
to Johrn!" [19] Do sä de Engel to em: „Ick bün Gabriel, de
vör unsen Herrgodd sin Tron steit. He hett mi schickt, dat ick
mit di spreken un di düsse Freud anseggn schall. [20] Un nu
mark di düt: du schallst stumm warn un warst keen Word
mehr rutbringen künn'n bit hen to den Dag, wo düt passeern
deit; denn du hest keen Vertruen hatt to dat, wat ick di seggn
dä. Awer du schallst bilewen, dat dat indrapen deit, wenn
unsen Herrgodd sin Tied dor is."

[21] Un dat Volk luer up Zacharias, un se wunnern sick, dat
he so lang in'n Tempel blew. [22] Un as he denn wedder rutkäm,
do kunn he niks to ehr seggn. Do marken se, dat he in'n
Tempel en Gesicht sehn harr. Un he wink ehr en poormal
mit de Hand un blew stumm.

[23] Un as de Tied för sin Deenst afflopen wär, güng he
wedder tohus. [24] Na düsse Dag' awer spör sin Fru Elisabeth,
dat se Moder warn schull, un se leet sick fief Maand nich
blicken vör de Lüd, denn se sä: [25]„So hett de Herr dat mit mi
makt in de Dag', as he en Insehn mit mi harr un de Schann
vör de Lüd vun mi nehmen wull."

[26] In den sößden Maand wörr de Engel Gabriel vun unsen
Herrgodd na'n Stadt in Galiläa schickt — de heet Nazareth —
[27] to 'n Jungfru, de verspraken wär an en Mann, de heet
Josef un hör to David sin Sipp. Düsse Jungfru heet Maria.
[28] Un as he to ehr na de Stuw rinkäm, sä he: „Freu di,
denn du hest grote Gnad funn'n bi unsen Herrgodd. De Herr
müch di segn!" [29] Se awer wörr gans verlegen un verbiestert
bi düt Word un wüß nich, wat dat bedüden schull. [30] Do sä
de Engel to ehr: „Ja, Maria, du brukst würkli nich bang to
wesen. Du hest Gnad vör unsen Herrgodd sin Ogen funn'n.
[31] Hör mal to! Du warst Moder warn un en Söhn to Welt
bringen, un du schallst em den Namen Jesus gewen. [32] Un
he ward en grote Mann warn un unsen Herrgodd sin Söhn
nömt warn, un unse Herrgodd ward em den Tron vun sin
Vader David gewen, [33] un he ward König wesen öwer Jakob
sin Hus för alle Tied, un sin Herrschap ward nümmer to Enn
gahn." [34] Do sä Maria to den Engel: „Wodenni schall dat
togahn? Ick heff doch mit en Mann noch niks to don hatt!"
[35] Do sä de Engel: „Hillige Geist ward öwer di kamen, un
unsen Herrgodd sin Kraft ward sick öwer di breeden. Dorum
ward ock dat Hillige, dat du to Welt bringn deist, Godd sin
Söhn nömt warn. [36] Un dat schallst du weten: Elisabeth, de
mit di verwandt is, schall ock, so old as se is, Moder warn
un geit nu all in'n sößden Maand. Se seggt wull vun ehr,
dat se unfruchtbor is, [37] awer du kannst di dorup verlaten;

denn bi unsen Herrgodd is allns mögli!" ³⁸ Do sä Maria: „Ick fög mi in dat, wat unse Herrgodd will. He mag mit mi don, wat he vörhett!" Un de Engel wär verswunn'n.

³⁹ Maria mak sick nu in düsse Dag' up de Reis'. Se güng so gau, as se man kunn, rup na de Bargen, hen na'n Stadt, de in dat Land Juda liggn deit. ⁴⁰ Dor keek se in bi Zacharias un sä Elisabeth gooden Dag. ⁴¹ Un as Elisabeth dat hör, dat Maria dat wär, do rög sick dat Kind, dat se ünner ehr Hart drägen dä, un de hillige Geist käm öwer Elisabeth, un se wüß nich, wodenni se sick laten schull vör Freud, ⁴² un reep luthals: „Godd segn di ünner all' de Fruen, un Godd segn dat Kind, dat ünner din Hart ruht! ⁴³ Nä, dat ick dat noch bilewen dörf, dat min Herr sin Moder to mi kümmt! ⁴⁴ Denn dat is gewiß: as ick din Stimm hörn dä, do fung min eegen Kind, mit dat ick gah, an to dansen vör Freud in min Schoot. ⁴⁵ Selig büst du, dat du glöwt hest, dat allns, wat de Herr to di seggt hett, indrapen deit!"

⁴⁶ Do sä Maria:

„Min Seel is vuller Goddlow,
⁴⁷ un min Geist kann sick nich laten vör Freud
öwer Godd, de min Heiland is;
⁴⁸ denn he hett en Insehn mit mi hatt,
ick bün doch man en ringe Fru.
Doch vun nu an ward alle Geslechter mi selig priesen.
⁴⁹ Denn wat Grotes hett de Allmächdige an mi dan!
Sin Nam is hillig,
⁵⁰ un he erbarmt sick vun Geslecht to Geslecht
öwer de Minschen, de em de Ehr gewt.
⁵¹ Wat sin Arm utrichden deit, dat bewiest sin Macht,
un de Lüd, de in ehr Hart un Sinn den Kopp hochdrägt,
de hett he ut'neen bröcht.
⁵² De Herrn, de de Macht hebbt, de stött he vun'n Tron;
un de, de de Minschen nich up de Rekn hebbt,
de bringt he to Ehrn.
⁵³ Hungrige Minschen hett he de Handn füllt un veel Goodes
un rieke Lüd lett he gahn mit lerrige Handn. [dan,
⁵⁴ Sin Knecht Israel hett he holpen,
hett nich vergeten, dat he sick erbarmen wull;
⁵⁵ denn so harr he dat ja unse Vöröllern all toseggt,
Abraham un sin Nakamen in Ewigkeit."

⁵⁶ Un Maria blew bi ehr to Besök dree Maand, un denn güng se wedder tohus.

⁵⁷ As nu Elisabeth ehr Tied um wär un se to liggn käm, do bröcht se en Söhn to Welt. ⁵⁸ Un as de Nawerslüd un de Verwandten dat vun ehr to hörn kreegn, dat de Herr sick

so herrli öwer ehr erbarmt harr, do freuten se sick mit ehr. [59] Un so kämen se an den achten Dag tosamen; denn dat Kind schull besneden warn. Un se harrn em sin Vader sin Namen Zacharias todacht. [60] Awer do käm sin Moder dortwischen un sä: „Nä, dat geit nich, he schall Johannes nömt warn." [61] Do sän se to ehr: „Dor is doch keen een in din Verwandschap, de so heeten deit!" [62] Un denn winkten se sin Vader to. He schull dat letzte Word doröwer seggn, un so schull he denn nömt warn. [63] De leet sick denn nu en Tafel gewen un schrew dorup: „Johannes is sin Nam." Do wunnern se sick all'. [64] Un in densülwigen Ogenblick harr he sin Sprak wedder, he fung an to reden un wär vuller Goddlow. [65] Do verfehrn sick all' ehr Nawersslüd, un in dat ganse Bargland vun Judäa wörrn all' düsse Geschichten vertellt. [66] Un all' de, de dat hörn dän, marken sick dat un sän: „Wat schull ut düt Kind wull noch mal warn!" Un dat wär ja ock nich to verwunnern; den Herrn sin Hand blew öwer em.

[67] Un öwer sin Vader Zacharias käm hillige Geist, un he sä vörut, wat em ingewen wörr. Un dat heet so:

[68] „Israel sin Herrn un Godd si Low un Dank!
    He hett sin Volk besöcht un dorför sorgt,
    dat se frie un ledi ward.
[69] He hett för uns upricht en Horn,
    dat uns Heil bringt,
    un dat in sin Knecht David sin Hus.
[70] So hett he dat ja all toseggt
    siet olle Tieden dörch de hillige Profeten ehr Word:
[71] Wi schüllt redd' warn vör unse Fienden
    un ut de Handn vun de Lüd, de uns hassen dot.
[72] He will sick öwer unse Vöröllern erbarmen
    un nich vergeten den hilligen Bund,
    den he mit ehr makt hett.
[73] He will denken an dat,
    wat he unsen Vader Abraham tosworn hett.
    He will dat so maken,
[74] dat wi ohn' Angst un Bang ut de Fiend'n ehr Handn redd
    un em deenen künnt [75] fram un gerecht in sin Oogen [ward
    all' unse Dag'.
[76] Un du, min lewes Kind, schallst den Höchsten sin Profet
    nömt warn,
    denn du warst vör den Herrn vörutgahn un em de Bahn
    friemaken,
[77] dat sin Volk dat Heil künni makt
    un ehr de Sünn'n vergewen ward.
[78] So will dat unse Herrgodd,

110

denn sin Hart is vull Erbarmen.
Bull Erbarmen ward uns besöken vun baben dat Licht,
[79] dat dat hell ward bi de Minschen,
de dor lewt in Düsternis un vör den Dod sick nich bargen
He will doch, dat wi nich biestergaht; [künnt.
wi schüllt dat Heil doch finn'n."

[80] Un dat Kind wörr grot un stark dörch den Geist. Noch
bleew he för sick, dat keen een em wies wörr, bit hen to den
Dag, wo he sick frank un frie in Israel sehn un hörn leet.

Dat 2. Kapitel.

[1] In düsse Tied käm vun den Kaiser Augustus en Order rut,
dat jedereen sick in de Stüerlisten inschriewen schull. [2] Düt
wär gans wat Nies — dat wörr to'n ersten Mal dörchföhrt —
un domols wär Kyrenius Stattholer öwer Syrien. [3] Na, jeder-
een mak sick denn ock up de Reis' na sin Heimatstadt un leet
sick inschriewen. [4] So güng ock Josef vun Galiläa ut de Stadt
Nazareth na Judäa, na David sin Heimatstadt — de heet
Bethlehem — denn he hör to David sin Sipp un Familie [5] un
wull sick inschriewen laten mit Maria, de em antruut wär.
Un de schull Moder warn. [6] As se nu dor wärn, käm de Tied,
dat se to liggn kamen schull. [7] Un se bröch ehrn ersten Söhn
to Welt un wickel em in Windeln un lä em in en Krüff; denn
se harrn sünst keen Platz in de Harbarg.

[8] Un nu wärn in desülwige Gegend Schäpers buten up dat
Feld. De heeln nachts bi dat Beehwark de Wach. [9] Un wat
passeer? Mit een Mal stünn den Herrn sin Engel vör ehr,
un unsen Herrgodd sin Herrlikeit lücht öwer ehr up. Do ver-
fehrn se sick banni. [10] Un de Engel sä to ehr: „Man jo keen
Angst! Nä, en grote Freud heff ick ju to vertelln — un all' de
Lüd schüllt dat to weten kriegen — [11] denn för ju is hüt de
Heiland born. De Herr Christus is dat, in David sin Stadt.
[12] Un dat schall för ju dat Teeken wesen: ji ward finn'n dat
Kind, inwickelt in Windeln, un liggn deit dat in en Krüff."

[13] Un knapp harr he't seggt, do swew üm den Engel en grote
Swarm vun unsen Herrgodd sin Hofstaat. De löwden Godd
un sungen:

[14] „Low un Ehr dor baben för unsen Herrgodd
un Freden hier nerrn up de Eer för Minschen,
de dat hartli meent un den goden Willn hebbt!"

[15] Un as de Engels wedder to'n Himmel föhrn dän, do sän
de Schäpers een to'n annern: „Nu lat uns gau röwerlopen
na Bethlehem un düsse Geschichte sehn, de dor passeert is un

111

de de Herr uns künni makt hett!" [16] Un se spooden sick banni un funn'n Maria un Joseph, dorto ock dat Kind, dat würkli in en Krüff leeg. [17] Un as se dat sehn harrn, do vertelln se öwerall, wat ehr vun düt Kind seggt wär. [18] Un alle Lüd, de dat to Ohrn käm, wunnerten sick öwer dat, wat de Schäpers vertellt harrn.

[19] Maria awer beheel all' düsse Wörd un leet ehr sick ümmer wedder dörch dat Hart gahn.

[20] Un de Schäpers güngn torüg vuller Goddlow öwer all' dat, wat se hört un sehn harrn. Dat wär allns genau so, as ehr dat vertellt wär.

[21] Un as acht Dag' üm wärn un dat Kind besneden wörr, do kreeg dat den Namen Jesus, so as de Engel dat seggt harr all lang vör de Tied, wo dat to Welt kamen schull.

[22] Un as denn ock de Dag' to Enn wärn, de dat Gesetz vörschrewen harr vör de Wuchenbeddstied, do bröchten se em hen na Jerusalem. Se wulln em doch den Herrn tolöwen, [23] so as dat in dat Gesetz vörschrewen is; denn dor heet dat: „Jede erste Jung, de to Welt kümmt, schall den Herrn as hillig tolöwt warn." [24] Ock wulln se opfern, wat den Herrn sin Gesetz verlangt: en poor Turtelduwen oder sünst en poor junge Duwen.

[25] Un nu denkt mal an! Dor wär in Jerusalem en Minsch, de heet Simeon. Dat wär en frame Mann, an den unse Herrgodd sin Freud harr. De luer all lang up Israel sin Trost, un hillige Geist wär öwer em kamen. [26] Un de hillige Geist harr em toseggt, he schull den Dod nich sehn, ehr he den sehn harr, den de Herr sick to'n Messias utwählt harr. [27] Un so käm he denn in'n Tempel, as de hillige Geist em dorto andriewen dä. Un as nu de Ollern dat Jesuskind ringbrng dän un dat don wulln, wat se na dat Gesetz schülli wärn, [28] do nähm he dat Kind up sin Arms un löw Godd un sä:

[29] „Herr, nu löst du din Knecht aff in Freden, so as du mi dat toseggt hest.
[30] Denn nu hebbt min Ogen din Heiland sehn,
[31] den du torüst hest ünner de Ogen vun de ganse Welt,
[32] en Licht för de Heiden, dat dat bi ehr hell ward,
un för Israel, dat din Volk is, to sin Herrlikeit!"

[33] Un sin Vader un sin Moder maken grote Ogen, as se dat hörn dän, un wunnerten sick öwer dat, wat vun em seggt wär. [34] Un Simeon seg'n ehr. Un denn sä he noch to dat Kind sin Moder Maria: „Hör noch mal to! Düsse is dorto bestimmt, dat Veele in Israel an em to Fall kamt un Veele an em sick uprichten dot. Un he schall en Teeken wesen, gegen dat de Minschen sick upbögen dot. [35] Un dörch din eegen Seel ward

112

dat as en Meß snieden — — un düt allns dorum, dat de Gedanken in veele Harten an den Dag kamt."

[36] Un dor wär ock en Profetin Hanna; de wär Phanuel sin Dochder un stamm ut de Sipp Asser. De wär hoch to Johrn un harr man söbn Johr na ehr Jungferntied mit ehrn Mann tohop lewt [37] un wär nu en Wetfru vun veeruntachendi Johr. De käm knapp mehr ut'n Tempel rut, wo se bi Nacht un Dag dörch Fasten un Beden Godd deenen dä. [38] So käm se ock grad üm düsse Stünn doröwer to un löw Godd un vertell vun dat Kind jedeneen, de up Jerusalem sin Erlösung luern dä.

[39] Un as dat all' in de Reeg wär, wat na dat Gesetz nödi wär, do reisten se wedder na Galiläa, na de Stadt Nazareth, wo se wahnen dän. [40] Un dat Kind wörr grot un kräfdi, ock heel klook, un unsen Herrgodd sin Gnad wär mit em.

[41] Sin Ollern reisten Johr för Johr na Jerusalem, wenn dat Osterfest käm. [42] As he nu twölf Johr old wär, do reisten se ock wedder hen, so as dat Fest dat mit sich bröcht. [43] Un se reisten ock, as allns vörbi wär, wedder torüg. Jesus, ehr Jung, awer blew in Jerusalem torüg, un sin Ollern wüssen dat nich. [44] Se meenten, he wär mit de Annern vörangahn, un güngn en gansen Dag un söchten na em bi de Verwandten un Bekannten; [45] awer se funn'n em nich. So müssen se wedder na Jerusalem torüg un em dor söken. [46] Dree Dag güng dat so, do harrn se em endli funn'n. Un wonem wär he? In'n Tempel. Dor seet he merrn mang de Lehrers, hör niep to un frag ehr ock allerhand. [47] Un all' de Lüd, de em hörn dän, wunnern sick öwer de Art un Wies', wodenni he allns begriepen kunn, un öwer dat, wat he antworden dä. [48] As se em nu seegn, kreegn se en Schreck, un sin Moder sä glieks to em: „Min Jung, wo kunnst du uns sowat doch andon! Denk doch mal, wat förn Angst wi utstahn hebbt üm di; so hebbt Vader un ick di söcht!" [49] Un wat sä he to ehr? „Wo kunnen ji mi doch blots söken? Kunn'n ji ju denn gor nich denken, dat ick in min Vader sin Hus wesen mutt?" [50] Awer se verstunn'n dat Word nich, dat he to ehr seggn dä. [51] Awer nu güng he mit ehr un käm wedder na Nazareth, un he wär folgsam in alle Deele. Un sin Moder beheel fast int Hart allns, wat se bilewt harr. [52] Un Jesus harr Dägh un lä sick ut un wörr en klooke Minsch, un jedereen harr em gern, unse Herrgodd un de Minschen.

Dat 3. Kapitel.

[1] As Tiberius in dat föfteinte Johr Kaiser wär, do wär Pontius Pilatus Stattholer in Judäa, un Herodes wär Herzog in Galiläa, sin Broder Philippus Herzog in Ituräa un Trachonitis un Lysanias Herzog in Abilene, [2] un Hannas un Kai-

phas wärn Hochepreesters. Do käm unsen Herrgodd sin Word
öwer Johannes, wat Zacharias sin Söhn wär, as he alleen in
de Stepp wär. ³ Un he güng dörch dat ganse Land, dat an'n
Jordan liggt, un fung an un predig, se schulln sick bekehrn un
sick döpen laten un so vun ehr Sünn'n frie un ledi warn. ⁴ Un
he mak dat grad so, as dat in dat Book schrewen steit, in dat
den Profet Jesaja sin Reden staht:

>"Dor is en Stimm in de Stepp to hörn, de röpt:
>Makt Platz för den Herrn!
>Buut Weg un Steg för em!
>⁵ De deepe Grund schall upfüllt
>un jede grote un lütte Barg mutt affdragen warn.
>Wat krumm is, schall liek trocken,
>un de ruche Weg mutt glatt makt warn.
>⁶ Un jedereen schall unsen Herrgodd sin Heil sehn."

⁷ Un he sä to de Lüd, de in'n groten Swarm to em rutkämen
un sick vun em döpen leeten:
"Ji Slangenbrott! Wer hett ju vörsnackt, dat ji frie utgahn
schüllt, wenn Godd sin Zorn sick nu wiesen deit? ⁸ Lat Frucht
wassen, as sick dat för Lüd versteit, de vun Harten anners warn
wüllt! Snackt ju blots nich vör: ,Abraham is ja unse Vader!'
Denn dat will ick ju seggn: Godd kann för Abraham Kinner
warn laten ock ut düsse Steen. ⁹ De Art is de Böm all an de
Wuddel leggt, un jede Boom, de keen goode Frucht bringt,
ward ümhaut un to Füerholt makt."

¹⁰ Do fragten de Lüd em: "Wat schüllt wi don?" ¹¹ He sä:
"Wer twee Kleeder hett, de schall den een affgewen, de gor-
keen hett. Un wer wat to eten hett, de schall dat grad so maken."

¹² Nu kämen ock de Lüd vun'n Toll un wulln sick döpen laten,
un de sän to em: "Meister, wat schüllt wi don?" ¹³ Do sä he
to ehr: "Ji schüllt nich mehr verlangn, as wat fastsett is!"

¹⁴ Un toletz kämen noch de Suldaten un fragten em: "Un wat
schüllt wi don?" He sä to ehr: "Nüms schüllt ji Gewalt andon
un vun keen een wat rutsugen. West tofreden mit ju Hüer!"

¹⁵ As dat Volk denn nu nieli wörr un se all' in Stilln dor-
öwer spikeleern dän, wat dat mit Johannes up sick harr un üm
he wull de Messias wesen kunn, ¹⁶ do sä he to ehr all' tosam:
"Ick döp ju mit Water, awer dor kümmt noch de Mann, de
mehr kann as ick — ick bün nich mal good genog, dat ick em de
Schohreems upmaken do — de ward ju mit hilligen Geist un
mit Füer döpen. ¹⁷ De hett all sin Schüffel in de Hand un
will sin Lohdeel reinmaken un dat Korn in de Schüün bargn;
awer dat Kaff ward he verbrennen mit Füer, dat nich wedder
utgeit."

114

[18] Düt un noch veeles Annere lä he dat Volk ant Hart un predig dat Evangelium.

[19] Awer nu wär de Herzog Herodes nich good up em to spreken. Denn Johannes harr em de Sak mit Herodias, wat sin Broder sin Fru wär, un allns, wat he sünst noch up dat Karwholt harr, vörholn. [20] Un de sett nu allns de Kron up un leet em inschotten.

[21] As nu dat ganse Volk döfft wär un ock Jesus sick harr döpen laten un noch beden dä, do dä sick de Himmel up, [22] un de hillige Geist swew — man kunn em gans dütli sehn — so as en Duw up em hendal, un vun'n Himmel hör man en Stimm, de sä: „Du büst min Hartenssöhn. An di heff ick min ganse Freud!"

[23] Jesus wär, as he anfung, so üm un bi dördi Johr old, un he wär, so as man glöwen dä, en Söhn vun Josef, wat en Söhn von Eli wär. [24] Düsse wär en Söhn vun Matthat, düsse vun Levi, düsse vun Melchi, düsse vun Jannai, düsse vun Josef, [25] düsse vun Mattathia, düsse vun Amos, düsse vun Nahum, düsse vun Esli, düsse vun Naggai, [26] düsse vun Maath, düsse vun Mattathia, düsse vun Semei, düsse vun Jose, düsse vun Joda, [27] düsse von Joanan, düsse vun Resa, düsse vun Serubabel, düsse vun Salathiel, düsse vun Neri, [28] düsse vun Melchi, düsse vun Addi, düsse vun Kosam, düsse vun Elmadam, düsse vun Er, [29] düsse vun Jesus, düsse vun Eliezer, düsse vun Jorim, düsse vun Mattat, düsse vun Levi, [30] düsse vun Simeon, düsse vun Juda, düsse vun Josef, düsse vun Jona, düsse vun Eliakim, [31] düsse vun Melea, düsse vun Menna, düsse vun Mattatha, düsse vun Nathan, düsse vun David, [32] düsse vun Jesse, düsse vun Obed, düsse vun Boas, düsse vun Sala, düsse vun Naasson, [33] düsse vun Aminadab, düsse vun Admin, düsse vun Arni, düsse vun Esron, düsse vun Phares, düsse vun Juda, [34] düsse vun Jakob, düsse vun Isaak, düsse vun Abraham, düsse vun Thera, düsse vun Nachor, [35] düsse vun Serug, düsse vun Regu, düsse vun Phaleg, düsse vun Eber, düsse vun Sala, [36] düsse vun Kainan, düsse vun Arphaxad, düsse vun Sem, düsse vun Noah, düsse vun Lamech, [37] düsse vun Methusala, düsse vun Enoch, düsse vun Jared, düsse vun Maleleel, düsse vun Kainan, [38] düsse vun Enos, düsse vun Seth, un düsse wär wedder vun Adam en Söhn, un de stammt ut Godd sin Hand.

Dat 4. Kapitel.

[1] Jesus käm, vull vun hilligen Geist, vun'n Jordan torüg un wörr nu vun'n Geist in de Stepp hen- un herdrewen [2] un dorbi vun den Düwel versöcht, veerdi Dag' lang. Un he eet in düsse Dag' rein gorniks, un as de Tied afflopen wär, harr he Hunger.

[3] Do sä de Düwel to em: „Büst du würkli Godd sin Söhn, denn segg doch to düssen Steen, he schall Brod warn!" [4] Jesus awer sä to em: „In de Biwel steit: ‚Nich blots vun Brod lewt de Minsch!'" [5] Do nähm de Düwel em mit up'n Barg rup un wies em in'n Ogenblick all' de Königrieke in de Welt. [6] Un de Düwel sä to em: „Di will ick düsse ganse Macht un de Herrlikeit, de se hebbt, gewen. Se sünd in min Hand leggt. Ick kann ehr gewen, wen ick will. [7] Du schallst blots vör mi dalfalln up de Knee un mi anbeden, denn is allns din!"

[8] Jesus awer sä to em: „In de Biwel steit: ‚Du schallst vör din Herrgodd dalfalln un em anbeden un em alleen deenen!'"

[9] Un nu nähm he em mit na Jerusalem hen un stell em baben up de hoche Tempelmuer un sä to em: „Büst du Godd sin Söhn, so smiet di vun hier hendal! [10] In de Biwel steit ja: ‚He ward sin Engels schicken, dat se öwer di de Hand holn un di tru beschützen schüllt.' [11] Un wieder steit dor: ‚Se schüllt di up de Handn drägn, dat du din Foot jo nich an en Steen stöten deist!'"

[12] Do gew Jesus em to Antword: „In de Biwel steit ock: ‚Du schallst din Herrgodd nich versöken!'"

[13] Un as de Düwel mit all' sin Tög to Enn wär, do leet he vun em aff un luer sick en annere Tied aff, de em to paß kamen kunn.

[14] Nu käm Jesus in den Geist sin Kraft na Galiläa torüg, un dat snack sick wied un sied vun em gau rum, [15] un he lehr in de Kapelln un wörr vun jedeneen löwt.

[16] Do käm he na Nazareth, wo he upwussen wär.

Un he güng, as he dat ock sünst dä, an'n Sabbat in de Kapell. Un he stünn up un wull vörlesen. [17] Do wörr em dat Book vun den Profet Jesaja henlangt, un he mak dat up un stött up de Stell, wo dor schrewen steit:

[18] „Den Herrn sin Geist ruht up mi. Dorum hett he mi salwt: ick schall de armen Lüd dat Evangelium predigen. He hett mi schickt, dat ick de, de dor inschott sünd, de Frieheit ansegg un de Blinden segg, dat se sehn schüllt. Ick schall de, de dor verslawt sünd, frielaten [19] un en Gnadenjohr vun unsen Herrgodd utropen."

[20] Dormit rull he dat Book wedder tosamen, gew dat an'n Köster torüg un sett sick wedder dal. Un all' de Ogen in de Kapell keeken em stur an. [21] Un nu fung he mit sin Predigt an un sä to ehr: „Hüt is düt Biwelword, dat ji eben hört hebbt, indrapen." [22] Un se gewen em all' Bifall un wunnerten sick öwer de Gnadenwörd, de ut sin Mund kämen. Denn awer sän se: „Is dat nich Joseph sin Söhn?" [23] Da sä he to ehr: „Gans gewiß ward ji mi dat Sprickword vörholn: Dokder, mak di

sülbn gesund! Wat in Kapernaum passeert is, as wi man hört hebbt, dat mak nu grad so in din Vaderstadt!" [24] Awer denn sä he noch: „Ji künnt ju dorup verlaten: en Profet is nümmer good leeden in sin Vaderstadt. [25] Ick will ju de Wohrheit seggn: Dat gew veele Wetfruen to Elia sin Tied in Israel, as de Hewen up dree en halw Johr keen Regen gew un so en grote Hungersnot öwer de ganse Eer käm, [26] awer to keen een vun ehr wörr Elia schickt as blots na Sarepta in Sidon to een Wet=fru. [27] Un dat gew veele Usätzige in Israel, as de Profet Elia lewen dä, awer keen een vun ehr wörr rein as blots Naeman ut Syrien." [28] As se dat hörn dän, wörrn all' de, de in de Kapell wärn, fünsch. [29] Se stünn'n up un stötten em ut de Stadt rut, un se bröchten em baben rup na den Barg, up den ehr Stadt buut wär; dor wulln se em dalstöten. [30] He awer güng ruhi merrn mang ehr dörch un güng wieder.

[31] Un he güng hendal na Kapernaum, wat en Stadt in Ga=liläa is. Un he lehr de Lüd an'n Sabbat, [32] un se maken grote Ogen dorüm, wat he ehr seggn dä; denn achter dat, wat he sä, steek Kraft un Vullmacht.

[33] Nu wär in de Kapell en Minsch, de kunn sick vör en un=reinen Düwel nich bargen. Un düsse Geist schrie lut up: [34]„Oho! Wat wullt du vun uns, Jesus vun Nazareth? Büst du blots herkamen un wullt uns ümbringn? Ick kenn di gans genau un weet, wer du büst. Du büst Godd sin hillige Mann!" [35] Do drauh Jesus em un sä: „Swieg still un lat vun em aff!" Do smeet de Düwel den Minschen dal, dat he merrn ünner ehr to liggn käm. Un denn föhr he ut em rut, un de Kranke harr keen Schaden dorvun. [36] Do kunn'n se sick all' gornich genog wunnern — so wat harrn se noch nich bilewt — un se steeken de Köpp tohop un sän een to'n annern: „Wat is dat för'n Word? He hett vun Godd Vullmacht un Kraft. He kann mit de unreinen Geister don, wat he will, un se rückt eenfach ut!" [37] Un dat snack sick vun em rum wied un sied.

[38] Nu stünn he up, güng rut ut de Kapell un güng rin na Simon sin Hus. Hier läg Simon sin Swiegermoder to Bedd; denn se harr Fewer. Un se beden em, he müch ehr doch helpen. [39] Do stell he sick an dat Koppenn vun dat Bett, drauh dat Fewer, un dat Fewer güng hendal. Un glieks stünn se wedder up un deck den Disch un gew ehr to eten.

[40] As dat nu schummeri wörr un de Sünn dalsacken dä, do bröchten all' de, de Kranke tohus harrn mit männi Süken, ehr Lüd to em hen. Un he lä jedeneen vun ehr enkelt de Handn up un mak ehr gesund. [41] Ock de Düwels föhrn ut veele Lüd ut. Se schrieten un sän: „Du büst Godd sin Söhn." Un he drauh ehr un leet ehr nich to Word kamen; denn se wüssen, dat he de Messias wär.

117

⁴² An'n neegsten Morgen güng he all vör Dau un Dak ut't
Hus un güng na en eensame Stell. Un de Lüd leepen tohop
un söchten em na, bit dat se em funn'n harrn. Ja, se wulln em
fastholn, dat he jo nich vun ehr gahn schull. ⁴³ Awer dat holp
niks, denn he sä to ehr: „Ick mutt ock de Lüd in de annern
Städte dat Evangelium vun Godd sin Riek bringn; denn dorto
hett he mi schickt." ⁴⁴ Un so predig he in de Kapelln vun Judäa.

Dat 5. Kapitel.

¹ Eensdags, as de Lüd sick wedder in'n groten Swarm üm
Jesus drängeln dän un Godds Word hörn wulln, — he stünn
domals an'n See Genezareth — ² do seeg he twee Schäp ant
Ower liggn. De Fischers wärn an Land gahn un maken de
Netten rein. ³ Un he steeg in dat eene vun de beiden Schäp,
dat Simon tohörn dä, un bed em, he much en lütten Stremel
vun't Land affstöten. Un denn sett he sick dal un predig de Lüd.
⁴ As de Predigt to Enn wär, sä he to Simon: „Nu föhr
merrn up den See rut un denn smiet ju Netten ut! Denn
ward ji wat fangen!" ⁵ Do meen Simon: „Meister, de
ganse Nacht hebbt wi uns all affrackert un niks fungn; awer
wieldat du dat seggn deist, will ick de Netten noch mal ut-
smieten."
⁶ Un knapp harr he dat dan, do harrn se all so veel Fisch in
de Netten, dat se tweirieten dän. ⁷ Do winken se röwer na ehr
Gesellen, de in dat annere Boot wärn, se schulln ehr to Hülp
kamen un mit anfaten. Un se kämen ran, un beide Schäp wörn
so vull, dat se ant Versacken wärn.
⁸ As Simon dat seeg, do full he vör Jesus up de Knee dal
un sä: „Gah weg vun mi, Herr, ick bün en sündige Minsch!"
— ⁹ Denn he un de Annern all kunn'n sick nich genog wunnern
öwer den Fischtog, denn se makt harrn, ¹⁰ un grad so güng dat
ock Jakobus un Johannes, wat Zebedäus sin Söhns sünd; de
wärn ja ock mit Simon tohop. Un Jesus sä to Simon: „Wes'
nich bang! Vun nu an schallst du Minschen fangn."
¹¹ Un se trocken de Schäp an Land un leeten allns liggn un
güngn mit em.
¹² As he nu in een vun de Städte wär, do wär dor en Mann,
de wär vull vun Utsatz. Un knapp harr he Jesus sehn, do full
he dal up de Knee un bed em: „Herr, wenn du dat wullt, denn
kannst du mi reinmaken." ¹³ Do reck he de Hand ut un röhr em
an un sä: „Ick will dat; wes' rein!" Un glieks wär de Utsatz
bi em verswunn'n. ¹⁴ Un he bunn em dat up de Seel, he schull
jo keen een wat dorvun vertelln. „Nä," sä he, „awer gah hen
un wies' di bi'n Preester un opfer so, as Mose dat vörschrewen

118

hett. Se schüllt dat doch marken, dat du rein worn büst!" [15] Dat nütz awer niks. Dat, wat he dan harr, käm blots noch mehr ünner de Lüd. Un en Barg Lüd kämen tohop, de wulln em ock hörn un sick vun ehr Süken gesund maken laten. [16] He awer wär all öwer alle Bargen un heel sick in de Stepp up un bed.

[17] An een vun de Dag' wär he wedder bi to lehrn, un Pharisäers un Schriftgelehrte, de ut jedes Dörp vun Galiläa un Judäa un ut Jerusalem kamen wärn, seeten dorbi. Un den Herrn sin Kraft harr he ock, dat he gesund maken kunn.

[18] Do kämen Lüd an, de bröchten up en Bedd en Minsch, de wär gans lahm. Un erst maken se Anstalten, dat se em rindrägen un so vör em dalleggn kunn'n. [19] Awer se kunn'n mit em nich dörchkamen wegen all' de Lüd. So kladdern se denn up dat Dack, nähmen de Teegelsteen aff un leeten em mit sin Bedd merrn hendal, wo Jesus stünn. [20] Un as he ehrn Glowen seeg, sä he: „Min lewe Mann! Din Sünd'n sünd di vergewen!" [21] Do fungn de Pharisäers un Schriftgelehrten an un dachten in Stilln: „Wat is dat för een? He lästert ja! Wer kann wull Sünd'n vergewen? Dat steit doch gans alleen Godd to!" [22] Awer Jesus wüß glieks, wat se dachten, dorum sä he to ehr: „Wat denkt ji dor in Stilln? [23] Wat is lichter to seggn: ‚Din Sünd'n sünd di vergewen!' — oder: ‚Stah up un gah!' —? [24] Un nu will ick ju wiesen, dat de Minschensöhn Vullmacht hett, dat he up de Eer Sünn'n vergewen kann —" un dormit sä he to den, de lahm wär: „So, nu segg ick di: Stah up un nümm din Bedd un gah tohus!" [25] Un up de Stell stünn he up — se all' kunn'n dat sehn — nähm dat Bedd, up dat he legn harr, un güng tohus, vuller Goddlow. [26] Do wüßen se nich, wat se seggn schulln, denn dat wärn se sick nich moden west, un se gewen Godd de Ehr, un se verfehrn sick, denn se sän: „Hüt hebbt wi wunnerbore Saken bilewt!"

[27] Un nu güng he rut up de Straat. Do seeg he en Mann vun'n Toll, de heet Levi. De seet vör dat Tollhus. Un he sä to em: „Kumm mit mi!" [28] Un de leet allns liggn un stünn up un güng mit.

[29] Un Levi gew em to Ehrn en grote Mahltied in sin Hus. Un en Barg Lüd vun'n Toll un annere seeten mit an'n Disch. [30] Un de Pharisäers un ehr Schriftgelehrten paß dat gornich. Se knurrten doröwer un sän to sin Jüngers: „Wodenni kümmt dat, dat ji mit de Tollüd un de Sünner to Disch sitten un eten un drinken dot?" [31] Do sä Jesus to ehr: „Wer gesund is, de hett den Dokder nich nödi; awer de Kranken, de brukt em. [32] Ick bün nich dorto kamen, dat ick de Gerechden laden schall. Ick schall de Sünner laden, dat se sick bekehrn schüllt."

[33] Do sän se to em: „Johannes sin Lüd sünd männimal bi to fasten un to beden, ock de Pharisäers makt dat so, awer din Lüd

et un drinkt man so dorup los." ³⁴ Do sä Jesus to ehr: „Künnt ji wull den Brüdigam sin Fründ'n dorto bringn, dat se fasten dot, wenn de Brüdigam noch bi ehr is? ³⁵ Awer de Dag' kamt noch, un wenn denn de Brüdigam vun ehr wegnahmen ward, denn ward se an düsse Dag' fasten." ³⁶ Un wieder vertell he ehr wat un bruuk dorbi en Bild. He sä: „Nüms ritt en Flick vun en nies Kleed aff un sett em up en ollen Mantel. Sünst ritt he ja dat niege Kleed twei, un de Flick vun dat niege paßt nich mal to dat olle Kleed. ³⁷ Un nüms gütt frischen Wien in olle Släuch. Sünst drückt de frische Wien de Släuch twei, un de Wien löpt ut, un de Släuch sünd nich mehr to bruken. ³⁸ Nä, frische Wien mutt in nie Släuch ringaten warn. ³⁹ Un nüms, de ollen Wien all mal drunken hett, verlangt den nien; denn he seggt: ,De olle deit good.' "

Dat 6. Kapitel.

¹ Un en Sabbat güng he mal öwer Feld; un sin Jüngers reten de Ahrn aff, nähmen ehr twischen de Handn, drückten de Körns ut un eten ehr up. ² Do sän welke vun de Pharisäers: „Wat makt ji dor? Dat hört sick doch nich an'n Sabbat!" ³ Jesus sä to ehr: „Hebbt ji dat ock nich lest, wat David maken dä, as he un sin Lüd Hunger harrn? ⁴ Güng he do nich in Godd sin Hus un nähm de hilligen Bröd', de sünst blots de Preesters eten dörbn, un eet ehr up un gew sin Lüd dorvun aff?" ⁵ Un he sä to ehr: „Herr öwer den Sabbat is de Minschensöhn."

⁶ Un'n annern Sabbat güng he na de Kapell un lehr dor. Un en Minsch wär dor, den sin rechde Hand keen Lewen un Kraft mehr harr. ⁷ Do luern sick de Schriftgelehrten un Pharisäers dat aff, üm he an'n Sabbat em wull gesund maken wörr. Denn harrn se doch en Grund un kunn'n em verklagen. ⁸ He wüß awer glieks, wat se dachten, un sä to den Mann, den sin Hand keen Lewen un Kraft mehr harr: „Stah up un stell di hier in de Merr!" Un he stünn up un stell sick so hen. ⁹ Do sä Jesus to ehr: „Nu frag ick ju: Wat dörf an'n Sabbat wesen: Goodes don oder Böses, Lewen reddn oder toschann maken?" ¹⁰ Un denn keek he ehr all' rundum an un sä to den Mann: „Reck din Hand ut!" He dä dat, un sin Hand wär wedder in de Reeg. ¹¹ Do kämen se hoch in Enn, as wenn se nich gans klook wärn, un se sän een to'n annern: „Wat makt wi blots mit Jesus?"

¹² In düsse Dag' güng he ock mal rut buten de Stadt, na de Bargen rup, un wull dor beden. Un de ganse Nacht bed he to Godd. ¹³ Un as dat Dag wörr, reep he sin Jüngers to sick. Un

he söch twölf vun ehr ut un nöm ehr Apostels. [14] Dat wärn Simon, den he ock Petrus nöm, un den sin Broder Andreas, un Jakobus un Johannes, un Philippus un Bartholomäus, [15] un Matthäus un Thomas; Jakobus, wat Alphäus sin Söhn wär, un Simon, den se ock Hitzkopp nömt, [16] un Judas, wat Jakobus sin Söhn is, un Judas ut Karioth, de em nahsten verraden dä.

[17] Un denn güng he mit ehr wedder hendal un blew nerrn in'n Grund stahn. Dor wärn noch en ganse Barg Jüngers un banni veel Lüd ut Judäa un Jerusalem un vun de Waterkant bi Tyrus un Sidon. [18] De wärn all' kamen un wulln em hörn un sick vun em gesund maken laten vun ehr Süken, un de Lüd, de vun unreine Geister plagt wörn, de wörn gesund. [19] Un all' düsse Lüd seegn to, dat se em blots anröhrn kunn'n, denn Kraft güng vun em ut, un he mak ehr all' gesund.

[20] Do lä he de Hand öwer de Ogen un keek sin Jüngers lang an un sä:

„Selig sünd ji!
Wull sünd ji arme Lüd,
awer ju hört Godd sin Riek to.

[21] Selig sünd ji!
Wull möt ji nu hungern,
awer ji schüllt noch mal satt warn.

Selig sünd ji!
Wull möt ji nu weenen,
awer ji ward noch mal lachen.

[22] Selig sünd ji,
wenn de Minschen ju hassen dot
un wenn se mit ju niks to don hebbn wüllt
un ju wat up'n Stock dot
un ju Nam mit Schimp un Schann ünner de Lüd bringt
blots wegen den Minschensöhn!
[23] Denn freut ju un danzt!
Denn verget nich:
Dat ward ju in'n Himmel riekli betalt warn. —
Ebenso hebbt ehr Vöröllern dat ja mit de Profeten makt!

*

[24] Awer Godd tröst ju, wat de rieken Lüd sünd!
Ji hebbt ju ehrn Trost all weg.
[25] Godd tröst ju! Ji hebbt nu wull allns in Hüll un Füll,
awer ji ward noch mal hungern.

Godd tröst ju!
Ji künnt nu wull lachen,
awer ji ward noch mal truern un weenen.

121

²⁶ Godd tröst,
   wenn all' de Minschen ju na'n Mund snacken dot — —
   ebenso hebbt ehr Vöröllern dat mit de Lögenprofeten makt.

²⁷ Ju awer — ji hört dat ja — segg ick:
   Ji schüllt lew hebbn ju Fienden!
   West good gegen de, de ju hassen dot!

²⁸ Seg'nt de, de ju verfluchen dot!
   Bed för de, de ju nümmer in Ruh lat
   un ju en Tort andon wüllt!

²⁹ Haut di een up de eene Back,
   denn hol em ock de annere noch hen!
   Nümmt di een den Mantel weg,
   denn wehr di ock nich wegen den Rock!

³⁰ Giff jedeneen, de di üm wat beden deit,
   un nümmt di een wat weg,

³¹ denn verlang dat nich wedder torüg!
   Wat ji vun de Annern verlangen dot,
   dat dot ji ehr ock!

³² Un wenn ji blots de lew hebbt,
   de ju lew hebbt,
   wat hebbt ji denn vör de Annern vörut?
   Dat makt ock de Sünner mit de,
   de ehr lew hebbt.

³³ Un wenn ji de Lüd wat Goodes dot,
   de ju wat Goodes dot,
   wat hebbt ji denn vör de Annern vörut?
   Dat Sülwige dot ock de Sünner.

³⁴ Un wenn ji de Lüd wat borgen dot,
   vun de ji moden sünd,
   dat ji dat wedderkriegt,
   wat hebbt ji denn vör de Annern vörut?
   Dat makt de Sünner ock so;
   de borgt ock ehr Slag Lüd wat,
   wenn se man genau so veel wedderkriegt.

³⁵ Nä! — Ji schüllt ju Fienden lew hebbn
   un Goodes don un borgen
   un nich dormit rek'n, dat ji't wedderkriegt!
   Denn ward ju dat riekli betalt warn,
   un ji ward Godd sin Kinner wesen.
   Denn he is ock good un fründli gegen de undankboren un
   ³⁶ Ji schüllt barmhardi wesen,   [leegen Lüd.
   grad so as ju Vader barmhardi is!

³⁷ Un speelt ju nich as Richder up,
   sünst kunn ju dat Gericht sülbn drapen.
   Un verordeelt nich de Annern,
   sünst kunn ju dat Ordeel sülbn draven.

Lat de Lüd frie, de ju wat schülli sünd,
denn geit ju dat ock so!

38 Gewt aff, denn ward ji ock wat kriegn:
en goodes Maat, dat schüttelt, vullstoppt
un hoch öwern Rand upfüllt is,
dat ward ju denn in'n Schoot falln.
Denn mit dat Maat, dat ji sülbn brukt,
ward ju dat ock tometen warn."

39 Un he sä ehr noch wat, un bruk dorbi en Bild:
„Wat meent ji?" — so sä he —   [wiesen?
„Kann en blinde Minsch en annern Blinden wull den Weg
Ick bün bang, se ward beide in de Groow falln.

40 De Jünger steit nich höcher as sin Meister,
un wenn he ock noch so veel lehrt hebbn schull;
wenn't hoch kümmt,
is he so veel, as wat sin Meister is.

41 Wat kiekst du na den Splint in din Broder sin Og?
Un dorbi markst du nich, dat du sülbn en Balk in din eegen

42 Wodenni kannst du blots to den Broder seggn: [Og hest?
,Broder! Hol mal still! Ick will den Splint ut din Og
Un du sühst gornich den Balk,   [ruttrecken!'
de in din eegen Og sitten deit?
Mak di un anner Lüd niks vör!
Erst treck mal den Balk ut din eegen Og,
un denn magst du tosehn,
wodenni du den Splint ut din Broder sin Og rutkriegst!

43 Dat gifft keen gooden Boom,
de fuule Appeln bringt;
so gifft dat ock keen kranken Boom,
de goode Appeln bringt.

44 Jeden Boom kennt man an de Frucht,
de he grad drägen deit.
Bun'n Dornboom plöckt se doch keen Fiegen,
un bun'n Dornbusch halt se doch keen Wiendruwen!

45 De goode Minsch bringt ut dat goode Hart,
wat sin Schatzkamer is, dat Goode ton Vörschien,
un de böse Minsch ut dat böse Hart,
dat sin Schatzkamer is, dat Böse.
Is dat Hart vull, denn löpt de Mund dorvun öwer.

46 Worum seggt ji „Herr" to mi
un dot doch nich, wat ick segg?

47 Jedereen, de to mi kümmt
un hört un deit, wat ick segg —
ick will ju wiesen, wen de to verglieken is:

48 Den geit dat grad so as en Mann,
de buu sick en Hus un schacht de Eer deep ut

123

un lä den Grund up en Fels.
Un den käm Hochwater,
un de Floot wöhl an dat Hus,
awer se kunn dat nich umstöten,
denn dat wär up'n fasten Grund buut.
[49] Wer nu awer hört un nich deit, wat ick segg,
de makt dat grad so as en Minsch,
de sick en Hus so up de Eer buut,
awer keen Grundmuern leggt harr.
Un as de Floot nu dorgegen wöltern dä,
do full dat glieks in'n Dutt,
un de Muern heeln nich tosam."

Dat 7. Kapitel.

[1] As he nu mit all' düsse Reden vör dat Volk fardi wär, güng he na Kapernaum rin.

[2] Hier läg en Hauptmann sin Knecht leeg to, ja he läg up'n Dod. Un he wär bi den Hauptmann good anschrewen. De heel banni veel vun em. [3] Un as de nu vun Jesus hörn dä, do schick he dörch de Juden ehr Ullerlüd Bott to em hen un bed em, he müch doch langkamen un sin Knecht vörn Dod redden. [4] As de nu bi Jesus ankämen, län se em dat warm ant Hart un sän: „He hett dat würkli verdeent, dat du em to Willn büst; [5] denn he hölt veel vun unse Volk, un he hett uns ock de Kapell buut." [6] Do güng Jesus mit. Awer he wär gornich wiet mehr aff vun dat Hus, do schick de Hauptmann all Frünn'n to em hen un leet em seggn: „Herr, mak di keen Möhgd! Ick bün nich de Mann, dat du ünner min Dack kümmst. [7] Dorum dücht mi ock, ick kunn nich good sülbn to di henkamen. Du brukst blots een Word to seggn, denn ward min Knecht all gesund. [8] Ick bün doch ock man en Minsch, de anner Lüd öwer sick hett. Allerdings heff ick ock Suldaten ünner mi. Un ick bruk blots to düssen to seggn: ‚Gah!', denn geit he, un to den annern: ‚Kumm her!', denn kümmt he. Un wenn ick denn to min Knecht segg: ‚Do düt!', denn deit he dat." [9] As Jesus dat hört harr, do wunner he sick öwer em, un denn dreih he sick üm to de Lüd, de mit em folgen dän, un sä: „Dat will ick ju seggn: Nich mal in Israel heff ick so'n starken Glowen funn'n."

[10] Un as de Lüd, de dor schickt wärn, int Hus torüg kämen, do bilewten se dat: de Knecht wär all gesund.

[11] Up düsse Reis' käm he den neegsten Dag na en Stadt, de heet Nain. Un sin Jüngers un en ganse Barg Lüd güngn mit em lang.

[12] As he nu neeg bi dat Stadtdor wär, do wörr — wo truri! — do wörr grad en Dode to Eer' bröcht. Dat wär sin

Moder ehrn eenzige Söhn, un se wär dorto noch en Wetfru. Un heel veele Lüd ut de Stadt folgten mit ehr. [13] Un knapp harr de Herr ehr sehn, do güng em dat dörch un dörch. Se dä em so leed, un he sä to ehr: „Ween man nich!" [14] Un denn güng he an den Sarg ran un lä sin Hand dorup, un de Drägers blewen stahn. Do sä he: „Min Jung, ick segg di: Stah up!" [15] Un de Dode käm hoch un fung an to spreken, un he gew em sin Moder. [16] Do verfehrn se sick all' un löwden Godd un sän: „En grote Profet is bi uns upstahn, un Godd hett in Gnaden sin Volk besöcht!" [17] Un düsse Geschicht snack sick vun em rum in gans Judäa un wiet öwer de Grenz.

[18] All' düsse Saken wörrn nu Johannes vun sin Jüngers vertellt. Do reep Johannes twee vun sin Jüngers to sick [19] un schick ehr na den Herrn. Un so schulln se to em seggn: „Büst du nu de Mann, de dor kamen schall, oder schüllt wi noch up en Annern töwen?"

[20] As de Beiden nu bi em ankämen, do sän se to em: „De Döper Johannes hett uns herschickt to di. He lett di fragen: Büst du nu de Mann, de dor kamen schall, oder schüllt wi noch up en Annern töwen?" [21] In düsse Stünn harr he nu grad Veele vun Süken un Plagen un vun böse Geister gesund makt un veele Blinden ehr Ogenlicht schenkt. [22] Do sä he to ehr: „Gaht nu hen un meld' Johannes, wat ji sehn un hört hebbt: Blinde Lüd künnt sehn. Lahme Lüd künnt gahn. Utsätzige ward rein. De dowen Lüd künnt hörn. Dode staht wedder up, un arme Lüd ward dat Evangelium predigt. [23] Un glückli is de, de mi so nehmen deit, as ick bün!"

[24] As Johannes sin Lüd nu wedder affgahn wärn, fung he an un sprook sick vör de Lüd öwer Johannes ut. He sä:

„Worum sünd ji na de Stepp rutkamen?
Wat wulln ji sehn?
En Rohr, dat de Wind hen- un herbögen deit?
[25] Nä, dat nich? Awer wat denn?
Worum sünd ji rutkamen? Wat wulln ji denn sehn?
En Mann, de weeke Kleeder anhett?
Dat weet ji doch! De Lüd, de feine Kleeder anhebbt
un lecker lewt —
de wahnt in den König sin Slott.
[26] Nä, awer worum sünd ji denn rutkamen? Wat wulln ji
En Profet? [sehn?
Ja, dat will ick ju seggn: De is noch mehr as en Profet!
[27] Düt is de Mann, öwer den in de Biwel schrewen steit:

„Süh, ick schick een vör di vörut,
de schall di anmeldn.
De schall den Weg för di frie maken."

125

²⁸ Un dat will ick ju seggn: Keen een vun de Minschen, de vun Fruen to Welt bröcht sünd, is gröter as Johannes. Wer awer lütter is, de ward in Godd sin Riek gröter wesen as he. ²⁹ Un dat ganse Volk un de Tollüd, de em hörn dän, de hebbt Godd Recht gewen, as se sick mit Johannes sin Döp döpen leeten. ³⁰ Awer de Pharisäers un de Schriftgelehrten — de wulln vun dat, wat Godd mit ehr vörharr un ehr todacht harr, niks weten, un dat is ock de Grund dorför, dat se sick nich vun em hebbt döpen laten.

³¹ Mit wen schall ick de Minschen vun hüttodags verglieken? Wen sünd se ähnli?

³² Se makt dat grad so as de Kinner.

De sitt up'n Marktplatz un prahlt vun de eene Siet na de annere röwer un seggt:

‚Wi hebbt ju upspeelt, awer ji wulln nich dansen.

Wi hebbt Graffleeder sungn, awer ji wulln nich klagen un weenen.'

³³ Is dat nich so? De Döper Johannes käm. He eet keen Brod un drunk keen Wien. Do sän se: ‚He hett den Düwel.'

³⁴ Nu is de Minschensöhn kamen. He itt un drinkt, un nu seggt se: ‚Kiekt mal an: dat is en Freter un Wiendrinker! He hölt dat mit de Tollüd un de Sünner.' ³⁵ Un de Weisheit hebbt all' ehr Kinner recht gewen.

³⁶ Nu lad em mal een vun de Pharisäers in, he müch doch bi em eten. Un he käm ock in den Pharisäer sin Hus un sett sick to Disch. ³⁷ Un nu denkt mal an! Dor wär in de Stadt en Fru, de wär as en leege Fru bekannt. As de nu to weten kreeg, dat he in den Pharisäer sin Hus to Disch wär, do köff se sick en lütte Buddel mit Salw, ³⁸ stell sick achter em bi sin Föt hen un fung an to weenen. Un denn fung se an un leet ehr Tranen up sin Föt falln un drög ehr denn wedder mit ehr Hoor aff, un se küß' sin Föt un salw ehr mit Öl. ³⁹ As dat nu de Pharisäer seeg, de em inladen harr, do dacht he in Stilln: Wenn düsse Mann würkli en Profet wär, denn wörr he dorachterkamen, wer un wat förn Fru dat is, de em anröhrn deit, un dat se en leege Fru is." ⁴⁰ Do sä Jesus to em: „Simon, ick will di mal wat seggn." De sä: „Meister, man to! Segg, wat du wullt!" ⁴¹ Do sä he: „En Geldmann, de Geld utlehnen dä, harr mit twee Mann to kriegn, de em wat schülli wärn. De eene harr dreehunnert föfdi Mark to betaln, de Annere man fief un dördi Mark. ⁴² Beide kunn'n dat nich betaln; dorum schenk he ehr Beide, wat se schülli wärn. — Nu segg mal, wer vun de Beiden schull wull am mehrsten vun em holn?" ⁴³ Do sä Simon: „Mi dünkt, dat ward de wesen, den he am mehrsten schenkt hett." Do sä he to em: „Dat is richdi!" ⁴⁴ Un denn dreih he sick üm na de Fru un sä to Simon: „Nu kiek di

mal düsse Fru an! Un denn hör mal to! Ick bün in din Hus
kamen. Awer du heft keen Water öwer min Föt gaten. Düsse
Fru awer, de hett mit ehr Tranen min Föt natt makt un
ehr denn mit ehr Hoor wedder affdrögt. 45 Ock en Kuß heft
du mi nich gewen. Düsse Fru hett awer de ganse Tied, dat
ick hier bün, min Föt küßt. 46 Du heft min Kopp ock nich mit
Öl salwt. Düsse Fru hett awer mit Salw min Föt salwt.
47 Dorum segg ick di nu: Ehr sünd ehr Sünd'n vergewen, un
dat will wat seggn; denn dat sünd en ganse Barg. Se hett
veel Leew bewiest. Wen awer blots wenig vergewen is, de
hett ock nich veel Leew." 48 Un denn sä he to ehr: „Din
Sünd'n sünd di vergewen!" 49 Do dachten de Lüd, de mit to
Disch seeten, in Stilln: „Wer is dat? De vergifft ja ock
Sünd'n!" 50 He awer sä to de Fru: „Din Glow hett di redd.
Gah hen in Freden!"

Dat 8. Kapitel.

1 In de neegste Tied trock he nu vun Stadt to Stadt un
vun Dörp to Dörp un predig un mak dat Evangelium vun
Godd sin Riek bekannt. Un mit em wärn de Twölf 2 un welke
Fruen, de he vun böse Geister un Süken gesund makt harr.
Dat wärn Maria, de se Magdalena nömt un vun de söbn
Geister utföhrt wärn, 3 un Johanna, wat Chuza sin Fru wär —
he wär Verwalter bi Herodes — un Susanna un veele Annere,
de up eegen Kosten för ehr sorgen dän.
4 As nu mal veel Lüd tohop wärn un ock de Stadtlüd to em
kämen, do vertell he ehr en Geschicht. He sä:
5 „Dor güng mal en Buer hen un wull sin Saat int Land don.
Un as he bi wär to sain, do full wat lang an'n Weg un
wörr dalpedd, un de Vagels ünnern Hewen picken dat up.
6 Un wat anneres full up en steenigen Grund. Dat fung
wull bald an to wassen, awer drög doch bald wedder uf; denn
dat harr nich genog Fucht.
7 Un wedder wat anneres full merrn mang de Dießeln, un
de Dießeln kämen mit up, un de Saat müß sticken.
8 Toletz full ock noch wat up dat goode Land, un dat güng
up un bröch nahsten dat hunnertste Korn."
As he dat seggt harr, reep he luthals: „Wer Ohrn hett
un hörn kann, de schall sick dat marken!"
9 Do fragten em sin Jüngers: „Wat schull düsse Geschichte
bedüden?
10 He sä: „Ji künnt dat so verstahn, wat dat mit Godd sin
Riek up sick hett, de Annern awer mutt dat klormakt warn
dörch Biller un Geschichten; denn se schüllt sehn un doch nich

sehn, un hörn un doch nich hörn. ¹¹ Un nu will ick ju seggn, wat
de Geschicht bedüden deit.

De Saat is Godds Word.

¹² De „an'n Weg lang", dat sünd de, de wull tohört hebbt;
denn awer kümmt de Düwel un halt dat ut ehr Harten wedder
rut, dat se jo nich glöwen dot un redd ward.

¹³ De „up den steenigen Grund", dat sünd de, de toirst dat
Word, wenn se dat hört hebbt, mit Freuden annehmt, awer se
hebbt keen Wuddel, denn se glöwt blots up'n Tiedlang, un
wenn denn de Tied kümmt, dat se ehrn Mann stahn schüllt,
denn fallt se aff.

¹⁴ De „mang de Dießeln", dat sünd de, de wull tohört hebbt,
awer denn gaht se hen un möt ünner de Sorgen un dat Geld
un dat Vergnögen, dat nu mal to dat Vermögen hört, sticken,
un de Frucht ward nich riep.

¹⁵ De „up dat goode Land" awer, dat sünd de, de hört dat,
un denn hegt se dat in en feines un goodes Hart un dot sick
suer un bringt Frucht.

¹⁶ Nüms stickt en Licht an un stellt dat denn ünner'n Tunn
oder ünnert Bedd. Nä, he stellt dat up'n Lüchter, denn de
Lüd, de in de Stuw rinkamt, de schüllt dat doch sehn.

¹⁷ Dor bliwt niks verborgen, dat kümmt allns doch mal an'n
Dag. Un niks kann een versteken, se kamt doch mal dorachter
un kriegt dat to sehn.

¹⁸ Dorum kümmt allns dorup an, wodenni ji hörn dot.
    Wer all wat hett, de kriggt ock wat to;
    wer awer niks hett, den ward ock dat noch wegnahm,
    vun dat he sick inbild, dat he dat hett."

¹⁹ Nu kämen sin Moder un sin Bröder to em hen, awer se
kunn'n nich an em rankamen vunwegen all' de Lüd. ²⁰ Do wörr
em seggt: „Din Moder un din Bröder staht buten vör de Dör
un wüllt di gern mal spreken." ²¹ Awer he sä to ehr: „Min
Moder un min Bröder? — — Dat sünd düsse hier, de Godds
Word hört un dat ock dot!"

²² Un een vun düsse Dag' steeg he nu in dat Schipp mit
sin Jüngers, un he sä to ehr: „Lat uns röwerföhrn na de
Güntsiet vun'n See!", un se föhrn los. ²³ Un as se ünner-
wegens wärn, drusel he in. Do bruus en Storm öwer den
See, un dat Boot nähm veel Water öwer, un se kämen banni
in de Kniep. ²⁴ Do güngn se an em ran un maken em waken un
sän: „Meister, Meister, wi sünd ant Versacken!" Do stünn he
up un drauh den Wind un de Waterbülgen. Do hör dat up,
un dat wörr gans still. ²⁵ Un denn sä he to ehr: „Na, wo is ju
Glow blewen?" Se awer kreegn dat mit de Angst un maken
grote Ogen, un denn sän se een to'n annern: „Wat is dat

blots förn Mann? De hett ja Gewalt öwer Wind un Storm un öwer dat Water! Un se dot, wat he will!" [26] Un nu föhrn se na dat Gerasenerland, dat güntsiets vun Galiläa liggn deit. [27] Un as he an Land güng, do käm em en Mann ut de Stadt in de Mööt, de harr ünner Geister to lieden. Dat kunn vörkamen, dat he en ganse Tied lang keen Kleed anharr un nich tohus blew. Denn lew he in de Grafföhöhln. [28] As de nu Jesus seeg, do fung he an to schrien un full vör em dal un reep luthals: „Jesus, wat wullt du vun mi? Du büst ja unsen Herrgodd sin Söhn! Ach, quäl mi doch nich!" [29] Do gew he den unreinen Geist den Befehl, he schull vun den Mann afflaten. Un dat kann een verstahn, denn he harr em en lange Tied all in sin Gewalt un se harrn em mit Keden an Handn un Föt fastbunn'n un passen up em, awer de Keden reet he twei un wörr vun'n Geist na de Stepp rutjagt. [30] Un nu frag Jesus em: „Wodenni heetst du?" He sä: „Dusend!" Denn veele Geister harrn öwer em Gewalt. [31] Un de wärn nu mit em an, he schull ehr doch nich in'n Affgrund jagen.

[32] Nu wär dor awer en grote Swiensharr up de Weid, un de Swien güngn öwer en Barg hen to freten. Un de Geister beden em, he müch ehr doch Verlöw gewen, dat se up de Swien losföhrn dän. Dat dä he denn ock. [33] Un de Geister leeten vun den Minschen aff un störten sick up de Swien, un de ganse Swiensharr störm den Barg hendal int Water un müss' versupen.

[34] As nu de Harders seegn, wat dor passeert wär, do rückten se ut un vertellt'n dat in de Stadt un up de Höf'. [35] Un de Lüd kämen un wulln sick dat ansehn, wat dor passeert wär. Un se kämen to Jesus un funn'n den Minschen, vun den de Geister afflaten harrn, in sin Kleeder gans vernünfdi bi Jesus to sin Föt sitten, un se kreegn dat mit de Angst. [36] Un de, de dorbi west wärn, vertellten ehr, wodenni de Kranke gesund worn wär. [37] Do beden all' de Lüd ut de Gerasener Gegend em, he müch doch ut ehr Land weggahn, denn se wärn vull Angst un Bang. Un he güng wedder in dat Schipp un föhr torüg. [38] Do bed em de Mann, de de Geister losworn wär, he müch em doch mitnehmen. Awer he leet em gahn un sä: [39] „Gah nu tohus un vertell dor allns, wat Godd an di dan hett!" Dat dä he denn ock un vertell in de ganse Stadt, wat Jesus an em dan harr.

[40] As Jesus nu torügkäm, nähm em dat Volk mit Freuden wedder up; denn se luern all' up em. [41] Un denn? Ja, denkt mal an! Do käm en Mann, de heet Jairus un wär en Ollermann vun de Kapell. De full vör Jesus dal to sin Föt un bed em, he müch doch mit langkamen na sin Hus, [42] denn he harr man een Dochder vun üm un bi twölf Johr, un de läg up'n Dod.

Un he güng mit, un veele Lüd drängten achteran. [43] Un en Fru, de all twölf Johr ünner dat Blot to lieden harr un vun keen een holpen warn kunn, [44] de käm vun achtern an em ran un fat leesen an den Klunker vun sin Mantel, un up de Stell wär dat Blöden vörbi. [45] Do sä Jesus: „Wer hett mi anröhrt?" Awer keen een wull dat west sin. Do sä Petrus: „Meister, dat is ja keen Wunner! De Lüd drängt un stöt ja vun alle Sieden!" [46] Awer Jesus sä: „Doch, dor hett een mi anfat! Ick heff dütli spört, dat Kraft vun mi utgüng." [47] As nu de Fru marken dä, dat dat doch rutkamen wär, do käm se mit Bewern ran un full dal vör sin Föt un vertell em vör alle Lüd, worum se em anfat harr un wodenni se up de Stell wedder gesund worn wär. [48] Do sä he to ehr: „Min Deern, din Glow hett di redd. Nu gah in Freden tohus!"

[49] Un knapp harr he dat seggt, do kümmt all een vun den Ollermann bi de Kapell sin Lüd un seggt: „Din Dochder is all dot. De Meister brukt nich mehr to kamen." [50] Awer as Jesus dat hörn dä, sä he to em: „Wes' nich bang! Heff blots Tovertruen! Din Dochder kümmt dörch."

[51] As he nu in dat Hus rinkäm, do wull he dat nich hebbn, dat sünst noch een mit em rinkäm; blots Petrus un Jakobus un Johannes un dat Kind sin Vader un Moder. [52] Un se weenten all' un klagten üm ehr. Do sä he: „Lat doch dat Weenen! Se is nich dod; se slöpt!" [53] Do lachen se em ut; denn se wüssen gans good, dat se dot wär. [54] He awer fat de lütt Deern bi de Hand un sä lut to ehr: „Min Kind, stah up!" [55] Un se käm wedder to sick, un glieks stünn se up. Do verlang he, se schulln ehr wat to eten gewen. [56] Un ehr Ollern maken grote Ogen un wüssen nich, wat se seggn schulln. Do bunn he ehr dat up de Seel, se schulln keen Minsch vertelln, wat passeert wär.

Dat 9. Kapitel.

[1] He reep nu de Twölf tohop un gew ehr Kraft un Vullmacht öwer alle Geister; ock Krankheiten schulln se heeln. [2] Un he schick ehr ut, se schulln Godd sin Riek predigen un Lüd gesund maken, [3] un so sä he to ehr: „Nehmt niks mit up de Reis', keen Stock, keen Tasch, keen Brod, keen Geld! Ock schall keen een twee Kleeder mitnehmen! [4] Kamt ji in en Hus un ward fründli upnahmen, denn bliewt dor wahnen, bit dat ji wiederreisen dot. [5] Un wenn se ju nich fründli upnehmen dot, denn kümmert ju nich mehr üm düsse Stadt un slat ju den Stoff vun de Föt! Denn bliwt dat an ehr hangn!"

[6] So güngn se denn los, un se wannern vun Dörp to Dörp un predigten öwerall dat Evangelium un maken de Kranken gesund.

7 Nu kreeg de Herzog Herodes dat all' to weten, wat dor passeert wär, un he wüß nich recht, wat he sick dorbi denken schull. Denn welke sän: „Johannes is vun de Doden upstahn." 8 Annere sän wedder: „Elia is wedder dor." Un wedder annere meenten: „Een vun de ollen Profeten is wedder upstahn." 9 Herodes awer sä: „Johannes heff ick ja den Kopp afflslan laten. Wer is awer düsse Mann, över den ick so wat hörn do?" Un he brenn dorup, dat he em to sehn kreeg.

10 Un nu kämen de Apostels torüg un vertellten Jesus, wat se makt harrn. Do nähm he ehr mit un güng an en eensame Städ' in de Neegde vun en Stadt, de heet Bethsaida. 11 As de Lüd dorachterkämen, güngn se achterna. Do güng he fründli up ehr to, un he sprook to ehr vun Godd sin Riek, un de, de dat nödi harrn, mak he gesund.

Un nu güng de Dag to Enn. 12 Do kämen de Twölf to em un sän: „Nu lat de Lüd gahn! Se möt tosehn, dat se in de Dörper un up de Höf' hier in de Neegde för de Nacht ünnerkamt un ock wat to eten kriegt. Hier is ja narms wat to maken." 13 Do sä he to ehr: „Ji künnt ehr ja man wat to eten gewen!" Se sän: „Wi? Wi hebbt nich mehr as fief Bröd' un twee Fisch! Denn möt wi all hengahn un för all' düsse Lüd wat to eten köpen." 14 Denn dat wärn üm un bi fiefdusend Mann. Do sä he to sin Jüngers: „Sorgt dorför, dat se sick lagern dot, föfbi bi föfbi!" 15 Dat dän se denn ock, un se kämen all' to Platz. 16 Un denn nähm he de fief Bröd' un de beiden Fisch, keek na'n Himmel rup, sprook den Segen öwer ehr un brook ehr in Stücken un gew dat Brod de Jüngers. De schulln dat denn wiedergewen an dat Volk. 17 Un se eeten all' dorvun un wörrn ock all' satt. Un denn sammeln se dat, wat öwerblewen wär, noch up, un dat wärn twölf Körw vull.

18 As he nu mal gans alleen wär un beden dä un blots de Jüngers noch bi em wärn, do frag he ehr: „För wen holt mi de Lüd eegentli?" 19 Se sän: „För den Döper Johannes. Annere ock för Elia, un anner Lüd meent, dat een vun de ollen Profeten wedder upstahn is." 20 Do sä he to ehr: „För wen holt ji mi denn?" Petrus sä: „För Godd sin Messias!" 21 Do drauh he ehr un bunn ehr dat up de Seel, se schulln nüms dat vertelln; 22 denn so sä he: „De Minschensöhn mutt veel lieden, un dat kümmt so, dat de Ollerlüd un Hochepreesters un de Schriftgelehrten vun em niks weten wüllt, un he mutt starwen un an'n drüdden Dag wedder upstahn vun de Doden."

23 Un denn sä he noch to ehr all': „Will een mit mi gahn, denn dörf he nich an sick denken, mutt allns upgewen un schall

Dag för Dag sin Krüz up sin Schuller nehmen un mit mi gahn.
[24] Denn wer sin Lewen reddn will, de ward dat verleern; wer
awer sin Lewen verleert, wieldat he sick to mi hölt, de ward
dat reddn. [25] Wat hett denn en Minsch dorvun, wenn he de
ganse Welt winnt, awer sick sülbn toschann makt oder sick
sülbn Schaden andeit? [26] Denn wer sick för mi un för min
Wörd schamen deit, för den ward sick ock de Minschensöhn
schamen, wenn he in sin un den Vader sin un de hilligen Engels
ehr Herrlikeit kümmt. [27] Ick segg ju awer, un dat is gans
gewiß wohr: Dor sünd welke mang de, de hier staht, de kriegt
den Dod nich to spörn, bit dat Godd sin Riek kümmt."

[28] Na düsse Reden güngn wull so'n acht Dag' int Land. Do
nähm he Petrus un Johannes un Jakobus mit un steeg up
en hochen Barg; denn he wull beden. [29] Un as he bi wär, to
beden, do veränner sick sin Gesicht, un sin Kleed wär slowitt,
as wenn de Sünn dat bleekt harr. [30] Un nu denkt mal an!
Twee Mann sproken mit em. Dat wärn Mose un Elia. [31] De
wärn in ehr Herrlikeit dütli to sehn un sän em, wodenni sin
Weg utlopen wörr, de in Jerusalem na Godd sin Willn to
Enn gahn schull. [32] Petrus awer un de, de bi em wärn, kunn'n
sick nich waken holn un wärn inslapen. As se nu wedder
munter wärn, do seegn se sin Herrlikeit un de beiden Manns-
lüd, de bi em stünn'n. [33] Un as de nu wedder verswinn'n dän,
do sä Petrus to Jesus: „Herr, dat is doch good, dat wi hier
sünd! Nu wüllt wi dree Telten maken, een för di un een för
Mose un een för Elia", awer he wüß nich, wat he sä. [34] Un
as he dat sä, käm en Wulk un breed ehrn Schatten öwer ehr
ut, [35] un en Stimm käm ut de Wulk un sä: „Düt is min Söhn,
den ick utwählt heff; up em schüllt ji hörn!" [36] Un as de Stimm
verswunn'n wär, do wär Jesus wedder alleen. Do wörrn se
gans still, un nüms sän se in düsse Dag' wat vun dat, wat se
bilewt harrn.

[37] As se nu den neegsten Dag wedder vun den Barg hendal-
kämen, do kämen em en ganse Barg Minschen in de Möt.
[38] Un denn? Ja, do reep en Mann gans lut: „Meister, ach,
ick heff en Bed an di: kiek doch mal na min Jung! Ick heff
man düssen eenen! Süh mal: en Geist packt em an, un denn
fangt he an to schrien, un he rüttelt un schüttelt em, dat em
de Schuum vörn Mund steit. Dat hölt swor, dat he em wedder
loslett. He bringt em noch üm de letzte Kraft. [40] Ick heff din
Jüngers all beden, se müchen em utdriewen, awer se kunn'n
niks mit em anfangn." [41] Do sä Jesus to em: „O, düsse Lüd!
Glowen hebbt se nich, un verdreit sünd se ock! Wolang schall
ick nu noch bi ju bliewen, un wolang schall ick mi noch mit ju
affquälen? Bring din Jung hier mal her!" [42] Awer he wär

132

noch nich gans bi em, do schüttel un rüttel de Geist em all'
wedder. Do drauh Jesus den unreinen Geist un mak dat Kind
gesund un gew em sin Vader torüg. [43] All' de Lüd awer maken
grote Ogen öwer Godd sin Macht un Herrlikeit.

As de Lüd noch all' nich wüssen, wat se seggn schulln to
dat, wat he dor dan harr, do sä he to sin Jüngers: [44] „Markt
ju dat nu gründli, wat ick nu seggn do: De Minschenföhn schall
nu in Minschenhandn utlewert warn." [45] Awer se kämen nich
dorachter, wat he dormit seggn wull. Dat kreegn se nich rut,
se kunn'n sick dat nich dörchsehn. Awer se wärn ock bang, em
dorna to fragen, wat he dormit meent harr.

[46] Un se maken sick Gedanken doröwer, wer vun ehr wull
de Grötste wesen. [47] Jesus awer harr dat glieks klook, wat se
dachten. Dorum nähm he en Kind un stell dat blang bi sick hen
[48] un sä to ehr: „Wer düt Kind bi sick upnehmen deit, wieldat
ick dat will, de nümmt mi sülbn up, un wer mi upnehmen
deit, de nümmt ock den up, de mi schickt hett; denn wer ünner
ju all' de Lüttste is, de is grot."

[49] Do sä Johannes: „Meister, wi hebbt een sehn, de driwt
in din Nam Geister ut. Dat hebbt wi em verbaden; denn he
hölt dat nich mit di, as wi dat dot." [50] Do sä Jesus to ehr:
„Lat em doch! Denn wer nich gegen ju is, de is för ju."

[51] As de Dag' nu ümmer neeger kämen, dat he ut düsse
Welt gahn un na baben torüg schull, do sett he sin Kopp fast
dorup, dat he na Jerusalem wull. [52] Un he schick Bott vörut.

Un up de Reis' kämen se na'n Samariterdörp un wulln em
för de Nacht dor ünnerbringn, [53] awer de Lüd wulln em nich
upnehmen, denn he wär ja up de Reis' na Jerusalem. [54] As
dat de Jüngers Jakobus un Johannes seegn, do sän se: „Herr,
schüllt wi Füer vun'n Hewen hendalfalln laten, dat dat ehr
upfreten deit?" [55] Awer he dreih sick glieks na ehr um un
drauh ehr. [57] Un se güngn wieder na'n anner Dörp.

Un as se ünnerwegens wärn, sä een to em: „Ick gah mit di,
eenerlei, wo du ock hengeist." [58] Do sä Jesus to em: „De Föß
hebbt ehrn Buu, un de Vagels ünnern Hewen hebbt ehr Nest,
awer de Minschenföhn hett keen Städ, wo he ock man sin
Kopp dallegn kann."

[59] Un he sä to en Annern: „Kumm mit!" De awer sä: „Giff
mi erst Verlöw, dat ick min Vader to Eer bringn kann!"
[60] Do sä he to em: „Lat doch de Doden ehr Doden sülbn to
Eer bringn! Gah du hen un predig vun Godd sin Riek!"

[61] Un en drübde sä: „Ick gah mit di, Herr! Blots giff mi
erst noch Verlöw, dat ick min Huslüd Adüs seggn kann!"
[62] Do sä Jesus: „Wer de Hand an'n Plogg leggt un sick denn
noch ümkieken deit, den kann Godd für sin Riek nich bruken!"

133

Dat 10. Kapitel.

¹ Dorna wähl Jesus sick söbndi Annere ut un schick ehr twee bi twee vörut in jede Stadt un jedes Dörp, wo he sülbn noch henkamen wull. ² Un he sä to ehr: „De Arnt is grot, awer de Arbeiders sünd knapp! Bed doch den Herrn, den de Arnt tohört, dat he Arbeiders schickt för sin Arnt! ³ Un nu gaht los! Markt ju dat: ick schick ju as Schaap merrn mang de Wülf. ⁴ Nehmt keen Geldbütel, keen Tasch un keen Schooh mit! Un seggt keen Minsch ünnerwegens gooden Dag! ⁵ Kamt ji in en Hus, denn seggt toirst: ‚Freden wünscht wi düt Hus!‘ ⁶ un wenn dor en Fredenskind wahnen deit, denn ward de Freden, den ji em wünschen dot, ock öwer em utbreed wesen. Sünst fallt he up ju torüg. ⁷ In so'n Hus awer schüllt ji ock bliewen, un et un drinkt getrost, wat se ju vörsetten dot! Denn de Arbeider hett sin Lohn verdeent. Gaht nich vun een Hus in dat annere! ⁸ Kamt ji in en Stadt un se nehmt ju fründli up, denn et un drinkt, wat se ju vörsetten dot! ⁹ Un makt de Kranken, de dor sünd, gesund! Un seggt to ehr: „Godd sin Riek steit bi ju vör de Dör!“ ¹⁰ Kamt ji awer in en Stadt un se nehmt ju nich fründli up, denn gaht wieder un stellt ju up de Straaten hen un seggt: ¹¹ Sogor den Stoff, de sick vun ju Stadt up unse Föt leggt hett, den wischt wi aff. Den schüllt ji beholn! Blots düt schüllt ji weten: Godd sin Königriek stünn vör de Dör. ¹² Dat will ick ju seggn: Sodom kümmt an den Dag beter dorvun as so'n Stadt.

¹³ Godd tröst di, Chorazin! Godd tröst di, Bethsaida! Wärn in Tyrus un Sidon de Wunner dan, de bi ju passeert sünd, denn harrn de sick all lang in Sack un Asch bekehrt. ¹⁴ Up jeden Fall kamt Tyrus un Sidon an den Dag int Gericht beter weg as ji.

¹⁵ Un Godd tröst di, Kapernaum! Meenst du, dat du na'n Hewen rupböhrt warst? Nä, din Weg geit deep hendal na de Höll!

¹⁶ Wer ju hörn deit, de hört mi, un wer mit ju niks to don hebbn will, de will ock mit mi niks to don hebbn. Wer awer mit mi niks to don hebbn will, de will ock niks to don hebbn mit den, de mi schickt hett.“

¹⁷ Un denn kämen de Söbndi mit Freuden torüg un vertelln: „Herr, ock de Geister kuscht sick vör uns, wenn wi din Nam utspreken dot.“ ¹⁸ Do sä he to ehr: „Ja, ick heff den Satan as en Blitz vun'n Hewen falln sehn. ¹⁹ Seht: ick heff ju de Vullmacht gewen, öwer Slangen un Skorpions to gahn un den Fiend sin ganse Macht ünner de Föt to kriegn, un niks schall ju dorbi schaden. ²⁰ Un doch! Doröwer freut ju nich, dat

134

de Geister sick vör ju kuschen dot! Nä, freut ju, dat ju Namen in'n Himmel upschrewen sünd."

²¹ In düsse Stünn käm de hillige Geist öwer em, un he fung an to jubeln un sä: „Vader, du büst ja de Herr öwer Himmel un Eer! Ick segg di Low un Dank dorför, dat du dat vör de Klooken un Weisen verborgen un de Unmünnigen künni makt hest. Ja, Vader, so is dat din gnädige Will west. ²² Allns is mi vun den Vader in de Handn leggt, un nüms weet, wer de Söhn is, as blots de Vader, un nüms weet, wer de Vader is, as blots de Söhn un de, den de Söhn dat künni maken will."

²³ Un denn dreih he sick na de Jüngers um un sä besunners to ehr: „Selig sünd de Ogen, de dor seht, wat ji seht! ²⁴ Denn dat will ick ju seggn: Veele Profeten un Könige wulln gern dat sehn, wat ji seht, un se hebbt dat nich to sehn kreegn, un harrn gern dat hört, wat ji hört, un hebbt dat nich hört."

²⁵ Dat duer nich lang, do meld sick en klooke Mann, de in dat Gesetz heel genau Bischeed wüß. De wull Jesus mal in Verlegenheit bringn un sä: „Meister, wat mutt ick don, dat ick Andeel krieg an dat ewige Lewen?" ²⁶ He sä to em: „Wat steit in dat Gesetz schrewen? Du kannst dat ja sülbn lesen. Segg mal, wodenni heet dat dor?" ²⁷ Do sä he to em: „Du schallst din Herrgodd lew hebbn; din Hart mutt brenn'n för em; din Seel mutt Füer un Flamm wesen; wat jichtens in din Kraft steit, dat muß du för em don, un ock de Kopp mutt dorbi wesen; un denn schallst du ock din Nawer grad so lew hebbn as di sülbn." ²⁸ Do sä Jesus to em: „Dat hest du fein seggt, stimmt gans genau. Do du dat, un du warst lewen." ²⁹ He awer gew sick noch nich un sä to Jesus: „Un wer is min Nawer?" ³⁰ Do nähm Jesus dat Word un sä: „Hör mal to!

Dor wär mal 'n Minsch, de reis' vun Jerusalem dal na Jericho un full de Räuwers in de Handn. Un se plünnern em ut, slogen em blödi, un denn güngn se aff un leeten em halfdot liggn.

³¹ Un dat mak sick so, dat en Preester densülwigen Weg reisen dä, un knapp harr he em sehn, do güng he em wiet un ut 'n Weg.

³² Grad so mak dat en Köster, de ock bi em lang käm. Knapp harr he em sehn, do güng he gau wieder.

³³ Toletz käm en Samariter up sin Reis' an em vörbi, un knapp harr he em sehn, do kramp sick em all dat Hart tosam. De Mann dä em banni leed. Un wat dä he? ³⁴ He mak sick forts an em ran, goot Öl un Wien in de Wunn'n un lä em en Verband um, un denn böhr he em up sin Tier un bröch em na 'n Harbarg un sorg för em. ³⁵ Un an den neegsten

135

Morgn kreeg he twee Dalers ut de Tasch un gew ehr den Kröger un sä: „So, nu sorg du wieder för em, un schull düt nich langn, denn betal ick di dat Annere, wenn ick wedder langkam.' —

36 Un nu segg mi mal: Wat meenst du? Wer vun düsse Dree schull wull de Neegste west sin för den, de de Räuwers in de Hand'n full?"

37 He sä: „Dat wär de, de sick üm em kümmern dä."

Do sä Jesus: „Du hest recht; denn gah du hen un mak dat grad so!"

38 Eensdags käm he up de Reis' in en Dörp. Dor wahn en Fru, de heet Marta. Un de nähm em bi sick up. 39 Un düsse Marta harr en Swester, de heet Maria. De sett sick to den Herrn sin Föt hen un hör em to bi dat, wat he seggn dä.

40 Marta awer harr alle Handn vull to don; denn se wull för em sorgn so good, as se sichtens kunn.

Un se käm to em hen un sä: „Herr, is di dat gans eenerlei, wenn min Swester mi gans alleen vör de Arbeid sitten lett? Segg ehr doch, dat se nu ock mit anfaten deit!"

41 Awer de Herr sä to ehr: „Marta, Marta! Du makst di veel Sorgen un rackerst di aff bi veele Saken. 42 Awer nödi is man gans weni, ja eegentli man een Deel. Maria hett sick dat goode Deel utsöcht, un dat schall ehr jo nich nahmen warn."

Dat 11. Kapitel.

1 Als he mal an en Stell beden dä un fardi wär, do sä een vun sin Jüngers to em: „Meister, lehr uns doch dat Beden! So hett Johannes dat doch ock mit sin Jüngers makt." 2 Do sä he to ehr: „Wenn ji beden wüllt, denn schüllt ji so spreken:

Vader!
Mak din Nam herrli un hillig ock bi uns!
Help du uns ock dorto, dat du gans unse Herr warst!
3 Dat Brod, dat wi för morgn nödi hebbt,
dat giff uns Dag för Dag,
4 Un vergiff uns unse Sündn,
denn wi vergewt doch ock de Lüd, de uns wat schülli sünd.
Un bring uns nich in Versökung!"

5 Un denn sä he to ehr: „Hört mal to!

Ick will mal annehmen: Dor hett een vun ju en Fründ. Un nu geit he merrn in de Nacht to em hen un seggt to em: ‚Fründ, ach lehn mi doch dree Bröd! 6 Ick heff Besök kreegn vun en Fründ, de up de Reis' is, un nu bün ick in Verlegenheit; ick weet nich, wat ick em up'n Disch setten schall.' 7 Un din

136

Nawer röhrt sick nich un röpt blots ut de Stuw rut: ‚Lat mi doch in Ruh! De Dör is all tomakt un min Kinner slapt bi mi int Bedd. Dat deit mi leed, awer ick kann mit'n besten Willn nich upstahn un di wat gewen.'

8 Gifft dat so wat? Ick will ju wat seggn:

Ick kunn mi wull denken, dat he em as Fründ un Nawer nich dorto kriggt, dat he upsteit un em dat gifft, awer wenn he em ock wieder keen Ruh lett, denn steit he doch tolezt up un gifft em dat, wat he nödi hett.

9 Ock dat will ick ju seggn:

Bed üm wat, un ji kriegt wat!

Sökt, un ji find' wat!

Kloppt an, un ju ward de Dör upmakt!

10 Denn jedereen, de üm wat beden deit, de kriggt wat.

Un wer wat söken deit, de find wat.

Un wer ankloppen deit, den ward de Dör upmakt.

11 Un nu denkt ju mal een mang ju, de Vader is.

Un nu kümmt sin Jung un bed üm en Fisch — — gifft he em denn för den Fisch en Slang?

12 Oder he bed em üm en Ei — — gifft he em denn wull en Skorpion?

13 Gewiß; ji sünd man leege Lüd; awer ji weet doch, wat för ju Kinner dat Beste is, un ji gewt ehr dat ock.

Woveel mehr ward ju Vader ut'n Himmel sin hilligen Geist de Minschen gewen, de em dorum beden dot!"

14 Eensdags wär he dorbi un dreew en Geist ut, un de wär stumm. Un as de Geist utföhrn dä, do kunn de Stumme up cenmal wedder spreken. Do wunnern sick de Lüd. 15 Welke vun ehr awer sän: „He hölt dat mit Beelzebub, wat de Böwerste vun de Geister is, dorum kann he de Düwels utdriewen." 16 Annere awer wulln em up de Prow stelln un wärn mit em an, he schull en Teken vun'n Himmel gewen. 17 Awer he wüß, wat se in Stilln dachten, un so sä he to ehr: „Jedes Riek, dat in sick nich eeni is, kann nümmer bestahn. Een Hus fallt up dat annere. 18 Wenn nu awer de Satan mit sick sülbn nich eeni is, wodenni kann sin Riek denn bestahn? Ji seggt ja, ick driew de Geister dörch Beelzebub ut. 19 Wenn ick nu de Düwels dörch Beelzebub utdriewen do — wen nehmt denn awer ju eegen Lüd to Hülp? — Dorum ward se ju Richder wesen. 20 Wenn ick nu awer de Geister mit Godd sin Finger utdriewen do, denn is Godd sin Riek all to ju kamen.

21 Wenn en starke Mann mit Swert un Schild öwer sin Slott wakt, denn hett dat mit sin Besiz keen Not. De bliwt in

137

Seekerheit un Ruh. [22] Wenn awer een, de noch stärker is as he, nu öwer em herfallt un em ünnerkriggt, denn nümmt he em sin ganse Rüstung weg, allns, womit he sick wehren un worup he sick verlaten dä, un deelt allns, wat he in de Finger kriggt, ut an sin Lüd.

[23] Wer dat nich mit mi holn deit, de steit gegen mi, un wer nich mit mi sammeln deit, de driwt dat ut'n een.

[24] Wenn de unreine Geist nu vun den Minschen afflaten deit, denn wannert he dörch Stepp un Heid un söcht en Ruhstäd, awer find keen. Un denn seggt he wull: Denn gah ick na dat Hus torüg, wo ick herkamen bün. [25] Un wenn he denn wedder-kümmt, denn is dat reinmakt un feinmakt. [26] Un denn geit he hen un halt sick noch söbn Geister, de noch leeger sünd as he, un geit rin un sett sick dor wedder fast, dat se em nich wedder los-ward. Un so ward dat mit den Minschen toletz noch leeger, as dat vörher wär."

[27] As he dat awer seggn dä, do reep en Fru ut dat Volk: „Selig is de Fru, de di ünner dat Hart dragen un an de Bost hatt hett!" [28] Awer do sä he: „Selig sünd de Minschen, de Godds Word hört un fastholt!"

[29] As nu wedder Lüd tohop wärn, do fung he an un sä: „Düsse Lüd sünd doch leege Lüd. Se wüllt en Teeken sehn, awer ehr ward keen anner Teeken gewen as dat vun Jona. [30] Denn so as Jona för de Lüd in Ninive en Teeken wörr, grad so ward de Minschensöhn för düsse Lüd en Teeken wesen. [31] De Königin ut'n Süden ward mit de Lüd ut unse Tied vör Gericht upstahn un ehr verdammen. Denn se käm vun gans wiet her un wull Salomo sin Weisheit hörn. Awer wat meent ji wull? Hier gifft dat wat, dor langt Salomo nich ran! [32] De Mannslüd vun Ninive ward in dat Gericht upstahn mit de Lüd ut düsse Tied un ward ehr verdammen. Denn se hebbt sick bekehrt, as Jona ehr predigen dä, awer wat meent ji? Hier is wat, dor langt ock Jona nich ran!

[33] Nüms stickt doch en Licht an un stellt dat denn in'n Keller oder ünner en Tunn! Nä, he stellt dat up'n Lüchter; denn künnt doch de Lüd, de int Hus kamt, sehn, dat dat dorbinnen hell is. [34] Den Liew sin Lücht is din Og. Is din Og rein un klor, denn is ock din ganse Liew hell un rein. Is dat awer leeg, denn is ock din Liew in Düsternis. [35] Dorum seh to, dat dat Licht in di nich düster ward! [36] Steit din ganse Liew int Licht un dor fallt keen Schatten mehr dorup, denn fallt dat Licht na alle Sieden, grad as wenn de Lamp mit all' ehr Kraft up di schienen deit."

[37] Knapp harr he dat seggt, do lad em en Pharisäer to Middag in. Un he güng mit em un sett sick mit to Disch. [38] Awer de Pharisäer wunner sick doch, as he seeg, dat he sick

vör de Mahltied nich erst de Handn waschen dä. [39] Do sä de Herr to em: „Ja, ji Pharisäers holt dorup, dat de Butensiet bin Beker un bi de Schöttel blitzblank is, awer in ju Hart is dat vull vun Row un Sünn un Schann. [40] Ji sünd doch grote Narrn! Hett de, de de Butensiet makt hett, nich ock de Binnensiet makt? Blots een Deel will ick ju noch seggn: [41] Gewt doch dat, wat binnen in is, as Almosen weg, denn is allns för ju rein!

[42] Awer Godd tröst ju, ji Pharisäers! Vun Minz un Dill un all' dat Kökenkrut gewt ji den Teinten aff, awer üm dat Gericht un Godd sin Lew kümmert ji ju nich! Awer grad düt schulln ji don, un dat Annere nich doröwer vergeten!

[43] Godd tröst ju Pharisäers! Ji sehht ümmer to, dat ji in de Kapelln den ersten Platz kriegt un dat de Lüd up'n Markplatz för ju den Hoot affnehmt.

[44] Godd tröst ju! Denn ji sünd as de Graffstelln, öwer de all lang Gras wussen is un öwer de de Minschen weglopt un weet dat nich."

[45] Do sä een vun de Schriftgelehrten to em: „Wenn du dat seggn deist, denn beleidigst du uns!"

[46] He awer sä: „Ja, Godd tröst ock ju Schriftgelehrten! Denn ji leggt anner Lüd swore Lasten up, de se gornich drägen künnt, awer ji sülbn lat jo ock den lüttsten Finger dorvun aff.

[47] Godd tröst ju! Ji sett Graffsteens för de Profeten, awer ju Vöröllern hebbt ehr dotmakt. [48] Ji sünd Tügen för dat, wat ju Vöröllern makt hebbt, un ji sünd dormit inverstahn; denn se hebbt ehr dotslan, un ji sett de Graffsteens. [49] Dorum hett Godd in sin Weisheit seggt: ‚Ick will Profeten un Apostels to ehr henschicken, un welke vun ehr ward se dotslan un verfolgen.' [50] Up de Wies' schall denn dat Bloot vun all' de Profeten, dat vun Anfang an in düsse Welt vergaten is, vun düt Geslecht torügförrert warn, [51] vun Abel sin Bloot an bit hen to Zacharias sin Bloot, den se merrn twischen den Altar un dat Tempelhus dotmakt hebbt. Ja, ick segg ju dat: Düt Geslecht mutt dorför instahn.

[52] Godd tröst ju Schriftgelehrten! Ji hebbt den Slötel wegnahm, mit den man dor rinkümmt, wo de Wohrheit to finn'n is. Ji sülbn sünd nich ringahn, un de Annern, de rin wüllt, de lat ji nich rin!"

[53] As he denn vun hier weggüng, do wärn de Pharisäers un de Schriftgelehrten nich good up em to spreken un seegn em in veele Saken up de Finger, [54] un se län sick up de Luer, dat se em bi en Word fatkriegn kunn'n.

Dat 12. Kapitel.

[1] Un nu wärn mal wedder welke Dusend Minschen ut dat Volk tosamkamen, dat se sick meist up de Hacken pedden. Do

139

fung he an un sä to sin Jüngers: „To allererst seht ju vör vör de Pharisäers ehrn Suerdeeg! Denn se speelt Komedie. [2] Dor blimt niks verborgen, dat kümmt allns an'n Dag. Een kann noch so heemli don, se kamt doch dorachter. [3] Dorum ward dat, wat ji in Düstern seggt hebbt, an'n hellen Dag mal de Minschen to Ohrn kam, un wat ji in de Stuw een int Ohr seggt hebbt, dat ward se baben vunt Dack mal utposaunen. [4] Min lewe Frünn'n, ju segg ick: West nich bang vör de, de wull den Liew dotmaken, nahsten awer niks mehr maken künnt. [5] Ick will ju awer wiesen, vör wen ji bang wesen schüllt. West bang vör den, de erst dotmaken kann, denn awer ock noch de Vullmacht hett, de Minschen in de Höll to smieten. Ja, dat segg ick ju: vör den west bang! [6] Verköpt se nich fief Spatzen för tein Penn? Un doch blimt keen een ünner Godd sin Ogen vergeten. [7] Ja, noch veel mehr: de Hoor up ju Kopp sünd sogar all' tellt. West nich bang; ji sünd doch veel mehr wert as veele Spatzen! [8] Un noch wat will ick ju seggn: Jedereen, de sick to mi bekennen deit vör de Minschen, to den ward sick de Minschensöhn ock bekennen vör Godd sin Engels. [9] Wer sick för mi awer vör de Minschen nich insetten deit, för den sett ick mi ock nich in vör Godd sin Engels. [10] Wer en Word gegen den Minschensöhn seggt, den ward dat vergewen warn, wer awer öwer den hilligen Geist lästern deit, den ward dat nich vergewen. [11] Wenn se ju nu na de Kapelln vör de Böwersten un vör de Lüd slepen dot, de de Gewalt hebbt, denn makt ju keen Sorg doröwer, wodenni oder mit wat ji ju wehrn schüllt oder wat ji seggn schüllt. [12] De hillige Geist ward ju in de Stünn ingewen, wat ji seggn schüllt.“

[13] Do sä een ut dat Volk to em: „Meister, segg doch to min Broder, he schall dat Armdeel mit mi deeln!“ [14] He sä to em: „Minsch, wer hett mi dorto bestellt, dat ick twischen ju richten oder slichten schall?“ [15] To de Annern awer sä he: „Seht to un wohrt ju dorvör, dat ji öwerhaupt achter dat Geld ran sünd! Denn wenn een ock veel Geld hett, dat Vermögen seekert em nich sin Lewen.“

[16] Un denn vertell he ehr en Geschichte:

„Dor wär mal en rieke Mann; den sin Koppeln harrn en goode Arnt bröcht. [17] Un he leet sick dat dörch den Kopp gahn un sä bi sick sülbn: ,Wat schall ick blots maken? Ick heff keen Platz. Wonem schall ick blots all' min Korn laten?‘ — — —

[18] ,Töw,‘ sä he, ,dat will ick don: ick riet min Schüns dal un buu dorför grötere Spiekers wedder up. Dor krieg ick denn all' dat Korn ünner Dack un Fack un wat mi sünst noch tohörn deit. [19] Un denn segg ick to min Seel: So, nu sett di to Ruh! Et un drink un hol di munter!‘

²⁰ Awer wat sä Godd to em: ‚Du Narr! Noch in düsse Nacht ward se din Seel vun di förrern. Un wen ward dat denn tofalln, wat du di upspiekert hest?‘

²¹ So geit dat jedeneen, de för sick nümmer genog kriegn kann un den sin Een un All' nich unse Herrgodd is."

²² Un denn sä he to sin Jüngers: „Dorum segg ick ju: Makt ju keen Sorg üm dat Lewen, wat ji eten schüllt, ock nich üm den Liew, wat ji antrecken schüllt! ²³ Denn dat Lewen is mehr wert as Eten un Drinken, un de Liew is mehr wert as dat, wat ji üm un anhebbt. ²⁴ Seht ju doch de Kraihn mal an! De sait nich un mait nich un se hebbt keen Spiekers un Schüns, awer unse Herrgodd makt ehr doch satt! Ji sünd doch veel mehr wert as de Vagels! ²⁵ Un kunn wull een vun ju mit all' sin Sorgen sick ock man een Johr to sin Lewenstied toleggn? ²⁶ Ji künnt also ock nich en lütt beten dorto don. Warum makt ji ju denn awer Sorgen üm dat Annere?

²⁷ Kiekt ju doch mal de Lilien an! Se spinnt nich un wewt nich. Awer dat will ick ju seggn: Ock Salomo wär in all' sin Herrlikeit nich so staatsch kleed as se. ²⁸ Un nu denkt mal na! Wenn nu Godd all dat Gras, dat hüt noch waßt, awer morgn all in'n Backabn steken ward —, ick segg, wenn Godd dat all so fein kleeden deit, schull he dat nich noch veel mehr mit ju so maken? Dat ji nich mal so veel Tovertruen hebbt! ²⁹ Dorum quält ju nich dormit, wat ji eten un drinken schüllt! Regt ju nich up! ³⁰ So makt dat ja de Heiden. Ju Vader weet gans good, wat ji nödi hebbt. ³¹ Seht ji blots to, dat ji in Godd sin Riek rinkamt, denn fallt ju düt Annere ock so mit to.

³² West nich bang, wenn ji ock man en lütt Handvull Lüd sünd! Dat is nu mal Godd sin Will, dat he ju dat Riek gewen will.

³³ Verkoopt, wat ji hebbt, un gewt dat de Armen! Makt ju Geldbüdels, de nich upslieten dot! Seht to, dat ji en Schatz in'n Himmel hebbt, de nich uptehrt ward, an den keen Spitzbow rankamen kann un den keen Mott toschann makt. ³⁴ Denn dor, wo ju Schatz is, dor is ock ju Hart. ³⁵ Staht parat! De Görtel hört üm de Lendn, un ju Lampen möt brennen. ³⁶ Ji schüllt as so'n Lüd wesen, de up ehrn Herrn luert, wenn he vun de Hochtied kümmt, dat se em, wenn he denn kümmt un ankloppen deit, glieks de Dör upmakt. ³⁷ Selig sünd de Knechtn, de de Herr waken sind, wenn he kümmt! Gans gewiß, verlat ju dorup, wat ick ju segg: he ward dat Kleed upbinn'n un ehr an'n Disch setten un rümgahn un bi ehr upwor'n. ³⁸ Un wenn he nachts üm un bi de Klock twölf oder hen to de Klock dree kümmt — un he dröpt ehr so an, selig sünd se! ³⁹ Dat künnt ji verstahn: wenn de Husherr wüß, to wat förn Stünn de Spitzbow kümmt, denn wörr he dorför sorgen, dat in sin Hus nich

141

inbraken ward. [40] So schüllt ji ock parat stahn, denn de Minschensöhn kümmt to'n Stünn, wo ji dat nich moden sünd." [41] Do sä Petrus to em: „Herr, vertellst du düsse Geschicht' för uns oder ock för de Annern?" [42] Do sä de Herr: „Wer is denn de true un klooke Verwalter, den de Herr öwer sin Deensten setten kann, dat he ehr up Tied un Stünn ehr Diptat utlewern kann? [43] Selig is de Knecht, den de Herr dorbi andrapen deit, wenn he kümmt! [44] Gans gewiß, ick segg ju dat: Öwer sin ganses Vermögen ward he em setten. [45] Wenn awer düsse Knecht denkt: Ach, min Herr lett noch up sick luern, un fangt an un sleit de Knechtn un Deerns un itt un drinkt un bedrinkt sick, [46] denn kümmt düssen Knecht sin Herr to'n Tied, wo he sick dat nich moden is, to'n Stünn, de he nich kennt, un he ward em slan, dat he noch ringer is as en Kröpel, un he kümmt dorhen, wo de, de nich glöwen dot, sünd.

[47] Awer de Knecht, de sin Herrn sin Willn kennt, awer niks parat hett un nich dan hett, wat sin Herr wull, de ward veel Prügel kriegn. [48] Awer he, de em nich kennt un wat dan hett, wat Prügel verdeent, den ward dat nich so hart anreknt. Dat is nu mal so, wen veel gewen is, vun den ward ock veel verlangt, un wen veel anvertruut is, vun den ward noch veel mehr torügförrert.

[49] Füer schall ick up de Eer smieten, dorto bin ick kamen, un ick wull niks lewer, as dat't all lichterloh brennen dä!

[50] Mit'n Döp schall ick döfft warn, un mi is angst un bang dorbi, dat ick man erst dormit dörch wär. [51] Meent ji, dat ick kamen bün, Freden up de Eer to bringn? Nä, dörchut nich. Ick segg ju: ick bring den Striet. [52] Denn vun nu an ward fief Mann in een Hus in Striet lewen. Dree ward gegen twee stahn un twee gegen dree, [53] de Vader gegen den Söhn un de Söhn gegen den Vader, de Moder gegen de Dochder un de Dochder gegen de Moder, de Swiegermoder gegen de Swiegerdochder un de Swiegerdochder gegen de Swiegermoder."

[54] Un denn sä he noch to dat Volk: „Wenn ji en Wulk in'n Westen hochkamen seht, denn seggt ji glieks: ‚Dat gifft Regen!', un dat ward ock so. [55] Un wenn vun Süden de Wind upkümmt, denn seggt ji: ‚Dat ward hitt!', un dat ward ock so. [56] Ach, speelt doch nich Komedie! Öwer dat, wat up de Eer un an'n Hewen passeert, weet ji good Bischeed, awer mit dat, wat düsse Tied bedüden deit, künnt ji niks anfangn. [57] Un worum stellt ji nich vun ju sülbn ut fast, wat recht is? [58] Wenn du mit din Gegenpart vör den Richder geist, denn seh ünnerwegens to, dat du, wenn du jichtens kannst, mit em in Gooden ut'n een kümmst, sünst kunn he di vörn Richder slepen, un de Richder kunn di an den Wachtmeister affgewen, un de Wachtmeister kunn di denn inschotten.

59 Dat will ick di feggn: dor kümmft du nich eh'r wedder rut, as bit dat du den letzten Penn betalt heft.

Dat 13. Kapitel.

1 To de fülwige Tied kämen welke to em un vertellten em vun de Galiläers, de Pilatus harr ümbringn laten, as fe bi to opfern wärn. 2 Do fä he to ehr: „Meent ji, dat düffe Galiläers leegere Lüd wärn as all' de Annern, blots dorum, dat ehr düt fo drapen dä? 3 Nä, dörchut nich! Awer dat will ick ju feggn: wenn ji ju nich bekehrn dot, denn ward ji grad fo gruli ümkamen. 4 Oder lat uns mal denken an de Achtein, up de de Torm vun Siloah falln dä un de dorbi dotblewen — meent ji, dat düffe Lüd fick mehr harrn tofchulden kamen laten as all' de Annern, de in Jerusalem wahnt? 5 Nä, dörchut nich! Awer dat will ju feggn: wenn ji ju nich bekehrn dot, denn ward ji grad fo gruli ümkamen."

6 He vertell ehr nu wedder en Gefchicht'. He fä: „Dor wär mal een, de harr en Fiegenboom. De wär in fin Wienbarg inplant. Un eensdags käm he un wull mal fehn, üm he Frucht drägen dä, awer he funn keen. 7 Do fä he to'n Wiengorner: ‚Dat is doch to dull! N'n Johrner dree kam ick nu all un fök Frucht an düffen Fiegenboom, awer ick finn keen. Hau em aff! Wat fchall he noch de Kraft ut dat Land trecken?' Do fä de Wiengorner to em: ‚Ach, Herr, lat em ock düt Johr noch ftahn! Ick will noch erftmal üm em rum dat Land ümgrawen un Düng ftreun. 9 Dat kunn ja wefen, dat he dat neegfte Johr denn Frucht bringt. Is dat nich, denn kannft du em ja noch ümmer affhaun laten.' "

10 An en Sabbat wär he mal wedder in een vun de Kapelln bi un lehr. 11 Un dat mak fick grad fo, dat dor ock en Fru wär, de ünnern Geift to lieden harr, un düffe Geift mak ehr krank. Un dat wies fick fo: fe harr all achtein Johr gorkeen Kraft in fick un harr en krummen Rügg un kunn fick nich in de Höchd recken. 12 As Jefus ehr wies worr, do reep he ehr un fä to ehr: „Min lewe Fru, du büft din Sük nu los!" 13 Un denn lä he ehr de Handn up, un glieks käm fe hoch in Enn un wär vuller Goddlow. 14 Dat paß awer den Mann nich, de de Böwerfte in de Kapell wär. He arger fick doröwer, dat Jefus an'n Sabbat Lüd gefund maken dä, un he fä to dat Volk: „Söß Dag' fchüllt wi arbeiden. In düffe Dag' künnt ji ja kamen un ju gefund maken laten, awer nich an'n Sabbat!" 15 Do fä de Herr to em: „Ji fpeelt ja Komedie! Jedereen vun ju bind doch an'n Sabbat fin Oß oder fin Efel vun de Krüff los un bringt em na buten un gifft ehr to drinken. 16 Awer dat kann nich angahn, dat düffe Fru, de Abraham fin Dochder is un de de

Satan achtein Johr — denk mal: achtein Johr — in sin Gewalt
hatt hett, an'n Sabbat vun düsse Ked friemakt ward!" [17] As
he dat sä, do schamten sick doch de Lüd, de gegen em wärn, un
dat ganse Volk freu sick öwer all' de herrlichen Wunner, de
he dä.

[18] Un nu sä he: „Ick much wull en Bild bruken un so ju klor-
maken, wat dat mit Godd sin Riek up sick hett. Womit schall
ick dat verglieken? — [19] Dat is dormit grad so as mit dat
Sempkorn. Dat nähm en Minsch un plant dat in sin Gorn,
un dat wuß un wörr hoch as en Boom, un de Vagels ünner'n
Hewen wahnten ünner sin Tilgen."

[20] Un noch mal sä he: „Womit schall ick Godd sin Riek ver-
glieken? [21] Dat geit dormit grad so as mit den Suerdeeg. Den
nähm en Fru un meng em ünner dree Mat Weetenmehl, un
dat duer gornich lang, denn wär de ganse Deeg dörchsüert."

[22] Un denn reis' he wieder dörch de Städte un Dörper un
lehr un wanner denn wieder na Jerusalem. [23] Do sä een to em:
„Meister, dor ward wull man wenig Minschen selig?" He sä
to ehr: [24]„Sett all' ju Kraft doran, dat ji dörch de enge Port
kamt! Dat will ick ju seggn: veele muchen wull gern rin, awer
se bringt dat nich fardi. [25] Wenn erst de Hußherr upsteit un
de Dör afflüten deit un ji denn erst anfangt un buten staht un
an de Dör ballert un seggt: ‚Herr, mak uns doch up!‘, denn
ward he to ju seggn: ‚Ick weet nich, wo ji henhört.‘ [26] Un denn
fangt ji an un seggt: ‚Wi hebbt doch mit di eten un drunken —
du hest dat ja sülbn sehn — un up unse Straten hest du uns
doch lehrt!‘ Awer denn ward he noch mal to ju seggn: ‚Ick
weet doch nich, wo ji henhört! Makt, dat ji wegkamt! Ji sünd
leege Kerls un hebbt niks Goodes uptowiesen!‘ [27] Denn ward
ji hulen un mit de Tän klappern, wenn ji Abraham un Isaak un
Jakob un all' de Profeten in Godd sin Riek seht un ji möt
butenvör bliewen. [29] Un se ward vun Osten un Westen un
Norden un Süden ankamen un to Disch sitten in Godd sin
Riek. [30] Un dat markt ju: De Letzten ward de Ersten wesen, un
de Ersten de Letzten."

[31] To düsse Stünn kämen welke Pharisäers to em hen un sän
to em: „Gah los un seh to, dat du wiederkümmst! Herodes will
di an de Siet bringn." [32] Do sä he to ehr: „Gaht hen un seggt
to düssen Foß: Mark di dat! Ick driew Geister ut un mak Lüd
gesund hüt un morgn, un öwermorgn bün ick klor dormit.
[33] Awer hüt un morgn un den neegsten Dag mutt ick wannern,
denn dat geit nich anners: en Profet kann nich buten Jerusalem
starwen. [34] Jerusalem! Jerusalem! Du makst de Profeten dot
un smittst mit Steen na de, de to di schickt sünd; wo männi mal
wull ick din Kinner bi mi versammeln, grad so as en Kluk ehr
Küken ünner ehr Flünk bargen deit, un ji hebbt nich wullt.

144

[35] Verget dat nich! Ick segg ju dat nu: ji ward in ju Hus alleen sitten. Ick segg ju: Ji ward mi nich eh'r sehn, as bit hen to den Dag, wo ji seggt: Godd segn den, de in den Herrn sin Nam kümmt!"

Dat 14. Kapitel.

[1] As he nu mal an'n Sabbat in en Hus vun en vun de böwersten Pharisäers käm un mit eten wull, do passen se em stramm up de Finger. [2] Dor stünn nu en Mann vör em, de harr de Watersük. [3] Do sä Jesus to de Gesetzlehrers un de Pharisäers: „Dörft wi an'n Sabbat heelen oder nich?" [4] Se sän keen Word. Do fat he em an de Hand un mak em gesund un leet em gahn. [5] Un denn sä he to ehr: „Wenn een vun ju en Söhn oder en Oß hett un de in'n Soot fallt, denn halt he em doch glieks wedder rut, eenerlei, üm dat an'n Sabbat is oder nich!" [6] Ock dorup kunn'n se em niks seggn.

[7] Un nu sä he wat to de Lüd, de mit inlad' wärn; denn he luer sick dat aff un seeg, dat se babenan sitten wulln. Un he bruk dorbi en Bild. He sä:

[8] „Wenn du vun een to Hochtied laden büst, denn sett di nich glieks up den böwersten Platz. Kunn doch wesen, dat noch en vörnehmere Mann, as du dat büst, ock vun em inladen wär. [9] Un denn kunn de Mann, de ju beide inladen hett, kamen un to di seggn: ‚Dat geit nich! Mak em mal Platz!' Un denn sittst du dor un hest Schimp un Schann dorto un kriggst den letzten Platz. [10] Nä, wenn du laden büst, denn sett di up den letzten Platz. Denn kunn dat doch kamen, dat de Mann, de di inladen hett, kümmt un to di seggt: ‚Nä, lewe Fründ, hier hörst du nich hen. Sett di wieder na baben rup!' Denn büst du good anschrewen bi all' de Lüd, de mit di to Disch sitten dot. [11] Dat is nu mal so: Wer sick sülbn baben hensett, de kümmt hendal, un wer sick nerrn hensett, de kümmt höcher rup."

[12] Un denn sä he to den, de em inladen harr: „Wenn du en Fröhstück giffst oder to'n Abendbrod inladen deist, denn lad nich din Frünn'n un din Bröder un din Verwandten un din rieke Nawerslüd in, denn sünst lad de di wedder in, un ji sünd quitt. [13] Nä, wullt du en Mahltied gewen, denn lad arme Lüd un Kröpels, Lahme un Blinde dorto in; [14] denn warst du en selige Mann; denn de künnt dat bi di nich wedder good maken. Awer wenn de Gerechden upstaht vun de Doden, denn ward di dat to good kamen."

[15] Do sä een vun de, de ock mit inlad' wärn, as he dat hört harr: „Selig is de, de in Godd sin Riek mit to Disch sitten dörf!"

[16] Do sä he to em:

„Dor wär mal'n Minsch, de wull en grote Abendmahltied gewen, un he lad veele Lüd dorto in. [17] Un as allns parat wär, schick he sin Knecht hen un leet de, de inlad wärn, seggn: ‚So, nu kamt! Allns steit all up'n Disch!' [18] Awer se sän een mit enanner aff. De erste sä: ‚Ach, ick heff mi grad en Koppel köfft, un dat geit dörchut nich, ick mutt mi de erstmal ansehn. Wes' so good un warr nich bös!' [19] Un de Annere sä: ‚Ja ick heff mi fief Poor Ossen köfft. Ick wull nu grad los un ehr affnehmen. Muß di niks dorbi denken; ick kann mit'n besten Willn nich kamen.' [20] Un wat sä de Drüdde? ‚Ach, ick heff mi grad verheirat. Dat mußt du verstahn, dat ick nu nich kamen kann.'

[21] As nu de Knecht wedder dor wär, do meld he sin Herrn dat. Do wörr de Husherr awer dull un sä to sin Knecht: ‚Good, denn gah gau up de Straten un Weg' vun de Stadt un bring de arme Lüd un de Kröpels un de Blinden un de Lahmen her!'

[22] Awer de Knecht käm noch mal wedder un sä: ‚Herr, wat du anord'nt hest, dat is besorgt; awer dor is ümmer noch Platz.' [23] Do sä de Herr to den Knecht: ‚Good, denn gah up de Landstraten un achtern Tuun un nödi ehr, dat se rinkamt! Denn min Hus schall vull warn. [24] Awer dat will ick ju seggn: Keen een vun de, de inlad wärn, kriggt vun min Mahltied wat aff!' "

[25] Un veele Lüd folgten mit em. Do dreih he sick üm un sä to ehr: [26] „Wenn een to mi kümmt un haßt nich sin Vader un sin Moder un sin Fru un sin Kinner un sin Bröder un sin Swestern un dorto noch sick sülbn, de kann nich min Jünger wesen. [27] Wer nich sin Krüz up de Schuller nümmt un mi folgen deit, de kann nich min Jünger wesen.

[28] Wenn een vun ju en Torm buun will, denn sett he sick doch erst mal hen un rek'nt sick dat mal dörch. He will doch weten, üm he dat betalen kann, wenn dat fardi is. [29] He will doch nich, dat, wenn he nu erst den Grund leggt hett un denn dat Geld nich langt — dat denn de Lüd all', de sick dat ansehn dot, anfangt un em utlacht [30] un seggt: Dat is en Kirl! De fangt an to buun un kümmt nich dormit to Enn!

[31] Un wat deit wull en König, de mit en annern König Krieg maken will? Sett de sick nich erstmal hen un öwerleggt, üm he ock mit teindusend Mann gegen den upkam kann, de mit twindidusend anrücken deit? [32] Sünst ward he, wenn he noch wiet aff is, Lüd henschicken un üm Freden bedn.

[33] So is dat ock mit jeden een vun ju: Wer sick nich losmaken kann vun allns, wat em tohörn deit, de kann nich min Jünger wesen.

34. Dat Solt is wat Goodes. Wenn awer dat Solt sin Kraft verleert — womit schall man dat denn wedder solten? 35 Denn is dat nich mehr to bruken, nich för dat Land un ock nich för den Mistpahl.

Wer Ohrn hett un hörn kann, de mak ehr up!"

Dat 15. Kapitel.

1 Ock de Lüd vun'n Toll un de Sünner kämen bi em an un wulln em hörn. 2 Dat paß awer de Pharisäers un de Schrift-gelehrten nich. De knurrten un murrten un sän: „Düsse Mann gifft sick mit Sünner aff un sett sick sogar mit ehr an een Disch!" 3 Do vertell he ehr en Geschicht un sä: 4, Ick will mal annehmen, dor is een mang ju, de hett hunnert Schaap. Un nu kümmt een vun ehr em to Sök. Wat deit he denn? Denn lett he de negn un negndi ruhi up de Weid un geit los un söcht dat Schaap, dat em wegkamen is, bit dat he dat funn'n hett. Is dat nich so? 5 Un wenn he dat denn funn'n hett, denn freut he sick un böhrt dat up sin Schullern, 6 un wenn he tohus kümmt, denn halt he sin Frünn'n un Nawerslüd tohop un seggt to ehr: ‚So, nu freut ju mal mit mi! Ick heff min Schaap wedder-funn'n, dat mi wegkamen wär.'

7 Un dat will ick ju seggn: Grad so ward se sick in'n Himmel freun öwer een Sünner, de sick bekehrn deit, ja se freut sick dor-öwer mehr as öwer negn un negndi Gerechde, de dat nich erst nödi hebbt, dat se sick bekehrn dot.

8 Oder ick denk an en Fru. De harr tein Mark. Wat ward se nu wull maken, wenn se een verleern deit? Denn stickt se en Licht an un stellt dat ganse Hus up'n Kopp un söcht in alle Ecken so lang un so gründli, bit dat se de Mark funn'n hett. Is dat nich so? 9 Un wenn se ehr funn'n hett, denn halt se ehr Fründinnen un Nawerschen tohop un seggt: ‚So, nu freut ju mit mi! Ick heff de Mark wedderfunn'n, de ick verlorn harr.'

10 Un dat will ick ju seggn: So grot ward de Freud ock bi Godd sin Engels wesen öwer een Sünner, de sick bekehrn deit."

11 Un denn sä he:

„Dor wär mal en Mann, de harr twee Söhns.

12 Un wat de Jüngste vun de beiden wär, de sä to sin Vader: „Vader, giff mi doch dat Arwdeel, dat mi tokamen deit!" Un he dä dat. He deel dat Vermögen ünner ehr.

13 Un dat duer gornich lang, do pack de jüngste Söhn allns, wat he harr, tosamen un güng up de Reis', wiet weg in en frömdes Land.

Un dor? Dor lew he in Suus un Bruus un bröch bald sin Geld hendör. 14 Un as sin Taschen lerri wärn, do käm en swore

10*   147

Hungersnot öwer düt Land. Do harr he mit eenmal niks mehr to bieten un to breken. [15] So güng he denn hen un beddel bi en Börger vun düt Land üm Arbeid. De schick em rut up dat Feld: he schull de Swien höden. [16] Un he harr sick gern satt eten vun de Sluw, de de Swien kreegn. Awer ock de bod em nüms an. [17] Do käm he to sick sülbn un sä: „Woveel vun min Vader sin Daglöhners hebbt nu Brod in Füll un Füll! Un ick? Ick kann mi vör Hunger nich bargen un mutt to Grunn gahn! [18] Awer nä! Ehr ick gans versacken do, mak ick mi up'n Weg un gah to min Vader un segg: Vader, ick heff mi versünnigt gegen den Himmel un gegen di. [19] Ick heff dat nich verdeent, dat ick noch din Söhn heeten do. Awer lat mi din Daglöhner warn!"

[20] Un knapp harr he dat seggt, do stünn he up un güng los to sin Vader hen. Un denn? As he noch wiet aff wär, do seeg em sin Vader all. Ach, de Jung dä em so leed! Un he leep em in de Mööt, full em um den Hals un gew em en Kuß. [21] Do sä de Söhn to em: „Vader, ick heff mi versünnigt gegen den Himmel un gegen di. Ick bün nich wert, dat ick noch din Söhn heeten do." Wieder käm he nich. [22] Do sä de Vader all to sin Knecht'n: „Halt gau den besten Rock! Stekt em en Ring an den Finger un treckt em Schoh öwer de Föt! [23] Un denn bringt dat Mastkalw her un slacht dat aff. Nu wüllt wi eten un vergnögt wesen! [24] Denn düsse Söhn hier wär dot un is wedder lebenni worn. He wär verlorn un is wedderfunn." Un se setten sick dal, un dat güng vergnögt her.

[25] Wieldeß wär de öllste Söhn buten up dat Feld. As he nu neeg an dat Hus rankäm, do hör he Musik un Dansen, [26] un he reep een vun de Knecht'n un frag, wat dat to bedüden harr. [27] Un de sä to em: „Din Broder is wedder dor! Dorum hett din Vader dat Mastkalw slacht. He freut sick so, dat he em nu gesund wedder hett." [28] Do wörr he dull un wull nich rin. Un so käm sin Vader rut un nödig' em. [29] He awer sä to sin Vader: „Dat kann ick nich verstahn. Soveel Johr deen ick di nu all, as wenn ick din Knecht wär, un nümmer heff ick wat dahn, wat du nich hebbn wullt. Awer nich eenmal hest du mi ock blots en jungen Zeegenbock schenkt, dat ick mal mit min Frünn'n vergnögt wesen kunn. [30] Nu awer, wo düsse Söhn di wedder vör de Dör kamen is, de din Vermögen hendörchbröcht hett mit Hurenwiewer, nu hest du för em dat Mastkalw slacht. Dat mutt ick seggn, dat verstah ick nich!" [31] Do sä de Vader to em: „Min lewe Jung! Büst du nich alltieds bi mi, un hört di nich allns to, wat min is? [32] Nu awer hebbt wi doch allen Grund, dat wi uns freut un vergnögt sünd; denn düsse, wat din Broder is, wär dot un is nu wedder lebenni worn, he wär verlorn un is nu wedderfunn'n!"

Dat 16. Kapitel.

[1] Un denn sä he to sin Jüngers:

„Dor wär mal en rieke Mann. De harr en Verwalter. Un vun düssen Mann kreeg he achterum to weten, dat he em sin Vermögen ut'n een bringn dä. [2] Do leet he em kamen un sä to em: „Wat mutt ick vun di hörn? — — Legg mal de Aff= rek'n vör öwer din Husholn; denn du kannst den Kram nu nich mehr vörstahn!"

[3] Do dach de Verwalter bi sick sülbn: ‚Wat schall ick blots anfangn? Den Posten nümmt min Herr mi ut de Handn. Grawen kann ick nich, un beddeln — —? Nä, dorför scham ick mi. — — — [4] Töw! Dor fallt mi wat in! — — Ja, dat will ick don. Denn nehmt se mi bi sick up, wenn he mi ut'n Deenst jagt.'

[5] Un he schick Bott na all' de Lüd, de sin Herrn wat schülli wärn. Un he snack mit jedeneen ünner veer Ogen.

To den Ersten sä he: „Woveel büst du min Herr schülli?" — [6] De sä: „Hunnert Mat Öl." — Do sä he: „Good, nümm din Schuldschien, sett di dal un schriew dorför „Föfdi"!

[7] Un to den Tweeten sä he: „Woveel büst du schülli?" — He sä: „Hunnert Tunn Weten." — Do sä he: „Good, nümm din Schuldschien un schriew: „Tachendi"!

[8] Un de Herr löw den unehrlichen Verwalter, wieldat he dat klook anstellt harr: denn de Weltminschen verstaht dat beter, mit ehr Slag Lüd torecht to kamen, as de Lichtkinner. [9] Un ick segg ju: Stellt ju good mit den „Mammon"! Sünst klewt ja veel Unrecht doran. Awer denn nehmt se ju, wenn ji niks mehr hebbt, ock bi sick up in de ewige Hüsing."

[10] Wer in de ringste Saken tru is, up den is ock in de grötste Sak Verlat. Wer dat awer mit de ringsten Saken nich genau nümmt, up den kann man sick ock in de grötsten Saken nich ver= laten. [11] Wenn ji nu all mit dat Geld, an dat doch veel Un= recht klewt, nich ehrli ümgaht, wodenni schull een ju denn dat anvertruun, wat alleen wohren Wert hett? [12] Wenn ji mit anner Lüd ehr Saken dat all nich genau nehmt, wer ward ju denn dat gewen, wat ju hörn deit?

[13] Keen Slaw kann twee Herrn deenen. Sünst kümmt dat doch so, dat he den eenen haßt un den annern lew hett, oder he hölt dat mit den eenen un kümmert sick nich üm den annern. Dat geit eenfach nich; ji künnt nich Godd un den Mammon tohop deenen."

[14] Düt all' harrn de Pharisäers, de dat doch mit'n Groschen genau nehmt, sick mit anhört, un denn maken se sick lusti öwer em. [15] Do sä he to ehr: „Ji sülbn gewt ju vör de Minschen en gooden Anstreek, awer Godd kiekt ju deep in't Hart rin. Dat,

woröwer de Minschen grote Ogen makt, dat kann Godd dörchut nich utstahn.

[16] Dat Gesetz un de Profeten gelt'n bit hen to Johannes. Vun de Tied an awer ward Godd sin Riek predigt, un jedereen will mit Gewalt rin. [17] Awer lichter ward de Hewen un de Eer ünnergahn, as dat ock man een lütt Hak vun dat Gesetz vergeit.

[18] Wer sin Fru verstöten deit un dorför en annere heirat, de brickt de Eh', un wer en Fru heiraten deit, de ehr Mann verstött hett, de brickt ock de Eh'.

[19] Dor wär mal en rieke Mann. De kleed sick in Samt un Sied un lew alle Dag' herrli un in Freuden.

[20] Un dor wär ock en arme Mann — Lazarus hett he heeten — de läg vör den rieken Mann sin Dör un seet vull Buuln [21] un harr keen annern Wunsch, as sick satt to eten vun dat, wat vun den rieken Mann sin Disch affalln dä. Un sogor de Hunn'n kämen un lickten em sin Wunn'n rein.

[22] Un wie dat denn so geit — eensdags blew de arme Mann dot, un de Engels drogen em na baben un län em in Abraham sin Schoot.

Un ock de rieke Mann storw un wörr to Eer bröcht.

[23] As he nu in de Höll wär un veel Qual lieden müß, do mak he grote Ogen; denn he seeg Abraham vun wieden un Lazarus in sin Schoot. [24] Do reep he: „Vader Abraham, heff Erbarmen mit mi un schick mi Lazarus her, dat he sin Fingerspitz int Water düppn un min Tung köhln deit; denn ick lied Pien in düsse Hitten!" [25] Awer Abraham sä: „Nä, min Söhn, dor kann niks vun warn. Vergitt nich! Du hest din Goodes all weg; dat liggt all achter di in din Lewen, un achter Lazarus sin Böses. Nu ward he tröst, un du hest din Qual. [26] Dorto kümmt noch: Twischen uns un ju is en deepe Kluft. Dor kann hier vun uns keen to ju röwerkamen, wenn he dat ock wull, un vun ju keen to uns."

[27] Do sä de rieke Mann: „Denn schick doch wenigstens Lazarus in min Vaderhus! [28] Ick heff ja noch fief Bröder. De schall he wohrschuun, dat se nich ock noch hierher kamt un sick quäln möt."

[29] Abraham sä to em: „Se hebbt ja Mose un de Profeten. Lat ehr doch up de hörn."

[30] „Nä, Vader Abraham," gew he to Antword, „dat dot se doch nich. Awer wenn een vun de Doden to ehr kamen dä, denn wörrn se sick bekehrn."

[31] Abraham awer sä to em: „Wenn se nich up Mose un de Profeten hörn dot, denn ward se ock nich glöwen, wenn een vun de Doden upsteit."

Dat 17. Kapitel.

¹ Un nu sä he to sin Jüngers: „Dat kann gornich utbliewen, dat Minschen mal to Fall kamt. Awer Godd tröst den, de ehr to Fall bringt! ² Dat wär beter för em, wenn em en Möhlsteen üm den Hals leggt wörr un se em denn int Meer smieten dän, as wenn he een vun düsse Lütten to Fall bringt. ³ Seht ju vör vör ju sülbn! Wenn din Broder sick versehn deit, denn hol em dat vör! Un wenn em dat leed deit, denn vergiff em dat! ⁴ Un wenn een söbn mal an'n Dag sick gegen di versehn deit un he kümmt söbn mal wedder bi di an un seggt: „Ach, dat deit mi leed!" — denn schallst du em vergewen!"

⁵ Nu kämen de Apostels to em un sän: „Ach, Herr, giff uns mehr Glowen!" ⁶ Do sä de Herr to ehr: „Dor hört nich veel to. Wenn ji man Glowen hebbt, de so grot is as en Sempkorn, denn seggt getrost to düssen Fiegenboom: Treck din Wuddeln rut un plant di wedder an int Meer! — un he deit dat."

⁷ „Seggt wull een vun ju to sin Knecht, wenn he vunt Plögen oder Melken buten up dat Feld tohus kümmt: ‚So, nu kumm glieks her un sett di an'n Disch!' —? — Nä, sowat gifft dat doch nich. ⁸ Seggt he nich to em: ‚So, nu sorg du för dat Abendbrod, un denn mak di fardi an wort up, bit dat ick eten un drunken heff, un denn sorg dorför, dat du ock satt warst!' Is dat nich so?"

⁹ Un noch wat wull ick seggn: Bedankt he sick denn noch bi den Knecht dorför, dat he dan heet, wat he em seggt harr?

¹⁰ Grad so is dat mit ju. Wenn ji allns dan hebbt, wat ju upleggt is, denn schüllt ji seggn: Wi sünd blots Knecht'n un hebbt niks för unse Arbeid to verlangn. Wat wi dan hebbt, dat wär niks wieder as unse Schüllikeit."

¹¹ As Jesus up de Reis' na Jerusalem wär, do wanner he en Stoot an de Grensscheed lang twischen Samaria un Galiläa. ¹² Un as he in en Dörp rinkäm, do kämen em tein Mannslüd in de Möt, de utsätzi wärn. De blewen vun wieden stahn ¹³ un reepen luthals: „Jesus, lewe Meister, heff doch Erbarmen mit uns!" ¹⁴ Un as he ehr wies worr, sä he to ehr: „Gaht hen un wiest ju de Preesters!" Un wat passeer? As se sick up'n Weg maken dän, do wörrn se all rein!

¹⁵ Un een vun ehr — as de dat wies wörr, dat he gesund wär, do kehr he wedder um un sung vuller Goddlow sin Leed, ¹⁶ un he full vör em dal up de Knee, liek vör sin Föt, un bedank sick bi em. Un dat wär en Samariter. ¹⁷ Do sä Jesus to em: „Segg mal, wärn dat nich tein, de rein worrn sünd? Wonem sünd denn de annern negn? ¹⁸ Wärn

151

dor sünst keen mang, de ümkehrn dän un Godd de Ehr gewen wulln, as blots düsse Mann? Un de is nich mal en Jud'?" [19] Un he sä to em: „Stah up un gah getrost din Weg! Din Glow hett di redd."

[20] He wörr vun de Pharisäers mal fragt: „Wannehr kümmt Godd sin Riek?" Do sä he to ehr: „Godd sin Riek kümmt nich so, dat een dat mit de Oogen sehn un mit de Handn griepen kann. [21] Man kann nich seggn: ,Kiek, hier is dat', oder: ,Dor is dat.' Nä, dat is so, makt man de Ogen up: Godd sin Riek is all dor, is all merrn mang ju."

[22] Un denn sä he to sin Jüngers: „Dor ward Dag' kamen, denn lengt ji dorna, dat ji een vun den Minschensöhn sin Dag' to sehn kriegt, awer ji kriegt em doch nich to sehn. [23] Denn ward se to ju seggn: ,Kiek, dor is dat', oder: ,Hier is dat'. Awer gaht jo nich hen un lopt achter so'n Lüd nich ran! [24] So as de Blitz övern gansen Hewen uplüchten deit, vun dat eene Enn bit hen to dat annere, so ward dat mit den Minschensöhn an sin Dag ock wesen. [25] Erstmal awer mutt he veel lieden, un dat kümmt so, dat düt Geslecht niks vun em weten will. [26] Grad so as to Noah sin Tied ward dat in den Minschensöhn sin Dag' kamen. [27] Se eeten un drunken, se frieten un leeten sick frien bit hen to de Tied, dat Noah in sin Kasten güng, un denn käm de grote Floot un mak ehr all' toschann. [28] Un dat ward ock grad so gahn as to Lot sin Tied. Se eeten un drunken, hanneln un verköpen, maken Gorn un Feld in de Reeg un buuten Hüser, [29] un denn güng Lot dorvun ut Sodom, un dat regn Füer un Swewel vun'n Hewen un mak allns toschann. [30] Grad so ward dat gahn, wenn de Minschensöhn sick wiesen deit. [31] Wer an düssen Dag baben up dat Dack is un sin Kram noch int Hus hett, de schall nich erst dalstiegen un dat haln, un wer denn buten up dat Feld is, de schall ock nich ümkehrn. [32] Denkt an Lot sin Fru! [33] Wer denn dorup ut is, sin Lewen sasttoholn, de ward dat verleern, un wer dat verleert, de ward dat bilewen, dat dat Lewen em bliwt. [34] Ick segg ju: In düsse Nacht ward twee in een Bedd slapen, awer de Eene ward good darvunkamen un de Annere mutt dor bliewen. [35] Twee ward tohop an'n Möhlsteen sitten, awer de Eene ward good wegkamen, un de Annere mutt dor bliewen." [37] Do sän se to em: „Wonem, Herr?" He sä to ehr: „Dor, wo en Liek liggt, dor kamt de Adlers tohop."

Dat 18. Kapitel.

[1] He vertell ehr nu en Geschicht, ut de se lehrn schulln, dat een ümmer beden schall un nich möd dorbi warn.

152

² In en Stadt wär en Richder. De wull vun Godd niks weten, un he frag ock niks na de Minschen. ³ Un in düsse Stadt wahn ock en Wetfru. De käm eensdags bi em an un sä: „Sorg doch dorför, dat ick min Recht krieg un min Gegenpart loswarr!" ⁴ En Tied lang wull he nich recht. Denn awer dacht he bi sick sülbn: „Wull bün ick vör Godd nich bang un lat mi ock vun Minschen niks bedüden. ⁵ Awer düsse Wetfru kunn mi to Last falln, dorum will ick mi för ehr insetten. Dat kunn ja sünst so wiet kamen, dat se mi de Ogen utkratzt."

⁶ Un denn sä de Herr: „Markt ju dat, wat de ungerechde Richder seggn deit! ⁷ Un dor schull Godd nich de to ehr Recht verhelpen, de he sick utwählt hett un de Dag un Nacht to em ropen dot, un schull he wull lang up sick luern laten? ⁸ Ick segg ju: Dat duert nich lang, denn hebbt se ehr Recht. Blots för dat eene is mi bang: Schull de Minschensöhn wull Glowen sinn'n up de Eer, wenn he kümmt?"

⁹ He vertell ock eenige Lüd, de sick för heel fram heeln un de Annern nich up de Rek'n harr'n, en Geschicht. He sä:

¹⁰ „Twee Minschen güngn rup na'n Tempel un wulln beden. De Eene wär en Pharisäer un de Annere wär een vun'n Toll.

¹¹ De Pharisäer stünn breetspoori dor un bed bi sick sülbn so: ‚Godd, ick dank di dorför, dat ick nich so bün as de annern Minschen, so as Röwers un Bedreegers un as Eh'brekers oder ock so as düsse Tollminsch. ¹² Fasten do ick tweemal in de Wuch, un vun min ganse Vermögen gew ick den teinsten Deel aff!'

¹³ De Mann vun'n Toll stünn awer wiet aff un wag nich mal, sin Ogen uptoslan na'n Hewen, nä, he slog sick vör sin Bost un sä: ‚Godd, heff Erbarmen mit mi! Ick bün en sünnige Minsch!'

¹⁴ Ick will ju wat seggn: düsse Mann güng tohus un harr Gnad funn'n un wär gerecht in Godd sin Ogen, gans anners as de dore; denn wer sick wat inbilln deit, de ward dükert, awer wer sick bögen deit, de ward upricht un steit hoch dor.

¹⁵ Se bröchten ock mal lütte Kinner to em hen. He schull ehr gern mal anröhrn un seg'n. As dat nu sin Jüngers seegn, do ranzten se ehr an. ¹⁶ Awer Jesus reep ehr to sick un sä: „Lat doch de Kinner to mi herkamen un wiest ehr nich torüg! Grad för düsse Slag is Godd sin Riek bestimmt. ¹⁷ Gans gewiß; dat will ick ju seggn: Wenn een Godd sin Riek nich annehmen deit grad so as en Kind, denn kümmt he öwerhaupt nich rin."

¹⁸ Do frag em mal een vun de Ollerlüd: „Goode Meister, wodenni mutt ick dat anstelln, dat ick Andeel krieg an dat ewige Lewen?"

¹⁹ Jesus sä to em: „Wodenni kümmst du dorto, dat du mi „goode" Meister nömst? Nüms is good; dat is blots Godd. ²⁰ Du kennst ja de Gebode: ‚Du schallst nich eh'breken! — Du schallst keen dotslan! — Du schallst nich stehln! — Du schallst niks öwern Minschen vertelln, wat nich wohr is! — Du schallst din Vader un Moder in Ehrn holn!' — So, nu weetst du Bischeed."

²¹ Do sä he: „Dat heff ick all' holn all vun lütt aff an."

²² Jesus hör sick dat an; denn awer sä he to em: „Ja, denn fehlt di noch een Deel. Nu verköp noch allns, wat du hest, un giff dat an de Armen! Denn hest du en Schatz in'n Himmel. Un denn kumm mit mi!" ²³ As he dat hörn dä, wörr he gans truri; denn he harr en gansen Barg Geld. ²⁴ Un Jesus keek em noch mal an un sä: „Wo swor is dat doch, dat de, de veel Geld hebbt, in Godd sin Riek kamen dot! ²⁵ Dat is lichter to, dat en Kamel dörch en Nadelöhr geit, as dat en rieke Minsch in Godd sin Riek rinkümmt."

²⁶ Do sän de, de dat hörn dän: „Ja, wer kann denn redd' warn?"

²⁷ He sä: „Wat bi Minschen nich mögli is, dat is ümmer noch bi Godd mögli."

²⁸ Do sä Petrus: „Süh mal! Wi hebbt nu allns upgewen un sünd mit di gahn!"

²⁹ He sä: „Gans gewiß; ick segg ju dat: Nüms gifft umsünst Hus un Fru un Bröder oder Ollern up för Godd sin Riek. ³⁰ He kriggt dat all in düt Lewen veelmal wedder betalt un denn noch in de anner Welt dat ewige Lewen dorto!"

³¹ Un nu nähm he de Twölf an de Siet un sä to ehr:

„Hört mal to! Wi gaht nu na Jerusalem rup, un allns schall nu indrapen, wat dörch de Profeten öwer den Minschensöhn schrewen is. ³² Denn se ward em an de Heiden utlewern un sick öwer em lusti maken un em prügeln un em int Gesicht spütten. ³³ Se ward em mit de Pietsch slan un ümbring'n, un denn ward he an'n drüdden Dag wedder upstahn vun de Doden."

³⁴ Awer dorvun verstünn'n se ock keen Deut. Wat he dor seggt harr, dat wull nich in ehrn Kopp rin. Se kreegn dat dörchut nich klook.

³⁵ As he nu in de Neegde vun Jericho käm, do seet an'n Weg en Stackelsminsch, de blind wär un beddeln dä. ³⁶ As de nu marken dä, dat veele Lüd in'n groten Swarm bi em langkämen, do frag he, wat dat up sick harr. ³⁷ Do vertelln se em: „Jesus vun Nazareth kümmt glieks vörbi." Jesus vun Nazareth? Ja, dat wär jüst en Mann för em! ³⁸ Düt hörn un denn ropen wär eens: „Jesus! Du büst ja David sin Söhn! Heff doch Erbarmen mit mi!" ³⁹ De Lüd, de an de Spitz gahn

dän, paß dat nich; se schulln em ut: „Wes' doch still! Wat fallt di in!" He awer leet sick nich bang maken; nä, he reep noch veel duller: „David sin Söhn! Heff doch Erbarmen mit mi!" [40] Do blew Jesus stahn un sä: „Bringt mi den Mann mal her!" Un as he denn vör em stünn, frag he em: [41] „Wat wullt du vun mi?" He gew to Antword: „Ach, Herr, wenn ick blots sehn kunn!" [42] Jesus sä: „Good, min Söhn, dat schall di warn! Du kannst sehn! Din Glow hett di holpn!" [43] Un wohrrafdi! Dat duer gornich lang, do kunn de Mann sehn! Un he güng achteran vuller Goddlow. Un all' de Lüd, de dat bilewen dän, verfehrn sick un gewen unsen Herrgodd de Ehr.

Dat 19. Kapitel.

[1] As Jesus nu na Jericho käm, güng he dörch de Stadt. [2] Un dor wahn en Mann, de heet Zachäus. Düsse Mann wär de Böwerste an'n Toll un harr veel Vermögen.

[3] Em leeg veel doran, dat he Jesus mal to sehn kreeg; awer dat glück em nich wegen all' de Lüd; denn he wär man en lütte Kerl. [4] Dorum sett he sick in Draff un leep gau na vörn un kladder up en Fiegenboom. So kreeg he em doch to sehn; denn dor müß he langkamen. [5] Un as Jesus an düsse Stell ankäm, do keek he rup un sä to em: „Zachäus, kam gau hendal! Hüt mutt ick di besöken!" [6] Do käm he gau hendal, un mit Freuden nähm he em in sin Hus up. [7] Awer all' de Lüd, de dat bilewen dän, knurrten doröwer, dat he bi en Sünner inkieken wull un dor ock to gast bliewen. [8] Do stell sick Zachäus hen vör den Herrn un sä: „Hör mal to, Herr! Min halwes Vermögen gew ick an de Armen, un wenn ick een toveel affnahmen heff, denn gew ick em dat veermal wedder." [9] Do sä Jesus: „Hüt is in düt Hus Heil introcken! Düsse Mann is doch ock Abraham sin Söhn. [10] Denn de Minschensöhn is dorto kamen, dat he söken un redden schall, wat verlorn is."

[11] As se dat hörn dän, sä he noch wat. He vertell ehr en Geschicht; denn he wär ja neeg bi Jerusalem, un se meenten, dat Godd sin Riek forts sick wiesen wörr. [12] He sä:

„En Edelmann güng up de Reis', wiet öwer Land. He wull sick en Königskron besorgen un denn wedder torügkamen. [13] Un he leet tein vun sin Knecht'n kamen un gew jedeneen twee Dusend Mark in Gold. Un so sä he to ehr: „So, dormit schüllt ji arbeiden, bit dat ick wedder dor bün." [14] Awer sin Landslüd wulln dörchut niks vun em weten. Se harrn en Haß up em. Dorum schicken se Bott achter em ran un leeten em seggn: „Düssen Mann wüllt wi nich as König hebbn."

[15] Un as he mit de Königskron torügkäm, leet he de Knecht'n,

de he dat Geld gewen harr, ropen; denn he wull sehn, wat jedereen dormit anfungn un dorut makt harr.

[16] Un de erste meld sick un sä: „Din Geld hett twindidusend Mark in Gold bröcht."

[17] Do sä he to em: „Dat hest du fein makt, min Söhn! Du büst en goode Knecht. Du büst in dat Ringste tru west, nu schallst du öwer tein Städte Stattholer wesen!"

[18] Un denn käm de tweete un sä: „Herr, din Geld hett teindusend Mark in Gold bröcht."

[19] Do sä he to em: „Un du schallst öwer fief Städte to seggn hebbn."

[20] Un de drüdde käm un sä: „Herr, hier is din Geld. Ick heff dat upwohrt in en Taschendook; [21] denn ick wär bang vör di, wieldat du en harte Mann büst. Du nümmst, wat du nich up de Bank leggt hest, un du lettst maihn, wo du nich sait hest."

[22] Do sä he to em: „Mit din eegen Wörd will ick di richden. Du büst en leege Knecht. Du wüß gans genau, dat ick en harte Mann bün — ick nehm, wat ick nich up de Bank leggt heff, un ick lat maihn, wat ick nich sait heff — [23] worum hest min Geld denn nich up de Bank leggt? Denn harr ick doch wenigstens dat Geld un de Zinsen hatt, wenn ick torüg käm."

[24] Un to de, de dorbi stünn'n, sä he: „Nehmt em dat Geld aff un gewt dat den, de twindidusend Mark in Gold hett!" [25] Do sän de: „Herr, he hett ja all twindidusend Mark!" — [26] Awer ick segg ju: Jedereen, de wat hett, de kriggt wat to. Wer awer niks hett, den nehmt se ock noch dat aff, wat he hett. [27] Un düsse Lüd, de min Fiendn sünd un nich wüllt, dat ick ehr Köni bün, de bringt her un haut ehr dal vör min Ogen."

[28] As he düt seggt harr, güng dat wieder up de Reis' rup na Jerusalem.

[29] As he nu neeg bi Bethphage un Bethanien wär un an den Barg käm, den se den Ölbarg nömt, do schick he twee vun sin Jüngers los [30] un sä: „Seht ji dat Dörp dorachter? Dor gaht mal hen! Glieks, wenn ji dor rinkamt, denn find ji en Fahl, dat is anbunn'n. Dor hett noch nüms up reden. Dat bind los un bringt dat her! [31] Un schull een ju fragen: Wat schall dat bedüden? Worum bind ji dat los? — denn künnt ji man seggn: De Herr will dat bruken." [32] De güngn denn ock los un richdi: dat wär so, as he ehr dat seggt harr. [33] As se dat Fahl awer nu losbinn'n wulln, do sän de, de dat tohörn dä, to ehr: „Wat makt ji dor! Worum bind ji dat Fahl los?" [34] Do sän se eenfach: „De Herr will dat bruken." [35] Un denn bröchten se dat to Jesus hen. Un denn län se ehr Kleeder up dat Fahl un setten Jesus bavenup. [36] Un as he nu wiederrieden dä, do breeden se all' ehr Kleeder ut up de Strat.

156

37 As he nu awer so wiet wär, dat dat den Ölbarg all wedder hendal güng, do füngn all' sin Jüngers — un dat wär en ganse Barg — an un löwten Godd vull Freud öwer all' de Wunner, de se bilewt harrn, 38 un sungn luthals:

„Godd segn den, de dor kümmt,
den König, de dor in den Herrn sin Namen kümmt!
In'n Himmel is Freed
un Herrlikeit dor baben!"

39 Awer welke vun de Pharisäers, de dor mang all' de Lüd wärn, sän to em: „Meister, dat kann doch nich angahn! Dat mußt du din Jüngers verbeden!" 40 Awer he sä: „Dat will ick ju seggn: Wenn düsse nu swiegen dän, denn wörn de Steen anfangn to schrien!"

41 As Jesus nu noch neeger rankäm un de Stadt vör sin Föt liggn dä, do wörrn em de Ogen natt, un he fung an to süfzen un to klagen: 42 „Ach, wenn doch ock du, wenigstens hüt noch, insehn däst, wat di den Freden bringn kann! Nu awer is dat vör din Ogen verborgen. 43 Dor ward Dag' öwer di kamen, denn ward din Fiendn en Wall üm di upsmieten un di rundum inslüten un di vun alle Sieden scharp tosetten. 44 Un se ward di in'n Dutt haun un din Kinner bi di dorto un keen Steen bi di up'n annern laten. Un düt allns blots dorüm, wieldat du nich insehn hest, dat de Tied för di dor wär, dat Godd di besöken un allns mit di in de Reeg bringn wull." ——

45 Un denn güng he na'n Tempel rin un fung glieks dormit an, de Kooplüd ruttojagen; 46 denn he sä to ehr: „In de Biwel steit: ‚Min Hus schall en Hus wesen, wo man beden deit'; ji awer hebbt en Räuwerhöhl dorut makt."

47 Un Dag för Dag wär he togangn in'n Tempel un lehr dor. Awer de Hochepreesters un Schriftgelehrten un de Lüd, de in dat Volk de grötste Rull speeln dän, de spikeleerten dorup, em an de Siet to bringn; 48 awer se kämen nich to'n Stück dormit; denn dat ganse Volk hung man so an em un kunn gornich genog vun em to hörn kriegn.

Dat 20. Kapitel.

1 As he nu an een vun düsse Dag' dat Volk in'n Tempel lehrn un dat Evangelium predigen dä, do kämen de Hochepreesters un de Schriftgelehrten un de Öllerlüd an em ran 2 un sän to em: „Segg uns mal, ut wat förn Vullmacht deist du dat oder wer hett di düsse Vullmacht gewen?" 3 Do sä he to ehr: „Ick will ju erstmal wat fragn. Seggt mi mal: 4 Johannes sin Döp — wär de vun'n Himmel oder vun Minschen?" 5 Do kämen se in de Kniep un steeken de Köpp tohop. Se

157

dachten: Ja, seggt wi: vun'n Himmel — denn seggt he: Worum hebbt ji denn nich to em Tovertruun hatt? [6] Seggt wi awer: vun Minschen — denn ward uns dat ganse Volk mit Steen smieten. Denn se lat sick dat nich affstrieden, dat Johannes en Profet wär. [7] So sän se denn: „Woher? Dat weet wi nich!" [8] Do sä Jesus to ehr: „Good, denn segg ick ju ock nich, ut wat förn Vullmacht ick dat do."

[9] Un nu fung he an un vertell dat Volk en Geschicht. He sä: „Dor wär mal'n Minsch. De harr en Wienbarg anleggt un verpacht em an Wienbuern un reis up lange Tied int Utland. [10] Un to rechder Tied schick he en Knecht to de Buern hen, dat se em vun de Wiendruvenarnt utlewern schulln, wat affmakt wär. De Buern awer prügeln em un leeten em mit lerrige Handn wedder lopen.

[11] Do schick he noch en annern Knecht. Awer bi den makten se dat grad so: se prügeln em, dän em Schimp un Schann an un schickten em mit lerrige Handn wedder torüg.

[12] Un denn schick he noch en drüdden Mann. Awer dat holp ock niks. Ock düssen Mann slogen se blödi un smeten em rut.

[13] Do sä de Herr vun'n Wienbarg: „Wat schall ick nu maken? — Ach, ick mutt dat man noch eenmal versöken. Ick schick min Hartenssöhn. Veellicht seht se sick mit em doch en beten vör."

[14] Awer as de Buern em seegn, do besnacken se sick ünner enanner un sän: „Den fallt dat Arwdeel to. Den wüllt wi an de Siet bringn! Denn hört uns nahsten de Kram." [15] Un se smeten em ut'n Wienbarg rut un bröchten em üm de Eck.

Wat ward nu wull de Herr vun'n Wienbarg mit ehr anstelln? [16] He ward kamen un düsse Buern ümbringn, un denn ward he den Wienbarg an annere Lüd affgewen."

As se dat hört harrn, sän se: „Nä, dat passeert nich!"

[17] Awer he keek ehr irnst in de Ogen un sä: „Wat bedüd denn düt Word, dat hier schrewen steit: ‚De Steen, den de Muerlüd wegsmeten hebbt, is to'n Ecksteen worn?' [18] Jedereen, up den düsse Steen fallt, den ward he in Gruus un Muus drücken, un jedereen, de up düssen Steen fallt, ward sick Arm un Been breken."

[19] Do söchten de Schriftgelehrten un Hochepreesters na'n Gelegenheit, dat se em noch in düsse Stünn in de Handn kreegn. Awer se harrn Angst vör dat Volk, denn se harrn gans good markt, dat he dat mit düsse Geschicht up ehr affsehn harr.

[20] Nu län se sick up de Luer. Se schicken Lüd aff, de schulln em gründli up de Finger passen un dorbi so don, as harrn se niks Böses vör. Up düsse Art un Wies wulln se em bi en Word fangn. Denn harrn se ja en gooden Grund, dat se em

an de Böwersten un in de Handn vun den Stattholer utlewern kunn'n.

[21] Düsse Lüd fragten em nu un sän to em: „Meister, wi weet, du meenst dat uprichdi un lehrst ock so. Dat is di ock eenerlei, wat de Minschen dorto seggt. Di kümmt dat blots dorup an, dat du in Wohrheit Godd sin Weg lehrn deist! — [22] Nu segg mal! Dörbn wi an den Kaiser de Koppstüer betaln oder nich?" [23] He käm awer glieks dorachter, dat se niks Goodes in'n Sinn harrn, un so sä he to ehr: [24]„Wiest mi mal en Daler! Wat förn Bild is dorup to sehn un wat steit dorup schrewen?" Se sän: „Dat is den Kaiser sin Bild un Nam'." [25] Do sä he to ehr: „Na, also! Denn gewt doch den Kaiser, wat den Kaiser tokümmt, un Godd, wat Godd tokümmt!"

[26] Un so harrn se wedder niks, womit se em vör dat Volk fangn kunn'n. Se maken öwer sin Antword grote Ogen un sän keen Word mehr.

[27] Nu kämen mal welke vun de Sadduzäers to em. De wüllt ja niks dorvun weten, dat de Doden wedder upstaht. Un de fragten em nu: [28]„Meister, Mose hett uns vörschrewen: ‚Wenn een sin Broder starwen deit, de verheirat is, awer keen Kinner hett, denn schall düsse Broder de Fru heiraten un sin Broder dorto verhelpen, dat he Nakamen kriggt.'

[29] Un nu hör mal to!

Dor wärn mal söbn Bröder. De Erste nähm sick en Fru, awer storw bald un harr keen Kinner mit ehr. [30] Do heiraten de Tweete un ock de Drüdde ehr, [31] un toletz güng dat all' de Söbn so. Se kreegn all' keen Kinner mit ehr un blewen dot. [32] To allerletz storw ock de Fru. [33] Nu segg mal: Wenn de Doden nu würkli upstahn schulln, wen vun düsse Söbn hört den wull de Fru to? De Söbn wärn doch all' mit ehr verheirat'!"

[34] Do sä Jesus to ehr: „De Lüd, de in düsse Welttied lewen dot, de heirat un lat sick heiraten. [35] De awer, de de Gnad schenkt ward, dat se an de anner Welt Andeel kriegt un vun de Doden mit upstaht, de heirat nich mehr un lat sick ock nich mehr heiraten; [36] denn se künnt ock nich mehr starwen. De sünd so as de Engels un sünd Godd sin Kinner, denn se hebbt Andeel an dat Upstahn vun de Doden. [37] Dat awer de Doden upstaht, dat hett Mose all bi'n Dornbusch andüd, as he den Herrn Abraham sin Godd un Isaak sin Godd un Jakob sin Godd nömen dä. [38] Godd is nich de Doden ehrn Godd, nä, he is de Lebennigen ehrn Godd."

[39] Do sän eenige vun de Schriftgelehrten: „Meister, dat hest du fein seggt!" Denn nu wagten se dat nich mehr, em noch üm wat to fragn.

[41] Do sä he to ehr: „Wodenni kamt se eegentli dorto, dat se

seggt: ‚De Messias is David sin Söhn'? [42] David sülbn seggt
doch in dat Psalmbook:

‚De Herr sä to min Herr: ‚Sett di an min rechde Siet,
[43] bit dat ick din Fiendn to din Föt henlegg!'

[44] Also nömt David em sin Herr. Awer wodenni kann he denn
sin Söhn wesen?"

[45] As all dat Volk noch tohörn dä, sä he to sin Jüngers:
[46] „Nehmt ju in acht vör de Schriftgelehrten! De gaht so
gern in lange Kleeder un hebbt ehr Freud doran, wenn de Lüd
up'n Markt vör ehr den Hoot affnehmt. Se sitt ock gern up
de erste Bank in de Kapell un sett sick gern up den ersten Platz
bi de Mahltieden. [47] Se freet de Wetfruen ehr Hüser up
un künnt bi dat Beden keen Enn sinn'n, awer se dot man so.
Düsse Lüd ward scharper rankamen in dat Gericht."

Dat 21. Kapitel.

[1] As he sick so ümkieken dä, seeg he, dat rieke Lüd ehr Gawen
in den Goddeskasten steken dän. [2] Un he seeg ock, dat en arme
Wetfru dor wat rinsteken dä, dat wärn twee Penn. [3] Do sä he:
„Dat is gans gewiß; ick segg ju dat: düsse arme Wetfru hett
mehr as all de Annern rinleggt. [4] All' düsse Lüd hebbt blots
vun dat, wat se öwer harrn, wat gewen. Düsse Wetfru awer
hett sick dat vun'n Mund affspoort; se hett allns rinleggt,
wat se to't Lewen so nödi harr."

[5] Nu snacken welke öwern Tempel, dat he so fein un smuck
wär dörch de Steen un de golden un sülwern Saken, de dor-
för schenkt wärn. Do sä he: [6] „Ja, noch seht ji düt all'; awer
dor kamt Dag', dat keen Steen up den annern bliwt. Dat
ward allns mal in'n Dutt falln."

[7] Do fragten se em: „Meister, wannehr ward dat indrapen?
Un an wat förn Teeken schüllt wi dat künni warn, dat dat
denn so kamen schall?"

[8] He sä: „Seht ju vör! Lat ju keen Sand in de Ogen streun!
Dor ward Veele kamen un sick up mi beropen un seggn: ‚Ick
bün Jesus!' un ‚de Tied is dor!' — awer hört jo nich up ehr! —
[9] Ji ward vun Krieg un Uprohr hörn; awer lat ju dor nich
mit bang maken! Düt mutt erst all' kamen, awer so gau
kümmt dat Enn noch nich!"

[10] Un noch wat sä he to ehr: „Een Volk ward gegen dat
annere losgahn un een Königriek gegen dat annere. [11] Grote
Eerbewen ward kamen un hier un dor Hungersnot un Süken,
un an'n Hewen ward dat schreckliche un grote Teeken gewen.

[12] Awer ehr düt all' kümmt, ward se ju fatkriegn un ver-
folgen. Se ward ju na de Kapelln slepen un achter de Tralln

bringn un vör Könige un Stattholer stelln, un dat allns blots dorum, dat ji to mi holn dot. [13] Un wat hett dat för ju up sick? Ji schüllt för mi Tügnis affleggn. [14] Dorum nehmt ju dat vör: richt ju nich dorup in, wodenni ji ju verteidigen schüllt! [15] Ick gew ju dat in'n Mund, wat ji seggn schüllt, un sorg ock dorför, dat dat Schick un Verstand hett; un all' de, de gegen ju sünd, ward niks dorgegen seggn un don künn'n. [16] Ock Ollern un Bröder un Verwandten un Frünn'n ward ju utlewern un welke vun ju ümbringn, [17] un all' ward se ju hassen, wieldat ji to mi holt. [18] Awer keen Hoor vun ju Kopp ward verlorn gahn. [19] Wer sin Mann dorbi steit, de ward sin Seel dorbi bargn.

[20] Un wenn ji denn seht, dat Jerusalem belagert ward, denn weet ji Bischeed, dat dat nu bald losgeit. Denn is bald niks mehr dorvun öwer. [21] Denn schüllt de, de in Judäa wahnt, utrücken na de Bargen, un wer in de Stadt is, de schall tosehn, dat he rutkümmt, un de Lüd up'n Lann'n schüllt jo nich to Stadt gahn. [22] Denn nu sünd de Dag' dor, wo dat Gericht holn ward, un allns wat dor schrewen steit, dröpt denn in. [23] Godd tröst denn de Fruen, de in düsse Dag' Moder warn schüllt oder noch lütte Kinner an de Bost hebbt! Denn ward dat en grote Not up de Eer gewen un en swores Gericht dörch Godd sin Zorn öwer düt Volk kamen. [24] De Lüd ward dörch dat Swert falln un ünner all' de Völker verbannt warn. Un Jerusalem ward vun de Heiden ünner de Föt pedd' warn, bit dat de Tied för de Heiden afflopen is.

[25] Un dat ward Teeken gewen an de Sünn un den Maand un de Steerns, un de Minschen up de Eer ward dat gruli warn un de At'n still stahn; denn se weet nich, wat se maken schüllt, wenn de See un de Bülgen brusen dot. [26] Se ward den Kopp verleern vör Angst, wenn se an dat denken dot, wat nu noch öwer de Eer kamen schall. Denn de Kraft, de de Welt tosamenhölt, blimt nich mal fast. [27] Un denn ward se den Minschensöhn sehn. De kümmt in en Wulk mit Macht un veel Herrlikeit. [28] Wenn dat awer anfangt un passeert, denn kiek na baben un lat den Kopp nich hangn; denn dat duert nich lang, un ji ward erlöst."

[29] Un denn sprook he to ehr un bruuk dorbi en Bild. He sä: „Seht ju den Fiegenboom un all' de annern Böm mal an! [30] Slat se erst mal ut, denn seht un weet ji vun sülbn, dat de Sommer vör de Dör steit. [31] Grad so is dat, wenn düt nu passeert, denn markt ji, dat Godd sin Riek vör de Dör steit. [32] Gans gewiß! Verlat ju up dat, wat ick nu segg: düt Geslecht ward nich vergahn, bit dat allns indrapen deit. [33] Himmel un Eer ward vergahn, awer min Word vergeit nich. Dat steit dörch!

[34] Nehmt ju awer in acht vör dat Freten un Supen, un gewt ju nich aff mit Sorgen üm dat, wat ji eten un antrecken schüllt! Sowat leggt sick blots as en swore Last up dat Hart un Geweten. Sünst kunn ock de Dag öwer ju kamen, wenn ji dat nich moden fünd. [35] Dat kunn so kamen, as wenn se ju up eenmal en Sneer üm den Hals smiet. Denn de Dag kümmt gans seeker öwer all' de Minschen, de up de ganse Eer wahnt. [36] Dorum bliewt jeder Tied waken un bed', dat ji de Kraft kriegt un düt all', wat dor kamen schall, ut'n Weg kamt un vör den Minschensöhn bestahn künnt!"

[37] So blew he den Dag öwer in'n Tempel bi to lehrn, nachts awer güng he buten de Stadt un sleep up den Barg, den se den Ölbarg nömen dot. [38] Un wenn dat eben erst wedder Dag wörr, denn wär dat ganse Volk all wedder bi em in'n Tempel un hör em to.

Dat 22. Kapitel.

[1] Ostern stünn vör de Dör. Dat is dat Sötbrodfest, dat se Passah nömt. [2] Un de Hochepreesters un de Schriftgelehrten spikeleerten doröwer, up wat förn Art un Wies' se Jesus an de Siet bringn kunn'n; denn se wärn bang vör dat Volk.

[3] Do käm de Düwel öwer Judas, den se den Mann ut Kariot nömt. De hör ock to de Twölf. [4] Un he güng hen un snack dat mit de Hochepreesters un de Hauptlüd aff, wodenni he em ehr in de Handn speeln schull. [5] De freuten sick banni un wörrn sick mit em eeni, he schull dorför Geld hebbn. [6] Un he wär dormit inverstahn un luer up'n goode Gelegenheit, dat he em ehr in de Handn speeln kunn, ohn' dat de Lüd dorum wies wörrn.

[7] Un nu käm dat Sötbrodfest, un dat Osterlamm schull slacht warn. [8] Do schick Jesus Petrus un Johannes hen un sä: „Gaht hen un makt de Ostermahltied torecht; wi wüllt tohop eten." [9] Un se sän: „Wonem schüllt wi dat torechtmaken?" [10] He sä: „Paßt mal up! Wenn ji in de Stadt rinkamt, denn kümmt ju en Mann in de Möt, de hett en Kruk mit Water up'n Kopp. Gaht achter em ran in dat Hus rin, wo he ringeit. [11] Un to den Mann, den dat Hus tohörn deit, künnt ji man seggn: ‚Unse Herr un Meister lett di seggn: Wonem is de Saal, wo ick mit min Jüngers eten kann?' [12] Denn ward he ju en groten Saal wiesen, de mit grote Deken utleggt is. Dor makt dat allns torecht!" [13] Un se güngn los un funn'n dat so, as he ehr dat seggt harr, un se maken de Ostermahltied torecht.

[14] Un as de Stünn dor wär, sett he sick to Disch un de Apostels mit em. [15] Un he sä to ehr: „Ick heff vun Harten dorna lengt. Ick wull so gern düsse Ostermahltied mit ju tohop

162

eten, ehr dat ick lieben mutt. [16] Denn dat segg ick ju: ick warr dat nich ehr wedder eten, as bit dat allns in de Reeg kamen is in Godd sin Riek."

[17] Un he nähm den Kelch un sprook dat Dankgebed un sä: „So, nu nehmt em hen un lat em rumgahn, dat jedereen wat affkriggt; [18] denn dat segg ick ju: vun nu an drink ick keen Wien mehr, bit dat Godd sin Riek dor is."

[19] Un denn nähm he dat Brod, sprook dat Dankgebed, brook dat twei, deel de Stücken ut un sä: „Dat is min Liew, de för ju hengewen ward. So schüllt ji dat holn to min Andenken!"

[20] Un as se mit dat Eten fardi wärn, nähm he ebenso nochmal den Kelch un sä: „Düsse Kelch is de nie Bund, de tostann kamen ward dörch min Hartbloot; denn dat ward för ju vergaten. [21] Awer dat Eene mutt ick noch seggn: De mi verraden ward, den sin Hand is mit mi hier an'n Disch. [22] Gewiß, de Minschensöhn geit den Weg, de em bestimmt is, awer Godd tröst den Minschen, de em verraden deit!"

[23] Do fungn se an un besnacken sick doröwer, wer vun ehr dat blots wesen kunn, de dat fardi bringn wörr.

[24] Awer dat wär noch nich allns. Nu wörrn se sick ock uneeni doröwer, wer vun ehr de Grötste wär. [25] Do sä Jesus to ehr: „In de Welt geit dat so to: Dor lat de Könige ehr Lüd dat düchdi föhln, dat se de Herrn sünd, un wer öwer ehr to seggn hett, de lett sick vun ehr „gnädige Herr" nömen. [26] So schall dat awer bi ju nich hergahn. Nä, wer gröter as de annern is, de schall sick so upföhrn, as wenn he de Jüngste wär, un wer wat to seggn hett, de schall sick benehmen, as wenn he de Deener wär. [27] Ick will ju dat klormaken. Wer is denn gröter, de mit an'n Disch sitt oder de, de dorbi upwor'n deit? Mi dünkt, dat is klor. Is dat nich de, de mit an'n Disch sitt? Un ick? Bün ick nich merrn mang ju de, de ju bedeenen deit? — —

[28] Ji hebbt mit mi dörchholn all' de Tied, wenn ick de Prow bestahn müß. [29] Dorum bestimm ick, grad so as min Vader dat Königriek för mi bestimmt hett, [30] dat ji mit mi an'n Disch eten un drinken schüllt in min Königriek, un ji schüllt up'n Tron sitten un öwer de twölf Stämm Gericht holn.

[31] Simon, Simon! Mark di dat! De Satan hett sick ju utbeden. He müch dat mit ju so maken as de Buer, de den Weeten öwer en Säw kriggt. [32] Awer ick heff för di bed', dat din Glow nich toschann ward. Un wenn du mal to Besinnung kamen un di bekehrn deist, denn griep din Bröder ünner de Arms!"

[33] Do sä Petrus to em: „Herr, för di do ick allns, un wenn ick mit di inschott warn un in den Dod gahn schull!"

[34] Awer Jesus sä: „Petrus, hüt noch, ehr de Hahn kraiht hett, hest du dat all dreemal affstreden, dat du mi kennen deist."

[35] Un denn sä he to ehr: „Weet ji noch? Ick heff ju utschickt

ohn Büdel un Sack un Schooh, awer fünd ji dorbi tokort
kamen?" Se sän: „Nä, jo nich!" [36] Un denn sä he to ehr:
„Awer nu! Wer en Büdel hett, de nehm em mit, grad so ock
den Sack, un wer keen hett, de schall sin Mantel verköpen un sick
dorför en Swert toleggn. [37] Denn dat will ick ju seggn: dat
Word schall an mi indrapen, wat in de Biwel steit: ‚Se hebbt
em ünner de Sünner rek'nt.' Denn min Weg is nu ock to Enn."
[38] Do sän se: „Herr, süh, hier fünd twee Swerter!" He awer
sä to ehr: „Na, dat is genog!"

[39] Nu güng he wedder buten de Stadt, as he dat ock sünst dä,
na'n Ölbarg, un sin Jüngers güngn mit. [40] Un as se an Ort un
Stell ankamen wärn, do sä he to ehr: „Bed doch jo, dat ji nich
in Versökung fallt!" [41] Un denn mak he sick vun ehr los, so
wiet wull, as een mit'n Steen smieten kann, un he full up de
Knee un bed: [42] „Vader, wenn dat ock din Will is, denn lat
düssen Beker an mi vörbigahn! Awer nich min Will schall den
Utslag gewen, nä, din Will schall dörchstahn." [43] Awer en Engel
vun'n Himmel wies sick em un tröst em. [44] Un in sin Dodes-
angst bed un süfz' he noch mehr, un de Sweet leep as Bloots-
drüppen an em hendal up de Eer.

[45] Un denn stünn he wedder up, as he bed harr, un käm to sin
Jüngers torüg, un wat seeg he? Se wärn inslapen in ehr
Trurikeit. [46] Do sä he to ehr: „Wat, nu wüllt ji slapen? Nä,
staht up un bed, dat ji nich in Versökung fallt!"

[47] Un knapp harr he dat seggt, do kämen en Barg Lüd, un
de, den se Judas nömt un de en vun de Twölf wär, güng ehr
vöran un güng up em to un wull em en Kuß gewen. [48] Jesus
awer sä to em: „Judas, du wullt mit'n Kuß den Minschensöhn
verraden?" [49] As awer de, de bi Jesus wärn, seegn, wat nu
losgahn schull, sän se: „Herr, schüllt wi mit dat Swert dor-
twischenslan?" [50] Un een vun ehr güng up den Hochenpreester
sin Knecht los un hau em dat rechde Ohr aff. [51] Do sä Jesus
awer: „So, nu is't genog!", un he nähm dat Ohr un heel dat
wedder an.

[52] Nu awer sä Jesus to de Hochepreesters un to de Hauptlüd
vun'n Tempel un to de Ollerlüd, de gegen em angüngn: „Grad
as wenn ick en Spitzbow wär, so fünd ji mit Swerter un
Knüppels losgahn! [53] Awer as ick mit ju Dag för Dag noch
in'n Tempel wär, do hebbt ji mi mit keen Finger anröhrt!
Awer düsse Stünn hebbt ji ju nu mal utsöcht, un blots de
Düsternis gifft ju düsse Macht!"

[54] Un nu kreegn se em fat un güngn mit em aff un bröchten
em na den Hochenpreester sin Hus.

Petrus güng achteran, awer he wag' sick nich dicht ran. [55] De
Lüd maken sick nu merrn up'n Hoff en Füer an un setten sick
rund herum, un Petrus seet merrn mang ehr. [56] Do seeg em

en Deenstdeern bi dat Füer sitten. De keek sick em mal gründli an, un denn sä se: „Ja, düsse hört ock to em!" [57] He awer streed dat aff un sä: „Deern! Ick kenn em gornich." [58] Un dat duer gornich lang, do keek en annere em an un sä: „Ja, ock du hörst to ehr!" Petrus awer sä: „Minsch, snack doch nich! Dat is nich wohr!" [59] Un na'n Stunnstied sä wedder en annere em dat lief int Gesicht: „Gans gewiß! He wär ock mit dorbi! Seeker, he is ja ock en Galiläer!" [60] Do sä Petrus: „Minsch, ick weet würkli nich, wat du seggst!" Un in densülwigen Ogenblick, wo he dat sä, do kraih de Hahn. [61] Do dreih de Herr sick um un keek Petrus an. Do müß Petrus an den Herrn sin Word denken, as he to em sä: „Ehr dat de Hahn hüt kraiht, hest du di all dreemal vun mi losseggt." [62] Un Petrus güng still rut un fung bitterli an to weenen.

[63] Un de Lüd, de em bewaken dän, maken sick lusti öwer em, slogen em, [64] heeln em en Dok vört Gesicht un fragten em denn: „So, nu wies mal, wat du kannst! Segg mal, wer hett di slan?" [65] Un noch allerhand mehr harrn se mit em vör un spotten öwer em.

[66] As dat nu Dag wörr, do kämen de Ollerlüd ut dat Volk tohop, Hochepreesters un Pharisäers, un denn bröchten se em na de Versammlung rin. [67] Se sän: „Wenn du würkli de Messias büst, denn segg uns dat!" He sä to ehr: „Wenn ick ju dat würkli seggn dä, denn wörrn ji dat doch nich glöwen. [68] Wörr ick ju awer wat fragen, denn wörrn ji mi keen Antword gewen. [69] Vun nu an awer ward de Minschensöhn an den allmächdigen Godd sin Siet sitten." [70] Do sän se all': „Du büst also Godd sin Söhn?" He sä to ehr: „Ji seggt dat ja, un ick bün dat ock." [71] Do sän se: „Dat langt dörchut för uns. Wi bruft keen anner Tügnis mehr. Wi hebbt dat ja ut sin eegen Mund hört!"

Dat 23. Kapitel.

[1] Do stünn'n se all' tohop up un bröchten em to Pilatus. [2] Un se fungn an un verklagten em. Se sän: „Wi sünd dorachterkamen, dat düsse Mann unse Volk upwiegelt un mit de Lüd an is, se schüllt den Kaiser nich de Stüern betaln, un dat he seggt, he wär de Messias, en König."

[3] Do sä Pilatus to em: „So? Du büst de Juden ehrn König?" Jesus sä to em: „Du seggst dat ja!"

[4] Do sä Pilatus to de Hochepreesters un to dat Volk: „Ick kann mit'n besten Willn keen Schuld an em finn'n."

[5] Se awer gewen sick nich tofreden un setten em noch mehr to un sän: „He hetzt mit sin Lehr dat Volk up in dat ganse

jüdsche Land! So hett he dat anfungn in Galiläa, un so hett he dat jümmer makt bit hen to düsse Stünn."

6 As Pilatus dat hörn dä, do spitz he de Ohrn un frag: „Wat? Is düsse Mann ut Galiläa?" 7 Un as em dat klor wär, dat Jesus ünner Herodes hörn dä, do schick he em to Herodes, de ock grad in düsse Dag' in Jerusalem wär.

8 As Herodes em nu seeg, do freu he sick banni; denn he harr em all lang gern mal sehn. He harr all allerhand bun em hört un spitz sick nu dorup, dat he bun em en Wunner to sehn kriegn wörr. 9 So snack he denn lang mit em un versöch, wat ut em ruttokriegn. Awer Jesus sä keen Starwensword.

10 Un de Hochepreesters stünn'n dorbi un verklagten em hart. 11 Do maken Herodes un sin Lüd sick öwer em lusti un stelln allerhand mit em up. Ja, he leet em en smuckes Kleed antrecken, un denn schick he em wedder to Pilatus torüg.

12 An düssen Dag wörrn Pilatus un Herodes wedder good Fründ mitenanner; denn bitherto stünn'n se to enanner as Katt un Hund.

13 Nu reep Pilatus de Hochepreesters un de Böwersten wedder tohop 14 un sä to ehr: „Ji hebbt düssen Mann to mi herbröcht un seggt bun em, dat he dat Volk upwiegeln deit. Un ick heff em verhört — dat hebbt ji sülbn bilewt — awer ock nich en Deut heff ick rutfunn'n bun dat, wat ji gegen em vörbringn dot. Dat mutt ick seggn. 15 Un Herodes hett dat mit em grad so gahn. He hett em ja wedder to uns torügschickt. Wat is also dorbi rutkamen? Niks. Rein gorniks hett he dan, wat em an den Galgen bringn kunn. 16 Dorum will ick ju wat seggn: He kriggt en Dracht Prügel, un denn lat ick em lopen!"

18 Nu awer wörr dat rein dull. Nu kämen se hoch in Enn un schrieten all' tohop, so luut as se man kunn'n: „Nä, weg mit em! Un de Siet mit em! Denn giff uns Barabbas los!" 19 (Den harrn se wegen en Upstand in de Stadt un wegen Mord un Dotslag inschott.)

20 Un noch eenmal sett Pilatus sick för Jesus in un wär mit ehr an; denn he wull em dörchut frielaten. 21 Se awer leeten keen Ruh. Se schrieten ümmer wedder: „Nä, ant Krüz mit em, ant Krüz mit em!"

22 Un to'n drüdden Mal stell Pilatus ehr dat vör: „Wat hett düsse Mann denn verbraken? Ick kann wohrrafdi niks an em sinn'n, wat em an den Galgen bringn kunn. Also: He kriggt en Dracht Prügel, un denn lat ick em lopen. Un dorbi bliwt dat!"

23 Se awer maken wedder groten Larm un blewen up ehr Stück. Se verlangten, he schull ant Krüz slan warn. Un richdi:

166

se setten sick mit Larm un Prachern dörch. 24 Pilatus kroop tö Krüz un gew ehr frie Hand. 25 Den Mann, den se wegen Upstand un Mord un Dotslag inschott harrn, den leet he lopen, wiedat se dat verlangn dän, un Jesus gew he in ehr Handn, dat se mit em maken kunn'n, wat se wulln.

26 Un as se mit em afftrecken dän, kreegn se Simon vun Kyrene fat, de grad vunt Feld käm. Den län se dat Krüz up de Schuller, dat he Jesus dat naslepen schull. 27 Un en Barg Minschen leepen achteran un ock veele Fruenslüd. De slogen sick vör de Bost un kunn'n ehr Tranen nich torügholn. 28 Do dreih Jesus sick na ehr üm un sä: „Kinners, weent doch nich öwer mi! Weent lewer öwer ju sülbn un öwer ju Kinner! 29 Denn dor kümmt en Tied, dat man seggn deit: ‚Glückli sünd de, de keen Kinner hebbt, un de, de keen Kinner ünner dat Hart dragen un an de Bost hatt hebbt!‘ 30 Denn ward se anfangn un to de Bargen seggn: ‚Fallt up uns dal!‘ un to de lütten Bargen: ‚Deckt uns to!‘ 31 Ja, wenn sowat mit dat gröne Holt all passeert, wat schall denn erst ut de drögen Tilgen warn!"

32 Un dor wörrn noch twee Mann mit em rutföhrt. De schulln mit em tohop uphungn warn. Dat wärn en Poor Verbrekers.

33 As se nu an de Städ ankämen, de se den Dodenkopp-Platz nömen dot, do slogen se Jesus an dat Krüz un de beiden Verbrekers dorto: den eenen rechderhand, den annern links vun em.

34 Un Jesus sä: „Vader, vergiff ehr dat! Se weet ja nich, wat se dot!"

De Kriegsknecht'n awer fungn an un losten un deelten so sin Kleeder ünner sick.

35 Un dat Volk stünn dorbi un keek to. De Böwersten awer maken sick lusti un sän: „Anner Lüd hett he ja holpen. Nu mag he tosehn, wodenni he sülbn fardi ward, wenn he würkli unsen Herrgodd sin Messias is, den he sick sülbn utwählt hett!"

36 Ock de Suldaten leeten em nich in Ruh, maken allerhand Dummtüg un kämen tolezt an en ran un langten em Etig rup. 37 Ja, ock se sän to em: „Wenn du de Juden ehrn König büst, denn help di doch sülbn!" 38 Dor stünn ja baben ant Krüz öwer em anschrewen: „Düt is de Juden ehr König."

39 Ock een vun de Verbrekers, de dor mit uphungn wär, läster em: „Büst du nich de Messias? — Denn help di doch sülbn un uns dorto!"

40 Awer de annere sett em den Kopp torecht: „Wat? Du büst nich mal bang vör unsen Herrgodd un büst doch in desülwige Verdammnis as wi? 41 Un denn — wi hebbt uns noch nich mal to beklagen. Mi dünkt, wi kriegt blots dat, wat wi verdeent hebbt. Awer düsse hier, wat hett de denn verbraken?"

⁴² Un denn sä he to Jesus: „Ach, Herr, denk an mi, wenn du kümmst in din Herrlikeit!"

⁴³ Do sä Jesus to em: „Gans gewiß, du kannst di dorup verlaten: hüt noch warst du bi mi wesen int Paradies."

⁴⁴ Un dat wär üm de Middagsstünn. Do wörr dat pickendüster öwer dat ganse Land bit hen to de Klock dree. ⁴⁵ Dat wär, as wenn dat keen Sünn mehr gew, un de Vörhang in'n Tempel reet merrn ut'neen.

⁴⁶ Do schrie Jesus luut up un reep: „Vader, ick barg min Seel in din Handn!"

Un as he dat seggt harr, wär he dot.

⁴⁷ As dat awer de Hauptmann bilewen dä, do gew he unsen Herrgodd de Ehr un sä: „Dat is gans gewiß! Düsse Minsch is en frame Mann west!"

⁴⁸ Un all' dat Volk, dat to düt Spitakel tosamenkamen wär, de slogen sick vör de Böst, as se seegn, wat dor passeert wär, un denn güngn se gans still na de Stadt torüg. ⁴⁹ Un all' sin Bekannten stünn'n vun wieden dorbi, un ock Fruen, de mit em vun Galiläa langfolgt wärn, wärn dorbi un seegn dat.

⁵⁰ Nu wär dor en Mann, de heet Josef. De hör to'n Hochen Rat un wär en goode un frame Mann. ⁵¹ He wär dat ock west, de niks to don hebbn wull mit dat, wat se sick vörnahmen un ock utföhrt harrn. He wär ut Arimathia, wat en jüdische Stadt is, un luer ock up Godd sin Riek. ⁵² De güng nu to Pilatus hen un bed em üm Jesus sin Liek. ⁵³ Un denn nähm he em vunt Krüz aff un wickel em in Linnendöker un lä em in en Graff, dat ut'n Fels uthaut wär. In düt Graff harr noch keen een legn. ⁵⁴ Un düt wär an den Rüstdag, un de Sabbat fung an. ⁵⁵ Mit dorbi wärn awer de Fruen, de mit em ut Galiläa kamen wärn. De keeken sick dat Graff an un marken sick ock de Stell, wo de Liek henleggt wär. ⁵⁶ Un denn güngn se wedder torüg un maken allerhand Kruut un Salw torecht. Un öwern Sabbat dän se niks wieder. Se blewen still för sick, so as dat vörschrewen wär.

Dat 24. Kapitel.

¹ Awer an'n ersten Wuchendag, as dat noch nich mal hell wörr, do güngn se all na dat Graff un harrn Kruut un Salw mitnahmen, de se torecht makt harrn. ² Un as se dor ankämen, do wörrn se wies, dat de Steen affwöltert wär. ³ Un se güngn rin, awer den Herrn Jesus sin Liek funn'n se nich. ⁴ Un as se noch nich wüssen, wat se dorto seggn un nu anfangn schulln, do — man mut sick wunnern — do stünn'n up eenmal twee Mannslüd bi ehr, de harrn en slowittes Kleed an. ⁵ Un

se kreegn dat mit de Angst un keeken bang un verlegen vör sick dal. Do sän de to ehr: „Wat sökt ji den Lebennigen bi de Doden? [6] He is nich hier, he is upstahn vun de Doden, so as he ju dat seggt hett, as he noch in Galiläa wär. [7] Wat sä he noch? De Minschensöhn mutt in de Sünner ehr Handn utlewert un an dat Krüz slan warn un denn an'n drübden Dag wedder upstahn vun de Doden." [8] Do full ehr dat wedder in, wat he seggt harr, [9] un se güngn wedder ut dat Graff rut un verteln düt all' de Ölbn un all' de Annern. [10] Un wer wärn düsse Fruen? Dat wärn Maria ut Magdala un Johanna un Jakobus sin Moder Maria. De un de Annern verteln dat an de Apostels. [11] De awer käm dat so vör as en dwatsche Snack, un se nähmen ehr dat nich aff.

[13] Twee vun ehr wärn nu an densülwigen Dag ünnerwegens na Emmaus — dat is en Dörp bi Jerusalem, ölbn Kilometer buten de Stadt. [14] Un se besnacken sick öwer all' dat, wat in de letzten Dag' passeert wär. [15] Un as se merrn int Iwern wärn, do wär mit eenmal Jesus an ehr Siet un folg mit lang. [16] Awer se marken nich, dat he dat wär. [17] Do sä he: „Wat sünd dat för Geschichten, de ji mitenanner vörhebbt?" [18] Se blewen stahn un keeken em truri an. Un Kleophas, wat de eene vun de beiden wär, sä to em: „Segg blots mal, wodenni geit dat to? Büst du de eenzigste Frömde in Jerusalem, de niks vun all dat weet, wat dor in düsse Dag' passeert is?" [19] Do frag he: „Wat denn?" Se sän to em: „Na, dat mit Jesus vun Nazareth! Dat wär doch en Profet, en gewaltige Mann in Word un Wark, lieker grot in unsen Herrgodd sin Ogen un bi dat ganse Volk! [20] Em hebbt doch unse Hochepreesters un Böwersten to'n Henkerdod verordeelt un ant Krüz slan. [21] Un wi harrn so seeker dacht, dat he de Mann wär, de Israel frie un ledi maken schull. Un dorto kümmt: dat is nu all de drübde Dag, dat dat allns achter uns liggt. [22] Ja, un en 'poor Fruenslüd vun uns hebbt uns gans verfehrt. De sünd hüt morgen bi dat Graff west. [23] Awer de Liek hebbt se nich funn'n. Nä, awer se seggt, se hebbt sowat as Engels sehn, un de hebbt ehr vertellt, dat he lewen deit. [24] Un welke vun uns sünd ock na dat Graff west. Dat stimmt gans genau, wat de Fruenslüd vertellt hebbt. Blots em sülbn, em hebbt se nich sehn."

[25] Do sä he to ehr: „Künnt ji dat gorni begriepen? Is ju Hart sodenni stump worn, dat ji dat nich glöwen dot, wat de Profeten all vörutseggt hebbt? [26] Müß denn de Heiland nich all' dat lieden, eh'r dat he ingahn kunn to sin Herrlikeit?" [27] Un nu fung he an un lä ehr Mose un de Profeten ut, all' de Stelln in dat Olle Testament, de vun em all tügen dän.

²⁸ So kämen se all neeg an dat Dörp ran, un he dä so, as wenn he wiedergahn wull. ²⁹ Awer se nödigten em, he müch doch bi ehr to Nacht bliewen: „Herr, bliew doch bi uns, denn dat will all düster warn, un de Dag is to Enn!" Do güng he mit rin, as wenn he bi ehr bliewen wull.

³⁰ Un as se bi't Abendbrod wärn, do nähm he dat Brod, sprook dat Dankgebed un deel dat Brod ut.

³¹ Do wörrn ehr Ogen hell, un se wörrn dat wies, dat he dat wär. Awer in densülwigen Ogenblick wär he verswunn'n.

³² Se awer sän to enanner: „Is dat nich wunnerbor? Brenn uns nich all dat Hart, as he ünnerwegens mit uns snacken un de Biwel utleggn dä?"

³³ Un se nähmen Hoot un Stock un güngn up de Stell wedder na Jerusalem torüg. Dor funn'n se de Ölbn un noch annere Lüd tohop, ³⁴ un de sän datsülwige: „Wohrrafdi! De Herr is upstahn, un Simon hett em sehn!"

³⁵ Do vertelln se ock, wat se ünnerwegens bilewt harrn un dat se em künni worn wärn doran, dat he dat Brod utdeelt harr.

³⁶ As se dat noch besnacken dän, do wär he up eenmal merrn mang ehr. ³⁷ Do verschraken se sick un kreegn dat mit de Angst; denn se meenten, se seegn en Geist. ³⁸ Awer he sä to ehr: „Worum sünd ji so verbiestert? Worum kamt in ju Hart so'n Gedanken hoch? ³⁹ Seht ju doch min Handn un min Föt an! Dat bün ick doch sülbn! Fat mi doch mal an un kiekt örbntli to! En Geist hett doch keen Fleesch un keen Knaken, so as ji de an mi mit ju eegen Ogen sehn dot!" ⁴¹ Awer se funn'n dat noch ümmer nich glöwen, so freuten se sick. Se wüssen eenfach nich, wat se seggn schulln. Do sä he to ehr: „Hebbt ji hier wat, dat ick eten kann?" ⁴² Do langten se em en Stück Fisch hen, dat brad' wär. ⁴³ Dat nähm he denn ock un eet dat vör ehr Ogen up.

⁴⁴ Un nu sä he to ehr: „Weet ji noch, wat ick to ju seggt heff, as ick noch bi ju wär? Dat heff ick seggt: ‚Allns mutt indrapen, wat in Mose sin Gesetz un bi de Profeten un in de Psalmen öwer mi schrewen steit.' " ⁴⁵ Un denn mak he ehr allns klor, dat se dat klook kreegn, wat in de Biwel steit. ⁴⁶ Un he sä to ehr: „So steit dat schrewen: Lieden mutt de Messias, un vun de Doden schall he upstahn an'n drüdden Dag, ⁴⁷ un up sin Nam hen schall bi all' de Völker predigt warn, dat de Lüd sick bekehrn möt un ehr denn ock de Sünd'n vergewen ward. — Fangt dormit an in Jerusalem! ⁴⁸ Ji schüllt dorvun tügen. ⁴⁹ Un dat will ick ju seggn: Wat min Vader toseggt hett, dat schall sick an ju utwiesen. Dor sorg ick för. Awer bliwt erstmal hier in de Stadt, bit dat de Kraft vun baben öwer ju kümmt."

170

⁵⁰ Un denn güng he mit ehr rut bit hen na Bethanien. Un he breed sin Handn öwer ehr ut un seg'n ehr. ⁵¹ Un as he ehr noch seg'n dä, verswunn he ock all vör ehr Ogen.

⁵² Denn awer güngn se na Jerusalem torüg, un ehr Freud wär grot. ⁵³ Un se wärn jeden Dag in'n Tempel, vuller Goddlow.

171

Dat Evangelium
as Johannes dat vertellt heff.

Dat 1. Kapitel.

[1] In'n Anfang wär dat Word all dor,
un dat Word wär bi Godd,
ja, Godd wär dat Word.

[2] Düt Word wär also in'n Anfang bi Godd.

[3] Allns is dörch düt Word worrn,
un ohn düt Word is ock nich een Deel worrn,
wat öwerhaupt worrn is.

[4] In em harr all' dat Lewen sin Grund un Bestand,
un dat Licht wär dat Lewen för de Minschen.

[5] Ja, düt Licht schient noch ümmer in de Düsternis,
un de Düsternis is nich doröwer Herr worrn.

[6] Dor käm en Minsch — Godd harr em schickt —
de heet Johannes.

[7] De käm as Tüg,
denn he schull tügen vun dat Licht,
dat all' de Minschen schulln to'n Glowen kam dörch em.

[8] Nich wär he sülbn dat Licht,
blots tügen schull he vun dat Licht.

[9] Dat wohre Licht,
dat jeden Minschen Licht gew'n deit,
dat wär erst up'n Weg,
to kamen in de Welt.

[10] Dat wär all in de Welt,
un de Welt wörr doch dörch em,
un doch — de Welt is nich dorachterkamen.

[11] He käm dorhen, wo allns em tohörn dä,
un doch — de, de em tohörn dän,
de nähmen em nich up.

[12] Doch all' de, de em sünst upnehmen dän,
de kreegn vun em de Vullmacht,
Godd sin Kinner to warn;
un dat sünd de, de an sin Namen glöwen dot.

[13] Un de stammt nich ut Minschenbloot,
ock nich ut Minschenwilln,
dor is keen Mann bi Vader worrn.
Nä, de sünd worrn dörch Godd sin Willn,
de stammt aff vun em sülbn.

172

14 Dat Word is ja Minsch worrn
un hett ock bi uns wahnt,
as wär't Besök,
un sehn hebbt wi sin Herrlikeit
mit unse eegen Ogen.
Ja, dat wär'n Herrlikeit,
so as ehr blots de eenzige Söhn vun'n Vader kriggt,
vull Gnad un Worheit.
15 Johannes tüg' vun em un sä dat luut:
„De wär't, den heff ick meent,
as ick ju seggn dä:
De na mi kümmt, de is mi all vörut;
denn he wär lang all vör mi dor."

16 Ja, wat he harr in Hüll un Füll,
dat hebbt wi vun em nahmen:
Gnad un Gnad un nochmal Gnad.
17 Denn dat Gesetz hebbt wi dörch Mose kregn,
awer de Gnad un Wohrheit —
de sünd uns erst dörch Jesus Christus schenkt.
18 Keen een hett Godd to sehn kreegn, nümmer.
Nä, blots de eenzige Söhn,
de nu wedder sitten deit
dor baben an den Vader sin Siet,
de hett em uns nu künni makt.

19 Un nu kam ick up Johannes torüg. Ick heff all seggt: he
käm als Tüg.
Un düt is nu Johannes sin Tügnis, as de Juden ut Jeru-
salem to em Preesters un Leviten schicken dän. De schulln em
fragen: „Wer büst du?" 20 Do sä he frie herut un heel dor
nich mit achtern Barg, do sä he frie herut: „Ick bün nich de
Messias." 21 Do fragten se em: „Wat büst du denn? Büst du
denn Elia?" He sä: „Ock dat nich." — „Büst du denn de
Profet?" He sä: „Nä." 22 Do sän se to em: „Ja, wer büst du
denn? Wi möt doch de Lüd, de uns affschickt hebbt, kloren Bi-
scheed bringn! Wat seggst du denn sülbn vun di?" 23 Do sä he:
„Ick bün en Stimm — en Stimm vun een, de in de Stepp
ropen deit: ,Makt frie Bahn för den Herrn!' So hett de Profet
Jesaja dat ja all seggt."
24 Awer se wärn noch nich tofreden. Se wulln noch mehr
weten, denn se wärn ja affschickt vun de Pharisäers. 25 So
fragten se em: „Segg mal, worum döpst du denn eegentli, wenn
du nich de Messias un ock nich Elia un ock nich de Profet büst?"
26 Do sä Johannes to ehr: „Ick döp ju mit Water. Awer dat
kümmt noch anners. Merrn mang ju steit all de, den ji nich

173

kennt. ²⁷ De kümmt achter mi, un ick bün nich mal good genog, dat ick em sin Schohreems upmaken do."

²⁸ Düt wär in Bethanien, wat güntsiets vun'n Jordan liggt. Dor wär Johannes domals bi to döpen.

²⁹ Den neegsten Dag seeg he Jesus kamen, un he sä: „Süh, dat is Godd sin Lamm, dat de Welt ehr Sünn'n wegnümmt! ³⁰ He is dat, vun den ick domals seggt heff: ‚Na mi kümmt de Mann, de mi all vörut is; denn he is all vör mi dor west.' ³¹ Ick heff em erst ock nich kennt. Awer nu schall he in Israel bekannt warn, dorum bün ick nu kamen to döpen." ³² Un Johannes betüg ock düt noch: „Ick heff dat mit min eegen Ogen sehn, as de Geist grad as en Duw ut'n Himmel hendalkäm un up em bliewen dä. ³³ Awer ick kenn em domals noch nich. Doch de, de mi schickt hett, dat ick mit Water döpen schall, de hett to mi seggt: ‚De, up den du den Geist dalkamen un bliewen sühst, de is dat, de mit hilligen Geist döpen deit.' ³⁴ Düt heff ick sülbn sehn, un dorum bliew ick bi dat, wat ick betügen do: Düsse is Godd sin Söhn!"

³⁵ Den neegsten Dag stünn Johannes wedder dor mit twee vun sin Jüngers, ³⁶ un he keek na Jesus hen, de grad dor langkäm, un sä: „Süh, dat is Godd sin Lamm!" ³⁷ Un de beiden Jüngers harrn man eben hört, wat he sä, do folgten se achter Jesus ran. ³⁸ Jesus dreih sick um. Un as he seeg, dat se achterankämen, do sä he to ehr: „Wat sökt ji?" Se sän to em: „Rabbi (dat heet: Meister), wonem büst du tohus?" ³⁹ He sä to ehr: „Kamt mit un seht ju dat an!" So kämen se denn mit un seegn, wo he tohus wär. Un se blewen den Dag bi em. Un dat wär so üm un bi de Klock veer an'n Namiddag.

⁴⁰ Simon Petrus sin Broder Andreas wär de eene vun de Beiden, de dat vun Johannes hört harrn un mit Jesus gahn wärn. ⁴¹ Düsse dröppt as ersten sin eegen Broder Simon un seggt to em: „Wi hebbt den Messias funn'n" (dat heet: „den, de salwt is."). ⁴² Un he bröcht em to Jesus. Jesus keek em an un sä: „Du büst Simon, Johannes sin Söhn — du schallst Kephas heeten (dat heet „Fels")."

⁴³ Den neegsten Dag wull Jesus na Galiläa wiederreisen. Do dröppt he Philippus. Un Jesus sä to em: „Kumm mit!" ⁴⁴ Philippus wär ut Bethsaida, wo Andreas un Petrus tohus wärn. ⁴⁵ Philippus dröppt nu wedder Nathanael un seggt to em: „Den, vun den Mose in dat Gesetz schrewen hett un ock de Profeten red' hebbt — den hebbt wi funn'n. Dat is Jesus, Josef sin Söhn ut Nazareth." ⁴⁶ Do sä Nathanael to em: „Ach, snack doch nich! Schull ut Nazareth wull wat Goodes kamen?" Philippus seggt to em: „Kumm mit un öwertüg di!"

⁴⁷ As Jesus Nathanael nu up sick tokamen seeg, sä he vun em: „Süh, dat is en Israelit, as he sin schall: den süht man

up'n Grund!" 48 Nathanael seggt to em: „Wonem kennst du mi her?" Jesus sä to em: „Ehr dat Philippus di ropen dä, heff ick di all ünnern Fiegenboom sehn." 49 Do sä Nathanael: „Meister, du büst Godd sin Söhn! Du büst de König vun Israel!" 50 Jesus sä to em: „Blots dorum, wieldat ick di sä: ick seeg di all ünnern Fiegenboom — blots dorum glöwst du? Du warst noch Gröteres bilewen as düt!" 51 Un denn sä he: „Gans gewiß! Ji künnt ju dorup verlaten, wat ick ju nu seggn do: Ji ward den Himmel apen sehn un Godd sin Engels rup- un dalstiegen up den Minschensöhn!"

Dat 2. Kapitel.

1 Den drüdden Dag wär en Hochtied in Kana, wat in Ga- liläa liggt. Un Jesus sin Moder wär ock dor. 2 Ock Jesus un sin Jüngers wärn mit to de Hochtied laden.

3 Un as dat denn so geit — toletz kämen se mit den Wien to kort. Do sä Jesus sin Moder to em: „Se hebbt keen Wien mehr!" 4 Jesus sä to ehr: „Moder, dor sorg du di nich üm! Min Stünn is noch nich dor."

5 Do sä sin Moder to de Deeners: „Wat he ju seggt, dat dot man!"

6 Nu wärn dor söß Steenkruken mit Water. De bruken se sünst to'n Waschen. Dor güngn in jede een so'n twee bit dree Emmer vull. 7 Do sä Jesus to ehr: „Nu füllt mal de Kruken mit Water!" Se dän dat un maken ehr bit baben vull 8 Do sä he: „So, nu nehmt mal'n Prow rut un bringt de mal to'n Kökenmeister!" Se dän dat ock. 9 Un as he dat Water pröwen dä, do wär dat Wien worrn, un he wüß nich, wo dat herkäm. Blots de Deeners, de dat inschenkt harrn, wüssen dat. Do reep de Kökenmeister den Brüdigam 10 un sä to em: „Dat mutt ick seggn: sünst stellt jedereen erst den gooden Wien up'n Disch, un wenn de Lüd to veel drunken hebbt, de ringere Sort. Du hest den gooden Wien bit toletz upsport."

11 So füng Jesus mit sin Wunner in Kana, wat in Galiläa liggt, an un bewies so sin Herrlikeit, un sin Jüngers glöwten an em.

12 Denn güng he mit sin Moder un sin Bröder un sin Jüngers na Kapernaum hendal. Awer se blewen dor man en poor Dag'.

13 As nu dat jüdsche Osterfest vör de Dör stünn, do reis' Jesus rup na Jerusalem. Un wat bilew he dor?

14 Dor seeten in'n Tempel de Handelslüd, de Ossen un Schaap un Duwen verköpen dän, un de Lüd, de Geld wesseln dän. 15 Do mak he sick en Pietsch ut Tau un jag' ehr all' ut'n Tempel rut: Schaap un Ossen. Un dat Geld vun de Banklüd schütt he

up de Eer, un de Dischen stött he um, 16 un to de Lüd, de de
Duwen verköffen, sä he: „Drägt dat allns rut un makt ut min
Vader sin Hus keen Koopmannsladen!"
17 Do müssen sin Jüngers doran denken, dat in de Biwel dat
Word schrewen steit: „De Iwer för din Hus ward mi up-
freten."
18 Nu kämen de Juden dortwischen un sän to em: „Wat förn
Wunnerteeken kannst du dorför upwiesen, dat du dat Recht hest,
sowat to don?" 19 Jesus sä to ehr: „Brekt düssen Tempel aff,
denn will ick em in dree Dag' wedder upbuun!" 20 Do sän de
Juden: „Söß un veerdi Johr hett dat duert, ehr dat düsse
Tempel fardi wär, un nu kümmst du un wullt em in dree Dag'
wedder upbuun?" 21 He meen awer den Tempel, de sin Liew
wär. 22 Un as he nu vun de Doden upstahn wär, do full sin
Jüngers dat wedder in, dat he ock düt seggt harr, un se glöwten
an de Biwel un an dat Word, dat Jesus seggt harr.
23 In de Tied nu, wo he in Jerusalem noch to dat Osterfest
wär, kämen Veele to'n Glowen an sin Nam; denn se kreegn
ja de Wunnerteeken to sehn, de he dä. 24 Jesus harr awer doch
nich veel mit ehr in Sinn, denn he wüß genau, wat dorachter
steken dä. 25 He harr dat ock nich nödi, dat een em en Licht
upsteken dä öwer en Minsch, mit den he to don harr. Em
kunn keen een wat vörmaken. He keek de Minschen deep int
Hart, ja bit up den Grund.

Dat 3. Kapitel.

1 Nu wär dor en Minsch, de hör to de Pharisäers un heet
Nikodemus. He hör ock to'n Hochen Rat bi de Juden. 2 Düsse
Mann käm to em bi Nacht un Newel un sä to em: „Meister,
wi weet, dat du vun Godd as Lehrer kamen büst; denn keen
een kann düsse Wunnerteeken don, de du deist. Dat kann een
blots, wenn Godd mit em is." 3 Do sä Jesus to em: „Du kannst
di wiß dorup verlaten, wat ick di nu seggn do: Wenn een nich
vun baben noch mal sin Lewen kregn hett, denn kann he Godd
sin Riek nich sehn." 4 Do sä Nikodemus to em: „Wodenni
kunn dat wull angahn, dat en Minsch noch mal to Welt kümmt,
wenn he all hoch to Johrn is? Em kann sin Moder doch nich
noch eenmal ünnert Hart drägen un denn wedder to Welt
bringn!" 5 Jesus sä: „Du kannst di wiß dorup verlaten, wat
ick di segn do: wenn een sin Lewen nich ut Water un Geist
kregn hett, denn kann he in Godd sin Riek nich rinkamen.
6 Wat vun dat Fleesch kümmt, dat is Fleesch; un wat vun'n
Geist stammt, dat is Geist. 7 Wunner di nich, dat ick di seggn
dä: ‚Ji möt vun baben noch mal dat Lewen kriegn.' 8 De
Wind weiht, wo he will, un du hörst wull sin Suusen; awer

du weetst nich, wo he herkümmt un wo he affbliwt. So is dat ock mit jedeneen, de ut'n Geist sin Lewen hett." [9] Do sä Niko- demus to em: „Wodenni kann dat angahn?" [10] Jesus sä to em: „Du büst en Meister in Israel, un kennst dat nich mal? [11] Du kannst di wiß dorup verlaten, wat ick di nu seggn do: wi seggt dat, wat wi wect, un staht för dat in, wat wi sehn hebbt. Un doch nehmt ji uns dat nich aff, woför wi uns in- setten dot. [12] Heff ick ju vun weltliche Saken wat seggt un ji glöwt dat nich, wodenni schull dat denn gahn, wenn ick ju vun himmlische Saken wat segg? Denn glöwt ji erst recht nich! [13] Keen een is noch na'n Himmel rupgahn, de nich vörher vun'n Himmel hendalkäm, un dat is de Minschensöhn! [14] So as Mose de Slang in de Stepp uphungn hett, so schall ock de Minschensöhn uphungn warn, [15] dat jedereen, de an em glöwen deit, in em ewiges Lewen kriggt. [16] Denn so lew hett Godd de Welt hatt, dat he sin eenzigen Söhn hergewen dä; denn he wull, dat jedereen, de an em glöwen deit, nich verlorn geit, sunnern dat ewige Lewen hett. [17] Denn Godd hett den Söhn nich in de Welt schickt, dat he öwer de Welt Gericht holn schall. Nä, de Welt schall dörch em redd' warn. [18] Ower den, de an em glöwen deit, kümmt dat Gericht nich. Wer nich glöwen deit, öwer den is all dat Gericht holn, wieldat he nich an den glöwt hett, de Godd sin eenzige Söhn is. [19] Dat awer is dat Gericht: dat Licht is in de Welt kamen, un de Minschen wulln lewer de Düsternis hebbn as dat Licht; denn wat se dot, dat is bös. [20] Jedereen, de wat Leeges deit, de haßt dat Licht un kümmt nich to dat Licht hen; denn he is bang, dat dat, wat he dan hett, an den Dag kümmt. [21] De awer, de dat deit, wat de Wohrheit verlangt, de kümmt to dat Licht hen; denn wat he dan hett, dat hett in Godd sin Grund."

[22] Denn güng Jesus mit sin Jüngers na dat jüdsche Land, un dor blew he en Tied lang mit ehr un döff. [23] Un Johannes wär ock bi to döpen. Dat wär bi Anon, wat neeg bi Salim liggt. Dor wär veel Water. Un de Lüd kämen to em un leeten sick döpen: [24] denn Johannes seet noch nich in dat Lock.

[25] Un nu käm dat mal to'n Striet twischen Johannes sin Jüngers un en Jud. Se kunn'n sick nich eenig warn öwer dat Waschen. [26] Do güngn se to Johannes hen un sän to em: „Meister! De Mann, de mit di tohop wär up de Güntsiet vun'n Jordan un för den du di ock insett hest — de döfft ock, un all' de Lüd kamt to em hen." [27] Do sä Johannes: „De Minsch kann sick niks nehmen. Dat ward em allns vun'n Himmel gewen. [28] Ji künnt dat ja sülbn betügen, dat ick seggt heff: ‚Ick bün nich de Messias; awer ick bün em vörutschickt.‘ [29] Wer de Brut hett, de is de Brüdigam. Den Brüdigam sin Fründ awer, — de steit still dorbi un hört to; ja he freut sick

banni öwer den Brüdigam sin Stimm. Dat is min Freud, un de is nu vull. [30] He schall nu grot warn, ick awer gans lütt. [31] Wer vun baben kümmt, de is öwer all' de Annern stellt. Wer awer vun de Eer stammt, de is eben vun de Eer un sprickt ock so as een, de dor tohus is. Wer awer ut'n Himmel kümmt, de is öwer all' de Annern stellt. [32] Wat he sehn un hört hett, dat betügt he; awer wat he betügt, dat nümmt keen een an. [33] Wer awer sin Tügnis annehmen dä, de sett sick denn ock gans dorför in, dat Godd to sin Word steit. [34] Denn de, de Godd schickt hett, de seggt Godds Word. Wen Godd sin Geist gifft, den ward he nich knapp tometen. [35] De Vader hett sin Söhn lew, un allns hett he in sin Hand gewen. [36] Wer an den Söhn glöwt, de hett ewiges Lewen. Wer awer up den Söhn nich hörn will, de kriggt dat Lewen nich to sehn. Nä, de bliwt ünner Godd sin Zorn."

Dat 4. Kapitel.

[1] Nu kreeg de Herr to weten, dat de Pharisäers hört harrn, he mak veel mehr Lüd to sin Jüngers un döff ock veel mehr as Johannes. [2] Awer Jesus sülbn döff gornich, dat dän sin Jüngers. Na, eenerlei! [3] As de Herr dat hört harr, do reis' he ut Judäa aff un güng wedder na Galiläa.

[4] Up de Reis' na Galiläa leet sick dat nu nich good anners maken, as dat Jesus dörch Samaria wannern dä.

[5] Up de Wies' käm he eensbags in en lütt Dörp vun Samaria. Dat heet Sichar un läg nich wiet aff vun dat Grundstück, dat Jakob in olle Tieden an sin Söhn Joseph affgewen harr. [6] Dor wär ock de Jakobsborn.

Jesus wär möd vun de Reis' un sett sick, wiedat sick dat grad so maken dä, blang bi'n Soot hen. So üm de Klock twölf wär dat.

[7] Dor kümmt en Fru ut dat samaritsche Land un will Water haln. Jesus seggt to ehr: „Lat mi mal drinken!" [8] Sin Jüngers wärn to Dörp gahn un wulln wat inhaln, dat se wat to lewen kreegn. [9] Do sä de samaritsche Fru to em: „Wodenni geit dat to? Du büst en Jud, un ick bün en samaritsche Fru, un du verlangst vun mi, dat ick di wat to drinken gew? Dat is doch sünst keen Mod!" (Juden un Samariters gewt sick ja nich mitenanner aff.) [10] Do sä Jesus to ehr: „Wenn du ahnen däst, wat Godd di todacht hett, un wenn du wüßt, wer dat is, de nu to di seggn deit: ‚Lat mi mal drinken!' — denn wörrst du em beden, un he wörr di lebenniges Water gewen." [11] Do seggt se to em: „Herr, du hest doch keen Emmer, un de Soot is doch deep! Wonem wullt du bi lebenniges Water kamen? [12] Du büst doch nich mehr as unse Stammvader Jakob, de uns

düssen Soot gewen hett? Dor hett he all ut drunken un sin Kinner un sin Veehwark dorto!" [13] Jesus sä to ehr: „Ick will di wat seggn. Jedereen, de vun düt Water drinken deit, de kriggt ümmer wedder Dörst. [14] Wer awer vun dat Water drinken deit, dat ick em gewen will, de brukt in Ewigkeit nich mehr to dörsten. Nä, dat Water, dat ick em gewen will, dat ward in em en Born, den sin Water bit in dat ewige Lewen Duer un Bestand hett." [15] Do seggt de Fru to em: „Herr, denn giff mi doch düt Water, dat ick nich wedder dörsti warr un ock nich mehr hier hertolopen bruk, üm Water to haln!" [16] He seggt to ehr: „Gah mal hen un rop din Mann, un denn kam wedder her!" [17] Do sä de Fru to em: „Ick heff keen Mann." Jesus seggt to ehr: „Dat hest du fein seggt kregn. Stimmt! [18] Fief Mannslüd hest du all hatt, un de, den du nu hest, de is nich din Mann. Stimmt gans genau." [19] Do seggt de Fru to em: „Herr, nu mark un seh ick, dat du en Profet büst. Nu segg mi mal glieks wat: [20] Unse Vöröllern hebbt up düssen Barg anbed'. Un ji seggt: in Jerusalem is de Städ', wo een anbeden schall. Wat schall een dor vun holn?" [21] Jesus seggt to ehr: „Du kannst mi glöwen, Fru, dor kümmt noch mal en Stünn, denn ward ji nich mehr up düssen Barg un ock nich mehr in Jerusalem den Vader anbeden. [22] Ji bed' an, wat ji nich kennt; wi bed' an, wat wi kennt. Dat Heil kümmt nu mal vun de Juden. [23] Awer de Stünn kümmt un is all dor; denn ward de Framen, de den Namen würkli verdeent, den Vader anbeden in'n Geist un in Wohrheit. Un so'n Lüd will de Vader ock hebbn, de em so anbedn dot. [24] Godd is Geist, un de em anbedn dot, de schüllt em in'n Geist un in Wohrheit anbedn." [25] De seggt de Fru to em: „Ja, ick weet: de Messias kümmt, den se Christus nömt. Wenn de erst dor is, denn ward he uns allns verklorn." [26] Jesus seggt to ehr: „Ick bün dat, desülwige Mann, de mit di snacken deit."

[27] In düssen Ogenblick kämen de Jüngers an. Un se wunnern sick, dat he mit de Fru snacken dä. Awer keen een frag em: „Wat wullt du vun ehr?" oder: „Worum sprickst du mit ehr?" [28] Do leet de Fru ehr Waterkruk stahn un güng hen to Dörp. Un se sä to de Lüd: [29] „Kamt gau mit lang un seht ju en Mann mal an, de mi allns seggt hett, wat ick dan heff! Mi dünkt, dat kunn de Messias wesen." [30] Un se kämen ut dat Dörp herut un maken sick up den Weg na em hen.

[31] Intwischen wärn de Jüngers mit em an un sän: „Meister, eet doch en beten!" [32] He awer sä to ehr: „Ick heff wat to eten, wat ji nich kennt." [33] Do sän de Jüngers een to enanner: „Dor hett em doch wull nich een wat to eten bröcht?" [34] Jesus sä to ehr: „Ick lew dorvun, dat ick den Willn do vun den, de mi schickt hett, un dat ick sin Wark to Enn bring. [35] Seggt ji

nich sülbn: ,Dat duert blots noch en Veermaandstied, denn is
de Arnt dor'? Un nu segg ick ju: Leggt mal de Hand öwer de
Ogen un kiekt ju de Koppeln mal an! De sünd nu all witt
un künnt mait warn. [36] De Maiher kriggt ja nu all sin Lohn,
denn he bringt Frucht in för dat ewige Lewen, un dorup hett
Godd dat affsehn, dat de Saier un de Maiher sick tohop freun
dot. [37] Denn in düssen Fall gelt dat Sprückword: ,De Eene
sait un de Annere maiht.' [38] Ick heff ju dorto bestellt, dat ji
maihn dörft dor, wo ji ju nich affrackert hebbt. Anner Lüd
hebbt sick suerdahn, un ji staht nu an ehrn Platz in de Arbeid."

[39] Un ut dat dore Dörp kämen veel Lüd vun de Samariters
to'n Glowen an em, wieldat de Fru ehr vertellt un betügt
harr: „He hett mi allns seggt, wat ick dan heff." [40] Un as
vun de Samariters welke to em kämen, wärn se mit em an,
he schull doch bi ehr bliewen; un he blew dor ock twee Dag'.
[41] Un do kämen noch veel mehr to'n Glowen dörch dat, wat he
sä. [42] Un se sän to de Fru: „Nu glöwt wi nich mehr, wieldat
du uns dat seggt hest. Nä, nu hebbt wi sülbn hört, un nu
weet wi: düsse Mann is wohrrafdi de Heiland för de ganse
Welt!"

[43] Un as de twee Dag' ümwärn, do güng he vun dor na
Galiläa, [44] wenn he ock utdrückli sülbn seggt harr, dat de Min-
schen en Profet in sin eegen Heimat nich up de Rek'n hebbt.

[45] As he nu na Galiläa käm, do nähmen de Galiläers em
fründli up. Se harrn ja allns bilewt, wat he in Jerusalem
bi dat Fest makt harr; denn ock se reisten to dat Fest.

[46] Nu käm he eensdags mal wedder na Kana, wo he Water
to Wien makt harr. [47] Un dor wär en Mann, de bi den
König in Deenst stünn. Un düssen Mann sin Söhn läg krank
in Kapernaum. As de Mann nu hörn dä, dat Jesus vun
Judäa wedder na Galiläa torügkamen wär, do güng he to em
hen un bed em, he müch doch dalkamen un sin Söhn wedder
gesund maken; denn he läg up'n Dod. [48] Do sä Jesus to em:
„Dat mutt ick doch ümmer wedder bilewen: wenn ji nich
Teeken un Wunner seht, denn glöwt ji nich!" [49] Do sä de Mann
to em: „Herr, mag dat wesen as dat will, kam doch hendal,
sünst bliwt min Jung dot!" [50] Jesus sä to em: „Gah ruhi to-
hus, din Jung bliwt ant Lewen!" Un de Mann glöw dat,
wat Jesus em seggt harr, un güng tohus. [51] Un he wär noch
nich lang ünnerwegens, do kämen sin Knecht'n em all in de
Möt un sän to em: „Din Söhn lewt noch!" [52] Un nu frag he
ehr, wanneher dat beter mit em worrn wär. Se sän to em:
„Güstern Middag, so hen to de Klock een, wär dat Fewer
weg." [53] Do wörr den Vader dat klor, dat Jesus grad to de-
sülwige Tied to em seggt harr: „Din Söhn bliwt ant Lewen!"

Un nu glöw he fast un sin ganse Familie dorto. ⁵⁴Dat wär nu wedder en Wunner, dat tweete, dat Jesus dan hett, as he vun Judäa na Galiläa kamen wär.

Dat 5. Kapitel.

¹Domals harrn de Juden en Fest. Un Jesus reis' na Jerusalem. ²Nu gifft dat in Jerusalem bi dat Schaapsdoor en Diek. De heet up hebräisch Bethesda (up dütsch: Gnadenhus). Un dor wär en Hus mit söbn Hallen buut. ³Hier lägen en Barg kranke Lüd: Blinde un Lahme un welke, de de Swindsucht harrn. ⁵Nu wär dor ock en Minsch mang, de harr all achtundörti Johr an sin Sük to lieden. ⁶Un as Jesus em dor so toliggn seeg un hörn dä, dat he dat all lang so harr, do sä he to em: „Wullt du gesund warn?" ⁷Do sä de Kranke: „Ach, Herr, wenn dat Water in Gang kümmt un upbruust, denn heff ick keen Minsch, de mi helpen deit, dat ick bitieds in'n Diek kam. Wieldeß ick mi henslepen do, stiggt all en Annere vör mi rin." ⁸Jesus seggt to em: „Stah up, nümm din Bedd up'n Nack un gah los!" ⁹Un in densülwigen Ogenblick wär de Minsch gesund, un he böhr sin Bedd up'n Rügg un güng los.

Nu wär dat awer grad Sabbat an düssen Dag. ¹⁰Do sän de Juden to den, de gesund worrn wär: „Hüt is Sabbat. Dor dörfst du doch dat Bedd nich drägen!" ¹¹He sä: „De mi gesund makt hett, de hett to mi seggt: ‚Nümm din Bedd up de Nack un gah los!‘" ¹²Do fragten se em: „Wat? Wer is de Minsch, de to di sä: ‚Nümm din Bedd un gah los?‘" ¹³Düsse Mann awer, de gesund worrn wär, de wüß nich, wer dat wär; denn Jesus harr sick liesen dorvun makt, ohn dat se dorum wies worn; denn dor wärn veele Lüd an de Stell tohopkamen. ¹⁴Na'n lütte Wiel dreep Jesus em wedder in'n Tempel un sä: „Hör mal! Du büst nu wedder gesund. Nu sünni ock nich mehr! Sünst kunn di noch wat Leegeres drapen." ¹⁵Do güng de Minsch hen un meld de Juden, dat Jesus dat wär, de em gesund makt harr. ¹⁶Un dorum wärn de Juden achter Jesus her, wieldat he düt an'n Sabbat makt harr. ¹⁷He awer sä to ehr: „Min Vader is bitherto ümmer ant Wark un ick dorum ock." ¹⁸Dorum söchten de Juden nu noch veelmehr na'n Gelegenheit, dat se Jesus an de Siet bringn kunn'n. Denn he harr nich blots den Sabbat schänd', nä, he harr ock Godd sin Vader nömt, so as dat sünst keen Minsch tokümmt, un sick up de Wies' gans an Godd sin Siet stellt.

19 Un Jesus fung noch mal an un sä to ehr:

„Gans gewiß, ji künnt ju dorup verlaten, wat ick ju seggn do: De Söhn kann niks vun ut sick sülbn. He mutt erst sehn, wat de Vader deit. Wat he deit, dat makt de Söhn denn grad so. 20 Denn de Vader hölt veel vun den Söhn un wiest em, wat he sülbn deit. Ja, noch Gröteres ward he em wiesen, dat ji ju wunnern schüllt. 21 Denn so as de Vader de Doden up-weckt un lebenni makt, so makt ock de Söhn lebenni, wen he will. 22 Denn de Vader richt keen een, nä, dat ganse Gericht hett he affgewen an den Söhn. 23 Alle Minschen schüllt den Söhn grad so ehren, as se den Vader ehren dot. Wer den Söhn nich ehren deit, de ehrt ock nich den Vader, de em schickt hett. 24 Gans gewiß, ji künnt ju dorup verlaten, wat ick ju seggn do: Wer up min Word hört un an den glöwen deit, de mi schickt hett, de hett ewiges Lewen un kümmt nich in dat Gericht; nä, de is ut'n Dod all to'n Lewen kamen. 25 Gans gewiß, ji künnt ju dorup verlaten, wat ick ju seggn do: De Stünn — de kümmt, ja, all nu is se dor; denn ward de Doden de Stimm vun Godd sin Söhn hörn, un wer ehr hörn deit, de schall lewen. 26 Denn grad so as de Vader Lewen hett in sick sülbn, so hett he dat ock den Söhn vermakt, dat he Lewen in sick sülbn hett. 27 Ja, he hett em ock Vullmacht dorto gewen, dat he Gericht holn schall; denn he is de Minschensöhn. 28 Wunnert ju nich! De Stünn kümmt, denn ward all' de, de up'n Karkhoff liggt, sin Stimm hörn, 29 un denn ward se wedder rutkamen, un de, de dat Goode dan hebbt, ward upstahn to'n Lewen, un de, de dat Böse utöwt hebbt, ward upstahn to'n Gericht. 30 Ut mi sülbn kann ick gorniks don. Na dat, wat ick hörn do, hol ick Gericht, un min Gericht is gerecht; denn mi kümmt dat nich dorup an, dat min Will dörchsteit. Nä, dorup kümmt mi dat an, dat den sin Will dörchsteit, de mi schickt hett. 31 Wull ick blots vun mi sülbn tügen, denn wörr min Tügnis niks up sick hebbn. 32 Nä, en Annere steit för mi in, un ick weet: an dat, wat he vun mi betügen deit, is nich to rütteln. 33 Ji hebbt Bott schickt to Johannes, un he hett sick insett för de Wohrheit. 34 Ick awer bruk keen Minsch as Tüg, nä, ick segg düt blots dorum, dat ji redd ward. 35 He wär dat Licht, dat brennen un lüchten dä — doch ji wulln ju blots en Tied lang an sin hell'n Schien freun. 36 Awer dat Tügnis, dat ick heff, dat steit höcher as Johannes sin. Denn wat ick dan heff so, as mi de Vader dat upleggt harr, dat ick dat utföhrn schull — jüst all' dat, wat ick do, dat börgt mi dorför, dat de Vader mi schickt hett. 37 Un de Vader, de mi schickt hett, de hett sick to mi sülbn bekennt. Sin Stimm hebbt ji noch nümmer hört. Em sülbn hebbt ji

182

noch nümmer sehn, [38] sin Word hebbt ji nich bi ju wahnen; denn ji glöwt nich an den, den he schickt hett. [39] Ji studeert wull de Biwel, denn ji meent, dat ji in ehr ewiges Lewen hebbt. Gewiß, so is dat ock. Se is dat grad, de vun mi tügen deit. [40] Un doch wüllt ji nich to mi kamen, dat ji dat Lewen kriegt. [41] Um de Ehr, de Minschen to vergewen hebbt, is mi dat nich to don. [42] Nä, awer ju kenn ick genau un weet, dat ji Godd sin Lew nich in ju Harten drägt. [43] Ick bün in den Vader sin Nam kamen, awer ji nehmt mi nich an. Blots wenn en Annere noch mal kümmt in sin eegen Namen, den ward ji annehmen. [44] Wodenni künnt ji wull to'n Glowen kamen, wenn ji ju een vun den annern ehrn lat un ju niks gelegen is an de Ehr, de vun den eenen Godd kümmt? [45] Bild ju doch nich in, dat ick ju bi'n Vader verklagen will! Dat deit en gans Annere, dat is Mose, up den ji höpen dot. [46] Doch wenn ji würkli an Mose glöwen dän, so wörrn ji ock an mi glöwen. Vun mi hett he ja grad schrewen! [47] Wenn ji awer dat nich glöwt, wat he schrewen hett — wodenni schull dat denn togahn, dat ji glöwt, wat ick seggn do!"

Dat 6. Kapitel.

[1] Nu güng Jesus na de Güntsiet vun den galiläischen See, den se ock den See vun Tiberias nömt. [2] Un en grote Barg Minschen güngn mit em lang; denn se seegn de Wunnerteeken, de he an de Kranken dä. [3] Un Jesus güng up en Barg rup un blew dor mit sin Jüngers un sett sick dal. [4] Ostern stünn grad vör de Dör. Dat is de Juden ehr Fest. [5] As Jesus nu de Hand öwer de Ogen lä un seeg, dat en ganse Barg Minschen to em kämen, do sä he to Philippus: „Wonem schüllt wi doch blots Brod herkriegn, dat all' düsse Lüd satt ward!" [6] Awer he wull em blots mal up de Prow stelln. Dorum sä he dat. He wüß all gans genau, wat he wull. [7] Philippus sä to em: „För hunnert veerdi Mark Brod langt noch nich mal, wenn jedereen ock man en lütt Stück hebbn schall." [8] Do sä een vun sin Jüngers — Andreas, wat Simon Petrus sin Broder is, sä dat — to em: [9] „Hier is en Jung, de hett fief Stück Gastenbrod un twee Fisch. Awer dat langt ja nich för so veel Lüd!" [10] Jesus sä: „Lat de Lüd sick mal dalleggn!" Un dat güng good, denn dor wär veel Gras an düsse Stell. Un de Lüd dän dat. Dat wärn so üm un bi fiefdusend Mann. [11] Un nu nähm Jesus de Bröd un sprook dat Dankgebed un leet dat Brod utdeeln ünner de, de sick lagert harrn. Grad so mak he dat mit de Fisch. Un jedereen kreeg soveel, as he müch. [12] As se nu satt wärn, sä he to sin Jüngers: „So, nu sammelt

de Stücken tohop, de noch öwerblewen sünd, dat jo niks dorvun ümkamen deit!" [13] Un se sammeln un sammeln un kreegn toletz twölf grote Körw vull vun de Fisch- un Brodstücken, de vunt Eten öwerblewen wärn.

[14] As nu de Lüd dorachterkamen wärn, wat förn Wunnerteeken he dor makt harr, do sän se: „Dat is gans gewiß de Profet, de in de Welt kamen schall." [15] Jesus mark dat, dat se nu kamen un em mitnehmen un to'n König maken wulln. Dorum mak he sick vun ehr los un güng wedder na de Bargen rup, gans alleen.

[16] As dat nu schummeri wörr, do güngn sin Jüngers dal an'n See, [17] steegen in dat Boot un wulln wedder röwer na Kapernaum. Dat wär all gans düster, un Jesus wär noch ümmer nich wedder to ehr torüggkamen. [18] Un de See wörr mächdi upwöhlt vun'n Wind, de banni störmen dä. [19] As se nu so'n twee bit dree Seemieln föhrt wärn, do seegn se Jesus öwer dat Water neeg up ehr tokamen, un se kreegn dat mit de Angst. [20] Do sä he to ehr: „Ick bün dat! West man nich bang!" [21] Un nu wulln se em mit int Boot nehmen; awer knapp harrn se dat seggt, do wärn se all ant Land, grad dor, wo se up tostüert harrn.

[22] Un'n neegsten Morgn wörrn de Lüd, de noch up de Güntsiet vun'n See stünn'n, wies, dat dor keen anner Boot mehr legn harr as blots dat eene un dat Jesus nich mit sin Jüngers wedder an Bord gahn wär. De Jüngers wärn alleen wedder afföhrt. [23] Wieldeß kämen annere Schäp ut Tiberias röwer un län gans neeg bi de Städ an, wo se dat Brod eten harrn, as Jesus dat Dankgebed spraken harr. [24] As de Lüd dat nu klor wär, dat Jesus nich mehr dor wär un ock sin Jüngers nich, do güngn se up de Schäp un föhrn röwer na Kapernaum; denn se wulln Jesus nasöken. [25] Un as se em güntsiets vun'n See funn'n harrn, sän se to em: „Meister, wannehr büst du hier herkamen?" [26] Jesus sä to ehr: „Dat is gans gewiß wohr: Ji sökt mi doch nich, wieldat ji de Wunnerteeken sehn hebbt. Nä, blots wieldat ji vun dat Brod eten hebbt un satt worrn sünd. [27] Lopt ju de Been nich aff na dat Brod, dat vergängli is! Nä, seht to, dat ji dat Brod kriegt, dat för dat ewige Lewen Duer un Bestand hett! Dat ward ju de Minschensöhn gewen; denn em hett Godd, de Vader, Vullmacht gewen." [28] Do sän se to em: „Wat möt wi denn upstelln, dat wi dat fardi bringt, wat Godd will?" [29] Jesus sä to ehr: „Wat Godd verlangt, dat lett sick kort seggn: ji möt glöwen an den, den he schickt hett!" [30] Do sän se to em: „Wat förn Teeken makst du denn, dat wi dat sehn un an di glöwen dot? Womit wullt du di utwiesen? [31] Unse Vöröllern hebbt dat Manna in de Stepp to eten kreegn. Steit dat nich in de

Biwel: ,Brod ut'n Himmel hett he ehr to eten gewen'?" ³²Do
sä Jesus to ehr: „Gans gewiß, verlat ju dorup: Nich Mose hett
ju dat Brod ut'n Himmel gewen, nä, min Vader gifft ju dat
Brod ut'n Himmel, dat in Wohrheit den Namen verdeent.
³³Denn Godd sin Brod is de, de vun'n Himmel dalkümmt un
de de Welt Lewen gifft." ³⁴Do sän se to em: „Herr, denn giff
uns doch alltieds düt Brod!" ³⁵Jesus sä to ehr: „Ick bün dat
Lewensbrod. Wer to mi kamen deit, de ward keen Hunger mehr
spörn, un wer an mi glöwen deit, de ward nümmer keen Dörst
mehr hebbn. ³⁶Awer heff ick ju nich all seggt: ji hebbt mi
wull sehn, awer glöwen dot ji nich? ³⁷Jedereen, den de Vader
mi gewen deit, de ward to mi kamen, un wer to mi kümmt,
den wies ick nich de Dör. ³⁸Denn ick bün nich dorto vun'n
Himmel dalkamen, dat ick min Willn dörchsett. Nä, dat han-
delt sick för mi üm den sin Willn, de mi schickt hett. ³⁹Un
den sin Willn, de mi schickt hett, is düsse: Vun all dat, wat
he mi gewen hett, schall mi niks verloren gahn; nä, dat lat
ick upstahn an'n jüngsten Dag. ⁴⁰Dat is min Vader sin Will:
Jedereen, de den Söhn süht un an em glöwt, schall ewiges
Lewen hebbn, un ick lat em upstahn an'n jüngsten Dag."
⁴¹Do knurrt'n de Juden öwer em, wieldat he seggt harr:
„Ick bün dat Brod, dat vun'n Himmel dalkamen is." ⁴²Un se
sän: „Is dat nich Jesus, Joseph sin Söhn? Wi kennt doch
gans genau sin Vader un Moder! Wodenni kann he nu seggn:
Ick bün vun'n Himmel dalkamen?" ⁴³Jesus sä to ehr: „Knurrt
man nich een mit den Annern! ⁴⁴Keen een kann to mi kamen,
wenn de Vader, de mi schickt hett, em nich trecken deit, un
denn lat ick em upstahn an'n jüngsten Dag. ⁴⁵In de Profeten
steit schrewen: ,Un se ward all vun Godd lehrt.warn.' Jeder-
een, de vun den Vader hört un lehrt, de kümmt to mi. ⁴⁶Keen
een hett den Vader sehn. Dat hett blots de dan, de vun Godd
is. De hett den Vader sehn. ⁴⁷Gans gewiß, verlat ju dorup,
wat ick ju seggn do: wer an mi glöwen deit, de hett ewiges
Lewen. ⁴⁸Ick bün dat Lewensbrod. ⁴⁹Ju Vöröllern hebbt in
de Stepp dat Manna eten un sünd storwen. ⁵⁰Düt is dat
Brod, dat vun'n Himmel dalkümmt. Wenn een vun düt Brod
eten deit, denn ward he nich starwen. ⁵¹Ick bün dat lebennige
Brod, dat vun'n Himmel dalkamen is. Wenn een vun düt
Brod eten deit, ward he ewig lewen. Dat Brod awer, dat
ick gewen warr, dat is min Fleesch, dat ick gewen warr för
de Welt ehr Lewen."
⁵²Do kreegn de Juden dat Strieden mitenanner un sän:
„Wodenni kann düsse Mann uns dat Fleesch to eten gewen?"
⁵³He sä to ehr: „Gans gewiß, verlat ju dorup, wat ick ju
seggn do: Wenn ji nich den Minschensöhn sin Fleesch eten
un sin Bloot drinken dot, denn hebbt ji keen Lewen in ju sülbn.

185

⁵⁴ Wer min Fleesch eten un min Bloot drinken deit, de hett ewiges Lewen, un ick warr em upwecken an'n jüngsten Dag. ⁵⁵ Denn min Fleesch is de würkliche Spies' un min Bloot de würkliche Drunk. ⁵⁶ Wer min Fleesch eten un min Bloot drinken deit, de bliwt in mi un ick in em. ⁵⁷ Grad so as de lebennige Vader mi schickt hett un ick dörch den Vader lewen do, grad so ward ock de, de mi eten deit, dörch mi lewen. ⁵⁸ Dat is dat Brod, dat vun'n Himmel hendalkamen is un nich so, as de Vöröllern dat eten hebbt un denn doch storwen sünd. Wer düt Brod eten deit, de ward in Ewigkeit lewen."

⁵⁹ Dat sä he, as he in de Kapell in Kapernaum lehrn dä. ⁶⁰ Nu sän awer veele vun sin Jüngers, as se dat hörn dän: „Düt Word is hart. Wer kann dat hörn?" ⁶¹ Jesus wüß dat vun sülbn, dat sin Jüngers doröwer knurrn dän, dorum sä he to ehr: „Doran stöt ji ju? ⁶² Wodenni schall ju dat denn erst gahn, wenn ji nu seht, dat de Minschensöhn dorhen rupgeit, wo he vörher wär? ⁶³ De Geist makt lebenni; dat Fleesch döcht to niks. De Wörd, de ick to ju spreken do, de sünd Geist un Lewen. ⁶⁴ Awer welke vun ju sünd dor, de glöwt nich." Jesus wüß ja vun vörnherin, welke dat wärn, de nich glöwen dän un wer dat wär, de em verraden wörr. ⁶⁵ Un so sä he: „Dorum heff ick to ju seggt: nüms kann to mi kamen, wenn em dat nich vun den Vader schenkt ward."

⁶⁶ Vun düsse Tied an güngn veele vun sin Jüngers vun em weg. Se wulln niks mehr vun em weten un güngn ock nich mehr mit em. ⁶⁷ Do sä Jesus to de Twölf: „Wüllt ji nu ock weggahn?" ⁶⁸ Do sä Simon Petrus to em: „Herr, to wen schulln wi denn wull weggahn? Du hest Wörd, de ewiges Lewen sünd. ⁶⁹ Un uns is dat klor worrn, dat du Godd sin hillige Mann büst." ⁷⁰ Do sä Jesus to ehr: „Heff ick ju nich, ju Twölf, utwählt? Un doch is een vun ju en Düwel!" ⁷¹ Dormit meen he awer Judas, wat de Söhn vun Simon ut Kariot is. Denn de harr sick dat vörnahmen, em nahsten to verraden, un he hör to de Twölf.

Dat 7. Kapitel.

¹ Nu makt Jesus en Rundreis' dörch Galiläa. In Judäa wull he nich mehr wannern; denn de Juden harrn dat dorup affsehn, dat se em an de Siet bröchten.

² Dat jüdische Arntfest, bi dat se buten in Telten un Lauwen wahnten, stünn grad vör de Dör. ³ Do sän sin Bröder to em: „Mak di doch vun hier wedder up de Reis' un gah na Judäa! Din Jüngers möt doch dor ock de Wunner sehn, de du hier deist. ⁴ Nüms makt doch wat in Stilln, wenn em doran liggt, dat ock de Lüd dorum wies ward. Wenn du sowat kannst

186

un deist, denn wies di doch vör de Lüd!" [5] Denn nich mal sin Bröder glöwten an em. [6] Do sä he to ehr: "Min Tied is dorför noch nich her. Bi ju is dat anners. Ji dot allns, wenn ju dat passen deit. [7] Ju kann de Welt nich hassen; awer mi haßt se; denn ick segg ehr dat liek up'n Kopp, dat dat, wat se dot, vör Godd sin Ogen nich bestahn kann. [8] Ji künnt ja gern to dat Fest reisen. Ick gah dütmal nich hen, denn de Tied is för mi noch nich afflopen." [9] So sä he to ehr un blew in Galiläa.

[10] As nu sin Bröder to dat Fest rupreisten, do mak he sick nu doch up'n Weg, awer he sä keen een wat dorvun un heel sick ock gans torüg; denn he wull nich, dat de Lüd em wies wörrn. [11] Awer de Juden söchten em doch na bi dat Fest un sän: "Wonem mag he wull wesen?" [12] Un ünner de Lüd wörr veel vun em snackt. Hier sän se: "Dat is en goode Mann!" Annere sän: "Nä, he snackt de Lüd blots wat vör un wiegelt ehr up." [13] Awer nüms käm frie dormit rut, denn se wärn bang vör de Juden.

[14] As dat Fest nu all halw vörbi wär, do güng Jesus na'n Tempel un lehr dor. [15] Doröwer wunnerten sick de Juden un wüssen rein gornich, wat se seggn schulln. Se sän: "Wat weet de blots in de Biwel Bischeed, un he hett doch nich studeert!" [16] Do sä Jesus to ehr: "Wat ick lehrn do, dat heff ick nich ut mi sülbn, nä, dat heff ick vun den, de mi schickt hett. [17] Wenn een sin Willn don will, denn ward he dorachterkamen, üm düsse Lehr vun Godd kümmt oder üm ick ut mi sülbn reden do. [18] Wer ut sick sülbn reden deit, den is dat üm sin eegen Ehr to don. Wen dat awer üm den sin Ehr to don is, de em schickt hett, — dat is en uprichdige Mann, un de is nich up sin eegen Vördeel ut. [19] Hett Mose ju dat Gesetz nich gewen? Un doch kümmert sick keen een vun ju üm dat Gesetz. Worum wüllt ji mi denn an de Siet bringn?" [20] Do sän de Lüd: "Du büst ja wull nich klook! Wer schull di wull an de Siet bringn wülln!" [21] Do sä Jesus to ehr: "Een Wunner heff ick hier man dan, un ji hebbt grote Ogen makt. — — — [22] Mose hett ju de Besniedung vermakt — allerdings stammt se nich vun em, de hebbt all de Vöröllern hatt — awer eenerlei: un ji besnied den Minschen an'n Sabbat. [23] Awer wenn en Minsch nu an'n Sabbat besneden ward, dat jo Mose sin Gesetz nich ümstött ward — denn künnt ji dat nu nich hebbn un regt ju doröwer up, dat ick nu en Minschen gans un gor an'n Sabbat gesund makt heff? [24] Wenn ji denn mal richden wüllt, denn gaht jedenfalls nich dorbi na dat, wat buten upliggt, nä, denn gaht de Sak gans up'n Grund, so as dat recht is un sick hörn deit!"

[25] Do sän welke Lüd, de ut Jerusalem wärn: "Is dat nich

187

de Mann, den se to Kleed wüllt un an de Siet bringn? 26 Un
nu kiekt blots mal an! De kann sick hier breed maken un
seggn, wat he will! Un keen een seggt em wat! Schull dat
de Böwersten doch klor worrn sin, dat he de Messias is? Dat
schull een doch knapp för mögli holn! 27 Bun düssen Mann
weet wi doch, wo he herkümmt. Awer wenn de Messias kümmt,
denn weet nüms, wo he herkümmt." 28 Do reep Jesus in'n
Tempel, wo he lehrn dä, luuthals: „Ja, mi kennt ji un weet
ock genau, wo ick herkam. Un doch bün ick nich up eegen Hand
kamen. Dor is würkli een, de mi schickt hett; awer ji kennt
em nich. 29 Ick kenn em, denn ick kam vun em, un he hett mi
schickt."
30 Do stelln se allns an, dat se em fatkreegn, awer nüms
röhr em an; denn de Tied wär för em noch nich kamen. 31 Bun
dat Volk awer glöwten Veele an em un sän: „Wenn de
Messias nu kümmt, schull he denn wull noch mehr Wunner
don as düsse Mann?"
32 As de Pharisäers nu hörn dän, dat de Lüd so ünner sick
vun em spreken dän, do schickten de Hochepreesters un de Phari-
säers Deeners ut, de em fatkriegn schulln. 33 Do sä Jesus:
„Blots noch en korte Tied bün ick bi ju; denn gah ick hen
to den, de mi schickt hett. 34 Ji ward mi söken un nich finn'n,
un dorhen, wo ick bün, künnt ji nich kamen." 35 Do sän de
Pharisäers to enanner: „Wonem will he denn hengahn? Un
wi schulln em nich finn'n? Will he denn to de gahn, de mang
de Griechen wahnt, un de Griechen lehrn? 36 Wat schall düt
Word bedüden, wat he seggn dä: ,Ji ward mi söken un nich
finn'n, un wo ick bün, dor künnt ji nich henkamen'?"
37 Un den letzten groten Festdag stünn Jesus nu dor un reep
luuthals: „Wenn een Dörst hett, denn schall he to mi kamen
un drinken. 38 Wer an mi glöwen deit, so as de Biwel dat
seggt, vun den sin Liew ward lebenniges Water in Hüll un
Füll utgahn." 39 Dormit meen he awer den Geist, den de noch
kriegn schulln, de to'n Glowen an em kamen wärn. Noch wär
ja de Geist nich dor, denn Jesus wär noch nich verherrlicht.
40 Do sän welke vun de Lüd, de düsse Wörd hört harrn:
„Düsse Mann is gans gewiß de Profet." 41 Annere sän: „Dat
is de Messias!" Un welke sän wedder: „Kümmt denn de
Messias vun Galiläa? 42 Hett de Biwel nich seggt: de Messias
kümmt ut David sin Sipp un ut Bethlehem, wat dat Dörp is,
wo David tohus wär?" 43 So kunn'n sick de Lüd nich eenig
warn. 44 Welke vun ehr awer wulln em fatkriegn, un doch
lä keen een Hand an em.
45 Nu kämen de Deeners wedder to de Hochepreesters un
Pharisäers, un düsse sän to ehr: „Worum hebbt ji em nich
mitbröcht?" 46 Se sän: „Noch nümmer hett en Minsch so spra-

ken, as düsse Minsch spreken deit!" 47 Do sän de Pharisäers
to ehr: „Hebbt se ju nu ock Sand in de Ogen streut? 48 Is
denn ock een vun de Böwersten to'n Glowen an em kamen
oder een vun de Pharisäers? 49 Nä, blots düsse verfluchte Lüd,
de dat Gesetz nich kennt!" 50 Do sä Nikodemus, de all fröher
mal to em kamen wär un un ock to ehr hörn dä, to ehr: 51 „Verdammt
denn unse Gesetz en Minschen, ehr se em anhört hebbt
un dorachterkamen fünd, wat dat mit em up sick hett?" 52 Se
sän to em: „Hörst du ock na Galiläa tohus? Gah de Sak man
mal up'n Grund, denn warst du sehn, dat ut Galiläa keen
Profet upsteit." — 53 Un nu güng jedereen tohus.

Dat 8. Kapitel.

1 Jesus awer güng na'n Ölbarg. 2 Den neegsten Morgn awer
güng he all bitieds wedder na'n Tempel, un all de Lüd güngn
to em hen, un he sett sick dal un lehr ehr.
3 Do bröchten de Schriftgelehrten un Pharisäers en Fru
na em hen, de harrn se bi'n Eh'bruch fatkregn. De müß sick
nu in de Merr henstelln, 4 un denn sän se to em: „Meister,
düt Wiew hebbt se up de Stell bi'n Eh'bruch fatkregn. 5 Nu
is in dat Gesetz vun Mose vörschrewen, dat wi so'n Frunslüd
mit Steen dotsmieten schüllt. Wat meenst du dorto?" 6 Dat sän
se natürli blots, wieldat se em en Fall stelln wulln. Denn
harrn se en Grund, em to verklagen. Do bög Jesus sick dal
un schrew mit den Finger wat in den Sand. 7 Awer se blewen
noch bi un fragten em. Do käm he wedder hoch un sä: „Wer
vun ju noch keen Sünn'n dan hett, de mag toerst en Steen
up ehr smieten!" 8 Un denn bög he sick wedder dal un schrew
nochmal wat up de Eer. 9 As se dat awer hörn dän, do mak
sick een na'n annern dorvun, de Ollerlüd vöran. So blew he
denn alleen mit de Fru torüg, de noch ümmer in de Merr
stünn. 10 Do awer käm Jesus wedder hoch un sä: „Na, Fru,
wo sünd se affblewen? Hett di keen een verdammt?" 11 Se sä:
„Nä, keen een." Do sä Jesus to ehr: „Ja, denn will ick di ock
nich verdammen. Gah, awer nu sünni ock nich mehr!"
12 Nu sä he wedder wat to ehr. He sä: „Ick bün dat Licht
för de Welt. Wer mit mi geit, den sin Weg geit nich dörch
Düsternis; denn de hett dat Lewenslicht." 13 Do sän de Pharisäers
to em: „Du sprickst ja öwer di sülbn; denn is dat, wat
du seggst, nich wohr." 14 Jesus sä to ehr: „Wenn ick öwer mi
sülbn wat betügen do, denn is min Tügnis ock wohr; denn
ick weet, wo ick herkamen bün un wo ick hengah. 15 Ji seht
allns mit Minschenogen an. Ick awer sett mi öwer keen een

to Gericht. [16] Un wenn ick doch richten do, denn is min Gericht wohr; denn ick bün nich alleen, nä, wi sünd twee: ick un de, de mi schickt hett. [17] In ju Gesetz steit dat doch schrewen: dat Tügnis vun twee Minschen is wohr. [18] Ick tüg nu vun mi sülbn, un vun mi tügt ock de Vader, de mi schickt hett." [19] Do sän se to em: „Wonem is din Vader denn?" Jesus sä: „Ji kennt mi nich un min Vader ock nich. Wenn ji mi kennen dän, denn wörn ji ock min Vader kennen."

[20] Dat sä he, as he bi de Schatzkamer in'n Tempel lehrn dä. Un keen een fat em an; denn sin Stünn wär noch nich vor.

[21] Nu sä he wedder wat to ehr: „Ick gah nu weg, un ji ward mi söken, un ji ward in ju Sünn'n starwen. Wo ick hengah, dor künnt ji nich henkamen." [22] Do sän de Juden: „He will sick doch wull nich dat Lewen nehmen? He seggt ja: ‚Wo ick hengah, dor künnt ji nich henkamen!' " [23] He sä to ehr: „Ji stammt vun nerrn, ick awer stamm vun baben. Ji stammt ut de Welt, ick awer stamm nich ut de Welt. [24] Ji heff ju ja all seggt: ji ward in ju Sünn'n starwen. Wenn ji nich glöwen dot, dat ick dat bün, denn ward ji in ju Sünn'n starwen. Verlat ju dorup!" [25] Do sän se to em: „Wer büst du denn?" He sä to ehr: „Ach, wat schall ick öwerhaupt noch mit ju reden? [26] Ick heff noch veel öwer ju to seggn un to richten. Awer de, de mi schickt hett, nümmt dat heel genau, un wat ick vun em hörn do, dat gew ick wieder an de Welt."

[27] Awer se kämen nich dorachter, dat he to ehr vun den Vader spreken dä. [28] Do sä Jesus: „Wenn ji den Minschensöhn uphungn hebbt, denn ward ju dat klor warn, dat ick dat bün un niks ut mi sülbn do. Nä, so as de Vader mi dat lehrt hett, so segg ick dat. [29] Un de, de mi schickt hett, de is an min Siet. He lett mi nich alleen. Denn ick do alltieds dat, wat em gefalln deit."

[30] As he dat sä, glöwten Veele an em. [31] Nu sä Jesus to de, de to'n Glowen an em kamen wärn: „Wenn ji an min Word fastholn dot, denn sünd ji in Wohrheit min Jüngers, [32] un ji ward achter de Wohrheit kamen, un de Wohrheit ward ju friemaken." [33] Do sän se to em: „Wi stammt vun Abraham aff un sünd nümmer an een verslawt west. Wodenni kannst du denn seggn: ‚Ji schüllt frie warn'?" [34] Jesus sä to ehr: „Gans gewiß, verlat ju dorup, wat ick ju seggn do: Wer Sünn' deit, de is de Sünn' ehr Slaw. [35] De Slaw awer bliwt nich för ümmer int Hus. Blots de Söhn bliwt för ümmer. [36] Wenn de Söhn ju nu frie maken deit, denn ward ji würkli frie. [37] Ick weet wull, dat ji vun Abraham affstammen dot. Awer ji hebbt dat dorup affsehn, mi an de Siet to bringn; denn min Word geit ju nich to Harten. [38] Wat ick bi den Vader sehn heff, dat segg ick. Dorum dot ji nu ock, wat ji vun den Vader

190

hört hebbt!" 39 Do sän se to em: „Unse Bader is Abraham."
Jesus sä to ehr: „Wenn ji denn Abraham sin Kinner sünd,
denn dot dat ock, wat Abraham dä! 40 Nu awer hebbt ji dat
dorup affsehn, dat ji mi an de Siet bringt, un dorbi bün ick
dat, de ju de Wohrheit seggt hett, de ick vun Godd hört heff.
Dat hett Abraham nich dan. 41 Ji dot dat, wat ju Bader dan
hett." Do sän se to em: „Wi sünd doch keen Hurenkinner! Wi
hebbt blots een Bader, un dat is Godd." 42 Do sä Jesus to ehr:
„Wenn Godd würkli ju Bader wär, denn harrn ji mi lew.
Denn ick bün vun den Bader utgahn un herkamen. Ick bün
nich up eegen Hand kamen, nä, he hett mi herschickt. 43 Wo-
denni kümmt dat, dat ji nich verstaht, wat ick seggn do? Ick
will ju dat seggn: ji künnt min Word nich richdi hörn. 44 Ji
stammt vun den Bader aff, de de Düwel is, un wüllt dat don,
worup he sin Sinn sett hett. He wär all vun Anfang de,
de de Minschen dotmakt hett. He steit nich mit beide Föt up
de Wohrheit, denn de Wohrheit hett bi em keen Platz. Wenn
he Lögenkram seggt, denn seggt he dat ut sick sülbn, denn he is
en Lögenkirl un Bader vun all' de Lögen. 45 Ick awer segg ju
de reine Wohrheit, un dorum glöwt ji mi nich. 46 Wer vun
ju kann mi een Sünn nawiesen? Wenn ick ju awer de Wohr-
heit segg, worum glöwt ji mi denn nich? 47 Wer vun Godd
stammen deit, de hört Godd sin Word. Dorum hört ji nich,
wieldat ji nich vun Godd stammt."

48 Do sän de Juden to em: „Hebbt wi nich recht, wenn wi
seggt, dat du en Samariter büst un den Düwel hest?" 49 Jesus
sä: „Nä, so is dat denn doch nich. Ick bün awer klor. Ick
ehr min Bader, un ji dot mi Schimp un Schann an. 50 Ick sök
min eegen Ehr nich. De is dor, de ehr hebbn will un richten
deit. 51 Gans gewiß. Verlat ju up dat, wat ick ju seggn do:
„Wenn een min Word fastholn deit, de kriggt den Dod in
Ewigkeit nich to spörn." 52 Do sän de Juden to em: „Nu is
uns dat gans klor: Du büst nich bi Trost. Abraham is storwen
un ock de Profeten, un nu kümmst du un seggst: ‚Wenn een
min Word fastholn deit, de ward den Dod nich to spörn
kriegn in Ewigkeit?' 53 Büst du denn gröter as unse Bader
Abraham? De is doch dotblewen! Un ock de Profeten sünd
dotblewen! Woto makst du di denn?" 54 Jesus sä: „Wenn
ick ut mi sülbn wat maken wull, denn is dat mit min Herrli-
keit niks. Min Bader is dat, de ut mi wat maken deit. Vun
em seggt ji: He is unse Godd, 55 awer ji kennt em nich. Ick
awer kenn em, un wenn ick seggn wull: ick kenn em nich,
denn wörr ick datsülwige don as ji, denn wörr ick leegn! Awer
ick kenn em un hol sin Word fast. 56 Abraham, wat ju Bader
is, kunn sick nich laten vör Freud doröwer, dat he min Dag
noch bilewen schull, un he hett em bilewt un sick freut." 37 Do

191

sän de Juden to em: „Du büst noch keen föfdi Johr un heft Abraham sehn?" [58] He sä to ehr: „Gans gewiß, verlat ju dorup, wat ick ju seggn do: Ehr dat Abraham to Welt käm, bün ick all dorwest!" [59] Do nähmen se Steen up un wulln em dotsmieten. Jesus awer käm noch good dorvun bi all' de veele Minschen un güng ut'n Tempel weg.

Dat 9. Kapitel.

[1] Unnerwegens seeg he en Minsch, de wär all blind to Welt kamen. [2] Do fragten em sin Jüngers: „Meister, wer hett sick versünnigt un is schuld doran, dat düsse Minsch all blind to Welt kamen is, düsse oder sin Ollern?" [3] Jesus sä: „Dor hett he keen Schuld to un ock sin Ollern nich. Dat hett en annern Grund: wat Godd kann un will, dat schall an em künni warn. [4] Wi schüllt för den, de mi schickt hett, dat don, wat he sick vörnahm hett; un wi schüllt an de Arbeid gahn, solang dat noch Dag is. Wenn dat erst Nacht ward, denn kann nüms mehr wat don. [5] Solang as ick noch in de Welt bün, bün ick ock dat Licht för de Welt."

[6] As he dat seggt harr, do spütt he up de Eer un röhr Stoff un Spütt tosam un lä düt up sin Ogen [7] un sä to em: „So, nu gah hen un wasch di in den Siloadiek!" (Siloa heet up dütsch: „affschickt".) Dat dä he denn ock. He wusch sick, un as he trügkäm, do kunn he all sehn.

[8] Awer nu wärn dor de Nawerslüd un annere Lüd, de em fröher sehn harrn, as he beddeln dä. De sän nu: „Is dat nich de Mann, de sünst dor seet un beddeln dä?" [9] Hier sän welke: „Ja, seeker, dat is he." Annere meenten: „Nä, awer he süht em ähnli." Un he sülbn? He sä: „Ja, ick bün dat." [10] Do sän se to em: „Segg mal, wodenni geit dat to, dat du nu up eenmal sehn kannst?" [11] He sä: „Ja, de Mann, de Jesus heeten deit, de hett en Brie makt un den öwer min Ogen smeert, un den sä he to mi: „So, nu gah na'n Siloadiek un wasch di!" Na, dat heff ick denn ock dan, un as ick mi wuschen harr, do kunn ick up eenmal sehn." [12] Do sän se to em: „Wonem is he?" He sä: „Dat weet ick nich."

[13] Nu nähmen se düssen Mann, de also blind west wär, mit hen to de Pharisäers. [14] Un dat wär grad Sabbat, as Jesus den Brie makt un em sin Ogenlicht schenkt harr. [15] Do fragten em ock de Pharisäers, wodenni dat togahn wär, dat he nu sehn kunn. Do sä he to ehr: „Ja, he hett mi Brie up de Ogen leggt, un denn heff ick mi wuschen, un nu? — Ja, nu kann ick sehn."

[16] Do sän welke vun de Pharisäers: „Düsse Minsch is nich vun Godd schickt, denn he hölt den Sabbat nich." Annere sän: „Wodenni schull wull en sünnige Minsch so'n Wunnerteeken

don?" Awer se kunn'n sick nich doröwer eeni warn. 17 So fragten se nochmal den, de dor blind west wär: „Segg mal, wat denkst du denn eegentli öwer em? He hett di ja dat Ogenlicht wedder gewen." He sä: „Ja, dat is en Profet."

18 De Juden awer wulln dat vun em nich glöwen, dat he blind west wär un nu sehn kunn. So leeten se denn tolez sin Ollern kamen 19 un fragten ehr: „Seggt mal! Düt is also ju Söhn, vun den ji seggt, dat he blind to Welt kamen is? Wodenni kümmt dat denn, dat he nu up eenmal sehn kann?" 20 Do sän sin Ollern: „Dat weet wi, dat düsse unse Söhn is un dat he blind to Welt kamen is. 21 Awer wodenni dat kümmt, dat he nu sehn kann, dat weet wi nich. Un wer em dat Ogenlicht gewen hett, dat weet wi ock nich. Dor möt ji em sülbn fragen. He is ja old genog. He kann ju ja sülbn seggn, wat mit em los is." 22 Dat sän sin Ollern; denn se wärn bang vör de Juden. Denn de wärn sick doröwer all eeni: wer sick to em as Messias bekennen wörr, de schull ut de Gemeen rutstött warn. 23 Dorum sän also sin Ollern, he wär ja old genog, se kunn'n em ja sülbn fragn.

24 Nu reepen se düssen Mann, de dor blind west wär, nochmal wedder her un sän to em: „So, nu segg de Wohrheit, giff Godd de Ehr! Wi weet gans good, dat düsse Minsch en Sünner is." 25 Do sä he: „Um he en Sünner is, dat weet ick nich; awer dat Eene weet ick: ick wär blind un kann nu sehn." 26 Do sän se to em: „Wat hett he denn mit di upstellt? Wodenni hett he dat makt, dat du nu sehn kannst?" 27 Do sä he: „Ick heff ju dat ja all eenmal vertellt. Awer dat nützt ja niks, ji wüllt dorvun ja niks hörn! Worum schall ick ju dat denn noch mal seggn? Ji wüllt ja doch wull nich sin Jüngers warn?" 28 Do wörrn se grow un sän: „Ja, du büst sin Jünger, awer wi sünd Mose sin Jüngers. 29 Wi weet, dat Godd mit Mose spraken hett. Awer wi weet nich, wo düsse Kirl herkümmt." 30 Do sä de Mann to ehr: „Dat is ja snaksch! Ji weet dat nich, wo he her is? He hett mi doch dat Ogenlicht schenkt! Dat müß doch eegentli genog wesen! 31 Dat weet wi doch, dat Godd nich up en Sünner hört! Awer dat is gans wat anneres, wenn een fram is un deit, wat Godd will, denn hört he up em! 32 Solang as de Welt steit, hett een doch noch nich hört, dat een, de blind to Welt kamen is, dat Ogenlicht schenkt kregn hett. 33 Wenn düsse Mann nich up Godd sin Siet stünn, denn harr he niks maken kunnt." 34 Do sän se to em: „Wat seggst du dor? Du büst gans un gor in Sünn'n to Welt kamen, un du wullt uns noch wat lehrn?" Un denn smeeten se em rut.

35 Dat hör Jesus nu, dat se em rutsmeten harrn. As he em nu wedder drapen dä, sä he to em: „Glöwst du an den Minschen-söhn?" 36 He sä: „Wer is dat, Herr? Ich müch wull an em

glöwen." ³⁷ Do sä Jesus to em: „Du heft em all sehn; de nu
mit di snacken deit, de is dat!" ³⁸ Do sä he: „Ick glöw, Herr!"
un denn full he vör em dal. ³⁹ Do sä Jesus: „To'n Gericht
bün ick in düsse Welt kamen. De nich sehn künnt, de schüllt
sehn, un de sehn künnt, de schüllt blind warn."

⁴⁰ Dat hörn nu welke vun de Pharisäers, de grad bi em
wärn, un de sän to em: „Sünd wi denn ock blind?" ⁴¹ Do sä
Jesus to ehr: „Wenn ji blind wärn, denn harrn ji keen Sünn'.
Nu awer seggt ji: ,Wi künnt sehn'. Dorum bliwt de Sünn'
an ju hangn."

Dat 10. Kapitel.

¹ „Dat is gans gewiß wohr. Ick segg ju dat: Wer nich
dörch de Dör na'n Schaapstall ringeit un an'n anner Stell
rinstiegen deit, de is en Spitzbow un en Röwer. ² Wer dörch
de Dör rinkümmt, de is de Harder för de Schaap. ³ Den makt
de Wächter de Dör up, un de Schaap hört up sin Stimm. Sin
eegen Schaap röpt he bi Namen, un so föhrt he ehr rut. ⁴ Un
hett he sin eegen Schaap all' rutbröcht, denn geit he ehr vöran,
un de Schaap folgt achteran; denn se kennt sin Stimm. ⁵ En
frömden Mann folgt se nich; nä, se loopt vör em weg; denn
se kennt de Frömden ehr Stimm nich."

⁶ Düt Bild mal Jesus ehr also vör Ogen, awer se kämen
nich dorachter, wat he mit dat meenen dä, wat he seggt harr.

⁷ Do sä Jesus noch eenmal: „Gans gewiß; ick segg ju dat:
Ick bün de Dör to de Schaap. ⁸ All' de, de vör mi kamen sünd,
dat sünd Spitzbowen un Röwers. Awer de Schaap hebbt ock
nich up ehr hört. ⁹ Ick bün de Dör. Wer dörch mi ringeit, de
ward redd'. De geit ut un in un find sin Kost. ¹⁰ De Spitzbow
kümmt blots un will stehln un dotslan un toschann maken.
¹¹ Ick awer bün kamen, dat se Lewen un allns vullup hebbt.

¹² Ick bün de goode Harder. De goode Harder gifft sin
Lewen her för de Schaap. Awer de Schäperknecht, de nich
de Harder sülbn is un den de Schaap nich tohörn dot, de süht
den Wulf kamen un lett de Schaap in Stich un rückt ut. De
Wulf awer halt sick, wat he will, un jagt ehr ut'n een; ¹³ de
Annere is ja ock man Knecht un kümmert sick nich üm de
Schaap. ¹⁴ Ick bün de goode Harder, un ick kenn ock min
Schaap, un min Schaap kennt ock mi, ¹⁵ grad so as min
Vader mi kennt un ick den Vader kennen do. Ick gew ock
min Lewen her för de Schaap.

¹⁶ Ick heff ock noch annere Schaap, de sünd nich ut düssen
Stall. De mutt ick ock herbringn, un se hört up min Stimm.
Un denn gifft dat man een Hard un man een Harder.

¹⁷ Dorum hett min Vader mi lew, wieldat ick min Lewen
hengew un grad up düsse Wies' wedderkrieg. ¹⁸ Nüms nümmt

194

mi dat mit Gewalt, ick gew dat gans ut frie Stücken. Ick heff dat in de Hand: ick kann dat gewen un ock wedder nehmen. So hett mi min Vader dat upleggt."

[19] Nu wärn sick de Juden wedder nich eeni ock bi düsse Wörd. [20] Veele vun ehr sän: „He hett en bösen Geist un is nich gans klook. Wat hört ji up em?" [21] Annere sän: „So spricht doch keen Minsch, de en bösen Geist hett! En böse Geist kann doch ock nich een dat Ogenlicht gewen."

[22] Domals wär grad dat Tempelfest in Jerusalem.

Dat wär Winter, [23] un Jesus güng rum in'n Tempel, in den Sülengang, de na Salomo nömt wörr. [24] Do drängten de Juden sick üm em rum un sän: „Wolang schall dat nu noch so wiedergahn? Wi kamt ja nich to Ruh! Segg uns nu frie herut: Büst du de Messias oder nich?" [25] Do sä he to ehr: „Ick heff ju dat ja all seggt, aver ji glöwt dat ja nich! Dat, wat ick in min Vader sin Nam do, dat spricht genog för mi. [26] Aver ji glöwt ja nich, wieldat ji nich to min Schaap hört. [27] Min Schaap hört up min Stimm, un ick kenn ehr, un se folgt achter mi ran, [28] un ick gew ehr dat ewige Lewen, un nüms ward ehr mi ut de Hand rieten. [29] Min Vader, de mi ehr gewen hett, is gröter as Alle, un nüms kann ehr ut min Vader sin Hand rieten. [30] Ick un de Vader — wi sünd een un datsülwige."

[31] Do sammeln de Juden wedder Steen up un wulln em dormit smieten. [32] Jesus aver sä to ehr: „Ick heff ju veel Goodes wiest, wat de Vader dörch mi dan hett. Un nu wüllt ji mi mit Steen smieten? Wat heff ick denn eegentli dan, dat ick dat verdeent heff?" [33] Do sän de Juden to em: „Wegen dat Goode, dat du dan hest, smiet wi keen Steen up di; aver du hest Godd lästert; denn du büst doch man en Minsch un makst di doch to Godd." [34] Jesus sä to ehr: „Steit dat nich in ju Gesetz schrewen: ‚Ick heff seggt: Ji sünd Gödder'? [35] Wenn dat Gesetz nu de Lüd, för de Godds Word bestimmt wär, Gödder nömt — un an Godds Word is doch nich to rütteln — [36] wüllt ji denn vun den, den de Vader hilligt un in de Welt schickt hett, seggn: du lästerst Godd! — blots dorum, wieldat ick seggt heff: Ick bün Godd sin Söhn? [37] Do ick nich dat, wat de Vader mi upleggt hett, denn brukt ji mi ja nich to glöwen. [38] Do ick dat aver, denn hebbt doch Vertruen to dat, wat ick do, wenn ji vun mi sülbn ock niks weten wüllt! Denn kamt ji mehr un mehr dorachter, dat de Vader in mi is un ick in den Vader bün."

[39] Do setten se noch mal allns doran, dat se em fatkreegn, aver he seeg sick vör, dat ehr dat nich glücken dä.

[40] Nu reis' he wedder na de Güntsiet vun'n Jordan, in de Gegend, wo Johannes erst döpen dä, un dor blew he erst mal.

⁴¹ Un Veele kämen to em, un se sän: „Johannes hett allerdings keen Wunner dan; awer wat he öwer düssen Mann seggt hett, dat is allns wohr." ⁴² Un Veele kämen dor to'n Glowen an em.

Dat 11. Kapitel.

¹ En Mann läg krank, un de heet Lazarus. De wahn in Bethanien, wat dat Dörp is, wo Maria un ehr Swester Marta tohus wärn. ² Un düsse Maria wär dat, de nahsten den Herrn mit Öl salwen un denn sin Föt mit ehr Hoor wedder affdrögen dä. Un de ehr Broder Lazarus wär krank.

³ Na, de Swestern schickten nu Bott na em un leeten em seggn: „Herr, denk doch mal! De, vun den du soveel holn deist, de liggt nu krank."

⁴ As Jesus dat hörn dä, sä he: „Düsse Krankheit schall em nich den Dod bringn; nä, se is blots dorto kamen, dat Godd sin Herrlikeit an'n Dag kümmt. Godd sin Söhn schall dordörch verherrlicht warn." ⁵ Jesus harr Maria un ehr Swester un Lazarus lew; dat is gans gewiß. ⁶ Un doch, obschons he hört harr, dat he krank wär, blew he dor, wo he grad wär, un dat noch twee Dag'. ⁷ Un denn erst sä he to sin Jüngers: „So, nu wüllt wi wedder na Judäa!" ⁸ Do sän de Jüngers to em: „Meister, eben güngn de Juden noch mit Steen up di dal, un nu geist du all wedder hen?" ⁹ Jesus antword ehr: „Hett de Dag nich twölf Stünn? Wer bi Dag sin Weg makt, de kümmt nich to Fall; denn he süht ja dat Sünnenlicht! ¹⁰ Awer wer nachts togang is, de kann sick licht stöten, wieldat keen Licht dor is, dat em den Weg hell makt." ¹¹ So sä he, un denn sä he wieder to ehr: „Unse lewe Fründ Lazarus is inslapen; awer dat makt niks. Ick gah hen un weck em wedder up." ¹² Do sän de Jüngers to em: „Herr, wenn he man slöpt, denn ward dat ock beter mit em." ¹³ Awer Jesus harr meent: ‚he is dot', un se dachten, he sprook vun de Ruh, de de Slap bringt. ¹⁴ Do sä Jesus to ehr frie herut: „Lazarus is dot; ¹⁵ un ick mutt seggn, ick freu mi för ju, dat ick nich dor west bün; denn ick müch gern, dat ji glöwen lehrt. Awer nu wüllt wi to em hengahn!" ¹⁶ Do sä Thomas — se nömt em „Tweschenbroder" — to de annern Jüngers: „Ja, denn man to! Lat uns man glieks mit em starwen!"

¹⁷ As Jesus nu ankäm, dor wär dat so: he harr all veer Dag' int Graff leg'n. ¹⁸ Bethanien läg man üm un bi en halwe Miel buten Jerusalem. ¹⁹ So wärn denn Veele vun de Juden to Marta un Maria kamen un wulln ehr trösten öwer ehrn Broder, den se verlorn harrn. ²⁰ As nu Marta hörn dä: „Jesus kümmt!", do güng se em in de Möt. Maria blew tohus. ²¹ Un Marta sä to Jesus: „Herr, wärst du doch blots

hier west, denn wär min Broder seeker nich dobblewen! [22] Awer ick weet ock so: Godd ward di gewen, wat du vun em beden deist!" [23] Jesus seggt to ehr: „Din Broder ward upstahn." [24] Marta seggt: „Dat weet ick wull, wiß ward he upstahn an'n jüngsten Dag." [25] Do sä Jesus to ehr: „Ick bün dat Upstahn vun de Doden un dat Lewen. Wer an mi glöwen deit, de kann gern starwen, he ward doch lewen, [26] un wer dor lewt un an mi glöwen deit, de ward öwerhaupt nich starwen. Glöwst du dat?" [27] Do seggt se to em: „Herr, dat is min faste Glow, dat du de Messias büst, Godd sin Söhn, de in de Welt kamen schall." [28] Un as se dat seggt harr, do güng se weg un reep ehr Swester Maria un sä ehr liesen wat int Ohr: „De Meister is dor! Du schallst mal henkamen!" [29] Un knapp harr se't hört, do stünn se gau up un güng hen to em; [30] Jesus wär ja noch nich int Dörp rinkamen. He wär noch an de Stell, wo Marta mit em tohop drapen wär. [31] As de Juden, de bi ehr binnen seten harrn un ehr trösten wulln, nu seegn, dat se so gau up-stünn un weggüng, do güngn se achter ehr ran, denn se meenten, se wull na't Graff gahn un sick dor mal utweenen. [32] As Maria nu dor ankäm, wo Jesus wär, un em seeg, do full se dal vör sin Föt un sä: „Herr, wärst du doch blots hier west, denn wär min Broder seker nich dotblewen!" [33] Un as Jesus nu seeg, dat se weenen dä un de Juden, de mit ehr to-hop kamen wärn, ock, do kunn he sick nich mehr holn, un he bewer, un em kribbeln de Handn. [34] So frag he denn: „Wo-nem hebbt ji em henleggt?" Se sän: „Kumm her un seh di dat an!" [35] Do fung Jesus an to weenen. [36] Un de Juden sän: „Dat 's eenerlei. He hett banni veel vun em holn!" [37] Un eenige vun ehr sän: „Kunn düsse Mann, de den blinden Mann dat Ogenlicht wedder geew, nich ock dorför sorgn, dat düsse Mann nich to starwen bruk?" [38] Do güng dat Jesus noch mal dörch un dörch, un he güng ant Graff. Dat wär en Höhl, un en Steen wär dorvör leggt. [39] Jesus sä: „Böhrt den Steen mal to Siet!" Do sä den Doden sin Swester Marta: „Herr, he rükt all, denn he liggt hier all veer Dag'!" [40] Jesus sä to ehr: „Heff ick di nich seggt: wenn du glöwen deist, denn schallst du Godd sin Herrlikeit sehn?" — [41] Nu nähmen se den Steen aff. Un Jesus keek na baben un sä: „Vader, ick dank di dörför, dat du mi erhört hest. [42] Ick wüß dat ja, dat du mi alltieds erhörn deist. Awer wegen de Lüd, de hier dorbistaht, heff ick dat seggt, se schüllt doch glöwen, dat du mi schickt hest." [43] Un as he dat seggt harr, do reep he mit luute Stimm: „Lazarus, kumm rut!" [44] Un de Dode käm rut, so as he wär; üm Föt un Handn wärn Bindn wickelt, un dat Gesicht wär mit en Dook verbund'n. Do sä Jesus to ehr: „Makt em dat los un lat em tohus gahn!"

197

45 Veele nu vun de Juden, de to Maria un Marta kamen wärn un sehn harrn, wat he dan harr, glöwten an em. 46 Welke awer vun ehr güngn to de Pharisäers un vertellt'n ehr, wat Jesus dan harr.

47 Awer nu reepen de Hochepreesters un de Pharisäers ehr Lüd tohop un sän: „Wat schüllt wi blots maken? Düsse Mann deit veele Wunner. 48 Wenn wi dat mit em so wieder gahn lat, denn glöwt se noch all' an em, un denn kamt de Römers un nehmt uns Land un Volk." 49 Een awer vun ehr — dat wär Kaiphas de in düt Johr Hochepreester wär — de sä to ehr: „Mit dat, wat ji ju dor torechtleggt hebbt, is dat nich wiet her! 50 Denkt doch mal: dat is doch beter för ju, dat een Minsch starwt för dat Volk, as dat dat ganse Volk to Grunn geit!" 51 Düt sä he awer nich ut sick sülbn. Nä. Wieldat he in düt Johr Hochepreester wär, dorum sä he in Vörut, dat Jesus starwen schull för dat Volk. 52 Un nich blots för dat Volk; nä, he schull ock Godd sin Kinner, de wiet verstreut sünd, tohop-bringn. 53 Vun düssen Dag an wörrn se sick doröwer eeni, dat se em an de Siet bringn wulln.

54 Dorum leet Jesus sick nu nich mehr frie ünner de Lüd sehn. He güng in de Gegend, de neeg bi de Stepp läg, na en Stadt, de heet Ephraim, un dor bleew he erst mal mit sin Jüngers. 55 Domals stünn de Juden ehr Osterfest vör de Dör, un veele Lüd kämen all vun't Land na Jerusalem rup vör Ostern, denn se wulln sick hilligen. 56 De söchten nu na Jesus un stünn'n in'n Tempel un snacken liesen tohop: „Wat meent ji dorvun? He kümmt doch wull nich to dat Fest?" 57 De Hochepreesters un de Pharisäers harrn ja den Befehl gewen: jedereen, de dor wüß, wo he wär, schull dat meld'n. Denn se wulln em dörchut fatkriegn.

Dat 12. Kapitel.

1 Söß Dag' vör dat Osterfest käm Jesus nu na Bethanien. Dor wahn Lazarus, den Jesus ja vun de Doden upweckt harr, 2 un dor gewen se em to Ehrn en Mahltied. Un Maria wort' up bi Disch. Lazarus awer seet mit an'n Disch.

3 Do nähm Maria en Pund Salw — dat wär echte Narden-salw, un de wär heel düer — un salw dormit Jesus sin Föt un drög ehr denn mit ehr Hoor wedder aff. Un dat ganse Hus wär vull vun den Salwenduft.

4 Da sä Judas ut Kariot — wat doch een vun sin Jüngers wär un de em ock nahsten verraden wörr: 5 „Dat verstah ick doch nich! Mi dünkt, düsse Salw harrn se doch beter verköpen kunnt förn tweehunnert Mark un dat Geld an de Armen gewen." 6 Dat sä he awer nich, wieldat em so veel an de

Armen liggn dä; nä, he wär en Spitzbow, un he harr de Kaff' un steek vun dat, wat dor insteken wörr, allerhand in sie eegen Tasch. [7] Do sä Jesus to em: „Lat ehr doch in Ruh! Dat is good so. Lat ehr dat upwohrn bit hen to den Dag, dat ji mi to Graff bringt! [8] Denn arme Lüd hebbt ji alle Tied bi ju, mi awer nich!"

[9] As nu en ganse Barg Juden dorüm wies worrn, dat he dor wär, do kämen se an. Awer dat dän se nich blots üm Jesus; nä, se wulln ock Lazarus sehn, den he vun de Doden upweckt harr. [10] Awer de Hochepreesters wörrn sick doröwer eeni, dat se ock Lazarus an de Siet bringn wulln; [11] denn Veele güngn sientwegen hen un glöwten nu an Jesus.

[12] Den neegsten Dag hörten nu all' de Lüd, de to dat Fest kamen wärn, dat Jesus na Jerusalem käm. [13] Do nehmen se Palmwedel un güngn em in de Möt un reepen luthals:

„Godd help!
Godd segn den, de in den Herrn sin Nam kümmt!
Dat is de König vun Israel!"

[14] Do funn Jesus en jungen Esel un sett sick dorup, grad so, as dat in de Biwel schrewen steit:

[15] „Dochder Zion, wes nich bang!
Kiek doch: din König kümmt,
un he sitt up'n Esel!"

[16] Dat kreegn sin Jüngers allerdings toerst nich klook; awer as he in de Herrlikeit wär, do dachten se doran, dat he mit düt Biwelword meent wär un dat de Lüd dat dorum mit em so makt harrn.

[17] De Lüd nu, de mit em west wärn, as he Lazarus ut dat Graff rutropen harr un em upwecken dä vun de Doden, de bröchten dat nu ünner de Lüd. [18] Dorum güngn de Lüd em öwerhaupt in de Möt. Se harrn ja hört, dat he düt Wunner dan harr. [19] Awer de Pharisäers sän een to'n annern: „Seht ji wull? Dat nützt ju all' niks. De Lüd loopt doch all' achter em ran!"

[20] Nu wärn dor ock welke Griechen mang de Lüd, de to dat Fest rupkamen wärn un beden wulln. [21] De maken sick nu an Philippus ran, de ut Bethsaida in Galiläa stammt. Un se bäden em un sän: „Herr, wi wulln Jesus so gern mal sehn!" [22] Do güng Philippus hen un sä dat Andreas. Philippus un Andreas awer güngn hen un sän dat to Jesus. [23] Do sä Jesus to ehr: „Nu is de Stünn dor. Nu schall de Minschensöhn verherrlicht warn. [24] Gans gewiß! Verlat ju up dat, wat ick nu seggn do: dat Wetenkorn mutt erst in de Eer leggt warn un

199

starwen, sünst bliwt dat, wat't is, en enkeltes Korn. Wenn dat
awer starwen deit, denn bringt dat veel Frucht. 25 Wer sin
Lewen lew hett un fasthölt, de ward dat verleern; awer wer
sin Lewen in düsse Welt hassen deit, de ward sick dat upwohrn
för dat ewige Lewen. 26 Wenn een mi deenen will, denn schall
he mit mi gahn. Un wo ick bün, dor schall min Deener ock
wesen. Wenn een mi deenen deit, denn ward min Vader em
ehrn. 27 Nu is min Seel gans un gor vertagt, se weet sick nich
to trösten. Ja, wat schall ick seggn? Vader, redd mi ut düsse
Stünn? Nä! Grad dorum bün ick in düsse Stünn kamen.
28 Dorum segg ick: Vader, mak du din Nam herrli!"
     Do käm en Stimm vun'n Himmel un sä: „Ick heff em all
verherrlicht un warr dat ock wedder don." 29 Dat Volk awer,
dat dorbi stünn un dat hörn dä, sä: „Dat hett dunnert!"
Annere sän: „En Engel hett to em spraken." 30 Do sä Jesus:
„Düsse Stimm wär nich för mi bestimmt, awer för ju. 31 Nu
ward Gericht holn öwer düsse Welt. Nu ward de, de öwer
düsse Welt to seggn hett, rutstött. 32 Un wenn ick nu vun
de Eer na baben gah, denn will ick ehr all' to mi trecken."
33 Dat sä he awer, wieldat he andüden wull, up wat förn Art
un Wies' he starwen schull."
     34 Do sän de Lüd to em: „Wi hebbt ut dat Gesetz hört, dat de
Messias ewig bliewen deit, un nu seggst du, dat de Minschen-
söhn na baben schall? Wodenni schüllt wi dat verstahn? Wer
is öwerhaupt düsse Minschensöhn?" 35 Do sä Jesus to ehr:
„Blots noch en korte Tied is dat Licht noch bi ju. So makt nu
ju Weg, wieldat ji dat Licht noch hebbt. Sünst fallt de Düster-
nis öwer ju her. Wer in Düstern geit, de weet nich, wo he
hengeit. 36 Noch hebbt ji dat Licht. Dorum glöwt an dat
Licht. Denn ward ji ock Lichtkinner warn!"
     37 So sä Jesus; un denn güng he weg un leet sick nich mehr
sehn. Awer, obschons he so veele Wunner vör ehr Ogen dan
harr, glöwten se doch nich an em. 38 So müß denn den Profet
Jesaja sin Word indrapen, wat he seggt hett:

     „Herr, wer hett denn glöwt, wat wi seggt hebbt?
     Un wen is den Herrn sin Arm künni worn?"

39 Dorum kunn'n se eenfach nich glöwen; denn Jesaja hett
ock seggt:

40 „He hett ehr Ogen blind makt un ehr Harten verstockt.
     Se schüllt mit ehr Ogen nich sehn un mit ehr Harten nich
     verstahn,
     dat se sick nich bekehrt un ick ehr nich heel mak."

41 Dat sä Jesaja, wieldat he sin Herrlikeit seeg un vun em
spreken dä. 42 Un doch kämen Veele vun de Böwersten to'n

Glowen an em, awer se kämen nich dormit rut; denn se wärn
bang vör de Pharisäers. Dat kunn ja passeern, dat se ehr ut
de Gemeen rutstöten dän. [43] Un dat wulln se nich; denn se
gewen mehr up de Ehr bi Minschen as vör Godd sin Ogen.
[44] Jesus awer reep luuthals: „Wer an mi glöwt, de glöwt gor-
nich an mi; nä, de glöwt an den, de mi schickt hett. [45] Un wer
mi sehn deit, de süht den, de mi schickt hett. [46] Ick bün as Licht
in de Welt kamen. Jedereen, de an mi glöwen deit, de schall
nich in Düsternis bliewen. [47] Un wenn een min Wörd hört,
awer nich beholn deit, de fallt nich ünner min Gericht; denn
ick bün nich kamen, dat ick de Welt richten schall; nä, ick schall
de Welt redd'n. [48] Wer vun mi niks weten will un min Wörd
nich annümmt, de hett sin Richder all funn'n. Dat Word, dat
ick seggt heff, dat ward em an'n jüngsten Dag richten. [49] Ick
heff niks ut mi sülbn seggt. De Vader sülbn, de mi schickt hett,
de hett mi upleggt, wat ick seggn un reden schall. [50] Un ick
weet: sin Gebod is ewiges Lewen. Wat ick also nu reden do,
dat segg ick genau so, as de Vader mi dat seggt hett.“

Dat 13. Kapitel.

[1] Dat wär eben vör Ostern. Jesus wüß gans genau, dat nu
de Stünn dor wär un dat he nu wedder ut düsse Welt to sin
Vader torüggahn schull. Do leet he sin Jüngers noch eenmal
sin ganse Lew föhln, so as he dat ümmer dan harr, solang as
he in düsse Welt wär. Un he bewies ehr düsse Lew bit an den
Dod.
[2] Se seeten grad bi't Abendbrod. Un de Düwel harr Simon
sin Söhn, wat Judas ut Kariot wär, all soviet tosett, dat he
Jesus verraden wull. [3/4] Do stünn Jesus up vun'n Disch. He
wär sick gans klor doröwer, dat sin Vader allns in sin Handn
leggt harr un dat he vun Godd kamen wär un nu wedder to
Godd güng. Un he lä sin Kleed aff un bunn sick en linnen
Schört vör. [5] Un denn goot he Water in en Schöttel un fung
an un wusch sin Jüngers de Föt un dróg ehr wedder aff mit de
Schört, de he sick vörbunn'n harr. [6] So käm ock Petrus an de
Reeg. Un he sä: „Herr, du wullt mi de Föt waschen?“ [7] Jesus
leet em nich wieder to Word kamen un sä: „Wat ick do, dat
versteist du nu nich, awer nahsten warrst du dat insehn.“
[8] Petrus sä: „Min Dag' nich schallst du mi de Föt waschen!“
Jesus antword' em: „Wenn ick di nich waschen do, denn hest
du keen Anrecht mehr an mi!“ [9] Do meen Simon Petrus:
„Herr, wenn dat so steit, denn awer nich blots de Föt, nä,
denn ock glieks de Handn un den Kopp!“ [10] Jesus sä: „Wer
sick all bad' hett, de hett dat blots nödi, dat he sick de Föt noch
waschen deit, sünst is he all gans rein. Un ji sünd rein, doch

nich all'." [11] He wüß ja gans good, wer em verraden wull, dorum sä he: „Nich all' sünd ji rein!"

[12] As he nu ehr de Föt wuschen un sin Kleed wedder öwertrocken harr, do lä he sick wedder dal un sä to ehr: „Markt ji, wat ick för ju dan heff? [13] Ji seggt „Meister" un „Herr" to mi. Un dat hört sick ock so; denn dat bün ick. [14] Awer nu hört to! Wenn ick nu, ju Herr un Meister, ju de Föt wuschen heff, so sünd ji ock schülli, dat een den annern de Föt wascht; [15] denn ick heff ju en Bispill gewen, dat ji nu ock dat dot, wat ick ju vörmakt heff. [16] Denn dat will ick ju seggn, dat is gans gewiß: De Knecht steit nich öwer sin Herrn un de Bad' nich öwer den, de em affschickt hett. [17] Is ju dat klor, good — glückli sünd ji, wenn ji dat denn ock so maken dot. [18] Nich vun ju all' gelt dat Word, wat ick segg. Ick weet gans genau, wat dat för Lüd sünd, de ick mi utwählt heff. Awer wat de Biwel seggt, dat is indrapen: „De min Brod eten deit, de hett all de Hack prat gegen mi." [19] Ick segg ju dat in vörut, ehr dat so kümmt. Ick müch doch, dat ji denn, wenn't so wiet is, ock glöwen dot, dat ick de Mann bün. [20] Gans gewiß, ji künnt ju fast dorup verlaten: Wer den bi sick upnümmt, den ick em towiesen do, de nümmt mi sülbn up; un wer mi upnehmen deit, de nümmt den up, de mi schickt hett."

[21] As he dat seggt harr, kunn he knapp mehr an sick holn — so neeg güng em dat — un nu nähm he keen Blatt mehr vörn Mund. He sä dat rein herut: „Gans gewiß, verlat ju dorup: dor is een mang ju, de ward mi verraden!" [22] Do keeken sick de Jüngers een den annern an; se wärn verlegen; denn se wüßten nich, wen he meenen dä.

[23] Nu wär dor een vun de Jüngers, de seet gewöhnli blang bi Jesus an'n Disch; denn Jesus heel veel vun em. [24] Den plink Petrus to un sä to em: „Segg doch blots, wen meent he eegentli?" [25] De dreih sick nu, ohn' dat de annern dat wies worn, to Jesus hen un sä to em: „Herr, wer is dat?" [26] Do sä Jesus: „De is dat, den ick dat Stück instippen un henlangn do." Un he stipp dat Stück in, nähm dat un gew dat Judas, Simon ut Karioth sin Söhn. [27] As he den Mundvull nu eten harr, do fat de Satan em an. Un nu sä Jesus to em: „Hol di nich lang up! Wat du vörhest, dat mak gau!" [28] Keen een awer vun de, de dorbi wärn, käm dorachter, worup Jesus anspeeln dä mit sin Word; [29] denn eenige meenten: wieldat Judas de Kass' harr, harr Jesus em seggn wullt: „Köp in, wat wi to't Fest nödi hebbt!" oder: he schull de Armen wat gewen. [30] Na, eenerlei! As he den Mundvull nahmen harr, mak he, dat he rutkäm. Un dat wär Nacht.

[31] As he nu weg wär, sä Jesus: „Nu is de Minschensöhn verherrlicht, un Godd is verherrlicht in em. [32] Un is Godd in

202

em verherrlicht, denn ward Godd ock sülbn dorför sorgn, dat
he verherrlicht ward, un dat glieks. [33] Kinner! Blots noch en
korte Tied bün ick bi ju. Denn awer ward ji mi söken, un
grad so, as ick all to de Juden seggt heff: ‚Wo ick hengah, dor
künnt ji nich henkamen,‘ so segg ick dat nu ock to ju. [34] En
nies Gebod gew ick ju: ji schüllt ju, een den annern, lew hebbn
grad so, as ick ju lew hatt heff. Ja, so schüllt ji dat ünner ju
ock holn. [35] Doran schüllt se all' wies warn, dat ji min Jüngers
sünd, dat ji Lew bewiest ünner enanner." [36] Do sä Simon
Petrus: „Herr, wonem geist du hen?" Jesus antword: „Wo
ick hengah, dorhen kannst du mi nich folgn, awer nahsten warst
du't don." [37] Petrus frag: „Worum schull ick di nu nich folgn?
Min Lewen wörr ick hengewen för di!" [38] Do sä Jesus: „Din
Lewen warst du ock hengewen för mi, awer vergitt nich! Erst
will ick di wat anners seggn, un dat dröpt in: Ehr dat de
Hahn kraiht, warst du di dreemal vun mi losseggn!"

Dat 14. Kapitel.

[1] „Ju Hart schall sick nich verfehrn! Hebbt Tovertruun to
Godd un Tovertruun to mi! [2] In min Vader sin Hus gifft
dat veele Wahnungen. Wenn dat nich so wär, denn harr ick
ju dat seggt. Ja, ick gah hen un will Platz för ju maken; [3] un
bün ick hengahn un heff Platz för ju makt, denn kam ick wedder
un nehm ju mit hen to mi. Wo ick bün, dor schüllt ji ock wesen.
[4] Un wo ick hengah, dorhen weet ji den Weg."

[5] Do sä Thomas to em: „Nä, Herr, dat weet wi nich, wo
du hengeist. Wodenni schulln wi denn wull den Weg kennen?"
[6] Jesus sä to em: „Ick bün de Weg un de Wohrheit un dat
Lewen. Nüms kümmt to den Vader as dörch mi. [7] Harrn ji
mi würkli kennen lehrt, denn wörrn ji ock den Vader kennen.
Vun nu an kennt ji em un hebbt em all sehn."

[8] Do sä Philippus to em: „Herr, wies uns doch den Vader!
Denn sünd wi tofreden!" [9] Jesus sä: „Solang bün ick nu all
bi ju, un du kennst mi noch ümmer nich, Philippus? Wer
mi sehn hett, de hett all den Vader sehn. Wodenni kannst du
doch blots seggn: „Wies uns den Vader!" —? [10] Glöwst du
denn nich, dat de Vader in mi lewt un ick in den Vader?
Wat ick ju seggn do, dat segg ick nich ut mi sülbn. Nä, de
Vader, de ümmer in mi lewt, is sülbn ant Wark. [11] Ji künnt
mi dat glöwen: ick lew in'n Vader, un de Vader lewt in mi.
Un künnt ji dat nich, denn glöwt dat doch wegen dat, wat ji
mit Handn griepen künnt! Sin Wark sprickt för sick sülbn.
[12] Gans gewiß, verlat ju dorup: Wer up mi vertruut, de ward

dat ock tostann bringn, wat ick do, ja, he ward noch Gröteres don; denn ick gah na'n Vader. [13] Un allns, worum ji beden dot, dat warr ick don, denn ick will, dat de Vader in'n Söhn verherrlicht ward. [14] Bed ji mi üm wat in min Nam, so warr ick dat don.

[15] Hebbt ji mi lew, denn holt min Gebode! [16] Un ick will den Vader beden, un he ward ju en annern Hülpsmann an de Siet stelln, de in alle Ewigkeit bi ju bliewen schall. [17] Dat is de Geist, de de Wohrheit bringt. Den kann de Welt nich in sick upnehmen, denn se hett keen Og un keen Sinn dorför. Ji awer ward em kennenlehrn, denn bi ju bliwt he beständi, un in ju ward he ümmer wesen. [18] Ji schüllt nich verwaist bliewen, dor sorg ick för. Ick kam to ju. [19] Dat duert blots noch en korte Wiel, denn süht de Welt mi nich mehr; awer ji seht mi, denn ick lew, un ji schüllt ock lewen. [20] Un wenn de Dag erst kümmt, denn ward ju dat gans klor warn, dat ick in den Vader bün un ji in mi un ick in ju.

[21] Wer min Gebode hett un ehr holn deit, de is dat, de mi würkli lew hett. Un wer mi lew hett, den hett ock min Vader lew, un ick sülbn heff em lew un warr mi em künni maken."

[22] Do sä Judas, de anner Judas, de nich ut Karioth stammt: „Un wodenni kümmt dat, dat du bi uns künni maken wullst un de Welt niks dorvun marken schall?" [23] Do nähm Jesus dat Word un sä: „Wenn een mi lew hett, denn hölt he sick an min Word, un min Vader ward em lew hebbn, un wi ward to em kamen un bi em wahnen. [24] Un wer mi nich lew hett, de hölt sick ock nich an dat, wat ick seggt heff. Un dat Word, dat ji hört, stammt nich vun mi, sunnern vun den Vader, de mi schickt hett.

[25] Düt heff ick to ju seggt, solang as ick bi ju wär. [26] De Hülpsmann awer, wat de hillige Geist is, den de Vader in min Nam schicken ward, de ward ju öwer allns belehrn un ju an dat erinnern, wat ick ju seggt heff. [27] Freden lat ick ju trüg, min Freden gew ick ju. Nich so as de Welt dat makt, gew ick ju. Ju Hart schall sick nich verfehrn un nich bang warn. [28] Ji hebbt hört, dat ick to ju sä: „Ick gah un kam wedder to ju." Harrn ji mi würkli lew, denn wörrn ji ju freun, dat ick to den Vader gah; denn de Vader is gröter as ick. [29] Un nu heff ick dat nochmal seggt, ehr dat dat so kümmt; denn ji schüllt Tovertruun hebbn, wenn't so wiet is. [30] Veel warr ick mit ju nich mehr spreken, denn de Herr vun de Welt steit all vör de Dör. Awer he kann mi niks andon. [31] Un nu sorgt mit mi dorför, dat de Welt marken deit, dat ick den Vader lew heff un dat so mak, as de Vader mi dat upleggt hett. Staht up, wi wüllt losgahn!"

Dat 15. Kapitel.

¹ Ick bün de wohre Wienstock, un min Vader is de Wien-
gorner. ² Jede Rew, de an mi waffen deit un keen Frucht
bringt, de snitt he weg; un jede Rew, de Frucht bringt, de
makt he rein, dat se mehr Frucht bringn kann. ³ Ji fünd all
rein; dat makt dat Word, dat ick ju seggt heff. ⁴ Bliewt in mi,
denn bliew ick ock in ju! Grad so, as de Rew nich Frucht
bringn kann ut sick sülbn — se mutt all an'n Wienstock sitten
bliewen —, grad so geit dat mit ju. Ji künnt ock keen Frucht
bringn, wenn ji nich in mi bliewen dot. ⁵ Ick bün de Wien-
stock, un ji fünd de Rewen. Wenn een in mi bliewen deit un
ick in em bliew, denn bringt he veel Frucht; denn ohn' mi
künnt ji niks don. ⁶ Wenn een nich in mi bliewen deit, denn
is dat mit em so as mit de Rew, de wegsmeten wörr un ver-
drögen müß. Denn ward se tohophaart un int Füer smeten
un möt verbrennen. ⁷ Wenn ji awer in mi bliewt un min
Wörd ock in ju bliewt, denn künnt ji beden, wat ji wüllt, un
dat ward so. ⁸ Dordörch ward min Vader verherrlicht, dat
ji veel Frucht bringt un min Jüngers ward. ⁹ Grad so, as
min Vader mi lew harr un ick ju lew harr, so bliewt nu ock
in min Lew! ¹⁰ Wenn ji min Gebode holt, denn bliewt ji
in min Lew. Grad so heff ick min Vader sin Gebode holn un
so bün ick ock in sin Lew blewen. ¹¹ Düt heff ick to ju seggt;
denn min Freud schall in ju lebenni bliewen, un an ju Freud
schall niks to wünschen öwerbliewen. ¹² Un dat is nu min
Gebod, dat ji ju, een den annern, lew hebbt, grad so, as ick
ju lew hatt heff. ¹³ En grötere Lew kann dat nich gewen, as
wenn een sin Lewen hergifft för sin Frünn'n. ¹⁴ Ji fünd min
Frünn'n, wenn ji dat dot, wat ick ju upleggt heff. ¹⁵ Knecht'n
nöm ick ju nich mehr; denn de Knecht weet nich, wat sin Herr
deit. Nä, Frünn'n heff ick ju nömt; denn allns, wat ick vun
min Vader hört heff, dat heff ick ju künni makt. ¹⁶ Ji hebbt
mi nich utwählt; nä, ick heff ju utwählt, un ick heff ju dorto
bestimmt, dat ji hengaht un Frucht bringt un dat ju Frucht
vun Duer is. Un wenn ji denn den Vader in min Nam beden
dot, denn gifft he ju dat ock. ¹⁷ Also, dat legg ick ju up, dat
ji ju een den annern lew hebbt.

¹⁸ Wenn de Welt ju haßt, denn verget nich, dat se mi toerst
haßt hett. ¹⁹ Wenn ji ut de Welt stammen dän, denn wörr
de Welt dat lew hebbn, wat ehr tohörn deit. Awer ji stammt
ja nich ut de Welt, denn ick heff ju ja utwählt ut de Welt,
dorum haßt ju de Welt. ²⁰ Denkt an dat Word, dat ick ju
seggt heff: en Knecht hett niks vör sin Herrn vörut! Wenn
se mi verfolgt hebbt, denn ward se ju ock verfolgen. Wenn
se min Word fastholn hebbt, denn ward se ju Word ock fast=

holn. 21 Awer dat all' ward se ju andon, wieldat ick dat bün. Se kennt den ja nich, de mi schickt hett. 22 Wenn ick nich kamen wär un to ehr red' harr, denn harrn se keen Sünn. Nu awer künnt se ehr Sünn nich vun sick affschütt'n. De bliwt an ehr hangn. 23 Wer mi hassen deit, de haßt ock min Vader. 24 Wenn ick ünner ehr dat nich dan harr, wat keen annere dan hett, denn harrn se keen Sünn. Nu awer hebbt se dat mit ehr eegen Ogen bilewt, un doch hebbt se mi haßt un min Vader dorto. 25 Awer düt hett so kamen müßt; denn dat Word, dat in ehr Gesetz schrewen steit, schull wohr warn: „Se hebbt mi haßt un keen Grund dorto hatt." 26 Wenn de Tröster kümmt, den ick ju vun den Vader schicken warr — dat is de Geist, de de Wohrheit is un bringt un de vun'n Vader utgeit — denn ward he för mi tügen. 27 Awer ji sünd ock min Tügen; denn ji sünd vun Anfang bi mi west.

Dat 16. Kapitel.

1 Düt heff ick to ju seggt, denn ick wull nich gern, dat ji wankelmödi ward un to Fall kamt. 2 Se ward ju ut de Gemeen rutstöten. Ja, dor kümmt en Stünn, dat de, de ju an de Siet bringt, sick inbildn deit, dat he Godd dormit en Freud makt. 3 Un worum ward se dat don? Se kennt den Vader nich un mi ock nich. 4 Awer ick heff ju dat seggt; un wenn de Stünn denn kümmt, dat dat so ward, denn weet ji doch, dat ick ju dat all seggt harr. Vun Anfang an heff ick ju dat nich seggt. Dat wär ja ock nich nödi, denn ick wär ja bi ju.

5 Nu awer gah ick hen to den, de mi schickt hett. Un keen een vun ju fragt mi: „Wonem geist du denn hen?" 6 Nä, wieldat ick dat seggt heff, dorum is ju Hart vull Truer. 7 Awer ick segg ju de Wohrheit: dat is good för ju, dat ick hengah. Denn wenn ick nich weggahn dä, denn wörr ock de Tröster nich to ju kamen. Wenn ick awer nu gah, denn will ick em to ju schicken. 8 Un wenn he kümmt, denn ward he de Welt to Besinnung bringn, dat se weet, wat dat mit de Sünn'n un de Gerechdikeit un dat Gericht up sick hett. 9 Mit de Sünn is dat meent, dat se nich glöwt hebbt an mi; 10 un mit de Gerechtikeit is dat meent, dat ick to den Vader gah un ji mi nich mehr to sehn kriegt, 11 un mit dat Gericht is dat so meent, dat nu dat Gericht öwer den kümmt, de de Herr öwer de Welt is. 12 Ick heff ju öwerhaupt noch veel to seggn, awer ji künnt nu noch nich dormit fardi warn; ji kunn'n toveel kriegn. 13 Awer wenn he kümmt, wat de Geist is, de de Wohrheit bringt, de ward ju den Weg wiesen to de vulle Wohrheit hen. Denn wat he seggt, dat hett he nich ut sick sülbn; nä, wat he hört, dat seggt he, un wat dor kamen schall, dat ward he

ju meld'n. [14] He ward mi verherrlichen; denn he ward vun dat nehmen, dat mi tohörn deit, un dat ward he ju meld'n. [15] Allns, wat de Vader hett, hört mi to. Dorum sä ick: he nümmt dat vun dat, wat mi tohörn deit, un dat ward he ju meld'n.

[16] Dat duert nich mehr lang, denn seht ji mi nich mehr. Awer dat ward denn ock nich lang mehr duern, denn kriegt ji mi wedder to sehn."

[17] Do sän welke vun sin Jüngers een to'n annern: „Wat schall dat bedüden, dat he seggt: ‚Dat duert nich mehr lang, denn seht ji mi nich mehr; awer dat ward ock nich lang mehr duern, denn kriegt ji mi wedder to sehn' un denn: ‚ick gah to'n Vader'?" [18] Ja, so sän se: „Wat meent he blots mit dat Word: ‚Dat duert nich mehr lang'? Wi weet würkli nich, wat he dormit seggn will!" [19] Jesus mark dat wull, dat se em fragn wulln, un so sä he to ehr: „Doröwer kamt ji mitenanner nich torecht, dat ick sä: ‚Dat duert nich mehr lang, denn seht ji mi nich mehr; awer dat duert ock nich mehr lang, denn ward ji mi wedder to sehn kriegn?' [20] Gans gewiß, verlat ju dorup, wat ick ju seggn do: ji ward weenen un jammern, awer de Welt ward sick freun. Ji ward truri wesen, awer ju Trurikeit ward ümslan in Freud. [21] Wenn de Fru en Kind to Welt bringt, denn is se truri; denn ehr Tied is üm. Wenn awer erst dat Kind dor is, denn is all' de Not vergeten. Denn freut se sick, dat en Kind to Welt kamen is. [22] So geit dat ock nu mit ju. Nu sünd ji truri; awer ick warr ju weddersehn, un ju Hart ward sick freun. Un düsse Freud ward ju nüms nehmen. [23] Un an düssen Dag ward ji mi niks fragn. [24] Gans gewiß, verlat ju dorup, wat ick ju seggn do: wat ji den Vader in min Nam beden ward, dat ward he ju gewen. [25] Bitherto hebbt ji noch niks beden in min Nam. Bed man, un ji kriggt dat. Un denn ward an ju Freud niks mehr fehln.

Düt heff ick ju dörch Biller seggt. Awer de Stünn kümmt, denn spreek ick nich mehr in Biller mit ju, denn segg ick ju frie herut, wat dat mit den Vader up sick hett. [26] An düssen Dag ward ji in min Nam beden, un ick segg ju nich, dat ick den Vader beden will för ju. [27] Denn de Vader hett ju lew, wieldat ji mi lew hatt hebbt un glöwt hebbt, dat ick vun den Vader kamen bün. [28] Ick bün vun den Vader utgahn un in de Welt kamen. Nu verlat ick wedder de Welt un gah to'n Vader."

[29] Do sän sin Jüngers: „Süh, nu sprickst du rein herut un seggst keen Sprückword mehr. [30] Nu weet wi, dat du allns weetst un nich nödi hest, dat een di noch erst fragt. Dorum glöwt wi, dat du vun den Vader kümmst." [31] Do sä Jesus to ehr: „Nu glöwt ji. [32] Paßt up! Dor kümmt en Stünn, un se is all dor; denn lopt ji utenanner, jedereen na sin Hus,

un denn lat ji mi in Stich. Awer ick bün nich alleen, denn de
Vader is bi mi. [33] Düt heff ick ju nu seggt; denn ick wull gern,
dat ji in mi den Freden hebbt. In de Welt hebbt ji Angst,
awer west nich bang, de Welt kann mi niks mehr anhebbn;
ick bün öwer ehr Herr worrn."

Dat 17. Kapitel.

[1] Düt sä Jesus un denn keek he na'n Hewen rup un sä:
„Vader, nu is de Stünn dor. Nu verherrli din Söhn, dat
de Söhn di ock verherrlichen kann! [2] So hest du em ja ock
de Vullmacht gewen öwer all' de Minschen. He schall ja jeden
een, den du em gewen hest, ewiges Lewen gewen. [3] Düt awer
is dat ewige Lewen; se schüllt di kennen un weten, dat du
alleen de wohre Godd büst, un Jesus Christus dorto, den du
schickt hest. [4] Ick heff di verherrlicht up de Eer; denn ick heff
dat Wark, dat du mi anvertruut hest, dat ick dat don schull,
to Enn bröcht. [5] So verherrli du mi denn, Vader, bi di mit
de Herrlikeit, de ick bi di harr all lang, ehr dat de Welt dor
wär. [6] Ick heff din Nam künni makt de Minschen, de du mi
ut de Welt gewen hest. Se hörten di to, un mi hest du ehr
gewen, un din Word hebbt se fastholn. [7] Nu sünd se dorachter-
kamen, dat allns, wat du mi gewen hest, würkli vun di kümmt,
[8] denn de Wörd, de du mi gewen hest, de heff ick an ehr wieder-
gewen, un se hebbt ehr ock annahmen un sünd würkli dorachter-
kamen, dat ick vun di kamen bün, un se glöwt ock, dat du mi
schickt hest.

[9] Nu bed ick för ehr. Nich för de Welt bed ick, wull awer
för de, de du mi gewen hest. Se hört ja di to. [10] Wat min is,
dat is ja ock din, un wat din is, dat is ja ock min. Ick bün
ja verherrlicht worrn in ehr. [11] Ick bün ja nu nich mehr in
de Welt, awer se sünd noch in de Welt. Ick gah ja nu to di.
Hillige Vader! Lat ehr fastbliewen in dat, wat din Nam
bedüd, den du mi anvertruut hest! Se schüllt doch gern up
een Stück stahn, so as wi dat dot. [12] Solang as ick bi ehr wär,
heff ick dorför sorgt, dat se fastbliewen dän bi dat, wat din
Nam bedüd, den du mi anvertruut hest, un ick heff min Handn
öwer ehr holn, un keen een vun ehr is verlorn gahn. Blots
dat eene Kind, dat verlorn gahn müß; dat müß ja indrapen,
wat de Biwel all seggt hett. [13] Nu awer gah ick to di, un düt
segg ick so, dat se dat all' hörn künnt; denn min Freud schall
vull un gans in ehr bliewen. [14] Ick heff ehr din Word gewen,
un de Welt hett ehr haßt; denn se stammt nich ut de Welt,
grad so as ick nich ut de Welt stammen do. [15] Ick bed nich
dorüm, dat du ehr ut de Welt rutnümmst, awer doran liggt
mi, dat du din Hand öwer ehr holn deist un nich dat Böse

ehr wat anhebbn kann. 16 Se stammt nich ut de Welt, grad so as ick nich ut de Welt stammen do. 17 Mak ehr hillig dörch de Wohrheit! Din Word is de Wohrheit. 18 Grad so, as du mi in de Welt schickt heft, so heff ick ehr ock in de Welt schickt. 19 Un för ehr mak ick mi hillig, dat se sülbn ock hilligt ward dörch de Wohrheit.

20 Awer ick bed nich blots för ehr, nä, ock för de, de dörch ehr Word an mi glöwt. 21 Se schüllt doch all' eens wesen, so as du, Vader, in mi un ick in di bün. So schüllt se doch in uns Grund un Bestand hebbn, un so ward de Welt ock glöwen, dat du mi schickt heft. 22 Un ick heff ehr de Herrlikeit, de du mi gewen heft, ock gewen, dat se eens sünd, so as wi ock eens sünd: 23 ick in ehr un du in mi. So schüllt se vull un gans eens warrn, dat de Welt dorachterkümmt, dat du mi schickt heft un ehr lew heft, so as du mi lew heft. 24 Vader, wat du mi gewen heft — ick wull so gern, dat dor, wo ick bün, düsse ock bi mi wesen schulln un dat se min Herrlikeit seht, de du mi gewen heft. Denn du harst mi lew lang, ehr dat de Welt öwerhaupt wär. 25 Gerechde Vader! De Welt hett di nich kennt, awer ick kenn di. Un düsse weet genau, dat du mi schickt heft. 26 Un ick heff ehr din Nam künni makt un do dat ock wieder, dat de Lew, mit de du mi lew heft, in ehr lebenni is un ick in ehr."

Dat 18. Kapitel.

1 As Jesus dat seggt harr, güng he mit sin Jüngers weg. Un se kämen öwer den Kidronbäk. Up de Güntsiet läg en Gorn. Dor güng he rin un sin Jüngers ock. 2 Judas, de em verraden dä, kenn ock de Städ', denn all männi mal wär Jesus mit sin Jüngers dor tosam west. 3 Un so käm Judas denn mit de Wach' un de Lüd, de vun de Hochepreesters un de Pharisäers em anbaden wärn, dor an. Fackeln un Lanternen un Waffen harrn se bi sick. 4 Jesus wüß gans good, wat em all' tostöten schull. Un so güng he denn rut un to ehr: „Wen sökt ji?" 5 Se sän: „Jesus vun Nazareth." Do sä he: „Ick bün dat." Judas, de em verraden dä, stünn ock bi ehr. 6 As he nu to ehr sä: „Ick bün dat," do verfehrn se sick un güngn en Schritt torüg un fulln üm. 7 Do frag he ehr to'n tweeten Mal: „Wen sökt ji?" Se sän wedder: „Jesus vun Nazareth." 8 Jesus antword: „Ick heff ju all seggt: ick bün dat. Sökt ji mi, so lat düsse doch gahn!" 9 So müß dat Word indrapen, dat he seggt harr: „Vun de, de du mi gewen heft, heff ick keen een verlorn."

10 Petrus harr en Swert bi sick. Dat trock he nu rut un gew dormit den Hochenpreester sin Knecht en Slag, un

he hau em dat rechde Ohr aff. Malchus heet düsse Knecht. ¹¹ Do sä Jesus to Petrus: „Stick dat Swert in de Scheed! Schall ick den Kelch nich drinken, den de Vader mi gewen hett?"

¹² Un nu kreegn de Wach un de Hauptmann un de Lüd, de de Juden stellt harrn, Jesus tofaten un bunn'n em de Handn tosam. ¹³ Un denn bröchten se em erst to Hannas. Dat wär Kaiphas sin Swiegervader, un Kaiphas wär för düt Johr Hochepreester. ¹⁴ He wär dat ock west, de de Juden den Rat gewen harr: „Dat is beter, dat een Minsch för dat Volk starwen deit."

¹⁵ Simon Petrus un en anner Jünger wärn Jesus vun wieden folgt. Un düsse Jünger wär mit den Hochenpreester bekannt un käm so mit Jesus rin na den Hochenpreester sin Hoffplatz. ¹⁶ Blots Petrus blew buten vör de Port stahn. Do güng de anner Jünger, de mit den Hochenpreester bekannt wär, wedder rut, gew de Deern, de up de Port passen dä, en good Word, un so kreeg he Petrus ock mit rin. ¹⁷ Do sä de Deern, de up de Port to passen harr, to Petrus: „Hörst du nich ock to düssen Mann sin Jüngers?" He sä: „Nä, dat is nich wohr!" ¹⁸ Un de Knecht'n un Deeners stünn'n dor üm en Füer rum, dat se sick anmakt harrn, denn dat wär kold. So stünn Petrus ock bi ehr un warm sick.

¹⁹ De Hochepreester frag Jesus nu öwer sin Jüngers un öwer sin Lehr. ²⁰ Jesus antword: „Ick heff frie herut spraken, dat jedermann dat hörn kunn. Ick heff alltieds lehrt in de Kapelln un in'n Tempel, wo doch all' de Juden tohopkamt; un ünner de Hand, gans in Stilln, heff ick niks seggt. ²¹ Wat fragst du mi? Frag doch de Lüd, de mit ehr eegen Ohrn hört hebbt, wat ick to ehr seggt heff. Du kannst glöwen: de weet gans genau, wat ick seggt heff." ²² Un as he dat seggt harr, do sloog een vun de Deeners, de dorbi stünn, Jesus int Gesicht un sä dorbi: „So antwordst du den Hochenpreester?" ²³ Jesus sä: „Wär dat nich recht, wat ick seggn dä, denn wies' mi dat na, dat dat nich recht wär. Wenn dat awer recht wär, wo kunnst du mi slan?"

²⁴ Nu leet Hannas em de Handn binn'n un schick em to'n Hochenpreester Kaiphas.

²⁵ Simon Petrus stünn noch an desülwige Stell un warm sick. Do sän se to em: „Hörst du nich ock to sin Jüngers?" He streed dat awer aff un sä: „Nä!" ²⁶ Do sä een vun den Hochenpreester sin Knecht'n — he wär verwandt mit den, den Petrus dat Ohr affhaut harr —: „Ick heff di doch bi em sehn in'n Gorn!" ²⁷ Un wedder streed Petrus dat aff. Do kraih glieks en Hahn.

²⁸ Vun Kaiphas bröchten se em wieder na den Stattholer sin Palast. Dat wörr eben erst hell. Un se güngn sülbn nich

mit rin; denn se wulln nich unrein warn, sünst kunn'n se dat Osterlamm ja nich eten. 29 So käm denn Pilatus to ehr rut un sä: „Wat hebbt ji gegen düssen Mann vörtobringn?" 30 Se antworden: „Wenn düsse niks verbraken harr, denn harrn wi em seeker nich an di utlewert." 31 Do sä Pilatus to ehr: „Nehmt em doch sülbn vör un verordeelt em na ju eegen Gesetz!" De Juden sän to em: „Uns steit dat nich to, wi dörft keen dotmaken!" 32 So schull indrapen dat Word, dat Jesus seggt harr, as he andüden dä, up wat förn Art un Wies' he starwen müß.

33 Nu güng Pilatus wedder rin na'n Palast, leet Jesus ropen un sä to em: „Du büst de Juden ehr König?" 34 Jesus antword: „Seggst du dat ut di sülbn, oder hebbt anner Lüd di dat seggt vun mi?" 35 Pilatus säh: „Ick bün doch keen Jud! Din eegen Volk un de Hochepreesters hebbt di an mi utlewert! Wat hest du verbraken?" 36 Jesus antword: „Min Königriek hett niks mit düsse Welt to don. Harr min Riek wat mit düsse Welt to don, denn wörrn min Deeners sick to Wehr sett hebbn, dat ick de Juden nich in de Handn fulln wär. Awer dat is nu mal so: min Königriek hett dormit niks to don." 37 Do sä Pilatus to em: „Du büst also doch en König?" Jesus sä: „Dat stimmt, wat du seggst: en König bün ick. Ick bün dorto born un in de Welt kamen, dat ick för de Wohrheit mi insetten schall. Jedereen, de dat mit de Wohrheit holn deit, de hört up min Stimm!" 38 Do sä Pilatus to em: „Ach, wat is Wohrheit!" Un as he dat seggt harr, güng he wedder rut to de Juden un sä to ehr: „Ick kann an em niks finn'n, wat em schülli makt. 39 Un nu will ick ju wat seggn: dat is bi ju ja so Mod', dat ick ju to Ostern en Gefangenen frielaten do. Wat meent ji? Schall ick ju de Juden ehrn König frielaten?" 40 Do fungn se wedder luut an to schrien: „Jo nich düssen, denn lewer Barabbas!" Un Barabbas? — dat wär en Röwer.

Dat 19. Kapitel.

1 Nu erst leet Pilatus Jesus anbind'n un mit de Pietsch slan. 2 Un de Sulbaten bunn'n en Kranz ut Dörns un setten em den up'n Kopp. Ock en roden Mantel län se em öwer; 3 un denn kämen se an em ran un sän: „Gooden Dag, du Judenkönig!" Un se sloogen em sogar int Gesicht.

4 Un denn käm Pilatus wedder na buten un sä to ehr: „Seht! Nu lat ick em wedder rutbringn. Ji schüllt doch weten, dat ick keen Deut vun Schuld an em finn'n kann."

5 So käm denn Jesus rut: den Kranz ut Dörns up'n Kopp un den roden Mantel üm un an.

Un Pilatus sä to ehr: „Seht doch mal! Wat en Stackels=
minsch!"

6 Us nu de Hochepreesters un ehr Lüd em seegn, do fungn
se an to schrien: „Sla em ant Krüz! Ant Krüz mit em!"

Do sä Pilatus: „Denn künnt ji em ja mitnehmen un ant
Krüz slan! — denn ick kann keen Schuld an em finn'n."

7 Do antworden de Juden em: „Bi uns gifft dat en Gesetz,
un na düt Gesetz mutt he starwen, denn he hett sick sülbn
to Godd sin Söhn makt."

8 As Pilatus düt Word hörn dä, do kreeg he dat noch mehr
mit de Angst, 9 un he güng wedder int Hus un sä to Jesus:
„Wonem stammst du eegentli her?" Awer Jesus gew em keen
Antword.

10 Do sä Pilatus to em: „Wat? Mi wullt du niks seggn?
Weetst du denn nich, dat ick mit di maken kann, wat ick will,
di friegewen, awer ock ebenso good di ant Krüz bringn?"

11 Jesus gew to Antword: „Du wörrst mi niks andon künn'n,
wenn di dat nich vun baben in de Hand gewen wär. Dorum
hett de grötere Sünn up sin Geweten, de mi di in de Hand
speelt hett."

12 Un nu mak Pilatus Anstalten un wull em losgewen. Awer
de Juden fungn wedder an to schrien: „Lettst du düssen Mann
lopen, denn büst du den Kaiser sin Fründ nich. Jedereen, de
sick to'n König makt, sett sick gegen den Kaiser up."

13 As Pilatus düsse Wörd hört harr, leet he Jesus wedder
rutbringn un sett sick up den Platz, de för den Richder bestimmt
wär. (Se nömt düssen Platz „dat Steenplaster", up hebräisch:
„Gabbatha". 14 Un dat wär de letzte Dag vör dat Osterfest,
de Rüstdag, un de Klock wär twölf.) Un he sä to de Juden:
„Nu kiekt mal! Dat is ju König!" 15 Un se fungn nochmal
wedder an to schrien: „An de Siet mit em! Sla em ant
Krüz!" Do sä Pilatus to ehr: „Ju König schall ick ant Krüz
slan?" De Hochepreesters sän: „Wi hebbt keen annern König
as den Kaiser!"

16 Do gew he em ehr in de Handn, dat he ant Krüz slan
wörr.

Nu nähmen se Jesus, 17 un he släp sülbn sin Krüz, un dat
güng buten de Stadt na'n „Dodenkopp=Platz" — so ward he
nömt — up hebräisch heet he Golgatha. 18 Dor slogen se em
ant Krüz un mit em tohop twee Annere, een an jede Siet,
dat Jesus in de Merr hangn dä. 19 Pilatus leet ock wat baben
öwerschrewen un dat ant Krüz fastmaken. Un wat stünn dor
to lesen? „Jesus vun Nazareth — de Juden ehr König." 20 Düt,
wat hier also schrewen stünn, kreegn veele Juden to lesen; denn
de Stell, wo Jesus ant Krüz slan wörr, läg neeg bi de Stadt.
Un dat wär schrewen up hebräisch un latinsch un griechisch.

²¹ Nu sän de Juden ehr Hochepreesters to Pilatus: „Du mußt doch nich schriewen: ‚De Juden ehr König‘. Nä, so mutt. dat heeten: ‚He hett seggt: Ick bün de Juden ehr König‘." ²² Pilatus awer sä: „Wat ick schrewen heff, dat bliwt stahn!"

²³ Us de Suldaten Jesus nu ant Krüz slan harrn, nähmen se sin Kleeder un maken veer Deele dorut, dat jedereen en Deel kreeg, un dorto noch den Mantel. Düsse Mantel wär nich tosammait, de wär vun baben an in een Stück wewt. ²⁴ Un nu sän se, een to'n annern: „Lat uns den nich tweisnieden! Lat uns dorum losen, wer em hebbn schall!" So müß dat indrapen, wat in de Biwel steit: „Se hebbt min Kleeder ünner sick deelt, un üm min Mantel hebbt se lost." Un so maken de Suldaten dat denn ock.

²⁵ Nu stünn'n bi Jesus sin Krüz sin Moder un sin Moder ehr Swester, Maria, wat Klopas sin Fru wär, un Maria ut Magdala. ²⁶ Us Jesus nu sin Moder seeg un den Jünger, vun den he so veel holn dä, bi ehr stahn, do sä he to sin Moder: „Moder, süh, dat is nu din Söhn!" ²⁷ Un denn sä he to den Jünger: „Süh, dat is nu din Moder!" Un vun düsse Stünn an nähm de Jünger ehr in sin Hus.

²⁸ Un nu wüß Jesus, dat nu allns klor wär un dat allns indrapen wär, wat de Biwel verlangn dä, un so sä he: „Ick bün so dörsti!" ²⁹ Nu stünn dor en Kruuk vull Etig. Do bunn'n se en Swamm vull Etig an en Ysopstang un heeln em den an'n Mund. ³⁰ Us nu Jesus den Etig nahmen harr, do sä he: „So, nu is allns in de Reeg bröcht!" Un denn sack sin Kopp dal un he wär dot.

³¹ Nu wär dat awer de Friedag, un de Juden wulln nich gern, dat de Doden öwern Sabbat ant Krüz hangn schulln; denn dat wär en besunners grote Festdag an düssen Sabbat. Dorum beden se Pilatus, he müch de Doden ehr Been breken un denn ehr affnehmen laten. ³² Un so kämen denn de Suldaten un brooken den ersten de Been dörch un ock den annern, de mit em ant Krüz slan wär. ³³ Awer as se to Jesus kämen un seegn, dat he all dot wär, do brooken se em nich de Been. ³⁴ Nä, een vun de Suldaten steek em sin Lanz in de Siet, un glieks käm Bloot un Water rut. ³⁵ De düt sehn hett, de hett dorför instahn, un wat he betügt hett, dat is wohr, un he weet, dat he de Wohrheit seggt; he müch doch gern, dat ji ock to'n Glowen kamt. ³⁶ Denn düt is so kamen, wieldat ock dat indrapen schull, wat de Biwel seggt: „Keen Knak schall em braken warn." ³⁷ Un an en annere Stell steit to lesen: „Se schüllt den sehn, den se dörchbohrt hebbt."

³⁸ Un nahsten bed Joseph vun Arimathia, de ock en Jünger vun Jesus wär — awer man gans in Stilln, denn he wär bang vör de Juden — also, nahsten bed Joseph Pilatus, üm

he Jesus sin Liek vunt Krüz dalnehmen dörf. Un Pilatus gew Verlöw dorto. So käm he denn un nähm sin Liek aff. [39] Ock Nikodemus käm dorto, de domals to Jesus merrn in de Nacht käm, un he harr Myrrh un Aloe tosamdan un bröcht dat mit. Dat wärn bi'n hunnert Pund. [40] Do nähmen se Jesus sin Liek un wickelten em mit allerhand Krut in Linnendöker, so as dat bi de Juden Mod is, wenn se een int Graff leggt. [41] Nu wär dor bi de Städ, wo he ant Krüz slan wörr, en Gorn, un in de Gorn wär en nies Graff, in dat noch nümmer een bisett wär. [42] Dor setten se Jesus bi, wieldat dat Graff neeg bi wär; denn dat wär ja de Juden ehr Rüstdag.

Dat 20. Kapitel.

[1] An den ersten Wuchendag güng Maria ut Magdala gans fröh, as dat noch düster wär, na dat Graff. Do seeg se, dat de Steen vun dat Graff affwöltert wär. [2] Un se leep wedder torüg un güng to Simon Petrus un to den annern Jünger hen, vun den Jesus se veel holn dä, un sä to ehr: „Se hebbt den Herrn ut dat Graff weghalt, un wi künnt gornich weten, wo se em henleggt hebbt."

[3] Do güng ock Petrus los un de annere Jünger, un se maken sick up'n Weg na dat Graff. [4] Un beide setten sick tohop in Draff. De annere Jünger, de beter lopen kunn as Petrus, käm em vörut un wär toerst bi dat Graff. [5] Un he bög sick dal un keek rin. Un wat seeg he? De Liekendöker lägen noch dor. Awer rin güng he nich. [6] Nu käm ock Petrus achterna. De güng rin int Graff. Un he seeg sick dat all' genau an. De Liekendöker lägen dor noch, [7] blots dat Dook, dat üm Jesus sin Kopp bunn'n wär, dat läg nich bi de Döker. Dat läg tosamenrullt an en Stell för sick. [8] Nu güng ock de annere Jünger, de toerst na dat Graff kamen wär, mit rin. He seeg sick dat ock an un glöw fast; [9] denn noch wärn se nich dorachterkamen, dat de Biwel all seggt, dat he upstahn müß vun de Doden. [10] Un nu güngn se wedder tohus.

[11] Maria awer blew noch buten bi dat Graff stahn un ween. Un as se sick noch utweenen dä, bög se sick dal un keek in dat Graff rin. [12] Un wat seeg se? Dor, wo Jesus sin Liek legn harr, seeten twee Engels in witte Kleeder, een an de Stell, wo de Kopp ruht harr, un een dor, wo de Föt legn harrn. [13] Un de Engels sän to ehr: „Lewe Fru, worum weenst du doch?" Se sä to ehr: „Ach, se hebbt min Herrn weghalt, un ick kann gornich weten, wonem se em affblewen sünd." [14] Un as se dat seggt harr, dreih se sick um. Un wat seeg se? Jesus stünn up eenmal dor. Awer se wüß nich, dat Jesus dat wär. [15] Do sä Jesus to ehr: „Lewe Fru, worum weenst du? Wen

214

söchst du?" Se meen nu, dat wär de Gorner. Dorum sä se
to em: „Herr, heft du em wegbröcht, denn segg mi doch, wo
du em henleggt heft! Denn will ick em haln." ¹⁶ Do sä Jesus
to ehr: „Maria!" Do dreih se sick gans üm un sä to em up
hebräisch: „Rabbuni!" — dat heet up dütsch: „Meister!"
¹⁷ Jesus sä to ehr: „Fat mi jo nich an! Denn ick bün noch nich
upföhrt to den Vader. Awer gah hen to min Bröder un segg
ehr: „Ick föhr nu up to min Vader un to ju Vader, to min
Godd un to ju Godd."

¹⁸ Do güng Maria ut Magdala hen un meld dat de Jüngers:
„Ick heff den Herrn sehn, un düt hett he to mi seggt."

¹⁹ As dat nu an düssen ersten Wuchendag abends düster wörr
un de Jüngers ut Angst vör de Juden de Dörn achter sick
toslaten harrn, do käm Jesus un stell sick merrn mang ehr
un sä to ehr: „Freden wes bi ju!" ²⁰ Un as he dat seggt harr,
do wies' he de Handn un de Siet. Do freuten de Jüngers sick,
as se den Herrn seegn. ²¹ Un noch eenmal sä he to ehr:
„Freden wes bi ju! Grad so, as mi de Vader utschickt hett,
so mak ick dat nu mit ju." ²² Un as he dat seggt harr, do
puust he ehr an un sä to ehr: „Nu nehmt hen den hilligen
Geist! ²³ Wen ji de Sünn'n vergewen dot, de sünd se ver-
gewen. Wen ji de Sünn'n nich affnehmt, an de bliewt se
hangn."

²⁴ Nu wär awer Thomas, wat een vun de Twölf is un den
se „Tweschenbroder" nömt, nich dorbi, as Jesus käm. ²⁵ As de
annern Jüngers em nu nahsten vertelln dän: „Wi hebbt den
Herrn sehn!", do sä he to ehr: „Erst will ick an sin Handn de
Stell sehn, wo de Nagels dörchgahn sünd, un ick will mit min
Finger ock dat Lock beföhln un ock min Finger in sin Siet rin-
leggn, sünst glöw ick dat nümmer!"

²⁶ Un na acht Dag' wärn sin Jüngers wedder tohop in dat-
sülwige Hus. Un dütmal wär Thomas ock mit dormang. Un
de Dörn wärn wedder toslaten. Do käm Jesus wedder un stell
sick merrn mang ehr un sä: „Freden wes bi ju!" ²⁷ Un denn
sä he to Thomas: „Legg mal din Finger hierher un seh di mal
min Hand'n an, un denn nümm din Hand un legg ehr in min
Siet, un hol doch nich fast an den Unglowen, heff Tovertruun!"
²⁸ Do sä Thomas: „Min Herr un min Godd!" ²⁹ Jesus sä
to em: „Wieldat du mi sehn hest, dorum glöwst du nu. Selig
sünd de, de nich sehn hebbt un doch glöwen dot!"

³⁰ Noch veele annere Wunner hett Jesus dan vör sin Jüngers
ehr Ogen. De sünd in düt Book nich mit upschrewen. ³¹ Düsse
sünd awer upschrewen, dat ji glöwen schüllt, dat Jesus de
Messias un Godd sin Söhn is, un dat ji dörch düssen Glowen
Lewen hebbt. Un dorför börgt sin Nam.

Dat 21. Kapitel.

[1] Nahsten hett Jesus sick nochmal de Jüngers künni makt an'n See vun Genezareth. Un dat güng so to:

[2] Tohop wären Simon Petrus un Thomas, den se „Tweschenbroder" nömt, un Nathanael ut Kana, wat in Galiläa liggn deit, un Zebedäus sin Söhns un noch twee annere vun sin Jüngers. [3] Do sä Petrus to ehr: „Ick will losgahn un fischen." Se sän to em: „Good, wi gaht mit di." So güngn se los un kladdern in dat Boot. Awer in düsse Nacht fungn se niks.

[4] Als dat nu hell wörr, do stünn Jesus ant Ower. Se wüssen dat awer nich, dat he dat wär. [5] Do sä he to ehr: „Kinner, hebbt ji niks to eten?" Se sän: „Nä." [6] Do sä he to ehr: „Denn smiet dat Nett mal rechderhand vunt Boot ut! Denn fangt ji wat." Se dän dat, un se kunn'n dat Nett knapp wedder hochkriegn; so vull wär dat vun Fisch. [7] Do sä de Jünger, den Jesus lew harr, to Petrus: „Du, dat is de Herr!" Un Simon Petrus harr dat knapp hört, dat de Herr dat wär, do smeet he — denn he harr niks an — sin Arbeidskittel öwer un sprung int Water. [8] De annern Jüngers kämen denn ran mit dat lütte Boot — se wärn nich wiet aff vun dat Ower, blots so'n hunnert Meter — un släpen dat Nett mit de Fisch. [9] Als se nu an Land kämen, do seegn se, dat dor en Köhlfüer anmakt wär, un en Mahltied Fisch wär to Füer bröcht, un Brod läg ock dorbi. [10] Do sä Jesus to ehr: „Bringt noch en poor Fisch her vun de, de ji eben fungn hebbt!" [11] Do güng Petrus wedder int Boot rin un trock dat Nett ant Land. Dat wär vull vun grote Fisch; all' üm all' wärn dat eenhunnert dree unföfdi Stück. Un een mutt sick wunnern; obschons dat so veele wärn, reet dat Nett doch nich twei. [12] Nu sä Jesus to ehr: „So, nu kamt erstmal her un fröhstückt!" Awer keen een vun de Jüngers harr den Mot, em to fragn: „Wer büst du?" Se wüssen gans good, dat de Herr dat wär. [13] Un denn käm Jesus un nähm dat Brod un gew ehr dat, un mit de Fisch mak he dat grad so.

[14] Düt wär nu dat drüdde Mal, dat Jesus sick de Jüngers wiesen dä, siet dat he upstahn wär vun de Doden.

[15] Als se nu fröhstückt harrn, sä Jesus to Simon Petrus: „Simon, du büst ja Johannes sin Söhn, hest du mi mehr lew as düsse hier?" He sä to em: „Ja, Herr, du weetst, dat ick veel vun di holn do!" Jesus sä to em: „Weid min Lämmer!" [16] Un to'n tweeten Mal sä he to em: „Simon, du büst ja Johannes sin Söhn, hest du mi lew?" He sä to em: „Ja, Herr, du weetst, dat ick veel vun di holn do!" Do sä Jesus to em: „Weid min Schaap!" [17] Un to'n drüdden Mal sä he to em: „Hölst du würkli wat vun mi?" Do wörr Petrus truri, dat

216

he to'n drüdden Mal to em sä: „Hölst du wat vun mi?" un
he sä: „Herr, du weetst doch allns; du sühst doch, dat ick veel
vun di holn do!" Do sä Jesus to em: „Weid min Schaap!
[18] Awer dat eene will ick di seggn: Dat is gans gewiß. As
du noch jung wärst, do hest du di sülbn den Görtel ümbunn,
un du güngst dorhen, wo di dat passen dä. Awer wenn du old
warst, denn kümmt dat anners. Denn muß du din Handn ut-
recken, un en Annere leggt di den Görtel an, un du mußt
gahn, wo du nich henwullt." [19] Dormit wull he andüden, up
wat förn Art un Wies' he dörch den Dod Godd noch mal ver-
herrlichen schull. Un as he dat seggt harr, do sä he noch to em:
„So, nu kumm mit!" [20] Do dreih Petrus sick um un seeg,
dat de Jünger, vun den Jesus so veel holn dä, ock mit lang-
güng. Dat wär de, de ock bi dat Abendmahl an sin Siet seten
un seggt harr: „Herr, wer is dat, de di verraden ward?"
[21] Na, as Petrus den seeg, do sä he to Jesus: „Herr, un wat
ward mit em?" [22] Do sä Jesus to em: „Dat kann di eenerlei
wesen. Wenn ick will, dat he ant Lewen bliewen schall, bit
dat ick wedderkamen do — wat geit di dat an? Du kümmst
nu mit mi!" [23] So käm dat, dat ünner de Bröder ümmer
wedder seggt wörr: „Düsse Jünger starwt nich." Un doch harr
Jesus nich to em seggt: „He starwt nich," nä, dat harr he seggt:
„Wenn ick will, dat he noch lewen bliwt, bit dat ick wedder-
kam — wat geit di dat an?"
[24] Düt is nu de Jünger, de düt all' betügen kann, dat dat
wohr is. Ja, de hett düt sülbn upschrewen. Un wi weet, dat
dat wohr, wat he betügen deit. [25] Ach, dat gifft noch veel mehr,
wat Jesus dan hett! Awer wenn düt all' Stück för Stück up-
schrewen warn schull, denn bün ick bang, dat nich mal de
ganse Welt Platz genog harr för de Böker, de denn müssen
schrewen warn.

De Apostelgeschicht' as Lukas ehr vertellt hett.

Dat 1. Kapitel.

[1] Min lewe Theophilus!

Een Book hest du all vun mi kregn. Dorup wull ick noch mal torügkamen. Du weetst: dorin heff ick vun all' dat vertellt, wat Jesus dan un lehrt hett, as he noch bi uns wär. Un ick heff vun vörn anfungn [2] un erst upholn bi den Dag, wo he sin Apostels, de he sick utwählt harr, dat Letzte noch mal dörch den hilligen Geist ant Hart lä un denn na'n Himmel rupföhrn dä. [3] He hett sick ehr ja öwerhaupt na sin Liedenstied dörch veele Teeken as de Lebennige künni makt; denn veerdi Dag' lang leet he sick ümmer wedder mal bi ehr sehn, un denn sprook he mit ehr vun Godd sin Riek. [4] Un as he denn ock mal wedder mit ehr tohop wär, do bunn he ehr dat up de Seel: se schulln nich vun Jerusalem weggahn. Se schulln töwen, bit dat dat indrapen wörr, wat de Vader toseggt harr. „Un" — so sä he denn noch — „wat dat is, dat hebbt ji ja all dörch mi to weten kregn. [5] Johannes hett ja mit Water döfft, awer ji schüllt mit hilligen Geist döfft warn, un dat duert nich mehr lang."

Na, dat weetst du ja all. Awer nu will ick di wiedervertelln, un ick fang dorbi wedder an, wo ick upholn dä.

[6] He wär noch mal wedder mit ehr tohop. Dat wär dat letzte Mal. Do fragten se em: „Herr, warst du nu in düsse Tied för Israel dat Königriek wedder upstahn laten?" [7] He sä to ehr: „Dat geit ju niks an. Dat hett de Vader gans alleen to bestimmen un in sin Macht ock all fastsett. [8] Awer ji ward Kraft kriegn, wenn de hillige Geist öwer ju kamen deit, un ji ward för mi instahn as Tügen in Jerusalem un in gans Judäa un Samaria un in de ganse Welt."

[9] Un as he dat seggt harr, do swew he vör ehr Ogen na baben. En Wulk breed sick üm em, un denn wär he ock all verswunn'n. [10] Awer se stünn'n noch ümmer un keeken stuer na'n Hewen rup, as he so verswinn'n dä. Do stünn'n awer ock all twee Mannslüd blang bi ehr. De harrn witte Kleeder an [11] un sän: „Ji Lüd ut Galiläa! Wat staht ji hier noch un kiekt noch so lang na'n Hewen rup? Düsse Jesus, de nu eben vun ju na'n Himmel rupföhrt is, de kümmt mal grad so wedder hendal, as ji nu sehn hebbt, dat he na'n Himmel rupföhrn dä." [12] Do güngn se wedder vun'n Olbarg — so nömt se den Barg —,

218

na Jerusalem torüg. Dat is en Weg vun üm un bi een
Kilometer buten Jerusalem. ¹³Un as se wedder in de Stadt
wärn, do güngn se baben up'n Böd'n vun dat Hus, wo se sick
ock sünst meist upholn dän, un dat wärn: Petrus un Johannes,
Jakobus un Andreas, Philippus un Thomas, Bartholomäus
un Matthäus, Jakobus, wat Alphäus sin Söhn is, un Simon,
den se den „Hitzkopp" nömt, un Judas, wat Jakobus sin Söhn
is. ¹⁴Düsse wärn ümmer tohop un beden ock ümmer tosam un
wärn öwerhaupt een Hart un een Seel, un Jesus sin Moder
Maria wär ock mit dorbi un ock sin Bröder.

¹⁵In düsse Dag' wär nu Petrus mal wedder mit de Bröder
tohop — dat wärn wull en hunnert un twindi Mann —. Un
he stünn up un sä: ¹⁶„Lewe Bröder! Dat müß ja so kamen.
Godds Word, wat de hillige Geist dörch David öwer Judas all
vörutseggt hett, dat müß ja indrapen. He wär ja de erste
Mann bi de, de Jesus fangn dän. ¹⁷Un dat harr ja ock sin
Grund; denn he hör ja to uns, un so wörr em düsse Posten
as Apostel ja todeelt. ¹⁸Düsse Judas harr sick denn ock vun
dat Sünn'ngeld, dat he sick verdeent harr, en Stück Land köfft,
awer he schull keen Good dorvun hebbn. He full eensdags vörn-
öwer, un dat Liew brook ut'n een, un all' de Darms kämen
herut. ¹⁹Un dat snack sick in gans Jerusalem herum bi de Lüd,
un dat Stück Land wörr in ehr Sprak Akeldamach nömt, dat
heet up dütsch: Blootkoppel. ²⁰Dat steit ja ock in de Biwel:

,Sin Hoffstell schall för sick liggn,
un keen Minsch schall dorup wahnen — —'

un dor steit ock noch:

,Sin Deenst as Mann, de uppassen schall,
ward en Annere kriegn.'

²¹Un nu is dat so: een vun de Mannslüd, de mit uns in de
ganse Tied tohop west sünd, wo de Herr Jesus bi uns ut-
un ingüng, ²²un dat is vun Johannes sin Döp an bit hen to
de Himmelfohrt rek'nt — — een vun düsse Lüd mutt mit uns
tohop en Tüg dorför warn, dat he vun de Doden upstahn is."

²³Un so stelln se twee Mann up. De eene wär Josef, den
se ock Barsabbas nömt un de Binam Justus hett, un de
annere wär Matthias. ²⁴Un denn beden se un sän: „Herr, du
kennst dat Hart vun uns all'. So mak du uns nu künni, wen
vun de Beiden du di utwählt hest. ²⁵De schall denn den Deenst
un dat Apostelamt hebbn, vun dat Judas affgahn is, un he
hett ja denn ock sin Platz dorför kreegn!" ²⁶Un denn losten
se dorüm, un dat Los full up Matthias. So wär he denn to
de Ölbn hentowählt.

Dat 2. Kapitel.

[1] As nu de Pingstdag vor wär, do seeten se all' tohop un luern up dat, wat nu kamen schull. [2] Un dat duer nich lang, do fung dat an to suſen un to bruſen vun'n Hewen her, grad so as wenn en Storm upkümmt, un in dat ganſe Hus, wo ſe ſeeten, wär dat to ſpörn. [3] Ock kreegn ſe Tungn to ſehn, as wenn dat Füerflammen wärn. De deelten ſick wedder, un up jedeneen vun ehr ſett ſick een dal. [4] Un ſe wörrn all' vull vun hilligen Geiſt, un ſe fungn an un ſprooken in annere Spraken, grad as de Geiſt ehr dat ingev, dat uttoſpreken.

[5] Nu wahnten in Jeruſalem allerhand Juden, de dat mit ehrn Glowen heel genau nähmen un fröher int Utland lewt harrn, överall, wo dat Minſchen gifft ünnern Hewen. [6] De kämen, as dat Bruſen losgüng, in groten Swarm tohop un makten grote Ogen; denn jedereen hör, dat ſe grad in ſin Sprak reden dän. [7] Un ſe wüſſen nich, wat ſe dorto ſeggn ſchulln un wunnerten ſick banni un ſän: „Wodenni geit dat to? Sünd düſſe all', de dor reden dot, nich ut Galiläa? [8] Wodenni is dat doch blots mögli, dat wi ehr hörn un verſtahn dot jedereen in ſin Moderſprak, in de wi born ſünd? [9] Dor ſünd Parther un Meder un Elamiter, un denn welke, de in Meſopotamien un Judäa un Kappadokien, in Pontus un Aſien, [10] Phrygien un Pamphylien, Agypten un in de Gegend vun Libyen bi Kyrene tohus ſünd, ock de Römers, de ſick hier anbuut hebbt, [11] Juden un ſo'n Lüd, de düſſen Glowen annahmen hebbt, Kreter un Araber — wi hört ehr reden in unſe Moderſprak vun all' dat Grote un Wunnerbore, dat Godd dan hett?" — — [12] Ja, ſe kreegn würkli gans dat Swiegen un wüſſen nich, wat ſe dorto ſeggn ſchulln. Un de Eene ſä to den Annern: „Wat hett dat blots up ſick?" [13] Annere awer maken ſick doröwer luſti un ſän: „Ach, de ſünd duun! Hebbt toveel Wien drunken!"

[14] Do awer ſtünn Petrus mit de Olbn up un ſä luuthals to ehr: „Jüdſche Landslüd un all' ji Börgers vun Jeruſalem! Dat ſchüllt ji doch weten, un wat ick nu ſegg, dat markt ju! [15] Düſſe Lüd hier ſünd allns annere as duun! Dat is doch ock erſt Klock negn un erſt eben up'n Vörmiddag! Nä, dat bild ju man nich in! [16] Awer dat will ick ju ſeggn: Nu is dat indrapen, wat de Profet Joel mal ſeggt hett:

[17] „Wenn de letzte Tied kümmt — ſo ſeggt Godd —, denn geet ick vun min Geiſt ut up alles Fleeſch. Denn ſchüllt ju Söhns un Döchder to Profeten warn, un de junge Lüd ſchüllt Geſichten ſehn, un de Ollen mang ju ſchüllt nachts wat in'n Droom bilewen. [18] Ja, ock öwer ju Knecht'n un Mädens will ick to düſſe Tied vun min Geiſt utgeeten, un ſe ſchüllt Profeten warn.

¹⁹ Un ick will Wunner don baben an'n Hewen un Teeken nerrn up de Eer, Bloot un Füer un Damp un Rook. ²⁰ De Sünn schall sick versteken un düster warn, un de Maand rot as Bloot, ehr dat den Herrn sin grote un herrliche Dag kümmt. ²¹ Un denn ward jedereen, de den Herrn sin Nam anropen deit, redd' warn.'

²² Min lewe Landslüd! Nu will ick ju noch wat seggn. Hört mal to! Nu kam ick up Jesus vun Nazareth to spreken. De is vör ju vun Godd dörch Kraft un Wunner un Teeken, de Godd dörch em merrn mang ju dä, utwiest. Dat hebbt ji ja sülbn bilewt. — ²³ Un düssen Mann, de na Godd sin fasten Willn un Bestimmung verraden wörr, den hebbt ji dörch de Heiden ehr Todon ant Krüz slan un an de Siet bröcht. ²⁴ Godd awer leet em wedder upstahn. He mak em frie ut Dodesnot, denn de Dod kunn em unmögli fastholn. ²⁵ David seggt ja — un dorbi denkt he an em —:

,Ick seeg den Herrn alltieds vör min Ogen;
    denn he steit mi to Siet, dat ick nich to Fall kam.
²⁶ Dorum freu sick min Hart, un jubel min Tung;
    denn ock min Fleesch dörf höpen, dat dat Bestand behölt.
²⁷ Du warst min Seel nich bi de Doden laten,
    un du warst dat nich togewen, dat din Hillige vergahn mutt.
²⁸ Du hest mi Weg' künni makt, de to dat Lewen henföhrt,
    du warst mi Freud in Hüll un Füll gewen ünner din Ogen.'

²⁹ Min lewe Landslüd! Lat mi mal frie herut wat to ju seggn! Ick denk an den Stammvader David. He storw doch un wörr to Eer bröcht, un sin Graffstäd gifft dat bi uns noch bit up düssen Dag. ³⁰ Awer he wär ja ock en Profet un wüß, dat Godd em dat hoch un hillig tosworn harr, dat he em ut sin Nakamen een up'n Tron setten wörr, ³¹ un so seeg he dat wiet vörut un sprook dorvun, dat de Messias upstahn schull vun de Doden; he schull ,nich in de Höll sitten bliewen, un sin Fleesch schull nich dat Verdarwen bilewen'.

³² Düssen Jesus hett Godd nu upweckt, dat künnt wi all' betügen. ³³ Nu is he dörch Godd sin Hand na baben kamen, un he hett den hilligen Geist, de em toseggt wär, vun sin Vader kregn, un den hett he hier nu utgaten. Ji hebbt dat ja sülbn sehn un hört. ³⁴ Denn David is nich na'n Himmel rupgahn. He seggt ja sülbn: ,De Herr sä to min Herr: Sett di an min rechde Siet, ³⁵ bit dat ick din Fiendn to din Föt dalleggn do!' ³⁶ So schall dat nu dat ganse Hus Israel seeker künni makt warn, dat Godd em to'n Herrn un Messias makt hett, un dat is desülwige Jesus, den ji ant Krüz slan hebbt."

³⁷ As se dat hört harrn, do güng ehr dat dörch't Hart, un se sän to Petrus un de annern Apostels: „Wat schüllt wi denn

221

don, lewe Bröder?" [38] Petrus sä: „Bekehrt ju! Un jedereen vun ju schall sick döpen laten up Jesus Christus sin Nam, dat ju de Sünn'n vergewen ward, un denn ward ju de hillige Geist schenkt warn. [39] Denn ock för ju gelt, wat Godd tofeggt hett, un för ju Kinner un ock för de all', de noch niks dorvun weten wüllt — also för all' de, de unfe Herrgodd dorto upropen ward." [40] He sä noch veel mehr un lä ehr dat ant Hart un vermahn ehr: „Lat ju doch reddn ut düt leege Geslecht!" [41] Un de Lüd, de sin Word annehmen. dän, leeten sick döpen; un so kämen an düssen Dag üm un bi dreedusend Seelen dorto.

[42] Un se heeln fast an de Apostels ehr Lehr un blewen tohop; se fiern dat Abendmahl un beden tosam. [43] Un öwer jedereen käm Angst un Bangn, un de Apostels dän veele Teeken un Wunner. [44] All' de awer, de to'n Glowen kamen wärn, dän allns tohop un lewten ut een Kass. [45] Un ehrn Besitz un ehrn Kram verköfften se un verdeelten dat an alle, so as de Een un de Anner dat grad nöbi harr. [46] Un Dag för Dag wärn se in'n Tempel tohop, een Hart un een Seel, un se fiern ock Hus bi Hus dat Abendmahl [47] un eten mit, wat up'n Disch käm, un dat güng vergnögt un eenfach bi ehr to, un se löwten Godd un wärn good leeden bi dat ganse Volk. Un de Herr dä Dag för Dag noch welke dorto, de redd' wörrn.

Dat 3. Kapitel.

[1] Petrus un Johannes güngn eensdags na'n Tempel rup. Dat wär so hen to de Klock dree, wenn dat Tied to'n Beden is. [2] Do wörr grad en Mann rupdragen, de wär all lahm to Welt kamen. Den län se Dag för Dag bi de Tempeldör hen, de se de „schöne" Port nömt. Un so kunn he de üm en Almosen angahn, de na'n Tempel güngn. [3] As he nu seeg, dat Petrus un Johannes ock na'n Tempel wulln, do sprook he ehr ock üm en lütt Gaw an. [4] Petrus keek em lang un irnst an, un ock Johannes mak dat so, un denn sä Petrus to em: „Kiek uns mal liek in de Ogen!" [5] Un he dä dat; denn he spitz sick dorup, dat he vun ehr wat kriegn wörr. [6] Do sä Petrus: „Sülwer un Gold heff ick nich. Awer wat ick heff, dat gew ick di. In Jesus Christus vun Nazareth sin Nam — gah los!" [7] Un denn fat he em bi de rechde Hand un holp em in de Been. Un glieks wärn de Föt un de Enkeln wedder fast, [8] he sprung up un stünn seeker up de Been un güng hen un her. Un he güng mit ehr rin na'n Tempel un leep dor rum un sprung hoch un wüßt sick vör Freud nich to laten, vuller Goddlow. [9] Un all de Lüd seegn dat, dat he nu wedder gahn kunn un vuller Goddlow wär. [10] Se kennen em ja good un wüssen: De dore seet doch sünst to

bebbeln bi de schöne Tempelport! So wüssen se nich, wat se
dorto seggn schulln, dat sowat mit em passeert wär; se kunn'n
sick gornich genog wunnern, ja se verfehrn sick sogor.
[11] He blew nu fast an Petrus un Johannes ehr Siet, un so
leepen all' de Lüd bi ehr tosam, ümmer noch vull vun dat, wat
se bilewen dän. Un dat wär bi den Salomo-Gang. [12] Us
Petrus dat wies wörr, do sä he to dat Volk: „Ji Lüd ut Israel!
Wat wunnert ji ju blots öwer düssen Mann? Oder wat kiekt ji
uns an? Grad as wenn wi mit unse eegen Kraft un Glowen
dat tostann bröcht harrn, dat he nu gahn kann! [13] Nä, Abraham
un Isaak un Jakob ehrn Godd, unse Vöröllern ehrn Godd, de
hett sin Knecht Jesus verherrlicht, den ji utlewert hebbt un
vun den ji vör Pilatus niks weten wulln, as he bi sick utmakt
harr, dat he em frielaten wull. [14] Ji wulln vun den Hilligen
un Gerechden niks weten un hebbt ju en Mörder utbeden;
[15] awer den Mann, de to dat Lewen henföhrt, den hebbt ji an
de Siet bröcht. Doch Godd hett em wedder upweckt vun de
Doden. Dorför staht wi as Tügen. [16] Un düsse Glow is de
Grund dorför, dat sin Nam nu düssen Mann, den ji seht un
kennt, gesund makt hett. Ja, de Glow, de dörch Jesus kümmt,
hett em de vulle Gesundheit bröcht, dat hebbt ji nu sülbn
bilewt.
[17] Un nu weet ick, min lewe Bröder: ji hebbt dat dan, wiel-
dat ji dat nich beter weten dän, un so denk ick ock öwer de, de
bi ju de Böwersten sünd. [18] Godd awer hett up düsse Wies'
dat wohr makt, wat he dörch all' de Profeten all vörutseggt
harr. Un dat is düt: dat sin Messias lieden mutt. [19] So gaht
nu mit ju to Kehr un besinnt ju, sünst künnt ju de Sünn'n nich
vergewen warn. [20] Denn ward ock dörch Godd sin Gnad
Tieden kamen, dat ji ju Ruh' kriegt, un he ward ju Christus
Jesus schicken, den he för ju utwählt hett. [21] De mutt nu aller-
dings erst mal in'n Himmel bliewen bit hen to de Tieden, wo
allns wedder in de Reeg bröcht ward. Vun düsse Tieden hett
Godd all spraken dörch sin hillige Profeten vun Anfang an.
[22] Mose hett all seggt: ‚En Profet ward unse Herrgodd ut ju
Bröder för ju upstahn laten, grad so as mi. Up em schüllt ji
hörn in alle Saken, de he ju seggt! [23] Awer jedereen, de up
düssen Profet nich hörn deit, ward ut dat Volk gans un gor
utstött.' [24] Un all' de Profeten vun Samuel an un wiederhen,
de wat seggt hebbt, de hebbt ock düsse Dag' anseggt. [25] Ji sünd
de Profeten ehr Kinner un hört as Kinner to den Bund, den
Godd mit ju Vöröllern makt hett, as he to Abraham sä: ‚Un
dörch din Nakamen schüllt alle Geslechter up de Eer seg'nt
warn.' [26] För ju hett Godd toirst sin Söhn upweckt un ju em
schickt; denn he wull ju seg'n, wenn jedereen vun ju sick vun
dat böse Lewen losseggt."

223

Dat 4. Kapitel.

[1] As se so to dat Volk spreken dän, kämen de Preesters un de Tempelhauptmann un de Sadduzäers an ehr ran. [2] De paß dat dörchut nich, dat se dat Volk lehrn un an Jesus klor maken dän, dat de Doden wedder upstaht. [3] Un se kreegn ehr fat un steeken ehr in bit to'n neegsten Dag; denn dat wär all lat worn. [4] Veele awer, de de Red hört harrn, kämen to'n Glowen, un dat wärn bi fiefdusend Mann.

[5] Un'n neegsten Morgn kämen nu de Böwersten vun ehr un de Ollerlüd un de Schriftgelehrten, de in Jerusalem wahnen dän, [6] un de Hochepreesters Hannas un Kaiphas un Johannes un Alexander un all' de, de to dat Hochepreestergeslecht hörn dän, tosam [7] un leeten ehr sick vörföhrn un fragten ehr ut. „In wat för'n Kraft un in wat för'n Nam hebbt ji dat dan?" — so sän se. [8] Do sä Petrus, vull vun hilligen Geist, to ehr: „Ji böwersten Lüd int Volk un ji Ollerlüd! [9] Ji wüllt hüt vun uns wat hörn öwer dat Goode, wat wi an en kranken Minschen dan hebbt, un wüllt weten, wodörch düsse Mann gesund worn is. [10] Good, dat schall ju all' un dat ganse Volk Israel seggt warrn: in Jesus Christus vun Nazaret sin Nam — ji hebbt em ja ant Krüz slan, un Godd hett em vun de Doden wedder upweckt — in den sin Nam steit düsse Mann nu vör ju hier gesund. [11] He is de Steen, den ju Buulüd wegsmeten hebbt, un de is nu to'n Ecksteen worrn. [12] Un bi keen een sünst is dat Heil to finn'n. Denn dat gifft ünnern Hewen keen annern Nam, de mang de Minschen uns gewen is un dörch den wi redd' warn schüllt."

[13] As se nu seegn, dat Petrus un Johannes so frie un frank spreken dän, un ock marken dän, dat se man eenfache Lüd wärn, de nich veel lehrt harrn, makten se doch grote Ogen. Un nu harrn se dat ock bald rut, dat se mit Jesus tohopwest wärn, [14] un denn seegn se mit ehr eegen Ogen den Mann vör sick stahn, de gesund makt wär. So kunn'n se niks dorgegen seggn. [15] Un nu leeten se ehr wedder ut de Versammlung rutbringn un öwerlän sick dat ünner sick. Se sän: [16] „Wat schüllt wi blots mit düsse Lüd anfangn? Denn en Wunner hebbt se dan. Dat liggt klor up de Hand. Dat is ock all' de Lüd, de in Jerusalem wahnt, klor, un wi künnt dat nich affstrieden. [17] Awer wi möt dorför sorgn, dat sick dat nich noch wieder int Volk rümsnacken deit. Dorum möt wi ehr drauhn, dat se mit düssen Nam keen Minsch mehr kamen dörft." [18] Un nu leeten se ehr wedder rinkamen un verbaden ehr, dat se sick öwerhaupt nich mehr up den Namen Jesus bi ehr Predigt un Lehr beropen schulln. [19] Awer dormit wärn Petrus un Johannes nich inverstahn. Se sän to ehr: „Is dat vör Godd recht, dat een mehr up ju as

224

up Godd hörn schall? Dat künnt ji ju sülbn seggn. ²⁰ Dat
bringt wi eenfach nich fardi, dat wi dat nich seggn schulln, wat
wi sehn un hört hebbt." ²¹ Do drauhn se ehr noch mal, un denn
leeten se ehr lopen; denn se wüssen nich, wodenni se ehr bi-
kamen un ehr strafen schulln; ock wagten se dat nich wegen de
Lüd. De wärn all' vuller Goddlow öwer dat, wat passeert
wär; ²² denn de Minsch, de dörch dat Wunner gesund worn
wär, wär all in de Veerdigen.

²³ As se nu frielaten wärn, kämen se to ehr Lüd torüg un
vertelln, wat de Hochepreesters un Ollerlüd to ehr seggt harrn.
²⁴ Un as se dat hörn dän, do beden se all' ut een Hart to Godd
un sän: „Herr, du hest den Himmel un de Eer un dat Water
makt un allns, wat dorin lewt un wewt. ²⁵ Du hest dörch den
hilligen Geist, un dat will seggn: dörch unsen Vader David,
de din Knecht wär, seggt:

„Worum makt de Heiden so veel Larm,
un worum hebbt de Völker wat vör,
wat doch niks warn kann?
²⁶ De Könige up de Eer sünd upstahn,
un de Herrn sünd tohopkamen
gegen den Herrn un sin Messias."

²⁷ Ja, wohrrafdi sünd in düsse Stadt Herodes un Pilatus
mit Heiden un Völker tohopkamen gegen din hilligen Knecht
Jesus, den du salwt hest; ²⁸ denn se wulln dat tostann bringn,
wat din Hand un din Rat all lang so bestimmt harr. ²⁹ Un
nu, Herr, kiek di mal an, wodenni se drauht, un schenk dat din
Knecht'n, dat se frie herut, ohn Angst un Bang, din Word
predigt! ³⁰ Reck du din Hand ut, dat Lüd gesund ward un dat
Wunner un Teeken dan ward dörch din hilligen Knecht Jesus
sin Nam!" ³¹ Un as se so beden dän, fung de Stell, wo se tohop
wärn, an to bewern, un se wörrn all' vull vun'n hilligen Geist,
un se predigten Godds Word frie herut ohn' Angst un Bang'n.

³² Un all' de, de to'n Glowen kamen wärn, wärn een Hart
un een Seel. Un dor wär keen een, de dat, wat em hörn dä,
för sick verlangn dä; nä, allns hör ehr tohop. ³³ Un mit grote
Kraft stünn'n de Apostels dorför in, dat de Herr Jesus vun
de Doden upstahn is. Un de Freud wär bi ehr all'tosam grot.
³⁴ Dat gew ock keen arme Lüd bi ehr. Wer Hüser un Land
harr, de verköff ehr, un se bröchten dat, wat se bi'n Verkoop
kregn harrn, mit ³⁵ un län dat dal vör de Apostels ehr Föt.
Un denn kreeg jedereen, wat he nödi harr. ³⁶ So harr Josef,
de vun de Apostels den Binamen Barnabas harr — dat heet
„Trostföhn" — un de Levit wär un ut Kypern stammen dä,
³⁷ sin Land verköfft un dat Geld mitbröcht un to de Apostels
ehr Föt dalleggt.

Dat 5. Kapitel.

[1] Ock en Mann, de Ananias heeten dä, verföff wat vun sin Besitz, un Sapphira, wat sin Fru wär, wär dormit inverstahn. [2] Awer vun dat, wat he dorför betalt kreeg, beheel he wat för sick — un sin Fru wüß dat — un blots en Deel bröch he hen un lä dat de Apostels to ehr Föt hen, dat se dormit maken kunn'n, wat se wulln. [3] Do sä Petrus: „Ananias! Worum hett de Satan din Hart in sin Gewalt? Du hest ja den hilligen Geist belagen un wat vun dat för di beholn, wat du för dat Grundstück kregn hest! [4] Du harrst den Kram ja ruhi beholn kunnt. Un as du dat verföfft harrst, kunnst du dat ja ock noch mit maken, wat du wullt. Dat hör di ja noch gans to. Awer, wodenni kunnst du in din Hart blots up so wat kamen? Dor hest du nich blots Minschen wat vörmakt, nä, Godd hest du wat vörlagen!“ [5] As Ananias dat hörn dä, do full he um un wär up de Stell dot. Un all' de, de dat hörn dän, wörr angst un bang. [6] Un de junge Lüd stünn'n up un wickeln em in Döker un bröchten em na'n Karkhoff.

[7] Dree Stünn wieder — so üm un bi — do käm sin Fru. Se wüß noch nich, wat passeert wär. [8] Do sä Petrus to ehr: „Segg mi mal! Is dat allns, wat ji för dat Grundstück kregn hebbt?“ Se sä: „Ja, dat hebbt wi kregn.“ [9] Do sä Petrus to ehr: „Worum sünd ji doch eeni worn, den Herrn sin Geist up de Prow to stelln? Süh! De Lüd, de din Mann to Eer' bröcht hebbt, de staht all vör de Dör un ward di ock na'n Karkhoff bringn.“ [10] Un knapp harr he dat seggt, do full se ock um, liek dal vör sin Föt, un dot wär se. Un as de junge Lüd rinkämen, funn'n se ehr dot, un se drogen ehr rut na'n Karkhoff un bröchten ehr an ehrn Mann sin Siet to Eer. [11] Un en grote Angst käm öwer de ganse Gemeen un öwer all' de, de dat hörn dän.

[12] Dörch de Apostels ehr Handn passeern veele Wunner un Teeken in dat Volk. Un de, de glöwen dän, wärn all' een Hart un een Seel un wärn ock ümmer tohop in de Hall', de na Salomo nömt ward. [13] Bun de Annern awer gew sick keen een mit ehr aff, awer dat Volk heel grote Stücken up ehr. [14] Un doch kämen ümmer mehr dorto, de an den Herrn glöwen dän, en Barg Mannslüd un Fruenslüd. [15] Se bröchten sogor de Kranken up de Straat un län ehr dor hen up Bedden un Küssen; denn se wärn all tofreden, wenn Petrus vörbikäm un blots sin Schatten up een vun ehr falln dä. [16] Ja, dor kämen ock en Barg Lüd ut de Städte, de üm Jerusalem rum liggn dot, un de bröchten ock Kranke un so'n Lüd, de vun unreine Geister quält wörrn, un se wörrn all' wedder gesund.

[17] Do käm awer de Hochepreester in de Been un all' sin Lüd

226

dorto, dat wärn de Sadduzäers, de sick gans för sick heeln. De
kunn'n dat gornich hebbn. Se kämen bös in Gang [18] un kreegn
de Apostels fat un sparrn ehr in, wo sünst de Verbrekers in-
schott ward. [19] Awer de Herr schick en Engel un de mak nachts
de Gefängnisdörn up, hal ehr rut un sä: [20] „Gaht los un stellt
ju in den Tempel hen un holt vör dat Volk de ganse Red',
de so'n Lewen tostann bringt." [21] As se dat hört harrn, do
güngn se, as dat eben hell warn wull, na'n Tempel un pre-
digten. Awer nu käm ock all de Hochepreester mit all' sin Lüd
in Gang un leet den gansen Rat un de ganse Versammlung
vun de Kinner Israel tohop ropen, un se wulln ehr ut dat Ge-
fängnis haln laten. [22] Awer as de Deeners nu henkämen,
funn'n se ehr nich in dat Lock. So kämen se wedder torüg
[23] un meld'n: „Ja, dat Gefängnis wär seeker toslaten — dat
kunn gornich beter wesen — un de Wachen stünn'n vör de
Dörn, awer as wi denn upmaken dän, do hebbt wi binnen
keen Minsch funn'n." [24] As de Tempelhauptmann un de Hoche-
preesters dat hörn dän, do wüssen se nich, wat dat to bedüden
harr. [25] Awer do käm ock all een un meld': „Kiek blots mal
an! De Lüd, de ji inschott harrn, de staht in'n Tempel un
lehrt dat Volk." [26] Do güng de Hauptmann mit sin Lüd weg
un hal ehr, awer nich mit Gewalt; denn se wärn bang vör
dat Volk un wärn sick moden, de Lüd kunn'n ehr mit Steen
smieten. [27] So kämen se denn mit ehr an un stelln ehr vör
den Rat. Un nu frag de Hochepreester ehr: [28] „Wi hebbt ju
nu stramm verbaden, dat ji nich mit düssen Nam lehrn schüllt,
un nu hebbt ji dat doch dan. De ganse Stadt is vull vun ju
Lehr, un nu wüllt ji düssen Minschen sin Bloot öwer uns
bringn!" [29] Do sän Petrus un de Apostels: „Een schall up
Godd mehr hörn as up Minschen. [30] Unse Vöröllern ehr Godd
hett Jesus vun de Doden wedder upweckt, den ji an de Siet
bröcht un amt Krüz uphungn harrn. [31] Den hett Godd an sin
rechde Siet as Herzog un Heiland sett, dat Israel sick bekehrn
schull un ehr de Sünn'n vergewen warn kunn'n. [32] Un wi
künnt dorför instahn, dat dat wohr is, un ock de hillige Geist,
den Godd de schenkt hett, de up em hörn dot — de kann dat
betügen." [33] As se dat awer hörn dän, wörrn se fünsch un
wulln ehr umbringn. [34] Do stünn awer een, de ock to'n Rat
hörn dä un en Pharisäer wär — he heet Gamaliel un wär as
Schriftgelehrter good anschrewen — de stünn also up un gew
den Befehl, se schulln de Lüd förn korte Tied rutgahn laten,
[35] un denn sä he to ehr: „Landslüd ut Israel! Seht ju vör
bi düsse Lüd! Öwerleggt ju, wat ji dot! [36] Dat is noch gornich
lang her, do stünn Theudas up un sä, dat he gans wat Be-
sunneres wär. Un en veerhunnert Mann makten mit. Awer
wat käm dorbi rut? He wörr an de Siet bröcht, un all' de,

de mitmakt harrn, de leepen ut'nanner, un dat wär ut mit
ehr. ³⁷ Na em stünn denn de Galiläer Judas up — dat wär
domals, as de Stüerinschätzung wär — un he wiegel dat Volk
up un bröcht ehr up sin Siet. Awer denn? Denn wär dat ut
mit em, un all' de, de mitmakt harrn, wörrn ut'n een jagt.
³⁸ Un nu? nu segg ick ju: „Lat de Handn vun düsse Lüd aff
un lat ehr lopen! Denn wenn dat, wat se vörhebbt oder wat
se dot, vun Minschen is, denn ward dat toschann. ³⁹ Wenn
dat awer vun Godd is, denn makt ji dat nich toschann. Sünst
kunn dat noch so kamen, dat ji as so'n Lüd ansehn ward, de
gegen Godd staht. Un dat wüllt ji doch wull nich." ⁴⁰ Se
müssen em recht gewen, un so leeten se de Apostels kamen,
leeten ehr en Dracht Prügel gewen, verlangten, se schulln nich
mehr mit den Namen Jesus reden, un denn leeten se ehr lopen.
⁴¹ Un de güngn vergnögt ut de Versammlung, denn se freuten
sick, dat se de Ehr hatt harrn, för den Namen Schimp un
Schann to lieden. ⁴² Un jeden Dag lehrten se in'n Tempel un
predigten dat Evangelium vun den Messias Jesus un wörrn
nich möd dorbi.

Dat 6. Kapitel.

¹ In düsse Dag' nu, wo de Jüngers ümmer mehr wörrn,
wärn de Juden, de griechisch spreken dän, nich good to spreken
up de Judenchristen; denn ehr Wetfruen kämen bi de Ut-
deelung jeden Dag to kort. ² Do reepen de Twölf all' de
Jüngers tohop un sän: „Dat geit nich an, dat wi Godds Word
bi Siet leggt un bi de Mahltieden upwort'n dot. ³ Dorum,
lewe Bröder, söft ju ünner ju Lüd söbn Mann ut, de good
anschrewen un ock vull Geist un Weisheit sünd. De wüllt wi
denn för düssen Deenst anstelln. ⁴ Wi sülbn awer wüllt bi dat
Beden un den Predigtdeenst bliewen." ⁵ Dormit wärn denn
ock all' de Annern vull un gans inverstahn, un se wählten Ste-
phanus, wat en Mann vull Glowen un hilligen Geist wär, un
Philippus un Prochorus un Nikanor un Timon un Parmenas
un Nikolaus, de ut Antiochien wär un sick to de Juden holn
dä. ⁶ Düsse Lüd stellten se vör de Apostels hen, un de beden un
län ehr de Handn up.

⁷ Un Godds Word käm vöran, un de Jüngers in Jerusalem
wörrn banni veel mehr, un ock en grote Barg Preesters bögten
sick ünner den Glowen.

⁸ Stephanus nu, de vull Gnad un Kraft wär, dä grote
Wunner un Teeken in dat Volk. ⁹ Do kämen awer welke in
Gang, de to de Kapell hörn dän, de nömt wörr na de Libertiner
un Kyrenäer un Alexandriner un Kilikier un Asiaten, un de
fungn mit Stephanus an to strieden, ¹⁰ awer se kunn'n gegen

de Weisheit un den Geist nich an, mit den he spreken dä. ¹¹ Do
wiegeln se en poor Lüd up, un de sän: „Wi hebbt hört, dat he
Lästerreden gegen Mose un Godd holn hett.“ ¹² Un se hetzten
dat Volk un de Ollerlüd un de Schriftgelehrten up un maken
sick öwer em her un kreegn em fat un bröchten em vör den Rat.
¹³ Un nu stellten se Tügen gegen em up, de nich to truen wär.
De sän: „Düsse Mann hölt ümmer wedder Reden gegen düsse
hillige Städ un gegen dat Gesetz. ¹⁴ Wi hebbt hört, dat he sä:
Jesus vun Nazaret wör düsse Städ toschann maken un de
Sitten ännern, de Mose uns vermakt hett.“ ¹⁵ Als nu all' de,
de in de Versammlung wärn, em ankeeken, käm ehr sin Gesicht
so vör, as wenn dat en Engelgesicht wär.

Dat 7. Kapitel.

¹ Do sä de Hochepreester: „Stimmt dat?“ ² He sä: „Lewe Lüd,
Bröder un Vaders! De Godd, den de Herrlikeit tohört, wies'
sick unsen Vader Abraham in Mesopotamien, ehr dat he Haran
to sin Heimat maken dä. ³ Un he sä to em: „Treck ut din Land
un din Familie un reis' na dat Land, dat ick di noch wiesen will.“
⁴ Do trock he ut dat Chaldäerland ut un buu sick in Haran an.
Un as sin Vader dot wär, bröch Godd em in düt Land, wo
ji nu wahnen dot. ⁵ Awer he gew em hier keen Besitz, nich
mal 'n Footbreed Land. Nä, he löw em blots to, he wull em
dat to'n Besitz gewen un sin Nakamen na em. Un dat sä he,
as Abraham noch gorkeen Kind harr. ⁶ Godd sä nämli so:
,Sin Nakamen schüllt in en frömdes Land to Gast wahnen,
un se ward ehr to Slawen maken un bös tosetten veerhunnert
Johr.' ⁷ ,Un dat Volk, dat se as Slawen deenen möt, will ick
denn richden,' sä Godd. ,Un denn schüllt se uttrecken un mi
an düsse Städ deenen.' ⁸ Un denn gew ge ehr den Bund, den
he dörch de Besniedung maken dä. Un so wörr he Vader to
Isaak un leet em an'n achten Dag besnieden, un Isaak wörr
Vader to Jakob un Jakob to de twölf Stammvaders. ⁹ Un
de Stammvaders günn'n Josef niks un verkofften em na
Agypten. Awer Godd stünn em bi ¹⁰ un redd em ut all' sin
Not. Un he gew em Gnad un Weisheit vör Pharao, wat de
König in Agypten wär. Ock mak he em to'n Stattholer öwer
Agypten un sin ganses Hus. ¹¹ Nu käm awer en Hungersnot
öwer gans Agypten un Kanaan, un de Not wär grot, un unse
Böröllern harrn niks mehr to eten. ¹² Als Jakob nu hörn dä,
dat in Agypten noch Korn to kriegn wär, do schick he toirst
unse Vaders hen. ¹³ Un dat tweete Mal gew Joseph sick sin
Bröder bekannt. So kreeg Pharao to weten, wo Joseph tohus
wär. ¹⁴ Do schick Joseph hen un leet sin Vader Jakob un

sin ganse Familie haln. Dat wärn fiefunsöbndi Mann. [15] Un Jakob trock dal na Agypten. Un he storw dor un unse Vaders ock, [16] un se wörn na Sichem bröcht un dor in dat Graff leggt, dat Abraham förn Handvull Geld vun de Emoriter in Sichem köfft harr.

[17] As awer de Tied nu neeger käm, de Godd Abraham tolöwt harr, do breed sick dat Volk in Agypten wiet ut, [18] bit dat en annere König öwer Agypten käm, de niks mehr vun Joseph weten dä. [19] De bedrog unse Lüd un quäl unse Vaders. Se müssen ehr lütten Kinner utsetten, dat se jo nich ant Lewen blewen. [20] To düsse Tied wörr nu Mose born, un Godd harr an em sin Gefalln. He wörr erst dree Maand in sin Vaderhus uptrocken. [21] As he denn awer utsett wörr, do nähm Pharao sin Dochder em in ehr Hus un trock em wieder up as ehrn eegen Söhn. [22] Un Mose müß allns lehrn, wat dat an Weisheit bi de Aegypters gew, denn he kunn wat; dat wies sik bi allns, wat he säh und dä. [23]. As he nun veerdi Johr old wär, do käm em dat in'n Sinn, he wull mal na sin Bröder — dat wärn de Kinner Israel — sehn. [24] Do kreeg he to sehn, dat een vun ehr Unrecht dan wörr, un he sprung dortwischen un leet em sin Recht tokamen un hau den Agypter dal. [25] Un nu meen he, dat sin Bröder doch insehn wörrn, dat Godd ehr dörch sin Hand reddn wull. Awer se kämen nich dorachter. [26] Den neegsten Dag leet he sick wedder bi ehr sehn. Se harrn grad Striet mitenanner. Do wull he Freden maken mang ehr un sä: ,Lüd, ji sünd doch Bröder! Worum dot ji een den annern Unrecht?' [27] De awer, de up den annern losgüng, stött em torüg un sä: „Wer hett di as Herr un Richder öwer uns sett? [28] Wullt du mi ebenso an de Siet bringn, as du dat güstern mit den Agypter makt hest?" [29] As Moses dat hörn dä, do rück he ut un wahn as Gast in Midian, wo he to twee Kinner Vader wörr. [30] Un as wedder veerdi Johr üm wärn, do wies sick em in de Stepp up'n Barg Sinai en Engel in'n Dornbusch, de in Füer un Flammen stünn. [31] Un as Mose dat seeg, mak he grote Ogen; he wüß nich, wat he to düt Gesicht seggn schull. So güng he neeger ran; denn he wull de Sak up'n Grund gahn. Do hör he den Herrn sin Stimm, un de sä: [32] ,Ick bün din Vöröllern ehrn Godd, Abraham un Isaak un Jakob ehrn Godd.' Do fung Mose an to bewern un wag nich mehr hentokieken. [33] Un de Herr sä to em: ,Treck din Schooh aff vun din Fööt; denn de Städ, wo du up steist, dat is hillig Land. [34] Hör mal to! Ick heff wull sehn, wodenni se min Volk in Agypten quält hebbt, un heff sin Süfzen hört. Dorum bün ick hendalkamen un will ehr redd'n. Un nu mak di up'n Weg. Ick will di na Agypten schicken!'

230

[35] Düssen Mose nu, vun den se niks weten wulln un sän: ‚Wer hett di to'n Böwersten un Richder insett?' — den hett Godd as Böwersten un Erlöser afschickt un gew em den Engel to Hülp, de sick em bi'n Dornbusch künni makt harr. [36] He hett ehr wegföhrt un dorbi Wunner un Teeken dan in Ägypten un int Rode Meer un in de Wüst, un dat veerdi Johr lang. [37] Dat is desülwige Mose, de to de Kinner Israel seggt hett: ‚En Profet ward Godd ut ju Bröder upstahn laten grad so as mi.' [38] Dat is de, de in de Versammlung in de Wüst mit den Engel tohop wär, de mit em up'n Sinaibarg spreken dä un mit unse Vöröllern tosam lew. He schull lebennige Wörd an uns wiedergewen. [39] Up em wulln unse Vöröllern nich hörn. Nä, se stötten em vun sick un hungn ehr Hart an Ägypten. [40] Se sän to Aaron: ‚Mak uns Gödder, de vör uns hertrecken dot! Denn düsse Mose, de uns ut Ägypten föhrt hett — wi weet nich, wat ut em worrn is!' [41] Domals makten se sick en Kalw un bröchten för düssen Götzen Opfer un freuten sick öwer dat, wat ehr Handn makt harrn. [42] Do wull Godd mit ehr niks mehr to don hebbn un leet ehr ehrn Weg gahn, un so beden se dat „Himmelsheer" (dat will seggn: de Steerns) an, so as dat ock in dat Profetenbook schrewen steit:

‚Wärn de Slacht- un Spiesopfer, de ji in de Wüst veerdi Johr lewert hebbt, mi todacht, Hus Israel?

[43] Nä, ji hebbt Moloch sin Telt mithatt un den Godd Rompha sin Telt —

düsse Götzenbiller harrn ji sülbn för ju makt un wulln ehr anbedn.

Dorum will ick dorför sorgen, dat ji an en annere Städ to wahnen kamt,

güntsiets vun Babylon!'

[44] Unse Vöröllern harrn dat Stiftstelt in de Wüst. So harr de dat anord'nt, de to Mose seggt harr, he schull dat so maken, as he dat sehn harr. [45] Un düt Telt nähmen unse Vöröllern nu mit, as Godd de Heiden vör ehr wegdrewen dä un as se mit Josua tohop ehr Land in ehr Gewalt bröchten. Un dat Telt hebbt se beholn bit hen to David sin Tied. [46] De funn denn Gnad vör Godd sin Ogen un bed sick ut, he müch för Jakob sin Hus en Wahnung buun. [47] Un düt Hus hett Salomo denn ja ock buut. [48] Awer de Höchste wahnt nich in en Hus, dat Minschenhandn buut hebbt. Dat hett de Profet all seggt:

[49] ‚De Hewen is min Thron, un de Eer is min Footbank.

Wat förn Hus wüllt ji mi dor buun? — seggt de Herr, oder an wat förn Städ schall ick ruhn?

[50] Hett min Hand düt nich allns makt?'

231

⁵¹ Ji hebbt ümmer en stiewen Nack un en dicken Kopp un sünd nich besneden an Hart un Ohrn. Ji gaht alltieds gegen den hilligen Geist an. Ji makt dat grad so as ju Vöröllern. ⁵² Wen vun de Profeten hebbt ju Vöröllern nich verfolgt? Ja, se hebbt de dotslan, de dat vörher künni maken dän, dat de Gerechde kamen schull. Un ji sünd nu de Lüd, de em verraden un dotmakt hebbt. ⁵³ Ji hebbt dat Gesetz dörch Engelshand kregn, aver holn hebbt ji dat nich."

⁵⁴ As se dat hörn dän, do dreih sick bi ehr dat Hart um, un se wörrn Gift un Gall gegen em. ⁵⁵ He aver wär vull vun hilligen Geist un keek na'n Hewen rup un seeg Godd sin Herrlikeit un Jesus rechderhand vun em stahn. ⁵⁶ Un he sä: „Süh, ick seh den Himmel apen un den Minschensöhn an Godd sin rechde Siet stahn!"

⁵⁷ Do fungn se luuthals an to schrien un heeln sick dorbi de Ohrn to. Un denn güngn se as een Mann up em los ⁵⁸ un stötten em ut de Stadt rut un smeeten em mit Steen. Un de Tügen län ehr Kleeder aff vör de Föt vun en jungen Mann, de heet Saulus.

⁵⁹ Se leeten man so de Steen up Stephanus hendalsuusen. De aver folt sin Handn un sä: „Herr Jesus, nümm du nu min Geist in din Handn!" ⁶⁰ Un denn sack he in de Knee un reep noch mal luuthals: „Herr, rek'n ehr düsse Sünn nich an!" Un as he dat seggt harr, wär he dot.

Saulus aver wär gans dormit inverstahn, dat se em dotmakt harrn.

Dat 8. Kapitel.

¹ An düssen Dag käm en grote Verfolgung öwer de Gemeen in Jerusalem. Se wörrn all' ut'n een sprengt in de Gegenden vun Judäa un Samaria, blots de Apostels nich. ² Stephanus aver bröchten frame Lüd to Eer un truern un klagen banni um em. ³ Saulus aver leet de Gemeen keen Ruh. He güng vun Hus to Hus, släp Mannslüd un Fruen weg un leet ehr inschotten.

⁴ De nu, de ut'n een streut wärn, reisten int Land rum un predigten dat Word. ⁵ Philippus güng dal na 'n Stadt in Samaria un predig ehr vun Christus. ⁶ Un de Lüd leeten sick dat gern vun Philippus vertelln un wärn all' gans dorbi, as se tohörn un sehn dän, wat he an Wunner dä. ⁷ Denn ut Veele, de vun unreine Geister plagt wörrn, föhrten düsse mit veel Larm ut, un veele Lahme un Kröpels wörrn gesund. ⁸ Un de Freud in düsse Stadt wär groot.

⁹ Nu wär dor aver in düsse Stadt en Mann, de heet Simon. De gew sick all lang vör de Tied mit Zauberie aff, un he

verdreih de Lüd in Samaria den Kopp; denn he sä, he wär en bannige Kirl. [10] An achter em leepen de Lüd all' ran, de Lütten un de Groten, un sän: Dat is de Kraft, de Godd hett, de Kraft, de de „Grote" nömt ward. [11] Se leepen awer blots dorum achter em ran, wieldat he ehr all lang mit sin Zauberkneep den Kopp verdreit harr. [12] As se denn awer to Philippus Tovertruen kreegn, de dat Evangelium vun Godd sin Riek un den Namen Jesus Christus predigen dä, do leeten sick Mannslüd un Fruen döpen. [13] Ja, ock Simon käm to'n Glowen, un as he döfft wär, heel he dat gans mit Philippus. Un as he nu ock noch de Teeken un de groten Wunner seeg, wüß he würkli nich mehr, wat he seggn schull.

[14] As nu de Apostels in Jerusalem to hörn kreegn, dat Samaria Godds Word annahmen harr, do schickten se to ehr Petrus un Johannes hen. [15] De güngn denn ock hen un beden dorüm, dat se den hilligen Geist kriegn müch'n. [16] Denn de wär bitherto noch up keen een vun ehr fulln; se wärn blots up den Herrn Jesus sin Nam döfft worrn. [17] Nu awer län se ehr de Handn up, un se kreegn den hilligen Geist. [18] As Simon awer sehn harr, dat de hillige Geist schenkt ward dordörch, dat de Apostels de Handn upleggt, bröcht he ehr Geld [19] un sä: „Gewt mi ock de Vullmacht, dat jedereen, den ick de Handn uplegg, ock den hilligen Geist kriggt!"

[20] Petrus awer sä to em: „Din Geld schall mit di tohop toschann warn; denn du meenst, dat du Godd sin Geschenk mit Geld köpen kannst. [21] Du hest keen Andeel un Anrecht an düt Word; denn din Hart is nich „richdi" vör Godd sin Ogen. [22] Bekehr di vun din leegen sinn un bed den Herrn, dat di dat, wat du vörharrst, vergewen ward. [23] Denn ick seh, dat du bittere Gall un en Ultbund vun Ungerechdikeit büst." [24] Do sä Simon: „Denn bed ji för mi to den Herrn, dat niks öwer mi kümmt vun dat, wat ji seggt hebbt."

[25] Un as se nu den Herrn sin Word betügt un predigt harrn, reisten se wedder na Jerusalem torüg un predigten noch in veele Dörper vun Samaria.

[26] Eensdags sä den Herrn sin Engel to Philippus: „Stah up un mak di up'n Weg na Süden. Gah mal up de Landstrat, de vun Jerusalem na Gaza hendalgeit. Dor liggt keen Hus wiet un siet." [27] Un he stünn up un güng up de Reis'. Un dat duer gornich lang, do käm em en Mann ut Athiopien in de Möt. Düsse Mann stünn in'n Deenst bi de Königin Kandake vun Athiopien. He harr sin Mannskraft nich mehr un harr en hochen Posten; denn he wär öwer dat ganse königliche Vermögen as Verwalter sett. Düsse Mann wär na Jerusalem rupreist un harr ock in'n Tempel dor bed'. [28] Un nu reis' he wedder tohus un seet up sin Wag' un läs in den Profet

233

Jesaja. [29] Do sä de Geist to Philippus: „So, nu gah mal ran un seh to, dat du mit den Wagen Schritt holn deist!" [30] So leep Philippus denn hento un hör, dat he den Profet Jesaja lesen dä. Do sä he: „Segg mal, versteist du dat ock, wat du dor lesen deist?" [31] De Mann sä: „Wodenni schull ick dat wull künn'n? Dor is ja keen, de mi dat utleggn deit!" Un denn lad he Philippus in, he schull mit upstiegn un sick bi em hensetten. [32] Un wat förn Biwelstell harr he upslan? He läs düsse Stell:

„Grad as en Schaap, dat henföhrt ward to'n Slachten,
grad as en Lamm, dat stumm un still ward, wenn dat
schorn warn schall,
grad so mak ock he sin Mund nich up.
[33] Wieldat he sick bögen un fögen dä,
wörr ut de Straf för em niks.
Wer kann seggn, woveel Nakamen he noch kriegn deit?
Denn lebenni is he vun de Eer wegnahmen."

[34] Do sä de Mann to Philippus: „Ach, wes' so good un verklor mi dat! Bun wen seggt de Profet dat? Bun sick sülbn oder vun en annern een?" [35] Do fung Philippus an un lä em vun düsse Stell ut dat Evangelium vun Jesus ut. [36] Un as se so wiederföhrn dän, do kämen se an en Bäk. Do sä de Mann: „Hier is Water. Mi dünkt, dor is niks in'n Weg, dat du mi döpen deist!" [37] Philippus sä: „Ja, glöwst du vun Harten? denn kann dat angahn." He sä: „Ja, ick glöw, dat Jesus Godd sin Söhn is." [38] Do müß de Kutscher den Wagen anholn, un se beide güngn int Water, Philippus un de Mann, un he döff em. [39] As se awer wedder ut dat Water rutkämen, harr de Geist Philippus wegnahmen, mit een Mal, un de Mann kreeg em nich mehr to sehn. Awer dat mak ock niks; denn em wär dat Hart so vull vun dat, wat he bilewt harr, un so reis' he wieder vuller Goddlow. [40] Un Philippus käm wedder to'n Vörschien in Asdod un reis' rum un predig dat Evangelium in alle Städte, bit dat he na Käsarea käm.

Dat 9. Kapitel.

[1] Saulus wär noch ümmer Gift un Gall gegen den Herrn sin Jüngers. He drauh ehr, un Mord un Dotslag speeln dorbi ock keen Rull. So mak he sick an den Hochenpreester ran [2] un bed em, he schull em Breewe mitgewen na Damaskus an de Kapelln, denn he wull en Bullmacht dorför hebbn, dat he de Lüd, de sick to den nien Glowen holn dän, in Keden leggn un na Jerusalem bringn kunn.

3 Un up de Reis', as he all neeg bi Damaskus wär, do lücht' dat mit eenmal hell vun'n Hewen up, un em wär dat so, as wenn he merrn int Füer stünn. 4 Do sack he dal in de Knee un hör en Stimm, de sä: „Saul! Saul! Worum verfolgst du mi?" 5 He awer sä: „Wer büst du, Herr?" De Stimm sä: „Ick bün Jesus, den du verfolgn deist. 6 Awer stah up un gah in de Stadt rin; dor wardn se di seggn, wat du don schallst."

7 Un de Mannslüd, de mit em up de Reis' wärn, stünn'n stuer up'n Placken un sän keen Word; denn se hörn wull de Stimm, awer wörrn nüms wies. 8 Do stünn Saulus up vun de Eer, un as he sin Ogen upmaken dä, kunn he niks sehn. Un se fat'n em bi de Hand un bröchten em na Damaskus rin. 9 Un he kunn dree Dag niks sehn, ock nähm he niks to sick.

10 Nu wär in Damaskus en Jünger, de heet Ananias. Un to den sä de Herr in'n Droom: „Ananias!" He sä: „Ja, Herr?" 11 De Herr sä: „Stah up un gah hen in de Strat, de de „grade Strat" heet, un frag mal in Judas sin Hus na'n Mann, de Saulus heet un ut Tarsus stammt. Süh mal, he is grad bi to beden, 12 un he hett in'n Droom sehn, dat en Mann, de Ananias heeten deit, to em na de Stuw rinkäm un em de Handn up'n Kopp lä, dat he wedder sehn kunn." 13 Do sä Ananias: „Ach, Herr, ick heff all vun veele Lüd hört, wat düsse Mann din Hilligen in Jerusalem andan hett. 14 Un hier hett he Vullmacht vun de Hochepreesters. He kann all' de, de din Nam anropen dot, in Keden leggn." 15 Do sä de Herr to em: „Gah ruhi hen! Ick heff mi em utsöcht as Handlanger; he schall min Namen drägen vör de Heiden un de Könige un de Kinner Israel. 16 Denn ick will em sülbn wiesen, wat he noch all' wegen min Nam utfstahn schall."

17 Do güng Ananias hen, un he käm in dat Hus un lä em de Handn up den Kopp un sä: „Broder Saul! De Herr hett mi herschickt, Jesus, de sick di wiest hett, as du ünnerwegens wärst. Du schallst din Ogenlicht wedder hebbn un vull vun hilligen Geist warn." 18 Un forts kunn he dat marken. Dat wär grad so, as wenn em en Dook vör de Ogen wegnahmen wär. He kunn wedder sehn, 19 un he stünn up un leet sick döpen, fung wedder an to eten un wär bald wedder good to Weg'.

Bi de Jüngers in Damaskus blew he nu eenige Dag'. 20 Awer forts predig he in de Kapelln vun Jesus un sä: „Düsse Mann is Godd sin Söhn." 21 As de Lüd dat hörn dän, wüssen se nich, wat se seggn schulln, un se sän: „Dat schull een doch wull nich för mögli holn! De dore Mann wär doch dorbi un wull in Jerusalem de an de Siet bringn, de düssen Namen anropen dot. He wär doch ock hierher kamen un harr doch ock niks

235

anners vör, as so'n Lüd fattokriegn un ehr denn de Hoche-preesters in de Handn to bringn." [22] Saulus awer kreeg mehr un mehr Kraft un verdreih de Juden, de in Damaskus wahnen dän, rein den Kopp; denn he mak ehr klor: dat is de Messias.

[23] So güng dat en Tiedlang wieder. Awer denn wörrn de Juden sick eeni, se wulln em an de Siet bringn. [24] Doch dat käm nich so wiet; denn Paulus harr vun dat, wat se vörharrn, Wind kregn. Ja, dat güng so wiet, dat se de Stadtporten bi Nacht un Dag bewachen dän; denn se wulln em dörchut ümbringn. [25] Do nähmen denn sin Jüngers em nachts un leeten em in en Korw an de Stadtmuer dal.

[26] So käm he denn glückli na Jerusalem. Dor seeg he to, dat he mit de Jüngers up en gooden Foot käm. Awer se wärn all' bang vör em; denn se kunn'n dat gornich glöwen, dat he en Jünger wär. [27] Awer Barnabas kümmer sick doch wat üm em un güng mit em to de Apostels. Un nu vertell he ehr, wodenni em dat gahn wär un dat he ünnerwegens, as he up de Reis' wär, den Herrn sehn harr un dat he mit em spraken harr un wodenni he denn in Damaskus frank un frie in Jesus sin Nam lehrt harr.

[28] Up de Wies' käm dat denn, dat he mit ehr in Jerusalem veel tosam wär, un he sprook ock frank un frie in den Herrn sin Nam. [29] He verhandel ock mit de Juden, de ehr Moder-sprak griechisch wär. De awer wärn dorup ut, se wulln em an de Siet bringn. [30] Un as de Bröder dorachter kämen, bröch-ten se em na Käsarea hendal un sorgten dorför, dat he na Tarsus käm.

[31] So lew denn de ganse Gemeen in gans Judäa un Galiläa un Samaria in Ruh un Freden. Un se buu sick ut un lew in Goddesfurcht, ock breed se sick ut, denn de hillige Geist holp mit dorto.

[32] Nu mak sick dat mal so, dat Petrus en Rundreis' dörch alle Gemeenden mak, un so käm he ock to de Hilligen, de in Lydda wahnen dän. [33] Dor funn he en Mann, de heet Aneas. De läg all acht Johr to Bedd, denn he wär lahm. [34] Do sä Petrus to em: „Aneas, Jesus Christus makt di gesund. Stah up un mak sülbn din Bedd up!" Un eben harr he't seggt, do stünn de Mann ock würkli up. [35] Un all' de Lüd in Lydda un Saron bilewten dat mit em un bekehrten sick to den Herrn.

[36] In Joppe wahn nu en Jüngerin, de heet Tabitha — dat heet up dütsch: Gazell —. Dat wär en heel goode Fru. Se lew blots för de Annern, un de Armen wärn rein ehr Schoot-kinner. [37] Un nu müß sick dat grad in düsse Dag' so drapen, dat se krank wörr un storw. Un se maken de Liek torecht un bröchten ehr na'n Stuw up'n Böd'n. [38] Nu liggt Lydda nich wiet aff vun Joppe. As de Jüngers nu hörn dän, dat Petrus dor

wär, do schickten se twee Mann hen un län em ant Hart:
„Kam doch gau mal röwer to uns!" [39] Un Petrus güng glieks
los un güng mit ehr. Un as he dor wär, nähmen se
em glieks mit rup na'n Böd'n. Un all' de Wetfruen kämen
an em ran un weenten em wat vör un wiesen em de Röck
un de Kleeder , de de Gazell maken dä, as se noch bi ehr
wär. [40] Awer Petrus jag ehr all' rut ut de Stuw. Un denn
full he dal up de Knee un fung an to beden. Un denn güng he
an de Liek ran un sä: „Tabitha, stah up!" Do mak se de Ogen
up un keek Petrus an un käm hoch in Enn. [41] Un he fat ehr
bi de Hand an un kreeg ehr wedder up de Been. Un denn
reep he de Hilligen un de Wetfruen un wies ehr, dat se nu
wedder lebenni wär. [42] Dat awer snack sick rum in gans
Joppe, un Veele kämen to'n Glowen an den Herrn. [43] Un he
blew noch en poor Dag' in Joppe un wahn bi en Garwer
Simon.

Dat 10. Kapitel.

[1] Nu wär dor en Hauptmann in Käsarea, de heet Kornelius.
De harr dat Kummando öwer de Kumpanie, de se de italsche
nömt. [2] Dat wär en frame Mann, de sick mit sin ganse Fa-
milie to Godd bekennen dä. He dä ock veel Goodes för dat
Volk un bed alltieds to Godd.

[3] Düsse Hauptmann harr eenmal en Gesicht. Dat wär so
an'n Namiddag hen to de Klock dree. Do seeg he gans dütli,
dat Godd sin Engel to em rinkäm na de Stuw. Un de sä
to em: „Kornelius!" [4] Do keek he em stuer an un kreeg dat
mit de Angst un sä to em: „Herr, wat is dor los?" He sä
to em: „Wat du bed' hest, un dat Goode, wat du an de Lüd
dan hest, dat hett Godd nich vergeten. [5] Un nu schick Lüd na
Joppe un lat en Mann to di kamen, de heet Simon, se nömt
em ock Petrus. [6] De is dor bi en Garwer to Besök, de heet
ock Simon un wahnt dor ant Water."

[7] As de Engel, de em dat seggt harr, nu wedder weg wär,
do leet he twee vun sin Knecht'n un en framen Suldat vun
sin Kumpanie kamen, [8] vertell ehr allns un schick ehr na Joppe.

[9] De maken sick denn an neegsten Dag up'n Weg. Un as se
neeg bi de Stadt wärn, do güng Petrus baben na'n Böd'n
rup un wull beden. Dat wär so üm Middag hen to de Klock
twölf. [10] Un denn wörr he hungri un wull gern wat eten.
Wieldeß nu dat Eten fardi makt wörr, do wär he nich mehr
bi sick sülbn. He harr en Gesicht. [11] Un wat seeg he? De
Himmel dä sick up, un dor käm wat bun baben hendal. Dat
seeg ut as en grotes Laken, un dat wörr bun alle Sieden up de
Eer hendallaten. [12] Un in düt Dook wärn all' de Tiere, de up
de Eer lewt: de veerbeenigen un all' dat Kruptüg un de Vagels,
de ünnern Hewen fleegt. [13] Un en Stimm sä to em: „Petrus

237

stah up, slacht wat aff un et wat!" ¹⁴ Do sä Petrus: „Jo nich, Herr! Ick heff noch nümmer wat Gemeenes un wat Unreines eten." ¹⁵ Do sä de Stimm to'n tweeten Mal to em: „Wat Godd rein makt hett, dat schallst du nich unrein maken!" ¹⁶ So güng dat dreemal. Un denn wär dat Ding glieks wedder na'n Hewen rup verswunn'n.

¹⁷ Petrus wüß noch ümmer nich recht, wat düt Gesicht bedüden un wat he dorto seggn schull. Awer do harrn sick de Lüd, de Kornelius affschickt harr, all na Simon sin Hus dörchfragt un stünn'n all vör de Hofsport. ¹⁸ Un se fragten luuthals: „Is Simon, den se ock Petrus nömt, hier to Besök?" ¹⁹ Un Petrus wär sick noch ümmer nich klor öwer dat Gesicht, dat he hatt harr, un leet sick dat noch ümmer mal wedder dörch den Kopp gahn. Do awer sä de Geist to em: „Kiek mal hen! Twee Mannslüd sökt di! ²⁰ Stah up un gah hendal! Un denn besinn di nich lang un gah mit ehr! Du brukst di keen Gedanken un Sorg wieder to maken. Ick heff ehr schickt." ²¹ Do käm Petrus to de Lüd hendal un sä: „Jawull, ick bün de, den ji sökt! Awer nu seggt mi erstmal: Wat hebbt ji vör un worum kamt ji?" ²² Se sän: „De Hauptmann Kornelius, de en gerechde un frame Mann is un bi dat ganse jüd'sche Volk heel good anschrewen steit, de hett dörch en hilligen Engel Gott kregn, he schall di na sin Hus haln laten un hörn, wat du em to seggn hest." ²³ Do sä he to ehr, se schulln doch mit rinkamen, un he gew ehr to eten un to drinken.

Un'n neegsten Dag mak he sick denn mit ehr up de Reis', un welke vun de Bröder in Joppe güng mit em.

²⁴ Den neegsten Dag käm he in Käsarea an. Kornelius luer all up ehr un harr sin Verwandten un sin beste Frünn mit inladen. ²⁵ As Petrus nu int Hus rinkäm, güng Kornelius em in de Möt un full vör em dal to sin Föt. ²⁶ Petrus awer leet em wedder upstahn un sä: „Stah up: ick bün doch ock blots en Minsch, grad so as du!" ²⁷ Un denn snack he mit em un güng mit em rin na de Stuw. Un as he sick ümkeek, wär de Stuw vull vun Minschen, de tohop kamen wärn. ²⁸ Do sä he to ehr: „Ji weet, en Jud is dat stramm verbaden, mit en Minsch ümtogahn oder em to besöken, de to'n anner Volk hörn deit. Awer Godd hett mi wiest, dat man keen een unhillig oder unrein nömen dörf. ²⁹ Dorum bün ick, as ji mi halt hebbt, ock glieks mitkamen un heff keen Word dorgegen seggt. Awer nu seggt mi ock, worum ji mi hebbt haln laten!" ³⁰ Do sä Kornelius: „Dat sünd nu grad veer Dag' her — ick wär grad so üm de Klock dree bi to beden — do stünn up eenmal en Mann vör mi, de harr en wittes Kleed an, ³¹ un de sä to mi: „Kornelius, din Gebed is erhört, un wat du för de Armen dan hest, dat weet Godd genau. ³² Nu schick Bott dal na

Joppe un lat Simon kamen, den se ock Petrus nömt. De is
to Besök bi den Lohgarwer Simon, de an de Waterkant wahnen
deit. 33 Un so schick ick glieks Bott to di hen, un dat wär nett
vun di, dat du kamen büst. Nu sünd wi all' vör Godd ver-
sammelt un müchen nu allns hörn, wat de Herr di upleggt
hett." 34 Do fung Petrus an to reden un sä: „Nu seh ick klor
un dütli: Godd treckt keen een den annern vör. 35 Nä, in jedes
Volk is de, de sick vör em bögen un gerecht lewen deit, wat
wert in sin Ogen. 36 He hett sin Word de Kinner Israel schickt
un Freden predigen laten dörch Jesus Christus. Un de is de
Herr öwer allns. 37 Ji weet ja, wat in gans Judäa passeert is.
Anfangn dä dat in Galiläa mit de Döp, de Johannes künni
maken dä. 38 Un denn käm Jesus vun Nazaret, so as Godd
em mit hilligen Geist un mit Kraft utrüst harr. He trock dörch
dat Land, dä veel Goodes un mak all' de gesund, de in den
Düwel sin Hand wärn. Godd wär ja mit em. 39 Un wi sünd
för all' dat Tügen, wat he in de Juden ehr Land un in Je-
rusalem dan hett. Un den hebbt se ant Krüz slan un dotmakt.
40 Awer Godd hett em an den drüdden Dag wedder upweckt
un dat so inricht', dat se em to sehn kreegn; 41 nich dat ganse
Volk. Nä, blots de Tügen, de vun Godd vörher dorto ut-
wählt wärn. Un dat sünd wi. Wi hebbt ock mit em eten un
drunken, as he upstahn wär vun de Doden. 42 Un he hett uns
den Befehl gewen, dat Volk to predigen un to betügen, dat
he vun Godd bestimmt is ton'n Richter öwer Lebennige un
Dode. 43 Up em hebbt all' de Profeten all henwiest un betügt,
dat dörch sin Nam all' de, de an em glöwen dot, de Sünn'n
vergewen ward."

44 So sä he, un as he noch bi wär to reden, do käm de
hillige Geist up all de, de dat Word hörn dän. 45 Un de Juden,
de to'n Glowen kamen un mit Petrus kamen wärn, wunnerten
sick banni doröwer, dat ock öwer de Heiden de hillige Geist
utgaten wär; 46 denn se hörten, dat se in annere Spraken
reden un Godd Low un Dank seggn dän.

Do sä Petrus: 47„Nu kann man doch wull nich mehr mit dat
Water torügholn. Düsse möt nu doch ock döfft warn; denn
den hilligen Geist hebbt se ja grad so kreegn as wi!" 48 Un
he gew den Befehl, ehr up Jesus Christus sin Nam to döpen.
Un denn beden se em, he müch doch noch en poor Dag' bliewen.

Dat 11. Kapitel.

1 Nu hörten de Apostels un Bröder in Judäa, dat ock de
Heiden Godds Word annehmen dän. 2 As Petrus nu awer
na Jerusalem torügkäm, do wulln de, de an de Besniedung
fastheeln, nich recht wat dorvun weten 3 un sän: „Hör mal!

239

Du büst to Lüd gahn, de nich besneden sünd, un heft mit ehr ock to Disch seten?" [4] Do vertell Petrus ehr allns, wat he bilewt harr, un allns güng he de Reeg na dörch. He sä: [5] „Ick wär grad in de Stadt Joppe. Un as ick beden dä, do wär ick nich mehr bi mi sülbn. Ick harr en Gesicht. Un wat seeg ick? Do käm so wat vun baben hendal. Ja, wat wär dat? Dat müch wull so wat as en grotes Laken wesen. Dat wörr vun alle veer Sieden up de Eer hendallaten. Un dat käm up mi to. [6] Un ick keek mi dat gründli an un kreeg dat ock dütli to sehn. Ick seeg de Tiere, de up de Eer lewt, de veerbeenigen un dat Wild, dat Kruptüg un de Vagels, de ünnern Hewen fleegt. [7] Un denn hör ick en Stimm. De sä to mi: „Petrus, stah up, slacht wat un et wat!" [8] Do sä ick: „Nä, jo nich, Herr! Wat Gemeenes un wat Unreines is noch nümmer in min Mund kamen!' [9] Do sä de Stimm vun'n Himmel to'n tweeten Mal wat. Se sä: „Wat Godd rein makt hett, dat schallst du nich gemeen maken!' [10] So güng dat dreemal. Un denn wörr dat Ding wedder na'n Hewen ruptrocken. [11] Un wat meent ji? In densülwigen Ogenblick stünn'n dree Mannslüd vör dat Hus, in dat wi wärn. De harr Kornelius to mi schickt. [12] Un de Geist sä to mi: ick schull ruhi mit ehr gahn un mi keen Gedanken un Sorgen maken." So güngn ock düsse söß Bröder mit mi, un wi kämen in den Mann sin Hus. [13] Un he vertell uns, wodenni dat kamen wär, dat he den Engel in sin Hus harr stahn sehn un he denn seggt harr: „Schick Bott na Joppe un lat Simon, den se ock Petrus nömt, kamen. [14] De schall to di dat seggn, wat di un din Familie reddn kann!' [15] Un in den Ogenblick, wo ick anfüng to spreken, käm de hillige Geist öwer ehr, grad so, as he dat domals toirst ock bi uns dä. [16] Do müß ick an den Herrn sin Word denken, as he sä: „Johannes hett mit Water döfft, ji awer schüllt mit hilligen Geist döfft warn.' [17] Wenn nu Godd ehr dat glieke Geschenk gew, as wi dat kregn hebbt, as wi an den Herrn Jesus Christus to'n Glowen kämen — wo kunn ick denn wull hier Godd in den Arm falln?" — [18] As se dat hört harrn, heeln se den Mund, un se löwden Godd un sän: „Ja, dat möt wi seggn: Godd hett ock de Heiden de Bahn friemakt, dat se sick bekehrn un dat Lewen finn'n dot."

[19] De, de sick bi de Verfolgung, de öwer Stephanus käm, verstreut harrn, kämen bit hen na Phönizien, Kypern un Antiochia. Awer se predigten dat Word blots de Juden. [20] Eenige vun ehr wärn ut Kypern un Kyrene, un de predigten, as se na Antiochia kämen, ock to de Griechen un vertelln ehr dat Evangelium vun den Herrn Jesus. [21] Un den Herrn sin Hand käm ehr to Hülp, un en ganse Barg Lüd käm to'n Glowen un bekehr sick to den Herrn. [22] Dat käm nu awer de

240

Gemeen in Jerusalem to Ohrn, un de schickten nu Barnabas
na Antiochien. ²³Un as he nu ankäm un Godd sin Gnad seeg,
do freu he sick un lä ehr dat all' ant Hart, dat se nu ock fast
to den Herrn holn schulln, so as se sick dat vörnahmen harrn;
²⁴denn he wär en goode Mann un vull vun hilligen Geist un
Glowen. Un allerhand Lüd, dat mutt man seggn, wörrn för
den Herrn wunn'n.
²⁵Vun Antiochia reis' he nu wieder un besöcht Saulus,
²⁶un as he em funn'n harr, bröcht he em mit na Antiochia.
Un so käm dat, dat se en ganses Jahr mit de Gemeen tosam
wärn un allerhand Lüd lehrn kunn'n. Un hier in Antiochien
kreegn to allererst de Jüngers den Namen „Christen".
²⁷Domals kämen Profeten na Antiochien vun Jerusalem
hendal. ²⁸Un een — he heet Agabus — stünn up un sä in'n
Geist vörut, dor schull en grote Hungersnot öwer de ganse Eer
kamen. Un de is denn ock würkli indrapen, as Klaudius Kaiser
wär. ²⁹Na, eenerlei. Do maken de Jüngers aff, jedereen vun
ehr schull, so good as he dat kunn, de Bröder in Judäa ünner
de Arms griepen. ³⁰Un dat hebbt se denn ock dan. Se schickten,
wat se harrn un tohop bringn kunn'n, mit Barnabas un
Saulus to de Ollerlüd hen.

Dat 12. Kapitel.

¹Um düsse Tied lä de König Herodes Hand an eenige Lüd
ut de Gemeen; he wull ehr wat Böses andon. ²So käm
Jakobus, wat Johannes sin Broder wär, ünner dat Biel. ³Un
as he seeg, dat düt Water up de Juden ehr Möhl wär, do leet
he ock Petrus inschotten. Dat wär grad in de Osterdag'. ⁴He
leet em also fastnehmen un steek em int Gefängnis. Sößtein
Suldaten müssen em ümschichdi — veer to veer Mann —
bewachen. Na dat Fest wull he em denn dat Volk vörföhrn
un dat Gericht affholn. ⁵So seet Petrus denn int Gefängnis
un wörr good bewacht. Awer de Gemeen wörr nich möd, för
em to Godd to beden.
⁶As dat nu so wiet wär, dat Herodes öwer em Gericht holn
wull, do sleep Petrus in de letzte Nacht twischen twee Sul-
daten, un he wär mit twee Keden anbunn'n. Un ock buten
vör de Dör stünn'n noch Posten up Wach'. ⁷Un up eennal
wär den Herrn sin Engel dor, un in de Stuw wörr dat dag-
hell. Un he gew Petrus een in de Siet un mak em munter
un sä: „Kumm gau in de Been!" Un de Keden fulln em aff
vun sin Handn. ⁸Do sä de Engel wieder to em: „So, un nu
bind' di gau den Görtel um un treck din Schoh an!" Petrus
dä dat. Un denn sä he noch to em: „So, un nu treck den
Mantel noch öwer, un denn kumm mit!" ⁹So güng he mit

em rut, awer he käm nich dorachter, dat düt, wat de Engel
maken dä, sin vulle Richdikeit harr. He meen ümmer noch,
dat he dat drömen dä. [10] So kämen se seeker an de erste un
tweete Wach vörbi bit hen an de isern Port, de na de Stadt
henfört. Un de? — De güng gans vun sülbn up. As se nu
gans butenvör wärn, do güngn se noch en Stoot wieder, awer
denn wär de Engel up eenmal verswunn'n.

[11] Nu käm Petrus erst gans to sick sülbn un sä: „Nu weet
ick dat gans gewiß: de Herr hett sin Engel schickt un mi redd
ut Herodes sin Hand un vör dat Judenvolk, dat sick all up
min Dod spißt harr."

[12] Un as he sick dat klor makt harr, do güng he na Maria
ehr Hus. Dat is de Moder vun Johannes, den se ock Markus
nömen dot. Un dor wärn noch en ganse Barg tohop un beden.
[13] He klopp nu an de Butendör. Do käm en Deenstdeern —
Rhode heet se — un wull nasehn, wer dat wär. [14] Un as se
an de Stimm hörn dä, dat Petrus dat wär, do mak se vör
luuter Freud gornich erst de Dör up. Nä, se leep, so gau as se
kunn, glieks wedder na binnen un meld: „Petrus steit buten
vör de Dör!" [15] Awer se nähmen ehr dat nich aff un sän:
„Du büst wull nich bi Trost!" Se awer blew stief un fast dorbi:
„Dat is so!" Do sän se: „Kann gornich angahn! Denn is dat
sin Schußengel." [16] Awer Petrus blew bi un klopp ümmer
wedder an. Do maken se toleß up, un wohrrafdi, se seegn em
un wüßen gornich, wat se seggn schulln. [17] Awer he wink blots
mit de Hand, dat se jo keen Larm maken schulln, un denn ver-
tell he ehr, wodenni de Herr em ut dat Gefängnis rutbröcht
harr, un sä toleß: „So, dat lat nu Jakobus un de annern
Bröder weten!" Un denn güng he wieder un wär verswunn'n.

[18] As dat nu hell wörr, do kämen awer de Suldaten in Gang
un kreegn dat mit de Angst: „Wat wär blots mit Petrus
los?!" [19] Herodes leet na em söken, un as he nich uptofinn'n
wär, do leet he de Wachen verhörn un ümbringn.

Un denn reis' he aff vun Judäa na Käsarea un wahn dor.

[20] Herodes wär nu up de Lüd vun Tyrus un Sidon nich
good to spreken, he wär rein fünsch up ehr. De dän sick nu to-
hop un schicken Lüd to em hen. Un as se Blastus, wat den
König sin Kammerherr wär, up ehr Siet harrn, beden se üm
Freden; denn bi dat, wat se to'n Lewen bruken dän, wärn se
up den König sin Land anwiest. [21] Un an den Dag, de faftsett
wär, trock de König sin feine Kleeder an, sett sick up den Thron
un heel en Red an de Lüd, de to em afschickt wärn. [22] Un dat
Volk, wat dorbi wär, reep: „Dat is en Godd, de hier spreken
deit, un keen Minsch!" [23] Un up de Stell slog den Herrn sin
Engel em, wieldat he Godd nich de Ehr gewen harr. Un de
Worms hebbt em freten un he müß starwen.

242

24 Awer den Herrn sin Word wuß wieder un breed sich ut.
25 Barnabas awer un Saulus reisten vun Jerusalem wedder
torüg, as se mit ehrn Deenst fardi wärn, un nähmen Johannes,
den se ock Markus nömt, mit.

Dat 13. Kapitel.

1 In de Gemeen in Antiochien wärn Profeten un Lehrers.
Dat wärn: Barnabas un Simeon, den se ock Niger nömt, un
Lukius ut Kyrene un Manaen, de mit den Herzog Herodes
tohop uptrocken wär — he wär sin Melkbroder — un Saulus.
2 As se nu mal tohop wärn to'n Goddesdeenst un to'n Fasten,
do sä de hillige Geist: „So, nu schickt Barnabas un Saulus ut,
dat se dat nu dot, woto ick ehr beropen heff!" 3 Un se län ehr
de Handn up un leeten ehr gahn.
4 So güngn se denn up de Reis', so as de hillige Geist ehr
schickt harr. Un se kämen toirst dal na Seleukia. Bun dor
reisten se mit en Schipp na Kypern. 5 Un as se in Salamis
ankamen wärn, predigten se Godds Word in de jüdschen
Kapelln. Ock Johannes harrn se as Hülpsmann bi sick. 6 Se
reisten dörch de ganse Insel bit hen na Paphos.
Dor dreepen se en Zauberer. Dat wär en jüdsche Lögen-
profet, un he heet Barjesus. 7 De stünn bi den Stattholer
Sergius Paulus in Deenst, un düsse Sergius Paulus wär en
vernünftige Mann. De leet nu Barnabas un Saulus kamen
un wull gern Godds Word hörn. 8 Awer nu bunn Elimas de
Zauberer — dat bedüd düsse Nam — mit ehr an; denn he wär
dorachteran, dat de Statholer vun den Glowen affkäm.
9 Saulus awer, de ock Paulus nömt ward, wär vull von hilligen
Geist un keek em forsch an 10 un sä: „Minsch, du sittst vull vun
Kneep un allerhand Siedensprüng, büst en Düwelskirl un wullt
vun Gerechdikeit dörchut niks weten. Nu awer ward dat Tied,
dat du mal dormit uphörst un den Herrn sin Weg', de lief
dörchgaht, nich mehr up'n Kopp stellst. 11 Un nu hör to! Den
Herrn sin Hand kümmt nu öwer di, un du warst blind warn
un schallst de Sünn nich mehr sehn, bit dat din Tied afflopen
is!" Un glieks full so wat as Newel un Düsternis öwer sin
Ogen, un he kunn sick alleen nich mehr helpen un söcht na Lüd,
de em an de Hand nehmen dän. 12 As de Statholer dat bi-
lewen dä, do käm he to'n Glowen; denn he kunn sick nich genog
wunnern öwer den Herrn sin Lehr.
13 Bun Paphos güng Paulus mit sin Lüd wedder in See.
Un se kämen na Perge, wat in Pamphylien liggn deit. Jo-
hannes awer wull nich wieder mit un reis' na Jerusalem torüg.
14 Se reisten nu vun Perge dörch dat Land un kämen na
Antiochien, wat in Pisidien liggn deit.

16*   243

Hier güngn se an'n Sabbat na de Kapell un setten sick dal. [15] As nu ut dat Gesetz un ut de Profeten vörlest wär, do leeten de Böwersten vun de Kapell ehr seggn: „Lewe Bröder un Landslüd! Hebbt ji noch en Word, dat de Lüd trösten kann, denn seggt dat doch!" [16] Do stünn Paulus up, wink mit de Hand un sä:

„Min lewe Landslüd un all de, de sünst noch goddesfürchdi sünd! Hört mal to! [17] Düt Volk Israel sin Godd hett unse Vöröllern utwählt un, as se in Agypten to Hüer wahnen dän, grotmakt un mit utreckten Arm ehr dor rutbröcht. [18] Un en veerdi Johr hett he ehr in de Wüst satt makt. [19] Un denn hett he söbn Völker in Kanaan in ehr Gewalt bröcht un dat Land in ehr Handn gewen, un dat up veerhunnertföfdi Johr. [20] Un denn hett he ehr Richders gewen. De letzte wär ja de Profet Samuel. [21] Denn awer verlangten se en König. Un Godd gew ehr Saul, de Kis sin Söhn wär un to den Stamm Benjamin hörn dä. Dat wärn en veerdi Johr. [22] Denn awer sett he em aff un gew ehr David to'n König. Un em hett he düt Tügnis utstellt: „Ick heff David funn'n, wat Isai sin Söhn is. Dat is en Mann, den ick lieden mag. He ward allns don, wat ick will!" [23] Un vun em stammt nu Jesus aff, den he för Israel as Heiland toseggt hett un denn ock kamen leet. [24] Ehr dat he käm, hett Johannes för dat ganse Volk Israel de Döp künni makt, de en Teeken dorför wesen schull, dat se sick bekehrn wulln un bekehrt harrn. [25] Un as Johannes sin Weg denn to Enn güng, do sä he: „De Mann, för den ji mi holt, bün ick nich. Awer paßt up! Achter mi kümmt een, för den ick nich wert bün, dat ick em sin Schohreems upmaken do."

[26] Min lewe Landslüd un Bröder! Nu will ick de wat seggn, de ut Abraham sin Sipp stammt, oder de mang ju, de sünst goddesfürchdi sünd. Düt Heilsword is to uns kamen. [27] De Lüd in Jerusalem un de, de dor de Böwersten sünd, sünd nich dorachter kamen, wat düsse Jesus to bedüden harr. Se hebbt em verordeelt, un so dorför sorgt, dat de Profetenwörd, de an jeden Sabbat vörlest ward, indrapen dän. [28] Se harrn wohrrasbi keen Grund, em an de Siet to bringn, un doch beden se Pilatus, he schull em dotmaken laten. [29] Un as se dat fardi bröcht harrn, dat düt allns indrapen wär, wat öwer em schrewen steit, do nähmen se em vunt Krüz hendal un län em in en Graff. [30] Godd awer hett em vun de Doden wedder upweckt. [31] Un mehrmals hett he sick de wiest, de mit em wannert sünd vun Galiläa bit hen na Jerusalem. Un de sünd nu sin Tügen vör dat Volk. [32] Un wi predigt ju nu dat Evangelium un dormit dat, wat Godd de Vöröllern all toseggt hett. [33] Dat hett Godd an unse Kinner wohr makt. He hett Jesus vun de Doden wedder upweckt, so as dat ock all in den tweeten Psalm

schrewen steit: ‚Min Söhn büst du, hüt heff ick di dat Lewen gewen.‘ [34] Dat he em awer vun de Doden upweckt hett un em nu nich wedder to Grunn gahn laten wull, dat hett he so seggt: ‚Ick will ju de hilligen Gnadengawen, de David fast toseggt wärn, gewen.‘ [35] Dorum seggt he ock an en anner Stell: ‚Du warst dat nich tolaten, dat din Hillige to Grunn geit un ünner de Eer bliwt.‘ [36] Nu weet wi ja: David is, as he för sin Tied un sin Volk den Deenst makt harr, den Godd em upleggt harr, na Godd sin Willn inslapen un hett bi sin Vöröllern sin Graff funn'n un is nu nich mehr. [37] Awer so is dat mit den, den Godd upweckt hett, nich gahn; de is nich ünner de Eer blewen. [38] Un dat schüllt ji nu weten, lewe Bröder, dörch em ward ju nu predigt un anbaden, dat ju de Sünn'n vergewen ward. [39] Dörch em ward jedereen, de glöwen deit, vun all' dat gerecht makt, wovun ji dörch Mose sin Gesetz nich loskamen kunn'n. [40] Dorum seht jo to, dat ju nich dat Word drapen deit, dat bi de Profeten steit:

[41] ‚Ji hebbt mi nich up de Rek'n. Awer nu makt mal ju Ogen up un wunnert un verfehrt ju!
Ick bring in düsse Dag' wat tostann, dat glöwt ji nich, wenn se ju dat vertellt!‘

[42] As se nu weggahn wulln, do wärn se mit ehr an, se schulln an den neegsten Sabbat noch mal öwer düsse Saken to ehr spreken. [43] Un as de Kark ut wär, do güngn Veele vun de Juden un annere goddesfürchdige Lüd, de sick to de Kapell holn dän, mit Paulus un Barnabas lang. De besnacken dat noch wieder mit ehr un län ehr dat ant Hart, se müchen jo an Godd sin Gnad fastholn.

[44] Un'n neegsten Sabbat käm nu meist de ganse Stadt tohop; denn se wulln all' Godds Word hörn. [45] Un as de Juden all' düsse Lüd seegn, kunn'n se dat dörchut nich hebbn; denn dat wär ehr en Dorn int Og. Se güngn ock gegen dat an, wat Paulus sä, un lästern doröwer. [46] Awer Paulus un Barnabas leeten sick nich in Schock jagen un nähmen keen Bladd vörn Mund. Se sän frie herut: „Dat güng nich anners, dat müß so wesen. Ju schull Godds Word erst seggt warn. Awer ji wüllt ja niks dorvun hörn. Ji stöt dat torüg, wat ju anbaden ward, un meent, dat ji dat ewige Leben nich wert sünd. Good! Nu gaht wi to de Heiden. [47] Denn so hett de Herr uns dat upleggt: ‚Ick heff di to'n Licht för de Heiden makt; du schallst dorför sorgen, dat se redd' ward up de ganse Eer bit hen to de buterste Kant.‘ "

[48] As dat de Heiden hörn dän, freuten se sick un wärn vuller Godblow öwer den Herrn sin Word. Un de, de för dat ewige

Lewen bestimmt wärn, de kämen ton Glowen. ⁴⁹Un den Herrn
sin Word güng dörch dat ganse Land.
⁵⁰De Juden awer hetzten de Fruen up, de sick to de Kapell
holn dän un in de Stadt good anschrewen wärn. Ock mit de
Mannslüd, de in de Stadt dat erste Word harrn, maken se dat
so. Un se wiegeln de Lüd up, dat se Paulus un Barnabas
verfolgen dän, un so jagten se ehr ut de ganse Gegend rut.
⁵¹Se awer kloppten sick den Stoff vun de Föt, dat dat an ehr
hangn bliewen schull, un kämen na Ikonium. ⁵²Un de Jüngers
kunn'n sick vör Freud nich laten un wärn vull vun hilligen
Geist.

Dat 14. Kapitel.

¹As se nu in Ikonium wärn, do güngn se grad so in de
Juden ehr Kapelln un predigten. Un dat duer gornich lang,
do kämen en ganse Barg Juden un Griechen to'n Glowen.
²Awer de Juden, de niks dorvun weten wulln, wiegeln de
Heiden, de in de Stadt wahnen dän, gegen de Bröder up, dat
se Gift un Gall gegen ehr wörrn. ³Doch Paulus un Barnabas
leeten sick dat nich ankamen. Se blewen ruhi noch en ganse
Tied dor un leeten sick den Mund nich verbeden. Se nähmen
keen Bladd vörn Mund; denn se setten ehr Vertruen up den
Herrn, un he bekenn sick to dat, wat vun sin Gnad predigt
wörr, un gew ehr de Kraft, dat dörch ehr Handn Wunner un
Teeken dan wörrn. ⁴Denn awer wörrn sick de Lüd in de Stadt
doch uneeni. Een Deel heel dat mit de Juden, een Deel mit
de Apostels. ⁵As nu de Heiden un Juden tohop mit de Bö-
wersten dorup losgüngn, ehr wat antodon un ehr mit Steen to
smieten, ⁶un se dorvun Wind kreegn, do reisten se gau wieder
na Lystra un Derbe — dat sünd Städte in Lykaonien — un
wat sünst in de dore Gegend liggn deit. ⁷Un dor fungn se
wedder an un predigten dat Evangelium.
⁸In Lystra wär nu en Mann, de seet bös to, denn he harr
keen Kraft in de Been. He wär vun Kind aff an lahm un
harr dat Loopen nich lehrt. ⁹Düsse Mann hör to, as Paulus
predigen dä. Un Paulus keek em fast an, un as he marken
dä, dat he dat Tovertruen to em harr, dat he em helpen kunn,
¹⁰do reep he luuthals: „Stell di liek up din Föt!" Un he sprung
up un kunn gahn.
¹¹As de Lüd dat seegn, wat Paulus dan harr, do reepen
se in ehr Modersprak up Lykaonsch: „De Gödder hebbt Min-
schengestalt annahmen un sünd to uns dal up de Eer kamen!"
¹²Barnabas nömten se „Zeus" un Paulus „Hermes", wieldat
he dat Reden besorgen dä. ¹³Un de Zeuspreester, de buten
vör de Stadt en Tempel harr, bröch Ossen un Kränz' an de
Stadtport un wull mit de Lüd opfern. ¹⁴Awer as de beiden

246

Apostels Barnabas un Paulus dat hörn dän, do reeten se ehr Kleeder twei un güngn up de Lüd los [15] un ranzten ehr an: „Lüd, wat makt ji blots! Wi sünd doch blots grad so'n Minschen as ji. Wi predigt ju doch blots, dat ji ju vun düsse Saken, de keen Sinn un keen Wert hebbt, bikehrn schüllt to den lebennigen Godd, de den Himmel un de Eer un dat Meer makt hett un allns, wat dorin lewt un wewt. [16] He hett in de vörige Tieden de Völker ehrn eegen Weg gahn laten. [17] Allerdings hett he sick ümmer wedder künni makt, hett Goodes öwer Goodes dan, hett ju vun'n Hewen Regen un fruchtbore Tieden gewen un ju Harten vull makt mit Eten un Drinken un Freud." [18] So sän se to de Lüd un bröchten ehr so wiet to Ruh, dat se för ehr nich opfern dän.

[19] Awer nu kämen ut Antiochien un Ikonium Juden. De besnacken de Lüd un smeeten Paulus mit Steen un släpen em denn ut de Stadt rut, denn se meenten, he wär dot. [20] As awer de Jüngers üm em rumstünn'n, do stünn he up un güng wedder na de Stadt rin.

An'n neegsten Dag güng he mit Barnabas na Derbe. [21] Un se predigten de Lüd dat Evangelium un makten veele to Jüngers.

Un denn reisten se wedder torüg na Lystra un Ikonium un Antiochien. [22] Dor sprooken se de Jüngers Trost un Kraft to un län ehr dat ant Hart, dat se fast in'n Glowen bliewen schulln. „Wi möt" — so sän se — „dörch veel Not un Drang- sal in Godd sin Riek ingahn." [23] Se wählten denn noch för jede Gemeen Ollerlüd, un ünner Beden un Fasten län se ehr den Herrn, an den se to'n Glowen kamen wärn, ant Hart. [24] Denn reisten se dörch Pisidien un kämen na Pamphylien [25] un predigten in Perge dat Word un reisten denn dal na Attalia. [26] Vun dor güng dat to Schipp wieder na Antiochien. Dor harrn se ehr ja Godd un sin Gnad ant Hart leggt för dat Wark, dat se nu utföhrt harrn. [27] As se nu dor ankämen, leeten se de Gemeen tohop ropen un vertell'n allns, wat Godd mit ehr makt harr, un dat he bi de Völker de Dör för den Glowen upmakt harr. [28] An se blewen dor en ganse Tied mit de Jüngers tohop.

Dat 15. Kapitel.

[1] Nu kämen welke vun Judäa hendal un lehrten de Bröder. Se sän: „Wenn ji nich besneden ward, so as Mose dat in- föhrt hett, denn künnt ji nich redd warn." [2] Dat gew nu aller- hand Striet un Quarkerie, un Paulus un Barnabas harrn allerhand mit ehr to kriegn. Dorum wörr fastsett, dat Paulus un Barnabas un noch en poor Annere vun ehr to de Apostels un Ollerlüd na Jerusalem reisen schulln un de Sak besnacken.

³ So wörrn se denn vun de Gemeen affschickt un reisten dörch Phönikien un Samaria un vertellten dorvun, dat de Heiden sick bekehrn dän, un se maken dormit all' de Bröder en grote Freud. ⁴ Un as se denn in Jerusalem ankämen, wörrn se vun de Gemeen un de Apostels un de Ollerlüd fründli upnahmen un vertellten, wat Godd mit ehr makt harr.

⁵ Awer welke vun de Partie, de sick Pharisäers nömt, wulln nifs dorvun weten, wenn se ock to'n Glowen kamen wärn. Se sän: „Dat geit nich anners. Se möt besneden warn, un ehr mutt dat upleggt warn, dat se Mose sin Gesetz holn dot."

⁶ Dorum kämen de Apostels un de Ollerlüd tohop; denn se wulln sehn, wat sick bi düsse Sak maken leet. ⁷ As nu lang un breet doröwer verhandelt wär, stünn Petrus up un sä: „Min lewe Bröder! Ji weet: all siet olle Tieden hett Godd mi bi ju dorto utwählt, dat de Heiden dörch min Mund dat Word, un dat will seggn: dat Evangelium hörn un to'n Glowen kamen schüllt. ⁸ Un Godd, de dat Minschenhart dörch un dörch kennt, hett sick to ehr bekennt un den hilligen Geist grad so as uns gewen. ⁹ So hett he twischen ehr un uns keen Unnerscheed makt, as he dörch den Glowen ehr Harten reinmaken dä. ¹⁰ Wodenni kümmt dat denn nu, dat ji nu up eenmal Godd dorto bringn wüllt, dat he de Jüngers en Klaw üm den Hals leggn schall. De hebbt doch unse Vöröllern un ock wi nich drägen kunnt. ¹¹ Nä, dörch den Herrn Jesus sin Gnad sett wi unse Vertruen dorup, dat wi grad so redd ward as se."

¹² Do kreegn se all' dat Stillswiegen un hörten nu niep to, as Barnabas un Paulus vertellten, wat för Wunner un Teeken Godd bi de Heiden dörch ehr dan harr. ¹³ Un dat blew noch en Tiedlang still. Denn awer sä Jakobus:

„Min lewe Bröder! Nu hört mi ock noch an! ¹⁴ Symeon hett vertellt, wodenni Godd toirst dorför sorgen dä, dat he ut de Heiden en Volk för sin Nam winn'n dä. ¹⁵ Un dat stimmt gans genau mit dat, wat de Profeten seggt hebbt. So steit in de Biwel schrewen:

¹⁶ ,Nahsten will ick wedderkamen
un David sin Telt, dat infulln is, wedder upbuun,
un dat, wat dorvun in Dutt fulln is, will ick wedder upbuun
un dat Telt wedder in de Höchd bringn.'

¹⁷ Ick müch doch gern, dat de, de vun de Minschen noch öwer sünd, den Herrn sökt un ock all' de Heiden, öwer de min Nam nömt is, seggt de Herr, ¹⁸ de düt all vun Ewikeit her künni makt.'

¹⁹ Un dorum meen ick, man schall de, de vun de Heiden sick to Godd bekehrt hebbt, nifs in'n Weg leggn. ²⁰ Dat is genog,

wenn ehr upleggt ward, dat se sick dorvun frie holt, sick mit Götzen un mit Hurenkram afftogewen, un dat se keen Fleesch vun Tieren, de stickt sünd, un keen Bloot et. [21] Denn Mose hett siet olle Tieden in jede Stadt sin Lüd, de an jeden Sabbat vun em predigt, un he ward ja ock vörlest."

[22] Do wörrn sick de Apostels un Ollerlüd mit de ganse Gemeen eeni, se wulln Lüd ut ehr utwähln un mit Barnabas un Silas na Antiochien schicken. Dat schulln Judas, den se ock Barsabbas nömt, un Silas wesen. Beide wärn Lüd, de bi de Apostels hoch anschrewen wärn. [23] Un de kreegn en Breef mit. Hier is he: „De Apostels un de öllern Bröder lat de Bröder in Antiochien un Syrien un Kilikien, de ut de Heiden stammt, gröten.

[24] Wi hebbt hört, dat welke vun unse Lüd dörch allerhand Reden up eegen Hand ju den Kopp verdreit un ju Seelen upregt hebbt. Wi harrn ehr dat nich upleggt. [25] Dorum sünd wi uns eeni worrn — un dormit sünd se all' inverstahn — wi wulln Lüd utwähln un mit unsen lewen Barnabas un Paulus to ju henschicken. [26] Dat sünd Lüd, de ehr Lewen för unsen Herrn Jesus Christus sin Nam up dat Spill sett hebbt. [27] Wi schickt also Judas un Silas aff, un de ward ju datsülwige ock noch mal so seggn. [28] Wi sünd uns mit den hilligen Geist doröwer eeni, dat ju nich mehr Last upleggt warn schall as dat, wat dörchut nödi is, [29] un dat is düt: Holt ju frie vun Götzenopferfleesch un Bloot un Fleesch vun Tieren, de stickt sünd, un vun Hurenkram. Dot ji dat, denn sünd ji up'n gooden Weg, un dat ward ju good gahn. Also: holt ju munter un lat ju dat good gahn!"

[30] So güngn se denn up de Reis' un kämen dal na Antiochien. Dor reepen se all' de Lüd tohop un gewen den Breef aff. [31] Un as se den lest harrn, freuten se sick öwer dat Trostword. [32] Un Judas un Silas, de sülbn Profeten wärn, vermahnten un tröften de Bröder un makten ehr stark in'n Glowen; se wüssen gornich, wat se all' seggn schulln. [33] So wärn se eenige Dag' dor, un denn reisten se vun de Bröder in Freden wedder to de torüg, de ehr affschickt harrn.

[35] Paulus un Barnabas awer blewen noch en Tiedlang in Antiochien un lehrten un predigten dat Evangelium as den Herrn sin Word, un veele Annere dän dat ock.

[36] Nahsten sä Paulus to Barnabas: „Lat uns doch mal wedder losgahn un de Bröder in jede Stadt besöken, in de wi den Herrn sin Word predigt hebbt, un mal sehn, wodenni ehr dat geit." [37] Nu wull Barnabas gern ock Johannes mitnehmen, de ock Markus nömt ward. [38] Paulus awer verlang, he schull nich mit, denn he harr ehr vun Pamphylien aff in Stich laten un wär nich mit ehr an de Arbeid gahn. [39] Dorum kämen se

249

scharp an enanner, un se güngn ut'n een, un Barnabas nähm
Markus mit na Kypern. [40] Paulus awer wähl sick Silas ut
un güng denn ock up de Reis', un de Bröder wünschten em den
Herrn sin Gnad. [41] Un he reis' dörch Syrien un Kilikien un
mak de Gemeenden fast in'n Glowen.

Dat 16. Kapitel.

[1] He käm awer ock na Derbe un Lystra. Hier wär en Jünger,
de heet Timotheus. Dat wär en Söhn vun en jüdsche Fru,
de to'n Glowen kamen wär, un en griechschen Vader, [2] un de
Bröder in Lystra un Ikonium stellten em en goodes Tügnis ut.
[3] Em wull Paulus ock gern mit up de Reis' hebbn, un he nähm
em ock mit, awer erst besneed he em noch. Dat dä he wegen
de Juden, de in düsse Gegend wahnen dän; denn se wüssen
all', dat sin Vader en Griech wär. [4] Un up de Dörchreis' dörch
de Städte län se ehr dat up, se schulln holn, wat de Apostels
un de Ollerlüd in Jerusalem fastsett un vörschrewen harrn.
[5] So wörrn de Gemeenden in'n Glowen fastmakt, un jeden Dag
kämen mehr dorto.

[6] Un denn trocken se wieder dörch Phrygien un dat galatsche
Land; awer de Geist leet dat nich to, dat se dat Word in Asien
predigten. [7] As se nu na Mysien rankämen, harrn se dat vör,
na Bithynien to reisen, awer Jesus sin Geist leet ock dat nich
to. [8] So güng denn de Reis' an Mysien vörbi un se reisten
hendal na Troas.

[9] Dor harr Paulus nachts en Gesicht. En Mann ut Make-
donien stünn vör em un wär mit em an un sä: „Kam doch
röwer na Makedonien un help uns!" [10] Un knapp harr he dat
Gesicht hatt, do seegn wi gau to, dat wi na Makedonien röwer-
reisen kunn'n; denn doröwer wärn wi uns bald eeni, dat Godd
uns roopen harr un dat wi ehr dat Evangelium predigen
schulln.

[11] So reisten wi denn vun Troas aff un leepen ut na Samo-
thrake un den neegsten Dag na Neapolis [12] un vun dor wedder
na Philippi, wat en Kolonie un de erste Stadt in düssen Deel
vun Makedonien is. In düsse Stadt blewen wi en poor Dag'.

[13] Un as de Sabbat käm, güngn wi buten de Stadt an dat
Water; denn wi wärn uns moden, dat se dor to'n Beden
tohopkämen. Un richdi! Dor wärn ock Fruen tohopkamen.
So setten wi uns bi ehr hen un sprooken mit ehr. [14] Mang
düsse Fruen wär nu een, de heet Lydia. De handel mit Purpur
un stamm ut de Stadt Thyatira. Se wär goddesfürchdi un
hör niep to, un Godd mak ehr dat Hart so warm un wiet, dat
se sick an dat holn dä, wat Paulus seggt harr. [15] As se nu mit
ehr ganse Familie döfft wär, do wär se mit uns an un sä:

"Wenn ji faſt dorvun öwertügt ſünd, dat ick to'n Glowen an den Herrn kamen bün, denn treckt doch in min Hus un wahnt bi mi!" Un ſe leet nich locker, wi müſſen dat don.

[16] Us wi nu mal wedder rutgüngn un beden wulln, do käm uns en Deern in de Möt, de kunn wohrſeggn. Un düſſe Gaw, dat ſe de Tokunft vörutſeggn kunn, bröcht ehr Herrn veel Geld in. [17] Düſſe Deern leep nu achter Paulus un uns ran un reep in een Tur: "Düſſe Lüd ſünd den höchſten Godd ſin Deener. Se predigt ju den Weg, de ju reddn kann!" [18] Dat mak ſe veele Dag ſo. Toletz harr Paulus dat ſatt, un ſo dreih he ſick üm un ſä to den Geiſt: "In Jeſus Chriſtus ſin Nam befehl ick di: Lat vun ehr aff!" Un in denſülwigen Ogenblick wär he weg. [19] Us nu awer ehr Herrn ſeegn, dat ſe nu keen Utſicht up Verdeenſt mehr harrn, kreegn ſe Paulus un Silas tofaten un ſlepen ehr up'n Markt vör dat Rathus. [20] Un ſe bröchten ehr vör de beiden Börgermeiſters un ſän: "Düſſe beiden Minſchen verdreit bi uns de ganſe Stadt den Kopp. Dat ſünd Juden, [21] un ſe predigt vun allerhand Sitten, de wi as Römer nich annehmen un na de wi ock nich lewen dörft." [22] Un all' de Lüd güngn up ehr los, un de beiden Börgermeiſters reeten ehr de Kleeder vun'n Liew un leeten ehr en Dracht Prügel gewen. [23] Un as ſe dat gründli beſorgt harrn, wörrn ſe inſchott. Un ſe bunn'n den Wachmeiſter dat up de Seel, he ſchull ehr ſeeker achter de Tralln bringn, [24] un ſo bröch he ehr gans na binnen int Lock un leet ehr de Föt in en Block ſpannen.

[25] Merrn in de Nacht, ſo üm un bi to de Klock twölf, wärn Paulus un Silas bi to beden un ſungn Godd Low- un Dankleeder. Un de Gefangenen hörten niep to. [26] Do ſung up eenmal de Eer an to bewern. Dat Eerbewen wär ſo ſtark, dat ſogar de Grundmuern vun dat Gefängnis anfungn to wackeln. Un glieks ſprungn de Porten ut Hängen un Slott, un de Keden ſulln man ſo vun de Gefangenen aff. [27] De Wachtmeiſter föhr up ut'n Slap, he wär rein verbieſtert. Un as he ſeeg, dat de Gefängnisdörn ſparrwiet upſtünn'n, nähm he ſin Swert un wull ſick ümbringn; denn he meen, de Gefangenen wärn utrückt. [28] Awer Paulus reep em luuthals to: "Mann, mak doch keen Dummtüg! Wi ſünd ja all' noch dor!" [29] Do leet he ſick en Lücht gewen un ſprung man ſo rin un full mit Bewern vör Paulus un Silas up de Knee, [30] un denn nähm he ehr an de Siet un ſä: "Min lewe Herrn, wat mutt ick don, dat ick redd' warr?" [31] Do ſän ſe to em: "Glöw an den Herrn Jeſus, denn warſt du un ock din Familie redd'!" [32] Un denn ſän ſe em Godds Word un ock all' de, de in ſin Hus wärn. [33] Un he nähm ehr noch in deſülwige Nachtſtünn mit un wuſch ehr de Wunn'n ut. Un denn leet he ſick

251

forts sülbn döpen, un all' sin Lüd dän dat ock. 34 Denn awer
nähm he ehr mit rup na sin Wahnung un gew ehr to eten un
to drinken. Un he wüß sick vör Freud un Jubel nich to laten;
so vull wär em dat Hart doröwer, dat he mit sin ganse Familie
to'n Glowen an Godd kamen wär.

35 As dat nu Dag wörr, do schickten de beiden Börgermeisters
de Gerichtsdeeners hen un leeten seggn: „Lat düsse Lüd frie!"
36 Un de Wachmeister vertell dat Paulus: „De Börgermeisters
hebbt Bott schickt. Ji sünd frie, un nu makt in Freden ju
Reis'!" 37 Do sä Paulus to de Gerichtsdeeners: „Dat sünd ja
snaksche Geschichten! Erst hebbt se uns vör alle Lüd en Dracht
Prügel gewen, ohn' dat se uns verordeelt harrn, un dorto
kümmt noch, dat wi römsche Börger sünd! Un denn hebbt se
uns inschott! Un nu smiet se uns rut, un keen een schall dorum
wies warn! Nä, dormit sünd wi nich inverstahn! De Herrn
schüllt sülbn herkamen un uns ruthaln!" 38 Na, dat holp ja
denn nich. De Gerichtsdeeners müssen dat ja denn de Börger-
meisters meldn. Awer as de hörn dän, dat sick dat üm römsche
Börger handeln dä, do kreegn se dat mit de Angst, 39 un se
haln ehr rut un beden ehr, se müchen doch glieks ut de Stadt
affreisen. 40 As se nu ut dat Gefängnis frielaten wärn, güngn
se erst mal wedder to Lydia hen. Dor kreegn se noch mal de
Bröder to sehn, un denn vermahnten se ehr noch mal, awer
denn reisten se wieder.

Dat 17. Kapitel.

1 Nu reisten se öwer Amphipolis un Apollonia na Thessa-
lonich. Dor harrn de Juden en Kapell. 2 So güng he, as he
dat ock sünst dä, toirst to ehr, verhandel mit ehr an dree
Sabbatdag' öwer de hilligen Schriften, 3 lä ehr de ut un mak
ehr klor, dat de Messias lieden un de Doden upstahn müß,
un denn sä he: „Un düsse is de Messias, Jesus, den ick ju nu
predigen do." 4 Un welke vun ehr hörten up em un heeln sick
an Paulus un Silas. Dorto kämen denn noch en ganse Barg
vun Griechen, de sick bitherto to de jüdsche Kapell holn harrn,
un ock nich wenig vun de vörnehmen Fruen.

5 Dat kunn'n nu de Juden dörchut nich hebbn. Se haln sick
vun den Marktplatz en poor leege Kirls, wiegelten de Lüd up
un makten en Upstand in de Stadt; un denn trocken se vör
Jason sin Hus un harrn dat dorup affsehn, dat se ehr mang
de Lüd kreegn. 6 Awer se funn'n ehr nich. So släpen se denn
Jason un welke vun de Bröder vör dat Rathus na'n Börger-
meister un makten dor groten Larm. Se reepen: „Dat sünd de
Lüd, de de ganse Welt up'n Kopp stellt. 7 Un Jason hett ehr
bi sick upnahmen. Un düsse all' sett sick up gegen dat, wat de

Kaiser anord'nt hett. Se seggt: Dat gifft en annern König, dat is Jesus." 8 So hetzten se de Lüd un de Beamten up, de dat hört harrn, 9 un se leeten ehr erst wedder lopen, as Jason un de Annern för ehr good seggt harrn. 10 Awer de Bröder sorgten gliefs in de Nacht dorför, dat Paulus un Silas seeker na Beröa kämen. Un as se dor ankämen, güngn se gliefs in de Juden ehr Kapell. 11 Düsse Juden wärn awer anstänniger as de in Thessalonich. Se hörten gern to un nähmen dat Word mit Freuden up un harrn jeden Dag de Biwel vör; denn se wulln doröwer klor warn, üm dat ock all' so stimmen dä. 12 Un Veele vun ehr kämen to'n Glowen, un dorto kämen denn ock nich gans wenig vörnehme griechische Fruen un Mannslüd. 13 As nu de Juden vun Thessalonich hörn dän, dat Godds Word ock in Beröa vun Paulus predigt wörr, do kämen se ock hier her un hetzten un wiegeln de Lüd up. 14 Do schickten de Bröder Paulus gliefs wedder up de Reis', dat he an dat Meer käm. Blots Silas un Timotheus blewen dor. 15 De awer, de för Paulus upkamen schulln, bröchten em bit hen na Athen un kreegn denn den Bischeed för Silas un Timotheus wedder mit, se schulln sobald as mögli to em kamen.

16 As Paulus in Athen up sin Hülpslüd töwen müß un sick de Stadt mal ansehn dä, do güng em dat banni neeg, un dat reeg em up, as he seeg, dat in de Stadt so veel Götzenbiller wärn. 17 Do besnack he dat in de Kapell mit de Juden un mit de Griechen, de düssen Glowen annahmen harrn; ock mak he dat grad so up'n Marktplatz jeden Dag mit de Lüd, de em dor in de Möt kämen. 18 Ock en poor Philosophen — Epikuräers un Stoikers wärn dat — bunn'n mit em an, un eenige sän: „Wat fallt düssen Klooksnacker in? Wat will de uns vertelln?" Un welke meenten: „He will uns wull en nien Glowen bibringn!" He vertell ja vun dat Evangelium, vun Jesus un vun dat Upstahn vun de Doden. 19 Dorum nähmen se em mit rup na'n Areopag un sän: „Kunn'n wi wull to weten krieg'n, wat dat för'n nien Glowen is, vun den du snacken deist? 20 Dat sünd ja snaksche Saken, de wi vun di to hörn kriegt. Dor müch'n wi doch mal achterkamen, wat dat up sick hett." 21 Un dat is keen Wunner, denn de Atheners all' tohop un ock de Frömden, de dor up de Reis' en poor Dag' sick upholn dän, harrn för niks so veel Sinn un Tied as för nie Tieden.

22 Paulus leet sick dat nich tweemal seggn. He stell sick merrn up den Areopag hen un füng so an: „Min lewe Lüd vun Athen! Allns, wat ick hier sehn do, dat bewiest mi, dat ji heel frame Lüd sünd; 23 denn as ick hier so rümgüng un mi ju Tempels anseeg, do heff ick ock en Altar funn'n, up den stünn schrewen: „För en unbekannten Godd!" Düssen Godd, den ji verehrn

253

dot, ohn' dat ji em kennen dot — vun den will ick ju hüt en Word seggn. 24 De Godd, de de ganse Welt makt hett un allns, wat in ehr to sinn'n is — he, de de Herr öwer Himmel un Eer is, wahnt nich in Tempels, de Minschen em buut hebbt; 25 he lett sick ock nich vun Minschenhandn bedeenen. Dat hett he nich nödi, nä, he sülbn hett ehr doch allns gewen, Lewen un At'n un allns, wat se nödi hebbt. 26 He hett dat so makt, dat vun een Stammvader all' de Minschen afsstammt un, öwer de ganse Eer verdeelt, sick anbuun dot. He hett ock fastsett, wo lang se lewen un wo wiet se wahnen schüllt. 27 Se schüllt Godd söken, dat se em doch veellicht künni warn un sinn'n dot. He is uns doch so neeg, steit doch nich wiet aff vun jedeneen; 28 denn dat wi lewen un hanteern dot, dat wi öwerhaupt dor sünd — dat is doch gans alleen sin Wark. Dat hebbt doch welke vun ju eegen Dichders all seggt:

„Wi hört to em, denn he hett uns ock makt."

29 Hört wi awer ock to Godd, denn dörbn wi uns nich inbild'n, dat Godd wat an Gold oder an Sülwer oder an Steen liggn deit, an Biller, de Minschenkunst un Minschenverstand makt hebbt. 30 Gewiß, Godd hett öwer olle Tieden wegsehn, wo Minschen dat nich beter weten dän, awer nu lett he alle Minschen seggn: se schüllt sick bekehrn; 31 denn he hett en Dag fastsett, an den he Eer un Minschen in Gerechdikeit richden will dörch en Mann, den he sick dorto utsöcht hett un den he dorto Vullmacht gewen hett dörch dat Upstahn vun de Doden."

32 As se awer vun dat Upstahn vun de Doden hörn dän, do fungn welke an to spotten, un de Annern sän: „För hüt is't genog! Wenn't sick so maken deit, wüllt wi di doröwer mal wedder hörn."

33 So wär denn Paulus klor dormit, leet ehr stahn un güng aff.

34 Awer eenige Mannslüd heeln to ehr un kämen to'n Glowen. Dorto hörn Dionysius, de mit dat Gericht to don harr, un en Fru, de heet Damaris, un noch en poor Annere dorto.

Dat 18. Kapitel.

1 Dorna reis' he vun Athen aff un käm na Korinth. 2 Hier käm he mit en Jud tohop. De heet Aquila un stamm ut Pontus. He wär erst vör korte Tied mit sin Fru Priskilla ut Italien röwerkamen; denn Klaudius harr all' de Juden ut Rom utwiest. 3 Düsse Lüd besöch he, un wieldat se datsülwige Handwark bedriewen dän, blew he ock bi ehr wahnen. Un se arbeiden tohop, denn se wärn Teltmaker vun Profeschon.

4 Un an jeden Sünnabend heel Paulus in de Kapell en Versammlung aff, un he versöch, Juden un Griechen för sin Glowen to winn'n. 5 As nu vun Makedonien Silas un Timotheus

kämen, do lä sick Paulus gans up de Predigt un sett sick vör de Juden mit alle Kraft dorför in, dat Jesus de Messias wär. [6] Awer se wulln niks dorvun weten un lästern doröwer. Dorum klopp he den Stoff vun sin Kleeder un sä to ehr: „So, ju Bloot mag öwer ju Kopp kamen! Ick gah nu mit ju en goodes Geweten to de Heiden." [7] Un he güng aff un güng in en Hus. Dat hör en Mann to, de heet Titius Justus un wär en goddesfürchdige Mann. Sin Hus läg gans neeg bi de Kapell. [8] Un Krispus, de de Kapell vörstahn dä, wär mit sin ganse Familie to'n Glowen kamen an den Herrn; ock sünst noch veele Lüd ut Korinth, de tohört harrn, kämen to'n Glowen un leeten sick döpen.

[9] Eens Nachts sä nu de Herr in'n Droom to Paulus: „Wes' nich bang! Predig frie herut, un hol nich den Mund! [10] Ick stah di bi, un nüms schall dat wagen, di antofaten un di wat antodon. Denn ick heff en grotes Volk in düsse Stadt!"

[11] So blew Paulus annerthalf Johr dor un lehr bi ehr Godds Word.

[12] As awer Gallion Stattholer vun Achaja wär, do setten sick de Juden all' tohop gegen Paulus up un släpen em vör den Richderstohl. [13] Se sän: „Düsse Mann besnackt de Minschen, dat se Godd in en Art un Wies' deenen schüllt, de gegen dat Gesetz verstöten deit." [14] As Paulus sick nu verteidigen wull, do sä Gallion to de Juden: „Hört mal to! Ji sünd ja Juden. Wenn sick dat üm en Verbreken oder sünst en slimme Sak handeln dä, denn harr ick alln Grund, up ju Klagen intogahn. [15] Awer wenn sick dat üm Strietsaken handelt öwer en Lehr un allerhand Namen un en Gesetz in ju Glow, denn seht ji sülbn to, wodenni ji dormit klar ward. Dormit will ick as Richder niks to don hebbn. Dat fallt mi gornich in." [16] Un denn leet he ehr stahn. [17] Do fulln se all' öwer Sosthenes, de de Kapell vörstahn dä, her un gäwen em en Dracht Prügel. Un dat vörn Richderstohl! Awer Gallion keek sick dat gans ruhi an un sä keen Word.

[18] Paulus blew noch en Tiedlang in Korinth. Denn awer reis' he vun de Bröder aff un güng to Schipp na Syrien, un Priskilla un Aquila nähm he mit. Vörher leet he sick noch in Kenchreä de Hoor kort affsnieden, denn he harr Godd wat Besunneres tolöwt. [19] So kämen se na Ephesus. Hier leet he ehr torüg. He sülbn güng denn na de Kapell un verhandel mit de Juden. [20] Un se beden em, he müch doch noch en beten dorbliewen. Awer he güng nich dorup in. [21] He trenn sick vun ehr un sä: „Ick mutt up jeden Fall dat Fest, dat nu vör de Dör steit, in Jerusalem mitfiern; awer wenn Godd dat will, kam ick wedder to ju torüg." Un denn reis' he vun Ephesus aff.

255

²² As he in Käsarea ankäm, do güng he an Land un besöch de Gemeen. Un denn güng dat wieder na Antiochien.

²³ Na'n Tiedlang reis' he wieder un besöch na de Reeg dat galatsche Land un Phrygien, un all' de Jüngers mak he stark in'n Glowen.

²⁴ Intwischen wär nu en Jud na Ephesus kamen, de heet Apollos. He stamm ut Alexandrien. Dat wär en gelehrte Mann, de in de hillige Schriften gründli Bischeed wüß. ²⁵ Düsse Mann wär in „den Herrn sin Weg" good lehrt. Wenn he reden dä, denn käm de Geist öwer em, un he wörr Füer un Flamm för dat, wat he sä. Un wat he öwer Jesus lehrn dä, dat harr Hand un Fot, obschons he blots Johannes sin Döp kennen dä. ²⁶ Kort un good: düsse Mann fung nu in de Kapell an to predigen un nähm dorbi keen Bladd vörn Mund.

As nu Aquila un Priskilla em hört harrn, do kämen se aff un an mit em tohop un setten em „Godd sin Weg" noch gründlicher utenanner. ²⁷ Un as he denn na Achaja wiederreisen wull, do setten de Bröder em ock to, he schull dat man don, un se schrewen ock en Breef vörut an de Jüngers, se müch'n em fründli upnehmen. So käm he denn hen un wörr de, de to'n Glowen kamen wärn, dörch Godd sin Gnad to'n groten Segen. ²⁸ Denn he mak vör alle Lüd de Juden dat gründli klor, dat se togewen müssen, dat Jesus de Messias is.

Dat 19. Kapitel.

¹ As Apollos nu in Korinth wär, reis' Paulus dörch dat Hochland un käm denn na Ephesus. Dor funn he eenige Jüngers ² un sä to ehr: „Hebbt ji den hilligen Geist kregn, as ji to'n Glowen kamen sünd?" Se sän to em: „Wi hebbt öwerhaupt nich dorvun hört, dat dat hilligen Geist gütt." ³ Do sä he: „Worup sünd ji döfft worrn?" Se sän: „Up Johannes sin Döp." ⁴ Do sä Paulus: „Johannes hett döfft, dat de Lüd sick bekehrn schulln, un hett to dat Volk seggt, se schulln an den glöwen, de na em kamen wörr, un dat will seggn: an Jesus." ⁵ As se dat hörn dän, do leeten se sick up den Herrn Jesus sin Nam döpen. ⁶ Un as Paulus ehr denn de Handn upleggn dä, käm de hillige Geist öwer ehr, un se sprooken de Geistsprak un reden as de Profeten. ⁷ Un dat wärn üm un bi twölf Mann.

⁸ Un denn güng he in de Kapell un predig frie herut, ohn Angst un Bangn dree Maand un sprook ock veel mit de Lüd un versöch, ehr för Godd sin Riek to winn'n. ⁹ Awer eenige blewen stief un stuer un wulln niks dorvun weten. Se lästern ock öwer de Lehr vör all' de Lüd. Do leet he ehr stahn un nähm sin Jüngers mit. Un nu heel he Dag för Dag Ver-

sammlungen aff in Tyrannus sin Kapell. ¹⁰ Dat güng so twee Johr, un so kreegn all' de, de in Asien wahnen dän, den Herrn sin Word to hörn, Juden un Griechen.

¹¹ Ock so'n Wunner, de sünst nich grad vörkamt, dä Godd dörch Paulus sin Handn. ¹² So län se Koppdöker un Schörten, de Paulus sülbn anhatt harr, up de Kranken, un de Süken verswunn'n, un de bösen Geister wärn ock weg. ¹³ Nu awer versöchten ock welke vun de Juden, de herumreisten un Geister beswörn dän, öwer de, de vun böse Geister plagt wörrn, den Herrn Jesus sin Nam uttospreken. Se sän: „Ick beswör di bi den Jesus, den Paulus predigt!" ¹⁴ Un de, de sowat dän, dat wärn söbn Söhns vun den jüdschen Hochenpreester Skeuas. ¹⁵ Do sä awer de böse Geist to ehr: „Ja, den Jesus kenn ick un ock den Paulus. Awer wer sünd ji denn?" ¹⁶ Un de Minsch, de den bösen Geist harr, güng up ehr los un kreeg ehr beide ünner un blew ehr öwer, un so müssen se nakelt un mit'n blödigen Kopp sehn, dat se ut düt Hus wedder rutkämen. ¹⁷ Düt snack sick nu rum bi all' de Juden un Griechen, de in Ephesus wahnen dän. Un se kreegn dat all' mit de Angst, un den Herrn Jesus sin Nam harr veel to bedüden. ¹⁸ Un veele vun de, de to'n Glowen kamen wärn, fungn an un bekennen ehr Sünn'n un vertelln, wat se fröher dan harrn. ¹⁹ Ock släpen eenige, de sick fröher mit so'n Zauberkram affgewen harrn, de Böker tosam un verbrenn'n ehr vör alle Lüd. Un se rek'n mal na, wat dor wull för'n Wert insteken dä, un se kämen up'n föfdidusend Mark. ²⁰ So breed sick dörch den Herrn sin Kraft dat Word ut un sloog dörch.

²¹ As dat nu achter em liggn dä, nähm Paulus sick vör, he wull öwer Makedonien un Achaja na Jerusalem reisen. He sä: „Wenn ick dor west bün, denn mutt ick ock Rom sehn." ²² So schick he twee vun sin Hülpslüd — dat wärn Timotheus un Erastus — na Makedonien, he sülbn awer blew noch en Tiedlang in Asie.t.

²³ To düsse Tied käm dat nu to'n Krawall öwer de Lehr. ²⁴ Un dat käm so: Dor wär en Sülwersmidd, de heet Demetrius. De mak lütte Artemistempels ut Sülwer. Un dat bröcht allerhand Arbeid un Brod för de Handwarkers. ²⁵ Düsse Lüd reep he nu tohop un noch annere, de dormit to don harrn, un sä to ehr: „Hört mal, Lüd! Ji weet ja: dat wi uns so good staht, dat kümmt vun düsse Arbeid. ²⁶ Un ji seht un hört, dat düsse Paulus nich blots in Ephesus, nä ock so üm un bi in gans Asien de Lüd besnackt un allerhand vun uns affbringt. He seggt ja: dat sünd gorkeen Gödder, de vun Minschenhandn makt sünd. ²⁷ Un nu liggt de Sak so: so steit nich blots unse Geschäft up't Spill, nä, ock de grote Göttin Artemis ehr Tempel ward niks mehr rek'nt, un so verleert se bald dat grote Ansehn,

dat se doch bitherto in gans Asien un in de Welt hatt hett." [28] As se dat hört harrn, wörrn se sünsch un reepen luuthals: „Grot is de Artemis vun Ephesus!" [29] Un de ganse Stadt reg' sick mit up, un se störmen all' int Theater un släpen de Makedonier Gajus un Aristarchus mit, de mit Paulus up de Reis' wärn. [30] Nu wull Paulus ünner de Lüd gahn, awer de Jüngers leeten em nich los. [31] Un eenige vun de böwersten Lüd in Asien, de dat good mit em meenten, schicken em Bott un leeten em seggn, he schull jo nich int Theater gahn. [32] Dor güng dat denn ock bös dörchenanner. De eene reep düt, de annere gröhl dat; denn de ganse Stadt wär ut Rand un Band, un dat Beste dorbi wär, de meisten wüssen gornich, worüm se eegentli tohoplopen wärn. [33] Un nu kreegn se merrn mang de Lüd Alexander ran, den harrn de Juden vörschaben. Alexander wink nu mit de Hand, dat se ruhi wesen schulln; denn he wull sick verteidigen. [34] As se awer marken dän, dat he en Jud wär, do maken se all' tohop groten Larm, un dat duer twee Stünn, un se schrieen luuthals: „Grot is de Artemis vun Ephesus!" [35] Toletz bröcht awer de Börgermeister de Lüd to Ruh un sä: „Lüd vun Ephesus! Dat weet se doch in de ganse Welt, dat de Stadt Ephesus öwer de grote Artemis un ehr Bild, dat vun'n Himmel sulln is, to jeder Tied vull un gans waken deit. [36] Dat steit fast, un keen een twiewelt doran. Denn hört sick dat awer ock för ju, dat ji ruhi bliewt un niks öwer dat Knee breken dot. [37] Ji hebbt düsse Lüd hierher slept, awer se sünd doch keen Tempelröwers, un se hebbt doch ock nich unse Göddin verlästert. [38] Wenn also Demetrius un de Handwarkers, de up sin Siet staht, gegen een wat vörtobringn hebbt, denn is dorför dat Gericht dor. Ock hebbt wi ja den Statt-holer; dor künnt se ehr Sak ja utfechten. [39] Hebbt ji awer sünst noch wat up'n Harten, denn kann dat in de örd'ntliche Volksversammlung affmakt warn. [40] Sünst kunn dat so kamen, dat se uns noch verklagt wegen den Upstand, de hier hüt makt is. Dorför läg keen Grund vör; wi ward unse grote Not hebbn, dat wi uns dorvun friesnackt." Un as he dat seggt harr, do lös he de Versammlung up.

Dat 20. Kapitel.

[1] As sick de Larm un de Upregung nu leggt harrn, leet Paulus de Jüngers kamen un vermahn ehr. Denn sä he ehr Adüs un güng up de Reis' na Makedonien. [2] Hier vermahn he ehr öwerall, wo he dörchkäm, un sä ehr männi good Word, un denn güng dat na Griechenland.

As he hier en dree Maand west wär, [3] do harrn de Juden wat gegen em vör. Dat wär grad üm de Tied, as he to Schipp

258

na Syrien reisen wull. Do nähm he sick vör, öwer Makedonien torügtogahn. [4] Mit em güngn Sopatros ut Beröa, wat Pyrrhus sin Söhn wär, de beiden Thessalonicher Aristarchus un Sekundus, Gajus ut Derbe un Timotheus un Tychikus un Trophimus ut Asien. [5] Düsse güngn vörut un töwten up uns in Troas. [6] Wi awer föhrten na de Osterdag' vun Philippi aff un kämen binnen fief Dag' to ehr in Troas, wo wi söbn Dag' blewen.

[7] As wi an'n ersten Wuchendag tohop dat Abendmahl fiern dän, do predig Paulus to ehr, denn he wull den neegsten Dag all wedder affreisen. So käm dat, dat dat en beten lang wörr. Dat duer bit nachts hen to de Klock twölf. [8] Un veele Lampen brennen up den Bödn, wo wi uns versammelt harrn. [9] Nu seet dor en junge Mann bi dat Finster un wär, wieldat Paulus dat en beten lang maken dä, fast inslapen. De full nu ut'n drüdden Stock hendal, un as se em upböhrn dän, wär he dot. [10] Do güng Paulus hendal, lä sick öwer em un fat em üm, un denn sä he: „Makt jo keen Larm! Dat hett noch keen Not; dor is noch Lewen in em!" [11] Nu güng he wedder na baben un deel dat Brod ut, un denn sprook he noch lang wieder, bit dat dat hell wörr, un so güng he up de Reis'. [12] Den jungen Mann awer bröchten se lebenni tohus, un för ehr all' wär dat en groten Trost.

[13] Wi awer wärn all vörutgahn up dat Schipp un güngn na Assus in See. Dor wulln wi denn Paulus an Bord nehmen. So harr he dat mit uns affmakt, denn he sülbn wull den Weg to Foot maken.

[14] As he nu in Assus mit uns tosamendrapen dä, nähmen wi em mit an Bord un kämen so na Mitylene. [15] Vun dor güng de Reis' denn wieder, un den neegsten Dag käm Chios in Sicht. Den annern Dag län wi bi Samos an, un en Dag wieder wärn wi all in Milet. [16] So kämen wi nich na Ephesus, denn Paulus harr sick vörnahmen, he wull dor nich erst anleggn. He wull in Asien keen Tied verleern. He harr dat banni hild, denn he wull, wenn he dat jichtens kunn, to Pingsten in Jerusalem wesen.

[17] Vun Milet schick he nu Bott na Ephesus un leet de Ollerlüd beden, to em hentokamen. [18] Un as de bi em ankämen, sä he to ehr: „Ji weet, wodenni ick vun den ersten Dag an, wo ick na Asien käm, un de ganse Tied öwer bi ju lewt heff. [19] Ick heff den Herrn deent, un dat wär nich so gans eenfach. Ick heff mi bögen müßt. Dat hett Tranen kost. Ick bün männimal up de Prow stellt; denn de Juden stelln allerhand up un wulln mi wat andon. [20] Ji weet ock, ick heff nich mit dat torügholn, wat ju wat nützen kunn. Ick heff ju predigt un lehrt up'n

Markt un ock enkelt in de Hüser, 21 un ick heff dat vör Juden un Griechen betügt, dat se sick to Godd bekehrn un an unsen Herrn Jesus glöwen schulln. 22 Un nu seht mal! Nu reis' ick — ick kann nich anners; denn de Geist hett mi gans in de Gewalt — nu reis' ick na Jerusalem un weet nich, wat dor up mi luert. 23 Blots dat Eene weet ick: de hillige Geist makt mi dat in jēde Stadt klor, dat Keden un Drangsal up mi luert. 24 Awer mi sülbn is dat nich üm min Lewen to don. De Hauptsak is för mi, dat ick min Weg so to Enn gah, dat ick den Deenst mak, den ick vun den Herrn Jesus kregn heff, un dat will seggn, dat ick mi för dat Evangelium insetten do, för dat Evangelium vun Godd sin Gnad. 25 Un nu is dat so. Ick weet, dat ji all' mi nich wedder to sehn kriegt. Un dat gelt vun all' de, bi de ick up de Reis' vörkamen bün un dat Riek predigt heff. 26 Dorum segg ick ju hüt so irnst, as ick dat kann: wenn een vun ju starwen deit un denn verlorn geit, denn klewt sin Blot nich an min Handn; 27 denn ick heff nich dormit spoort, ju allns künni to maken, wat Godd vörhett un will. 28 So beholt ju sülbn fast int Og un ock de ganse Hard, öwer de ju de hillige Geist sett hett, dat ji öwer ehr waken schüllt. Ji schüllt Godd sin Gemeen, de he mit sin Hartblood loskösst hett, as sin Schaap weiden. 29 Ick weet: wenn ick nich mehr hier bün, denn ward wille Wülf öwer ju herfalln, un de ward de Hard gruli tosetten. 30 Ja, mang ju sülbn ward Lüd upstahn un ju verdreite Saken vörsnacken un de Jüngers up ehr Siet bringn. 31 Dorum holt de Ogen up un verget nich, dat ick dree Johr lang mi bi Dag un Nacht keen Ruh günn'n dä un mit veel Tranen jedeneen vun ju vermahnt heff. 32 Un nu gew ick ju in Godd sin Handn un verlat mi dorbi up sin Gnadenword. Dat hett Kraft un kann ju upbuun un ju tohop mit all' de, de hillig makt sünd, dat Arwdeel gewen. 33 Up Sülwer oder Gold oder Kleeder heff ick dat bi keen een affsehn hatt. 34 Ji weet gans good, dat düsse Handn hier för dat sorgt hebbt, wat ick för mi sülbn nödi harr un för min Lüd. 35 Ick heff ju dat sülbn vörmakt: so schall een sick int Tüg leggn un denn de Lüd, de niks künnt un niks hebbt, ünner de Arms griepen un dorbi an dat denken, wat de Herr Jesus seggt hett. He hett ja sülbn seggt: „Dat Gewen bringt mehr Freud un Segen as dat Nehmen!"

36 Un as he dat seggt harr, do full he mit ehr all' tohop dal up de Knee un bed. 37 Do fungn se all' bitterli an to weenen un fulln Paulus üm den Hals un gewen em en Kuß. 38 Un wat ehr am meisten dat Hart swor maken dä, dat wär, dat he seggt harr, se wörrn em nich wedder to sehn kriegn. Un so güngn se denn mit em lang bit na dat Schipp.

Dat 21. Kapitel.

¹ So müssen wi uns rein vun ehr losrieten, un denn güng dat Schipp wedder in See. Un wi kämen flott vöran un wärn bald in Kos un an'n neegsten Dag in Rhodos, un vun dor güng dat denn na Patara. ² Hier funn'n wi en Schipp, dat na Phönikien utloopen schull. Dor güngn wi an Bord, un denn güng dat wedder in See. ³ Us Kypern in Sicht käm, leeten wi dat an Backbord liggn un stüern up Tyrus los; denn dor schull dat Schipp löschen.

⁴ Hier in Tyrus funn'n wi de Bröder un blewen en Wuch bi ehr. Düsse Bröder wohrschuten Paulus, he schull doch jo nich na Jerusalem reisen, un se bereepen sick dorbi up den Geist. ⁵ Awer as de Tied för uns affloopen wär, güngn wi doch los un wulln wiederreisen. Un se güngn all' noch en Stück mit uns, ock de Fruen un Kinner. Bit buten vör de Stadt bröchten se uns up den Weg. Dor fulln wi an'n Strand up de Knee un beden tohop, ⁶ un denn sän wi Adüs. Wi güngn an Bord, un se güngn wedder tohus.

⁷ So wär de Seereis' denn bald to Enn. Vun Tyrus kämen wi na Ptolemais. Dor keeken wi noch mal bi de Bröder in un blewen en Dag bi ehr. ⁸ Den neegsten Dag reisten wi wieder un kämen na Käsarea. Dor güngn wi na Philippus sin Hus. Düsse Mann predig ock dat Evangelium un wär een vun de Söbn. Un dor blewen wi. ⁹ Philippus harr veer ledige Döchder, de kunn'n de Tokunft vörutseggn.

¹⁰ Us wi nu welke Dag in Käsarea wärn, do käm ut Judäa en Profet, de heet Agabus. He käm to uns ¹¹ un nähm Paulus sin Görtel aff, bunn' sick dormit de Handn un Föt tosam un sä: „Düt segg de hillige Geist: Den Mann, den düsse Görtel tohört, ward in Jerusalem de Juden so bind'n un em in de Heiden ehr Handn utlewern!" ¹² Us wi dat hörten, setten wi un de Lüd vun Käsarea Paulus to, he schull doch jo nich na Jerusalem gahn. ¹³ Awer he sä: „Ach, nu lat doch dat Weenen! Makt mi dat Hart doch nich so swor! För den Herrn Jesus sin Nam do ick allns. För em lat ick mi in Jerusalem, wenn dat wesen mutt, nich blots bind'n, nä, för em gah ick ock in den Dod!" ¹⁴ Un as he ock wieder niks dorvun weten wull, leeten wi em in Ruh un sän: „Den Herrn sin Will schall dörchstahn!"

¹⁵ Na'n poor Dag' packen wi wedder unse Saken, un denn güng dat rup na Jerusalem. ¹⁶ Mit uns tohop reisten ock welke vun de Jüngers ut Käsarea. De bröchten uns hen to Manason ut Kypern. Dat wär en olle Jünger, un bi em schulln wi wahnen.

¹⁷ Us wi nu in Jerusalem ankämen, nähmen uns de Bröder

261

mit Freuden up. [18] Den neegsten Dag güng Paulus mit uns to Jakobus hen. Un bi den kämen ock all' de Ollerlüd tohop. [19] Paulus sä ehr „Gooden Dag!", un denn vertell he Stück för Stück, wat Godd bi de Heiden dörch sin Deenst all' dan harr. [20] As se dat hört harrn, wärn se vuller Goddlow un sän to em: „Du sühst, lewe Broder, teindusende vun Juden sünd to'n Glowen kamen, awer se holt sick all' stramm un mit Iwer an dat Gesetz. [21] Nu hett man ehr awer vun di vertellt, dat du all' de Juden, de mang de Heiden lewt, dorto anholn deist, se schüllt vun Mose sin Gesetz affgahn, se schüllt ehr Kinner nich besniedn un ock nich mehr so lewen, as se dat vun de Vöröllern lehrt hebbt. [22] Wat schüllt wi nu maken? Up jeden Fall snackt sick dat rum, dat du dor büst. [23] Nu do dat, wat wi di raden dot! [24] Wi hebbt hier veer Mann, de hebbt Godd wat tolöwt. Mit de do di tohop un hillig di mit ehr tosam! Betal för ehr, dat se sick de Hoor affsnieden laten künnt! Denn ward all' de Lüd dat all klor warn, dat dat, wat se vun di vertellt, nich stimmen deit un dat du di sülbn an dat Gesetz holn un dorna lewen deist. [25] Iwer de awer, de ut de Heiden to'n Glowen kamen sünd, hebbt wi dat so fastsett: se schüllt sick frieholn vun dat Götzenopferfleesch, vun Bloot, vun dat Fleesch, dat vun Tieren stammt, de se mit de Sneer dotmakt hebbt, un vun Hurenkram." [26] Do nähm Paulus an'n neegsten Dag de veer Mann an de Siet, hillig sick mit ehr, güng mit ehr na'n Tempel un meld dor an, dat de Tied för de Hilligung afflopen wär un dat se nu för jeden een vun ehr dat Opfer bringn kunn'n.

[27] As de söbn Dag' nu to Enn güngn, do seegn de Juden ut Asien Paulus in'n Tempel. Un se bröchten all' de Lüd up de Been, kreegn em fat un reepen luuthals: [28] „Lüd ut Israel! Kamt uns to Hülp! Düt is de Minsch, de vör alle Lüd öwerall, wo he geit un steit, gegen dat Volk un gegen dat Gesetz un gegen düsse Städ spreken deit. Dorto hett he noch Griechen mit in den Tempel rinbröcht un so düsse hillige Städ unrein makt!" [29] Un dat harr dorin sin Grund: se harrn vörher Trophimus ut Ephesus in de Stadt mit em tohop sehn un nu meent, dat Paulus em mit na'n Tempel rinnahmen harr. [30] So käm de ganse Stadt in de Been, un dat duer nich lang, denn gew dat en Krawall. Se kreegn Paulus fat un släpen em ut'n Tempel rut. Un denn wörrn glieks de Porten tomakt.

[31] So wärn se all up'n besten Weg, em an de Siet to bringn. Awer ehr dat so wiet käm, wär dat all den Oberst, de öwer de Suldaten to seggn harr, to Ohrn kamen, dat gans Jerusalem in Uprohr wär. [32] Un de nähm nu glieks sin Suldaten un Hauptlüd mit un güng up ehr dal. As se nu den Oberst un de Suldaten seegn, leeten se Paulus erst mal in Ruh un hau'n

em nich mehr. ³³ An denn käm de Oberst ran, leet Paulus gefangn nehmen un gew den Befehl, se schulln em twee Keden anleggn. An denn frag he ehr ut, wer he wär un wat he makt harr. ³⁴ Awer nu güng dat los. Hier reep een wat, un dor reep een wat mang de Lüd, un bi all' den Larm kunn he niks Seekeres öwer em to weten kriegn. Dorum leet he em na de Kasern bringn. ³⁵ As Paulus nu bi de grote Trepp ankäm, do drängten de Lüd so banni achter em ran, dat de Suldaten em up de Schullern böhrn müssen. ³⁶ Denn all' de Lüd kämen achteran un schrieen: „An de Siet mit em!"

³⁷ As Paulus nu na de Kasern rinbröcht warn schull, do sä he to'n Oberst: „Dörf ick mal en Word to di seggn?" He sä: „Wat, du kannst griechisch? ³⁸ Denn büst du also nich de Jud ut Agypten, de vör eenige Tied de Lüd upwiegeln un de veerdusend Lüd, de dat lange Meß ünnern Rock harrn, na de Stepp rutföhrn dä!" ³⁹ Paulus sä: „Gewiß, ick bün en Jud; awer ick stamm ut Tarsus un bün en Börger vun düsse bekannte Stadt. Nu giff mi Verlöw, dat ick to dat Volk spreken kann!" ⁴⁰ Dor harr he denn ock niks gegen, un Paulus stell sick baben up de Trepp hen un wink mit de Hand. Do wörr dat mit eenmal gans still, un denn fung he an un sprook to ehr up Hebräisch.

Dat 22. Kapitel.

¹ He sä: „Lewe Bröder un Vaders! Nu hört mal to! Ick will mi vör ju verteidigen." ² An as se nu hörten, dat he up Hebräisch to ehr spreken dä, do kreegn se noch mehr dat Swiegen. Na, so sä he denn: ³ „Ick bün en Jud. Min Weeg hett in Tarsus stahn, wat in Kilikien liggn deit. Hier in düsse Stadt bün ick uptrocken un heff to Gamaliel sin Föt seten un gans genau dat lehrt, wat dat Gesetz verlangt, dat uns vun de Vöröllern vermakt is. Un as Füer un Flamm för Godd, grad so as ji dat nu sünd. ⁴ Un up düssen Weg bün ick blewen un heff mi stramm to em holn bit up den Dod; denn ick heff Mannslüd un Fruenslüd in Keden leggt un ehr achter de Tralln bröcht. ⁵ Dat künnt mi de Hochepreesters un de ganse Hoche Rat betügen. Vun ehr heff ick ock Breewe mitkreegn för unse Bröder in Damaskus. Un so güng ick up de Reis', denn ick wull ock de, de dor wahnen dän, in Keden na Jerusalem bringn, dat se hier ehr Straf kriegn schulln. ⁶ Awer ünnerwegens, as ick all neeg bi Damaskus wär — do lücht dat üm Middag up eenmal gans hell üm mi up, as wenn dat en Blitz wär. ⁷ Ick sack dal up de Eer un hör en Stimm. De sä to mi: „Saul, Saul, wat verfolgst du mi?" ⁸ Do sä ick: „Wer büst du, Herr?" De Stimm sä to mi: „Ick bün Jesus vun Nazaret, den du verfolgst!" ⁹ Min Lüd, de bi mi wärn, de

seegen wull dat Licht, awer de Stimm, de to mi spreken dä, de hebbt se nich hört. ¹⁰Do sä ick to den Herrn: „Wat schall ick don, Herr?" De Herr sä to mi: „Stah up un gah na Damaskus! Dor ward di denn allns seggt warn, wat du don schallst." ¹¹Nu kunn ick awer niks mehr sehn; denn dat Licht harr mi gans de Ogen verblendt un so nähmen mi min Lüd bi de Hand, un so käm ick denn na Damaskus.

¹²Dor käm nu en Mann to mi, de heet Ananias. Dat wär en frame Mann, so as dat Gesetz dat verlangt, un all' de Juden, de dor wahnten, stellten em en goodes Tügnis ut. ¹³Na, de käm denn nu to mi un sä: „Broder Saul, nu kannst du wedder sehn!" Un in densülwigen Ogenblick kunn ick em sehn. ¹⁴Do sä he to mi: „Unse Vöröllern ehr Godd hett di all vörher utwählt: du schallst öwer sin Willn klor warn un den Gerechden sehn un de Stimm hörn, de ut sin Mund kümmt. ¹⁵Denn du schallst sin Tüg warn vör alle Minschen un ehr vertelln, wat du sehn un hört hest. ¹⁶Un nu besinn di nich lang! Stah up, lat di döpen un lat di din Sünn'n affwaschen! Du brukst blots sin Nam anropen."

¹⁷As ick nu na Jerusalem torügkäm un in'n Tempel beden dä, do wüß ick up eenmal nich mehr, wat mit mi los wär. Ick wär nich mehr bi mi sülbn un ick seeg em. ¹⁸Do sä he to mi: „Kam gau in de Been un gah vun Jerusalem weg; denn se wüllt niks vun dat weten, wat du vun mi betügen deist!" ¹⁹Do sä ick to em: „Herr, se weet dat doch, dat ick dat grad wär, de de Lüd, de an di glöwen dän, achter de Traln bröch un in de Kapelln prügeln laten dä. ²⁰Un as Stephanus, de för di allns leeden hett, sin Blot vergaten wörr, do stünn ick dorbi un harr min Freud doran un paß up de ehr Kleeder, de em an de Siet bröchten." ²¹Do sä he to mi: „Gah hen! Denn ick will di in de wiede Welt schicken to de Heiden."

²²So wiet harrn se em noch still tohört. Nu awer fungn se an to schrien un repen luuthals: „An de Siet mit em! He dörf nich ant Lewen bliewen!" ²³Un se makten groten Larm un smeeten ehr Kleeder aff un wöhlten den Stoff up. ²⁴Do leet de Oberst em na de Kasern rinbringn un gew den Befehl, se schulln em erst wat mit de Pietsch gewen un denn verhörn; denn he wull klor sehn, worum se em so tosetten dän.

²⁵As se em awer mit Reemen fastbind'n wulln, do sä Paulus to den Hauptmann, de dorbi stünn: „Hebbt ji Verlöw dorto, dat ji en römschen Börger wat mit de Pietsch gewen dörft, un dat, ohn' dat he verordeelt is?" ²⁶As he dat hörn dä, güng he to'n Oberst hen un meld em dat. He sä: „Wat wullt du nu maken? Düsse Mann is en römsche Börger!" ²⁷Do güng de Oberst to Paulus hen un sä: „Segg mi mal!

Du büst en römsche Börger?" He sä: „Ja, dat bün ick aller-
dings!" 28 Do sä de Oberst: „Mi hett dat römsche Börger-
recht veel Geld kost." Paulus sä: „Ick heff dat all mit up de
Welt kreegn!" 29 Do leeten de, de em verhörn schulln, forts
de Handn vun em aff. Un de Oberst? De kreeg dat mit de
Angst, as he dorachter käm, dat he en Römer wär un dat he
em de Handn un de Föt harr fastbind'n laten.
30 Den neegsten Dag leet he em losbind'n; denn he wull dat
seeker rutbringn, worum de Juden em verklagen dän. Un
dorum leet he de Hochepreesters un den gansen Hochen Rat
tohop kamen, un denn leet he Paulus hendalkamen un stell
em vör ehr hen.

Dat 23. Kapitel.

1 Do keek Paulus den Hochen Rat frie un forsch an un sä:
„Lewe Landslüd un Bröder! Bitherto heff ick mit en gans
reines Geweten ünner Godd sin Ogen leewt." 2 Wieder käm
he nich; denn de Hochepreester gew de, de dorbi stünn'n, den
Befehl, se schulln em een up'n Mund gewen. 3 Do sä Paulus
to em: „Godd ward di dorför wedderslan, du witte Wand!
Du sittst dor un wullt mi na dat Gesetz richden, un dorbi
lettst du mi slan, wat doch gegen dat Gesetz is?" 4 Do kämen
se awer in de Been un sän: „Du schimpst up den Hochen-
preester?" 5 Paulus sä: „Dat deit mi leed; awer ick wüß dat
nich, dat dat de Hochepreester is. Ick weet ja wull, dat in de
Biwel steit: „Gegen den Böwersten vun din Volk schallst du
niks Böses seggn"
6 As nu Paulus dorachter käm, dat de eene Deel vun ehr
Sadduzäers un de anner Deel Pharisäers wärn, do reep he
dat vör den gansen Hochen Rat luuthals ut: „Lewe Bröder!
Ick bün Pharisäer un en Pharisäer sin Söhn. Un ick stah hier
nu vör Gericht vunwegen de Hoffnung un dat Upstahn vun
de Doden." 7 As he dat sä, do wörrn sick de Pharisäers un
Sadduzäers uneeni, un de Versammlung deel sick in twee
Deele. 8 Un dat is ja ock keen Wunner. Denn de Saddu-
zäers seggt: de Doden staht nich wedder up, dat gifft ock keen
Engels un ock keen Geist. Awer de Pharisäers holt beides
fast. 9 Un nu gew dat groten Larm. Un welke vun de Schrift-
gelehrten, de to de Pharisäers hörn dän, kämen in de Been,
bunn'n mit de Annern an un sän tolezt: „Wi künnt niks Böses
an düssen Mann find'n. Schull ock würkli en Geist oder en
Engel to em spraken hebbn?" 10 Nu wörr de Larm un Striet
noch gröter. Dorum wär de Oberst bang, se kunn'n Paulus
noch in Stücken rieten, un so gew he den Befehl, de Suldaten
schulln dalkamen un em wedder mit na de Kasern rupnehmen.

265

¹¹ Un in de Nacht käm de Herr to em un sä: „Kopp hoch! Grad so, as du di för mi in Jerusalem insett hest, schallst du dat ock in Rom don!"

¹² Us dat nu Dag wörr, do kämen de Juden tohop un löwten sick dat een den annern to un verfluchten sick dorbi: se wulln nich eh'r wedder eten un drinken, as bit dat se em an de Siet bröcht harrn. ¹³ Un dat wärn good veerdi Mann, de sick dat tosworn harrn. ¹⁴ Düsse Lüd güngn nu hen to de Hochepreesters un to de Ullerlüd un sän: „Wi hebbt uns dat tolöwt un wüllt verflucht wesen, wenn wi dat nich dot: wi wüllt keen Stück Brod anröhrn, eh'r dat wi Paulus an de Siet bröcht hebbt! ¹⁵ Nu dot ju awer mit den Hochen Rat tohop un sett den Oberst so to, dat he em to ju dalbringn lett. Un ji künnt ja man so don, as wenn ji sin Sak noch deeper up'n Grund gahn wüllt. Awer wi wüllt wull dorför sorgn, dat he an de Siet kümmt, eh'r dat he to ju henkümmt."

¹⁶ Dat kreeg nu Paulus sin Swestersöhn to weten, dat se dat vör harrn. Dorum güng he los un käm ock na de Kasern rin un vertell Paulus dat. ¹⁷ Do leet Paulus een vun de Hauptlüd to sick beden un sä: „Bring düssen jungen Mann doch mal to'n Oberst hen! He hett em wat to meldn." ¹⁸ Un de Hauptmann nähm em mit un bröcht em to'n Oberst hen un sä: „Paulus, de achter de Tralln sitt, leet mi ropen un bed mi, ick müch düssen jungen Mann to di henbringn. He hett di wat to meldn." ¹⁹ Do nähm de Oberst em bi de Hand, güng mit em in en anner Stuw rin un snack mit em ünner veer Ogen. Un he sä to em: „Wat hest du mi to meldn?" ²⁰ He sä: „Ick will di seggn, wat de Juden affmakt hebbt. Se wüllt di beden, du müchst morgen Paulus vörn Hochen Rat bringn laten un so don, as wenn du de Sak mit em noch mehr up'n Grund kamen wullt. ²¹ Awer lat di nich dorup in! Denn dor sünd mehr as veerdi Lüd un dor, de wüllt Paulus to Kleed. Se luert blots up'n goode Gelegenheit; denn se hebbt sick tolöwt un tosworn, se wüllt nich eh'r wat eten un drinken, as bit dat se em an de Siet bröcht hebbt. Un nu staht se all' parat un luert blots noch dorup, dat du Verlöw dorto gewen deist." ²² Do leet de Oberst den jungen Mann gahn un bunn' em dat up de Seel: „Segg keen een wat dorvun, dat du mi dat vertellt hest!"

²³ Un denn leet he twee vun de Hauptlüd kamen un sä: „Sorgt dorför, dat tweehunnert Suldaten parat staht un na Käsarea affrücken künnt, un söbndi Rieders dorto un tweehunnert Lansendrägers! Hüt abend Klock negn mutt allns in de Reeg wesen. ²⁴ Un denn sorg dorför, dat ock Peer parat staht! Denn dat kümmt dorup an, dat Paulus up ehr seeker to'n Stattholer Felix bröcht ward." ²⁵ Un he schrew ock noch en Breef. Dorin

266

stünn düt to lesen: „26 Claudius Lysias an Felix. Min lewe Stattholer! Erst mal: „Gooden Dag!" un allns Goode dorto! 27 Ick schick di hüt en Mann to. Den hebbt de Juden fatkregn, un dat harr nich veel fehlt, denn harrn se em an de Siet bröcht. Awer ick käm noch eben to rechder Tied mit min Suldaten doröwer to un nähm em ehr ut de Handn; denn ick harr to weten kregn, dat he en römsche Börger is. 28 Nu wull ick ja gern rutkriegn, worum se em verklagen dän. Dorum leet ick em vör ehrn Hochen Rat bringn. 29 Un nu käm ick dorachter, dat se em wegen allerhand Strietfragen verklagt, de dat mit dat Gesetz to don hebbt. Awer ick heff in de Anklagen niks funn'n, wodörch he den Dod oder ock blots de Keden verdeent harr. 30 Nu is mi awer to Ohrn kamen, dat se gegen den Mann wat vörhebbt, un dorum heff ick em glieks to di henschickt; un ick heff de, de em verklagt hebbt, seggt, se schüllt dat, wat se gegen em hebbt, bi di vörbringn."

31 Nu nähmen de Suldaten em, so as ehr dat upleggt wär, un bröchten em nachts na Antipatris. 32 An'n neegsten Morgen leeten se de söbnbi Rieders mit em wiedertrecken, un se sülbn marscheern na de Kasern torüg. 33 Un de Rieders kämen na Käsarea un gewen den Breef an den Stattholer aff, un denn föhrten se Paulus em vör. 34 As de Stattholer den Breef nu lest harr, frag he Paulus, ut wat förn Provinz he stammen dä, un as he to weten kreeg, dat he ut Kilikien wär, sä he: 35 „Good, ick will di verhörn, wenn ock de dor sünd, de di verklagen dot!" Un denn gew he den Befehl, se schulln em in Herodes sin Palast in Seekerheit bringn.

Dat 24. Kapitel.

1 Na fief Dag' käm de Hochepreester Ananias mit en poor Ollerlüd un en Rechtsanwalt — de Mann heet Tertullus — dal na Käsarea. De verklagten Paulus bi den Stattholer.

2 As Paulus nu rutropen wär un vör dat Gericht stünn, do bröcht Tertullus dat vör, wat se gegen em harrn; un so fung he an: 3 „Min Herr Felix! Dat möt wi seggn: dat wi so still in Freden lewen künnt un so Veeles bi uns in unse Volk beter worrn is, dat is din Verdeenst; dorför hest du sorgt, un dat gewt wi gern ümmer un öwerall to. Dorför is unse Dank di seeker. 4 Ick will di ock nich mehr to Last falln un di länger upholn, as dat nödi is, dorum bed ick di: Wes' so good un hör uns an! Ick will dat kort seggn, wat ick vörtobringn heff. 5 Also: Düsse Mann is — dor sünd wi achterkamen — gefährlich as de Pest. He wiegelt all' de Juden in de ganse Welt up un is de Hauptmacker bi de Lüd, de sick

ünner den Namen „Nazoräer" tosamdan hebbt. ⁶ He hett sogor versöcht, den Tempel to schänn'n. Dorbi hebbt wi em fatkreegn. ⁸ Nümm em man mal sülbn vör; denn warst du vun em sülbn hörn, wat dat allns up sick hett, wat wi gegen em vörbringn dot."

⁹ Un de Juden gewen em Recht; se sän: „Dat stimmt gans genau."

¹⁰ Un denn käm Paulus ant Word. De Stattholer harr em tonickt. He sä: „Ick weet: Du büst all siet veele Johrn Richder för düt Volk. Dorum bring ick ohn' angst un bang min Sak vör. ¹¹ Du kannst di sülbn dorvun öwertügen, dat sünd noch nich mehr as twölf Dag' her, siet dat ick na Jerusalem rupkamen bün, üm to beden. ¹² Dor is keen een, de mi in'n Tempel sehn hett, dat ick mit en annern een verhandelt heff oder dat Volk upwiegeln dä; ock in de Kapelln nich oder in de Stadt. ¹³ Se künnt di ock nich bewiesen, dat dat wohr is, wat se mi vörsmiet. ¹⁴ Blots düt will ick di reinut seggn: na de Lehr, wat se „Ketzerie" nömen dot, deen ick Godd so, as min Vöröllern dat ock all dan hebbt. Un dormit verhölt sick dat so: Ick glöw allns, wat in dat Gesetz un de Profeten schrewen steit, ¹⁵ un sett min Hoffnung fast grad so up Godd, as düsse Lüd dat sülbn ock dot. Dat steit mi fast: Gerechde un Ungerechde ward upstahn vun de Doden. ¹⁶ Dorum sett ick ock allns doran, dat ick gans un gor en reines Geweten heff gegen Godd un de Minschen. ¹⁷ Un nu bün ick na welke Johr mal herkamen un heff Almosen mitbröcht för min Volk un Opfergawen dorto. ¹⁸ Mit düsse Saken hebbt se mi, as ick mi in'n Tempel hilligen dä, funn'n, awer dor wärn keen Lüd üm mi rum, un üm en Uprohr handelt sick dat ock nich. ¹⁹ Blots en poor Juden ut Asien wärn dorbi. De harrn ja hier bi di sick meld'n un wat vörbringn kunnt, wenn se wat gegen mi harrn. ²⁰ Sünst lat düsse Lüd hier sülbn seggn, wat förn Verbreken se mi nawiesen kunn'n, as ick vör den Hochen Rat stünn. ²¹ Min Geweten is rein. Höchstens kann sick dat üm en enkeltes Word handeln, dat ick luut vör ehr Ohrn seggt heff, un dat heet so: „Wegen dat Upstahn vun de Doden stah ick hüt vör Gericht."

²² Felix sett den Termin erst mal ut, denn he wüß mit den Christenglowen gans genau Bischeed, un so sä he: „Wenn de Oberst Lysias herkümmt, denn will ick dat letzte Word spreken in ju Sak." ²³ Un denn gew he den Hauptmann den Befehl, Paulus schull int Gefängnis bliewen, awer good behandelt warn. Ock schull sin Frünn'n niks in Weg leggt warn, wenn se em wat to good don wulln.

²⁴ Na'n poor Dag' käm Felix wedder. Düt mal harr he sin Fru mitbröcht. De heet Drusilla un wär en Jüdin. Un he leet Paulus herkamen un leet sick vun den Glowen an Christus

vertelln. [25] Awer as he up de Gerechdikeit un en reines Lewen un dat jüngste Gericht to spreken käm, do wörr em dat unge- mütli un he kreeg dat mit de Angst. Dorum sä he: „För hüt is dat genog. Du kannst gahn! Wenn ick mal mehr Tied heff, denn lat ick di wedder ropen." [26] Awer düt harr ock sünst noch en Grund. He spitz sick dorup, dat Paulus em Geld in de Hand steken schull. Dorum leet he em ock sünst gelegentli mal kamen un snack mit em.

[27] So güng dat noch twee Johr. Denn käm Porkius Festus an Felix sin Stell. Un wieldat Felix sick bi de Juden en witten Fot maken wull, leet he Paulus int Gefängnis sitten, in Keden.

Dat 25. Kapitel.

[1] As Festus nu den Posten as Stattholer öwernahmen harr, reis' he na dree Dag' vun Käsarea na Jerusalem rup. [2] Do bröchten de Hochepreesters un de vörnehmsten Juden bi em dat vör, wat se gegen Paulus harrn, [3] un wärn mit em an, he schull ehr den Gefalln don un em na Jerusalem bringn laten. Up de Wies' wulln se em ünnerwegens gans in Stilln an de Siet bringn. [4] Awer dorup leet Festus sick nich in. He ant- word ehr: „Paulus sitt good in Käsarea, un dat duert nich lang, denn bün ick wedder dor. [5] Denn künnt — so meen he — „ja de Lüd, de ji de Vullmacht gewt, mit mi langkamen un dat vörbringn, wenn düsse Mann sick wat versehn hett."

[6] As he nu so'n acht bit tein Dag' — länger wär dat nich — dor wahnt harr, reis' he wedder na Käsarea. Un all den neegsten Dag sett he sick up den Richderstohl un leet Paulus sick vörföhrn. [7] As Paulus denn dor wär, do wärn ock glieks de Juden üm em rum, de vun Jerusalem dalkamen wärn, un se bröchten veele un swore Klagen gegen em vör, kunn'n em awer niks nawiesen. [8] So verteidig sick Paulus un sä: „Ick heff mi wohrrafdi nich vergahn, nich gegen de Juden ehr Gesetz, nich gegen den Tempel un ock nich gegen den Kaiser." [9] Nu wull Festus awer doch gern sick bi de Juden en witten Fot maken, dorum sä he to Paulus: „Wat meenst du? Wullt du nich na Jerusalem gahn un dor wegen düsse Saken vör mi vör Gericht stahn?" [10] Paulus sä: „Ick stah hier vör den Kaiser sin Richderstohl; hier kann ick verlangn, dat öwer mi ver- handelt ward. De Juden heff ick niks dan; dat weetst du heel good. [11] Heff ick wat verbraken un steit dorup de Dod, denn bün ick de letzte, de sick gegen den Dod upsetten deit. Awer is niks an dat, wat düsse Lüd gegen mi vörbringt, denn kann keen Minsch mi an ehr utlewern, blots üm ehr en Gefalln to don. Ick gah an den Kaiser!" [12] Do besnack Festus sick mit sin

269

Ratslüd un sä denn: „Good, du wullt an den Kaiser gahn — to den Kaiser schallst du kamen."

¹³ Na'n poor Dag' kämen König Agrippa un Berenike na Käsarea un wulln Festus besöken. ¹⁴ Un se blewen dor eenige Dag'. Do lä Festus den König Paulus sin Sak vör. He sä: „Hier sitt noch en Mann int Gefängnis ut Felix sin Tied. ¹⁵ Ower den hebbt, as ick in Jerusalem wär, de Hochepreesters un de Juden ehr Öllerlüd allerhand vörbröcht un verlangt, dat he vör Gericht stellt ward. ¹⁶ Ick heff ehr seggt: „Dat is bi de Römer keen Mod', en Minsch an annere Lüd uttolewern, blots üm ehr en Gefalln to don. Erst mutt de, de anklagt is, mit de Lüd, de wat gegen em hebbt, tohop bröcht warn, un he mutt Gelegenheit hebbn, dat he sick gegen dat verteidigen kann, wat gegen em vörbröcht ward. ¹⁷ So sünd se denn mit dalkamen un ick heff nich lang fackelt. Glieks heff ick mi up den Richder-stohl sett un den Mann mi vörföhrn laten. ¹⁸ As se nu awer gegen em wat vörbringn schulln, do harrn se keen grotes Ver-breken uptowiesen, so as ick mi dat moden wär. ¹⁹ Dat Een-zige, wat se gegen em harrn, dat wärn poor Strietsaken, bi de sick dat üm ehrn Glowen handeln dä un üm een, den se Jesus nömt un de all dot is, awer Paulus seggt, he lewt noch. Do wär ick in Verlegenheit; denn dorto wüß ick niks to seggn. ²⁰ Un so frog ick em, üm he na Jerusalem gahn un sick dor wegen düsse Sak vör Gericht stelln wull. ²¹ Dorvun wull Paulus awer niks weten. He verlang, dat he int Gefängnis bliewen schull, bit dat de Kaiser dat letzte Word spraken hett. Un so heff ick em sitten laten, bit dat ick em vör den Kaiser bringn laten kann." ²² Do sä Agrippa to Festus: „Ick müch den Mann ock wull mal hörn." „Good," sä Festus, „morgn schallst du em hörn."

²³ Den neegsten Morgn kämen Agrippa un Berenike mit en groten Hofstaat un güngn mit de böwersten Hauptlüd un de vörnehmsten Lüd ut de Stadt na'n Gerichtssaal. Un as Festus den Befehl gewen harr, wörr Paulus vörföhrt. ²⁴ Nu sä Festus: „König Agrippa un ji Lüd all' tohop, de hier mit uns versammelt sünd! Dor seht ji den Mann, wegen den dat Juden-volk in Jerusalem un hier mit mi verhandelt hett. Luut hebbt se schriet: „He dörf jo nich ant Lewen bliewen!" ²⁵ Awer ick kann dörchut nich insehn, dat he wat utöwt hett, woför he den Dod verdeent hebbn schull. Un nu hett he verlangt, dat he vun den Kaiser sülbn verhört ward. Dorum bün ick Sinns, em hentoschicken. ²⁶ Awer wat Seekeres kann ick den Herrn öwer em nich meld'n. Dorum heff ick em ju un besunners di, König Agrippa, vörföhrn laten. Wenn wi em verhört hebbt, denn weet ick doch, wat ick schriewen schall. ²⁷ Mi dünkt, dat is doch en Unsinn, en Gefangenen hentoschicken, wenn man nich na-wiesen kann, wat gegen em vörliggn deit."

270

Dat 26. Kapitel.

[1] Agrippa sä to Paulus: „Nu sprek di ut! Du hest Verlöw dorto." Do reck Paulus sin Hand ut un fung an un verteidig sick. [2] He sä: „König Agrippa! Wenn ick dat all' bedenken do, wat de Juden gegen mi vörbringn dot, denn seh ick dat as en grotes Glück an, dat ick mi vör di hüt verteidigen dörf. [3] Du kennst ja all' de Sitten un de Strietfragen bi de Juden heel good. Dorum bed ick di: hör mi gedülli an!

[4] Wodenni ick vun Anfang an siet min junge Johrn ünner min Landslüd in Jerusalem lewt heff, dat weet de Juden all'. [5] Se kennt mi all lang un weet, wenn se man de Wohrheit seggn wüllt, dat ick dat in unse Glow mit de Lüd holn heff, de dat gans genau nehmen dot mit dat Gesetz. Ick heff lewt as Pharisäer. [6] Un nu stah ick hier vör Gericht, wieldat ick höpen do up dat, wat unse Vöröllern vun Godd toseggt is. [7] Ja, de twölf Stämm sünd sick fast moden, dat se dat noch bilewen dot, un se ward nich möb, bi Nacht un Dag Godd to deenen. Wegen düsse Hoffnung warr ick vun de Juden verklagt, min Herr un König! [8] Wodenni kümmt dat denn, dat bi ju nich glöwt ward, dat Godd Dode upwecken deit? [9] Ick bill mi dat mal in, ick müß gegen Jesus vun Nazaret sin Nam veeles don, üm em to schaden. [10] So heff ick dat ja ock in Jerusalem makt. Ick leet mi vun de Hochepreesters Vullmacht dorto utstelln un heff denn veele vun de Hilligen int Gefängnis steken; un wenn se an de Siet bröcht warn schulln, denn heff ick ock dorför stimmt. [11] Un in all' de Kapelln heff ick dörch Strafen ehr dorto bröcht, dat se lästert hebbt; ja, ick wär sodenni Gift un Gall gegen ehr, dat ick ehr verfolgn dä bit hen na de frömden Städte. [12] Up de Wies' käm ick denn ock mit de Hochepreesters ehr Vullmacht un Verlöw na Damaskus. [13] Un wat bilew ick? An'n hellen Dag, min Herr un König, seeg ick vun'n Hewen her en Licht, dat wär heller as de Sünn. Un dat breed sick üm mi un min Lüd, de mit mi reisen dän. [14] Wi sacken all' dal in de Knee un fulln up de Eer. Un denn hör ick en Stimm, de sä to mi up hebräisch: ,Saul, Saul, worum verfolgst du mi? Dat ward di niks nützen! Up de Duer kannst du nich achterutslan!' [15] Ick sä: ,Wer büst du, Herr?' De Herr sä: ,Ick bün Jesus, den du verfolgen deist. Awer kumm up un stell di fast up din Föt! [16] Dorto heff ick mi di wiest: Ick wull di utwähln to min Hülpsmann un Tüg för dat, wat du bilewt hest un wat du noch bilewen schallst. [17] Ick nehm di ut din Volk un ut de Heiden, to de ick di schicken will. [18] Du schallst ehr de Ogen wiet upmaken, dat se sick bekehrt vun de Düsternis to dat Licht un ut den Satan sin Handn loskamt un frie ward vör Godd. Ehr schüllt de Sünn'n vergewen warn, un se schüllt en Platz kriegn mang

271

de, de dörch den Glowen an mi hillig worrn sünd.' ¹⁹ So kümmt
dat, König Agrippa, dat ick mi gegen dat nich sparrn dä, wat
sick mi vun'n Hewen her künni maken dä. ²⁰ Un so heff ick toirst
de Lüd in Damaskus un Jerusalem, denn dat ganse jüdische
Land un de Heiden predigt, se schulln annern Sinns warn un
sick to Godd bekehrn un so lewen, as sick dat för Lüd hört, de
dat mit de Bekehrung irnst meenen dot. ²¹ Un dat is de Grund,
worum de Juden in'n Tempel mi fastnahmen hebbt un ver-
söken dän, mi an de Siet to bringn. ²² Awer Godd hett mi bit
hüt bistahn, un so stah ick noch hier un stah för allns in för
Lütt un Grot. Un wat ick seggn do, dat is niks anneres, as wat
de Profeten un Mose vörutseggt hebbt: ²³ De Messias schull
lieden un denn as de erste vun de Doden upstahn un dat Volk
Israel un denn de Heiden Licht verkünn'n."

²⁴ As Paulus sick so verteidigen dä, sä Festus luut: „Paulus,
du büst nich bi Trost! Du büst öwerstudeert un öwerspönsch."
²⁵ Awer Paulus sä: „Nä, jo nich, min beste Festus! Ick heff
min vullen Verstand: wat ick seggn do, is de reine Wohrheit
un hett dörchut Schick. ²⁶ De König, den ick frie herut dat
seggn do, weet mit düsse Saken good Bischeed. Ick bün fast
dorvun öwertügt, düt is em allns bekannt. Düt hett sick allns
doch wohrrafdi nich achter de Kulissen affspeelt! ²⁷ Un nu frag
ick di, König Agrippa, glöwst du an de Profeten? — Ick weet,
dat du dat deist." ²⁸ Do sä Agrippa to Paulus: „Dor fehlt nich
veel an, denn harrst du mi so wiet, dat ick Christ wörr."
²⁹ Paulus sä: „Godd gew, — dorum bed ick — Godd gew, dat
öwer kort oder lang nich blots du, nä, ock all' de, de mi hüt
hörn dot, so'n Lüd ward, as ick dat bün — natürli ohn' düsse
Keden!"

³⁰ Do stünn'n de König, de Stattholer, Berenike un de
Annern, de bi ehr seeten, up, ³¹ un as se weggüngn, do sän se
een to'n annern: „De Mann is unschülli; he hett niks dan,
worup Dod oder Gefängnis steit." ³² Un Agrippa sä to Festus:
„Düsse Mann harr frielaten warn kunnt, wenn he nich seggt
harr, he wull an den Kaiser gahn."

Dat 27. Kapitel.

¹ As unse Reis' na Italien nu losgahn schull, do lewern se
Paulus un en poor annere Gefangene an en Hauptmann ut;
de heet Julius un hör to de kaiserliche Kumpanie. ² Wi güngn
nu an Bord vun en Schipp ut Abramyttium: dat schull an de
Küst vun Asien de Hawens anlopen. Un denn güng dat in
See. Mit uns reis' de Makedonier Aristarch ut Thessalonich.

³ Den neegsten Dag kämen wi in Sidon an. Julius meen dat
good mit Paulus, un so gew he em Verlöw, he dörf sin

Frünn'n besöken un sick ock vun ehr wat mit up de Reis' nehmen. [4] Vun dor güng dat wedder in See, un wi föhrn ünner Land an Kypern vörbi, denn wi harrn den Wind gegenan. [5] As wi denn dörch dat Meer an de Küst vun Kilikien un Pamphylien lang krüzt harrn, kämen wi hendal na Myrra in Lykien. [6] Dor funn de Hauptmann en Schipp ut Alexandria, dat na Italien ünnerwegens wär, un dor bröcht he uns an Bord.

[7] Recht en poor Dag' kämen wi man langsam vöran un harrn unse Not, na Knidus to kamen. Awer ock hier kunn'n wi gegen den Wind nich upkamen, un so müssen wi an de Küst vun Kreta langförn up Salmone to. [8] Dor kämen wi ock man so eben vörbi, un denn maken wi fast in en Bucht, de heet „Schönhaven", neeg bi de Stadt Lasäa.

[9] Wi wärn all en temliche Tied ünnerwegens, un de Reis' to Schipp wär all gefährli, denn de Fastentied wär all vörbi — do wohrschuu Paulus de Seelüd [10] un sä: „Lüd, ick seh dat all kamen: de Fohrt ward nich blots för de Ladung un dat Schipp, nä, ock för unse Lewen allerhand Not un veel Schaden mit sick bringn." [11] Awer de Hauptmann gew mehr up den Stüermann un den Koptein, as up dat, wat Paulus sä. [12] Nu käm noch dorto, dat de Hawen nich grad de beste wär, dat se dor den Winter öwer bliewen kunn'n, un so wörrn sick de mehrsten eeni, se wulln wiederföhrn, un, wenn se jichtens kunn'n, Phönix anlopen un dor den Winter öwer fastleggn; dat is en Hawen vun Kreta, wo de Südwest un Nordwest nich so ankamen kann.

[13] De Wind käm man eben vun Süden, un so meenen se denn, se kunn'n dat ruhig so maken, as se sick dat vörnahmen harrn. Se hiewten also de Ankers un seiln eben ünner Land an Kreta vörbi. [14] Awer se wärn noch nich lang ünnerwegens, do bruus vun de Insel her en Taifun — Eurakylos nömen se em. [15] De kreeg dat Schipp fat, un dat Schipp kunn sick nich holn. So müssen wi uns eenfach driewen laten, eenerlei wohen. [16] Denn kämen wi bi en lütte Insel ünner Land, de heet Klauda; un mit knappe Not kunn'n wi dat Reddungsboot noch bargn. [17] Dat trocken se an Bord un versöchten sick dormit to helpen, dat se Tauen üm dat Schipp spannen dän. Awer nu wärn se bang, dat se na de Syrt' affdriewen kunn'n. Dorum reffen se de Seils un leeten sick driewen. [18] Awer wi harrn noch ümmer banni ünnern Storm to lieden. So smeeten se den neegsten Dag en Deel vun de Ladung öwer Bord, [19] un den drüdden Dag käm ock noch de Schippskram an de Reeg, de sünst noch an Deck wär. [20] Dorto käm noch: eenige Dag wärn Sünn un Steerns nich to sehn, un de Storm blew noch ümmer so bi — so blew uns tolezt keen Hoffnung mehr, dat wi redd' warn kunn'n.

²¹ De Lüd an Bord harrn all lang niks mehr eten. Do stell
Paulus sick ünner ehr hen un sä: „Ja, Lüd, ji harrn up mi
hörn schullt un nich vun Kreta losföhrn; denn harrn wi uns
düsse Not un düssen Schaden spoorn kunnt. ²² Awer, dat mag
nu wesen, as dat will — ick legg ju dat ant Hart: Lat den Kopp
nich hangn! Jedereen vun ju kümmt mit dat Lewen dorvun.
Allerdings, dat Schipp is verlorn. ²³ Düsse Nacht is en Engel
vun den Godd, den ick tohörn un deenen do, to mi kamen ²⁴ un
hett seggt: „Wes' nich bang, Paulus! Du schallst vör den
Kaiser kamen, un süh, Godd hett di dat Lewen vun all' de
schenkt, de mit di föhrn dot." ²⁵ Dorum: Kopp hoch, Lüd! Denn
ick heff to Godd dat Tovertruen, dat dat so kümmt, as mi dat
seggt is. ²⁶ Awer an en Insel möt wi uplopen; dorum kamt
wi nich rum."

²⁷ Un richdi, as wi in de veerteinste Nacht up de Adria so
driewen dän, do markten de Schippslüd so hen to de Klock
twölf, dat wi dicht an Land kämen. ²⁸ Se lotten un harrn
twintig Faden, un glieks dorna lotten se noch mal un harrn
man föftein Faden. ²⁹ Nu awer wärn se bang, dat wi up
steenigen Grund stöten kunn'n, un so smeten se achter vun dat
Schipp veer Ankers ut un lengten dorna, dat dat hell warn
schull. ³⁰ Nu awer seegen de Matrosen to, dat se vun dat Schipp
raffkämen un dat Reddungsboot klormakten — se dän natürli
so, as wenn se ock vörn de Ankers rutbringn wulln — ³¹ do
sä awer Paulus to'n Hauptmann un de Suldaten: „Wenn
düsse Lüd nich up dat Schipp bliewen dot, denn kamt ji nich
mit dat Lewen dorvun." ³² Do kappen de Suldaten de Tauen
vun dat Boot, un dat Boot full int Water. ³³ Eh'r dat awer
hell wörr, wär Paulus mit alle Lüd an, se schulln wat eten.
Denn so sä he: „Dat is hüt nu all de veerteinste Dag, dat ji
luert un niks eten un anröhrt hebbt. ³⁴ Dorum rad ick ju: eet
wat! Dat hört dor mit to, wenn ji good dorvun kamen wüllt.
Keen een vun ju ward een Hoor vun ju Kopp krumm makt
warn." ³⁵ As he dat seggt harr, nähm he sin Brod un bed to
Godd vör alle Lüd, brook en Stück aff un fung an to eten. ³⁶ Un
do kreegn de Anneren ock all' Lust un leeten sick dat smecken. ³⁷ Un
wi wärn all' tosam in dat Schipp tweehunnert un sößunsößndi
Mann. ³⁸ Un as se sick nu satt eten harrn, makten se dat Schipp
dordörch lichter, dat se den Weten öwer Bord smieten dän.
³⁹ As dat denn nu Dag wörr, wüssen se nich, wat förn Land
se vör sick harrn, awer se seegen en Bucht, de en flachen Strand
harr, un dor wulln se, wenn dat jichtens güng, dat Schipp
uploopen laten. ⁴⁰ Un denn maken se de Ankers los un leeten
ehr dal. Un denn bunn'n se de Reems los, setten dat Lüttseil
up un bröchten dat vör den Wind un heeln nu up den Strand
to. ⁴¹ Un nu stötten se up en Sandbank un leeten dat Schipp

uplopen. Un de Bug sett sick fast un röhr sick nich mehr, awer dat Heck brook ut'n een; denn dat kunn sick vör de Bülgen nich holn. 42 De Suldaten harrn nu vör, se wulln de Gefangenen an de Siet bringn, denn se wärn bang, dat een an Land swümmen un utrücken kunn. 43 Den Hauptmann awer leeg doran, Paulus to reddn, un so käm niks dorna. He gew nu den Befehl, wer dor swümmen kunn, de schull toirst int Water gahn un sehn, dat he an Land käm. 44 De Annern schulln dat deelwies mit Planken un deelwies mit Wrackstücken versöken.

Un so kämen se all' glückli ant Land.

Dat 28. Kapitel.

1 As wi nu in Seekerheit wärn, kreegn wi to weten, dat de Insel Malta heeten dä. 2 De Lüd, de dor wahnen dän, wüssen gornich, wat se uns all' to good don schulln. Se maken en Füer an un nähmen uns all' bi sick up, denn de Regen harr insett un dat wär kold.

3 As Paulus nu en Handvull Brennholt tohopsammelt un up dat Füer leggt harr, do beet en Slang, de bi de Hitten rut-krapen wär, sick fast an sin Hand. 4 As de Lüd dat seegn, dat dat Deert an sin Hand fastsitten dä, do sän se een to'n annern: „Düsse Minsch is gans seeker en Mörder, den de Rach'göddin, wenn he ock ut dat Water redd is, nich ant Lewen laten will." 5 He awer slenker dat Deert int Füer un harr wieder keen Schaden dorvun. 6 De Lüd luern sick dat nu noch aff, denn se wärn sick seeker moden, dat Blootvergiftung dortokamen un he up eenmal dod hensacken wörr. Awer se müssen lang töwen, un doch bilewten se nich, dat em wat ankamen dä. So wörrn se annern Sinns un sän: „Dat is en Godd."

7 Nich wiet vun düsse Stell aff harr de vörnehmste Mann up de Insel en Hoff. Dat wär Publius. De nähm uns bi sick dree Dag' up un sorg heel fründli för Eten un Drinken. 8 Un nu mak sick dat so, dat Publius sin Vader grad mit Fewer un Ruhr to Bedd liggn dä. Den besöcht Paulus, bed öwer em un lä em de Handn up'n Kopp un mak em gesund. 9 As düt passeert wär, do kämen ock de annern Lüd vun de Insel, de krank wärn, bi em an, un de wörrn ock gesund. 10 Dorum dän se uns veel Ehr an, un as de Reis' wiedergüng, gewen se uns allns mit, wat wi nödi harrn.

11 Na'n dree Maands Tied güngn wi mit en Schipp, dat an de Insel den Winter öwer legn harr, wedder in See. Dat Schipp wär in Alexandria tohus un harr an'n Bugspriet dat Bild vun de „Tweschenbröder". 12 So kämen wi na Syrakus hendal un blewen dor dree Dag'. 13 Vun dor föhrn wi rum na Regium. Den annern Dag kreegn wi Südenwind, un so wärn

wi in twee Dag' all in Puteoli. [14] Dor funn'n wi Bröder, un de bäden uns, doch en Wuch bi ehr to bliewen. Dat dän wi denn ock, un denn güng dat na Rom. [15] Bun dor kämen de Bröder, de all wat Neegeres öwer uns hört harrn, uns in de Möt bit na Forum Appii un „de dree Krög". As Paulus ehr seeg, wär he vull Low un Dank un fat nien Mot.

[16] As wi na Rom rinkämen, kreeg Paulus Verlöw, sick en eegen Wahnung to hüern; blots de Suldat, de em bewachen schull, blew bi em.

[17] Na dree Dag' leet Paulus de Juden to sick beden, de an de Spitz vun ehr Gemeen stünn'n. Un as se tohop wärn, sä he to ehr: „Min leewe Bröder! Ick heff allerdings niks gegen unse Volk oder gegen de Sitten dan, de wi vun unse Vör-öllern her kennt. Un doch hebbt se mi in Jerusalem fungn sett un in de Römer ehr Handn utlewert. [18] De hebbt mi verhört un wulln mi all frielaten, denn se kunn'n ock nich en beten an mi rutfinn'n, wat den Dod verdeent harr. [19] Awer dor wärn de Juden nich mit inverstahn. So blew mi niks anneres öwer, as mi up den Kaiser to beropen, obschons ick gegen min Volk niks vörtobringn heff. [20] Dat is de Grund, worum ick ju gern sehn un spreken wull. Wegen Israel sin Hoffnung sitt ick hier an de Ked." [21] Do sän se to em: „Wi hebbt keen Breef öwer di ut Judäa kregn, ock is keen vun de Bröder kamen un hett uns wat meld' oder uns wat Böses öwer di vertellt. [22] Awer dat verlangt wi vun di, dat du uns seggst, wat du denken deist; denn vun de Sekt', to de du hörn deist, is uns bekannt, dat man öwerall niks vun ehr weten will." [23] So makten se en Dag mit em aff un kämen mit em in sin Wahnung wedder tohop. Düt Mal kämen all mehr. Do sett he ehr irnst un fierli ut'n-anner, wat dat mit Godd sin Riek up sick hett, un he güng ut vun Mose un de Profeten an, ehr vun Jesus sin Sak to öwertügn. Dat güng so vun morgens bit abends. [24] Un welke kreeg he dörch dat, wat he sä, up sin Siet. Annere glöwten em nich. [25] So wörrn se sick nich eeni un güngn aff. Do sä Paulus tolest noch een Word to ehr: „Fein hett de hillige Geist dörch den Profet Jesaja to ju Vöröllern seggt:

[26] „Gah to düt Volk hen un segg:
    Hörn schüllt ji un doch nich verstahn.
    Sehn schüllt ji un doch nich dorachterkamen.
[27] Denn düt Volk sin Hart is stump worrn.
    Mit de Ohrn hört se swor,
    un ehr Ogen makt se fast to,
    dat se mit de Ogen jo niks seht
    un mit de Ohrn jo niks hört
    un mit dat Hart niks verstaht un sick bekehrt,
    dat ick ehr gesund maken kann."

[28] So schüllt ji weeten: To de Heiden is düt Heil vun Godd schickt; un de ward dorup hörn!"

[30] Paulus blew noch ganse twee Johr dor to Hüer wahnen up sin eegen Kosten un wär to spreken för all' de, de em besöken dän. [31] Un he predig Godd sin Riek un lehr vun den Herrn Jesus Christus, gans frie herut un mit grote Freud', un keen een lä em wat in'n Weg.

Paulus sin Breef an de Christen in Rom.

Dat 1. Kapitel.

¹ Paulus,
Christus Jesus sin Knecht,
⁷ an
all' de in Rom,
de Godd lew hett un de as Hillige
beropen sünd.

*

¹ Ick bün as Apostel beropen un eegens dorto utsöcht un bestimmt, dat ick Godd sin Evangelium predigen schall. ² Düt Evangelium hett he in Vörut dörch de Profeten in hillige Schriften all toseggt. ³ Dat handelt sick dorbi üm sin Söhn. De stammt, wenn wi em rein as Minsch anseht, ut David sin Sipp; ⁴ awer he wörr as Godd sin Söhn in vulle Kraft insett, sietdat he upstahn is vun de Doden, un dat hett de hillige Geist tostann bröcht. Ji kennt em ja: dat is unse Herr Jesus Christus.

⁵ Dörch em hebbt wi Gnad un dat Apostelamt kregn. Un dat wär sin Affsehn dorbi: wi schulln bi alle Völker Minschen winn'n, de an em glöwen un up em hörn dot un so sin Nam ehrn wüllt. ⁶ Un to düsse Minschen hört ji ock; denn Jesus Christus hett ju beropen.

⁷ Gnad wünscht wi ju un Freden vun Godd, unsen Vader, un den Herrn Jesus Christus.

⁸ Ja, toirst mutt ick doch min Godd danken. Jesus Christus hett dorför sorgt, dat ick dat don kann. Un dorbi denk ick an ju all'. Un wat is de Grund? Dat ji in'n Glowen staht, dat weet se in de ganse wiede Welt. ⁹ Dorvun is mi dat Hart so vull. Ick segg dat nich blots so. Nä, mi is dat heel irnst dormit. Ick stah ja mit Liew un Seel in Godd sin Deenst un predig dat Evangelium vun sin Söhn. He weet, dat ick ümmerto an ju denken do, ¹⁰ un alltieds, wenn ick beden do, liggt dat bi mi babenup, üm mi dat ock wull noch mal glücken schull, dat ick ju besöken kann. Dat hangt natürli tolezt dorvun aff, üm Godd dat ock will. ¹¹ Awer dat will ick ju seggn: Ick leng banni dorna. Ick müch ju so gern mal sehn; denn ick wull ju gern sowat as en geistliche Gnadengaw mitbringn un ju so in'n Glowen stark un fast maken, ¹² oder lat mi lewer seggn: ick wull mi bi ju un mit ju wat vermuntern dörch den Glowen, in den wi ja beide staht — ji un ick. ¹³ Dat will ick ju nich verswiegen, lewe Bröder; vörnahm harr ick mi dat all männimal, dat ick ju besöken wull; awer bitherto käm ümmer wedder wat

278

dortwischen. Ick wull doch gern ock bi ju en beten Frucht arnten, grad so as mi dat ock bi de annern Völker schenkt is. [14] Bi Griechen un Barbaren, bi de Minschen, de klook sünd un wat lehrt hebbt, un bi de, de niks dorvun uptowiesen hebbt, bün ick in de Schuld. [15] Also, wenn dat up mi ankamen deit, denn bün ick parat, ock ju in Rom dat Evangelium to predigen. [16] Denn för dat Evangelium scham ick mi nich. Dat is doch en Goddeskraft, de redden kann un redden schall jedeneen, de dor glöwen deit. Un dat gelt för de Juden to allererst, awer grad so ock för de Griechen. [17] Denn de Gerechdikeit, de Godd verlangt un de alleen in sin Ogen gelt'n deit, de ward hier künni makt un anbaden. Un bi düsse Gerechdikeit geit dat toirst un toletz üm den Glowen. Mit Glowen fangt dat an, un mit Glowen hört dat up. So steit dat ock doch in de Biwel: „De Gerechde kriggt ut Glowen dat Lewen."

[18] Ick will ju dat klor maken:

Wi künnt dat jeden Dag bilewen. Vun'n Himmel her makt sick niks anneres künni as Godd sin Zorn öwer all' de Goddlosikeit un Ungerechdikeit, de de Minschen sick to Schulden kamen lat. Se kennt wull de Wohrheit, awer se wüllt niks vun ehr weten. Dorum sorgt se dörch Ungerechdikeit dorför, dat se nich hochkümmt. [19] Dat, wat wi vun Godd so klook kriegn künnt, dat weet se gans genau. Godd hett ehr dat ja sülbn künni makt. [20] Wi künnt em sülbn ja nich sehn. Awer so lang as de Welt steit, is dat, wat he is un deit, doch an dat to sehn, wat he makt hett. De Minsch schall blots sin Verstand bruken. Un wat kriegt wi to sehn? Sin Macht, de ümmer ant Wark is, un sin Göddlikeit. Dorum künnt se nu ock nich seggn, dat se unschülli sünd. [21] Se kennt Godd wull, awer se hebbt em as Godd nich de Ehr gewen un ock nich dankt. So sett se ehrn Sinn blots up dat, wat keen Wert hett; un mit ehr Hart, dat keen Vernunft annehmen will, sitt se nu in Düstern. [22] Se prahlt dormit, wo klook se sünd; awer in Würklikeit sünd se reine Narrn worrn. [23] Se hebbt den unvergänglichen Godd sin Herrlikeit vertuuscht mit en Bild, dat so wat Ähnliches vörstellt as de vergängliche Minsch un de Vagels un de veerbeenige Tiere un allerhand Kruptüg.

[24] Dorum leet Godd ehr na Hartenslust don, wat se wulln. Un wat käm dorbi rut? Se versackten gans in Unreinheit. Denn dat wär Godd sin Will: se schulln an ehrn eegen Liew schänd' warn. [25] Se harrn ja Godd sin Wohrheit ümtuuscht gegen dat, wat Lögen un Wind is, un se harrn dat anbed' un son Saken deent, de doch blots makt sünd, un sick nich kümmert üm den, de ällns makt hett. Un den hört doch Low un Dank to in alle Ewigkeit. Dat is doch gans gewiß! [26] Dorum hett Godd ehr hengewen an allerhand Laster, de

schändli sünd. Sogor ehr Wiewer gewen sick een mit de annere aff, wat doch gegen de Natur is. [27] Grad so makt dat ock de Mannslüd. Se kümmert sick nich mehr üm de Wiewer; nä, ehr Lust un Gier wär so hitt, dat se een mit den annern wat för harrn. Mannslüd drewen mit Mannslüd Sünn un Schann. Un dat Enn? Straft ward se dorför, dat se sick so vergaht an ehrn eegen Liew. Un dat mutt ja ock so wesen. [28] Wieldat se keen Wert dorup leggn dän, dat fasttoholn, wat se vun Godd wüssen, dorum hett Godd ehr utlewert an en Verstand, de niks döcht un mit den se niks anfangen künnt. So dot se dat, wat sick nich hörn deit. [29] Se sünd vull vun allerhand Ungerechdikeit, Slechdikeit, Giez un Böses. Se sünd vullproppt vun Affgunst, Mord, Strietsucht, Bedrug un Gemeenheit. [30] Se bringt Snackerie ünner de Lüd, bald achter de Annern ehrn Rügg, bald seggt se ehr dat ock liek int Gesicht. Godd kann ehr nich utstahn; denn se sünd frech. Se quält anner Lüd bit up dat Bloot. Se drägt den Kopp hoch un hebbt dat grote Muul ümmer up. Se hebbt niks Anneres vör, as annere Minschen wat Böses antodon. Up de Ollern hört se nich, [31] nehmt keen Vernunft an, holt ehr Word nich un hebbt keen Lew un Erbarmen. Se weet gans genau, wat Godd verlangt, un dat de, de sowat dot, den Dod verdeent hebbt. Un doch makt se nich blots sülbn düsse Saken, nä, se stellt sick ock noch up de Lüd ehr Siet, de dat ock dot.

Dat 2. Kapitel.

[1] So helpt dat denn niks, Minsch! Du magst wesen, wat du wullt. Keen een kann di friespreken, wenn du di as Richder öwer de Annern to Gericht settst, verdammst du di sülbn. Dat is doch so: Du magst wull öwer den Annern Gericht holn, awer deist du nich doch genau datsülwige as he? [2] Un wi weet doch gans good: Godd sin Gericht dröpt in Wohrheit all' de, de sowat dot. [3] Minsch, öwerlegg doch mal! Wenn du nu de richden deist, de sowat dot un dat sülbn nich anners makst — kannst du denn dormit rek'n, dat du vun Godd sin Gericht frie utgahn deist? [4] Oder wullt du niks dorvun weten, dat he öwer de Maten fründli un gedülli un langmödi is? Du weetst doch gans good: Godd is doch blots so fründli, wieldat he di to Besinnung bringn will. Du schallst di bekehrn! [5] Wullt du di awer nich bögen un will sick din Hart nich bekehrn, denn sammelst du di en gansen Barg Zorn an för den Dag, wo Godd sin Zorn sick wiest un sin gerechtes Gericht künni ward. [6] un denn kriegt jedereen betalt na dat, wat he dan hett. [7] Welke kriegt dat ewige Lewen. Dat sünd de Minschen, de

stramm mit anfaten dot, wenn wat Goodes tostann bröcht warn schall, un de dat irnstli üm Herrlikeit un Ehr un um dat to don is, wat nich vergeit. [8]Annere awer, de dat üm Striet un Geld to don is un de vun de Wohrheit nifs weten wüllt, de dröpt Zorn un Grimm. [9]Drangsal un Not kümmt öwer jede Minschenseel, de Böses deit, un dat gelt to allererst för de Juden, awer denn ock för de Griechen. [10]Herrlikeit un Ehr un Freden awer ward jedeneen schenkt, de dat Goode deit, un dat gelt ock to allererst för de Juden, awer denn ock för de Griechen. [11]Denn Godd treckt keen een vör, vör em sünd wi all' gliek.

[12]All' de nu, de sünnigt hebbt, ohn dat se de Gesetze kennen dän, de gaht ock to Grunn, ohn dat dat Gesetz dorbi mitspreten deit. Un de, de dat Gesetz kennt un doch sünnigt hebbt, de ward dörch dat Gesetz richt' warn. [13]Nich de Lüd, de dat Gesetz blots hört, sünd gerecht vör Godd sin Ogen. Nä, de, de dat dot, wat dat Gesetz verlangt, schüllt gerecht makt warn. [14]De Heiden, de keen Gesetz kennt, awer vun Natur, ut sick herut, dat dot, wat dat Gesetz verlangt, sünd, ohn' dat se dat Gesetz hebbt, sick sülbn en Gesetz. [15]Denn dörch dat, wat se dot, bewiest se ja, dat dat, wat dat Gesetz verlangt, in ehr Hart schrewen steit. Dat betüügt ehr ock ehr Geweten, un dat wiest ehr ock ehr Gedanken, de sick verklagt un sick wehrt — [16]un dat ward sick wiesen an den Dag, wo Godd de Minschen ehr Gedanken, de nu noch verborgen sünd, richten ward. Ja, he ward dat dörch Christus Jesus don, as ick ju dat all seggt heff, un dat is en Freud för uns.

[17/18]Du büst en Jud, un du büst stolz dorup, dat du Godd hest. Du kennst sin Willn un weetst, wat du don un laten schallst; denn du hest dat ut dat Gesetz lehrt. [19]Du truust di dat to, dat du de Blinden den Weg wiesen kannst, en Licht büst för de, de in'n Düstern gaht, [20]en Lehrer för de Unmünnigen; denn du hest ja dat Gesetz, un in dat Gesetz liggt ja klor vör din Ogen, wat du to weeten brukst un wat Wohrheit is. [21]Awer, hier liggt de Knütt: du lehrst wull den Annern, awer du brukst dat för di sülbn nich. Du predigst: „Du schallst nich stehlen!", awer du deist dat sülbn. [22]Du seggst: „Du schallst nich de Eh breken!", awer du deist dat doch. Du kannst de Götzen nich utstahn, awer du denkst di nifs dorbi, wat ut'n Tempel to stehln. [23]Du prahlst mit dat Gesetz, awer du lewst nich dorna un nümmst dat nich genau dormit, un so nümmst du Godd de Ehr. [24]Denn „Godd sin Nam ward ünner de Heiden verlästert, un dorto sünd ji schuld", so steit dat all in de Biwel.

[25]Gewiß, de Besniedung is wat Goodes, awer denn mußt du ock dat Gesetz holn. Deist du awer nich, wat dat Gesetz

verlangt, denn hett de Besniedung keen Wert, denn büst du
nich beter as een, de nich besneden is.

²⁶ Wenn nu awer een, de nich besneden is, dat, wat dat
Gesetz vörschriewen deit, hölt, ward he denn nich so behandelt,
as wenn he besneden wär? ²⁷ Ja, de, de nich vun Natur be-
sneden is, awer dat Gesetz erfüllt, ward öwer di richden; denn
du heft di ja gegen dat Gesetz vergahn, obschons du dat Gesetz
Word für Word kennst un ock noch besneden büst. ²⁸ Nich de
is en Jud, den man dat vun buten ansehn kann, un dat is
noch keen Besniedung, wenn se blots an'n Liew vörnahm is.
²⁹ Nä, en richdige Jud, de hett dat deep binnen in sick, un
richdi besneden is de, den sin Hart „besneden" is un dat nich
dörch den Bookstawen, wull awer dörch den Geist. Mit den
ward se noch mal tofreden wesen, awer dat kümmt denn nich
vun Minschen her, sunnern vun Godd.

Dat 3. Kapitel.

¹ Wat hett de Jud nu eegentli vörut? Wat hett he förn
Vördeel dordörch, dat he besneden is? ² Ach, dat is doch aller-
hand, un dat wiest sick in alle Deele. Erstmal sünd ehr de
Saken anvertruut, de Godd toseggt hett. ³ Denn dat is doch so.
Gewiß sünd dor welke mang, de nich tru west sünd. Awer
dorum fallt doch Godd sin Tru nich hen! ⁴ Jo nich! Dat
kann nu mal nich anners wesen. Godd mutt de wesen, up
den dörchut Verlat is, blots de Minsch geit mit Lögen um,
un dat gelt vun ehr all'. So seggt ja all de Biwel: „Du schallst
as gerecht dorstahn mit dat, wat du seggt heft, un se schüllt
di niks anhebbn künn'n, wenn een mal mit di int Gericht
gahn wull". ⁵ Wenn dat nu awer so is, dat unse Unrecht grad
Godd sin Gerechdikeit erst in dat rechte Licht stellt — wat denn?
Is denn Godd nich ungerecht, wenn sin Zorn nu den Utslag
gifft? Ick weet wull, dat paßt nich recht, wenn ick dat so seggn
do. So kann man blot vun Minschen spreken. Awer denkt ju
dat mal so! Wodenni is dat? — ⁶ Ick segg doch: nä, dörchut
nich! Sünst kunn Godd doch de Welt nich richden! ⁷ Un denn:
Wenn nu Godd sin Wohrheit dörch min „Lögen un Wind"
noch herrlicher ward un so Godd noch mehr löwt ward, wat
hett dat denn noch förn Wert, dat ick ock noch ümmer as
en Sünner verdammt warr? ⁸ Denn kunn'n wi ja ebenso good
dat so maken, as welke Lüd dat vun uns seggt un uns dat
ock sünst dörch leege Snackerie anhungn ward, un seggn: „Lat
uns man dat Böse don; denn kümmt gans vun sülbn dat Goode
dorbi rut!" Awer Lüd, de sowat denkt, de hebbt dat gründli
verdeent, wenn Godd ehr verdammen deit!

⁹ Ja, awer wodenni steit dat denn för uns? Hebbt wi vör
de Annern denn wat vörut? Nä, wohrrafdi nich! Ick heff
dat ja all seggt. Wi hebbt Juden un Heiden de Schuld gewen;
de Sünn hett ehr all' gans in ehr Gewalt. ¹⁰ Un dat steit ja
ock in de Biwel:

„Dor is keen gerechd, keen een;
¹¹ keen een is vernünfdi,
keen een fragt na Godd.
¹² All' sünd se vun'n rechden Weg affgahn,
mit ehr all' is niks mehr antofangn.
Dor is keen een, de wat Goodes deit,
keen een.
¹³ Ehr Kehl is as en Graff, dat apen liggt.
Wenn se wat seggt, denn rükt dat as de Pest,
un wat ehr Tungen anricht', dat is Bedrug.
Achter ehr Lippen sitt dat Slangengift.
¹⁴ Ehr Mund is vull vun Gift un Gall.
¹⁵ Glieks sünd se dormit bi de Hand
un dot de Lüd wat an.
De Annern ehr Bloot un Lewen is ehr ja nich hillig.
¹⁶ Wo se gaht un staht, kümmt allns toschann,
Dor gifft't blots Jammer un Not.
¹⁷ Den Weg, de Freden bringt, den kennt se nich.
¹⁸ Un Goddesfurcht — dor hebbt se niks mit in'n Sinn!"

¹⁹ Nu weet wi awer: Allns, wat dat Gesetz seggt, dat is
för de bestimmt, de sick an dat Gesetz holt. Un so kümmt dat
tolet so, dat jedereen fein sin Mund hölt un de ganse Welt
vör Godd sin Ogen schülli is. ²⁰ Denn dor lett sick nich an
rütteln: dörch dat, wat een na dat Gesetz deit, ward keen
Minsch vör em gerecht. Dörch dat Gesetz kümmt blots een
Deel tostann: wi kamt dorachter, wat dat mit de Sünn up
sick hett.
²¹ Nu steit dat awer ock so: ock ohn' dat dat Gesetz wat
dorto dan hett, is Godd sin Gerechdikeit künni worrn. Dorup
hebbt all dat Gesetz un de Profeten henwiest. ²² Un dat is
de Gerechdikeit, de Godd schenkt dörch den Glowen an Christus.
De is to todacht un de kriegt ock all' de, de glöwen dot. ²³ Denn
hier is een nich beter as de anner. Wi sitt all' up desülwige
Bank. All' sünd se Sünner un hebbt niks uptowiesen vun de
Herrlikeit, de Godd ehr todacht harr. ²⁴ Se ward blots gerecht
dörch sin Gnad. Christus Jesus hett ehr loslöfft vun de Schuld.
Se sülbn künnt niks dorto don. ²⁵ Em hett Godd makt to'n
Gnadenstohl. So is de Sünn vör Godd sin Ogen todeckt, un
den Utslag gifft dorbi de Glow, dat sin Bloot för uns good
dan hett. Godd wull ja sin Gerechdikeit upwiesen, wenn he

283

ock de Sünn'n ut olle Tieden in sin Geduld bitherto so harr hengahn laten. Awer sin Gerechdikeit schull doch dörchstahn. [26] He harr sick dat blots noch upspoort för düsse Tied; denn he wull gerecht bliewen un doch den Minschen gerecht maken, de sick up den Glowen an Jesus stellt.

[27] Worup wulln wi uns nu wull noch wat to good don? Wi hebbt gorniks uptowiesen. Keen Gesetz kann uns helpen, uns helpt ock nich, dat wi allerhand dan hebbt. Nä, uns helpt blots een Gesetz, un dat is de Glow. [28] För uns steit dat gans fast: een ward gerecht makt alleen dörch Glowen, dörch niks wieder. Wat de Minsch dan hett na dat Gesetz, dat fallt gans ünnern Disch dorbi. [29] Oder is Godd blots för de Juden dor? Ick wull meenen: gans gewiß ock för de Heiden. Ja, gans gewiß ock för de Heiden. [30] Dat gifft doch man een Godd, de gerecht makt: de, de besneden sünd, dörch den Glowen, un de, de nich besneden sünd, ock dörch den Glowen. [31] Awer denn makt wi ja dat Gesetz toschann dörch den Glowen? Is dat nich so? Nä, jo nich! Grad so kümmt dat Gesetz erst to sin Recht.

Dat 4. Kapitel.

[1] Awer nu mutt ick an Abraham denken, de ja unse Stammvader is. Woto hett he dat denn eegentli bröcht, wenn wi dat rein minschli anseht? [2] Wenn Abraham dörch dat, wat he dan hett, gerecht makt wär, denn kunn he sick allerdings wat dorup to good don. Awer vör Godd sin Ogen nich. [3] Denn wat seggt de Biwel?

„Abraham glöw Godd, un dat wörr em as Gerechdikeit anrek'nt." [4] Hett een wat uptowiesen, wat he dan hett, denn kriggt he den Lohn nich ut Gnad, nä, denn hett he em würkli verdeent. [5] Awer wer nu niks uptowiesen hett, wat he dan hett, wull awer glöwen deit an den, de den Goddlosen gerecht makt, den ward sin Glow as Gerechdikeit anrek'nt. [6] So seggt ja all David, dat de selig is, den Godd Gerechdikeit anrek'nt, wenn he ock niks uptowiesen hett, wat he dan hett:

[7] „Selig sünd de, de dat Unrecht vergewen is
un de ehr Sünn'n todeckt sünd!
Selig is de Mann, den de Herr sin Sünn nich
anreken deit!"

[8] Wer is nu mit düt „selig" meent? [9] De, de besneden is, oder de, de dat nich is? Wi seggt ja: „Abraham wörr de Glow as Gerechdikeit anrek'nt." [10] Wodenni stünn dat denn mit em, as em dat anrek'nt wörr? Wär he domals besneden oder nich? Nä, he wär dat nich." [11] Gewiß, he wörr denn besneden, awer dat schull em en Teeken dorför wesen, dat sin Glow em

284

gerecht makt harr, as he noch nich beſneden wär. So ſchull
he de Vader vun all' de warn, de wull nich beſneden ſünd,
awer glöwen dot. Denn ehr ſchull doch ock de Gerechdikeit
anrek'nt warn. [12] Un ebenſo ſchull he de Vader vun all' de
warn, de beſneden ſünd, dat will ſeggn: vun de, de nich blots
beſneden ſünd, ſunnern ock in'n Glowen den Weg gaht grad
ſo as unſe Stammvader Abraham, as he noch nich beſneden
wär. [13] Un noch wat will ick ſeggn: Ock wenn Abraham un
ſin Nakamen toſeggt wörr, dat em de Welt noch mal as Arw-
deel tofalln ſchull, ſo harr dat mit dat Geſetz gorniks to don.
Dat harr ſin Grund gans alleen in de Gerechdikeit, de ut'n
Glowen kümmt. [14] Wenn dat ſo is, dat de, de dat Geſetz holt,
arwen dot, denn hett de Glow keen Wert mehr, un Godd ſin
Toſag gelt nich mehr. [15] Dat Geſetz bringt ja niks wieder
toſtann as Zorn. Blots dor, wo keen Geſetz is, dor kann man
ock nich ſeggn, dat een ſick wat verſehn hett.

[16] Dorum kriegt blots de dat Urwdeel, de dor glöwen dot;
denn de Gnad gifft den Utſlag. Blots ſo kann Godd ſin
Toſag ſeeker bliewen för all' de Nakamen, mögt ſe ſick nu
an dat Geſetz holn oder an Abraham ſin Glowen. So is he
de Vader vun uns all', [17] ſo as dat de Biwel all ſeggt: „Ick
heff di to'n Vader för veele Völker makt", denn he hett glöwt
an den Godd, de de Doden lebenni makt un dat in de Welt
ſett, wat noch nich dor is. [18] Ock dor, wo för em niks mehr
to höpen wär, hett he dat Höpen nich upgewen, nä, he heel
den Glowen faſt, dat he doch noch de Vader vun veele Völker
warn ſchull. Denn dat wär em ja ſeggt: „So veel ſchüllt din
Nakamen warn." [19] Un he gew den Glowen nich up, as he ſick
klormaken dä, dat ſin Lewenskraft all to Enn wär — he wär
doch all bald hunnert Johr old — un dat Sara wohrrafdi
keen Kinner mehr kriegn kunn. [20] Un dat, wat Godd em to-
ſeggt harr, hett he in'n Glowen faſtholn un nich twiewelt.
Nä, ſin Glow gew em Kraft un he gew Godd de Ehr. [21] He
leet ſick dat Tovertruun nich nehmen, dat he dat, wat he
toſeggt harr, ock toſtann bringn kann. [22] Dorum wörr em dat
as Gerechdikeit anrek'nt. [23] Awer dat em dat anrek'nt wörr,
dat is nich blots dorum ſchrewen, dat he dat wär. [24] Nä,
dorbi is ock an uns dacht. Uns ſchall dat ja ock anrek'nt
warn; denn wi glöwt an den, de unſen Herrn Jeſus vun de
Doden wedder upweckt hett. [25] He wörr doch för unſe Sünn'n
hengewen un wedder upweckt, dat wi gerecht makt warn
kunn'n.

Dat 5. Kapitel.

[1] So ſünd wi denn gerecht makt worrn dörch den Glowen,
un ſo hebbt wi Freden mit Godd, un niks ſteit mehr twiſchen

em un uns, un dat verdankt wi unsen Herrn Jesus Christus.
²He hett uns de Brügg slan to düsse Gnad, in de wi nu
staht, un uns is dat Hart so vull vun Low un Dank doröwer,
dat wi för uns up Godd sin Herrlikeit höpen dörft. ³Ja,
nich blots dat, ock för Not un Hartleed sünd wi dankbor
un dot uns wat dorup to good. Wi weet ja: ut de Not waßt
Geduld, de den Nacken stief hölt. ⁴Wer gedülli bliwt, de steit
sin Mann, un up den is Verlat, un wer sin Mann steit, de
lett ock den Kopp nich hangn un gifft dat Höpen nich up.
⁵Un düt Höpen makt keen Schann un makt ock keen een to-
schann; denn Godd sin Lew hett de hillige Geist in Hüll
un Füll in unse Harten utgaten, un dat is de Geist, de uns
schenkt worrn is. ⁶Dat is doch würkli so: Christus is doch
to'n Tied, wo wi uns sülbn nich helpen kunn'n, för Goddlose
in den Dod gahn. ⁷Un dat kümmt ja sünst knapp vör, dat
een förn Gerechden den Dod up sick nümmt. Wenn't hoch
kümmt, sett he veellicht för den sin Lewen up't Spill, de em
wat Goodes dä. ⁸Awer Godd makt dat anners. He hett be-
wiest, dat he uns lew harr; denn Christus is för uns in den
Dod gahn, as wi noch Sünner wärn. ⁹Sünd wi awer so
dörch sin Bloot gerecht worrn, denn brukt wi uns doch noch
veel weniger Sorg dorum to maken, dat wi dörch em vör
Godd sin Zorn redd' ward. ¹⁰Wi wärn ja noch Godd sin
Fiendn, as wi mit em dörch sin Söhn sin Bloot versöhnt
wörrn; denn schull dat doch wunnerli togahn, wenn wi nu
nich dörch sin Lewen redd' wörrn, wo wi doch nu all ver-
söhnt sünd. ¹¹Ja, ock dat is noch nich allns. Wi verdankt
dat unsen Herrn Jesus Christus, dat wi nu vuller Goddlow
sünd; denn he is de Grund dorför, dat wi nu versöhnt sünd.

¹²Dorum liggt de Sak nu so:

Dörch een Minsch is de Sünn in de Welt kamen, un dörch
de Sünn käm de Dod. Un so is de Dod to alle Minschen
kamen; denn se hebbt ja all' sünnigt.

¹³Nu gew dat wull all Sünn in de Welt, ehr dat Gesetz
dor wär; awer de Sünn ward nich anrek'nt, wenn keen Gesetz
dor is. ¹⁴Un doch harr de Dod dat letzte Word in de Welt
vun Adam an bit to Mose hen ock öwer de, de sick nich so
versünnigt harrn as Adam, de doch gegen en enkeltes Gebod
verstöten dä. Na, eenerlei — he schull ja hendüden up den
Annern, de noch kamen schull. ¹⁵Awer nich so as mit Adam
sin Sünn un Versehn steit dat mit de Gnadengaw. Dat is
gans wat Anneres. Wull hebbt dörch den Eenen sin Sünn
de veelen Annern starwen müßt. Awer Godd sin Gnad geit
veel, veel wieder, un dat Geschenk, dat wi dörch den eenen
Minschen sin Gnad, un dat will seggn: dörch Jesus Christus
sin Gnad kreegn hebbt — düt Geschenk is de veelen Annern

286

öwerriekli to good kamen. [16] Un mit düt Geschenk hett dat
wat Anneres up sick as domals, as de Eene sünnigen dä. Dor
fangt dat Gericht bi den Eenen an un is up de Annern
öwergahn, dat se all' verdammt wörrn. Mit de Gnadengaw
geit dat anners to: hier sünd en Barg Sünn'n dat Erste, un
wat kümmt toletz dorbi rut? Se ward gerecht makt. [17] Wull
wär den Eenen sin Sünn doran schuld, dat de Dod dat letzte
Word harr; awer dat is hier nu so wunnerbor: de Minschen,
de de Gnad nu in Hüll un Füll un de Gerechdikeit as Ge-
schenk kriegt — grad de ward dörch den eenen Jesus Christus
Lewenskraft hebbn un König wesen. [18] Also: So as dörch
een Minsch sin Sünn för alle Minschen de Verdammung kamen
is, so kümmt dat ock dörch een Minsch sin Gerechdikeit dorto,
dat alle Minschen gerecht makt ward un dat Lewen kriegt.
[19] Oder wi künnt ock seggn: So as dordörch, dat een Minsch
nich uphörn wull, all' de Annern vör Godd as Sünner stahn
möt, so staht nu ock dordörch, dat de Eene sick fögen dä, all'
de Annern as Gerechde vör em. [20] Dat Gesetz is so nebenbi
mit in de Welt rinkamen; denn dat schull de Sünn up de
Spitz driewen. Wo awer de Sünn de Böwerhand kriggt, dor
kriggt de Gnad noch grötere Macht. [21] Denn dat is Godd sin
Afsehn dorbi: wo de Sünn dörch den Dod dat letzte Word
hett, dor schull de Gnad toletz de Böwerhand kriegn dörch de
Gerechdikeit. Un de bringt dat Lewen dörch unsen Herrn Jesus
Christus.

Dat 6. Kapitel.

[1] Wat wüllt wi nu wieder seggn? Schüllt wi denn nu wieder
dorbi bliewen un sünnigen un so dorför sorgen, dat de Gnad
noch gröter ward? [2] Nä, jo nich! Wi sünd doch för de Sünn
eenfach dot! Denn künnt wi doch nich in ehr wiederlewen!
[3] Ji weet dat doch: Wi sünd doch up Christus Jesus döfft;
dat will awer seggn: so as en Minsch bi dat Baden gans ünner
Water kümmt as een, de int Water versacken deit, so is dat
mit de Döp. Ock dorbi sünd wi deep in sin Dod rinsackt.
[4] Ja, he hett uns dörch de Döp mit in den Dod un int Graff
nahm. Un dat wär dat Afsehn dorbi: grad so as Christus
vun de Doden dörch den Vader sin herrliche Macht wedder
upweckt is, grad so schüllt wi ock en nies Lewen kriegn un as
nie Menschen lewen. [5] Denn wi sünd mit em gans tosamen-
wussen — düsse Dod bedüd eegentli dat, wat sin Dod bedüd.
Dorum hebbt wi ock doran Andeel, dat he upstahn is vun de
Doden. [6] Dat weet wi ja: Unse olle Minsch is mit ant Krüz
slan; denn de Liew, den de Sünn gans in ehr Gewalt hett,
de schull toschann makt warn, un Godd wull, dat wi nich mehr

an de Sünn verslawt sin schulln. [7] Wenn een storwen is, denn
kann de Sünn em niks anhebbn. [8] Dorum vertruut wi gans
dorup: wenn wi mit Christus storwen sünd, denn ward wi
ock mit em tohop lewen. [9] Wi weet ja: Christus is vun de
Doden upweckt un kann dorum nich wedder starwen. De
Dod hett keen Gewalt öwer em. [10] He hett mit sin Dod allns
an de Sünn betalt, wat se verlangn kunn. Awer sin Lewen
hört gans un gor Godd to. [11] Grad so schall dat nu ock mit
ju wesen. Ji schüllt dat so ansehn: för de Sünn sünd ji dot;
dor hebbt ji niks mehr mit to don. Awer ju Lewen hört Godd
to, em gans alleen; denn ji hört to Christus, un dat seggt allns.
[12] Dorum dörf dat nich wesen, dat de Sünn den Herrn
speeln deit in ju Liew, de doch mal starwen mutt. Ji dörft
nich up dat hörn, wat he vun ju verlangt! [13] Gewt ock ju
Litten nich de Sünn in de Handn, dat se ehr denn dorto bruft
un sick gegen Godd in Ungerechdikeit upsett. Nä, stellt ju
sülbn för Godd in den Deenst as Lüd, de vun'n Dod wedder
lebenni worrn sünd, un sorgt dorför, dat ju Litten gans för
em dor sünd un dat he ehr bruuken kann för de Gerechdikeit!
[14] Denn kriggt de Sünn bi ju nich de Böwerhand. Ji staht
ja nich ünner dat Gesetz; ji staht ünner de Gnad.
[15] Awer nu! Denn kunn'n wi ja ruhi dat mit de Sünn holn!
Wi staht ja nich ünner dat Gesetz, sunnern ünner de Gnad.
Ja, dat kunn een denken; awer jo nich! [16] Ji weet ja: Wenn
ji ju an een Annern vermeeden dot as Knecht un up em hörn
möt, denn hett he gans un gor öwer ju to seggn, un ji möt
up em hörn, un denn möt ji don, wat de Sünn verlangt,
un dat Enn is de Dod, oder ji möt uphörn, as de Glow dat
verlangt, un denn kriegt ji de Gerechdikeit. [17] Godd si Low
un Dank! Nu hett de Sünn keen Gewalt mehr öwer ju! Nu
hört ji vun Harten up dat, wat de Lehr verlangt, de ju an-
vertruut is. [18] Nu sünd ji frie vun de Sünn un staht nu in
Deenst för de Gerechdikeit. [19] Ja, wenn ick dat so segg, denn
do ick dat dorum, wieldat ji swake Minschen sünd. Dat is doch
so: fröher hebbt ji ju Litten to Slawen makt för en Lewen,
dat unrein wär un sick gegen dat Gesetz upsetten dä; un wat
käm dorbi rut? Unrecht un Verbreken! Nu awer stellt ji ju
Litten in den Deenst för de Gerechdikeit, un wat käm nu dorbi
rut? Ji sünd hillige Lüd worn. [20] Denn, as ji an de Sünn
verslawt wärn, do harrn ji niks mit de Gerechdikeit to kriegn,
ji wärn dorvun frie. [21] Awer wat käm domals dorbi rut?
Ick will blots soveel seggn: dat wärn Saken, öwer de ji hütto-
dags noch rot ward, wenn ji blots doran denkt. Denn de
bringt tolez blots den Dod. [22] Nu awer, wo ji vun de Sünn
frie un Godd sin Knecht'n sünd, nu kümmt dat dorbi rut, dat
ji hillige Lüd sünd un tolez eenmal dat ewige Lewen kriegt.

²³ De Sünn betalt man een Lohn, un dat is de Dod. Awer Godd makt dat anners: he schenkt ewiges Lewen in unsen Herrn Jesus Christus.

Dat 7. Kapitel.

¹ Ji weet doch — ick segg dat ja to Lüd, de mit dat Gesetz genau Bischeed weet — ji weet doch: dat Gesetz hett ōwer den Minschen Gewalt, solang as he lewt. ² En Fru to'n Bispill, de verheirat is, hört düssen Mann to, solang as he lewt. Se kümmt nich vun em los. So verlangt dat dat Gesetz. Erst wenn he dot is, ward se frie vun dat Gesetz, dat ehr an düssen Mann bind'n deit. ³ Gifft se sick also mit en annern Mann aff bi ehrn eegen Mann sin Lewenstied, denn is se in de Lüd ehr Ogen en Fru, de de Eh' braken hett. Erst wenn he dot is, kann dat Gesetz ehr niks mehr anhebbn. Deit se sick denn mit en annern Mann tosam, denn kann een ehr nich mehr vörsmieten, dat se de Eh' braken hett.

⁴ Grad so is dat mit ju, lewe Brööer! Ji sünd för dat Gesetz nu dot un hebbt niks mehr dormit to kriegn. Dorför hett Christus sorgt dörch sin Liew ant Krüz. Ji schulln ja en Annern tohörn, un dat will seggn, den Mann, de vun de Doden upweckt is; denn wi schulln Frucht bringn för Godd. ⁵ Solang as wi noch gans natürliche Minschen wärn, do wärn wi dörch dat Gesetz Füer un Flamm för de Sünn, un dat käm so wiet, dat wi blots een Frucht uptowiesen harrn, un dat wär de Dod. ⁶ Nu awer sünd wi frie vun dat Gesetz. Wi sünd dot för den Herrn, de uns bitherto gans in sin Gewalt harr. Nu staht wi in en nien Deenst; nu gifft de nie Geist den Utslag un nich de olle Bookstaw.

⁷ Awer hett de Sak nich doch noch en Hak'? Denn is ja dat Gesetz Sünn! Nä, jo nich! Dat Gesetz hett doch sin Wert! Wenn dat Gesetz nich wär, denn wüß ick hüt noch nich, wat dat mit de Sünn up sick hett. Ick wüß ock nich, wat de „böse Lust" i² wenn dat Gesetz nich seggn dä: „Du schallst di nich vun din Lust driewen laten." ⁸ Düt Gebod hett de Sünn blots in Gang bröcht, un so wörr in mi ōwerhaupt de Lust lebenni; denn ohn' dat Gesetz is de Sünn dot. ⁹ Fröher lew ick un wüß niks vun dat Gesetz. Denn käm dat Gebod, un nu wörr de Sünn waken, ¹⁰ un ick storw. So käm dat: dat Gebod, dat mi to'n Lewen verhelpen schull, dat bröch mi den Dod; ¹¹ denn de Sünn wörr in Gang bröcht dörch dat Gebod un mak mi wat vör un mak mi tolezt dot dörch düt Gebod. ¹² So bliwt dat dorbi: dat Gesetz is, so as dat dor is, hillig, un dat Gebod is ock hillig un gerecht un good. Dor is niks gegen to seggn.

[13] Awer mutt een denn nich seggn: dat Goode hett mi den Dod bröcht? Nä, jo nich! Dat hett de Sünn dan. De schull sick as Sünn würkli utwiesen, un dat so, dat se mi dörch dat Goode den Dod bröch. Un so hett sick de Sünn gans öwer de Maten utwussen as Sünn dörch dat Gebod. Un so is de Sünn dörch dat Gebod rein en Ülbund vun Sünn worrn.

[14] Dat Gesetz stammt ja — dat weet wi — vun'n Geist. Dat do ick awer nich. Ick stamm ut dat Fleesch un bün verraden un verkööfft an de Sünn. [15] Wat ick do, dor kam ick nich achter. Dat is för mi allns en Radel. Ick do ja nich, wat ick will. Nä, ick do, wat mi eegentli en Doorn int Og is. [16] Wenn ick also do, wat ick nich will, denn stell ick mi mit dat Gesetz up een Siet un gew so to, dat't good is. [17] So heff ick denn eegentli gornich dorbi de Hand int Spill. Nä, dat deit allns de Sünn, de in mi tohus is. [18] Ick weet gans good: In mi wahnt vun Natur niks Goodes. Un den gooden Willn liggt dat bi mi nich; de is dor; awer dat Goode nu ock don, dat bring ick nich fardi; dat geit öwer min Kraft. [19] Ick do nu mal nich dat Goode, dat ick mi fast vörnehm; awer dat Böse, dat ick nich will, dat do ick. [20] Awer dat is ock seeker: wenn ick dat do, wat ick nich will, denn bün ick dat eegentli nich mehr, de dat Böse deit, denn is dat de Sünn, de in mi hüsen deit. [21] So stöt ick ümmer wedder bi mi up dat Gesetz un dat is düt: ick will gern dat Goode don, awer wat dorbi rutkümmt, dat is dat Böse. [22] Denn wenn ick an dat denken do, wat ick eegentli bün un will, denn mutt ick seggn: ick heff min helle Freud an Godd sin Gesetz. [23] Awer ick seh ock wedder: in min Litten rögt sick ock noch en anner Gesetz, un dat kann sick nich verdrägen mit dat Gesetz, dat ick „Vernunft" nömen do, un düt anner Gesetz hölt mi fast. De Sünn is dat Gesetz, dat hett mi gans in Gewalt un lett mi nich wedder ut de Handn. Un düt Gesetz sitt bi mi in Fleesch un Bloot. [24] Ach, wat bün ick förn Stackelsminsch! Wer makt mi doch frie vun düssen Liew, in den de Dod togang is? [25] Awer Godd si Low un Dank! Wi hebbt ja unsen Herrn Jesus Christus. So bliwt dat för mi denn dorbi: ick kann nich anners. Geit dat na min Vernunft, denn bög ick mi ünner Godd sin Gesetz; geit dat awer na min minschliche Natur, denn hett en anner Gesetz bi mi de Böwerhand, un dat is de Sünn.

Dat 8. Kapitel.

[1] Na, dat is nu wull klor: Wer Jesus Christus tohörn deit, de ward nich verdammt. [2] Denn de Geist, ohn den dat för Christen keen Lewen gifft, de hett en anneres Gesetz, un düt Gesetz hett di friemakt vun dat Gesetz, dörch dat de Sünn' un de Dod regeert. [3] Denn dat, wat dat Gesetz nich fardi bröch

— dat kunn ja gegen unse minschliche Natur nich an — dat
hett Godd sülbn tostann bröcht. He hett ja sin Söhn schickt
un em dorbi unse eegen Fleesch un Bloot gewen, dat doch de
Sünn anklewen deit. Un dat hett he dan wegen unse Sünn,
un so hett he Gericht holn öwer de Sünn, de in dat Fleesch
nu mal wahnen deit. 4 So schulln wi denn dat, wat dat Gesetz
verlangt, don, un dat künnt wi ock, wenn wi nich lewt, so as
unse Natur dat will, sunnern so, as de Geist dat verlangt.
5 De Minschen vun Natur sett ehrn Kopp up dat, wat de Natur
gern will, awer de Minschen, de den Geist hebbt, de is dat
üm dat to don, wat de Geist gern will. 6 Un dat is doch so:
dat, worup de Natur dat affsehn hett, bringt den Dod, awer
dat, worup de Geist dat affsehn hett, bringt Lewen un Freden.
7 De minschliche Natur hett allns dorup anleggt: se will vun
Godd niks weten; denn se bögt sick nich ünner Godd sin Gesetz.
Ja, se kann dat ock gornich. 8 De Minschen, de niks wieder
sünd as Natur, an de kann Godd gornich sin Freud hebbn.
9 Ji awer sünd nich blots Minschen vun Fleesch un Blot, nä,
ji hebbt den Geist, wenn Godd sin Geist würkli in ju tohus is.
Wer Christus sin Geist nich hett, de hört em ock nich to.
10 Wenn Christus awer in ju wahnen deit, denn mutt ju
Liew allerdings starwen, — dor is nu mal de Sünn an schuld
— awer de Geist is Lewen, un dat verdankt wi de Gerechdikeit.
11 Wenn den sin Geist awer, de Jesus vun de Doden upweckt
hett, in ju wahnen deit, denn ward de, de Christus vun de
Doden upweckt hett, ock ju Liew, de sünst starwen mutt, wedder
lebenni maken dörch den Geist, de in ju wahnen deit.

12 Dorum, lewe Bröder, wenn wi ock Dank schülli sünd —
dat Fleesch hett keen Dank to verlangn. Wi hebbt dat dörchut
nich nödi, dat wi na sin Willn lewt. 13 Un wi wüllt dat doch
nich vergeten: wenn ji na dat Fleesch sin Willn lewt, denn
is de Dod ju seeker. Wenn ji awer dörch den Geist bi ju dat
dotmakt, wat de Liew gern will un deit, denn ward ji lewen.
14 All' de, de sick vun Godd sin Geist driewen lat, de sünd doch
Godd sin Kinner. 15 De Geist, den ji kregn hebbt, is doch keen
Geist, as em de Slawen hebbt, de ut Angst un Bangn nümmer
wedder rutkamt. Nä, ji hebbt den Geist kregn, as de Kinner
em hebbt, un in düssen Geist bed wi ock un seggt: „Vader,
lewe Vader!" 16 Grad düsse Geist gifft unsen Geist denn ock
de faste Toversicht, dat wi Godd sin Kinner sünd. 17 Sünd wi
awer Kinner, denn kriegt wi awer ock vun dat Arwdeel wat aff.
Denn sünd wi Godd sin Arwen un arwt mit Christus tohop.
Awer erst möt wi mit em lieden; awer denn kriegt wi ock vun Andeel
an sin Herrlikeit. 18 Ja, üm dat Lieden kamt wi nich herum. Dat
hört nu mal dorto. Awer mi dünkt, dat is ock noch nich so slimm.
Mi dünkt: dat wi nu lieden möt, dat schulln wi gornich so up de

19*   291

Rek'n hebbn, wenn wi blots an de Herrlikeit denkt, de wi nu bald bilewen dörft. [19] Allns, wat dor lewt un wewt in düsse Welt, dat luert un lengt ja dorna, dat Godd sin Kinner nu künni ward in ehr ganse Herrlikeit. [20] Allns, wat dor lewt un wewt, hett in sick sülbn keen Wert un Bestand, dat mutt allns vergahn. Dat is hart un is ock so kamen ohn' unsen Willn. De, de dat so anorb'nt hett, de is doran Schuld. Awer dat Höpen bliwt bestahn; [21] denn wat dor lewt un wewt, dat ward ock mal friemakt warn vun de Slawerie, de dorin besteit, dat wi vergängli sünd, un ward Andeel kriegn an de herrliche Frieheit, de Godd sin Kinner hebbn schüllt. [22] Dat weet wi ja: allns, wat dor lewt un wewt, dat kümmt bitherto nich ut dat Süfzen rut un mutt Wehdag' utholn as de Fru, de en Kind to Welt bringn schall. [23] Awer dat nich alleen; wi sülbn — un wi hebbt doch den Geist as erste Gaw kreegn, — wi süfzt ock deep binnen int Hart un luert un lengt dorna, dat wi vull un gans Godd sin Kinner ward, un dat will seggn, dat unse Liew frie ward. [24] För dat, up dat wi höpen dot, sünd wi redd. Allerdings, dat, worup wi höpen dot, dat künnt wi nich sehn. Sünst wär dat ja keen Höpen mehr. Wat een süht, dorup höpt he nich mehr. [25] Wenn wi awer up dat höpt, wat wi nich seht, denn lengt un luert wi, awer künnt ock töwen. [26] Un wi hebbt ock de Kraft dorto, dat wi utholn künnt. Ut uns sülbn bringt wi dat nich fardi, awer de Geist kümmt uns dorbi to Hülp. Wi sülbn weet ja nich, üm wat wi beden schüllt, denn wi weet nich, wat dat Beste un Nödigste för uns is. Awer denn leggt de Geist för uns en goodes Word in, un dat deit he so, as keen Minsch dat kann. He süfzt so deep un vun Harten; dat lett sick gornich seggn. [27] Un Godd kennt ja dat Minschenhart dörch un dörch, un he weet, up wat de Geist dat affsehn hett. He hett dat ja sülbn so bestimmt, dat de Geist för de Hilligen sick insetten schall.

[28] Wi weet dat ja: för de, de Godd lew hebbt, sleit allns toletz mit to'n Gooden ut; denn se sünd ja beropen, so as Godd sick dat vörnahmen hett. [29] Denn de, de he sick utsöcht hett, de hett he ock vörher bestimmt. De schüllt sin Söhn sin Ebenbild warn; denn de schall de Allererste vun veele Bröder warn. [30] De awer, de he vörherbestimmt hett, de hett he ock beropen; un de, de he beropen hett, de hett he ock gerecht makt. Awer de, de he gerecht makt hett, de hett he ock herrli makt.

[31] Wat wüllt wi nu dorto seggn? Dörft wi seggn: Wenn Godd up unse Siet steit, denn mag kamen, wer dor will, denn kann keen een uns wat anhebbn? [32] He hett doch sin eegen Söhn nich verschont; nä, he hett em för uns all' hengewen! Un denn schull he mit em uns nich ock allns schenken? [33] Wer wull dat wull wagen un de verklagen, de Godd sick utwählt

292

hett? Godd makt ehr gerecht. [34] Wer schull dat wagen un ehr verdammen? Christus is för ehr in den Dod gahn, ja, noch veel mehr: he is wedder upweckt vun de Doden un sitt nu an Godd sin rechde Siet un steit för uns in! [35] Wer kann uns also vun Godd sin Lew trennen? Not oder Dragsal oder Verfolgung oder Hunger oder dat wi niks üm un an hebbt, oder Gefahr oder den Henker sin Biel? [36] Mit dat all' möt wi rek'n; dat steit ja all in de Biwel: „För di mutt dat wesen, dat se uns den gansen Dag dotmakt; se gaht mit uns üm as mit Schaap, de slacht warn schüllt." [37] Awer dat makt niks. Ock dat all' kamt wi öwer, denn de, de uns lew harr, de helpt uns, dat wi hendörchkamt. [38] Gans gewiß, den Glowen lat ick mi nich nehmen: keen Dod un keen Lewen, keen Engels un keen Herrn, nich dat, wat achter un wat vör uns liggt, [39] keen Gewalt in'n Himmel oder up de Eer, öwerhaupt niks in de wiede Welt kann uns un Godd sin Lew ut'n een bringn; denn düsse Lew is uns in unsen Herrn Christus Jesus schenkt.

Dat 9. Kapitel.

[1] Un nu heff ick noch wat up't Hart. Dat is de reine Wohrheit, wat ick nu seggn do. Ji künnt mi dat glöwen, denn ji weet, wodenni ick to Christus stah; un min Geweten, dat de hillige Geist hell makt hett, kann't ock betügen: [2] Ick bün heel truri, un min Hart quält sick dormit Dag un Nacht. [3] Ja, dat geit so wiet, dat ick dorum beden dä: ick wull dat gern up mi nehmen, wenn Godd mi verdammen un Christus mi vun sick stöten wörr, as harr ick dat Verdarwen verdeent. Wenn dat blots min Bröder, de mit mi stammverwandt sünd, to good kamen kunn! [4] Se sünd doch Israeliten, sünd to Godd sin Kinner bestimmt; ehr hört de Herrlikeit to un allns, wat Godd mit ehr affmakt harr, dat Gesetz, dat he ehr gewen hett, de Goddesdeenst un wat he de Vöröllern tosegt hett, ja, se hört to de Vöröllern, un vun ehr stammt Christus aff, wenn wi em as Minsch nehmen dot. Ja, Godd, de de Herr öwer allns is — em si Low un Dank in alle Ewigkeit! Dat is gans gewiß! [6] Awer dormit wull ick nich seggn, dat Godds Word nu nich to sin Recht kümmt. Dörchut nich! Nich all' de, de ut Israel stammt, sünd würkli „Israel". [7] Ock de, de vun Abraham affstammt, sünd nich all' sin „Kinner". Nä, de Biwel seggt: „Blots Isaak sin Kinner schüllt din Nakamen nömt warn." [8] Un dat will seggn: Nich de, de vun Abraham affstammt, sünd Godd sin Kinner. Nä, de Kinner, de Godd em tosegt hett, de ward as sin Nakamen ansehn. [9] Denn mit dat Word: „to de Tied will ick wedderkam, un denn schall

293

Sara en Söhn hebbn," — mit düt Word hett Godd wat to-
löwt. [10] Awer dat gelt nich blots vun ehr. Genau so steit dat
mit Rebekka. Se schull ock Moder warn, un unse Vader
Isaak wär Vader dorto. [11] Awer de Kinner wärn noch gornich
to Welt kamen un harrn also noch niks Goodes un ock niks
Böses dan — [12] do wörr ehr all seggt:

> „De Ollste schall den Jüngsten deenen!"

[13] un an en anner Stell steit:

> „Jakob heff ick lew hatt, awer Esau heff ick haßt".

[11b] Also, so müß dat gahn, denn so harr Godd sick dat vörnahm
un een vun de beiden utwählt. [12a] Dat schull nich gahn na dat,
wat en dan harr. Nä, den Utslag gew de, de dor beropen deit.
[14] Un wat will dat seggn? Künnt wi nu seggn, dat dat bi
Godd ungerecht togeit? Jo nich! [15] To Mose seggt he ja: „Ick
erbarm mi öwer den, bi den ick dat will, un ick heff en Hart
för den, de mi paßt." [16] Also kümmt dat nich dorup an, üm
een wat will oder sick de Been na wat afflöpt, nä, dat kümmt
alleen dorup an, üm Godd sick öwer een erbarmen deit. [17]Godds
Word seggt ja to Pharao:

> „Grad dorum heff ick di to'n König makt. Ick wull an di
> min Macht upwiesen, un so schull min Nam in de ganse Welt
> bekannt warn."

[18] Also, wi seht: Godd erbarmt sick öwer den, bi den he
dat will, un he verstockt den, bi den he dat will.
[19] Awer du seggst veellicht: Wodenni kann Godd denn awer
noch an een wat utsetten? Gegen dat, wat he will, kann sick
doch keen een upsetten!" [20] Awer, öwerlegg mal, Minsch! Büst
du de Mann, de gegen Godd wat anseggn kann? Dörf en
Standbild to den Bildhauer seggn: „Worum hest du mi grad
so makt?" [21] Kann de Pütter nich mit den Lehm maken, wat
he will? Kann he nich ut densülwigen Klump allerhand Pütt
maken, hier en Vas' för de beste Stuw, un dor en Trogg
för de Swien? [22] Un wüllt wi Godd mal nehmen — wat meenst
du dorto? He will wull sin Zorn wiesen un sin Macht künni
maken. Un doch hett he mit veel Langmot bitherto de Min-
schen, de sin Zorn un dat Verdarwen verdeent harrn, noch
dragen. [23] Un dat harr dorin sin Grund: he wull sin ganse
grote Herrlikeit upwiesen an de Minschen, öwer de he sick
erbarmen deit, un de hett he för de Herrlikeit ock all utrüst
[24] un beropen. Un to düsse Lüd hört ock wi. Nich blots ut de
Juden hett he uns beropen, ock ut de Heiden. [25] So hett he
dat ja all bi Hosea seggt:

> „Wat nich min Volk is, dat will ick min Volk nömen,
> un de, de ick nich lew harr, de schall heeten: „ick heff di lew."

26 Ja, an de Städ, wo to ehr feggt is: „Ji fünd nich min Volk" —
dor fchüllt fe den lebennigen Godd fin Kinner nömt warn."

27 Un wat röpt Jefaja öwer Israel ut?

„Un wenn dat ock fo veel Kinner Israel gewen dä as de
Sand an Meer,
dor fchall doch man en lütte Reft vun ehr redd warn;

28 denn de Herr ward kort un bünni mit ehr affrek'n up

29 Un hett Jefaja dat nich ock vörutfeggt? [de Eer!"

„Harr de Herr Zebaoth uns nich en poor Nakamen öwer-
laten,
denn wär uns dat fo gahn as Sodom, un uns harr dat-
fülwige drapen as Gomorrha".

30 Un wat hett dat nu för uns to bedüden?

Heiden, de dat nich üm Gerechdikeit to don wär, de hebbt
Gerechdikeit kregn, un dat is de Gerechdikeit, de ut Glowen
kümmt. 31 Un Israel? Ehr wär dat doch feeker üm Gerechdi-
keit, de dat Gefetz bringn fchull, to don, fe leepen fick rein de
Been dorna aff — awer dat is ehr nich glückt. Se fünd
nich klor worrn mit dat, wat dat Gefetz verlangt. 32 Un
wodenni käm dat? Se wulln dormit klor warn nich ut Glo-
wen, funnern dörch dat, wat fe dän. So ftötten fe fick an en
Steen, an den een to Fall kümmt. 33 Ock dorvun feggt all de
Biwel:

„Kiek! Ick fett in Zion en Steen, an den een fick ftöten kann,
un en Fels, an den een to Fall kümmt.
Awer wer up em vertruut, de ward nich tofchann."

Dat 10. Kapitel.

1 Min lewe Bröder! Min Hart lengt dorna, dat fe redd
ward, un ick bed ock för ehr to Godd. 2 Denn dat mutt ick ehr
laten: ehr is dat irnftli üm Godd to don; awer fe dot dat
mit Unverftand un fünd nich up'n richdigen Weg. 3 Se wüffen
nich, wat dat mit Godd fin Gerechdikeit up fick hett, un fetten
allns doran, dat ehr eegen Gerechdikeit gelt'n fchull, un fo
hebbt fe fick vör Godd fin Gerechdikeit nich bögt. 4 Mit dat
Gefetz is dat nu ut, denn nu hebbt wi Chriftus, un de is uns
dorto gewen, dat de Gerechdikeit nu vör jedeneen dor is,
de glöwen deit.

5 Mofe fchrivt ja öwer de Gerechdikeit, de mit dat Gefetz
tofamenhangt:

„de Minfch, de dat, wat de Gebode verlangt, deit,
de ward dordörch dat Lewen hebbn".

6 Awer de Gerechdikeit, de ut'n Glowen kümmt, feggt fo:

Du dörfst nich in Stilln seggn: „Wer ward na'n Himmel rupstiegen?" — dat will seggn: üm Christus vun dor hendaltohaln, — [7] oder: „Wer ward na de Höll hendalstiegen?" — dat will seggn: üm Christus vun de Doden ruptohaln. — [8] Nä, se seggt gans wat anners:

„Dat Word is gans neeg bi di; dat is in din Mund un in din Hart."

Un dat is dat Word, dat den Glowen verlangt, un dat predigt wi ock.

[9] Ick meen dat so: wenn du mit den Mund bekennen deist, dat Jesus de Herr is, un vun Harten glöwst, dat Godd em vun de Doden upweckt hett, denn warst du redd'. [10] Denn mit dat Hart mutt een glöwen, wenn he de Gerechdikeit kriegn will, un mit den Mund mutt een bekennen, wenn he redd' warn will. [11] Wat seggt de Biwel?

„All' de, de an em glöwen dot, de schüllt nich toschann warn."

[12] Denn hier kümmt dat nich dorup an, üm dat en Jud oder en Heid is — se hebbt ja all' densülwigen Herrn, un de is so riek, dat he all' de wat schenken kann, de em anropen dot; [13] denn:

„Jedereen, de den Herrn sin Nam anropen deit, de schall redd' warn."

[14] Awer wodenni schulln de em anropen, de doch nich an em glöwen dot? Un wodenni schüllt se glöwen, wenn se nich vun em hört hebbt? Un wodenni schüllt se hörn, wenn keen ehr predigen deit? [15] Un wodenni kann een predigen, wenn he nich schickt ward? Dor steit doch in de Biwel dat Word: „Ach, wo leewli sünd doch de ehr Föt, de wat Goodes to meld'n hebbt!"

[16] Awer nich all' hebbt se up dat Evangelium hört. Jesaja seggt:

„Herr, wer hett glöwt an dat, wat wi predigen dot?"

[17] Also, de Glow kümmt ut de Predigt, awer de Predigt kümmt ut Christus sin Word. [18] Un nu frag ick: Hebbt se dat veellicht denn nich hört? Gewiß hebbt se dat; denn:

„Ehr Stimm is öwer de ganse Eer gahn,
un bit an de buterste Kant in de Welt sünd ehr Wörd kamen."

[19] Awer ick frag noch mal: Is Israel veellicht nich dorachterkamen? Ock dat is nich so. Toirst hett Mose all seggt:

„Ick will ju iwersüki maken dörch en Volk, dat keen Volk is; un dörch en Volk, dat keen Verstand hett, will ick ju fünsch maken."

296

20 Un Jesaja seggt dat liek herut:
„Ick bün funn'n worn vun de, de mi nich söken dän,
un ick heff mi de künni makt, de nich na mi fragt hebbt."
21 Awer öwer Israel seggt he:
„Den ganßen Dag reck' ick min Handn ut na en Volk,
dat nich up mi hörn will un gegen mi angeit."

Dat 11. Kapitel.

1 Un nu frag ick: Hett Godd sin Volk vun sick stött? — Jo nich! Ick hör doch ock to Israel. Min Stammvader iß Abraham; ick hör to Benjamin sin Sipp. 2 Nä, Godd hett sin Volk nich vun sick stött, dat he sick erst utwählt harr. Oder weet ji nich, wat de Biwel bi Elia vertellt? He beklag sick bi Godd öwer Israel un sä: 3 „Herr, din Profeten hebbt se dotmakt, din Altars hebbt se dalreten. Nu bün ick alleen öwerblewen, un nu wüllt se mi ant Lewen!" 4 Un wat kreeg he vun Godd förn Bischeed? „Ick heff mi söbn Dusend Mann upwohrt. De sünd vör Baal nich up de Knee fulln."
5 So gifft dat ock hüttodags en lütten Rest, den Godd in sin Gnad utwählt hett. 6 Wenn awer hier nu de Gnad den Utslag gewen deit, den speelt dat keen Rull mehr, wat en Minsch deit. Dat is ja ock gans klor; denn sünst wär de Gnad ja keen Gnad mehr.
7 Awer wat seggt wi nu? Ja, dat, worup Israel sin Kopp sett harr, dat hett Israel doch nich kregn. Blots de, de utwählt sünd, hebbt dat kregn. De Annern awer sünd verstockt worrn. 8 So steit dat ja ock all in de Biwel:

„Godd hett ehr en Geist gewen, de ehr benusseln deit,
Ogen, dat se nich seht, un Ohrn, dat se nich hört, un dat
bit hen to düssen Dag."

9 Un David seggt:

„Ehr Disch schall för ehr to'n Sneer warn un to'n Strick,
dat se to Fall kamt un betalt kriegt, wat se verschuld' hebbt.
10 Ehr Ogen schüllt düster warn, dat se nich sehn künnt; nu
sorg dorför, dat ehr Rügg alltieds krumm holn ward!"

11 Un nu frag ick: Sünd se denn dorum to Fall kamen, wieldat se öwerhaupt nich wedder hochkamen schulln? Nä, jo nich! Dordörch, dat se to Fall kämen, sünd de Heiden redd' worn; denn so wull Godd ehr affgünsti maken. 12 Hett awer de lütte Handvull vun ehr de Welt, un ehr Fallen de Heiden all riek makt, woveel Segen ward dat erst denn wull gewen, wenn se sick erst all' tohop bekehrn dot!
13 Dat segg ick ju. Ji hört ja to de Heidenchristen. Ick bün ja de Heidenapostel. Dorum bün ick glückli, dat ick düssen

297

Deenst heff, [14] denn ick müch doch gern de, de vun Natur to mi hört, warm maken för dat Evangelium un welke reddn. [15] All, dat Godd ehr vun sick stött hett un niks vun ehr weten will — all dat hett dat tostann bröcht, dat de Welt versöhnt is. Wat ward denn awer erst dat tostann bringn, wenn se all' wedder upnahm ward? Denn staht de Doden wedder up. [16] Is dat erste Brod hillig, denn is ock de ganse Deeg hillig, un is de Wuddel hillig, denn sünd ock de Tilgen hillig. [17] Sünd awer vun de Tilgen welke affsagt un du büst vun'n willen Ölboom mang ehr uppropppt un suugst nu ock din Kraft ut de Wuddel un kriggst vun'n Saft, den de echte Ölboom hett — denn speel di nich up gegen de annern Tilgen! [18] Deist du dat awer doch, denn vergitt nich: du driggst nich de Wuddel, nä, de Wuddel driggt di!

[19] Nu seggst du veellicht: Awer de Tilgen wörrn doch affsagt, wieldat ick inpropppt warn schull. [20] Good, dat stimmt wull. Se wörrn affsagt, wieldat se nich glöwen dän; du awer hest din Platz, wieldat du glöwen däst. Awer bild ju dorup jo niks in! Nä, du hest alln Grund, bang to wesen. [21] Denn wenn Godd de Tilgen nich verschonen dä, de vun Natur so wussen sünd, denn wörr he di ock nich verschonen. [22] Dat schallst du bedenken: Godd is beides: fründli un streng. He is streng gegen de, de to Fall kamen sünd, un fründli gegen di, wenn du sülbn fründli bliwst, sünst warst du ock affhaut. [23] Awer ock de annern ward, wenn se nich den Unglowen fastholt, upproppt warn; denn Godd kann ehr wedder uppropppen.

[24] Wenn du all vun den Ölboom, de vun Natur wild wär, affsagt un gegen de Natur up den echten Ölboom upproppt büst, denn ward doch wull noch veel mehr de, de vun Natur to em hört, up ehr eegen Ölböm wedder upproppt warn!

[25] Min lewe Bröder, ick wull ju düt Geheemnis doch nich verswiegen. Denn ick wull nich gern, dat ji ju sülbn för klook holt.

Gewiß, Israel is deelwies verstockt worrn, awer dat hett sin Tied. Wenn erst de Heiden in Hüll un Füll rinkamen sünd, [26] denn ward ock dat ganse Israel redd' warn. Dat seggt all de Biwel:

„Ut Zion ward de kamen, de reddn schall.
De ward vun Jakob de Goddlosigkeit affströpen!
[27] Un dat schall min Bund för ehr wesen,
wenn ick ehr Sünn'n wegnehmen do."

[28] Wenn wi dat Evangelium anseht, denn sünd se Fiendn, un dat käm ju to good, awer wenn wi doran denken dot, dat se utwählt sünd, denn möt wi seggn: Godd hett ehr doch lew, un dat verdankt se de Vöröllern. [29] Denn an Godd sin Gnaden-

gawen un doran, dat he ehr beropen hett, lett sick nu mal nich rüddeln. [30] Mit ju is dat ja ock nich anners west. Fröher wulln ji ock vun Godd niks weten. Nu awer hett he sick doch öwer ju erbarmt, wo se vun Godd niks weten wüllt. [31] Grad so wüllt se nu niks weten vun dat Erbarmen, dat Godd ju schenkt hett, awer dat kümmt so, dat se doch ock noch Erbarmen find. [32] Godd hett ehr all' tosamen mit ehrn Ungehorsam sick fastlopen laten, denn he wull sick öwer ehr all' erbarmen.

[33] Wenn ick düt nu all' bedenken do, denn kümmt mi dat so vör, as wenn ick in en deepen Affgrund kiek; de is so deep, dat keen Minsch weet, wat he all' in sick bargen deit. So geit mi dat mit Godd.

Wo riek is he! He makt ja allns mögli!
Deep is sin Weisheit, deeper as dat Meer!
Wat he sick vörnümmt un tostann bringn deit,
dat is un bliwt en Wunner!
Hölt he Gericht, keen Minsch kümmt hier dorachter,
worum he Straf un Hartleed schickt!
Un wenn he geit sin Weg, keen Minsch kümmt em up de Spoor.
[34] Wat he sick vörnahm harr —
dorachter käm bitherto nüms.
Un gooden Rat — wer hett em den wull gewen?
[35] Gifft ock man een, de em to Hülp is kamen
un nu verlangn kann,
dat he bi em sick ock bedanken schall?
[36] Ach, ut sin Hand kümmt allns,
un dörch sin Hand is allns makt un hett Bestand,
un he is dat, up den allns tostüern deit!
Em hört de Ehr in alle Ewigkeit!
Ja, dat is gans gewiß!

Dat 12. Kapitel.

[1] Un nu will ick ju noch wat ant Hart leggn, min lewe Bröder. Godd sin Barmhardikeit drängt mi dorto. Hört mal to! Ju Liew möt ji för Godd as en lebenniges un hilliges Opfer hengewen, an dat he sin Freud hett. So schüllt ji Godd deenen, wenn dat Sinn un Verstand hebbn schall. [2] Un denn makt dat nich so, as se dat hier in de Welt dot! Nä, ji schüllt annere Minschen warn. Ji schüllt allns mit gans annere Ogen ansehn, dat ji gans genau weet, wat Godd sin Will is, wat würkli good is un em gefalln deit un vullkamen is.

[3] Un nu segg ick ju, wodenni ick dat meenen do, un ick kann un dörf dat ock; denn mi is de Gnad dorto schenkt. Un ick segg dat jedeneen, de to ju hört.

Drägt den Kopp nich to hoch! West vernünfdi un denkt bischeiden öwer ju sülbn! Ji find dat richtige Mat an den

Glowen, den Godd ju schenkt hett. 4 Owerleggt mal! Wi hebbt an een Liew veele Litten. Düsse Litten hebbt awer nich datsülwige to don. 5 Grad so geit dat ock mit uns. Wi sünd veele Litten, awer wi sünd tosamen een Liew in Christus. Wenn wi uns een mit den Annern verglieken dot, denn is jedereen för sick doch man een Litt an düssen Liew. 6 Bun de Gawen, de uns dörch de Gnad schenkt sünd, is jede een wedder anners. 7 De Eene is Profet, sowiet as he Glowen hett; de Annere is en Deener för de Annern, wieldot he düt Amt kregn hett. De Drüdde kann lehrn, so as he dat besunners lernt hett. 8 De Eene vermahnt un tröst, so as em dat liggn deit, de Annere deelt slicht un recht ut, as sick dat hört. En Drüdde hett allns in de Reeg to bringn un deit, wat he jichtens kann, un en Annere hett wedder en weeke Hand un drögt in Stilln männi Tran, un he hett sin ganse Freud doran un lett sick niks verdreeten.

9 De Lew schall nich Komedie speln. Dat Böse schüllt ji hassen. Mi dat Goode schüllt ji dat holn. 10 De Bröderlew schall vun Harten kamen. Jedereen schall dorup utwesen, dat jedeneen de Ehr tokümmt, de em tosteit. 11 Un wenn ju wat uplegggt is, denn schuwt dat nich upt de lange Bank, fat dat forsch un mit Lust an! De Geist mutt ju andriewen, dat ji Füer un Flamm ward. Verget nich, dat ji in den Herrn sin Deenst staht! 12 Freut ju; denn ji hebbt wat to höpen! Lat den Mot nich sacken un den Kopp nich hangn, wenn de Not kümmt! Un holt fast an dat Beden! 13 Hebbt ümmer de Ogen un Handn up, wenn de Hilligen wat nödi hebbt! West gastfrie un sett ju Ehr dorin! 14 Seg'nt de, de ju verfolgen dot, ja seg'nt ehr, un flucht nich! 15 Freut ju mit de, de vergnögt sünd, un weent mit de, de truri sünd! 16 Jedereen schall för den Annern dat Beste int Og hebbn. Sett ju Kopp nich up dat, wat hoch rut will, nä, gewt ju mit dat Ringe un de armen Stackels aff! 17 Nehmt ju in Acht dorvör, dat ji nich klook vör ju sülbn dorstaht! Wenn een ju wat Böses andeit, denn betalt em dat nich mit wat Böses torüg! Seht to, dat dat, wat ji vörhebbt, alle Minschen to good kümmt! 18 Wenn dat jichtens geit, holt mit alle Minschen Freden! Wat ji dorbi don künnt, dat dot! 19 Rächt ju nich sülbn, lewe Bröder! Dorto is Godd sin Zorn dor. Em schüllt ji dat ruhi öwerlaten! Wat seggt de Biwel? „Mi hört de Rach' to. Ick will vergelt'n, seggt de Herr."

20 Ji schüllt dat gans anners maken. Hett din Fiend Hunger, denn giff du em to eten! Hett he Dörst, denn giff du em to drinken! Deist du dat, denn sammelst du glönige Köhl up sin Kopp. 21 Lat di nich vun dat Böse ünnerkriegn! Nä, bring du dat Böse dörch dat Goode ünner de Föt!

300

Dat 13. Kapitel.

[1] Jedereen schall sick de Lüd fögen, de öwer em to seggn un Gewalt hebbt. Dat gifft keen Gewalt, de de Macht nich vun Godd hett, un wo dat en Gewalt in de Welt gifft, dor hett Godd dat so fastsett. [2] Wer sick gegen düsse Gewalt upsett, de sett sick up gegen dat, wat Godd so ord'nt hett. Un de Lüd, de sick upsett, de dröppt dat Gericht. [3] Awer vör de, de de Macht hebbt, brukt de nich bang to wesen, de dat Goode dot. Nä, bang schüllt de wesen, de dat Böse dot.

Wullt du, dat du vör de Gewalt nich bang to wesen brukst, denn do dat Goode! Denn ward se di dat goodschriewen. [4] De, de Gewalt hebbt, dat sünd Godd sin Hülpslüd, un dat kümmt di to good. Deist du awer dat Böse, denn wunner di nich, dat di angst un bang ward. De, de de Gewalt hebbt, de hebbt dat Swert mit gooden Grund in de Hand. [5] Dorum is dat nödi, dat wi uns fögen dot. Ick denk dorbi nich blots an de Straf, de Godd sin Zorn öwer uns bringt, nä, ick denk ock an dat Geweten. [6] Dorum betalt ock de Stüern! Denn de, de ehr indriewen dot, sünd Godd sin Deeners.

[7] Gewt jedeneen, wat ji schülli sünd! Betalt de Stüern an den, de ehr verlangn kann! Betalt den Toll an den, den de Toll tohörn deit! Fögt un bögt ju vör den, de dat vun ju förrern kann! Gewt den de Ehr, den se tokümmt!

[8] Keen een dörft ji wat schülli bliewen! Blots in een Deel schall dat so bliewen: ji schüllt den Annern lew hebbn. Dat schüllt ji em schülli bliewen. Erst de, de den Annern lew hett, de hett dat Gesetz gans erfüllt.

[9] Denn dat Gebod: „Du schallst de Eh' nich breken! — Du schallst keen dotslan! — Du schallst nich stehln! — Du schallst din Og nich up dat smieten, dat di nich tohörn deit!" oder sünst noch en Gebod — se sünd mit een Word all' tosamfat in dat eene Gebod: „Du schallst din Nawer grad so lew hebbn as di sülbn!" [10] De Lew deit den Nawer niks Böses an. Up Lew will dat ganse Gesetz rut.

[11] So makt dat nu! Ji weet ja, in wat förn Tied wi lewt. Dat is hoche Tied, dat wi uns den Slap ut de Ogen wischen dot. De Tied, dat wi redd warn schüllt, is nu all neeger as domals, as wi to'n Glowen kämen. [12] De Nacht geit to Enn, un de Dag steit all vör de Dör. Grad as dat Nachtkleed lat uns dat nu affleggn, wat de Düsternis tostann bringt, un grad as dat Dagkleed lat uns nu anleggn de Waffen, de to dat Licht hört! [13] Lat uns so lewen, as sick dat den Dag öwer hörn deit! Un dat heet: Lat uns anstänni lewen, nich mit Freten un Suupen, ock nich mit Hurenkram uns affgewen un in Suus un Bruus lewen. Wi schüllt uns nich

301

strieden un een den annern dat Witte int Og nich günn'n. 14 Nä, treckt den Herrn Jesus an! Awer för den Liew sorgt blots so veel, dat de böse Lust nich mit ju dörchgeit.

Dat 14. Kapitel.

1 Wer in'n Glowen noch nich fast steit un stark is, üm den schüllt ji ju kümmern un em ünner de Arms griepen. Awer dat hört sick nich, dat ji dat naspört, wat so'n Minsch sick bi dat Eene oder dat Annere denken deit. 2 De Eene glöwt, he dörf allns eten. De Annere, de noch keen fasten Glowen hett, hölt sick blots an Grönkram. 3 Un wenn ji dat spört, denn schall de, de allns eten deit, den, de dat nich deit, nich öwer de Schullern ansehn. Un de, de nich allns eten deit, de schall den, de allns eten deit, dat ock nich vörsmieten. Denn Godd hett em ja annahmen. 4 Büst du denn de Mann, de sick dat rutnehmen un öwer en annern sin Knecht Gericht holn dörf? Nä, dat is gans alleen den sin Herrn Sak, üm he vör em bestahn kann oder to Fall kümmt. Un ick will ju seggn: he kann bestahn, denn de Herr hett dat in de Hand, üm he be- stahn schall oder nich. 5 De Eene leggt mehr Wert up düssen Dag as up den annern. En Annere nümmt jeden Dag, so as he is. Dat is ock eenerlei. De Hauptsak is, dat jedereen up sin Stück steit un weet, wat he deit un schall. 6 Wer dat mit en Dag genau nümmt, de deit dat den Herrn to Lew. Un wer allns eten deit, de deit dat ock den Herrn to Lew; denn he dankt Godd dorför. Un wer nich allns eten deit, de deit dat ock den Herrn to Lew un dankt dorbi Godd. 7 Ja, dat is so: keen een vun uns lewt för sick sülbn, un keen een starwt för sick sülbn. 8 Nä, lewt wi, so dot wi dat för den Herrn, un starwt wi, denn dot wi dat ock för den Herrn. Also wenn wi lewt oder starwt — wi bliewt in den Herrn sin Hand. 9 Dorum is Christus storwn, un dorum is he ock wedder up- stahn: he schall öwer Dode un Lebennige de Herr wesen.

10 Un nu öwerlegg mal! Wat fallt di denn in? Du sittst öwer din Broder to Gericht? Oder wat fallt di in? Du kiekst din Broder öwer de Schullern an? Dat weet wi doch: wi ward alltosam mal vör Godd sin Tron up een un desülwige Bank sitten. 11 De Biwel seggt ja: „So wohr as ick lewen do, seggt de Herr, vör mi schall jedereen sin Knee bögen, un jeder- een schall sick mit sin Mund to mi bekennen." 12 Also: jedereen mutt för sick sülbn instahn.

13 Dorum lat dat doch wesen! Wi wüllt nich een öwer den Annern to Gericht sitten. Nä, lat uns allns dorup affsehn, dat wi so nich den Broder en Fall stellt oder to Fall bringt. 14 Ick weet gans good un bün, wenn ick an den Herrn Jesus

denken do, fast dorvun öwertügt: dat gifft niks, dat so, as dat nu mal is, unrein is. Blots för den, de dat as unrein ansüht, is dat unrein. [15] Wenn du nu wat eten deist un din Broder sick swore Gedanken doröwer maken deit, denn lewst du nich so, as de Lew dat verlangt. Du dörfst dörch din Eten em nich in Not un Verdarwen bringn. Christus is doch för em in den Dod gahn. [16] Lat dat nich so wiet kamen, dat dat Beste, wat ji hebbt, lästert ward. [17] Godd sin Riek hett mit Eten un Drinken gorniks to don, wull awer mit Gerechdikeit un Freden un Freud, de wi dörch den hilligen Geist hebbt. [18] Wer dorin Christus deenen deit, an den hett Godd sin Freud, un den nehmt ock de Minschen irnst. [19] Dorum is uns dat üm den Freden to don un dat wi een den Annern würkli helpt, dat he in'n Glowen vörwarts kümmt. [20] Dat Eten dörf nich doran schuld wesen, dat du Godd sin Wark toschann makst. Allns is rein, awer dat kann gefährli warn, wenn een dorvun eten deit un denn to Fall kümmt. [21] Good is dat, wenn een keen Fleesch eten un keen Wien drinken deit oder wat dat sünst noch gewen mag, dat din Broder to Fall bringn oder int Verdarwen bringn kann.

[22] Hol du din Glowen fast, den du hest, awer do dat still för di, dat Godd blots dorum weet. Selig is de, de sick niks vörtosmieten bruft, wenn he sick dat öwerleggt un pröwt, wat he dan hett. [23] Wenn een awer wat eten deit un doröwer mit sick nich int Reine kümmt, denn is he all verdammt; denn dat kümmt bi em nich ut Glowen. Allns dat awer, wat nich ut Glowen kümmt, dat is Sünn.

Dat 15. Kapitel.

[1] Wi sünd ja nu stark; dorum kamt wi nich dorum herum, nä, dat versteit sick gans vun sülbn: wi schüllt de, de nich de Kraft hebbt, drägen un ehr so nehmen, as se sünd; un wi schüllt nich so lewen, as uns dat gefallt. [2] Jedereen vun uns schall so lewen, dat de Nawer doran sin Freud hett, un dat will seggn: dat he en Segen dorvun hett un dordörch in'n Glowen wiederkümmt. [3] Christus hett doch ock nich so lewt, as em dat gefalln dä, nä, he hett so lewt, as dat in de Biwel steit: „Schimp un Schann, de se di todacht harrn, sünd up mi fulln." [4] Denn wat fröher schrewen is, dat is dorto schrewen worrn, dat wi dorut lehrn schulln; denn wi schulln Geduld bewiesen un dörch Godds Word Trost un so ock Hoffnung hebbn. [5] De Godd awer, de Geduld un Trost schenken kann, de möch ju dat gewen, dat ji ünner enanner up een un datsülwige Stück staht, so as Christus Jesus dat will, [6] un dat ji denn ock as een Mann mit ju Mund unsen Herrn Jesus

Christus sin Godd un Vader löwen dot. 7 Dorum nehmt ju
een den Annern an; so hett Christus sick uns ja ock annahmen
Godd to Ehrn. 8 Ick meen doch: Christus hett sick ünner de
Besniedung bögt, wieldat he upwiesen wull, dat Godd dat
heel irnst mit dat nehmen deit, wat he de Vöröllern toseggt
hett. 9 Dat schull so indrapen. Awer de Heiden schüllt Godd
löwen un em danken för sin Erbarmen. So steit dat ja ock in
de Biwel: „Dorum will ick di bi de Heiden bekennen un din
Nam en Low- un Dankleed singn." 10 Un an en anner Stell
steit: „Freut ju, ji Heiden, tohop mit sin Volk!" Un noch an
en anner Stell steit to lesen: „Löwt den Herrn, alle Heiden,
un alle Völker schüllt em löwen!" 12 Un wat seggt Jesaja?
„Dor schall de kamen, de vun Isai affstammt, un he kümmt
up'n Plan un will de Heiden ehr Herr warn, un up em ward
de Heiden höpen."

13 De Godd, up den unse Höpen steit, müch ju nu in Hüll un
Füll Freud un Freden un Glowen schenken, soveel as he blots
hett! Denn hebbt ji ock Hoffnung in Hüll un Füll dörch den
hilligen Geist sin Kraft.

14 Min lewe Bröder, wenn ick nu an ju denken do, denn
steit dat ock för mi sülbn gans fast: ji hebbt sülbn den gooden
Willn in Hüll un Füll, un ock de klore Insicht fehlt ju in keen
Deel. Ji künnt ju sülbn vermahnen. 15 Awer ick heff in min
Breef hier un dor doch keen Blatt vörn Mund nahmen; denn
mi läg doran, dat bi ju wedder uptofrischen. Un dat dörf un
mutt ick ja don, denn Godd hett mi de Gnad schenkt, 16 dat ick
Christus Jesus sin Preester wesen schall för de Heiden. Un so
will ick ock dat hillige Wark in de Hand nehmen un Godd sin
Evangelium predigen, dat de Heiden för em en Opfergaw
ward, de he gern hett un de dörch den hilligen Geist hillig makt
is. 17 So bün ick denn wull stolz, wenn ick an Godd sin Saken
denken do, awer blots, wieldat Christus Jesus mi dat topart'
hett. 18 Denn dat bring ick nich fardi, dat ick ock man een
Word seggn schull anners as öwer dat, was Christus dörch
mi tostann bröcht hett; ick schall ja de Heiden dörch Word un
Wark, 19 dörch Wunnerkraft un Teeken un dörch den Geist
sin Kraft dorto bringn, dat se uphörn dot. So kunn ick dat
Evangelium vun Christus vun Jerusalem an un wat wiet un
siet dorbi liggt, bit hen na Illyrikum vull un gans utbreeden.
20 Un dorbi heff ick min Ehr dorin söcht, dat ick dat Evangelium
nich dor predigen dä, wo Christus sin Nam all künni makt
wär — ick wull doch nich up'n Grund buun, den anner Lüd
all leggt harrn —, 21 ick heff dat mit dat Biwelword holn:
„De, de niks vun em vertellt wär, schulln em sehn, un de, de
niks vun em hört hebbt, schüllt em verstahn."

²² Dat is ock de Grund dorför, dat ümmer wedder wat in'n Weg käm, wenn ick to ju henkamen wull. ²³ Awer nu is för mi hier wiet un siet niks mehr to don. Blewen is för mi blots noch siet lange Johrn dat Lengen, to ju hentokamen. ²⁴ Un so ward dat ock wull mögli warn, wenn ick na Spanien reisen do. Ick will höpen, dat ick denn up de Reis' bi ju inkieken kann un dat ji denn dorför sorgt, dat ick wiederkam, wenn ick erstmal bi ju, soveel as dat denn in de korte Tied mögli is, mi upfrischt heff.

²⁵ Nu awer reis' ick erstmal na Jerusalem; denn ick heff noch allerhand för de Hilligen to sorgen. ²⁶ Un dat kümmt so: Makedonien un Achaja sünd sick eeni worrn, se wüllt för de Armen, de to de Hilligen in Jerusalem hört, sammeln. ²⁷ So is dat affmakt, un ick mutt seggn: se sünd ehr dat ock schülli. Denn wenn de Heiden geistlichen Segen vun ehr hatt hebbt, denn versteit sick dat vun sülbn, dat se ehr nu ock ünner de Arms griept, wenn se rein minschli wat nödi hebbt. ²⁸ Bün ick also dormit klor un heff ick erstmal den Erdrag seeker stellt, denn kam ick bi ju vör, wenn ick na Spanien reisen do. ²⁹ Un dat weet ick: wenn ick to ju henkam, denn bring ick Christus sin Segen in Hüll un Füll mit.

³⁰ Un nu legg ick ju düt noch ant Hart, un ick berop mi dorbi up unsen Herrn Jesus Christus un den Geist sin Lew: Bed för mi to Godd un sett ju mit mi gans dorför in, ³¹ dat ick redd warr vör de Lüd, de in Judäa niks vun mi weten un nich uphörn wüllt, un bed ock dorüm, dat dat, wat ick för Jerusalem sammelt heff, dor de Hilligen ock Freud makt! ³² Sünst kann ick ja nich mit Freuden to ju henkamen, wenn dat Godd sin Will is, un mi bi ju upfrischen un upmuntern.

³³ Godd awer, de den Freden schenkt, wes' mit ju all! Ja, dat ward gans gewiß ock so wesen.

Dat 16. Kapitel.

¹ Un nu legg ick noch en good Word bi ju in för unse Swester Phöbe; de steit ja bi de Gemeen vun Kenchreä in Deenst. ² Nehmt ehr as Christenminschen so up, as sick dat för de Hilligen hört, un staht ehr bi, wenn se ju bi en Sak brukt! Se hett all veele Lüd to Siet stahn, un nich toletz ock mi.

³ Gröt ock Priska un Aquila, de mi ja tru bistaht in den Deenst för Christus Jesus! ⁴ Se hebbt ja för min Lewen allns insett, un wenn se den Hals ünner dat Biel harrn leggn schullt, un dat heff nich blots ick ehr to danken, nä, dorför sünd all' de Heidengemeenden ehr Dank schülli.

⁵ Un denn gröt ock ehr ganse Husgemeen!

Gröt ock min lewen Epänetus! He is ja de erste, den ick in Asien för Christus wunn'n heff.

6 Gröt ock Maria! Se hett sick üm ju veel Möhgd makt.

7 Gröt ock Andronikus un Junius! Dat sünd ja min Landslüd, de mit mi in dat Lock seten hebbt. Se staht ock heel good anschrewen bi de Apostels un sünd ja all vör mi Christen worrn.

8 Gröt ock Ampliatus, vun den ick as Minsch un Christ veel holn do!

9 Gröt ock Urbanus, de unse true christliche Hülpsmann is, un Stachys, vun den ick ock veel holn do!

10 Gröt ock Apelles, de as Christ sin Mann steit!

Gröt ock de Lüd, de to Aristobul sin Hus hört!

11 Gröt ock Herodion, wat min Landsmann is!

Gröt ock de Christen ut Narkissus sin Hus!

12 Gröt ock Tryphäna un Tryphosa, de för den Herrn veel dot!

Gröt ock le lewe Persis! Se hett sick ock för den Herrn suer dahn.

13 Gröt ock Rufus, wat ock en utwählte Christ is, un sin Moder, de ock to mi grad as en Moder steit!

14 Gröt ock Asynkritus, Phlegon, Hermes, Patrobas, Hermas un all de Bröder, de bi ehr sünd!

15 Gröt ock Philologus un Julia, Nereus un sin Swester, Olympas un all' de Hilligen, de sünst noch bi ehr sünd.

16 Gröt een den annern mit den hilligen Broderkuß!

All' de christlichen Gemeenden laten ju ock gröten.

Un nu legg ick ju noch wat ant Hart, lewe Bröder.

17 Nehmt ju in Acht vör de Lüd, de ju ut'neen bringn wüllt un de gegen de Lehr, de ji kregn hebbt, Larm makt! Gaht ehr ut'n Weg! 18 Denn so'n Lüd deent unsen Herrn Christus nich. De sorgt blots för ehrn Buuk, un se makt de Wörd dorna to maken, wenn se reden dot. Se dot so söt un fein un verdreit so de Lüd den Kopp, de sick niks Böses moden sünd. 19 Denn dat ji uphörn dän, dat weet alle Lüd. Un dorum freu ick mi öwer ju. Nu müch ick blots noch, dat ji vörsichti un vernünfti sünd, wenn sick dat üm dat Goode handelt, un dat ji ju nich mit dat Böse inlaten dot.

20 Godd, de den Freden gifft, ward den Satan all ünner ju Föt bringn, dat dat mit em ut is; un dat duert nich mehr lang. Unsen Herrn Jesus sin Gnad wes' mit ju!

21 Min Hülpsmann Timotheus lett gröten, ock Lukius un Jason un Sosipater, wat all' min Landslüd sünd. 22 Ick, Tertius, de Christus ock lew hett, lat ju ock gröten. Ick heff düssen Breef schrewen. 23 Un Gajus lett ju gröten. He hett mi ja so fründli bi sick upnahmen, un sin Hus steit för de ganse

Gemeen apen. Un denn lett ju noch Eraſtus gröten, de de Stadtkaſſ' ünner ſick hett, un ock Broder Quartus.

25 Godd awer kann ju ſtark maken. Dorför börgt min Evangelium un de Predigt vun Jeſus Chriſtus. Denn dat is niks Anneres as dat Geheemnis, dat in ewige Tieden gans ſtill verborgen blew, 26 nu awer dörch de Profeten ehr Böker künni makt is. So is dat Godd ſin Will weſt. Un dat is nu bi alle Völker künni makt, dat ſe all' up den Glowen hörn ſchüllt. 27 Dorum hört Godd, de alleen Weisheit hett, de Ehr to in alle Ewigkeit, un dat allns dörch Jeſus Chriſtus! Dat is gans gewiß!

Paulus sin 1. Breef an de Christen in Korinth.

Dat 1. Kapitel.

[1] Paulus,
as Jesus Christus sin Apostel dörch Godd sin Willn beropen,
un Broder Sosthenes
[2] an
Godd sin Gemeen
in Korinth,
dat heet an Lüd, de as Hillige beropen sünd
un as Christen ock hillig worn sünd,
un öwerhaupt ock an all' de,
de to unsen Herrn Jesus Christus beden dot,
mögt se nu wahnen, wo se wüllt, hier oder dor.

*

[3] Gnad wünscht wi ju un Freden vun Godd, unsen Vader, un den Herrn Jesus Christus. [4] Dankbor bün ick Godd alltieds, wenn ick blots an ju denken do. Ju is ja Godd sin Gnad schenkt worn in Christus Jesus. [5] So sünd ji dordörch, dat ji em hebbt, rieke Lüd worn, un ju fehlt dat an niks. Ick denk dorbi an jede Art un Wies', to reden un ock to verstahn. [6] Kann ja ock gornich anners wesen; denn dat Tügnis vun Christus hett bi ju deepe Wuddeln slan. [7] Dorum sünd ji in keen eenzige Gnadengaw to kort kamen, un ji künnt getrost töwen, bit dat unse Herr Jesus Christus sick wiesen deit. [8] He ward ju ock fast maken, un dat ward dörchstahn bit an dat Enn, dat an ju denn ock an unsen Herrn Jesus Christus sin Dag niks uttosetten is. [9] Godd is tru, un de hett ju ja dorto beropen, dat ji mit sin Söhn Jesus Christus verbunn'n sünd un Andeel an em hebbt.

[10] Bröder, ick vermahn ju bi unsen Herrn Jesus Christus sin Nam: Staht all' tohop up een Stück! Sorgt dorför, dat se bi ju nich uneenig ward! Staht fast tohop und holt fast tosam in dat, wat ji föhlt un wüllt, un in dat, wat ji ju denn vörnehmen dot. [11] Ick heff dörch Chloë ehr Lüd to weten kregn, lewe Bröder, dat keen Verdrag ünner ju is. [12] Ick will't noch dütlicher seggn. De eene vun ju seggt: „Ick hol dat mit Paulus," de annere seggt: „Ick hol dat mit Apollos," de drüdde seggt: „Ick hol dat mit Kephas" un de veerde seggt: „Ick hol dat mit Christus". [13] Is Christus denn updeelt? Is Paulus denn för ju ant Krüz slan, oder sünd ji up Paulus sin Nam döfft? [14] Ick bün dankbor dorför, dat ick sünst keen een vun ju döfft

308

heff as blots Krispus un Gajus. [15] Denn kann doch wenigstens nüms seggn, dat ji up min Nam dööfft sünd. [16] Richdi; en poor heff ick doch noch mehr dööfft: Stephanas sin Familie. Dat is't denn awer ock all'; sünst wüß ick würkli nich, wen ick noch kunn dööfft hebbn. Dat versteit sick ja ock vun sülbn; [17] denn Christus hett mi nich utschickt, dat ick döpen schull. Nä, dat Evangelium schall ick predigen, un dat dörf ick nich don mit klooke Gedanken un veel schöne Wörd. Nä. Sünst wörr vun Christus sin Krüz de Hauptsak un dat Hartstück fehln.

[18] De Predigt vunt Krüz is för de, de verlorn gaht, Narrnkram. Awer för uns, de sick reddn lat, is se en Goddeskraft. [19] Dat steit doch in de Biwel:

„Toschann will ick maken de Klooken ehr Klookheit, un den Verstand vun de vernünfdige Lüd will ick mör maken."

[20] Wonem sünd denn de klooken Lüd? Wonem sünd de Schriftgelehrten? Wonem sünd denn de Prachers, de ümmer dat groote Word hebbt in düsse Welt? Hett Godd de Weltklookheit nich to'n Narrnkram makt? [21] Denn wo Godd sin Weisheit wiesen dä, dor hett de Welt mit ehr Weisheit Godd nich rukennt. Dorum is dat nu mal Godd sin Will west, dörch en Predigt, de as Narrnkram gelt', de to reddn, de glöwen dot. [22] Dorum: lat de Juden Wunner verlangn un de Griechen sick na Weisheit ümsehn — [23] wi predigt nifs anners as Christus, den se ant Krüz slan hebbt. Wull stöt sick de Juden doran, un de Heiden seht dat as Narrnkram an; [24] awer all de, de beropen sünd — mögt dat Juden oder Griechen wesen — wi predigt ehr Christus as Godd sin Kraft un Godd sin Weisheit. [25] Denn mögt de Minschen dat, wat Godd deit, för Narrnkram holn — Godd is doch klöker as se. Un mögt de Minschen dat, wat Godd deit, as kraftlos ansehn, Godd is doch starker as se.

[26] Paßt mal up! Wodenni güng dat denn to, as ji beropen wörrn? Wenn wi dat rein minschli ansehn wüllt, denn möt wi doch seggn: dor wärn doch nich veel Klooke mang ju, ock nich Veele, de wat vörstelln un wat to bedüden harrn, un ock nich Veele, de ut'n vörnehme Familie stammt. [27] Awer grad dat, wat de Welt as Narrnkram ansüht, dat hett Godd sick utwählt, üm de Klooken verlegn to maken, un dat, wat de Welt för kraftlos hölt, dat hett Godd sick utwählt, üm dat Starke in Verlegenheit to bringn, [28] un dat, wat de Welt nich up de Rek'n hett un verachten deit, dat hett Godd sick utsöcht, ja sogor dat, wat in de Welt ehr Ogen gorniks is, üm dat, wat gelt'n deit, toschann to maken. [29] Denn keen Minsch schall sick vör Godd upspeeln. [30] Em hebbt ji dat alleen to verdanken, dat ji Christen sünd; denn Christus is uns vun Godd as Weisheit schenkt, as Gerechdikeit, as Hilligung un Erlösung. [31] Un

so is ock indrapen, wat in de Biwel steit: „Wer up wat stolz wesen will, de mag up den Herrn stolz sin!"

Dat 2. Kapitel.

[1] So käm ick denn ock, Bröder, as ick domals to ju käm, nich so, dat ick veel schöne Wörd maken un klooke Gedanken bringn dä, nä, ick heff slicht un recht seggt, wat ick vun Godd betügen schull. [2] Denn dat harr ick mi vun vörnherin fast vörnahmen: ick wull ji ju vun niks anners wat seggn as vun Jesus Christus un ock vun em niks anners weten, as wat mit sin Krüz tosamhangt. [3] Ach, un ick harr dat gornich good, un mi wär angst un bang, as ick bi ju wär. [4] Un min Red un Predigt harr niks an sick vun Wörd, de dörch Weisheit Indruck maken wüllt — gornich. Awer Geist un Kraft steeken dorachter, dat hebbt ji spört, [5] denn ju Glow schull doch sin Grund nich hebbn in Weisheit vun Minschen, nä: in Godd sin Kraft.

[6] Vun Weisheit künnt wi ock wull reden, un wi dot dat ock, awer dat makt wi blots, wenn wi Lüd vör uns hebbt, de vullkamen sünd, de in'n Glowen all fast staht. Awer dat is keen Weisheit, de ut de Welt stammt oder de vun de Lüd stammt, de wull in düsse Welt wat to seggn hebbt, awer doch mit ünnergaht. [7] Nä, wenn wi vun Weisheit spreken dot, denn is dat Godd sin Weisheit. Un ock de bliwt en Geheemnis un bliwt ock verborgn. All vun Ewigkeit her hett Godd ehr vörherbestimmt, üm uns to verherrlichen. [8] Dor is noch keen vun de Böwersten in düsse Welt achterkamen — sünst harrn se den Herrn, de so herrli is, nich ant Krüz slan.

[9] Nä, vun düsse Weisheit seggt de Biwel:

> „Wat keen Og sehn hett un keen Ohr hört hett
> un keen Minsch in'n Sinn kamen is,
> wat Godd för de parat hölt, de em lew hebbt."

[10] Uns hett Godd dat künni makt dörch den Geist. De Geist spört ja allns up, ja he lücht' sogor deep in Godd sin Hart un dat, wat he is, rin. [11] Denn wat förn Minsch weet, wat in den Minschen is? Dat weet doch blots de Geist, de in düssen Minschen wahnen deit. So kennt ock dat, wat in Godd is, blots Godd sin Geist. [12] Wi awer hebbt nu nich de Welt ehrn Geist, nä, den Geist, de ut Godd stammt, denn wi schulln dat kennen lehrn, wat uns vun Godd ut Gnaden schenkt is. [13] Un dorvun sprekt wi nu ock, awer nich in Wörd, de wi dörch minschliche Weisheit lehrt hebbt, nä, mit Wörd, de de Geist uns lehrt hett. So leggt wi dat, wat vun den Geist stammt, in en Spraak, de ock de Geist schafft, ut. [14] De Minsch vun Natur nümmt allerdings dat nich an, wat ut Godd sin Geist stammt;

310

denn in sin Ogen is dat Narrnkram, un he kann dat ock nich faten. So wat kann blots in geistliche Art un Wies' richdi verstahn warn. [15] De Geistminsch awer, de hett dat Tüg dorto un hett de richdige Insicht dorvun, ward sülbn awer vun keen een richdi inschätt un verstahn. [16] Denn, wokeen is wull achter den Herrn sin Sinn kamen, dat he em noch belehrn kunn? Wi awer hebbt Christus sin Sinn.

Dat 3. Kapitel.

[1] Ock ick, lewe Bröder, kunn gans unmögli to ju reden as to Geistminschen; nä, blots as to gans gewöhnliche Minschen vun Fleesch un Bloot, ja, as to lütte Kinner, de erst eben Christen worrn sünd. [2] Melk kunn ick ju blots to drinken gewen, awer noch keen faste Kost. De kunn'n ji noch nich verdrägen.

De künnt ji ock noch nich verdrägen; [3] denn ji sünd noch ümmer gans gewöhnliche Minschen vun Fleesch un Bloot. Dat gifft bi ju ja noch ümmer Iwersük un Striet. Is dat nich Bewies genog dorför, dat ji noch Minschen sünd vun Fleesch un Bloot un grad so lewt as all' de annern Minschen ock?

[4] Wenn dor Een seggn deit: „Ick hol mi an Paulus", un en Annere: „Ick hol mi an Apollos" — makt ji dat denn nich grad so as de annern Minschen? [5] Wat is denn Apollos? Wat is denn Paulus? Se sünd blots Deeners, dörch de ji to'n Glowen kamen sünd — wieder niks. Un jedereen makt dat so, as de Herr em dat gewen hett: [6] ick heff plant, un Apollos hett begaten, awer Godd hett wassen laten. [7] Dorum is de niks, de dor plant hett, ock de is niks, de dor begaten hett, nä, blots Godd alleen is wat, de dat hett wassen laten. [8] De dor plant hett un de dor begaten hett — de dot beide desülwige Arbeid, un jedereen kriggt för sick betalt na de Arbeid, de he makt hett. [9] Denn wi sünd Godd sin Hülpslüd, wi arbeid mit em tohop. Ji sünd Godd sin Ackerland, ja ock Godd sin Buu.

[10] Na Godd sin Gnad, de he mi schenkt hett, heff ick as en vernünfdige Buumeister den Grund leggt, un en Annere hett dorup wiederbuut. Awer jedereen mag tosehn, wodenni he wiederbuut. [11] Soveel steit fast: en annern Grund kann nüms leggn. Den heff ick all leggt, un dat is Jesus Christus. [12] Wat anneres is dat all, üm een up düssen Grund nu Gold, Sülwer, Edelsteen, Holt, Heu oder Stroh upbuun deit — [13] dat ward sick bald wiesen, wat jedeneen sin Arbeid wert is. De „Dag" ward dat klormaken; denn de meld sick an mit Füer. Un wat jedeneen sin Arbeid dögen deit, dat ward sick grad dörch düt

Füer wiesen. ¹⁴Bliwt de Arbeid, de jedereen dan hett, stahn,
denn kriggt he betalt. ¹⁵Brennt sin Arbeid dal, denn kriggt
he niks. Blots he sülbn kümmt noch mit knappe Not dorvun,
grad as wenn een eben noch nakelt ut dat Hus kümmt, dat
all lichderloh brennt.

¹⁶Weet ji gornich, dat ji Godd sin Tempel sünd un dat Godd
sin Geist in ju wahnen deit? ¹⁷Wer Godd sin Tempel toschann
makt, den makt Godd ock toschann. Denn Godd sin Tempel
is hillig, un dat sünd ji.

¹⁸Makt ju doch jo niks vör! Wer ünner ju wat dorup gifft,
dat se em för klook holt, de mutt in düsse Welt dumm warn.
Blots so ward he richdi klook. ¹⁹Denn düsse Welt ehr Klook-
heit is Dummheit in Godd sin Ogen. Steit dat doch in de
Biwel: „De Klooken kriggt he fat, wenn se wunner meent,
wat se makt." ²⁰Un noch wat steit dor: „De Herr kennt de Kloo-
ken ehr Gedanken gans genau. He weet, dat mit ehr gorniks los
is." ²¹Dorum schall nüms mit Minschen grotprahln. Allns
hört ju to: ²²Paulus, Apollos, Kephas, de Welt, dat Lewen,
de Dod, wat nu is un wat noch kamen schall — allns hört ju to.
²³Ji sülbn awer hört Christus to, un Christus hört Godd to.

Dat 4. Kapitel.

¹So schall man uns ansehn as Christus sin Deeners un as
Verwalters öwer Godd sin Geheemnisse. ²Denn awer kann man
vun ehr, wieldat se blots Verwalters sünd, ock niks mehr ver-
langen, as dat se sick as tru bewiest. ³Mi för min Person makt
dat niks ut, dat ick vun ju oder vun'n minschlichen Gerichtsdag
affordeelt warr. Ja, ick verordeel mi nich mal sülbn; denn
min Geweten is rein. ⁴Allerdings wull ick dormit nich seggn,
dat man mi öwerhaupt niks anhebbn kann. De Herr is dat,
de mi affordeelt. ⁵Awer grad dorum speelt ju nich vör de
Tied as Richders up. Töwt ruhi so lang, bit dat de Herr
kümmt. He ward ock dat ant Licht bringn, wat sick noch ünner
de Düsternis versteken deit; he bringt ock dat an'n Dag, wat
een gans in Stilln vörhett. Un denn kriggt jedereen vun Godd
dat Low, dat em tokümmt.

⁶Bi düt heff ick, Bröder, nu erstmal blots an mi un Apollos
dacht. Denn ick will ju helpen. Ji schulln vun uns lehrn, nich
wieder to gahn, as de Biwel dat will, dat ji ju nich up den
eenen noch mehr as up den annern wat to good dot. ⁷Wer
treckt di denn vör? Un hest du wat uptowiesen — hest du dat
nich ock schenkt kregn? Worum speelst du di denn awer up,
as wenn't nich so wär? ⁸Ji sünd all satt worrn, all riek worrn.
Ji sünd all lütte Könige, ohn dat wi wat dorto dan hebbt.
Ach, wenn ji't doch würkli all wärn, denn kunn'n wi ja mit

312

ju tohop regeern! [9] Een kunn ja meist denken, dat Godd uns, de Apostels, all gans up de letzte Bank sett harr, as harrn wi den Dod verdeent. Denn dat is würkli so: to'n Spitakel sünd wi worrn vör de Welt — vör Engels un Minschen. [10] Wi sünd Narrn ut Lew to Christus, ji awer de Klooken un Vernünfdigen as Christen. Wi sünd swake Lüd, ji awer de starken. Ju hebbt se up de Rek'n, vun uns wüllt se niks weten. [11] Bit to düsse Stünn möt wi hungern un dörsten, hebbt niks antotrecken, möt uns allns gefalln laten, hebbt keen Hus worrn Kopp [12] un möt uns sülbn dat Brod verdeenen. Dot se uns Schimp un Schann an, denn seg'nt wi ehr, verfolgt se uns, denn holt wi still. Makt se leegen Snack öwer uns, denn tröst' wi ehr noch. [13] As dat, wat man in de Welt up'n Mistpahl smieten deit, so sünd wi bitherto blots de grötste Unrat vun ehr all' west.

[14] Ick wull ju nich verlegen maken, wenn ick düt schriew; nä, dorum, wieldat ji min lewe Kinner sünd, wull ick ju den rechden Weg wiesen; [15] denn ji künnt as Christen teindusend Schoolmeisters hebbn, awer veele Vaders hebbt ji nich. Ick bün doch in Christus Jesus dörch dat Evangelium ju Vader worrn. [16] Dorum vermahn ick ju: „Makt dat so as ick!"

[17] Dorum heff ick ja grad Timotheus to ju henschickt. De is min lewes un trues Kind, wi hört ja beide den Herrn to. Un he schall ju up de Vörschriften wedder henwiesen, de sick för Christenminschen hört, so as ick ehr öwerall in jede Gemeen lehrn do. [18] Eenige Lüd hebbt sick upspeelt; se hebbt sach dacht, ick wörr nich to ju henkamen. [19] Awer wenn de Herr dat will, denn kam ick bald to ju hen, un denn frag ick nich lang, wat düsse Dickdoer seggt, nä, denn will ick weten, wat se utrichden dot. [20] Denn Godd sin Riek sett sick nich dörch mit Snackerie, sunnern mit Kraft. [21] Wat wüllt ji nu? Schall ick mit'n Stock to ju henkamen oder mit Lew un sachtmödig un sinni?

Dat 5. Kapitel.

[1] Allgemeen ward dorvun snackt, dat bi ju Hurenkram drewen ward; un dat Slimmste is: dor schall wat vörkamen, wat nich mal bi de Heiden passeert. Dor lewt een mit sin Steefmoder tohop! Is dat nich en Sünn un Schann? [2] Un dorbi speelt ji ju noch up? Mi dünkt, dat wörr sick beter för ju passen, truri den Kopp hangn to laten un dorför to sorgn, dat de, de sick düt to schulden kamen lett, vör de Dör sett ward. [3] Ick för min Person wenigstens bün — wenn ick persönli ock nich dor bün, awer in'n Geist bün ick doch bi ju — ick bün, grad as wenn ick mit dorbi wär, mi all gans klor doröwer, wat mit so'n Slüngel makt warn mutt. [4] Dat is min Meenung:

313

Wi kamt — ju un min Geist — tohop un ropt unsen Herrn Jesus sin Nam an, un unsen Herrn Jesus sin Kraft kümmt uns to Hülp, [5] un denn öwergewt wi düssen Minschen den Satan, dat he körperli to Schaden kümmt, dorför sin Geist awer noch redd' ward an den Herrn sin Dag.

[6] Dat Prahln steit ju nich good an. Ji weet doch gans good, en lütt beten Suerdeeg langt all dorto, dat de ganse Deeg dorvun suer ward. [7] Fegt den ollen Suerdeeg ut, un denn seht to, dat ji en nie Deeg ward. Ji sünd doch frie vun Suerdeeg. Unse Osterlamm is doch all slacht. Dat is doch Christus. [8] Dorum lat uns doch nich fiern mit ollen Suerdeeg, ock nich mit Suerdeeg, de Slechdikeit un Böses in sick bargen deit, nä, mit Sötbrod, dat heet: in Reinheit un Wohrheit.

[9] In den letzten Breef harr ick ju vermahnt, ji schulln ju nich affgewen mit Hurers. [10] Dorbi wär natürli nich dat min Meenung, dat ji ju nich inlaten schulln mit de Hurers in de Welt öwerhaupt oder mit de Halsaffsnieders un Röwers oder Götzendeeners. Sünst müssen ji ja öwerhaupt gans ut de Welt rutgahn. [11] Nä, dat wär min Affsehn, ji schulln ju nich affgewen mit een, de sick as Broder utgewen deit un dorbi en Hurer oder Halsaffsnieder oder Götzendeener oder Ehraffsnieder oder Drinker oder Röwer is. Mit so'n Kirl schüllt ji nich mal an een Disch sitten. [12] Wodenni schull ick wull dorto kamen, de to richden, de butenvör staht? Ji richt' ja ock blots de, de to de Gemeen hört. [13] De, de butenvör staht, ward Godd richden. Smiet den leegen Kirl rut!

Dat 6. Kapitel.

[1] Schull sick wull een vun ju, wenn he mit en annern wat hett, ünnerstahn, sin Sak bi de Ungerechden vör't Gericht to bringn un nich bi de Hilligen? [2] Oder weet ji nich, dat de Hilligen öwer de Welt Gericht holn ward? Wenn awer öwer de Welt vun ju dat Gericht holn ward, denn schulln ji nich de richdige Lüd wesen, üm dat letzte Word to seggn öwer Saken, de dat Snacken knapp wert sünd? [3] Weet ji, dat wi öwer de Engels Gericht holn ward? Un denn schulln wi nich mal en Word mittospreken hebbn, wenn sick dat üm Saken handelt, de blots to dat dägliche Lewen hörn dot? [4] Wenn also so'n Saken vörliggn dot, de dat dägliche Lewen hörn dot, sett ji denn so'n Lüd as Richder in, de in de Gemeen nich good anschrewen sünd? [5] Ick mutt dat to ju Schann seggn. Ji schulln ju wat schamen. Is dat würkli so? Is dor mang ju würkli keen eenzige vernünfdige Mann to find'n, de en Strietsak twischen twee Bröder ut de Welt bringn kann? [6] Un so stried

314

sick en Broder mit en annern rum, un dat vör'n Gericht bun Lüd, de keen Glowen hebbt? 7 Dat is all en Schann för ju, dat ji mitenanner öwerhaupt vör Gericht gahn dot. Worum lied ji nich lewer Unrecht? Worum lat ji ju nich lewer ut-plünnern? Awer nä, dat fallt ju nich in. 8 Ji dot lewer Un-recht un plünnert lewer, un dat gegen Bröder. 9 Weet ji denn würkli nich, dat Ungerechde an Godd sin Riek nümmer Undeel kriegt? Makt ju doch blots niks vör! Hurers un Götzen-deeners un Ehebrekers, Lüd, de an lütte Kinner sick vergaht oder mit Jungns wat för hebbt, 10 un Spitzbowen un Hals-affsnieders, Suupbütten, Ehrassnieders un Röwers — de all' ward an Godd sin Riek keen Undeel kriegn. 11 Un so'n Lüd sünd welke bun ju west. Awer nu hebbt ji ju rein waschen, hilligen un gerechd maken laten dörch unsen Herrn Jesus Christus sin Nam un dörch unsen Godd sin Geist.

12 „Allns steit mi frie!" — so seggt wull een; gewiß; awer nich allns is mi todrägli. „Allns steit mi frie!" — gewiß; awer ick dörf nich en Slaw bun en Sak warn. 13 „Eten un Drinken för'n Magen, un de Mag' för't Eten un Drinken." Seeker is't so. Awer Godd ward beides mal to Grunn richten. De Liew is nich dor för de Hurerie, sunnern för den Herrn, un de Herr is dor för den Liew. 14 Un Godd hett den Herrn upweckt bun de Doden, so ward he ock uns upwecken dörch sin Macht. 15 Weet ji nich, dat ju Liewer Litten an Christus sünd? Un denn schull ick Christus sin Litten to Hurenwiewer-Litten maken? Nä, wohrrafdi nich! Man jo nich! 16 Oder weet ji nich, dat een, de sick mit en Hurenwiew inlaten deit, een Liew mit ehr ward? Dat steit doch in de Biwel: „De Beiden ward een Liew warn!" 17 Wer sick awer den Herrn gans hengifft, de is een Geist mit em. 18 Wohrt ju weg vör de Hurerie! Jede Sünn, de en Minsch sünst deit, bliwt buten bun den Liew. Blots, wer Hurenkram vörhett, de versünnigt sick gegen sin eegen Liew. 19 Oder weet ji nich, dat ju Liew en Tempel is för den hilligen Geist, de in ju wahnen deit? Un den hebbt ji bun Godd, un ji künnt nich don, wat ji wüllt. 20 Ji sünd för düres Geld losköfft. Dorum gewt Godd de Ehr mit ju Liew.

Dat 7. Kapitel.

1 Un nu kam ick up dat to spreken, wat ji schrewen hebbt. Doröwer denk ick so:

För den Mann is dat seeker dat Beste, wenn he sick öwer-haupt mit keen Fru affgifft. 2 Awer de Hurerie is nu mal in de Welt, un de kann em ümmer gefährli warn. Dorum schall jede Mann sin Fru hebbn un jede Fru ehrn Mann. 3 De Mann schall sin Fru dat gewen, wat se bun em verlangn

315

kann, un ebenso schall de Fru dat mit ehrn Mann holn. 4 Se kann nich mehr mit ehrn Liew maken, wat se will. Nä, doröwer hett de Mann to seggn. Grad so kann ock de Mann mit sin Liew nich mehr maken, wat he will. Doröwer hett sin Fru to seggn. 5 Holt ju nich een vun'n annern torüg! Dat schull denn wesen, wenn ji ju dorum eeni ward, un denn up'n Tiedlang, dat ji gans frie wesen un beden künnt. Awer denn kamt wedder tohop! Sünst kunn ju de Satan to Fall bringn, wenn ji so dorup loslewt. 6 Düt segg ick awer blots, wieldat ick minschli mit ju föhln do. Dat is en goode Rat, den ick ju gew. Keen Vörschrift mak ick ju dormit. 7 Am lewsten müch ick natürli, dat alle Minschen so wärn as ick; awer jedereen hett sin eegen Gaw vun Godd kreegn, de eene so un de anner so.

8 De Lüd nu, de nich verheirat sünd, un de Wetfruen segg ick: dat Beste för ehr is, wenn se grad so ledi bliewt as ick. 9 Künnt se sick awer nich holn, denn schüllt se heiraten. Heiraten is beter, as wenn een sick för Lust nich bargn kann.

10 De Lüd, de verheirat' sünd, gew ick den Befehl — nä, ick do dat nich, dat deit de Herr sülbn — en Fru schall nich vun ehrn Mann gahn. 11 Un deit se dat doch, denn schall se nich wedder heiraten, oder se schall sick mit ehrn Mann wedder verdrägen. Un ock de Mann schall sin Fru nich gahn laten.

12 All' de Annern segg ick nu un nich de Herr: Wenn en Broder en Fru hett, de nich glöwen deit, un düsse Fru doch mit em wieder tohop lewen will, denn schall he ehr nich gahn laten. 13 Un hett en Fru en Mann, de nich glöwen deit, un düsse Mann will doch wieder mit ehr tohop lewen, denn schall se em ock nich gahn laten. 14 Denn de Mann, de nich glöwen deit, is hillig makt dörch sin Fru, un de Fru, de nich glöwen deit, is hillig makt dörch den Broder. Sünst wärn ja ju Kinner unrein. Awer dat sünd se doch nich. Nä, se sünd hillig.

15 Will awer de, de nich glöwen deit, sick scheeden, good, denn lat em dat don. Liggt de Sak so, denn is düsse Broder oder düsse Swester nich mehr an den annern oder an de annere bunn'n. Nä, de Sak liggt so: to'n Freden hett Godd ju beropen. 16 Ick denk an de Fru. Du kannst doch as sin Fru nich weten, üm du din Mann reddn warst. Oder, ick denk an den Mann. Du kannst doch ock nich weten, üm du din Fru reddn warst. 17 Awer dat kann jedereen don: jedereen schall so lewen, as de Herr em dat topart' un as Godd em beropen hett. Un so sett ick dat för alle Gemeenden fast.

18 Wär een all besneden, as he beropen wörr, denn schall dat dorbi bliewen. Wär een noch nich besneden, as he beropen wörr, denn schall he sick nich noch besnieden laten. 19 Dat kümmt nich dorup an, üm een besneden is oder nich; nä, dat kümmt

316

dorup an, dat een Godd sin Gebode holn deit. 20 Jedereen schall so bliewen, as he beropen is. 21 Büst du as Slaw beropen, good, denn lat di dat nich leed don. Awer kannst du frie warrn, denn nümm de Gelegenheit dorto wohr. 22 De Slaw, de as Christ beropen is, de is all frielaten; denn he hört ja den Herrn to. Grad so is de, de as frie Mann beropen is, Christus sin Slaw. 23 Godd hett sick dat üm ju veel kosten laten! Dorum ward nich de Minschen ehr Slawen! 24 Lewe Bröder, jedereen schall vör Godd so bliewen, as he beropen is.

25 Ower de Jungfruen heff ick keen Befehl vun den Herrn. Hier segg ick blots, wat ick doröwer denken to. Awer ick dörf dat ock; denn de Herr hett sick öwer mi erbarmt, un so hett he dorför sorgt, dat ji ju up mi verlaten künnt. 26 Un düt is nu min Meenung:

Wenn ick an düsse Tied denken do, de soveel Not bringt, denn mutt ick seggn: dat is good so, wenn een ledi bliwt; dat is good so för jeden Minschen. 27 Allerdings, is een an en Fru bunn'n, denn schall he nich dorup utwesen, sick to lösen. Is een vun sin Fru aff, denn schall he sick keen anner Fru söken. 28 Awer wenn du heiraten deist, denn deist du keen Sünn, un wenn en Jungfru heiraten deit, denn deit se ock keen Sünn. Allerdings, wenn se heiraten dot, denn ward se de Not an sick sülbn to spörn kriegn. De bliwt int Lewen nich ut. Dorum segg ick ju dat, denn ick meen dat good mit ju un müch ju wohrschuun un helpen, dat ji dorvun verschont bliewt.

29 Awer dat will ick ju doch seggn: De Tied is kort; dor drängt sick allns tosam. Dorum bliwt för de tokamen Tied blots dat Eene för uns öwer: Wer en Fru hett, de schall dat so holn, as wenn he keen harr. Wer wat to klagen un to weenen hett, de schall nich weenen. 30 Wer sick freun kann, de schall dat nich don. Wer wat köpen deit, de schall so don, as wenn em dat gornich tohörn deit. 31 Wer sick mit düsse Welt affgifft un ehr utnutzen will, de schall so don, as wenn he niks dorvun harr. Denn düsse Welt, as se nu is, hett keen Bestand; de mutt ünnergahn.

32 Ick müch awer doch gern, dat ji ju keen Sorgen makt. Wer nich verheirat' is, de hett doch man Sorg üm dat, wat den Herrn angeit, dat de Herr sin Freud an em hett. 33 Wer awer verheirat' is, de hett sin Sorg üm dat, wat dat Lewen un de Welt mit sick bringt, un dat will seggn: dat he sin Fru gefalln deit, un so is dat doch man halwen Kram. 34 Un de Fru, de nich verheirat' is, un de Jungfru — de hebbt ehr Sorg üm den Herrn sin Sak, dat se hillig wesen müchen an Liew un Geist. Awer de Fru, de verheirat' is, de hett ehr Sorg üm dat, wat dat Lewen un de Welt so mit sick bringt, un dat will seggn: dat se ehrn Mann gefalln deit. 35 Un düt

317

segg ick ju to ju eegen Vordeel. Ick will ju jo nich en Sneer
üm den Hals leggn un ju fangn. Nä, ick müch blots, dat dat
bi ju örd'ntli togeit un dat ji mit Liew un Seel an den Herrn
fastholt un Füer un Flamm för em sünd. ³⁶ Wenn awer een en junge Deern hett, de wat hittes Bloot
hett, un he meent, he kunn ehr in Schimp un Schann bringn,
wenn he ehr to heiraten nich Verlöw gifft, un wenn dat dorum
so wesen mutt, denn schall he don, wat he will. He deit keen
Sünn; denn schüllt de beiden jungen Lüd ruhi heiraten. ³⁷ Wenn
awer een in sin Hart fast up sin Stück steit un sünst niks vör-
liggn deit — dat he also na sin frien Willn don kann, wat he
för richdi hölt — un wenn he bi sick sülbn sick klor doröwer
worrn is, dat sin Dochder nich heiraten schall, denn is dat ock
good so. ³⁸ Also, wer sin Dochder heiraten lett, de deit recht,
un wer ehr nich heiraten lett, de deit noch beter.

³⁹ En Fru is blots so lang bunn'n, as ehr Mann lewen deit.
Is de Mann awer dot, denn is se frie un kann heiraten, wen
se will; awer de Mann mutt en Christ wesen. ⁴⁰ Seliger awer
is se, wenn se so ledi bliwt, as se dat is. — Dat dünkt mi,
un ick meen ock, dat ick Godd sin Geist heff.

Dat 8. Kapitel.

¹ Un nu kam ick up de Götzenopfer. Ji schriewt: „Wi weet,
dat wi all doröwer de richdige Insicht hebbt." Dorto segg ick:
Verget jo nich: so'n Insicht blaast den Minschen up; awer de
Lew, de buut up. ² Wenn een sick inbilln deit, dat he sick öwer
en Sak klor is, de is noch nich dor achterkamen, wodenni een
sick vulle Klorheit verschaffen schall. ³ Awer wenn een Godd
lew hett, denn kennt Godd em dörch un dörch. —

⁴ Na, ick kam noch mal dorup torüg, dat een Götzenopfer-
fleesch eten deit. Ick segg: wi weet, dat gifft gorkeen Götzen
in de Welt, un dat gifft ock keen annern Godd as den Eenen.
⁵ Gewiß, dat mag ja allerhand Gödder gewen, de so nömt ward,
in'n Himmel un up de Eer — dat gifft ja würkli veele Gödder
un veele Herrn — ⁶ awer wi hebbt doch man een Godd, un
dat is de Vader, vun den allns kümmt un up den wi ock to-
stüern dot, un wi hebbt ock man een Herrn Jesus Christus,
dörch den allns is, un wi sünd ock dörch em dor.

⁷ Allerdings, alle Lüd sünd noch nich dorachterkamen. Welke
eet noch dat Fleesch, as wenn dat Götzenopferfleesch wär. Un
dat is ja ock keen Wunner! Se hebbt ja ock bitherto blots mit
Götzen to don hatt. Un so bliwt dat nich ut: se hebbt keen
reines Geweten, denn dat hett keen Kraft. ⁸ Dat, wat wi eten
dot, dat börgt uns nich dorför, dat wi vör Godd bestahn künnt.

Wenn wi nich dorvun eten dot, denn kamt wi nich to kort, un wenn wi dorvun eten dot, denn hebbt wi keen Vordeel dorvun. [9] Seht ju vör, dat düsse Frieheit, de ji hebbt, jo nich de swaken Minschen to Fall bringt. [10] Denn, wenn een süht, dat du as en Minsch, de Insicht hett, in'n Götzentempel to Disch sitten deist, kunn dat denn nich so wiet kamen, dat den swaken Minschen sin Geweten Mot un Lust dorto kriggt, dat Götzenopferfleesch to eten? [11] So kümmt de swake Minsch dörch din Insicht toschann, un dat will seggn: de Broder, för den Christus in den Dod gahn is. [12] Wenn ji so gegen de Bröder ju versünnigt un ehr swakes Geweten wankelmödi makt, denn versünnigt ji ju gegen Christus. [13] Dorum segg ick ju: wenn dat, wat ick eten do, min Broder to Fall bringn kann, denn will ick för de tokamen Tied öwerhaupt keen Fleesch mehr eten; denn mi liggt allns doran, dat ick den Broder nich to Fall bring.

Dat 9. Kapitel.

[1] Bün ick nich frie? Bün ick nich Apostel? Heff ick unsen Herrn Jesus nich sehn? Sünd ji nich min Wark, dat de Herr mi schenkt hett? [2] Bün ick för anner Lüd keen Apostel, för ju bün ick dat up jeden Fall. Denn dat Siegel up min Apostelamt — dat sünd ji, un dat hett de Herr so wullt. [3] So wehr ick mi gegen de, de min Richders wesen wüllt.

[4] Hebbt wi nich dat Recht up Eten un Drinken? [5] Hebbt wi nich dat Recht, en christliche Swester as Fru mit up de Reis' to nehmen, so as ock de annern Apostels un den Herrn sin Bröder un Kephas dat makt? [6] Schüllt blots ick un Barnabas nich dat Recht hebbn, dat wi nich to arbeiden brukt? [7] Wer treckt wull up sin eegen Kosten as Suldat int Feld? Wer leggt en Wienbarg an un itt nich vun sin Druwen? Wer weid' de Köh' un drinkt nich vun de Melk, de de Köh' gewt? [8] Segg ick dat blots so as Minsch, oder seggt dat nich ock dat Gesetz? [9] Denn in Mose sin Gesetz steit schrewen: „Du schallst en Ossen, de bi to döschen is, keen Mulkorw ümleggn." Denkt Godd hier an de Ossen? [10] Oder seggt he dat nich öwerhaupt ock för uns? Ja, dat, wat dor schrewen steit, geit up uns; denn wer plögen deit, de schall up Hoffnung plögen, un wer dor döschen deit, de schall up Hoffnung döschen, dat will seggn: he dörf dorup höpen, dat he vun den Erdrag wat afskriggt. [11] Wi hebbt nu för ju geistliche Saat utstreut; is dat denn vun uns toveel verlangt, wenn wi vun ju as Lohn bi ju dat arnten dot, wat wi minschli brukt? [12] Wenn anner Lüd an de Macht öwer ju Andeel hebbt, schull uns dat nich

noch veel mehr tokamen? Awer wi hebbt düt Recht nich ut-
nutzt; wi plagt uns mit allns Mögliche aff, dat wi blots dat
Evangelium vun Christus niks in'n Weg leggn dot. 13 Weet
ji nich, dat de, de den Tempeldeenst besorgt, ock lewen dot vun
dat, wat för'n Tempel betalt ward, un dat de, de ehrn Deenst
an'n Altar hebbt, ock vun dat kriegt, wat up'n Altar liggt?
14 So hett de Herr ock för de, de dat Evangelium predigen dot,
dat anord'nt, dat se vun dat Evangelium lewen schüllt; 15 awer
ick heff niks dorvun brukt. Ick schriew düt ock nich, wieldat
ick müch, dat dat nu so mit mi makt wörr. Nä, ick wörr lewer
starwen, ja veel lewer as — — dat, worup ick mi wat to
good do, schall nüms mi nehmen. 16 Denn wenn ick dat Evan-
gelium predigen do, denn kann ick mi niks dorup to good don.
Dat mutt ick so don, ick kann eenfach nich anners. Godd tröst,
wenn ick dat Evangelium nich predigen dä! 17 Do ick dat ut mi
sülbn, denn kunn mi dat wat inbringn; do ick dat awer, ohn
dat ick dat sülbn will, denn is dat eenfach min Amt, dat
mi anvertruut is. 18 Wat heff ick nu dorvun? Dat heff ick
dorvun: wenn ick dat Evangelium predig, denn gew ick dat
Evangelium ümsünst aff, un so nutz ick, wenn ick dat Evan-
gelium predigen do, min Recht nich ut.

19 Ick bün wull vun alle Lüd frie, awer ick heff mi för alle
Lüd to'n Slaw makt; denn ick wull doch gern recht Veele
winn'n. 20 För de Juden wörr ick en Jud; denn ick wull Juden
winn'n. För de, de ünner dat Gesetz staht, wörr ick as een,
de dat ock deit, wenn ick ock sülbn nich ünner dat Gesetz stah;
denn ick wull de winn'n, de ünner dat Gesetz staht. 21 För de,
de keen Gesetz hebbt, wörr ick as een, de keen Gesetz hett, wenn
ick ock nich ohn Godd sin Gesetz bün, wull awer ünner Christus
sin Gesetz stah; ick wull doch gern de Lüd winn'n, de keen
Gesetz hebbt. 22 För swake Minschen wörr ick en swake Minsch;
denn ick wull doch gern de swaken Minschen winn'n. För alle
Minschen wörr ick allns; denn ick wull doch gern up jeden
Fall welke reddn. 23 Allns do ick för dat Evangelium; denn
ick müch doran ock Andeel hebbn.

24 Weet ji nich: de, de in de Rennbahn loopt, de loopt all',
awer een kriggt man den Pries? Loopt ji nu sodenni, dat ji
em kriegt. 25 Jeder awer, de mitloopen un mitspeeln deit, de
gifft allns up. Un de dot dat doch blots dorum, dat se en
Krans kriegt, de doch welk ward. Uns awer is dat üm en
Krans to don, de ewig bliwt. 26 Dorum loop ick so as een,
de gans genau weet, wat he will, un wenn ick mit de Fust up
een losgah, denn sla ick nich int Blaue. 27 Nä, ick sla min Liew
un behol em gans in de Gewalt, dat ick nich anner Lüd predigen
do un sülbn nich to bruken bün.

320

Dat 10. Kapitel.

[1] Ji schüllt nu weten, lewe Bröder, dat unse Vöröllern all' ünner de Wulk wärn un all' dörch dat Meer güngn [2] un sick all' up Mose in de Wulk un dat Water hebbt döpen laten. [3] Un se hebbt all' datsülwige geistliche Brod eten [4] un all' densülwigen geistlichen Drunk to sick nahmen. Denn se drunken ut den geistlichen Fels, de mit ehr güng, un düsse Fels wär Christus. [5] Awer an de Mehrsten vun ehr harr Godd keen Freud; un so kämen se in de Wüst um. [6] Un düt, wat domals passeert is, düd' up uns hen un hett wat för uns to bedüden: dat schall uns wohrschuun, dat wi nich up leege Saken verstüert sünd, as se dat wärn. [7] West keen Götzendeeners, so as dat welke vun ehr wärn! Denkt an dat Biwelword: „Dat Volk sett sick dal to eten un to drinken un stünn up to dansen." [8] Lat uns ock keen Hurenkram driewen, as dat welke vun ehr dän; denn wat käm dorbi rut? Dreeuntwintig Dusend Mann kämen an een Dag üm. [9] Un denn lat uns den Herrn nich up de Prow stelln! So hebbt dat welke vun ehr makt, un se wörrn vun de Slangn ümbröcht. [10] Knurrt un murrt ock nich! So hebbt dat welke vun ehr makt, un de wörrn dörch den Verdarwer an de Siet bröcht.

[11] So is dat ehr gahn, un dat harr sin Bedüdung; upschrewen awer is dat för uns; wi schulln wohrschuut warn, denn wi staht in de allerletzte Welttied. [12] Wer dor meent, dat he fast steit, de schall sick vörsehn, dat he nich falln deit. [13] Bitherto sünd ji blots so up de Prow stellt worrn, dat ji dröwer Herr warn kunn'n. Godd is ja tru. He lett dat nich to, dat ji öwer ju Kraft up de Prow stellt ward. Un wenn he ju up de Prow stellt, denn sorgt he ock dorför, dat se good för ju afflopen deit un ji dormit klor ward.

[14] Dorum min lewe Bröder, gewt ju nich mit'n Götzendeenst aff! Lat de Handn dorvun aff, as wenn dat Füer wär! [15] Ick heff dat ja mit vernünfdige Lüd to don, wenn ick dat seggn do. Seggt sülbn, üm ick Recht heff! [16] Giwt de Segenskelch, den wi segn dot, uns nich Andeel an Christus sin Bloot? Un dat Brod, dat wi breken dot, — gifft uns dat nich ock Andeel an Christus sin Liew? [17] Wi sünd wull veele Minschen, awer so, as dat man een Brod is, so sünd wi ock alltosam man een Liew; denn wi kriegt doch all' man vun een Brod to eten.

[18] Denkt mal an dat Volk Israel, so as dat domals wär un ock noch hüt is! Wer vun dat Opferfleesch eten deit, hett de nich ock Andeel an den Altar un kümmt nich so vun em wedder frie? [19] Wat will ick dormit seggn? Dat dat Götzenopferfleesch wat wert is oder dat de Götzen wat wert sünd? [20] Nä, düt will ick seggn: wat de Heiden opfern dot, dat opfert se för de

Geister, awer nich för Godd. Un dat will ick nich, dat ji mit
de Geister wat to don hebbt un ju mit ehr affgewt. ²¹ Ji künnt
nich den Herrn sin Kelch drinken un denn noch de Geister
ehrn Kelch dorto. Ji künnt ock nich vun den Herrn sin Disch
eten un denn noch vun de Geister ehrn Disch dorto. ²² Oder
schüllt wi den Herrn dorto bringn, dat he bös ward? Sünd
wi wull starker as he?

²³ Gewiß, to allns hebbt wi Verlöw, awer nich bi allns
kümmt wat Goodes rut. To allns hebbt wi Verlöw, awer
nich allns buut up. ²⁴ Nüms schall blots an sick sülbn denken;
nä, he schall dat int Og hebbn, wat för den Annern good is.

²⁵ Allns, wat up den Fleeschmarkt verköfft ward, künnt ji
ruhi eten, un makt ju wieder keen Gedanken doröwer, wo dat
herkümmt. Dat hett mit dat Geweten niks to don. ²⁶ Denn:

    „Den Herrn hört de Eer to un wat up ehr lewt un wewt
    in Hüll un Füll.“

²⁷ Wenn een vun de, de nich glöwt, ju inladn deit, denn
et ruhi allns, wat ju vörsett ward, un makt ju keen Gedanken
doröwer, wo dat herkümmt; dat hett mit dat Geweten niks
to don. ²⁸ Seggt awer een: dat is Götzenopferfleesch, denn et
nich dorvun; dat geit nich an; denn ji möt an den denken, de
ju dat seggt hett, un an dat Geweten. ²⁹ Un wenn ick hier vun
dat Geweten spreek, denn meen ick natürli nich dat eegen Ge-
weten, nä, denn denk ick an den Annern sin Geweten. Ick seh
doch nich in, dat öwer min Frieheit en annern een sin Geweten
richden schall. ³⁰ Wenn ick mit Dank wat eten do, is dat denn
recht, dat ick wegen dat verlästert warr, woför ick Godd
danken do?

³¹ Dorum eet, wat ji wüllt, drinkt, wat ji wüllt, dot, wat ji
wüllt — awer dot allns Godd to Ehrn! ³² Seht ju vör, dat
Juden un Griechen un de Gemeen sick nich an ju stöten dot!
³³ Makt dat so as ick! Ick lew in alle Deele alle Lüd to Gefalln;
denn ick heff nich dat int Og, wat min Vordeel is, nä, dat,
wat all' de veelen Minschen helpen kann, dat se redd' ward.

Dat 11. Kapitel.

¹ Makt dat grad so as ick. Ick mak dat ja so as Christus!

² Un nu will ick ju ock mal löwen. Ick freu mi, dat ji in
alle Deele dat so holt, as ick dat maken do, un dat ji dat
fastholt, wat ick ju as Vörschriften gewen heff. ³ Dat schüllt
ji weten: jedeneen sin Höwd is Christus; de Fru ehr Höwd
is de Mann; Christus sin Höwd is Godd. ⁴ Wenn en Mann
bi to beden is oder as Profet wat seggt un dorbi den Hoot
up'n Kopp behölt, denn is dat för sin Kopp en Sünn un

Schann. 5 Awer wenn en Fru bed oder as Profet wat seggt un dorbi keen Sleier üm den Kopp hett, denn is dat för ehrn Kopp Sünn un Schann. Denn up de Wies' stellt se sick up een Fot mit en Deern, de de Hoor afffneden sünd, un dat will seggn: mit en Hurenwiew. 6 Will en Fru also keen Sleier ümbindn, denn schall se sick ock dat Hoor afffnieden laten. Wenn dat awer för en Fru en Schimp un Schann is, dat se sick de Hoor kort snieden oder gans afffnieden lett, denn schall se sick en Sleier ümbindn.

7 De Mann hett dat nich nödi, sick wat üm den Kopp to bindn; denn he is Godd sin Ebenbild un Affglans. Un de Fru is den Mann sin Affglans; 8 denn de Mann stammt nich vun de Fru aff, wull awer stammt de Fru vun den Mann aff. 9 Godd hett ock den Mann nich för de Fru makt, sunnern de Fru för den Mann. 10 Dorum schall de Fru up'n Kopp en Teeken dorför drägen, dat de Mann öwer ehr Vullmacht hett, un dat schall de Engels wohrschuen. 11 Sünst mutt ick allerdings seggn: wenn wi ehr as Christen anseht, denn hett de Fru ohn den Mann niks to bedüden un de Mann niks ohn de Fru. 12 Denn so, as de Fru vun den Mann stammen deit, so is ock de Mann blots dörch de Fru dor, denn se bringt em wedder to Welt. Un tolezt stammt allns ut Godd sin Hand. 13 Un nu künnt ji ju sülbn seggn, wat een dorvun holn schall. Schickt sick dat wull, dat en Fru ohn Sleier beden deit? 14 Dat wiest ju doch all de Natur: för en Mann, de sick dat Hoor lang wassen lett, is dat en Schann; 15 för de Fru awer, de lange Hoor hett, is dat er Smuck; denn dat lange Hoor is ehr as Sleier gewen.

16 Schull dor nu een Lust hebbn, sick mit uns doröwer to strieden, denn schall he weten: bi uns is dat keen Mod un ock bi Godd sin Gemeenden nich.

17 Wenn ick düt nu anord'n do, denn schall dat keen Low för ju wesen; denn ji kamt ja nich tohop, dat ji Vordeel dorvun hebbt, nä, ji hebbt blots Schaden dorvun. 18 Erst mal hör ick, dat ji ju nich verdrägen künnt un uneeni sünd, wenn ji in de Gemeen tohopkamt, un deelwies' glöw ick dat ock. 19 Dat kann ja ock gornich anners wesen, dat se bi ju nich all' datsülwige denkt un wüllt; sünst kunn man ja ock de nich rutkriegn, de besunners good to bruken sünd.

20 Wenn ji nu an een un desülwige Städ' kamt, denn künnt ji den Herrn sin Abendmahl nich fiern. 21 Denn jedereen langt ja bi't Eten na sin eegen Mahltied hen, un de Eene hungert, un de Anner bedrinkt sick. 22 Hebbt ji nich ju eegen Hüser, wo ji eten un drinken künnt, oder wüllt ji vun Godd sin Gemeen gans un gorniks weten un wüllt de in Verlegenheit bringn, de niks hebbt? Wat schall ick ju seggn? Schall ick ju

löwen? Nä, doröwer kann ick ju nich löwen. 23 Un nu will ick
ju wat seggn: wat vun den Herrn sülbn stammt, dat heff ick
kregn, un wat ick so kregn heff, dat heff ick an ju wieder-
gewen, un dat is düt: In de Nacht, wo de Herr Jesus ut-
lewert wörr, nähm he en Brod 24 un sprook dat Dankgebed
un deel dat in Stücken un sä: „Düt is min Liew, de för ju
hengewen ward. Holt' dat ock so un denkt dorbi an mi!"
25 Grad so mak he dat mit den Kelch, as se mit de Mahltied
fardi wärn. He sä: „Düsse Kelch is de nie Bund, de in min
Bloot Grund un Bestand hett. Jedesmal, wenn ji dorut
drinken dot, denn makt dat grad so un denkt dorbi an mi!"
26 Jedesmal, wenn ji düt Brod eten un den Beker drinken dot,
verkünd' ji den Herrn sin Dod, bit dat he kümmt. 27 Dorum,
wer dat Brod eten un den Herrn sin Beker drinken deit un
sick dorbi nich upföhrt, as sick dat hört, de makt sick schülli
an den Herrn sin Liew un Bloot. 28 Dorum schall en Minsch
irnst mit sick to Rat gahn un so vun dat Brod eten un ut den
Beker drinken. 29 Denn wer dor eten un drinken deit, de itt
un drinkt sick dormit en Gericht an'n Hals, wenn he sick nich
klor makt, wat dat mit den Liew up sick hett. 30 Dorum gifft
dat bi ju soveel kranke un swake Lüd, un allerhand slapt all
ünner de Eer. 31 Wörrn wi blots sülbn up uns acht gewen
un uns klor maken, wat wi sünd, denn wörrn wi nich int
Gericht kamen. 32 Kamt wi awer int Gericht, denn nümmt uns
de Herr in sin Tucht un fat uns ock scharp an; denn he will
nich gern, dat wi mit de Welt tohop verdammt ward. 33 Dorum
min lewe Bröder: wenn ji to de Mahltied tohopkamt, denn
schall een up den Annern töwen. 34 Wenn een hungri is, denn
schall he sick tohus satt eten; sünst kamt ji blots tohop un fallt
tosam ünner een Gericht. Wat dor sünst noch in de Reeg
to bringn is, dat besorg ick, wenn ick kamen do.

Dat 12. Kapitel.

1 Ock öwer de geistlichen Gawen schüllt ji weten, wat nödi is.
2 Ji weet ja: as ji noch Heiden wärn, do leeten ji ju hen-
driewen to de stummen Götzen, so as sick dat grad maken dä.
3 Dorum segg ick ju dat rein herut: Nüms, de in Godd sin
Geist spreken deit, seggt: „Verflucht schall Jesus wesen!", un
nüms kann seggn: „De Herr is Jesus!", wenn he dat nich in
den hilligen Geist deit.
    4 Dat gifft allerhand Gnadengawen, awer de Geist is man
een un desülwige. 5 Dat gifft allerhand Deensten, awer de Herr
is een un desülwige. 6 Dat gifft allerhand Kraft, de sick wiesen
deit; awer Godd is een un desülwige, un he bringt allns in ehr
all tostann. 7 Un jeden een ward de Geist künni makt un

schenkt, dat se all' dorvun good hebbt. [8] De Eene hett de Gaw kregn, dat he den Geist vörwiesen kann, un dat schall Nutzen bringn. En Annere hett de Gaw kregn, dat he klooke Gedanken seggt. En Annere wedder kann dörch densülwigen Geist deepe Gedanken seggn öwer dat, wat uns sünst verborgen bliwt. [9] En Veerde hett as Gaw den Glowen kregn in densülwigen Geist. En Annere hett wedder Gawen kregn, dat he Minschen gesund maken kann in densülwigen Geist. [10] En Annere kann wedder Wunner don. En Anner is Profet. En Anner kennt den Unnerscheed mang de Geister. En Annere kann in allerhand Spraken reden, de sünst keen Minsch versteit. Un en Annere kann düsse Spraken utdüden. [11] Awer düt allns bringt een un desülwige Geist tostann, de jedeneen de Gawen todeelt, as he dat will.

[12] So as dat man een Liew is, de doch veele Litten hett, un so as all' düsse veelen Litten doch man een Liew sünd, so is dat ock mit Christus. [13] Wi wörrn ja doch in een Geist all' in een Liew döfft, Juden un Griechen, Slawen un frie Lüd, un hebbt ock all' man een Geist drunken. [14] Ock de Liew is ja nich een Litt, nä, he sett sick ut veele tosam. [15] Wenn nu de Foot seggn wull: Ick bün ja keen Hand, dorum hör ick nich to'n Liew, denn helpt em dat nich: he hört doch to'n Liew. [16] Un wenn dat Ohr seggn wull: Ick bün doch keen Og, dorum hör ick nich to'n Liew, so helpt em dat nits, dat hört doch to'n Liew. [17] Wenn de ganse Liew blots ut dat Og bestahn wörr, wodenni schull een denn wat hörn? Un wenn de Liew blots ut Ohrn bestünn, wodenni schull man denn wat rüken? [18] Nä, Godd hett de enkelten Litten so an den Liew anbröcht, as he dat wull. [19] Wenn awer allns tohop man een Litt wär, wonem schull denn wull de Liew bliewen? [20] So gifft dat denn veele Litten, awer man een Liew. [21] Dat Og kann nich to de Hand seggn: Ick bruk di nich. Ock de Kopp kann nich seggn to de Föt: Ick bruk ju nich. [22] Nä, dat is anners: grad de Litten an'n Liew, vun de man denken kunn, dat se nich veel bedüden dot, de sünd nödi; [23] un dat an'n Liew, dat wi gornich up de Rek'n hebbt, dat ehrt wi gans besunners, un dat, wat nich smuck an uns is, dat is in uns' Ogen besunners hübsch. [24] Denn dat, wat smuck an uns is, hett düt nich nödi. Awer Godd hett den Liew so tosam sett un dat, wat nits hergewen deit, en grötere Ehr gewen; [25] denn he wull, dat an'n Liew keen Striet wesen schull, nä, de Litten schulln all' up desülwige Art un Wies' för enanner sorgen. [26] Un wenn een Litt wat to lieden hett, denn lied all' de annern Litten mit; un wenn een Litt verherrlicht ward, denn freut sick all' de annern Litten mit.

[27] Ji awer sünd Christus sin Liew un sünd jeder för sick een Litt. [28] Un welke hett Godd in de Gemeen insett: toirst as

325

Apostels, to tweet as Profeten, to drüdd as Lehrers. Denn hett he Wunner schenkt, denn Gawen, Minschen gesund to maken, denn Gawen, för de Annern to sorgen, denn Gawen, de Gemeen vörtostahn, un denn allerhand Gawen, en besunnere Sprak to reden. [29] Sünd se nu all' Apostels? Sünd se nu all' Profeten? Sünd se nu all' Lehrers? Dot se nu all' Wunner? [30] Hebbt se nu all' de Gawen, Minschen gesund to maken? Sprekt se nu all' allerhand Spraken, de de Annern nich verstaht? Künnt se all' de Spraken utleggn? [31] Sett ji ju Kopp dorup, dat ji grötere Gawen kriegt! Un ick will ju noch en Weg wiesen, de höcher rupgeit.

Dat 13. Kapitel.

[1] Wenn ick ock reden kunn so wunnerbor,
as wenn de Engels singt,
wenn ick ock reden kunn so sunnerbor,
as wenn de Geist een dwingt — —
dat harr doch allns keen Wert,
wenn nich de Lew dorbi den Utslag gifft.
Sünst wär min Mund niks wieder as en Pauk,
de Larm makt un Radau.
Sünst wär min Seel niks wieder as en Klock,
de blots noch beiern kann.

[2] Un wenn ick künni maken kunn,
wat en Profet blots kann,
un wenn ick allns wüß',
wat sünst för uns verborgn bliwt,
ja, wenn ick klook wär as uns' Herrgodd sülbn,
un wenn ick Glowen harr, so stark,
dat ick de Bargn versetten kunn — —
dat harr doch allns keen Wert,
wenn nich de Lew dorbi den Utslag gifft.
Ick wär doch niks.

[3] Un wenn ick all min Geld verschenken dä an arme Lüd,
ja, wenn ick mi verbrennen leet mit Füer — —
dat harr doch allns keen Wert,
wenn nich de Lew dorbi den Utslag gifft.
Dat nütz mi niks.

[4] De Lew hett veel Geduld.
Se gifft nich glieks den Minschen up.
Se hett en weeke un en warme Hand.
De Lew günnt ock den Annern wat;

se will nich blots dat eegen Glück.
De Lew, de prahlt ock nich,
speelt sick nich gegen Annere up.
5 Se nimmt sick niks herut,
wat sick nich schicken deit.
Se is ock nümmer up ehrn Vordeel ut,
ward nich vertöörnt un kann vergeten,
wenn sick en Annere schülli makt.
6 Se freut sich nich, wenn een wat Böses deit,
nä, an de Wohrheit hett se Freud.
7 Se kann ock allns gans still
bi sick beholn un drägen.
Se hett dat vulle Tovertruun,
gifft nümmer ock dat Höpen up
un driggt ehr Last gedülli wieder.

8 De Lew behölt för alle Tied Bestand.
Wer weet, wat kamen deit,
un künni makt, wat sünst verborgn bliwt — —
he hett sin Tied; denn gifft't dat nich mehr.
Wer reden kann en Sprak,
de sünst keen Minsch versteit — —
he hett sin Tied; denn gifft't dat nich mehr.
Un wer de Welt vun binnen un vun buten kennt — —
he hett sin Tied; denn gifft't dat nich mehr.
9 Allns, wat wi kennt un weet,
dat is un bliwt man halwen Kram,
un wat wi künni makt vun dat,
wat sünst verborgn bliwt,
dat is un bliwt ock ümmer halwen Kram.
10 Erst denn, wenn allns vullkamen is,
denn hört dat up, wat nu is halwe Kram.

11 As ick en Kind noch wär,
do snack ick as en Kind
un speel un föhl mi as en Kind
un mak mi min Gedanken as en Kind.
Doch as ick wörr en Mann, do wär dat ut.
Do wär't vörbi mit dat,
wat ick as Kind harr makt.
12 Nu kiekt wi blots as in'n Speegel rin,
un wat wi seht, dat kümmt uns as en Radel vör.
Doch is de Tied erst her, denn staht wi Og in Og.
Nu kam ick halw dorachter man,
doch is de Tied erst her, denn ward mi allns klor,
so klor, as Godd mi nu all kennen deit.

13 So mag denn allns sin Tied blots hebbn —
de Glow, dat Höpen un de Lew,
de hebbt Bestand.
Ja, düsse Dree.
De grötste awer vun ehr all' —
dat is un bliwt de Lew!

Dat 14. Kapitel.

1 De Lew schall dat Letzte un Höchste wesen, up dat ji dat
affsehn hebbt un tostüert; un denn strewt na de geistlichen
Gawen, besunners awer dorna, dat ji de Profetengaw kriegt.
2 Denn de, de en besunnere Sprak spreken deit, de spricht nich
för Minschen, sunnern blots för Godd. Nüms versteit em, he
spricht in'n Geist dat, wat keen Minsch begriepen kann. 3 Wer
awer as Profet reden deit, de spricht för Minschen, un dat
buut up, vermahnt un gifft Trost. 4 Wer en besunnere Sprak
spreken deit, de buut wull up, awer blots sick sülbn. Wer awer
as Profet reden deit, de buut de Gemeen up. 5 Ick müch wull,
dat ji all' besunnere Spraken spreken kunn'n, awer veel lewer
wär mi dat, wenn ji as Profeten spreken kunn'n. Gröter is
de, de as Profet reden deit, as de, de en besunnere Sprak
spricht, dat schull denn all wesen, dat he utleggn deit un up de
Wies' de Gemeen upbuut ward.
6 Un nu hört noch mal to, lewe Bröder! Ick will mal seggn,
ick wörr nu to ju kamen un en besunnere Sprak spreken — wat
harrn ji denn wull dorvun, wenn ick mit min Red ju nich wat
Besunneres künni. oder klor maken dä oder as Profet ju wat
seggn oder ock ju wat lehrn wörr? 7 Stellt ju doch mal so'n
Saken vör, de keen Seel hebbt un doch en Ton vun sick gewt,
ick will mal seggn: en Fleut oder en Harf'! Wenn een dor keen
Unnerscheed markt mang de Töns, wodenni schall een denn
dorachter kamen, wat dor fleut oder speelt ward? 8 Un nu
nehmt mal en Trompet! Wenn de keen klorn Ton vun sick gifft,
wer schull denn wull de Flint in de Hand nehmen un in'n
Krieg gahn? 9 So steit dat ock mit ju, wenn ji in en besunnere
Sprak spreken dot. Wenn ji de Wörd nich rein un klor rut-
bringn dot — wodenni schall een denn dorachter kamen, wat ji
seggn wüllt? Denn spreht ji in'n Wind. 10 Dat gifft, wenn
man dat so nehmen will, so veele Spraken in de Welt, un dat
gifft niks, dat öwerhaupt keen Sprak hett. 11 Wenn ick nu nich
weet, wat de Sprak bedüden deit, denn kann de, de dor spreken
deit, mit mi niks anfangn, un wenn ick to em spreken do, denn
kann ick ock mit em niks anfangn. 12 Dorum sett ji ock, wenn ju
dat üm de Geistgawen to don is, allns doran, dat dörch ju de
Gemeen in Hüll un Füll upbuut ward. 13 So schall de, de en

328

besunnere Sprak sprickt, dorum beden, dat he dat ock utleggn kann. 14 Wenn ick in en besunnere Sprak beden do, denn bed min Geist, awer min Verstand hett niks dorvun un hett niks dormit to don. 15 Wat meent ji nu? Ick will mal seggn: ick will beden in'n Geist, awer ock beden mit'n Verstand; ick will singen in'n Geist, awer will ock singen mit'n Verstand. 16 Wenn du nu in'n Geist danken wullt, wodenni schall denn de, de, de man en eenfache Mann is un so wat nich kennt, bi din Dankgebed dat Amen utspreken? He weet ja nich, wat du seggst. 17 Du magst ja en schönes Dankgebed spreken, awer de Anner ward dordörch nich upbuut. 18 Godd si Low un Dank: ick kann mehr in besunnere Spraken reden as ji all' tohop. 19 Awer in de Gemeen will ick lewer fief Wörd mit min Verstand reden, dat ock anner Lüd wat dorvun hebbt, as teindusend Wörd, de de Annern nich verstaht.

20 Lewe Bröder! Ji schüllt nich Kinner wesen in Saken, de de Vernunft angaht, awer in leege Saken schulln ji Kinner bliewen. In de Saken, bi de sick dat üm den Verstand handelt, schüllt ji vullkamen wesen. 21 In dat Gesetz steit schrewen: „In frömde Spraken un mit frömde Lippen will ick to düt Volk reden, un ock so ward se mi doch nich hörn, seggt de Herr." 22 So sünd de besunneren Spraken wull en Teeken, awer nich för de, de dor glöwen dot, sunnern för de, de nich glöwt. Awer de Profetenred is nich för de, de nich glöwen dot, sunnern för de, de dor glöwt. 23 Wenn nu de ganse Gemeen tohopkümmt un se all tosam in besunnere Spraken spreken dot un nu gans eenfache Lüd oder Lüd, de nich glöwen dot, dorto kamt — ward se denn nich seggn, ji sünd verrückt? 24 Awer wenn se all as Profeten spreekt un denn en Minsch, de nich glöwen deit, oder en gans eenfache Mann sünst rinkümmt, denn helpt se em all' dorto, dat he sick gründli besinn'n deit un öwer sick klor ward, denn weet se ock gans genau, wat se vun em to holn hebbt, 25 denn kümmt ock dat an'n Dag, wat deep bi em int Hart sitten deit, un so fallt he up de Knee un bed Godd an un seggt ock frie herut, dat Godd würkli merrn mang ju is.

26 Un nu will ick ju noch wat fragen, lewe Bröder. Wodenni steit dat bi ju? Wenn ji tohopkamt, denn hett jedereen en Dankleed oder en Lehr, oder wat Besunneres, wat he künni maken will, oder wat he in'n besunnere Sprak seggn will oder wat he utleggn will. Denn awer sorgt dorför, dat allns ock upbuun deit. 27 Wenn welke in en besunnere Sprak spreken dot, denn schüllt dat jedesmal twee oder höchstens dree wesen, un jedereen schall dat to Tied don, un denn schall een dat utleggn. 28 Is dor awer keen, de dat utleggn kann, denn schüllt düsse Lüd in de Gemeen den Mund holn, un jedereen mag för sick alleen un för Godd reden. 29 Sünd dor Profeten, denn schüllt

329

dor twee oder dree spreken, un de Annern, de schüllt sick dat still öwerleggn. ³⁰Wenn awer een noch up sin Platz sitten deit un em denn wat künni ward, denn schall de erste upholn. ³¹Denn ji künnt een na'n annern as Profeten all' to Word kamen, dat se all' hörn dot un vermahnt ward, ³²un de Profeten ehr Geister, de hört ock up de Profeten. ³³Godd is ja keen Godd, de dor will, dat dat ünord'ntli togeit, nä, he will den Freden. ³⁴In all' de Hilligen ehr Gemeenden is dat so, dat de Fruenslüd in de Versammlungen swiegen schüllt. Se hebbt keen Verlöw dorto, en Word to seggn; se schüllt sick fögen; so verlangt dat ock dat Gesetz. ³⁵Wüllt se wat lehrn, denn schüllt se tohus ehr eegen Mannslüd fragn. För en Fru hört sick dat nich, dat se in de Gemeen reden deit. ³⁶Oder is Godds Word vun ju utgahn oder to ju alleen henkamen?

³⁷Wenn een meent, dat he en Profet is oder en Minsch mit en besunnere Geistesgaw, denn schall he sick doröwer klor wesen: wat ick ju schriew, dat is den Herrn sin Gebod. ³⁸Wenn een awer dat nich klor is, denn weet Godd niks vun em aff.

³⁹Also, min lewe Bröder, sett allns doran, dat ji Profeten ward, un leggt niks in'n Weg, dat anner Lüd ock in en besunnere Sprak sprekt. Awer allns mutt Schick hebbn, un allns schall örd'ntli togahn.

Dat 15. Kapitel.

¹Bröder! Nu will ick ju noch en Word seggn öwer dat Evangelium, dat ick ju predigt heff. Ji hebbt dat ja domals annahmen un staht ja ock noch fast dorto. ²Ja, ji ward dordörch ock redd, wenn ji dat genau Word för Word fastholt, so as ick ju dat predigt heff. Sünst müß dat ja all mit ju Glow domals keen Schick hatt hebbn.

³Mit dat Erste, wat ick an ju wiedergewen heff, wär dat, wat ick ock sülbn toirst to weten kreeg:

Christus is storwen för unse Sünn'n — dat betügt de Biwel. ⁴Un he is int Graff leggt.

Un he is upweckt an'n drüdden Dag — ock dat weet wi ut de Biwel.

⁵Un Kephas hett em to sehn kregn, un denn de Twölf.

⁶Ja, denn hebbt em mehr as fiefhunnert Bröder to sehn kregn,

un dat up eenmal. Dorvun sünd de mehrsten noch hüt ant Lewen.

Blots en poor sünd all dod.

⁷Un denn hett Jakobus em to sehn kregn,

un denn all' de Apostels.

330

[8] Toletz vun ehr all' heff ick em denn ock noch to sehn kregn. Verdeent harr ick dat nich. [9] Ick wär ja rein as en Kind, dat to fröh to Welt kümmt; denn dat mutt ick seggn: Ick bün de ringste vun all' de Apostels un bün dat nich wert, dat ick düssen Nam heff. Ick heff ja Godd sin Gemeen verfolgt. [10] Dörch Godd sin Gnad bün ick dat, wat ick bün, un sin Gnad, de he mi schenkt hett, de hett allns ut mi makt. Ja, ick heff mehr arbeid' as all de Annern. Nä, ick mutt seggn: ick heff dat nich dan, wull awer Godd sin Gnad, de mi ümmer to Siet steit. [11] Na, mag dat nu wesen, as dat will, mag sick dat üm mi oder üm de Annern handeln — so predigt wi, un so hebbt ji dat in'n Glowen ock annahmen.

[12] Is dat awer in unse Predigt de faste Karn, dat Christus würkli vun de Doden upstahn is, denn verstah ick dat nich, dat welke bi ju seggt: „Upstahn vun de Doden? Nä, dat gifft dat nich!" — [13] Gifft dat keen Upstahn vun de Doden, denn is Christus ock nich upstahn. [14] Awer, is Christus nich upstahn — denn is dat ut mit unse Predigt un ock ut mit ju Glow. [15] Denn stellt sick dat rut, dat wi in Godd sin Nam wat betügt hebbt, wat Lögen un Wind is. Denn harrn wi ja gegen Godd betügt, dat he Christus upweckt hett, den he doch nich upweckt hett, wenn würkli Dode nich upstaht. [16] Denn wenn Dode nich upstaht, denn is ock Christus nich upweckt. [17] Wenn awer Christus nich upweckt is, denn hett dat mit ju Glow niks up sick; mit em is dat ut, un ji sitt noch merrn in ju Sünn'n. [18] Ja, denn sünd ock de, de as Christen inslapen sünd, verlorn. [19] Wenn wi blots för düt Lewen uns' Höpen up Christus sett harrn, denn seeten wi vun alle Minschen am leegsten to un wärn am mehrsten to beduern.

[20] Nu awer is Christus upweckt vun de Doden un de Allererste vun de, de dor slapen dot. [21] Dörch een Minsch is ja de Dod kamen, so is ock dörch een Minsch dat Upstahn vun de Doden kamen. [22] Grad so as se all' in Adam storwen sünd, so sünd se all' ock in Christus lebenni makt. [23] Awer allns geit na de Reeg: erst kümmt Christus; denn kamt de, de to Christus hört, wenn he wedderkümmt; [24] denn kümmt dat Enn, wenn he dat Königriek wedder in Godd, den Vader, sin Hand leggt un wenn he jede Gewalt un jede Macht un jede Kraft toschann makt hett. [25] Denn he schall König wesen, „bit dat he alle Fiendn to sin Föt henleggt hett". [26] As letzte Fiend ward de Dod toschann makt. [27] Denn „he hett allns ünner sin Föt bröcht". Wenn dor awer steit, dat he allns ünner de Föt leggt hett, denn is natürli de nich dormit meent, de em allns ünner de Föt leggt hett. [28] Wenn em awer allns ünner de Föt leggt is, denn steit ock de Söhn sülbn ünner den, de em allns ünner

331

de Föt leggt hett; denn Godd schall allns in allns wesen un bliewen.

²⁹ Wat dot nu eegentli de, de sick för de Doden döpen lat? Wenn de Doden öwerhaupt nich upweckt ward, worum lat se sick denn för ehr döpen? ³⁰ Worum lewt wi denn ock Stünn up Stünn in Gefohr? ³¹ Verlat ju dorup, so gewiß as ick mi up ju, lewe Bröder, wat to good do — dat hett ja sin Grund in unsen Herrn Christus Jesus — ick bün Dag för Dag an't Starwen. ³² Wenn ick in Ephesus na Minschenart un -wies' mit wille Tieren kämpen müß, wat harr mi dat wull inbröcht? Wenn de Doden nich upstaht, denn „lat uns eten un drinken, denn morgen sünd wi dot"!

³³ Lat ju keen Sand in de Ogen streun! „Leege Gesellen verdarwt goode Sitten."

³⁴ West nüchtern, awer dor, wo sick dat hört, un sünnigt nich! Denn welke Lüd kennt Godd nich; ick segg ju dat, dat ji ju schamen dot.

³⁵ Awer nu kunn een seggn: „Wodenni staht de Doden denn up? In wat för'n Liew kamt se?" ³⁶ Du Narr! Wat du saist, dat ward nich lebenni, wenn't nich vörher storwen is. ³⁷ Un wat du saist — du saist nich den Liew, de mal warn schall, nä, en nakeltes Korn, mientwegen vun'n Weeten oder sünst een vun de annern. ³⁸ Godd gifft em en Liew, as he dat wull, un jedes Korn kriggt den Liew, de to em passen deit. ³⁹ Nich jedes Fleesch is dasülwige Fleesch; nä, anners is dat vun Minschen, anners is dat Fleesch vun Ossen, anners dat Fleesch vun Vagels, anners dat vun Fischen. ⁴⁰ Dat gifft himmlische Liewer un Liewer, de vun de Eer stammt. ⁴¹ Anners is de Sünn ehr Schien, anners de Maandschien un anners de Schien, den de Sterns hebbt. De eene Stern hett ock noch en annern Schien as de anner. ⁴² Grad so steit dat ock mit dat Upstahn vun de Doden:

Dor ward wat sait un mutt vergahn,
    awer dat ward upweckt un bliwt bestahn.
⁴³ Dor ward wat sait, un keen een mag dat ansehn,
    awer dat ward upweckt un strahlt in Herrlikeit.
Dor ward wat sait un is so swak,
    awer dat ward upweckt un hett sin vulle Kraft.
⁴⁴ Dor ward sait en natürliche Liew,
    un upweckt ward en geistliche Liew.

Gifft dat en natürlichen Liew, denn gifft dat ock en geistlichen Liew. ⁴⁵ So seggt dat ja all de Biwel: „De erste Minsch Adam wörr to'n lebennige Seel;" de letzte Adam wörr to'n Geist, de Lewen schaffen deit. ⁴⁶ Awer nich dat Himmlische kümmt toirst; nä, erst kümmt dat Natürliche un denn dat Geistliche. 47 De erste Minsch stammt vun de Eer un is ut Eer makt; de tweete Minsch stammt ut'n Himmel. 48 So as de Minsch, de ut Eer makt is, so sünd ock de Annern, de ut Eer makt sünd. Un so as de is, de ut'n Himmel stammt, so sünd ock de Annern, de ut'n Himmel stammt. 49 Un so as wi dat Bild an uns dragen hebbt, dat to de Eer hörn deit, so ward wi ock dat Bild an uns drägen, dat to'n Himmel hört. 50 Dat awer meen ick, lewen Bröder: Fleesch un Bloot künnt an Godd sin Riek keen Andeel kriegn; un dat, wat vergängli is, kriggt keen Andeel an dat, wat nich vergeit. Hört mal to! 51 Wat ick ju segg, dat künnt wi nich begriepen: Se ward nich all' inslapen, awer se ward all' verwandelt warn, 52 in'n Nu, in'n Ogenblick, wenn de letzte Basun blast ward. Denn ward blast, un de Doden ward upstahn un nümmer wedder vergahn, un wi ward verwandelt warn. 53 Denn düt, wat vergängli is, mutt dat antrecken, wat nich vergahn deit, un düt, wat starwen mutt, mutt dat antrecken, wat nich starwen deit. 54 Wenn nu awer düt, wat vergängli is, dat antrecken ward, wat nich vergeit, un düt, wat starwen mutt, dat antrecken deit, wat nich mehr starwen kann, denn ward dat Word indrapen, wat in de Biwel steit:

55 De Dod is gans un gor toschann.
Dat Lewen hett de Böwerhand.
Wo blew nu, Dod, din Böwerhand?
Wo blew din Stachel? Dod, segg an!

56 Awer den Dod sin Stachel is de Sünn, un de Sünn ehr Kraft is dat Gesetz.

57 Godd awer si Low un Dank! He hett uns de Böwerhand gewen dörch unsen Herrn Jesus Christus!

58 Dorum, min lewe Bröder, staht fast, fast as en Muer, de dor steit up seekern Grund! Bi dat, wat ji för den Herrn dot, lat ju vun keen een den Rang afflopen; ji weet ja, dat ju Möhgd vun den Herrn riekli seg'nt ward!

Dat 16. Kapitel.

1 Un nu kam ick noch up de Sammlung för de Hilligen to spreken. Makt ji dat ock so, as ick dat för de Gemeenden in Galatien anord'nt heff. 2 Un jeden ersten Wuchendag schall jedereen vun ju wat bi sick torügleggn un so en Summ tosambringn, as he dat Geld grad öwer hett. Denn geit dat Sammeln doch nich öwer Hals un Kopp, wenn ick kamen do. 3 Un wenn ick erst dor bün, denn will ick Lüd, up de ji ju verlaten künnt, affschicken, de de Gaw na Jerusalem bringn schüllt, un

333

Breewe kriegt se mit. 4 Schull sick dat awer lohnen, dat ick
sülbn reisen do, denn schüllt se mit mi kamen.

5 Ick denk, ick kam to ju, wenn ick dörch Makedonien reisen do;
denn dörch Makedonien reis' ick dörch. 6 Bi ju will ick, grad
so as sick dat maken deit, bliewen oder ock den Winter öwer
wahnen. Denn künnt ji dorvör sorgen, dat ick wiederkam, wohen
de Reis' denn ock gahn mag. 7 Ick will nu bi ju nich blots inkieken;
ick höp, dat ick en Tiedlang bi ju bliewen kann, wenn de Herr
Verlöw dorto gifft. 8 In Ephesus bliew ick noch bit to Pingst;
9 denn dor steit en grote Dör vör mi apen, un ick denk, dor
lett sick veel maken, awer Veele staht ock gegen mi.

10 Wenn Timotheus kümmt, denn sorgt dorför, dat he sick
keen Angst un Sorgen bi ju makt; denn he arbeid grad so för
den Herrn sin Sak as ick! 11 Keen een schall em öwer de
Schuller ansehn. Un denn schickt em in Freden wieder, dat
he wedder to mi kümmt; denn ick luer up em tohop mit de
Bröder.

12 Un nu wull ick noch wat öwer den Broder Apollos seggn.
Ick bün all männimal mit em anwest, he schull doch mit de
Bröder to ju reisen; awer he wär dörchut nich dorto to kriegn,
nu to reisen. Doch he ward kamen, wenn he Tied hett.

13 Bliewt waken, staht fast in'n Glowen, staht ju Mann un
west stark! 14 Allns, wat ji dot, dat dot in Lew!

15 Un nu heff ick noch wat up't Hart, Bröder: Ji kennt ja
Stephanas sin Hus. Dat sünd ja de ersten Christen ut Achaja,
un se hebbt sick för de Hilligen in'n Deenst stellt. 16 So'n Lüd
schüllt ji ju fögen un öwerhaupt jedeneen, de mit uns arbeidn
un sick affrackern deit. 17 Ick freu mi, dat Stephanas un For-
tunatus un Achaikus nu bi mi sünd. Se hebbt an mi dat dan,
wat ji sünst harrn don kunnt un wat mi grad fehlen dä. 18 Un
dat hett mi un ju good dan. Dorum wiest düsse Lüd nu ock,
dat ji wat up ehr holn dot.

19 De Gemeenden in Asien lat ju gröten. Veelmals gröten
schall ick in den Herrn ock vun Aquilla un Priska un vun
ehr Husgemeen. 20 All' de Bröder lat ju gröten. Gröt ju een
den annern mit den hilligen Broderkuß. 21 Un nu gröt ick
ju sülbn mit min eegen Hand. Hier is min Unnerschrift:
Paulus. 22 Wenn een vun den Herrn niks holn deit, de schall
verflucht wesen. Ach, Herr, kam doch bald! 23 Den Herrn Jesus
sin Gnad wes' mit ju all'! 24 Min Lew gelt' ju all'. Dat müch
Christus Jesus gewen!

334

Paulus sin 2. Breef an de Christen in Korinth.

Dat 1. Kapitel.

[1] Paulus,
Christus Jesus sin Apostel,
de dörch Godd sin Willn dorto insett is,
un Broder Timotheus
an
Godd sin Gemeen in Korinth
un ock an all' de Hilligen in gans Achaja.

*

[2] Gnad wünscht wi ju un Freden vun Godd, unsen Vader, un den Herrn Jesus Christus.

[3] Godd, unsen Herrn Jesus Christus sin Vader, si Low un Dank! He is ja de Vader, den sin Hart vull vun Erbarmen is, un de Godd, de in alle Saken trösten deit. [4] He tröst uns in all' unse Drangsal. So künnt wi denn ock de Minschen in ehr Not, wat dat ock wesen mag, wedder trösten mit den Trost, den wi sülbn vun Godd kregn hebbt. [5] Un dat kümmt so. Grad so as Christus sin Lieden uns riekli drapen dot, grad so kümmt uns dörch Christus ock riekli Trost to. [6] Sünd wi in Not, denn kümmt dat ju to good: ji ward tröst un redd. Ward wi tröst, so hebbt ji ock wedder den Vördeel dorvun; denn ji ward ock tröst, un düsse Trost gifft ju de Kraft, dat ji denn ock desülwigen Lieden gedülli drägen künnt, de uns ock drapen dot. [7] Dat höpt wi gans gewiß un twiewelt nich doran. Wi weet: grad so, as ji Andeel hebbt an unse Lieden, so hebbt ji ock Andeel an unsen Trost.

[8] Dorum liggt uns nu doran, lewe Bröder, dat ji wat to weten kriegt öwer de Drangsal, de uns in Asien drapen hett. Dat wär en swore Last. De güng eegentli wiet öwer unse Kraft, un dat harr nich veel fehlt, denn harrn wi öwerhaupt keen Mot to'n Lewen mehr hatt. [9] Ja, wi sülbn wärn uns gans klor doröwer, dat de Dod uns bestimmt wär. Un dat harr ock sin gooden Grund, denn wi schulln lehrn, unse To- vertruen nich up uns sülbn to setten, sunnern up Godd, de de Doden upwecken deit. [10] Un he hett uns denn ock ut düsse grote Dodesnot redd un ward dat wieder don. Ja, up em sett wi ock unse Höpen, he deit dat ock sünst noch, [11] wenn ji ock dörch ju Beden för uns dorto mithelpen dot. Denn dat hett Godd dorbi in'n Sinn, dat up veele Gesichter nu ock de

335

Dank to lesen steit för de Gnad, de uns schenkt is dordörch, dat för uns bed' is.

[12] Worup dot wi uns eegentli wat to good? Up dat, wat dat Geweten uns betügen deit, un dat is düt: wi hebbt unsen Weg dörch de Welt makt hillig un uprichdi, so as Godd dat verlangn deit, un nich in Klootheit, as de Minschen ehr sünst wull hebbt, sunnern in de Kraft, de Godd sin Gnad uns schenkt, un dat besunners, as wi bi ju wärn. [13] In unsen Breef steit niks anners schrewen, as wat ji swart up witt lest oder ock rutlesen dot, un ick höp, ji kamt noch mal gans dorachter. Deelwies' hebbt ji uns ja all richdi verstahn. [14] Ick meen düt: ji künnt stolz up uns wesen un wi ock up ju an unsen Herrn Jesus sin Dag.

[15] Dorup harr ick min Tovertruen sett, un dorum harr ick mi vörnahmen, all fröher to ju hentokamen. Ick wull ju noch en tweete Gnadengaw bringn. [16] Un denn wull ick vun ju wiederreisen na Makedonien un vun Makedonien wedder bi ju vörkamen, un denn schulln ji för min Reis' na Judäa sorgen. So wär dat min Plan. [17] Un seggt mal gans ehrli: Wär dat würkli lichtsinni vun mi? Oder, wenn ji mi dat totruen dot: is dat bi mi, wenn ick wat vörheff, so, dat ick dat maken do, grad as de Lüd dat sünst wull dot: dat ick hüt ja un morgen nä segg? [18] Dorför is Godd Börg, dat dat Word, dat wi ju bringn dot, nich ja un nä togliek is. [19] Godd sin Söhn Christus Jesus, den wi bi ju predigt hebbt — ick un Silvanus un Timotheus — de wär wohrrafdi ock nich ja un nä, nä, he wär gans un gor: ja. [20] Allns, wat Godd toseggt hett, is in em gans „ja" worrn. In em is allns erfüllt. Dorum seggt wi dörch em ock „Amen" Godd to Ehren. [21] Godd is dat, de uns tohop mit ju gans fast mit Christus verbunn'n un uns salwt hett, [22] un he hett uns dat Siegel updrückt un uns as Pand den Geist int Hart gewen. [23] Ick roop Godd to'n Tügen an för min Seel: Blots dorum bün ick noch nich na Korinth kamen, ick wull sinni mit ju ümgahn un ju nich hart anfaten. [24] Wi sünd ja nich Herrn öwer ju Glowen. Nä, wi sünd ju Handlangers un wüllt mithelpen, dat ji ju freun künnt; denn in'n Glowen staht ji fast.

Dat 2. Kapitel.

[1] Düt steit för mi fast: ick kam nich to'n tweeten Mal to ju hen in en trurige Angelegenheit. [2] Denn wenn ick ju weh do, wer helpt mi denn, dat ick mi wedder freuen kann? Dat kann doch blots de, den ick wehdan heff.

[3] Dorum heff ick ju dat ja grad schrewen; wenn ick kamen do, denn will ick niks Truriges bilewen vun de, de mi eegentli

Freud maken schulln. Dat Vertruen heff ick doch to ju, dat min Freud ock de Freud vun ju all' is. 4 Denn ut veel Not un Hartensangst heff ick ju schrewen, un dat hett mi veel Tranen kost; ji schulln doch nich truri warrn. Nä, ji schulln de Lew spörn, de ick grad to ju heff.

5 Hett een wehdan, denn hett he dat nich mi andan, sunnern mehr oder weniger — ick will em dat nich all' to dull to Last leggn — ju all'. 6 För düssen Mann langt all de Straf, de he vun de Mehrsten kregn hett. 7 Dorum dot nu dat Gegendeel: Vergewt em lewer un tröst em, dat de arme Kirl dörch noch grötere Trurikeit nich gans den Mot verleert. 8 Dorum vermahn ick ju: Lat de Lew in düssen Fall dat letzte Word hebbn! 9 Denn dat harr ick in min letzten Breef in'n Sinn: ick wull mal sehn, üm ji würkli in alle Deele uphörn dot. 10 Vergewt ji em, denn do ick dat ock. Denn wat ick vergewen heff — wenn ick öwerhaupt wat to vergewen harr — dat heff ick dan för ju, ünner Christus sin Ogen. 11 Ick wull nich, dat de Düwel uns öwer dat Ohr haun deit; denn wat he in'n Sinn hett, dat weet wi heel good.

12 As ick nu na Troas käm un dat Evangelium vun Christus predigen wull, do harr de Herr mi de Dör wiet upmakt. 13 Awer min Geist käm nich to Ruh, denn ick funn min Broder Titus nich vör. Dorum reis' ick wedder aff un güng na Makedonien.

14 Godd si Low un Dank! He lett uns in Christus doch alltieds den Sieg winnen, un öwerall ward he bekannt dörch uns. Dat liggt eenfach so in de Luft. Dat geit mit uns as mit den Weihrook. De is ock öwerall to spörn. 15 So sünd wi en goode Geruch vun Christus, Godd to Ehrn, bi de, de redd' ward, un bi de, de verlorn gaht. 16 För düsse sünd wi en Geruch, de ut'n Dod kümmt un den Dod bringt; för de annern sünd wi en Geruch, de ut dat Lewen stammt un dat Lewen bringt. Un wer bringt dat tostann? 17 Dat künnt wi: denn wi makt dat nich so, as dat veele dot; wi hökert nich mit Godds Word rum un maakt dat nich to Geld; nä, wi sünd ehrliche Lüd. Godd hett uns schickt, un ünner sin Ogen predigt wi so, as sick dat för echte Christenminschen hörn deit.

Dat 3. Kapitel.

1 Nu seggt ji veellicht: Süh, dor fangt se wedder an, sick ruttostrieken! Awer is dat würkli so? Hebbt wi as annere Lüd — dat gifft ja so'n Lüd — Breefe nödi för ju oder vun ju, de en goodes Word för uns inleggn schüllt? 2 So'n Breef hebbt wi all. Dat sünd ji. De steit in unse Hart schrewen, un den

seht alle Minschen ock dorför an un lest em. ³Dat spört se ju
glieks aff, dat ji Christus sin Breef sünd, den wi as sin Deeners
schrewen hebbt. Un düsse Breef is nich mit Black schrewen,
wull awer mit den lebennigen Godd sin Geist, nich up Tafeln
ut Steen, nä, up Tafeln, de in Würklikeit richdige Minschen-
harten sünd.

⁴Düt Tovertruen hebbt wi dörch Christus to Godd. ⁵Wi
sülbn hebbt nich dat Tüg dorto, uns ut uns sülbn Gedanken
to maken, nä, dat wi dat künnt, dat is Godd sin Wark. ⁶He
hett uns dat Tüg dorto gewen, dat wi Deeners sünd för'n nien
Bund, un dorbi handelt sick dat nich üm Bookstawen, sunnern
üm Geist; denn de Bookstaw makt dot, awer de Geist makt
lebenni.

⁷Wenn dat nu awer all so wär, dat de Deenst, de den Dod
bringt, — de wär mit Bookstawen in Steen haut, — wenn
düsse Deenst all so'n Herrlikeit an sick harr, dat de Kinner
Israel Mose wegen de Herrlikeit, de öwer sin Gesicht utbreed
läg, nich leet ansehn kunn'n, obschons se ock wedder verswinn'n
dä — ⁸schull denn nich de Deenst, de den Geist bringt, noch
veel herrlicher wesen? ⁹Is de Deenst, de uns schülli spricht,
all herrli west, denn is de Deenst, de uns de Gerechdikeit
bringt, doch seeker noch veel herrlicher. ¹⁰Ja, man kann ruhig
seggn: wenn wi dat genau nehmen wüllt, denn bliwt vun de
dore Herrlikeit nich veel na, wenn wi up de annere Herrlikeit
seht. De stellt doch allns in den Schatten. ¹¹Denn dat is doch
keen Frag: wenn dat, wat vöröwer geit, all herrli is, denn
gelt dat doch noch veel mehr vun dat, wat Bestand hett.

¹²Düsse Hoffnung steit fast vör uns, un dorum hebbt wi
gooden Mot, wat to seggn. ¹³Wi makt dat nich so as Mose.
De heel sick en Dook vör dat Gesicht, denn de Kinner Israel
schulln dat nich wies' warrn, dat dat mit de Herrlikeit en Enn
nehmen wörr. ¹⁴Awer nütz hett dat niks. Ehr Gedanken
wörrn verstockt. Bit hen to düsse Tied is dat Dook noch ümmer
dor, wenn ehr ut dat Olle Testament vörlest ward, un dat Dook
ward nich affnahmen; denn blots dor, wo Christus is, fallt
dat hen. ¹⁵Also ock hüt is dat noch so. Wenn Mose vörlest
ward, denn liggt en Dook öwer ehr Harten utbreed. ¹⁶Awer
wenn dat Volk sick mal to'n Herrn bekehrn deit, denn ward
dat Dook affnahmen. ¹⁷De Herr is de Geist, un wo den Herrn
sin Geist is, dor is Frieheit. ¹⁸Un wi all' künnt nu ohn en
Deek vör't Gesicht den Herrn sin Herrlikeit sehn. Gewiß, wi
seht ehr man so, as wenn man in'n Speegel kieken deit, awer
wi ward doch in sin Ebenbild verwandelt, un dat geit dorbi
vun een Herrlikeit to de annere. Un dat mutt ock so wesen,
denn dat bringt den Herrn sin Geist to Weg'.

Dat 4. Kapitel.

[1] Düssen Deenst hebbt wi un de Gnad dorto, de uns dat Er-
barmen bröcht hett. Dorum verleert wi ock den Mot nich.
[2] Nä, wi wüllt een för alle Mal niks mit Heemlikeiten to don
hebbn — de bringt doch blots Schann. — Wi gaht ock nich mit
List üm un verdreit ock nich Godds Word. Nä, wi seggt de
reine Wohrheit. Dat is dat Eenzigste, wat för uns spreken
deit, un so fat wi ünner Godd sin Ogen de Minschen gans
un gor bi dat Geweten an. [3] Schull denn awer noch en Dook
öwer unse Evangelium liggn bliewen, denn kümmt dat blots
noch bi de vör, de doch verlorn gaht. [4] Bi de hett de Godd,
de öwer düsse Welt de Gewalt hett, de Gedanken blind makt,
dorüm dat se nich glöwen dot; denn he is dorup ut, dat jo
nich vör ehr uplüchten deit dat Licht, dat dat Evangelium bringt
vun Christus sin Herrlikeit; denn he is ja Godd sin Ebenbild.
[5] Wi predigt wohrrafdi nich uns sülbn, sunnern Christus Jesus.
He is de Herr, un wi sünd blots ju Deeners vun wegen Jesus.
[6] Godd, de ja seggt hett: „Ut de Düsternis schall dat Licht up-
lüchten!" — de hett dat hell makt in unse Hart, dat nu ock bi
de Annern Godd sin Herrlikeit bekannt ward un uplüchten deit
in Christus sin Angesicht.

[7] Allerdings, wi hebbt düssen Schat man in Pütt, de ut
Lehm makt sünd — un dat hett ock sin gooden Grund; denn
dat schall sick wiesen, dat de Kraft, de öwer alle Maten grot is,
vun Godd stammt un nich ut uns sülbn.

[8] Se drängt uns vun alle Sieden,
   awer in de Kniep kamt wi nich.
   Wi sünd in Verlegenheit,
   awer vertwiweln dot wi nich.
[9] Se verfolgt uns,
   awer verlaten sünd wi nich.
   Wi liggt un künnt uns nich röhrn,
   awer ümkamen — dat dot wi nich.

[10] Swerall slept wi Jesus sin Starwen an unse Liew mit uns
rum; denn Jesus sin Lewen schall ock an unse Liew künni
warn. [11] Denn, wenn wi ock noch lewen dot, in den Dod sin
Handn sünd wi nu doch wegen Jesus, blots so kann ock Jesus
sin Lewen sick wiesen an uns arme Minschen, de doch starwen
möt. [12] So is in uns de Dod togang, awer in ju hett dat
Lewen de Böwerhand. [13] Un doch stickt in unse Glow desülwige
Geist, de ut dat Biwelword spreken deit: „Ick glöw, dorum
do ick ock den Mund up." Wi glöwt ock, un dorum makt wi
ock den Mund up, [14] denn wi weet: de, de den Herrn Jesus
upweckt hett, ward ock uns mit em upwecken un uns vör sin
Richtstohl stelln.

15 Düt all' bilewt wi, un ju kümmt dat to good. Denn de Gnad schall gern ümmer de Lüd riekli to Deel warn un so ock de Dank gegen Godd ümmer rieklicher na baben stiegn em to Ehrn.

16 Dorum verleert wi den Mot nich. Nä, mag de Minsch an uns, wenn wi up de Butensiet sehn dot, ock to Grunn gahn, vun binnen ward de Minsch in uns Dag för Dag upfrischt un kriggt nie Kraft. 17 Denn de Last, de de Not uns in'n Ogenblick bringt un de wi doch noch drägen künnt, de bringt uns öwer de Maten riekli en Last an Herrlikeit för de Ewigkeit. 18 Wi schüllt blots nich sehn up dat, wat wi sehn künnt, sunnern up dat, wat wi nich sehn künnt. Wat wi sehn künnt, hett sin Tied, un denn is dat vörbi. Awer, wat wi nich sehn künnt, dat is ewig.

Dat 5. Kapitel.

1 Wi weet ja: wenn unse Telt — dat is ja dat Hus, in dat wi hier up de Eer wahnen dot —, affbraken ward, denn hebbt wi en Hus, dat Godd uns gifft, un dat is en Hus, dat Minschenhandn nich buut hebbt, un dat is för de Ewigkeit bestimmt un liggt in'n Himmel. 2 Solang wi hier in düt Hus wahnen dot, geit dat ohn Süfzen un Klagen nich aff, denn wi lengt dorna, dat wi in dat himmlische Huus ünner Dack kamt. 3 Sünd wi dor erst tohus, denn staht wi doch nich nakelt dor. 4 Ja, solang wi noch in unse Telt hier wahnen dot, geit dat ohn Süfzen un Klagen nich aff, un wi hebbt unse Packen to drägen. Ach, wi müchen doch nich gans nakelt dorstahn, sunnern wat öwer- un anhebbn, un wi lengt dorna, dat vunt Starwen gans un gorniks öwerbliwt un luuter Lewen blots dor is. 5 Awer dat hett keen Not dormit. Godd is ja dor, un he kriggt dat för uns in de Reeg, denn he hett uns as Pand dorför all den Geist schenkt.

6 So sünd wi denn gans getrost. Wull weet wi: solang wi noch in unsen Liew wahnen dot, sünd wi noch nich tohus bi den Herrn — 7 denn wi makt unsen Weg dörch de Welt gans in'n Glowen, to sehn kriegt wi em hier nich — 8 un doch bliwt wi getrost; ja, hebbt wi de Wahl, denn müchen wi doch lewer den Liew in Stich laten un nahus gahn to den Herrn. 9 Dorum is uns dat ock en Ehrensak, dat he mit uns tofreden is, gans eenerlei, üm wi hier noch tohus sünd oder all up de Reis' na baben sünd; 10 denn wi möt all' vör Christus sin Richderstohl stahn un uns utwiesen, un denn kriggt jedereen betalt na dat, wat he makt hett, solang he in düssen Liew lewt hett, mag dat nu good oder bös wesen sin.

11 Wi weet, dat man den Herrn de Ehr gewen mutt, dorum sett wi de Minschen ümmer wedder to. Godd kennt uns dörch

un dörch, em künnt wi niks vörmaken. Ick höp ock, dat ji
mit uns genau Bischeed weten dot, wenn ji na ju Geweten
gaht. [12] Awer denkt nich, dat wi uns hiermit nu wedder bi
ju in goode Erinnerung bringn wüllt. Nä, wi wulln ju blots
en goode Gelegenheit gewen, mal mit un Staat to maken,
dat ji wat uptowiesen hebbt gegen de Lüd, de sick wull upspeelt
mit dat, wat de Ogen seht, awer niks to meldn hebbt vun dat,
wat int Hart lewen deit, un dorup kümmt dat doch tolez an.
[13] Dat mag wesen, dat wi uns vör Freud nich to laten weet;
awer dat makt niks, denn wi hebbt dat för Godd dan. Sünd
wi awer gans bi Trost, denn kümmt dat ju to good. [14] Dat,
wat uns gans un gor in Gewalt hett, dat is Christus sin Lew.
Wi denkt ja so: Een is för alle in den Dod gahn; also sünd
se nu all' dod. [15] Un he güng för ehr all' in den Dod, denn he
wull ja, dat de Minschen, de dor lewen dot, nich mehr för sick
sülben lewt, sunnern för den, de för ehr in den Dod gahn un
wedder upweckt is.

[16] Dorum gewt wi vun nu an niks mehr up dat, wat een
as Minsch west is. Wi hebbt sogor Christus as Minsch kennt,
awer nu denkt wi gans anners vun em. [17] Un so seggt wi:
wer würkli Christus tohörn deit, de is gans un gor wat Nies
worrn. Dat Olle liggt wiet achter em, un nu is gans wat
Nies an sin Stell kamen. [18] Un dat all' hett Godd tostann
bröcht: He hett uns dörch Christus mit sick versöhnt un uns
dat Amt gewen, dat wi de Versöhnung predigen schüllt. [19] Godd
wär dat ja doch, de in Christus de Welt mit sick versöhnen dä.
He rek'n ehr dat nich an, wat se sick versehn harrn, un lä
uns up, de Versöhnung to predigen.
[20] Un so staht wi nu dor för Christus as sin Lüd, de he aff-
schickt hett. Ja dat is so, as wenn Godd sülbn dörch uns ver-
mahnen deit. Un wi bed' in Christus sin Nam: „Lat ju doch
mit Godd versöhnen!" [21] Em, de doch keen Sünn kennen dä,
den hett he för uns to Sünn makt. So schulln wi in em en
Gerechdikeit warn, de in Godd sin Ogen gelt'n deit.

Dat 6. Kapitel.

[1] Dor helpt wi nu mit un vermahnt ju: Ji hebbt Godd sin
Gnad schenkt kregn, awer nu sorgt ock dorför, dat se ju to'n
Segen ward! [2] He hett ja seggt:

„To'n günstige Tied heff ick di erhört,
un an den Heilsdag heff ick di holpen."

Seht, nu is de günstige Tied, nu is de Heilsdag dor! [3] Un wi
seht to, dat man uns dörchut niks anhebbn kann; denn an

341

dat Amt dörf keen Plack sitten. ⁴ Nä, wi wiest uns in alle Deele ut as Godd sin Deeners:

Wi holt gedülli ut in Drangsal, in Not un Angst, ⁵ wenn se uns mißhandeln dot, int Gefängnis, wenn se en Uprohr makt, in Möhgd un sure Arbeid, bi Nachtwaken un wenn wi hungern möt.

⁶ Wi holt dor up, dat wi rein lewt, dat wi kloor seht, dat wi mit Minschen Geduld hebbt un fründlich ümgaht, up hilligen Geist, up Lew, de dat ehrli meent, ⁷ up en Predigt, de blots de Wohrheit verkünn' will, un up en Kraft, de Godd schenken deit.

Wi wehrt uns mit Waffen, de in Godd sin Ogen recht sünd, griept an un wehrt uns, ⁸ mag dat för uns dörch Ehr oder Schann gahn, mögt se uns wat Böses naseggn oder löwen.

Lat ehr uns Bedreegers schimpen, wi sünd doch ehrliche Lüd, de dat blots üm de Wohrheit to don is."

⁹ Lat ehr so don, as wärn wi gans unbekannte Lüd, wi sünd doch good bekannt!

Lat ehr seggn, wi liggt int Starwen, makt niks: wi lewt doch!

Lat ehr denken, Godd straft uns — starwen dot wi nich! ¹⁰ Dat mag so schienen as wärn wi truri, wi sünd doch alltieds Lüd, de ehr Hart vull is vun Freud!

Wi mögt utsehn as beddelarme Minschen, wi makt doch Veele riek, un hett dat den Anstreek, as harrn wi gorniks, wi hebbt doch allns!

¹¹ Wi hebbt, min lewe Korinther, bi ju keen Bladd vörn Mund nahmen, uns is dat Hart so wiet un warm. Un in unse Hart is Platz för ju all'; ¹² awer ji hebbt man nich recht Platz för uns in ju Harten. ¹³ Ach, lat de eene Hand doch de annere waschen — so sprek ick to ju as en Vader to sin Kinner — nu makt ock ju Harten wiet up.

¹⁴ Treckt nich an desülwige Sträng mit de, de nich glöwen dot! Denn Gerechdikeit un Gesetzlosikeit hebbt dörchut niks mitenanner to don. Oder verdrägt sick Licht un Düsternis tosam? ¹⁵ Paßt wull Christus to Belial? Oder lat sick de ünner een Hot bringn, de glöwen dot un de nich glöwen dot?

¹⁶ Verdrägt sick wull Godd sin Tempel un Götzen? Un wi sünd doch den lebennigen Godd sin Tempel. He hett dat doch sülbn seggt:

„Ick will bi ehr wahnen un bi ehr ut- un ingahn. Ick will ehr Godd wesen, un se schüllt min Volk wesen."

¹⁷ Dorum: „lewt nich mehr mit ehr tohop un scheed ju vun ehr", seggt de Herr.

Un: „wat unrein is, dor lat de Handn vun aff! Ick will ju annehmen ¹⁸ un ju Vader wesen, un ji schüllt min Söhns un Döchder wesen," seggt de allmächdige Herr.

Dat 7. Kapitel.

¹ Seht mal, düt all' is to uns seggt, lewe Lüd! Dorum willt wi uns reinmaken vun alle Placken, de an Liew un Geist sitten dot, un allns doran setten, dat wi gans hillig in Goddesfurcht lewt.

² Gewt uns Platz bi ju! Wi hebbt doch keen een Unrecht dan, ock keen een to Grunn richt oder öwer't Ohr haut. ³ Ick will ju dormit niks vörholn. Ick heff ja eben erst seggt: ji liggt uns so ant Hart, dat wi mit ju lewen, un, wenn dat sin mutt, mit ju starwen wüllt. ⁴ Ick heff veel Tovertruen to ju un ock veel an ju to löwen. Trost heff ick in Hüll un Füll, und Freud heff ick noch veel mehr in all' unse Drangsal.

⁵ Denn ock as wi na Makedonien kämen, kämen wi nich to Ruh. Wo wi güngn un stünn'n, öwerall störm dat up uns in. Na buten: Kamp un Striet; na binnen: Angst un Bangen. ⁶ Awer Godd tröst ja de Minschen, de sick mit Sorg un Elend quälen möt; dorum hett he uns ock tröst, as Titus käm. ⁷ Allerdings nich blots dordörch, dat he nu wedder dor wär; nä, ock dörch den Trost, den he öwer ju mitbröcht harr. He hett uns vertellt vun ju Lengen, un dat ji so truri sünd un gern wedder goodmaken wüllt, wat ji mi andan hebbt. So harr ick noch mehr Freud.

⁸ Dorum mutt ick seggn: wenn ick ju mit den letzten Breef ock truri makt heff, so deit mi dat nu doch nich leed. Un wenn mi dat ock mal leed dan hett — ick seh ja, dat düsse Breef ju wenigstens tiedwies truri makt hett — ⁹ nu freu ick mi — dat segg ick reinut —. Awer dat do ick nich, wieldat ji öwerhaupt truri west sünd. Nä, ick freu mi, dat ju Trurikeit ju dorto bröcht hett, dat ju dat vun Harten leed dä, wat ji makt hebbt. Denn ji sünd truri west, so as Godd dat ock hebbn wull, denn ji schulln vun uns ut in keen Wies' Schaden lieden.

¹⁰ Wenn een truri is, so as Godd dat hebbn will, so bringt dat em dorto, dat em dat ock leed deit, un dat sleit för em denn wedder to'n Heil ut. Wer sowat bilewen deit, den deit dat wohrrafdi nich leed. Awer de Trurikeit, as de Welt ehr kennt, de bringt den Dod.

¹¹ Seht doch blots mal an, wat ju Trurikeit, as Godd ehr hebbn wull, bi ju to Weg' bröcht hett: ji wüllt so gern wedder goodmaken. Ja, noch mehr: ji hebbt ju verteidigt, ji hebbt bewiest, dat ji mit de Sak gans un gorniks to don hebbn wüllt; ji sünd bang, ji lengt, ji nehmt de Sak heel ernst, ji wüllt strafen! Ji hebbt na alle Sieden hen bewiest, dat ji in düsse Sak keen Schuld hebbt. ¹² Also, wenn ick ju den Breef schrewen heff, so dä ick dat nich dorum, dat ick den, de bileidigt harr, strafen oder den, de bileidigt wär, to sin Recht verhelpen wull.

343

Nä, ick harr blots dat dorbi in'n Sinn: vör Godd sin Ogen schull klor an'n Dag kamen, dat ji gans up unse Siet staht. Un dat is unse Trost west.

13 Awer to düssen Trost hebbt wi nu noch en gans besunnere Freud hatt. Dat is de Freud, de Titus bilewt hett. Dat hett em so good dan, wat ji all' an em dan hebbt. 14 Un dorum mutt ick ja seggn: wenn ick denn all gelegentli mal ju vör em löwt heff, so bün ick doch nich dormit rinfulln. Nä, so as wi in alle Deele ju de reine Wohrheit seggt hebbt, so hett sick as reine Wohrheit ock dat Low bewiest, dat wi öwer ju gegen Titus utspraken hebbt. 15 Un dat will ick ju seggn: sin Hart sleit nu noch gans anners för ju; denn he hett nich vergeten, dat ji all' up em hört hebbt un mit Angst un Bangen em upnehmen dän. 16 So freu ick mi denn, dat ick mi in allns up ju gans verlaten kann.

Dat 8. Kapitel.

1 Un nu, min lewe Bröder, schüllt ji noch wat vun uns hörn. Godd hett in de Gemeenden vun Makedonien veel Gnad schenkt. 2 Se sünd ja dörch Drangsal männimal up de Prow stellt, awer ehr Freud blew grot, un wenn se ock beddelarm sünd, se hebbt doch öwer de Maten riekli bistüert, un dat vun Harten. 3 Se hebbt dan, wat se kunn'n — dat mutt ick seggn — ja, öwer ehr Vermögen hebbt se gans ut sick sülbn hergewen, wat se harrn. 4 Ja, se hebbt uns ümmer wedder tosett, wi schulln dat doch annehmen, denn se seegn dat as en Gnad' an, dat se to'n Deenst för de Hilligen wat bistüern dörft. 5 Un wat se gewen hebbt, is veel mehr, as wi uns moden wärn. Man mutt seggn: se hebbt sick sülbn gewen, toirst för den Herrn un denn ock för uns, un dat na Godd sin Willn.

6 So is dat denn kamen, dat wi Titus ant Hart leggt: he müch nu düt Wark, dat he bi ju ja all anfung hett, to Enn bringn — Godd sin Gnad ward den Segen dorto gewen. 7 Un so bed ick ju: ji gaht ja ock sünst in alle Saken vöran: in Glow un Red', un ji verstaht allns good; ju Iwer is grot un ock ju Lew, de wi bi ju weckt hebbt -- so gaht ock in düt Gnadenwark vöran!

8 Upleggn will ick ju dat nich. Nä, ick denk blots an den Iwer, den Annere bewiesen dot, un ick will blots mal sehn, üm ju Lew würkli echt is. 9 Ji kennt ja unsen Herrn Jesus Christus sin Gnad. He wär ja so riek, awer ju to Lew is he arm worrn, denn dörch sin Armot schulln ji riek warn. 10 Blots en gooden Rat will ick ju nu gewen. Un de kunn ju good don. Dat letzte Johr hebbt ji ju all an de Spitz stellt. Ji hebbt nich blots de Hand mit ant Wark leggt, nä, ji hebbt dat ut frie Stücken

344

toirſt anfungn. [11] Dorum möt ji dat nu ock to Enn bringn. Achter den gooden Willn dörf nu ock de Sak ſülbn nich torügſtahn. Wat ji anfungn hebbt, mutt nu dörchſöhrt warrn. Dot, wat ji künnt! [12] Is de goode Will würkli dor, denn is Godd tofreden. He verlangt blots, wi ſchüllt don, wat wi künnt, un nich, dat wi gewt, wat wi nich hebbt. [13] Ji ſchüllt nich annere Lüd ut de Verlegenheit helpen un ſülbn dorbi in de Kniep kamen. [14] Nä, dorum is dat em to don: dat ſchall ſick utglieken. In düſſe Tied hebbt ji wat öwer, un dat ſchall de to Hülp kamen, de dat knapp hebbt, denn kümmt en anner Mal dat, wat de Annern öwerhebbt, ju to Hülp, wenn ji in Verlegenheit ſünd. Dat ſchall ſick utglieken, [15] ſo as dat all in de Biwel ſteit:

„Wer veel ſammelt harr, harr niks öwer,
un wer wenig ſammelt harr, käm nich to kort.“

[16] Godd ſi Dank, dat he Titus den ſülwigen Iwer för ju int Hart gewen hett as uns! [17] He hett dat wull good upnahmen, wat wi em ant Hart leggn dän, awer ſin Iwer wär ſo grot, dat he gans ut frie Stücken to ju henreiſen dä. [18] Un mit em tohop hebbt wi ock den Broder ſchick, up den ſe wegen ſin Predigt för dat Evangelium in alle Gemeenden grote Stücken gewt, [19] un nich blots dat, nä, de Gemeenden hebbt em ock wählt, dat he mit uns reiſen ſchall bi düt Gnadenwark, dat vun uns bedrewen ward; un dat den Herrn to Ehrn un ock utdrückli up unſen eegen Wunſch. [20] Uns is dorum to don, dat keen een uns wat anhebbn kann bi düſſe grote Sammlung, de wi vörhebbt; [21] denn uns liggt doran, dat allns ſick ſehn laten kann, nich blots vör Godd ſin Ogen, nä, ock vör de Minſchen. [22] Un mit de beiden ſchick wi noch en Broder, de to uns hört. He is banni dorachter her — dat hebbt wi all in veele Saken un männimal utpröwt — [23] un nu erſt recht, denn he hett vulles Tovertruen to ju. Wenn ick för Titus en Word inleggn do, denn do ick dat, wieldat he min Hülpsmann is, de mi to Hand geit. Un de annern Beiden vun uns — de ſünd affſchickt vun de Gemeenden, un ſe makt Chriſtus Ehr. [24] So bewieſt ehr ju Lew un ſorgt dorför, dat dat, wat wi an ju löwt hebbt, wohr bliwt!

Dat 9. Kapitel.

[1] Iwer de Sammlung för de Hilligen ſülbn bruk ick ju nich beſunners to ſchriewen. [2] Dat ji dorbi gern mit helpen dot, weet ick; ſünſt harr ick de Makedonier dat nich ſeggt un dat an de grote Klock hungn, dat Achaja all ſiet en Johrſtied fardi is un afflewern will un dat ju Iwer de mehrſten anſtachelt

hett. [3] Awer de Bröder heff ick schickt, dat dat Low, dat ji vun uns kregn hebbt, in düt Stück nu noch würkli dörchstahn kann, dat ji also, as ick dat seggt heff, ock würkli fardi sünd. [4] Sünst wörrn wi ja bös tositten, wenn nu Makedonier mit mi kamt un denn bilewt, dat ji nich fardi sünd. Denn müssen wi — ick will nich: „ji" seggn — uns ja schamen öwer düt Tovertruen. [5] So schien mi dat nödi, de Bröder uptoförrern, vör mi to ju hentoreisen un ju Segensgaw, de ji all so lang in Utsicht stellt hebbt, vörher gans in de Reeg to bringn, dat se denn ock würkli parat liggt as en Segensgaw un nich as en poor Penn, de en Giezknüppel gewen hett.

[6] Ick meen dat so: Wer dünn sait, de ward ock dünn maihn; un wer mit vulle Handn sait, de dörf ock mit vulle Handn inföhrn. [7] Jedereen schall so gewen, as em dat dorbi üm dat Hart is. Dat dörf em nich leed don dorbi, he schall dat ock friewilli don; sünst hett dat keen Wert; denn Godd hölt blots vun den wat, de gern un mit Freuden gifft. [8] Godd awer hett de Macht dorto, dat he sin Gnad in Hüll un Füll öwer ju utschütten kann. Denn hebbt ji alltieds in alle Deele dat, wat ji nödi hebbt, ja, ji hebbt noch wat öwer un künnt Goodes don öwerall, wo dat nödi deit. [9] So steit dat doch in de Biwel schrewen:

„He hett utstreut un de Armen todeelt.
Sin Gerechdikeit bliwt ewig bestahn."

[10] Un he, de den Buer Saat un Brod to'n Lewen gifft, he ward ju ock riekli Saat gewen un ut ju Gerechdikeit veel Frucht wassen laten. [11] So ward ji in alle Deele rieke Lüd un künnt mit vulle Handn slicht un recht utstreun, un wenn dat denn dörch unse Handn geit, denn gifft dat wedder vele Lüd, de Godd dorför danken dot. [12] Denn düsse Deenst, de so'n Gawen to Weg' bringt, kümmt nich blots de Hilligen to good, de in Verlegenheit sünd, nä, de helpt ock dorto, dat veele Lüd Godd danken lehrt. [13] Denn wenn ji bi düssen Deenst ju Mann staht, denn löwt se Godd dorför, dat ji fast un tru to ju Glowen an dat Evangelium vun Christus staht un ehr slicht un recht wat affgewt un all' de Annern dorto. [14] Un denn bed' se ock för ju un lengt na ju, wieldat Godd sin Gnad so öwer de Maten öwer ehr kamen is. [15] Godd si Low un Dank för dat grote Geschenk, dat he uns vermakt hett! Dat is so herrli, dat man't nich utmalen kann.

Dat 10. Kapitel.

[1] Un nu müch ick sülbn ju noch wat ant Hart leggn, un ick berop mi dorbi up Christus, de ja sinni un fründli de Minschen anfaten dä.

346

Se ſeggt ja vun mi: ünner veer Ogen heff ick niks to koop, wenn ick bi ju bün; awer heff ick ju blots den Rügg todreit, denn heff ick den groten Mund apen. ²Na, Godd gew, dat ick, wenn ick bi ju bün, dat nich nödi heff, veel Mot upto- bringn. Denn dat tru ick mi to, un dat heff ick mi vörnahmen: ick will dat wull upnehmen mit Lüd — ji weet, wen ick meenen do —, de ſick inbildn dot, dat wi blots na unſe eegen Nücken lewt, ſo gans minſchli, as all' de Annern ock. ³Gewiß, wi ſünd Minſchen vun Fleeſch un Bloot un möt ſo lewen, awer wenn wi kämpen möt, denn dot wi dat up annere Art un Wieſ', denn hebbt Fleeſch un Bloot nich de Böwerhand. ⁴De Waffen, de wi brukt in'n Kamp, ſünd nich vun Minſchen ſmeed; de hett Godd ſo ſtark makt, dat wi Borgen dormit dalrieten künnt. ⁵Wi makt dormit heel klooke Gedanken toſchann, de Minſchen ſick utdacht hebbt, un bringt jede Feſtung to Fall, achter de ſick Minſchen verſchanzen dot, de vun Godd niks weten wüllt. Ja, jeden Gedanken leggt wi in Keden, denn blots up Chriſtus ſchüllt wi hörn. ⁶Un dat ſchüllt ji weten: wenn ji erſt gans up- hörn dot, denn ſtaht wi parat, un jedereen kriggt ſin Straf, de denn noch ſick upſetten deit.

⁷Makt doch de Ogen up! Wat liggt denn eegentli vör? Deit ſick eener wat dorup to good, dat he Chriſtus tohörn deit, denn ſchall he nich vergeten, dat wi dat grad ſo good dot as he. ⁸Un ſchull ick den Mund en beten vull nehmen vun wegen de Vullmacht, de Chriſtus uns gewen hett — ick meen, dat ji upbuut, nich awer dalreten ward — denn hett dat för mi ock keen Not. ⁹Dormit is ock noch nich ſeggt, dat ick ju mit min Breewe in Schock jagen wull. ¹⁰Allerdings ſeggt ſe ja: „Sin Breewe ſünd ſtramm un ſcharp, awer he ſülbn gifft nich veel her, un reden kann he ock nich." ¹¹Wer ſo vun mi denken deit, de ſchall ſick marken: Grad ſo as wi dörch unſe Breewe uns gewen dot mit'n Mund, wenn wi nich dor ſünd, ſo ſchüllt ji uns kennen lehrn, wenn wi kamt as handfaſte Lüd. ¹²Allerdings, dat bringt wi knapp fardi, dat wi uns up een Stück ſtellt oder meten dot mit ſo'n Lüd, de ſick ſülbn anprieſen dot. Nä, wi makt dat anners. De dore Lüd met' ſick an ſick ſülbn un verglieft ſick mit ſick ſülbn, un ſe weet nich, wat ſe dot. ¹³Wi dot uns nich öwer de Maten wat to good, nä, wi holt uns an den Tollſtock un dat Mat, dat Godd uns in de Hand gewen hett to'n Meten, un dat langt ock noch to ju hen. ¹⁴Wi gaht nich öwer de Grenz'; dat is nich ſo, as wenn ji nich to uns hörn dän. Nä, wi ſünd doch würkli mit dat Evan- gelium vun Chriſtus to ju henkamen. ¹⁵Wi ſpeelt uns nich öwer de Maten up, as wulln wi maihn, wo wi nich ſait hebbt; nä, wi höpt, wenn ju Glow noch wieder waſſen deit, denn ſtaht wi noch mal ünner ju hoch dor, ſowiet as uns dat tometen

347

is; ja, dat kümmt veellicht noch beter. [16] Veellicht künnt wi dat Evangelium noch wieder bringn as to ju, ohn' dat wi uns wat to good dot up dat, wat an en annere Stell all vun annere Lüd makt is. [17] Wer sick wat to good don will up en Sak, de schall sick wat to good don up dat, wat de Herr makt hett. [18] Nich up den is Verlat, de sick sülbn anpriest, nä, de Herr mutt sick för em insetten.

Dat 11. Kapitel.

[1] Kunn'n ji doch en lütt beten mit mi in Gelegenheit sehn, wenn ick mal en beten „dumm" togang kam! Na, ji dot dat ja ock. [2] Ick bün ja so achter ju ran, wieldat ick ju lew heff grad so, as Godd dat üm sin Volk to don wär. Ick heff ju ja friet för e e n Mann un wull so gern, dat ick ju as en reine Jungfru vör Christus henstelln kunn. [3] Ick bün blots bang, dat grad so, as de Slang Eva, ohn dat se dorum wies' wörr, verföhrn dä, ji mit ju Gedanken to Schaden kamt un nich mehr so uprichdi un hillig to Christus staht. [4] Denn wenn dor een to ju kümmt un ju en annern Christus predigt, as wi dat dan hebbt, oder wenn ji en annern Geist kriegt, as ji vun uns kreegn hebbt, oder en anneres Evangelium, as ji vun uns annahmen hebbt — denn is dat ju allns good un recht. [5] Mi dünkt doch, dat ick dat mit de Baaskirls, de sick Apostels nömt, noch upnehmen kann. [6] Gewiß, vun de Kunst, to reden, verstah ick nich veel, awer de Wohrheit kenn ick; dat hebbt wi in jede Sak an ju bewiest.

[7] Oder wär dat en Sünn, dat ick ut mi sülbn garnids maken dä, blots wieldat ick wull, dat ji hoch dorstahn schulln? Heff ick ju nich dat Evangelium predigt, ohn' ock man een Penn dorför to kriegn? [8] Annere Gemeenden heff ick reinweg utplünnert un mi betaln laten, blots üm ju to deenen. [9] Un as ick bi ju wär un niks to bieten harr, do hett keen een Last dorvun hatt. Denn wat ick nödi harr, dat hebbt de Bröder mitbröcht, de vun Makedonien kämen. Ick wull ju in keen Stück to Last falln, un so schall dat ock bliewen. [10] So gewiß as Christus sin Uprichdikeit in mi lewen deit, dat segg ick ju: dat ick mi dorup wat to good do, dat lat ick mi in de Gegenden vun Achaja nich nehmen. [11] Un worum do ick dat? Wieldat ick niks vun ju holn do? Dat weet Godd! [12] Wat ick do, dat do ick ock dorum: ick will de Lüd, de blots up en Gelegenheit luert, de Gelegenheit affsnieden. Wenn se sick wat to good don wüllt, mögt se sick so upwiesen, as wi dat dot. [13] Denn düsse Slag Lüd sünd Lögenapostels, Arbeiders, de niks Goodes in'n Sinn hebbt; de hebbt sick verkleed as Christus sin Apostels, wieder niks. [14] Is ock keen Wunner. De Düwel sülbn makt

348

dat ja nich anners, de verkleed ſick as Licht=Engel. [15] So fallt dat nich up, wenn ock ſin Deeners ſick utgewt as ſo'n Lüd, de blots de Gerechdikeit deenen wüllt. Un dat Enn? Se kriegt, wat ehr tokümmt.

[16] Un nu noch eenmal: denkt nich, dat ick en Narr bün! Kann't awer doch nich anners weſen, denn man to, denn lat mi ock mal en beten grotprahln! [17] Wat ick nu ſeggn do, dat hett mit den Herrn niks to don. Dat ſegg ick ſo in min Un= verſtand. Dor ſchall ja nu mal grotprahlt warn. [18] Dat gifft ja ſo veele Lüd, de na buten mit ſick Staat makt, denn will ick dat ock mal don. [19] Ji klooken Lüd hebbt ja an de Narrn ock mal Spaß. [20] Ji lat ju dat ja gefalln, wenn ſe ju kuſchen dot, wenn ſe ju upfreten dot, wenn ſe ju anfaten dot, wenn ſe den Kopp hochdrägen dot, wenn ſe ju int Geſicht ſlat. [21] Dor mutt ick allerdings ſeggn to min eegen Schann: dorto hett dat bi uns nich langt.

Awer will dat eener mit mi in en Sak upnehmen — dat is ja eegentli narrſch to ſeggn! — good, ick nähm dat mit em up.

[22] Se ſünd Hebräer? — Ick ock.
Se ſünd Iſraeliten? — Ick ock.
Se ſtammt vun Abraham aff? — Ick ock.
[23] Se ſünd Chriſtus ſin Deeners? — Ick noch veel mehr.
Awer ick bün wull nich recht bi Troſt?
Möhgd — mehr as man drägen kann!
Inſchott' — mehr as man denken ſchull!
Prügel — mehr as uttoholn wär!
Un den Dod int Og kickt — wo öft heff ick't dan!

[24] Vun de Juden heff ick fiefmal negenundörtig öwern Puckel kreegn. [25] Dreemal gew dat wat mit de Pietſch, eenmal hebbt ſe mi mit Steen ſmeten, dreemal wär ick up See ant Verſacken, veeruntwintig Stünn hebbt de Bülgen mit mi ſpeelt.

[26] Wo männimal wär ick ünnerwegens!
Un in Geſohr — up't Water, in Geſohr bi Räuwers,
in Geſohr mang min eegen Lüd, in Geſohr bi de Heiden,
in Geſohr in de Stadt, in Geſohr up'n Land'n,
in Geſohr up de See, in Geſohr ünner Lögenbröder!
[27] Un Laſt un Möhgd — wo männimal!
Slaploſe Nacht'n — de ſünd knapp to telln!
Hunger un Dörſt, knapp to lewen — ach, ick kenn dat good!
Küll — un niks üm un an!

[28] Un denn — von allns Annere will ick ſwiegen — wat ſtörmt jeden Dag up mi in!

De Sorg för alle Gemeenden!

²⁹ Wer hett keen Kraft? Dat bün ick. Wer kümmt to Fall? Un ick warr nich rot?

³⁰ Gans gewiß: schall denn mal prahlt warn, denn will ick dormit prahln, dat ick niks kann. ³¹ Godd un den Herrn Jesus sin Vader — em si Low un Dank in Ewigkeit! — he weet dat: ick leeg nich. ³² In Damaskus leet den König Aretas sin Statt-holer de Stadt bewachen, denn se wulln mi inschotten, ³³ un dörch en Finster hebbt se mi in en Korw dallaten an de Muer, un se kreegn mi nich fat.

Dat 12. Kapitel.

¹ Gewiß, dat Prahlen döcht niks — awer ick kann nich anners! Ick kam nu up Saken, de de Herr mi „sehn" leet un künni maken dä.

² Ick kenn en Minsch, de hört Christus to. Veertein Johr is dat her. Do wörr he na den drüdden Himmel wegföhrt. Wär dat nu so, as he güng un stünn, oder wär dat ohn sin Liew — ick weet dat nich, Godd weet dat. ³/⁴ Ja, ick weet vun em noch mehr: he wörr wegföhrt na dat Paradies, un he kreeg Wörd to hörn, de nich utspraken warn künnt, keen Minsch kann dat. Wär dat nu so, as he güng un stünn, oder wär dat ohn sin Liew — ick weet dat nich, Godd weet dat. ⁵ Dorvun will ick grot spreken, vun mi sülbn will ick awer nich grotprahlen, denn ick heff blots uptowiesen, dat ick niks kann: ick bün en arme Stackelsminsch. ⁶ Denn wull ick vun mi grotprahlen, denn wär ick doch keen Narr; denn ick segg de reine Wohrheit. Awer ick lat dat, denn ick will nich, dat een höcher vun mi denkt, as he mi dat ansehn un vun mi hörn kann. Un dat gelt ock vun all' dat, wat mi künni makt is. ⁷ Dorto kümmt: wieldat ick den Kopp nich to hoch drägen schall, dorum heff ick en Dorn in min Fleesch kregn, dat is en Satansengel. De schall mit mit duppelte Fust slan, dat ick mi jo nich wat inbildn do. ⁸ Wegen dat heff ick all dreemal den Herrn vun Harten beden, he müch vun mi afflaten. ⁹ Un wat sä he to mi? „Min Gnad is för di genog. Denn de Kraft bewiest sick am besten an en armen Stackelsminschen, de niks mehr kann." Dorum prahl ick nu gern dormit, dat ick gorniks kann; denn so kümmt Christus sin Kraft öwer mi. ¹⁰ Dorum bün ick ümmer good to Weg', wenn ick keen Kraft heff, wenn se mit mi rumstöt', wenn ick in de Kniep bün, wenn ick verfolgt war, wenn ick keen Utweg mehr seh, un dat all' vunwegen Christus. Denn wenn ick gorniks kann, denn bün ick stark. ¹¹ Ick weet, ick bün narrsch west; awer ji hebbt mi dorto makt; ji wulln dat ja nich anners. Eegentli harrn ji ju för mi insettn müßt. Denn ick kann dat wohrrafdi

350

mit de Baaskirls upnehmen, de sick Apostels nömen dot, wenn
ick ock sülbn niks bün. ¹²Denn dat, wat een as Apostel ut-
wiesen deit, dat hett sick ünner ju wiest in Geduld, in Wunner
un Teeken, un wat sünst noch an Kraft wiest worn is. ¹³Denn
in wat förn Deel staht ji gegen de annern Gemeenden torüg?
Dat kann sick doch blots dorum handeln, dat ick för min Deel
ju nich to Last fulln bün. Düt Unrecht möt ji mi vergewen!
¹⁴Denkt doch mal! Nu stah ick parat un will ju to'n drüdden
Mal besöken, un ock düt Mal will ick ju nich to Last falln.
Denn mi is dat nich to don üm dat, wat ju tohört, nä, mi
liggt dat an ju sülbn. Dat hört sick doch nich, dat de Kinner
för de Ollern wat upstapelt, nä, de Ollern schüllt för de Kinner
sorgn un sporn. ¹⁵Am lewsten wörr ick allns hergewen, wat
ick heff, ja, mi sülbn för ju Seelen. Wenn ick ju nu noch mehr
lew heff, is dat denn grad nödi, dat ji mi weniger lew hebbt?
¹⁶Good, dor is nich an to rütteln: ick bün ju nich to Last
fulln. Un doch bün ick en Lump un heff ju öwer dat Ohr
haut? ¹⁷Heff ick ju denn würkli dörch een vun min Lüd wat
affjagt? ¹⁸Ick heff ja Titus up de Reis' schickt un em den
Broder mitgewen. Hett Titus ju öwer dat Ohr haut? Hebbt
wi uns nich beide in densülwigen Geist upföhrt, sünd wi nich
beide densülwigen Weg gahn?
¹⁹All lang denkt ji wull, dat wi uns vör ju verteidigen wüllt.
Nä, ünner Godd sin Ogen un as Christus sin Jüngers seggt
wi, wat wi seggt. Un dat all', lewe Bröder, dot wi, wieldat
wi bi ju upbuun wüllt. Wi wüllt ju to Hülp kamen. ²⁰Denn
ick bün bang, dat ick, wenn ick nu kam, ju nich so vörfindn do,
as ick dat müch, un dat ju dat mit mi grad so geit. Ick bün
bang, dat dat wedder Striet un Iwersucht, Zorn un Kappelie,
Sluderkram un leege Snackerie, Dickdon un wilden Kram bi ju
gifft. ²¹Kunn ock wesen, wenn ick kam, dat Godd mi vör ju
dükern deit un dat dat Truer un Tranen gifft för mi öwer
Veele, de fröher sünnigt un wegen Unreinheit, Hurenkram un
Lewen in Suus un Bruus, de se utöwt hebbt, sick vör Godd
nich bögt hebbt.

Dat 13. Kapitel.

¹To'n drüdden Mal kam ick nu to ju hen. „Dörch twee oder
dree Tügen ehrn Mund schall jede Sak faststellt warn." ²Ick
heff dat all fröher seggt un segg dat noch mal — so as ick dat
tweete Mal bi ju wär un nu wedder, wo ick nich dor bün —
un dat gelt för de, de fröher sünnigt hebbt un all' de annern:
wenn ick nu wedderkam, denn gah ick liek dörch. ³Ji wüllt ja
en Prow vun Christus hebbn, de in mi sprekn deit, un de
süht ju niks dörch de Finger, nä, he sett sick scharp ünner ju

dörch. 4 He wörr wull ant Krüz slan un kunn niks maken, awer he lewt nu ut Godd sin Kraft, un wi künnt as sin Lüd ock niks maken, awer wi lewt mit un ut Godd sin Kraft, dat ji dat marken dot. 5 Stellt ju sülbn mal up de Prow, üm ji in'n Glowen staht, pröwt dat mit ju sülbn mal ut. Oder hebbt ji dat noch nich klook kregn, dat Christus in ju wahnt? Sünst stimmt dor wat bi ju nich, denn sünd ji keen echte Christen. 6 Doch ick höp, dat ji dorachter kamt, dat wi echte Lüd sünd. 7 Awer wi bed' to Godd, dat ji niks Böses dot. Dat dot wi nich, üm as echte Lüd to schienen, nä, wi wüllt gern, dat ji Goodes dot; denn makt dat niks, wenn wi in de Lüd ehr Ogen as unecht gelt'n. 8 Wi künnt nu mal niks gegen de Wohrheit don, wi dot allns för de Wohrheit. 9 Wi freut uns, wenn wi niks künnt, ji dorför awer stark sünd. Dorum bed wi ock, dat dat bi ju wedder torecht kümmt. 10 Un so schriew ick dat, wo ick noch nich bi ju bün; denn, wenn ick dor bün, müch ick nich gern scharp dörchgriepen in de Vullmacht, de de Herr mi ja gewen hett. Ick schall ja upbuun un nich dalrieten.

11 Sünst will ick blots dat Eene noch seggn, lewe Bröder: freut ju! Seht to, dat dat bi ju wedder torecht kümmt, lat ju vermahnen, verdrägt ju, staht up een Stück, holt Freden! Denn ward Godd, de de Lew is un Freden schenkt, ock mit ju wesen. 12 Gröt ju jedereen den annern mit hilligen Kuß! Alle Hilligen lat ju gröten.

13 Den Herrn Jesus Christus sin Gnad un Godd sin Lew un wat de hillige Geist ju schenken deit — — dat wes' mit ju all'!

352

Paulus sin Breef an de Christen in Galatien.

Dat 1. Kapitel.

[1] Paulus, en Apostel
— awer nich vun Minschen bün ick affschickt
un ock nich dörch en Minsch dorto insett;
nä, dat hebbt Jesus Christus un Godd, de Vader,
de em vun de Doden upweckt hett, dan —
[2] un all' de Bröder, de bi mi sünd,
an
de Gemeenden in Galatien.

*

[3] Gnad wünscht wi ju un Freden vun Godd, unsen Vader, un den Herrn Jesus Christus. [4] He hett sick ja hengewen för unse Sünd'n; denn he wull uns reddn ut de böse Welt, in de wi nu lewen dot. Un so hett unse Godd un Vader dat ock hebbn wullt. [5] Em hört de Ehr to in alle Ewigkeit! Dat is gans gewiß.

[6] Dat hett mi doch wunnert: bi ju geit dat ja heel gau. Mit den, de ju dörch Christus sin Gnad inladen hett, wüllt ji nu all niks mehr to don hebbn, un ji sünd all up den besten Weg, dat mit en anner Evangelium to versöken! Mit en anner Evangelium? — [7] Nä, dat gifft dat nich. De Sak liggt gans anners. Dat gifft so'n poor Lüd, de verdreit ju den Kopp un wüllt dat Evangelium vun Christus up'n Kopp stelln. Un dat nömt ji denn en anner Evangelium! — [8] Awer dat will ick ju seggn: un wenn wi sülbn oder mienwegn sogor en Engel ut'n Himmel ju wat predigen wörrn, wat nich stimmt to dat, wat wi ju all predigt hebbt — verflucht schall de wesen! [9] Wi hebbt ju dat all fröher seggt, awer nu seggt wi dat nochmal: wenn een ju wat predigt, wat nich stimmt mit dat Evangelium, dat ji all kregn hebbt — verflucht schall he wesen!

[10] Wenn ick dat reinut seggn do — wat meent ji? — snack ick dormit Minschen na'n Mund, oder do ick dat Godd to lew? Is mi dat würkli dorum to don, mi bi de Minschen en witten Fot to maken? Ach, leeg mi dor noch wat an, denn wär ick lang nich mehr Christus sin Knecht!

[11] Ick will ju wat seggn, Bröder: dat Evangelium, dat ick predigt heff, dat hett mit Minschen gorniks to don. [12] Ock heff ick dat nich vun en Minsch kregn oder lehrt. Dat hett Jesus Christus mi sülbn künni makt.

[13] Ji hebbt ja hört, wodenni ick dat makt heff domals, as ick noch en Jud wär. Do heff ick Godd sin Gemeen doch gans banni verfolgt un versöcht, ehr an de Siet to bringn. [14] Ja, in min Jwer för den jüdschen Glowen wär ick veele in min Volk wiet öwer, de grad so old wärn as ick. So heff ick mi int Tüg leggt för dat, wat wi vun unse Vöröllern lehrt harrn.

[15] Denn awer wär dat mit eenmal vörbi. Un dat käm so: Godd hett mi ja all lang vör de Tied, dat ick to Welt käm, utwählt un dörch sin Gnad beropen. [16] Un so hett he dat för good befunn'n, sin Söhn in mi künni to maken; denn ick schull vun em ünner de Heiden predigen. Un so heff ick Minschen nich üm Rat fragt, [17] bün ock nich erst rupreist na Jerusalem hen to de Lüd, de all vör mi Apostels wärn. Ick güng glieks na Arabien, un denn käm ick wedder na Damaskus trüg. [18] Na dree Johr bün ick denn erst na Jerusalem gahn un wull sehn, wat Petrus förn Mann wär. Good veertein Dag' bün ick bi em west. [19] Sünst heff ick keen vun de Apostels sehn; ja, een doch noch: dat wär Jakobus, wat den Herrn sin Broder is. [20] Dat is wohrrafdi wohr, wat ick hier schriew. Godd kann't betügen: Ick leeg nich.

[21] Un denn käm ick in de Gegend vun Syrien un Kilikien. [22] So hebbt de Christengemeenden in Judäa mi nich to sehn kregn. [23] Blots to hörn kreegn se: „De Mann, de uns domals verfolgt hett, de predigt nu sülbn den Glowen, den he domals toschann maken wull" — [24] un se wärn vuller Goddlow doröwer, dat Godd dat so mit mi makt harr.

Dat 2. Kapitel.

[1] Denn reis' ick na veertein Johr nochmal na Jerusalem rup mit Barnabas; ock Titus harr ick mitnahmen. [2] Dütmal mak ick de Reis', wieldat mi dat so ingewen wär. Un ick lä ehr dat Evangelium vör, dat ick ünner de Heiden predigen do. Besunners harr ick dat dorbi affsehn up de, de dor en Rull speeln dän; denn ick wull doch gern sehn, üm ick up'n Holtweg wär oder doch veellicht west wär. Un nu denkt mal an! [3] Se hebbt nich mal verlangt, dat Titus, den ick mit harr un de doch en Griech' is, besneden warn schull. [4] Blots de Lögenbröder, de sick dörch en Achterdör rinsleeken harrn, wulln nich dorvun afflaten. De harrn sick dormang drängelt un wulln de Frieheit, de wi as Christen hebbt, utkundschaften un uns so wedder to Slawen maken. [5] Awer gegen düsse Lüd hebbt wi nich een Ogenblick wat nagewen un hebbt uns ock nich een Ogenblick mör maken laten; denn de vulle Wohrheit vun dat Evangelium schull bi ju dörchstahn. [6] Vun de, de dor en Rull speeln dän — wat se fröher wärn, dat geit mi hier niks an.

354

Godd kümmert sick nich dorum, wat en Minsch vun buten
hergewen un bi de Annern vörstelln deit — ja, wat ick noch
seggn wull: düsse Lüd, de dor en Rull speeln dän, hebbt
niks wieder vun mi verlangt. [7]Nä, dat Gegendeel is wohr:
Se seegn dat in, dat mi dat upleggt is, de Heiden dat
Evangelium to bringn, grad so, as Petrus dat bi de Juden
deit; [8]denn de, de Petrus de Kraft gewen hett, Apostel to
wesen bi de Juden, de hett ock mi de Kraft gewen, dat för de
Heiden to wesen.

[9]Ja, se marken dat wull, wat förn Gnad mi schenkt is, un
so gewen Jakobus un Kephas un Johannes, de dat meiste to
seggn un ock to bedüden harrn — mi un Barnabas de Hand
un maken dat so mit uns aff: wi schulln to de Heiden gahn
un se sülbn to de Juden. [10]Blots wulln se gern, wi schulln
de Armen nich vergeten, un ick heff mi alle Möchd gewen, dat
ümmer to holn.

[11]As awer Kephas mal na Antiochien käm, do heff ick mit
em doch ernstli to kriegn hatt. Ick heff em dat ock lief int Ge-
sicht seggt; denn dat wär verkehrt vun em. [12]De Sak läg so:
Ehr dor welke Lüd vun Jakobus kämen, do seet he mit de
Heiden an een Disch. As se awer dor wärn, do trock he sick
torüg un mak nich mehr mit, denn he wär bang vör de Juden-
christen. [13]Un ock de annern Judenchristen speel'n mit em
ünner een Deck un wulln keen Farw bekenn'n. Ja, sogar Bar-
nabas leet sick vun ehr inwickeln un mak dat Spillwark mit.
[14]As ick dat nu seeg, dat se sick nich so upförn dän, as dat
Evangelium dat in sin vulle Wohrheit verlangt, do sä ick to
Petrus vör all' de Annern: „Du büst en Jud un lewst as en
Heid un nich as en Jud — wodenni kannst du denn verlangn,
dat de Heiden so lewt as de Juden?" [15]Gewiß, wi sünd echte
Juden un keen Sünner ut de Heidenwelt. [16]Doch wi weet
gans genau, dat keen Minsch gerecht ward vör Godd wegen
dat, wat he vunwegen dat Gesetz deit. Dor helpt blots de
Glow an Christus Jesus. Dorum sünd wi ock to'n Glowen an
Jesus Christus kamen, denn wi wulln gerecht warn ut Glowen
an Christus un nich wegen dat, wat wi wegen dat Gesetz dot.
Denn wegen dat, wat en deit, wieldat dat Gesetz dat verlangt,
ward keen Minsch gerecht. Awer wodenni is dat denn? [17]Wi
sünd doch dorup ut, dat wi blots dörch Christus gerecht warn
wüllt. Wenn sick dat nu awer grad darin wiesen deit, dat
wi Sünner sünd — kann man denn nich seggn, dat Christus
de Sünd' reinut Vörspann gewen deit? — Un doch segg ick:
Nä, dörchut nich! Dat is veel mehr so: [18]Wenn ick dat, wat
ick balreten heff, wedder upbuu, denn vergah ick mi sülbn gegen
dat Gesetz. Doch dat paßt nich up mi. [19]Nä, ick bün grad
dörch dat Gesetz dorto kamen, dat ick för dat Gesetz dot bün

23*   355

un so nu gans för Godd lewen do. Ick bün mit Christus ant
Krüz slan. ²⁰Ick sülbn lew öwerhaupt gornich mehr, nä, in
mi lewt blots noch Christus. Un wenn ick nu ock noch sülbn
körperli dor bün un lewen do, so is doch de Glow an Godd sin
Söhn, de mi lew hatt hett un sick för mi hengewen hett, min
Een un Allns. ²¹Dat is also nich so, dat ick vun Godd sin
Gnad niks weten will. Denn, kunn een dörch dat Gesetz gerecht
warn, denn wär Christus umsünst storwen.

Dat 3. Kapitel.

¹Ach, ji Galater, wat sünd ji doch för unvernünfdige Lüd!
Wer hett ju blots so verhert! Jesus Christus is ju doch so
vör de Ogen malt worn, as wenn he noch ant Krüz hangn dä!
²Blots dat müch ick vun ju weeten: Hebbt ji den Geist kregn,
wieldat ji dan hebbt, wat dat Gesetz verlangt, oder wieldat
ji vun'n Glowen hört hebbt? ³Wo künnt ji doch blots so
unvernünfdi wesen! In'n Geist fung dat so nett bi ju an,
un nu schall dat int Fleesch mit ju to Enn gahn? ⁴Schull
dat würkli angahn künn, dat ji so wat Grootes bilewt hebbt,
un toletz is doch niks dorbi rutkamen? Ach, dat wär noch nich
dat Slimmste, wenn't niks nütz harr! Awer ick bün bang,
dat hett ju schad'! ⁵Also: de, de ju den Geist gewen un
Wunnerkraft in ju togang bröcht hett — hett he dat dan, wiel-
dat ji na't Gesetz lewt hebbt oder wieldat ji vun'n Glowen hört
hebbt? ⁶Nä, hier gelt dat Word: „Abraham harr Glowen an
Godd, un dat wörr em to sin Gerechdikeit goodschrewen."
⁷Ji seht also: de, de vun'n Glowen herkamt, de sünd in Wohr-
heit Abraham sin Kinner. ⁸Dat hett de Biwel all lang vörut-
sehn, dat Godd de Heiden na'n Glowen gerecht maken deit,
dorum hett se Abraham all in vörut dat künni makt: „Dörch
di schüllt alle Heiden noch mal seg'nt warn." ⁹So kümmt dat,
dat de, de ut'n Glowen kamt, seg'nt ward tohop mit Abraham,
de ock glöwen dä. ¹⁰Denn all de, de na't Gesetz lewen dot,
de staht ünner'n Fluch; seggt doch de Biwel: „Verflucht is
jedereen, de nich dorbi bliewen deit un allns so makt, as dat
int Gesetzbook schrewen steit." ¹¹Dat awer dörch dat Gesetz
nüms vör Godd sin Ogen gerecht ward, dat is klor, denn „de
Gerechde ward ut Glowen sin Lewen kriegn". ¹²Dat Gesetz hett
mit den Glowen öwerhaupt niks to kriegn, nä, dat heet: „wer
dor deit, wat 't verlangt, de ward dordörch lewen." ¹³Dorum
hett Christus uns losköfft vun'n Fluch, den dat Gesetz bringt.
He is för uns en Fluch worrn. In de Biwel steit ja: „Ver-
flucht is jedereen, de an't Holt uphungn is." ¹⁴So schull Abra-
ham sin Segen dörch Jesus Christus öwer de Heiden kamen,

356

un fo hebbt wi denn ock den Geift, de uns tofeggt wär, dörch den Glowen kregn.

¹⁵ Bröder, ick will ju dat fo klormaken. Wodenni geit dat ünner Minfchen to? Wenn en Minfch fin Teftament makt hett un dat to Recht befteit, denn kann doch nüms dat ümftöten oder dor noch wat tofchriewen. Is dat nich fo? ¹⁶ Na, denn hört mal wieder to! Wat Abraham tofeggt wörr — dat gelt vun em un fin Nakam. Dor fteit nich: „An fin Nakamen." Dat handelt fick alfo nich üm Veele, nä, blots üm en Enkelten, un de, de mit „din Nakam" meent is, dat is Chriftus. ¹⁷ An nu meen ick: düt Teftament, dat Godd makt hett un dat to Recht befteit, dat kann doch dat Gefetz, dat 430 Johr later kamen is, nich ümftöten, un fo dat, wat Godd tofeggt harr, tofchann maken. ¹⁸ Kreegn wi dat Arwdeel dörch dat Gefetz, denn wörr dat nich ut dat, wat Godd tofeggt hett, kamen. An Abraham hett Godd dat fchenkt ut Gnaden dörch dat, wat he em tofeggt harr. ¹⁹ Allerdings! Wat hett dat denn awer noch mit dat Gefetz up fick? Hett dat denn öwerhaupt noch en Wert? Ick will't ju feggn. Dat is noch dortofögt worrn, wieldat de Minfchen fick nich na Godd fin Will richten dot. Awer man blots fo lang, bit dat de Nakam kamen fchull, de tofeggt wär. Dat Gefetz is dörch Engels verord'nt un in en Middelsmann fin Hand feggt. ²⁰ En Middelsmann is awer dor gornich nödi, wo fick dat man um en Enkelten handeln deit. An Godd is man een. ²¹ Awer wat nu? Steit dat Gefetz nu gegen dat, wat Godd fünft all tofeggt harr? Nä, dörchut nich! Denn, wenn en Gefetz gewen wär, dat würkli lebenni maken deit, denn wörr würkli ut dat Gefetz de Gerechdikeit kamen. ²² Awer de Biwel hett allns mit ünner de Sünn inflaten; denn, wat Godd tofeggt hett, dat fchulln de, de glöwen dot, ut'n Glowen an Jefus Chriftus kriegn.

²³ Ehr de Glow käm, do harr dat Gefetz de Böwerhand öwer uns. An dat wär, as wenn ji infchott wärn bit hen to de Tied, dat de Glow, de kamen fchull, dor wär. ²⁴ So hett dat Gefetz uns anlehrt un fo wiet bröcht, dat wi Chriften warn kunn'n, dat will feggn: dat wi gerecht warn kunn'n dörch Glowen. ²⁵ Nu awer, wo de Glow dor is, hett de niks mehr to feggn, de uns anlehrn un anwiefen dä. ²⁶ Nu fünd wi all' Godd fin Kinner dörch den Chriftenglowen. ²⁷ Denn ji all' fünd ja up Chriftus döfft, un fo hebbt ji dordörch Chriftus antrocken. ²⁸ Dorum gifft dat nu keen Annerfcheed mehr twifchen Juden un Griechen, ock nich mehr twifchen frie Lüd un Slawen, ock nich twifchen Mann un Fru. Ji fünd nu all' een un datfülwige, wieldat ji all' Chriftus Jefus tohörn dot. ²⁹ Hört ji awer Chriftus to, denn fünd ji ock Abraham fin Nakamen un fo ock Arwen, as Godd dat tofeggt hett.

Dat 4. Kapitel.

[1] Un noch wat will ick seggn. Solang as de, de dor arwen schall, noch nich mündi is, solang is dor noch keen Unnerscheed twischen em un en Slaw, obschons he all Herr öwer allns is. [2] Nä, he hett noch en Vörmund un en Verwalter, bit dat de Tied afflopen is, de de Vader bestimmt hett. [3] Grad so wär dat mit uns, as wi noch unmündi wärn. Do harrn de öwer uns de Böwerhand, de in düsse Welt de Minschen toirst anlehrn dot. [4] Awer as de Tied man erst dor wär, de dorto bestimmt wär, do schick Godd sin Söhn. De wörr vun'n Fru to Welt bröcht un ock ünner dat Gesetz stellt, [5] un so schull he de, de ünner't Gesetz stünn'n, lostöpen, un so hebbt wi dat Kindsrecht kregn. [6] Un wieldat ji nu Kinner sünd, dorum hett Godd nu sin Söhn sin Geist uns int Hart gewen, de dor ropen deit: „Ach, lewe Vader!" [7] So büst du also nu keen Slaw mehr. Nä, nu büst du Söhn. Büst du awer Söhn, so büst du ock Arw dörch Godd.

[8] Allerdings domals, as ji Godd noch nich kennen dän, do wärn ji de ehr Slawen, de in Würklikeit keen Gödder sünd. [9] Nu awer, wo ji Godd kennt, nä beter: wo Godd sick to ju bekennt hett — wodenni geit dat doch blots to? — nu holt ji dat wedder mit de armen Stackels, de ju man'n beten tolehrn künnt? Wüllt ji würkli nochmal wedder gans vun vörn anfangn as Slawen? [10] Ji holt ja all besunnere Festdag' un fiert Niemaand un annere Tieden un Niejohr! [11] Ick bün meist bang, all' min Möchd, de ick mi mit ju gewen heff, is umsünst west.

[12] Ach, makt dat doch so as ick! Ick heff dat doch ock so makt as ji. Bröder, ick bed ju dorum. Vitherto hebbt ji mi niks to leed dan. [13] Weet ji wull noch? As ick dat erste Mal ju dat Evangelium predigen dä, do käm ick krank bi ju an. [14] Un ick harr ju dat nich verdenken kunnt, wenn ji bi min Krankheit dat Gruseln kregn harrn. Awer ji hebbt mi nich scheew ankeeken, ock nich vör mi utspütt. Nä, as Godd sin Engel hebbt ji mi upnahmen, ja, as wenn Jesus Christus dat sülbn west wär. [15] Awer wo is nu ju Freud blewen? Denn dat mutt ick ju laten: wenn dat mögli west wär, denn harrn ji ju de Ogen utreten un mi gewen. [16] So bün ick denn nu wull ju Fiend worrn, wieldat ick ju de Wohrheit predigen do? [17] De Art un Wies', as se ju nalopen dot, is doch nich fien. Se wüllt ja gans wat anners: se wüllt ju rutdrängeln ut de Gemeen. un denn schüllt ji ehr nalopen. [18] Gewiß, dat is fien un good, wenn een achter ju ranlöppt un sick dat üm wat Goodes handelt; awer denn dörf dat nich blots so wesen, wenn ick bi ju bün! [19] Lewe Kinner! Nu lied ick wedder Wehdag' wegen ju, as

358

wenn ick as ju Moder ju to Welt bringn ſchull. Un dat duert
ſo lang, bit dat Chriſtus in ju lebenni worrn is. 20Ach, kunn
ick doch grad in düſſen Ogenblick bi ju weſen un dat ümmer
wedder mit en anner Stimm verſöken, ju torechttobringn! Ick
weet keen Rat mehr üm ju.

21Seggt mi doch mal: ji wüllt ja ünner dat Geſetz ſtahn;
awer hört ji denn ock to, wenn dat Geſetz vörleſt ward? 22Hört
mal to! In de Biwel ſteit doch: Abraham harr twee Söhns.
Den eenen harr he mit de Deern un den annern mit ſin Fru.
23Awer, de Söhn, den he mit de Deern harr, to den wär he
up rein minſchliche Art un Wieſ' kamen. Den Söhn, den he
mit ſin Fru harr, den kreeg he awer, wieldat Godd em den
toſeggt harr. 24Un dat hett en deepen Sinn. Wat bedüd dat
wull? Ick will ju dat utleggn: Mit de beide Fruenslüd ſünd
twee Affmakungen meent. De eene käm up'n Sinai toſtann,
un dorut wörr Slawerie. Dat bedüd Hagar. 25Hagar is ja
in Arabien en Barg, de ſünſt Sinai heeten deit, un dat bedüd
ſo veel as unſe Jeruſalem. Denn Jeruſalem is mit ſin Kinner
verſlawt. 26Awer dat Jeruſalem dor baben — dat is frie,
grad ſo as Sara, un düt Jeruſalem is unſe Moder. 27Dat
ſeggt all de Biwel:

„Freu di, du Unfruchtbore! Du brukſt keen Kinner to
  Welt to bringn.
Jubel ſo lut, as du kannſt, wenn du nich in de Wuchen
  brukſt un keen Wehdag utſtahn mußt!
Denn de, de nich heirat hett, hett mehr Kinner as de,
  de en Mann hett."

28Ji awer, lewe Bröder, ſünd grad ſo, as Iſaak dat wär,
Kinner, de Godd toſeggt hett. 29Awer ſo as domals de Söhn,
de up rein minſchliche Art un Wieſ' to Welt käm, den annern
verfolgn dä, de dörch den Geiſt ſin Lewen kreeg, grad ſo geit dat
nu to. 30Awer wat ſeggt de Biwel?" Driew de Deern un ehrn
Söhn ut dat Hus; denn de Deern ehr Söhn ſchall nich tohop
arwen mit den Söhn, de vun de frie Fru affſtammen deit!"
31Alſo, Bröder, wi ſünd nich Kinner vun de Deern, nä, wi
ſtammt vun de frie Fru aff.

Dat 5. Kapitel.

1Wi ſchulln würkli frie warn — dorto hett Chriſtus uns frie
makt. So ſtaht nu faſt up ju Stück un lat ju nich wedder
ünner de Klaw ſpann'n! Dat bringt ju blots wedder in de
Slawerie.

2Hört mal to! Ick will ju wat ſeggn: Wenn ji ju be-
ſnieden lat, denn kann Chriſtus ju niks nützen. 3Dat betüg

ick noch mal jedeneen, de sick besnieden lett: denn mutt he dat
ganse Gesetz holn. 4 Mit Christus hett he denn niks mehr to
kriegn. Wenn ji dörch dat Gesetz gerecht warn wüllt, denn sünd
ji ut de Gnad rutfulln. 5 Wi luert mit Lengn un höpt up
de Gerechdikeit un dat rein ut Glowen; denn de Geist gifft
uns Mot un Kraft dorto. 6 För Christenminschen deit dat
niks ut, üm se besneden sünd oder nich, nä, hier gifft den
Utslag de Glow, de sin Kraft bewiest in de Lew.

7 Ji wärn all so fien up'n Weg. Wer is ju in den Arm fulln,
dat ji nu niks mehr mit de Wohrheit to don hebbn wüllt? 8 Dat
hett ju doch nich de in den Kopp sett, de ju beropen deit? 9 Dat
kann en lütt beten Suerdeeg don, denn is all de ganse Deeg
dörchsüert. 10 Ick heff dat Vertruen to ju, un de Herr müch
dat gewen, dat ji nich anners denken dot; un wer ju den Kopp
verdreit, de kriggt sin Deel dorför, mag he ock wesen, wat
he will. 11 Un wat mi sülbn angeit, lewe Bröder — blots een
Frag: wenn ick noch de Besniedung predigen dä, wörrn se mi
denn noch verfolgen? Denn is ja dat Krüz ut'n Weg rümt, an
dat se sick stöten dot. 12 Am besten wär dat, wenn de Lüd, de
ju upwiegelt, sick nahsten gans toschann snieden laten wulln!

13 Ji sünd to de vulle Frieheit beropen, lewe Bröder. Blots
nehmt ju in acht, dat ji de Frieheit nu nich dorto bruft, in
Sünn' un Schann to lewen. Nä, een schall den annern deenen
dörch Lew. 14 Dat ganse Gesetz kümmt to sin vulle Recht in
dat eene Word: „Du schallst din Nawer ebenso lew hebbn
as di sülbn." 15 Wenn ji ju awer, een den annern, bieten
un upfreten dot, denn seht ju vör, dat ji ju een den annern
nich gans vertehrt!

16 Dorum meen ick: Lewt so, as de Geist dat will! Denn
kümmt dat nich so wiet, dat ji dat dot, wat dat Fleesch ver-
langt. 17 Denn dat Fleesch verlangt grad dat, wat de Geist
nich will, un de Geist verlangt dat, wat dat Fleesch nich will.
De liggt beide ümmer in Striet mit enanner. 18 Lat ji ju vun
den Geist driewen, denn hett dat Gesetz ju niks mehr to seggn.
19 Wat dorbi rutkümmt, wenn dat Fleesch de Böwerhand hett,
dat lett sick mit Handn griepen: dat gifft Hurenkram, en un-
reines Lewen, en Lewen in Suus un Bruus; 20 Götzendeenst,
Giftmischen, Striet un Unfreden, Iwersucht, Zorn, Kappelie;
een geit den annern ut'n Weg; de Lüd staht een gegen den
annern; de Eene günnt den Annern niks; Mord un Dotslag,
21 Supen un Freten, un wat dat sünst noch gifft. Doröwer
heff ick ju all fröher seggt, un ick segg dat nochmal: De Lüd,
de sowat driewen dot, de sünd keen Arwen an Godd sin Riek.
22 Awer wo de Geist de Böwerhand hett, dor kümmt wat
anners rut: Lew un Freud un Freden, Geduld un Fründlikeit.
dat gifft brave un true Minschen, de sachtmödig sünd un sick

in Tucht holt. [23] So'n Lüd kann dat Gesetz niks anhebbn. [24] All' de, de Christus Jesus tohörn dot, de hebbt ehr Fleesch mit all' dat, wat't verlangt un förrert, ant Krüz slan. [25] Wenn also de Geist in uns lewen deit, denn schall he ock bi allns, wat wi dot, den Utslag gewen. [26] So lat uns uns vörsehn, dat wi uns niks inbildn dot un den Kopp hochsmiet! De Eene schall sick gegen den Annern nich upspeeln un em günn'n, wat he is un hett.

Dat 6. Kapitel.

[1] Lewe Bröder! Wenn se mal en Minsch dorbi fatkriegt, dat he sick versünnigen deit, denn schüllt ji as Geistminschen em sanft un sinni anfaten un em wedder up den rechden Weg bringn. Paß up, dat du nich sülbn in Versökung fallst! [2] Drägt een den annern sin Lasten; erst denn dot ji dat, wat Christus sin Gesetz verlangt. [3] Denn wenn een sick inbild', dat he wat vörstellt, un he hett keen Grund dorto, denn bedrügt he sick sülbn. [4] Dorum schall jedereen pröwen, wat he sülbn deit; denn kann he sick up sick sülbn mienetwegen wat togood don, awer he hett noch keen Grund, sick gegen den annern uptospeeln; [5] denn jedereen hett genog an sin eegen Last to slepen.

[6] Wer vun en Annern in Godds Word lehrt ward, de schall sin Lehrer vun allns wat affgewen, wat he Goodes hett.

[7] Makt ju niks vör! Godd lett sick nich spotten; denn wat de Minsch sait, dat arnt he ock. [8] Wer up sin Fleesch sait, de ward vun sin Fleesch Verdarwen arnten, wer awer up den Geist sait, de ward vun den Geist ewiges Lewen arnten. [9] So lat uns Goodes don un dorbi nich möd warn! Denn wenn de Tied dor is, denn ward wi ock arnten, wenn wi de Handn nich in den Schoot leggt hebbt. [10] Also, noch is dat Tied; dorum lat uns Goodes don an all' de Minschen, toirst un tolezt awer an de, de in den Glowen mit uns up een Stück staht.

[11] Nu seht mal! Mit wat för grote Bookstawen schriew ick nu noch sülbn an ju! [12] All de Lüd, de sick bi de Annern up minschliche Art un Wies' en gooden Anstreek gewen wüllt, de sett ju to, dat ji ju besnieden lat. Se wüllt doch jo nich wegen Christus sin Krüz verfolgt warn. [13] Denn obschons se besnieden sünd, kümmert se sick sülbn nich üm dat Gesetz, nä, se wüllt blots, dat ji ju besnieden lat. Denn künnt se sick doch up düsse Wies' mit ju upspeeln. [14] Godd bewahr mi dorvör, dat ick mi up niks anneres wat togood do as up unsen Herrn Jesus Christus sin Krüz! Dörch em is för mi de Welt ant Krüz slan, un ick bün dat ock för de Welt. [15] Du magst besneden wesen oder nich — dat hett beides niks to seggn. Hier handelt

361

sick dat üm en gans nie Sak, de Godd sülbn tostann bröcht hett. [16] Un all' de, de düssen Weg gaht — öwer de wünsch ick Freden un Barmhartikeit, un gans besunners öwer Godd sin Israel.

[17] Un wat ick sünst noch seggn wull: Nüms schall mi wieder wat andon; ick heff all so min Last genog; denn ick dräg Jesus sin Teeken an min Liew.

[18] Unsen Herrn Jesus Christus sin Gnad wes mit ju Geist, Bröder! Un dat ward ock so. Dat is gans gewiß!

Paulus sin Breef an de Christen in Ephesus.

Dat 1. Kapitel.

[1] Paulus,
Christus Jesus sin Apostel,
— Godd sülbn hett em dorto makt —
an
de Hilligen in Ephesus,
de ock in'n Glowen an Christus Jesus staht.

*

[2] Gnad un Freden wünsch ick ju vun Godd, unsen Vader, un den Herrn Jesus Christus!

[3] Unsen Herrn Jesus Christus sin Godd un Vader si Low un Dank! He hett uns in Christus seg'nt vun'n Himmel ut un dat an keen eenzige Segensgaw fehln laten; allns hett de hillige Geist uns schenkt. [4] Dat kunn ja ock nich anners wesen. All vör de Tied, as he to de Welt den Grund leggn dä, hett he uns in Christus utwählt. Wi schulln hillig un ohn' Placken ünner sin Ogen lewen. [5] In sin Lew hett he uns all in vörut dorto bestimmt, dat wi dörch Jesus Christus sin Kinner wesen schulln; un dat wär gans sin frie Will, dat he sick dat so vörnehmen dä. [6] So künnt wi denn blots sin herrliche Gnad löwen, de he uns schenkt hett in den, den he so lew harr.

[7] Wi hört to em un he to uns. Dorum sünd wi dörch sin Bloot losköfft; de Sünn'n sünd uns vergewen. So öwer de Maten grot is sin Gnad. [8] De hett he uns schenkt in Hüll un Füll. Wi hebbt Weisheit, so veel as man sick blots denken kann, un Insicht, so veel as man will. [9] He hett uns ja künni makt, wat sin Will all' in sick bargn deit — keen Minsch weet dat ja sünst. So harr he sick dat nu mal bi sick vörnahmen, [10] un so schull dat bliewen bit hen to de Tied, wo sick allns erfülln schull, so as he dat hebbn wull. Un up wat harr he dat affsehn dorbi? Christus schull för allns de Angelpunkt warrn — mag dat nu in'n Himmel oder up de Eer wesen. Um em schull sick allns dreihn. [11] Em hebbt wi dat to verdanken, dat wi mitbedacht sünd. So sünd wi in vörut dorto bestimmt, un dat eenfach dordörch, dat de sick dat vörnahmen harr, de dat ock dörchsetten deit, wat em good dünkt un wat he will. [12] So staht wi nu dor un künnt blots sin Herrlikeit löwen. Wi hebbt ja all lang up Christus höpt. [13] Un in em sünd nu ock ji, siet dat ji dat Wohrheitsword hört un glöwt hebbt — ick meen de Predigt, de ju dat Heil bringt — in em

363

sünd nu ock ji versiegelt mit den hilligen Geist, de uns toseggt is. 14 De börgt uns för unse Arwdeel un dorför, dat wi gans erlöst ward un würkli dat Arwdeel kriegt, un dat ock sin Herrlikeit to Ehren.

15 Dorum kann ock ick nu, wo ick vun ju Glowen an den Herrn Jesus un vun ju Lew gegen all' de Hilligen hört heff — 16 nu kann ick dat nich laten, Godd öwer ju to danken un an ju to denken, wenn ick beden do. 17 Un dat is min Gebed: Much unsen Herrn Jesus Christus sin Godd, de Vader, den de Herrlikeit tohört — much he ju den Geist schenken, de Weis- heit gifft un dat updeckt, wat verborgen is, dat ji em kennen lehrt! 18 Much he ju för't Hart de Ogen hell maken, dat ji weet, to wat förn Höpen ji beropen sünd! Denn verstaht ji ock, wo groot un herrli sin Arwdeel is, dat he de Hilligen to- dacht hett, 19 un wo öwer de Maten grot sick sin Macht be- wiesen deit an uns, de wi glöwen dot. 20 Dat is desülwige starke Kraft, de sick hier wiesen deit, as de, de in Christus sick dörchsett hett, as he em upwecken dä vun de Doden un denn em sin Platz gewen dä an sin rechde Siet in'n Himmel, 21 hoch öwer alle Macht un Gewalt un alle Kraft un Herrschap un jeden Nam, mag he nu nömt warn in düsse Welt oder in de Welt, de noch kümmt. 22 Ja, allns hett he em ünner sin Föt leggt, un he hett em to'n Höwd makt, dat öwer allns is, för de Gemeen, 23 de is ja sin Liew; un se hett allns in Hüll un Füll, wat uns all' dörch em in Hüll un Füll schenkt is.

Dat 2. Kapitel.

1 Un wat hett he an ju dan? Ji sünd mal dot west in ju Sünn'n un in dat, wat ji ju sünst versehn hebbt. 2 Dorin hebbt ji domals lewt, so as dat Lewen in düsse Welttied dat mit sick bringt. Un ji stünn'n in den sin Gewalt, de de Herr is öwer de Macht, de öwer de Luft to seggn hett. Dat is de Geist, de nu togang is in all' de Lüd, de up Godd nich hörn wüllt. 3 Un uns hett dat nich beter gahn. Wi hebbt all' mang ehr grad so lewt, as de Natur un de Gedanken dat vun uns ver- langn dän, un wärn vun Hus ut grad so good Minschen, de Godd sin Zorn verdeent harrn, as de Annern.

4 Awer Godd is ja riek an Erbarmen, un so hett he in sin grote Lew, de he to uns harr, uns, 5 de in Sünn'n dot wärn, doch mit Christus tohop wedder lebenni makt — ja, dörch Gnad sünd ji redd worrn — 6 un he hett uns mit em upweckt un dat himmlische Lewen schenkt; denn wi hört ja Christus to. 7 He wull ja in de tokamen Tieden dörch de Fründlikeit, de Christus uns andan hett, wiesen, dat sin Gnad so riek is, dat wi ehr nich utdenken künnt. 8 Ja, ick segg dat noch mal: dörch de

Gnad sünd ji redd worrn, un de Glow hett dorbi den Utslag gewen. Ji harrn dat nich verdeent. Nä, Godd hett ju dat schenkt. [9]Keen een hett wat dorto dan; denn keen een schull sick wat dorup to good don. [10]Wat wi sünd, dat hett he ut uns makt. Wi hört Christus to, dorum sünd wi dorto instann sett, Goodes to don. Un he hett düt allns all vörher in de Reeg bröcht, dat wi unse Lewen dorna inrichten künnt.

[11]Dorum verget dat jo nich: dat hett en Tied gewen, do wärn ji vun Natur Heiden, un de, de sick „besneden" nömt — dat ward ja man vun buten mit de Handn makt — de hebbt sick doröwer upholn, dat ji nich besneden wärn. [12]Domals harrn ji mit Christus noch niks to don, un ji harrn in Israel niks to söken, un wat Godd affmakt un toseggt harr, güng ju niks an. Ji harrn niks to höpen un stünn'n ohn' Godd in de Welt. [13]Awer nu is dat anners. Nu sünd ji Christen. Domals stünn'n ji wiet aff, awer nu staht ji gans neeg bi, un dat hett Christus sin Bloot toweg bröcht.

[14]In em hebbt wi Freden. He hett ut beide Deele e e n Deel makt un de Scheed, de de Tuun upricht harr, dalleggt un so de Fiendschap ut de Welt bröcht. [15]He hett Liew un Lewen doran sett, dat dat Gesetz mit sin Gebode un Vörschriften nu toschann makt is. So wull he ut beide Deele in sin Person een nien Minschen maken. Un so hett he Freden makt. [16]Un he wull de beiden Deele in een Liew mit Godd wedder int Reine bringn dörch dat Krüz, an dat he de Fiendschap dotmakt harr. [17]So is he denn kamen un hett den Freden predigt, ju, de noch wiet aff wärn, un de, de neeg bi stünn'n; [18]denn dörch em is för uns beide de Weg nu frie to'n Vader in een Geist.

[19]Also nu staht ji nich mehr buten vör, as wenn ji bi uns niks to söken harrn. Nä, nu hebbt ji dat Börgerrecht mit de Hilligen un hört to Godd sin Huslüd. [20]Nu staht ji as faste Buu up den Grund, den de Apostels un Profeten leggt hebbt, un Christus Jesus is de Ecksteen vun dat Ganse. [21]In em mutt de ganse Buu fast tosamfögt wesen, denn waßt he sick ut to'n Tempel, de in den Herrn hillig is. [22]Hört ji em to, denn ward ji ock mit rinbuut int Ganse un hört mit to den Buu, in den Godd in'n Geist wahnen deit.

Dat 3. Kapitel.

[1]Dorum bög ick sülbn — ick sitt ja wegen Christus Jesus för ju Heiden int Gefängnis — —

[2]Ji hebbt doch seeker vun dat Amt hört, dat Godd sin Gnad mi schenkt hett un dat ick an ju utöwen schall: [3]Mi is dat Geheemnis künni makt un updeckt — ick heff ja ock kort dorvun schrewen — [4]un wenn ji dat nu lesen dot, denn künnt

ji doran spörn, dat ick mit Christus sin Geheemnis Bischeed weet. [5] Düt Geheemnis is in fröhere Tieden de Minschenkinner nich künni makt worrn, so as dat nu sin hillige Apostels un Profeten in'n Geist updeckt is. [6] Ick meen düt: de Heiden arwt mit. Se hört mit to densülwigen Liew un hebbt mit Un- deel an dat, wat in Christus Jesus dörch dat Evangelium toseggt is. [7] Un för düt Evangelium stah ick nu in Deenst. Verdeent harr ick dat nich, awer Godd sin Gnad hett mi dat schenkt, un de kann dat ja maken, denn he is ja stark. [8] Also mi is düsse Gnad schenkt worrn, wenn ick ock de Ringste vun all' de Hilligen bün. Ick schall de Heiden dat Evangelium pre- digen, dat se hört, dat Christus sin Riekdom gornich uttodenken is, [9] un ick schall ehr Licht doröwer gewen, wat dat mit dat Geheemnis up sick hett, dat vun ewige Tieden in Godd, de allns makt hett, verborgen west is. [10] Nu schall de Herrschaften un Gewalten in de Himmelswelt dörch de Gemeen Godd sin Weisheit, de sick ja in veele Stücken wiesen deit, künni makt warn. [11] Dat harr he sick ja all vör ewige Tieden vörnahmen in unsen Herrn Jesus Christus. [12] As Christen künnt wi nu dörch den Glowen an em frank un frie un mit vulle Tover- truen to Godd kamen.

[13] Dorum bed ick denn: verleert den Mot nich öwer de Angst un Not, de ick för ju lieden mutt! Dat is en Ehr för ju.

[14] Dorum bög ick also min Knee vör den Vader, [15] na den allns, wat dor Vader nömt ward in'n Himmel un up de Eer, sin Namen hett, un bed för ju. [16] He is ja so riek an Herrli- keit — so mag he ju helpen, dat ji heel stark ward dörch sin Geist vun binnen her, [17] dat Christus dörch den Glowen in ju Harten wahnen deit un dat ji faste Wuddeln slat un fasten Grund ünner de Föt hebbt in de Lew. [18/19] Godd gew, dat ji mit alle Hilligen dat saten künnt, wo breet un lang, wo hoch un deep Christus sin Lew is, de keen een sick utdenken kann! Denn ward dat ock dorhen kamen, dat ji vull ward vun all' dat, wat Godd in Hüll un Füll is un hett.

[20] Sin Kraft schafft ja in uns ümmer to, un so kann he ja noch unendli veel mehr don, as wat wi uns utbeden un ver- stahn künnt. [21] Dorum hört em de Ehr to in de Gemeen un in Christus Jesus dörch alle Geslechter in alle Ewigkeit. Dat is gans gewiß.

Dat 4. Kapitel.

[1] Un nu denkt noch mal doran, dat ick ja wegen den Herrn int Gefängnis sitten do. Ick legg ju ant Hart: Lewt so, as sick dat hört för ju! Ji sünd ja eegens vun Godd beropen. [2] Lewt so, dat Demot un Sanftmot in alle Saken de Böwer-

hand hebbt! Hebbt veel Geduld mit enanner un verdrägt ju
in Lew! ³ Sett allns doran, dat ji all' up e e n Stück staht in
den e e n e n Geist, un dat ji dörch Freden mit enanner ver-
bunn'n bliewt! ⁴ Dat gifft man e e n Liew un e e n Geist, grad
so as ock man e e n Hoffnung de Grund dorför wär, dat ji
beropen wörrn. ⁵ Dat gifft ock man e e n Herr, e e n Glow,
e e n Döp! ⁶ Dat gifft man e e n Godd un Vader för alle!
He steit öwer alle un schafft dörch alle un lewt in alle.

⁷ Jede enkelte vun uns hett soveel Gnad kregn, as em
vun Christus schenkt is. ⁸ Dorum steit all in de Biwel:

> „He is upföhrt in de Höchde
> un hett Gefangene wegföhrt
> un de Minschen Gawen schenkt."

⁹ „He is upföhrt" — wat heet dat? Dat hett doch blots
en Sinn, wenn he erst hendalföhrt is, deep hendal in de
Gegenden, wo de Eer liggn deit. ¹⁰ Un de, de hendalföhrt is,
de is ock upföhrt, wiet öwer alle Himmel rut; denn he schull de
ganse Welt utfülln mit sin Macht un Herrlikeit.

¹¹ Un he hett nu welke to Apostels, welke to Profeten, welke to
Evangelisten un welke to Harders un Lehrers bestellt; ¹² denn de
Hilligen schüllt dorto düchdi makt warn, dat se den Deenst ut-
richten künnt, dörch den Christus sin Liew upbuut warn schall.
¹³ Un dorbi bliwt dat, bit dat wi all' eeni worrn sünd in'n Glo-
wen un in glieke Art un Wies' Godd sin Söhn dörch un dörch
kennen dot. Wi schüllt uns utwassen in'n Glowen as en
Minsch, de int vulle Mannsöller steit. Dat schall mit uns so
wiet kamen, dat wi Christus in Höll un Füll so riekli in uns
upnehmen künnt, as dat bi utwussen Christenminschen jichtens
geit. ¹⁴ Wi schüllt doch keen lütte Kinner bliewen, de sick grad
so, as de Bülgen in de See sick vun'n Wind upwöhlen un rum-
wöltern lat, vun jede Lehr hen un her driewen lat. Wi dörbn
för de Minschen keen Speelball warn, den se hen- un herstöten
dot. De hebbt doch niks anners as böse Saken vör un wüllt
blots dorup ut, uns mit List up den slechten Weg to bringn.
¹⁵ Nä, wi schüllt an de Wohrheit fastholn un dörch de Lew an
alle Deele mit em tohopwassen, ick meen mit Christus; denn
he is ja dat Höwd. ¹⁶ Vun em ut fögt sick ja de ganse Liew
tosam un hett sin Tosamholn, un jedes Litt deit sin Deel dorto,
so as em de Deenst eegens towiest is. Un so waßt sick de Liew
ut to dat, wat he wesen schall, dörch de Lew.

¹⁷ Un nu kam ick noch mal torüg up dat, wat ick seggn wull,
un vermahn ju dorto heel irnst in den Herrn sin Nam. Lewt
nich mehr so, as de Heiden dat dot. De hebbt ehrn Sinn up
Saken sett, de keen Wert un Bestand hebbt. ¹⁸ Se tappt mit
ehr Gedanken in Düstern un wüllt mit Godd sin Lewen niks

to don hebbn. Un dat hett dorin sin Grund: se weet vun niks wat aff, denn ehr Harten sünd verstockt. ¹⁹ Se sünd stump worrn gegen dat, wat ehr eegen Geweten ehr seggn kunn, un lewt in Suus un Bruus un gewt sick aff mit unreine Saken, un dat för Geld.

²⁰ Sowat hebbt ji nich lehrt un sehn an Christus. ²¹ Wenn ji vun em hört un öwer em wat lehrt hebbt — un in Jesus hebbt wi de vulle Wohrheit — ²² denn weet ji gans genau: ji schüllt den ollen Minschen, so as dat fröher bi ju wär, bisiet leggn; denn de verdarwt sick sülbn dörch de Lust, de em bedreegen deit. ²³ Un denn schüllt ji nie Minschen warn dörch den Geist, un Grund ut in ju Seel un Sinn, ²⁴ un schüllt den nien Minschen antrecken, de na Godd sin eegen Bild makt is, un dat in Gerechdikeit un Hillikeit, so as dat to de Wohrheit hörn un passen deit.

²⁵ Dorum lat dat Leegen na un seggt de reine Wohrheit! So schall dat jedereen mit sin Nawer holn; denn wi sünd doch een up den Annern anwiest. ²⁶ „Sünd ji vertörnt, denn seht ju vör, dat ji ju dorbi nich versünnigen dot." Verdrägt ju wedder, eh'r de Sünn ünnergeit. ²⁷ Lat ju mit den Düwel nich in! ²⁸ Wer stehln deit, schall nich mehr stehln, nä, he schall sick suer don un de Handn röhrn, dat he ehrli sin Brod verdeent. Denn kann he ock den wat affgewen, de in Verlegenheit is. ²⁹ Keen Word, dat sick nich schickt, schall öwer ju Lippen kamen. Nä, awer en good Word is anbröcht, wenn't in'n rechden Ogenblick seggt ward un den Annern helpen deit. Kümmt allns dorup an, dat de Lüd, de dat hört, Segen dorvun hebbt. ³⁰ Makt Godd sin hilligen Geist nich truri; ji sünd ja mit em versiegelt, bit dat de Erlösungsdag kümmt. ³¹ Ward nich bitter gegen enanner, nich fünsch un vertörnt, makt keen Larm un lästert nich — dat dörf bi ju nich vörkamen — öwerhaupt vun allns Böse lat de Handn aff! ³² Nä, west good to enanner, hebbt en Hart een för'n annern un vergewt enanner, wat de een an den annern verschuld hett. Se hett Godd ju doch ock in Christus vergewen.

Dat 5. Kapitel.

¹ Makt dat so, as Godd sülbn, bewiest ju as sin lewe Kinner! ² Wat ji dot, dat mutt ut Lew kamen. So hett Christus ju doch ock lew hatt un sick för uns hengewen as Gaw un Opfer, dat Godd doran sin Freud harr.

³ Vun Hurenkram un unreinen Kram, wat dat ock sin mag, un vun Giez schall bi ju ock nich mal snackt warn. Dat hört sick eenfach nich för hillige Lüd. ⁴ Un so steit dat ock mit leegen un dummen Snack un allerhand Spaßmakerie. Dat schickt sick

nich. Seht veel mehr to, dat ji Godd danken dot. [5] Dat weet ji ja gans good: wer sick mit Hurenkram affgifft un sick nich rein hölt un en Giezknüppel is — de is in min Ogen en Götzendeener — düsse Slag Lüd hebbt keen Andeel an Christus in Godd sin Riek.

[6] Lat ju keen Sand in de Ogen streun dörch Wörd, achter de niks steken deit. Wegen so wat kümmt Godd sin Zorn öwer de Lüd, de nich uphörn wüllt. [7] Mit so'n Minschen gewt ju nich aff! [8] Fröher hebbt ji in'n Düstern lewt, awer nu hett de Herr dat hell för ju makt. [9] Nu lewt awer ock as Licht-Kinner, denn wo dat Licht henkümmt, dor waßt Frucht: allns, wat good un gerecht un wohr is. [10] Un makt ju klor, wat den Herrn gefallt! [11] Bi de Saken, de dat Licht nich verdrägen künnt un bi de niks Goodes rutkümmt, schüllt ji keen Hand int Spill hebbn. Nä, dor leggt mal dütli den Finger up! [12] Denn dat, wat so'n Lüd gans heemli dot, ock blots to nömen — dat is en Schann. [13] Awer düt all' kümmt, wenn dat mal updeckt ward un Licht dorup fallt, — düt all' kümmt denn an'n Dag; denn allns, wat an'n Dag kümmt, steit int helle Licht. [14] De Biwel seggt dat all:

> Wak up, du Slapmütz,
> un stah up vun de Doden,
> denn ward Christus vör di uplüchten!

[15] Seht also genau to, wodenni ji lewen dot! Makt dat jo nich so as de Unklooken, sunnern as de Klooken. [16] Nutzt de Tied ut, denn dat sünd böse Dag'. [17] Dorum west vernünfdi un versökt ruttokrieg'n, wat de Herr will. [18] Bedrinkt ju nich in Wien! Dördörch is all männi een up'n slechten Weg kamen. Awer lat ju fülln mit Geist. [19] Wenn ji tohop kamt, denn drägt Psalmen un Gesang un geistliche Leeder vör un singt un speelt in ju Harten den Herrn to Ehrn [20] un dankt alltieds för allns Godd, den Vader, in unsen Herrn Jesus Christus sin Nam.

[21] Fögt ju een den annern, so hört sick dat för Lüd, de sick vör Christus bögen un up em hörn dot.

[22] Ji Fruen, stellt ju jede een ünner ehrn Mann, as wenn sick dat üm Christus handeln dä. [23] De Mann is de Fru ehr Höwd, grad so as Christus de Gemeen ehr Höwd is; he redd ja sin Liew. [24] Doch, as de Gemeen sick ünner Christus stellt, so schüllt dat ock de Fruen mit de Mannslüd maken in alle Deele.

[25] Ji Mannslüd, hebbt ju Fruen lew! Makt dat grad so as Christus! De hett de Gemeen lew hatt un sick för ehr in den Dod gewen. [26] He wull ehr ja hilligen. He hett ehr reinmakt in de Döp dörch en Word; [27] denn he wull sülbn för sick en

Gemeen schaffen, so smuck as he kunn, ohn Placken un Runzeln oder sünst wat, sunnern hillig un so, dat niks doran to mäkeln is. [28] So schüllt de Mannslüd ehr Fruen lew hebbn, as wenn sick dat üm ehrn eegen Liew handelt. So hört sick dat. Wer sin Fru lew hett, de hett sick sülbn lew. [29] Keen een hett doch sin eegen Liew all mal haßt, nä, he hegt un plegt em. So makt Christus dat ock mit de Gemeen. [30] Un wi sünd ja Litten an sin Liew. [31] „Dorüm ward en Minsch Vader un Moder verlaten un sick to sin Fru holn, un de beiden ward een Liew warn." [32] Dat is en grotes Geheemnis, awer ick düd dat hen up Christus un de Gemeen. [33] Awer mag dat nu wesen as dat will: ock ji schüllt jeder een för sick sin Fru lew hebbn as sick sülbn, awer de Fru schall to ehrn Mann upsehn un em de Ehr gewen, de he verlangn kann.

Dat 6. Kapitel.

[1] Ji Kinner, hört up ju Öllern! So hört sick dat för Christen-minschen. Un so is dat ock gans in Ornung. [2] „Hol din Vader un din Moder in Ehren" — dat is en Hauptgebod, bi dat to-seggt un tolöwt is: [3] „Denn ward di dat good gahn, un du warst lang up de Eer lewen." [4] Un ji Vaders, verargert ju Kinner nich; awer treckt ehr up so, as de Herr dat will, mit Tucht un Vermahnung!

[5] Ji Knechtn hört up ju Herrn, de dat as Minschen nu mal sünd, mit Bangen un Bewern, slicht un recht, as wenn Christus dat wär! [6] Awer bliewt ehrli dorbi! Gewt ju keen betern An-streek, blots üm ju bi ehr en witten Foot to maken. Nä, as Christus sin Knecht'n dot vun Harten, wat Godd vun ju ver-langt. [7] Dot ju Arbeid goodwilli, as wenn dat för Christus wär un nich för Minschen! [8] Ji weet ja: jedereen kriggt, wenn he wat Goodes deit, dat vun den Herrn wedder rikli betalt, eenerlei, üm he en Slaw is oder en frie Mann.

[9] Un ji Herrn, makt dat grad so mit ehr! Lat dat Schelt'n un Drauhn! Ji weet, ji hebbt grad so as se en Herrn in'n Himmel, un he makt keen Unnerscheed.

[10] Un nu toletz noch en Word! Seht to, dat ji stark ward in den Herrn un in de grote Kraft, de he gewen kann! [11] Treckt Godd sin vulle Rüstung an, dat ji dat upnehmen künnt mit den Düwel, de allns versöcht, üm ju to Fall to bringn; [12] denn wi hebbt dat in düssen Striet nich mit Minschen vun Fleesch un Bloot to don, sunnern mit Herrschaften un Gewalten un de Herrn, de in düsse düstere Welt to seggn hebbt, un mit de bösen Geister in de Himmelswelt. [13] Dorum segg ick noch mal: treckt Godd sin vulle Rüstung an, dat ji an den bösen Dag ju

wehrn künnt un, wenn ji mit allns klor fünd, denn ock den Sieg beholt. [14] So staht nu all' fast! Bind ju de Wohrheit as Görtel um, leggt ju de Gerechdikeit as Panzer an! [15] Staht parat, üm dat Evangelium to predigen, dat den Freden bringt, as en Suldat in Stewel un Sporn. [16] Wat awer ock kamen mag, nehmt jo ock as Schild den Glowen mit! Dormit künnt ji all' den Düwel sin Pieln bimöten, un wenn se ock brennen dot as Füer. [17] Un as Helm nehmt dat Heil un as Swert den Geist! Dat is Godds Word. [18] Un denn verget nümmer dat Beden un Bidden, bed' to jeder Tied in'n Geist! Un dorum bliewt waken un ward jo nich möd un bed för alle Hilligen, [19] verget ock mi nich, dat mi dat Word schenkt ward, wenn ick reden schall, un dat ick frie herut ohn Angst un Bang dat Evangelium sin Geheemnis verkünn'n do! [20] Dat is ja min Amt, un dorför sitt ick ja int Gefängnis. Müch ick doch mit vulle Covertruen dat don, so as ick reden schall un mutt.

[21] Dat ji nu awer ock weet, wodenni mi dat geit un üm mi steit, dorum schall Tychikus ju dat all' vertelln. He is ja en lewe Broder un en true Helper, den de Herr uns gewen hett. [22] Den heff ick eegens dorto to ju henschickt, dat ji weet, wodenni dat mit uns steit, un dat he ju trösten kann.

[23] Freden wünsch ick de Bröder un Lew un Glowen dorto vun Godd, den Vader, un den Herrn Jesus Christus. [24] De Gnad wes' mit all' de, de unsen Herrn Jesus Christus lew hebbt un em tru bliewt bit ant Enn!

Paulus sin Breef an de Christen in Philippi.

Dat 1. Kapitel.

[1] Paulus un Timotheus,
Christus Jesus sin Knechtn,
an
all' de Hilligen in Philippi,
de in'n Glowen an Jesus Christus staht,
un — nich to vergeten — an de Lüd, de na'n Rechten seht
un helpen dot.

*

[2] Wi wünscht ju Gnad un Freden vun Godd, unsen Vader, un den Herrn Jesus Christus. [3] Low un Dank segg ick min Godd jedes Mal, wenn ick an ju denken do. [4] Alltieds, ümmer wenn ick beden do, bed ick för ju all' tosam mit Freuden. [5] Un dat hett ock sin gooden Grund; denn ji hebbt mit Hand anleggt dorbi, dat dat Evangelium utbreed wörr, un dat gliefs vun'n ersten Dag an bit nu hen. [6] Grad dorum heff ick nu ock dat faste Tovertruen: de, de in ju en goodes Wark anfungn hett, de ward ock dorför sorgn, dat dat vull un gans fardi is, wenn Christus Jesus sin Dag kümmt. [7] Ick kann ja gornich anners — so mutt ick vun ju all' denken. Ick kann ju doch nich vergeten, mag ick hier nu in dat Lock sitten oder dat Evangelium verteidigen oder sünst en Word dorför inleggn. Ji hebbt Andeel an de Gnad, de mi schenkt is; [8] denn Godd is min Tüg dorför, wodenni ick na ju lengn do, un dat mit en Lew, as Christus Jesus dat sünst blots deit. [9] Un nu bed ick dorum, dat ju Lew noch mehr un mehr tonehmen müch, ick meen: dat ji allns noch klorer seht un för allns den richdigen Blick kriegt [10] un so in jeden Fall ock dat Richdige drapen dot un dat ji ju getrost sehn laten künnt un niks an ju uttosetten is bit hen to Christus Jesus sin Dag, [11] vull vun Frucht an Gerechdikeit, de Jesus Christus waffen lett, Godd to Low un Ehren.

[12] Un nu will ick erst mal vun ju vertelln. Een schull dat knapp för mögli holn, awer dat is so: wat ick dörchmakt heff, dat hett dat Evangelium blots Vordeel bröcht. [13] In de ganse Kasern un bi all' de annern Lüd is dat nu klor worrn, dat ick blots wegen den Christenglowen hier int Gefängnis sitten do. [14] So hett ock düsse Grund mit dorto holpen, dat de meisten

372

Bröder in Vertruen up den Herrn wedder nien Mot kregn hebbt, ohn' Angst un Bangn Godds Word to predigen. [15] Ick will allerdings nich verswiegen: eenige sünd dormang, de dot dat ut Affgunst un Strietsucht; awer dat gifft doch ock welke, de predigt Christus, wieldat se dat good mit mi meenen dot. [16] Ja, düsse dot dat ut Lew, denn se weet gans genau, dat mi dat upleggt is, för dat Evangelium gans un gor intostahn. [17] De Annern, de blots ehrn eegen Vordeel int Og hebbt, de predigt Christus ock, awer se hebbt dat noch up sünst wat dorbi affsehn; denn se meent, se möt mi hier int Gefängnis noch Kummer andon. [18] Awer dat makt niks. Se kriegt ehrn Willn nich. Blots dat Eene kümmt dorbi rut: Lat ehr don, wat se wüllt, lat ehr Flausen maken oder ehrli wesen — eenerlei: Christus ward predigt, un doröwer freu ick mi.

Un dat ward ümmer min Freud bliewen; [19] denn ick weet wiß, düt all' helpt mit dorto, dat ick redd warr dörch ju Beden un Jesus Christus sin Geist, de mi bistahn ward. [20] Dat is mi öwerhaupt gans seeker; un ick höp fast dorup: ick bruk mi in keen Deel to schamen; nä, dat kümmt klor an'n Dag — so as dat alltieds west is, so ward sick dat ock nu utwiesen — Christus ward an min Liew verherrlicht warn, mag ick nu lewen oder starwen. [21] För mi is dat Lewen Christus, dorum is ock dat Starwen för mi dat Allerbeste, dat mi drapen kann. [22] Schall ick noch lewen, denn bringt dat noch Frucht för min Arbeit — un wat ick nu eegentli wählen schall, weet ick nich recht. [23] Mi treckt dat na beide Sieden: ick müch wull afflöst warn un bi Christus wesen — ach, wo gern dä ick dat! — [24] awer dat ick persönli noch hier bliew, dat is för ju nödiger. [25] Un so steit dorup min fastes Tovertruun, un ick weet dat all: ick bliew un bliew bi ju all', dat ji vöran kamt in ju Glowen un doröwer ju freut, [26] un so bliwt dat nich ut, dat ji as Christen heel stolz up mi wesen künnt, wieldat ick wedder to ju kamen dörf. [27] Blots vergeet nich: ji möt nu ock in de Gemeen so lewen, as dat to dat Evangelium vun Christus passen deit. Ick müch doch gern, wenn ick kamen schull, dat sehn, un wenn ick nich bi ju bün, dat vun ju hörn, dat ji fast tohop staht in een Geist un as een Mann tohop kämpen dot för den Glowen, de ut dat Evangelium kümmt. [28] Lat ju ock in keen Deel vun de, de dorgegen sünd, bang maken! Dat bewiest för ehr blots, dat se int Verdarwen lopt. För ju is dat awer en Teeken dorför, dat ji redd' ward. Dorför ward Godd sorgn. [29] Ju is in den Deenst för Christus de Gnad schenkt, nich blots an em to glöwen, sunnern ock för em to lieden. [30] Ji hebbt datsülwige dörchtomaken, as ji dat fröher an mi sehn hebbt un nu vun mi hörn dot, wat ick utstahn mutt.

Dat 2. Kapitel.

[1] Wenn denn nu en christliche Vermahnung, en härtli Word vull Lew, de Geist, de in ju lewen deit, un Lew un Erbarmen wat utrichten künnt, [2] denn makt mi to allns Annere noch de Freud: staht all' up een Stück, bewiest all' desülwige Lew, staht fast tohop in dat, wat ji denkt un wüllt. [3] Blots niks don, üm dorvun Ehr to hebbn, un blots niks sick inbildn! Denkt nich groot vun ju sülbn! Een schall lewer to den Annern upsehn, as stünn de öwer em. [4] Keen een schall up sin eegen Vordeel utwesen; jedereen mutt up dat sehn, wat den Annern nützen un helpen kann.

[5] Wüllt ji würkli as Christenminschen lewen, denn makt dat so, as wi dat an Christus Jesus sehn dot. [6] He wär ja datsülwige, wat Godd is, un stünn nich achter em torüg. Awer, dat he Godd gliek wär, dat heel he doch nich mit beide Handn fast. [7] Nä, friewilli hett he düsse Herrlikeit affleggt un ehr mit en Lewen vertuuscht, as de Slawen dat hebbt. As Minsch is he up de Welt kamen, un in allns, wat he sä un dä, gew he sick vull un gans as Minsch. [8] Ja, so wiet hett he sick dallaten, dat he sick fögen dä bit hen to'n Starwen, bit hen to'n Dod ant Krüz. [9] Dorum hett Godd em ock gans hoch stellt un em en Namen schenkt, mit den sick keen Nam meten kann. [10] In düssen Namen, den Jesus nu hett, schüllt sick bögen all' de ehr Knee, de in'n Himmel un up de Eer un ünner de Eer sünd, [11] un alle Tungn schüllt bekennen: „Herr is Jesus Christus!" Un dat Godd, den Vader, to Ehrn.

[12] Is dat awer so, min lewe Bröder, denn dot nu ock, wat ick ju noch beden wull! Ji hebbt ja alltieds up mi hört. So dot dat ock nu, nich blots, wenn ick bi ju bün, nä, nu erst recht, wo ick nich bi ju wesen kann. Sett nu allns doran — mit Bangen un Bewern — dat ji selig ward. Dot ji, wat ji künnt, denn ward ju dat glücken; [13] denn Godd is dat ja toletz, de in ju Beides tostann bringt: den gooden Willn un ock, dat ji dat fardi bringt — un dat gans ut frien Willn. [14] Dot allns ohn Knurren un Murren un ohn Twieweln. [15] Ji schüllt dorstahn tadellos un rein, as Godd sin Kinner, de keen een wat anhebbn kann, merrn mang en Geslecht, dat gans verdreit un ut de Art slan is. Dor schüllt ji lüchten as de Sterns in de wiede Welt. [16] Ji hebbt ja dat Lewensword. Dat ward denn min Stolz wesen an Christus sin Dag; denn weet ick doch, dat ick nich umsünst loopen un mi suerdan heff. [17] Un wenn ick ock blöden mutt to'n Opfer, dat hentokümmt to dat Opfer, dat ji in'n Glowen bringn dot — dat makt niks; ick freu mi doch un freu mi mit ju all'. [18] So freut ji ju ock un freut ju mit mi!

374

19 Ick höp — de Herr Jesus ward dat wull so fögen — dat ick Timotheus ju bald schicken kann. Wenn ick man weet, wodenni dat bi ju steit, denn heff ick wedder frischen Mot. 20 Ick heff ja sünst keen een, de so denken deit as ick un de so tru för ju sorgt. 21 De Annern denkt all' an sick sülbn un nich an Christus Jesus sin Sak. 22 Awer up em is Verlat, dat weet ji. As en Kind den Vader helpen deit, so hett he mit mi tohop för dat Evangelium sick hengewen. 23 Den also höp ick nu glieks to schicken; ick mutt blots erst klor sehn, wodenni min Sak för mi afflopen deit. 24 Awer min Tovertruun to den Herrn is fast; ick denk, ick warr ock sülbn bald mal kamen.

25 Up jeden Fall awer hol ick dat för nödi, Epaphroditus, wat min Broder, Gesell un Mitkämper is, wedder to ju torügtoschicken. Dörch em hebbt ji mi ja Bott schickt un ock dat, wat ick to'n Lewen bruken dä. 26 He leng so na ju all' un mak sick allerhand Sorgen; denn ji harrn ja dorvun hört, dat he krank wär. 27 Un dat mutt ick seggn, he wär krank, starwenskrank. Awer Godd hett sick öwer em erbarmt, un nich blots öwer em, nä, ock öwer mi. He wull nich, dat ick Truer öwer Truer hebbn schull. 28 Dorum schick ick em nu ock so gau, as ick jichtens kann. Ick müch doch gern, dat ji em wedderhebbt un ju wedder freun künnt. Denn is mi dat ock lichter üm dat Hart. 29 So nehmt em denn up, so as sick dat bi Christenminschen hört, un holt so'n Lüd in Ehrn! 30 För Christus sin Sak hett he sin Lewen up dat Spill sett. He is man so eben noch an den Dod vörbikamen. He wull ja för ju in de Bucht springn un dat för ju don, wat ji sülbn för mi nich don kunn'n.

Dat 3. Kapitel.

1 Un wat ick sünst noch seggn wull, lewe Bröder: Freut ju, dat ji Christus hebbt! Ick schriew ju allerdings ja ümmer wedder datsülwige, awer dat drückt mi nich wieder. Ju deit dat good. 2 Seht ju vör vör de Hunn'n! Nehmt ju in acht vör de leegen Arbeiders! De stellt de Besniedung eenfach up'n Kopp. 3 Wat Besniedung is, dat kann een an uns sehn. Wi deent Godd in'n Geist, un unse Stolz is Christus Jesus, un wi dot uns niks to good up dat, wat in de Ogen fallt. 4 Ick kunn mi sünst ock allerhand to good don up sowat. Wenn sick een inbildn schull, dat he sick up minschliche Saken wat to good don kann, denn kunn ick dat erst recht. 5 Ick bün besneden mit acht Dag'. Ick hör to dat Volk Israel, bün ut den Stamm Benjamin, also en echte Hebräer. Wat dat Gesetz angeit, wär ick Pharisäer. 6 Vull Iwer heff ick de Gemeen verfolgt, un in de Gerechdikeit, de dat Gesetz verlangt, heff ick dat an nicks

375

fehln laten. [7] Awer wat as Vordeel för mi gelt'n kunn, dat
heff ick wegen Christus as Schaden ansehn. [8] Un dat do ick
noch ümmer. Ick hol dat allns för Schaden, wenn ick doran
denken do, wat dat för mi wert is, dat ick nu min Herrn
Christus Jesus kennen do. Em to Lew heff ick dat all up-
gewen, un dat is Dreck in min Ogen. Mi liggt blots noch an
dat Eene, dat ick Christus winn'n do [9] un weet, dat he mi un
ick em tohörn do. Ick legg keen Wert up min eegen Gerechdi-
keit, de dat Gesetz bringt; nä, mi is dat eenzig un alleen to
don üm de Gerechdikeit, de vun Gott herkümmt un de uns
dörch den Glowen an Christus schenkt ward. [10] För mi kümmt
allns up den Glowen an. Ick müch em gern kennen lehrn un
de Kraft, de vun sin Upstahn utgeit, un Andeel kriegn an sin
Lieden. Denn warr ick em ock ähnli int Starwen [11] un dörf
höpen, dat ick denn ock to de hörn do, de upstaht vun de Doden.
[12] Ick bild' mi jo nich in, dat ick dat all tofaten heff
oder all dormit klor wär. Dörchut nich! Awer dat mutt ick
seggn: ick sett allns doran, dat ick dat fatkrieg. Un ick heff
gooden Grund, dat ick dat höpen dörf, denn Christus Jesus
hett mi all fat. [13] Lewe Bröder, ick bild' mi wohrrafdi nich in,
dat ick dat all tofaten heff. Blots dat Eene steit för mi
fast: wat achter mi liggt, dat verget ick, un wat för mi liggn
deit, dorna lang ick mit beide Hand'n, [14] un so sett ick allns
doran, dat ick dat Enn fatkrieg un dormit den Ehrnpries, de
up uns dorbaben luert, wenn wi bi Christus Jesus sünd; Godd
hett uns ja dorto beropen, [15] Dat wüllt wi all' bedenken; denn
wi hört ja to de „Vullkamenen". Un wenn ji, de eene oder
de annere, in düt un dat en anner Meenung hebbt, so ward
Godd ju ock doröwer vulle Klorheit gewen. [16] Nu kümmt dat
blots dorup an, dat wi up den Weg bliewen dot, up den wi
nu all en Stück gahn sünd.
[17] Makt dat so as ick, lewe Bröder, un seht ju de an, de
grad so ehrn Weg makt, as ji dat an uns sehn künnt. [18] Denn
Veele lopt so rum, vun de ick ju all männimal seggt heff,
un ick do dat noch eenmal — dat is to'n Weenen —: se wüllt
vun Christus sin Krüz gans un gorniks weten, se sett sick dor-
gegen up. [19] Un wat is dat Enn? Verdarwen. De ehrn Herr-
godd is good eten un drinken, un ehr Ehr is Sünn un Schann.
Se hebbt ehrn Sinn blots up dat sett, wat vun de Eer stammt
un ock wedder to Eer ward. [20] Bi uns is dat anners. Unse
Heimat is in'n Himmel. Vun dor kümmt ja ock unse Herr
Jesus Christus as unse Heiland, up den wi luert. [21] He ward
unsen Liew, de nu so ring is, so verwandeln, dat he grad so
ward as sin herrliche Liew; un dat bringt he gans gewiß to-
stann; denn he hett ja de Macht dorto, dat he awer ock allns
ünner sin Föt bringt.

376

Dat 4. Kapitel.

[1] Dorum, min lewe Bröder — ick leng ja so na ju; denn ji sünd ja min Freud un min Kron — up düsse Wies' holt fast an den Herrn, un staat ju eren Mann! Lewe Bröder, dot dat! [2] Euodia vermaan ik, un Syntyche legg ick dat ok ant Hart: se schüllt up een Stück staan, so as sick dat för Christenminschen hörn deit. [3] Ja, ock di, min echte Gesell, bed ick: kümmer di um de Beiden! Se hebbt mi tru to Siet stahn bi de Predigt för dat Evangelium, tohop mit Clemens un min annern Hülpslüd, de ehr Namen in dat Lewensbook inschrewen staht.

[4] Freut ju alltieds, dat ji den Herrn hebbt! Ja, ick segg dat noch mal: Freut ju! [5] Hebbt en weke Hand un en warm Hart för alle Minschen! De Herr kümmt nu bald! [6] Makt ju keen Sorgen! Awer wat ji up'n Harten hebbt, dat bringt bi all' ju Bidden un Beden mit vör Godd un verget dat Danken nich dorbi! [7] Denn ward Godd sin Freden, de wiet öwer dat rutgeit, wat en Minsch sick utdenken kann, ju Harten un Gedanken bewohrn dordörch, dat ji Christus Jesus tohört.

[8] Toletz, min Bröder, noch düt: wat wohr is, wat sick schickt, wat recht is, wat Minschen gern hebbt, wat en gooden Klang hett, mag dat wat Düchdiges wesen oder wat en Low verdeent, dat öwerleggt ju! [9] Wat ji lehrt un kregn un hört un an mi sehn hebbt — dat dot! Denn ward Godd, de den Freden gifft, ju dorför segn.

[10] Dat wär doch en banni grote Freud för mi, un ick dank Godd dorför, dat ji all wedder mal dat mögli maken kunn'n, an mi to denken. Ji hebbt dat ja sünst ock dan, awer ick weet, ji harrn dat knapp. [11] Ick segg dat nich dorum, wieldat ick in Verlegenheit bün. Ick heff dat ja lehrt, tofreden to wesen, so as sick dat för mi maken deit. [12] Ick weet mi to helpen, wenn ick dat knapp heff, un ick kann mi inrichten, wenn dat riekli is bi mi. In jede Lag un in alle Saken kann ick mi fögen, un mit allns un jedes kam ick torecht. Kann ick mi satt eten, so is dat good; mutt ick hungern, so bün ick tofreden. Heff ick vullup, so is mi dat recht; is dat knapp bi mi, so makt mi dat ock niks ut. [13] Allns bring ick fardi dörch den sin Hülp, de mi Kraft dorto gifft, un dat is Christus. [14] Doch dat blots nebenbi. Ick wull noch wat anners seggn: Dat wär nett vun ju, dat ji in min Not an mi dacht hebbt. [15] Ji weet dat sülbn, min lewe Lüd in Philippi: as ick mit dat Evangelium in Makedonien anfung un denn wiederreisen dä, do hett man een Gemeen mit mi affrek'nt, un dat sünd ji west. [16] Ock as ick in Thessalonich wär, hebbt ji een- oder tweemal mi schickt, wat ick nödi harr. [17] Dat segg ick nich, as wenn ick dorup ut wär, wedder wat schenkt to kriegn. Jo nich! Awer ick freu mi, wenn

377

ick en Frucht findn do, un de ward denn webber ju good-
schrewen. [18]Jck heff nu allns, wat ick bruuk, un noch mehr
as dat. Ja, ick sitt gans in'n Vulln, sietdat Epaphroditus mi
webber vun ju wat mitbröcht hett. So'n Gaw rükt heel fien;
dat is en Opfer, dat Godd gern hett un em gefalln deit. [19]De
lewe Godd ward ju riekli un herrli gewen, wat ji nödi hebbt.
He is ja so riek. Dat weet wi as Christenminschen. [20]Unsen
Godd un Vader hört de Ehr in alle Ewigkeit to! Dat is
gans gewiß.

[21]Nu gröt all' de Hilligen, de Christus Jesus tohört. De
Bröder, de bi mi sünd, lat ju ock gröten. [22]Alle Hilligen lat ju
gröten, besunners de, de to den Kaiser sin Hoffholn hört. [23]Den
Herrn Jesus Christus sin Gnad wes' mit ju Geist!

Paulus sin Breef an de Christen in Kolossä.

Dat 1. Kapitel.

[1] Paulus,
Christus Jesus sin Apostel,
— so hett Godd dat wullt —
un Broder Timotheus
[2] an
de hilligen Bröder
in Kolossä,
de to'n Glowen kamen un Christen worrn
sünd.

*

Wi wünscht ju Gnad un Freden vun Godd, unsen Vader. [3] Godd, de unsen Herrn Jesus Christus sin Vader is, seggt wi alltieds Low un Dank, wenn wi an ju denken un för ju beden dot. [4] Wi hebbt ja hört vun ju Glow an Christus Jesus un vun ju Lew gegen alle Hilligen. So hebbt wi all Grund genog to'n Danken. [5] Awer de Hauptsak is: dat, worup wi höpen dot, liggt för ju in'n Himmel parat. Dorvun hebbt ji ja all fröher hört, as ju dat Evangelium predigt wörr, dat de vulle Wohrheit bringt. [6] Düt Evangelium hett en goode Städ bi ju funn'n, un grad so steit dat dormit in de ganse Welt. Swerall bringt dat Frucht un breed sick ut. Also grad so as bi ju vun den Dag an, wo ji dat hört un Godd sin Gnad würkli verstahn hebbt as dat, wat se is. [7] Ji hebbt dat ja lehrt vun Epaphras. He is unse lewe Mitknecht un Christus sin true Deener, de för ju bestellt is. [8] He hett uns vun ju Lew vertellt, de de hillige Geist in ju lebenni makt hett.

[9] Dorum künnt wi, sietdat wi vun ju hört hebbt, dat nich laten: wi bed för ju un leggt dat Godd ant Hart, dat ji sin Willn nu vull un gans verstaht un dat ju dat an keen Weisheit un geistliche Insicht fehlen deit — mag dat nu wesen, wat dat will. [10] Wi wulln doch gern, dat ji so lewen dot, dat de Herr sick dormit Ehr inleggn un doran sin Freud hebbn kann. Ja, dorum bed wi, dat ji Frucht bringt bi jede goode Sak, de ji vörhebbt, [11] un dat ji Godd ümmer beter kennen lehrt. Godd gew, dat ji stark ward in alle Deele un Kraft kriegt. He hett ja in sin Herrlikeit de Macht dorto. Denn künnt ji allns drägen un verleert nümmer den Mot, un ji weet ju vör Freud nich to laten [12] un seggt ümmer wedder den Vader Dank dorför, dat he dat so fögt hett, dat ji mit Andeel kriegt an

379

dat Arwdeel, dat de Hilligen dorbaben int Licht todacht is.
13 He hett uns redd, dat de Düsternis keen Gewalt mehr öwer
uns hett, un he hett uns en Platz schenkt in sin lewen Söhn
sin Riek.

14 Em hebbt wi dat to danken, dat wi de Erlösung hebbt: de
Sünn'n sünd uns vergewen. 15 Godd sülbn künnt wi ja nich
sehn; awer he is gans un gor sin Ebenbild. He wär all dor,
as de Welt noch nich dor wär. 16 He is de Grund dorför, dat
allns in'n Himmel un up de Eer öwerhaupt makt is: dat,
wat wi seht, un dat, wat wi nich sehn künnt, Königstronen
un Fürstendömer un Herrschaften un annere Gewalten. Allns
is dörch em makt un för em dor. 17 He wär all dor, as sünst
noch niks dor wär, un allns hett in em sin Bestand. 18 He is
ock dat Höwd an'n Liew, wat de Gemeen is. He is een för alle
Mal de Anfang, also ock de Erste, de vun de Doden upstahn is.
He schull in alle Deele den Vörrang hebbn. 19 Dat is nu
mal so. So hett Godd dat wullt: he wull in Süll un Füll
in em wahnen 20 un dörch em allns wedder versöhnen so,
as dat vun vörnherin mit em affsehn wär. Dorum hett he ja
ock vörher Freden makt dörch sin Bloot, dat ant Krüz vergaten
wörr. Dörch em wull he versöhnen, dat, wat up de Eer is,
un dat, wat in'n Himmel is.

21 So is dat ock mit ju togahn. 'Erst wulln ji mit em niks
to don hebbn; ja, ji wärn sin Fiendn. Dat ji so to em stahn
dän, dat hett sick wiest an dat Böse, dat ji vörharrn. 22 Nu
awer hett he ju versöhnt mit sin eegen Liew un Lewen dörch
sin Dod; denn he wull ju so vör Godd sin Ogen henstelln, dat
ji hillig un tadellos un so vör em dorstahn schulln, dat he an ju
niks uttosetten hett. 23 Dat kümmt blots dorup an, dat ji den
Glowen fastholt, fast up ju Stück staht un nich wankelmödi ward,
ock ju jo nich affbringn lat vun de Hoffnung, de ji dat Evan-
gelium verdanken dot. Un dat hebbt ji ja hört. Düt Evan-
gelium is predigt worrn in de ganse Welt, so wiet as de
Hewen geit, un ick, Paulus, bün dorto in'n Deenst stellt.

24 Nu freu ick mi, wo ick för ju lieden mutt. Un wat noch
fehlt an Drangsal, de ick wegen Christus lieden mutt, dat
mak ick nu vull an mi sülbn un lied dat för sin Liew, wat de
Gemeen is. 25 Ehr Deener bün ick ja worrn — so hett Godd dat
mi upleggt, so schull ick Godds Word bit hen to ju dörchföhrn.
26 Düt Word is, solang as de Welt steit un dat Minschen gifft,
en Geheemnis west, dat gans verborgen wär. Nu awer is
dat för de Hilligen künni worrn. 27 Ehr wull Godd doch wiesen,
wat förn Riekdom un Herrlikeit düt Geheemnis för de Heiden
in sick bargt. Dat handelt sick ja üm Christus, de in ju wahnen
deit. He is de Grund un Börg dorför, dat ji up de Herrlikeit
höpen künnt. 28 Em predigt wi, un wi vermahnt jeden Min-

schen un lehrt ock jeden Minschen in jede Weisheit; denn uns
liggt doran, dat wi jeden Minschen gans un gor to'n Christen
maken künnt. ²⁹Dat heff ick bi all' min Arbeid un Möhgd
int Og, un dorför sett ick mi in, un he gifft mi ock sin Kraft
dorto. De krieg ick in mi mächdi to spörn.

Dat 2. Kapitel.

¹Ach, mi liggt dat banni ant Hart, dat ji weet, wo suer ick
min Mann stahn mutt för ju un de Lüd in Laodikea un
öwerhaupt för all' de, de mi persönli noch nich kennen dot.
²Ick müch doch so gern, dat se in ehr Harten upmuntert ward
un in Lew fast tohopstaht un dat ehr vull un gans un ock beter
un deeper dat klor ward, wat se bitherto all verstahn hebbt,
dat se mit een Word ümmermehr achter Godd sin Geheemnis
kamt. Dat is ja Jesus Christus. ³Denn allns, wat dat an
Weisheit gifft, un allns sünst noch, wat wi verstahn künnt,
is in em to finn'n as en Schat, de vergrawt is.
⁴Wenn ick ju düt nu reinut seggn do, denn wunnert ju
nich! Ick bün ja bang, dat een ju wat vörsnacken un so ju up
den verkehrten Weg bringn kann. ⁵Persönli bün ick ja wiet
vun ju aff, awer dorup künnt ji ju verlaten: mit Hart un
Seel bün ick bi ju, un dat mit Freuden, denn ick seh, dat ji
Mann för Mann in een Reeg fast grad as de Suldaten vörn
Fiend un dat ju Glow faststeit as en Diek, gegen den de
Bülgen wull anstörmt, an den se awer nich rüddeln künnt.
⁶Un nu lat ju dat ant Hart leggn: ji hebbt ja Christus Jesus
as Herr kregn. Denn awer möt ji nu ock vull un gans an em
fastholn un so lewen, as sick dat för Christenminschen hört.
⁷He mutt för ju de Grund wesen. So as de Boom mit sin
Wuddeln de Kraft ut de Eer suugen deit un dat Hus sin Grund-
muern deep in de Eer hebbn mutt, wenn dat fast stahn schall,
so brukt ji Christus, wenn ji stark bliewen un faststahn wüllt!
Un ji möt fast in'n Glowen tosamstahn so, as ji dat lehrt hebbt,
un dat mutt bi ju doran to spörn wesen, dat ji gornich weet,
wo dankbor ji dorför wesen schüllt.
⁸Un nu seht ju vör, dat nich een ju up'n Liem locken deit
mit allerhand klooke Gedanken un niksnutzigen Bedrug, mit
den de Minschen vun Hus to Hus gaht, ock nich mit Lehrn,
de ut de Welt stammt un nich vun Christus! ⁹Denn in em
wahnt Godd mit allns, wat he is un hett; in em is he in-
gahn vull un gans in unse Fleesch un Bloot. ¹⁰Un so sünd ji
nu ock gans un gor so wiet kamen, as Godd ju hebbn wull,
wenn ji fast bi em bliewt. He hett ja öwer alle Macht un

Gewalt to seggn. [11] As Christen, de em tohörn dot, sünd ji ock besneden, awer nich mit Minschenhandn. Ji sünd ja döfft worrn un hebbt ju so vun Fleesch un Bloot losseggt. Dat is de Besniedung, de Christus bringt. [12] In de Döp sünd ji mit Christus int Graff leggt, awer ji sünd dörch de Döp ock wedder vun'n Dod upweckt worrn, un dat hett de Glow tostann bröcht, de Glow an den Godd sin Kraft, de em vun de Doden upweckt hett.

[13] So hett he ock ju, as ji dot wärn dörch Sünn un Schann un dörch ju unbesneden Fleesch, mit em lebenni makt; denn he harr ju allns dat vergewen, wat ji ju versehn harrn, [14] un he harr den Schuldschien, de dörch sin Vörschriften uns verklagen dä, dörchstreken un so ut de Welt bröcht. Un dat hett he so to Weg bröcht, dat he den Schien ant Krüz nageln dä. [15] Ja, he hett de, de de Macht un Gewalt harrn, allns ut de Hand nahmen un ehr vör alle Ogen de Schann andan, as wenn se sünst de Gefangnen mit Hurra dörch de Straten slept.

[16] So schall nu nüms ju wat vörholn öwer Eten un Drinken oder wat vörsmieten öwer en Fest oder en Niemaand oder en Sabbat. [17] So'n Saken hebbt niks up sick. Se sünd blots Schattenbiller vun dat, wat erst noch kamen schall. Awer de Punkt, üm den sick allns dreit, dat is Christus. [18] Lat ju vun nüms üm den Pries bringn, den de Sieger verdeent hett. Dat is ehr irnst dormit, wenn se vun ju förrert, dat ji ju bögen un Engelsdeenst driewen schüllt. Se dot sick wat togood dorup, dat se wat „sehn" hebbt un speelt sick up mit ehrn minschlichen Verstand un hebbt doch gorkeen Grund dorto, [19] awer se holt sick nich an dat Höwd. Dat is verkehrt, denn vun dat Höwd ut ward doch de ganse Liew regeert dörch de Litten un Strengen un ock tosamholn. Blots so kann he wassen, as dat Godd will.

[20] Wenn ji nu mit Christus storwen un so friekamen sünd vun de Geister, de in de Welt regeert, denn kümmert ju ock nich üm allerhand Saken, as wenn ji würkli noch in de Welt lewt. [21] Denn snackt doch nich dorvun: „Dat dörfst du nich anfaten, düt dörfst du nich pröwen, dat dörfst du nich anröhrn!" [22] All' düsse Saken gaht doch blots vun de Hand in den Mund un hebbt keen Bestand, un dorbi handelt sick dat ümmer blots üm Minschengebode un Minschenlehr. [23] So wat süht so ut, as wenn dat heel kloof wär. Se hebbt sick sülbn en Goddesdeenst torechtmakt: ehr is dat, as dat schient, gornich üm ehr sülbn to don, un se holt den Liew banni in de Gewalt. Awer in Würklikeit hebbt düsse Saken keen Wert un bringt ock niks in. Wat kümmt dorbi rut? Dat Fleesch kümmt dorbi up sin Rek'n un kriggt sin Pleg. Dat is Allns.

382

Dat 3. Kapitel.

¹ Wenn ji nu also mit Christus upweckt sünd, denn sökt ock dat, wat dorbaben is, wo Christus is un an Godd sin rechde Siet sitten deit. ² Up dat, wat dorbaben is, sett ju Sinn, awer nich up dat, wat up de Eer is! ³ Ji sünd doch eegentli all dot, un dat, wat würkli ju Lewen is, dat ruht mit Christus noch gans still un verborgen in Godd sin Hand. ⁴ Awer wenn Christus nu wedderkümmt un sick wiesen deit, denn kamt ji ock to'n Vörschien mit em, un dat in Herrlikeit.

⁵ So makt denn de Litten dot, de noch up de Eer sünd! Ick denk dorbi an Hurenkram, Unreinheit, hittes Blot, böse Lust un Giez. ⁶ Dat is Götzendeenst, ⁶ un dorum is Godd sin Zorn öwer de Welt kamen. ⁷ So hebbt ji dat ock mal drewen, as ji noch in düsse Lasters lewen dän. ⁸ Nu awer seggt ju vun allns los: ward nich fünsch un ward ju nich dull, regt ju nich up, dot keen een wat Böses an, lästert nich un lat keen häßli Word öwer ju Lippen kam! ⁹ Een schall de Annern niks vörleegn. Wiest ju as Lüd, de den ollen Minschen mit all' sin Kneep den Loppaß gewen hebbt ¹⁰ un nu den nien Minschen annahm hebbt, de ümmer wedder nie warn mutt, wenn he gans klor sehn schall, un dat is blots mögli, wenn he den sin Ebenbild is, de em makt hett. ¹¹ Denn awer gifft dat keen Griech un keen Jud, keen, de besneden is, un keen, de nich besneden is, keen Barbar un keen Skyth, keen Slaw un keen Frie mehr, denn gelt blots Christus, de allns in allns is.

¹² Ji sünd ja nu vun Godd utwählt un hillige Lüd, de he lew hett. Dorum treckt nu ock — dat ick dat so seggn do — en nies Kleed an, un dat will seggn: ju Hart mutt vull Erbarmen wesen; west fründli un good; denkt nich groot vun ju sülbn; bliewt sanft un sinni, wenn een ju Unrecht deit; hebbt Geduld mit de Annern! ¹³ Een schall den Annern drägen un mit em in Gelegenheit sehn, wenn he em mal wehdeit un een gegen den Annern wat hett! Grad so, as Christus ju vergewen hett, so schüllt ji dat ock ünner enanner maken. ¹⁴ Öwer all' düt schall awer noch de Lew stahn; denn se is dat Band, dat allns tosamhölt, dat dat Lewen een Stück ward. ¹⁵ Un Godd sin Freden schall in ju Hart dat letzte Word hebbn un den Utslag gewen. Dorto sünd ji beropen as Littmaten an een Liew. Un denn west dankbor! ¹⁶ Christus sin Word schall bi ju riekli sin Platz hebbn. Belehrt ju un helpt een den Annern torecht in jede Weisheit! Singt Godd to Ehrn in ju Harten Psalmen un Dankleeder un wat dat sünst noch för Leeder gifft, de de Geist ingifft! Dorto hebbt ji allen Grund; denn ji hebbt ja de Gnad. ¹⁷ Un allns, wat ji dot in Word oder Wark, allns dot in den Herrn Jesus sin Nam! Dat schall

de Dank wesen, den ji Godd schülli sünd; denn ji hebbt Godd
blots dörch em.
18 Un nu en Word för de Fruenslüd. Ji schüllt ju ünner de
Mannslüd stelln; denn so hört sick dat för Christenminschen.
19 Awer ock de Mannslüd heff ick wat to seggn. Ji schüllt
de Fruen lew hebbn un ehr nich hart anfaten, wenn ju an ehr
mal wat nich paßt. 20 Un ock de Kinner will ick wat int Stamm-
book schriewen. Ji schüllt in alle Saken up ju Ollern hörn
un don, wat se verlangt. So hört sick dat för Christenminschen.
21 Un denn noch en Word för de Vaders. Verdarwt dat
nich mit ju Kinner dordörch, dat ji blots stramm un hart mit
ehr ümgaht! Sünst verleert se dat Tovertruun to ju un to
sick sülbn. 22 Un de Slawen verget ick ock nich. Ji schüllt in
alle Deele up ju Herrn hörn, de dat nu mal sünd. Awer snackt
ehr nich na'n Mund, as wenn't ju blots dorum to don wär,
dat ji ju bi ehr en witten Fot makt! Nä, west uprichdi, dat man
ju up'n Grund sehn kann; denn ji wüllt doch Lüd wesen, de dat
üm Goddesfurcht to don is. 23 Wat ji ock dot, öwerall schall dat
Hart mitspreken un den Utslag gewen. Ji schüllt dat för den
Herrn don un nich för Minschen! 24 Ji weet doch, de Herr ward
ju dat lohnen; denn he gifft ju dat Arwdeel. Ji staht in den
Herrn Christus sin Deenst. 25 Wer Unrecht deit, de kriggt mit
dat betalt, wat he sülbn sick versehn hett. Godd geit liek dörch
un süht keen een dörch de Finger.

Dat 4. Kapitel.

1 Un wat heff ick de Herrn noch to seggn? Gewt de Slawen,
wat se verlangn künnt, un behandelt ehr so, as sick dat för
Lüd hörn deit, de dor weet, dat se ock en Herrn öwer sick hebbt
baben in'n Himmel!
2 Bliewt tru in dat Beden! Ward nich möd dorbi! Bliewt
waken! Dat Danken ward ju helpen. 3 Un wenn ji bed, denn
verget uns nich dorbi! Leggt Godd dat ant Hart, dat he uns
för dat Word de Port upmakt un dat wi Godd sin Geheemnis
predigen künnt. Dorum sitt ick ja hier in min Keden. 4 Ja,
bed mit dorum, dat ick dat so künni mak, as mi dat upleggt is!
5 Swerleggt ju genau, wat ji seggt un dot, wenn ji mit de Lüd
to don hebbt, de noch butenvör staht! Un nutzt den Ogenblick
ut! 6 Wenn ji wat seggt oder reden dot, denn makt dat so,
dat de Lüd ju dat ock gern affnehmt. Dat mutt karni smecken.
Dorum gewt ock en Pries' Solt dorto. Denn weet ji ock,
wodenni ji jedeneen dat seggn künnt, wat he hörn schall.
7 Wodenni dat mit mi steit, dat ward Tychikus ju allns ver-
telln. He is ja min lewe Broder un true Hülpsmann un deent

mit mi den Herrn, as sick dat för Christen hörn deit. [8] Dat
wär ja min Affsehn, as ick em to ju schicken dä, ji schulln doch
gern weten, wodenni uns dat geit, un he schull ju ock ver-
mahnen. [9] Un Onesimus kümmt ock mit. De hört ja to ju
un is ja en true un lewe Broder. De Beiden ward ju allns
vertelln, wat hier los is.

[10] Gröten lett ju Aristarch, de mit mi fungn sitt, un Markus,
wat Barnabas sin Vetter is. Ji weet ja all Bischeed öwer em.
Nehmt em fründli up, wenn he kümmt! [11] Ock vun Jesus,
den se Justus nömt, schall ick gröten. Düsse dree sünd ja de
eenzigen, de besneden sünd un för Godd sin Riek mitarbeiden
dot. Un se sünd ja min Trost worrn.

[12] Ock Epaphras lett gröten. He is ja ju Landsmann un
Christus Jesus sin Knecht, un em lett dat keen Ruh; he bed
ümmer wedder dorum un liggt Godd dormit in de Ohrn,
dat ji vullkamen dorstaht un dat ju Godd sin Will öwer allns
geit. [13] Ick kann vun em betügen, he makt sick veel Sorg üm
ju un de Lüd in Laodikea un in Hierapolis. [14] Ock Lukas, wat
de lewe Dokder is, lett ju gröten. Un denn ock noch Demas.

[15] Gröt de Bröder in Laodikea un Nymphe un ehr Hus-
gemeen! [16] Un wenn düsse Breef bi ju vörlest is, denn sorgt
dorför, dat he ock in de Gemeen vun Laodikea vörlest ward
un dat de Breef vun Laodikea denn ock ju vörlest warn kann.
[17] Un denn seggt Archippus noch: „Seh to, dat du den Deenst,
den du in den Herrn sin Namen kregn hest, ock gans ut-
fülln deist!"

[18] Un to allerletz noch en Lewensteeken vun mi sülbn. Ick
gröt ju vun Harten, un dat schriew ick mit min eegen Hand.
Ach, verget mi nich! Mi sünd de Handn un Föt ja bunn'n!
De Gnad wes' mit ju!

Paulus sin 1. Breef an de Christen in Thessalonich.

Dat 1. Kapitel.

[1] Paulus un Silvanus un Timotheus
an
de Thessalonicher Gemeen,
de in Godd, unsen Vader, un den Herrn Jesus Christus
Lewen un Bestand hett.

*

Wi wünscht ju Gnad un Freden.

[2] Low un Dank seggt wi Godd alltieds, wenn wi beden dot; denn wi verget ju nich vör Godd, un düt gelt vun ju all' tohop. [3] Wi denkt ümmer wedder doran — wi künnt dat eenfach nich laten — wi denkt doran, dat ju Glow ümmer ant Wark is, un dat ju Lew sick suer deit un nümmer möd ward un dat ju Höpen gedülli uthölt un sick nich verdreeten lett — un dat all', wieldat de Herr Jesus Christus ju Een un All' is un ji vör unsen Godd un Vader staht. [4] Dat is uns ja gans gewiß, lewe Bröder: Godd hett ju lew un ju utwählt. [5] Dat steit fast; denn as wi dat Evangelium predigen dän, hett dat ju all' drapen, un de Red hett nich blots Indruck makt, nä, dor wär ock Kraft to spörn un hillige Geist un grote Toversicht. Ick bruk ju dat ja eegentli gornich erst to seggn. Ji weet dat ja sülbn, as wat för Lüd wi ünner ju uns wiest hebbt, un dat blots, üm ju to helpen. [6] Un denn sünd ji in unse Fotspoorn gahn un den Herrn folgt un hebbt dat Word annahmen ünner veel Not mit grote Freud, so as se blots vun'n hilligen Geist ingewen ward. [7] Ja, ick mutt seggn: ji sünd en Vörbild worrn för all' de, de in Makedonien un Achaja to'n Glowen kamen sünd; [8] denn vun ju is den Herrn sin Word mit luute Stimm utgahn un hett sick nich blots in Makedonien un Achaja utbreed'; nä, öwerall hett sick dat rümsnackt, dat ji an Godd glöwen dot; ick heff dat nich nödi, ock man een Word dorvun to seggn. [9] De Lüd vertellt sülbn vun uns, wodenni uns dat bi ju gahn is, un wodenni ji afflaten hebbt vun de Götzen un ju bekehrt hebbt to Godd. Ji wulln ja den lebennigen Godd deenen, de dat in Wohrheit is, [10] un töwen up sin Söhn vun'n Himmel, den he vun de Doden upweckt hett, Jesus, de uns redd, wenn Godd in sin Zorn nu Gericht hölt.

386

Dat 2. Kapitel.

¹ Ja, Bröder, ji hebbt dat fülbn bilewt un nich vergeten, as wi bi ju antämen: wi kämen nich mit lerrige Handn. ² Nä, wenn wi ock allerhand Swores vörher dörchmakt harrn un grow anfat wärn in Philippi — wi hebbt ja dorvun vertellt — wi harrn in Godd doch frischen Mot, bi ju Godd fin Evangelium to predigen, un wi hebbt uns fuer dan dorbi. Dat is doch gewiß: ³ Wat wi ju ant Hart leggt hebbt, dat harr niks mit Swärmerie un Unehrlikeit un Achtergedanken to don. Wohrrafdi nich! ⁴ Nä: Godd hett uns pröwt un utföcht, dat uns dat Evangelium anvertruut wörr, un dorum predigt wi nich de Lüd to Gefalln, funnern üm Godd to deenen, de uns up Hart un Neern pröwt. ⁵ Ji weet dat ock: is dat ock blots eenmal vörkamen, dat wi ju na'n Mund fnackt hebbt? Oder dat wi unfen eegen Vördeel in Stilln dorbi int Og harrn? Dat kann Godd betügen. ⁶ Oder hebbt ji fpört, dat wi uns bi de Lüd bilewt maken wulln, bi ju oder bi annern? ⁷ Wi harrn fünft mit'n goodes Geweten uns wat dorup to good don kunnt, dat wi Christus fin Apostels fünd. Nä, wi hebbt uns ünner ju wiest mit en Hart vull Lew, hebbt ju mit en weeke Hand anfat, fo as wenn en Moder ehr Kinner up'n Schoot hegt un de Backen strakt. ⁸ So hett dat Lengen uns to ju hentrocken, un wi harrn keen annern Wunsch as den, nich blots an dat Evangelium ju Undeel to gewen, nä, ock an unfe Lewen, an dat, wat wi fünd un hebbt; denn wi harrn ju fo gern un heeln fo veel vun ju. ⁹ Weet ji noch, Bröder, wo fuer wi uns dan un keen Möhgd uns fpoort hebbt? Dag un Nacht hebbt wi arbeid! Wi wulln ju ja nich to Laft falln. Un dorbi hebbt wi ju Godd fin Evangelium predigt. ¹⁰ Ji künnt uns dat betügen un Godd ock, wo goddesfürchti un gerecht un tadellos wi uns bi ju upföhrt hebbt, un ji fünd doch fülbn Lüd, de in'n Glowen ftaht. Kann ja ock gornich anners wefen; ¹¹ ji weet ja good: Wi hebbt jeden vun ju as en Vader fin Kinner mahnt un tröft ¹² un ju dat up de Seel bunn'n, fo to lewen, as fick dat hört ünner Godd fin Ogen, de ju to fin Riek un Herrlikeit ropen deit. ¹³ Un dorum künnt ock wi dat nich laten, Godd dorför to danken, dat ji, as ju Godd fin Word, dat wi predigen dän, anbaden wörr, dat ji dat denn ock annahmen hebbt, nich as Minschenword, funnern as dat, wat't in Wohrheit is, as Godd fin Word. Un dat't dat is, dat fpört ji nu ja ock an ju fülbn, denn ji ftaht ja in'n Glowen.

¹⁴ Denn, Bröder, ji gaht ja in defülwige Spoor as Godd fin chriftliche Gemeenden in Judäa: datfülwige hebbt ji dörchmaken müßt vun ju eegen Landslüd, wat se vun de Juden to lieden harrn; ¹⁵ de hebbt ja fogar den Herrn Jefus ümbröcht

un de Profeten, un uns hebbt se verfolgt. Godd hett sin
Freud nich an ehr, un ock de Minschen künnt ehr nich utstahn;
[16] denn se fallt uns in'n Arm, dat wi jo nich de Heiden predigen
schüllt, un se wüllt nich, dat de redd' ward — se künnt nu mal
nich anners, se möt alltieds ehr Sündenmaat vullmaken. Na,
se hebbt ja denn ock Godd sin Zorn to föhln kregn bit toletz.

[17] Bröder, wi wärn ja rein verwaist vun ju en Tied lang,
wi hebbt uns ja nich sehn. Na, dat Hart wär doch bi ju. Awer
dat Lengen wär doch groot, un dorum hebbt wi uns üm so mehr
Möhgd gewen, mal wedder mit ju tosamtokamen. [18] Wi harrn
uns dat fast vörnahmen un wulln to ju henreisen — ick sülbn
(Paulus) nich blots eenmal, nä, tweemal, awer de Satan lä
wat in'n Weg. So käm niks dorna. Schad, [19] denn wer is
uns' Hoffnung, uns' Freud, uns' Ehrenkron? Sünd ji dat
nich ock? Ick meen vör unsen Heiland sin Ogen, wenn he nu
kümmt! Gans gewiß: ji sünd unse Ehr un unse Freud.

Dat 3. Kapitel.

[1] Genog! Utholn kunn wi't nich mehr, un so wörrn wi uns
eeni, wi wulln alleen in Athen bliewen [2] un Timotheus röwer-
schicken — he is ja uns' Broder un deent Godd an dat Evan-
gelium vun Christus. He schull ju stark maken un upmuntern,
dat ju Glow keen Schaden nümmt [3] un dat keen een in düsse
Drangsalen unruhi un unseeker ward. Dat weet ji ja, dorto
sünd wi nu mal bestimmt. [4] Dat hebbt wi ju ock domals, as
wi noch bi ju wärn, seggt: wi möt Not lieden. Un so is dat
ja denn ock kamen, ji weet dat. [5] Dorüm heff ick ock sülbn —
ick kunn dat eenfach nich mehr utholn — henschickt, denn ick
wull to Ruh kamen öwer ju Glowen; denn ick wär bang, de
Versöker kunn ju up de Prow stellt hebbn un unse Arbeid
wär toschann gahn. [6] Nu awer is ja Timotheus bi ju west
un wedder trügkamen un hett uns goode Naricht bröcht öwer
ju Glow un Lew un hett uns vertellt, dat ji ümmer noch
gern an uns denkt un dorna lengt, uns to sehn, grad so
as dat uns geit — [7] nu sünd wi, Bröder, tröst öwer ju dörch
ju Glowen, wenn wi ock noch ümmer veel Not un Drang-
sal hebbt, [8] nu lewt wi erst ördn'tli wedder up, wo wi weet,
dat ji faststaht in den Herrn sin Kraft. [9] Ja, wi künnt Godd
gornich genog danken öwer ju för all' de Freud, de wi an ju
hebbt ünner Godd sin Ogen. [10] Dag un Nacht bed wi dorüm —
wi künnt knapp seggn, wo hartli — dat wi ju persönli wedder-
seht un in de Reeg bringt, wat noch an ju Glow fehlt. [11] Ick
denk, unse Godd un Vader un unse Herr Jesus — de ward
dorför sorgn, dat wi noch to ju henkamt. [12] Un dat is min

Wunſch för ju, dat de Herr ju waſſen un riek warn lett in de Lew to enanner un to ehr all', ſo as wi ju lew hebbt, [13] dat he ju Harten faſtmakt un dat ſe unſträfli un hillig ſünd vör unſen Godd un Vader ſin Ogen, wenn unſe Herr Jeſus nu kümmt mit ſin Hilligen.

Dat 4. Kapitel.

[1] Un nu, Bröder, hebbt wi noch allerhand up't Hart, worum wi ju beden un vermahnen wüllt. Wi ſtaht ja all' ünner den Herrn Jeſus ſin Ogen. Hört mal to! Dat is unſe Bed. Ji hebbt ja vun uns lehrt, wodenni ji lewen ſchüllt, wenn Godd ſin Freud an ju hebbn ſchall, un ji dot dat ja ock. Awer dat mutt noch ümmer beter warn. [2] Ji kennt ja de Vörſchriften, de wi ju in den Herrn Jeſus ſin Nam gewen hebbt. [3] Dat is doch Godd ſin Will: ji ſchüllt ju hilligen. Un dat heet? Holt ju frie vun de Hurerie! [4] Jedereen vun ju is ſülbn dorför verantworli, dat he ſick örd'ntli verheiraten deit in Tucht un Ehren, [5] nich awer blots ut böſe Luſt un Sinnlikeit — ſo makt dat ja de Heiden, de den würklichen Godd nich kennen dot. [6] Dor ſchall ock keen een ſick wat rutnehmen gegen den Annern, ock int Geſchäft nich den Broder öwer't Ohr haun; denn in all' düſſe Saken ſtraft de Herr — dat hebbt wi ju al ſeggt un betügt. [7] Gott hett uns doch nich beropen, wieldat wi unrein wärn, ſunnern wieldat he uns hilligt hett. [8] Is dat awer ſo, denn mutt man ſeggn: wer dat in'n Wind ſleit, de veracht nich en Minſch, nä, de veracht Godd un den, de ſin Geiſt in uns gewen hett.

[9] Ower de Broderlew brukt wi ju nich to ſchriewen. Godd ſülbn hett ju dat ja lehrt, dat ji ju ünner enanner lew hebbt. [10] Un ji dot dat ja ock. All' de Bröder in gans Makedonien hebbt dat ja bilewt. Blots dat wüllt wi ju ant Hart leggn: Lat dat noch beter warn, [11] un lat dat en Ehrenſak för ju warn, dat ji ſtill un ruhi för ju henlewt, dat jeder ſick üm ſin eegen Saken kümmert un ſick ſülbn ſin Brod verdeent — wi hebbt ju ja all dorto vermahnt un ju dat upleggt, [12] dat ji ju anſtänni upföhrt unner de Lüd, de keen Chriſten ſünd, un keen een to Laſt fallt.

[13] Un nu kamt wi up de Doden to ſpreken, Bröder! Un wi dot dat gern, denn ji ſchüllt doch nich truern ſo as de Annern all', de keen Hoffnung hebbt. [14] Makt ju mal klor: Wenn wi dat faſt glöwen dot, dat Jeſus ſtorwen un wedder upſtahn is, ſo künnt wi uns ebenſo getroſt dorup verlaten: grad ſo ward Godd ock de, de nu all ſlapen dot, dörch Jeſus mit em to ſick nehmen. [15] Dorför künnt wi uns up en Word vun den Herrn ſülbn beropen: Wi, de wi hüt noch lewt un noch dor ſünd,

wenn de Herr kümmt, wi hebbt niks vörut vör de, de all dot
sünd. [16] Nä, dat kümmt so: de Herr sülbn ward mit luute
Stimm, mit en Roop vun'n Erzengel un Godd sin Basuun
vun'n Himmel hendalkamen, un de, de in'n Glowen an Christus
storwen sünd, de ward toirst upstahn, [17] un denn erst ward wi,
de wi noch lewen dot un öwerblewen sünd, mit ehr tohop
up Wulken wegrückt warn in de Luft un so den Herrn bi-
möten. Un so ward wi alltieds bi den Herrn wesen. — [18] Also,
mit düsse Wörd tröst ju nu een den annern.

Dat 5. Kapitel.

[1] Un nu noch een Word, Bröder, öwer de Tied un Stünn!
Doröwer brukt ju eegentli niks schrewen warn; [2] denn ji weet
gans genau: den Herrn sin Dag kümmt grad so as en Spitz-
bow in de Nacht. [3] Wenn de Lüd seggt: „Nu is Freden un
Seekerheit!", denn steit in'n Handümdrehn dat Verdarwen vör
de Dör, so as de Wehdag' öwer'n Fru kamt, wenn se en Kind
to Welt bringn schall. Un düsse Lüd bringt sick nich in Seeker-
heit. [4] Bröder, awer ji sitt nich in Düstern, dat de jüngste Dag
ju as en Spitzbow öwerraschen kunn. [5] Ji all' sünd ja Licht-
minschen un Dagminschen. Wi hebbt mit Nacht un Düsternis
niks to kriegn. [6] Denn lat uns nu ock nich slapen, as all' de
Annern, nä, lat uns up'n Posten stahn un nüchtern wesen.
[7] Wer dor slapen deit, de slöpt nachts, un wer sick bedrinken
deit, de is nachts bedrunken. [8] Wi awer sünd Dagminschen, un
dorüm wüllt wi nüchtern wesen. Unse Rüstung is Glow un
Lew, un unse Helm is de Hoffnung, dat wi redd' ward. [9] Denn
Godd hett uns nich dorto bestimmt, dat sin Zorn uns drapen
schall; nä, wi schüllt Andeel kriegn an dat Heil, dat uns unse
Herr Jesus Christus bringn deit. [10] He is ja för uns storwen,
dat wi — mögt wi nu lewen oder all ünner de Eer slapen —
vull un gans mit em tohop lewen künnt.

[11] Dorüm vermahnt ju nu un makt ju fast un stark, een den
Annern, so as ji dat ock all dot. [12] Un nu bed wi ju noch,
Bröder: holt de in Ehrn, de ünner ju in de Gemeen de Arbeid
dot, de ju as Christen vörstaht un ju vermahnen dot, [13] un holt
ehr gans besunners hoch ut Lew, wieldat se de Arbeid dot!
Lewt in Freden mitenanner! [14] Bröder, wi leggt ju dat ant
Hart: vermahnt de, de sick nich schicken wüllt, muntert de up,
de vertagt sünd, griept de ünner de Arms, de en swaken Willn
hebbt, hebbt Geduld mit alle Lüd! [15] Paßt up, dat nich een
en Annern Böses mit Böses vergelt'! Ja, strewt alltieds
dorna, dat ji Goodes dot an enanner un an alle Minschen!
[16] Hebbt alltieds gooden Moot un freut ju! [17] Ward int Beden
nich möd! [18] Wat ju ock drapen mag — verget dat Danken

nich! Denn so will Godd dat vun ju hebbn, so hört sick dat för Christenminschen! [19] Den Geist löscht nich ut! [20] Sünd Profeten mang ju, so veracht't ehr nich! [21] Allns seht ju dorup an, üm dat ock echt is! Dat Goode holt fast! [22] Awer vun dat Böse — wat't ock sin mag — dorvun lat de Handn weg!

[23] Awer Godd, de den Freden gifft, he mak ju hillig, dat ji gans un gor vullkamen ward! He gew, dat ju Geist un Seel un Liew vullkamen un rein upwohrt ward, bit dat unse Herr Jesus Christus kümmt. [24] Tru is de, de ju beropen deit. He ward dat ock don.

[25] Bröder, bed doch för uns!

[26] Gröt all' de Bröder mit'n hilligen Broderkuß! [27] Ick beswör ju bi den Herrn, dat de Breef all' de Bröder vörlest ward.

[28] Unsen Herrn Jesus Christus sin Gnad — de wes' mit ju!

Paulus sin 2. Breef an de Christen in Thessalonich.

Dat 1. Kapitel.

[1] Paulus un Silvanus un Timotheus
an
de Thessalonicher Gemeen,
de in Godd, unsen Vader, un den Herrn Jesus Christus
Lewen un Bestand hett.

*

[2] Wi wünscht ju Gnad un Freden vun Godd, den Vader, un den Herrn Jesus Christus. [3] Lewe Bröder! Dat sünd wi Godd schülli: wi möt em alltieds danken öwer ju. So hört sick dat; denn ju Glow is mächdi int Wassen, un de Lew, de ji, jedereen vun ju all' tosamen, toenanner hebbt, nümmt to. [4] Dat is all so wiet to, dat wi mit Stolz up ju henwiesen dot in Godd sin Gemeenden vunwegen ju Geduld un ju Glow in all' de Verfolgungen, de ji hebbt lieden müßt, un in all' de Drangsalen, de ji to drägen hebbt. [5] Doran wiest sick, dat Godd sin Gericht gerecht is. Ji schüllt ja würdi warn för Godd sin Riek, för dat ji nu lieden möt. [6] Dat versteit sick ja: dat is in Godd sin Ogen recht un billi, dat he de, de ju drängen dot, Drangsal, [7] un ju, de de Drangsal lieden möt, Erquickung mit uns vergelt'n deit, wenn nu de Herr Jesus vun'n Himmel her mit de Engels sick wiesen deit, öwer de he de Macht hett. [8] Denn kümmt he mit Füerflammen un hölt en Strafgericht öwer de, de Godd nich kennt un up dat Evangelium vun unsen Herrn Jesus nich hörn dot. [9] De möt dat dormit betaln, dat se up ewig to Grunn gaht un niks to sehn kriegt vun Godd un sin herrliche Macht, [10] wenn he nu kümmt un verherrlicht ward merrn mang sin Hilligen un bewunnert ward merrn mang all' de, de to'n Glowen kamen sünd, wieldat unse Tügnis bi ju Glowen funn'n harr. Ja, so kümmt dat, wenn de Dag erst dor is. [11] Dorum bed wi ock alltieds för ju, dat unse Godd ju würdi makt för dat, woto he ju beropen hett, un dat he dat so makt, dat ji vulle Freud hebbt an alles Goode un ju Glow sick in ju Lewen mit Kraft bewiesen deit. [12] Ick wull doch niks lewer, as dat unsen Herrn Jesus sin Nam in ju verherrlicht ward un ji in em. So will dat doch unsen Godd un unsen Herrn Jesus Christus sin Gnad.

392

Dat 2. Kapitel.

[1] Un nu kamt wi noch mal dorup torüg, dat unse Herr Jesus Christus wedderkümmt un wi bi em tohopkamen schüllt. Wi wulln ju beden: [2] Verleert den Kopp nich glieks un lat ju nich forts bangmaken, as wenn den Herrn sin Dag nu all vör de Dör stünn! Mag dat een nu in Begeisterung mal seggn oder mögt se sick up en Word beropen, dat in de Biwel steit, oder ock up en Breef, den wi schrewen hebbn schüllt. [3] Lat ju up keen Art un Wies' wat vörsnacken! Erst mutt de Affall kamen un de Sünnenminsch sick künni maken, dat „Kind, dat verlorn geit," [4] de Gegenpart, die sick gegen allns upsett, wat Godd nömt ward oder sick as Godd utgifft, ja, de so wiet geit, dat he sick in Godd sin Tempel sett un sick sülbn as Godd utgifft. [5] Denkt mal na! Heff ick ju dat nich all seggt, as ick bi ju wär? [6] Un nu weet ji, wat em noch in'n Weg steit un dat he sick erst künni maken kann, wenn sin Tied dor is. [7] De Gesetzlosikeit is nu all ant Wark, awer gans in Stilln. Awer de ehr in'n Weg steit, de mutt erst sülbn ut'n Weg gahn. [8] Un denn kümmt de Gesetzlose an'n Dag, awer denn ward de Herr em umbringn — he brukt em blots antopußen — un em gans toschann maken — he brukt blots to wiesen, dat he dor is. [9] Den Annern hett de Satan schickt. De steit dorachter mit sin ganse Macht. Un dat wiest sick in allerhand Kraft, in Teeken un Wunner — awer dor stekt blots Lögen un Wind achter, — [10] un dat bewiest sick ock in allerhand Bedrug un Ungerechdikeit. Un den Schaden hebbt de, de verlorn gaht. Dat is de Straf dorför, dat se de Lew to de Wohrheit nich annahmen hebbt un so sick nich hebbt reddn laten. [11] Dorum lett Godd ehr biestergahn un sett Kraft dorachter, denn nu schüllt se ehr Vertruen up Lögen un Wind setten, [12] un so kümmt dat Gericht öwer all' de, de ehr Vertruen nich up de Wohrheit setten dän, sunnern ehr Freud an de Ungerechdikeit harrn.

[13] Un nu kam ick noch mal up dat torüg, wat ick all anfangs sä: min lewe Bröder, de Herr hett ju würkli lew, un wi dot blots unse Schüllikeit, wenn wi Godd alltieds öwer ju danken dot. Godd hett ju ja utwählt dorto, dat ji vun dat, wat wi utsait hebbt, de erste Erdrag sünd. Ji schulln redd warn dordörch, dat de Geist ju hillig maken dä un ji an de Wohrheit glöwt. [14] Dorto hett he ju ja ock beropen dörch unse Predigt vun dat Evangelium. Ji schulln an unsen Herrn Jesus Christus sin Herrlikeit Andeel hebbn.

[15] Also, lewe Bröder, so staht denn ock fast un holt fast an dat, wat ju vermakt is, mag dat nu dörch en Word oder dörch en Breef vun uns ju lehrt wesen! [16] Awer unse Herr Jesus Christus un unse Godd un Vader, de uns lew harr un

uns en ewigen Trost un en goode Hoffnung schenkt hett — [17] de müch in Gnaden ju Harten tröften un stark maken bi alles Goode, wat ji seggt un dot!

Dat 3. Kapitel.

[1] Un nu heff ick blots noch een Deel up dat Hart: Bröder, bed för uns, dat den Herrn sin Word gau sin Weg makt un verherrlicht ward grad so as ock bi ju! [2] Bed ock dorum, dat wi redd ward vun de bösen Minschen, de to niks good sünd! De Glow is nich jedermanns Sak.

[3] Awer de Herr is tru. He ward ju fast un stark maken un vör dat Böse bewohrn. [4] Wi hebbt to ju dat Tovertruun — un dorbi verlat wi uns up den Herrn — dat ji nu dat, wat wi ju ant Hart leggt hebbt, ock dot un wieder don ward. [5] De Herr müch dat gewen, dat ju Harten den Weg find to Godd sin Lew un to Christus sin Geduld!

[6] Un nu doch noch wat! Wi bind ju, lewe Bröder, dat up de Seel, un dat dot wi in den Herrn Jesus Christus sin Nam: Gewt ju mit keen Broder wieder aff, de nich lewt, as sick dat hört, un de niks weten will vun dat, wat wi ju vermakt hebbt un ji vun uns kregn hebbt! [7] Ji weet ja sülbn gans good, wodenni ji dat anfangn schüllt, wenn ji so lewen wüllt as wi. Wi hebbt uns so upföhrt, as sick dat för uns schickt. [8] Dat Brod, wat wi eten hebbt, dat hebbt wi uns nich schenken laten. Nä, wi hebbt uns suer dan un uns affrackert. Dag un Nacht hebbt wi arbeid; denn wi wulln keen een vun ju to Last falln. [9] Gewiß, dat Recht stünn uns to, dat anners to maken, awer wi wulln ju en goodes Bispill gewen, dat ji dat denn ock grad so maken schulln as wi. [10] All domals, as wi bi ju wärn, hebbt wi ju dat upleggt, un wi hebbt dat utdrückli seggt: Wer nich arbeiden will, de schall ock niks to eten hebbn. [11] Wi wörrn ja sünst niks doröwer seggn, awer wi hört dat: dor sünd welke mang ju, de lewt nich so, as sick dat hört; de arbeid nich, de verdriewt sick de Tied mit allerhand unnützen Kram. [12] Awer düsse Lüd leggt wi dat up un wi vermahnt ehr in den Herrn Jesus Christus sin Nam: se schüllt still ehr Arbeid don un dat Brod eten, dat se sick sülbn verdeent hebbt!

[13] Un nu noch een Word för ju, lewe Bröder! Bliewt dorbi, ümmer wat Goodes to don, un ward nich möd dorbi!

[14] Wenn dor een nich up dat Word hörn will, dat wi in düssen Breef schrewen hebbt, denn markt ju em un gewt ju nich mit em aff! Denn schamt he sick noch to allererst. [15] Awer ji schüllt em nich as en Fiend behandeln. Bringt em ünner veer Ogen up den rechden Weg. [16] De Herr awer, de alleen

den Freden schenken kann, de schenk ju den Freden to jeder
Tied un up jede Art un Wies'! De Herr wes' mit ju all!

[17] Un nu gröt ick ju sülbn noch un sett sülbn min Nam dor-
ünner. So mak ick dat in jeden Breef. So schriew ick. Dat
schall för ju dat seekere Teeken dorför wesen, dat de Breef
würkli vun mi is. [18] Unsen Herrn Jesus Christus sin Gnad
wes' mit ju all!

395

Paulus sin 1. Breef an Timotheus.

Dat 1. Kapitel.

[1] Paulus,
Christus Jesus sin Apostel,
— so hebbt dat anord'nt Godd, de unse Heiland is,
un Christus Jesus, de unse Höpen us —
[2] an Timotheus
de dörch den Glowen sin echtes Kind worrn is.

*

Gnad un Barmhardikeit un Freden wünsch ick di vun Godd, den Vader, un unsen Herrn Christus Jesus.
[3] As ick domals na Makedonien reisen dä, heff ick di dat ant Hart leggt, in Ephesus to bliewen; denn du schullst eenige Lüd vermahnen, niks Anneres to lehrn [4] un sick nich mit de Geschichten, de Minschen sick utdacht hebbt, un mit Stammböm, de keen Enn hebbt, afftogewen. Dor kümmt niks anners bi rut, as dat düsse Saken ümmer wedder dörchwöhlt ward, un doröwer kümmt Godd sin Husornung to kort, de dat blots mit Glowen to don hett. [5] An worup harr ick dat bi min Vermahnung afffehn? Up Lew, de ut en reines Hart, en goodes Geweten un en irnsten Glowen kümmt, den dat blots üm de Wohrheit to don is. [6] Dorvun fünd eenige wiet afffamen un hebbt sick mit Saken affgewen, de niks wieder fünd as dumme Snackerie. [7] Dat wüllt Lüd wesen, de sick int Gesetz gründli utkennen dot; awer se verstaht sülbn nich, wat se seggt un so seeker vörbringn dot.

[8] Wi weet gans good, dat dat Gesetz wat wert is, wenn een dat so bruken deit, as sick dat hörn deit. [9] Denn mutt he awer weeten, dat dat Gesetz nich för den Gerechden dor is, sunnern för so'n Lüd, de vun en Gesetz niks weten un sick niks seggn laten wüllt, för Goddlose un Sünner, för Minschen, de niks mehr hillig is un de allns gemeen makt, för Lüd, de sick an Vader un Moder vergriepen dot, för Mörders, [10] för Hurers un de, de sick an Jungens vergaht, för so'n Lüd, de mit Minschen handeln dot, för Windbütels un de, de falsch swörn dot, un wat fünft noch mit de gesunne Lehr nich stimmen deit. [11] So möt wi dat verstahn vun dat Evangelium ut, dat uns den seligen Godd sin Herrlikeit künni makt un dat mi anvertruut is.

[12] Ick bün unsen Herrn Christus Jesus, de mi Kraft schenkt hett, dankbor dorför, dat he mi Vertruen schenkt un in sin Deenst nahmen hett. Verdeent harr ick dat wohrrafdi nich.

396

13 Ick heff doch fröher lästert un verfolgt un Sünn un Schann drewen. Awer he hett sick öwer mi erbarmt, denn ick wüß ja eegentli nich, wat ick dä; ick harr ja keen Glowen. 14 Unsen Herrn sin Gnad hett sick wiet öwer de Maten an mi bewiest un mi Glowen un Lew schenkt, de wi as Christen kriegn dot. 15 Wi künnt uns up dat Word verlaten un schulln uns dat nich tweemal seggn laten: „Christus Jesus is in de Welt kamen, dat he Sünner reddn schull.“ Un ünner de stah ick bobenan. 16 Awer grad dorum heff ick Erbarmen funn'n; denn Jesus Christus wull toirst an mi sin ganse Geduld bewiesen. An mi schull dat dütli warn, un doran schulln sick all' de Annern en Bispill nehmen, de Godd to'n Glowen an em un to 't ewige Lewen bringn wull. 17 Den ewigen König awer, den Godd, de nich vergahn deit un unsichtbor un gans alleen Godd is, den hört Ehr un Low un Dank in alle Ewigkeit! Dat is gans gewiß.

18 Düt legg ick di nu noch mal ant Hart, min Söhn Timotheus. Du weetst ja, wat fröher öwer di all vörutseggt is. Denk doran, un denn stah fast din Mann, wenn du för den Glowen strieden schallst — dat is doch en herrliche Sak — 19 un do dat mit Tovertruen un mit en goodes Geweten. Dat hebbt eenige Lüd vun sick affschüttelt un dordörch den Glowen up't Spill sett. Se hebbt em verlorn. 20 So güng dat to'n Bispill Hymenäus un Alexander. De heff ick den Satan in de Hand gewen, un ick denk, se ward, wenn he ehr fat hett, ehr Lehrgeld betaln, un ehr ward dat Lästern vergahn.

Dat 2. Kapitel.

1 To allererst legg ick di düt ant Hart: Dor schall bed' warn — mögt ji dat nu in de Kark don, mag een för den Annern beden, hett een wat Besunneres up't Hart, oder wüllt ji danken — dor schall bed' warn för alle Minschen, 2 för de Könige un öwerhaupt för all' de, de an de Spitz staht. Denn künnt wi ruhi un still lewen, gans fram un goddesfürchdi. 3 So hört sick dat un find' Gnad vör Godd, unsen Heiland, sin Ogen. 4 He will ja, dat alle Minschen redd ward un achter de Wohrheit kamt. 5 Denn dat gifft man een Godd un een Middelsmann twischen Godd un Minschen: dat is de Minsch Christus Jesus, 6 de sin Lewen hengewen un so ehr all' losköfft hett. Dat is to rechter Tied betügt worn. 7 Un dorför bün ick as Prediger un Apostel insett — dat is de reine Wohrheit, ick leeg nich — ick schall de Heiden den Glowen un de Wohrheit lehrn.

8 Un so will ick dat hebbn:

397

De Mannslüd schüllt, wo dat ock is, beden un hillige Handn uphewen un ehr Hart dorbi frieholn vun Zorn un Strietsucht. [9] Grad so schüllt de Fruenslüd dat maken. Awer ehr Kleeder möt anstänni wesen; se schüllt sick smuck maken, so as sick dat schickt un man dat vun vernünfdige Lüd verlangn kann: jo nich veel upstelln mit de Hoor un mit Gold un Parln un mit düre Kleeder Staat maken. [10] Nä, se schüllt dat so maken, as sick dat schicken deit för Fruen, de sick frie to de Goddesfurcht bekennen dot. Dat kümmt allns dorup an, dat dat Lewen un de Glow tohopstimmen dot.

[11] De Fru schall sick ruhi verholn un still tohörn un gans achtern Mann torügstahn. [12] Un nu erst ünner de Lüd upstahn un lehrn — dat kann ick nich tolaten, ock nich, dat se sick öwer den Mann stellt. Nä, se schall sick still un ruhi verholn. [13] Adam is toirst makt un denn erst Eva. [14] Un Adam hett sick nich verföhrn laten. De Fru wär dat, de sick anföhrn leet un doröwer to Fall käm. [15] Un doch schall se redd warn dordörch, dat se Kinner to Welt bringt. Dat kümmt blots dorup an, dat de Fruenslüd in Glow un Lew un Hillikeit fast bliewt un sick in Tucht holt.

Dat 3. Kapitel.

[1] Un nu en Word, gegen dat sick dörchut niks seggn lett. Dat heet so: „Wer Bischof warn much, de hett sin Sinn up en herrliche Sak sett." [2] En Bischof mutt en Mann wesen, den keen een wat naseggn un anhebbn kann. He dörf nich to'n tweeten Mal heiraten. En klore Kopp mutt he wesen, en Mann, de sick ümmer in Gewalt hett un veel up sick holn deit. He mutt gastfrie wesen un dat Tüg dorto hebbn, annere to lehrn. [3] En Drinker dörf he nich wesen, ock mit anner Lüd sick nich rümslan. Awer fründli mit de Minschen ümgahn, den Larm un Striet ut'n Weg gahn un up Geld nich sehn — dat hört sick för em. [4] He mutt sin eegen Hus good vörstahn un sin Kinner anholn, dat se uphörn dot — un dorbi dörf he sick niks vergewen. [5] Dat versteit sick ja ock gans vun sülbn, denn wenn een sin eegen Hus nich good vörstahn kann, wodenni schull he denn wull richdi sorgn för Godd sin Gemeen? [6] He dörf ock nich eben erst döfft wesen. Sünst kunn em dat to Kopp stiegen, un em kunn dat Gericht drapen, as de Düwel dat bilewt hett. [7] De Bischof mutt ock en Mann sin, up den de Annern wat gewen dot, de nich to uns hört. Sünst kunn dat so kamen, dat se em wat up'n Stock dot un he den Düwel in de Fall löppt.

[8] Un grad so schall dat mit de Diakonen wesen. Ock se schüllt up sick holn. Se dörbn nich hüt so un morgn anners spreken.

Veel Wien to drinken — dorup dörbn se nich utwesen, un
se schüllt sick nich affgewen mit Saken, de keen reine Kram
sünd. 9 Nä, se schüllt den Glowen, de ja en Geheemnis is, in
en reines Geweten upwohrn. 10 Se möt ock erst en Tied up
Prow dörchmaken un dörbn denn erst anstellt warn, wenn niks
gegen ehr vörbröcht ward.

11 Grad so schall dat ock mit de Diakonissen wesen. Ock se
schüllt up sick holn, nich klatschen; man mutt ehr irnst nehmen
künn'n, un se möt tru wesen in alle Deele.

12 Ock de Diakonen schüllt man eenmal heiraten, ehr Kinner
good uptrecken un ehr eegen Hüser good vörstahn. 13 Denn
wer sin Deenst good utrichten deit, de schafft sick sülbn en gooden
Platz un kann getrost mit sin Christenglow ünner de Lüd gahn.

14 Düt schriew ick di, wenn ick ock höp, dat ick fröher to di
kamen do, as ick mi moden wär. 15 Schull sick dat mit min
Reis' awer doch noch wat hentrecken, denn weetst du wenigstens,
wodenni dat in Godd sin Hus hergahn schall, dat will seggn:
in den lebennigen Godd sin Gemeen, up de as Grundsteen un
Süül de Wohrheit fast ruhen deit. 16 Un dat lett sick nich be-
strieden: de Goddesfurcht ehr Geheemnis is grot:

„De as Minsch ant Licht käm,
de is dörch den Geist as de utwiest, wat he wesen schull;
de Engels hebbt em to sehn kregn;
ünner de Heiden is vun em predigt;
in de Welt hett he Glowen sunn'n;
upnahmen is he in Herrlikeit."

Dat 4. Kapitel.

1 De Geist seggt utdrückli: in Tieden, de noch kamt, ward
welke vun den Glowen affalln, wieldat se sick an Lüd holt, de
up'n verkehrten Weg sünd, un an Lehrn, de vun den Düwel
stammt. 2 Un dat dot se, wieldat düsse Windbütels ehr aller-
hand vörmaken dot un in ehr Geweten en Brandmal hebbt.
3 Se wüllt vun't Heiraten niks weten. Se verlangt, man schall
düt un dat nich eten. Un dorbi hett Godd dat doch allns warn
laten! Un de Lüd, de dor glöwen dot un de Wohrheit kennt,
schüllt doch ehr Freud doran hebbn un ock ehr Deel dorvun
affkriegn! 4 Dat is doch so: allns, wat ut Godd sin Hand
kamen is, dat is good. Un niks brukt wegsmeten warn, wat
een mit en Dankgebed to sick nehmen kann. 5 Dat ward hillig
dörch Godds Word un dörch dat Gebed.

6 Düt legg de Bröder mal vör! Denn büst du Christus Jesus
sin Deener, an den he sin Freud hett; denn du tehrst sülbn
vun dat, wat de Glow un de rechde Lehr seggn dot, un so
hest du dat bitherto ja all ümmer makt.

⁷ Awer lat de Handn aff vun de Geschichten, de mit dat Hillige niks to don hebbt. Dat is ja blots Oldwiewersnack! Awer öw di in dat, wat fram maken deit. ⁸ Gewiß, dat een wat up sin Liew holn deit, dat hett ock sin Nutzen. Awer de Goddesfurcht is för allns to bruken, un ehr is dat Lewen tolöwt, dat Lewen hier un dat Lewen, dat noch kümmt. ⁹ Dat is en wohres Word. Sla dat nich in den Wind! ¹⁰ Dorum rackert wi uns aff un lat uns Schimp un Schann andon. Wi höpt fast up Godd, de in Wohrheit lebenni is. He alleen kann all' de Minschen reddn, un he deit dat ock, un dat gelt toirst un toletz vun de, de glöwen dot. ¹¹ Düt legg de Minschen ant Hart, un lehr ehr dat!

¹² Keen een dörf di öwer de Schullern ansehn, wenn du ock noch jung büst. Awer sorg du ock sülbn dorför, dat se keen Grund dorto hebbt. Gah de, de in'n Glowen staht, mit en goodes Bispill vöran: in dat, wat du seggst, in din Lewenswandel, in'n Glowen un öwerhaupt, dor dörf keen Placken up di sitten. ¹³ Bit to de Tied, dat ick kamen do, hol dorup, dat de Biwel vörlest ward, dat de Lüd vermahnt un lehrt ward! ¹⁴ Lat de Gnadengaw nich inrosten, de du kregn hest un de di toseggt is in'n vörut un de di todeelt is, as de Öllsten di de Handn up'n Kopp leggn dän. ¹⁵ Dorför sorg toirst! Dat is de Hauptsak för di! Dat möt se all' dütli marken, dat dat mit di vörwarts geit. ¹⁶ Hol up di sülbn un up dat, wat du lehrst! Un bliew up din Stück! Deist du dat, denn reddst du di sülbn un de annern dorto, de up di hörn dot.

Dat 5. Kapitel.

¹ En ollen Mann schallst du nich hart anfaten, nä, sprick em good to, as wenn dat din Vader wär! Mit de jungen Lüd gah so üm, as wenn dat din Bröder wärn! ² Öllere Fruen behandel so, as wenn se din Moder wärn, un jüngere Fruen, as wärn se din Swestern, un nümm di niks rut, wat sick nich schicken deit. ³ De Wetfruen lat de Ehr tokamen, de se verlangn künnt, wenn se würkli Wetfruen sünd. ⁴ Hett en Wetfru Kinner oder Enkelkinner, denn schüllt de dat toirst lehrn, dat dat in ehr eegen Hus fram hergeit, un so de Vöröllern vergel'tn, wat se ehr schülli is; denn doran hett Godd sin Freud. ⁵ En Wetfru, de würkli alleen steit, de hett up Godd ehr Höpen sett un bliwt dorbi, dat se bidden un beden deit bi Dag un Nacht. ⁶ De awer, de in Suus un Bruus lewen deit, is all dot, wenn se ock noch lewen deit. ⁷ Un dat binn' ehr up de Seel, dat se sick so upföhrt, dat keen een an ehr wat uttosetten find. ⁸ Wenn awer een för sin eegen Lüd un besunners för sin Huslüd nich

forgen deit, de hett sick vun den Glowen losseggt un is leeger
as een, de nich glöwen deit. [9] In de List' dörf blots en Wetfru
upnahmen warn, de all sößßi Johr old is un de man eenmal
verheirat west is. [10] Se mutt ock sünst bi de Lüd good an-
schrewen wesen dörch allerhand Goodes, wat se uptowiesen
hett; ick will mal seggn: dat se Kinner uptrocken hett, dat se
ock gern Lüd bi sick upnahmen hett, dat se de Hilligen ehr Föt
wuschen hett, dat se Lüd bistahn hett, de in Not wärn, öwer-
haupt, dat se gern bi jede goode Sak mit Hand anleggn dä.
[11] Jüngere Wetfruen hol di vun de Hand; denn wenn se up
Christus leed sünd un sick wedder vun ehr Lust driewen lat,
denn wüllt se heiraten, [12] un denn bliwt dat an ehr hangn, dat
se de erste Tru braken hebbt. [13] Un hebbt se erstmal niks üm
de Hand, denn lehrt se dat bald un loopt vun Hus to Hus,
un nich blots, dat se denn ful ward, nä, se snackt ock dorup los,
driewt Sluderkram un steekt ehr Näs in Saken rin, de ehr
niks angaht, un se snackt, wat sick nich hörn deit. [14] Ick will
also, dat de jungen Fruen heiraten dot, Kinner kriegt, up den
Husstand paßt un ehrn Gegenpart keen Grund dorto gewt,
dat se sick öwer ehr upholn dot. [15] Denn eenige sünd all vun
den rechden Weg affkamen un loopt achtern Satan ran. [16] Wenn
en Fru, de to'n Glowen kamen is, nu Wetfruen hett, de mit
ehr verwandt sünd, denn schall se för ehr sorgn, dat de Gemeen
keen Last dorvun hett un för de Wetfruen sorgn kann, de
dat würkli sünd. [17] De Ollerlüd, de de Gemeen good vörstaht,
hebbt dat verdeent, dat man ehr duppelt ehrn deit, denn se
hebbt de mehrste Arbeid bi de Predigt un bi de Lehr. [18] De
Biwel seggt doch: „En Oß, de bi to döschen is, schallst du keen
Muulkorw vörbinnen!" Un: „Jede Arbeidsmann hett sin
Lohn verdeent." [19] Wenn gegen en Ollermann wat vörliggn
deit, denn nümm de Klag blots an, wenn twee oder dree Tügen
dorbi sünd. [20] Wenn sick een wat versehn hett, denn hol em
dat vör, wenn se all' dorbi sünd; denn markt de Annern sick
dat ock un seht sick vör. [21] Ick beswör di vör Godd un Christus
Jesus un de utwählten Engels, dat du di doran stramm holn
deist. Du schallst keen vörtrecken, awer ock keen achteransteiln.
[22] Wes' nich so gau dormit bi de Hand, een de Handn upto-
leggn, un seh di vör, dat du mit anner Sünn'n niks to don
kriggst! Sorg dorför, dat din Handn rein bliewt! [23] Drink
keen Water mehr, nümm lewer en lütten Sluck Wien! Dat deit
din Magen good un is ock sünst good, wenn du nich recht
to Paß büst. [24] Bi eenige Lüd liggt de Sünn'n so babenup,
dat se ehr glieks vör't Gericht bringt, bi anner Lüd kamt se
erst nahsten an'n Dag. [25] So ward ock dat Goode, wat wi
dot, künni, un schull dat mal anners togahn, denn kann dat
ock nich verborgn bliewen.

Dat 6. Kapitel.

¹ Alle Slawen, de noch ünner Dwang fünd, schüllt ehr Herrn de Ehr gewen, de se verlangn künnt; denn Godd sin Nam un de Lehr dörft nich läftert warn. ² De awer, de Herrn hebbt, de to'n Glowen kamen fünd, schüllt nich ringer vun ehr denken, wieldat se Bröder fünd. Nä, nu schüllt se ehr erst recht deenen; de ftaht ja in'n Glowen un hebbt de Lew verdeent, wieldat se gern för anner Lüd wat dot. So schallst du dat lehrn un so schallst du vermahnen.

³ Wenn nu een wat anners lehrt un sick nich an unsen Herrn Jesus Christus sin gesunne Wörd un an de Lehr holn deit, de to dat frame Lewen hört, ⁴ de speelt sick up un versteit doch niks; de is krank un spikeleert un quäst veel rüm. Un wat kümmt dorbi rut? He günnt den Annern niks, makt ümmer Striet, läftert, truut den Annern blots wat Böses to ⁵ un sleit sick rüm mit Lüd, de den Verstand verlorn hebbt, vun de Wohrheit affkamen fünd un sick inbild', dat dat en Geschäft is, wenn een fram lewen deit. ⁶ Allerdings, dat Framwesen bringt ock veel in, wenn een tofreden is mit dat, wat he hett. ⁷ Denn wi hebbt niks mit up de Welt bröcht, so künnt wi ock niks wedder mit rutnehmen. ⁸ Hebbt wi to eten un to drinken un wat üm an, denn schall uns dat genog wesen. ⁹ De Lüd, de riek warn wüllt, de fallt in Versökung un bliewt in Sneern hangn un loopt sick fast in allerhand Lust, de keen Sinn hett un Schaden deit, ja, de de Minschen deep int Verdarwen un Verdammnis stöten dot. ¹⁰ Denn all' dat Böse hett sin Wuddel in de Raffsucht, un wer sick dorvun int Sleeptau nehmen lett, de kümmt vun'n Glowen aff un makt sick sülbn veel Qual un Wehdag'.

¹¹ Du awer büst ja en Goddesminsch. Dorum gah all' düsse Saken wiet ut'n Weg un strew na Gerechdikeit, Goddesfurcht, Glow, Lew, Geduld un Sanftmot! ¹² Stah du din Mann, wenn du üm den Glowen ringen mußt — dat is dat Schönfte, wat dat gifft —, griep mit beide Handn na dat ewige Lewen! Dorto büst du ja beropen un hett di ock so fien dorför insett vör veele Tügen. ¹³ Un nu legg ick di dat ant Hart vör den Godd sin Ogen, de allns dat, wat dor lewt, dat Lewen schenkt hett, un vör Christus sin Ogen, de sick vör Pontius Pilatus so herrli insett hett: ¹⁴ hol di an min Gebod so, dat du ohn' Placken un tadellos dorstahn kannst, bit dat unse Herr Jesus Christus sick wiesen deit, ¹⁵ un dat he kümmt, dat ward to rechder Tied de bewiesen, de alleen de selige Herr is, de böwerste König un böwerste Herr, ¹⁶ de alleen nich starwen deit un de in en Licht wahnen deit, to dat nüms kamen kann. Keen Minsch hett em sehn un kann em ock sehn. Em hört de

402

Ehr un ewige Macht to; dat is gans gewiß! [17] Un nu noch
en Word för de rieken Lüd in düsse Welt! De schallst du dat
ant Hart leggn, dat se jo nich den Kopp hochdrägen dot un
ehr Höpen sett up Geld un Good, up de keen Verlat is. Se
schüllt ehr Höpen up Godd setten. He schenkt uns riekli allns,
wat wi to'n goodes Lewen brukt: [18] wi künnt Goodes don,
riek warn an dat Goode, wat wi dot, wi künnt mit vulle Handn
utstreun, wat wi hebbt, un anner Lüd wat affgewen un so
uns en gansen Barg upspiekern. [19] Denn hebbt wi wat Schönes
un Fastes ünner de Föt för de tokamen Tied, dat wi dat
Lewen kriegt, dat würkli Lewen is.

[20] Min lewe Timotheus, nümm düt, wat ick di hier anver-
truut heff, good in Acht un kehr di nich an all' de unhillige
Snackerie un Striederie, de vun de Lüd kamt, de dor meent,
se harrn allns klook kreegn, un dat ock anner Lüd vörsnacken
dot, dat se dat glöwt! [21] Welke Lüd, de sick dorför insett hebbt,
sünd vun'n Glowen affkamen un biestergahn. De Gnad wes'
mit ju!

Paulus sin 2. Breef an Timotheus.

Dat 1. Kapitel.

[1] Paulus,
Christus Jesus sin Apostel,
— dörch Godd sin Willn dorto insett; he hett uns ja dat Lewen
toseggt,
dat wi in Christus Jesus hebbn künnt —
[2] an Timotheus,
de sin lewes Kind is.

*

Gnad wünsch ick di un Barmhardikeit un Freden vun Godd,
den Vader, un unsen Herrn Jesus Christus.
[3] Min Hart is vull Low un Dank gegen Godd, den min
Vöröllern all deent hebbt, un ick do dat ock mit en reines
Geweten. Dat is ja ock keen Wunner, dat ick mi so freun do;
denn, wenn ick beden do, denk ick alltieds an di — bi Nacht
un Dag. [4] Ick kann din Tranen nich vergeten, un so leng ick
dorna, di weddertosehn. En grötere Freud kunn dat för mi
knapp gewen. [5] Ick besinn mi noch so good up din uprichdigen
Glowen. Düt allns ward denn wedder in min Seel gans le-
benni. Ja, din Glow! De wär ja toirst bi din Grotmoder
Lois un din Moder Eunike tohus; awer ick bün fast dorvun
öwertügt, he hett ock bi di noch ümmer sin Platz.
[6] Dorum legg ick di dat noch mal ant Hart: Domals, as ick
di min Handn up'n Kopp leggn dä, hest du Godd sin Gnaden-
gaw kregn. So lat dat Füer, dat domals brennen dä, jo nich
utgahn; nä, sorg dorför, dat dat in helle Flammen bliwt.
[7] Godd hett uns doch keen Geist schenkt, de vertagt un bang
makt, nä, en Geist vull Kraft un Lew un Tucht. [8] So scham
di nu nich, di för unsen Herrn gans intosetten! Scham di ock
nich för mi, wenn ick ock int Gefängnis sitt. Ick do dat ja,
wiel dat ick to em holn do. Nä, lied mit mi tohop för dat
Evangelium! Godd gifft uns Kraft dorto. [9] He hett uns doch
redd' un uns to sick ropen, un dat wär em heel irnst dormit,
en hillige Sak. Un dat hett he nich dan, wiel dat wi dat ver-
deent harrn. Ach, jo nich! He harr sick dat eegens so vör-
nahmen. Rein ut Gnaden hett he dat dan. Schenkt hett he
uns düsse Gnad all lang — all vör ewige Tieden. [10] Nu awer
is se för uns künni worrn dordörch, dat unse Heiland Christus
Jesus nu to uns kamen is. He hett den Dod sin Gewalt
nahmen un en Lewen ant Licht bröcht, dat nümmer vergahn
deit. Un dat all' dörch dat Evangelium, [11] för dat ick as Pre-
diger un Apostel un Lehrer insett bün. [12] Dat is de Grund

404

dorför, dat ick nu ock noch lieben mutt. Awer ick scham mi nich; denn ick weet gans genau, up wen ick min Vertruen sett heff, un ick bün fast öwertügt: he kann dat, wat mi anvertruut is, för mi upwohrn bit hen to den jüngsten Dag. [13]Dat, wat du vun mi hört hest, dat hol fast as Vörbild för en gesunne Lehr. Hol dat fast in den Glowen un in de Lew, de sick för Christenminschen hörn dot. [14]De goode Sak, de di anvertruut is, de heg un wohr good up dörch den hilligen Geist sin Kraft, un de wahnt ja in unse Hart.

[15]Dat weetst du ja all, dat se in Asien sick all vun mi losseggt hebbt. Ock Phygelos un Hermogenes sünd dormang. [16]Müch de Herr sick erbarmen öwer Onesiphorus sin Hus! He hett mi so männimal wat to good dan un sick ock nich för mi schamt, as ick int Gefängnis sitten dä. [17]Ja, as he in Rom wär, do hett he mi söcht un harr nich eh'r Ruh, as bit dat he mi funn' harr. [18]Godd, de Herr, gew Gnad dorto, dat he bi den Herrn Erbarmen find'n deit an jüngsten Dag! Un wat he sünst in Ephesus noch för Deensten dan hett, dat weetst du sülbn am besten.

Dat 2. Kapitel.

[1]Du, min Kind, seh to, dat du stark warst in de Gnad, de wi in Christus Jesus hebbt. [2]Un dat, wat du vun mi hört hest un wat di Veele as Wohrheit betügt hebbt, dat giff wieder an Lüd, up den man sick verlaten kann un de dat Tüg dorto hebbt, dat ock annere Lüd to lehrn. [3]Lied mit mi tosam as Christus Jesus sin Suldat, de dat Hart up den richdigen Plack hett. Ick will di ock seggn, wodenni ick dat meenen do. [4]Wer as Suldat buten int Feld steit, de gifft sick nich mit Saken aff, de sick üm Eten un Drinken dreit. Em liggt allns doran, dat sin Hauptmann mit em tofreden is. [5]Un wenn een in de Rennbahn mitlopen deit, denn kriggt he doch keen Krans, wenn he sick nich an dat hölt, wat vörschrewen is. [6]Un de Buer, de sick suerdan hett mit sin Arbeid — de kriggt doch wull toirst vun de Arnt wat aff. Swerlegg di dat mal, wat ick seggn do! [7]Denn ward de Herr dorför sorgn, dat du allns richdi versteist.

[8]Denk ümmer an Jesus Christus, de vun de Doden upweckt is un vun David affstammen deit. Dat predig ick ja ümmer wedder. [9]Un dorför mutt ick ock dat Böse lieden bit hen to dat Gefängnis, wo ick grad so as en Verbreker sitten do. Awer dat makt niks. Godd sin Word künnt se nich fastbinn'n. [10]Dorum nehm ick allns up mi wegen de, de utwählt sünd. Ick müch doch gern, dat se ock dat Heil kriegt, dat Christus Jesus uns bröcht hett, un de ewige Herrlikeit dorto. [11]Dat Word steit fast, un wi künnt uns dorup verlaten:

405

Sünd wi mit em in den Dod gahn, denn ward wi ock mit em lewen.

¹² Holt wi ut in Geduld, denn ward wi ock mit em König wesen. Seggt wi uns vun em los, denn ward he sick ock vun uns losseggn.

¹³ Bliewt wi em nich tru, denn bliwt he uns doch tru; denn vun sick sülbn kann he sick nich losseggn.

¹⁴ Düt hol ehr nu vör un bind' ehr dat up de Seel vör Godd sin Ogen: Se schüllt keen Striet üm Wörd maken. Dat nützt niks. Dat buut nich up. Dat ritt blots henbal bi de, de dat hörn dot. ¹⁵ Sett allns doran, dat du vör Godd sin Ogen bestahn kannst. Wies' di ut as en Arbeidsmann, de sick nich för dat to schamen brukt, wat he makt hett; un dat kannst du, wenn du mit dat Word, dat de Wohrheit is, richdi ümgeist. ¹⁶ De ollen Snackerien, de keen Sinn un keen Wert hebbt — de gah ut'n Weg. So'n Lüd buddelt sick blots ümmer wieder rin in de Goddlosikeit, ¹⁷ un ehr Vertelln fritt üm sick as en Krewschaden. To düsse Slag Lüd hört Hymenäus un Philetos. ¹⁸ Se sünd vun de Wohrheit wiet affkamen; denn se bliewt dorbi, dat dat Upstahn vun de Doden all achter uns liggt. So stellt se bi eenige Lüd den Glowen eenfach up'n Kopp. Awer dat makt niks. ¹⁹ Godd sin faste Buu bliwt stahn. Dorup steit schrewen: „De Herr kennt de, de em tohörn dot," un ock dat annere Word steit dorup: „Jedereen, de den Herrn sin Nam bekennt, hol sick frie vun Ungerechdikeit!" ²⁰ In en grote Husholn gifft dat nich blots Geschirr ut Gold un Sülwer, ock Pött ut Holt un Lehm. Welke ward brukt, wenn't mal recht wat hergewen schall, annere to Saken, de up'n Aschpahl kamt. ²¹ Wer sick vun düsse Saken reinhölt, de kann en Fatt warn, dat en Ehrnplatz kriggt un hillig holn ward. Dat brukt denn de Husherr sülbn un paßt to jeden gooden Zweck.

²² De Lust, wona de junge Lüd ehrn Sinn steit — dor lat din Handn dorvun! Hol du di an Gerechdikeit un Glow un Lew un hol Freden tohop mit all' de, de den Herrn sin Nam ut en reines Hart anropen dot.

²³ Giff di nich aff mit dat Spikeleern öwer dwatsche Saken, de niks wieder sünd as Kinnerkram. Du weetst, dor kümmt blots Striet un Larm bi rut. ²⁴ Den Herrn sin Knecht schall sick nich rümstrieden. He schall gegen jedeneen fründli wesen, en richdige Schoolmeister. ²⁵ He dörf sick nich ut de Ruh bringn laten un schall de, de sick upsetten dot, liesen stüern, ohn dat he sick upregen deit. Dat kunn ja wesen, dat Godd ehr noch rumkriegn deit un se insehn dot, wat de Wohrheit is, un sin Willn dot, ²⁶ wenn se man erst ut den Düwel sin Sneer wedder rut sünd, in de se nu noch fastsitten dot.

Dat 3. Kapitel.

¹ Dat schallst du weten: In de letzten Dag' ward slimme Tieden kamen. ² Denn ward de Minschen jeder blots an sick sülbn denken, ehrn Sinn blots up dat Geld setten. Se ward grootprahln, den Kopp banni hoch drägen, Hohn un Spott driewen, up Vader un Moder nich mehr hörn, undankbor un goddlos wesen. ³ Denn gifft dat keen Lew mehr; se verdrägt sick nich mehr; een seggt den annern wat Böses na. Se lewt in Suus un Bruus, lat sick vun keen een mehr wat seggn un wüllt vun dat Goode niks mehr weten. ⁴ Een verrad' den annern; se sünd lichtsinni, as wenn se nich mehr recht bi Trost wärn. Se loopt dat Vergnögen un de Lust mehr na, as dat se sick üm Godd kümmern dot. ⁵ Rein vun buten ansehn mögt se noch fram wesen, awer Kraft stickt dor nich achter. Mit so'n Lüd giff di nich aff! ⁶ So'n Slag Lüd sünd de Minschen, de sick in de Hüser rinsliekert un Fruenslüd int Gorn lockt, de deep in Sünn un Schann sitt un nich weet, wo se sick vör Lust un Lichtsinn laten schüllt. ⁷ Düsse Fruenslüd wüllt noch ümmer wat tolehrn, un doch bringt se dat nich fardi, würkli achter de Wohrheit to kamen. ⁸ Grad so as Jannes un Jambres sick gegen Moses upsetten dän, so makt düsse Lüd dat mit de Wohrheit. Ehr Verstand is ut Rand un Band, un ehr Glow hett de Füerprow nich bestahn. ⁹ Awer wiet kamt se dormit nich; denn ehrn Unsinn kann jedereen mit Handn griepen. Na, se hebbt dat ja sülbn all bilewt.

¹⁰ Du awer hest di ja all glieks an min Lehr holn, an min Lebenswandel, an dat, wat ick mi sülbst vörnahmen harr, an min Glow, min Langmödikeit, min Lew, min Geduld, ¹¹ an dat, wat se mi andan hebbt, wat ick heff lieden müßt. Denk blots an dat, wat se mit mi makt hebbn in Antiochia un Ikonium un Lystra! Wat för Verfolgungen heff ick dörchmakt! Un ut all' düsse Not hett de Herr mi doch toletz redd'. Na, dorvun bliwt ja keen een verschont. ¹² All' de, de den fasten Willn hebbt, as Christen würkli fram to lewen, de möt Verfolgung utstahn. ¹³ Böse Minschen un Bedreegers kamt ümmer wieder int Verdarwen rin. Se verföhrt de annern, awer ehr sülbn geit dat nich anners. In dat Lock, dat se för de annern grawt hebbt, fallt se toletz sülbn rin. ¹⁴ Hol du fast an dat, wat du lehrt hest un wat din faste Owertügung is. Denk doran, vun wen du dat lehrt hest, ¹⁵ un dat du all as Kind de hilligen Böker kennen lehrt hest. De künnt di den rechden Weg wiesen, dat du dörch den Christenglowen selig warst. ¹⁶ Jedes Book, in dat Godd sin Geist lebenni is, hett ock sünst sin Wert. Dat kann uns helpen, dat wi in de rechde Lehr bliwt, dat wi

markt, wat gegen Godd sin Willn geit, dat wi wedder up den
rechden Weg kamt un in de Gerechdikeit wiederkamt. [17] So
ward de Goddesminsch vullkamen un instann sett, allns to don,
wat good is.

Dat 4. Kapitel.

[1] Vör Godd un Christus Jesus, de öwer Lebennige un Dode
Gericht holn ward, wenn he nu as König sick wiesen deit, legg
ick di wat up dat Geweten: [2] Predig dat Word! Stell di vör
de Lüd dormit hen, mag ehr dat passen oder nich! Hol ehr
vör, wat nich recht is, schell ehr ut un vermahn ehr, awer
allns in Geduld un so, dat se wat lehrt dorbi. [3] Denn de Tied
ward kamen, dat de Lüd vun de gesunne Lehr niks mehr weten
wüllt. Denn ward se na ehrn Gesmack een Lehrer na'n annern
utsöken; dor jökt ehr de Ohrn ja na. [4] Up de Wohrheit hört
se denn nich mehr. Denn hebbt se blots noch Ohrn för aller-
hand dwatsche Geschichten.

[5] Du awer hol in all' düsse Saken di den Kopp klor. Lied
dat, wenn di wat Böses andan ward. Do dat, wat di as
Prediger tokümmt, un richt' vull un gans den Deenst ut, de
di updragen is.

[6] Mit mi is dat all so wiet, dat ick blöden mutt, un de Tied
is dor, dat ick afflöst warr. [7] En herrliche Kamp liggt achter
mi, min Loop is to Enn; den Glowen heff ick wohrt. [8] Nu
fehlt mi niks mehr. De Gerechdikeit luert all up mi as Krans,
den de Sieger kriggt. Den ward de Herr mi schenken, wenn de
Dag dor is. He is ja de gerechde Richder. Un düssen Krans
krieg nich blots ick, nä, den kriegt all' de, de em lew hebbt,
wenn he kümmt.

[9] Wenn du kamen wullt, denn töw nich mehr lang! Denn
[10] Demas, den düsse Welt, in de wi nu lewt, beter gefallt, hett
mi in Stich laten un is na Thessalonich reist; Kreskes güng
na Galatien un Titus na Dalmatien. [11] Blots Lukas is noch
bi mi. Nümm Markus mit up de Reis' un bring em mit.
Ick kann em good bruken, he kann mi to Hand gahn. [12] Ty-
chikus heff ick na Ephesus schickt. [13] Den Mantel, den ick in
Troas bi Karpus trüglaten heff, bring mit, wenn du kümmst,
ock de Böker, un vergitt jo nich de Pergamentrulln; dor liggt
mi noch am meisten an. [14] Alexander, wat de Smid is, de hett
mi veel Böses andan — na, de Herr ward dat mit em int
Reine bringn, so as he dat verdeent hett. [15] Vör den seh du di
ock vör; denn he hett sick banni to Kehr sett gegen dat, wat wi
seggn dän.

[16] As ick dat erste Mal vör Gericht stünn, do hett keen een
mi bistahn, all' hebbt se mi in Stich laten. Godd gew, dat ehr

dat nich düer to ftahn kümmt! [17] Awer de Herr hett mi biftahn
un hett mi Kraft gewen, dat dörch mi de Predigt vull un gans
utföhrt warn kunn un all' de Völker vun ehr to hörn kriegt.
So bün ick redd' worrn ut den Löwen fin Muul. [18] De Herr
ward mi ock nu rutrieten ut alles Böfe, wat mi andan ward,
un mi reddn, dat ick in fin himmlifches Riek kamen do. Em
fi Ehr in alle Ewigkeit! Dat is gans gewiß!

[19] Gröt Priska un Aquila un Onefiphorus fin ganfes Hus.
[20] Eraftus is in Korinth blewen, un Trophimus müß ick krank
in Milet torüglaten. [21] Kumm, wenn du jichtens kannft, noch
vör den Winter her. Eubulus un Pudes, Linus un Klaudia
un all' de Bröder lat di gröten. [22] De Herr wef' mit din Geift!
De Gnad wef' mit ju!

Paulus sin Breef an Titus.

Dat 1. Kapitel.

[1] Paulus,
Godd sin Knecht un Christus Jesus sin Apostel,
an
[4] Titus,
de in den Glowen mit em up een Stück steit
un dorum sin echtes Kind is.

*

[1] Ick bün ja in min Amt dorto insett, dat ick de to'n Glowen bringn schall, de Godd sick utwählt hett. Ock schüllt se gern de Wohrheit richdi verstahn, so as se blots bi frame Lüd to finn'n is. [2] Düsse Wohrheit dreit sick üm dat Höpen up en ewiges Lewen, un dat hett Godd, de doch wohrafdi nich leegn deit, all vör ewige Tieden toseggt. [3] Ja, he hett sin Word to rechter Tied nu ock künni makt dörch de Predigt, de mi anvertruut is, un Godd, unse Heiland, hett dat sülbn so anord'nt.

[4] Gnad un Freden wünsch ick vun Godd, den Vader, un unsen Heiland Christus Jesus.

[5] Düt wär ja, as du weetst, de Grund dorför, dat ick di in Kreta torüglaten dä: du schullst dat, wat ick nich mehr fardi kreeg, noch in de Reeg bringn. De Hauptsak wär: du schullst in jede Stadt Ollerlüd insetten. Ick heff di dat domals ja all seggt, wodenni ick dat hebbn wull. Awer ick kam noch mal dorup torüg. [6] Also: So'n Ollermann mutt en Mann wesen, den de Lüd dörchut niks anhebbn künnt. He dörf blots eenmal verheirat' wesen. Sin Kinner möt Christen sin un dörft nich to den Slag Lüd hörn, de sick nich good upföhrt un sick nich schicken wüllt. [7] De Bischof mutt — dat hört sick nu mal för Godd sin Husverwalter — de Bischof mutt en Mann sin, an den niks uttosetten is. He dörf nich eegensinni wesen, keen Hitzkopp, keen Drinker, keen Radaumaker un keen Mann, de vun Bedrug un Swindel lewen deit. [8] Nä, he schall gastfrie wesen, mutt för dat Goode ümmer wat över hebbn; een Mann, de sinni allns anfaten deit, rechtli un fram, de sick gans in Gewalt hett. [9] Wat de Lehr angeit, so mutt he sick an dat Word holn, up dat Verlat is. He mut doch instann wesen, mit de gesunde Lehr de Lüd to vermahnen un de, de niks dorvun weten wüllt, to wiesen, dat se Unrecht hebbt.

[10] Dat is heel nödi; denn dat gifft en gansen Barg Lüd, de sick niks seggn laten wüllt, de den Mund ümmer wiet upmakt un de annern mit ehrn Snack den Kopp verdreit. De mehr-

410

sten dorvun stammt vun de Juden aff. [11] De möt mal düchdi
een up'n Mund hebbn. Se stellt ganse Hüser up'n Kopp; denn
se lehrt, wat sick nich hörn deit. Un dat blots üm de Groschens,
de för ehr dorbi affallt. [12] Een vun ehr eegen Landslüd, wat
ehr eegen Profet is, de hett ja mal seggt:

"De Kreter sünd ümmer all Windbütels west,
ruch as de wille Tiere un fuul, dat se keen Hand rögen
mögt."

[13] De Mann hett recht. Dat Word dröpt den Nagel up'n Kopp.
Dorum fat ehr kort un scharp an, dat se in'n Glowen gesund
bliewt [14] un sick nich affgewt mit Judengeschichten un Vör-
schriften, de Minschen makt hebbt un de ehr vun de Wohrheit
affbringn dot. [15] Se seggt wull: "För de, de en reines Geweten
hebbt, is allns rein." Awer wodenni is dat mit de, de en
böses Geweten hebbt un nich glöwen dot? För de is niks
rein. Nä, bi de Minschen is beides unrein: ehr Kopp un ehr
Geweten. [16] Se seggt wull frie herut, dat se Godd kennt; awer
dat, wat se dot, bewiest, dat dat nich wohr is. Godd kann ehr
nich utstahn, denn se wüllt nich uphörn, un wenn dat dorup an-
kümmt, wat Goodes to don, denn kriggt dat bi ehr keen Schick.

Dat 2. Kapitel.

[1] Du schallst nu frie herut seggn, wat sick hört na de gesunde
Lehr: [2] Ollere Lüd schüllt nüchtern wesen. Se dörft sick niks
to schulden kamen laten. Se schüllt sinni vörgahn, gesund blie-
wen in'n Glowen, in de Lew un de Geduld.

[3] De öllern Fruen schüllt dat grad so holn. Se schüllt sick so
upföhrn, as sick dat för Hillige hörn deit: nich leegen Klatsch
driewen, nich mehr drinken, as wat se verdrägen künnt, de
annern mit en goodes Bispill vörangahn. [4] Se schüllt de jungen
Fruen den Weg wiesen, dat se Mann un Kinner richdi lew
hebbt, [5] sinni mit ehr ümgaht, up sick holn dot, so as sick dat
hört; dat se goode Husfruen ward un sick na ehrn Mann fögt.
Sünst hett Godds Word den Schaden dorvun un ward niks
mehr rek'nt.

[6] De jungen Lüd schallst du grad so vermahnen, dat se sick
in Toom holt.

[7] Dat makst du am besten so, dat du in alle Saken mit en
goodes Bispill vörangeist. Wenn du lehrn deist, denn mutt
dat so wesen, dat keen een di wat anhebbn kann. Hol up di
so, dat allns en irnsten Indruck makt. [8] Wat du seggn deist,
mutt Hand un Foot hebbn, dat nich doran to rütteln is. Wer

wat dorgegen hett, de mutt verlegen warn doröwer, dat he
öwer uns niks Leeges vörbringn kann.

9 De Slawen schüllt in alle Saken up ehr Herrn hörn un sick
fögen. De Hauptsak is, dat de Herr mit ehr tofreden is. Se
schüllt nich gegenan spreken, 10 keen lange Finger maken, awer
se schüllt bewiesen, dat se gans tru sünd un den gooden Willn
dorto hebbt. Up de Wies' makt se de Lehr, de Godd, unse Hei-
land, gewen hett, in alle Saken Ehr.

11 Denn Godd sin Gnad, de alle Minschen reddn kann un
will, de is nu an den Dag kamen. 12 Se will uns dorto anholn
un bringn, dat wi de Goddlosikeit un all' de böse Lust, de ut
de Welt stammt, vun uns affsmiet un vernünfdi un rechtli un
fram in düsse Tied lewen dot. 13 Ock schüllt wi up de selige
Hoffnung töwen un up de Herrlikeit, de unse groote Godd un
Heiland Christus Jesus mitbringt, wenn he kümmt. 14 He hett
sick ja för uns hengewen. He wull uns ja losköpen vun alle
Ungerechdikeit un för sick en Volk torüsten, dat keen is un em
tohörn deit, en Volk, dat gans dorup ut is, Goodes to don.
15 Düt schallst du seggn un dorto vermahnen un ant Hart
leggn, un dat mutt dörchstahn. Un mak dat so, dat keen een
sick gegen di wat ruttonehmen wagt.

Dat 3. Kapitel.

1 Un denn help ümmer wedder doran denken, dat se sick de
Lüd fögen dot, de öwer ehr to seggn hebbt. Se schüllt uphörn
un ock, wenn't nich verlangt ward, mit togriepen, wo sick dat
üm en goode Sak handelt. 2 Se schüllt keen Annern lästern,
keen Striet un Larm maken, nagewen un gegen alle Minschen
fründli wesen. 3 Wi sünd doch ock mal unvernünfige Lüd west,
de nich uphörn wulln, sünd biestergahn un verslawt west an
allerhand Lust un Vergnögen. Wi hebbt lewt Dag för Dag
in leege Saken un Affgunst, keen Minsch kunn uns lieden, un
haßt hebbt wi een den annern. 4 Nu awer is dat an den
Dag kamen, wo good Godd, unse Heiland, dat mit uns meent
un wo lew he uns Minschen hett. 5 He hett uns redd. Un dat
nich dorum, dat wi dat verdeent harrn — wi hebbt niks Ge-
rechdes uptowiesen. Nä, rein ut Barmhardikeit hett he uns
redd dörch de Döp. Dordörch sünd wi affwuschen; wi hebbt
noch eenmal dat Lewen kregn, un de hillige Geist hett allns
nie makt. 6 Un den hett he riekli öwer uns utgaten dörch unsen
Heiland Jesus Christus; 7 denn wi schulln dörch sin Gnad
gerecht warn un Andeel hebbn an dat ewige Lewen, up dat
unse Höpen steit.

8 Up düt Word kannst du di verlaten. Un dat is min Wunsch
un Will, dat du di fast dorför insetten deist: „Wer to'n Glowen

412

an Godd kamen is, de schall allns doran setten, Goodes to don."
So hört sick dat, un so kümmt dat de Minschen to good. [9] Awer
vun dat dumme Spikeleern un de Stammbööm, vun Striet un
Larm üm dat Gesetz — dorvun lat de Handn aff. Dor kümmt
niks bi rut, un dat bringt niks in. [10] Mit en Minsch, de sick mit
en anner Lehr affgifft, hol di nich lang up. Dat is genog, wenn
du em een un twee Mal vermahnt un wohrschuut hest. [11] Du
weetst, so'n Minsch is gans un gor verdreit un sünnigt wieder.
He richt' sick sülbn.

[12] Wenn ick Artemas to di henschicken do oder Tychikus, denn
mak di gau up'n Weg un reis' to mi her na Nikapolis. Dor,
dacht ick, wull ick den Winter öwer bliewen. [13] För Zenas, de
fröher Gesetzlehrer wär, un för Apollos sorg good un seh to,
dat se bald wiederkamt. Seh to, dat se allns vullup mitkriegt,
wat se brukt. [14] Ock unse Lüd möt dat lehrn, wat Goodes to
don, wo dat nödi is. Sünst hett ehr Glow keen Wert. [15] All
de, de bi mi sünd, lat di gröten. Gröt du ock de, de in'n
Glowen staht un vun uns wat holn dot. De Gnad müch mit
ju all' wesen!

413

Paulus sin Breef an Philemon.

1 Paulus,
de wegen Jesus Christus int Gefängnis sitt,
un Broder Timotheus
an
unsen lewen Hülpsmann Philemon 2 un an Swester
Appia un unsen Mitkämper Archippus
un an din gahse Husgemeen.

*

3 Wi wünscht ju Gnad un Freden vun unsen Godd un Vader
un den Herrn Jesus Christus.

4 Ick dank min Godd alltieds, wenn ick in min Gebede an di
denken do. 5 Ick hör ja vun din Lew un din Glowen, de du
gegen den Herrn Jesus Christus un gegen alle Hilligen be-
wiesen deist. 6 Un dorüm bed ick: dat din Glow, de du mit uns
all deelst, kräfdi to'n Vörschien kümmt dordörch, dat du alles
Goode, dat ünner uns to sinn'n is, noch beter kennen lehrst un
so noch neeger an Christus ranföhrt warst. 7 Ja, veel Freud
un Trost hett din Lew mi bröcht, denn de Hilligen ehr Harten
sünd dörch di, Broder, vermuntert worn.

8 Nu kunn ick ja wull, wieldat ick so to Christus stah, as ick
dat do, mi dat mit en goodes Geweten rutnehmen, di eensach
vörtoschriewen, wat sick hörn deit. 9 Awer wieldat ick di lew
heff, will ick di dat lewer so ant Hart leggn. Hör mal to!
As de olle Paulus, de nu ock noch int Gefängnis sitt — 10 so
kam ick nu to di mit en Bed. Dat handelt sick üm min Kind,
to dat ick noch in min Keden Vader worn bün. Ick meen
Onesimus. 11 Fröher wär he för di en leege Kerl, vun den du
keen Nutzen harrst. Nu awer künnt wi beide, du un ick, veel
Nutzen vun em hebbn. 12 Un den schick ick di nu, un dat is
datsülwige, as wenn ick di min Hart schicken dä. 13 Ick harr
em gern bi mi beholn; denn harr he an din Stell mi tosiet
stahn kunnt, wo ick nu vun wegen dat Evangelium hier sitten
mutt. 14 Awer ohn' din Verlöw wull ick dat nich don; denn ick
müch doch nich, dat du ut Dwang mi wat togood deist; nä,
dat mutt friewilli kamen.

15 Ick heff mi dat Ganse eegentli so torechtleggt: Kunn't
nich wesen, dat he blots en Tiedlang vun di afwest is, dat he
di denn up ewig tohörn schull? 16 Un nu nich mehr as Slaw,
nä, veel mehr as dat, as din lew Broder. För mi is
he't all lang, dat lett sick gornich so seggn; un nu erst för di as
Minsch un Christ! 17 Dorum will ick di wat seggn: Is di dat
würkli um min Fründschap to don, denn nümm em wedder

414

up, as wenn ick dat fülbn wär. [18] Hett he di wat toschann makt oder is he di noch wat schülli, denn sett dat man up min Rek'n. [19] Hier heft du't swart up witt: ick, Paulus, betal dat. Keen Word nebenbi dorvun, dat du mi eegentli noch veel mehr schulden deist, un dat will seggn: di fülbn. [20] Ja, Broder, ick müch di gern en beten utnutzen. Mußt dat nich för ungood nehmen! Ick do dat ja för den Herrn. Mak mi dat Hart en beten lichter, do dat för Christus!

[21] Ick glöw faft doran, dat du deist, wat ick segg; dorum heff ick di öwerhaupt schrewen. Ick weet ja, du deist noch mehr, as wat ick verlang. [22] Un nu noch wat Nies! Mak man allns för mi in de Reeg, denn ick höp, dat ji mi dörch ju Beden bald wedder hebbt.

[23] Epaphras, de mit mi hier int Gefängnis fitt — he deit dat för Christus Jesus — [24] un Markus, Aristarchus, Demas un Lukas, min Hülpslüd — se lat di all' gröten.

[25] Den Herrn Jesus Christus fin Gnad wef' mit ju Geist!

415

De Breef an de Hebräer.

Dat 1. Kapitel.

[1] Ummer wedder un up männi Art un Wies' hett Godd all in olle Tieden to de Vöröllern spraken un dorto de Profeten brukt. [2] Nu awer, wo wi in de allerletzte Tied staht, hett he to uns spraken dörch den Söhn. Em hett he ja dorto bestimmt, dat he allns arwen schall. Dörch em hett he ja ock de Welt makt. [3] So as in den hellen Glans dat Licht to'n Vörschien kümmt, so wiest sick in em Godd sin Herrlikeit, un so as in dat Siegel sick de Stempel affdrückt, so hett sick an em wiest, wat Godd würkli is. Un in sin Hand is allns leggt, un allns hett Bestand un kümmt tostann dörch sin allmächdiges Word. Un denn hett he dat to Weg' bröcht, dat de Sünn'n affwuschen un ut de Welt bröcht sünd, un he sitt nu dorbaben an den allmächdigen Godd sin rechde Siet. [4] He is mit de Engels överhaupt nich to verglieken. All de Nam, den he as Arwdeel kregn hett, stellt em ja wiet öwer ehr. [5] Oder gifft dat ock man een mang de Engels, to den he mal seggt hett:

„Min Söhn büst du! Ick heff di hüt dat Lewen gewen?"

Un wieder:

„Ick will sin Vader wesen, un he schall min Söhn wesen."?

[6] Wenn awer de Tied kümmt, dat he den, de to allererst born is, up de Eer intrecken lett, denn gelt dat Word:

„Un vör em schüllt up de Knee dalfalln all' Godd sin Engels!"

[7] Vun de Engels heet dat:

„He makt sin Engels to Wind'n
un sin Deeners to Füerflamm'n."

[8] Awer vun den Söhn heet dat:

„Din Tron, Godd, steit fast in alle Ewigkeit!"

un:

„Dat Zepter, mit dat du liek dörchgeist, is dat Zepter, dat du brukst in din Riek."

[9] „Du hest Gerechdikeit lew hatt un Ungerechdikeit haßt; dorum hett di Godd, wat din Godd is, salwt mit Freudenöl, mehr as een vun de, de an din Siet staht."

[10] Un wieder:

„Du heſt in'n Anfang, o Herr, för de Eer en faſten Grund
leggt.
Din Handn ehr Wark ſünd de Himmels.
11 Se ward to Grunn gahn, du awer bliwſt.
Un ſe all' ward old warn as en Kleed,
12 un grad as en Mantel warſt du ehr biſiet leggn,
un as en Rock ümtuuſcht ward gegen en annern,
ſo ward ehr dat gahn.
Du awer büſt ümmer deſülwige, un din Johr' gaht nich
to Enn."

13 Un gifft dat wull ock man een vun de Engels, to den he mal
ſeggt hett:

„Sett di rechderhand bi mi hen,
bit dat ick din Fiendn to din Föt dalleggn do?"

14 Sünd ſe nich all' Geiſter, de to'n Deenſt dor ſünd un helpen
ſchüllt de, de dat Heil arwen ſchüllt?

Dat 2. Kapitel.

1 Dorum möt wi uns jo an dat holn, wat wi hört hebbt,
dat wi dat nich ut de Handn verleern dot. 2 Denn all dat
Word, dat dörch de Engels ſeggt wörr, is in Kraft blewen;
un jedereen, de niks dorvun weten wull un ſick doröwer hen-
ſetten dä, hett dorför de Straf kregn, de he verdeent harr.
3 Wodenni ſchulln wi denn wull good dorbi wegkamen, wenn
wi ſo'n Heil nich up de Rek'n hebbt! Düt Heil hett de Herr
toirſt ſülbn anſeggt, un denn hebbt de, de dat hört hebbt, uns
dorvun öwertügt, dat wi uns dorup verlaten künnt. 4 Un denn
hett Godd ock noch dörch Teeken un Wunner, dörch allerhand
Kraft un dordörch, dat he hilligen Geiſt gew, ſick dorför inſett.
Dat wär ſin Will ſo.
5 Denn nich ünner de Engels ehr Kummando hett he de to-
kamen Welt ſtellt, vun de wi nu ſprekt. 6 Nä, utdrückli hett
mal een an en Stell ſeggt:

„Wat is doch de Minſch blots, dat du an em denken deiſt?
Oder wat is en Minſchenkind, dat du di üm em kümmern
deiſt?
7 Du heſt em wull en beten ringer makt as de Engels, awer
du heſt em Herrlifeit un Ehr as en Kron ſchenkt.
8 Allns heſt du em ünner de Föt leggt."

Hett he em awer allns ünner de Föt leggt, benn is nu ock
niks öwer, wat em nich ünnerſtellt is. In'n Ogenblick ſeht wi
blots noch nich, dat „alles ünner em ſteit". 9 Den awer, de

„en beten ringer makt wär as de Engels" — hier is ja an
Jesus dacht — den seht wi. He wörr ja wegen sin Dodesqual
mit Herrlikeit un Ehr krönt; denn he schull ja för jedeneen
dörch Godd sin Gnad den Dod smecken. ¹⁰Denn wenn allns
för em dor un ock dörch em makt is, denn hör sick dat för em
ock so: wenn he veele Söhns to de Herrlikeit bringn wull, denn
müß Godd dörch Lieden den vullkamen maken, de to ehr Heil
den Grund leggt harr. ¹¹De, de dor hillig makt, un de, de
hillig makt ward, de stammt all' vun Een aff. Dorum hett he
sick ock nich schamt, ehr Bröder to nömen, ¹²wenn he seggt:

„Ick will din Nam bi min Bröder bekannt maken,
merrn in de Gemeen will ick di löwen."

¹³Un denn:

„Ick sett min Vertruun up di."

Un wieder:

„Süh doch up mi un de Kinner, de du mi gewen hest,
Godd!"

¹⁴Dorum, wieldat nu de Kinner an Fleesch un Bloot Andeel
hebbt, so hett he ock sülbn in ähnliche Wies' doran Andeel
kregn; denn he schull den toschann maken, de de Gewalt hett
öwer den Dod, un dat is de Düwel. ¹⁵Dat schull he tostann
bringn dörch sin Dod un so all' de friemaken, de ehr ganses
Lewen lang dörch ehr Dodesangst in Slawendom sitten dot.
¹⁶Denn he hett dat doch nich affsehn up de Engels, nä, em
liggt dat an Abraham sin Geslecht. ¹⁷Dorum müß he ock in
alle Deele sin Bröder gliek warn. Blots so kunn he barm-
hardi un en true Hochepreester vör Godd warn. Blots so kunn
he dat Volk sin Sünn'n wedder good maken. ¹⁸Dordörch, dat
he sülbn hett lieden müßt un up de Prow stellt is, kann he
de helpen, de ock up de Prow stellt ward.

Dat 3. Kapitel.

¹Dorum, min hillige Bröder, — ji sünd ja mit uns tohop
vun'n Himmel her beropen — seht Jesus an! He is ja Godd
sin Bad' un Hochepreester, to den wi uns bekennen dot. ²He
wär tru gegen den, de em makt hett, grad so as Mose, un dat
in sin ganses Hus. ³Denn em is en grötere Herrlikeit toleggt
worrn as Mose. Un dat is ja ock keen Wunner, denn den
Buumeister kümmt ja en grötere Ehr to as dat Hus, dat he
buut hett. ⁴Jedes Hus hett ja en Buumeister, awer Godd is
de Buumeister vun de ganse Welt. ⁵Mose wär nu tru in sin

ganſes Hus as en Deener. He ſchull up dat henwieſen, wat noch ſeggt warn ſchull. ⁶ Chriſtus awer is tru as Söhn öwer ſin ganſes Hus, un düt Hus ſünd wi; allerdings möt wi denn ock doran faſtholn, dat wi uns nich bangmaken lat un mit Freuden to de Hoffnung ſtaht bit an dat Enn.

⁷ Dorum holt dat ſo, as de hillige Geiſt dat ſeggt:
„Hüt, wenn ji ſin Stimm hört, ⁸ denn makt ju Hart nich hart, as ju Böröllern dat dän.
Do ſetten ſe ſick gegen mi up; dat wär de Dag in de Wüſt, as ſe mi up de Proov ſtelln wulln.
⁹ Ja, ſe wulln dörchut de Proov maken un ſetten dar allens up an.
Un doch harrn ſe in veerdi Johr bilewt, wat ick an ehr dan harr.
¹⁰ Dorum bün ick bös worrn öwer düt Geſlecht un ſä:
Ummer ſünd ſe mit ehr Hart up'n verkehrten Weg.
Se kämen awer nich dorachter, wat ick vörharr.
¹¹ Un dorum heff ick dat ſworn — ſo bös wär ick:
Se ſchüllt nich to Ruh kamen,
as ick dat ehr todacht heff!"

¹² Dorum ſeht ju nu vör, lewe Bröder! Seht to, dat jo nich een vun ju en böſes Hart heet, dat nich glöwen deit un vun den lebennigen Godd affallt! ¹³ Nä, muntert ju jeden Dag up, ſolang wi noch „hüt" ſeggn dörſt! Sünſt kunn noch een vun ju ſick vun de Sünn bedregen laten un verſtockt warn. ¹⁴ Wi ſünd Lüd, de to Chriſtus hört. Dat ſchull denn all weſen, dat wi nich, as wi dat toirſt dän, in den Glowen faſt up unſe Stück ſtaht bit an dat Enn.

¹⁵ Dat heet dor:
„Hüt, wenn ji ſin Stimm hört, denn makt ju Hart nich hart, as ju Böröllern dat dän.
¹⁶ Do ſetten ſe ſick gegen mi up — —"
un nu frag ick: Welke Lüd wärn dat denn, de ſin Stimm hörn dän un doch ſick upſetten dän? Wärn dat nich all' de, de mit Moſe ut Agypten utwannern dän? ¹⁷ Un öwer welke Lüd wär he veerdi Johr lang bös? Wärn dat nich de, de dor ſünnigt harrn un de ehr Knaken in de Stepp liggn bliewen dän? ¹⁸ Un denn noch wat! Wen hett he denn toſworn, dat ſe nich to Ruh kamen ſchulln, as he ehr dat todacht harr? Sünd dat nich de, de nich uphörn wulln?

¹⁹ So ſeht wi denn: ehr Unglow wär doran ſchuld, dat ſe nich to Ruh kämen.

Dat 4. Kapitel.

¹ Dorum lat uns dorför ſorgen, dat keen een vun ju ſick ſo upföhrn deit, as wenn he to kort kamen wär; denn wat Godd

27* 419

toseggt hett: dat een to Ruh kamen schall, dat steit ock hüt
noch. ²Denn wi hebbt dat Evangelium grad so kregn as se.
Awer ehr hett dat Word, dat se hörn dän, niks nützt; denn se
stünn'n mit de, de dat hört harrn, in'n Glowen nich up een
Stück. ³Wi kamt blots to Ruh, wenn wi glöwen dot. He
hett ja seggt:

„Ick heff dat sworn — so bös wär ick:
Se schüllt nich to Ruh kamen, as ick ehr dat todacht heff.“

Un doch harr he, sietdat de Welt besteit, sin Arbeid all dan.
⁴Denn so steit an en Stell öwer den söbden Dag to lesen:
„Un Godd ruh an den söbden Dag ut vun all' dat, wat he
makt harr.“ ⁵Un nu heet dat hier wedder: „Se ward nich to
Ruh kamen, as ick ehr dat todacht harr.“ ⁶So bliwt dat also
dorbi, dat welke doch noch to Ruh kamen schüllt, un de, de
fröher dat Evangelium kreegn, de sünd nich to Ruh kamen,
wieldat se nich uphörn wulln. ⁷Dorum hett he noch mal en
Dag fastsett. He seggt „Hüt“, un dat hett he all vör lange
Tied seggt dörch David sin Mund, as ick dat all andüden dä:
„Hüt, wenn ji min Stimm hörn dot, denn makt ju Hart nich
hart!“
⁸Denn wenn Josua ehr to Ruh bröcht harr, denn harr he
nich vun en annern Dag spraken, de nahsten kamen schull.
⁹Also steit Godd sin Volk noch en Sabbat to, an den se ruhn
schüllt. ¹⁰Denn de, de to Ruh kamen is, de hett för sick ock
Ruh funn'n vun dat, wat he makt hett, grad so as Godd dat
ock dä.
¹¹Dorum lat uns allns dorto don, dat wi so to Ruh kamt
un dat nüms to Fall kümmt un dordörch, dat he nich uphörn
wull, de Annern wohrschuun mutt!
¹²Denn Godds Word is lebenni un hett Kraft un is scharper
as jedes Swert, dat an twee Sieden scharp makt is. Dat geit
deep rin un deelt Seel un Liew, de Litten un dat Mark in de
Knaken. Ja, dat hölt ock Gericht öwer dat, wat de Minsch in
sin Hart föhlt un will un denkt. ¹³Dat gifft niks in de Welt,
dat vör em verborgen bliwt. Allns liggt nakelt un blot vör
den sin Ogen, de mal mit uns affrek'n ward.
¹⁴Awer wi hebbt ja en Hochenpreester, de dörch de Himmels
hendörchgahn is, dat is Jesus, Godd sin Söhn — dorum lat
uns fastholn an dat, wat wi bekennen dot! ¹⁵Wi hebbt ja keen
Hochenpreester, de nich mit uns föhln kann, wenn wi keen Kraft
hebbt un nich ut un nich in weet. Nä, wi hebbt een, de in alle
Deele up de Prow stellt is, as wi dat ock ward, awer he hett
keen Sünn dan. ¹⁶So wüllt wi frie un vull Tovertruun an den
Gnadentron rangahn. Denn find wi ock Erbarmen un Gnad
to de Tied, wo wi Hülp nödi hebbt.

Dat 5. Kapitel.

¹ Jede Hochepreester is ut de Minschen utwählt un dorto bestellt, dat he bi Godd för de Minschen instahn schall. He schall Gawen un Opfer för de Sünn'n up'n Altar leggn. ² Un he kann wull en Insehn un en warmes Hart hebbn för de, de in ehrn Unverstand sick schülli makt un vun den rechden Weg affkamen sünd; denn he is sülben nich frie vun dat, wat en Minsch to Fall bringn kann. ³ Un dorum mutt he nich blots för dat Volk, nä, ock för sick sülben opfern wegen de Sünn'n. ⁴ Dorto kümmt: nüms nümmt sick dat Ehrenamt. He ward dorför vun Godd beropen, grad so as Aaron.

⁵ So is dat ock Christus nich infulln, dat he sick sülben to'n Hochenpreester maken dä. Dat hett Godd dan, as he to em sä: „Min Söhn büst du; hüt heff ick di dat Lewen gewen." ⁶ Un an en annere Stell seggt he: „Du büst en Preester in Ewigkeit, so as dat Melchisedek wär."

⁷ Christus hett, as he noch as Minsch up de Eer lew, dat, wat em dat Hart swor maken dä, mit Gebed un Süfzen den ant Hart leggt, de em ut'n Dod redden kunn, un he hett dat dan ünner Tranen un luthals to em ropen, un he is erhört un ut de Angst redd' worrn. ⁸ He wär wull Godd sin Söhn, un doch hett he an dat, wat he lieden müß, lehrt, sick to fögen in allns, wat em upleggt wörr, ⁹ un so is he, as he dat all' dörchmakt harr, för de, de nu up em hörn dot, de Mann worrn, de ehr för alle Tied reddn kann, ¹⁰ un Godd hett em den Namen „Preester as Melchisedek dat wär" gewen.

¹¹ Doröwer harrn wi ju noch veel to seggn, awer dat künnt wi ju nich so licht klor maken, denn dorna staht ju de Ohrn nich. ¹² Eegentli schull dat ja so wesen, dat ji annere Lüd lehrn schulln, denn ji sünd ja all lang Christen, awer ji hebbt dat noch ümmer wedder nödi, dat een ju öwer dat belehrn deit, wat dat Allereenfachste ut Godds Word is. Un so steit dat hüt denn so, dat ji blots Melk verdrägt un keen faste Kost. ¹³ Jedereen, de blots Melk kriggt, de versteit noch niks, wenn een mit em richdi spreken deit; denn he is ja noch en lüttes Kind. ¹⁴ Awer de Minschen, de utwussen sünd, kriegt faste Kost; denn de hebbt dat all lang int Geföhl, dat se so weet, wat se verdrägen künnt un wat ehr schaden kann.

Dat 6. Kapitel.

¹ Na, wi wüllt dat erstmal laten, wat to allererst vun Christus to seggn is, un höcher rupstiegen to dat, wat för Lüd bestimmt is, de in den Christenglowen all wieder sünd. Wi wüllt nich noch mal den Grund leggn un uns nich lang bi de Bekehrung upholn, dat een sick nich mehr mit den doden Warkkram aff-

gewen schall, ock nich bi den Glowen an Godd ² un de Döp-
lehr, de Lehr öwer dat Handupleggn, ock nich mit dat Upstahn
vun de Doden un dat ewige Gericht. ³ Nä, dat Annere wüllt
wi don, wenn Godd sin Segen dorto gifft. ⁴ Denn dat is nich
mögli, dat de, in de ehr Hart dat Licht all mal fulln is un de
de Himmelsgaw all mal smeckt un den hilligen Geist all mal
kregn ⁵ un Godd sin goodes Word un de Kraft, de de tokamen
Welt bringt, all mal pröwt hebbt, ⁶ un doch affulln sünd —
dat de noch mal sick bekehrn dot; denn se slat för ehrn Deel
Godd sin Söhn noch eenmal ant Krüz un hebbt Schimp un
Schann öwer em bröcht. ⁷ Denn öwer en Stück Land, dat all
männimal den Regen drunken hett, de doröwer hengüng, un
dat denn ock en gooden Erdrag bringt för den, för den dat
plögt un upsait is, — öwer dat kümmt Godd sin Segen.
⁸ Awer wenn so'n Stück Land Dörns un Dießeln bringt, denn
is dor niks mit los, un dat duert nich lang, denn liggt en
Fluch doröwer, un toletz is dat rein utbrennt.

⁹ Allerdings, lewe Bröder, wenn wi ock so scharp spreken
dot, denn sünd wi doch dorvun öwertügt, dat dat mit ju beter
gahn ward un dat allns so utsleit, dat ji redd ward. ¹⁰ Denn
Godd is nich ungerecht. He vergitt nich, wat ji dan hebbt, un
de Lew, de ji bewiest hebbt gegen sin Nam; denn ji hebbt de
Hilligen all fröher deent un dot dat ock noch. ¹¹ Awer nu lengt
wi dorna, dat jedereen vun ju nu ock densülwigen Iwer be-
wiesen deit, wenn sick dat dorum handelt, dat ji de Hoffnung
vull un gans fastholt bit ant Enn. ¹² Denn ji schüllt nu nich
drak un möd warn. Nä, makt dat so as de, de den Glowen
fastholt un gedülli bliewt un se an de Saken Andeel kriegt,
de Godd tosegt hett.

¹³ As Godd Abraham wat tolöwen dä, do swör he bi sick
sülbn — he harr ja keen Gröteren, bi den he swörn kunn —
¹⁴ un sä: „Gans gewiß! Seg'n will ick di un di veele Nakamen
gewen!" ¹⁵ Un so hett he in Geduld töwt un denn dat ock
kregn, wat em tolöwt wär. ¹⁶ Minschen swört ja bi een, de
gröter is; denn wenn se dat dot, denn steit dat fast, dat keen
een doran rüddeln kann. ¹⁷ So wull ock Godd de, de Andeel
hebbn schulln an dat, wat he tolöwt harr, dat gans besunners
wiesen, dat an sin Willn nich to rüddeln is. Dorum verbörg
he sick dörch en Swur. ¹⁸ Denn wi schulln dörch twee Saken,
an de nich to rüddeln is un bi de Godd doch nich leegen kann,
stark upmuntert warn. So bargt wi uns ja, dat wi de Hoff-
nung fastholt, de sick uns beeden deit. ¹⁹ Düsse Hoffnung holt
wi fast; se is en seekere un faste Anker för unse Seel. Un
düsse Anker reckt wiet na binnen, bit achtern Vörhang. ²⁰ Un
dorhen is Jesus för uns vörutgahn; denn he wörr ja en
Preester in Ewigkeit, as Melchisedek dat wär.

422

Dat 7. Kapitel.

1 Düsse Melchisedek, den wi meenen dot, is ja de König vun Salem un den höchsten Godd sin Preester. He güng Abraham in de Möt, as he de Könige in sin Gewalt bröcht harr un torügkäm. Un he seg'n em ock. 2 Dorum gew Abraham em ock den Teinten aff vun allns, wat em in de Handn fulln wär. So is he, wenn wi sin Nam utdüden wüllt, toirst en gerechde König un denn ock en Fredenskönig — denn dat heet „König vun Salem". 3 He hett keen Vader un keen Moder un keen Stammboom, un sin Lewen hett keen Anfang un keen Enn. So is he eegentli datsülwige as Godd sin Söhn un bliwt en Preester för ewige Tieden.

4 Seht ju düssen Mann doch mal an! Wo grot he is! Em gew de Stammvader Abraham doch den Teinten vun all' dat, wat em in de Handn fulln wär. 5 Nu gifft dat wull för de, de ut de Kinner Levi den Preesterdeenst öwernehmen dot, de Vörschrift, dat Volk — un dat sünd ehr Bröder, obschons se vun Abraham affstammt — den Teinten afftonehmen. 6 He awer, de doch nich vun ehr affstammen dä, hett vun Abraham den Teinten nahmen un den, den allns tolöwt wär, seg'nt. 7 Un nu lett sick nich doran rüddeln: dat Ringere ward vun dat Höchere seg'nt. 8 Un noch wat: hier kriegt Minschen, de doch starwen möt, den Teinten, dor handelt sick dat awer üm een, vun den betügt ward, dat he lewt. 9 So kann man denn seggn: in un mit Abraham hett ock Levi, de doch sülbn den Teinten kriggt, den Teinten gewen. 10 He wär ja noch in sin Vader sin Lendn, as de mit Melchisedek tohopkäm.

11 Wenn nu dörch dat levitsche Preesteramt all allns in de Reeg kamen wär — denn up ehr geit ja dat Gesetz torüg, dat dat Volk kregn hett — worum is dat denn noch nödi, dat en gans nie Preester, „as Melchisedek dat wär", insett ward? Worum ward nich seggt „as Aaron dat wär"? 12 Wenn sick dat Preesteramt ännern deit, denn mutt sick ja ock dat Gesetz ännern. 13 Denn de, vun den dat gelt'n deit, hört ja to'n annern Stamm, ut den keen een wat an'n Altar to don harr. 14 Dat is ja öwerall bekannt, dat unse Herr ut Juda stammen deit, un vun düssen Stamm hett Mose niks öwer Preesters seggt. 15 Un noch klorer liggt de Sak up de Hand, wenn wi bedenkt, dat en gans annere Preester ähnli as Melchisedek upstellt ward. 16 De is dat nich worrn, wieldat en Gesetz dat vörschriewen dä, dat he en Stammboom upwiesen müß. Nä, he is dat worrn, wieldat in em en Lewen is, dat nich vergahn kann. 17 Denn em ward dat ja betügt:

„Du büst en Preester in Ewigkeit, as Melchisedek dat wär."

18 Denn nu is de Ornung, de bitherto gelt'n dä, uphaben;

denn se harr keen Kraft un keen Nutzen. ¹⁹ Dat Gesetz hett ja niks tostann bröcht, wat vullkamen is. Dorför hebbt wi nu en nie Hoffnung kregn un kamt so Godd neeg; düsse Hoffnung is beter.

²⁰ Dorto kümmt noch wat anneres:

Un dat güng nich ohn' en Eid. Denn de Annern sünd ohn' en Eid Preester worrn, ²¹ Christus awer is dat worrn dörch en Eid, den de sworn hett, de dor sä: „Sworn hett de Herr, un em ward dat nich leed von: Du büst en Preester up ewig." ²² So is Jesus ock Börg för en betern Bund worrn.

²³ Un dor sünd allerhand Preesters wesen; denn se möt starwen un künnt dorum nich ümmer up ehrn Posten bliewen. ²⁴ Düsse awer hett en Preesteramt, dat up keen annern öwergeit; denn he bliwt ewig lewen. ²⁵ Dorum kann he ock de, de dörch em to Godd kamt, vull un gans reddn; denn he lewt alltieds un steit för ehr in.

²⁶ Un so'n Hochenpreester harrn wi grad nödi, de hillig un frie vun dat Böse un ohn Placken is, de niks mit de Sünner to don hett un wiet öwer de Himmel uphaben is. ²⁷ He hett dat nich nödi, dat he Dag för Dag opfern mutt, erst för sin eegen Sünn'n un denn för dat Volk sin Sünn'n. Düt hett he een för alle Mal dan, as he sick sülbn opfern dä. ²⁸ Denn dat Gesetz sett Minschen as Hochepreesters in, de in sick keen Kraft hebbt; dat Word awer, dat besworn is un later kamen is as dat Gesetz, dat hett den Söhn insett, de för alle Tied vullkamen is.

Dat 8. Kapitel.

¹ Bi all' düt handelt sick dat üm een Hauptpunkt:

Wi hebbt nu en Hochenpreester, de sin Platz in'n Himmel an de rechde Siet vun den allmächdigen Godd hett, ² un de is nu de Verwalter in dat Hilligdom un dat Telt, dat dat in Wohrheit is. Un dat hett de Herr upmakt un nich en Minsch.

³ Jede Hochepreester ward dorto bestellt, dat he Opfer un Gawen up'n Altar leggn schall. Dorum mutt he ock wat hebbn, wat he opfern kann. ⁴ Wenn he nu noch up de Eer wär, denn wär he gorkeen Preester. Dor gifft dat all genog Lüd, de Gawen opfern dot, so as dat Gesetz dat vörschriewen deit. ⁵ Awer dat, woför se den Deenst makt, is blots en Bild un en Schatten vun dat, wat in'n Himmel is. So wörr dat ja Mose ock upleggt, as he dat Telt maken laten schull. Denn so wörr em seggt:

„Seh to, dat du allns genau na dat Muster maken deist, dat di up'n Barg wiest is!"

6 Nu hett Christus awer en Preesteramt kregn, dat veel höcher steit. Denn he is de Middelsmann för en höheren Bund, de sin Grund hett in wat Beteres, dat tolöwt is. 7 Wenn de dore erste Bund keen Fehler hatt harr, denn wär för en annern gorkeen Platz west. 8 Nu awer wär Godd dormit nich tofreden, denn he sä:

„Paßt up! Dor kamt Dag'," seggt de Herr,
„denn will ick för dat Hus Israel un för dat Hus Juda
en nien Bund maken.
9 Dat schall keen Bund wesen, as ick em för ehr Vöröllern
maken dä domals, as ick ehr bi de Hand nähm
un ehr ut dat Land Ägypten rutbringn wull.
Denn se sünd min Bund nich tru blewen, un ick wull niks
mehr vun ehr weten, seggt de Herr.
10 Düt is nu de Bund, den ick för dat Hus Israel maken will
na düsse Tied, seggt de Herr:
Ick gew min Gesetze in ehrn Sinn,
un in ehr Hart will ick dat schriewen.
Un ick will ehr Godd warn,
un se schüllt min Volk warn.
11 Denn schall ock nich mehr jedereen sin Broder un den,
de to sin Volk hört, belehrn un to em seggn:
„Mak din Ogen doch up, dat du den Herrn wies warst!"
Denn nu ward se mi all' kennen, Lütt un Grot.
12 Denn ick will mit ehr Erbarmen hebbn, wenn se Unrecht
un an ehr Sünn'n will ick nich mehr denken."   [dot,

13 Wenn he hier vun en nien Bund spricht, so hett he dormit seggt, dat de annere sin Tied hatt hett un nu niks mehr gelt'n deit. Wat awer old worrn is un sick öwerlewt hett, dat is bald verswunn'n.

Dat 9. Kapitel.

1 Nu harr ja ock de erste Bund Vörschriften för den Goddesdeenst un ock en Hilligdom, as dat sünst ock in de Welt gifft. 2 Dor wörr ja en Telt upstellt. In den Vörruum stünn'n de Lüchter un de Disch mit dat Brod. Düsse Deel wörr dat Hillige nömt. 3 Awer achter den tweeten Vörhang wär noch en Telt, dat wörr dat Allerhilligste nömt. 4 Hier wär de golden Rökeraltar un de Bundeslad, de gans mit Gold öwertrocken wär. Un in düsse wärn denn de golden Kruk mit Manna un Aaron sin Stock, de utslan wär un gröne Bläder harr, un ock noch de Tafeln, up de dat Gesetz schrewen wär. 5 Baben up de Bundeslad wärn denn de Cherubim — de schulln Godd sin Herrlikeit upwiesen — un düsse Cherubim

425

breeden ehr Flünk ut öwer den Deckel vun de Lad, dat is de
Sühndeckel. Awer doröwer kann nu nich Stück för Stück noch
wat seggt warn.

6 So also wär dat inricht. In den Börruum gaht Dag för
Dag de Preesters rin, wenn se Deenst hebbt. 7 Awer in dat
tweete Telt kümmt eenmal int Johr blots de Hochepreester,
un he hett Bloot mit, wat he för sick sülbn un för dat Volk
sin Sünn opfern dä. 8 Dormit wies de hillige Geist ümmer
wedder dorup hen, dat de Weg in dat Allerhilligste solang noch
nich frie is, as de Börruum noch brukt ward. 9 Düsse Bör-
ruum hett sin eegen Bedüdung för düsse Tied. Dat is de Sinn:
Gawen un Opfer ward up'n Altar leggt, awer se künnt bi den,
de Godd deent, doch dat Geweten nich to Ruh bringn. 10 Dat
geit dormit grad so as mit de Börschriften öwer Eten un
Drinken un Waschen. Dat sünd Börschriften, de mit dat
Minschliche to don hebbt, un gelt' blots bit hen to de Tied,
wo wat Beteres an ehr Stell sett ward.

11 As Christus nu käm as Hochepreester, de dat tokamen
Good bringn schull, do is he dörch en Telt gahn, dat gröter
un nich so unvullkamen, ock nich vun Minschenhandn makt wär
un öwerhaupt nich to düsse Welt hört. 12 Un nich dörch Bock-
un Kalwerbloot, nä, dörch sin eegen Bloot is he in dat Aller-
hilligste kam — un dat een för alle Mal, un hett so en ewige
Erlösung tostann bröcht. 13 Denn wenn all dat Bock- un Ossen-
bloot un de Asch vun de Koh, de mit Water öwer de Un-
reinen utsprengt ward, hillig maken deit, dat de Minsch doch
wenigstens vun buten rein ward — 14 denn mutt doch noch
veel mehr Christus sin Bloot unse Geweten reinmaken vun den
doden Warkkram, dat wi nu den lebennigen Godd deenen
künnt. He harr doch den ewigen Geist un gew sick sülbn för
Godd to'n Opfer hen, an dat niks uttosetten wär.; 15 Un so is
he de Middelsmann worrn för en nien Bund. Sin Dod ver-
dankt wi dat, dat nu de, de to dat ewige Arwdeel beropen sünd,
dat kriegt, wat ehr toseggt is. Denn dorto is he storwen, dat
de Sünn'n, de ünner den ersten Bund dan sünd, afflöst warn
schulln.

16 Wenn sick dat üm en Testament handelt, denn mutt ja
erstmal nawiest warn, dat de, de dat Testament makt hett,
ock dot is. 17 En Testament kann erst utföhrt warn, wenn sick
dat üm Dode handelt. Dat hett noch keen Rechtskraft, wenn
de noch lewen deit, de dat makt hett.

18 Dorum is ock de olle Bund nich ohn Bloot inweiht worrn.
19 Denn as Mose de ganse Börschrift, as dat Gesetz dat ver-
langn deit, dat ganse Volk vörlest harr, do nähm he dat
Kalwer- un Bocksbloot, Water, rode Wull un de Bsopstang
un spreng dat öwer dat Book un dat ganse Volk 20 un sä:

426

„Düt Bloot hört to den Bund, den Godd för ju anord'nt hett."

²¹ Grad so spreng he dat Bloot öwer dat Telt un de Saken, de to'n Goddesdeenst hörn dän. ²² Ja, man kann wull seggn, dat eegentli allns mit Bloot reinmakt ward, un ohn' Bloot ward niks vergewen.

²³ So hör sick dat also, dat de Saken, de dat Himmlische vörstelln schulln, up düsse Wies' reinmakt wörrn. För de himmlischen Saken sülbn awer wärn betere Opfer nödi as düsse. ²⁴ Denn Christus is nich in en Hilligdom ingahn, dat vun Minschenhandn makt is, wat doch man en Bild vun dat richdige Allerhilligste is. Nä, he is in den Himmel sülbn ingahn; denn he wull nu för uns vör Godd sin Tron gahn. ²⁵ He hett dat ock nich dan, wiebat he sick noch ümmer wedder mal opfern wull, so as de Hochepreester alle Johr mit frömbdes Bloot in dat Allerhilligste geit. ²⁶ Sünst harr he ja männimal lieden müßt, solang as de Welt all steit. Nä, he is blots eenmal kamen, un dat is nu, wo de Welttied to Enn geit; denn he wull dörch sin Opfer de Sünn toschann maken, dat se uns niks mehr anhebbn kann. ²⁷ Grad so, as dat för de Minschen bestimmt is, dat se eenmal starwen schüllt un denn dat Gericht kümmt, ²⁸ so is ock Christus man eenmal opfert worrn un hett so de Sünn'n vun veele Minschen up sick nahm. Un nu ward he sick noch een Mal de wiesen, de dorna lengt, dat he ehr redbn deit; denn awer nümmt he keen Sünn'n mehr up sick.

Dat 10. Kapitel.

¹ Nu kann dat Gesetz blots en Schattenbild upwiesen vun de Saken, de noch kamen schüllt, nich awer de Saken sülbn, so as se sünd. Dorum kann dat Gesetz ock nich mit desülwigen Opfer, de se Johr üm Johr ümmer wedder bringn dot, de Lüd, de dormit ankamt, vull un gans to dat maken, wat se wesen schüllt. ² Sünst harr man doch wull mit de Opfer upholn, wenn de, de ehr bringt, een för alle Mal dordörch rein wörrn un niks mehr vun Sünn un Schuld weten dän. ³ Nä, dat Gegendeel is wohr: dörch de Opfer ward se ja jedes Johr ümmer wedder an de Sünn'n erinnert. ⁴ Dat is ja gans un gornich mögli, dat dörch Ossen- un Bockbloot de Sünn'n ut de Welt bröcht ward. ⁵ Dorum sä he ock, as he in de Welt käm: „Slacht- un Spiesopfer hest du nich wullt, awer en Liew hest du för mi makt. ⁶ Brand- un Sühnopfer gefallt di nich. ⁷ Do sä ick: Süh, dorto bün ick kamen — in de Biwel steit vun mi schrewen — dat ick din Willn, Godd, do." ⁸ Nu seggt he wull toirst: Slacht- un Spiesopfer un Brand- un Sühnopfer hest du nich wullt, dor hest du ok keen Freud an — —

un doch ward se bröcht, wieldat dat Gesetz ehr verlangt — — 9 awer he seggt denn doch wieder: ‚Süh, dorto bün ick kamen, dat ick din Willn do.' So sett he dat Erste aff un dat Tweete fast — 10 un dörch düssen Willn sünd wi nu een för alle Mal hillig makt; denn Jesus Christus hett sin Liew to'n Opfer bröcht.

11 Dorto kümmt noch wat Anneres: Jede Preester steit Dag för Dag an sin Platz un makt sin Deenst un bringt männimal desülwigen Opfer, de doch nümmer de Sünn'n ut de Welt bringt. 12 Düsse awer hett man een Opfer för de Sünn'n för ümmer bröcht un sitt nu an Godd sin rechde Siet. 13 Un nu töwt he dat aff, bit dat sin Fiendn to sin Föt dalleggt ward. 14 Denn dörch een Opfer hett he för alle Tieden de, de dor hillig ward, to dat makt, wat se wesen schulln.

15 Dat betügt uns ock de hillige Geist. Erst hett he seggt:

16 „Düt is de Bund, den ick för ehr maken will
na düsse Dag', seggt de Herr.
Ick will min Gesetze in ehr Hart gewen,
un in ehrn Sinn will ick ehr schriewen."

17 Un denn seggt he:
„An ehr Sünn'n un an all' dat Unrecht, wat se dot, will ick nich mehr denken."

18 Wo awer de Sünn'n würkli vergewen sünd, dor sünd Opfer för de Sünn'n nich mehr nödi.

19 So künnt wi, lewe Bröder, uns gans getrost dorup verlaten, dat de Weg to dat Allerhilligste dörch Jesus sin Bloot för uns frie is. 20 Dat is de frische un lebennige Weg, de he uns dörch den Vörhang — dat is Fleesch — friemakt hett. 21 Un wi hebbt en Hochenpreester, de öwer Godd sin Hus sett is. 22 Dorum lat uns neeger kamen mit en uprichdiges Hart un fast in'n Glowen. Wenn de Harten besprengt un so vun dat böse Geweten frie worrn sünd un wenn wi an'n Liew mit reines Water affwuschen sünd, 23 denn lat uns getrost dat Bekenntnis to dat, wat wi höpen dot, fastholn, un wi wüllt uns nich dorvun affbringn laten! Denn he, de uns dat tosegt hett, steit to sin Word. 24 Un denn lat uns een up den annern sehn, dat wi uns een den annern Mot makt to de Lew un dat Goode! 25 Ock wüllt wi nich ut unse Versammlungen wegbliewen, so as welke dat all lang dot. Nä, wi wüllt uns een den annern vermahnen, un dorto hebbt wi allen Grund; denn ji seet dat ja, de Dag is all bald vör de Dör.

26 Denn wenn wi de Wohrheit kennt un doch noch dorup lossünnigen dot, denn gifft dat för de Sünn'n keen Opfer mehr; nä, 27 denn luert up uns blots en Gericht, dat uns angst un bang dorbi warn kann, un de glönige Zorn, de de upfreten ward, de dorgegen angaht. 28 Hett een sick öwer Mose sin

Gesetz wegsett, so mutt he ohn' Erbarmen starwen, wenn twee
oder dree dat betügen dot. ^{29} Denn awer geit dat — dat künnt
ji ju denken — noch veel leeger mit de Straf den, de den Foot
up Godd sin Söhn setten deit, dat Bundesbloot, mit dat he
hilligt is, as wat gewöhnliches ansüht un öwer den Geist, den
de Gnad gifft, spotten deit. ^{30} Wi kennt doch den, de dor seggt
hett: „Min Sak is de Rach; ick sorg dorför, dat allns to sin
Recht kümmt." Un an en annere Stell seggt he: „De Herr
ward öwer sin Volk Gericht holn."
^{31} Dat is gruli, wenn een den lebennigen Godd in de Handn
fallt!
^{32} Un nu denkt mal an de Dag', de achter ju liggt! Ji wärn
noch nich lang bekehrt, do hebbt ji all veel ju wehrn un lieden
müßt. ^{33} Dat eene Mal hebbt se ju Schimp un Schann an-
dahn un ju bös toset un so ju to'n Spitakel macht. Dat
anner Mal hebbt ji friewilli dat up ju nahm, wat de Annern
andahn wörr. ^{34} Ji hebbt mitleedn mit de, de fungn sett wärn,
un as se ju dat ut de Hand rieten dän, wat ju tohörn dä, do
hebbt ji ju dat mit Freuden gefalln laten; denn ji wüssen, dat
ju wat Beteres blewen wär, dat se ju nich nehmen künnt.
^{35} Dorum gewt ju Höpen un Vertruen nich up! Denn dat
ward ju riekli betalt warn. ^{36} Ji schüllt blots den Mot nich
verleern un de Last ruhig wieder drägen, denn dot ji Godd sin
Willn un kriegt toletz ock dat, wat he ju toseggt hett.
^{37} „Dat duert ja blots noch en korte Tied, ji künnt de Dag'
meist telln, — denn kümmt de, de dor kamen schall, un he ward
sick nich lang upholn. ^{38} Un denn ward de, mit den ick to-
freden bün, ut den Glowen dat Lewen hebbn. Wenn he awer
nich Stand hölt, denn hett min Seel keen Freud an em."
^{39} So'n Lüd sünd wi awer nich, de den Kopp hangn lat un
verdammt ward. Nä, wi holt den Glowen fast un winnt
dat Lewen.

Dat 11. Kapitel.

^{1} Wat hett dat nu mit den Glowen up sick? Wat heet
glöwen? — Ick will ju dat seggn:
Mit den Glowen is dat so: wer glöwen deit, de sett sin
fastes Tovertruen up Saken, de erst kamt un up de wi nu
blots höpen künnt, awer he is ock fast dorvun öwertügt, dat
dat ock Saken gifft, de wi nich seht un de doch dor sünd. ^{2} In
düssen Glowen hebbt de Vöröllern ehrn Mann stahn. ^{3} Dörch
den Glowen ward uns dat klor, dat de Welt dörch Godds
Word so worrn is, as wi ehr seht. Wat wi also seht, stammt
nich vun dat, wat to düsse Welt hört un wat wi mit Handn
griepen künnt.

⁴ Dörch den Glowen hett Abel Godd wat opfert, wat mehr wert wär as Kain sin Opfer. Dörch düssen Glowen hett Godd em dat Tügnis ufstellt, dat he in sin Ogen gerecht wär; denn he Godd mak dat dütli künni, dat he an sin Gawen Freud harr. Dörch den Glowen spricht he ock hüt noch, wenn he ock all lang dot is.

⁵ Wieldat he Glowen harr, wörr Henoch so vun de Eer wegnahmen un kreeg den Dod nich to sehn. Se hebbt em nich mehr up de Eer funn'n, denn Godd harr em so wegnahmen; denn ehr dat he wegnahmen wörr, kreeg he noch dat Tügnis, dat Godd an em sin Freud hatt harr. ⁶ Awer bi den, de keen Glowen hett, is dat nich mögli, dat Godd sin Freud an em hett. Denn de, de sich to Godd wend'n deit, de mutt glöwen, dat he dor is, un dat he an be, de em söken dot, dat ock wedder good makt.

⁷ Dörch den Glowen hett Noa, as Godd em dat künni maken dä, wat noch nich to sehn wär, in sin Sorg un Angst den Kasten buut, dat he doch sin Familie reddn kunn. Dörch düssen Glowen hett he öwer de Welt dat Ordeel spraken un so de Gerechdikeit arwt, de mit den Glowen verbunn'n is.

⁸ Dörch den Glowen hett Abraham, as Godd em roopen dä, up em hört, un he reis' na de Städ, de em na Godd sin Willn tofalln schull. Un doch wüß he nich, wo de Reis' hengahn schull. ⁹ Dörch den Glowen mak he sick in dat Land nich fast, dat he doch hebbn schull; nä, he lew dor, as wenn he dor nich tohus wär. He wahn dor in Telten, as Isaak un Jakob dat ock dän, de dat Land doch ock tospraken wär. Awer dat harr ock sin gooden Grund. ¹⁰ Denn he luer un leng na de Stadt, de faste Grundmuern hett un de ehrn Buumeister Godd is, de ehr ock sülbn makt hett.

¹¹ Dörch den Glowen kreeg ock Sara de Kraft, dat se noch Moder warn kunn, wenn se ock all öwer dat Oller rut wär; denn se verleet sick up den, de ehr dat toseggt harr. ¹² So sünd denn noch Kinner kamen vun een Mann — un dat vun en Mann, den sin Mannskraft all affstorwen wär — Kinner so veel as de Sterns an'n Hewen un de Sand ant Ower vun dat Meer, den keen Minsch telln kann.

¹³ In'n Glowen sünd düsse all' storwen. Wat ehr toseggt wär, hebbt se nich kregn; blots vun wieden hebbt se dat sehn un hebbt sick doran freut un dormit tofreden gewen; denn se hebbt dat frie herut seggt, dat se hier up de Eer niks to söken harrn un blots as frömde Lüd hier wahnt, de hier keen Heimat hebbt. ¹⁴ Wer so spreken deit, de will dormit seggn, dat he en Heimat erst söken deit; ¹⁵ denn wenn se dormit dat Land meent harrn, ut dat se utwannert wärn, denn harrn se ja Tied hatt un dorhen torügreisen kunnt. ¹⁶ Nu awer lengt se

430

na en betere Heimat, na en Heimat in'n Himmel. Dorum schamt Godd sick ock nich för ehr un lett sick ehrn Godd nömen; denn he hett all' en Stadt för ehr torecht.

[17] In'n Glowen hett Abraham Isaak opfert, as he up de Prow stellt wörr. Un dat wär sin eenzige Söhn, den he hergewen dä, un dat wär de Mann, den Godd dat tolöwt harr, [18] to den seggt wär: „Bun Isaak schüllt din Nakamen den Namen hebbn." [19] Denn dat stünn för em fast: Godd kann ock vun'n Dod wedder upwecken. So kreeg he em denn ock wedder; een kunn meist seggn, dat de Dod em wedder rutgewen müß, un doch wär't wat anners.

[20] In'n Glowen seg'n ock Isaak Jakob un Esau un dach dorbi an dat, wat noch kamen schull.

[21] In'n Glowen seg'n Jakob, as he up dat Letzte läg, jedeneen vun Joseph sin Söhns un full dorbi up de Knee, awer he müß sick an sin Stock fastholn.

[22] In'n Glowen dacht Joseph, as he all int Starwen läg, doran, dat de Kinner Israel utwannern schulln, un gew Order, wo se em to Eer bringn schulln.

[23] In'n Glowen wörr Mose dree Maand vun sin Öllern versteken, denn se seegn, wo smuck de Jung wär, un se leeten sick nich dordörch bangmaken, dat de König dat verbaden harr.

[24] In'n Glowen wull Mose, as he groot wär, niks mehr dorvun weten, dat se em Pharao sin Dochdersöhn nömen dän. [25] He wull lewer mit Godd sin Volk Böses lieden, as sick vörn Ogenblick wat tügen, wat Sünn wär. [26] Denn de Schimp un Schann, de Christus lieden schull, wär in sin Ogen doch mehr wert as all' dat veele Geld un Good, dat de Agypters harrn. Denn em wär dat gans un gor üm dat to don, wat Godd em as Lohn gewen wörr.

[27] In'n Glowen wanner he ut Agypten ut. He mak sick niks dorut, dat de König grimmig wär. He kunn Gott ja nich seen; awer he heel an em fast un bleew up sien Stück, as wenn he em seen dee.

[28] In'n Glowen heel he de Passahmahltied aff un sorg dorför, dat de Swell öwer de Dör mit Bloot bestreken wörr; denn de Verdarwer schull doch jo nich in de Familien den öllsten Söhn anröhrn.

[29] In'n Glowen wannern se dörch dat Rode Meer, as wenn se dröges Land ünner de Föt harrn; awer as de Agypters dat ock so maken wulln, müssen se versupen.

[30] Dörch den Glowen fulln de Muern vun Jericho üm, as de Stadt söbn Dag' belagert wär.

[31] Wieldat se Glowen harr, käm dat Hurenwiew Rahab mit de, de nich uphörn wulln, nich um. Se harr ja de Kundschafters in ehr Hus nahmen, ohn' dat se ehr wat in'n Weg lä.

[32] Ja, wat schall ick sünst noch vertelln? De Tied wörr ja
nich langen, wenn ick nu noch vun Gideon, Barak, Simson,
Jefta un David, Samuel un de Profeten vertelln wull. [33] Düsse
hebbt dörch den Glowen Könige mit Land un Lüd in ehr Ge-
walt bröcht, för Gerechdikeit sorgt, dat kregn, wat ehr toseggt
wär, de Löwen dat Mul stoppt, [34] sünd öwer Füersbrunst
Herr worrn, hebbt sick för dat scharpe Swert in Seekerheit
bringn kunnt, kämen ut Krankheit wedder to Kraft. In'n Krieg
wärn se Helden un dreewen frömde Suldaten Reeg för Reeg
ut'neen. [35] Fruen kregn ehr Doden wedder; denn de stünn'n
vun de Doden up. Annere wedder leeten sick ruhi quäln un
wulln gornich frielaten warn, denn se wulln lewer up en
betere Art un Wies' upstahn. [36] Noch Annere leeten sick ver-
spotten un slan, ja, se nähmen Keden up sick un güngn
achter de Tralln. [37] Se hebbt ehr mit Steen smeten un dörch-
sagt. Se müssen statwen dörch dat Swert un rumloopen in
Schaaps- un Zeegenfelln. Se harrn niks to eten un üm- un
antotrecken, ehr wörr bös toset, un se harrn veel uttoholn.
[38] De Welt harr dat nich verdeent, dat se dor wärn. In de
Stepp un in de Bargen, in Höhln un allerhand Löcker müssen
se sick rumdriewen; sünst wär för ehr keen Platz. [39] Un düsse
all', de in'n Glowen ehrn Mann stünn'n, kregn dat nich, wat
ehr toseggt wär. [40] Godd harr sick för uns wat Beteres vör-
nahmen, un so harrn se niks vör uns vörut.

Dat 12. Kapitel.

[1] Düsse swewt nu all' as en grote Wulk vun Tügen um uns,
un mi is dat, as wenn se up uns dalkiekt. Nu schulln wi doch
ock wull allns, wat as Last uns drücken deit, un de Sünn,
de sick so licht üm uns rumringeln deit, affleggn un stramm
in den Wettloop, de uns upleggt is, unsen Mann stahn.
[2] Dorum lat uns den Blick vun all' düsse Saken affwend'n
un Jesus alleen int Og beholn! He geit uns ja in'n Glowen
vöran as en Herzog, un he helpt uns ock, dat wi in'n Glowen
dörcholt. He kunn doch de Freud mit Handn griepen, awer he
blew ünner dat Krüz un harr de Schann nich up de Rek'n. Un
dorum hett he nu an de rechde Siet vun Godd sin Tron
sin Platz.
[3] Ja, stellt ju em doch mal vör! Wat hett he sick doch all'
vun de Sünner gefalln laten, de doch niks vun em weten
wulln! Denn ward ji nich möd un verleert ock den Mot nich.
[4] Noch hebbt ji ju gegen de Sünn nich vull un gans to Wehr
sett un dat Lewen up't Spill sett. [5] Un doch hebbt ji den
Trost all vergeten, dat Word, dat to ju as to Söhns spraken is:

          „Min Söhn, sla dat nich ring an,
              wenn de Herr di hart anfaten deit,

432

un lat den Kopp nich hangn,
wenn he di strafen deit!
⁶Denn wen de Herr lew hett,
den fat he ock scharp an;
ja, he sleit jeden Söhn,
den he upnümmt."

⁷Dorum holt ut! Ji hebbt den Segen dorvun! Godd makt dat mit ju as en Vader mit sin Söhns. Denn gifft dat wull en Söhn, den de Vader nich scharp anfaten deit? ⁸Bliewt ji vun de Tucht frie, de se doch all' hebbt dörchmaken müßt, denn sünd ji ja keen echte un rechte Söhns.

⁹Un noch wat will ick ju seggn: De Vaders, de wi as Minschen hebbt, de hebbt doch de Hand öwer uns hatt, un wi hebbt uns vör ehr bögt. Denn schulln wi uns doch noch veel mehr den Vader fögen, de de Herr öwer de Geister is, un so dat Lewen kriegn. ¹⁰De Annern hebbt uns doch man förn korte Tied in de Hand hatt un uns anfat, as ehr dat good schienen dä. Awer wat he dä, dat is uns to'n Segen worrn, dat wi nu an sin Hillikeit Andeel hebbt. ¹¹Dat is ümmer so, wenn wi hart anfat ward: för den Ogenblick bringt dat keen Freud, nä, dat bringt Trurikeit, awer nahsten waßt dorut för de, de dordörch wat lehrt hebbt, en Frucht, de den Minschen still un tofreden makt, un dat is de Gerechdikeit.

¹²„Dorum seht to, dat ji de möden Handn un de lahmen Knee wedder hochkriegt!" ¹³un: „makt ju en eben Weg för ju Föt!"

Denn kümmt dat Lahme doch nich gans vun den rechden Weg aff; denn ward dat doch gesund.

¹⁴Seht to, dat ji in Freden mitenanner utkamt, un strewt dorna, dat ji hillig ward, sünst kriggt keen een den Herrn to sehn! ¹⁵Paßt up, dat nich een sick vun Godd sin Gnad affkehrn deit! Sünst kunn en Giftkruut upwassen un Schaden don, un Veele kunn'n dorvun anstekn warn. ¹⁶Dat dörf nich so wiet kamen, dat en Hurenminsch oder sünst en leege Kirl mang ju is so as Esau, de för en eenzige Mahltied dat Recht verköff, dat he as öllste Söhn harr. ¹⁷Ji weet ja: as he nahsten doch den Segen arwen wull, do wull Godd nix vun em weten, un he kunn upstelln, wat he wull, dat blew dorbi. Ock de Tranen holpen em niks. He funn den Weg nich torüg.

¹⁸Denn ji sünd nich to den Barg henkamen, den man mit Handn anröhrn kann un de lichterloh brennt, ock nich dorhen, wo dat düster is un pickswarte Nacht un wo de Stormwind bruust, ¹⁹wo Basunen blast un Reden holn ward. Dat wär ja so schreckli to hörn, dat de, de dat hörn dän, niks mehr dorvun weten wulln. ²⁰Denn dat wär ehr doch toveel, dat

kunn'n se eenfach nich verdrägen, dat dor anord'nt wörr: „Ock wenn en Tier den Barg anröhrn deit, schall dat mit Steen dotsmeten warn."

21 Ja, so gruli wär dat, wat se to sehn kreegn, dat sogor Mose sä: „Mi is angst und bang; ick bewer rein!"

22 Nä, ji sünd rankamen an den Barg Zion un to den lebennigen Godd sin Stadt, to dat himmlische Jerusalem, wo veel Dusend Engel sünd, un to de grote Festversammlung 23 un to de Gemeen vun de, de toirst born sünd un in'n Himmel upschrewen sünd, un to Godd, de öwer alle Gericht hölt, un to de vullkamen Gerechten ehr Geister, 24 un to Jesus, de för den nien Bund Middelsmann is, un to dat Bloot, dat utsprengt ward un dat noch gans wat anners seggt as Abel sin Bloot. 25 Seht jo to, dat ji ju gegen den nich upsetten dot, de nu to jeden reden deit! Denn de Lüd domals, de vun em niks weten wulln, as he up de Eer ehr wat seggn wull, — de sünd nich good wegkamen dorbi. Un nu erst wi! Wi künnt uns erst recht nich vör em bargen, wenn wi uns nich an em kehrn wüllt, de nu vun'n Himmel to uns reden deit. 26 Domals hett sin Stimm de Eer bewern makt. Nu awer hett he toseggt: „Noch eenmal schall de Eer bewern un de Himmel dorto! Ick mak dat so!"

27 Verstaht ji düt Word „noch eenmal"? Düt will dat seggn: dat, wat bewert, schall verännert warn; denn dat is makt. Un so hett dat blots Bestand, wat nich to'n Bewern bröcht warn kann."

28 Dorum lat uns dankbor wesen, dat wi en Riek hebbn schüllt, dat sick nich verännern deit! So deent wi Godd, as em dat gefalln deit. Un wi wüllt dat don mit Angst un Bangn. 29 Denn unse Godd is en Füer, dat allns vertehrt.

Dat 13. Kapitel.

1 Bliewt fast in de Bröderlew! 2 Verget nich, gastfrie to wesen! Dordörch hebbt welke, ohn dat to weten, Engels to Gast hatt.

3 Denkt an de, de fungn sitt, as wärn ji dat sülbn! Hebbt en Hart för de, de in Not sünd! Ji lewt ja ock noch up de Eer un weet nich, üm ju dat nich ock noch mal so geit!

4 De Eh' schall bi alle in Ehrn holn warn. Bringt keen Schann öwer dat Eh'bedd! Wer Hurenkram driwt un de Eh' breken deit, öwer den ward Godd Gericht holn.

5 Wat ji ock dot un vörhebbt, holt ju frie vun'n Giez! West tofreden mit dat, wat ji hebbt! He sülbn hett ja seggt: „Ick will di nich loslaten un ock nich in Stich laten." 6 Dorum künnt wi ock getrost seggn: „De Herr is min Hülpsmann. Ick bün nich bang. Wat schull mi en Minsch ock wull don?"

434

⁷ Denkt an ju Lehrers, de ju Godds Word seggt hebbt! Seht ju dat ümmer wedder genau an, wodenni se in ehr Lewen un Starwen ehrn Mann stahn hebbt, un denn makt dat mit ju Glow grad so as se! ⁸ Jesus Christus is güstern un hüt desülwige, un dat is he ock in Ewigkeit. ⁹ Lat ju nich dörch allerhand frömde Lehrn an de Hauptsak vörbidriewen! Denn dat is en goode un feine Sak, wenn dat Hart fast makt ward dörch Gnad, un nich dörch Eten un Drinken. Dat hett de, de sick dormit affgewt, doch niks nützt.

¹⁰ Wi hebbt en Altar, vun den de nich eten dörft, de in dat Telt den Deenst hebbt. ¹¹ Denn de Tiere, de ehr Bloot för de Sünn'n dörch den Hochenpreester in dat Hillige bröcht ward, ward sülbn buten vun dat Lager upbrennt. ¹² Dorum hett ock Jesus buten vör dat Stadtdor leden, wieldat he dörch sin eegen Bloot dat Volk hilligen schull. ¹³ Dorum lat uns ut dat Lager to em ruttrecken un sin Schimp un Schann up uns nehmen! ¹⁴ Wi hebbt hier ja keen Stadt, de bestahn bliwt, nä, wi sökt de, de noch kamen schall. ¹⁵ Dörch em wüllt wi nu alltieds Godd Low un Dank as Opfer bringn, dat is de Frucht vun de Lippen, de sick to sin Nam bekennen dot.

¹⁶ Un denn verget nich, de Annern Goodes to don un gern afftogewen! Dat sünd de Opfer, an de Godd sin Freud hett.

¹⁷ Hört up de, de ju vörstaht, un fögt ju! Denn se wakt öwer ju Seeln un nehmt dat heel irnst dormit; denn se schüllt mal dorför instahn. Wi wulln doch gern, dat se dat mit Freuden dot un nich mit Süßzen; denn dat kunn ju banni schaden.

¹⁸ Bed för uns! Wi hebbt — dat is unse faste Meenung — en goodes Geweten, denn uns liggt doran, dat wi in alle Saken so lewt, as sick dat hört. ¹⁹ Un ick vermahn ju nu erst recht, dat ji dat dot. Ick wull doch gern all bald wedder bi ju wesen.

²⁰ De Fredensgodd awer, de vun de Doden den groten Harder för de Schaap wedder rutbröcht hett dörch dat Bloot, dat den ewigen Bund tostann bröcht hett, — dat is ja unse Herr Jesus — ²¹ müch de ju allns Goode schenken, dat ji dot, wat he hebbn will! So bringt he dat an ju tostann, wat em gefallt. Un dor help Jesus Christus to! Em hört ja de Ehr to in alle Ewigkeit! Dat is gans gewiß!

²² Un denn bed ick ju noch wat: nehmt düt Mahnword fründli up! Dat is ja wenig genog, wat ick ju schrewen heff. —

²³ Un denn will ick ju noch vertelln, dat unse Broder Timotheus wedder friekamen is. Schull he bald kamen, denn höp ick, dat ick mit em tohop wedder to ju kamen do.

²⁴ Gröt all de, de ju vörstaht un all de Hilligen! De Christen in Italien lat ju ock gröten.

²⁵ De Gnad wes' mit ju all!

Jakobus sin Breef.

Dat 1. Kapitel.

[1] Jakobus,
Godd un den Herrn Jesus Christus sin Knecht,
an
de twölf Stämm,
de öwer de wiede Welt verstreut sünd.

*

Müch Godd ju veel Freud schenken! — dat is min Wunsch för ju to allererst.

[2] Min lewe Bröder! Ji möt dat för luuter Freud ansehn, wenn ji up allerhand Art un Wies' up de Prow stellt ward. [3] Ji weet dat ja: hett ju Glow erstmal de Füerprow bestahn, denn mag dor kamen, wat dor will! Denn waßt ut em as Frucht ock de Geduld. Un düsse Geduld wiest sick denn ock as dat, wat se wesen schall; denn holt ji den Nack ümmer stief un lat ju nich ünnerkriegn. [4] Awer de Geduld mutt vull un gans dörchstahn. Sünst ward dat mit ju doch man en halwen Kram. Anse Herrgodd mutt an ju sin ganse Freud hebbn. Un de Minschen dörft an ju niks uttosetten finn'n. Owerhaupt: ji schüllt dat an niks fehlen laten.

[5] Ick weet wull, dat is banni swor. Dor hört veel Weisheit to. Awer wenn een dat hieran fehln deit, denn schall he getrost Godd dorum beden. He gifft ja alle Minschen, wat se nödi hebbt. He besinnt sick ock nich lang un deelt mit vulle Handn ut. He knurrt ock nich dorbi un makt keen suer Gesicht, as Minschen dat wull dot. En Minsch, de beden deit, de ward dat seeker kriegn. [6] Awer he mutt dorum beden int vulle Tovertruun un dörf dörchut nich twieweln; denn wer dor twieweln deit, den geit dat so as de Bülgen buten in de See, de vun den Wind upwöhlt un rumwöltert ward. [7] So'n Minsch schall sick doch nich inbild'n, dat he vun den Herrn öwerhaupt wat kriegn deit. Dat is ja en Mann mit twee Seeln. [8] De is wankelmödi un weet nich, wat he will un schall bi allns, wat he deit.

[9] De Broder, de to de lütten Lüd hört, schall sick wat dorup to good don, dat he — wenn wi dat richdi nehmen dot — hoch dorsteit. [10] Un de rieke Mann schall sick dat as wat Grootes torek'n, dat he niks vörstelln deit; denn grad as mit de Feldblom is dat bald mit em vörbi. [11] De Sünn geit up, schient prall hendal, un dat duert nich lang, denn is dat Gras verdrögt, un sin Blöt fallt aff, un wat ehr so smuck maken dä,

436

dat is mit een Slag hen. So ward dat ock den rieken Mann
gahn bi allns, wat he deit — he ward henwelken as en Blom.
¹² Selig is de Mann, de fast bliwt un uthölt, wenn he up
de Prow stellt ward! Hett he de Prow bestahn, denn ward
he dat Lewen kriegn as Ehrenkranz. Den hett Godd de to-
seggt, de em lew hebbt.

¹³ Nüms schall, wenn he up de Prow stellt ward, seggn: ick
warr vun Godd up de Prow stellt. Godd hett mit dat Böse
gorniks to don, un dat Böse kann em ock niks anhebbn. He
hett ock nich de Hand dorbi int Spill, wenn een vunt Böse
anfat ward. ¹⁴ Nä, jedeneen, de up de Prow stellt ward, geit
dat mit sin böse Lust grad so as den Fisch mit den Worm an'n
Angelhak. Hett he den erst mal sehn, denn gifft dat för em
keen Holn mehr, un dat duert nich lang, denn hett he sick fast-
beten. ¹⁵ Hett de Lust erst mal Füer fungn, denn is de Sünn
ock all dor. Un hett denn de Sünn erst Foot fat un de Böwer-
hand kregn, denn bringt se den Dod to Welt.

¹⁶ Min lewe Bröder! Lat ju niks vörmaken!

¹⁷ Vun baben kamt blots goode Gawen un Geschenke, de
keen Fehler hebbt un an de niks uttosetten is. Se kamt ja
vun den, de ock de Steerns ehrn Vader is. Bi em verännert
sick niks; un wenn dorbaben sick mal wat verännern deit, denn
fallt dorbi up em ock nich en Deut vun Schatten. ¹⁸ Dat wär
sin frie un faste Will, as he uns dörch dat Word, dat de
Wohrheit is, dat Lewen gew; denn wi schulln de Allererſten
warn vun allns, wat he makt hett.

¹⁹ Un noch wat heff ick up dat Hart. Un dat lat ju mal dörch
den Kopp gahn!

Min lewe Bröder! Jede Minsch schall gau dormit bi de
Hand wesen to hörn, awer he schall sick Tied laten un dat
öwerleggn, wenn he wat seggn will, un erst recht sinni wesen,
wenn he fünsch is; ²⁰ denn wenn de Minsch fünsch is, deit he
dat nich, wat vör Godd bestahn kann. ²¹ Dorum sett allns
doran, dat ji dat losward, wat sick as Stoff up de Seel leggt,
un seht to, dat dat Böse nich mit ju dörchgeit! Un denn nehmt
dat Word, dat in ju Hart inplant is, an un bögt ju nich dor-
gegen up! Nä, swiegt erst mal un öwerleggt ju dat! Düt
Word kann ju redd'n. ²² Un denn makt dat Word wohr in ju
Lewen! Ji möt ock don, wat ju seggt is, un nich blots dat
Word anhörn; denn sünst streut ji ju Sand in de Ogen.
²³ Wenn een blots dat Word hört, awer nich Irnst dormit
makt, denn geit em dat so as den Mann, de sick sin Gesicht,
so as dat is, in'n Speegel bekieken deit. ²⁴ He bekiekt sick un
geit aff, un glieks hett he vergeten, wodenni he utseeg. ²⁵ De
awer, de dat Gesetz, dat vullkamen is un de wohre Frieheit
bringt, gründli studeert hett un sick doran holn deit, de nich

vergitt, wat he hört hett, un düchbi mit anfaten deit — so'n
Minsch hett Glück un Segen dorvun, un wat he makt, dat
hett Schick un kriggt Dähg.

26 Bild sick een in, dat he fram is, awer hölt nich sin Tung
in'n Toom, denn makt he sick sülbn wat vör, un dat, wat he
„fram" nömt un dorför holn deit, dat hett keen Wert. 27 Wenn
he vör Godd un den Vader sin Ogen dormit bestahn will,
denn schall he Waisen un Wetfruen in ehr grote Not besöken
un sick mit de Welt gans un gornich inlaten. Denn erst deent
he würkli Godd, rein un ohn' Placken.

Dat 2. Kapitel.

1 Min Bröder! Wenn ju dorum to don is, dat de Lüd ju
Glowen an unsen Herrn Jesus Christus, de nu in de Herrlikeit
is, würkli irnst nehmen dot, denn dörft ji keen Unnerscheed
mang de Minschen maken. Wodenni ick dat meen, dat will ick
ju klormaken.

2 Ick will mal annehmen: Dor kümmt en Mann in ju Kapell
rin, de hett en gold'n Ring an'n Finger un en feinen Rock an,
un mit em kümmt en arme Kerl rin, den sin Rock smerri is.
3 Un nu kiekt ji toerst up den, de so fein antrocken is, un ji
seggt: „Sett du di hier doch dal un mak di dat gemütli!", awer
to den annern Mann seggt ji: „Du kannst dor stahn!" oder:
„Hier nerrn an min Schemel kannst du noch sitten!" — 4 seggt
mal: gaht ji denn ock liek dörch? Mi dünkt, dat is keen reine
Kram; denn ji hebbt dorbi niks Goodes in'n Sinn, wenn ji
de Lüd so inschätzen dot. 5 Hört doch mal to, min lewe Bröder!
Hett Godd nich de Minschen, de in de Welt ehr Ogen arm
sünd, utwählt, dat se dörch den Glowen riek wesen un Andeel
hebbn schüllt an dat Riek, dat he toseggt hett de, de em lew
hebbt? 6 Ji awer hebbt den armen Mann blots so vun baben
dal ansehn un gornich up de Rek'n hatt. Sünd dat nich grad
de rieken Lüd, de ju utsuugen dot? Slept se ju nich grad vör't
Gericht? 7 Sünd se dat nich grad, de den gooden Namen
lästern dot, de domals bi de Döp öwer ju nömt is?

8 Gewiß, wenn ji dat königliche Gesetz holn dot, dat in de
Biwel steit: „Du schallst din Nawer grad so lew hebbn as di
sülbn!" — denn makt ji dat recht. 9 Makt ji awer Unnerscheed
mang de Minschen, denn dot ji Sünn, un dat Gesetz stellt fast,
dat ji ju dorgegen vergahn hebbt. 10 Wer dat Gesetz sünst ock
gans holn deit, sick awer doch in en enkeltes Stück wat ver-
süht, de hett sick gegen dat ganse Gesetz vergahn. 11 Denn, de
dor seggt: „Du schallst de Eh' nich breken!" — de hett ock seggt:

„Du schallst nich dotslan!" Un wenn du ock de Eh' nich brickst, awer een dotsleist, denn hest du di doch gegen dat Gesetz vergahn. [12] Dorum schüllt ji so reden un handeln as Lüd, de dörch dat Gesetz, dat uns friemaken deit, richd warn schüllt. [13] Denn dat Gericht hett keen Erbarmen mit den, de sülbn keen Erbarmen bewiest hett. Awer wenn een barmhardi is, denn kann keen Gericht em wat anhebbn.

[14] Wat nützt dat, lewe Bröder, wenn een seggt, dat he Glowen hett, awer niks uptowiesen hett, wat he dan hett? Kann de Glow alleen so'n een wull redden? [15] Ick will mal seggn: Dor is en Broder oder en Swester, de niks antotrecken un niks to bieten un to breken hett, [16] un nu seggt een vun ju to ehr: „Lat ju dat good gahn! Holt ju warm un et ju satt!", awer he gifft ehr nich ock glieks dat Nödigste för den Liew mit — wat nützt dat denn? [17] So geit dat ock mit den Glowen. Hett he niks uptowiesen, wat he deit, denn is he dot in sick sülbn. — [18] Nu kann allerdings een seggn: „Ja, du hest Glowen, awer ick kann upwiesen, dat ick dorna lewen do. Wies du mi din Glowen, de niks tostann bringt, denn will ick di an dat, wat ick do, den Glowen upwiesen!" [19] Du glöwst, dat dat man een Godd gifft. Good, dat hört sick gans nett an. Awer dat glöwt de Düwels ock un — — — künnt sick vör Gruseln nich bargen. [20] Minsch, du makst di ja keen Gedanken — awer wullt du di dorvun öwertügen, dat de Glow, wenn he niks deit, ock niks wert is? Hör mal to! [21] Is unse Vader Abraham nich dörch dat, wat he dä, gerecht worn? Hett he nich sin Söhn Isaak up'n Altar Godd hengewen? [22] Dor sühst du doch dütli; de Glow güng Hand in Hand mit dat, wat he dä, un erst dörch dat, wat he dä, is sin Glow gans dat worn, wat he wesen schall. [23] Un so is dat wohr worrn, wat de Biwel vun em seggn deit: „Abraham harr Glowen an Godd, un dat wörr em to sin Gerechdikeit anrek'nt, un he wörr Godd sin Fründ nömt." [24] Ji seht also: na dat, wat en Minsch deit, ward he gerecht un nich blots dörch den Glowen. [25] Grad so steit dat mit Rahab, de en Hurenwiew wär. Is se nich gerecht worrn dörch dat, wat se dä? De Kundschafter nähm se bi sick up, un denn leet se ehr gau an en annere Stell wedder rut. [26] Grad so, as de Liew ohn Geist dot is, so is ock de Glow ohn dat, wat he deit, dot.

Dat 3. Kapitel.

[1] Drängt ju jo nich dorto, Lehrers to warn, min Bröder! Dor is ock wat bi. Verget jo nich: wi hebbt dorför ock en grötere Verantwortung. [2] Wi all' tohop lat uns in veele

Saken wat to schuldn kam. Un nu will ick ju wat seggn: erst
denn, wenn een sick mit dat Word nich versünnigen deit, denn
is he en Mann, den keen een wat anhebbn kann. Blots de
hölt ock den gansen Liew in Toom. ³ Wenn wi de Peer den
Toom int Muul leggn dot, dat se smieli ward, denn hebbt wi
ock den gansen Liew in de Gewalt. ⁴ Süh, grad so geit dat mit
de Schäp. De künnt noch so groot wesen un mit vulle Seils
vör'n stiewen Wind lopen — un doch smitt en gans lütt Stüer
ehr rum, dorhen, wo de Stüermann sin Kurs up instellt hett.
⁵ Un so geit dat ock mit de Tung. Se is man en lütt Litt, un
doch kann se banni prachern. Kiek doch mal an, wat förn
grotes Holt en gans lüttes Füer in Brand steken kann! ⁶ Un
so'n Füer is ock de Tung. Se is en Utbund vun Ungerechdikeit.
De Tung is mang all' unse Litten dat, wat den gansen Liew
utschänd'n un dat Lewensrad vun den ersten Dag aff an in
Brand sett un sülbn vun de Höll in Brand sett ward. ⁷ Jede
Slag vun Tieren — de wille Tiere un de Vagels, de Slangn
un de Fisch — bringt de Minsch ünner sin Gewalt dörch sin
Kraft. ⁸ Blots de Tung bringt keen Minsch dat fardi. Se
is un bliwt en Undeert ohn Rast un Ruh, is vull vun Gift
un Gall un bringt den Minschen um. ⁹ Mit de Tung löwt
wi den Herrn un Vader, un mit de Tung verflucht wi de
Minschen, de doch na Godd sin Bild makt sünd. ¹⁰ Ut den-
sülwigen Mund kümmt Segen un Fluch. Un dat dörf doch nich
wesen, min lewe Bröder! ¹¹ Löpt denn bi'n Born ut een Lock
sötes un bitteres Water? ¹² Un, min lewe Bröder, kann en
Fiegenboom Appelsinen oder en Wienstock Fiegen drägen? Grad
so kann ock ut en Born mit Soltwater keen sötes Water kamen.
¹³ Wer is klook un vernünfdi mang ju? De schall dat, wat he
kann, mal upwiesen dordörch, dat he anstänni lewen deit, un
dat he sinni un sanft is, so as sick dat för klooke Lüd hört.
¹⁴ Günnt awer de eene den annern nich dat Witte int Og un
will de eene dat ümmer beter weten as de annere, denn lat
jo dat Prahlen! Denn is dat Lögenkram, un dormit hett de
Wohrheit niks to don. ¹⁵ So'n Klookheit kümmt wohrhafdi nich
vun baben hendal. Nä, de stammt vun nerrn, ut de Minschen-
natur, ja, vun'n Düwel. ¹⁶ Denn dor, wo de eene den annern
niks günn'n deit, un de eene dat ümmer beter weten will as
de annere, dor steit allns up'n Kopp, un dor is niks as leegn
Kram. ¹⁷ De Klookheit awer, de vun baben kümmt, is toirst
un toletz rein un dörchsichdi; denn awer kann se ock keen Striet
un Larm lieden. Se gifft na, fögt sick gern, hett veel Erbarmen
un is riek an en goode Frucht. Se is ock nich mißtruisch un
makt anner Lüd niks vör. ¹⁸ De Frucht, de in Wohrheit Ge-
rechdikeit is, de ward in Freden sait vun de Minschen, de den
Freden wüllt un ock Freden makt.

440

Dat 4. Kapitel.

[1] Wonem kümmt de Larm un de Striet bi ju her? — Ick will ju dat seggn. Dat kümmt dorvun, dat ji nümmer genog kriegn künnt vun dat, wona ji lengn dot. De eene will düt un de annere will dat, un so is ümmer Krieg in ju Litten. [2] Bald schall dat düt wesen, un bald schall't wat anneres sien. Ji sett ju Kopp up wat, un doch kriegt ji dat nich. Ji künnt ju up'n Dod nich utstahn un günnt een den annern blots Böses, un doch kriggt keen een sin Willn. Ji treckt to Feld un striet ju, awer hebbt doch niks dorvun, denn ji bed nich. [3] Oder: ji bed, awer ji kriegt doch niks; denn ji hebbt bi ju Beden niks Goodes in'n Sinn. Ji wüllt dat, üm wat ji beden dot, doch blots wedder hendörchbringn; denn de böse Lust hett bi ju de Böwerhand. [4] Ji sünd nich beter un niks anners as de Eh'brekers! Weet ji denn gornich, dat de, de dat mit de Welt in Gooden holn will, Godd sin Fiend is? Wer mit de Welt good Fründ wesen will, de makt sick to Godd sin Fiend. [5] Oder bild ji ju in, dat de Biwel dat man so eben henseggt: „De Geist, den he in ju wahnen lett, lengt banni dorna, dat ji em gans tohörn schüllt"? [6] Awer de Gnad, de he schenken deit, is noch veel gröter. Dorum steit dor ock: „De, de den Kopp hochdrägen dot, de stellt Godd sick in den Weg; awer wer sick vör em bögen deit, den schenkt he de Gnad."

[7] Dorum bögt ju vör Godd! Holt Stand gegen den Düwel! Denn löppt he vör ju weg! [8] Holt ju an Godd, denn hölt he sick ock to ju! Sorgt dorför, dat ju Handn rein sünd, ji Sünner, un makt hillig ju Harten, ji Minschen! Ji weet ja nich, na wat förn Siet ji ju holn schüllt. [9] Makt ju doch mal klor, wat förn Stackelslüd ji sünd! Truert uprichdi un fangt an to weenen! Lat mal dat Lachen un fangt an to klagen! Freut ju nich mehr, un lat mal gründli den Kopp hangn! [10] Ja, bögt ju vör den Herrn! Denn ward he ju uprichten.

[11] Snackt un sludert nich Böses een öwer den annern, lewe Bröder! Wer wat öwer den Broder ünner de Lüd bringt oder sin Broder rünnermakt, de makt dat Gesetz slecht un makt sick to'n Richder öwer dat Gesetz. Makst du di awer to'n Richder öwer dat Gesetz, denn lewst du nich dorna; nä, denn speelst du di as Richder up. [12] Dat gifft blots Een, de dat Gesetz gewen deit un Richder is, dat is de, de de Macht hett, to redden un to verdarwen. Awer du? Wodenni kümmst du dorto, dat du di as Richder upspeeln deist öwer din Nawer?

[13] Un nu en Word för de, de dor seggt: „Hüt oder morgn wüllt wi up de Reis' gahn na de un de Stadt. Dor bliewt wi denn en Johr un makt unsen Handel un seet to, dat wi en goodes Stück up de hoche Kant leggt." [14] Minschenskinner!

Ji weet ja nich mal, wat morgn kümmt. Wat is denn ju
Lewen? Ji sünd doch man as Damp oder Rook! En Ogen-
blick is he noch to sehn, denn awer is he verswunn'n. [15] Nä,
seggt lewer: „Wenn't den Herrn sin Will is, denn ward wi
lewen un düt un dat don!" [16] So awer dot ji ju dick mit ju
Prahln un Prachern. Un all' so'n Prahln is en leegen Kram.
[17] Un nu will ick ju noch wat seggn: Wer dor weet, Goodes to
don, un deit dat nich, för den is dat en Sünn un en Schann!

Dat 5. Kapitel.

[1] Un nu noch en Word an de rieken Lüd! Fangt an to
weenen un to klagen öwer de Not un dat Elend, dat öwer
ju kümmt. [2] Ju Riekdom is mör un morsch worrn, un in ju
Kleeder sitt de Motten, [3] an ju Gold un Sülwer sitt de Rost,
un ehr Rost ward ju dat bewiesen: he ward ju Fleesch up-
freten as Füer.

Ji hebbt ju Geld un Good tohop scharrt, un dat nu noch
in de letzte Tied. [4] Awer de Lohn vun de Arbeiders, de ju
Koppeln affmaiht hebbt, un den ji ehr nich utbetalt hebbt, de
schriet to'n Himmel, un de Klagen vun de Maihers sünd den
Herrn Zebaoth to Ohrn kamen. [5] Ji hebbt in Suus un Bruus
lewt up de Eer un nifs anbrennen laten, grad as dat Veeh
an'n Slachtdag hebbt ji ju vullfreten. [6] Verdammt un dotslan
hebbt ji den Gerechden, un he kunn sick nich wehrn.

[7] So holt ut in Geduld, Bröder, bit dat de Herr kümmt!
Seht mal! De Buer töwt gans ruhig, bit dat de schöne Frucht
ut de Eer rutkümmt, un makt sick keen Sorg dorum, bit dat se
den Regen kregn hett in'n Harwst un int Fröhjohr. [8] So holt
ock ji ut in Geduld un makt ju Harten fast! Dat duert nich
lang, denn is de Herr dor. [9] Klagt un murrt nich, Bröder,
een öwer den annern, sünst kamt ji int Gericht! Denkt doran,
de Richter steit al vör de Dör! [10] Nehmt ju doch en Bispill,
Bröder, an dat Lieden un de Geduld vun de Profeten, de in
den Herrn sin Nam red' hebbt. [11] Seht, wi priest selig de, de
in Geduld utholn hebbt! Bun Hiob sin Geduld hebbt ji hört
un ock vun dat Enn, dat de Herr em schenkt hett. Dor künnt
ji sehn: De Herr föhlt deep mit un hett veel Erbarmen.

[12] Un nu kümmt noch wat, dat liggt mi besunners ant Hart,
min Bröder. Swört jo nich! Nich bi'n Himmel, ock nich bi de
Eer, ock sünst up keen Art un Wies'. Seggt ji: „ja!", denn
schall't ock bi düt „ja!" bliewen, un seggt ji „nä!", denn schall
düt „nä!" ock dörchstahn. Sünst dröpt ju dat Gericht.

[13] Geiht een mang ju dat nich good, denn schall he beden;
geit een dat good, denn schall he singn un Godd Low un Dank

442

seggn. [14] Is een mang ju krank, denn schall he de Ollerlüd in de Gemeen to sick beden. De schüllt em salwen mit Öl in den Herrn sin Nam un öwer em beden. [15] Un dat Gebed, dat ut Glowen kümmt, ward den Kranken redd'n, un de Herr ward em uprichten. Un schull he sick dörch Sünn'n vergahn hebbn, denn ward se em vergewen. [16] So biecht' doch een den annern de Sünn'n! Un bed' een för den annern, dat ji gesund ward! Dor stickt veel Kraft in en Gerechden sin Gebed, wenn't würkli vun Harten kümmt. [17] Elia wär doch man en Minsch grad so as wi. Un he bed' irnstli dorüm, dat keen Regen kamen schull. Un dat käm richdi so: dat reg'n nich up de Eer dree un en half Johr. [18] Un denn bett he wedder bed'. Un do gew de Himmel wedder Regen, un de Eer kunn wedder Frucht wassen laten.

[19] Min Bröder! Wenn een mang ju vun de Wohrheit affkümmt un dor bringt em een wedder up den richdigen Weg, [20] denn schüllt ji sehn: de, de em vun sin verkehrten Weg affbröcht hett, de ward sin Seel vör'n Dod redden un dat dorhen bringn, dat en Barg Sünn'n vergewen ward.

443

Petrus sin 1. Breef.

Dat 1. Kapitel.

[1] Petrus,
Jesus Christus sin Apostel,
an
de, de utwählt sünd
un
de hen un her verstreut to Gast
wahnt
in
Pontus un Galatien un Kappadokien
un Asien un Bithynien.

*

[2] Ja, Godd, de unse Vader is, hett dat so vörher bestimmt: de Geist schull ju hillig maken, un so schulln ji up em hörn un dörch Jesus Christus sin Bloot rein warn.

Wi wünscht ju Gnad un Freden in Süll un Füll.

[3] Unsen Herrn Jesus Christus sin Godd un Vader seggt wi Low un Dank. He hett in sin groote Barmhardikeit Jesus Christus wedder vun de Doden upweckt un uns dordörch en nies Lewen schenkt. Nu künnt wi wedder höpen un ward nümmer dormit toschann. [4] Nu hebbt wi Andeel kregn an en Arwdeel, dat nich vergeit un keen Placken hett un nich welk ward. Düt Arwdeel ward in'n Himmel för ju upwohrt. [5] Godd sett sin Macht dorför in, he hölt de Wacht öwer ju, dat ji dörch den Glowen redd' ward un dat Heil kriegt. Dat liggt nu all parat un kümmt in de letzte Tied an den Dag. [6] Doröwer künnt ji ju nu all freun. Ji hebbt ja sünst all, wenn dat ock man en korte Tied wär, allerhand dörchmaken müßt, un dat güng ohn' Tranen nich aff. [7] Awer dat is good so, denn up düsse Wies' schall ju Glow de Prow bestahn, un dat schall sick utwiesen, dat he veel mehr wert is as dat Gold, dat doch keen Bestand hett, awer doch ock de Füerprow bestahn mutt. Un dat schall ju Low un Herrlikeit un Ehr inbringn, wenn Jesus Christus sick nu wiesen ward. [8] Em hebbt ji ja lew, wenn ji em sülbn ock nich sehn hebbt, un ji sett up em ju Tovertruen, wenn ji em ock nu nich seht. Un so ward dat grote Freud un Jubel gewen — ach, dat ward so herrli warn, dat een dat gornich seggn kann — ja, ji ward ju freun, denn de Frucht ward nich utbliewen: [9] ju Seel ward redd' — dat bringt de Glow ju toletz in. [10] Um düsse Selikeit wär dat all de Profeten to don, un se hebbt ehr naspört. Se hebbt ja de Gnad, de ju tokamen schull, all vörutseggt. [11] Se wulln so gern dorachter kamen, welke un wat förn Tied Christus sin

444

Geist, de in ehr wär, wull andüden dä; denn he sprook doch
düdli vun Leiden, de Christus bestimmt wärn, un ock vun de
Herrlikeit, de nahsten up em luern wörr. ¹²Ehr wörr dat
künni makt, dat se dormit nich för sick sülbn, wull awer för
ju en Deenst don schulln. Un so is dat denn ja ock kamen.
Nu hebbt ji dat vun de Lüd to hörn kregn, de ju dat Evan-
gelium predigt hebbt, un dat in den hilligen Geist sin Kraft,
de dorto vun'n Himmel hendalschickt is. Un dat sünd Saken,
achter de sogor de Engels gern kamen wörrn.

¹³Dorum bind' ju Kleeder up — dat will seggn: riet den
Mot tosamen — west nüchtern un höpt vull un gans up de
Gnad, de ju schenkt ward, wenn Jesus Christus nu sick wiesen
ward! ¹⁴Bewiest ju as Kinner, de uphörn dot! Fröher, as
ji dat noch nich beter weten dän, hebbt ji ju driewen laten
vun allerhand Lust, so as ju de Kopp grad stünn. ¹⁵Dat dörf
nu nich mehr wesen; ju Lewen mutt nu anners utsehn. Nu
schall de Hillige, de ju ropen hett, dat Kummando hebbn. So
schüllt ji ock hillig warn in allns, wat ji dot. ¹⁶So steit dat
ja ock in de Biwel schrewen: „Ji schüllt hillig wesen, denn
ick bün hillig." ¹⁷Un denn verget nich: wenn ji to den beden
dot as Vader, de jedeneen richden deit na dat, wat he deit,
un dorbi keen Unnerscheed makt, denn gewt em ock in ju Lewen
de Ehr, solang as ji hier in de Frömd noch den Weg maken
schüllt! ¹⁸Ji weet ja: ju Lewen, dat ju vun de Vöröllern ver-
makt is, dat harr vör Godd sin Ogen keen Wert, un wenn ji
dorvun nu losköfft sünd, denn hett dat nich Sülwer un Gold
kost, wat ja keen Bestand hett; ¹⁹nä, Christus hett dat betalt
mit sin düres Bloot as en unschülli Lamm, dat keen Fehler
un keen Placken hett. ²⁰All lang vör de Tied, wo to de Welt
de Grund leggt wörr, wär he dorto bestimmt, awer he is erst
gans in de letzte Tied künni worrn, un dat för ju. ²¹Denn
em hebbt ji dat to verdanken, dat ji an Godd glöwt, de em
vun de Doden upweckt hett un em ock Herrlikeit schenkt hett.
Un so steit ju Glowen un ju Höpen beides up Godd.

²²Ji hebbt nu ja up de Wohrheit hört un so ju Seeln
hillig makt, dat ju Broderlew rein is un ji keen Komedie
dormit speelt. Denn schüllt ji ju awer ock vun Harten lew
hebbn, un ju Lew mutt dörchstahn. ²³Dat nie Lewen, dat ji
nu hebbt, stammt ja nich vun en Kraft, de vergeit. Nä, de
hett Bestand. Düsse Kraft is Godd sin lebenniges un ewiges
Word. ²⁴Denn:

„Allns, wat Fleesch is, dat is as dat Gras,
un all' sin Herrlikeit is as en Bloom up dat Feld.
Dat Gras is verdrögt, un de Bloom is affulln,
²⁵awer den Herrn sin Word hett ewig Bestand."
Un dat is dat Word, wat ju predigt is.

Dat 2. Kapitel.

¹ So smiet nu allns vun ju aff, wat mit dat Böse to don
hett, Bedrug un Komediespeeln; günnt de Annern ock wat
un lat de leege Snackerie! ² Lengt as de lütten Kinner, de
eben erst born fünd, na de reine Melk, wo keen Water tokamen
is, un dat is Godds Word! Blots so künnt ji waffen un
riep warn för de Selikeit. ³ Sünst hebbt ji öwerhaupt noch
nich smeckt, wo good de Herr. dat meent. ⁴ Kamt to em hen!
He is de „lebennige Steen“. Wull hebbt Minschen em weg-
smeten, awer in Godd sin Ogen wär he „utwählt un herrli“.
⁵ Also kamt to em, denn ward ji ock as lebennige Steen up-
buut to'n geistliches Hus, to'n hilliges Preestervolk; denn künnt
ji geistliche Opfer bringn, an de Godd sin Freud hett un dat
all dörch Jesus Christus. ⁶ Dat steit ja in de Biwel: „Süh,
ick legg in Zion en Steen, den ick utwählt heff, en herrlichen
Ecksteen. Wer dorup sin Vertruen fett, de ward nich toschann“.
⁷ Un dat fünd ji. Ji vertruut up em. Dorum kümmt ju de
Ehr to. Awer vun de, de nich glöwen dot, gelt dat Word:
„De Steeen, den de Buulüd wegsmeten hebbt, de is to'n Eck-
steen worn, ⁸ en Steen, an den se sick stöt, un en Fels, an den
se to Fall kamt.“ Se stöt sick an em; denn se hört nich up dat
Word, awer se fünd ock dorto bestimmt. ⁹ Ji awer fünd dat
utwählte Geslecht, dat königliche Preestervolk, dat hillige Volk,
dat Volk, dat Godd tohört. Ji schüllt den sin Wunner bekannt
maken, de ju ut Düsternis to sin wunnerbores Licht beropen
hett. ¹⁰ Ji fünd vörher keen Volk west, nu awer fünd ji Godd
sin Volk. Vörher wärn ji nich in Gnaden, nu awer staht ji
in Gnaden.

¹¹ Min lewe Bröder! Ick legg ju dat ant Hart: Ji fünd
hier up de Eer ja nich tohus un hebbt hier keen Heimat.
Dorum holt ju frie vun de Lust un dat Lengn, de ut de minsch-
liche Natur stammt un de mit de Seel in Striet liggn dot!
¹² Föhrt ju good up mang de Heiden! Denn künnt se ju
dat gern anhangn, dat ji leege Lüd fünd. Makt niks. Wenn
se de Ogen man örndtli upmakt, denn sprickt dat, wat ji vör-
hebbt un dot, för sick sülbn, un se ward Godd dorför noch mal
löwen, wenn Godd mal Irnst maken deit.

¹³ Fögt ju ünner allns, wat Minschen so ord'nt hebbt! So
will Godd dat hebbn. Mag dat nu de Kaiser wesen, de de
Böwerste is, ¹⁴ oder de Stattholer, den he insett hett, dat he
böse Lüd bestrafen un de, de dat Goode dot, löwen schall.
¹⁵ Denn so will Godd dat: ji schüllt dörch dat Goode, dat ji
dot, de Lüd den Mund tostoppen, de in ehr Dummheit niks
dorvun verstaht. ¹⁶ Ji schüllt bewiesen, dat ji würkli frie Lüd
fünd, un ju nich so upföhrn as Minschen, de mit ehr Frieheit

446

blots ehr Gemeenheit todecken wüllt. Nä, de Lüd schüllt marken, dat ji Godd sin Knecht'n sünd. [17] Gewt jeden Minschen de Ehr, de he verlangn kann! Ji schüllt lew hebbn de Minschen, de ju Bröder sünd! Holt de Goddesfurcht hoch! Gewt den Kaiser de Ehr, de em tokümmt!

[18] Un nu kam ick up de Knecht'n to spreken. Bögt ju ünner ju Herrn, denn ju Goddesfurcht schall sick in alle Deele bewiesen, eenerlei, üm se dat good meent un ji good mit ehr utkamt, oder üm se verdreit un verdreetli sünd. [19] Denn dat kümmt dorup an, dat een en goodes Geweten vör Godd hett. Denn is dat en Gnad, wenn een em wehdeit un he Unrecht lieden mutt. [20] Denn dorup künnt ji ju doch niks togood don, wenn ji ju versehn hebbt un denn dorför Prügel kriegt. Nä, awer wenn ji Goodes dot un denn gedülli lieden möt, doran hett Godd sin Freud. [21] Dorto sünd ji beropen. Christus hett doch ock för ju leden un hett ju dat vörmakt, un ji schüllt nu in sin Footspoorn gahn. [22] He harr doch keen Sünn dan, un en Bedrug bi dat, wat he sä, kunn'n se em ock nich nawiesen. [23] Dän se em wat up'n Stock, denn mak he dat nich wedder so. Müß he lieden, denn drauh he nich. Nä, dat lä he in den sin Hand, de en gerechdes Gericht hölt. [24] He droog unse Sünn'n an sin eegen Liew rup up dat Holt. Denn wi schulln vun de Sünn'n frie un ledi warn un blots noch för de Gerechdikeit lewen. Un so sünd ji nu dörch sin Wunn'n heel worrn. [25] Denn ji wärn grad so as Schaap, de biester gaht; nu awer hebbt ji den Weg funn'n to den Harder, de öwer ju Seelen waken deit.

Dat 3. Kapitel.

[1] Grad so schüllt dat de Fruenslüd holn! Bögt ju ünner ju Mannslüd! Ock wenn welke nich up dat Word hörn wüllt; dat kunn doch angahn, dat se sick dörch de Fruenslüd ehr Lewen winn'n lat, ohn dat de ock man een Word wieder seggt. [2] De Hauptsak is, dat se seht, dat ji rein un goddesfürchdi lewt. [3] Kümmt nich dorup an, dat ji ju vun buten putzen dot, dat ji mit de Hoor veel upstellt un ju mit Gold behangt un feine Kleeder antrecken dot. [4] Nä, wat de Minsch deep bi sick in sin Hart drägen deit, dat schall den Utslag gewen: de sanfte un stille Geist — dat is de Smuck, de nich vergeit. Doran hett Godd sin Freud, de is mit Geld nich to betaln. [5] So hebbt doch ock in olle Tieden de hilligen Fruenslüd sick smuck makt, de ehr Höpen up Godd setten un sick ünner ehr Mannslüd bögen dän. [6] So fög Sara sick Abraham un nöm em „Herr". Un ehr rechde Kinner sünd ji denn, wenn ji eenfach dat Goode dot un ju nich bangmaken lat.

[7] Un grad so schüllt dat de Mannslüd holn. Gaht vernünfdi mit ju Fruenslüd üm. Se künnt sick nu mal nich so dörchsetten as de Mannslüd. Dorum gewt ehr de Ehr, de se verlangn künnt; denn se hebbt doch ock ehrn Andeel an de Gnadengaw, un dat will seggn: an dat ewige Lewen. Sünst kann doch up ju Beden keen Segen liggn; dat sind ja den Weg nich na baben.

[8] Un noch wat wull ick seggn: Staht all' up een Stück un verdrägt ju good! Hebbt en Hart för de Annern! Holt de Broderlew hoch! West barmhardi un speelt ju nich up! [9] Deit di een wat Böses an, denn betal em dat nich mit Böses torüg! Seggt een en hartes Word, denn giff dat nich glieks so wedder torüg! Nä, seg'n schallst du em! Dorto sünd ji dor. Sünst ward ji ock den Segen nich kriegn.

[10] Denn „wer wat vun sin Lewen hebbn un goode Dag' sehn will, de schall sin Tung in Toom holn, dat se nich Böses anrichdn deit, un sin Lippen, dat se nich Lögen un Wind makt. [11] De schall sin Handn vun dat Böse rein holn un dat Goode don. De schall tosehn, dat he in Freden mit de Annern utkümmt, un sick dorför insetten. [12] Denn Godd sin Ogen seht hen up de Gerechden un sin Ohrn hört up ehr Beden; awer de, de Böses dot, de kann he nich utstahn."

[13] Un wer kunn ju wull wat Böses andon, wenn ji ju gans för dat Goode insett? [14] Un schull dat so kamen, dat ji vunwegen de Gerechdikeit mal lieden möt, denn sünd ji doch selig! Wüllt se ju bangmaken, denn verfehrt ju nich, un lat ju nich in Schock jagen! [15] Awer de Herr Christus schall ju hillig wesen in ju Hart. Ji schüllt alltieds up'n Posten wesen un ju för den Glowen insetten gegen jedermann, de vun ju kloren Bischeed förrert öwer de Hoffnung, de in ju lewen deit. [16] Awer west sinni dorbi un verget nich, dat ji ünner Godd sin Ogen staht! Un sorgt dorför, dat ji dorbi en reines Geweten beholt. Dat mutt so kamen, dat de, de ju wat up'n Stock dot, wieldat ji örndli lewt, as sick dat för Christen hört — dat düsse Lüd mit ehr leege Snackerie sülbn sick en Tort andot. [17] Dat is doch beter, wenn wi denn nu mal na Godd sin Willn lieden schüllt, dat wi dat dot, wieldat wi Goodes dot, as wenn wi Böses dot.

[18] Christus hett doch ock eenmal för de Sünn'n lieden müßt, un dat as de Gerechde för de Ungerechden; denn he schull ju ja to Godd bringn. As Minsch müß he starwen, awer de Geist hett em wedder lebenni makt. [19] Un in'n Geist is he denn ock hengahn un hett de Geister predigt, de int Gefängnis wärn. [20] Dat wärn de Lüd, de domals nich uphörn wulln, as Godd noch Geduld harr. Dat wär to Noa sin Tied, as de grote Kasten buut wörr. Domals wärn dat blots en gans poor

Minschen, acht Mann, de up de Wies' dörch de Floot glückli mang dörch kamen. 21 Un düsse Floot is en Bild för de Döp, de ju nu redd'. Dorbi handelt sick dat awer nich dorum, dat de Liew rein ward vun Schiet un Dreck. Bi de Döp schall een Godd beden üm en goodes Geweten, un dat kriggt he ock, wieldat Jesus Christus vun de Doden upstahn is. 22 He is ja na'n Himmel gahn un sitt nu an Godd sin rechde Siet, un öwer Engels un Gewalten un wat sünst dor noch Macht hett — öwer de all' hett he to seggn.

Dat 4. Kapitel.

1 Hett Christus nu as Minsch lieden müßt, denn hört sick dat ock för ju, dat ji ju dorup rüsten dot. Ji möt dat dormit holn, as he dat dä. Denn wer as Minsch lieden mutt un dat an sin eegen Liew to föhln kriggt, de will mit de Sünn' niks mehr to don hebbn. 2 För em kümmt allns dorup an, dat he in de Tied, de he öwerhaupt noch na hett, nich so lewt, as he sick dat minschlich wünschen deit; nä, denn schall Godd sin Will gans un gor den Utslag gewen. 3 Mi dünkt, wi hebbt bitherto lang genog Tied hatt, unse Lewen na de Heiden ehrn Willn intorichten un dat heet: in Suus un Bruus lewen, dat mit dat söße Gebod nich genau nehmen, sick bedrinken, freten un suupen un nich toletz den gruulichen Götzendeenst driewen. 4 Un nu paßt ehr dat dörchut nich, dat ji nu den Swienkram nich mehr mitmaken wüllt. Dorum hebbt se nu wat up ju to hacken. 5 Awer se hebbt dat noch mal uttobaden; de ward mit ehr affrek'n, de all' parat steit un öwer de Lebennigen un de Doden dat Gericht holn schall. 6 Dorüm is ja ock de Doden dat Evangelium predigt worrn. Wull hebbt se, as dat mit de Minschen nu mal geit, dat an ehrn Liew to spörn kregn, wat dat mit dat Gericht up sick hett, awer se schüllt doch in'n Geist na Godd sin Willn lewen.

7 Nu hett allns bald en Enn. 8 Dorum holt ju den Kopp klor un packt ju ock den Magen nich vull, dat ji beden künnt! To allererst kümmt dat dorup an, dat ji een den annern lew hebbt un ock lew beholt — dor schall niks twischen kam — denn de Lew deckt de Sünn'n to, un wenn se noch so veel sünd. 9 Ji schüllt nich knurrn, wenn een bi ju to Nacht oder to Besök bliewen will. 10 Jedereen schall mit de Gnadengaw, de he sülbn kregn hett, de Unnern deenen. Ji sünd ja Godd sin Husverwalters, un männi Gaw is ju in de Handn leggt. 11 Kann een good reden, denn schall he reden, as wenn he Godds Word to seggn harr. Hett een en Amt, denn schall he dat verwalten nich ut sin eegen Kraft; de Lüd schüllt marken, dat Godd dorachter steit. De Hauptsak is, dat in alle Salen

Godd verherrlicht ward dörch Christus. Em hört de Ehr to un de Macht in alle Ewikeit. Dat is gewiß!

¹² Min lewe Bröder! Verfehrt ju nich öwer de Hitten, de ji nu utstahn möt! Denkt jo nich, dat dat wat gans Besunneres wär, wat ju so drapen deit! Dordörch schüllt ji blots up de Prow stellt warn. ¹³ Nä, freut ju, je mehr ji an Christus sin Lieden Andeel kriegt! Denn künnt ji ju ock freun un jubeln, wenn sick sin Herrlikeit nu wiesen deit. ¹⁴ Selig sünd ji, wenn se ju Schimp un Schann andot, wieldat ji ju to Christus sin Nam holn dot. Denn de Geist, de de Herrlikeit bringt un Godd sin Geist is, de ruht all up ju. ¹⁵ Awer dat markt ju: keen een dörf bi ju lieden, wieldat he Mörder oder Spitzbow oder sünst en leege Kirl is oder wieldat he sin Näs in Saken steken deit, de em nifs angaht! ¹⁶ Wenn he awer as Christ to lieden hett, denn is dat keen Schann för em; denn schall he Godd mit düssen Namen Ehr maken.

¹⁷ Denn de Tied is her. Dat Gericht mutt bi Godd sin Hus anfangn. Wenn dat awer bi uns anfangt, wodenni schall dat denn de erst gahn, de vun Godd sin Evangelium nifs weten wüllt? ¹⁸ Ja, wenn de Gerechde blots so eben mit knappe Not noch redd' ward, wo schull denn wull de Goddlose un de Sünner noch affbliewen? ¹⁹ Dorum schüllt ock de, de na Godd sin Willn veel utstahn möt, ehr Seeln em ruhi anvertruun — he hett ja ehr un allns makt — un dat dordörch bewiesen, dat se wieder Goodes dot.

Dat 5. Kapitel.

¹ An nu vermahn ick de Ollsten bi ju. Ick hör ja ock mit to de Ollsten un weet ock en Stück to seggn vun Christus sin Lieden. Ick krieg ock Andeel an Christus sin Herrlikeit, de nu bald an den Dag kamen schall. Düt wull ick ju ant Hart leggn: ² Holt ju Hand öwer Godd sin Schaap, de bi ju sünd! Awer dat schall för ju keen Last wesen, de ju drücken deit. Dat mutt för ju en Freud wesen. Ji schüllt dat gern don. So deit Godd dat ja ock. Un up Geld schüllt ji ock nich dorbi sehn; dat mutt vun Harten kamen. ³ Ji sünd ja nich de Herrn öwer de Gemeen, dat ji don künnt, wat ji wüllt; nä, ji schüllt de wesen, to de de Hard upsehn schall. ⁴ Denn ward ji ock, wenn nu de böwerste Harder sick künni makt, den Kranz kriegn, de nümmer welk ward: de Herrlikeit.

⁵ Ock för dat Jungvolk heff ick noch wat up dat Hart: ock ji schüllt ju vör de Ollsten bögen. Bind ju de Schört fast üm, dat ji all' een för den annern parat staht un een den annern deenen deit. So seht de ut, de as Christen nifs ut sick maken wüllt. Denn Godd will nifs weten vun de, de den Kopp

hochdrägt, awer de, de niks ut sick makt un niks vörstelln wüllt, de schenkt he sin Gnad.

6 So bögt ju ünner Godd sin gewaltige Hand! He sorgt dorför, dat ji den Kopp wedder hochkriegt un sülben wedder hochkamt, wenn sin Tied kamen is. 7 All' ju Sorg, de ju drückt, wöltert up sin Hart aff; denn ju Not liggt em wohrrafdi ant Hart! 8 Beholt den Kopp klor un de Ogen wiet up! De Düwel is ja ju Fiend, un he sliekert öwerall herum as de Löw, de dor brüllt, un he spikeleert doröwer, wen he anfaten un upfreten kann. 9 Gegen em schüllt ji ju wehrn un in den Glowen den Mann stahn. Ji weet ja: desülwigen Lieden hebbt ju Bröder in de ganse wiede Welt uttostahn. 10 De Godd awer, vun den alle Gnadengawen stammt un de ju to sin ewige Herrlikeit beropen hett in Christus — de ward ju, wenn ji ock noch en korte Tied to lieden hebbt, parat maken, stark un fast maken. 11 Em hört de Macht to in alle Ewigkeit! Dat is gans gewiß!

12 Un nu bün ick to Enn. De Breef is nich lang worrn, as mi schienen deit. De true Broder Silvanus hett em för mi schrewen. Un düsse Breef schall ju dat ant Hart leggn un betügen: düt is Godd sin rechde Gnad, un de holt ock wieder fast!

13 De in Babylon mit utwählt sünd, lat ju hartli gröten. Ock vun min Söhn Markus schall ick dat bestelln. 14 Un nu gewt ju een den annern den Broderkuß, so as sick dat för de hört, de sick lew hebbt! Ju all' wünsch ick Freden, all' de, de in'n Glowen mit Christus verbunn'n sünd.

Petrus sin 2. Breef.

Dat 1. Kapitel.

[1] Symeon Petrus,
Jesus Christus sin Knecht un Apostel,
an
de, de dörch Godd un den Heiland Jesus Christus
ehr Gerechdikeit
mit uns tohop densülwigen düren Glowen
kregn hebbt.

*

[2] Wi wünscht ju, dat ji gans klor seht, wat wi an Godd un unsen Heiland Jesus Christus hebbt. Denn hebbt ji Gnad un Freden in Hüll un Füll. [3] Sin göddliche Kraft hett uns ja allns schenkt, wat wi brukt, wenn wi lewen un fram wesen wüllt. He hett uns Klorheit gewen öwer den Mann, de uns dörch sin Herrlikeit un sin Lewen, dat keen Placken harr, to sick laden hett. [4] Dordörch hebbt wi dat Beste un Grötste schenkt kregn, wat uns tosegst is; denn ji schulln dordörch vun dat Verdarwen loskamen, dat de böse Lust öwer de Welt bröcht hett, un so Andeel kriegn an de göddliche Natur. [5] Grad dorum möt ji nu allns doransetten un in ju Glowen bewiesen, dat ji as Christen ju Mann staht, un dordörch, dat ji weet, wat ji to don hebbt, un [6] dordörch, dat ji ju in allns tosamnehmen un in Tucht holn künnt, un dordörch, dat ji dörchholn künnt, un dordörch, [7] dat ji würkli fram sünd, un dordörch wedder, dat ju de Broderlew ock irnst is, un denn tolez dordörch, dat de Lew in ju lebenni is. [8] Wenn düt all bi ju to finn'n is un noch mehr ward, denn ward ji dordörch Lüd, ut de wat to maken is un de wat tostann bringt; denn ward ji de vulle Klorheit kriegn öwer unsen Herrn Jesus Christus. [9] Denn wer düt nich upwiesen kann, de is blind, oder he hett doch wenigstens slechte Ogen, dat he nich bütli sehn kann, oder he is kort vun Gedanken, dat he nich mehr weet, dat he vun sin olle Sünn'n reinwuschen is. [10] Dorum sett nu noch mehr doran, dat dat nu ock gans fast bliwt un dörchsteit: ick meen, dat ji beropen un utwählt sünd. Wenn ji düt würkli dot, denn kamt ji nümmer to Fall. [11] Up düsse Wies' ward ju dat riekli schenkt, dat ji denn ock seeker in unsen Herrn un Heiland sin ewiges Riek rinkamt. [12] Dorum will ick ju düt ümmer wedder vörholn, wenn ji dat ock heel good weet un fast bi de Wohrheit bliewt, de ja för ju niks Nies mehr is.

452

13 Denn ick hol dat eenfach för richdi un nödi, dat ick, solang as ick noch lew, ju keen Ruh lat un ju dat ümmer wedder vörhol. 14 Ick weet, dat kann jeden Dag mit mi vörbi wesen; dat hett unse Herr Jesus Christus mi ja dütli genog seggt. 15 Un ick will allns don, dat ji, wenn ick mal nich mehr bün, to jeder Tied an düsse Saken denken dot.

16 Denn wi harrn dat nich mit allerhand Geschichten to don, de wi uns klook utdacht harrn, as wi ju vun unsen Herrn Jesus Christus sin Macht vertelln dän un dat he bald wedderkümmt. Nä, wi hebbt sin Herrlikeit sülbn bilewt. 17 He kreeg vun Godd, den Vader, Ehr un Herrlikeit, as vun baben, vun Godd sin Tron, de Stimm hendalkäm: „Min lewe Söhn büst du. An di heff ick min ganse Freud!" 18 Un düsse Stimm hebbt wi sülbn hört, as se vun'n Himmel hendalkäm. Wi wärn ja mit em tohop up den hilligen Barg. 19 Dorum hebbt wi noch mehr Tovertruun to dat Profetenword, un ji dot good, ju dat to marken. Dat is en Licht, dat in Düftern schient. Dat künnt ji bruken, bit dat dat schummri un hell ward un de Morgensteern sülbn upgeit in ju Harten. 20 Dat mutt ju to allererst klor warn: wat de Biwel vörutseggt, dat schall man nich na sin eegen Kopp utleggn. 21 Nä, wat vörutseggt wörr, dat hett nümmer mit Minschenwilln wat to don hatt. Minschen, de vun den hilligen Geist andrewen wörrn, de hebbt red't, un dat käm vun Godd.

Dat 2. Rapitel.

1 Dor sünd awer ock Lögenprofeten int Volk upstahn, un so hett dat ock bi ju Lehrers gewen, de nich to truen is. De ward allerhand Lehren rinsmuggeln, de Veeles verdarwt. Se ward sick vun den Herrn, de ehr losköfft hett, losseggn un so gau dat Verdarwen öwer sick sülbn bringn. 2 Un Veele ward düt Lewen in Suus un Bruus mitmaken un ward schuld doran wesen, dat de Wohrheitsweg mit Schimp un Schann andahn ward. 3 Se sünd achter dat Geld her un ward sick allerhand Snack utdenken un denn versösen, dormit bi ju en Geschäft to maken. Awer dat Gericht is all lang öwer ehr in Gang, un dat Verdarwen, dat ehr drapen schall, slöppt nich in. 4 Nich mal mit de Engels, de sick versünnigt harrn, hett Godd in Gelegenheit sehn. He hett ehr in de Höll dalstött, wo se in düstere Höhln hüsen möt, un he hett dorför sorgt, dat se bor för dat Gericht upwohrt ward. 5 Ock de olle Welt hett he nich verschont. Blots Noah hett he mit söbn Annere in Seekerheit bröcht. Noah predig ja de Gerechdikeit. Un dat wär domals, as he de Sintfloot öwer de goddlose Welt kamen leet. 6 Ock de Städte Sodom un Gomorrha hett he

verdammt un in Asch leggt un in Dutt gahn laten un so för
de tokamen Tied de Goddlosen wohrschuut. [7] Awer ock Lot
hett he redd'. He harr ja banni ünner de Minschen to lieden,
de ut Rand un Band wärn un in Suus un Bruus lewten.
[8] He wahn ja ünner ehr, un so müß de Gerechde, wenn he dat
sehn un hörn dä, Dag för Dag sin gerechde Seel mit düsse
Saken, de sick doch nich hört, quälen. [9] So weet also de Herr,
frame Minschen ut de Versöking to redd'n, awer ock Ungerechde
to strafen un bit hen to'n Gerichtsdag uptowohrn. [10] Un dat
gelt' gans besunners vun de Minschen, de dorup brennt, sick
mit unreinen Kram afftogewen, un achter dat „Fleesch" ran-
lopt un sick vun den Herrn niks seggn laten wüllt. De sünd
so frech un hebbt so'n groten Kehrdianniks; de hebbt keen
Angst vör „Herrlikeiten" un lästert dorup los, [11] wo doch
Engels, de ehr an Macht un Kraft wied öwer sünd, keen
Lästerword öwer ehr as Anklag bi Godd vörbringn dot. [12] Düsse
Lüd sünd as de unvernünfdige Tiere, de vun Natur blots
dorto bestimmt sünd, dat se slacht un vertehrt ward; de lästert
öwer Saken, vun de se niks verstaht, awer se loopt ock in ehr
Verdarwen, se gaht to Grunn. — [13] Dat hebbt se denn dorvun,
dat se ungerecht sünd!

Se lewt so in den Dag rin un tügt sick dat Beste, un dat
is ihr Vergnögen. Se sünd en Schimp- un Schannplacken,
wenn se mit ju an een Disch sitt un sick ehrn Bedrug good
smecken lat. [14] Se hebbt Ogen blots noch för Hurenwiewer
un niks as Sünn un Schann in'n Kopp. Se angelt na Min-
schen, de up allns rinfalln dot. Se weet dorup to loopen, wat
an sick to bringn — mit een Word: up ehr liggt en Fluch.
[15] Se güngn aff vun den „graden" Weg un güngn biester. Se
makt dat so as Bileam, wat Bosor sin Söhn wär. De leet
sick betaln, wat he för Unrecht verdeent harr. [16] Awer he süll
ock dormit rin un müß Lehrgeld betaln för sin eegen Unrecht:
en Esel, de doch wohrrafdi nich reden kann, bröch doch den
Profet mit en minschliche Stimm vun sin Dummheit aff.
[17] Düsse Lüd sünd Borns, de keen Water hebbt, un Wulken,
de de Stormwind vör sick herjagt, ohn' dat se Regen bringt.
Up ehr luert toletz pickswarte Nacht. [18] Se prahlt un prachert,
awer niks is dorachter, un se bringt de böse Lust in Gang
un angelt mit allerhand Siedensprüng na de, de sick noch lang
nich gans vun de losmakt hebbt, de biester gaht. [19] Se ver-
sprekt ehr Frieheit, awer se sülbn sünd Slawen, de toletz doch
to Grunn gaht. Denn wenn een vun en annern ünnerkregn
ward, denn is he sin Slaw. [20] Denn wenn se erst öwer den
Herrn un Heiland Jesus Christus Klorheit kregn un sick los-
makt hebbt vun dat, wat allerhand Schiet un Dreck öwer de
Welt bringt, denn sick awer wedder mit düsse Saken inlat,

454

dat de ehr ünnerkriegt — denn is dat Letzte för ehr noch leeger as dat Erste. 21 Denn wär dat beter för ehr west, se harrn den Weg, de de Gerechdikeit bringt, gornich erst kennt, as wenn se erst em kennen lehrt un denn wedder dat hillige Gebod links liggn lat. 22 Bi ehr is nu indrapen, wat dat wohre Sprickword seggt: „De Hund fritt dat wedder, wat he all utbraken hett" un „dat Swien geit to Water un bad sick, awer denn wöltert dat sick all wedder in'n Dreck."

Dat 3. Kapitel.

1 Min lewe Bröder! Düt is nu all de tweete Breef, den ick ju schrieven do. Un beide Mal läg mi doran: ick wull ju ümmer wedder denken helpen un ju vermuntern, dat ji uprichdige un ehrliche Lüd bliewt, up de man sick verlaten kann. 2 Ji dörft doch nich vergeten, wat de hilligen Profeten seggt hebbt un wat unse Herr un Heiland dörch ju Apostels vun ju verlangt. 3 Un düt schüllt ji nu toirst bedenken: in de letzte Tied ward Lüd kamen, de sick mit Hohn un Spott lusti makt. De lewt so, as ehr eegen Lust ehr andriewen deit, 4 un seggt: „Na, wonem bliwt he nu? he hett doch seggt, he wull wedderkamen? Siet dat unse Vöröllern dot sünd, is doch allns bi't Olle blewen, un dat all, solang as de Welt steit." 5 Denn dat wüllt se dörchut nich wohr hebbn, dat dat Himmel un Eer all jümmer gewen hett. Un de Eer harr ehr Bestand ut dat Water un dörch dat Water, un dat dörch Godd sin Word. 6 Un doch güng domals de Welt dörch düsse Veiden in de Sintsloot to Grunn'. 7 Ock de Himmel un de Eer, de wi nu hebbt, sünd dörch sin Word upspoort. Se ward up-wohrt för dat Füer bit hen to den Dag, wo dat Gericht holn ward un de goddlosen Minschen to Grunn' gaht. 8 Awer dat Eene, lewen Bröder, dörft ji nich vergeten: „In Godd sin Ogen is een Dag soveel as dusend Johr, un dusend Johr sünd soveel as een Dag." 9 De Herr schüwt dat, wat he toseggt hett, nich up de lange Bank. Ick weet wull, dat welke sick dat inbildn dot. Awer he kann töwen, un dat deit he för ju; denn he will doch nich gern, dat welke verlorn gaht, he müch doch so gern, dat se sick all' noch bekehrn dot. 10 Awer den Herrn sin Dag kümmt. Un he kümmt as en Spitz-bow. Denn is de Hewen verswunn'n. Dat geit so gau, as wenn de Stormwind vörbi suust, un mit veel Krachen, as wenn en grotes Füer brennt. Un dat, ut dat de Eer makt is, kümmt in Brand un löst sick in de Hitten up, un de Eer un dat, wat up ehr to finn'n is, geit in Flammen up. 11 Wenn düt nu awer allns so vergeit un sick uplöst — wo hillig un

fram mutt denn ju Lewen wesen! [12] Ji luert un lengt doch dorna, dat Godd sin Dag kümmt; denn wegen düssen Dag schüllt doch de Himmel in Füer sick uplösen un schall dat, worut de Welt makt is, smölten. [13] Awer wi luert up en nien Himmel un en nie Eer, in de Gerechdikeit wahnt; denn de hett Godd toseggt.

[14] Dorum, min lewe Bröder, wenn ji dorup luert, denn sett nu ock allns doran, dat ji vör em ohn' Placken un Fehlers bestahn künnt, ohn' dat ju Angst un Bang dorbi ward. [15] Un holt den Glowen fast, dat unsen Herrn sin Geduld för ju de Reddung ward. So hett ja ock unse lewe Broder Paulus ju dat schrewen, so as em dat as Weisheit schenkt wär. [16] So is dat ja öwerhaupt in all sin Breefe, wenn he up düsse Saken to spreken kümmt. In düsse Breefe gifft dat allerdings Stelln, de swor to verstahn sünd. De ward denn vun so'n Lüd, de niks dorvun verstaht un in den Glowen noch nich faststaht, verdreit. So hebbt se dat ja ock mit de annern Schriften makt, un se sülbn harrn den Schaden dorvun. [17] So, min lewe Bröder! Ick heff ju nu wohrschuut. Nu seht ju vör, dat düsse Lüd, de keen Geweten mehr hebbt, ju nich up'n Holtweg föhrt un ju mit sick rieten dot! Denn verleert ji den fasten Grund ünner de Föt. [18] Sorgt dorför, dat ji in de Gnad vörankamt un ock ümmer mehr Klorheit kriegt öwer unsen Herrn un Heiland Jesus Christus! Em hört de Herrlikeit to, nu un in Ewigkeit!

Judas sin Breef.

[1] Judas,
Jesus Christus sin Knecht
un Jakobus sin Broder,
an
de, de beropen sünd
un in Godd, den Vader, sin Lew staht
un för Jesus Christus upwohrt
ward.

*

[2] Wi wünscht ju,
dat ju Barmhardikeit un Freden un Lew
in Süll und Füll schenkt ward.

[3] Lewe Bröder! Mi liggt dat banni ant Hart, ju öwer dat Heil to schriewen, an dat wi tosam Andeel hebbt. Un so kann ick nich anners: Ick mutt ju schriewen. Ick wull ju dat ant Hart leggn: sett ju gans in för den Glowen, de de Silligen een för alle Mal anvertruut is! [4] Dor hebbt sick ja Lüd bi ju rinsliekert, vun de de Biwel all lang wat vörutseggt hett un dat Word sin Richdikeit hett: goddlose Minschen. De wüllt unsen Godd sin Gnad up'n Kopp stelln un in Suus un Bruus lewen. Se wüllt vun Jesus Christus, de alleen unse Herr is un alleen öwer uns to seggn hett, niks weten. [5] Ick will ju awer noch mal dorup henwiesen, wenn ji dat all ock een för alle Mal weten dot: De Herr hett wull dat Volk ut Agypten redd, awer dat annere Mal hett he de, de nich glöwen dän, ümkamen laten. [6] Ock hett dat Engels gewen; de heeln de Macht, de se harrn, nich fast, un gewen ehr eegen Wahnung up. De hett he upwohrt un hett ehr in Keden leggt, de nich tweiriet, un se möt in Düstern sitten bit hen to dat Gericht an'n jüngsten Dag. [7] So künnt uns ock Sodom un Gomorrha un de Städte, de dor in de Neegde liegt, wohrschuun. De hebbt gans ähnli as düsse Engels Surenkram vörhatt un hebbt sick mit welke affgewen, de nich vun Natur to ehr hört. De hebbt nu to Straf ünner dat ewige Füer to lieden. [8] Un doch schänd düsse Drömbüdels ehrn Liew un wüllt vun en höchere Macht niks weten un lästert „Herrlikeiten". [9] Nich mal de böwerste Engel Michael hett, as he mit den Düwel öwer Mose sin Liek Striet kreeg un mit em verhandeln dä — nich mal de hett dat wagt, en Lästerword to seggn. He sä blots: „De Herr mag di strafen!" [10] Awer düsse Lüd lästert allns, wat se nich kennt. Awer mit dat, wat se vun Natur verstaht, makt se sick toschann, grad so as de un-

457

vernünfdige Tiere. ^{11}Godd tröst ehr! Se gaht up Kain sin Weg, fünd so dorup losgahn un leeten sick vun Bileam sin Lüd up'n Liem locken, un dat blots, wieldat dat Geld ehr in de Ogen steken dä. Un so sünd se, wieldat se sick upsetten dän, grad so as Kora ümkamen.

^{12}Düsse Lüd sünd bi ju Mahltieden de Schandplacken; denn se makt sick keen Geweten dorut, wenn se sick mit ju tohop den Magen vullfreten dot. Se lat sick dat good smecken un makt sick sülbn fett. Se sünd Wulken, de de Wind vör sick hendriewen deit un de keen Regen bringt. Se sünd as Böm in'n Harwst, ohn Bläder un Frucht, tweemal dot un ohn' Wuddeln. ^{13}Se sünd as de Bülgen int wiede Meer, de hoch upsprütt, un de Schuum, de babenup liggt, dat is ehr eegen Sünn un Schann. Se sünd as de Sterns, de ut ehr Bahn rutsmeten fünd, un up ehr luert pickswarte Nacht up ewig. ^{14}Ower ehr hett ock Henoch, wat de söbnde Nakam vun Adam her wär, wat vörutseggt. He sä: „Süh, de Herr is mit veele Dusend Engels kamen ^{15}un will ower alle Gericht holn un alle Goddlosen strafen för all' dat Goddlose, wat se makt hebbt, un för all' de frechen Wörd, de de goddlosen Sünner gegen em seggt hebbt. ^{16}Dat sünd de Lüd, de ümmer wat to knurrn hebbt un nümmer mit dat tofreden sünd, wat ehr topart ward. Se lewt na ehr eegen Lust. Se hebbt ümmer dat grote Mul up, un dorbi snackt se de Lüd na'n Mund, wenn ehr dat Vördeel bringt.

^{17}So schüllt ji, lewe Bröder, dat nich maken! Denkt ümmer wedder an dat, wat unsen Herrn Jesus Christus sin Apostels ju fröher all seggt hebbt! ^{18}Se hebbt ju seggt: „In de letzte Tied ward Spötter kamen. De kümmt dat blots up de Goddlosikeit an, un se lewt na ehr eegen Lust. ^{19}Dat sünd de Lüd, de de Gemeen ut'neen driewen wüllt; de hebbt blots en Seel, awer nich den Geist." ^{20}Ji awer, lewe Bröder, buut ju up up ju hilligsten Glowen as fasten Grund. Bed in den hilligen Geist sin Kraft ^{21}un sett allns doran, dat ji fast bliewt in Godd sin Lew. Luert up unsen Herrn Jesus Christus sin Erbarmen; denn is dat ewige Lewen ju seeker. ^{22}Sünd dor welke, de noch twiewelt un nich weet, wat se schüllt un wüllt — mit de hebbt Erbarmen. ^{23}Riet ehr ut dat Füer un redd' ehr! Ock ower de Annern erbarmt ju, awer nehmt ju in Acht! Fat keen Kleed an, dat dörch en unreines Lewen utschänd' is!

^{24}Godd awer kann ju dorvör bewohrn, dat ji to Fall kamt, un kann dat so maken, dat ji ohn Placken un Fehler vör sin herrlichen Tron mit Freuden un Jubel kamen künnt. ^{25}Em alleen, Godd, de dörch unsen Herrn Jesus Christus unse Heiland worn is, hört Herrlikeit un Ehr un Kraft un Macht to, vör alle Tied un nu un in alle Ewigkeit! Dat is gans gewiß wohr!

Johannes sin 1. Breef.

Dat 1. Kapitel.

[1] Wat gans in'n Anfang all dor wär, wat wi hört hebbt, wat wi mit unse eegen Ogen sehn hebbt, wat wi sülbn bilewt hebbt, dat wi't mit Handn griepen kunn'n, ick meen dat Lewenswoord — [2] ja, dat Lewen is nu künni makt; wi hebbt dat sehn, wi staht dorför in, un wi verkünd ju dat ewige Lewen, dat bi'n Vader wär un uns künni makt is — [3] ja, gans gewiß, wat wi sehn un hört hebbt, dat verkünd' wi ju ock; wi wulln doch gern, dat ji ock mit uns tohop doran Andeel hebbt un up een Stück staht. Un dat bedüd ock, dat ji ock mit den Vader un mit sin Söhn Jesus Christus verbunn'n sünd. [4] Un düssen Breef schriewt wi nu, dat unse Freud niks to wünschen öwer lett.

[5] Un düt is nu dat, wat wi verkünn'n dot, wat wi vun em sülbn hört hebbt un wat wi nu an ju wiedergewt. Godd is Licht, un in em is vun Düsternis ock keen Deut to find'n. [6] Wenn wi nu awer seggt: „Wi sünd mit em verbunn'n," un wi lewt doch in Düsternis, denn is dat Lögen un Wind, un wi dot nich, wat de Wohrheit verlangt. [7] Gans anners is dat, wenn wi mit unse Lewen int Licht staht, so as he sülbn int Licht steit; denn staht wi mitenanner all' up een Stück un sünd fast mitenanner verbunn'n, un sin Söhn Jesus sin Bloot makt uns vun alle Sünn'n rein. [8] Un wenn wi seggt: „Wi hebbt keen Sünn'," denn streut wi uns sülbn Sand in de Ogen, un de Wohrheit steit nich up unse Siet. [9] Awer, wenn wi unse Sünn'n reinut bekennen dot, denn is he tru un gerecht, un he vergifft uns de Sünn'n un makt uns rein vun alle Ungerechdikeit. [10] Wenn wi seggt: „Wi hebbt keen Sünn dan," denn straft wi em Lögen un sin Word hett keen Platz bi uns.

Dat 2. Kapitel.

[1] Min lewe Kinner! Düt schriew ick ju, denn ick müch so gern, dat ji ju nich versünnigen dot. Un schull dat doch vörkamen, denn hebbt wi een, de för uns bi'n Vader in de Bucht springt, un dat is Jesus Christus, de Gerechde. [2] He hett för unse Sünn'n good seggt un blöden müßt, ja nich blots för de, de wi dan hebbt, nä, ock för de ganse Welt ehr Sünn'n.

[3] Doran ward wi wies', dat wi em würkli kennen dot, wenn wi sin Gebode holn dot. [4] Wer seggn deit: „Ick kenn em," awer sin Gebode nich hölt, de is en Windbütel un steit mit de Wohrheit up'n slechten Foot. [5] Wer dat awer mit sin Word genau nümmt, bi den is de Lew to Godd vullkamen worrn. Doran ward wi wies', dat wi mit em verbunn'n sünd un em tohörn dot. [6] Un wer nu seggt: „Ick hör em to," de kümmt

459

nich dorum rum, he mutt sin Lewen nu ock grad so inrichden, as he dat dä.

[7] Lewe Frünn'n! Dormit schriew ick ju keen nies Gebod. Nä, dat is all gans wat Olles för ju. Dat hebbt ji all glieks toirst kregn. Düt olle Gebod is dat Word, dat ji all domals hört hebbt. [8] Un doch is dat en nies Gebod, wat ick ju schriewen do. Dat is würkli so, mag ick nu an em oder an ju dorbi denken. De Düsternis nümmt aff, un dat wohre Licht breed sin Schien all ut.

[9] Wer nu seggt, dat he int Licht steit un lewt un doch sin Broder hassen deit, de sitt noch ümmer in Düstern. [10] Wer sin Broder lew hett, de bliwt ümmer int Licht, un dor is niks in em, dat em to Fall bringn kunn. [11] Wer awer sin Broder hassen deit, de sitt in Düstern un lewt in Düstern. De weet nich, wo he hengeit, denn de Düsternis hett em sin Ogen blind makt.

[12] Ick schriew ju, lewe Kinner, wiedat ju de Sünn'n vergewen sünd, denn he hett sick mit sin Nam dorför verbörgt. [13] Ick schriew ju Vaders; denn ji hebbt den kennen lehrt, de vun Anfang an all dor wär. Ick schriew ju Jungkerls, denn ji hebbt den Bösen ünnerkregn. [14] Ick schriew ju Kinner, denn ji kennt nu den Vader. Ick heff ju Vaders schrewen, denn ji hebbt den kennen lehrt, de vun Anfang an all dor wär. Ick heff ju Jungkerls schrewen; denn ji sünd stark, un Godds Word hett bi ju bestänni sin Platz, un ji sünd mit den Bösen fardi worrn.

[15] Ach, hebbt de Welt doch nich lew, ock dat nich, wat in de Welt is! Wenn een de Welt lew hett, denn is bi em de Lew to den Vader nich to find'n. [16] Denn allns, wat in de Welt en Rull speelt: de fleeschliche Lust un de Ogenlust un dat Grootprahln un sick dick don int Lewen — dat stammt nich vun'n Vader, nä, dat stammt ut de Welt. [17] Un de Welt mit ehr Lust hett keen Bestand; blots dè, de Godd sin Willn deit, de bliwt lewen in Ewigkeit.

[18] Kinner! Dat geit up de letzte Stünn to. Ji hebbt ja hört, dat de Antichrist kümmt. Un nu sünd all veele Antichristen dor. Doran ward wi wies', dat de letzte Stünn vör de Dör steit. [19] Vun uns sünd se utgahn, un doch hebbt se nich to uns hört; denn harrn se würkli to uns hört, denn wärn se bi uns blewen. Awer dat is so kamen, denn dat schull sick dütli utwiesen, dat se nich all' to uns hört. [20] Ju awer hett de Hillige salwt, un ji all' weet dat. [21] Ick heff ju nich schrewen, wiedat ji de Wohrheit noch nich kennt, nä, in'n Gegendeel, wiedat ji ehr kennt un de Lögen mit de Wohrheit niks to don hebbt.

[22] Wer is denn en Windbütel? Doch wull de, de niks dorvun weten will, dat Jesus de Christus is. Dat is de Anti-

460

christ, de vun'n Vader un den Söhn niks weten will. 23 Jeder-
een, de vun den Söhn niks weten will, de hett ock den Vader
nich. Wer sick to den Söhn bekennen deit, de hett ock den
Vader. 24 Dat, wat ji vun Anfang hört hebbt, dat möt ji
fastholn. Bliwt dat bi ju fastsitten, wat ji vun Anfang hört
hebbt, denn bliewt ji ock fast verbunn'n mit den Söhn un den
Vader. 25 Un dat is dat, wat he uns tolöwt hett: dat ewige
Lewen.

26 Düt wull ick ju schriewen öwer de Lüd, de ju up't Glattiis
locken wüllt. 27 Un wat ju sülbn anlangt: de Salwung, de ji
vun em kregn hebbt, de bliwt bi ju, un ji hebbt dat nich nödi,
dat een ju noch belehren deit. Nä, sin Salwung belehrt ju öwer
allns, un so is dat wohr un keen Lögenkram; un so as he ju
dat lehrt hett, so holt ju fast an em un riet dat Band nich
twei.

28 Un grad nu, Kinner, holt an em fast! Denn wi wulln
doch gern, dat wi, wenn he sick nu wiesen deit, em frie int Og
sehn künnt un uns, wenn he dor is, vör em nich to schamen
brukt. 29 Wenn ji weet, dat he gerecht is, denn denkt ock doran,
dat jedereen, de gerecht lewt, em sin Lewen verdankt.

Dat 3. Kapitel.

1 Seht doch mal, wat förn grote Lew uns de Vader schenkt
hett! Wi dörft Godd sin Kinner heeten un sünd dat ock würkli.
Dorum weet de Welt niks vun uns aff; denn se weet niks
vun em.

2 Lewe Frünn'n! All nu sünd wi Godd sin Kinner, un dat
is noch nich utmakt, wat ut uns noch mal warn schall. Awer
dat eene weet wi doch: wenn he sick wiesen deit, denn ward
wi em ähnli wesen un em sehn so, as he is. 3 Un jedereen, de
düsse Hoffnung up em setten deit, de hilligt sick sülbn grad so,
as he hillig is.

4 Jedereen, de Sünn deit, de vergeit sick ock gegen dat Gesetz;
denn de Sünn is datsülwige, as wenn een sick gegen dat Gesetz
upsetten deit. 5 Ji awer weet: He is kamen un schull de Sünn'n
wegnehmen, un keen Sünn is in em to find'n. 6 Wer sick an
em holn deit un mit em verbunn'n bliwt, de deit keen Sünn.
Wer Sünn deit, de hett em nich sehn un kennt em ock nich.

7 Kinner! Lat ju vun keen een Sand in de Ogen streun!
Wer gerecht lewt, de is gerecht, grad so as he gerecht is.
8 Wer Sünn deit, de stammt vun'n Düwel; denn de Düwel
hett vun Anfang an Sünn dan. Dorto is Godd sin Söhn
kamen, dat he den Düwel sin Wark toschann makt.

9 Jedereen, de sin Lewen vun Godd hett, de deit keen Sünn;
denn sin Lewenskraft bliwt in em. He kann gornich sünnigen;
denn sin Lewen stammt ut Godd. 10 Doran ward de Unner-

461

scheed twischen Godd sin Kinner un den Düwel sin Kinner klor. Jedereen, de nich na de Gerechdikeit lewt, de stammt nich ut Godd, ock de nich, de sin Broder nich lew hett. [11] Denn düt is dat, wat wi verkünnigt un wat ji vun Anfang an hört hebbt: wi schüllt een den annern lew hebbn. [12] Wi schüllt dat nich so maken as Kain, de vun den Bösen stammen dä un sin Broder dotslog. Un worum slog he em dot? Wieldat, wat he dä, bös' wär, dat awer, wat sin Broder dä, good.

[13] Bröder, wunnert ju nich, wenn de Welt ju hassen deit. [14] Wi weet, wi sünd ut'n Dod int Lewen röwerkamen, denn wi hebbt de Bröder lew. Wer keen Lew hett, de bliwt in'n Dod sin Hand'n. [15] Jedereen, de sin Broder hassen deit, de is en Mörder; un ji weet, keen Mörder hett up de Duer ewiges Lewen in sick. [16] Doran hebbt wi markt, wat Lew is, dat he för uns sin Lewen hengewen hett. So versteit sick dat ock vun sülbn för uns, dat wi unse Lewen för de Bröder insetten dot. [17] Wenn nu een hett, wat to'n Lewen nödi is, un süht, dat sin Broder in Not is, un hett keen Mitlieden mit em: wodenni kann denn de Lew to Godd wull noch in sin Hart wahnen.

[18] Kinner, lat uns de Lew nich bewiesen mit'n Mund, nä, lat uns togriepen un de Annern niks vörmaken. [19] Doran ward wi wies' warn, dat wi ut de Wohrheit stammt, un dordörch künnt wi unse Harten vör Godd sin Ogen ruhi maken, [20] dat wi bedenkt: wenn unse Hart uns verklagt, denn is Godd doch noch gröter as unse Hart, un he weet üm allns genau Bischeed.

[21] Min lewe Frünn'n! Wenn unse Hart uns nich verklagt, denn künnt wi frie un getrost Godd int Og kieken; [22] un wi kriegt ock dat vun em, üm dat wi beden dot; denn wi holt ja sin Gebode un dot dat, wat em gefalln deit.

[23] Un dat is sin Gebod: wi schüllt glöwen an sin Söhn Jesus Christus sin Nam un een den annern lew hebbn, so as he dat vun uns verlangt. [24] Wer sin Gebode holn deit, de bliwt mit em verbunn'n un he ock mit em. Un doran ward wi wies', dat he mit uns verbunn'n bliwt, he hett uns ja sin Geist schenkt.

Dat 4. Kapitel.

[1] Min lewe Frünn'n! Vertruut ju nich jeden Geist an! Nä, stellt ehr up de Prow un öwertügt ju dorvun, dat se vun Godd sünd. Denn veele Lögenprofeten sünd in de Welt utgahn. [2] Doran schüllt ji Godd sin Geist wies warn: jede Geist, de bekennen deit, dat Jesus Christus würkli Minsch worn is, de stammt ut Godd, [3] un jede Geist, de vun Jesus niks weten will, de stammt nich ut Godd. Nä, dat is den Antichrist sin Geist. Ji hebbt ja all hört, dat he kamen deit, un he is nu all in de Welt.

4 Kinner! Ji stammt vun Godd, un ji hebbt ehr ünnerkreegn; denn de, de in ju wahnen deit, is gröter as de, de in de Welt is. 5 Se stammt ut de Welt. Dorum sprekt se ock so, as dat in de Welt Mod' is, un de Welt hört up ehr. 6 Wi stammt ut Godd. Wer Godd kennt, de hört up uns. Wer nich vun Godd stammt, de hört ock nich up uns. Doran markt wi den Unnerscheed twischen den Wohrheitsgeist un den Lögengeist.

7 Min lewe Bröder! Wi hebbt uns lew, denn de Lew stammt vun Godd, un jedereen, de Lew hett, den hett Godd dat Lewen schenkt, un he kennt Godd. 8 Wer keen Lew hett, de kennt Godd nich; denn Godd is Lew. 9 Dordörch is Godd sin Lew bi uns künni worrn, dat Godd sin eenzigen Söhn in de Welt schickt hett, dat wi dörch em lewen schulln. 10 Dorin hett de Lew ehrn Grund un Bestand nich, dat wi Godd lew hatt hebbt; nä, he hett uns lew hatt un sin Söhn as Versöhnung för unse Sünn'n schickt. 11 Min lewe Bröder, wenn nu awer Godd uns so lew hatt hett, denn sünd wi dat ock schülli, dat wi een den annern lew hebbt. 12 Keen een hett Godd sehn, nümmer. Wenn wi een den annern lew hebbt, denn bliwt Godd in uns, un denn is sin Lew ock vullkamen in uns. 13 Doran ward wi wies, dat wi in em bliewt un he in uns: he hett uns ja vun sin Geist gewen. 14 Un wi hebbt dat bilewt un künnt dat betügen, dat de Vader sin Söhn as Heiland in de Welt schickt hett. 15 Wer nu bekennen deit, dat Jesus Godd sin Söhn is, in den bliwt Godd, un he bliwt in Godd. 16 Un de Lew, de Godd in uns hett, sünd wi wies worrn, un wi hebbt up ehr vertruut. Godd is Lew, un wer in de Lew bliwt, de bliwt in Godd, un Godd bliwt in em. 17 Dorin is de Lew bi uns vullkamen worrn, dat wi an den Gerichtsdag uns nich to schamen un bang to wesen brukt; denn so as he dat is, sünd ock wi in düsse Welt. 18 Angst un Bang'n hett mit de Lew niks to don. Wenn de Lew vullkamen is, denn smitt se Angst un Bang'n vun sick; denn wenn een sick mit Angst un Bang'n plagen deit, denn is dat all en Straf för em. Wer bang is, de is in de Lew noch nich vullkamen. 19 Wi hebbt Lew, denn he hett uns toirst lew hatt. 20 Wenn een nu seggn deit: „Ick heff Godd lew", un sin Broder dorbi hassen deit, de is en Windbütel. Denn wer sin Broder nich lew hett, den he vör Ogen süht, de kann Godd, den he doch nich sehn deit, nich lew hebbn. 21 Un düt Gebod hebbt wi vun em, dat de, de Godd lew hett, ock sin Broder lew hebbn schall.

Dat 5. Kapitel.

1 Jedereen, de dor glöwt, dat Jesus de Christus is, de is Godd sin Kind, un jedereen, de den lew hett, de em dat Lewen

schenkt hett, de hett ock den Sew, de ock sin Kind is. [2] Doran ward wi wies, dat wi Godd sin Kinner lew hebbt, wenn wi Godd lew hebbt un sin Gebode holt. [3] Denn dorin schall sick de Lew to Godd bewiesen, dat wi sin Gebode holt, un sin Gebode sünd nich swor. [4] Allns, wat ut Godd stammt, ward ja öwer de Welt Herr, un dat is de Sieg, de öwer de Welt Herr worrn is: unse Glow. [5] Wer is nu awer de, de öwer de Welt Herr ward? Dat is doch blots de, de dor glöwt, dat Jesus Godd sin Söhn is. [6] He is ja de, de mit Water un Bloot kamen is: Jesus Christus; un nich blots mit Water, nä, mit Water un Bloot; un de Geist betügt dat, denn de Geist is de Wohrheit. [7] Dree Tügen staht dorför: in de Geist un dat Water un dat Bloot, [8] un düsse dree stüert up een un datsülwige hen. [9] Wenn wi dat Tügnis vun Minschen annehmen dot, denn möt wi seggn: Godd sin Tügnis is gröter; denn dat is Godd sin Tügnis, dat he sick för sin Söhn insett hett. [10] Wer an Godd sin Söhn glöwen deit, för den betügt he sick sülbn. Wer nich an Godd glöwt, de hett em Lögen straft; denn he hett nich an dat Tügnis glöwt, dat Godd öwer sin Söhn gewen hett. [11] Un dat is dat Tügnis: Godd hett uns ewiges Lewen schenkt, un düt Lewen is dor in sin Söhn. [12] Wer den Söhn hett, de hett dat Lewen. Wer den Söhn nich hett, de hett ock dat Lewen nich. [13] Düt heff ick ju schrewen, denn ick wull doch gern, ji schulln weten, dat ji ewiges Lewen hebbt; ji glöwt ja an Godd sin Söhn sin Nam. [14] So künnt wi denn ock frank un frie to em kamen; he hört uns, wenn wi üm wat beden dot, wat to sin Willn stimmen deit. [15] Un wenn wi weet, dat he up uns hörn deit, wenn wi em üm wat beden dot, denn weet wi ock, dat wi dat hebbt, üm dat wi em beden dän. [16] Wenn een süht, dat sin Broder sick versünnigen deit, un düt keen Sünn is, up de de Dod steit, denn schall he getrost beden, un he sorgt dorför, dat he dat Lewen kriggt. Dat gelt' natürli vun de, de sick nich up'n Dod versünnigt hebbt. Dat gifft en Sünn, up de de Dod steit; awer dorvun segg ick nich, dat he dorum beden schall. [17] Wat Unrecht is, is Sünn, un dat gifft ock en Sünn, de nich den Dod mit sick bringt. [18] Wi weet, dat jedereen, de ut Godd stammt, nich sünnigen deit; denn de, de ut Godd stammt, hölt öwer em sin Hand, un de Böse kann em niks anhebbn. [19] Wi weet, dat wi ut Godd stammt, un de ganse Welt is in den Bösen sin Hand. [20] Awer wi weet, dat Godd sin Söhn kamen is, un he hett uns den Sinn dorför gewen, dat wi den kennt un verstaht, de vull un gans de Wohrheit is, un wi sünd un lewt gans mit den, de vull un gans de Wohrheit is: mit sin Söhn Jesus Christus. De is in Wohrheit Godd un ewiges Lewen. [21] Kinner, nehmt ju in acht vör de Götzen!

464

Johannes sin 2. Breef.

[1] De Ollste
an
de utwählte Husfru
un ehr Kinner.

Ick heff ehr uprichdi lew, un dat do ick nich blots; nä, dat dot all' de, de de Wohrheit würkli kennen dot. [2] Un dat hett dorin sin Grund, dat de Wohrheit in uns Bestand hett un lewen deit. Un so ward dat bi uns ock bliewen bit in Ewigkeit. [3] Gnad ward mit uns bliewen un Barmhardikeit un Freden vun Godd, den Vader, un den Vader sin Söhn Jesus Christus, un dat allns, wenn wi bi de Wohrheit un de Lew bliewen dot.

[4] Ick heff mi vun Harten freut, dat ick mang din Kinner welke funn'n heff, de würkli so lewen dot, as de Wohrheit dat verlangt. So hebbt wi en Gebod ja ock vun den Vader kregn. [5] Un nu bed ick di, lewe Husfru — dat is ja keen nies Gebod, dat ick di schriewen do, wi hebbt dat ja all vun Anfang an —: Lat uns een den annern würkli lew hebbn! [6] Un dorin schall sick de Lew utwiesen, dat wi na sin Gebode lewen dot. Düt is ja sin Gebod, as ji dat vun Anfang an hört hebbt: „Ji schüllt dorna lewen!"

[7] Dat gifft leider en ganse Barg Irrlehrers, de sünd in de Welt gahn un wüllt nich togewen, dat Jesus Christus würkli Minsch worn is. Dorin wiest sick grad de Hauptverföhrers un de Antichrist sülbn. [8] Seht ju to vör, dat ji dat nich toschann makt, wat wi mit sure Möhgd tostann bröcht hebbt! Seht to, dat ji den gansen Erdrag kriegt! [9] Jedereen, de doröwer rutgeit un nich up Christus sin Lehr stahn bliwt, de hett Godd nich. Blots de, de up de Lehr stahn bliwt, de hett den Vader un den Söhn. [10] Schull nu een to ju kamen un düsse Lehr nich bringn, denn nehmt em jo nich int Hus un beed em keen „Gooden Dag"! [11] Denn wer dat doch deit un em de Tied bütt, de makt sick mit schülli an de bösen Tög, de he makt.

[12] Ick heff noch Veeles up dat Hart, dat ick ju noch gern schrewen harr, awer ick wull dat nich gern swart up witt gewen. Ick höp, dat ick to ju kam. Denn künnt wi dat mal ünner veer Ogen bespreken, un denn is unse Freud duppelt groot.

[13] De Kinner vun din utwählte Swester lat di gröten.

Johannes sin 3. Breef.

[1] De Ollste
an
den lewen Gajus, vun den ick würkli veel holn do.

*

[2] Min lewe Fründ! To allererst wünsch ick un bed ock dorum, dat di dat good geit un dat du gesund büst. Müch di dat dormit grad so gahn, as mit din Hart un Seel. Dor hest du doch ock niks to klagen. [3] Denn dat mutt ick seggn: ick heff mi banni freut, wenn Bröder mal inkieken dän un gornich genog dorvun vertelln kunn'n, dat du fast in de Wohrheit steist, so as du ja ock würkli na de Wohrheit lewen deist. [4] En grötere Freud gifft dat ock nich för mi, as wenn ick hörn do, dat min Kinner na de Wohrheit lewen dot.

[5] Min lewe Fründ! Du büst di sülbn tru blewen in dat, wat du an de Bröder deist, un nu erst recht, wo sick dat üm Lüd handeln dä, de du gornich kennen däst. [6] Se hebbt vun din Lew vör de ganse Gemeen vertellt, se wärn gans vull dorvun, un du deist good, ehr to helpen, dat se wiederkamt, so as Godd dat hebbn will. [7] Se sünd ja up de Reis' gahn un wüllt sin Nam bekannt maken, un vun de Heiden nehmt se ja niks an. [8] Dorum dot wi blots unse Schüllikeit, wenn wi so'n Lüd ünner de Arms griept. Up de Wies' leggt wi ja sülbn mit Hand an, dat de Wohrheit utbreed ward.

[9] Ick heff all mal an de Gemeen schrewen; awer Diotrephes, de dor de Hauptrull speelt, will mit uns niks to don hebbn. [10] Dorum will ick, wenn ick noch mal kamen schull, mal den Finger dorup leggn, wat he makt hett: dat he leegen Snack öwer uns makt hett un, dormit noch nich tofreden, sülbn nich de Bröder bi sick upnümmt, ja ock de noch dorvun affhölt, de den gooden Willn dorto hebbt, ja ehr sogor ut de Gemeen rutgrault.

[11] Min lewe Fründ! Nümm di nich dat Böse to'n Bispill, nä, dat Goode! Wer Goodes deit, de is vun Godd. Wer Böses deit, de hett Godd nümmer sehn. [12] Demetrius is vun alle Lüd un sogor vun de Wohrheit sülbn en goodes Tügnis utstellt. Ock wi staht gans dorför in, un du weetst, dat dat, wat wi betügen dot, wohr is.

[13] Ach, ick heff noch veel up't Hart, wat ick di noch schriewen wull, awer ick mag dat nich swart up witt gewen. [14] Awer ick höp, dat ick di bald to sehn krieg. Denn wüllt wi dat mal ünner veer Ogen besnacken. [15] Ick wünsch di Freden. Bun de Frünn'n schall ick gröten. Gröt du ock de Frünn'n un jedeneen besunners.

466

Johannes fin Apenbarung.

Dat 1. Kapitel.

[1] Jesus Christus fin Apenbarung,
de Godd em gewen hett, dat he fin Knecht'n wiesen schull, wat
nu kamen schall, un dat lett nich mehr lang up sick luern. Un
so hett he dat makt: he hett Bott schickt dörch fin Engel un
fin Knecht Johannes dat andüd'. [2] Un de steit nu as Tüg för
Godds Word un för dat, wat Jesus Christus betügt, för allns,
wat he sehn hett.

[3] Selig is de, de düsse Profetenwörd vörlesen deit, un
selig fünd de, de ehr hörn dot, un selig fünd de, de beholn dot,
wat dorin schrewen steit! Denn de Tied is neeg bi.

[4] Johannes wünscht de söbn Gemeenden in Asien: Gnad un
Freden müch ju schenkt warn vun den, de dor is un de dor
all wär un de dor kümmt, un vun de söbn Geister, de vör fin
Tron staht, [5] un vun Jesus Christus, de de true Tüg is un de
Erstgeborne vun de Doden un de Böwerste öwer de Könige
up de Eer! Em, de uns so lew hett un uns vun unse Sünn'n
losmakt hett dörch fin Blot [6] un uns to fin Königriek makt
hett un to Preesters för fin Godd un Vader — em hört de
Herrlikeit un de Macht in alle Ewigkeit! Dat is gans gewiß!

[7] Süh, he kümmt mit de Wulken, un sehn ward em jedes
Og, ock de, de em ümbröcht hebbt, un klagen un weenen ward
öwer em alle Geslechter up de Eer. Ja, dat is gans gewiß.

[8] Ick bün dat A un dat O, so seggt de Herrgodd, de dor is
un de dor all wär un de dor kümmt, de Allmächdige.

[9] Ick, Johannes, ju Broder, de mit ju Andeel hett an de
Drangsal un an dat Riek un an de Geduld, de för Christen-
minschen dorto hört — ick wär up de Insel, de Patmos heet,
wegen Godd fin Word un Jesus fin Tügnis. [10] Un an'n Sünn-
dag käm de Geist öwer mi, un ick hör achter mi en Stimm, so
stark, as wenn en Basun blaast ward, [11] un de sä: „Wat du
sehn deist, dat schriew in'n lütt Book un schick dat an de söbn
Gemeenden: na Ephesus un Smyrna un Pergamon un Thya-
tira un Sardes un Philadelphia un Laodikea!" [12] Un ick dreih
mi um un wull na de Stimm sehn, de mit mi spreken dä. Un
knapp harr ick dat dan, do seeg ick söbn goldn Lüchters, [13] un
meern mang de Lüchters seeg ick een, de seeg ut as en Minschen-
söhn. He harr en Kleed an, dat bit an de Föt langn dä, un
üm de Bost en goldn Görtel. [14] Sin Kopp un fin Hoor wärn
witt as slowitte Wull, as Snee, un fin Ogen wärn as Füer-
flamm'n. [15] Sin Föt seegn ut, as wenn se ut Golderz wärn,
dat in'n Ab'n glöni makt ward, un fin Stimm hör sick an, as

30*

467

wenn en Waterfall brusen un dunnern deit. [16] In sin rechde
Hand harr he söbn Sterns, un ut sin Mund keek en scharpes
Swert rut, dat an beide Sieden sliept wär, un sin Gesicht
lücht' so hell, as wenn de Sünn schienen deit mit ehr ganse
Kraft.

[17] Un as ick em seeg, do full ick vör em dal up de Knee, as
wenn ick dot wär. Do lä he sin rechde Hand up mi un sä:

„Wes' nich bang! Ick bün de Erste un de Letzte [18] un de
Lebennige. Ick wär dot, un süh, nu lew ick in alle Ewigkeit,
un ick heff de Slötels för den Dod un de Höll. [19] So — un nu
schriew up, wat du sehn hest un wat nu all is un wat nahsten
noch kamen schall. [20] Un wat bedüd de söbn Sterns, de du in
min rechde Hand sehn hest, un wat bedüd de söbn goldn
Lüchters? De söbn Sterns — dat sünd de söbn Gemeenden ehr
Engels, un de söbn Lüchters — dat sünd de söbn Gemeenden
sülbn."

Dat 2. Kapitel.

[1] Den Engel vun de Gemeen in Ephesus schallst du schriewen:
„Düt seggt de, de söbn Sterns in sin rechde Hand hölt un
de merrn mang de söbn goldn Lüchters gahn deit: [2] Ick weet,
wat du makst, un kenn din Möhgd un din Geduld. Ick weet
ock, dat du de leegen Minschen nich utstahn un verdrägen
kannst. Un du hest de up de Prow stellt, de sick för Apostels
utgewen dot un sünd doch keen, un du hest dat rutkregn, dat
se Windbütels sünd. [3] Du hest den Nack stief holn un hest
wegen min Nam' allerhand utstahn müßt, un du büst doch nich
möd worrn. [4] Awer düt kann ick nich lieden an di: du hest din
erste Lew hest du afflaten. [5] Dorum denk doran, wat förn
deepen Fall du makt hest, un besinn di gründli un do dat,
wat du toirst makt hest! Sünst kam ick di to neeg un stöt din
Lüchter vun sin Stell, wenn du di nich bekehrn deist. [6] Awer
dat gefallt mi noch an di, dat du hassen deist, wat de Nikolaiten
makt — dat do ick ock. — [7] Wer nu Ohrn hett, de schall ehr
upmaken un hörn, wat de Geist to de Gemeenden seggt! Wer
den Sieg winn'n deit, den warr ick to eten gewen vun'n
Lewensboom, de in Godd sin Paradies steit."

[8] Un den Engel vun de Gemeen in Smyrna schallst du
schriewen:
„Düt seggt de Erste un de Letzte, de all dot wär, awer
wedder lebenni worrn is: [9] Ick kenn din Drangsal un weet,
dat du beddelarm büst. Awer wenn wi dat richdi nehmen
dot, denn büst du riek. Ick weet ock, dat Lüd ju verlästert
hebbt, de sick Juden nömt un dat doch nich sünd — nä, se sünd
den Satan sin Gemeen. [10] Wes' nich bang vör dat, wat du

468

noch utstahn muttst! Süh, dat ward so kamen, dat de Düwel welke vun ju int Gefängnis bringt — denn ji schüllt up de Prow stellt warn — un ji ward Drangsal utstahn twölf Dag'. Bliew tru bit to'n Dod, denn warr ick di den Lewenskrans schenken! — [11] Wer nu Ohrn hett, de schall ehr upmaken un hörn, wat de Geist to de Gemeenden seggt! Wer den Sieg winn'n deit, den schall de tweete Dod niks anhebbn."

[12] Un den Engel vun de Gemeen in Pergamon schallst du schriewen:

„Düt seggt de, de dat scharpe Swert hett, dat an beide Sieden sliept is: [13] Ick weet, wo du wahnst. Dor is den Satan sin Tron. Un du hölst fast an min Nam un hest di vun den Glowen an mi nich losseggt, ock domals nich, as min true Tüg Antipas noch lewen dä, de se bi ju dotmakt hebbt dor, wo de Satan wahnt. [14] Awer en beten heff ick gegen di: Du hest dor welke, de an Bileam sin Lehr fastholt, de den Balak bibringn dä, de Kinner Israel to Fall to bringn, dat will seggn: dat Fleesch vun de Götzenopfer to eten un Hurenkram to driewen. [15] So hest ock du so'n Lüd bi di, de sick an de Nikolaiten ehr Lehr holn dot. De makt dat ebenso. [16] So besinn di gründli! Sünst töw ick nich lang un gah ehr to Kleed mit dat Swert, dat ick in min Mund heff. — [17] Wer nu Ohrn hett, de schall ehr upmaken un schall hörn, wat de Geist to de Gemeenden seggn deit. Wer den Sieg winnt, den will ick vun dat Manna schenken, dat noch verborgn is, un ick will em en witten Steen schenken un en nien Nam, de up den Steen schrewen steit, en Nam, den de blots kennt, de em kriegn deit."

[18] Un den Engel vun de Gemeen in Thyatira schallst du schriewen:

„Düt seggt Godd sin Söhn, de dor Ogen hett as Füer-flamm'n un den sin Föt utsehn dot as Golderz: [19] Ick weet, wat du makst, un kenn din Lew un din Glow un din Deenst un din Geduld. Ick weet ock: wat du in de letzte Tied dan hest, dat is noch mehr, as wat du toirst makt hest. [20] Awer dat gefallt mi nich an di: Du röhrst keen Hand gegen de Fru „Isabel". De speelt sick up as en Profet un lehrt un verföhrt min Knechten dorto, dat se Hurenkram driewt un Fleesch vun Götzen-opfer eten dot. [21] Ick heff ehr Tied laten, dat se sick bekehrn deit, awer se will vun ehrn Hurenkram nich laten. [22] Süh, ick lat ehr krank warn un lat grote Drangsal kamen öwer de, de mit ehr Schann driewen dot, wenn se sick nich bekehrn dot vun ehr Sünn un Schann. [23] Un ehr Kinner lat ick starwen. Denn schüllt all' de Gemeenden dat wohr warn: Ick pröw Neeren un Harten, un ji kriegt jedereen, dat, wat ji verdeent hebbt. [24] Awer de Annern all' ünner ju in Thyatira, de düsse Lehr nich hebbt, de noch nich dorachter kamen sünd, wo deep

469

dat mit den Satan geit, so as se seggn dot — ju segg ick: Ju will ick sünst keen Last wieder upleggn, [25] blots dat eene markt ju: Holt fast, wat ji hebbt, bit dat ick kamen do! [26] Un wer den Sieg winnt un bit toletz fasthölt, wat ick dan heff, den will ick Vullmacht gewen öwer de Völker, [27] un he schall ehr höden mit en isern Stock so, as wenn een Pütt un Pann tweislan deit, — [28] grad so as ick ock de Macht vun min Vader kregn heff, un ick will em den Morgenstern gewen. — [29] Wer nu Ohrn hett, de schall ehr upmaken un hörn, wat de Geist to de Gemeenden seggn deit.

Dat 3. Kapitel.

[1] Un den Engel vun de Gemeen Sardes schallst du schriewen: „Düt seggt de, de Godd sin söbn Geister un de söbn Sterns hett: Ick weet, wat du makst. Du hest den Namen, dat du lewst, awer in Würklikeit büst du dot. [2] Wak up, wisch di den Slap ut de Ogen un vermunter de, de all int Starwen liggn dot. Ick heff bi di wat funn'n, wat du dan heft — dat is in min Godd sin Ogen nich vullkamen. [3] Dorum denk doran, wodenni du't annahmen un hört heft — hol dat fast un besinn di gründli! Bliwst du nich waken, denn warr ick kamen grad as en Spitzbow, un du weetst nich, to wat förn Stünn ick to di kamen do. [4] Ick weet wull, du hest ock en poor Lüd in Sardes, de ehr Kleeder nich schieti makt hebbt. De schüllt an min Siet gahn in witte Kleeder, denn se sünd dat wert. [5] Wer nu den Sieg winnt, de ward grad so witte Kleeder kriegn, un ick will sin Nam nich utstrieken ut dat Lewensbook, un ick will mi to sin Nam bekennen vör min Vader un vör sin Engels. — [6] Wer nu Ohrn hett, de schall ehr upmaken un hörn, wat de Geist to de Gemeenden seggt.

[7] Un den Engel in de Gemeen vun Philadelphia schallst du schriewen:

„Düt seggt de Hillige, de Wohrrafdige, de David sin Slötel hett, de dor upslüten deit un nüms slütt wedder to, un de dor toslüten deit un nüms makt wedder up: [8] Ick weet, wat du makst. Süh, ick heff dorför sorgt, dat vör di en Dör wiet upsteit, de keen een wedder tomaken kann. Du hest ja man en lütte Kraft, awer du hest di doch ant Wort holn un vun min Nam di nich losseggt. [9] Süh, ick lat dat to kamen, dat welke ut den Satan sin Gemeen, de sick upspeelt as Juden, awer leegen dot — süh, ick bring ehr dorto, dat se kamen schüllt un vör di up de Knee sackt un anfangt to beden un dorachter kamt, dat ick di lew hatt heff. [10] Wieldat du di an min Word holn hest, dat Geduld verlangt, dorum will ick ock di nich falln laten in de Stünn, wenn allns up de Prow stellt

470

ward, un düsse Stünn schall öwer de ganse Eer kamen, un all' de Minschen, de up de Eer wahnen dot, schüllt up de Prow stellt warn. [11] Dat duert nich lang, denn bün ick dor. Hol fast, wat du hest, dat nüms di den Krans wegnehmen deit. [12] Wer den Sieg winnt, den will ick maken to'n Pieler in min Godd sin Tempel, un he schall sin Platz dor nich wedder verleern, un ick will up em min Godd sin Nam schriewen un den Nam vun min Godd sin Stadt, vun dat nie Jerusalem, dat ut'n Himmel vun Godd hendalkümmt, un min nien Namen. — [13] Wer nu Ohrn hett, de schall ehr upmaken un hörn, wat de Geist to de Gemeenden seggt."

[14] An den Engel vun de Gemeen in Laodicea schallst du schriewen:

„Düt seggt „Amen", de true un wohrrafdige Tüg, de erste vun all' dat, wat Godd makt hett: [15] Ick weet, wat du makst. Du büst nich kold un ock nich hitt. Wärst du doch blots kold oder hitt! [16] So awer, wieldat du luuwarm büst un nich kold, awer ock nich hitt, so will ick di utspütten ut min Mund. [17] Wieldat du seggst: „ick bün riek un heff allns, wat ick will, un mi fehlt ock rein gorniks," un wieldat du nich weetst, dat grad du en Stackelsminsch büst un en Jammerklaas un arm un blind un nakelt, [18] dorüm rad ick di: Köp di vun mi Gold, dat de Füerprow bestahn hett, dat du riek warst, un Kleeder, dat du ehr antreckst un keen een wies ward üm de Schann, dat du nakelt büst, un Salm, dat du ehr up din Ogen smeerst un wedder sehn kannst! [19] Ick nehm all' de, vun de ick wat holn do, mi gründli vör un straf ehr ock. So sett allns doran un besinn di gründli! [20] Süh, ick stah all vör de Dör un klopp an. Wenn een nu min Stimm hört un de Dör upmakt, to den gah ick rin un hol dat Abendmahl mit em, un he deit't mit mi. [21] Wer den Sieg winnt, för den sorg ick, dat he mit mi tohop up min Tron deit, grad so as ick ock den Sieg wunn'n heff un min Platz kregn heff an min Vader sin Siet up sin Tron. — [22] Wer nu Ohrn hett, de mak ehr up un hör, wat de Geist to de Gemeenden seggt."

Dat 4. Kapitel.

[1] As düt vörbi wär, do seeg ick noch wat: Ick seeg, en Dör in'n Himmel stünn up, un de Stimm, de ick toirst all hört harr und de mit mi spraken harr, as wenn en Basun blaast ward, de sä nu to mi: „Kam höcher rup! Stell di hierher! Ick will di wiesen, wat nahsten passeern schall." [2] In'n Handümdreihn wär de Geist wedder öwer mi. Un wat kreeg ick to sehn? Dor stünn in'n Himmel en Tron, un up den Tron seet een, [3] un de dor sitten dä, de seeg so ähnli ut as de Jaspis- un de

Sardionsteen, un en Regenbog' wär rund um den Tron herum, de seeg so ähnli ut as en Smaragd. [4] Un rings üm den Tron stünn'n veeruntwindi Tronen, un up de veeruntwindi Tronen seeten veeruntwindi Ollerlüd. De haarn witte Kleeder an un up ehr Köpp goldn Kronen. [5] Un ut'n Tron kamt Blitze un Stimmen un Dunnersläg. Un söbn Füerfackeln brennt vör den Tron; dat sünd Godd sin söbn Geister. [6] Un vör den Tron is en Platz, de süht ut, as wenn dat en Meer ut Glas wär, grad so as Jis. Un merrn up den Tron un rund üm den Tron herum staht veer lebennige Wesen, öwer= un öwerstreut mit luuter Ogen, vörn un achtern. [7] Dat erste Wesen süht ut as en Löw, un dat tweete Wesen as en Oß, un dat drüdde Wesen hett en Gesicht as en Minsch, un dat veerte Wesen süht ut as en Adler, de dor fleegn deit. [8] Un düsse veer Wesen hebbt jedereen söß Flünken, rund um un up de Binnensiet sünd se mit Ogen öwerstreut. Un ohn' sick to verpusten, roopt se Dag un Nacht: „Hillig, hillig, hillig is Godd, de Herr, de Allmächdige, de dor all wär un is un kümmt!" [9] Un jedes Mal, wenn düsse Wesen Low un Ehr un Dank seggt den, de up'n Tron sitt un in alle Ewigkeit lewt, [10] denn fallt de veeruntwindi Ollerlüd up de Knee vör den, de up den Tron sitt, un bed den an, de dor lewt in alle Ewigkeit, un se leggt ehr Kronen dal vör den Tron un roopt: [11]„Du heft't verdeent, unse Herr un Godd, dat man di Low un Ehr un Dank bringt, denn du heft allns warn laten, un dörch din Word is allns worrn un noch dor!"

Dat 5. Kapitel.

[1] Un ick seeg in de rechde Hand vun den, de up den Tron sitten dä, en Book. Up de Binnensiet stünn wat schrewen, un up de Butensiet wär dat mit söbn Siegels versiegelt. [2] Un denn seeg ick en starken Engel, de reep mit'n luute Stimm: „Wer is dat wert, dat Book uptomaken un sin Siegels to lösen?" [3] Un nüms kunn in'n Himmel un up de Eer un ünner de Eer dat Book upmaken, ock nich mal rinkieken. [4] Un ick fung bitterli an to weenen, wieldat nüms för wert holn wörr, dat Book uptomaken un rintokieken. [5] Do seggt een vun de Ollerlüd to mi: „Ween man nich! De Löw ut den Stamm Juda, „de lütt Wuddel" ut David sin Sipp, de hett den Sieg wunn'n, de ward dat Book un sin söbn Siegels uplösen."

[6] Un ick seeg merrn twischen den Tron un de veer Wesen un de Ollerlüd en Lamm stahn. Dat seeg ut, as wenn't eben erst slacht wär, un dat harr söbn Hörns un söbn Ogen. Dat sünd Godd sin söbn Geister, de utschickt sünd öwer de ganse Eer. [7] Un dat Lamm käm un nähm ut den sin Hand, de up den Tron sitten dä, dat Book. [8] Un as dat Lamm dat Book

472

kreeg, do fulln de veer Wesen un de veeruntwindi Ollerlüd vör dat Lamm dal, un jedereen harr en Zither un golden Schalen vull vun Weihrook — dat sünd de Hilligen ehr Gebede. ⁹ Un se singt en nies Leed: „Du büst dat wert, dat Book to nehmen un sin Siegels uptolösen; denn du büst henslacht worrn un hest dörch din Bloot för Godd uns loskösst ut jeden Stamm un jede Sprak un jedes Volk un jedes Land, ¹⁰ un du hest ehr makt för unsen Godd to Könige un Preesters, un se ward öwer de Eer regeern."

¹¹ Un ick seeg noch wat un hör en Stimm vun veele Engels rund um den Tron un vun de Wesen un de Ollerlüd, un dat wärn teindusend mal teindusend un Dusend mal Dusend, ¹² un se sän mit lute Stimm: „Dat Lamm, dat dor slacht is, dat is't wert, Macht un Riekdom un Weisheit un Gewalt un Ehr un Herrlikeit un Low un Dank to kriegn!" ¹³ Un allns, wat dor lewt un wewt in'n Himmel un up de Eer un ünner de Eer un up dat Meer un allns, wat dorin lewen deit — ehr all' hör ick seggn: „Den, de dor sitten deit up'n Tron, un dat lütt Lamm — ehr kümmt Low un Dank un Ehr un Herrlikeit un Macht in alle Ewigkeit to!"

¹⁴ Un de veer Wesen sän: „Ja, wohrrafdi! Dat is so!", un de Ollerlüd fulln dal up de Knee un fungn an to beden.

Dat 6. Kapitel.

¹ Un ick keek to, as dat Lamm een vun de söbn Siegels up-maken dä, un ick hör, dat een vun de veer Wesen seggn dä, grad as wenn't dunnern dä: „Kumm!" ² Un ick seeg: Kiek doch blots mal an — en witte Perd, un de Rieder, de dorup sitten dä, de harr en Flitzbog'; un em wörr en Krans henlangt, un he suus aff un wunn een Sieg na'n annern.

³ Un as dat Lamm dat tweete Siegel upmaken dä, do hör ick dat tweete Wesen seggn: „Kumm!" ⁴ Un dor wär en anner Perd to sehn — en Foß — un den Rieder, de dorup sitten dä, wär Verlöw un Befehl gewen, he schull den Freden vun de Eer wegnehmen un een schull den annern dotmaken. Un en grotes Swert wär em gewen.

⁵ Un as dat Lamm dat drüdde Siegel upmaken dä, do hör ick dat drüdde Wesen seggn: „Kumm!" Un ick seeg: Kiek doch blots mal an — en swartes Perd, un de Rieder, de dorup sitten dä, harr en Waagschaal in sin Hand. ⁶ Un ick hör, as wenn en Stimm merrn mang de veer Wesen sä: „Een Tunn Weeten kost en Schilling, un dree Tunn Gasten kost en Schilling! Awer dat Öl un den Wien schallst du niks andon!"

⁷ Un as dat Lamm dat veerte Siegel lösen dä, do hör ick dat veerte Wesen sin Stimm seggn: „Kumm!" ⁸ Un ick seeg:

Kiek doch blots mal an — en geeles Perd, un de Rieder, de
dorup sitten dä, harr den Namen „Dod", un de Höll harr he
achter sick ran, un se harrn de Macht öwer den veerten Deel
vun de Eer, un se dörf'n allns dotmaken mit Swert un
Hunger un Dod un dörch de wille Tieren up de Eer.

⁹ Un as dat Lamm dat föfde Siegel upmaken dä, do seeg
ick ünner den Altar de ehr Seeln, de dor afflacht wärn wegen
Godd's Word un dorüm, dat se sick för den Christenglowen
vull un gans insett harrn. ¹⁰ Un se schrieten luuthals: „Ach,
wo lang schall't noch duern, du hillige un wohrrafdige Herr,
bit dat du dat Gericht afhöltst un unse Bloot an de rächen
deist, de up de Eer wahnen dot?" ¹¹ Un jedereen vun ehr kreeg
en wittes Kleed, un ehr wörr seggt, se schulln noch en korte
Tied ruhn, bit dat ock de, de mit ehr tohop verslawt wärn, un
ehr Bröder, de grad so as se noch dotmakt warn schulln, so
wiet wärn.

¹² Un ick seeg, as dat Lamm dat söfde Siegel upmaken dä,
do käm en grotes Eerbewen, un de Sünn wörr swart as en
Truerkleed, dat ut swarte Hoor wewt is, un de Maand wörr
füerrod as Bloot, ¹³ un de Sterns an'n Hewen fulln dal up
de Eer, grad so as de Fiegenboom sin unriepe Fiegen aff-
smieten deit, wenn de Storm em schüddeln deit. ¹⁴ Un de
Hewen güng ut'n een grad as en Book, dat uprullt ward.
Un jede Barg un jede Insel wörrn vun ehrn Platz wegstött.
¹⁵ Un de Könige up de Eer un de Groten un de Böwersten un
de rieken un mächdigen Lüd un jede Slaw un jede frie Mann
— se all' bröchten sick in de Höhln un ünner de Felsen vun
de Bargen in Seekerheit ¹⁶ un sän to de Bargen un Felsen:
„Fallt doch up uns dal, dat wi uns bargen künnt vör den sin
Ogen, de up den Tron sitt, un vör dat Lamm sin Zorn! ¹⁷ Denn
nu is de groote Dag dor, dat uns ehr Zorn drapen deit. Wer
kann denn wull bestahn?"

Dat 7. Kapitel.

¹ As dat vörbi wär, do seeg ick veer Engels. De stünn'n an
de veer Ecken vun de Eer un heeln de veer Wind'n vun de Eer
fast, dat jo keen Wind weihn dä öwer de Eer un dat Meer un
all' de Böm. ² Un ick seeg en annern Engel, de käm vun
Osten rupstegn un harr den lebennigen Godd sin Siegel in de
Hand. Un he reep mit luute Stimm de veer Engels, de Ver-
löw un Befehl harrn, de Eer un dat Meer Schaden antodon,
³ to: „Dot de Eer un dat Meer un de Böm niks an, bit dat
wi unsen Godd sin Knecht'n en Siegel up ehr Steern drückt
hebbt!" ⁴ Un ick kreeg ock to weten, woveel dat Siegel kregn
harrn: dat wärn 144 Dusend, de dat Siegel kregn harrn, ut

jeden Stamm vun de Kinner Israel: 5 ut den Stamm Juda wärn 12 Dusend versiegelt, ut den Stamm Ruben 12 Dusend, ut den Stamm Gad 12 Dusend, 6 ut den Stamm Aser 12 Dusend, ut den Stamm Naphthali 12 Dusend, ut den Stamm Manasse 12 Dusend, 7 ut den Stamm Symeon 12 Dusend, ut den Stamm Levi 12 Dusend, ut den Stamm Isaschar 12 Dusend, 8 ut den Stamm Sebulon 12 Dusend, ut den Stamm Joseph 12 Dusend un ut den Stamm Benjamin 12 Dusend.

9 Un denn kreeg ick noch wat to sehn. Un wat wär dat? En grote Barg Minschen! Keen een kunn ehr telln. Minschen ut jedes Volk, ut jeden Stamm, ut jedes Land un jede Sprak. De stünn'n vör den Tron un vör dat Lamm un harrn witte Kleeder an un Palmen in ehr Handn. 10 Un se reepen mit luute Stimm: „Wat uns reddn kann, dat steit in unsen Godd sin Hand, de up'n Tron sitten deit, un bi dat Lamm!"

11 Un all' de Engels stünn'n rund um den Tron un de Ollerlüd un de veer Wesen, un se fulln vör den Tron dal, dat de Kopp up de Eer leeg, un fungn an, Godd antobeden. 12 So sän se:

„Dat is gans gewiß wohr: Low un Herrlikeit un Weisheit un Dank un Ehr un Macht un Kraft hört unsen Godd to in alle Ewigkeit. Dat is un bliwt ock so!"

13 Do sä een vun de Ollerlüd to mi: „Düsse Lüd mit de witten Kleeder — wer sünd dat eegentli, un wonem sünd se herkamen?" 14 Ick sä to em: „Min Herr, dat mußt du weten." Do sä he to mi: „Ja, düsse Lüd — de kamt ut de groote Drangsal un hebbt ehr Kleeder wuschen un slowitt makt dörch dat Lamm sin Bloot. 15 Dorum staht se nu vör Godd sin Tron un deent em Dag un Nacht in sin Tempel; un de up'n Tron sitt, de ward över ehr wahnen. 16 Ehr ward keen Hunger mehr quäln un ock keen Dörst, ock ward de Sünn ehr nich steken un ock keen Hitten ehr to Last falln, 17 denn dat Lamm merrn up'n Tron ward ehr höden un ehr henbringn na lebennige Waterborns. Un Godd ward alle Tranen ehr ut de Ogen wischen."

Dat 8. Kapitel.

1 Un as dat Lamm dat söbnde Siegel upmaken dä, do wörr dat gans still in'n Himmel, so bi'n halwe Stünn. 2 Un ick seeg de söbn Engels, de vör Godd staht, un se kreegn söbn Basunen in de Hand. 3 Un en anner Engel käm un stell sick an den Altar; he harr en goldn Rökerpann, un he kreeg veel Rökerkram. Dat schull he för all' de Hilligen ehr Gebede up den goldn Altar leggn, de vör den Tron stünn. 4 Un de Rook vun dat Rökerkram steeg nu hoch vun de Hillige ehr Gebede ut den Engel sin Hand un steeg rup vör Godd sin Angesicht. 5 Un

denn nähm de Engel de Rökerpann un mak ehr vull mit dat Füer vun'n Altar un smeet ehr up de Eer dal. Do fung dat an to dunnern un Larm to maken, dat blitz un blitz, un de Eer fung an to bewern. 6 Un de söbn Engels mit de söbn Basunen in de Hand makten sick parat un wulln blasen.

7 Un nu blaas' de erste. Do käm Hagel un Füer, un Bloot wär dor mang, un dat wörr up de Eer smeten. Un de drüdde Deel vun de Eer wörr verbrennt, un de drüdde Deel vun de Böm wörr verbrennt, un grad so güng dat mit dat gröne Gras; dat wörr allns verbrennt.

8 Un denn blaas' de tweete Engel. Un dor wörr wat in dat Meer smeten, grad as wenn't en groote Barg wär, de in Füer un Flammen stünn. 9 Un de drüdde Deel vun dat Meer wörr to Bloot, un de drüdde Deel vun de Fischen un Tieren int Meer, de en Seel hebbt, blew dot, un de drüdde Deel vun de Schäp güng to grunn.

10 Un nu blaas' de drüdde Engel. Do full vun'n Hewen en groote Stern, de brenn as en Fackel, un he full up den drüdden Deel vun de Flüss' un vun de Waterborns. 11 Un den Stern sin Nam heet: „Wermot". Un de drüdde Deel vun dat Water wörr to Wermot, un veele vun de Minschen müssen starwen dörch dat Water, denn dat wär bitter worrn.

12 Un den blaas' de veerte Engel. Un de drüdde Deel vun de Sünn un de drüdde Deel vun'n Maand un de drüdde Deel vun de Sterns kreeg en Slag. So wörr de drüdde Deel vun ehr düster, un den drüdden Deel vun'n Dag wär't man hell, un mit de Nacht güng dat grad so.

13 Un ick seeg noch wat. Un ick hör en Adler merrn öwern Hewen sleegen un gans lut seggn: „Ach, ach, ach! De arme Lüd, de up de Eer wahnen dot! Wat schall ut ehr blots warn, wenn nu erst de dree letzten Engels, de noch blaasen schüllt, anfangn dot!"

Dat 9. Kapitel.

1 Un nu fung de föfde Engel an to blaasen. Do seeg ick en Stern, de wär vun'n Hewen up de Eer fulln, un de kreeg den Slötel to'n Soot vun'n Affgrund. 2 Un he mak den Soot vun'n Affgrund apen. Do steeg Rook ut'n Soot hoch, as wenn en grote Ab'n bött ward. Un de Sünn un de Luft wörrn rein düster vun'n Rook ut'n Soot. 3 Un ut den Rook kämen Heu-schrecken up de Eer, un de kreegn Vullmacht, as ehr sünst de Skorpionen up de Eer hebbt. 4 Un ehr wörr seggt: dat Gras up de Eer un all' dat annere Grönkram un ock de Böm schulln se keen Schaden andon, blots de Minschen, de Godd sin Siegel nich up de Steern hebbt. 5 Awer dotmaken schulln se ehr nich, blots quäln dörf'n se ehr, un dat fief Maand lang. Un de

Qual, de se maken dörf'n, schull sowat an sick hebbn as de Qual vun den Skorpion, wenn he en Minsch bieten oder steken deit. 6 Wenn düsse Tied kümmt, denn ward de Minschen na'n Dod lengn, awer se find' em nich; un se ward up den Dod luern, awer de Dod geit ehr ut'n Weg. 7 Un de Heuschrecken seegen ut as Peer, de för den Krieg parat staht. Up'n Kopp harrn se sowat as goldn Kron'n, un ehr Gesichter seegen ut, as wärn dat Minschengesichter, 8 un ehr Hoor wärn so lang as Fruenhoor, un Tähn harrn se, as wenn dat Löwentähn wärn. 9 Se harrn Panzers an, as wenn dat isern Panzers wärn. Wenn se de Flünken rögen dän, denn gev dat en Larm, as wenn Kriegswagen rasselt un veele Peer in'n Krieg uttrecken dot. 10 Se hebbt en Swanz grad so as Skorpions un en Stachel dorto. Un in'n Swanz hebbt se soveel Kraft, dat se de Minschen fief Maand lang Schaden don künnt. 11 As König hebbt se öwer sick den Engel, de öwer den Affgrund sett is. De heet up Hebräisch Abaddon, un up griechisch hett he den Nam Apollyon.

12 Dat erste „Weh" is vörbi. Awer nu kamt noch twee „Weh" achteran.

13 Un nu fung de sößde Engel an to blaasen. Do hör ick en Stimm, de käm ut de veer Hörns vun den gold'n Altar, de vör Godd steit, 14 un de Stimm sä to den sößden Engel, de de Basun blaasen dä: „Mak de veer Engels los, de an dat grote Euphratwater fastbunn'n sünd!" 15 Do wörrn de veer Engels losmakt, de up de Stünn un up den Dag un up den Maand un up dat Johr parat stünn'n un den drüdden Deel vun de Minschen dotmaken schulln. 16 Un dat grote Riederheer mak twindi Millionen ut. Ick heff dütli hört, woveel dat wärn. 17 Un so seeg ick de Peer in en „Gesicht" un ock de Rieders. Se harrn füerrode un düsterrode un geele Panzers an. Un de Köpp vun ehr Peer seegen ut, as wenn dat Löwenköpp wärn, un ut ehr Muul kämen Füer, Rook un Swewel rut. 18 Un dörch düsse dree Plagen wörr de drüdde Deel vun de Minschen dotmakt, dörch dat Füer un den Rook un den Swewel, de ut ehr Mund rutkämen. 19 Denn de Peer hebbt ehr Macht dörch ehr Muul un dörch ehrn Swanz. Ehr Swänz seht ut as Slangn, un se hebbt Köpp, un dormit dot se Schaden. 20 Awer de Minschen, de nich dörch düsse Plagen to Grunn güngn un öwerbliewen dän — de wörrn doch nich annern Sinns un leeten ock nich aff vun dat, wat se mit ehr Handn sünst dan harrn. Se beden ock wieder de Düwels an un de Götzenbiller, de ut Gold un Sülwer un Isen un Steen un Holt makt wärn un de doch nich sehn un hörn un gahn künnt. 21 Un se bekehrn sick nich vun ehrn Mord un Dotslag un vun ehrn Zauberkram un ehrn Hurenkram un ehr Spitzbowerien.

477

Dat 10. Kapitel.

[1] Un ick seeg en annern Engel vun'n Himmel hendalkamen, de wär heel stark. En Wulk wär sin Kleed. De Regenbog' stünn öwer sin Kopp, as wenn dat sin Kron wär. Sin Gesicht lücht so hell as de Sünn, un sin Föt wärn as en Poor Füersüln. [2] In sin Hand harr he en lütt Book, dat upslan wär. Un he sett sin rechden Fot up dat Meer un den linken up de Eer. [3] Un he reep luuthals, as wenn en Löw brülln deit. Un as he dat dan harr, do fungn de söbn Dunner mit ehr luute Stimm an. [4] Un as de dormit fardi wärn, do wull ick wat upschriewen. Awer ick hör en Stimm ut'n Himmel, de sä: „Sett en Siegel up dat, wat de söbn Dunner seggt hebbt, un schriew dat nich up!"

[5] Un de Engel, den ick up dat Meer un up de Eer stahn seeg, reck sin rechde Hand na'n Hewen ut [6] un swör bi den, de in alle Ewigkeit lebenni is un den Himmel makt hett un allns, wat in em is, un de Eer un allns, wat up ehr is, un dat Meer, un allns, wat in em is: dat nu keen Tied mehr is. [7] In de Tied, wo de söbnde Engel anfangt to blasen, is Godd sin Geheemnis ock all utföhrt, so as dat sin Knechtn, wat de Profeten sünd, anseggt is.

[8] Un de Stimm, de ick vun'n Himmel her hörn dä, sä wedder wat to mi. Se sä: „Kumm, nümm dat lütt Book, dat de Engel, de up dat Meer un de Eer steit, upslan in sin Hand hett!" [9] Un ick güng to'n Engel hen un sä to em, he möch mi dat Book gewen. Do sä he to mi: „Good, nümm dat un eet dat up! Wenn dat erst in din Liew is, denn ward dat noch lang bitter smecken, awer so lang as du dat blots in den Mund hest, smeck dat söt as Honnig." [10] So nähm ick denn dat Book den Engel ut de Hand un eet dat up, un richdi: as ick dat upeten harr, do smeck dat noch lang bitter. [11] Un nu seggt se to mi: „Du schallst nu wedder Profet wesen un öwer veele Stämm un Völker un Spraken un Könige vörutseggn, wat kamen schall.

Dat 11. Kapitel.

[1] Nu wörr mi en Rohr in de Hand gewen. Dat seeg grad so ut as en Stock, mit den een wat utmeten deit. Un so wörr mi seggt: „Stah up un met Godd sin Tempel ut un den Altar un de Minschen, de vör em beden dot. [2] Un den Hoff, de butenvör liggt, den lat ock butenvör. Den schallst du nich utmeten, den hebbt ja de Heiden kregn, un de ward de hillige Stadt tweeunveerdi Maand ünner de Föt pedd'n. [3] Un min twee

Tügen will ick de Kraft gewen, dat se dusend un tweehunnert
un sößdi Dag' lang in Kleeder ut Sacklinnen as Profeten
reden schüllt. 4 Dat sünd de beiden Ölböm un de beiden Lüch-
ters, de vör den Herrn staht, den de Eer tohört. 5 Un wenn
een ehr wat andon will, denn kümmt Füer ut ehrn Mund
un fritt ehr Fiendn up; un wenn een ehr wat andon wull,
denn mutt he so starwen. 6 Düsse hebbt de Vullmacht: Se
künnt den Himmel toslüten, dat keen Drüppen Regen fallt,
so lang as se Profeten sünd, un se hebbt de Vullmacht ock
öwer dat Water: Se künnt dat in Blot verwandeln un de Eer
mit jede Plag' slan, so öft as se wüllt. 7 Un wenn se mit ehr
Tügnis fardi sünd, denn ward dat Tier, dat ut den Affgrund
rupstiegen deit, mit ehr Krieg maken un ehr ünnerkriegn un
dotmaken. 8 Un ehr Lieken ward up de Straat vun de grote
Stadt liggn bliewen, un düsse Stadt heet, wenn wi dat geistli
nehmen dot, Sodom un Agypten. Un dor is ja ock ehr Herr
ant Krüz slan. 9 Un vun de Völker un Stämm un Spraken un
Heiden ward se ehr Lieken dree un en half Dag' sick ansehn,
un se ward nich tolaten, dat ehr Lieken to Graff bröcht ward.
10 Un de Minschen, de up de Eer wahnen dot, ward sick öwer
ehr freun un jubeln, un se ward een den annern wat schenken
ut Freud doröwer, dat düsse beiden Profeten de Lüd quält
hebbt, de up de Eer wahnt. 11 Un na düsse dree un en half
Dag' käm Godd sin Geist, de dat Lewen bringt, in ehr rin, un
se stünn'n wedder up ehr Föt, un öwer de, de ehr to sehn
kreegn, käm en grote Angst. 12 Un se hörten en luute Stimm
ut'n Himmel, de sä to ehr: „Stiegt hier baben rup!" Un se
steegen in en Wulk na'n Himmel rup, un ehr Fiendn kreegn
ehr to sehn. 13 Un grad in desülwige Stünn käm en grotes
Eerbewen, un de teinte Deel vun de Stadt full in'n Dutt,
un bi dat Eerbewen kämen söbndusend Minschen um. Un de,
de verschont bliewen, kreegn dat banni mit de Angst un gewen
den Godd, de in'n Himmel is, de Ehr.

14 Nu wär dat tweete „Weh" vörbi. Awer dat drüdde
„Weh" kümmt gau achteran.

15 Nu sung de söbde Engel an to blasen. Un in'n Himmel
wärn luute Stimmen to hörn, de sän: „Nu hört de ganse Welt
unsen Herrn un sin Christus as den König to; un he ward
König bliewen in alle Ewigkeit!" 16 Un de veeruntwindi Öller-
lüd, de vör Godd up ehr Tronen sitten dot, fulln dal up ehr
Gesicht un beden Godd an. 17 Se sän: „Low un Dank seggt
wi di, Herr un allmächdige Godd, du büst un wärst ja all
ümmer dor. Du hest nu din grote Macht in de Hand nahmen
un büst König worrn, 18 un de Völker wörrn vertörnt, awer
din Zorn is nu ock kamen un de Tied för de Doden, dat se
richt' ward, un för din Profeten un de Hilligen un de, de din

479

Nam de Ehr gewt, för de Lütten un Groten, dat se as din Knechtn nu ock den Lohn betalt kriegt, un för de, de de Eer toschann makt, dat se toschann makt ward."

[19] Un nu wörr Godd sin Tempel, de in'n Himmel is, upmakt, un de Bundeslad, de in sin Tempel steit, wär to sehn, un dat blitz un dunner, un Stimmen wärn to hörn, un dat gew en Eerbewen un en grote Hagelschuer.

Dat 12. Kapitel.

[1] Nu wär en grotes Teeken an'n Hewen to sehn. Dat wär en Fru. De harr en Kleed an, dat wär de Sünn, un de Maand wär ehr Fotschemel, un up ehrn Kopp harr se en Kron, de wär ut twölf Sterns makt. [2] Düsse Fru schull Moder warn, un se jammer luuthals; denn se wär all in de Wuchen kamen un kunn sick vör Wehdag' nich bargn.

[3] Un noch en Teken wär to sehn: Dat wär en grote füerrode Drak. De harr söbn Köpp un tein Hörns, un up sin Köpp wärn söbn Kronen to sehn. [4] Mit sin Swanz feg he den drüdden Deel vun de Sterns an'n Hewen weg un smeet ehr up de Eer. Düsse Drak stünn nu vör de Fru, de en Kind to Welt bringn schull, un he wull dat Kind, wenn dat dor wär, upfreten. [5] Un se bröcht dat Kind to Welt. Dat wär en Jung, de schull all' de Völker mit en isern Stock höden. Awer düt Kind wörr ehr wegnahmen un to Godd un vör sin Thron rupdragen. [6] Do leep de Fru na de Stepp rut, wo se en Platz harr, de Godd sülbn ehr parat makt harr. Dor schull se twölfhunnertsößdi Dag' to eten un to drinken hebbn.

[7] Un nu gew dat Krieg in'n Himmel. Michael un sin Engels trocken to Feld gegen den Drak. Un ock de Drak trock mit sin Engels to Feld. [8] Awer he kunn nich de Böwerhand kriegn. So blew keen Platz mehr för ehr in'n Himmel. [9] Un he wörr dalsmeten, de grote Drak, de olle Slang, de ock Düwel oder Satan nömt ward un de de ganse Eer biesterföhrt — ja, he wörr dalsmeten up de Eer, un sin Engels güng dat grad so.

[10] Nu hör ick en luute Stimm in'n Himmel, de sä: „Nu is unsen Godd sin Heil dor un sin Kraft un sin Riek un Christus sin Macht; denn de, de unse Bröder verklagt, de ehr vör Godd sin Tron Dag un Nacht verklagt, de is to Fall bröcht. [11] Un se sünd öwer em Herr worrn dörch dat Lamm sin Bloot un dörch dat Word, för dat se sick insett hebbt; se hebbt ja ehr Lewen bit an den Dod nich lew hatt.

[12] Dorum freut ju un jubelt, ji Himmel un de, de dor wahnt! Awer Godd tröst de Eer un dat Meer; denn de Düwel is to ju hendalstegn, un he is heel fünsch, denn he hett blots noch en gans korte Tied.

¹³ Un as de Drak feeg, dat he up de Eer fmeten wär, do ver-folg he de Fru, de den Jungen to Welt bröcht harr. ¹⁴ Do wörrn de Fru den groten Adler fin Flünk gewen, dat fe na de Stepp fleegen funn an den Platz, de ehr tohörn dä, wo fe to eten un to drinken harr een Tied un twee Tieden un noch en halwe Tied, un dor funn de Slang ehr niks anhebbn.

¹⁵ Un de Slang fpütt achter de Fru ran ut ehr Muul Water, dat wär fo veel, as wenn en Strom öwer ehr käm; denn dat Water fchull ehr mit wegfwemmen. ¹⁶ Awer nu käm de Eer de Fru to Hülp, un de Eer maf ehrn Mund up un drunk all' dat Water wedder ut, dat de Drak ut fin Muul rutfpütt harr. ¹⁷ Do wörr de Drak fünfch gegen de Fru un güng aff un wull en Krieg maken gegen de, de fünft noch to ehr Geflecht hörn dän; dat fünd de, de fick an Godd fin Gebode holt un an Jefus fin Tügnis faftholt. Un he ftell fick an den Strand vun dat Meer.

Dat 13. Kapitel.

¹ Nu feeg ick ut dat Meer en Deert rutftiegn. Dat harr tein Hörns un föbn Köpp, un an de Hörns feeten tein Kronen un up fin Köpp ftünn'n Läfternamen fchrewen. ² Un dat Deert, dat ick feeg, feeg ut as en Pardel, un dat harr Föt as en Bar un en Muul as en Löw. Un de Drak gew em fin Kraft un fin Kron un grote Vullmacht. ³ Un ick feeg een vun fin Köpp, as wenn he mit en Swert dotflan wär, awer de Wunn, de em den Dod bringn funn, wörr wedder heel. Un de ganfe Eer keek heel verwunnert achter dat Deert her. ⁴ Un fe beden den Drak an, wieldat he dat Deert de Vullmacht gewen harr, un beden ock dat Deert an un fän: „Wer kann wull mit dat Deert dat upnehmen, un wer kann wull dorgegen in'n Krieg fin Mann ftahn?" ⁵ Un dat Deert kreeg en Muul, dat grotprahln un läftern funn un dat kreeg en Vullmacht, tweeunveerdi Maand to don, wat dat wull. ⁶ Un denn dä dat fin Muul up un läfter gegen Godd un läfter fin Nam un fin Telt un de, de in'n Himmel wahnt. ⁷ Un dat Deert kreeg de Macht, Krieg to maken mit de Hilligen un Herr öwer ehr to warn. Un dat kreeg ock de Vullmacht öwer jeden Stamm un jedes Volk un jede Sprak un alle Minfchen. ⁸ Un em ward anbeden all' de Minfchen, de up de Eer wahnt, dat will feggn: Jedereen, den fin Nam, fiet dat de Welt fteit, nich in dat Lewensbook fchrewen is, dat dat flachte Lamm tohörn deit. ⁹ Wer Ohrn hett, de fchall fick dat marken! ¹⁰ Wenn een den annern achter de Tralln bringt, denn kümmt he fülbn dorhen. Wenn een den Annern mit dat Swert dotmakt, denn fchall he fülbn dörch dat Swert ftarwen. Hier kann blots een Deel helpen: de Hilligen ehr Geduld un ehr Glow.

[11] An ick seeg noch en anner Deert, dat steeg ut de Eer rut un harr twee Hörns, as en Lamm ehr hett, un dat sprook as en Drak. [12] An düt Tier harr vun dat erste Deert de ganse Vullmacht un dä allns, wat't schull, ünner sin Ogen. An düt Tier kreeg de Eer un de, de up ehr wahnen dot, dorto, dat se dat erste Deert anbeden dän, den sin Dodeswunn wedder heel worrn wär. [13] An dat Tier dä grote Wunner. Dat güng sogor so wiet, dat't Füer ut'n Hewen dalfalln leet up de Eer, un dat ünner de Minschen ehr Ogen. [14] An dat Tier bröch de, de up de Eer wahnt, dorto, dat se biestergüngn, un dat bröch dat fardi dörch Wunner, de dat Tier vör dat Deert sin Ogen maken kunn; denn dat Tier snack de, de up de Eer wahnt, vör, se schulln en Götzenbild för dat Deert maken, dat de Dodeswunn harr un wedder lebenni worrn wär. [15] An dat Tier kreeg de Macht, dat Deert sin Bild en Geist intogewen, un so kunn dat Deert sin Bild spreken un kunn dat so maken, dat all' de, de dat Deert sin Bild nich anbeden dän, starwen müssen. [16] An dat Tier kreeg Alle, de Lütten un de Groten, de Rieken un de Armen, de Frien un de Slawen dorto, dat se sick en Teeken maken dän an de rechde Hand oder an ehr Steern. [17] Denn dat wär sin Affsehn dorbi, dat nüms köpen oder verköpen kunn, wenn he nich dat Teken harr, dat will seggn: dat Deert sin Nam oder de Tall, de sin Nam bedüd. [18] Hier is Weisheit nödi. Wer Verstand hett, de mag sick dat Deert sin Tall utrek'n; denn dat is en Minsch sin Tall. An sin Tall is sößhunnertsößunsößdi.

Dat 14. Kapitel.

[1] Nu seeg ick noch wat. Ick seeg dat Lamm up den Barg Zion stahn, un bi em wärn hunnertveerunveerdidusend. Up de ehr Steerns stünn sin Nam un ock sin Vader sin Nam. [2] An ick hör ut'n Himmel en Stimm, de hör sick an, as wenn veele Water brusen dot un as wenn dat banni dunnern deit. An de Stimm, de ick hör, hör sick grad so an, as wenn de Harfenspeelers up ehr Harfen speelt, [3] un se sungen en nies Leed vör den Tron un vör de veer Wesen un de Ollerlüd. An keen een kunn dat Leed lehrn, blots de hunnertveerunveerdidusend, de vun de Eer losköfft wärn. [4] Dat sünd de Minschen, de sick nich mit Wiewer affgewen hebbt un rein blewen sünd; denn se sünd rein as Jungfruen. Dat sünd de, de mit dat Lamm gaht, mag dat wesen, wo dat ock is. Düsse sünd vun alle Minschen losköfft worrn as erste Gaw för Godd un dat Lamm, [5] un in ehrn Mund is niks vun Lögen un Wind to finn'n; an ehr sitt keen Placken.

[6] Nu seeg ick en annern Engel hoch baben öwern Hewen fleegn, de harr en ewiges Evangelium. Dat schull he de pre-

digen, de up de Eer wahnt, un jedes Volk un jeden Stamm un jede Sprak un öwerhaupt alle Minschen. [7] He sä mit luute Stimm: „Bögt ju vör Godd un gewt em de Ehr; denn de Stünn is nu dor, wo he Gericht hölt, un bed den an, de den Himmel un de Eer un dat Meer un de Waterborns makt hett!"

[8] Un en annere, en tweete Engel käm achter em ran un sä: „Nu is fulln, ja, nu is fulln Babylon, de grote Stadt, de ehrn fworen Wien all' de Völker to drinken gewen hett, dat will feggn: de mit ehrn Hurenkram de Minschen wild makt hett!"

[9] Un achter de beiden käm noch en Engel — dat wär de drüdde — un de reep mit luute Stimm: „Wenn een dat Tier un fin Bild anbeden deit un dat Teeken up fin Steern un fin Hand maken deit, [10] denn mutt he ock Godd fin Zornwien drinken, de rein un ohn' Water in fin Zornkelch anröhrt is, un he ward quält warn mit Füer un Swewel vör de Hilligen un dat Lamm ehr Ogen. [11] Un de Rook, de ehr Qual makt, fliggt to'n Hewen in alle Ewikeit, un de, de dat Tier un fin Bild anbeden dot, ward keen Ruh findn bi Dag un Nacht, un grad so geit dat, wenn een dat Teeken vun fin Nam an fick hett. [12] Hier is de Hilligen ehr Geduld, de Godd fin Gebode un den Glowen an Jesus faftholt. [13] Un ick hör en Stimm ut'n Himmel, de fä: „Schriew dat mal up: Selig fünd de Doden, de vun nu an in'n fasten Glowen an den Herrn starwen dot; ja, dat is gans gewiß, feggt de Geist, se schüllt utruhn vun ehr Last un Möhgd; denn wat se dan hebbt, folgt ehr up de Spoor.

[14] Un ick seeg noch wat. Ick seeg en witte Wulk, un up de Wulk feet een, de feeg ut as en Minschensöhn. Up fin Kopp harr he en goldn Kron un in fin Hand en scharpe Seis.

[15] Un nu käm noch en annere Engel ut'n Tempel un reep den, de up de Wulk feet, mit luute Stimm to: „Nu schick din Seis un maih dat Korn; denn de Stünn is dor för de Arnt! Denn dat Korn up de Eer is all öwerriep." [16] Un de, de up de Wulk sitten dä, smeet fin Seis up de Eer, un dat Korn up de Eer wörr maiht. [17] Un en anner Engel käm ut'n Tempel, de in'n Himmel is. De harr ock en scharpe Seis in de Hand. [18] Un wedder en annere Engel käm vun den Altar her. De harr Gewalt öwer dat Füer, un he reep mit luute Stimm to den, de de scharpe Seis in de Hand harr, un sä: „Schick din scharpe Seis un snied de Druwen aff vun den Wienstock, de de Eer tohörn deit; denn fin Druwen fünd riep!" [19] Un de Engel smeet fin Seis up de Eer un sneed de Druwen vun den Wienstock, de de Eer tohörn deit, un smeet ehr in de grote Bütt, de Godd in fin Zorn makt hett. [20] Un buten vör de Stadt wörrn de Druwen utquetscht, un de Bütt leep öwer vun Bloot, un dat sprütt bit an de Töm vun de Peer, un dat üm un bi dreehunnert Kilometer wiet.

31*   483

Dat 15. Kapitel.

[1] Un ick seeg noch en anner Teeken in'n Himmel, dat wär groot un wunnerbor: Söbn Engels harrn de letzten söbn Plagen in de Hand. In ehr hett Godd sin Zorn sin Enn funn'n. [2] Un ick seeg so wat as en Meer, dat ut Glas is, dat wär mit Füer vermengt; un de, de in den Kamp mit dat Deert un sin Bild un sin Namenstall de Böwerhand kregn harrn, de stunn'n an dat Meer ut Glas un harrn Godd sin Harfen in de Hand. [3] Un se sungn Mose, wat Godd sin Knecht is, sin Leed un dat Lamm sin Leed un sän: „Herr, du allmächdige Godd, groot un wunnerbor is allns, wat du deist! Gerecht un wohr sünd din Weg', du büst ja de Völker ehrn König! [4] Wer schull sick vör di nich bögen, Herr, un din Nam nich ehrn? Denn du alleen büst hillig. Alle Völker ward kamen un vör di up de Knee falln, denn, dat du gerecht dörchgeist, dat is künni worn." [5] Un dorna seeg ick noch wat: de Tempel, wat dat Stiftstelt in'n Himmel is, wörr upmakt. [6] Dor kämen de söbn Engels, de de söbn Plagen hebbt, ut'n Tempel. De harrn en Kleed an ut slowitt Linnentüg, un üm de Bost harrn se en goldn Görtel anleggt. [7] Un een vun de veer Wesen gew de söbn Engels söbn goldn Schalen, de wärn vull vun den Godd sin Zorn, de in alle Ewigkeit lewen deit. [8] Un de Tempel wörr vull vun Rook, de käm vun Godd sin Herrlikeit un sin Macht, un nüms kunn in den Tempel rinkamen, ehr dat de söbn Plagen, de de söbn Engels harrn, to Enn wärn.

Dat 16. Kapitel.

[1] Un nu hör ick en luute Stimm ut'n Tempel, de sä to de söbn Engels: „Nu gaht los un geet Godd sin söbn Zornschalen ut up de Eer!" [2] Nu käm de erste un goot sin Schal up de Eer, un en böse un slimme Buul wies' sick an de Minschen, de dat Deert sin Teeken an sick harrn un sin Bild anbeden dän. [3] Nu goot de tweete sin Schal ut in dat Meer, un dat Meer wörr as Bloot, dat vun'n Doden stammt, un allns, wat dor lewt un wewt in't Meer, müß starwen. [4] Un denn goot de drüdde sin Schal öwer de Waterström un de Waterborns, un de wörrn ock to Bloot. [5] Un ick hör den Engel, de öwer dat Water sett wär, seggn: „Du büst un wärst ja all ümmer dor, du Hillige, du büst gerecht, wieldat du düt Gericht holn hest. [6] Se hebbt ja de Hilligen un de Profeten ehr Bloot utgaten, un nu hest du ehr ock Bloot to drinken gewen; dat hebbt se verdeent." [7] Un ick hör den Altar seggn: „Ja, Herr, du Allmächdige, wohr un gerecht sünd din Gerichte!" [8] Un nu goot

484

de veerte sin Schal öwer de Sünn ut, un se kreeg de Macht, de Minschen mit Füergloot to quäln. [9] Un öwer de Minschen käm en banni grote Hitten, de ehr quäln dä, un se lästern den Godd sin Nam, de düsse Plagen in sin Hand hett, un se bekehrn sick nich un gewen em nich de Ehr. [10] Un denn goot de sösde sin Schal ut öwer dat Deert sin Thron, un üm sin Riek lä sick Düsternis, un de Qual wär so groot, dat se sick in de Tung bieten dän. [11] Un se lästern den Himmelsgodd wegen ehr Qualn un Buuln, awer bekehrn dän se sick nich vun dat, wat se dan harrn. [12] Nu goot de sösste sin Schal ut öwer den grooten Euphratstrom, un sin Water drög ut, denn de Weg för de Könige in Osten waht, schull fardi makt warn. [13] Un nu seeg ick, dat ut den Drak un dat Deert un den Lögenprofeten ehr Muul dree unreine Geister kämen, de seegen ut as Poggen. [14] Se sünd ja Düwelsgeister un makt Wunnerteeken, de utgaht to de Könige vun de ganse Welt. Se schüllt ehr to'n Krieg upwiegeln, wenn den allmächdigen Godd sin groote Dag kümmt. [15] „Süh, ick kam as en Spitzbow. Selig is de, de wafen is un sin Kleeder noch anhett, denn brukt he doch nich nakelt to gahn, dat de Lüd sin Schann seht." [16] Un he bröch ehr tohop an de Städ, de up Hebräisch Harmagedon nömt ward. [17] Un nu goot de söbbe sin Schal ut in de Luft, un en luute Stimm wär ut'n Tempel vun den Tron her to hörn, de sä: „Dormit sünd wi klor." [18] Un nu kämen Blitzen un Stimmen un Dunner, un denn käm en grootes Eerbewen, dat wär so stark, as se dat up de Eer noch nich bilewt harrn, siet dat Minschen dorup wahnt. Ja, so stark wär dat Eerbewen, so groot. [19] Un de groote Stadt full in dree Deele ut'nanner. De Heiden ehr Städte güngn in Dutt, un de groote Stadt Babel wörr vun Godd ock nich vergeten; se müß den Beeker utdrinken, in den Godd sin Zorn as swore Wien utgaten wär. [20] Un alle Inseln verswunn'n, un vun de Bargen wär keen Spoor mehr. [21] Un Hagelstücken, de hunnert Pund swor wärn, fulln vun'n Hewen up de Minschen hendal; awer de Minschen lästern Godd ümmer noch wegen de Hagelplag; denn groot is sin Plag, ja, banni groot.

Dat 17. Kapitel.

[1] Nu käm een vun de söbn Engels, de de söbn Schaln hebbt, un sprook mit mi un sä: „Kumm mal her, ick will di dat Gericht öwer dat groote Hurenwiew wiesen, de an veele Water ehrn Platz hett! [2] Mit ehr hebbt veele Könige up de Eer rumhurt, un de Minschen, de up de Eer wahnen dot, sünd vun ehrn Hurenwien duun worrn." [3] Un denn bröch he mi in'n Geist baben rup na de Stepp. Un ick seeg en Wiew, dat seet up en düsterrodes Tier, un up düt Tier stünn een Lästernam bi den

485

annern schrewen, un dat harr söbn Köpp un tein Hörns. ⁴Un dat Wiew harr en füerrodes un düsterrodes Kleed an un wär rein vergold mit Gold un Edelstein un Parlen. Un se harr en goldn Beeker in ehr Hand, de wär vull vun gruliche Saken un all' ehrn unreinen Hurenkram. ⁵Un up ehr Steern stünn en Nam schrewen, dat wär en Geheemnis. So stünn dor to lesen: Babylon, de Groote, de Moder vun de Hurenwiewer up de Eer un vun de grulichen Saken up de Eer. ⁶Un ick seeg dat Wiew, se wär duun vun de Hilligen ehr Bloot un vun Jesus sin Tügen ehr Bloot. Un as ick dat seeg, mak ick groote Ogen. ⁷Un de Engel sä to mi: „Worum wunnerst du di? Ick will di seggn, wat dat up sick hett mit dat Wiew un dat Tier, up dat dat Wiew sitten deit un dat de söbn Köpp un de tein Hörns hett. ⁸Dat Tier, dat du sehn hest, is mal west, awer is nu nich mehr, awer dat ward noch mal wedder ut'n Affgrund rupstiegn un geit denn in sin Verdarwen. Un de Minschen, de up de Eer wahnt un de ehr Nam, so lang as de Welt steit, nich in dat Lewensbook schrewen steit — de ward groote Ogen maken, wenn se dat Tier to sehn kriegt, dat mal west is un nu nich is, awer noch mal wedderkamen ward. ⁹Hier mutt een sin Gedanken tosamnehmen un banni klook wesen. De söbn Köpp sünd söbn Bargen, up de dat Wiew sinen Platz hett, un sünd togliek söbn Könige. ¹⁰De Fief sünd all fulln, de eene is noch, un de annere is noch nich dor, un wenn he kümmt, denn mutt he blots en korte Tied bliewen. ¹¹Un dat Tier, dat mal wär un nu nich is, dat is de achte un hört mit to de söbn un geit in sin Verdarwen. ¹²Un de tein Hörns, de du sehn hest, sünd tein Könige, de ehr Riek noch nich kregn hebbt; awer se kriegt Vullmacht grad so as Könige för een Stünn, un dat tohop mit dat Tier. ¹³Düsse sünd sick all eeni in dat, wat se vörhebbt un wüllt, un ehr Vullmacht gewt se an dat Tier aff. ¹⁴Düsse ward mit dat Lamm Krieg maken, awer dat Lamm ward öwer ehr Herr warn; denn dat is Herr öwer alle Herrn un Könige, un de, de up sin Siet staht, de sünd beropen un utwählt un staht in'n Glowen." ¹⁵Un he sä wieder to mi: „De Water, de du sehn hest, an de dat Hurenwiew wahnen deit, dat sünd de Völker un all' de Minschen un de Stämm un de Spraken. ¹⁶Un de tein Hörns, de du sehn hest, un dat Tier, de ward denn dat Hurenwiew hassen un dorför sorgn, dat se utplünnert un nakelt un blot ward, un ehr Fleesch ward se freten, un ehr sülbn ward se mit Füer verbrennen. ¹⁷Denn Godd hett ehr dat int Hart gewen, dat se all' up een Stück staht un dat don möt, wat he will, un ehr Königriek an dat Tier affgewt, bit dat Godd sin Wörd all' indrapen dot. ¹⁸Un dat Wiew, dat du sehn hest, dat is de groote Stadt, de öwer de Könige up de Eer as Königin to seggn hett.

Dat 18. Kapitel.

1 Dorna seeg ick en annern Engel ut'n Himmel hendalkamen, de harr en groote Vullmacht, un de Eer wörr hell vun sin Herrlikeit. 2 Un he schrie mit en starke Stimm: „Fulln, ja fulln is dat groote Babylon! In ehr hüst nu de Düwels, un dor wahnt nu alle unreinen Geister, un dor bargt sick ock alle unreinen Vagels, de keen een utstahn kann. 3 Denn vun den sworen Wien, dat will seggn: vun ehrn Hurenkram, hebbt all' de Völker drunken, un de Könige up de Eer hebbt mit ehr rumhurt, un de Kooplüd up de Eer sünd dorvun riek worrn, dat se in Suus un Bruus lewen dän. 4 Un ick hör en anner Stimm ut'n Himmel, de sä: „Min Volk, nu treck ut ehr rut, dat ji an ehr Sünn'n keen Andeel kriegt un vun ehr Plagen niks afkriegt. 5 Denn ehr Sünn'n sünd en grooten Barg worrn un reckt bit na'n Hewen rup, un Godd hett nich vergeten, wat se Unrecht dan hebbt. 6 Betalt ehr torüg, wat se ju ock torügbetalt hebbt, un rek'nt ehr allns duppelt to, so as se dat verdeent hett! In den Beeker, in den se den Wien misch harr, misch ji för ehr dat duppelte Mat! 7 Ebenso veel, as se sick sülbn verherrlicht un dörchbröcht hett, gewt ji ehr an Qual un Hartleed; denn se seggt bi sick sülbn: ick sitt noch up min Königstron un bün keen Wetfru, ick krieg ock keen Hartleed to sehn. 8 Dorum ward ehr Plagen an een Dag öwer ehr kamen: Dod un Hartleed un Hunger, un mit Füer ward se verbrennt warn; denn stark is de Herrgodd, de öwer ehr Gericht holn hett. 9 Un weenen un klagen ward öwer ehr de Könige up de Eer, de mit ehr rumhurt un in Suus un Bruus lewt hebbt, wenn se nu seht, dat se in Rook un Füer upgeit. 10 Se ward wiet dorvun affstahn, denn se hebbt Angst vör ehr Qual un seggt: Godd tröst, Godd tröst de groote Stadt Babylon, du starke Stadt, denn in een Stünn käm dat Gericht öwer di! 11 Un de Kooplüd up de Eer weent un klagt öwer ehr; denn keen een köfft mehr dat, wat se up Lager hett. 12 Un wat harr se nich all' to verköpen: Gold un Sülwer un Edelsteen un Parlen un Linnentüg un Purpur un Sied un Scharlach un allerhand Holt, dat good rüken deit, un allerhand Saken ut Elfenbeen un allerhand Saken ut düres Holt, ut Kopper, Isen un Marmor, 13 un Kanehl un Amomon-Salw un Rökerkram un Myrrh un Weihrook un Wien un Öl un fienes Mehl un Weet un Ossen un Schaap un Peer un Wagen un Slawen un Minschenseelen. 14 Ock all' din Appeln un Beern, an de du di so gern plegen däst, kriggst du nich mehr, un all' de Glans un Flitterkram is hen för di, un nümmermehr ward se dat findn. 15 Un de Kooplüd, de mit düsse Saken handeln dot un bi ehr banni veel verdeent hebbt, de ward vun wieden stahn ut Angst vör ehr Qual, un se ward weenen un

klagen [16] un seggn: Godd tröst, Godd tröst de groote Stadt!
Se kleed sick in Linnen un Purpur un Scharlach un wär rein
vergold mit Gold un Edelsteen un Parlen; [17] awer in een Stünn
wär vun all dat Geld un Good niks mehr öwer. Un jede
Stüermann un jedereen, de up de Fohrt hier anleggn deit, un
de Seelüd un all' de, de sünst noch to See föhrt, de stünn'n
wiet aff [18] un fungn an to schrien, as se seegn, dat se in Rook
un Füer upgahn dä, un se sän: „Wer kunn dat mit de groote
Stadt wull upnehmen?" [19] Un se streuten Stoff up ehrn Kopp
un weenten un klagten luut un sän: „Godd tröst, Godd tröst
de groote Stadt! Hier hebbt all de, de Schäp up dat Meer
hebbt, banni veel Geld verdeent an dat, wat se harr in Hüll
un Füll. Un in een Stünn wär niks mehr dorvun to sehn!"
[20] Freu di öwer ehr, du Himmel, un ji Hilligen un Apostels
un Profeten; denn Godd hett dat Gericht öwer ehr holn un
de gerechde Sak, de ji harrn, in de Hand nahmen. [21] Un en
starke Engel nähm en grooten Steen in de Hand, de wär so
groot as en Möhlsteen, un he smeet em int Meer un sä: So
ward mit een Slag de groote Stadt Babel wegsmeten warrn,
un se ward ehr nich mehr findn. [22] Un dat Harfenspeel un
de Leeder un dat Fleuten un Blasen ward se bi di nich mehr
hörn, un keen Tümmermann un keen Muermann, keen Schooster
un keen Snieder un, wat dat sünst noch gifft, ward se bi di
findn, un ock de Möhl ward bi di nich mehr klappern. [23] Un
keen Licht up'n Lüchter ward bi di mehr brennen, un de Stimm
vun Brüdigam un Brut ward bi di nich mehr hört warn.
Denn din Kooplüd speelten de grooten Herrn up de Eer, un
all' de Völker sünd dörch din Kneep un Künst' biestergahn.
[24] Un denn is bi di Bloot vergaten, Bloot vun Profeten un
Hillige un all' de, de up de Eer affslacht sünd."

Dat 19. Kapitel.

[1] Un as ick dat bilewt harr, hör ick mit luute Stimm en
gansen Barg in'n Himmel seggn: „Godd si Low un Dank!
Unsen Godd hört dat Heil un de Ehr un de Macht to. [2] Sin
Gerichte sünd wohr un gerecht. He hett Gericht holn öwer dat
groote Hurenwiew, dat mit ehr Hurenkram de Eer verdarwt
hett. He hett ock sin Knechtn ehr Bloot ut ehr Hand torüg-
förrert." [3] Un to'n tweeten Mal sän se: „Godd si Low un
Dank! Un ehr Qualm stiggt na'n Hewen rup in alle Ewigkeit!"
[4] Un de veeruntwindi Ollerlüd un de veer Wesen fulln dal up
de Knee un beden Godd an, de up'n Tron sitt, un sän: „So
is dat recht un good, Godd si Low un Dank!" [5] Un en Stimm
käm vun'n Tron un sä: „Löwt unsen Godd, ji all', de sin

Deeners sünd, de sick vör em bögen dot, de Lütten un de Groten!"

⁶ Un noch wat kreeg ick to hörn. Dat hör sick an, as wenn veele Lüd wat sän un as wenn veele Water brusen dän un as wenn dat banni dunnern dä. Se sungn: „Godd si Low un Dank! Denn de Herr, unse Godd, de Allmächdige, is König worrn. ⁷ Lat uns uns freun un jubeln un em de Ehr gewn! Nu is dat Lamm sin Hochtied kamen, un sin Fru steit prat, ⁸ un se kunn sick kleeden in slowittes, reines Linnentüg; denn dat Linnentüg bedüd dat gerechde Gericht, dat för de Hilligen affholn is." ⁹ Un he sä to mi: „Schriew dat up: Selig sünd de, de to dat Lamm sin Hochtiedsmahltied inlad sünd!" Un denn sä he noch to mi: düsse Wörd sünd wohrrafdi Godd sin Wörd. ¹⁰ Un ick full dal up min Föt un wull em anbeden. Do sä he to mi: „Seh di vör un do dat nich! Ick bün en Knecht grad so as din Bröder, de Jesus sin Tügnis hebbt. Godd schallst du anbeden, denn Jesus sin Tügnis is de Geist, de de Profeten hebbt."

¹¹ Un ick seeg den Himmel apen, un wat kreeg ick to sehn? En wittes Peerd, un de, de up em rieden dä, heet tru un wohr, un he hölt Gericht in Gerechdikeit un steit ock so in'n Krieg sin Mann. ¹² Sin Ogen lücht`, as wärn dat Füerflammen, un up sin Kopp harr he veele Kronen. Dor steit en Nam upschrewen, den nüms kennen deit, blots he alleen. ¹³ Un he hett en Kleed an, dat is mit Bloot farwt, un sin Nam heet: „Godds Word." ¹⁴ Un de grote Swarm vun Engels, de in'n Himmel sünd, folgten achter em ran up witte Peer, un se harrn Kleeder ut slowittes, reines Linnentüg an. ¹⁵ Un ut sin Mund keek en scharpes Swert, dormit schull he de Völker slan. Un mit en isern Stock ward he ehr höden. Un he quetsch de Wiendruwen ut in de Bütt. So wiest sick den allmächdigen Godd sin Zorn. ¹⁶ Un an sin Kleed, dor wo de Been sitt, steit en Nam schrewen: „König öwer alle Könige un Herr öwer alle Herrn."

¹⁷ Un ick seeg en Engel in de Sünn stahn, de reep mit luute Stimm un sä to all' de Vagels, de hoch baben an'n Hewen fleegen dot: „Kamt mal her un kamt tohop to Godd sin grote Mahltied! ¹⁸ Ji schüllt dat Fleesch eten vun Könige un vun Hauptlüd un vun Helden un vun Peer un vun Rieders un vun all' de Frien un Slawen un vun de Lütten un de Groten." ¹⁹ Un ick seeg dat Deert un de Könige up de Eer un all' ehr Suldaten. De wärn tohop kamen un wulln Krieg maken mit den, de up dat Perd rieden dä, un mit sin Lüd. ²⁰ Un se kreegn dat Deert fat un mit em tohop den Lögenprofeten, de vör sin Ogen de Wunnerteeken makt harr, mit de he de biesterföhrt harr, de dat Deert sin Teeken annahmen

489

harrn un vör sin Bild anbeden dän. Lebenni wörrn de beiden
in den Füersee smeten, de mit Swewel brennen deit. ²¹ Un de
annern wörrn mit dat Swert ümbröcht, dat ut den sin Mund
rutkieken dä, de up dat Perd seet, un all' de Vagels wörrn
vun dat Fleesch satt, dat se to freten kreegn.

Dat 20. Kapitel.

¹ Un ick seeg en Engel vun'n Himmel dalkamen, de harr den
Slötel to'n Affgrund un en grote Keed in sin Hand. ² De kreeg
den Drak to faten — de olle Slang, dat is de Düwel un de
Satan — un he bunn em fast up dusend Johr. ³ Un he smeet
em in den Affgrund un sloog den Affgrund to un sett en Siegel
dorup; denn he schull nich mehr de Völker biesterföhrn; erst
schulln de dusend Johr to Enn gahn. Denn awer mutt he noch
up en korte Tied wedder losmakt warn.

⁴ Un ick seeg Tronen, un se setten sick dorup, un ehr wörr
dat Gericht in de Hand leggt. Un ick seeg de ehr Seeln, de se
den Kopp affhaut harrn, wieldat se sick för Jesus insett harrn
un Godds Word tru blewen wärn, un ick seeg ock de ehr
Seeln, de dat Deert nich anbed' harrn un ock sin Bild nich
un ock sin Teeken nich an ehrn Kopp un ehr Handn anbröcht
harrn. Un se wörrn wedder lebenni un wörrn mit Christus
König dusend Johr. ⁵ De annern Doden awer wörrn nich
lebenni; denn erst schulln de dusend Johr to Enn gahn. Düt
is dat erste Upstahn vun de Doden. ⁶ Selig un hillig is de, de
an dat erste Upstahn Andeel hett! Ower de hett de tweete
Dod keen Vullmacht. Nä, se ward Godd un Christus sin Prees-
ters wesen un König mit em wesen de dusend Johr.

⁷ Un wenn de dusend Johr üm sünd, denn ward de Satan
ut sin Gefängnis frielaten. ⁸ Un denn ward he losgahn un de
Völker biesterföhrn, de an de butersten Kanten vun de Eer
wahnen dot; de heet Gog un Magog. Un he hett dat Affsehn
dorbi, dat he ehr to'n Krieg upwiegeln deit, un dat sünd
soveel Minschen as de Sand ant Meer. ⁹ Un se trocken ran
wiet un siet öwer de Eer, un se stelln sick rund üm de Hilligen
ehr Lager un üm de lewe Stadt, dat keen een rutkamen kunn.
Do awer full Füer vun'n Hewen hendal un freet ehr up. ¹⁰ Un
de Düwel, de ehr biesterföhrt harr, wörr in den Füer- un
Swewelsee rinsmeten, wo ock dat Deert un de Lögenprofet
sünd, un se ward Dag un Nacht ehr Qual hebbn in alle
Ewigkeit.

¹¹ Un ick seeg en groten witten Tron un den, de up em sitten
dä. Vör sin Ogen söchten sick Eer un Himmel to bargen, awer

se funn'n keen Städ. ¹²Un ick seeg de Doden, de groten un de lütten; de stünn'n vör den Tron. Un Böker wörrn upmakt un denn noch en anner lütt Book dorto, dat is dat Lewensbook. Un nu wörr öwer de Doden Gericht holn na dat, wat in de Böker upschrewen stünn, dat will seggn: Na dat, wat se dan hebbt. ¹³Un dat Meer gew de Doden wedder rut, de an sin Grund liggn dän, un de Dod un de Höll gewen de Doden wedder rut, de dor fungn seeten. Un öwer jedeneen wörr Gericht holn na dat, wat he dan harr. ¹⁴Un de Dod un de Höll wörrn na'n Füersee rinsmeten. Düsse Dod is de tweete, dat will seggn: de Füersee. ¹⁵Un wenn een sin Nam in dat Lewensbook nich upschrewen stünn, denn wörr he in den Füersee rinsmeten.

Dat 21. Kapitel.

¹Un ick seeg en nien Himmel un en nie Eer; denn de erste Himmel un de erste Eer wärn vergahn. Ock dat Meer wär nich mehr dor. ²Un ick seeg de hillige Stadt, dat nie Jerusalem. Dat käm ut'n Himmel vun Godd hendal un wär torechtmakt grad so as en Bruut, de sick fein makt hett för ehrn Mann. ³Un ick hör, as en luute Stimm vun'n Tron her seggn dä: „Süh, dat is Godd sin Wahnung merrn man de Minschen! He ward mit ehr tohop wahnen, un se ward sin Volk∙wesen. Ja, Godd sülbn ward bi ehr wesen, ⁴un he ward all' de Tranen vun ehr Ogen affwischen, un keen Dod ward dat mehr gewen un keen Hartleed un keen Angst un Larm un keen Möhg un Wehdag' mehr; denn dat Erste is vörbi."

⁵Un de, de up'n Tron sitten deit, sä: „Süh, ick mak allns nie!" Un denn sä he: „Schriew dat up! Denn düsse Wörd — dorup kann man sick getrost verlaten, de sünd wohr!" ⁶Un he sä noch wat: „Dat is nu allns in de Reeg. Ick bün dat A un dat O, de Anfang un dat Enn. Wer dörsti is, den will ick to drinken gewen ut den Born, de dat Lewenswater in sick bargn deit. He schall dat umsünst hebbn. ⁷Wer öwerwinn'n deit, de kriggt düt as Arwdeel, un ick warr sin Godd wesen un he min Söhn. ⁸Aver de, de keen Mot hebbt un vertagt sünd un de affulln sünd vun'n Glowen, de sick sülbn utschänd hebbt, Mörders un Hurers un Giftmischers un Götzendeeners un all' de Windbüdels — de kriegt ehr Deel in den See, de vun Füer un Swewel brennen deit — dat is de tweete Dod."

⁹Un een vun de söbn Engels, de de söbn Schalen hebbt, in de de söbn letzten Plagen liggn dot, de käm to mi hen un sprook mit mi un sä: „Kumm hier mal her, ick will di de Bruut

wiesen, de dat Lamm sin Fru is!" [10] Un he bröcht mi in'n Geist up'n groten un hochen Barg rup, un he wies mi de hillige Stadt Jerusalem, de ut'n Himmel vun Godd hendalkümmt. [11] De hett Godd sin Herrlikeit. Ehr Glans lücht' grad so as en düre Edelsteen, as en Jaspissteen, de hell un klor is as Kristall. [12] Se hett en groote un hoche Muer mit twölf Porten. Un öwer de Porten holt twölf Engels de Wacht, un öwer de Porten sünd Namen anschrewen, dat sünd de Namen vun de Kinner Israel ehr twölf Stämm. [13] Na Osten sünd dree Porten un na Nordn dree Porten un na Süden dree Porten un na Westen dree Porten. [14] Un de Stadtmuer hett twölf Grundsteens, un dorup staht twölf Namen; dat sünd de Namen vun dat Lamm sin Apostels. [15] Un de, de mit mi spreken dä, harr en Metstang in de Hand; dat wär en golden Rohr; dormit schulln de Stadt un ehr Porten un ehr Muer utmeten warn. [16] Un de Stadt is veerkanti buut. De Sieden sünd ebenso lang as breed. Un he meet de Stadt ut mit dat Rohr, dat wärn so'n dreehunnert Mieln. Se is ebenso lang as breed un hoch. [17] Un he meet ehr Muer ut. Dat wärn so'n söss un söbbi Meter hoch, na Minschenmaat, wat in düssen Fall awer Engelsmaat is. [18] Un de Muer wär buut ut Jaspis, awer de Stadt sülbn is ut reines Gold buut, dat blitzt un blinkt as reines Glas. [19] Un de Grundsteens vun de Muer sünd mit allerhand Edelsteens smückt. De erste Grundsteen is en Jaspis, de tweete en Saphir, de drüdde en Chalkedon, de veerde en Smaragd, [20] de föfde en Sardonir, de sösse en Sardion, de söbnde en Chrysolith, de achde en Beryll, de negnde en Topas, de teinte en Chrysopas, de ölbde en Hyazinth, de twölfde en Amethyst. [21] Un de twölf Porten sünd Parlen, un jede enkelte Port besteit ut en eenzige Parl. Un de Hauptstraat in de Stadt is mit reines Gold utplastert un süht ut as klores Glas.

[22] Awer en Tempel heff ick dor nich sehn; denn de Herr, de allmächdige Godd, is sülbn ehr Tempel un dat Lamm. [23] Un de Stadt brukt keen Sünn un keen Maand mehr, dat se ehr hell makt, un ehr Lücht is dat Lamm.

[24] Un de Heiden ward in ehr Licht lewen un ehrn Weg maken, un de Könige up de Eer ward ehr ganse Herrlikeit na ehr henbringn. [25] Un ehr Porten ward den Dag öwer nich toslaten warn, denn dor ward dat öwerhaupt keen Nacht gewen.

[26] Un se ward de Völker ehr Herrlikeit un Ehr to ehr henbringn. [27] Un allns, wat gemeen is, un wer wat Gruliches deit un en Windbütel is, schall dor nich rinkamen; blots de, de in dat Lamm sin Lewensbook inschrewen sünd, de dörft kamen.

Dat 22. Kapitel.

¹ Un de Engel wies mi en Strom, de wär vull vun Lewens-
water un harr en Glans vun Kryftall un güng ut vun Godd
un dat Lamm fin Tron. ² Merrn twischen de Hauptftraat un
den Strom steit up beide Sieden de Lewensboom, de twölfmal
int Johr sin Erdrag bringt — dat will seggn: he bringt
jeden Maand sin Frucht — un den Boom sin Bläder makt
de Völker gesund. ³ Un Verdammtes un Verfluchtes gifft
dat dor nich mehr. Un Godd un dat Lamm fin Tron ward
dor sin Plaz hebbn. Un sin Knechtn ward em deenen. ⁴ Un
se ward em int Oog kieken, un sin Nam ward an ehr Steerns
to lefen wefen. ⁵ Un Nacht ward dat dor nich gewen, un se
bruukt keen Licht mehr vun de Sünn, denn de Herr-Godd
ward fülbn sin Licht öwer ehr strahln laten, un se ward König
wefen in alle Ewigkeit.

⁶ Un he sä to mi: „Up düffe Wörd kann een fick verlaten; se
fünd de reine Wohrheit. Un de Herr, wat de Geifter ehr Godd
is, de dörch de Profeten spraken hebbt, hett fin Engel schickt,
üm sin Knechtn to wiesen, wat in gans korte Tied warn schall.
⁷ Un dat mark di! Jck kam bald. Selig fünd de, de fick an dat
holt, wat düt Book vörutseggt! ⁸ Un ick, Johannes, bün dat,
de düt hört un süht. Un as ick düt hört un fehn harr, full ick
dal up de Knee un wull to den Engel fin Föt anbeden, de mi
dat wiest harr. ⁹ Awer de sä to mi: „Seh di vör, do dat jo
nich! Jck bün ock man en Knecht, grad so as du un din Bröder,
wat de Profeten fünd, un as all' de, de fick an düt Book fin
Wörd holt. Godd schallst du anbeden!" ¹⁰ Un denn sä he noch
wat to mi: „Sett keen Siegel up de Profetenwörd in düt
Book! Denn de Tied steit all vör de Dör. ¹¹ Wer Unrecht deit,
de mak dat ock wieder so, un wer fick mit Dreck affgifft, de mag
dat ock wieder so don. Awer wer gerecht is, de schall dat ock
wieder bliewen, un wer hillig is, de schall fick ock wieder so
holn.

¹² „Mark di dat! Jck kam bald un bring min Lohn mit, un
jedereen kriggt betahlt na dat, wat he dan hett. ¹³ Jck bün dat
U un dat O, de Erfte un de Lezte, de Anfang un dat Enn.
¹⁴ Selig fünd de, de ehr Kleeder reinwascht, dat se vun den
Lewensboom wat affkriegt un dörch de Porten na de Stadt
ringahn dörft. ¹⁵ Butenvör awer bliewt de Hund'n un de
Giftmischers un de Hurers un de Mörders un de Götzen-
deeners un jedereen, de dat mit Lögen un Wind hölt un fülbn
en Windbütel is. ¹⁶ Jck, Jefus, heff en Engel schickt, de schall
ju düt in de Gemeenden betügen. Jck bün David sin Wuttel
un Geflecht, de Morgenftern, de hell an'n Hewen lüchten deit."

¹⁷ Do fän de Geift un de Bruut: „Kumm doch!"

493

Un wer dat hörn deit, de schall ock seggn: „Kumm doch!"
Un wer Dörst hett, de schall kamen, un wer dat will, de
kriggt Lewenswater umsünst."

[18] Ick stah vör jedeneen, de de Profetenwörd hört, de in düt
Book schrewen staht, dorför in: Wenn een dor wat tosetten
deit, den ward Godd de Plagen upleggn, de in düt Book
schrewen staht. [19] Un wer vun de Wörd, de in düt Profeten-
book staht, wat affdeit, den ward Godd sin Andeel an den
Lewensboom un de hillige Stadt wedder affnehmen, wovun
in düt Book ock schrewen steit. [20] De, de düt betügt, seggt:
„Ja, ick kam bald! Ja, gans gewiß! Kumm doch, Herr
Jesus!" —

[21] Den Herrn Jesus sin Gnad wef' mit ju all!

494